Heinrich Graetz

Volkstümliche Geschichte der Juden

Dritter Band

Heinrich Graetz

Volkstümliche Geschichte der Juden

Dritter Band

ISBN/EAN: 9783959138369

Auflage: 1

Erscheinungsjahr: 2018

Erscheinungsort: Treuchtlingen, Deutschland

Literaricon Verlag UG (haftungsbeschränkt), Uhlbergstr. 18, 91757 Treuchtlingen. Geschäftsführer: Günther Reiter-Werdin, www.literaricon.de. Dieser Titel ist ein Nachdruck eines historischen Buches. Es musste auf alte Vorlagen zurückgegriffen werden; hieraus zwangsläufig resultierende Qualitätsverluste bitten wir zu entschuldigen.

Printed in Germany

Cover: Emilio Sala Francés, Die Vertreibung der Juden aus Spanien im Jahr 1492, 1889, Abb. gemeinfrei

Moses Mendelssohn

Volkstümliche
Geschichte der Juden

in drei Bänden

von

Dr. H. Graetz,

weiland Professor an der Universität Breslau.

Dritter Band.

Von den massenhaften Zwangstaufen der Juden in Spanien
bis
in die Gegenwart.

Mit 1 Stahlstich:
Moses Mendelssohn.

Fünfte Auflage.

Leipzig.
Verlag von Oskar Leiner.

Inhalts-Verzeichnis.

Zeitepoche des Marranentums.

Kapitel — Seite

1. Wirkungen der Verfolgung von 1391; Marranen, Apostaten und neue Leiden. (1391—1420.) . . 1— 27
2. Eine geringe Hilfe in der Not. (1420—1472.) . . . 27— 60
3. Die gesteigerte Verfolgung der Juden und Marranen. (1455—1485.) . . . . 60— 78
4. Einführung der Inquisition in Spanien. (1481—1485.) 78— 92
5. Die Vertreibung der Juden aus Spanien und Portugal. (1485—1497.) . . . . 92—124
6. Neue Wanderung der Juden und Marranen. (1497—1520.) . . . . 124—148

Die humanistische und Reformationszeitepoche.

1. Der Humanistenkreis und die Reformation. (1500—1530.) . . . . 149—192
2. Die marranische Rührigkeit und die kabbalistisch-messianische Schwärmerei. (1530—1548.) . . . . . 192—226
3. Die Marranen und die Päpste. (1548—1566.) . . . 226—270
4. Die Juden in der Türkei und Don Joseph von Naxos. (1566—1590.) . . . . 270—291
5. Lage der Juden in Polen und Italien bis Schluß des sechzehnten Jahrhunderts. (1560—1600.) . 291—311
6. Entstehung von marranischen Gemeinden in Amsterdam, Hamburg und Bordeaux. (1593—1648.) 311—332
7. Der dreißigjährige Krieg und der Aufstand der Kosaken. (1618—1655.) . . . . 332—346
8. Die Ansiedlung der Juden in England und die Wühler. (1655—1666). . . . . 347—374
9. Spinoza und Sabbataï Zewi. (1666—1678.) . . . . 375—409
10. Schatten und Licht. (1677—1720.) . . . . 409—429
11. Die Verwilderung. (1700—1760.) . . . . 429—468

Die Epoche der Wiedergeburt.

1. Mendelssohns Zeit. (1760—1786.) . . . . 469—498
2. Die Schwärmerei rechts und links. (1760—1789.) . 498—520
3. Die französische Revolution und die Emanzipation. (1789—1806.) . . . . 520—541
4. Das erneute Synhedrion und die Reaktion. (1806—1818.) . . . . 542—580
5. Die religiöse Reform und die jüdische Wissenschaft. (1818—1840.) . . . . 580—609
6. Die Blutanklage von Damaskus und ihre Folgen. (1840—1870.) . . . . 609—639

Register . . . . 641—711

Zeitepoche des Marranentums.

Erstes Kapitel.

Wirkungen der Verfolgung von 1391; Marranen, Apostaten und neue Leiden.

(1391—1420.)

Ein Dorn im Fleische der spanischen Juden wurden die Täuflinge. Viele Tausende hatten bei der grausigen Verfolgung von 1391 zum Kreuze gegriffen, um für den Augenblick ihr eigenes Leben oder das ihrer Lieben zu retten. Sollten ihnen etwa die geballten Fäuste, die rollenden Augen, die blutgefärbten Schwerter, das Wutgeschrei der Mörder und das Todesröcheln ihrer hingeschlachteten Verwandten, Freunde, Stammgenossen die Überzeugung von der Wahrheit der Christusreligion beigebracht haben? Die meisten jüdischen Zwangstäuflinge (Anusim) empfanden daher nach der Taufe mit gebrochenem Herzen noch mehr Abneigung gegen das Christentum und noch mehr Liebe für die angestammte Lehre als vorher. Von diesen Neuchristen wanderten viele nach den nahegelegenen maurischen Ländern, nach Granada oder über die Meerenge nach Marokko, Algier, Fez aus, in denen in dieser Zeit mehr Toleranz und Milde zu finden war, als in den christlichen Gebieten, und wo die Juden mit ihrem Gelde oder ihrem Gewerbfleiße gern aufgenommen wurden. Die meisten, welche sich nicht von dem spanischen Boden trennen und auch ihre angestammte Religion nicht verleugnen mochten, beobachteten die jüdischen Riten nach wie vor. Die Könige von Kastilien, Aragonien und Mallorka, welche den Taufzwang durch die Pöbelmassen mißbilligt hatten, ließen sie gewähren. Die Behörden sahen ihren Rückfall zum Judentume nicht oder mochten ihn nicht sehen. Die Inquisition hatte damals noch keine Gewalt über sie, sie existierte noch nicht in Spanien. Aus diesen im Lande gebliebenen Zwangstäuflingen bildete sich eine eigene Klasse, äußerlich Christen, innerlich Juden; man könnte sie Juden-Christen nennen. Von der christlichen Bevölkerung wurden sie aber mit mißtrauischem Auge betrachtet, als Neuchristen mit dem Spitznamen Marranos oder die Verdammten[1]) benannt

1) Marrano bedeutet im Spanischen, von Maranatha abgeleitet: gebannt, exkommuniziert, geächtet, verwünscht, verdammt.

und fast mit noch glühenderem Hasse als die treugebliebenen Juden bedacht. Diese Abneigung empfanden auch jene getauften Juden, welche gern das Judentum von sich abgestreift und nichts davon beibehalten hatten. Es waren jene weltlich gesinnten Menschen, welche Lebensgenüsse, Reichtümer, Ehren über jede Religion schätzten, oder Übergebildete, welche zu Zweiflern geworden waren und daher jenes Bekenntnis vorzogen, welches sie über die engen Schranken der Judenheit hinausführte und ihnen eine weite Welt öffnete. Diese Klasse, welche schon früher kein Herz für das Judentum hatte und nur aus Rücksichten und einem gewissen Schamgefühl darin verharrte, war froh, daß ihr die Zwangstaufe aufgelegt worden war, weil sie sich dadurch der Fesseln entschlagen und sich über Bedenklichkeiten hinwegsetzen konnte. Sie schmiegte sich äußerlich dem Christentume an oder heuchelte übertriebene Gläubigkeit, wurde aber deswegen weder religiöser noch besser. Gewissenlose unter diesen Neuchristen fanden einen eigenen Reiz darin, ihr früheres Bekenntnis oder ihre ehemaligen Glaubensgenossen zu ächten. Sie traten, um Rache an den Vertretern des Judentums, an Rabbinen, Vorstehern oder an diesem und jenem aus der Gemeinde zu nehmen, als Ankläger gegen sie auf und gefährdeten die Existenz der spanischen Judenschaft mehr als einmal. Nicht genug, daß die Judenheit durch den Übertritt gebildeter und gelehrter Männer, Ärzte, Schriftsteller, Dichter, vieler Talente beraubt wurde, und daß sich die Kirche nicht bloß mit deren Geld, sondern auch mit deren Geist bereicherte, kehrten diese Neubekehrten sich gegen den Schoß, der sie in die Welt gesetzt. Mit den Schwächen des Judentums und der Judenheit vertraut, konnten sie leicht auf diese ihre Angriffe richten. Da in Spanien damals bereits ein hoher Bildungsgrad vorhanden war, so wurden die treuen Juden in Prosa und Versen verspottet oder angeklagt. Don Pero Ferrus, ein getaufter Jude, nahm die Gemeinde und den Rabbiner von Alkala zur Zielscheibe seines Spottes. Die spanische Poesie hatte reichen Gewinn davon. Sie, die bis dahin ernst, steif und feierlich war wie das Hofzeremoniel, erhielt durch die Spottlust judenchristlicher Satiriker Beweglichkeit, Witz und launigen Übermut, wie die neuhebräische Poesie in ihrer Blütezeit. Nach und nach stimmten auch christliche Dichter in diesen Ton ein und eigneten sich Schlagwörter aus dem jüdischen Kreise an, um der Satire stechende Spitzen zu verleihen. Wie der getaufte Mönch Diego de Valencia, um die Juden zu verspotten, hebräische Wörter in sein Stachelgedicht einflocht, so machte es auch der christliche Satiriker, damals „der Dichterfürst“ genannt, Alfonso Alvarez de Villasandino, mit überraschender Gewandtheit in jüdischen Bezeichnungen. Ein Boshafter hätte von dieser Erscheinung bemerken können, die spanische Poesie sei im Zuge, sich zu verjüdeln. Die Juden hatten durch die Satire zum Schaden noch den Spott.

Manche Neuchristen waren geradezu von einem Bekehrungseifer besessen, als wären sie geborene Dominikaner, oder als fühlten sie sich in ihrem neuen Glauben unter den alten Christen vereinsamt und suchten ihre ehemaligen Freunde zur Gesellschaft. Ein neugetaufter Arzt Astrüc Raimuch aus Fraga, der als Jude zu den Säulen der Rechtgläubigkeit gehört hatte, suchte als Christ, unter dem Namen Franzisco Gottfleisch (Dios-carne), Proselyten zu machen. Er breitete seine Netze besonders gegen einen jungen Freund, um ihn zum Übertritt zu bewegen. Als gewandter hebräischer Stilist richtete Astrüc-Franzisco ein Sendschreiben in dieser Sprache an denselben, hob darin die Verkümmerung des Judentums hervor und schwärmte glaubensselig für die christlichen Dogmen. Seine Anwendung biblischer Verse auf die Dreieinigkeit, die Erbsünde, die Erlösung und das Abendmahl nimmt sich im hebräischen Gewande sehr drollig aus. Sein Freund antwortete darauf ausweichend und mit milden Worten. Mußten nicht die Juden auf derlei Anfechtungen die Worte auf die Goldwage legen, um die empfindliche Kirche und ihre eifervollen Diener nicht zu verletzen? Mehr Mut zeigte der satirische Dichter Salomo Ben-Rëuben Bonfed; er erwiderte Astrüc-Franzisco in gelungener Wendung mit gereimter Prosa und nicht mit vorsichtiger Schonung. Er entschuldigte zuerst seine Einmischung in eine Angelegenheit unter Freunden; allein er stehe der Sache doch nicht so fremd, sie treffe auch ihn als Juden. Wie könnte er auch schweigen, da der Angreifer eine gerade Linie zur krummen und paare zu unpaaren machte? Salomo Bonfeds Sendschreiben geht näher auf die christlichen Dogmen ein und macht die richtige Bemerkung: „Ihr drehet und deutelt die Bibelverse, um die Dreieinigkeit zu begründen. Hättet ihr eine Viereinigkeit, so würdet ihr sie eben so schlagend und überzeugend aus dem Schriftworte des alten Testaments beweisen".

Doch keiner von den Zwangstäuflingen hat seinen Stammgenossen so viel Leid zugefügt, wie der Rabbiner Salomo Levi aus Burgos, als Christ Paulus Burgensis oder de Santa Maria genannt (geb. um 1351—52, gest. 1435). Er war in der Tat vor seiner Taufe Rabbiner, d. h. war in Bibel, Talmud und rabbinische Literatur eingeweiht und in seinem Kreise als eine Säule des Judentums angesehen. Er war aber auch außerordentlich klug und berechnend und wußte, wann Zeit ist zu sprechen und wann zu schweigen. Von Ehrgeiz und Eitelkeit besessen, wurde ihm

1*

das Lehrhaus, in dem er eine geraume Zeit lernend und lehrend zugebracht hatte, zu enge und drückend. Er sehnte sich nach einer geräuschvollen Tätigkeit, suchte an den Hof zu kommen, irgend ein Amt zu erlangen, fing an den Großen zu spielen und hielt sich einen Prachtwagen, eiu lustiges Gespann und zahlreiche Dienerschaft. Sein Ehrgeiz ging dahin, es bei Hofe zu einem Amte zu bringen. Da ihn sein Geschäft täglich mit Christen zusammenführte und in Religionsgespräche verwickelte, sah er sich in der Kirchenliteratur um, um mit seiner Gelehrsamkeit prunken zu können. Die blutigen Gemetzel von 1391 raubten ihm indes jede Aussicht, es als Jude zu einer hohen Stellung bringen zu können, und er entschloß sich kurz, sich im vierzigsten Lebensjahre der Taufe zu unterziehen. Um seinen Übertritt ergiebiger ausnützen zu können, machte der Neuchrist Paulus de Santa Maria glauben, er sei aus voller Überzeugung übergetreten. Sein Bruder und seine vier Söhne ließen sich ebenfalls taufen. Sie alle haben ihren ehemaligen Glaubensgenossen viel Leid zugefügt.

Um als Bürgerlicher ein hohes Amt zu erreichen, gab es damals nur einen Weg, nämlich sich dem geistlichen Stande zu widmen. Salomo-Paulus schlug ihn ein. Er verlegte sich an der Universität von Paris auf das Studium der christlichen Theologie. Seine Kenntnis des Hebräischen gab ihm einen Vorsprung zur Auszeichnung. Es dauerte nicht lange, so war der Rabbiner geweihter katholischer Priester. Dann begab er sich an den päpstlichen Hof zu Avignon, wo der hochmütige, starrsinnige, bekehrungssüchtige Kardinal Pedro de Luna als Gegenpapst Benediktus XIII. gewählt war. Hier gab es während des Kirchenstreites der zwei Päpste die allergünstigste Gelegenheit für Intrigen und Beförderungen. Paulus gefiel dem Papste wegen seiner Klugheit, seines Eifers und seiner Beredsamkeit und erschien ihm als ein brauchbares Werkzeug. So wurde er zum Archidiakonus und Kanonikus ernannt. Er wiegte sich aber in hochfliegenden Träumen, er gedachte Bischof, Kardinal zu werden. Die Zeit war dazu günstig. Paulus gab zu verstehen, daß er von dem ältesten jüdischen Adel seine Abkunft herleite, vom Stamme Levi, demselben, dem auch die Gottesmutter Maria entsprossen; darum nannte er sich „de Santa Maria". Er war also nicht ein einfacher Priester aus dem Volke, sondern hatte Ahnen, die in der Kirche Anerkennung und Auszeichnung finden müßten. Auf Empfehlung des Papstes überhäufte ihn später der König von Kastilien Don Heinrich III. mit vielen Gunstbezeigungen und Ehrenstellen. Sein Ehrgeiz wurde befriedigt.

Der Übertritt des Salomo Burgensis, eines ehemaligen geachteten Rabbiners, zur Kirche erfüllte die Gemüter der jüdischen

Kreise mit Besorgnis. Wird das Beispiel in der Zeit so vieler Anfechtungen und Prüfungen ohne Nachahmung bleiben? Zudem betrachtete es Paulus nach seiner Bekehrung als seine Aufgabe, seine ehemaligen Glaubensgenossen zu bekehren. Seinen Bekehrungseifer richtete er selbst gegen zwei der edelsten Männer der spanischen Judenheit, gegen Joseph Orabuena, Leibarzt am Hofe Karls III. von Navarra und Großrabbiner der Gemeinden dieses Landes, und gegen Meïr Alguades, Großrabbiner von Kastilien und Leibarzt des Königs Don Heinrich III. Da seine Bekehrungsversuche ohne Erfolg blieben, so schwärzte er die Juden an, um neue Verfolgungen gegen sie heraufzubeschwören. Er trieb es so auffallend, daß der Kardinal von Pampeluna selbst und andere Geistliche ihm Schweigen auflegen mußten. Soweit ging die Judenfeindlichkeit dieses Apostaten, daß er dem König Don Heinrich III. riet, nicht nur keinen Juden, sondern auch keinen Neuchristen zu irgend einem Amte zu befördern. Wollte er dadurch jede Nebenbuhlerschaft von seiten eines gewandten oder ihm überlegenen Stammgenossen beseitigen? In seiner Auslegung der heiligen Schrift zeigte sich Paulus de Santa Maria ebenso giftig gegen Judentum und Juden.

Einsichtsvolle Juden erblickten mit Recht in diesem Neuchristen ihren erbittertsten Feind und rüsteten sich zu einem Kampfe mit ihm. Freilich waren sie in der Wahl der Waffen äußerst beschränkt. Die Vertreter des Christentums hatten nicht bloß das freie Wort, sondern auch die Faust und den Kerker zur Behauptung ihrer Dogmen und ihrer Beweisführung, während die Juden sich drehen und winden mußten, um nicht mit einem kräftigen Wort anzustoßen und Gewaltmittel gegen sich in Bewegung zu setzen. Darum sollte das mutige Entgegentreten einer Handvoll Schwacher gegen die erdrückende Zahl Übermächtiger und Übermütiger die Bewunderung aller derer erregen, welche ihren Beifall nicht der siegenden Gewalt, sondern dem ringenden Rechte schenken.

Das Vortreffen gegen die Feindseligkeiten des Paulus de Santa Maria eröffnete ein junger Mann, der früher zu dessen Füßen gesessen hatte, Josua Ben-Joseph Lorqui aus Canis, Arzt und Kenner des Arabischen. In einem demütig gehaltenen Sendschreiben, wie von einem gelehrigen Schüler an einen bewunderten Meister, versetzte Josua Lorqui seinem abtrünnigen Lehrer empfindliche Stiche und unter dem Scheine des Zweifels erschütterte er die Grundfeste des Christentums. Er bemerkt im Eingange, daß ihn der Übertritt seines geliebten Lehrers, an dem sich sein gläubiges Gemüt früher aufgerichtet, ihn noch mehr als andere in Erstaunen gesetzt und zum Nachdenken gebracht habe. Er könne sich freilich nicht denken, daß Ehrgeiz und Glanzsucht ihn dazu bewogen habe; auch nicht, daß er von Zweifelsucht beunruhigt gewesen sei, da er bis zur Taufe gewissenhaft sämtliche jüdische Pflichten erfüllt habe. Auch müsse er den Gedanken abweisen, daß ihn die blutige Verfolgung der Juden an der Möglichkeit des Fortbestandes des jüdischen Stammes habe verzweifeln lassen, da es ihm doch bekannt sein müsse, daß unter den Christen nur die Minderzahl der Juden wohne, der größte Teil derselben dagegen in Asien weile und eine gewisse Selbständigkeit genieße, so daß, wenn es auch Gott gefiele, die Gemeinden in christlichen Ländern vertilgen zu lassen, der jüdische Stamm dadurch nicht von der Erde verschwinden werde. Es bleibe ihm daher, so fährt Lorqui fort, nur die Annahme, daß Paulus das Christentum genau geprüft und dessen Glaubensartikel bewährt gefunden habe. Er bitte ihn daher, ihm seine Überzeugung mitzuteilen und seine Zweifel an der Wahrheit des Christentums niederzuschlagen.

Im Verlauf macht Lorqui seine Gründe gegen den christlichen Glauben geltend, die meistens sehr schlagend sind. Jeder Satz in diesem Sendschreiben war ein Nadelstich für den judenfeindlichen Paulus. — Er ließ dieses Sendschreiben nicht unbeantwortet; aber man sieht es der Antwort an, daß die Verlegenheit sie diktiert hat, und daß er den ihm auf den Leib rückenden Fragen ausweichen wollte.

Auch der philosophische Denker Chasdaï Crescas trat als wackerer Kämpfer für den Glauben seiner Väter auf. Er verfaßte (um 1396) eine Abhandlung über die Glaubensartikel des Christentums, die er vom philosophischen Gesichtspunkte aus beurteilte, und deren Unhaltbarkeit er nachwies. Diese Schrift war mehr an die Christen als an die Juden gerichtet und auf Veranlassung vornehmer Christen verfaßt, mit denen Chasdaï Crescas vertraut war. Er setzte darin die Unbegreiflichkeit der Glaubensartikel des Sündenfalles, der Erlösung, der Dreieinigkeit, der Fleischwerdung, der jungfräulichen Geburt, der Abendmahlwandlung auseinander und untersuchte das Verhältnis des neuen Testaments zum alten in einer so leidenschaftslosen Haltung, als wenn er gar nicht wüßte, daß es brennende Fragen waren, an denen sich Scheiterhaufen entzünden könnten.

Tief einschneidend und verletzend wirkte ein scharfer Pfeil, den ein begabter Zwangstäufling, welcher zum Judentume zurückgekehrt war, gegen die boshaften Neuchristen fast zur selben Zeit abgedrückt hat. Seitdem Judentum und Christentum in Schriften und Disputationen mit einander rangen, ist keine so gespitzte Satire von jüdischer Seite dagegen losgelassen worden.

Profiat Duran, Arzt, Astronom, Geschichtsforscher und überhaupt kenntnisreich und geistvoll, mit seinem jüdischen Namen

Isaak Ben-Mose und seinem Schriftstellernamen Efodi, befand sich während der blutigen Verfolgung von 1391 in der traurigen Lage, zum Schein zum Christentum übertreten zu müssen. Mit ihm zugleich trat sein Freund David En-Bonet Buen-Giorn über. Beide beschlossen später, den ihnen verhaßten Glauben abzuschütteln und nach Palästina auszuwandern, um dort das Judentum frei zu bekennen und zugleich die Sünde des Abfalls zu sühnen. Nachdem beide ihre Vermögensverhältnisse geordnet hatten, reiste Profiat Duran nach einer Hafenstadt in Südfrankreich voraus und erwartete seinen Freund. Dieser aber war inzwischen mit dem bekehrungssüchtigen Apostaten Paulus de Santa Maria zusammengekommen und von ihm dahin gebracht worden, im Christentum zu verharren. Wie erstaunt war Profiat Duran, von En-Bonet ein Schreiben zu empfangen, worin dieser ihm sein christliches Glaubensbekenntnis mit vieler Ruhmredigkeit auseinandersetzte, ihn selbst zum Verbleiben im Christentum aufforderte und eine schwärmerische Verehrung für Paulus de Santa Maria zu erkennen gab! Profiat Duran durfte nicht dazu schweigen, und er gab in einem Antwortschreiben seinem Freunde, allen seinen Gesinnungsgenossen und noch mehr dem bekehrungseifrigen Paulus einen Denkzettel, der heute noch nicht vergessen ist. Dieses Sendschreiben (erlassen um 1400) ist von eine Ironie, wie sie nicht feiner ausgedrückt werden kann. Der Ton ist so gehalten, als wenn Profiat Duran seinem Freunde in allen Punkten Recht gäbe und ihn bestärkte, im christlichen Glauben zu verharren. „Sei nicht wie Deine Eltern" (Al tehí ka-Abothécha) ist die stete Wiederkehr des Sendschreibens, und es ist so täuschend gehalten, daß Christen es (unter dem Titel Alteca Boteca) für eine Schutzschrift zu Gunsten des Christentums genommen haben. Indem Profiat Duran zum Scheine „den Glauben der Väter" als irrtümlich darstellte, legte er die Blößen der christlichen Glaubensartikel und Sakramente so offen dar, daß man da, wo das Christentum herrschende Religion ist, nicht wagen darf, den Inhalt auseinanderzusetzen. Alles, was der gesunde Menschenverstand, die richtige Folgerung, die Philosophie, die heilige Schrift gegen die christlichen Lehren geltend machen können, führt Profiat Duran in Schlachtreihe gegen seinen verführten Freund, aber scheinbar nicht um dessen Sinn zu ändern, sondern ihn noch mehr im katholischen Bekenntnis zu bestärken. Ein Teil der efodischen Satire ist gegen den Judenfeind Paulus de Santa Maria gerichtet, von dessen Lob das Schreiben des En-Bonet überfloß. „Du meinst, er werde es vielleicht noch dahin bringen, Papst zu werden, hast mir aber nicht zu erkennen gegeben, ob er nach Rom gehen oder in Avignon bleiben wird", ein Hieb gegen den Kirchenstreit zwischen zwei Päpsten. „Du rühmst ihn, daß er sich bemüht habe, jüdische Frauen und Kinder vom Tragen der Abzeichen zu befreien. Bringe diese frohe Botschaft den Weibern und Kindern. Mir ist aber berichtet worden, er predige Unheil gegen die Juden und mußte vom Kardinal von Pampeluna zum Schweigen gebracht werden. Du meinst, Paulus, Dein Lehrer, werde bald einen Bischofssitz einnehmen oder den Kardinalshut tragen. Freue dich deß; denn dann wirst auch Du zu Ehren gelangen, wirst Priester oder Levite werden". Erst gegen den Schluß läßt Profiat Duran seinen ironischen Ton fahren und schreibt mit Ernst, er bitte seinen ehemaligen Freund, als Christ nicht den Namen seines hochgeachteten Vaters zu führen, denn er würde, wenn er noch am Leben wäre, gewünscht haben, lieber keinen Sohn, als einen abtrünnigen zu haben. — Dieses satirische Sendschreiben sollte als Flugblatt dienen und wurde verbreitet. Es hat eine so einschneidende Wirkung hervorgebracht, daß die Geistlichen, als sie erst den satirischen Charakter desselben erkannten, darauf fahnden und es verbrennen ließen. — Profiat Duran arbeitete auch im Auftrage des Chasdaï Crescas, dessen Kinder er früher unterrichtet hatte, ein anderes gegenchristliches Werk aus, nicht in satirischem Tone, sondern in der ruhigen Sprache geschichtlicher Auseinandersetzung. Vertraut mit dem neuen Testamente und der Kirchengeschichte, wies er nach, wie das Christentum im Verlaufe entartet sei.

Paulus de Santa Maria stieg indes, von dem Gegenpapste Benediktus XIII. von Avignon begünstigt und gefördert, immer höher und höher, wurde Bischof von Cartagena, Kanzler von Kastilien und Geheimrat des Königs Don Heinrich III. Es gelang aber seinem bösen Willen doch nicht, den König von Kastilien gegen die Juden einzunehmen und sie von Hofämtern fernzuhalten. Don Heinrich hatte zwei jüdische Leibärzte, deren er in seiner Kränklichkeit nicht entraten konnte und denen er besonderes Vertrauen schenkte, Don Meïr Alguades, einen Astronomen und Kenner der Philosophie, den der König zum Großrabbinen für sämtliche kastilianische Gemeinden ernannte, und Don Mose Zarzal (Çarçal), der auch Dichter war und in volltönenden spanischen Versen die langersehnte Geburt eines Thronerben für Kastilien besang. Die Windstille, welche zwischen zwei wütenden Stürmen für die spanischen Juden während der Regierung Don Heinrichs eintrat, begünstigte den Nachtrieb einiger literarischen Spätlinge, fast die letzten von einiger Bedeutung.

Profiat Duran, von dem man nicht weiß, wie es ihm möglich geworden, seine Taufe vergessen zu machen, sich in Spanien oder Perpignan zu behaupten, und der Verfolgung wegen seiner ironischen Behandlung der christlichen Glaubensartikel zu entgehen — Profiat Duran kommentierte Maimunis philosophisches Werk „Führer", auch Mehreres von Ibn-Esra, verfaßte ein mathematisches und kalendarisches Werk, und stellte in einem Geschichtswerke die umfangreichen Verfolgungen zusammen, welche sein Stamm seit dem dreizehnten Jahrhundert erlitten. Seine beste Arbeit ist seine hebräische Grammatik.

Eine durchaus nicht alltägliche Arbeit hinterließ Chasdaï Crescas, schon am Rande des Grabes und durch die Verfolgung und den Märtyrertod seines Sohnes zusammengebrochen. Er war ein tiefer und umfassender Denker, der sich nicht an Einzelnes verlor, sondern ein Ganzes gedanklich umspannen wollte. In einem Werke sollten alle Seiten des Judentums, die Ideen und Gesetze, aus denen die jüdische Lehre besteht, beleuchtet, das Besondere mit dem Allgemeinen, die auseinander gefallen waren, wieder verknüpft werden. Dieser Plan zeugt nicht bloß für seine außerordentliche Gelehrsamkeit, sondern noch mehr für seine Geistesklarheit. Der Tod scheint ihn an der Ausführung dieser Riesenarbeit gehindert zu haben, und er hat lediglich den philosophischen Teil oder die Einleitung dazu ausgearbeitet. In dieser Einleitung beleuchtet Chasdaï Crescas einerseits das Grundwesen der Religion im allgemeinen, das Dasein Gottes, die göttliche Allwissenheit, die Vorsehung, die menschliche Willensfreiheit, den Zweck des Weltalls, und anderseits die Grundwahrheiten des Judentums, die Lehre von der Weltschöpfung, der Unsterblichkeit und vom Messias. Ihm imponierte die aristotelisch-mittelalterliche Philosophie nicht mehr so gewaltig wie seinen Vorgängern, weil sein klarer Geist ihre Schwächen tiefer als andere erkannt hatte. Mit kühner Hand riß er daher die Stützen des riesigen Gedankenbaues für die Religion nieder, welchen Maimuni auf aristotelischem Grunde aufgeführt hatte. Vertraut mit dem ganzen Gerüste der scholastischen Philosophie, bekämpfte er sie mit wuchtigen Streichen.

Während ihm die Philosophie der Zeit auf bodenlose Abwege geraten zu sein schien, stand ihm das Judentum auf unerschütterlichem Grunde fest, und er suchte lediglich die Einwendungen von seiten jener gegen dieses zu entkräften. Die Annahme einer unbegrenzten göttlichen Allwissenheit führt Chasdaï Crescas zu einer kühnen Behauptung, daß der Mensch in seinen Handlungen nicht ganz frei sei, daß vielmehr alles Geschehene notwendig aus einer Ursache folge, und jede bis zur ersten Ursache hinauf das Eintreffen dieses oder jenes Zustandes unfehlbar bedinge. Der menschliche Wille folge nicht einer blinden Wahl, sondern sei durch die Gliederkette vorangegangener Wirkungen und Ursachen bestimmt.

In wiefern könne es aber Lohn und Strafe nach sich ziehen, wenn der Wille nicht frei ist? Darauf antwortet Chasdaï Crescas: Lohn und Strafe erfolgen nicht auf Handlungen, sondern auf Gesinnungen. Wer das Gute — das allerdings notwendig erfolgen müsse — mit Freudigkeit des Herzens vollbringe, verdiene belohnt zu werden, ebenso wie der, welcher das Böse gern befördere, der Strafe verfallen müsse, obwohl auch dieses eine Notwendigkeit sei.

Das höchste Gut, dem der Mensch zustreben soll, und der Endzweck der Schöpfung sei die geistige Vollkommenheit des Menschen oder das ewige Leben der Seligkeit. Diese werden einzig und allein durch tätige Liebe zu Gott erworben. Das sei der Inbegriff der Religion und besonders des Judentums. Chasdaï Crescas, welcher zu allererst den Unterschied zwischen der allgemeinen Religion und einer besonderen Religionsform, wie Judentum und Christentum, machte, stellte, abweichend von Maimuni, nur acht das Judentum charakterisierende Glaubensartikel auf. Gegen die dreizehn Glaubensartikel Maimunis wendete er mit Recht ein, daß ihrer entweder zu viel oder zu wenig aufgezählt seien, weil darin die Grundwahrheit jeder Religion überhaupt mit den Glaubenslehren des Judentums streng geschieden seien.

Nächst Profiat Duran und Chasdaï Crescas trat auch in der kurzen Pause zwischen zwei blutigen Verfolgungen in Spanien der kastilianische Großrabbiner Don Meïr Alguades als philosophischer Schriftsteller auf, aber nicht mit einer selbständigen Arbeit. Er übertrug Aristoteles' Sittenlehre (Ethik) ins Hebräische und machte sie den Juden zugänglich, welche sie mehr im Leben angewendet haben, als die Griechen, aus deren Schoß sie hervorgegangen war, und als die Vertreter der Kirche, welche sich durch Glaubensformeln und Kirchenlehren über die Moral hinwegsetzten.

Der jüdisch-spanische Gelehrtenkreis war indes nicht mehr mit der arabischen Sprache genügend vertraut. Aus diesem Grunde mußte Alguades die Übersetzung der „Sittenlehre" aus dem lateinischen Text anlegen. Angeregt hat ihn dazu oder mitgearbeitet hat dabei eine Persönlichkeit von hoher Stellung in Saragossa: Don Salomo Benveniste Ibn-Labi mit der Nebenbenennung de la Caballeria, dessen Sohn in einer Zeit schwerer Prüfung mit der Kraft unerschütterlicher Überzeugung für das Judentum eintrat, und von dessen Familiengliedern einige vom Judentum abfielen und erbitterte Gegner desselben wurden.

Es trat nämlich eine Zeit schwerer Prüfung durch neue und gehäufte Drangsale für die spanische Judenheit ein, welcher schwache Naturen nicht gewachsen waren und in der sie ihre Treue nicht bewahrten. So lange nämlich der junge, nicht unkräftige, wenn auch kränkliche Monarch des Hauptreiches Kastilien, Don Heinrich III., regierte, konnten die Juden eine leidliche Existenz führen. Sobald er aber ins Grab stieg (1406), trat abermals eine ungünstige Wendung für die Juden Kastiliens ein, ein Vorbote unglückseliger Tage. Der Thronerbe Juan II. war ein kaum zweijähriges Kind. Die Regentschaft führte die Königin-Mutter Catalina (Katharina) von Lancaster, eine launenhafte, übermütige, streng kirchlich gesinnte junge Frau, welche zu herrschen glaubte, aber von ihren jeweiligen Favoritinnen beherrscht wurde. Mitregent war der Infant Don Fernando (später König von Aragonien), der zwar klug und milde war, sich aber von Geistlichen leiten ließ. Im Staatsrat saß neben ihm der abtrünnige Paulus de Santa Maria, ein noch schlimmerer Acher, dem nicht bloß das Judentum ein Gräuel, sondern auch die Juden ein Dorn im Auge waren. Der verstorbene König Don Heinrich III. hatte ihn zum Vollstrecker seines Testamentes und zum Erzieher des Throninfanten ernannt, und so hatte Paulus im Regentschaftsrate eine gewichtige Stimme. Welche Aussicht für die Juden Kastiliens! Sie empfanden auch bald den ihnen feindseligen Geist des Hofes. Zunächst war es auf die Demütigung der angesehenen Juden abgesehen, welche im Verkehr mit dem Hofkreise oder mit den Granden des Reiches standen, und als solche eine geachtete Stellung einnahmen. Sie sollten daraus verdrängt und daran gemahnt werden, daß auch sie zur verachteten Kaste gehörten.

Ein Edikt wurde im Namen des vierjährigen Königs veröffentlicht (1408), welches die judenfeindlichen Paragraphen der Gesetzessammlung Alfonsos des Weisen[1]) zur Ausführung brachte. „Weil die Bekleidung von Ämtern von Seiten der Juden zum Schaden des christlichen Glaubens und der Gläubigen gereiche", so sollte dies für alle Zukunft untersagt sein. Jeder Jude, der von einem Adligen oder einer Stadt sich mit einem Amte belehnen ließe, sollte das Zweifache seiner Einnahmen davon als Strafe erlegen, und wenn sein Vermögen nicht ausreiche, dasselbe ganz einbüßen und noch dazu fünfzig Streiche gewärtig sein. Man kann die Hand des Paulus de Santa Maria in diesem Gesetze nicht verkennen. Er kannte recht gut die starken und schwachen Seiten der spanischen Juden und mochte berechnen, daß die Angesehenen, in Gefahr ihr Amt und ihre Stellung zu verlieren, zum Christentum übergehen, und daß die Treubleibenden, ausgeschlossen vom Verkehr mit der christlichen Gesellschaft, von der Beteiligung am öffentlichen Leben und auf sich selbst angewiesen, verfallen würden.

---

[1]) B. II, p. 493.

Zu gleicher Zeit richtete sich sein giftiger Haß gegen den ehemaligen Leibarzt des verstorbenen Königs, Meïr Alguades. Wollte der Apostat Paulus ihn verderben, weil jener den Mittelpunkt für diejenigen bildete, welche in entlarvt und der Verspottung preisgegeben hatten? Ein aufregender Prozeß wurde in Szene gesetzt. Als die Königin-Mutter mit dem gekrönten Kinde in Segovia war, erhoben einige Priester ein schwere Anklage gegen einen Juden dieser Stadt: Er habe vom Sakristan eine Hostie gekauft, natürlich um sie zu schänden; die Hostie habe so erstaunliche Wunder bewirkt, daß der Käufer sie in Angst und Zittern dem Prior eines Klosters wieder zugestellt habe. Sei es nun, daß dieser Vorfall durchweg erfunden, oder daß ein Fäserchen Wahrheit zu einem haarsträubenden Lügengewebe geflissentlich gedehnt worden war, genug, der Bischof Juan Velasquez de Tordesillas gab der Sache eine ungemeine Wichtigkeit, ließ mehrere Juden als Mitschuldige verhaften nnd darunter auch Don Meïr Alguades. Die Regentin Catalina ließ infolge dessen einen peinlichen Prozeß anstellen. Alguades und die Mitverhafteten wurden gefoltert und gestanden ihre Schuld an der Hostie ein. Meïr Alguades soll aber ein noch ganz anderes Geständnis unter der Tortur abgelegt haben, daß der König Don Heinrich III. durch seine Hand gefallen sei. Obwohl alle Welt wußte, daß der Monarch von Jugend an gekränkelt hatte, so wurde Don Meïr — dem die Richter unter der Folter die Frage wegen Vergiftung des Königs vorgelegt haben müssen — auf eine grausame Weise hingerichtet; Glied für Glied wurde ihm ausgerenkt. Dasselbe Los traf auch seine Mitangeklagten. Eine Synagoge wurde bei dieser Gelegenheit in eine Kirche umgewandelt.

Die trübe Zeit, welche eigentlich erst den vorausgeworfenen Schatten künftiger unglückseligen Ereignisse bildete, erzeugte die düstere Erscheinung einer neuen messianischen Schwärmerei. Sie ging wieder von Mystikern aus. Die Kabbala, hatte — durch den geschickten Kunstgriff, den „Sohar", dieses Lügenbuch, als eine neue göttliche Offenbarung, einschleichen zu lassen — rührige Parteigänger und immermehr Boden in den jüdischen Gemütern gewonnen. Drei Kabbalisten waren besonders tätig, ihrer Lehre die Gemüter zu unterwerfen und die Köpfe zu benebeln: Abraham aus Granada, Schem-Tob Ben-Joseph und Mose Botarel. Der Erstere (1391—1409) hatte die Kühnheit, zu behaupten: „Wer nicht in kabbalistischer Weise Gott erkennt und verehrt, gehöre zu den Kleingläubigen, der sündige unwissentlich". Abraham aus Granada deutete an, daß der Abfall der gebildeten Juden von ihrem Glauben in dem Gemetzel von 1391 in der leidigen Beschäftigung mit der Wissenschaft und in der Verachtung der Kabbala seinen letzten Grund habe. Andererseits sah er in dieser Verfolgung und in dem Übertritt so vieler angesehener Juden zum Christentum die Vorzeichen der messianischen Zeit, die Leiden, die ihr vorangehen müßten, und die Nähe der Erlösung. — Schem-Tob Ben-Joseph Ibn-Schem-Tob (st. 1430) beschuldigte geradezu die jüdischen Philosophen, Maimuni und Gersonides mit, als Verführer des Volkes zur Ketzerei und zum Unglauben und als eigentliche Urheber der Abtrünnigkeit so vieler zur Zeit der Prüfung. In einer Schrift (Emunot) machte er die heftigsten Ausfälle gegen die jüdischen Denker und die Beschäftigung mit der Philosophie und behauptete, das wahre Heil Israels liege in der Pflege der Kabbala, welche die echte lautere Wahrheit und uralte jüdische Tradition sei. Sein Buch ist eine lange Reihe der schwersten Anklagen gegen das vernünftige Denken innerhalb des religiösen Gebietes und eine fortlaufende Verherrlichung des kabbalistischen Unverstandes.

Doch waren diese beiden, Abraham von Granada und Schem-Tob, beschränkte, aber doch ehrliche Männer; anders aber Mose Botarel aus Cisneros in Kastilien, der es geradezu auf Schwindel und Täuschung abgesehen hatte. Er gab sich als Wundertäter und Prophet, ja, als Messias aus. Botarel prophezeite, daß im Frühlingsmonat (1398) sich erstaunliche Wunder ereignen, welche die Messiaszeit herbeiführen würden. Später verfaßte er eine Schrift, die voller Lug und Trug ist. Ruhmredig und prahlerisch richtete er Sendschreiben an sämtliche Rabbinen Israels, daß er imstande sei, alle Zweifel über Bibel und Talmud zu lösen, alle Dunkelheit zu lichten, und gab sich als das Haupt des großen Synhedrion aus. Der helle Kopf Chasdaï Crescas soll, merkwürdig genug, an diesen Schwärmer geglaubt und ihn in der Synagoge als Heilsboten verkündet haben. Indessen muß dieser Schwindel ein so klägliches Ende genommen haben, daß sich die jüdischen Schriftsteller schämten, viel davon zu sprechen.

Als wenn die Juden in Spanien noch nicht genug Feinde gehabt hätten an den verarmten und trägen Bürgern und Adligen, welche den Wohlstand der Juden als einen, an ihnen begangenen Raub betrachteten, an den polternden Geistlichen, welche ihre Unsittlichkeit mit dem Mantel des Bekehrungseifers zudecken wollten, und an den neugetauften Emporkömmlingen, welche durch Haß gegen ihre Stammgenossen ihre Abkunft vergessen machen wollten, traten im Anfange des fünfzehnten Jahrhunderts drei Feinde zu gleicher Zeit auf, welche zu den erbittertsten und verbissensten gehörten: ein getaufter Jude, ein Dominikanermönch und ein von allen Seiten verlassener Papst. Diese drei, Josua Lorqui, Fray Vicente Ferrer und Pedro de Luna oder als Gegenpapst Benediktus XIII., haben den verhängnisvollen Knoten zum tränenreichen Trauerspiel der spanischen Juden geschürzt. Josua Lorqui aus Alcañeiz, — der trotz seiner Entrüstung über den Abfall seines Meisters seinem Beispiel gefolgt sein muß — nahm nach seiner Taufe den Namen Geronimo de Santa Fé an und wurde Leibarzt des avignonensischen Papstes Benediktus. Er betrachtete es gleich Paulus de Santa-Maria als seine Aufgabe, seine ehemaligen Glaubensgenossen durch jedes Mittel zum Christentum hinüber zu ziehen oder anzuschwärzen. Vicente Ferrer, den die Kirche heilig gesprochen hat, war eine jener düsteren Naturen, welche die Erde als ein Jammertal betrachten und sie dazu machen möchten. Er stach allerdings damals gegen den Troß der Welt- und Klostergeistlichen als ein Heiliger ab. Er war nicht den Lüsten ergeben, trachtete nicht nach Gold und Glanz, war von wahrhafter Demut durchdrungen und nahm es mit seinem Berufe ernst. Allein er war von der Verkehrtheit befangen, weil die Christenheit, Geistliche und Weltliche, durch und durch verderbt und angefault sei, so stünde der Untergang der Welt nahe bevor, und sie sei nur dadurch zu retten, daß alle Menschen zum Christusglauben und zum mönchischen Büßerleben gebracht würden. Vicente Ferrer erneuerte daher die alte Entmenschung der Geißelbüßung, zog durch die Länder mit einer Schar Blindgläubiger, geißelte den entblößten Leib täglich mit Knotenstricken, entflammte die Menge zu denselben Übungen und glaubte dadurch das Heil der Welt herbeiführen zu können. Mit einem wohlklingenden, sympathischen Organ und beredter Sprache begabt, gewann dieser Dominikanermönch eine große Gewalt über die Gemüter. Wenn er unter Schluchzen an die Leidensgeschichte Jesu erinnerte oder den nahen Untergang der Welt ausmalte, so rührte er die Zuhörer bis zu heftigem Tränenerguß und konnte sie zu jeder Tat und Untat leiten. Er hatte eine hohe Würde am päpstlichen Hofe aufgegeben, um einfacher Barfüßlermönch und Geißelbruder zu werden. Dieser Umstand wirkte besonders mit, ihm viele Bewunderer und Anhänger zuzuführen, weil ein solches Verzichtleisten auf Ansehen und Einnahmequellen von seiten eines Geistlichen zu jener Zeit ein ungewöhnliches Beispiel war. Aber Ferrer mißbrauchte die Vorzüge, welche ihm die Natur verliehen hatte, zu blutiger Gewalttätigkeit. Die tiefe Verderbnis der Kirche beweist am schlagendsten die Haltung dieses Mönches. Daß die Kirche damals durch drei gleichzeitige Päpste zerrissen war, von denen jeder sich als Statthalter Gottes geberdete und die Gegenpartei mit Wort und Tat verfolgte, und daß einer dieser Päpste Johannes XXIII. (1410—1415) alle Laster und Todsünden erschöpfte, Seeräuber, Ablaßkrämer, Wollüstling und Weiberschänder war, das kennzeichnet die Entartung noch nicht so sehr, als das eine wirklich reine und sittliche Natur, wie Vicente Ferrer, Mordgedanken hegte und predigte gegen alle solche, welche seine Verkehrtheiten nicht teilten. Die Taube war zur Giftschlange, das Lamm zum reißenden Tiere geworden.

Anstatt wie Wycliffe und andere Kirchenreformatoren seine Stimme gegen die Gebrechen der kirchlichen Institutionen zu kehren, kehrte sie der Büßermönch gegen die Juden und Ketzer. Mit Schrift und Wort eröffnete er einen Kreuzzeug gegen die Juden und setzte ihn jahrelang fort. Zunächst galten seine heftigen Ausfälle den Neuchristen in Spanien wegen ihrer Unaufrichtigkeit im Kirchenglauben. Teils aus Furcht, der schweren Strafe der Apostasie zu verfallen und teils von den feurigen Worten des Predigermönches gewonnen, legten viele Marranen ein reumütiges Bekenntnis ab, und Ferrer betrachtete solches als einen großen Sieg der Kirche, als einen Triumph für die Wahrheit des Christentums. Dieser Erfolg ließ ihn hoffen, auch sämtliche Juden bekehren zu können. Durch seine Gewalt über das Volk wurde Ferrer von den Königen Spaniens gebraucht, wo es galt, Volksaufstände während der Unruhen und Bürgerkriege unblutig zu beschwichtigen. Ferrer erhielt daher von der Königsfamilie die Befugnis, in den Synagogen und Moscheen nicht nur zu predigen, sondern auch die Juden und Mohammedaner zum Anhören seiner Kapuzinaden zu zwingen. Mit dem Kreuze in der Hand und einer Thorarolle im Arme, mit Gefolge von Geißelbrüdern und Lanzenträgern, forderte er die Juden „mit fürchterlicher Stimme“ auf, sich unter dem Kreuz zu sammeln.

Durch ihn und die beiden anderen Judenbekehrer entstanden so unsägliche Leiden für die spanischen Juden, daß mehrere Jahre (1412—1415) zu den traurigsten der leidensreichen jüdischen Geschichte zählen. — Eine kurze Zeit nach Ferrers Erscheinen am kastilianischen Hofe (1412) erließen die Regentin Donna Catalina, der Infant Don Fernando und dazu der Apostat Paulus de Santa Maria im Namen des königlichen Kindes Juan II. ein Edikt von vierundzwanzig Artikeln, welche zum Zwecke hatten, die Juden verarmt zu machen, sie zu demütigen und sie zur verachtetsten Stufe der Gesellschaft zu erniedrigen oder sie zur Bekehrung zum Christentum durch die Not zu zwingen.

Sie sollten nur in eigenen Judenquartieren (Juderias) wohnen, welche lediglich eine einzige Eingangs- und Ausgangspforte haben dürften. Sie sollten keinerlei Handwerk treiben, auch nicht die

Arzneikunst ausüben und überhaupt gar kein Geschäft mit Christen treiben. Es verstand sich von selbst, daß sie keinerlei christliche Bedienung halten, nicht einmal für eine Handleistung am Sabbat, und keinerlei Amt bekleiden dürfen. Die eigene Gerichtsbarkeit sollten sie einbüßen. Einige Artikel des Edikts bestimmten die eigene Tracht der Juden. Wer von ihnen sich der kleidsamen Landestracht bediente oder feinere Stoffe trüge, sollte einer schweren Geldstrafe verfallen, die sich bei wiederholter Übertretung bis zur Leibesstrafe und Konfiskation steigern sollte. Das Tragen der Judenabzeichen von roter Farbe wurde natürlich aufs strengste eingeschärft. Den Männern wurde auch untersagt, sich den Bart abzunehmen oder das Haupthaar irgendwie zu stutzen; die Übertreter sollten mit 100 Geißelhieben bestraft werden. Kein Jude sollte schriftlich oder mündlich mit dem Ehrentitel Don (Herr) angeredet werden. Waffen zu tragen wurde ihnen ebenfalls untersagt. Auch sollten sie nicht mehr von einer Stadt zur anderen übersiedeln, sondern jeder an seinen Wohnort gebannt bleiben. Und nicht einmal entfliehen durften sie dieser Erniedrigung. Der Jude, welcher sich unterfinge auszuwandern und dabei ergriffen würde, sollte seine Habe einbüßen und zum Leibeignen des Königs gemacht werden. Den Granden und Bürgern wurde aufs strengste untersagt, den Juden irgend einen Schutz zu gewähren.

Es ist nicht zu verkennen, daß bei der Ausarbeitung dieser judenfeindlichen Gesetze der Apostat Paulus wiederum die Hand im Spiele hatte. Die Juden sollten gerade an ihrer empfindlichsten Stelle, in ihrem Stolze und ihrem Ehrgefühl gekränkt werden. Die jüdischen Reichen, welche gewohnt waren, in Prachtgewändern mit glattem Kinn einherzugehen, sollten in entstellender Tracht mit struppig langem Bart erscheinen. Die Gebildeten, welche als Ärzte oder als Ratgeber der Granden frei mit den hohen christlichen Ständen verkehrten, sollten auf ihr Judenquartier beschränkt bleiben — oder sich taufen lassen. Darauf liefen alle diese harten Beschränkungen hinaus. Und sie wurden mit unerbittlicher Strenge ausgeführt. Ein Zeitgenosse (Salomon Alami) beschreibt das infolge des Edikts eingetretene Elend vieler Klassen: „Die in Palästen gewohnt, wurden in elende Winkel, in niedrige finstere Hütten gewiesen. Statt der rauschenden Gewänder mußten wir elende Kleider tragen und gerieten in Verachtung. Statt des geschorenen Bartes mußten wir wie Trauernde umherwandeln. Die reichen Steuerpächter gerieten in Dürftigkeit, da sie kein Handwerk verstanden, sich davon zu ernähren. Und auch die Handwerker fanden keine Nahrung. Not stellte sich bei allen ein. Kinder starben auf dem Schooße der Mütter vor Not und Nacktheit“.

In diesem Elend trat der Dominikanermönch Ferrer mit dem Kreuze in der Hand in die Synagogen und predigte mit Donnerstimme das Christentum, bot auf der einen Seite Lebensgenuß und Ehrenstellung und drohte auf der anderen Seite mit Verdammnis im Himmel und auf Erden. Das Volk, von den heftigen Predigten zum Fanatismus gehetzt, gab ihnen durch tätliche Angriffe auf die Juden Nachdruck. Welche schwere Prüfung für die unglücklichen Juden Kastiliens! An Flucht vor diesem Elend war nicht zu denken, da das Gesetz die schrecklichste Strafe darüber verhängt hatte. Es ist daher kein Wunder, wenn die Schwachen und Lauen, die Bequemlichkeit Liebenden und Weltlichgesinnten der Versuchung erlagen und sich durch die Taufe retteten. So gingen viele Juden in mehreren Gemeinden, überall wo Vicente Ferrer predigte, zum Christentum über. Die in Salamanca getauften Juden nannten sich nach ihrem Taufpaten „Vicentiner". Manche Synagogen wurden von Ferrer in Kirchen verwandelt. In den kaum vier Monaten, während welcher sich dieser Proselytenmacher im Königreich Kastilien aufhielt (Dezember 1412 bis März 1413), hat er den Juden so tiefe Wunden geschlagen, daß sie d.ran verbluteten.

Als er sich nach dem Königreich Aragonien begeben hatte, berufen in dem Streit um die Krone zwischen mehreren Prätendenten mitzuraten, und als durch seine Tätigkeit der kastilianische Infant Don Fernando die Krone von Aragonien erhielt (Juni 1414), der ihn zu seinem Beichtvater und Gewissensrat ernannte, gewährte er ihm gern die Erfüllung seiner Wünsche. Obenan stand für Ferrer der Wunsch der Judenbekehrung, und Fernando erließ auch an die Juden Aragoniens den Befehl, die Predigten des fanatischen Bekehrers anzuhören. Auch hier eiferte Ferrer in jeder Stadt, wohin er seinen Fuß setzte, gegen die Juden und brachte viele zur Bekehrung, so in Saragossa, Daroca, Tortosa, Valencia, Majorca. Im ganzen sollen mindestens 20 000 Juden in Kastilien und Aragonien bei dieser Gelegenheit zwangsweise zum Christentum übergegangen sein. Sie vermehrten die Zahl der Marranen.

Die Leiden der spanischen Juden waren damit noch lange nicht zu Ende. Der Papst Benediktus XIII. hatte noch Schlimmeres gegen sie im Sinne und gebrauchte dazu seinen neubekehrten Leibarzt Josua Lorqui oder Geronimo de Santa Fé. Dieser Papst, von dem allgemeinen Konzil von Pisa als Schismatiker, Ketzer und Eidbrüchiger und noch wegen anderer Verbrechen angeklagt, ja, selbst seiner geistlichen Würden entkleidet und in den Bann getan, arbeitete daran, die Juden Spaniens massenhaft zur Kirche — die damals von aller Welt als geschändet bezeichnet wurde — hinüberzuziehen. Auf der pyrenäischen Halbinsel wurde er noch als Papst anerkannt. Wie, wenn es ihm gelänge, die Verstocktheit, Verblendung und den Unglauben Israels endlich zu überwinden und es um das Kreuz zu sammeln? Wäre das nicht der größte Triumph für die Kirche und namentlich für ihn? Würde er nicht damit alle seine Feinde beschämen? Wäre er dann nicht unter den falschen Hirten der einzige echte?

Zu dem Zwecke ließ der Papst (Ende 1412) mit Bewilligung des König Don Fernando eine Einladung an die gelehrtesten Rabbinen und Männer der Schrift des Königreichs Aragonien ergehen, daß sie sich zu einem Religionsgespräch in Tortosa einfinden möchten. Da sollte ihnen der in der jüdischen Literatur belesene Apostat Josua Lorqui aus dem Talmud beweisen, daß der Messias bereits erschienen sei und in Jesus seine Verkörperung gefunden habe. Durch alle Mittel wollte der päpstliche Hof auf die hochstehenden Juden einwirken, um sie für den Übertritt zu gewinnen; dann, wenn erst die Fahnenträger der Juden das heilige Lager verlassen hätten, würden die Gemeinden, der Troß, von selbst nachfolgen. Die Einzuladenden waren von Geronimo besonders bezeichnet und vom Papste oder dem Könige mit Strafe bedroht worden, wenn sie sich nicht einfinden sollten. Was sollten die Berufenen tun? Sich einfinden oder ausbleiben, annehmen oder ablehnen war gleich gefährlich. So erschienen denn zweiundzwanzig der angesehensten Juden Aragoniens. An ihrer Spitze war Don Vidal Ben-Benveniste Ibn-Labi (Ferrer) aus Saragossa, ein Mann von altem jüdischen Adel, Sohn des Salomon de la Caballaria, von Ansehen und Bildung, Arzt und neuhebräischer Dichter; ferner Joseph Albo aus Monreal, ein Jünger des Chasdaï Crescas, ein Mann von philosophischen Kenntnissen und lauterer Frömmigkeit; ferner Serachja Halevi Saladin aus Saragossa, der Übersetzer eines arabisch-philosophischen Werkes; Astrüc Levi aus Daroca, ein angesehener Mann seiner Zeit und Bonastrüc aus Gerona, ein Mann von hervorragender Bedeutung, den der Papst dringend einladen ließ.

Obwohl sämtliche berufene jüdische Notabeln allgemeine Bildung besaßen und Don Vidal gut lateinisch sprach, so hatte doch keiner von ihnen jene Seelenstärke und Charaktergröße, die auch dem boshaftesten Feinde imponiert, wie sie Nachmani zeigte, als er ganz allein zweien erbitterten Widersachern, dem Dominikaner de Penaforte und dem Apostaten Pablo Christiani entschieden gegenüber trat. Die gehäuften Demütigungen und Verfolgungen hatten auch ihnen den Mannesmut benommen. Sie waren der gefahrvollen Lage keineswegs gewachsen. Als die Einladung an sie erging, zitterten sie. Obwohl sie untereinander verabredet hatten, mit Besonnenheit und Gelassenheit aufzutreten und zu disputieren, überhaupt geeint und geschlossen zu handeln, so wichen sie doch von ihrem Vorsatze ab, gaben sich Blößen und zerfielen zuletzt in Parteien.

Der boshafte Abtrünnige Geronimo hatte im Auftrage des schismatischen Papstes vorher ein Programm entworfen, welches den Gang der Disputation leiten sollte. Zuerst sollte aus dem Talmud und anderen damit verwandten Schriften bewiesen werden, daß der Messias in Jesus von Nazareth auferstanden sei. Wenn dieses Mittel fehlschlagen und nicht eine massenhafte Bekehrung der Juden — wie sich der päpstliche Hof schmeichelte — herbeiführen sollte, dann sei ein Vertilgungskrieg gegen den Talmud zu eröffnen, daß er lauter Abscheulichkeiten enthalte und die Verblendung der Juden bestärke. Zu diesem Zwecke arbeitete Geronimo de Santa Fé zuerst ein Schreiben zur Begründung von Jesu Messianität und Göttlichkeit aus. Diese Schr ft, welche zugleich einen kirchenväterlichen und rabbinischen Geist atmet, wurde vom Papst und den Kardinälen geprüft und der Disputation als Leitfaden zugrunde gelegt.

Diese Disputation ist die merkwürdigste, die je gehalten wurde. Sie zog sich nach manchen Unterbrechungen ein Jahr und neun Monate hin (vom Februar 1413 bis 12. November 1414), während achtundsechzig Sitzungen. Im Vordergrunde der Papst, der, fast von der ganzen Christenheit verlassen und aus seiner Residenz verjagt, einen günstigen Ausfall nicht zur Verherrlichung des Glaubens, sondern zu seiner eigenen Erhebung wünschte; ferner ein getaufter Jude, der mit rabbinischen Waffen das rabbinische Judentum bekämpfte, und im Hintergrunde ein wahnbetörter Dominikanerprediger mit seiner Geißlerschar, die eine Hetzjagd auf die Juden anstellten, um dem Bekehrungseifer, der in Tortosa betrieben wurde, Nachdruck zu geben. Die hilf- und ratlosen Notabeln konnten ihren Blick nur zu dem Himmel richten, denn auf Erden sahen sie sich nur von erbitterten Feinden umgeben. Als sie zuerst zur Audienz vor dem Papste Benediktus zugelassen (6. Februar 1413) und aufgefordert wurden, ihren Namen zu Protokoll zu geben, befiel sie eine große Angst; sie dachten, es ginge an ihr Leben. Der Papst beruhigte sie indes und erklärte, er verlange nur eine übliche Förmlichkeit von ihnen. Überhaupt behandelte er sie anfangs mit Milde und Süßlichkeit: Er habe sie lediglich berufen, um sich selbst zu überzeugen, ob Geronimos Behauptung, der Talmud bezeuge Jesu Messianität, eine Wahrheit oder ein Possenspiel sei. Er sicherte ihnen vollständige Redefreiheit zu. Nach der ersten Audienz entließ sie der Papst gnädig, wies einem jeden der Notabeln Wohnung an und ließ überhaupt für ihre Bequemlichkeit sorgen. Einige unter ihnen prophezeiten von diesem freundlichen Empfang einen guten Ausgang für sich und die Sache ihrer Religion; sie kannten die Stellvertreter Gottes sehr wenig.

Tages darauf sollte die Disputation beginnen. Als die jüdischen Notabeln in den Sitzungssaal traten, machte die Versammlung einen überwältigenden Eindruck auf sie. Der Papst Benediktus auf einem erhöhten Thron in seinem Prachtornate; um ihn die Kardinäle und hohen Kirchenfürsten in ihrem auf Augenblendung berechneten Schmuck, fast tausend Zuhörer aus den hohen Ständen. Der Mut entfiel dem Häuflein Verteidiger des Judentums gegenüber dieser siegesgewissen Machtentfaltung des Christentums. Der Papst selbst leitete die Verhandlung und eröffnete die Sitzung mit einer Anrede an die Juden, worin er hervorhob, es solle nicht über die Wahrheit des Judentums oder Christentums verhandelt werden. Denn der christliche Glaube sei über jeden Streit erhaben, das Judentum sei einst wahr gewesen, aber von der späteren Offenbarung aufgehoben worden. Die Disputation sollte sich daher lediglich um den Punkt drehen, ob der Talmud Jesus wirklich als Messias bezeuge Die Juden waren demnach auf die schmale Linie der Verteidigung beschränkt. Als der Papst seinem Werkzeuge Geromino das Wort abtrat, hielt dieser nach vorangegangenem Fußkusse eine weitschweifige, von christlichen, jüdischen und noch dazu scholastischen Spitzfindigkeiten strotzende Rede. Darauf hielt Don Vidal Benveniste, den die Notabeln zum Hauptsprecher erwählt hatten, eine Gegenrede in lateinischer Sprache, worüber ihm der Papst Komplimente machte. Don Vidal setzte Geronimos Bosheit ins Licht, daß er, ehe noch der Beweis für oder gegen geführt ist, ihnen mit dem Schwerte und mit Strafe gedroht. Zuletzt machten sich die Notabeln Mut, die Bitte vorzutragen, der Papst möge sie überhaupt von der Disputation entbinden. Natürlich wies sie der Papst ab und lud sie auf den anderen Tag zur Fortsetzung ein.

Mit bangen Gefühlen im Herzen begaben sich die jüdischen Notabeln und die ganze Gemeinde von Tortosa noch an demselben Tage in die Synagoge und flehten denjenigen um Hilfe an, der ihren Vorfahren so oft in Nöten beigestanden, daß er ihnen das rechte Wort auf die Zunge lege, damit sie nicht durch eine entfahrene Äußerung die Löwen, die mit ihren Rachen nach ihnen schnauben, reizen. Serachja Halevi Saladin gab in einer Predigt die trübe Stimmung der zum Gebete Versammelten wieder.

Die Disputation behielt anfangs einen freundlichen Charakter. Geronimo zog verschollene Talmudstellen heran, um das Unglaublichste zu beweisen, daß der Talmud selbst Jesu Messianität gewissermaßen bezeuge. Der Papst führte oft dabei den Vorsitz. Aber bei dieser Beschäftigung quälten ihn drückende Sorgen um die Behauptung seiner Würde, weil die Fürsten das Konzil zu Kostnitz ausgeschrieben hatten, welches sich zum höchsten Gerichtshof über die drei Päpste erhob. Benediktus mußte deshalb öfter abwesend sein, um mit seinen Freunden Beratung zu halten. In seiner Abwesenheit präsidierte der General der Dominikaner oder der Magister des päpstlichen Palastes. Die Beweise, welche Geronimo für seine Behauptung aufstellte, waren zu abgeschmackt, als daß es den Notabeln hätte schwer werden können, sie zu widerlegen. Allein die Worte wurden ihnen im Munde verdreht, und im Protokoll wurde öfter aufgenommen, sie hätten diesen oder jenen Punkt zugegeben. Einige von ihnen sahen sich daher veranlaßt, ihre Widerlegung schriftlich aufzuzeichnen. Aber auch diese wurde mit vieler Willkür behandelt. Dieser oder jener Punkt wurde, als nicht zur Sache gehörig, nicht zur Diskussion zugelassen. Die Verteidiger des Judentums, die ohnehin mit Unmut daran gingen, wurden müde gesprochen und gehetzt und wollten jede Erwiderung vermeiden. Aber der Papst warf mit einem mal die Maske der Freundlichkeit ab, zeigte sein wahres Gesicht und bedrohte sie mit dem Tode. Zweiundsechzig Tage hatte bereits die Zungendrescherei gedauert, und noch zeigte sich bei den Vertretern des Judentums keine Spur von der christlicherseits so sehr erhofften Geneigtheit, sich zu bekehren. Ihre Widerstandskraft wuchs vielmehr im Kampfe. So ließ denn der Papst in der drei undsechzigsten Sitzung die Angriffsweise ändern. Geronimo trat auf des Papstes Geheiß als Ankläger gegen den Talmud auf und behauptete, daß darin Abscheulichkeiten, Lästerungen, Unsittlichkeit und Ketzerei aller Art enthalten seien, und daß dieses Buch verdammt werden müßte. Zu diesem Zwecke hatte er im Auftrage des Papstes eine andere Abhandlung ausgearbeitet, worin er alles zusammenkramte, was irgend einem Talmudisten oder Agadisten unter so vielen hunderten Unangemessenes entfahren war. Er stellte aber auch, man weiß nicht, ob aus frecher Bosheit oder aus Unwissenheit, Anklagen gegen den Talmud auf, die augenfällig falsch sind. Geronimo behauptete nämlich in seiner Abhandlung, der Talmud erlaube, die Eltern zu schlagen, Gott zu lästern, Götzendienst zu üben, Eide zu brechen, wenn dieselben im Voraus am Versöhnungstage für ungiltig und als nicht geschehen erklärt würden. Eine skrupulöse Anordnung in Betreff der Eide und Gelöbnisse verwandelte er in eine Art Gewissenlosigkeit, gerade so wie Nicolas Dunin es angestellt hatte. Er folgerte daraus, daß die Juden den von ihnen geleisteten Eid gegen Christen gering achteten. Es versteht sich von selbst, daß dieser Apostat die Verläumdung des Alfonso von Valladolid wiederholte, als verwünschten die Juden die Christen in ihren täglichen Gebeten. Alles, was im Talmud Feindseliges teils gegen Heiden, teils gegen apostatische Judenchristen ausgesprochen ist, das deutete Geronimo als auf Christen gemünzt, — eine Fälschung, welche die schlimmsten Folgen hatte. Denn die Judenfeinde schrieben und sprachen diese tödlichen Anschuldigungen ohne weiteres nach. — Die Vertreter des Judentums widerlegten zwar die vorgebrachten Anklagestellen, wurden aber so sehr bedrängt, daß sie in zwei Parteien zerfielen. Don Astrüc Levi überreichte eine schriftliche Erklärung, daß er den talmudischen Agadastellen, welche als Anklagepunkte geltend gemacht wurden, keine Autorität beilege, sie für nichtig halte und sich von ihnen lossage. Dieser Erklärung stimmten die meisten Notabeln bei. Um das Leben des Ganzen zu erhalten, opferten sie ein Glied auf. Nur Joseph Albo und Don Vidal waren damit nicht einverstanden und erklärten, daß die talmudische Agada für sie vollgültige Autorität habe, die verfänglichen Stellen aber einen anderen Sinn hätten und nicht nach dem Buchstaben beurteilt werden dürften. So war doch dem Papste und seinen Kreaturen eines gelungen, eine Spaltung unter den Vertretern des Judentums hervorzurufen. Dagegen schlugen alle Mittel, welche sie zur Erreichung des Hauptzweckes — eine massenhafte Bekehrung der Juden durch das Beispiel ihrer hervorragendsten Führer zu erlangen — angewandt hatten, die freundliche herzgewinnende Miene, die geballte Faust, die Verdächtigung und Unterwühlung der jüdischen Überzeugungen, alle diese Mittel schlugen fehl. Die Judenfeinde hatten zwar noch etwas in Szene gesetzt, das ganz besonders auf Effekt berechnet war. Der fanatische Judenbekehrer Vicente Ferrer setzte wieder mit seiner schreckenerregenden Geißlerschar, mit düsteren Gesängen und Kreuzpredigten seine Tätigkeit fort, und es gelang ihm wiederum viele tausend Juden zum Christentum hinüber zu ziehen (vom Februar bis Juni 1414). Aus den größeren jüdischen Gemeinden Saragossa, Calatajud, Daroca ließen sich einzelne taufen, kleinere Gemeinden, die in der ihnen feindseligen christlichen Umgebung keine Sicherheit der Existenz mehr hatten, gingen ganz und gar zum Christentum über, etwa dreitausend. Alle diese neubekehrten Juden ließ der päpstliche Hof nach und nach in kleineren und größeren Gruppen nach Tortosa kommen, in den Sitzungssaal führen und dort in öffentlicher Versammlung ihr christliches Glaubensbekenntnis ablegen. Sie sollten als lebendige Trophäen den Sieg der Kirche verkündigen, die Verteidiger des Judentums entmutigen und ihnen den Glauben beibringen, daß ihr Widerstand vergeblich sei, und daß sie bei ihrer Rückkehr keine jüdische Gemeinde mehr vorfinden würden. Wie es scheint, fiel auch ein Bruder des mutigen Streiters Vidal Benveniste damals ab, Namens Todros Benveniste aus Saragossa, und auch mehrere Glieder der berühmten und edlen Familie Benveniste Caballeria nahmen die Taufe. Einer von acht Brüdern, Bonafos, welcher als Christ den Namen Micer Pedro de la Caballeria führte, der als Rechtslehrer eine hohe Stellung erlangte, wurde ein Erzfeind des Judentums. Wie mag dem Verteidiger Vidal-Ferrer Benveniste bei der Nachricht von dem Abfall seiner Verwandten das Herz gebrochen sein! Es ist kein geringes Verdienst, daß er, Joseph Albo, Astrüc Levi und ihre Genossen von allen den auf sie einstürmenden Eindrücken sich nicht niederbeugen ließen. Der Papst sah seine Hoffnung getäuscht; nicht ein einziger der jüdischen Notabeln wurde schwankend, und Massenbekehrungen fanden nicht statt. Die großen Gemeinden Aragoniens und Kataloniens blieben bis auf einzelne Schwachmütige ihrem Glauben treu. Benediktus konnte nicht vor dem Konzil von Kostnitz, das bald zusammentreten sollte, als Triumphator über den Unglauben der Juden auftreten und nicht Siege geltend machen.

In seinem Unmute schüttete er seine Galle gegen den Talmud und gegen die geringe Freiheit der Juden aus. In der letzten Sitzung der Tortosaner Disputation entließ er die jüdischen Notabeln sehr unfreundlich und ließ ihnen seine feindlichen Beschlüsse verkünden, die aber erst wegen Hindernissen ein halbes Jahr später (11. Mai 1415) in einer Bulle von dreizehn Artikeln veröffentlicht wurden. Es wurde darin den Juden untersagt, den Talmud und die dazu gehörigen Schriften zu lesen und darin zu unterrichten. Die Exemplare sollten aufgesucht und vernichtet werden.

Auch die gegenchristlichen Schriften, von Juden verfaßt, und namentlich eine Schrift Mar Mar Jesu durften bei Strafe der Gotteslästerung wegen nicht gelesen werden. Jede Gemeinde, groß oder klein, sollte nur eine einzige kleine, dürftig ausgestattete Synagoge besitzen, die Juden sollten von den Christen abgesondert werden, nicht mit ihnen speisen, baden, Geschäfte machen. Sie sollten kein Amt bekleiden, kein Handwerk ausüben, auch nicht die Arzneikunde betreiben. Das Tragen der Judenabzeichen von roter oder gelber Farbe schärfte die Bulle des Papstes ebenfalls ein. Endlich sollten sämtliche Juden gezwungen werden, dreimal des Jahres christliche Predigten anzuhören. Nach jeder Predigt sollte den Juden der

Inhalt der Bulle vorgelesen werden. Mit strenger Überwachung der Ausführung der in der Bulle enthaltenen Feindseligkeiten betraute der Papst den Sohn des Apostaten Paulus, Namens Gonzalo de Santa Maria, den der Vater zum Christentum herübergezogen hatte. Größtenteils war diese Bulle nur eine Wiederholung der judenfeindlichen Paragraphen des Gesetzes von der Königin Catalina erlassen. Aber während dieses Gesetz nur gegen die Juden von Kastilien gerichtet war, sollte die Bulle des verketzerten Papstes für die Gesamtjudenheit unter der Herrschaft des Kreuzes Geltung haben.

Glücklicherweise hatten die Feindseligkeiten dieses Papstes für den Augenblick keine Wirkung. Während er noch die Juden peinigte, erklärte ihn das Konzil von Kostnitz für abgesetzt. Die Waffen, deren er sich bedient hatte, prallten auf sein eignes Haupt zurück. Vicente Ferrers fanatische Predigten entzogen dem Papste die letzten Anhänger. Der Geißlerprediger ermahnte den König von Aragonien, den „entarteten und heuchlerischen Papst" zu verlassen, und predigte überall in den Kirchen und auf den Straßen, daß „ein solcher Mensch wie dieser Papst bis auf Blut verfolgt und von jedem rechtgläubigen Christen totgeschlagen zu werden verdiente". Dem von seinen Beschützern, Freunden und selbst seinen Schützlingen verlassenen Pedro de Luna blieb von seiner Herrlichkeit nichts weiter als eine kleine Festung Peñiscola, worin ihn noch dazu der König Fernando auszuhungern drohte. Der ehrgeizige und halsstarrige Mann bedeckte sich noch zuletzt mit Lächerlichkeit, indem er in seiner winzigen Residenz den Papst weiter spielte.

Nach seinem Tode wählten seine Kardinäle anstatt eines Papstes gar zwei. So war die Unfehlbarkeit der Kirche beschaffen, unter deren Joch man die Juden zwingen wollte. Was aus dem boshaften Apostaten Josua Lorqui-Geronimo de Santa Fé nach dem Sturze seines Papstes geworden, ist nicht bekannt. Er erhielt im jüdischen Kreise den wohlverdienten Namen „der Lästerer" (Megadef). Seine zwei Söhne, welche ebenfalls getauft wurden, erlangten eine ausgezeichnete Stellung in Aragonien. Der eine Francisco de Santa Fé wurde Mitglied des Staatsrates, wurde aber im Alter als judäisierender Ketzer auf dem Scheiterhaufen verbrannt. Auch der von Judenfeinden umstrickte König Fernando von Aragonien, die judenfeindliche Regentin Catalina von Kastilien, deren sich Vicente für seine Judenverfolgung bedient hatte, und endlich dieser selbst traten vom Schauplatz ab (1417 bis 1419). Der letzte erlebte noch den Schmerz, daß seine Geißelschwärmerei, die ihn zum Heiligen gestempelt hatte, vom Konzil zu Kostnitz verdammt wurde.

Indessen wenn auch die Träger der Judenverfolgung abgetreten waren, so blieben doch die von ihnen geschaffenen schlimmen Zustände. Die Ausschließungsgesetze Catalinas waren in Kastilien und die Bulle des Papstes Benediktus in Aragonien in Kraft. Ferrers Judenbekehrungen hatten den spanischen und selbst außerspanischen Gemeinden tiefe Wunden geschlagen. Nur in Portugal hatte er keinen Anklang gefunden. Der portugiesische Herrscher Don João I. verfolgte andere Interessen als Judenbekehrungen. Er war damals mit der ersten Eroberung an der gegenüberliegenden Spitze von Afrika beschäftigt, welche den Grund zur Seeherrschaft der Portugiesen legen sollte. Als Vicente Ferrer sich vom König João die Erlaubnis erbeten hatte, nach Portugal kommen zu dürfen, um auch dort die Kanzeln und Straßen von seinen düsteren Predigten von der Sündhaftigkeit der Welt und der Blindheit und Verstocktheit der Juden wiederhallen zu machen, ließ ihm der portugiesische König sagen, er möge kommen, aber mit einer Krone von glühendem Eisen auf der Stirn. Portugal war das einzige Asyl für die Juden auf der pyrenäischen Halbinsel vor der Bekehrungswut des Geißlerpredigers; dorthin flohen auch viele aus Spanien, welche sich der Überwachung entziehen konnten. Der König erließ einen Befehl, daß die eingewanderten neuen Christen nicht geplagt und nicht an Spanien ausgeliefert werden sollten.

In vielen anderen Gegenden Europas dagegen, welche der Fuß des fanatischen Dominikaners betreten hatte, oder wohin der Ruf von seinen Taten und Untaten gedrungen war, mußten die Juden den bitteren Kelch der Leiden leeren. In Savoyen, das Vicente Ferrer auch berührt hatte, waren die Juden gezwungen, sich in Gebirgshöhlen mit ihren heiligen Schriften zu verbergen. Deutschland war stets ein ergiebiger Boden für Judenverfolgung, und die Anarchie, die dort während Sigismunds Regierung und der Dauer des Kostnitzer Konzils herrschte, beförderte sie noch mehr. Selbst die italienischen Gemeinden, die meistens unangefochten blieben, lebten in Angst, daß die Hetzereien gegen sie in dem politisch so sehr zerrissenen Lande Anklang finden könnten. Sie veranstalteten daher eine große Synode in Bologna und in Forli (1416, 1418), um auf Mittel zu sinnen, wie sie die ihnen drohende Gefahr beschwören könnten, und besonders Mittel zusammenzuschießen, um durch Befriedigung der Geldgier des Papstes und des Kardinalkollegiums diese günstig für sich zu stimmen.

Glücklicherweise wurde damals nach langer Kirchenspaltung mit mehreren Gegenpäpsten und bitterem Hader von der Kostnitzer Kirchenversammlung ein Papst gewählt, der, wenn auch voller Verstellung, doch nicht zu den verworfensten des Kardinalkollegiums gehörte. Martin V., von dem die Zeitgenossen sagten, vor seiner Wahl habe er als einfältig und gut gegolten, nachher aber sich als sehr klug und wenig gütig gezeigt — Martin fuhr zwar die Juden barsch an, als sie ihm bei seinem Umzuge in Kostnitz in feierlicher Prozession mit brennenden Kerzen die Thorarolle entgegenreichten und ihn um Bestätigung der Duldung baten, und entgegnete ihnen von seinem weißen Zelter mit seidenen und goldenen Verzierungen herab: „Ihr habt das Gesetz, versteht es aber nicht; das Alte ist entschwunden, und das Neue ist gefunden" (der Blinde tadelte die Sehenden). Indessen erwies er ihnen doch Milde. Auf Antrag des Kaisers Sigismund bestätigte der Papst den Juden Deutschlands und Savoyens sämtliche Privilegien, welche sein Vorgänger, Kaiser Ruprecht, ihnen bewilligt hatte, d. h. soviel: er rügte die gewaltsamen Angriffe auf das Leben und Vermögen der Juden und ihre Zwangsbekehrungen. Darauf erließ der Kaiser Sigismund — welcher zwar leichtsinnig und geldgierig die Kosten, welche die Kirchenversammlung zu Kostnitz erforderte, auch den jüdischen Gemeinden aufbürdete und sie überhaupt schindete, wo und wie er nur konnte, aber nicht verfolgungssüchtig war — einen Befehl an alle deutschen Fürsten, Beamte, Städte und Untertanen, seinen Kammerknechten die Gnaden und Freiheiten zu lassen, welche der Papst ihnen bestätigt hat (26. Feb. 1418). Auch die von der italienischen Synode abgeordneten jüdischen Deputierten begaben sich zu dem nach so langer Spaltung allgemein anerkannten Papste und baten um seinen Schutz. Selbst die spanischen Juden scheinen eine Deputation an denselben Papst zu demselben Zwecke gesandt zu haben, und zwar war einer von ihnen Samuel Abravalla, der steinreiche, welcher bei dem Gemetzel in Valencia die Taufe genommen hatte. Auf die Klagen der Juden über die Gefährdung ihres Lebens, über die Angriffe auf ihre Überzeugung, über die Schändung ihrer Heiligtümer, erließ der Papst Martin eine Bulle (vom 31. Januar 1419) mit der Eingangsformel: „Da die Juden Gottes Ebenbild tragen, ihr Überrest einst selig werden soll, so bestimmen wir nach dem Beispiel unserer Vorgänger, daß sie in ihren Synagogen nicht belästigt, ihre Gesetze, Rechte und Gewohnheit nicht angegriffen, sie nicht mit Gewalt zur Taufe gezwungen, auch nicht zur Feier der christlichen Feste angehalten, keine neuen Abzeichen zu tragen genötigt und daß ihr geschäftlicher Verkehr mit Christen nicht gehindert werden sollten". Es war gewissermaßen ein Protest gegen die Bulle des Gegenpapstes Benediktus. Was mag den Papst Martin bewogen haben, den Juden ein so freundliches Gesicht zu zeigen? Am meisten mochten wohl die reichen Gaben, welche die jüdischen Abgeordneten ihm boten, dazu beigetragen haben, ihn milde zu stimmen. Man konnte von ihm ohne klingende Münze nichts, mit solcher aber alles erlangen. „Denn hier am (päpstlichen) Hofe alle Freundschaft endet, so sich der Pfennig wendet", bemerkt der Gesandte des deutschen Ordens. Der Kaiser Sigismund legte den deutschen und italienischen Juden außerordentliche Steuern auf und entschuldigte sich damit, daß die von seiten des Papstes erneuerten Privilegien der Juden zu ihrem Schutze, die er durchgesetzt habe, nicht ohne Kosten erlangt werden konnten.

Zweites Kapitel.

Eine geringe Hilfe in der Not.

(1420—1472).

Inzwischen erhielt die Weltgeschichte wieder einen Stoß. Die um sich fressende Fäulnis in der Kirche, der sich selbst vergötternde Hochmut der Päpste, die Unflätigkeit der Welt- und Klostergeistlichen empörten die sittlichen Naturen, öffneten den Verblendeten die Augen und ermutigten, an dem Grundbau des katholischen Glaubens zu rütteln. Von den Kirchenfürsten, Juristen und Diplomaten, welche in Kostnitz zu einem Konzil versammelt waren, um die Reformation der Kirche an Haupt und Gliedern zu beraten, konnte keine Besserung erwartet werden. Denn sie wollten nur eine morsche Wand übertünchen, die Macht des Papsttums auf die hohen Geistlichen übertragen. Ein tschechischer Priester, Johannes Huß aus Prag, von dem Engländer Wycliffe angeregt, sprach das Wort aus, welches die Hülle, womit die Kirche die Geister umstrickt hatte, zu lösen vermochte: Nicht der und der Papst, sondern das Papsttum und die ganze Einrichtung der katholischen Kirche bilden das Grundübel, woran die Christenheit kränkelt. Der Scheiterhaufen, den die Kostnitzer Konzilsmitglieder für den freimütigen Priester anzündeten, beleuchtete die von ihm ausgesprochene Wahrheit nur um so heller. Er entzündete eine Schar in Böhmen, welche mit dem Katholizismus einen Krieg auf Tod und Leben anfachte. So oft sich eine Partei innerhalb der Christenheit feindselig gegen die bestehende Kirche kehrte, nahm sie eine alttestamentliche, so zu sagen jüdische Färbung an. Die Hussiten betrachteten den Katholizismus als Heidentum und sich selbst als die Israeliten, welche gegen die Philister, Moabiter, Ammoniter einen heiligen Krieg zu führen hätten. Sie zerstörten Kirchen und Klöster, als Stätten des wüsten Götzentums, als Baal- und Molochstempel und als Astartenhöhlen. Die Hussitenkriege, zugleich von religiösem Unwillen und Rassenhaß der Tschechen gegen die Deutschen erzeugt, fingen an die Stickluft des Kirchenglaubens ein wenig zu reinigen

Den Juden kam dieser Wutausbruch nicht besonders zu statten, hatte vielmehr für sie eine trübselige Wirkung. Nicht die wilden Hussiten, sondern die gegen die neue Ketzerei aufgestachelte Verketzerungswut fügte den Juden viel Leides zu. Jene haben höchstens einmal jüdische Häuser neben katholischen ausgeplündert und gegen den Wucher der Juden geeifert. Von besonderer Feindseligkeit der Hussiten gegen sie liegen dagegen keine Beweise vor. Die Juden wurden vielmehr von katholischer Seite beschuldigt, den Hussiten heimlich Geld und Waffen geliefert zu haben und wurden deswegen in den an den Böhmerwald grenzenden baierischen Städten als Freunde und Beförderer der Ketzer aufs Grausamste verfolgt. Die Dominikaner, dieses Heer des Antichrist (wie sie genannt wurden), welche racheschnaubende Predigten gegen die Hussiten hielten, schlossen die Juden mit ein und hetzten die Völker und Fürsten gegen die „Sanftmütigen der Erde." Wie die Kreuzzüge gegen die Mohammedaner und gegen die albigensischen Ketzer den Anfang mit den Juden machten, ebenso begannen die gegen die hussitischen Kelchner mit Judengemetzel. Die Juden Österreichs — des Landes, welches gleich Spanien von milder Duldung der Juden zur Verfolgungssucht fortschritt, mit diesem auch eine so große Wahlverwandtschaft hatte, daß sich beide zuletzt gefunden und vereinigt haben — die Juden Österreichs empfanden zuerst den wiederum aufgestachelten Fanatismus. Der ernste, würdige Erzherzog Albrecht, welcher Aussicht auf die deutsche Kaiserkrone hatte, wurde förmlich aufgestachelt gegen „die Feinde Gottes." Märchen auf Märchen wurden erfunden, die nicht einmal die Neuheit für sich hatten, aber sich doch stets wirksam erwiesen, gerade einen charakterfesten Fürsten, der keine Einsicht in das Lügengewebe der Judenfeinde hatte, zum Äußersten zu treiben. Drei Christenknaben waren in Wien aufs Eis gegangen, eingebrochen und ertrunken. Als die jammernden Eltern sie nicht fanden, warf die Bosheit das Wort hin, die Juden hätten sie erschlagen, um ihr Blut für die nächste Passahfeier zu gebrauchen. Dann wurde einem von ihnen ein noch mehr aufregendes Verbrechen zur Last gelegt. Die Meßnerin von Enns habe aus der Kirche eine Hostie entwendet, sie an einen reichen Juden Israel verkauft, und dieser habe sie in- und außerhalb Österreichs an die jüdischen Gemeinden verschickt. Christenkindermord und Hostienschändung, diese doppelte Anschuldigung, zog noch im fünfzehnten Jahrhundert gar sehr, und ihre Urheber konnten die Wirkung berechnen. Auf des Herzogs Befehl wurde die Meßnerin und ihre zwei angeblichen Mitschuldigen oder Verführer, Israel und seine Frau, nach Wien gebracht, verhört und zum Geständnis gebracht.

Die Urkunden verschweigen zwar die Mittel, welche angewendet wurden, um ein Geständnis zu erwirken. Aber man kennt das mittelalterlich-christliche Verfahren bei solchen Prozessen.

Darauf ließ der Erzherzog Albrecht sämtliche Juden seines Landes am frühen Morgen (1420) ins Gefängnis werfen. Die Güter der vermögenden Juden wurden gleichzeitig konfisziert, die Armen dagegen wurden sofort des Landes verwiesen. In Kerkern wurden Frauen von ihren Männern und Kinder von ihren Eltern getrennt. Als ihre Hilflosigkeit den Grad der Verzweiflung erreicht hatte, kamen die Priester mit dem Kreuze und ihren süßlich-giftigen Worten und forderten sie zur Bekehrung auf. Schwache retteten durch Annahme der Taufe ihr Leben. Die Standhaften dagegen entleibten sich selbst samt ihren Angehörigen durch Aufschneiden der Adern, mit Riemen und Stricken oder mit dem, was sie bei der Hand hatten. Die Überlebenden wurden durch lange Kerkerhaft und Grausamkeit mürbe gemacht. Die Kinder wurden ihnen entrissen und in Klöster gesteckt. Standhaft geblieben, wurden sie nach fast einjähriger Haft auf dem Scheiterhaufen verbrannt (März 1421), in Wien allein mehr als Hundert, auf einer Wiese an der Donau. Erzherzog Albrecht erließ noch dazu einen Befehl, daß künftighin kein Jude in Österreich weilen dürfte.

An den Bekehrten hatte aber die Kirche keine Freude. Der größte Teil derselben benutzte jede Gelegenheit, irgend wohin auszuwandern und zum Judentume zurückzukehren. Sie wendeten sich nach dem durch die Hussitenspaltung duldsameren Böhmen oder nordwärts nach Polen und südwärts nach Italien. Für den verheerenden Kampf zwischen den wilden Hussiten und den nicht minder barbarischen Katholiken, zwischen den Tschechen und den Deutschen, woran sich allerlei Völkerschaften für oder gegen den Gebrauch des Kelches beim Abendmahl für die Laien beteiligten, mußte Kaiser Sigismund das Reichsheer unter die Fahnen rufen, Landsknechte, Brabanter und Holländer, wurden in Sold genommen. Von allen Seiten zogen bewaffnete Scharen gegen das Talkesselland Böhmen und die Hauptstadt Prag, wo der blinde Held Ziska einer ganzen Welt von Feinden Trotz bot. Auf seinem Zug zeigte das deutsche Reichsheer seinen Mut lediglich an den schwachen Juden. „Wir ziehen in die Ferne“, sprach die Söldnerschar wie früher die Kreuzzügler, „um unsern geschmähten Gott zu rächen, und sollten diejenigen verschonen, welche ihn getötet haben?“ Wo sie Juden begegneten, machten sie dieselben nieder, wenn sie sich nicht bekehren wollten, am Rhein, in Thüringen, in Baiern. Sie drohten ihnen, bei dem Rückzuge nach erfochtenem Siege sie vom Erdboden zu vertilgen. Schon hatten glaubenstreue Familienväter in ihrem

Hause den Befehl erteilt, auf einen Wink von ihnen ihre Kinder zu schlachten, damit sie den Wüterichen nicht in die Hand fallen sollten. Von vielen Seiten liefen Klagebriefe ein über die drohende Gefahr an den damals angesehensten Rabbiner von Mainz, Jakob Ben-Mose Möllin Halevi (Maharil geb. um 1365 st. 1427), von dem die heute noch bestehenden Einrichtungen im Synagogenritus und synagogalen Melodien in vielen deutschen Gemeinden und ihren Kolonien, in Polen und Ungarn stammen. Jakob Möllin sandte infolgedessen Boten an die naheliegenden Gemeinden mit dem Auftrage, von dort aus immer die nächsten zu ermahnen, ein allgemeines Fasten mit inbrünstigen Gebeten zu veranstalten. Die deutschen Gemeinden versammelten sich infolgedessen zu Trauer- und Bußgebeten und fasteten mehrere Tage (1421), dann noch drei Tage hintereinander wie an dem strengsten Fasttage des Versöhnungstages. Es war eine Zeit fieberhafter Spannung für die deutschen Juden. Sie waren in die Lage gebracht, den Himmel für den Sieg der Hussiten anflehen zu müssen. Es schien, als wenn ihr Gebet erhört worden wäre. Denn bald darauf überfiel bei der Nachricht von Ziskas Nähe das Reichsheer und die Söldnerschar, welche sich bei Saaz gesammelt hatten, ein so gewaltiger Schrecken, daß sie ihr Heil in der Flucht suchten, sich auflösten und auf verschiedenen Wegen der Heimat zueilten. Verhungert kamen einzelne von denen, welche den Juden Tod geschworen hatten, auch an deren Türen und bettelten um Brot, welches ihnen gern gereicht wurde. Die Flüchtlinge waren nicht imstande, auch nur einem jüdischen Kinde etwas zu leide zu tun.

Die Dominikaner fuhren indes fort, in ihren Predigten von der Kanzel gegen die hussitischen Ketzer zugleich gegen die Juden zu donnern, warnten die Gläubigen, mit ihnen zu verkehren, und stachelten bewußt oder unbewußt zu Angriffen auf deren Personen und ihr Eigentum. Die Bedrohten wandten sich hilfeflehend an den Papst Martin V., und erlangten abermals eine günstige Bulle von ihm (23. Februar 1422), welche den Christen zu Gemüte führte, daß die christliche Religion von Juden stamme, und daß diese zur Bestätigung des Christentums notwendig seien, und untersagte den Predigermönchen, gegen den Verkehr mit Juden zu eifern. Er empfahl den Katholiken ein freundliches Verhalten gegen ihre jüdischen Mitbewohner und rügte aufs strengste gewaltsame Angriffe auf diese. — Indessen war diese judenfreundliche Bulle des Papstes von ebenso geringer Wirkung wie der Schutz, den ihnen Kaiser Sigismund feierlich zugesagt hatte. Der Geist der christlichen Welt blieb verfolgungssüchtig. Die Mönche hörten darum nicht auf, gegen die fluchwürdige jüdische Nation zu hetzen, das Volk nicht, die Juden zu schädigen, zu quälen oder gar totzuschlagen, und die nachfolgenden Päpste selbst gingen über diese Bulle hinweg. Ohne sich um Papst und Kaiser zu kümmern, vertrieben die Kölner die wahrscheinlich älteste deutsche Gemeinde aus ihren Mauern; die Ausgewiesenen ließen sich in Deutz nieder (1426). Anderswo, in den süddeutschen Städten Ravensburg, Überlingen und Lindau wurden die Juden wegen einer lügenhaften Blutbeschuldigung verbannt (1430). Die mörderischen Fäuste und die abhetzenden Quälereien hatten zunächst die Folge, daß der Geist der deutschen Juden abgestumpft wurde. Selbst im Talmudstudium waren die deutschen Rabbinen mittelmäßig. Manche Rabbiner wurden von den Landesfürsten angestellt, wenigstens hat der Kaiser Sigismund einem seiner jüdischen Agenten Haym von Landshut den Auftrag erteilt, „drei Rabbiner (Judenmeister) in Deutschland zu ernennen", wie die spanischen Könige die Großrabbinen. Bei solcher Einmischung hat wohl weniger die Würde als das Geld den Ausschlag bei der Wahl und Ernennung gegeben. Für das Unterhalten einer Hochschule mit Jüngern, die sich für das Rabbinat vorbereiteten, mußte der Rabbiner eine Steuer zahlen, obwohl der Unterricht unentgeltlich erteilt wurde. Öfter wurde er überhaupt versagt oder sehr beschränkt. Nächst Jakob Möllin taucht aus dieser Zeit nur noch ein einziger Name von einigem Klange auf, Menahem von Merseburg. Er wurde als Autorität anerkannt.

Die Leistungen der spanischen Juden waren in dieser Zeit nicht erfreulicher, obwohl sich ihre Lage gebessert hatte. Unter dem schwachen aber gutmütigen König Juan II. wurde ihnen eine geringe Hilfe. Dieser König oder vielmehr sein Günstling, oder noch richtiger sein Beschützer, der Kanzler Alvaro de Luna, dem Don Juan willig folgte, wendete den kastilianischen Juden eine außerordentliche Gunst zu. Er zog nämlich zur Steuerung der Zwietracht im Lande, der Parteifehden und der Auflehnung des hohen Adels gegen den König, sowie zur Hebung des gesunkenen Wohlstandes die Brauchbarkeit der Juden in seine Berechnung. Ganz besonders bediente er sich dazu des Rates des klugen und edelgesinnten Abraham Benveniste. Der zerrüttete Wohlstand konnte nur durch Verwendung von Juden zu Finanzämtern gehoben werden. Sobald Don Juan seine Mündigkeit erlangt und sich von den Intrigen des Regentschaftsrates befreit fühlte (1432), wurden die drückenden und demütigenden Gesetze gegen die Juden, wenn auch nicht aufgehoben, so doch wenig beachtet, als wenn sie nicht vorhanden wären; es war das Werk de Lunas. Der König ernannte den durch Reichtum, Klugheit und

Edelsinn ausgezeichneten Abraham Benveniste zum Großrabbiner und Oberrichter über die Gesamtheit Kastiliens und räumte ihm die Befugnis für die peinliche Gerichtsbarkeit über unwürdige und verräterisch handelnde Gemeindeglieder ein, ein Recht, welches sein Vorfahr Juan I. ihnen ein halbes Jahrhundert vorher entzogen hatte. Die Gunst des Königs benutzte Abraham Benveniste, um der Verwilderung in den Gemeinden zu steuern, welche infolge der Gemetzel und der Zwangstaufen überhand genommen hatte. Mit Bewilligung des Königs berief er Rabbinen und andere angesehene Männer aus den Gemeinden nach Valladolid und beriet mit ihnen in dem Palaste des Königs ein Statut (1432), das von dem König als maßgebendes bindendes Gesetz für die kastilianische Judenheit anerkannt wurde. Es enthielt Bestimmungen über die Wiederherstellung von talmudischen Lehrhäusern, welche in den unglücklichen Zeiten beinah ganz eingegangen waren, über Errichtung von niederen Schulen, über Wahl von Richtern und Rabbinern für die Gemeinden, über Maßregeln gegen unsittlichen Unfug und besonders gegen Angeberei, über Aufbringung und Verteilung der Gemeindesteuern und gegen den Aufwand mit kostbaren Trachten und Schmuck besonders des weiblichen Geschlechts, der den Neid und die Gehässigkeit der christlichen Bevölkerung gegen die vermögenden Juden herausgefordert hatte. Abraham Benveniste richtete die gebeugten Gemüter wieder auf. Aber die höhere Geistespflege konnte er nicht wecken. Selbst sein Eifer zur Hebung des Talmudstudiums vermochte nicht nennenswerte Leistungen auf diesem Gebiete zu fördern. Die neuhebräische Poesie, welche auf spanischem Boden so herrliche Blüten entfaltet hatte, war wie alle Geisteserzeugnisse in dieser Zeit fade und farblos geworden. Es tauchen überhaupt nur wenige Namen solcher aus dieser Zeit auf, welche ihr einige Pflege angedeihen ließen, allenfalls Salomo Dafiera, Don Vidal Benveniste, der Hauptsprecher von jüdischer Seite bei der Disputation von Tortosa, und Salomo Bonfed. Der Letztere hatte noch am meisten dichterische Begabung, er hatte ein Ideal, dem er nachstreben wollte, an Ibn-Gebirol. Aber Bonfed besaß nur dessen Reizbarkeit und glaubte wie diese vibrierende Dichterseele vom Schicksale verfolgt zu sein und ein Recht auf Bitterkeit zu haben. Von seiner dichterischen Begabung besaß er wenig.

Die literarische Tätigkeit dieser Zeit richtete sich fast ausschließlich auf einen einzigen Punkt, auf Abwehr und herzhaften Widerstand gegen den Bekehrungseifer der Kirche. Jüdische Denker von Glaubenstreue und fester Gesinnung betrachteten es als ihre Pflicht, ihre Überzeugnngen laut zu verkünden und die Schwachen unter den Überbleibseln Israels in Spanien und anderwärts vor Verführung zu warnen und zu stählen. Jemehr die Kirche ihre Fangarme nach den Juden ausstreckte und sich aller, aller Mittel bediente, um sie in ihren Schoß zu ziehen, desto mehr wurde jüdischerseits mit aller Kraft gearbeitet, sich das uralte Eigentum nicht durch einen geschickten Fingergriff aus den Händen winden zu lassen. Besonders mußten die schwachen Köpfe vor Verwirrung der religiösen Begriffe und Lehren gewahrt werden. Jüdische Prediger nahmen daher mehr denn je das Thema von der reinen Einheit Gottes zum Gegenstand ihrer Kanzelberedsamkeit. Sie durften es nicht unterlassen, den wesentlichen, unversöhnlichen Unterschied zwischen dem jüdischen Gottesbewußtsein und dem christlichen zu betonen und die Vermischung beider als unwahr und unheilvoll zu stempeln. Die Zeit war derjenigen ähnlich, in welcher eine hellenistisch gesinnte jüdische Partei ihre Brüder zum Abfall vom eigenen Gott zu verleiten arbeitete und darin von dem weltlichen Arm mit dem Schwerte unterstützt wurde. So entstand in dieser Zeit eine reiche Streitschriftenliteratur, welche den Zweck hatte, die Verunglimpfung und Schmähung des Judentums abzuwehren. Sie beabsichtigte lediglich, den Glaubensgenossen die Augen zu öffnen, damit sie nicht durch Unwissenheit und Blendung in die ihnen gelegte Falle gerieten. Allerdings mag sie auch berechnet gewesen sein, die Neuchristen, welche die Todesgefahr der Kirche zugeführt hatte, aufzurütteln, daß sie nicht im Christentume Befriedigung finden möchten. Die meisten Streitschriften waren daher Verteidigungsschriften gegen Angriffe, besonders von Täuflingen, welche vom Bekehrungseifer besessen waren und Schmähungen gegen Juden und Judentum häuften. Der bereits greise Salomo Paulus de Santa Maria, der es bis zum Bischof seiner Geburtsstadt gebracht hatte, verfaßte noch in seinem zweiundachtzigsten Lebensjahre (1434), ein Jahre vor seinem Tode, eine giftige Schrift gegen Juden und Judentum „die Erforschung der Schrift" in Form eines Dialogs zwischen dem ungläubigen Saulus und dem gläubiggewordenen Paulus. Wenn seine jüdischen und christlichen Lobredner versicherten, er habe viel Geist besessen, so hat er ihn nicht bis zum Greisenalter behalten, oder die Kirchenwürden und die Ruhepolster im bischöflichen Palaste haben ihn stumpf gemacht. Denn seine Schrift ist zwar sehr christkatholischgläubig gehalten, im übrigen aber durchaus geistlos. Ein anderer Rabbiner, der durch Vicente Ferrers Kreuzpredigten im Alter zum Christentum übergetreten war, Juan de España, auch Juan „der Alte" genannt (in Toledo), machte ebenfalls heftige Angriffe auf sein ehemaliges Bekenntnis. Er arbeitete eine Denkschrift über seine Bekehrung aus und schrieb einen Kommentar zum zweiundsiebzigsten Psalm im christlichen Sinne, womit er die Aufrichtigkeit seiner Bekehrung bekunden und die Notwendigkeit nachweisen wollte, daß die Juden ihre Irrtümer abschwören müßten. Wie viele schwankende Juden mögen durch den aufrichtigen oder erheuchelten Eifer solcher aus ihrer Mitte hervorgegangenen, mit dem jüdischen Schrifttum vertrauten Bekehrer hinübergezogen worden sein? Der verräterische Täufling Lorqui-Geronimo de Santa-Fé hatte ebenfalls seiner Anklageschrift gegen den Talmud und gegen seine ehemaligen Glaubensgenossen, welche er für die Disputation von Tortosa ausgearbeitet hatte, eine weite Verbreitung gegeben.

Das Verdienst der Männer, denen der Bestand des Judentums am Herzen lag, ist daher nicht hoch genug anzuschlagen, daß sie sich, nicht ohne Gefahr, vor den Riß stellten und belehrende Schriften ins Volk hineinwarfen, um die Glaubenstreue zu kräftigen. Vor allem waren es dieselben Männer, welche beim Religionsgespräche von Tortoso eine so feste Haltung gezeigt und auch den Talmud gegen die bodenlosen Schmähungen in Schutz genommen hatten, die auch durch Schriften den Angriffen von feindlicher Seite entgegentraten, Don Vidal (Ferrer) Ibn-Labi und Joseph Albo. Der erstere verfaßte ein Gegenschrift in hebräischer Sprache gegen Geronimos Anschuldigungen wider den Talmud. Joseph Albo schrieb ein Religionsgespräch, das er mit einem hohen Kirchenfürsten geführt hatte, in spanischer Sprache nieder zur Beherzigung für seine Glaubensgenossen. Ein provenzalischer Jude, dessen Vater aus Spanien stammte, der viel mit christlichen Gelehrten verkehrte und oft für seine religiöse Überzeugung Rede stehen mußte, Isaak Nathan Ben-Kalonymos, verfaßte eine Schrift zur Widerlegung von Geronimos Schmähschrift unter dem Titel „Zurechtweisung des Irrlehrers“. Er stellte ferner ein mühsames Werk zusammen, welches anderen die Abwehr von Angriffen auf das Judentum erleichtern sollte. Isaak Nathan mußte öfter bei seinem Verkehr mit Christen diesen und jenen Einwurf gegen das Judentum, diesen und jenen Beweis aus der hebräischen Bibel für christliche Glaubenslehren anhören, und er fand, daß es meistens auf einem mißverstandenen hebräischen Ausdruck beruhte. Dieser auf Unkenntnis des Urtextes entsprungenen Faselei und Deutelei glaubte er entgegentreten oder wenigstens den Juden die Widerlegung erleichtern zu können, wenn er einen umfassenden Überblick über den ganzen Sprachschatz der Bibel geben würde, wodurch sich die richtige, unverfängliche, jeder Willkür widerstrebende Bedeutung der Wörter und Verse von selbst herausstellen müßte. In der kürzesten Zeit könnte sich dann jeder durch den Überblick belehren, nicht nur wie oft jedes Wort in der Bibel vorkommt, sondern auch welche Bedeutung ihm im Zusammenhange zukäme. Zu diesem Zwecke unternahm Isaak Nathan eine Riesenarbeit, der er eine Reihe von Jahren seines Lebens widmete (September 1437 bis 1445). Er stellte eine Bibelkonkordanz zusammen, d. h. er gruppierte die Bibelverse in alphabetischer Ordnung unter die Schlagwörter nach Wurzeln und Stämmen. Isaak Nathan (der noch verschiedene andere Schriften verfaßte) hat, obwohl seine Arbeit rein mechanischer Natur war, mit seiner Konkordanz der Bibelkunde einen außerordentlichen und bleibenden Dienst geleistet. Hervorgegangen aus einem vorübergehenden Bedürfnisse zur Abwehr, hat die Konkordanz die dauernden Siege ermöglicht, welche das Judentum im Laufe der Zeiten bereits errungen hat oder noch erringen soll.

Der philosophisch gebildete Joseph Ibn-Schem-Tob (geb. um 1400, st. als Märtyrer um 1460), ein fruchtbarer Schriftsteller, ein beliebter Prediger, der am Hofe Juans II. verkehrte, richtete ebenfalls seine Pfeile gegen das Christentum, um die Unhaltbarkeit und Vernunftwidrigkeit seiner Dogmen ins Licht zu setzen. Bei seinem häufigen Verkehr mit hochgestellten Christen, Geistlichen wie Laien, wurde er dazu gedrängt, sich mit dem ganzen Umfange der christlichen Theologie vertraut zu machen, um die Zumutung zur Bekehrung durch triftige Gründe abweisen und die so oft vernommene Behauptung, daß das Judentum vom Christentum überwunden sei, widerlegen zu können. Öfter mußte er zu Religionsgesprächen herhalten, um sein Bekenntnis zu verteidigen. Er legte die gewonnenen Ergebnisse seiner Forschungen in einer kleinen Schrift nieder, unter dem Titel „Zweifel an Jesu Religion". Joseph Ibn-Schem-Tob kritisierte darin mit einschneidenden Gründen die christlichen Dogmen. Außerdem gab er zur Belehrung seiner Glaubensgenossen einen ausführlichen Kommentar zu Profiat Durans Satire gegen das Christentum und machte ihnen die polemische Schrift Chasdaï Crescas' gegen das Christentum, welche in spanischer Sprache verfaßt war, durch eine hebräische Übersetzung zugänglich.

Unter den Verfassern der Streitschriften gegen das Christentum verdient ein Zeit- und Altersgenosse des Joseph Ibn-Schem-Tob einen besonderen Platz, obwohl sein Name bisher verschollen war. Chajim Ibn-Musa aus Bejar in der Gegend von Salamanca (geb. um 1390, st. um 1460), ein kundiger Arzt, Verskünstler und Schriftsteller, hatte vermöge seiner ärztlichen Geschicklichkeit Zutritt zu den spanischen Großen und zum Hofe. Auch er hatte oft Gelegenheit, mit Geistlichen und gelehrten Laien über Glaubenslehren zu disputieren. Ein Gespräch, das Chajim Ibn-Musa mitteilt, charakterisiert den Ton, der damals in Spanien herrschte, ehe die finstere Inquisition jede freie Äußerung verstummen machte. Ein gelehrter Geistlicher fragte ihn einst, warum denn die Juden, wenn sie nach ihrer Behauptung den rechten Glauben haben, nicht wieder in den Besitz des heiligen Landes und der heiligen Stadt gelangen. Darauf erwiderte Ibn-Musa, da sie es durch die Sünden der Väter eingebüßt haben, so könnten sie es erst durch vollständige Sühne und Läuterung wiedererlangen. Er stellte aber eine Gegenfrage, warum denn die Christen nicht mehr im Besitze des heiligen Grabes sind, dieses sich vielmehr, so wie sämtliche Passionsstätten, in den Händen der mohammedanischen Ungläubigen befindet, trotzdem die Christen sich jeden Augenblick durch Beichte und Sündenerlaß vom ersten besten Priester von Sünden frei machen könnten. Ehe sich noch der Geistliche auf eine passende Entgegnung besinnen konnte, nahm ein anwesender Ritter das Wort, welcher sich früher in Palästina umgesehen hatte. Er bemerkte, daß die Mohammedaner allein es verdienten, die Tempelstätte und das heilige Land zu besitzen, weil weder Christen, noch Juden so wie jene die Bethäuser in Ehren hielten. Die Christen begingen in den Nächten vor Ostern (Vigilien) in den Kirchen Jerusalems schändlichen Unfug, beherbergten darin Diebe und Mörder, führten darin gegen einander blutige Fehden und trieben Unzucht. Sie entehrten ihre Kirchen ebenso, wie früher die Juden ihren Tempel. Darum habe Gott in seiner Weisheit die heilige Stadt den Juden und Christen entrissen und sie den Mohammedanern anvertraut, weil sie in ihren Händen vor Entweihung sicher sei. Zu dieser Bemerkung mußten der christliche Priester, wie der jüdische Arzt beschämt schweigen.

Chajim Ibn-Musa verlegte sich darauf, die Hauptquellen für die Angriffe gegen das Judentum, woraus die Christen damals schöpften, die Schriften des Franziskaners Nikolaus de Lyra zu verstopfen, die in denselben aufgeführten Behauptungen zu widerlegen und ihnen ganz besonders den Boden zu entziehen, aus dem sie ihre Nahrung entnahmen. Die Disputationen, so oft sie sich auch wiederholten, führten deswegen zu keinem Ergebnisse und ließen beide Parteien an ihren Sieg glauben, weil sie sich meistens um untergeordnete Punkte drehen, namentlich weil die Parteien sich nicht über gemeinsame Voraussetzungen verständigten, und beide auf Grund unerwiesener Punkte hin und her stritten. Chajim Ibn-Musa wollte nun das Disputieren in eine gewisse Ordnung bringen und die Grundsätze ins Licht setzen, nach denen die Verteidigung des Judentums geführt werden sollte. Er stellte daher gewisse Regeln in einer Schrift „Schild und Schwert“ auf, welche, wenn streng eingehalten, zu einem Ziele führen müßten.

Zwei Schriftsteller, Vater und Sohn, die zwar in Algier wohnten und also dem Schauplatz, auf dem der Bekehrungseifer seine Netze auswarf, entrückt, aber durch Abstammung und Bildung Spanier waren, bereicherten ebenfalls die Streitschriftenliteratur gegen das Christentum, Simon Ben-Zemach Duran und sein Sohn Salomo Duran. Der erstere (geb. 1361, gest. 1439) hat in seiner, so zu sagen, philosophischen Beleuchtung des Judentums auch dem Christentum ein Kapitel gewidmet, „Bogen und Schild“ betitelt. Der Rabbiner von Algier zeigte darin eine außerordentliche Belesenheit in der neutestamentlichen Literatur und eine gründliche Vertrautheit mit dem Kirchenglauben, bekämpfte beide mit den daraus entnommenen Waffen und übte eine schonungslose Kritik gegen dieselben.

Salomo Duran I. (geb. um 1400, st. 1467), der seinem Vater im Rabbinate von Algier nachfolgte, verband mit seiner tiefen Talmudkunde eine entschiedene Neigung für eine vernunftgemäße Auffassung des Judentums. Im Gegensatz zu seinem Urahnen Nachmani und zu seinem Vater war er ein abgesagter Feind der Kabbala. Er verfaßte gegen die unverschämten und lügenhaften Anklagen des Geronimo de Santa-Fé wider den Talmud eine eingehende Abhandlung „Brief des Pflichtenkrieges.“

Die Religionsphilosophie, welche von jüdisch-spanischen Denkern allein zur Höhe einer Wissenschaft ausgebildet wurde, hatte in diesem Zeitabschnitte ihre letzten Vertreter in Spanien. Dieselben Männer, welche das Judentum gegen die Anläufe des Christentums in Schutz nahmen, verteidigten es auch gegen die jüdischen Finsterlinge, welche alles Licht daraus verbannen und gleich den Dominikanern dem blinden Glauben statt vernünftiger Einsicht Autorität einräumen wollten. Eiferer wie Schem-Tob Ibn-Schem-Tob, einseitig im Talmud erzogen und von der Kabbala irre geleitet, sahen in der wissenschaftlichen Forschung einen Abweg zur Ketzerei. Durch die Wahrnehmung, daß zumeist gebildete Juden den Bekehrungsversuchen des Vicente Ferrer und des Papstes Benediktus erlagen, wurden die Mystiker in ihrer Überzeugung bestärkt, daß wissenschaftliche Bildung, ja, jedes Nachdenken über Religion zum Abfall führe. Die Achtung der Wissenschaft führte sie folgerichtig zur Verdammung Maimunis und aller der jüdischen Denker, welche der Vernunft in religiösen Dingen eine gewichtige Stimme einräumten. Gegen diese Verketzerungssucht trat Joseph Albo in die Schranken und verfaßte eine ausführliche religionsphilosophische Schrift (Ikkarim, Grundlehren), worin er die wesentlichen Glaubenslehren des Judentums von den unwesentlichen zu scheiden und die Grenzlinie zwischen Gläubigkeit und Ketzerei festzustellen suchte.

Joseph Albo (geb. um 1380, st. um 1444) aus Monreal, einer der Hauptvertreter des Judentums bei der Disputation von Tortosa, der wahrscheinlich wegen der Unduldsamkeit des Papstes Benediktus nach Soria auswanderte, verstand als Arzt die Naturwissenschaft nach dem damaligen Stande, und als Jünger des Chasdaï Crescas die Ergebnisse der Zeitphilosophie. Obwohl ein strenger Anhänger des talmudischen Judentums, war er wie sein Lehrer der philosophischen Forschung nicht abgeneigt, suchte vielmehr beide Elemente in seinem Innern zu versöhnen. Albo besaß aber nicht die Geistestiefe seines Lehrers und war weit entfernt von strenger Gedankengliederung. Er unternahm die Untersuchung, inwieweit innerhalb des Judentums die Freiheit der Forschung in religiösen Dingen gestattet sei, und inwiefern sie an Glaubensartikeln eine Schranke habe. Dieses führte ihn zur Untersuchung über die Richtigkeit der von Maimuni aufgestellten dreizehn Glaubensartikel, ob sie nicht vermehrt oder vermindert werden könnten insofern, daß derjenige, der sie nicht sämtlich anerkennt, zu den Ketzern gehöre. So entstand sein religionsphilosophisches System, das letzte auf jüdisch-spanischem Boden. Albos Darstellung weicht bedeutend von seinen Vorgängern ab. Er war Kanzelredner und zwar einer der geschicktesten und anmutigsten, und dieser Umstand hat auf seine Auseinandersetzung einen entschiedenen Einfluß geübt. Sie ist leicht, faßlich, volkstümlich und fesselnd. Albo weiß jeden philosophischen Gedanken durch ein treffendes Bild zu verdeutlichen und ihn durch Bibelverse und agadische Sentenzen geschickt auszuführen. Was aber seine Darstellung durch diese Vorzüge auf der einen Seite an Gemeinverständlichkeit gewann, verlor sie auf der andern Seite durch eine gewisse Breite.

Es ist eine bemerkenswerte Erscheinung, daß Albo, der die Gedankenreihe seines religionsphilosophischen Systems auf dem Boden des Judentums zu entwickeln vermeinte, doch an die Spitze desselben ein Prinzip stellte, das gerade christlichen Ursprungs ist, so sehr wirkt die Umgebung auch auf diejenigen, welche bemüht sind, deren Einfluß von sich abzuwehren. Obenan stellte nämlich der Religionsphilosoph von Soria den Gedanken, daß das Seelenheil das Ziel des Menschen sei, das ihm hienieden gesteckt sei und vom Judentume ganz besonders gefördert werde. Nach Albo besteht das höchste Glück nicht so sehr in der Erhebung der Seele, als vielmehr in ihrer Rettung. Der Mensch erlange erst nach dem Tode diejenige Vollkommenheit, zu der ihn Gott bestimmt; das diesseitige Leben sei lediglich eine Vorbereitung zu jenem höheren Leben. Durch welche Mittel könne der Mensch dazu gelangen? Es gibt zwar dreierlei Institutionen, welche zum Zwecke haben, die Menschen aus dem Zustande tierischer Rohheit zur Stufe der Gesittung zu erheben. Das Naturrecht, eine Art Vertrag der Gesellschaft, ferner eine staatliche Gesetzgebung, welche Zucht und Sitte unter ihre Obhut nimmt, endlich noch eine philosophische Gesetzgebung, welche geradezu darauf Bedacht nimmt, das dauernde Glück der Menschen zu fördern, mindestens die Hindernisse davon zu entfernen. Alle diese Institutionen, selbst die höchst entwickelte, vermögen aber nicht, das wahre Wohl des Menschen, eben sein Seelenheil, seine Seligkeit, zu fördern; denn sie befassen sich lediglich mit Handlungen, lehren aber nicht die richtige Ansicht, die allen Handlungen zugrunde liegende Gesinnung.

Ist nun das ewige Leben, die Seligkeit nach dem Tode höchstes Ziel des Menschen, so genüge weder eine staatliche, noch eine philosophische Gesetzgebung, sondern es müsse eine göttliche Gesetzgebung geben, ohne welche die Menschen hienieden stets im Finstern tappen und ihr Ziel verfehlen müßten. Diese göttliche Gesetzgebung kann nur drei Prinzipien zu ihrer Voraussetzung haben, Das Dasein eines Gottes, die Offenbarung seines Willens und die gerechte Vergeltung nach dem Tode. Das sind die drei Säulen, auf denen sie ruht, sie bedarf deren nicht mehr.

Das Judentum ist nach Albo eine Veranstaltung Gottes, um dessen Bekenner zur ewigen Seligkeit zu bringen. Darum enthalte das Judentum so viele Religionsgesetze — 613, nach der üblichen Zählungsweise — damit es jedem einzelnen möglich sei, sein Seelenheil zu fördern. Denn auch nur eine einzige Religionsvorschrift mit Sinn und Andacht ohne Nebengedanken und Nebenzwecke erfüllt, führe zur Seligkeit. Die Thora habe demnach mit ihren gehäuften Verpflichtungen ihren Bekennern nicht eine Last auflegen und nicht, wie die christlichen Lehrer behaupten, die Juden unter den Fluch des Gesetzes stellen wollen, wenn sie nicht sämtliche Gebote erfüllten, sondern im Gegenteil den Weg zur höheren Vollkommenheit erleichtern.

Der Religionsphilosoph von Soria erörterte auch die Frage: „Kann die sinaitische Gesetzoffenbarung, das Judentum, jemals abgeändert werden?" Diese Frage erforderte um so eher eine besonnene Untersuchung, als die Vertreter des Christentums die Juden mit der Behauptung plagten, die Christuslehre sei ebenfalls eine Offenbarung, eine neue, durch den „neuen Bund" sei der „alte" aufgehoben, durch das Evangelium sei die Thora erfüllt, d. h. außer Kraft gesetzt. Um nicht in den Konsequenzen seines eigenes Systems gefangen zu werden, griff Albo zu einer eigenen Unterscheidung. Dasjenige, was Gott einmal selbst und unmittelbar geoffenbart habe, sei eben dadurch unabänderlich und für alle Zeiten verbindlich, dagegen könne wohl dasjenige, welches lediglich durch einen prophetischen Mittler mitgeteilt worden, eine Veränderung oder gar Aufhebung erleiden. Die Zehngebote, welche das israelitische Volk am flammenden Sinaï unmittelbar aus Gottes Munde vernommen, seien unabänderlich; darin seien die drei Hauptprinzipien einer göttlichen Gesetzgebung niedergelegt. Die übrigen Gesetzesvorschriften des Judentums dagegen, die dem Volke lediglich durch Mose vermittelt worden waren, könnten wohl abgeändert oder gar außer Kraft gesetzt werden. Indessen sei die Veränderungsfähigkeit eines Teils oder gar des größten Teils der Religionsgesetze vor der Hand nur theoretisch als Möglichkeit zugegeben. Für die Praxis dagegen seien die Verpflichtungen der Thora so lange als verbindlich und unabänderlich zu betrachten, bis es Gott einmal wieder gefallen sollte, andere Gesetze durch einen eben so großen Propheten, wie Mose, und auf eine eben so offenkundige und überzeugende Weise zu offenbaren, wie es am Sinaï geschehen.

Albos Religionssystem ist weit entfernt zu befriedigen. Wie es von einem fremden, christlichen Grundgedanken der Heilslehre ausging, mußte es auch im christlichen Sinne den Glauben als eine Hauptbedingung zum Seelenheil aufstellen und die Gebote des Judentums als Sakramente behandeln, wie etwa das Christentum die Taufe, das Abendmahl, von deren Anwendung die Seligkeit bedingt sei.

Straffer im Denken war sein jüngerer Zeitgenosse Joseph Ibn-Schem-Tob, obwohl auch er Prediger war. Gewiß zum Ärgernis seines kabbalistisch-düsteren, fanatischen Vaters, welcher Philosophie als ein Grundübel verdammte, vertiefte sich sein Sohn Joseph mit ganzer Seele in die aristotelisch-maimunische Lehre. Er behauptete im Gegensatz zu seinem Vater, das philosophische Erkenntnis erforderlich sei zur Erreichung der hohen Bestimmung, zu welcher der Mensch und besonders der Israelit berufen sei. Der philosophisch gebildete Jude, welcher die religiösen Pflichten des Judentums gewissenhaft erfüllt, werde gewiß weit eher sein hohes Ziel erreichen, als derjenige, welcher sie blos äußerlich ohne Einsicht und Bewußtsein übe. Nach Joseph Schem-Tob ergänze die Lehre vom Sinaï die Lücke in der Philosophie. Sie setze die Glückseligkeit des Menschen in die Fortdauer des Geistes nach dem Untergange des Leibes; sie stehe darum unendlich höher als jene. Das Judentum gebe auch die Mittel an die Hand, wodurch diese Seligkeit erlangt werden könne, nämlich durch die gewissenhafte Erfüllung der religiösen Verpflichtungen. In diesem Punkte trifft Joseph Schem-Tobs Ansicht zum Teil mit der Joseph Albos zusammen; auch nach jenem haben die Gebote des Judentums einen sakramentalen Charakter, nur daß er nicht wie dieser das Seelenheil betonte. Joseph Ibn-Schem-Tob ging so weit, den Religionsvorschriften erkennbare Zwecke überhaupt abzusprechen und ihnen gewissermaßen eine mystische Wirkung beizulegen. — Alle diese Schriften aus der ersten Hälfte des fünfzehnten Jahrhunderts, die philosophischen wie die polemischen, waren nicht die Frucht der Muße und des freiwirkenden Geistes, sondern Eingebung des Notstandes, um die religiösen und sittlichen Errungenschaften vor andringenden Gefahren zu schützen. Das Judentum mußte sich innerlich kräftigen und ungebührliche Angriffe abwehren, um nicht zu unterliegen.

Es war damals mehr als je nötig, sich zweifach und dreifach zu waffnen. Denn schwerer Kampf und noch größere Gefahren waren für die Judenheit auf der pyrenäischen Halbinsel im Anzuge, und sie wurden von Abkömmlingen aus der eigenen Mitte heraufbeschworen. Denn gesinnungslose Täuflinge, welche zu hohen Ämtern und Würden gelangt waren, die Juden und Judentum noch bitterer haßten, als die Altchristen, sahen mit Ingrimm die teilweise Erhebung ihrer ehemaligen Glaubensgenossen in Kastilien infolge der Begünstigung des Hofes und besonders des Kanzlers Alvaro de Luna, daß angesehene Juden, Abraham Benveniste, Joseph Ibn-Schem-Tob, Joseph Naßi wie in der besseren Zeit bei Hofe verkehrten und dort wohlgelitten waren, daß ihnen wieder die Finanzen des Staates anvertraut, daß jüdische Ärzte, den vielfachen Verboten entgegen, von Christen zu Rate gezogen wurden, und daß der Verkehr zwischen Juden und Christen wieder in Gang gekommen war. Am meisten waren die Söhne des Paulus de Santa-Maria über diese Wendung entrüstet. Aus dem Schlangenei waren nämlich giftige Basilisken gekrochen. Auf vier Söhne hatte der Vater seinen Ehrgeiz, seine Schlauheit, seinen Intrigengeist und zugleich seinen Judenhaß vererbt; sie, mit ihren Oheimen und Vettern gewöhnlich Cartagena genannt, bildeten vermöge ihrer Begabung und ihrer Stellung eine Macht. Der älteste Sohn Gonzalo de Cartagena erbte die Bischofswürde von Burgos und wurde zum Gesandten der Kirchenversammlung von Konstanz und Basel beordert. Der zweite Alfonso de Cartagena wurde Dekan von Santiago und Segovia. Der dritte Pedro wurde unter die hohen Ritter der königlichen Garde aufgenommen und erlangte militärische Auszeichnung und der jüngste Alvar Sanchez war eine gewichtige Autorität als hoher Richter. Ihre Oheime, welche zugleich mit ihrem Vater die Taufe genommen hatten, Pedro Suarez und Alvar Garcia, hatten ebenfalls einflußreiche Posten erlangt.

Diese Sippschaft, welche den Kanzler Alvaro de Luna gründlich haßte, weil er ihre Wühlereien im Dienste der Infanten, des Königs von Aragonien und seiner Brüder gegen den König Don Juan mit fester Hand hemmte, haßte ihn wegen seiner Begünstigung der Juden doppelt. Mehr als einmal suchten sie ihn mit ihrem Anhange von seiner Höhe zu stürzen. Da sie die Ächtung der Juden im eignen Lande nicht durchsetzen konnten, stachelten sie die Kirchenversammlung zu Basel dazu auf. Wunderbar genug! Das Konzil konnte im eigenen Hause nicht fertig werden, war nicht imstande, die den Katholizismus verhöhnenden Hussiten in den Schoß der Kirche zurückzuführen, verzweifelte daran, die Liederlichkeit und Lasterhaftigkeit der Geistlichen und Mönche abstellen zu können, und warf doch sein Auge auf die Juden, um sie zum Heile zu führen. Räudige Schafe, wollten sie unbeschädigte Lämmer heilen! Die Baseler Kirchenversammlung, welche dreizehn Jahre tagte (Juni 1431 — Mai 1443) und die großen europäischen Fragen vor ihren Richterstuhl zog, beschäftigte sich auch mit der Judenfrage. Damit der christliche Glaube befestigt werde, müßten die Juden gedemütigt werden, das war der Grund, die alten Beschränkungen durch das allgemeine Konzil aufzufrischen und neue hinzuzufügen. Die alten kanonischen Beschlüsse, daß die Christen den Umgang mit den Juden zu meiden, ihnen keinen Dienst zu leisten haben, daß sie die jüdischen Ärzte nicht gebrauchen dürfen, daß die Juden zu keinem Amte, keiner Würde zugelassen und daß sie zum Tragen einer sie kenntlich machenden Tracht und zum Wohnen in besonderen Quartieren gezwungen werden sollten, diese Beschlüsse wurden erneuert. Neu waren einige Punkte, insofern die höchste kirchliche Autorität sie bis dahin noch nicht dekretiert hatte, daß Juden zu keinem Universitätsgrade zugelassen werden sollten, daß man sie, wenn auch mit Gewalt, zum Anhören von Bekehrungspredigten nötigen sollte, und daß an den Hochschulen auch hebräische, chaldäische (und arabische) Sprache gelehrt werde, um Mittel zur Bekehrung der Juden zu haben. Das allgemeine Konzil, das sich als vom heiligen Geist durchweht ausgab, nahm die Bulle des als Ketzer und Verdammter gestorbenen Papstes Benedictus mit Haut und Haaren an. Auch den bereits getauften Juden wendete die Baseler Kirchenversammlung eine besondere Sorgfalt zu. Sie sollten einerseits begünstigt und anderseits überwacht werden, daß sie sich nicht unter einander verheirateten.

Wer mag die Judenfrage im Schoße der Baseler Kirchenversammlung angeregt haben, die ihr so fern lag? Die Hand der in der Jugend getauften Gonsalo und Alfonso de Cartagena, welche, der eine als Bischof und der andere als Dekan von Santjago, vom Könige Don Juan II. zum Konzil abgeordnet waren, diese Hand ist dabei nicht zu verkennen. Alfonso de Cartagena galt als gelehrter Theologe und Rechtskundiger viel auf der Kirchenversammlung. Dieses Brüderpaar hat die Judenfrage auf die Tagesordnung der Kirchenversammlung gebracht und jene gehässigen Bestimmungen veranlaßt, welche einzig und allein für spanische Verhältnisse paßten. Deutsche Juden haben damals keinen Anspruch darauf gemacht, zu einem Lehrstuhl an einer Universität zugelassen zu werden. Sie hatten keine Ahnung davon, wer die Drahtzieher im Konzil zu ihrem Elende waren, und daß sie nur in die ihren Brüdern in Spanien zugedachte Ächtung hineingezogen wurden.

Infolge der in der Kirchenversammlung dekretierten allgemein gehaltenen Ächtung steigerte sich die Gehässigkeit gegen die Juden wo möglich noch mehr und erreichte zu Ende des fünfzehnten Jahrhunderts ihren Höhepunkt. Auch die weitab vom geschichtlichen Schauplatz wohnenden, bis dahin von der Verfolgungswut der Kirche verschont gebliebenen Juden sollten sie ebenfalls schmerzlich empfinden. In Deutschland war für sie der Tod des Kaisers Sigismund (1437), gerade als ihnen das Baseler Konzil einen finsteren Blick zuwarf, ein betrübendes Ereignis. Wenn dieser Fürst auch nicht ihr zuverlässiger Beschützer war, sie oft sogar wegen seiner bodenlosen Geldverlegenheit anzapfte und sogar die Kosten für das Konzil von Kostnitz ihnen aufbürdete, so duldete er doch nicht, soweit er es hindern konnte, daß sie ungerechter Weise niedergemetzelt würden. An seiner Stelle wurde jener österreichische Herzog Albrecht zum deutschen König und Kaiser erwählt, der so viel Unmenschlichkeit an ihnen begangen hat. Albrecht II. war ein Todfeind der Juden und Ketzer. Freilich ausrotten konnte er beide nicht. Die hussitischen Ketzer hatten gute Waffen und Mut, und die Juden waren eine unentbehrliche Geldquelle. Aber gern gab Kaiser Albrecht seine Zustimmung zu Unbilden gegen sie. Als der Rat von Augsburg beschlossen hatte, die jüdische Gemeinde auszutreiben (1439), erteilte er freudigen Herzens seine Erlaubnis dazu. Zwei Jahre bewilligte ihnen der Rat, ihre Häuser und Liegenschaften zu verkaufen; nachdem diese Frist abgelaufen war, wurden sie sämtlich ausgewiesen und die Grabsteine des jüdischen Kirchhofes zur Ausbesserung der Mauern verwendet. Albrecht regierte zum Glücke für die Juden nur zwei Jahre und überließ die Zügel des deutsch-römischen Reiches, oder richtiger, die vollständige Anarchie in demselben, dem gutmütigen, schwachen und lenksamen Friedrich III., welcher die beste Absicht hatte, die Juden zu schützen. Dafür trat neben den alten haßerfüllten Feinden, der

Täuflingssippschaft der Cartagena, ein neuer erbitterter, schonungsloser Feind gegen sie auf, der Franziskanermönch Johannes de Capistrano, dieser Menschenwürger in Gestalt eines demütigen Gottesdieners.

Eugenius, der Papst, den die Baseler Kirchenversammlung von Schritt zu Schritt gedemütigt, seiner Würde entsetzt und an dessen Stelle sie einen andern gewählt, der aber doch durch Verrat einiger Hauptleiter des Konzils und durch die Unbeholfenheit der deutschen Fürsten über das Konzil gesiegt hatte, Eugenius war den Juden anfangs nicht abhold. Im Beginn seines Pontifikats bestätigte er vielmehr die günstigen Privilegien der Juden, welche sein Vorgänger Martin V. ihnen verliehen hatte, sagte ihnen seinen Schutz zu und untersagte, sie gewaltsam zu taufen und ihnen Leids zuzufügen. Mit einem Male aber erließ er ein Schreiben an die Bischöfe von Kastilien und Leon im judenfeindlichen Sinne. Diese Sinnesänderung ist gewiß ebenfalls von Alfonso de Cartagena angeregt worden. Dieser, nach dem Tode seines Vaters zum Bischof von Burgos ernannt, verfocht auf dem Baseler Konzil die Partei des Papstes Eugenius warm und war daher bei diesem eine sehr beliebte Persönlichkeit. Der Papst nannte den Bischof von jüdischer Abstammung „die Freude Spaniens und die Ehre der Prälaten.“ Nur von ihm können die Klagen über die Anmaßlichkeit und Überhebung der kastilianischen Juden ausgegangen sein. Der Papst erließ ein Schreiben an die Bischöfe von Kastilien und Leon (10. August 1442) des Inhaltes, es sei ihm zu Ohren gekommen, daß die Juden die ihnen vom päpstlichen Stuhle bewilligten Privilegien zum Ärgernis der Gläubigen mißbrauchten und viele Schändlichkeit und Übertretung begingen, wodurch die Reinheit des Glaubens befleckt werde. Er sehe sich also veranlaßt, die Indulgenzen, die er, sein Vorgänger Martin und andere Päpste ihnen eingeräumt haben, aufzuheben und als null und nichtig zn erklären. Eugenius wiederholte dabei sämtliche gehässigen kanonischen Beschränkungen der Bulle des Papstes Benediktus, welche unter Don Juan II. unbeachtet geblieben war. Dieses päpstliche Breve wurde ohne Wissen des Königs in vielen kastilianischen Städten bekannt gemacht. Es war ein Streich gegen Alvaro de Luna, den Gönner der Juden.

Dieser ließ aber nicht mit sich spielen. Im Namen des Königs erließ er von Arevalo aus eine Erklärung (Pragmatika 6. April 1443), welche die Wirkung des judenfeindlichen Breves aufhob. Der Inhalt war, daß den Juden nach kanonischem und königlichem Rechte gestattet sei, unter Christen zu leben, eine Duldung, welche auch der Papst Eugenius bestätigt habe. Der König habe daher zu seinem Mißfallen erfahren, daß in einigen Städten manche die Frechheit gezeigt hätten, den Juden Schaden und Unbill zuzufügen unter dem Vorwande, daß sie eine geächtete Menschenklasse seien. Wenn auch nach kanonischem Gesetze die Juden nicht höhere Ämter bekleiden und Christen nicht in zu innigen Verkehr mit ihnen treten sollten, so sei darunter doch nicht einbegriffen, daß man ihnen nicht einmal niedere Befugnisse übertragen dürfte, noch daß jeder Verkehr mit ihnen untersagt sei. Es sei damit den Christen nicht verboten, die Herden der Juden zu hüten, ihre Äcker zu bearbeiten, noch mit ihnen Geschäfte zu machen. Zuletzt verbietet die Erklärung, allen Untertanen Befehle oder Statuten zum Nachteil der Juden ohne sein Wissen zu erlassen. Er werde ein solches Unterfangen streng ahnden. Schließlich hoffe er, vom Papste eine Erklärung zu erlangen, welche bestimmt und scharf unterscheiden würde zwischen dem, was im Verhalten der Juden und Christen unter einander verpönt oder erlaubt sei. Es war ein geschickter Schachzug von Alvaro de Luna gegen den Plan der neuchristlichen Judenfeinde.

Die Feindseligkeit zwischen diesem viel vermögenden Günstling des Königs und den einflußreichen Neuchristen steigerte sich immer mehr. Diese in Verbindung mit dem Infanten von Aragonien trachteten ihm nach dem Leben. Bald sollten sie aber gewahren, daß sie eines Schützers nicht entraten könnten. So manche unter ihnen, welche zu hohen Ämtern und Würden oder zu großem Reichtum gelangt waren, benahmen sich, was Emporkömmlingen eigen ist, mit Hochmut und Überhebung und erregten dadurch Mißgunst und Erbitterung unter den Altchristen. Dieser feindliche Sinn gegen die Neuchristen machte sich zuerst in Toledo Luft. Es brach ein Aufruhr gegen sie aus, wobei mehrere Angesehene im Kampfe erlagen, getötet und an den Galgen gehängt wurden (1449). Alvaro mit dem König rückte zwar scheinbar vor Toledo, um die Urheber zu strafen, zog aber bald ab und tat nichts, um der Wut der Altchristen gegen sie zu steuern. Dadurch ermutigt, beschlossen die Angesehensten in Toledo ein bindendes Statut, daß kein Neuchrist zu irgend einem Amte weltlicher oder geistlicher Art zugelassen werden sollte. So wurden die Neuchristen ebenso gebrandmarkt wie die Juden. Alvaro de Luna schmiedete noch dazu eine Waffe gegen sie, welche zwar für den Augenblick nicht sie selbst, aber später ihre Nachkommen empfindlich verwundete, ja ihr Leben zu einer steten Höllenpein machte. Er ließ den König ein Schreiben an den Papst Nikolaus V. richten (1451), worin er bittere Klage führte, daß viele Neuchristen, geistliche und weltliche, Mönche und Nonnen, heimlich jüdische Bräuche beobachteten und dem christlichen Glauben abtrünnig wären, was der Kirche zum

Schaden und zur Schmach gereiche. Der Papst, entrüstet über solche Vorkommnisse, richtete ein Breve an den Bischof von Osma und an die dominikanischen Lehrer an der Universität von Salamanca (1451), daß sie ein Ketzergericht gegen die des Judaisierens verdächtigen Marranen einsetzen sollten. Dieses möge solche, welches Standes auch immer, selbst mit der Bischofswürde Bekleidete, vorladen, vernehmen und, wenn schuldig befunden, ihre Güter einziehen, die Geistlichen ihrer Würde entkleiden und dem weltlichen Arm zur Todesstrafe übergeben.

So hatte Alvaro de Luna seine neuchristlichen Feinde jeden Augenblick in der Hand und konnte sie vernichten. Es brauchten nur Scheinbeweise aufgeführt zu werden, daß sie heimlich jüdische Riten beobachtet hätten — und sie waren verloren. Das war die erste Anregung zu der fluchwürdigen Inquisition gegen die Marranen in Spanien, welches in einem Menschenalter ein so grausiges Geschick über sie verhängte, wie es kein Volk und keine Menschenklasse betroffen hat. Um so ingrimmiger und unversöhnlicher war der Haß der einflußreichen Marranen gegen Alvaro de Luna, und sie ruhten nicht eher, bis sie seinen Sturz und seine Verurteilung zum Kerker und zum Schafott bewirkt hatten. Unter den Mitgliedern des Rates, welche von Don Juan berufen waren, ihn zu richten, waren mehrere Neuchristen, und von einem derselben, Fernando Diaz de Toledo, ging der Spruch aus, welcher den gefürchteten Kanzler zum Galgen und zum Verlust aller seiner Güter verurteilte (1453).

Für die Juden von Kastilien war Alvaros Tod ein großes Unglück. Sie entbehrten seitdem eines zuverlässigen Annehmers, als von vielen Seiten gegen sie gehetzt wurde und sie noch dazu in das den Marranen zugedachte tragische Geschick hineingezogen wurden. Ihr Hauptfeind war das wieder mächtig gewordene Papsttum, das Feindseligkeit gegen die Judenheit in sein Programm, gewissermaßen als ein zum Katholizismus gehöriges Glaubensbekenntnis, aufgenommen hat.

Eugenius' Nachfolger, der Papst Nikolaus V. setzte das System der Demütigung und Knechtung der Juden fort. Die Privilegien der italienischen Juden, welche Martin V. bestätigt und Eugenius nicht förmlich aufgehoben hatte, befahl er zu zerreißen, und die Juden unter Ausnahmegesetze zu stellen. In einer Bulle wiederholte er dieselben Beschränkungen für Italien, welche sein Vorfahr für Kastilien eingeschärft hatte, und schenkte ihnen auch kein Tüttelchen davon, nicht einmal das, daß ein Christ für Juden am Sabbat kein Feuer machen dürfe. Nikolaus' Bulle hatte eine größere Tragweite. Denn er ernannte darin den Juden- und Ketzerhenker Johannes de Capistrano zum Vollstrecker derselben. Dieser sollte selbst oder durch seine Ordensgenossen, die Franziskaner, die pünktliche Besorgung überwachen und die Bestrafung der Übertreter vollziehen. Der Mönch Capistrano hatte demnach die Befugnis, wenn beispielsweise ein jüdischer Arzt einem kranken Christen ein Heilmittel reichte, ihm sein ganzes Hab und Gut zu konfiszieren, und dieser Heilige mit einem Herzen von Stein war ganz der Mann dazu, auch ein solches Vergehen mit unerbittlicher Strenge zu bestrafen.

Die systematische Judenfeindlichkeit, wovon die Baseler Kirchenversammlung und die Päpste beseelt waren, wirkte ansteckend in weiten Kreisen. Der eben so wilde, wie übereifrig kirchlich gesinnte baierische Herzog von Landshut, Ludwig der Reiche genannt, „ein Feind des Wildes und der Juden", ließ sämtliche Juden seines Landes an einem Tage (1450) festnehmen, die Männer in Kerker, die Frauen in die Synagogen einsperren und alle ihre Barschaft und Kleinodien für sich konfiszieren. Die christlichen Schuldner wurden angewiesen, ihren jüdischen Gläubigern nur das Kapital zu zahlen und davon noch die Zinsen abzuziehen, die sie etwa vorher gezahlt hatten. Nachdem die Unglücklichen vier Wochen in Gewahrsam waren, mußten sie dem wilden Herzog noch 30000 Gulden für ihr Leben zahlen, dann wurden sie sämtlich arm und fast nackt aus dem Lande gewiesen. Gerne wäre Ludwig mit der reichen und großen Regensburger Gemeinde ebenso verfahren, die unter seiner Botmäßigkeit stand. Allein da er nur eine eingeschränkte Gewalt über sie hatte, und die Juden dieser Stadt als Bürger unter dem Schutze des Rates und seiner Gerechtsame standen, so mußte er sich mit einer Art Brandschatzung begnügen. Viele Juden sollen damals aus Angst und Not zum Christentum übergetreten sein.

Dieser herzlosen Härte in der kanonischen Gesetzgebung gegen die Söhne Israels lag unbewußt eine Art Furcht zugrunde. Das übermächtige Christentum fürchtete den Einfluß des jüdischen Geistes auf die christliche Bevölkerung durch allzu vertrauten Verkehr. Was das Papsttum in der Räucherwolke seiner offiziellen Erlasse verschwieg, das verriet ein diesem Kreise sehr nahe stehender Kardinal und Schriftsteller. Nikolaus von Cusa (aus Cues an der Mosel), der letzte Ausläufer der scholastischen Philosophie, der in einer Art Mystik schwärmte, inmitten der Zerfahrenheit und Zerklüftung des Christentums eine Vereinigung aller Religionen zu einem einzigen Glauben anzubahnen. Die kirchlichen Zeremonien wollte er zum Opfer bringen, ja, selbst die Beschneidung sich gefallen lassen, wenn nur die nichtchristlichen Völker dafür gewonnen werden könnten, an die Dreieinigkeit zu glauben. Er fürchtete aber, wie er ausdrücklich bemerkte, die Hartnäckigkeit der

Juden, welche sich an ihre Gotteseinheit zu fest anklammern; er tröstete sich indes, daß das unbewaffnete Häuflein der Juden den Frieden der Welt nicht stören könne. Allerdings waren die Juden nach dieser Seite hin waffen- und machtlos; um sie aber auch geistig zu entwaffnen, dazu wollte Nikolaus Cusanus das Seinige beitragen. Diesen Kardinal hatte der Papst zum Legaten für Deutschland ernannt, um teilweise eine Reformation des verderbten Kirchen- und Klosterlebens durchzuführen (1450—51). Cusanus beschäftigte sich auch mit den Juden. Auf dem Provinzialkonzil von Bamberg schärfte er die kanonische Satzung von dem Judenabzeichen ein, daß die Männer einen roten runden Fleck an der Brust, die Frauen einen blauen Streifen auf dem Kopfputz tragen sollen (Mai 1451), als wenn die Brandmarkung der Juden die Geistlichen, Mönche und die von ihnen angesteckten Laien von der unkeuschen Unflätigkeit hätte heilen sollen. Die Absonderung der Juden von den christlichen Kreisen hat nur die Wirkung gehabt, daß jene von der Befleckung der Unzüchtigkeit frei geblieben sind. Auch der Kardinallegat Cusanus konnte es nicht durchsetzen, den geistlichen Stand sittenrein zu machen oder den Betrug mit der Blutung durchstochener Hostien und der Wundertätigkeit der Heiligenbilder, dagegen er so sehr geeifert hat, abzustellen. Die Kirche blieb bis in ihr innerstes Mark verderbt. Die Juden waren allerdings zu fürchten, wenn sie mit ihren Fingern in die eiternden Wunden hätten greifen können.

Welch eine Verkehrtheit war es nun, zu den tausend und abertausend Marranen in Spanien, deren geschärftem Blick die Fäulnis der Kirche nicht entgehen konnte, neue jüdische Täuflinge mit erheucheltem christlichen Bekenntnisse der Kirche zuzuführen! Das tat aber der Franziskanermönch Capistrano, der den Juden vieler Länder die tiefsten Wunden geschlagen hat. Dieser Bettelmönch mit ausgemergelter Gestalt und häßlichem Wesen besaß ein einschmeichelndes Organ und eine Willensstärke, wodurch er nicht bloß die stumpfe Menge, sondern auch die höheren Stände rühren, fesseln, begeistern, erschrecken, zu einem frommen Lebenswandel und zu grausigen Untaten bewegen konnte. Wie bei dem spanischen Dominikaner Vicente Ferrer, so lag bei Capistrano die wunderbare Gewalt, die er über die Gemüter hatte, nicht so sehr in einer hinreißenden Beredsamkeit, als in einer Stimmmodulation und in einem unerschütterlichem Wahnglauben. Er selbst war davon überzeugt, daß er mit dem Blute, das er von der Nase seines Meisters Bernardinus von Siena gesammelt hatte, und mit dessen Kapuze Kranke zu heilen, Tote zu erwecken und Wunder jeder Art zu verrichten vermöchte, und das wahnbetörte Volk glaubte nicht nur an seine Wundertätigkeit, sondern vergrößerte und übertrieb sie noch mehr. Seine streng asketische Lebensweise, sein Haß gegen Luxus, Wohlleben und Schwelgerei machten einen um so größeren Eindruck, als sie gegen die Wollust und die üppige Lebensweise der Welt- und Klostergeistlichen grell abstach. Wo Capistrano auftrat, strömten Tausende von Zuhörern zusammen, um sich von seinen Predigten erschüttern zu lassen, wenn sie auch kein Wort von seinen lateinischen Reden verstanden. Die schlauen Päpste Eugenius IV. und Nikolaus V. bedienten sich seiner als eines brauchbaren Werkzeuges, um das erschütterte Ansehen des päpstlichen Stuhles wiederherzustellen. Sie ließen ihn überall für die Unfehlbarkeit des Papsttums, für Vertilgung der Ketzer eifern, und hatten auch nichts dagegen, wenn er gegen unschuldige Spiele, Zeitvertreib nnd Lebensverfeinerung seine mönchische Galle ausspritzte, da sie selbst dadurch in ihren Genüssen und Freuden nicht gestört wurden. Zu dem stehenden Inhalte seiner aufregenden Predigten gehörten nächst seinem Geifer gegen Ketzer und Türken und seinen Kapuzinaden gegen den Luxus und die Spiele, auch seine Wutausbrüche gegen die Juden, ihren Unglauben und ihren Wucher. Schon früher hatte ihn die Königin Johanna von Neapel zum Inquisitionsrichter über die Juden eingesetzt und ihn ermächtigt, die schwersten Strafen über sie zu verhängen, wenn sie gegen die Kirchengesetze fehlen oder das Judenabzeichen, das Zeichen Thau (Tod), nicht tragen sollten.

Wo dieser geifernde Kapuzinerprediger in Deutschland hinkam, verbreitete er Furcht und Schrecken unter den Juden. Sie zitterten, wenn sie nur seinen Namen nennen hörten. In Baiern, Schlesien, Mähren und Österreich, wo die Aufregung der Katholiken wegen der Feindseligkeit zwischen ihnen und den Hussiten ohnehin hoch gespannt war, erhielt sie durch Capistrano noch mehr Nahrung und kehrte sich, da sie den Ketzern in Böhmen nicht beikommen konnte, zunächst gegen die Juden. Die baierischen Herzoge Ludwig und Albrecht, welche schon früher die Juden ihres Gebietes verjagt hatten, wurden von Capistrano noch mehr fanatisiert. Der erstere stellte an einige Grafen und an Regensburg die Forderung, ihre Juden auszuweisen. Der Bürgermeister und Rat dieser Stadt mochten ihnen nicht den Schutz und das Bürgerrecht entziehen, das sie seit alten Zeiten genossen hatten. Aber sie konnten die Juden nicht vor den Quälereien der Geistlichen schützen. So weit ließen sich indes die Regensburger Bürger, bei allem Wohlwollen für ihre jüdischen Mitbürger, durch Capistranos Fanatismus zur Feindseligkeit gegen sie hinreißen, daß sie in die Hebammenordnung, welche in demselben Jahre erlassen wurde, einen entsetzlichen Paragraphen aufnahmen, daß christliche Geburtshelferinnen bei Leibe nicht jüdischen Frauen beistehen sollten, auch nicht in Todesnöten.

Die Sinneswandlung gegen die Juden, wie sie durch Capistrano hervorgerufen wurde, zeigt sich augenfällig an dem Verhalten eines geistlichen Fürsten gegen sie vor und nach dem Erscheinen des Kapuziners in Deutschland. Der Bischof Gottfried von Würzburg, zugleich Herzog von Franken, hatte den Juden nicht lange nach seinem Regierungsantritt einen Freiheitsbrief ausgestellt, wie sie ihn nicht günstiger wünschen konnten. Er sagte darin für sich und seine Nachfolger allen anwesenden und künftig zuziehenden Juden besonderen Schutz zu. Keiner sollte vor ein weltliches oder geistliches Gericht geladen werden dürfen, ihre Streitsachen sollten vielmehr durch ihr eigenes Gericht beraten und entschieden werden. Die Rabbinen (Hochmeister) von Würzburg sollten steuerfrei und ihnen gestattet sein, nach ihrem Belieben in ihrem Lehrhause Jünger zu halten. Er gewährte den Juden in seinem Lande Freizügigkeit, versprach den Wegziehenden zur Einziehung ihrer Schulden Beistand und friedliches Geleit. Der Dechant und das ganze Kapitel erkannten die Privilegien an und verbürgten sich dafür, „für sich und ihre Nachfolger am Kapitel". Jedem Juden, der in sein Gebiet einwanderte, stellte der Bischof Gottfried einen besonderen günstigen Schutzbrief aus.

Aber einige Jahre später, nach Capistranos Kreuzpredigten, welch' ein veränderter Ton gegen die Juden! Derselbe Bischof und Herzog von Franken erläßt „wegen der schweren Klagen der Untertanen seines Stiftes gegen die Juden" eine Ordnung und Satzung (1453) gegen sie. Sie sollten bis zum Januar des folgenden Jahres alle ihre Liegenschaften verkaufen und vierzehn Tage später auswandern, denn „er will keinen Juden in seinem Stifte mehr dulden." Alle Städte, Grafen, Herren und Richter wurden angewiesen, ihre Juden zu vertreiben. An den Schuldforderungen sollten die jüdischen Gläubiger ebenfalls gekürzt werden. Das waren die Früchte des menschenfeindlichen Fanatismus, der einen edlen Kirchenfürsten und ein ganzes Domkapitel zum Wortbruch verleitete, wo es den Juden galt!

Am unheilvollsten war Capistranos Einfluß den Juden Schlesiens; hier zeigte er sich so recht, wie ihn seine Bewunderer nannten, als „Geißel der Hebräer." In dieser, damals halb zu Polen und halb zu Böhmen gehörenden Provinz gab es zwei Hauptgemeinden, zu Breslau und zu Schweidnitz. Auf Einladung des Bischofs Peter Nowak von Breslau, der mit seiner Geistlichkeit nicht fertig werden konnte, war Capistrano nach der schlesischen Hauptstadt gekommen. Bei verschlossenen Türen der Kirche mußte der Franziskanerprediger den Geistlichen ihr sittenloses Leben vorhalten; kein Laienohr sollte etwas von der Entartung der Kirchendiener vernehmen. Aber mehr als die Sittenverbesserung der Geistlichen lag ihm noch am Herzen die Vertilgung der Hussiten, deren es damals auch in Schlesien gab, und die Quälerei der Juden. Der durch Capistranos Predigten erregte wahnsinnige Fanatismus der Breslauer wurde durch ein ausgesprengtes Gerücht gesteigert.

Ein Jude, Namens Meyer, welcher zu den reichsten Juden Breslaus gehörte und viel Schuldverschreibungen von Bürgern und verkommenen Adligen in Gewahrsam hatte, hätte von einem Bauern eine Hostie gekauft, sie zerstochen, geschändet und Teile davon den Gemeinden von Schweidnitz, Liegnitz und noch anderen zu gleicher Schändung zugestellt. Es versteht sich von selbst, daß die verwundete Hostie Blut gezeigt hat. Dieses blödsinnige Märchen, das den Ratsmännern zu Ohren gekommen war, fand ohne weiteres Glauben. Sofort wurden sämtliche Juden Breslaus in Kerker geworfen, die gesamte Habe derselben in der Judengasse mit Beschlag belegt, und — was den Urhebern am meisten am Herzen lag — die Schuldverschreibungen, die etwa 25000 ungarische Goldgulden betrugen, den Gläubigern entzogen (1453). Da einige der Unglücklichen die Flucht ergriffen hatten, aber wieder ergriffen wurden, so schien ihre Schuld um so gewisser. Die Leitung dieses wichtigen Prozesses nahm Capistrano in die Hand. Ihm, als Ketzerrichter, gebührte die erste Stimme bei der Verfolgung von Hostienschändern. Er ließ einige Juden auf die Folter spannen und gab Anleitung, wie die Schergen verfahren sollten. Der Mann hatte Erfahrung darin gesammelt. Die Gemarterten gestanden die Entweihung der Hostie und ihre Wundertätigkeit ein. Während dessen wurde eine neue schändliche Lüge verbreitet. Eine boshafte, getaufte Jüdin sagte aus, die Breslauer Juden hätten schon früher einmal eine Hostie verbrannt und ein andermal einen gestohlenen Christenknaben gemästet, dann ihn in ein Faß, das von innen spitze Nägel hatte, gelegt, und so lange gewälzt, bis der Knabe den Geist aufgegeben. Von seinem Blute hätten die Juden an die übrigen schlesischen Juden geschickt. Man fand noch dazu die Gebeine des ermordeten Knaben. Die vielfache Schuld der Juden schien erwiesen. Die Juden mehrerer schlesischen Gemeinden wurden ebenfalls gefänglich eingezogen und nach Breslau abgeführt, im ganzen 318 Personen. Capistrano saß über sie zu Gericht, und man schritt zur Exekution. Auf dem Salzring (jetzt Blücherplatz), wo Capistrano seine Wohnung hatte, wurden einundvierzig als schuldig erkannte Juden verbrannt (2. Juni 1453). Der Rabbiner erhängte sich; er hatte auch anderen geraten, sich zu entleiben. Die übrigen wurden aus Breslau verwiesen, nachdem man ihnen die Kinder unter sieben Jahren gewaltsam entrissen, getauft und Christen zur Erziehung übergeben hatte. So wollte es Capistrano, und er bewies es dem König Ladislaus in einer gelehrten Abhandlung, daß es der christlichen Religion und der Rechtgläubigkeit gemäß sei. Der biedere Stadtschreiber Eschenloer, der nicht wagte, eine laute Bemerkung über diese Unmenschlichkeit zu machen, schrieb in sein Tagebuch: „Ob dies göttlich sei oder nicht, setze ich auf Erkenntnis der geistlichen Lehrer". Die geistlichen Lehrer hatten sich aber in Kannibalen verwandelt. Die Güter der verbrannten und ausgewiesenen Juden wurden natürlich eingezogen und damit die Bernhardinerkirche 'aufgerichtet. Es war nicht die einzige Kirche, welche mit Blutgeld erbaut wurde. Den Juden in den übrigen schlesischen Städten erging es nicht besser. Ein Teil wurde verbrannt und die übrigen nackt verjagt.

Als der junge König Ladislaus von dem Breslauer Bürgerrat angegangen war, durch ein Gesetz zu erklären, daß sich künftig kein Jude in Breslau niederlassen dürfte, genehmigte er nicht bloß diesen Antrag, „Gott zum Lobe und dem christlichen Glauben zu Ehren", sondern billigte noch dazu die Mordtaten an den schlesischen Juden mit dem Bemerken, „daß sie nach Verdienst gelitten haben", eine Äußerung würdig eines Sohnes Albrecht II., der die Juden von Österreich verbrennen ließ. Derselbe König genehmigte auch, ohne Zweifel auf Betrieb Capistranos, der sich mehrere Monate in Olmütz aufgehalten hatte, die Vertreibung der Juden von Olmütz und Brünn.

Bis nach Polen erstreckte sich Capistranos giftige judenfeindliche Beredsamkeit und störte die jüdischen Gemeinden dieses Landes aus dem ruhigen Leben, das sie seit Jahrhunderten dort genossen. Polen war nämlich seit langer Zeit eine Zufluchtsstätte für alle gehetzten, verfolgten und mühbeladenen Juden geworden. Die Verbannten aus Deutschland, Österreich und Ungarn fanden an der Weichsel eine günstige Aufnahme. Die günstigen Privilegien, welche ihnen der Herzog Boleslaw erteilt und der König Kasimir der Große erneuert und bestätigt hatte, waren noch immer in Kraft. Die Juden waren in diesem Lande noch unentbehrlicher, als in den übrigen Ländern des christlichen Europa. Denn da es in Polen nur Adel und Leibeigene gab, so vertraten die Juden den mangelnden Bürgerstand, sorgten für Waren und Barschaft und brachten die toten Kapitalien des Landes in Fluß.

Als Kasimir IV. nicht lange nach seiner Thronbesteigung in Posen weilte, geriet diese damals bereits angesehene Stadt in Brand und wurde bis auf die wenigen gemauerten Häuser ein

Raub der Flammen. Bei diesem Brande ging auch die Urkunde der Privilegien, welche Kasimir der Große ein Jahrhundert vorher den Juden erteilt hatte, verloren. Infolgedessen begaben sich jüdische Deputierte vieler polnischer Gemeinden zum König Kasimir, klagten über den Verlust der für sie so wichtigen Urkunde und baten ihn, laut vorhandener Kopien, eine neue auszustellen und überhaupt ihre alten Rechte aufzufrischen und zu bestätigen. Kasimir ließ sich nicht lange bitten und erteilte den Juden Polens, damit auch sie unter seiner glücklichen Regierung getröstet und glücklich leben könnten, Privilegien, wie sie solche in keinem europäischen Staate genossen (Krakau, 14. August 1447). Dieser König war kein Knecht der Kirche und wies die Geistlichen so sehr in Schranken, daß sie in ihrer Anmaßung über Grausamkeit und Beraubung von seiner Seite klagten. Die Einmischung der Kirchendiener in Staatsangelegenheiten verbot er.

Die Begünstigung, welche das Statut Kasimirs den Juden Polens einräumte, war noch um vieles beträchtlicher als die älteren Privilegien. Sie hob geradezu kanonische Gesetze auf, welche die Päpste so oft eingeschärft hatten. Juden durften nicht vor ein geistliches Gericht geladen werden und, wenn vorgeladen, brauchten sie nicht Folge zu leisten. Die Palatine der Provinzen sollten darauf achten, daß die Juden nicht von Geistlichen belästigt würden und ihnen überhaupt kräftigen Schutz gewähren. Ferner durfte kein Jude beschuldigt werden, Christenblut (am Passahfeste) gebraucht oder Hostien geschändet zu haben, weil „die Juden unschuldig an solchen Vergehen sind und es gegen ihre Religion verstößt." Sollte ein Christ gegen einen einzelnen Juden eine derartige Anklage erheben, dann sollte er sie durch inländische, glaubwürdige, jüdische und vier ebensolche christliche Zeugen beweisen, und in diesem Falle sollte der des Verbrechens überführte Jude allein die Strafe erleiden, ohne seine Glaubensgenossen mit hineinzuziehen. Ist aber der christliche Ankläger nicht imstande, den Beweis durch glaubwürdige Zeugen zu führen, dann sollte er mit dem Tode bestraft werden. Damit war ein Riegel den so oft wiederholten boshaften Anschuldigungen und den dadurch herbeigeführten Judenmetzeleien vorgeschoben. Kasimir erkannte auch die eigene Gerichtsbarkeit der Juden an. In peinlichen Fällen unter Juden allein oder zwischen Juden und Christen sollten sich nicht die gewöhnlichen Gerichte einmischen, sondern der Palatinus (oder sein Stellvertreter) sollte gemeinschaftlich mit Juden zu Gerichte darüber sitzen. Über geringe Prozeßsachen wurde den jüdischen Ältesten (Rabbinen) allein die Entscheidung eingeräumt. Denselben wurde auch die Befugnis erteilt, über Ungehorsame, welche der Vorladung nicht Folge leisten sollten, eine Geldstrafe zu verhängen. Gewiß besaßen die Juden im christlichen Europa nirgends solche günstige Privilegien. Der König hatte sie mit Zustimmung der polnischen Magnaten erneuert und erlassen. Auch den karäischen Gemeinden in Troki, Luzk und anderen Städten hat Kasimir ihre Privilegien, die sie vom lithauischen Herzog Witold aus dem dreizehnten Jahrhundert besaßen, erneuert und bestätigt (1446).

Die Geistlichkeit sah aber wie überall mit scheelem Blicke auf diese Begünstigung der Juden und arbeitete daran, den König Kasimir zur Aufhebung derselben zu bewegen. An der Spitze des den Juden feindlichen polnischen Klerus stand damals der einflußreiche Bischof und Kardinal von Krakau, Namens Zbigniew Olesnizki. Um gegen die Hussiten in Polen wirksam wüten zu können, lud der Bischof den Ketzerbanner Capistrano dringend ein, nach Polen zu kommen. In Krakau wurde er vom König und der Geistlichkeit wie ein göttliches Wesen im Triumph eingeholt. Die ganze Zeit, welche der Mönch in Krakau weilte (1453—1454), stachelte er im Vereine mit dem Bischof Zbigniew den König Kasimir gegen die hussitischen Ketzer und zugleich gegen die Juden auf. Capistrano stellte ihn öffentlich darüber zur Rede, drohte ihm mit Höllenstrafen und prophezeite ihm einen schlechten Ausgang des Krieges gegen den preußischen Ritterorden, wenn er nicht die günstigen Privilegien der Juden aufheben und die hussitischen Ketzer dem Blutdurst der Geistlichen überlassen würde. Eine Niederlage gegen die preußischen Ritter war leicht zu prophezeien, weil sie der Papst und selbst die polnische Geistlichkeit heimlich gegen den König Kasimir unterstützten.

Als nun der deutsche Ritterorden, einen förmlichen Kreuzzug gegen Polen antretend, um den Preußen zu Hilfe zu eilen, das polnische Heer in schmähliche Flucht schlug, und der König Kasimir besiegt und tief beschämt vom Kampfplatze weichen mußte (September 1454), hatte die Geistlichkeit gewonnenes Spiel. Sie verbreitete, daß die Niederlage der Polen als Strafe wegen des Königs Begünstigung der Juden und Ketzer erfolgt sei. Um die Scharte auszuwetzen und einen kräftigen Feldzug gegen die Preußen zu unternehmen, brauchte Kasimir den Beistand des Bischofs Zbigniew, und dieser durfte seine Bedingungen stellen. Die Juden fielen als Opfer; der König mußte sie aufgeben. Er widerrief durch ein Gesetz sämtliche den Juden erteilten Privilegien, „da die Ungläubigen nicht einen höheren Vorzug vor den Verehrern Christi genießen und die Knechte nicht besser gestellt sein dürfen, als die Söhne." Durch öffentliche Ausrufer wurde der Sinneswandel des Königs im ganzen Lande bekannt gemacht. Capistrano hatte auf der ganzen Linie gesiegt; die Juden waren durch seinen Einfluß auch da gedemütigt, wo sie damals am günstigsten gestellt waren. Die Folgen der Ungunst stellten sich bald ein. Die jüdischen Gemeinden in Polen wendeten sich händeringend an ihre Brüder in Deutschland, daß der „Mönch“ auch über sie unter dem Zepter des Königs von Polen, wo sie bisher so glücklich gelebt und den anderswo Verfolgten eine Zufluchtsstätte bieten konnten, ein schweres Geschick herauf beschworen habe. Sie hätten es früher kaum glauben können, daß ein Feind gegen sie in die Tore Polens dringen würde, und nun müßten sie unter der Last des Königs und der Magnaten seufzen. Die deutschen Juden konnten ihnen nicht helfen; aber eine geringe Hilfe kam unerwartet von einer anderen Seite.

Die Christenheit wurde gerade in derselben Zeit von einem Strafgerichte schwer getroffen. Das byzantinische Reich, das sich jahrhundertelang in wurmstichigem Zustande behauptet hatte, war endlich nach mehr denn tausendjährigem Bestande mit dem Falle Konstantinopels (29. Mai 1453) zusammengestürzt. Der türkische Eroberer Mohammed II. hatte Sklaverei, Schändung, Tod und alle Schrecken und Qualen über Neu-Rom gebracht, aber ihm noch nicht den geringsten Teil dessen vergolten, was es an anderen und an sich verbrochen hatte. Von dem ersten Gründer des byzantinischen Reiches Konstantin, welcher der Kirche ein blutbeflecktes Schwert in die Hand gab, bis zum letzten Kaiser, dem Paläologen Konstantin Dragosses war die lange Reihe der Herrscher (mit Ausnahme des vom Christentume abgefallenen Julian) mehr oder weniger von sich selbst vergötterndem Hochmute, von heuchlerischer Gesinnung, Verlogenheit und Verfolgungssucht beseelt. Und das Volk, sowie die Diener des Staates und der Kirche waren der Herrscher würdig. Von ihnen entlehnten die germanischen, romanischen und slavischen Völker und die Vertreter der Kirche den Grundsatz, daß die Juden zu einer Ausnahmestellung herabgewürdigt oder gar vertilgt werden müßten. Nun lag Byzanz, die Schöpfung des ersten christlichen Kaisers, zertrümmert. Wilde Barbaren gründeten darauf ein neues Reich. Mohammed II., der Eroberer von Konstantinopel, richtete auch seinen Blick nach dem übrigen Europa, nach den Ländern der lateinischen Kirche. Die ganze Christenheit schwebte in großer Gefahr. Und doch konnten sich die christlichen Herrscher und Völker nicht zu einem kräftigen Kriege gegen die türkischen Eroberer ermannen. Die Verlogenheit und Verderbnis des Papsttums trug jetzt bittere Früchte. Als der wortbrüchige Papst Nikolaus V. die Christenheit zu einem allgemeinen Kreuzzuge gegen die Türken aufforderte, mußten sich seine Legaten auf dem Reichstage zu Regensburg Worte gefallen lassen, welche die Fäulnis schonungslos aufdeckten. Der Papst und der Kaiser, hieß es, denken gar nicht daran, den Krieg gegen die Türken zu führen, sie wollen lediglich das zusammengebrachte Geld verprassen. Vergebens predigte sich Capistrano heiser, um Teilnahme für einen Kreuzzug anzufachen, als die Türken Anstalten trafen, in Ungarn einzufallen. Seine Kapuzinaden zogen nicht mehr, und nur ein zusammengelaufenes Heer von Studenten, Bauern, Bettelmönchen und Hungerleidern sammelte sich. Der mittelalterliche Spuk begann bei dem nahen Anbruch des Tages zu weichen.

Es sieht fast wie ein Werk der Vorsehung aus, daß bei der Zunahme und Heftigkeit der Judenverfolgungen in Europa das neue türkische Reich entstand, das den Gehetzten ein gastfreundliches Asyl bot. Als der Sultan Mohammed II. drei Tage nach dem Strafgerichte, das er über Konstantinopel ergehen ließ, einen Aufruf veröffentlichte, alle versteckten und flüchtigen Bewohner möchten in ihre Häuser und Besitztümer ohne Furcht vor Belästigung zurückkehren, bedachte er auch der Juden mit wohlwollendem Sinne. Er gestattete ihnen, sich frei in Konstantinopel und in den übrigen Städten niederzulassen, räumte ihnen besondere Wohnplätze ein und erlaubte ihnen, Synagogen und Lehrhäuser zu errichten.

Wie er bald nach seiner Besitzergreifung von Konstantinopel einen griechischen Patriarchen erwählen ließ, den er gewissermaßen zum politischen Oberhaupte über sämtliche Griechen seines neuen Reiches ernannte, so ernannte er auch einen jüdischen Oberrabbiner für sämtliche türkische Gemeinden in der Person eines frommen, gelehrten und wackeren Mannes Names Mose Kapsali. Mohammed berief diesen Großrabbiner in den Divan und zeichnete ihn besonders aus, so daß er seinen Sitz neben dem Mufti und den Vortritt vor dem Patriarchen hatte. Mose Kapsali (geb. um 1420, st. um 1495) erhielt vom Sultan eine Art politischer Machtvollkommenheit über die türkischen Gemeinden. Er verteilte die Steuern, welche die türkischen Juden einzeln oder gemeindeweise zu leisten hatten, ließ sie einziehen und lieferte sie an die Kasse des Sultans ab. Er hatte auch Strafbefugnisse über sämtliche Gemeindemitglieder und das Bestätigungsrecht über die Rabbinen. Mit einem Worte, er war das Oberhaupt und der offizielle Vertreter eines zusammenhängenden jüdischen Gemeinwesens.

Selbst das in den Zustand völliger Erstarrung geratene Karäertum wurde durch die Berührung mit Rabbaniten im türkischen Reiche zn eigenem Leben aufgerüttelt. Auch die karäischen Gemeinden in Konstantinopel und Adrianopel erhielten neuen

Zuwachs aus der Krim, aus Asien und aus Südpolen. Die Karäer, deren Prinzip auf Forschung in der Bibel und auf vernunftgemäßer Auslegung beruhte, waren in eine so klägliche Unwissenheit geraten, daß ihr ganzes Religionsgebäude ihnen noch mehr als den Rabbaniten als Satzung und Überlieferung älterer Autoritäten galt. Diejenigen Karäer, welche sich belehren lassen wollten, mußten sich zu den Füßen rabbanitischer Lehrer setzen und von ihnen Auslegung des Schriftsinnes empfangen. Die stolzen Meister der Bibelforschung waren zu unmündigen Jüngern der von ihnen einst verachteten Rabbaniten geworden. Die Versteinerung der Karäertums bezeugt noch ein anderer Vorgang in der europäischen Türkei. Ein karäisches Kollegium hatte eine Neuerung eingeführt, die darin bestand, daß es gestattet sei, am Freitag Beleuchtung für die Sabbatnächte vorzubereiten, damit sie nicht gerade den heiligen Tag im Finstern zubringen sollten. Nach dem karäischen Prinzip hat nicht blos eine geistliche Behörde, sondern auch jeder einzelne die Berechtigung, auf Grund einer zutreffenden Auslegung, einen älteren Brauch abzustellen und Satzungen aufzuheben. Nichtsdestoweniger bildete sich (um 1460) eine heftige Opposition gegen diese Neuerung. Es kam dadurch zu Reibungen und Spaltungen. Der Teil der Gemeinde, welcher sich erlaubte, Beleuchtung für den Sabbatabend vorzubereiten, wurde von einer strengeren Partei gehöhnt und verketzert. Die Spaltung unter den Karäern über den Anfang der Festeszeiten dauerte in dieser Zeit noch immer fort. Diese Erbkrankheit mußte weiter schleichen; es gab kein Mittel, sie zu heilen und eine feste Norm aufzustellen. Die offenkundige Schwäche des Karäertums und die Unwissenheit seiner Bekenner gaben den Rabbaniten im türkischen Reiche Gelegenheit, jene mit dem talmudischen Judentum zu versöhnen oder wenigstens ihre herbe Feindseligkeit gegen dasselbe einzustellen.

Es ist wahrhaft erstaunlich, wie das Talmudstudium in Deutschland unter den widerwärtigen Verhältnissen, „unter steter Angst, Zittern, Quälerei und Verfolgung“, wieder einen solchen Aufschwung nehmen konnte, daß Jünger aus den entferntesten Gemeinden die deutschen Hochschulen in Erfurt, Nürnberg, Regensburg, Prag aufsuchten, und die daselbst gebildeten Rabbinen neidlos als die Befähigsten anerkannt wurden. Kapsali hatte sich ebenfalls in Deutschland zum Rabbiner gebildet. Die scharfsinnige toßafistische Lehrweise haarscharfer Zergliederung, verbunden mit der Gründlichkeit der Schulen von Ramerü, Sens, Paris lebte in Deutschland wieder auf. Das deutsche Wesen gründlicher Gelehrsamkeit und sinnender Grübelei war auch auf die deutschen Juden übergegangen.

Die hervorragendsten Rabbinen, welche diesen Geist wieder gepflegt und vererbt haben, waren Jakob Weil (blühte um 1375 bis 1455) und Israel Isserlein (um 1400 bis 1460). Beide galten zu ihrer Zeit und noch mehr später als maßgebende Autoritäten. Beide traten mit Entschiedenheit gegen die Überhebung mancher Rabbinen auf, welche gleich den Kirchendienern geistliche Gewalt beanspruchten, und wahrten ihnen gegenüber die Gemeindefreiheit.

Gegenüber der kläglichen Lage der Juden in Deutschland mußten sich diejenigen, welche in dem neuen türkischen Reiche wohnten, wie in einem Paradiese vorkommen. Jüdische Auswanderer aus diesem Lande, welche den täglichen Plackereien entkommen waren, gerieten in ein förmliches Entzücken über die günstige Stellung der türkischen Juden. Sie hatten nicht den „güldenen Pfennig“ und nicht Kronengelder, nicht den dritten Teil des Vermögens zu zahlen. Handel und Wandel war ihnen unverwehrt. Sie durften über ihr Eigentum verfügen und durften sich nach Belieben kleiden und in Gold und Seide einhergehen. Das ergiebige Land, welches den faulen griechischen Christen entrissen war, bot ihrer Geschäftigkeit reiche Nahrungsquellen. Die Türkei war ein Land, wie ein Begeisterter es schildert, „in dem nichts, gar nichts fehlt.“ Zwei junge jüdische Männer Kalmann und David, nach der Türkei gekommen, bemerkten, wenn die deutschen Juden nur den zehnten Teil dessen wüßten, was sie da finden würden, so würden sie allem Ungemache trotzen, um massenhaft dahin auszuwandern. Isaak Zarfati, ebenfalls nach der Türkei ausgewandert, erließ daher ein Rundschreiben an die Juden von Schwaben, der Rheingegend, Steiermark, Mähren und Ungarn, worin er die günstige Lage der Juden unter dem Halbmonde, im Gegensatz zum Joche unter dem Kreuze, schilderte, um sie zu bestimmen, die große Folterkammer zu verlassen und nach der Türkei zu wandern. Licht und Schatten konnte nicht greller gezeichnet werden, als Isaak Zarfatis Sendschreiben es in einer lebhaften oft zu witzelnden Sprache tat, die sich größtenteils nicht wiedergeben läßt (um 1454).

„Es ist mir von Mühsalen, noch bitterer als der Tod, erzählt worden, welche unsere Brüder in Deutschland betroffen haben, von tyrannischen Gesetzen, Zwangstaufen, Ausweisungen. Und wenn sie von einem Orte fliehen, trifft sie an einem anderen Orte noch herberes Unglück. — Ich höre ein freches Volk über die Treuen seine wütende Stimme erheben; ich sehe seine Hand gegen sie schwingen. Wehe von innen, wehe von außen. Tägliche Erlasse von Zwingherren, um das Geld zu erpressen. — Die Geistlichen und Mönche, die falschen Priester, erheben sich gegen das unglückliche Volk und sprechen: „„Wir wollen sie bis zur Vernichtung verfolgen, Israels Name soll nicht mehr genannt werden."" Sie wähnen, ihr Glaube sei gefährdet, weil die Juden in Jerusalem vielleicht gar die Grabeskirche an sich kaufen würden. Darum haben sie Befehl erlassen, jeden Juden, der sich auf einem christlichen Schiffe befände, das nach dem Morgenland steuert, in die Fluten zu werfen. Wie wird den heiligen deutschen Gemeinden mitgespielt, wie sehr ist ihre Kraft geschwächt! — Meine Brüder und Lehrer, Freunde und Bekannte! Ich, Isaak Zarfati, der ich aus Frankreich stamme, in Deutschland geboren bin und dort zu den Füßen von Lehrern gesessen, rufe euch zu, daß die Türkei ein Land ist, in dem nichts fehlt. Hier kann jeder unter seinem Feigenbaum und unter seinem Weinstock ruhig leben. In der Christenheit dagegen dürft ihr es nicht einmal wagen, eure Kinder in Rot oder Blau zu kleiden, ohne sie auszusetzen, zerbläut oder rot geschunden zu werden. Darum müßt ihr ärmlich und zerlumpt einhergehen. Alle eure Tage sind düster, auch die Sabbate und Festzeiten. Fremde genießen euer Vermögen. Was nützen dem reichen Juden seine Schätze? Er bewahrt sie nur zu seinem Unglück auf, und an einem Tage ists verloren. Ihr nennts euer? Nein, ihrer ists. Lügenhafte Beschuldigungen erfinden sie gegen euch. Sie achten nicht Alter, nicht Wissen. — Und wenn sie dir eine Zusicherung mit sechzig Siegeln gegeben, so brechen sie sie doch. Sie legen immer Doppelstrafen auf, schmerzhaften Tod und Güterberaubung. Sie untersagen den Unterricht in Lehrhäusern, stören das Gebet. Und nun Israel, warum schläfst du? Auf und verlasse dieses verfluchte Land". Isaak Zarfatis Aufruf hat wohl manche aufgerüttelt nach Palästina und nach der Türkei auszuwandern. Aber die Stimmführer in der Christenheit ließen ihnen nicht einmal so viel Freiheit, ein Asyl aufzusuchen. Die Auswanderung wurde geradezu verhindert.

Mit dem Verbote, nach Palästina auszuwandern, hatte es eine eigene Bewandtnis. Die jüdischen Bewohner Jerusalems hatten von einem Pascha die Erlaubnis erlangt, auf einem Teil des Berges Zion eine Synagoge zu erbauen. Der Platz stieß an das Besitztum, welches der Franziskanerorden inne hatte, oder er besaß darauf eine verfallene Kapelle, „Davidskapelle". Darüber erhoben die Mönche eine bittere Klage, als wenn die heilige Stadt von jeher ihr erbgesessenes Eigentum gewesen wäre, an welchem die Juden kein Besitzrecht hätten. Sie wandten sich an den Papst mit Beschwerden und deuteten an, wenn es so fort ginge, würden die Juden auch die Grabeskirche an sich reißen. Darauf hin erließ der Papst eine Bulle, daß kein christlicher Schiffseigner Juden zur Überfahrt nach dem heiligen Lande aufnehmen sollte. Da die Schiffahrt nach der Levante damals zumeist in den Händen der Venetianer war, so wurde der Doge bewogen, allen Schiffskapitänen einzuschärfen, keinen Juden zur Seefahrt nach Palästina aufzunehmen. Ist es nicht wunderbar, daß, während die christlichen Machthaber den Söhnen Israels wie einem gehetzten Wild alle Wege versperrt zu haben glaubten, die in Osteuropa entstandene Türkei ihnen unerwartet einen Ausgang öffnete? Ehe ein halbes Jahrhundert abgelaufen war, mußten auch blutig verfolgte Glieder von der pyrenäischen Halbinsel dieses Asyl aufsuchen.

Drittes Kapitel.

Die gesteigerte Verfolgung der Juden und Marranen.

(1455 bis 1485.)

Auch der spanische Boden, zu dessen Blüte sie beigetragen hatten, wurde den Juden bald verleidet. Auch gegen sie erhoben sich von allen Seiten erbitterte Feinde. Äußerlich schien zwar ihre Lage unter der Regierung des kastilianischen Königs Don Heinrich IV. (1457 bis 1474) und des aragonischen Herrschers Don Juan II. (1450 bis 1479) günstig; aber es war doch nur die Windstille vor dem niederschmetternden Sturm. Der erstere, womöglich noch schlaffer als sein Vater, gutmütig und freigebig bis zur wahnsinnigen Verschwendung und nicht übermäßig kirchlich, achtete wenig darauf, ob die kanonischen Beschränkungen der Juden gehandhabt wurden. Gleich seinem Vater überließ er die Regierung seinem wenig gewissenhaften Günstling Juan de Pacheco, der, obwohl von einer jüdischen Familie Ruy Capon abstammend, die Juden behelligte, wenn es sein Vorteil erheischte. Sein Eigennutz erforderte aber meistens, es mit den reichen Juden, Don Joseph Benveniste und seinen Söhnen Don Vidal und Don Abraham, nicht zu verderben, und diese wie ihr Ahn, der Großrabbiner des Hofes unter Juan II., waren mit Eifer auf das leibliche und geistige Wohl ihrer Stammgenossen bedacht. Heinrichs Minister des königliches Hauses, der ebenso gewissenlose Diego Arias Davila, ebenfalls von jüdischem Blute, ließ ohne Gewissensbedenken jüdische Untersteuerpächter zu. In seinen letzten Regierungsjahren ernannte dieser König ebenso wie sein Vater zum Großrabbiner des Hofes Jakob Ibn-Nunes, der wohl sein Günstling oder sein Leibarzt war.

Der König von Aragonien, der ärmer als seine Edelleute war, durfte sich noch weniger mit den reichen Juden seiner Ländereien überwerfen. Er war übrigens der astrologischen Afterwissenschaft ergeben und verkehrte mit jüdischen Kennern derselben, zu denen wohl der Prediger Abraham Bibago gehörte. Don Juan war auch von jüdischen Ärzten umgeben, unter andern von Don Abiatar Ibn-Crescas ha-Kohen, der ihn an beiden Augen vom Star geheilt hat. Er muß übrigens den Juden von Katalonien so viel Wohlwollen erwiesen haben, daß bei seinem Tode mehrere Gemeinden zusammenkamen, um in Trauergewändern eine außerordentliche Leichenfeierlichkeit unter Anführung des Arztes Ibn-Crescas zu begehen. Männer und Frauen sangen mit Kerzen in der Hand hebräische Psalmen und Trauerlieder in spanischer Sprache.

Das Beispiel der Höfe wirkte auf den hohen Adel, der überhaupt, wenn sein Interesse nicht im Spiele war, sich wenig an kirchliche Satzungen kehrte. Die Arzneikunde war immer noch von Juden vertreten, und sie öffnete ihnen die Kabinette und Herzen der Großen. Die päpstlichen Bullen hatten gut verbieten, Christen sollten sich nicht jüdischer Ärzte bedienen. Es gab keine oder nur wenige christliche Heilkundige, uud es blieb den Kranken nichts übrig, als zu Juden Zuflucht zu nehmen. Selbst die hohen Geistlichen kehrten sich wenig an die Bullen der Päpste Eugenius, Nikolaus und Calixtus. Auch sie hatten ihren Leib zu lieb, als daß sie wegen einer kanonischen Satzung den ärztlichen Beistand eines Juden hätten zurückweisen sollen.

Der Judenhaß, der in den großen Städten seinen vorzüglichsten Sitz hatte, gönnte aber den Juden nicht die Ruhe. Er griff zu denselben Mitteln gegen sie, die sich bereits in anderen Ländern sehr wirksam erwiesen hatten. „Die Juden haben Christenkinder geschlachtet". Bald hieß es, ein Jude habe in der Nähe von Salamanca einem Kinde das Herz ausgerissen; in einer anderen Stadt einem Christenkinde Fleischstücke ausgeschnitten. Die Bevölkerung wurde dadurch fanatisiert, die Richter schritten ein und verhafteten die zunächst beschuldigten Juden. Der König, der die Quelle und den Zweck solcher Anschuldigungen kannte, ließ die Prozesse genau untersuchen, und die Unschuld der Angeklagten stellte sich in allen Fällen heraus. Nichtsdestoweniger behaupteten die Judenfeinde deren Schuld, klagten die Richter der Bestechlichkeit an oder gaben vor, die Neuchristen hätten sich zugunsten ihrer Stammgenossen verwendet, und der König selbst sei für sie parteiisch eingenommen.

Am heftigsten und galligsten wütete gegen die spanischen Juden ein Franziskanermönch Alfonso de Spina, ein Ordens- und Gesinnungsgenosse Capistranos, Prediger in Salamanca, der seine giftige Zunge und giftige Feder gegen sie in Bewegung setzte. Er genoß einer gewissen Berühmtheit wegen des zufälligen Umstandes, daß er als Beichtvater den allmächtigen Minister Alvaro de Luna zum Richtplatz begleitet hatte. Dieser Priester donnerte zunächst von der Kanzel gegen die Juden und ihre Gönner. Da seine Predigten ihm nicht genug zu wirken schienen, so verfaßte Alfonso de Spina ein giftgeschwollenes Werk in lateinischer Sprache gegen Ketzer, Juden und Mohammedaner unter dem Titel: „Glaubensfestung“ (Fortalitium fidei, verfaßt um 1459). Alles, was nur irgend ein Judenfeind Feindseliges geschrieben oder erzählt hatte, stoppelte er darinnen zusammen, tischte die lächerlichsten Märchen auf und machte alles so drastisch wie möglich. Ketzer und Mohammedaner sollten natürlich nach seiner Ansicht mit Stumpf und Stiel vertilgt werden. Gegen die Juden wollte er ein scheinbar glimpfliches Verfahren angewendet wissen. Man sollte ihnen nur die jungen Kinder entreißen und sie christlich erziehen, ein Vorschlag, dem Scholastiker Duns Scotus und seinem Ordensgenossen Capistrano entlehnt. Alfonso de Spina tadelte mit den spitzigsten Worten den König, die Großen und Geistlichen dafür, daß sie die Juden begünstigten. Um das Volk aufzuwiegeln, frischte er die Märchen von Kindermord und Hostienraub in breiter Erzählung auf und stichelte, daß solche Schandtaten durch die Parteilichkeit des Königs ungeahndet blieben. Eine ebenso giftige Schrift veröffentlichte ein Täufling, Pedro de la Caballeria aus der hochangesehenen jüdischen Familie Benveniste de la Caballeria, gegen die Juden. Er nannte es „Christi Eifer gegen die Juden“. Die traurigsten Folgen dieser Aufreizung stellten sich bald ein. Ein Mönch mit dem Kruzifix in der Hand forderte geradezu auf, die Juden von Medina del Campo (bei Valladolid) totzuschlagen, und seine Worte fanden geneigtes Gehör. Sämtliche Einwohner des Städtchens fielen über die Juden her, verbrannten einige derselben samt den heiligen Schriften, die sie vorfanden, und plünderten deren Habe (1461).

Fast noch heftiger war der Haß der Altchristen gegen die Marranen als gegen die Juden, weil die Hervorragenden unter ihnen sich in höhere weltliche und geistliche Würden eingedrängt hatten, in den Cortesversammlungen das Wort führten, in dem Staatsrat die Politik lenkten und in Bischofssitzen geistliche Gewalt ausübten. Der Mönch Alfonso de Spina hatte seine Aufreizungen auch gegen sie gerichtet, die er insgesamt als heimliche Juden bezeichnete, welche mit ihrem Tun und Lassen die Kirche besudelten. Es war allerdings eine arge und wahrscheinlich geflissentliche Übertreibung, als wenn sämtliche Neuchristen heimlich dem Judentum anhingen und die Ritualien beobachteten. Denn gerade diejenigen, welche sich so sehr in den Vordergrund drängten, waren dem Judentum, wenn auch nicht durchweg feindlich, so doch abgestorben, und diejenigen Marranen, welche in ihrem Herzen und in ihrer Lebensweise der Lehre ihrer Väter treu geblieben waren, verhielten sich stille, froh von keinem Blicke getroffen zu werden. Aber die Feinde der Marranen verallgemeinerten die Anschuldigung gegen sie, um die öffentliche Meinung und auch den schlaffen König Heinrich IV. gegen sie aufzustacheln. Die Mönche von Salamanca hatten eine Bulle des Papstes in Händen, daß gegen die heimlichen Juden die Inquisition eingeführt und über die Überführten der Tod verhängt werden sollte, eine Waffe, welche Alvaro de Luna gegen seine marranischen Feinde geschmiedet hatte, die aber noch nicht gebraucht wurde. Es galt also, den König der Einsetzung des Ketzertribunals geneigt zu machen. Zu diesem Zwecke ließen die Marranenfeinde einen ungestümen fanatischen Prediger von der Kanzel gegen die Verderbtheit der Neuchristen predigen und die Anklage erheben, daß viele unter ihnen gar an ihren Neugeborenen die Beschneidung hätten vollziehen lassen. Die Aufregung in Madrid war dadurch gegen die Marranen so gewaltig, daß der König einen milderen Prediger aufforderte, die Volksmenge zu beschwichtigen. Jedenfalls war der Gedanke, einen Gerichtshof zur Untersuchung über die Rechtgläubigkeit oder den Unglauben der Neuchristen einzusetzen, der Verwirklichung näher gerückt. In Toledo machte sich die Abneigung gegen die Marranen Luft. Mehr als hundertunddreißig derselben wurden im Tumulte getötet, diejenigen, welche sich zur Wehr gesetzt hatten, an den Galgen gehängt und sechshundert Häuser, von Marranen bewohnt, in Brand gesteckt und eingeäschert.

Verhängnisvoll für die Juden und ihre marranischen Stammgenossen in Spanien war die Verheiratung der Infantin Isabella, später die Katholische genannt, mit dem aragonischen Infanten Don Fernand. Dieses für diese und für die Zukunft Spaniens so unheilvolle Ehebündnis haben Juden und Marranen geradezu gefördert. Thronerbin war eigentlich die Tochter Don Heinrichs, die junge Infantin Johanna; aber der Makel einer unehelichen Geburt von einem Buhlen Beltran haftete an ihr, und sie wurde die Beltraneja genannt. Dem unglücklichen König wurde so hart zugesetzt, daß er diese Infantin, welcher er als seine Tochter anerkannt hatte, wieder verleugnete und seine Schwester Isabella als Thronerbin anerkannte. Als solche hatte sie mehrere ebenbürtige Bewerber; sie aber zog den Infanten Fernand vor, gegen welchen der König eine besondere Abneigung zeigte. Hinter dem Rücken ihres Bruders und mit offenem Wortbruche — sie hatte gelobt, sich nur mit seiner Einwilligung zu verheiraten — verlobte sie sich mit ihrem Auserwählten und dabei war ein sehr kluger und reicher Jude Don Abraham Senior behilflich. Er gedachte damit das Wohl seiner Glaubensbrüder zu fördern und brachte ein tiefes Wehe über sie.

Es hieß nämlich, der Infant Fernand stamme von einer jüdischen Urgroßmutter ab. Sein Urgroßvater Federique Henriquez, Admiral von Kastilien, von prinzlicher Abkunft, soll eine schöne jüdische Frau Paloma verführt und von ihr einen Sohn bekommen haben, den er wegen seiner bezaubernden Schönheit und seines geweckten Geistes ins Haus genommen, als seinen Sohn anerkannt, und auf den er die Admiralswürde übertragen habe. Die Tochter dieses von einer Jüdin in die Welt gesetzten Sohnes, Johanna Henriquez, wurde die zweite Frau des Königs Juan II. von Aragonien und Mutter des Infanten Fernand. Aus diesem Grunde hat Abraham Senior die heimliche Zusammenkunft und Vermählung desselben mit Isabella zu Wege gebracht in der Hoffnung, daß der künftige König, eingedenk des jüdischen Blutes in seinen Adern, wohlwollend gegen die Juden sein würde. Ein Marrane Don Pedro de la Caballeria, der Jüngere, dessen jüdischer Name früher Salomo lautete, überwand die Schwierigkeiten gegen diese Verbindung und überbrachte ein kostbares Halsband und eine große Summe Geldes als Brautgeschenk für Isabella. Don Abraham gelang es auch, den König mit seiner Schwester zu versöhnen, und so bewilligte dieser endlich die wider seinen Willen geschlossene Eheverbindung. Dafür war Isabella Abraham so dankbar, daß sie ihm einen sehr bedeutendes Jahresgehalt auf ihre Besitzungen zusicherte. Dieses Ehebündnis, das nur mühsam zustande gekommen ist, hat namenloses Elend über die Juden beider Klassen gebracht.

Als hätten die Fanatiker geahnt, daß unter der Regierung des jungen Paares die Verfolgung der Juden und Marranen gutgeheißen und zum Gesetze erhoben werden würde, betätigten sie ihren feindseligen Geist gegen sie durch erlogene Anklagen und wilde Ausbrüche. Die Juden einer kleinen Stadt Sepulveda unweit Segovia wurden beschuldigt, in der Charwoche (1471) auf Anraten ihres Rabbiners Salomon Pichon ein Christenkind so sehr gemartert zu haben, daß es den Geist aufgegeben hätte. Daraufhin ließ der Bischof Juan Arias Davila, Sohn des neuchristlichen Ministers Diego Arias Davila, acht als besonders Schuldige nach Segovia schleppen und verurteilte sie teils zum Feuertode, teils zum Galgen und teils — als Milderung — zum Erwürgen. Der Bischof mag von der Unschuld der Juden überzeugt gewesen sein, aber als Abkömmling von Juden durfte er seine Stammgenossen nicht verschonen. Die Einwohner von Sepulveda waren mit dieser Strafe noch nicht zufrieden, überfielen die Juden in ihren Häusern, brachten die meisten um, und die Flüchtigen fanden kein Erbarmen. Dieses erlogene Märchen von dem Martern eines Christenkindes durch Juden wurde überall verbreitet und geglaubt.

Gegen die Neuchristen brach ein blutiges Gemetzel aus, das aus weiter Hand angelegt war. In Cordova bildete sich eine fromme Brüderschaft (1473) unter dem Schutze der Gottesmutter, aus welcher die Neuchristen sämtlich ausgeschlossen wurden. Bei einer feierlichen Prozession waren Häuser und Straßen mit Blumengewinden und farbigen Teppichen geschmückt, nur die Häuser der Marranen blieben verschlossen und ohne Schmuck, was als Verhöhnung der Gottesmutter ausgelegt wurde. Dazu kam noch ein Zufall, daß ein marranisches Mädchen während der Prozession Wasser auf die Straße goß, welches das Muttergottesbild bespritzte. Sofort hieß es, die heimlichen Juden hätten es mit einer unsauberen Flüssigkeit bespritzt. Die Häuser der Marranen wurden in Brand gesteckt, viele derselben getötet, und der kleine Rest mußte diese Stadt verlassen. Das Gemetzel von Cordova wälzte sich von Stadt zu Stadt, in welchen viele Neuchristen wie das Wild gehetzt wurden.

Die spanischen Juden hätten die angeborene Scharfsicht und die aus der Erfahrung gewonnene Klugheit verleugnen müssen, wenn sie nicht eingesehen hätten, daß ihre Lage für die Dauer unerträglich sein werde. Sie richteten daher zeitig ihren Blick auf diejenigen Länder, deren Bewohner zu jener Zeit in ganz Europa am günstigsten für die Juden gestimmt waren, auf Italien und das dem Kreuze entrissene türkische Reich. In Italien, wo man die Verworfenheit der Päpste und der Priesterschaft am besten kannte, waren die verderblichen Anschläge der Kirche und ihrer Diener ohne nachhaltigen Einfluß auf die Bevölkerung. Der Weltverkehr der blühenden Handelsrepubliken Venedig, Florenz, Genua, Pisa, hatte die gläubige Beschränktheit zum Teil überwunden und den Blick erweitert. Die Interessen der Börse hatten die Interessen der Kirche in den Hintergrund gedrängt. Geld und Einsicht waren auch an denen geschätzt, welche nicht das katholische Glaubensbekenntnis ableierten. Nicht bloß der Handelsstand, sondern auch die ihm fernstehenden großen und kleinen Fürsten brauchten Geld, um Kondottieren mit ihren Söldnerscharen für die täglich sich erneuernden Fehden unterhalten zu können. Die Juden als Inhaber von Kapitalien und als kluge Ratgeber waren daher in Italien wohlgelitten. Als die Stadt Ravenna sich der Republik Venedig anschließen wollte und Bedingungen für ihren Anschluß stellte, verlangte sie unter anderem, das reiche Juden dahin geschickt werden möchten, um eine Leihbank zu eröffnen, damit der Armut der Bevölkerung aufgeholfen werden könnte.

Die jüdischen Kapitalisten erhielten daher in vielen Städten Italiens von den Fürsten oder dem regierenden Senate ausgedehnte Privilegien, Banken zu eröffnen und Geldgeschäfte zu machen. Der Erzbischof von Mantua erklärte (1476) im Namen des Papstes, daß es den Juden gestattet sei, auf Zins zu leihen. Ein Kapitalist Jechiel in Pisa beherrschte den Geldmarkt von Toskana. Er war aber keineswegs ein herzloser Geldmensch, wie die Kirchlichen ihn verschrieen, sondern ein Mann von edler Gesinnung, der stets bereit war, mit seinem Golde den Armen beizustehen und Unglückliche mit Wort und Tat zu trösten. Jechiel von Pisa war auch kundig der hebräischen Literatur, nahm warmes Interesse an ihr und stand in freundschaftlichen Beziehungen zu dem letzten jüdischen Staatsmanne auf der pyrenäischen Halbinsel, Isaak Abrabanel. Als der König von Portugal, Alfonso V., die afrikanischen Hafenstädte Arzilla und Tanger eingenommen und unter den Gefangenen auch Juden jeden Alters und Geschlechtes nach Portugal gebracht hatte, war es für die portugiesischen Gemeinden eine Herzensangelegenheit sie auszulösen. Da aber die Mittel der portugiesischen Juden dazu nicht ausreichten, die Ausgelösten zu verpflegen, bis sie einen Erwerbszweig gefunden, so wendete sich Abrabanel an Jechiel von Pisa, eine Geldsammlung in Italien zur Unterstützung der Unglücklichen zu veranstalten. Seine Bitte war nicht vergeblich.

Auch als Ärzte waren Juden in Italien gesucht. Trotz der alten medizinischen Schule in Salerno gab es wenig geschickte christliche Ärzte, und da selbst Kirchenfürsten — und gerade die am meisten — auf die Erhaltung des Leibes mehr gaben, als auf Läuterung der Seele, so standen den jüdischen Heilkünstlern die Häuser der Großen offen. Ein berühmter jüdischer Arzt Guglielmo (Benjamin) di Portaleone aus Mantua war zuerst Leibarzt des Königs Ferdinand von Neapel und wurde von ihm in den Ritterstand erhoben; dann stand er im Dienst des mailändischen Herzogs Galeazzo Sforza, und zuletzt (1479) wurde er Leibarzt des Herzogs Ludovico Gonzaga. Er wurde Stammvater eines edlen Hauses und geschickter Ärzte in Italien. Es entspann sich in Italien ein gemütliches Verhältnis zwischen Juden und Christen. Als ein reicher Jude, Leo in Crema, zur Hochzeit seines Sohnes glänzende Festlichkeiten veranstaltete, die acht Tage dauerten, beteiligten sich sehr viele Christen daran, tanzten und belustigten sich zum Ärger der Kirchlichen. Vergessen schien die Bulle, welche erst jüngst der Papst Nikolaus V. erlassen hatte, worin er jeden Umgang mit Juden und die Zuziehung jüdischer Ärzte aufs strengste verpönt hatte. Statt der kanonisch vorgeschriebenen Judenflecken trugen die jüdischen Doktoren ein Ehrenkleid, eine Art Ornat, gleich den Christen dieses Standes, und die den Höfen nahestehenden Juden trugen goldene Ketten und andere Ehrenzeichen. Das Verhältnis der Stellung der Juden in Italien zu der anderer Länder vergegenwärtigen zwei ähnliche Vorfälle zu gleicher Zeit in Italien und Deutschland, die einen verschiedenen Ausgang nahmen. — In Pavia hatte eine Familienmutter aus Unzufriedenheit mit ihrem Gatten den Willen kund gegeben, zum Christentum überzutreten. Sie war bereits in einem Kloster untergebracht, wo sie die Täuflingsvorbereitung empfangen sollte. Der Vikar des Bischofs, sowie andere Geistliche, waren schon sehr geschäftig, ihr das Seelenheil beizubringen, als sie plötzlich Reue empfand. Der Bischof von Pavia weit entfernt, sie dafür zu bestrafen oder sich ihrem Austritt zu widersetzen, verwendete sich vielmehr für sie bei ihrem Gatten, redete ihm zu, sie eilends aus dem Kloster abzuholen, und legte für sie ein günstiges Zeugnis ab, damit sie von ihrem Manne, der ein Ahronide war, nicht nach dem jüdischen Gesetze geschieden zu werden brauchte. In demselben Jahre hatte in Regensburg ein Vorbeter Kalmann das Gelüste Christ zu werden. Er verkehrte viel im Kloster, besuchte die Kirche und wurde endlich vom Weihbischof ins Haus genommen und in der christlichen Religion unterrichtet. Um sich bei den Christen beliebt zu machen, verleumdete er seine Glaubensgenossen, daß sie lästerliche Schriften gegen das Christentum besäßen. Aber auch Kalmann bereute später den Schritt, besuchte wieder heimlich die Synagoge, verließ endlich während des Weihbischofs Abwesenheit dessen Haus und kehrte zu den Juden zurück. Die Geistlichen von Regensburg spieen Feuer und Flammen gegen ihn, stellten ihn vor das Probstgericht mit der Anklage, daß er so lange die Kirche, Gott und die Gottesmutter habe lästern wollen. Daraufhin wurde Kalmann zum Tode verurteilt und ertränkt.

Überall, wo den Juden nur ein wenig Luft und Licht gelassen war, regte sich die in ihnen schlummernde Triebkraft, und die italienischen Juden konnten sie um so eher entfalten, als sie bereits früher, zur Zeit des Immanuel und des Leone Romano, einige Kulturstufen erklommen hatten. Sie nahmen daher regen Anteil an dem geistigen Aufschwung und an der Wiederverjüngung der Wissenschaften, welche das Zeitalter der Medicäer so sehr verklärt haben. Jüdische Jünglinge besuchten die italienischen Universitäten und eigneten sich eine höhere Bildung an. Von der neuerfundenen Kunst Gutenbergs machten die italienischen Juden zuerst Gebrauch, und es entstanden bald Druckereien in vielen Teilen Italiens, in Reggio, Mantua, Ferrara, Pieva di Sacco, Bologna, Soncino, Iscion, Neapel. Allerdings an den damaligen Kunstschöpfungen, Malerei und Bildhauerkunst, hatten die Juden keinen Anteil, sie lagen außer ihrem Bereiche. Aber wohl haben einige gebildete Juden zur Hebung und Ausbreitung der Wissenschaft in Italien beigetragen. Zwei verdienen besonders hervorgehoben zu werden, Messer Leon und Elia del Medigo; der letztere hat nicht bloß empfangen, sondern auch gespendet.

Messer Leon (oder mit seinem hebräischen Namen Jehuda Ben-Jechiel) aus Neapel (um 1450—1490) war zugleich Rabbiner und Arzt in Mantua, kannte neben der hebräischen Literatur auch sehr gut die lateinische und fand Geschmack an Ciceros und Quinctilians stilistischen Feinheiten. Der aristotelischen Schule angehörend, erläuterte er einige Schriften dieses in der Synagoge und Kirche so hochgeachteten Philosophen, verfaßte eine Grammatik und Logik, alles in hebräischer Sprache für einen jüdischen Kreis. Wichtiger als diese Schriften ist Messer Leons hebräische Rhetorik (Nófet Zufim), in welcher er die Gesetze, auf denen die Anmut, Eindringlichkeit und Wirkung der Beredsamkeit des höheren Stiles beruht, erforschte und nachwies, daß dieselben Gesetze auch der heiligen Schrift zu Grunde liegen. Er war der erste Jude, welcher die Sprache der Propheten und Psalmisten mit der Ciceros in Vergleich brachte, in jener Zeit eine kühne Tat, weil fast alle, Christen wie Juden, die heilige Schrift so überschwenglich hoch stellten, daß ein Vergleich mit der heidnischen Literatur schon als eine Art Lästerung galt. Messer Leon, der gebildete Rabbiner von Mantua, war überhaupt freisinnig. Er konnte die Stockfrommen nicht genug tadeln, daß sie fremde Einflüsse vomt Judentum fern halten wollten, als wenn es dadurch entweiht würde.

Elia del Medigo oder Elia Cretensis (geb. 1463, st. 1498) aus einer deutschen in Creta (Candia) eingewanderten Familie, war eine bedeutende Erscheinung, die erste Größe, welche die italienische Judenheit erzeugt hat. Er war ein klar denkender Kopf, der aus dem Nebel seiner Zeit lichtvoll hervorragt, ein Mann von vielen und gründlichen Kenntnissen und von klassischer und philosophischer Bildung. In den lateinischen Stil hatte er sich so hineingelebt, daß er nicht bloß Schriften in dieser Sprache verfassen konnte, sondern auch den hebräischen Satzbau in lateinischer Fügung darstellte. Von den Verwüstungen, welche der neuaufgefundene, neuplatonische Schwindel in den Köpfen der italienischen Halbdenker angerichtet, hielt sich de Medigo fern. Mit den Systemen der griechischen, jüdischen und arabischen Weltweisen machte er die christlichen Forscher in Italien mündlich und schriftlich durch Übersetzungen und selbständige Arbeiten bekannt. Der Wunderjüngling seiner Zeit, der Graf Giovanni Pico di Mirandola, wurde sein Jünger, Freund und Beschützer. Er lernte von seinem jüdischen Freunde nicht bloß hebräisch, sondern auch die aristotelisch arabische Philosophie. Er hätte auch von ihm Klarheit im Denken lernen können.

Als einst in der Universität Padua ein gelehrter Streit ausbrach, die Professoren und die Studenten sich deswegen in zwei Parteien spalteten und — nach christlichem Brauch — die Frage mit Rappier und Stoßdegen lösen wollten, berief die Universität in Übereinstimmung mit dem Senat von Venedig, welcher die Streitigkeit beendigen wollte, Elia del Medigo als Schiedsrichter. Man erwartete von seiner Gelehrsamkeit eine endgültige Entscheidung und auch Unparteilichkeit. Del Medigo disputierte über das Thema öffentlich in Padua und verschaffte durch das Gewicht seines Urteils der einen Partei den Sieg. Infolge dieses Vorfalls wurde er öffentlicher Lehrer der Philosophie und hielt in Padua und Florenz vor zahlreicher Zuhörerschaft Vorträge. Wunderbar genug! Unter den Augen des Papsttums, welches an der Demütigung und Knechtung der Juden arbeitete, sogen christliche Jünglinge Weisheit von den Lippen des jüdischen Lehrers. Gegen die Gönner der Juden in Spanien schleuderte es Bannstrahlen, und in Italien mußte es die Begünstigung der Juden von Seiten der Christen mit ansehen.

Pico di Mirandola, mehr Gelehrter als Denker, empfand auch das Gelüste, in die Abgründe der kabbalistischen Geheimlehre zu steigen. Er ließ sich in die Irrgänge der Kabbala von einem aus Konstantinopel nach Italien eingewanderten Juden, Jochanan Aleman, einführen, der, selbst ein wirrer Kopf, ihm weis machte, die Geheimlehre sei uralt und enthalte die tiefste Weisheit. Pico di Mirandola, der eine außerordentliche Fassungsgabe hatte, wurde in den kabbalistischen Formeln heimisch und fand darin eine Bestätigung der christlichen Dogmen, überhaupt mehr Christentum als Judentum. Die Afterlehre der Kabbala bewahrheitete ihm die Glaubenspunkte der Dreieinigkeit, der Menschwerdung, der Erbsünde, des Falles der Engel, des Fegefeuers und der Höllenstrafen. Pico hatte nichts Eiligeres zu tun, als einige kabbalistische Schriften aus dem Hebräischen ins Lateinische zu übertragen, um christliche Leser mit dieser geheimen Weisheit bekannt zu machen. Unter den 900 Streitsätzen, welche der vierundzwanzigjährige Pico zu verteidigen sich anheischig machte — wozu er alle Gelehrten der Welt nach Rom einlud und ihnen die Reisekosten versprach — war auch die These, daß keine Wissenschaft mehr Gewißheit über Christi Gottheit gebe, als die Magie und die Kabbala. Der Papst Sixtus IV. (1471—1484) wurde dadurch für die Kabbala so sehr eingenommen, daß er großen Eifer entfaltete, zum Nutzen des Kirchenglaubens kabbalistische Schriften ins Lateinische übertragen zu lassen.

Von diesem Geistesdusel, dieser kindischen Schwärmerei für die Afterlehre der Kabbala, hielt sich Elia del Medigo nicht bloß fern, sondern er verachtete den Spuk gründlich und hielt nicht damit zurück, ihre Wertlosigkeit bloßzulegen. Er hatte den Mut, es auszusprechen, daß die Kabbala auf sumpfigem Grunde beruhe, daß im Talmud keine Spur davon nachweisbar sei, und daß ihr für heilig und alt ausgegebenes Grundbuch, der Sohar, keineswegs das Werk des gefeierten Simon Ben Jochaï, sondern das eines Fälschers sei. Obwohl ein warmer Anhänger des talmudischen Judentums, war er weit entfernt, alles, was im Talmud vorkommt, als Wahrheit anzuerkennen. Von einem seiner jüdischen Jünger, Saul Cohen Aschkenasi aus Candia, aufgefordert, seine Ansichten über die Merkmale einer wahren Religion zu entwickeln, arbeitete Elia Cretensis eine kleine, aber inhaltsreiche Schrift „Prüfung der Religion" (Bechinat ha-Dat) aus, welche zugleich einen tiefen Einblick in seinen Gedankengang gewährt.

Man kann nicht behaupten, daß Elia del Medigo in dieser „Prüfung der Religion" neue Gedanken angeregt hätte. Es war den Italienern überhaupt nicht beschieden, das Judentum mit neuen Ideen zu befruchten. Er hielt auch mehr den gläubigen, als den denkmäßigen Standpunkt fest und verfuhr mehr abwehrend, als begründend. Allein in der Gedankenöde jener Zeit erscheint seine gesunde Ansicht wie eine Oase in der Wüste. Es muß ihm auch als Verdienst angerechnet werden, daß er wenigstens die Entstellungen, welche die Kabbalisten und die Afterphilosophen dem Judentum beigebracht hatten, als fremdartige Zusätze erkannt hat und beseitigt wissen wollte.

Eine entschieden feindselige Stellung gegen die philosophische Forschung und ihre Träger in Italien, gegen Elia del Medigo und Messer Leon, nahmen die aus Deutschland dahin eingewanderten Rabbinen ein. Mit ihrer aufrichtigen, aber einseitigen und übertriebenen Frömmigkeit warfen diese, wohin sie das herbe Geschick zersprengt hat, einen düsteren Schatten. Neue Stürme, welche über die deutschen Gemeinden hereingebrochen waren, hatten die Unglücklichsten ihres Stammes in das Land jenseits der Alpen geschleudert. Unter dem Kaiser Friedrich III., der ein halbes Jahrhundert hindurch die frechste Reichsverletzung mit erstaunlichem Gleichmute ansah, mußten viele deutsche Gemeinden zum öftern den Leidenskelch leeren. Er war den Juden keineswegs feindlich gesinnt, er erließ im Gegenteil öfter Dekrete zu ihrem Schutze. Allein seine Befehle blieben meistens tote Buchstaben, und seine Lässigkeit in Handhabung der Regierung ermutigte die Bösen nur zu den grausigsten Schandtaten. Auch nur die Mauern ihrer Stadt zu verlassen, war für die deutschen Juden mit Gefahren verbunden. Jedermann war ihr Feind und lauerte ihnen auf, um entweder seinen Fanatismus oder seine Habsucht an ihnen zu befriedigen. Jede Fehde, die in dem angefaulten deutschen Reichskörper bald hier, bald da ausbrach, brachte den Juden Unglück. Aus Mainz wurden die Juden wie aus anderen Städten ausgewiesen. Unter den Ausgewiesenen waren zwei gründliche Talmudisten, Juda Menz und Mose Menz, von denen der erstere nach Padua wanderte und dort das Rabbinat erhielt, der letztere zuerst in Deutschland blieb und dann nach Posen übersiedelte. Auch aus anderen Gegenden Deutschlands strömten Rabbinen infolge von Ausweisungen oder Bedrückungen nach Italien. Wegen ihrer überlegenen talmudischen Kenntnisse erhielten die eingewanderten Deutschen die bedeutendsten Rabbinatssitze in Italien und verpflanzten ihre Einseitigkeit und Beschränktheit unter die Juden des Landes, welche damals alle Anstrengungen machten, sich von den mittelalterlichen Fesseln zu befreien. Neben Juda Menz war Joseph Kolon der angesehenste Rabbiner Italiens, und gerade diese beiden waren der freieren Regung auf dem Gebiete des Judentums am feindseligsten gesinnt und traten den Trägern der freieren Richtung mit mehr selbstbewußter Unfehlbarkeit als mit Begründung herausfordernd entgegen.

Es wäre erstaunlich gewesen, wenn die fanatischen Mönche den Juden in Italien nicht ihre teilweise sichere und geehrte Lebensstellung mißgönnt hätten. Ihr schlimmster Feind war in dieser Zeit der Franziskaner Bernardinus von Feltre, ein würdiger Jünger des blutdürstigen Capistrano. Ein stehender Text seiner Predigten war, christliche Eltern möchten ein wachsames Auge auf ihre Kinder haben, damit sie die Juden nicht stehlen, mißhandeln oder kreuzigen. Er pries den Mönch Capistrano, den Judenschlächter, als Musterbild eines wahren Christen. Der freundnachbarliche Verkehr mit Juden war in seinen Augen die höchste Versündigung gegen die Kirche. Die christliche Liebe befehle zwar, meinte er, auch gegen die Juden Menschlichkeit und Gerechtigkeit zu üben, da auch sie der menschlichen Natur teilhaftig sind; allein die kanonischen Gesetze verbieten Umgang mit ihnen zu haben, an ihren Mahlen teilzunehmen und sich von jüdischen Ärzten behandeln zu lassen. Da die Großen aus Vorteil überall auf Seiten der Juden standen, so hetzte Bernardinus die niedrigen Volksklassen gegen sie und ihre Gönner. Er schilderte die Juden wegen einiger Kapitalisten unter ihnen, die glückliche Geldgeschäfte machten, samt und sonders als Blutsauger. „Ich, der ich von Almosen lebe und das Brot der Armen esse, sollte ein stiller Hund sein und nicht bellen, wenn ich sehe, daß die Juden das Mark armer Christen auszehren? Ich sollte nicht für Christus bellen?" Von der Art waren seine Predigten. Wenn nicht damals schon ein gesunder Sinn in der italienischen Bevölkerung geherrscht hätte, so wäre der Franziskaner Bernardinus für die Juden Italiens das geworden, was im Anfang desselben Jahrhunderts der Dominikaner Vicente Ferrer für die Juden Spaniens und Capistrano für die Gemeinden Deutschlands und der Slavenländer gewesen waren. Allein die Machthaber erschwerten ihm das Handwerk der Hetzereien, und seine blutigen Predigten verhallten oft im Winde. Als er in Bergamo seine Judenpredigten hielt, verbot es ihm der Herzog Galeazzo von Mailand. In Florenz und im Toskanischen überhaupt nahmen sich der Wissenschaften fördernde Fürst und der Senat der Interessen der Juden mit Nachdruck an. Der giftige Mönch verbreitete aber, sie hätten sich von Jechiel von Pisa und anderen reichen Juden durch große Summen bestechen lassen. Als daher Bernardinus die Jugend gegen die Juden hetzte, und ein Volksaufstand gegen sie im Anzuge war, bedeuteten ihn die Machthaber, Florenz und das Land zu verlassen, und er mußte sich fügen. Bernardinus bewirkte am Ende doch eine blutige Judenverfolgung, wenn auch nicht in Italien, so doch in Tirol, die sich bis nach Deutschland wälzte. In Trient bemerkte er nämlich mit vielen Verdruß den gemütlichen Verkehr zwischen Juden und Christen. Ein geschickter jüdischer Arzt Tobias und eine kluge Jüdin Brunetta waren bei den höheren Ständen sehr beliebt und genossen deren höchstes Vertrauen. Diese Wahrnehmung erregte seinen galligen Eifer. Er ließ daher auch in Trient die Kanzeln von seinen gehässigen Predigten gegen die Juden widerhallen. Als ihn einige Christen wegen seines Judenhasses zur Rede stellten und die Bemerkung machten, die Juden von Trient seien, wenn auch ohne den wahren Glauben, doch gute Menschen, erwiderte der Mönch: „Ihr wißt es nicht, welches Übel diese Guten über euch bringen werden. Ehe der Ostersonntag vorüber sein wird, werden sie euch einen Beweis von ihrer ausnehmenden Vortrefflichkeit liefern". Er hatte gut prophezeien. Denn es wurde von ihm und andern Pfaffen ein so arglistiger Plan angelegt, daß er nicht bloß den Untergang der Gemeinde von Trient herbeiführte, sondern auch zum großen Unheil der Juden vieler Länder ausschlug. Der Zufall spielte ihm eine günstige Gelegenheit in die Hände.

In der Osterwoche (1475) ertrank nämlich in Trient ein kaum dreijähriges Christenkind, Namens Simon, ein Sohn armer Eltern, in der Etsch, und die Leiche wurde gerade beim Hause eines Juden an einem Rechen festgehalten. Dieser eilte, um Mißdeutungen zuvor zu kommen, zum Bischof Hinderbach, um ihm Anzeige davon zu machen. Der Bischof nahm zwei hochgestellte Männer mit, begab sich an Ort und Stelle und ließ das ertrunkene Kind in die Kirche bringen. Sobald sich die Nachricht davon in der Stadt verbreitete, erhoben Bernardinus und andere judenfeindliche Priester ein wütendes Geschrei, daß die Juden das Kind gemartert, getötet und ins Wasser geworfen hätten. Man stellte die Leiche des angeblich gemißhandelten Kindes aus, um die Wut des Volkes gegen sie zu stacheln. Der Bischof Hinderbach ließ darauf sämtliche Juden von Trient, von groß bis klein in Fesseln werfen und stellte den Prozeß gegen sie an. Ein Arzt, Matthias Tiberinus, wurde zugezogen, um den gewaltsamen Tod des Kindes zu bestätigen, und ein getaufter Jude, der Schönschreiber Wolfkan, trat mit den boshaftesten Beschuldigungen gegen seine Stammgenossen auf. Sie fanden um so eher Glauben, als die gefangenen Juden unter der Folter bekannten, Simon zerfleischt und dessen Blut zum Passahabend getrunken zu haben. Brunetta soll die Stecknadeln dazu geliefert haben. Bei einem Rabbiner Mose soll ein Brief gefunden worden sein, den man aus Sachsen empfangen habe, Christenblut für die nächsten Ostern zu liefern. Nur ein Gefolterter, namens Mose, erlitt alle Qualen geduldig, ohne das Lügengewebe der Feinde durch seine Aussagen zu bestätigen. Das Ende war, daß sämtliche Juden von Trient verbrannt, und der Beschluß genehmigt wurde, daß sich in diesem Orte kein Jude niederlassen dürfe. Der Arzt Tobias soll sich entleibt haben. Zum Christentum traten nur vier Personen über und wurden begnadigt.

Der Bischof von Trient, Bernardinus und die Mönche aller Orden machten alle Anstrengungen, um den Vorfall zum Verderben der Juden überhaupt auszubeuten. Die Leiche des Kindes wurde einbalsamiert und der Menge als heilige Reliquie empfohlen. Tausende wallfahrteten zu seinen Gebeinen. Bald wollten die Wahnbetörten gesehen haben, daß die Gebeine des jungen Simon erglänzten. Man sprach so viel davon, daß selbst die Erfinder an das Märtyrertum glaubten. Die Dominikaner verkündigten von allen Kanzeln das neue Wunder und eiferten gegen die Bosheit der Juden. Zwei Rechtsgelehrte aus Padua, nach Trient gekommen, um sich von der Wahrheit des Vorfalls zu überzeugen, wurden, weil sie sich ungläubig dazu verhielten, von der fanatischen Menge beinah erschlagen. Das Wunder sollte geglaubt werden, und so wurden die Juden aller christlichen Länder neuerdings gefährdet. Selbst in Italien durften sich die Juden nicht aus den Städten hinauswagen, um nicht von dem ersten besten als Kindesmörder erschlagen zu werden. Der Doge Pietro Mocenigo und der Senat von Venedig erließen zwar auf die Klage der Juden wegen Unsicherheit ihres Lebens und Eigentums an den Podesta von Padua einen Befehl, die Juden gegen Angriffe kräftig zu schützen und den Predigermönchen die Aufreizung zu verbieten. Der Doge bemerkte dabei, daß das Gerücht von der Ermordung eines Christenkindes zu irgend einem Zweck erfunden sei. Der Papst Sixtus IX. verweigerte standhaft, den kleinen Simon heilig zu sprechen, erließ vielmehr ein Sendschreiben in diesem Sinne an alle Städte Italiens (1475), verbot Simon von Trient als Heiligen zu verehren, bis er die Sache werde untersuchen lassen. Nichtsdestoweniger ließen die Geistlichen die Gebeine des Simon verehren und veranstalteten Wallfahrten zu der für sie erbauten Kirche. Der Judenhaß in Deutschland erhielt dadurch neue Nahrung. Die Bürger von Frankfurt am Main ließen ein Standbild an der Mainbrücke, die nach Sachsenhausen führt, anbringen, worauf ein gemartertes Kind und die Juden in scheußlicher Stellung mit dem Teufel in Verbindung dargestellt wurden. Zwei schlechte Verse waren dabei angebracht:

„So lang Trient und das Kind wird genannt,
Der Juden Schelmstück bleibt bekannt."

Die lügenhafte Nachricht von dem Kindermorde in Trient verbreitete sich wie ein Lauffeuer durch viele Länder der Christenheit und verursachte den Juden neues Leidwesen, aber nirgends in so hartnäckiger Weise, wie in der Gemeinde der ehrenfesten Reichsstadt Regensburg, einer der ältesten in Süddeutschland. Sie galt im allgemeinen nicht bloß als sehr fromm, sondern auch als sehr sittlich. Seit Menschengedenken wurde kein eingeborener Jude dieser Stadt wegen eines sittlichen Vergehens vor Gericht gestellt. Die Gemeinde wurde als die gelehrteste und als die Mutter aller übrigen deutschen Gemeinden angesehen. Sie hatte verbriefte Freiheiten von Alters her, welche die Kaiser für die Leistung der Kronengelder beim Regierungsantritt zu erneuern pflegten. Die Regensburger Juden wurden halb und halb als Stadtbürger anerkannt und bezogen gleich den Christen als Miliz die Wache. Man könnte fast sagen, daß sich die baierischen Fürsten und Körperschaften um die Regensburger Juden rissen — freilich um Geld von ihnen zu zapfen. Sie waren daher in der letzten Hälfte dieses Jahrhunderts ein wahrer Zankapfel geworden zwischen dem Kaiser Friedrich III. und dem Herzog von Baiern-Landsberg. Außerdem machte das Geschlecht der Kamerauer Ansprüche auf sie geltend, auch der Rat der Stadt und allenfalls auch der Bischof. Es kamen bald von der einen, bald von der andern Seite Befehle an den Rat, die Juden oder die Vorsteher oder ihre Rabbinen, damals der vielgeprüfte Israel Bruna, so lange zu verhaften, bis sie, durch den Kerker mürbe gemacht, sich zur Zahlung entschlössen. Der Rat der Stadt suchte sie zwar zu schützen, aber nur so lange keine Fährlichkeit für die Bürger in Aussicht stand, und so lange die Juden nicht den christlichen Zünftlern Konkurrenz machten.

Um den Plackereien und den herzlosen Willkürlichkeiten zu entgehen, gab ihnen Klugheit den Rat ein, sich unter den Schutz des einen oder des andern hussitischen Edelmannes oder Kriegers zu begeben, um solchergestalt mehr Sicherheit zu genießen, als unter des Kaisers sogenannter Schirmherrschaft. Denn die raschen Hussiten waren noch immer von den schwerfälligen Deutschen gefürchtet. Der Heldenmut der Kelchner flößte noch immer den Katholiken und namentlich der Geistlichkeit einen großen Schrecken ein. Ein neugewählter Bischof Heinrich, von finsterer Gemütsart, der streng auf die Ausführung der kanonischen Beschränkungen gegen die Juden hielt, und der Herzog Ludwig, gleichgestimmt im Judenhaß, befolgten nun einen, wie es scheint, gemeinsam verabredeten Plan, die Regensburger Juden zu ruinieren oder zu bekehren. Sie versicherten sich dazu einerseits der Zustimmung des Papstes und anderseits der Beihilfe einflußreicher Personen im Bürgerrate und bedienten sich dabei zweier nichtswürdiger getaufter Juden. Der eine, namens Peter Schwarz, verfaßte Anklage- und Schmähschriften gegen seine ehemaligen Glaubensgenossen, und der andere, Hans Vayol, schleuderte die schwersten Beschuldigungen gegen den greisen Rabbinen Israel Bruna, darunter auch, er habe ihm ein siebenjähriges Kind abgekauft und es geschlachtet. Der bereits durch schwere Leiden geknickte Rabbiner von Regensburg wurde infolgedessen auf den Tod angeklagt. Israel Bruna war einer jener Unglücksmenschen, die von einer Widerwärtigkeit in die andere geraten. Als der Kaiser Friedrich von der Regensburger Gemeinde die Kronengelder forderte, der Herzog Ludwig Einspruch dagegen erhob, und der Rat von Regensburg ratlos war, nach welcher Seite er Willfährigkeit und nach welcher er Widerstand zeigen sollte, ließ der Kaiser den Rabbiner Israel Bruna in Haft bringen, damit er durch den Bannspruch die Gemeinde zur Leistung des dritten Teils vom ganzen Vermögen der Gemeinde nötigen sollte. Und nun wurde noch dazu gegen den bereits abgelebten Mann von dem getauften Juden Hans Vayol die fürchterliche Anklage des Kindesmordes und anderer Verbrechen erhoben.

In Regensburg zweifelte niemand an seiner Schuld, und er sollte schon auf Antrag der Geistlichkeit gerichtet werden. Um ihn der Wut des Volkes zu entziehen, ließ ihn der Rat, welcher dafür verantwortlich gemacht zu werden fürchtete, in Kerkerhaft bringen.

Indessen wendete sich die geängstigte Gemeinde nicht bloß an den machtlosen Kaiser, sondern auch an den mehr gefürchteten böhmischen König Ladislaus, und bald darauf liefen von beiden dringende Schreiben ein, denselben ohne Entgeld aus dem Gefängnisse zu entlassen. Der Rat entschuldigte sich aber mit der Furcht vor dem Bischof und dem Pöbel. In der großen Verlegenheit entschloß sich der Rat zu einem entschiedenen Akte. Er ließ den Ankläger Hans Vayol auf die steinerne Brücke führen, dort fand er den Scharfrichter, und er wurde angegangen, nicht mit einer Lüge ins Jenseits übergehen. Der verstockte Sünder blieb indes bei seiner Anschuldigung gegen die Juden im allgemeinen, gestand jedoch ein, daß der Rabbiner Israel Bruna unschuldig an dem ihm zur Last gelegten Kindesmord sei. Infolgedessen und auf eine neue Zuschrift des Kaisers wurde Vayol verbrannt uud der Rabbiner der Haft entlassen. Er mußte aber Urfehde schwören, daß er keine Rache für die langen Leiden nehmen würde. Der arme, schwache Greis, er sollte sich rächen!

Nun kam die Nachricht von der angeblichen Marter des Kindes Simon von Trient nach Regensburg und goß Öl ins Feuer. Der Bischof Heinrich war recht glücklich, eine Gelegenheit gefunden zu haben, die Juden ungestraft im Interesse des Glaubens martern und verfolgen zu können. Es war für den Bischof eine hochwichtige Angelegenheit, den Rat zu bestimmen, gegen die von Wolfkan bezeichneten Juden einen hochnotpeinlichen Prozeß einzuleiten. Infolge der durch die Folter erpreßten Aussagen wurde die ganze Gemeinde in Haft gehalten. Wachen standen Tag und Nacht an den vier Toren des Regensburger Judenquartiers und ließen niemanden hinaus oder herein. Das ganze Vermögen sämtlicher Regensburger Juden nahmen die Kommissarien und Richter in Beschlag. Ein entsetzliches Gericht erwartete die Unglücklichen.

Indessen fiel dieser Prozeß, der zu seiner Zeit viel Aufsehen machte, ebenso sehr zum Nachteil der Bürger, wie der Juden aus. Man muß dem sonst so schlaffen Kaiser Gerechtigkeit widerfahren lassen, daß er in diesem Prozesse viel Tatkraft und Beharrlichkeit gezeigt hat. Er war nämlich von der Lügenhaftigkeit der Blutbeschuldigung gegen die Juden so fest überzeugt, daß er sich durch keine Vorspiegelung irre machen ließ. Er erließ Handschreiben über Handschreiben an den Regensburger Rat, die eingekerkerten Juden von Stunde an frei zu lassen und die Haft auf die Gemeinden und deren Vermögen aufzuheben, und da dieser aus Furcht vor dem Bischof und dem Herzog zauderte, geriet der Kaiser in aufwallenden Zorn, zumal ihm hinterbracht worden war, der Rat habe, gegen die kaiserlichen Befehle, einige Juden hinrichten lassen. Er erklärte daher die Stadt in des Reiches „Pön, Strafe und Buß" wegen halsstarrigen Ungehorsams verfallen und lud sie zur Verantwortung vor sich. Zugleich sandte er den kaiserlichen Fiskal ab, der Stadt den Blutbann zu entziehen und mit andern schweren Strafen zu drohen. Friedrich, sonst so schlaff, zeigte sich bei dieser Angelegenheit überraschend fest, obwohl neue kirchenschänderische Anklagen gegen die Juden erhoben wurden. Sie wurden beschuldigt bei Passau Hostien von einem Christen gekauft und gemartert zu haben, wobei Wunder geschehen seien. Der Bischof von Passau hatte eine große Menge Juden hinrichten lassen, einige glimpflich durchs Schwert, andere auf Scheiterhaufen und noch andere mit glühenden Zangen. Und „zur Ehre Gottes" und zum Andenken an diese Unmenschlichkeit wurde eine neue Kirche erbaut (Frühjahr 1478). Ein Jude und eine Jüdin aus Regensburg waren der Teilnahme angeklagt und ebenfalls in den Kerker geworfen worden. Alle diese Vorfälle wurden dem Kaiser von verschiedenen Seiten mitgeteilt, um in ihm Fanatismus rege zu machen. Allein er blieb bei seiner Überzeugung von der Unschuld der Regensburger Juden und erließ einen neuen Befehl, die wegen Hostienschändung Eingekerkerten weder zu martern, noch zu töten, sondern mit diesen wie mit den anderen Gefangenen zu verfahren. Friedrich erklärte rund heraus: „Mit Fug und Ehren mag und will ich die Juden nimmermehr töten lassen, und die von Regensburg dürfen in der Verachtung und in dem Ungehorsam, in dem sie so lange verharrt sind, dieselben nimmermehr richten".

So mußte denn der Rat nach langem Sträuben eine schriftliche Versicherung ausstellen, die gefangenen Juden zu entlassen und die Juden überhaupt wegen dieses Prozesses nicht aus der Stadt zu jagen. Außerdem sollte die Stadt 8000 Gulden Strafgelder an den kaiserlichen Schatz zahlen und dann Bürgen für 10000 Gulden Buße stellen, welche die Regensburger Juden, man weiß nicht warum, zu leisten hätten. An den Papst zu appellieren, verbot die Einsicht „daß der päpstliche Hof noch goldgieriger sei als der kaiserliche."

Als der Regensburger Gemeinde dieser Beschluß eröffnet wurde, daß sie unter der Bedingung frei werden würden, wenn sie nicht bloß die auferlegte Summe, sondern auch die Strafgelder

der Stadt und die Prozeßkosten zahlte, weigerte sie sich darauf einzugehen. Es überstieg all ihr Vermögen, bemerkten ihre Vertreter, zumal sie drei lange Jahre der Freiheit und Gelegenheit zum Erwerb beraubt waren. Die Gefangenen und in Haft Gehaltenen wollten lieber in ihrem elenden Zustande verharren, als Bettler werden. Und so blieben sie noch zwei Jahre in Arresthaft und wurden erst in Freiheit gesetzt, als sie Urfehde versprochen und geschworen, daß sie weder ihren Leib, noch ihr Gut aus der Stadt Regensburg bringen würden (1480). Aber sämtliche Juden aus Schwaben sind in dieser Zeit verjagt worden, ohne Zweifel infolge der lügenhaften Beschuldigung des Kindesmordes in Trient. Noch bis ins achtzehnte Jahrhundert wurde die unverschämte Lüge wiederholt und kostete den Juden in verschiedenen Gegenden Opfer an Gut und Blut. Doch in keinem Lande hatte die Verfolgung einen so erschütternd tragischen Charakter, wie auf der pyrenäischen Halbinsel.

Viertes Kapitel.

Einführung der Inquisition in Spanien.

(1481 bis 1485).

Die Marranen, die Söhne und Enkel derer, welche durch Zwangtaufen äußerlich dem Christentum angehörten, ließen Spanien keine Ruhe und nicht die glücklichen Tage genießen, welche es von der Vereinigung der Länder Kastilien, Aragonien und Katalonien unter einem Herrscherpaar geträumt hatte. Auf der einen Seite die Mißgunst der Altchristen auf viele Neuchristen, welche einflußreiche Ämter, hohe Stellungen im Staat und in der Kirche inne hatten oder zu Macht verleihenden Reichtümern gelangt waren, und auf der anderen der verfolgungssüchtige Sinn des Dominikanerordens, welcher die Rechtgläubigkeit der Marranen beargwöhnte und sie als falsche Christen betrachtete, da sie den Grund der Kirche unterwühlten. Beide verfolgten das Ziel, diese ungläubigen Christen und verkappten Juden zu demütigen, wenn nicht gar zu vertilgen. Was sie unter dem unselbständigen König Heinrich IV. nicht durchsetzen konnten, hofften sie von der Königin Isabella, deren fanatisch-kirchlicher Sinn bekannt war, leichter zu erlangen. Bei der Huldigung für diese Königin und ihren Gemahl in Sevilla bemerkten diese Todfeinde der Marranen zu ihrem Verdrusse, daß, trotz der mörderischen Wutausbrüche gegen sie in Toledo, Cordova und anderwärts, eine große Zahl von ihnen als hohe Würdenträger eine Rolle spielte, unter ihnen mehrere Bischöfe von jüdischer Abstammung. Es hatte den Anschein, als wenn der Hof von lauter Juden beherrscht würde. Die Dominikaner glaubten nun mit ihren aufreizenden Predigten gegen die ketzerischen Christen mehr Erfolg zu haben als früher, unter ihnen der Prior des Klosters St. Paul von Sevilla, Alfonso de Ojeda; dieser suchte die Königin von der Verderbnis derselben zu überzeugen und machte ihr eine abschreckende Schilderung von Freveltaten gegen den Glauben, deren sie sich schuldig gemacht hätten. Er fand bei ihr ein nur zu geneigtes Ohr. Ihr Sinn war benebelt genug zu glauben, Gott habe sie nur erhöht, um die spanische Christenheit von dem Makel des Judentums zu säubern. Man erzählt sich, ihr Beichtvater, Thomas de Torquemada, habe ihr als Infantin das Gelübde abgezwungen, wenn sie auf den Thron gelangen werde, ihr Leben der Vertilgung der Ketzer zu weihen. Die in der Luft schwebende Idee, ein Ketzertribunal zu errichten, um die als judaisierend verdächtigen Marranen anzuklagen und die Verurteilten hinzurichten, erhielt nun eine greifbare Gestalt. Das Königspaar wendete sich an den Papst Sixtus IV., bei dem für Geld alles, Gutes wie Böses, zu erlangen war. Er erließ auch eine Bulle (1478) zu diesem Zwecke und ermächtigte das Königspaar, Inquisitoren aus Geistlichen zu ernennen, welche die Macht haben sollten, die Ketzer, die Abtrünnigen und ihre Gönner nach den Gesetzen und Gewohnheiten der alten Inquisition zu richten, zu verurteilen und — was das Hauptaugenmerk war — die Güter zu konfiszieren.

Isabella suchte anfangs den Weg der Milde. In ihrem Auftrage arbeitete der Erzbischof von Sevilla einen Katechismus zum Gebrauche für die Neuchristen aus und übergab ihn den Geistlichen seiner Diözese, die Marranen in den christlichen Glaubensartikeln, Religionsgebräuchen und Sakramenten zu belehren. Es gehörte allerdings eine bewunderungswürdige Naivität dazu, zu glauben, daß die getauften Juden ihren Widerwillen gegen das Christentum durch einen trockenen Katechismus würden fahren lassen. Viele Marranen blieben natürlich in ihrer Verblendung, nach der Anschauung der Kirche, d. h. in ihrer Treue gegen die Religion ihrer Väter. Als nun gar ein Jude oder Neuchrist das Königspaar durch die Veröffentlichung einer kleinen Schrift verletzte, indem er darin zugleich den Katholizismus mit seinem götzendienerischen Kultus und die Staatsverwaltung mit ihrem despotischen Charakter brandmarkte, wurde die Königin immer mehr geneigt, den Vorschlag zur Errichtung des Bluttribunals zu verwirklichen. Diese Schrift hatte einen so starken Eindruck gemacht, daß der Beichtvater der Königin Fernando de Talavera, eine Widerlegung auf höheren Befehl ausarbeitete (1480). Immer gehässiger wurde die Stimmung des

Hofes gegen die Neuchristen. Und als die Kommission, welche das Königspaar ernannt hatte, über die Besserung oder Halsstarrigkeit der Marrannen Bericht zu erstatten, die Erklärung abgab, dieselben seien unverbesserlich, wurde sie beauftragt, das Statut für das neue Glaubensgericht auszuarbeiten. Wenn hämische Quälgeister sich verschwüren, unschuldige Menschenkinder bis auf Blut zu plagen und ihr Leben zu einer fortlaufenden Pein zu machen, so könnten sie kein wirksameres Verfahren ersinnen, als das war, welches die Mönche gegen die Scheinchristen zustande brachten. Das Statut wurde von dem Königspaar genehmigt und das Inquisitionstribunal ernannt (1480). Es bestand aus Männern, würdig eines solchen Blutgesetzes, aus den Dominikanern Miguel Morillo, Juan de San Martin und weltlichen Beisitzern. Sie waren von dem Papste Sixtus IV. als Glaubens- und Ketzerrichter bestätigt worden. Dieses erste Tribunal gegen die Marranen war zunächst für die Stadt Sevilla und deren Umgegend ernannt, weil dieser Landstrich unter unmittelbarer königlicher Gewalt stand und keine Cortes hatte, und weil hier seit fast einem Jahrhundert Marranen in großer Zahl vorhanden waren. Das Königspaar erließ noch dazu eine Verordnung an die Beamten, die Inquisitoren mit allen Mitteln zu unterstützen.

Indessen veranstalteten die angesehensten Marranen in Sevilla, um die über ihrem Haupt schwebende Gefahr abzuwenden, eine Verschwörung gegen den Beginn der Inquisition, ein vielfacher Millionär Diego da Suson, ein Gelehrter Juan Fernando Abulafia und mehrere Personen, welche die polizeiliche Gewalt in der Stadt besaßen. Diese Verschwörung wurde aber durch die schöne Tochter des Suson verraten, welche eine geheime Liebschaft mit einem altchristlichen Ritter hatte. Mehrere Verschworene wurden sofort gefänglich eingezogen und fielen dem Blutgerichte anheim. Die Kerker des Klosters St. Paul füllten sich mit eingezogenen Marranen. Auch die Hoffnung derjenigen, welche vor der drohenden Verfolgung Sevilla verlassen hatten und in das Gebiet von Medina-Sidonia und Cadix ausgewandert waren, weil sie sich von dem Statthalter dieser Gegend Sicherheit versprachen, wurde getäuscht; denn das Ketzergericht ging mit rücksichtsloser Strenge zu Werke. Sobald es sich konstituiert hatte (2. Januar 1481), erließ es ein Edikt an die Beamten, die flüchtigen Marranen auszuliefern und ihre Güter mit Beschlag zu belegen. Die Ungehorsamen bedrohten die Inquisitoren nicht bloß mit der Exkommunikation, sondern auch mit der Strafe, welche über Teilnehmer an der Ketzerei verhängt war, als Mitschuldige demselben Geschick zu verfallen. Die Zahl der verhafteten Neuchristen war so groß, daß das Inquisitionsgericht sich bald nach einem anderen Gebäude für seine Funktionen umsehen mußte. Es wählte dazu ein Schloß in der Vorstadt Sevillas, la Tablada. Am Portale dieser Blutstätte wurden später, gewissermaßen zum Hohne der Juden, Verse aus ihrer heiligen Schrift gewählt, welche die ganze Herzlosigkeit der Richter bezeichnen: „Auf, Gott, richte Deine Sache!“ „Fanget uns Füchse!“ Die eingefangenen Flüchtlinge wurden als überwiesene Ketzer behandelt. Die Inquisition hatte nun Material genug für ihr erstes Blutgericht. Sechs Marranen, welche entweder vor den Richtern ihren alten Glauben bekannt oder auf der Folterbank Geständnisse gemacht hatten, wurden zum Tode verurteilt und verbrannt. Der Dominikanerprior de Ojeda weihte die ersten Molochsopfer mit einer salbungsvollen Predigt ein. Dann kamen die eingefangenen Verschwörer daran; Susons Reichtum schützte ihn nicht, bot im Gegenteil ein reiches Erträgnis für die Konfiskation. Mit jedem Tage wuchs die Zahl der Schlachtopfer, so daß die Stadt Sevilla einen eigenen Platz zum beständigen Scheiterhaufen hergeben mußte. Er wurde im Verlaufe die Brandstätte (el Quemadero) genannt. Vier große mißgestaltete Bilder von Propheten bezeichnen den Ort, der sich bis auf den heutigen Tag zur Schmach der Spanier und der Christenheit erhalten hat. Drei Jahrhunderte sah dieser Platz den Rauch verkohlter Unschuldiger zum Himmel steigen.

Mit jenem bekannten mildsüßlichen Tone, welcher hinter der Taubensanftheit die Schlangenklugheit und das Schlangengift so geschickt verbirgt, forderten Miguel Morillo und seine Genossen die Neuchristen auf, welche sich des Rückfalls ins Judentum schuldig gemacht hätten, sich bis zu einer gewissen Zeit freiwillig zu stellen und ihre Reue aufrichtig zu erkennen zu geben; dann würden sie Sündenvergebung (Absolution) empfangen und auch ihr Vermögen behalten dürfen. Das war das Edikt der Gnade, das aber auch den drohenden Finger zeigte, wenn die Marranen die Frist verstreichen lassen und durch andere als abgefallen vom Glauben denunziert werden sollten, so würden sie die ganze Strenge des kanonischen Gesetzes gegen Ketzerei und Abfall empfinden. Die Leichtgläubigen folgten in großer Menge der Aufforderung und erschienen mit zerknirschten Mienen vor den Blutrichtern, bereuten ihre schrecklichen Sünden, daß sie judaisiert hatten, und erwarteten Absolution und unangefochtene Existenz. Aber die Inquisitoren stellten ihnen hinterher die Bedingung, die Personen ihrer Bekanntschaft nach Namen, Stand, Wohnung und sonstigen Zeichen anzugeben, von welchen sie wüßten, daß sie judaisierende Apostaten wären. Sie sollten ihre Aussagen durch einen Eid bekräftigen. Man verlangte von ihnen im Namen Gottes, daß sie Angeber und Verräter werden sollten, der Freund an dem Freund, der Bruder an dem Bruder, der Sohn an dem Vater. Wenn der Schrecken verbunden mit der Zusicherung, den Verratenen den Namen ihrer Verräter zu verschweigen, die Zunge der Leichtgläubigen löste, so hatte das Tribunal vor der Hand eine Liste von Ketzern, mit denen es sein Bluthandwerk fortsetzen konnte.

Indessen forderten die Inquisitoren nicht bloß die gehetzten Marranen, sondern auch sämtliche Spanier auf, Verräter zu werden. Bei Vermeidung der schweren Exkommunikation sollte jeder gehalten sein, die Personen seiner Bekanntschaft anzugeben, welche sich der jüdischen Ketzerei schuldig gemacht hätten. Es war ein Aufruf an die häßlichsten Leidenschaften der Menschen, Bundesgenossen des Gerichts zu werden, an die Bosheit, den Haß und die Rache, sich durch Angebereien zu befriedigen, an die Habsucht, sich zu bereichern, an die Glaubensdummheit, sich durch Verräterei die Seligkeit zu erwerben. Was waren die Anzeichen solcher Ketzerei und Apostasie? Die Inquisition hatte, recht praktisch, ein langes Verzeichnis aufgestellt, damit jeder Angeber einen Anhaltspunkt für seine Denunziation haben könnte. Als Merkmale wurden angegeben, wenn getaufte Juden den Sabbat oder einen der jüdischen Festtage gefeiert, die Beschneidung an ihren Kindern vollzogen, die Speisegesetze beobachtet haben. Wenn jemand am Sabbat ein sauberes Hemd oder bessere Gewänder getragen, den Tisch mit dem Tafeltuch bedeckt, kein Feuer an diesem Tage angezündet, oder wenn er am Versöhnungstage ohne Fußbekleidung gegangen oder einen anderen um Verzeihung gebeten, oder wenn der Vater auf das Haupt seiner Kinder seine Hände segnend gelegt, — ohne das Kreuzeszeichen dabei zu machen, ferner wenn jemand über einen Weinkelch einen Segensspruch (Baraha, Beracha) gesprochen und davon den Tischgenossen zu kosten gegeben. Natürlich war das Unterlassen kirchlicher Bräuche der stärkste Verdächtigungsgrund zur Anklage. Wenn ein Neuchrist die Psalmen hergesagt, ohne am Schlusse hinzuzufügen, „Preis dem Vater, dem Sohne usw.“ oder wenn er in der Fastenzeit Fleisch genossen. Auch Handlungen unschuldiger Natur wurden, wenn sie auch als jüdischer Brauch vorkamen, als Zeichen arger Ketzerei angesehen. Wenn jemand am jüdischen Hüttenfeste Gaben von der Tafel der Juden empfangen oder solche geschickt, wenn der Sterbende beim letzten Atemzug das Gesicht zur Wand gekehrt. Gewissenlose Menschen hatten dadurch bequeme Handhaben zu Angebereien, und das Tribunal konnte auch die christgläubigsten Neuchristen als Ketzer anklagen, wenn es deren Einfluß hemmen oder deren Vermögen einziehen wollte. Infolgedessen füllten sich die Kerker der Inquisition mit jüdischen Ketzern, 15000 wurden gleich im Anfange eingezogen und in Gewahrsam gebracht.

Die christlichen Molochspriester weihten den Scheiterhaufen, das erste Glaubensschauspiel (Auto-da-Fé), mit einer Prozession ein, die sich mehr als drei Jahrhunderte lang unzählige Male wiederholte. Die Geistlichen in ihren stolzen Prachtgewändern, mit Kruzifixen, die Granden in schwarzen Kleidung mit ihren Bannern und Fahnen, die unglücklichen Missetäter in grober Kleidung (San Benito), mit einem roten Kreuze bemalt, und der begleitende Chor einer großen Volksmenge — so schritten die einen mit triumphierender Miene, die andern in Leidensgestalt zum Richtplatze. Dort angekommen verlasen die Inquisitoren das Urteil der Schlachtopfer. Zur Grausamkeit gesellte sich noch die Heuchelei, daß nicht das Tribunal das Todesurteil vollziehe, sodern der königliche Richter, weil die Kirche — damals mit Blut besudelt — nicht den Tod des Sünders wolle. Auf dem Richtplatze wurden die jüdischen Ketzer entweder gleich den Flammen übergeben oder, wenn sie Reue zu erkennen gaben, vorher erdrosselt. Am 26. März erlitten siebzehn auf dem Quemadero den Feuertod; im folgenden Monat eine viel größere Zahl, und bis zum November desselben Jahres haben nahe an dreihundert Schlachtopfer in Flammen und Rauch ihr Leben ausgehaucht, und das allein in dem Kreise Sevilla. Aber nicht einmal der Tod gewährte Sicherheit vor der Wut des heiligen Offiziums. Die Schergen der Religion rissen die Gebeine der als jüdische Ketzer gestorbenen Neuchristen aus den Gräbern, verbrannten sie, konfiszierten ihr Vermögen aus den Händen ihrer Erben und verdammten diese zur Ehrlosigkeit und Armut, daß sie niemals zu einem Ehrenamte gelangen durften. Welch ein weiter Spielraum für die Habsucht des Königs!

Die treugebliebenen Juden mußten mit den Marranen büßen. Die Fanatiker der Inquisition wälzten die Schuld des „Rückfalls" der Neuchristen auf die Juden, als hätten diese sie dazu verleitet, dem Judentum heimlich treu zu bleiben. Der sonst milde General des Hieronymistenordens, Alfonso de Oropesa, welcher die Grausamkeit des Blutgerichtes tadelte, hetzte mündlich und schriftlich gegen die Juden, daß durch deren Verkehr mit den Marranen das Unheil entstanden sei. Sie, die Feinde des christlichen Glaubens, verführten nicht bloß die Neuchristen, sondern auch Altchristen zu ihrem Glauben oder Unglauben, verderbten fast öffentlich christliche Jungfrauen und dergleichen mehr. Von verschiedenen Seiten wurde die Forderung laut ausgesprochen, die Marranen müßten von den Juden völlig getrennt werden. Das Königspaar gab dieser Stimme Gehör und erließ einen Befehl, daß die Juden aus

Andalusien, besonders aus den Diözesen Sevilla und Cordova, wo Neuchristen in größerer Zahl als in den übrigen Gebieten wohnten, ihre Wohnstätten verlassen und sich anderswo ansiedeln sollten. Der Befehl wurde auch vollzogen. Viele tausend Juden, deren Vorfahren diesen Landstrich vielleicht noch vor der Einwanderung der Westgoten und deren Bekehrung zum Christentum bewohnt hatten, mußten ihn verlassen (1482). Mehr als viertausend Häuser, welche Juden gehört hatten, blieben zum Teil unbewohnt. In den Städten außerhalb Andalusiens, wo sie wohnen durften, wurde mit der völligen Abschließung von den Christen und mit der Verordnung, das Schandzeichen zu tragen — so oft erlassen und so oft nachgesehen — bitterer Ernst gemacht. Nur den jüdischen Ärzten, welche die spanische Bevölkerung trotz des eben so oft wiederholten Verbotes nicht missen konnte, wurde gestattet, die christlichen Quartiere zu besuchen. Die Zeit war vorüber, in welcher einflußreiche Juden bei Hofe diesen günstig für ihre Brüder umstimmen und harte Maßregeln gegen sie mildern konnten. Am Hofe verkehrte Don Abraham Senior, wegen seiner Klugheit, Findigkeit und seines Reichtums sehr angesehen, dem Isabella so dankbar war, daß sie ihm eine bedeutende lebenslängliche Rente aussetzte. Die kriegerische Unternehmung des Königspaares gegen die letzten mohammedanischen Besitzungen in Südspanien verdankte ihren glücklichen Erfolg der Umsicht Don Abrahams, mit der er für die Verpflegung und Beschaffung der Geldmittel für das Heer gesorgt hatte. Er wurde, entgegen den kanonischen und königlichen Bestimmungen, Hauptverwalter aller Staatseinnahmen und vom Königspaar zum Großrabbiner über die spanischen Gemeinden ernannt, als Nachfolger des Jakob Nuñes. Seine warme Teilnahme an dem Geschick seiner Stammgenossen hat Don Abraham mehr als einmal betätigt. Nichtsdestoweniger vermochte er nicht den fanatischen Haß zu überwinden, von welchem Isabella und Ferdinand beseelt waren.

Indessen wendeten sich die Marranen, welche nach Rom entkommen waren, an den damaligen Papst Sixtus IV. und führten flehentlich Klage über das grausame und willkürliche Verfahren des Inquisitionstribunals gegen sie und ihre Leidensgenossen. Da die Kläger nicht mit leeren Händen gekommen waren, so fanden sie meistens ein geneigtes Ohr. Der Papst erließ ein eindringliches Sendschreiben an das Königspaar und tadelte das Verfahren der Inquisitoren mit scharfen Worten. Es sei ihm versichert worden, daß dieselben gegen alle Rechtsformen vorgehen, viele ungerecht eingekerkert, mit grausamen Folterqualen gepeinigt, Unschuldige als Ketzer erklärt und deren Erben die Güter entzogen hätten. Der Papst erklärte, er habe die Bulle zur Errichtung der Inquisition unüberlegt erlassen. Er sollte eigentlich, bemerkte der Papst weiter, die Inquisitoren de Morillo und San-Martin absetzen; allein aus Rücksicht für die Majestäten wolle er sie noch in ihrem Amte lassen, aber nur so lange, als sich nicht wiederum Klagen gegen sie erheben würden. Sollten wieder Beschwerden gegen sie vorkommen, so werde er das Inquisitionsamt den Bischöfen wieder zustellen, welchen es von Rechtswegen gebühre. Der Papst lehnte auch das Gesuch des Königs Fernand ab, für die übrigen Gebietsteile der vereinigten Königreiche außerordentliche Ketzertribunale zu errichten.

Der König Fernand wußte aber den goldenen Schlüssel zu dem Kabinette des Papstes anzuwenden und erwirkte von ihm die Einführung der Inquisition auch in den aragonischen Provinzen und die Ernennung des durch seinen blutdürstigen Fanatismus berüchtigten Thomas de Torquemada zum Oberrichter. — Sixtus IV., der damals ein besonderes Interesse hatte, mit dem spanischen Hofe in gutem Einvernehmen zu bleiben, machte ihm jedes gewünschte Zugeständnis in betreff der Inquisition. Da es häufig vorkam, daß die von dem Ketzergericht verdammten Neuchristen, wenn es ihnen gelungen war, nach Rom zu kommen, vom päpstlichen Stuhle für klingende Münze Absolution erhielten und nur einer leichten und geheimen Buße unterworfen wurden, so sah das Königspaar seine Bemühungen, das Geschlecht der Marranen zu vertilgen, den Glauben zu reinigen und besonders sich ihrer Güter zu bemächtigen, auf eine unangenehme Weise vereitelt. Der Hof drang daher darauf, den Papst zu bewegen, einen Apellationsrichter in Spanien selbst zu ernennen, damit die Inquisitionsprozesse nicht außerhalb des Landes von neuem anhängig gemacht werden könnten, wo sich allerhand ungünstige Einflüsse geltend machen konnten. Sixtus bewilligte auch dieses Gesuch.

So viele tausend Zwangstäuflinge oder ihre Nachkommen auch seit den kaum drei Jahren des Bestandes des Blutgerichts teils in den Flammen umgekommen, teils in den Kerkern vermodert, teils landesflüchtig und verarmt waren, so war das nur ein Kinderspiel gegen das, was die Inquisition wurde, seitdem ihr ein Priester vorgesetzt wurde, dessen Herz gegen jedes Mitleid verschlossen war, dessen Lippen nur Tod und Verderben aushauchten, der die blutdürstige Hyäne mit der listigen, giftigen Schlange in sich vereinigte. Es gibt Menschen, welche böse oder gute Seelenstimmungen, Richtungen und Prinzipien in ihren äußersten Konsequenzen zum vollen Ausdruck bringen und die Verkörperung derselben sind. Torquemada verlebendigt und verleiblicht die Inquisition mit ihrer teuflischen Bosheit, ihrer herzlosen Härte und ihrer blutdürstigen Grausamkeit. Bisher war die Inquisition lediglich auf Südspanien, auf das Gebiet von Sevilla und Cadix, auf das eigentliche christliche Andalusien beschränkt und konnte in den übrigen Provinzen Spaniens keinen Eingang finden, weil die Stände der Cortes der Einführung entgegen waren. Der König Fernand hatte aber noch nicht genug Güter eingezogen, und die fromme Isabella sah noch nicht genug Neuchristen verbrennen. Zu diesem Zwecke wurde ein Generalinquisitor ernannt, der die besonderen Gerichte einsetzen, leiten und überwachen sollte, damit keiner von den verdächtigen Marranen seinem Schicksal entgehe und damit der Widerstand der Bevölkerung durch Schreckmittel aller Art gebrochen werde.

Die Überschrift, welche Dante an der Pforte der Hölle lesen läßt: „Lasset, Eintretende, jede Hoffnung zurück", sie paßte noch viel besser für den Eingang zu allen Inquisitionsgebäuden, die durch Torquemada in fast allen größeren Städten Spaniens entstanden. Er errichtete nämlich sogleich noch drei Tribunale in Cordova, Jaen und Villareal und später in der damaligen Hauptstadt Südspaniens, in Toledo. Die Inquisition wurde von ihm durchweg mit fanatischen und übereifrigen Dominikanern besetzt, deren Willen Torquemada sich zu unterwerfen wußte, so daß sie sämtlich wie Organe eines einzigen Wesens wirkten, bereit auf einen Wink von ihm die grauenhafte Unmenschlichkeit mit einer Seelenruhe zu begehen, um welche sie Kannibalen beneiden könnten. Spanien füllte sich seit der Zeit mit Kerkermoder, Leichengeruch und dem Rauch von verbrannten Juden, welche zu einem Glauben gezwungen waren, dessen Unwahrheit jeder Schritt der Kirchendiener an den Tag legte. Ein Wehruf ging durch das schöne Land, der Mark und Bein zu durchdringen vermochte, aber die Majestäten lähmten den Arm derjenigen, welche von Erbarmen ergriffen, dieser Menschenschlächterei Einhalt tun wollten.

Um die Inquisition auch in seinen Erblanden Aragonien dauernd zu befestigen, um seinen Säckel auch von den dortigen Neuchristen zu füllen, mußte der König die Privilegien des Landes aufheben, welche von Alters her verbriest waren, daß an keinem Aragonesen die Konfiskation seiner Güter, welches Verbrechen er auch begangen haben mochte, vorgenommen werden dürfe. Es war ein bedenklicher Schritt. Der Generalinquisitor de Torquemada ernannte unbekümmert darum für das Erzbistum Saragossa zwei Inquisitionsrichter, welche ihm an blutigem Fanatismus ebenbürtig waren, den Kanonikus Pedro Arbues de Epila und den Dominikanermönch Gaspard Juglar. Torquemada, die Seele der Inquisition, war auch darauf bedacht, einen Kodex zur Richtschnur für die Maßnahmen der Richter entwerfen zu lassen, um die

Fangnetze so eng als möglich ziehen zu können. Es war, als ob tückische Dämonen beraten hätten, wie sie unschuldige Menschenkinder verstricken und ins Verderben bringen sollten. — Ein Gesetz bestimmte eine Gnadenfrist von einem Monat für diejenigen, welche freiwillig Bekenntnisse über ihr bis dahin beobachtetes Judaisieren ablegen würden; sie sollten aber ihr Bekenntnis schriftlich ablegen, auf alle an sie gerichteten Fragen aufrichtige Antwort erteilen und namentlich ihre Mitschuldigen angeben, und auch diejenigen, von denen sie auch nur vermuteten, daß sie judaisierende Ketzer wären. Wer sich nach Ablauf der Gnadenfrist stellte und bekannte, sollte all sein Vermögen verlieren. Solche sollten zwar Ablaß erhalten, aber stets gebrandmarkt bleiben, kein öffentliches Amt bekleiden, weder sie noch ihre Nachkommen, und kein kostbares Gewand tragen.

Selbst Personen, welche mit der katholischen Geistlichenwürde bekleidet waren, entgingen nicht dem Argwohn und dem Feuertode. Ein Kanonikus, Pedro Fernandez de Alcandete, der bereits in der christlichen Religion geboren und erzogen und mit dem Amte eines Schatzmeisters an der Kathedrale von Cordova betraut war, wurde vor das Inquisitionstribunal gezogen. Er wurde schwerer Verbrechen angeklagt, er habe heimlich einen jüdischen Namen geführt, die jüdischen Feiertage beobachtet, habe auch am Passah ungesäuertes Brot gegessen. Schlimmer noch war die Anklage gegen Alcandete, daß er im Verkehr mit Marranen diese zur Beobachtung des Judentums ermahnt und das Christentum als eine Täuschung ausgegeben. Ob alle diese Anklagepunkte erwiesen waren? Der Kanonikus wurde von dem Bluttribunal in Cordova zum Tode verurteilt und lebendig verbrannt.

Im Mai 1485 wurde das Tribunal in der Großstadt Toledo eröffnet. Die Eröffnung begann mit einer Predigt eines Licentiaten über das fromme Werk der Inquisition, mit dem Verlesen der Bulle des Papstes Sixtus IV., welche den Richtern unbeschränkte Gewalt über Leben und Tod bewilligt hatte, mit der Drohung der großen Exkommunikation über alle, welche in Wort und Tat gegen die Inquisition sich vergehen würden, mit der Vereidigung aller königlichen Beamten, der Inquisition hilfreiche Hand zu bieten und mit der Aufforderung an die Marranen, sich einzustellen und ihren Rückfall zum Judentum zu bereuen und Sühne zu erhalten. Diesen wurden dazu vierzig Tage Gnadenfrist gewährt. Aber in den ersten zwei Wochen fand sich keiner derselben zur Selbstanklage ein. Im Gegenteil, die Marranen zettelten eine Verschwörung an, bei einer Prozession über die Inquisitoren herzufallen, sie und ihre Begleitung, Adlige und Ritter zu töten und, wie später übertreibend erdichtet wurde, die ganze christliche Bevölkerung von Toledo zu vertilgen. Nun, so gefährlich kann die Unternehmung keineswegs gewesen sein, denn es stand keine Persönlichkeit von Ansehen und Stellung an der Spitze; die Marranen von Bedeutung in Toledo waren zwei Jahrzehnte vorher umgebracht und zur Flucht gezwungen worden. Einer der Urheber und Führer war ein junger Gelehrter de la Torre und die Mitverschworenen waren Handwerker. Die Unternehmung, die auch sonst keinen Erfolg gehabt hätte, wurde verraten, und vier oder fünf Beteiligte wurden vom Stadthauptmann Gomez Manrique verhaftet und gehängt. Viele hatten sich wohl durch die Flucht gerettet. Der Stadthauptmann, welcher eine Entvölkerung der Stadt fürchtete, wenn sogleich mit Strenge gegen die verdächtigen Marranen vorgegangen werden sollte, legte ihnen nur eine Geldstrafe auf für den Krieg gegen das mohammedanische Gebiet von Granada.

Infolge dieses Fehlschlagens der Verschwörung blieb den Marranen in Toledo nichts übrig, als sich zu unterwerfen, d. h. zu bekennen, daß sie vorher mehr oder weniger judaisiert hätten, und um Sühne zu bitten, aber, wie ein Augenzeuge berichtet, mehr aus Furcht als aus Liebe zum katholischen Glauben. Um hinter die Wahrheit dieser Geständnisse und die Aufrichtigkeit der Reue zu kommen, machten die Inquisitoren bekannt, jedermann sei bei Vermeidung der Exkommunikation verpflichtet, innerhalb einiger Monate zur Anzeige zu bringen, was er von dem ketzerischen Tun und Treiben der Marranen seiner Bekanntschaft wüßte. Dann riefen sie die Rabbiner des Gebietes von Toledo zusammen, ließen sie bei der Thora schwören und bedrohten sie für den Fall des Ungehorsams mit Todesstrafe, daß sie in den Synagogen jeden Juden bei dem schweren Banne auffordern sollten, die Marranen anzugeben, von welchen sie wüßten, daß sie irgendwo jüdische Riten und Gewohnheiten sich hätten zuschulden kommen lassen. Es war ein teuflischer Plan, würdig des Großinquisitors Torquemada, der ihn ausgedacht hatte, um alle Marranen zur Strafe ziehen zu können, welche heimlich dem Judentum anhingen. Die Juden selbst sollten ihre eigenen Stamm- und Glaubensgenossen, oder gar ihre Blutsverwandten verraten, da sie doch die Heimlichkeit der Scheinchristen kannten. Ob dieses Mittel zum Ziele führte oder nicht, jedenfalls hatte die Inquisition an denen, welche ihre Schuld bekannten und in ihren Aussagen Mitschuldige angegeben hatten, reichlichen Stoff, ihr fluchwürdiges Werk zu beginnen. Diejenigen Marranen, welche sich nicht zur Selbstanklage gestellt hatten und anderweitig denunziert worden waren, sowie in ihrem Reuebekenntnis falsche Angaben gemacht hatten, wurden in dunkle Kerker gebracht, um später zum Verhör und zum Urteilsspruch herangezogen zu werden.

Als erste Schlachtopfer der Inquisition von Toledo fielen drei Männer und drei Frauen, welche ein Mißgeschick in ihre Arme getrieben hatte. Die Marranen Sancho de Ciudad mit seiner Frau Marie Diaz, seinem Sohne und seiner Schwiegertochter und Gonzalez de Teba mit seiner Frau aus Villa-Real, welche dem Judentum heimlich treu geblieben und gewiß waren, daß sie von dem Tribunal in dieser Stadt zum Feuertode verurteilt werden würden, waren nach Valencia entflohen und hatten dort ein Schiff genommen, um auszuwandern. Von einen Sturm in einen spanischen Hafen getrieben, wurden sie verhaftet, nach Toledo gebracht und auf dem Scheiterhaufen verkohlt.

Die durch Zeugen oder Angeber Eingekerkerten wurden durch Folterqualen zum Geständnisse gebracht. Die Angeschuldigten wurden meistens so lebenssatt, daß sie von sich, ihren Freunden und sogar ihren Nächsten Bekenntnisse ablegten, welche die Notwendigkeit der Inquisition zu rechtfertigen schienen. Jeder Prozeß gegen einen Judenchristen verwickelte andere in scheinbare Mitschuld und führte neue Untersuchungen, neue Anklagen, eine immer zunehmend große Zahl von Schlachtopfern herbei. Torquemada hatte Ketzerrichter nach seinem Ebenbilde eingesetzt, in Saragossa, wie angeben, Pedro de Arbues de Epila, der wegen seiner Unmenschlichkeit in jüngster Zeit zum Heiligen erhoben worden ist. Wie in Toledo begann Arbues mit Einkerkerung und Verurteilung.

Die Städte im Königreiche Aragonien und Valencia hatten aber von vornherein eine große Unzufriedenheit mit der Einführung der Inquisition gezeigt. Die Aragonier bewachten besonders ihr Privilegium wie ihren Augapfel. Und nun sollte den Mitgliedern der Inquisition eine so uneingeschränkte Gewalt über Leben und Gut eingeräumt werden! Die Neuchristen, welche hohe Ämter und einflußreiche Stellen in Aragonien hatten, waren daher eifrig tätig, die Unzufriedenheit zu schüren und zu steigern. In Teruel und Valencia brachen leidenschaftliche Volksaufstände bei der Einführung der Inquisition aus (1485), die nur durch Blutvergießen gestillt werden konnten.

In Aragonien gaben Neuchristen und auch Altchristen von hohem Rang den Plan nicht auf, die Inquisitionstribunale zu vereiteln. Sobald die ersten Opfer der Inquisition in Saragossa gefallen waren, machten sie ihren Einfluß geltend, die Cortes zu bewegen, gegen die Einführung derselben zugleich beim Papst und beim König zu protestieren. In Rom glaubten sie leichte Mühe zu haben, denn dort war für Geld alles zu erlangen. Schwerer schien es, damit beim König durchzudringen. In der Tat beharrte

Fernand standhaft auf dem Entschlusse, vermöge der Inquisition die Judenchristen los zu werden und ihr Vermögen zu erben. Als die Schritte der Unzufriedenen vergeblich waren, wurde ein Verschwörungsplan beraten, den Hauptinquisitor für Aragonien Arbues aus dem Wege räumen zu lassen, um durch Schrecken die Tätigkeit des Tribunals zu lähmen. Hauptführer waren Juan Pedro Sanchez, der mit seinen Brüdern in hohem Ansehen am Hofe des Königs stand, ein Rechtsgelehrter Jaime de Montesa und zwei Neuchristen Sancho de Peternoy, der, obwohl er sich durch einen Eid verpflichtet hatte, der Inquisition zu dienen, sich gegen sie verschwor, und Luis de Santangel aus einer weitverzweigten marranischen Familie. Sehr viele einflußreiche Männer schlossen sich der Verschwörung an, auch solche, welche sich für die Unterstützung der Ketzergerichte vereidet hatten, darunter auch Franzisco de Santa Fé, ein Sohn des Apostaten Lorqui, welcher seinen Stammgenossen so viel Leid zugefügt hatte. Ein Edelmann Blasco de Alagon sammelte die Gelder, und Juan de Abadia übernahm es, die Mörder zu mieten und Arbues Ermordung zu überwachen. Sehr viele Vornehme jüdischer Abkunft von Saragossa, Tarracona, Calatayud, Huesca und Barbastro schlossen sich der Verschwörung an und gaben Beiträge für die notwendigen Kosten der Unternehmung. Als sich Arbues eines Tages (15. September 1485) vor Tagesanbruch mit der Laterne in die Kirche begab, um die Frühmesse zu hören, schlichen ihm die Verschworenen nach, und sobald er sich auf die Knie niedergelassen hatte, brachten sie ihm eine Wunde bei. In Blut gebadet, wurde er aus der Kirche getragen und starb zwei Tage darauf. Sobald sich die Nachricht von dem Mordanfalle auf den Hauptinquisitor in Saragossa verbreitete, brachte sie eine entgegengesetzte Wirkung hervor. Die alten Christen rotteten sich zusammen und brüllten mit fürchterlicher Stimme: „Ins Feuer mit den Judenchristen, welche den Inquisitionsrichter gemordet haben!" Es wäre um sämtliche Marranen geschehen gewesen, wenn nicht der junge Bastard des Königspaares, der Erzbischof Alfonso de Aragon, zu Pferde die Volksmenge von Gewalttätigkeiten zurückgehalten hätte. Er versprach ihr die vollständigste Genugtuung durch strenge Bestrafung der Schuldigen und ihrer Teilnehmer.

Fernando beutete diesen mißlungenen Verschwörungsversuch aufs beste aus, um die Inquisition in Aragonien zu befestigen. Mit dem ermordeten Arbues trieb das Königspaar eine wahre Abgötterei. Den Dominikanern war der gewaltsame Tod des ersten Inquisitors nicht weniger erwünscht, sie brauchten gerade einen Märtyrer, um ihr Bluttribunal mit dem Glorienschein umgeben zu können. Ihre Bemühung war nun dahin gerichtet, Pedro Arbues zum Heiligen, d. h. zum Halbgott zu erheben.

Die mißlungene Verschwörung der Marranen in Saragossa verschaffte selbstverständlich dem Moloch eine erstaunliche Menge neuer Schlachtopfer. Einer der Verschworenen, Vidal de Uranso, legte ein offenes und vollständiges Bekenntnis ab, und so hatten die Inquisitoren die Liste sämtlicher Beteiligten in Händen. Sie wurden als judaisierende Ketzer und als Feinde des heiligen Offiziums mit doppeltem Eifer verfolgt. Die Hauptbeteiligten an der Verschwörung wurden, wie die Richter ihrer habhaft geworden waren, durch Saragossas Gassen geschleift, ihnen die Hände abgehauen, und sie dann gehängt. Mehr als dreihundert Judenchristen wurden als Teilnehmer verurteilt, darunter etwa dreißig Männer und Frauen aus vornehmen marranischen Familien zum Feuertode. Franzisco de Santa Fé, Sohn des Apostaten, endete ebenfalls auf dem Scheiterhaufen. Wie weit die Entmenschung der Ketzerrichter ging, charakterisiert eine von ihnen verhängte Strafe. Einer der Verschworenen, Gaspar de Santa Cruz, war glücklich nach Toulouse entkommen und dort gestorben. Die Inquisition begnügte sich aber nicht damit, ihn im Bilde zu verbrennen, sondern verhaftete seinen Sohn als Helfer bei der Flucht des Vaters und verurteilte ihn, nach Toulouse zu wandern, den dortigen Dominikanern das über ihn gesprochene Urteil vorzuzeigen und sie zu bitten, die Leiche seines Vaters auszugraben und zu verbrennen. Der schwache Sohn fügte sich und brachte nach Saragossa die Bescheinigung der Dominikaner mit, daß die Leiche des Vaters auf den Antrag des Sohnes geschändet worden sei.

Nichtsdestoweniger setzten einige nordspanische Städte, Lerida und Barcelona, der Einführung der Inquisition in ihren Mauern hartnäckigen Widerstand entgegen; aber alles vergeblich. Der eiserne Wille des Königs Fernand und Torquemadas blutiger Fanatismus überwanden jedes Hindernis, und der päpstliche Hof mußte zu allem Amen sagen. In dem Jahre nach Arbues' Ermordung, da die Inquisition auch in Barcelona und auf der Insel Mallorca eingeweiht wurde, erlitten in diesen Plätzen allein zweihundert Marranen den Feuertod. Ein jüdischer Zeitgenosse (Isaak Arama) schrieb darüber: „In unserer Zeit steigt die Rauchsäule (der Scheiterhaufen) bis gegen den Himmel, in allen spanischen Königreichen und auf den Inseln. Ein Drittel der Marranen kam durch Feuer um, ein Drittel irrt flüchtig umher, um sich zu verbergen, und die übrigen leben in steter Angst vor der Untersuchung". So nahm die Zahl der Schlachtopfer von Jahr zu Jahr zu durch die elf Tribunale, die das schöne Spanien zu einem flammenden Tophet machten, dessen Feuerzunge bald auch alte Christen erreichte und verzehrte. In den dreizehn Jahren, in welchen Torquemada unumschränkte Gewalt über die Neuchristen hatte, wurden mindestens zweitausend derselben dem Feuertode überliefert. Geächtet wurden etwa 17000 solche, welche ein reumütiges Bekenntnis abgelegt hatten.

Fünftes Kapitel.

Die Vertreibung der Juden aus Spanien und Portugal.

(1485 bis 1497).

Das Ungetüm der Inquisition, das zuerst seine Wut gegen die Neuchristen richtete, streckte nach und nach seine Fangarme auch nach den Juden aus und überlieferte sie einem tränenreichen Geschicke. Der Zusammenhang zwischen den Juden und den Marranen war zu eng, als daß die ersteren nicht auch in empfindliche Mitleidenschaft gezogen werden sollten. Sie standen miteinander im innigsten Verkehr, in brüderlicher Gemeinschaft. Die Juden empfanden für ihre unglücklichen Brüder, welche mit Widerwillen die Maske des Christentums tragen mußten, ein inniges Mitleid und suchten sie in der Gemeinsamkeit zu erhalten. Sie unterrichteten die im Christentum geborenen Marranen in den Riten des Judentums, hielten heimlich mit ihnen religiöse Zusammenkünfte fürs Gebet, lieferten ihnen Religionsschriften, zeigten ihnen das Eintreffen der Fast- und Festtage an, lieferten ihnen zum Passah ungesäuertes Brot und für das ganze Jahr ritualmäßig zubereitetes Fleisch und beschnitten deren neugeborene Knaben.

Um diesen Verkehr zu verhindern, hatte das Königspaar in Sevilla und Andalusien überhaupt, wo es viele Neuchristen gab, die Juden von diesen aufs strengste gesondert und die ersteren aus diesem Landstrich gewiesen und in anderen Landesteilen streng voneinander getrennt. Aber diese mit aller Strenge im ganzen Lande bewerkstelligte Absonderung der Juden und Marranen konnte das Band der Liebe zwischen beiden nicht lösen. Sie blieben trotzdem im Verkehr miteinander, aber nur heimlicher, vorsichtiger. Je gefahrvoller die Entdeckung war, desto größer der Reiz trotz der Argusaugen der spionierenden Geistlichen und ihrer Helfer, einander zu begegnen, zu trösten und zu stärken. Die Zusammenkünfte der Juden und Marranen hatten daher einen romantischen Anstrich wegen der geheimnisvollen Art und der dahinter lauernden Gefahren. Es gestaltete sich zwischen ihnen eine Art Liebesverhältnis, das um so fester und enger wurde, je mehr daran gearbeitet wurde, es zu lösen. Der teuflische Torquemada arbeitete zwar mit allen Mitteln daran, dieses Liebesband zu zerreißen. Er hatte von den Rabbinern verlangt, die Hand dazu zu bieten, ihre dem Judentum treuen Brüder davon loszureißen und sie dem Christentume oder vielmehr dem Scheiterhaufen zu überliefern. Schwerlich haben sie sich dazu gebrauchen lassen und haben wohl eher die Strafen erduldet oder es durchgesetzt, daß die Strafandrohung nicht vollzogen wurde. Da die Inquisition ihren Zweck vermittelst der Juden nicht erreichen konnte, diese vielmehr trotz aller Vorkehrungen den heimlichen Verkehr mit den Neuchristen fortsetzten, so drängte sie das Königspaar zur Austreibung der Juden.

Die kastilianischen und aragonischen Juden hätten darauf gefaßt sein sollen, daß ihres Bleibens nicht mehr von Dauer sein würde. Allein sie liebten Spanien zu sehr, als daß sie sich ohne dringenden Zwang davon hätten trennen können. Auch schützte sie das Königspaar öfter gegen Unbill. Die spanischen Juden rechneten ferner auf ihre Unentbehrlichkeit für die Christen und vertrauten allzuviel auf die jüdischen Günstlinge bei Hofe. Abraham Senior, welcher die Eheverbindung des Königspaares gefördert hatte, stand bei demselben in hoher Gunst. Dazu kam noch, daß gerade zur Zeit, als Torquemada seine Fangschlingen über Marranen und Juden warf, der berühmte Abrabanel vom kastilianischen Hofe ein sehr wichtiges Amt erhielt und einflußreiches Vertrauen genoß, unter dessen Schutze die spanischen Juden aller Wut der giftigen Dominikaner trotzen zu können glaubten. Don Isaak Abrabanel (geb. in Lissabon 1437, gest. in Venedig 1509) beschließt die Reihe der jüdischen Staatmänner in Spanien, welche, mit Chasdaï Ibn-Schaprut beginnend, ihren Namen und ihre Stellung zum Wohle ihrer Stammgenossen verwertet haben. Seine Abstammung vom königlich-davidischen Hause, deren sich die Abrabanels rühmten, wollten die Zeitgenossen in dem Adel seiner Gesinnung erkennen. Don Isaak Abrabanel war eine frühreife Natur, von klarem Verstande, aber nüchtern, ohne Schwung und ohne Tiefe. Das Naheliegende, die Dinge und die Verhältnisse der Gegenwart, die handgreifliche Wirklichkeit umfaßte sein Geist mit untrüglichem Takte, aber weniger das Entfernte. Die Ergründung des Judentums, seines glanzvollen Altertums und seines Gottesbegriffes war für Abrabanel von Jugend auf ein Lieblingsthema, und er verfaßte im jugendlichen Alter eine Schrift, um die allgemeine und besondere Vorsehung Gottes für das Volk Israel ins Licht zu setzen. Allein philosophische Begriffe waren bei ihm mehr angebildet als angeboren. Dafür war Don Isaak ein gewiegter Geschäftsmann, der das Finanzfach und auch die Staatswissenschaft gut verstand. Der damalige König von Portugal, Alfonso V., ein gebildeter, leutseliger und liebenswürdiger Herrscher, wußte sein Talent zu würdigen; er berief ihn an seinen Hof, vertraute ihm das Finanzwesen an und zog ihn bei wichtigen Fragen ins Vertrauen. Abrabanels edles Gemüt, seine wahrhaft innige Religiosität, seine Bescheidenheit und seine uneigennützige Klugheit verschafften ihm innerhalb und außerhalb des Hofkreises die aufrichtige Zuneigung der Granden. Mit dem mächtigen, sanften und wohlwollenden Herzog Fernando de Braganza — der über fünfzig Städte, Flecken, Schlösser und Burgen gebot und 10 000 Mann Fußvolk, wie 3000 Reiter ins Feld stellen konnte — mit ihm und seinen Brüdern, dem Marquis von Montemar, Connetable von Portugal, und dem Grafen von Faro, die brüderlich einträchtig zusammen lebten, mit allen diesen stand Abrabanel auf freundschaftlichem Fuße. Mit dem gelehrten João Sezira, der bei Hofe in hohem Ansehen stand und ein warmer Gönner der Juden war, hatte Abrabanel ein sehr inniges Freundschaftsverhältnis. Er beschrieb selbst seine glückliche Lebenslage am Hofe des Königs Alfonso.

„Friedlich lebte ich in meinem ererbten Hause im gepriesenen Lissabon, daselbst hatte mir Gott Segen, Reichtum und Ehren gegeben. Ich hatte mir große Bauten und weite Säle angelegt. Mein Haus war ein Mittelpunkt für Gelehrte und Weise. Ich war beliebt im Palaste Alfonsos, eines mächtigen und gerechten Königs, unter dem auch die Juden Freiheit und Wohlstand genossen. Ich stand ihm nah, er stützte sich auf mich, und so lange er lebte, ging ich in seinem Palast aus und ein." Alfonsos Regierung war die letzte goldene Zeit für die Juden in Portugal. Obwohl unter seiner Regierung die portugiesische Gesetzsammlung zustande kam, welche byzantinische und kanonische Beschränkung der Juden enthält, so hatte einerseits der damals noch unmündige König selbst keinen Anteil daran nnd anderseits wurden die gehässigen Gesetze nicht ausgeführt. Die Juden trugen zu seiner Zeit in Portugal keine brandmarkenden Abzeichen, stolzierten auf Rossen und Mauleseln mit kostbaren Geschirren und glänzenden Schabracken in langen Röcken mit feinen Kapuzen — die übliche Landestracht — in seidenen Wämsern und mit vergoldeten Degen einher. Sie waren durch nichts von den Christen zu unterscheiden. Die meisten Finanzpächter in Portugal waren Juden. Selbst Kirchenfürsten stellten Juden als Einnehmer der Kirchentaxen an, worüber die Cortes von Lissabon Klagen führten. Die Selbständigkeit der jüdischen Gemeinden unter den Großrabbinen und den sieben Provinzialrabbinen blieb unter Alfonso gewahrt und wurde in die Gesetzsammlung aufgenommen. In dieser Gesetzsammlung wurde den Juden das Zugeständnis gemacht, daß die von ihnen ausgestellten Urkunden nicht in der portugiesischen Sprache abgefaßt zu sein brauchten, wie früher angeordnet war, sondern daß sie sich dazu auch der hebräischen Sprache bedienen durften.

Abrabanel war übrigens nicht der einzige jüdische Günstling an Alfonsos Hofe. Zwei Brüder Ibn-Jachja Negro, Söhne eines Don David, welcher seinen Söhnen vor seinem Tode empfohlen haben soll, seine reiche Hinterlassenschaft nicht in liegenden Gründen anzulegen, da den portugiesischen Juden eine Ausweisung bevorstehe — diese beiden Brüder verkehrten ebenfalls an dem Hofe von Lissabon.

So lange Isaak Abrabanel die Gunst des Königs genoß, war er für seine Stammgenossen „Schild und Mauer, rettete die Dulder vor der Gewalt ihrer Widersacher, heilte die Risse und wehrte die grimmigen Löwen von ihnen ab", wie ihn sein dichterischer Sohn Juda Leon schilderte. Er, der ein warmes Herz für alle Leidenden hatte, der den Waisen ein Vater und den Trauernden ein Tröster war, empfand noch tieferes Mitleid mit den Unglücklichen seines Stammes. Als Alfonso die Hafenstadt Arzilla in Afrika eroberte, brachten die Krieger unter vielen tausend gefangenen Mauren 250 Juden, welche als Sklaven im ganzen Königreiche verkauft wurden. Juden und Jüdinnen zur elenden Sklaverei verdammt zu wissen, ertrug Abrabanels Herz nicht. Auf seine Veranlassung trat ein Komitee von zwölf Gemeindegliedern in Lissabon zusammen und sammelte Gelder. Er mit noch einem Kollegen reiste darauf im ganzen Lande umher und erlöste die jüdischen Sklaven, öfter um einen hohen Preis. Damit war es aber noch nicht abgetan. Die losgekauften Juden und Jüdinnen, Erwachsene und Kinder, mußten bekleidet, untergebracht und erhalten werden, bis sie die Landessprache erlernt haben und für sich selbst zu sorgen imstande sein würden.

Als der König Alfonso eine Gesandtschaft an den Papst Sixtus IV. schickte, um ihm zu dessen Thronbesteigung zu gratulieren, und ihm seinen Sieg über die Mauren Afrikas anzuzeigen, worunter sich auch der Doktor João Sezira befand, der mit Abrabanel ein Herz und eine Seele und überhaupt ein Judenfreund war, nahm er ihm das heilige Versprechen ab, mit dem Papste zugunsten der Juden zu verhandeln. Er bat seinen italienischen Freund, Jechiel von Pisa, sich gegen João Sezira auf jede Weise gefällig zu zeigen und ihm sowohl, wie dem Hauptgesandten, Lopo de Almeida, zu erkennen zu geben, wie angenehm den italienischen Juden die Nachricht von der Gunst des Königs Alfonso für die

Juden sei, damit sich der König und seine Diener dadurch geschmeichelt fühlen sollten. So tat Abrabanel alles, was in seinem Bereiche lag, für seine Glaubens- und Stammgenossen zu wirken.

Mitten aus seinem Glücke, das er mit einer tugendhaften und geliebten Frau und drei wohlgeratenen Söhnen, Juda Leon, Isaak und Samuel genoß, rissen ihn die politischen Vorgänge in Portugal. Sein Gönner Alfonso V. war gestorben, und den Thron bestieg dessen Sohn João II. (1481 bis 1495), seinem Vater durchweg unähnlich, von stärkerer Willenskraft, harter Gemütsart und voller Verstellungskunst. Er befolgte die Politik seines Zeitgenossen, des gewissenlosen Königs Ludwig XI. von Frankreich, sich der portugiesischen Granden zu entledigen, um ein absolutes Königtum zu schaffen. Zunächst hatte er es auf den Herzog Fernando de Braganza abgesehen, der, selbst von königlichem Geblüte, fast eben so mächtig, angesehen und beliebter als der König war.

Während er den Herzog von Braganza liebkoste, ließ er eine Anklageschrift gegen ihn zusammenstellen, als habe dieser ein verräterisches Einverständnis mit dem spanischen Königspaar unterhalten, dessen Richtigkeit noch heute nicht genügend ermittelt ist. Er verhaftete ihn mit einem Judaskusse, machte ihm den Prozeß als Landesverräter, ließ ihn enthaupten und zog seine ausgedehnten Besitzungen ein (Juni 1483). Seine Brüder mußten die Flucht ergreifen. Da Isaak Abrabanel in Freundschaft mit dem Herzog von Braganza und dessen Brüdern lebte, so faßte der König João auch gegen ihn Argwohn, daß er von dem angeblichen Verschwörungsplan gewußt hätte; Feinde des jüdischen Staatsmannes bestärkten ihn darin. Der König ließ ihm demgemäß einen Befehl zustellen, sich zu ihm zu verfügen. Nichts Arges ahnend, war Abrabanel im Begriffe, dem Befehle Folge zu leisten, als ihm ein unbekannter Freund den Weg vertrat, ihm mitteilte, daß es auch auf sein Leben abgesehen wäre, und ihm zur eiligsten Flucht riet. Abrabanel befolgte den Rat des Freundes und floh nach Spanien. Der König ließ ihn zwar durch Reiter verfolgen, sie konnten ihn aber nicht erreichen. So gelangte er sicher zur spanischen Grenze. In einem demütigen, aber männlich gehaltenen Schreiben beteuerte er seine Unschuld an dem ihm zur Last gelegten Verbrechen und sprach auch den Herzog von Braganza von jeder Schuld frei. Der argwöhnische Tyrann, welcher der Verteidigungsschrift keinen Glauben schenkte, ließ nicht nur Abrabanels ganzes Vermögen konfiszieren, sondern auch das seines Sohnes Juda Leon, der bereits als Arzt selbständig war. Aber Frau und Kinder ließ er ihrem Familienhaupte nach Kastilien nachziehen.

In Spanien, wo er sich niedergelassen, wurde Isaak Abrabanel von der Judenschaft ehrenvoll aufgenommen. Ein Kreis von Gelehrten und Jüngern sammelte sich um den hochgefeierten, unschuldig verfolgten portugiesischen Staatsmann. Mit dem Rabbiner Isaak Aboab und mit dem Obersteuerpächter Abraham Senior trat er in ein inniges Verhältnis. Wie es scheint, nahm ihn der letzere gleich bei seiner Niederlassung zum Teilnehmer an der Steuerpacht. Abrabanel machte sich indes Gewissensbisse, daß er wegen Staatsgeschäften und im Dienste des Mammon das Studium des Gesetzes vernachlässigt habe und sah sein Unglück als gerechte Strafe des Himmels in Demut an. Sogleich machte er sich auf das Drängen seiner neuen Freunde an die Erklärung der geschichtlichen Propheten, die bisher von den Erklärern wegen ihrer scheinbaren Leichtigkeit vernachlässigt worden waren. Da er sich schon früher vielfach damit beschäftigt hatte, so konnte er in kurzer Zeit die Erläuterung dieser Bücher vollenden. Gewiß war keiner wie Abrabanel befähigt, gerade dieses biblisch-geschichtliche Schrifttum auszulegen. Er hatte neben Sprachkenntnis auch Welterfahrung und richtige Einsicht in politische Verhältnisse und Verwickelungen, welche durchaus nötig sind, um Gründung, Blüte und Verfall des israelitischen Reiches tiefer zu erfassen. Auch hatte er vor anderen Schrifterklärern voraus, daß er auch Schriften christlicher Schriftausleger benutzen konnte, und er hat das Wertvolle von ihnen aufgenommen. Abrabanel hat daher in diesen Kommentarien Licht über manche dunklen Punkte verbreitet. Er ließ diesen Schriften überhaupt eine wissenschaftliche Behandlung zuteil werden, brachte Ordnung hinein, schickte jedem Buche eine lichtvolle Einleitung und Inhaltsangabe voran, ein Verfahren, das er den christlichen Gelehrten abgesehen und geschickt angewendet hat. Wenn Abrabanel nicht so weitschweifig und gedehnt geschrieben und nicht die Manier gehabt hätte, jedem Bibelabschnitt eine Reihe von oft überflüssigen Fragen voranzuschicken, so wären wohl seine Auslegungsschriften volkstümlicher geworden oder hätten es wenigstens verdient. Freilich hätte er dann auch nicht über seinen Stand hinausgehen dürfen, um sich auch in philosophische Untersuchungen einzulassen. Je weniger Verständnis er dafür hatte, desto mehr verbreitete er sich darüber. Abrabanel nahm den gläubigen Standpunkt der nachmanisch-chasdaïschen Richtung ein und hatte nicht einmal die Duldung, ein freies Wort über das Judentum und seine Glaubenslehren ruhig anzuhören, verketzerte die Forschungen Albalags und Narbonis und tat ihnen gar den Schimpf an, sie mit dem gewissenlosen Apostaten Abner-Alfonso de Valladolid auf eine Linie zu stellen. Auch mit Levi Ben-Gerson schmollte er, weil er dem Wunderglauben nicht unbedingt gehuldigt hatte. Wie die Stockgläubigen seiner Zeit, wie Joseph Jaabez, war er der Überzeugung, daß die Demütigung und Verfolgung, welche die Juden in Spanien betroffen, das freigeistige Forschen verschuldet hätte, das hier und da aufgetaucht sei. Haben aber die überfrommen deutschen Juden, die keine Ahnung von der ketzerischen Philosophie hatten, weniger gelitten?

Nur kurze Zeit war es Abrabanel vergönnt, sein Lieblingsstudium zu pflegen, der Schriftsteller wurde bald wieder vom Staatsmanne verdrängt. Als er die Feder ansetzen wollte, um die Bilderreihe der judäischen und israelitischen Könige zu beleuchten, wurde er an den Hof Fernands und Isabellas berufen, um ihm das Finanzfach anzuvertrauen. Die Staatseinkünfte müssen unter seiner Hand gediehen sein; denn während der acht Jahre seiner Verwaltung (März 1484 bis 1492) ist diese nie tadelhaft befunden worden. Mit seiner Klugheit und seinem Rate stand er dem Königspaare bei. Abrabanel erzählte selbst, daß er sich in dem königlichen Dienste Reichtümer erworben und Grundbesitz angekauft habe, und daß ihm von Seiten des Hofes und der ersten Granden hohe Ehren erwiesen worden seien. Wie unentbehrlich muß er gewesen sein, daß sie, die hochkatholischen Fürsten, unter den Augen des giftigen Torquemada, trotz der kanonischen Gesetze und der wiederholten Cortesbeschlüsse, keinen Juden zu irgend einem Amte zuzulassen, dem jüdischen Finanzminister den Nerv des Staatslebens anvertrauen mußten! Aber er war auch in Kastilien eine schützende Mauer für seine Stammesgenossen. Denn an erlogenen und aufreizenden Beschuldigungen haben es ihre erbitterten Feinde, die Dominikaner, nicht fehlen lassen. Daß die kastilianischen Juden dem Zorn der Inquisitoren wegen ihrer Hülfeleistung an den unglücklichen Marranen nicht erlagen, war gewiß Abrabanels Werk.

Inzwischen entwickelte sich der für die Mauren und Juden so unglückliche granadische Krieg, der mit Unterbrechung 10 Jahre dauerte und zu dem auch die Juden beisteuern mußten. Den Gemeinden wurde eine außerordentliche Kriegsabgabe aufgelegt. — Im Staate Granada, der durch Hochmut seinen Fall geradezu heraufbeschworen hat, lebten nicht wenig Juden, welche durch die Flucht der Marranen aus Spanien vor dem Feuertode noch vermehrt wurden. Sie hatten zwar auch da keine beneidenswerte Lage, denn der Judenhaß der Spanier hatte sich auch dahin verpflanzt, aber ihr Bekenntnis wurde wenigstens nicht angefochten und ihr Leben nicht immer gefährdet. Isaak Hamon war Leibarzt eines der letzten granadischen Könige und genoß hohe Gunst bei Hofe. Als einst eine Zänkerei in den Straßen Granadas entstand, beschworen die Umstehenden beim Leben ihres Propheten die Streitenden, sich zu trennen, ohne Gehör zu finden. Als sie aber bedeutet wurden, beim Leben des königlichen Arztes vom Streite zu lassen, fuhren sie sofort auseinander. Dieser Vorfall, wobei sich zeigte, daß Isaak Hamon in höherem Respekte bei der Bevölkerung stand, als der Prophet Mohammed, reizte einige Stockmohammedaner, über die Juden Granadas herzufallen und sie niederzumetzeln. Gerettet blieben nur diejenigen, welche in der königlichen Burg Zuflucht fanden. Die jüdischen Ärzte von Granada beschlossen seit dieser Zeit, sich nicht mehr in Seide zu kleiden und nicht auf Rossen zu reiten, um nicht den Neid der mohammedanischen Bevölkerung zu erregen.

Nach langem, blutigen Kriege ging endlich das herrliche Granada in die Hände der stolzen Spanier über. Der letzte leichtsinnige König Muley Abu-Abdallah (Boabdil) unterzeichnete einen heimlichen Vertrag mit Fernand und Isabella (25. November 1492), ihnen die Stadt und das Gebiet in zwei Monaten zu übergeben. Die Bedingungen waren, da nun einmal die Selbständigkeit verloren war, ziemlich günstig. Die Mauren sollten ihre Religionsfreiheit, selbständige Gerichtsbarkeit, Auswanderungsrecht und überhaupt ihre Sitten und Gebräuche behalten und nur dieselben Steuern zahlen, die sie bisher an die maurischen Fürsten gezahlt. Die Renegaten, d. h. die Christen, welche zum Islam übergetreten, oder richtiger die maurischen Scheinchristen (Modejaren), welche vor der Inquisition nach dem Granadischen Gebiete entflohen und dort wieder zum Islam zurückgetreten waren, sollten unbehelligt und unangefochten bleiben; die Inquisition sollte keine Gewalt über sie beanspruchen dürfen. Die Juden der Hauptstadt Granadas, des Quartiers Albaicin, der Vorstädte und der Umgegend waren ausdrücklich mit eingeschlossen; sie sollten dieselbe Schonung und dieselben Rechte genießen. Nur sollten die übergetretenen Marranen nur in dem ersten Monat nach der Übergabe der Stadt auswandern dürfen, die länger Zurückgebliebenen sollten der Inquisition verfallen. Am 2. Januar 1492 hielten Fernand und Isabella mit ihren Heeren unter Glockengeläute und mit frommer Prahlerei ihren Einzug in Granada. Das mohammedanische Reich auf der Halbinsel war wie ein Märchen aus Tausend und eine Nacht verschwunden. Der letzte Fürst, Muley Abu-Abdallah, warf einen letzten trüben Abschiedsblick „mit dem letzten Seufzer" auf die ihm entschwundene Herrlichkeit, zog sich in das ihm überlassene Gebiet des Alpujarrengebirges zurück, konnte aber seinen Unmut nicht überwinden und setzte nach Afrika über. Nach fast acht Jahrhunderten war die ganze pyrenäische Halbinsel wieder christlich geworden, wie zur Zeit der Westgoten. Aber der Himmel konnte sich über diesen Sieg nicht freuen, der neue Menschenopfer für die Meister der Hölle lieferte. Die Juden empfanden zuerst die tragischen Wirkungen dieses Sieges über Granada.

Der Krieg gegen die Mohammedaner Granadas hatte im Verlauf immer mehr den Charakter eines Kreuzzuges gegen Ungläubige, eines heiligen Krieges zur Verherrlichung des Kreuzes und zur Ausbreitung des christlichen Glaubens angenommen. Sämtliche Spanier wurden durch den Sieg in den Taumel eines glühenden Fanatismus hineingerissen. Die ungläubigen Mohammedaner sind besiegt, und die noch mehr ungläubigen Juden sollten sich frei im Lande bewegen dürfen? Diese Frage lag zu nahe, als daß sie nicht eine für die Juden unheilvolle Antwort hätte finden sollen. Das Drängen des entmenschten Torquemada und seiner Gesinnungsgenossen, denen die Juden längst ein Dorn im Auge waren, sie zu vertreiben, anfangs mit Achselzucken aufgenommen, fand bei den Siegestrunkenen mehr Gehör. Dazu kam noch, daß die Juden, die Geldspender, seit der Bereicherung durch die zahllose Beute in den reichen Städten des unterworfenen granadischen Gebietes entbehrlich schienen. Noch ehe die Kreuzesfahne in Granada wehte, dachten Fernand und Isabella schon daran, die Juden aus Spanien auszuweisen. Sie schickten zu diesem Zwecke eine Gesandtschaft an den Papst Innocenz VII., daß sie willens seien, die Juden über die Grenze ihrer Länder zu weisen, wenn er ihnen mit dem Beispiele vorangehen wollte, da er doch Jesu Stellvertreter sei und dessen Tod an seinen Mördern zu rächen habe. Aber dieser sonst so verworfene Papst, der sieben uneheliche Söhne und eben so viele Töchter erzeugte und gleich nach seiner Thronbesteigung einen feierlichen Eid gebrochen hatte, war nicht für die Vertreibung der Juden. Mit Freuden verkündete M e s ch u l l a m aus Rom, welcher Nachricht von dem Entschlusse des Papstes hatte, die frohe Botschaft den italienischen und neapolitanischen Gemeinden, daß der Papst sich nicht zu ihrer Vertreibung verstehen wollte. Das spanische Königspaar beschloß aber die Verbannung der Juden ohne das päpstliche Beispiel.

Aus dem Zauberpalaste der Alhambra erließen plötzlich die „katholischen Könige" einen Befehl, daß sämtliche Juden Spaniens innerhalb vier Monaten aus allen Gebietsteilen Kastiliens, Aragoniens, Siziliens und Sardiniens bei Todesstrafe auswandern sollten (31. März 1492). Ihr Hab und Gut sollten sie mitnehmen dürfen, aber nicht Gold, Silber, Münzen, oder die dem Ausfuhrverbot unterliegenden Waren, sondern nur solche Artikel die ausgeführt werden durften. Isabellas und Fernands herzloser Erlaß suchte die Härte durch Gründe zu rechtfertigen, mehr der eigenen Bevölkerung und dem Auslande gegenüber, als vor den Betroffenen.

Er wirft den Juden keineswegs vor, daß sie übermäßigen Wucher getrieben, sich unrechtmäßig bereichert, dem Volke das Mark ausgesogen hätten. Von allen dem spricht der Erlaß nicht, sondern er setzt auseinander, daß der Rückfall der Neuchristen in „den jüdischen Unglauben" im Umgange und Verkehr mit den Juden Grund zur Unzufriedenheit gegeben hätte.

Der Erlaß führt weiter aus, es wäre in der Ordnung gewesen, schon früher die Juden wegen ihrer verführerischen Anreizung zum Abfall zu verbannen; allein das Königspaar habe es anfangs mit Milde versucht, nur die Juden Andalusiens ausgewiesen und die am meisten Schuldigen zu bestrafen, im guten Glauben, daß dieses Mittel genügen werde. Da es sich aber nicht bewährt habe, die Juden vielmehr täglich ihre schlimmen Vorsätze zur Abwendung der Neuchristen vom katholischen Glauben fortsetzten, so bleibe dem Königspaare nichts weiter übrig, als durch deren vollständige Vertreibung ihnen die Gelegenheit zu benehmen, diejenigen, welche bisher treu im Christentume verharrt, als auch diejenigen, welche zwar abgefallen waren, aber sich gebessert und zur heiligen Mutterkirche zurückgekehrt sind, ferner abtrünnig zu machen. Daher habe das Königspaar in Beratung mit einigen Kirchenfürsten, Granden und Gelehrten beschlossen, die Juden aus allen seinen Staaten auszuweisen. Kein Christ solle bei Strafe der Güterentziehung Juden nach Ablauf des Termins schützen oder beherbergen.

So war denn endlich der von Fernblickenden längst gefürchtete Streich geführt. Die spanischen Juden sollten das Land verlassen, mit dem alle Fasern ihres Herzens verwachsen, in dem die Gräber ihrer Vorfahren seit mindestens fünfzehn Jahrhunderten waren, und zu dessen Größe, Reichtum und Bildung sie so viel beigetragen hatten. Betäubend wirkte der Schlag auf ihre Gemüter. Abrabanel glaubte ihn noch durch seinen Einfluß abwenden zu können. Er eilte zum Königspaar und bot ihm die überschwenglichsten Summen von den Juden an, wenn das Edikt wieder aufgehoben würde. Seine christlichen Freunde, angesehene Granden, unterstützten sein Gesuch. Fernand, der mehr auf Bereicherung, als auf die Verherrlichung des katholischen Glaubens sah, war schon geneigt, nachzugeben. Da soll der fanatischgiftige Generalinquisitor Torquemada seinen Machtspruch dagegen erhoben haben. Er habe im Palast, so wird erzählt, die Unterhandlung vernommen, sei in den Saal zum Königspaare geeilt, habe ein Kruzifix hingehalten und die geflügelten Worte gesprochen: „Judas Ischariot hat Christus für 30 Silberlinge verkauft, Eure Hoheit wollen ihn für 300000 Dukaten verkaufen. Hier ist er, nehmt und verkauft ihn". Diese

Worte oder die Einflüsse glaubenswütiger Geistlicher haben zunächst auf Isabella gewirkt, standhaft auf dem Edikt zu beharren, und sie, die überhaupt kühner als der König war, wußte auch ihn in der judenfeindlichen Stimmung zu erhalten. Vergeblich waren auch die Schritte, welche der besondere Günstling der Königin, Don Abraham Senior, zur Abwendung dieses Schlages von seinen Glaubensgenossen getan hat. Juan de Lucena, Mitglied des königlichen Rates von Aragonien, so viel wie Minister, war besonders beharrlich tätig, das Edikt aufrecht zu erhalten. Ende April (1492) zogen Ausrufer und Trompeter durch das Land und verkündeten, daß die Juden nur bis Ende Juli im Lande bleiben dürften, um ihre Angelegenheiten zu ordnen; wer von ihnen noch später auf spanischem Boden betroffen würde, sollte dem Tode verfallen. Wie unsäglich groß auch die Verzweiflung der spanischen Juden war, sich von dem teuren Geburtslande und der Asche ihrer Väter loszureißen und einer ungewissen Zukunft entgegenzugehen in der Fremde, unter Völkern, deren Sprache sie nicht verstanden, und die vielleicht noch feindseliger als die spanischen Christen gegen sie verfahren würden, so mußten sie sich doch mit dem Gedanken vertraut machen und ernstliche Vorbereitungen zur Auswanderung treffen. Bei jedem Schritte gewahrten sie, daß sie einem noch grausigeren Geschicke entgegen gehen würden. Hätten sie mit ihren Reichtümern ausziehen können, wie die englischen Juden gegen Ende des dreizehnten, und die französischen ein Jahrhundert später, so würden sie sich in der Fremde eine leidliche Existenz haben gründen können. Aber die jüdischen Kapitalisten durften ihre Barschaft nicht mitnehmen und waren daher gezwungen sie auf Wechsel zu geben. Spanien hatte aber damals wegen seines vorherrschend ritterlichen und kirchlichen Charakters keine Welthandelsplätze, wo Papiere im Werte gewesen wären, wie in Italien. Das Geschäft im Großen war meistens in Händen der Juden und der Neuchristen, und die letzteren waren aus Furcht vor der Inquisition gezwungen, sich von ihren Stammgenossen fern zu halten. Diejenigen, welche Grundstücke hatten, mußten sie um einen Schleuderpreis losschlagen, weil sich kein Käufer fand, und mußten bei Christen betteln, ihnen dafür nur die geringste Wertsache zu geben. Ein Zeitgenosse, Andreas Bernaldez, Pfarrer von Los Palacios, berichtet, daß die schönsten Häuser und die prachtvollsten Landgüter der Juden um eine Kleinigkeit verkauft wurden. Ein Haus wurde um einen Esel und ein Weinberg um ein Stück Tuch oder Leinwand verschleudert. So zerrannen die Reichtümer der spanischen Juden in nichts und konnten ihnen in den Tagen der Not nicht helfen. Torquemada, welcher bei dieser Gelegenheit seine bis dahin erwiesene Unmenschlichkeit noch übertreffen wollte, untersagte den Christen jeden Verkehr mit ihnen. In seinen Ländern ließ der König Fernand auf das Eigentum der Ausgewiesenen Beschlag legen, damit davon nicht bloß ihre Schulden gedeckt, sondern auch die Ansprüche, welche die Klöster an sie zu haben vorgaben, befriedigt würden. Torquemada machte es ferner den Dominikanern zur Pflicht, den verzweifelten Juden das Christentum zu predigen und sie aufzufordern, die Taufe zu empfangen und im Lande zu bleiben. Dagegen ermahnten die Rabbinen die Gemeinden, im Glauben standhaft auszuharren, die Trübsale als Prüfungen hinzunehmen nnd ihrem Gott zu vertrauen, der ihnen so oft in Nöten beigestanden. Es bedurfte aber gar nicht der feurigen Ermahnung von Seiten der Rabbinen. Einer ermutigte den anderen zur Treue und Standhaftigkeit für das Judentum. „Lasset uns stark sein“, so sprachen sie zu einander, „für unsere Religion und für die Lehre unserer Väter vor den Lästerern und Feinden. Wenn sie uns leben lassen, werden wir leben, wenn sie uns töten, werden wir sterben. Wir wollen den Bund unseres Gottes nicht entweihen, unser Herz soll nicht verzagen, wir wollen im Namen unseres Gottes wandeln“. Hätten sie sich etwa taufen lassen sollen, um dem Blutgerichte der Inquisition zu verfallen? Das Kreuz hatte auch für die lauesten Juden seine Anziehungskraft verloren, seitdem sie gesehen, unter welchen nichtigen Vorwänden ihre Stammgenossen dem Scheiterhaufen überliefert wurden. Ein Jahr vor dem Erlaß des Verbannungsedikts wurden in Sevilla zweiunddreißig Neuchristen lebendig, sechzehn im Bilde verbrannt und 625 zur demütigenden Büßung verurteilt. Auch blieb es den Juden nicht unbekannt, mit welcher Falschheit Torquemada die Schlachtopfer anzulocken wußte. Nach Granada hatten sich viele Scheinchristen aus Sevilla, Cordova und Jaen geflüchtet und waren dort zum Judentum zurückgetreten. Nach der Eroberung dieser Stadt ließ Torquemada einen Aufruf an sie ergehen, wenn sie zur Mutterkirche zurückkehren wollten, „welche ihren Schoß stets offen hält, um diejenigen aufzunehmen, die mit Zerknirschung und Reue sich an sie wenden“, sollten sie mit Milde behandelt und ihnen im Geheimen ohne Aufsehen die Absolution erteilt werden. Einige ließen sich von der süßlichen Stimme verlocken, begaben sich nach Toledo und wurden — zum Feuertode begnadigt. Daher kam es, daß trotz der Predigten der Dominikaner und trotz der unsäglich verzweifelten Lage nicht viele und zwar nur Reiche und Gebildete im Jahre der Ausweisung aus Spanien zum Christentum übergingen. Von bekannten Namen bekehrten sich nur der reiche Steuerpächter und Großrabbiner Abraham Senior mit seinen Söhnen und seinem Schwiegersohn Meïr. Man erzählte sich, Don

Abraham hätte mit Verzweiflung im Herzen die Taufe empfangen, weil die Königin, welche den Finanzminister nicht missen mochte, gedroht habe, über die abziehenden Juden noch mehr Elend zu verhängen, wenn dieser sich nicht fügen sollte. Groß war in der Tat die Freude bei Hofe über die Bekehrung Seniors und seiner Familie. Das Königspaar selbst und der Kardinal vertraten Patenstelle bei ihnen. Die Täuflinge nahmen den Namen Coronel an, und ihre Nachkommen wurden später zu hohen Staatsämtern befördert.

Das gemeinsame Unglück und der gleiche Schmerz erzeugten bei den spanischen Juden in der letzten Zeit vor ihrer Auswanderung ein Gefühl innigster Brüderlichkeit. Die Reichen unter ihnen, obwohl ihr Vermögen zusammengeschmolzen war, teilten doch brüderlich mit den Armen, ließen ihnen an nichts fehlen, damit sie nicht in die Klauen der Seelenhäscher gerieten, und sorgten für die Kosten ihrer Auswanderung. Der greise Rabbiner Isaak Aboab, der Freund Abrabanels, reiste im voraus mit dreißig angesehenen Juden nach Portugal, um mit dem Könige João II. wegen Übersiedlung oder Durchreise der spanischen Auswanderer durch dessen Land Unterhandlungen anzuknüpfen; es gelang ihnen, mit ihm einen verhältnismäßig günstigen Vertrag abzuschließen. Freilich ließ sich der Schmerz der Trennung von der schwärmerisch geliebten Heimat nicht überwinden. Je näher der Tag des Scheidens heranrückte, destomehr durchwühlte er das Herz der Unglücklichen. Die Gräber der Vorfahren, das war ihnen das Teuerste, davon konnten sie sich am schwersten trennen, und der Gedanke daran erfüllte sie mit düsterer Trauer.

Die Juden von Segovia brachten drei Tage vor ihrer Auswanderung auf den Gräbern ihrer Vorfahren zu, vermischten deren Staub mit ihren Tränen und rührten durch ihre herzzerreißenden Klagen die Gemüter der Katholiken. Die Leichensteine rissen sie aus, nahmen sie mit als teure Reliquien oder schenkten sie den zurückgebliebenen Marranen. — Endlich rückte der Tag heran, an welchem sie zum Wanderstabe greifen mußten. Sie hatten sich noch eine Galgenfrist von zwei Tagen ausgewirkt und durften statt am 31. Juli zwei Tage später das Land verlassen, und es fiel gerade auf den Trauertag des neunten Ab, der so vielfach an den Untergang der Herrlichkeiten im Altertum erinnert und so oft im Verlaufe der jüdischen Geschichte die Söhne Israels in Trauer und Schmerz sah. Mindestens 300000 Juden verließen das Land, das sie so sehr geliebt haben, und das sie verwünschen mußten, und wanderten teils nach Norden, nach dem nahegelegenen Königreiche Navarra, teils nach dem Süden, um nach Afrika, Italien oder der Türkei überzusiedeln, größtenteils aber nach Portugal. Um die

Menge nicht bei der Wanderung traurigen Gedanken zu überlassen, welche den einen oder den anderen hätten geneigt machen können, den Entschluß zu ändern, zum Kreuze zu greifen, um im Lande bleiben zu können, ließen manche Rabbinen mit Pfeifen und Trommeln rauschende Musik machen, um der Menge auf kurze Zeit den nagenden Schmerz vergessen zu machen.

Spanien verlor damit den zwanzigsten Teil seiner gewerbfleißigsten, betriebsamsten, gebildetsten Bewohner, überhaupt seinen gesunden Mittelstand, diejenige Volksklasse, welche den Landesreichtum nicht bloß schuf, sondern ihn auch wie das Blut im Organismus in steter Bewegung hielt. Denn es gab nicht bloß unter den spanischen Juden Kapitalisten, Kaufleute, Ackerbauer, Ärzte und Gelehrte, sondern auch Handwerker, Waffenschmiede und Metallarbeiter aller Art und jedenfalls keine Müßiggänger, die den ganzen Tag Siesta hielten. Die Juden hätten durch die bald darauf erfolgte Entdeckung Amerikas Spanien zum reichsten, blühendsten und dauerhaftesten Staat erhoben, der vermöge seiner Regierungseinheit jedenfalls mit Italien hätte wetteifern zn können. Torquemada wollte es aber nicht, er zog es vor, die Spanier für ein bluttriefendes Götzentum zu erziehen. Der Abzug der Juden aus Spanien machte sich bald auf eine empfindliche Weise für die Christen bemerkbar. Der schwungvolle Geist, die Rührigkeit und die blühende Kultur wanderten mit den Juden aus Spanien aus. Die kleinen Städte, denen die Anwesenheit der Juden einiges Leben gegeben hatte, entvölkerten sich rasch und sanken zu unbedeutenden Flecken herab, verloren den Sinn für Selbständigkeit und Freiheit und leisteten dem immer mehr sich zuspitzenden Despotismus der spanischen Könige und der blödsinnigen Glaubenswut der Priester Vorschub statt Widerstand. Die spanischen Granden beklagten sich nicht lange nach der Vertreibung der Juden, daß ihre Städte und Plätze bedeutungslos und menschenleer geworden seien, und bemerkten, wenn sie die nachteiligen Folgen hätten ahnen können, würden sie sich dem königlichen Befehle widersetzt haben. Der Mangel an Ärzten stellte sich zunächst ein. Die Stadt Vittoria mit der Umgegend war durch den Abzug der Juden genötigt, einen Arzt aus der Ferne kommen zu lassen und ihm einen hohen Jahrgehalt auszusetzen, oder die Bevölkerung fiel in Krankheitsfällen den menschenhinraffenden Quacksalbern, aufschneiderischen Pfuschern oder dem Aberglauben betrügerischer oder selbstbetrogener Beschwörer in die Hände. Mit einem Worte, Spanien ging durch die Vertreibung der Juden der Barbarei entgegen, und das Geld, welches die amerikanischen Besitzungen nach dem Mutterlande führten, trug nur dazu bei, die Einwohner träger, dümmer und knechtischer zu machen. Der Name Jude schwand immer mehr aus dem Lande, wo dieser Volksstamm eine so gewichtige Rolle gespielt hatte, und dessen Literatur mit jüdischen Elementen so sehr geschwängert war, daß die Männer der Bildung immer wieder an die Juden erinnert wurden. Lehrhäuser, Hospitäler, wie überhaupt alles, was die Juden bei ihrer Auswanderung nicht mitnehmen konnten oder durften, ließ der König für den Fiskus einziehen und verwandelte die Gebethäuser in Kirchen, Klöster oder Schulen, in in welchen das Volk verdummt wurde.

Die prachtvolle Synagoge in Toledo, welche der jüdische Staatsmann Don Samuel Allavi erbaut hatte, wurde in eine Kirche (de nuestra Señora, San Benito) verwandelt und bildet noch heute mit ihrem maurischen Stile, ihren zierlichen Säulen und ihren weiten Räumen eine Zierde der Stadt. Zwar blieben noch Juden in Spanien zurück, Juden mit der Maske des Christentums, sogenannte Neuchristen. Sie hatten ihren abziehenden Brüdern eifrigen Beistand geleistet. Viele von ihnen hatten Gold und Silber von den Auswanderern in Empfang genommen und es ihnen bei Gelegenheit durch zuverlässige Personen nachgeschickt oder verwahrt, oder dafür Wechsel auf auswärtige Plätze ausgestellt. Diese Vorschubleistung war oft trügerisch. Denn als das fanatische Königspaar Kunde davon erhielt, ließ es die hinterlegten Wertsachen aufsuchen und mit Beschlag belegen und suchte die Zahlung der Wechsel zu hintertreiben.

Indessen wie groß auch die Hindernisse waren, viele Marranen erkalteten nicht in ihrem Eifer für die vertriebenen Stammesgenossen. Sie verfolgten diejenigen, welche sich unmenschlicher Härte gegen die Auswanderer schuldig gemacht hatten, mit unerbittlicher Strenge und überlieferten sie dem Ketzergerichte — das Werkzeug gegen die Urheber kehrend. Aber sie mußten jetzt noch mehr als früher auf ihrer Hut sein, durften nicht gegen das Geringste verstoßen, mußten um so eifriger sich bekreuzen, Rosenkränze zählen und Paternoster murmeln, je anhänglicher sie in ihrem Innern dem Judentume waren. Manchmal war ihre Empfindung stärker als ihr Wille, durchbrach den Damm der Lippe und wurde zu einer folgenschweren Tat, wie bei jenem Marranen in Sevilla, der beim Anblick eines nachgebildeten Leibes, der Jesus vorstellen sollte, und zur Anbetung in der Kirche erhoben wurde, ausrief: „Wehe, wer so etwas sehen, so etwas glauben muß!“ Solche Äußerungen in unbewachten Augenblicken gaben natürlich die beste Gelegenheit für Untersuchung, Einkerkerung, Folter und Autos-da-Fé nicht bloß an dem auf frischer Tat ertappten Marranen, sondern an seinen Verwandten, Freunden, allen denjenigen seines Geschlechtes, die Vermögen besaßen. Es war ohnehin dem durch den öfteren Anblick der Todesqualen der Schlachtopfer abgestumpften Volke ein Bedürfnis geworden, von Zeit zu Zeit so feierliche Schauspiele von Menschenopfern zu sehen. Es ist daher gar nicht zu erstaunen, wenn unter dem ersten Generalinquisitor Thomas de Torquemada in vierzehn Jahren (1485 bis 1498) mindestens zweitausend Juden als unbußfertige Sünder verbrannt worden sind. Freilich war er so verhaßt, daß er in steter Todesfurcht lebte. Auf seinem Tische hatte er ein Einhorn, dem der Aberglaube jener Zeit die Kraft zuschrieb, die Wirkung der Gifte aufzuheben. Ging Torquemada aus, so war er stets von einer Leibwache (Familares) von fünfzig Reitern und zweihundert Soldaten zu Fuß begleitet, welche ihn vor Anfällen schützen sollte. Sein Nachfolger, der zweite Generalinquisitor Deza, errichtete noch mehr Scheiterhaufen, aber es kam bald dahin, daß die Blutmenschen einander selbst zerfleischten. Deza wurde vor seinem Ende als heimlicher Jude angeklagt. Als dann noch die Verfolgung gegen die zurückgebliebenen Moriscos und gegen die Anhänger des deutschen Kirchenreformators Luther hinzukam, wurde Spanien durch die Wut des heiligen Offiziums buchstäblich in eine Menschenschlachtbank verwandelt. Mit Recht tadelten fast sämtliche europäische Fürsten und sogar das Parlament von Paris die Verkehrtheit Fernands und Isabellas, eine so nützliche Volksklasse vertrieben zu haben. Der damalige Sultan Bajazet bemerkte dazu: „Ihr nennt Fernand einen klugen König, er, der sein Land arm gemacht und unser Land bereichert hat!"

Glücklich verhältnismäßig mindestens für eine kurze Zeit waren noch die nordspanischen Juden von Katalonien und Aragonien, welche in dem nahegelegenen Navarra ein Unterkommen gesucht haben. Da war doch wenigstens Aussicht, das Leben zu fristen und sich nach anderweitigen Zufluchtsstätten umsehen zu können. In Navarra hatte die Inquisition einmütigen Widerstand von seiten des Herrschers und des Volkes gefunden. Als einige Marranen, welche an dem Morde des Inquisitors Arbues beteiligt waren, nach diesem Königreiche entflohen waren, und die blutdürstigen Ketzerrichter deren Auslieferung verlangt und Schergen dahin geschickt hatten, erklärte die Stadt Tudela, daß sie solche unberechtigte Angriffe auf Personen, die bei ihr Asyl gesucht, nicht dulden werde, und versperrte ihnen die Tore. Vergebens drohte der König Fernand, welcher ein Auge auf Navarra hatte, mit seinem Zorne. Wiewohl sich mehrere navarrensische Städte gegen die Aufnahme der Flüchtlinge sträubten, so sind doch etwa 12000 spanischer Auswanderer in Navarra zugelassen worden. Die meisten nahm wohl der Graf von Lerin auf. Aber die Juden genossen nur wenige Jahre Ruhe in Navarra. Denn auf das wiederholte ungestüme Drängen des Königs Fernand, welcher die Ausgewiesenen mit bitterem Ingrimm verfolgte, stellte ihnen zuletzt der König von Navarra die unglückliche Wahl zwischen Auswandern und Taufen. Die meisten gingen zum Christentum über, weil ihnen nur eine kurze Zeit zur Vorbereitung und keine Zeit zum besonnenen Überlegen gelassen war. Selbst in der sonst wegen ihrer Frömmigkeit so berühmten Gemeinde von Tudela ließen sich 180 Familien taufen.

Auch diejenigen Juden waren noch glücklich, welche, ohne sich in trügerische Hoffnungen einzulullen, daß das Dekret der Ausweisung widerrufen werden würde, den Endtermin nicht abgewartet, sondern sich noch vor Ablauf desselben nach Italien, Afrika oder der Türkei begeben hatten. Denn an Gelegenheit zum Auswandern fehlte es ihnen nicht. Die spanischen Juden hatten damals einen so weittragenden Klang und ihre Vertreibung hatte so viel Aufsehen in Europa gemacht, daß sich eine Menge Schiffe in den spanischen Häfen einfand, um die Auswanderer aufzunehmen und weiter zu befördern, nicht bloß einheimische, sondern auch italienische Fahrzeuge aus Genua und Venedig. Die Schiffseigner hatten Aussicht auf ein einträgliches Geschäft. Viele Juden von Aragonien, Katalonien und Valencia hatten ein Auge auf Neapel geworfen und schickten Abgeordnete an den damaligen König Ferdinand I., um Aufnahme zu bitten. Die Fürst war frei von Vorurteil gegen die Juden, und auch von einem gewissen Mitleid wegen ihres Unglücks gegen sie beseelt. Er mochte sich auch großen industriellen und geistigen Nutzen von der Einwanderung der spanischen Juden versprochen haben. Mag es nun aus Berechnung oder Edelmut geschehen sein, genug, es hieß sie willkommen und öffnete ihnen sein Land. Viele Tausende landeten nun im Hafen von Neapel und wurden gut aufgenommen. Die dortigen jüdischen Gemeinden handelten brüderlich an den Neuangekommenen, zahlten für die Armen, welche den Überfahrtslohn nicht leisten konnten und versorgten sie mit den augenblicklichen Bedürfnissen.

Auch Abrabanel und sein ganzes Haus waren nach Neapel ausgewandert. Hier lebte er anfangs als Privatmann und setzte seine, infolge des Staatsdienstes in Spanien unterbrochenen Arbeiten fort, die biblischen Bücher der Könige zu erläutern. Als der König von Neapel von seiner Anwesenheit erfuhr, lud er ihn zu sich ein und betraute ihn mit einem Hofamte, wahrscheinlich im Finanzfache. Sei es aus eigenem edlen Antriebe oder auf Verwenden Abrabanels, der König von Neapel erwies den eingewanderten Juden eine rührende Menschlichkeit, welche grell gegen die Grausamkeit des spanischen Königspaares abstach. Die Unglücklichen hatten nämlich mit vielen Übeln zu kämpfen, und wenn sie von einem befreit zu sein glaubten, überfiel sie ein anderes noch schonungsloseres. Eine hinraffende Seuche hatte sich nämlich an die Ferse der spanischen Auswanderer geheftet entweder durch ihre trübe Gemütsstimmung oder durch Überfüllung auf den Schiffen verursacht. So schleppten sie den Tod mit sich herum. Kaum waren sie sechs Monate im Neapolitanischen angesiedelt, so raffte die Pest viele von ihnen hin. Und der König Ferdinand, welcher davon eine Aufregung der Bevölkerung gegen die Juden befürchtete, gab ihnen einen Wink, die Leichname bei Nacht und im Stillen zu beerdigen. Als sich aber die Pestkrankheit nicht mehr vertuschen ließ und jeden Tag mehr zunahm, drangen Volk und Adel in den König, sie zu verjagen. Aber Ferdinand mochte nicht auf diesen unmenschlichen Vorschlag eingehen; er soll sogar gedroht haben, seine Krone niederzulegen, wenn den Juden Unbill zugefügt werden sollte. Er ließ daher Krankenhäuser vor der Stadt für die Juden errichten, sandte ihnen Ärzte und lieferte ihnen Unterhalt. Ein ganzes Jahr sorgte er auf eine edle Weise für die Unglücklichen, welche Verbannung und Pest in lebendige Leichen verwandelt hatten. — Auch diejenigen, welche so glücklich waren, den Hafen von Pisa zu erreichen, fanden eine brüderliche Aufnahme. Die Söhne Jechiels von Pisa, des alten Freundes Abrabanels, hatten gewissermaßen am Hafen Standquartier genommen, um die Auswanderer aufzunehmen, zu verpflegen, unterzubringen oder weiter zu befördern.

Haarsträubend sind die Schilderungen der Zeitgenossen von den gehäuften Leiden, welche die jüdisch-spanischen Verbannten an anderen Orten verfolgten. Diejenigen, welche Hunger und Pest verschont hatten, kamen durch die Hände der entmenschten Menschen um. Es hatte sich nämlich das Gerücht verbreitet, die Juden hätten Gold und Silber, das sie aus Spanien nicht mitnehmen durften, verschluckt, damit später ihr Leben zu fristen. Kannibalen schlitzten darum ihnen den Leib auf, um in den Eingeweiden Goldstücke zu suchen. Die genuesischen Schiffer benahmen sich am unmenschlichsten gegen die Auswanderer, welche sich ihnen anvertraut hatten. Aus Habsucht oder aus reiner Lust, sich an dem Todesröcheln der Juden zu weiden, schleuderten sie manche von ihnen ins Meer. An der Küste von Afrika ereilten sie Qualen und Tod von den barbarischen Berbern und der Bekehrungssucht der Christen.

Diejenigen, welche den Hafen von Genua erreichten, hatten mit neuem Elende zu kämpfen. In dieser blühenden Handelsstadt bestand ein Gesetz, daß Juden nicht länger als drei Tage dort weilen durften. Da die Schiffe, auf welchen die Juden weiter ostwärts geführt werden sollten, der Ausbesserung bedurften, so gestattete die Behörde, daß die Juden einige Tage nicht in der Stadt, sondern nahe beim Molo so lange weilen durften, bis die Schiffe wieder hergestellt sein würden. Gespenstern gleich stiegen sie aus den Schiffen, abgezehrt, bleich, hohläugig, und wenn sie sich nicht ein wenig bewegt hätten, um ihrem Schiffskerker instinktmäßig zu entkommen so hätte man sie für eben so viele Leichname halten können. Die ausgehungerten Kinder gingen in die Kirchen und ließen sich für einen Bissen Brot taufen, und Christen waren unbarmherzig genug, nicht nur solche Opfer anzunehmen, sondern mit dem Kreuze in der einen und mit Brot in der anderen Hand sich unter die Juden zu mischen und sie solchergestalt zur Bekehrung zu verlocken. Es war denen, welche beim Molo von Genua landeten, nur kurze Frist zum Aufenthalte zugemessen worden; doch zog sich ein Teil des Winters hin, ohne daß die Schiffe ausgebessert worden wären. Je länger sie nun daselbst verweilten, desto mehr verminderte sich ihre Zahl durch den Übertritt namentlich der Jünglinge und durch Plagen aller Art. Andere Städte Italiens mochten sie nicht einmal auf kurze Zeit ans Land steigen lassen, teils weil gerade damals ein Notjahr war, und teils weil die Juden die Seuche mit sich schleppten.

Die Überbleibsel von Genua, welche nach Rom gelangten, machten eine noch bitterere Erfahrung. Ihre eigenen Religions- und Stammgenossen verschworen sich gegen sie, sie nicht zuzulassen aus Furcht, daß der Zuwachs neuer Ansiedler ihrem Gewerbe Schaden bringen möchte. Sie schossen 1000 Dukaten zusammen, um sie dem damaligen Papste Alexander VI., jenem berüchtigten Scheusal, anzubieten, daß er den spanischen Juden keine Aufnahme gestatten möge. Dieser sonst gewissenlose Kirchenfürst war doch über diesen hohen Grad von Herzlosigkeit gegen die eigenen Genossen so sehr empört, daß er die Juden Roms samt und sonders auszuweisen befahl. Es kostete daher der römischen Gemeinde noch 2000 Dukaten, den Befehl rückgängig zu machen, und sie mußten sich gefallen lassen, die Einwanderer aufgenommen zu sehen.

Die griechischen Inseln Korfu, Kandia und andere füllten sich mit den unglücklichen spanischen Juden, welche sich teils dahin geschleppt hatten, teils als Sklaven dahin verkauft worden waren. Die meisten Gemeinden auf diesen Inseln hatten Mitleid mit ihnen und waren bedacht, sie zu verpflegen oder gar loszukaufen. Sie machten die größten Anstrengungen, um die Gelder herbeizuschaffen, und verkauften den Synagogenschmuck, um ihre Brüder nicht in Not oder Sklaverei zu lassen. Perser, welche gerade auf der Insel

Korfu anwesend waren, kauften spanische Vertriebene, um von den Juden ihres Landes ein hohes Lösegeld zu erzielen. Elkana Kapsali, Vorsteher der Kandianer Gemeinde, war unermüdlich, Gelder zum Bedarf der spanischen Juden aufzutreiben. — Am glücklichsten waren diejenigen, welche die Grenze der Türkei erreichen konnten. Denn der türkische Sultan Bajazet II. erwies sich nicht nur als der am menschlichsten fühlende Monarch gegen die Juden, sondern auch als der einsichtsvollste und klügste. Er verstand es besser als die christlichen Fürsten zu schätzen, welche verborgenen Reichtümer die verarmten Juden Spaniens mitbrachten, nicht in den Verschlingungen ihrer Eingeweide, sondern in den Falten ihres Gehirns, und er wollte sie für den Wohlstand seines Landes ausnutzen. Er erließ einen Befehl durch die europäischen Provinzen seines Reiches, die gehetzten Juden aufs freundlichste und mildeste aufzunehmen. Er verhängte Todesstrafe über diejenigen, welche sie hart anfahren oder bedrücken sollten. Der Großrabbiner Mose Kapsali war unermüdlich tätig die jüdisch-spanischen Unglücklichen, welche als Bettler oder Sklaven nach der Türkei gekommen waren, auf kräftigste zu unterstützen. Er reiste in den Gemeinden umher und legte den begüterten Mitgliedern eine Almosensteuer auf „zur Auslösung der spanischen Gefangenen". Er brauchte auch nicht viel Zwang anzuwenden, denn die türkischen Juden steuerten gern bei, den Schlachtopfern des christlichen Fanatismus aufzuhelfen. So ließen sich Tausende von spanischen Juden in der Türkei nieder, und ehe ein Menschenalter verging, hatten sie die Führerschaft unter den türkischen Juden erreicht und die Türkei gewissermaßen in ein morgenländisches Spanien umgewandelt.

Anfangs schien auch den nach Portugal eingewanderten spanischen Juden ein glückliches Los zu winken. Denn viele Auswanderer zogen es vor, einstweilen einen Ruhepunkt im Nachbarlande zu finden, weil sie sich mit der Hoffnung schmeichelten, daß ihre Unentbehrlichkeit für Spanien nach ihrem Abzuge erst recht ans Licht treten, dem verblendeten Königspaare die Augen öffnen und es veranlassen würde, die Verbannten mit offenen Armen wieder aufzunehmen. Im schlimmsten Falle, so dachten die Ausgewiesenen, würden sie von Portugal aus sich eher umsehen können, wohin sie sich wenden sollten, und würden Schiffe finden, die sie ohne Ungemach nach Afrika oder Italien übersetzen würden. Als ihre Deputierten den Antrag an den König João II. stellten, war er dafür, sie für Geld aufzunehmen. Einige Räte sprachen sich aus Mitleid mit den unglücklichen Juden oder aus Liebedienerei gegen den König günstig dafür aus; andere oder die meisten derselben waren aus Judenhaß oder aus Ehrgefühl entschieden dagegen. Der König überwand aber alle Bedenklichkeiten, weil er durch das Einzugsgeld von den Einwanderern große Summen zu erlangen hoffte, um damit den beabsichtigten afrikanischen Krieg nachdrücklich führen zu können. Es war anfangs davon die Rede, daß die spanischen Verbannten die Erlaubnis zum dauernden Aufenthalte in Portugal erhalten sollten. Aber diese Begünstigung schien den portugiesischen Juden selbst äußerst bedenklich, weil dadurch die Zahl der Juden im Mißverhältnis zu dem kleinem Lande einen bedeutenden Zuwachs erhalten, die meist verarmten Einwanderer den portugiesischen Gemeinden zur Last fallen und den König, der ohnehin nicht sehr menschenfreundlich und noch dazu judenfeindlich gesinnt war, feindselig gegen die portugiesische Gesamtjudenheit stimmen würden. Die jüdisch-portugiesischen Notabeln hielten daher Beratung darüber, und manche lieblose Stimme ließ sich vernehmen, daß sie selbst Schritte tun müßten, die Aufnahme der spanischen Verbannten zu hintertreiben. Der edle Greis Joseph aus der Familie Ibn-Jachja sprach zwar mit dem wärmsten Gefühle für die unglücklichen Brüder; aber seine Stimme wurde übertönt. Von ihrer festen Ansiedlung war nun keine Rede mehr, sondern lediglich von der Erlaubnis zum kurzen Aufenthalte, um von Portugal aus die Weiterreise anzutreten. Die Bedingungen, welche den spanischen Juden gestellt wurden, waren: Jeder Einziehende, reich oder arm, mit Ausnahme der Säuglinge, sollte ein bestimmtes Kopfgeld (etwa 8 Gold-Cruzados = ungefähr 1 Pfund) in vier Terminen zahlen, Handwerker jedoch, Metallarbeiter und Waffenschmiede, welche im Lande sich dauernd niederzulassen gedächten, nur die Hälfte. Die übrigen dürften nur acht Monate im Lande bleiben. Jedoch machte sich der König anheischig, für Schiffe zu billigen Fahrpreisen zu sorgen, welche sie nach einem anderen Lande befördern sollten. Diejenigen, welche über diese Frist hinaus in Portugal betroffen würden oder keinen Zahlungsschein vorzuzeigen vermöchten, sollten der Knechtschaft verfallen.

Mit Genehmigung dieser Bedingungen ging eine große Menge spanischer Juden — man schätzte sie auf 95000 Seelen — über die portugiesische Grenze. Der König wies den Einwanderern bestimmte Städte zum vorläufigen Aufenthalte an, wofür sie noch an die Bürger eine Steuer zu zahlen hatten. So gering auch an Zahl die Juden in dem kleinen Lande waren, so zeichneten sich mehrere von ihnen durch Wissenschaft aus, und der König João II., wie ungünstig er ihnen auch war, zog Nutzen von ihnen. Von mehreren jüdischen Ärzten ließ er sich behandeln. Mehr Nutzen zog das Land von jüdischen Kennern der Mathematik und Astronomie.

Die fieberhafte Unruhe, unbekannte Länder zu entdecken, und mit ihnen in Handelsverbindung zu treten, wovon das kleine Portugal befallen war, gab diesen Wissenschaften einen praktischen Wert, die bis dahin nur als eine Art Liebhaberei für Müßiggänger galten, und diese waren gerade Lieblingsfächer gebildeter Juden auf der pyrenäischen Halbinsel. Wenn Indien, das Land des Goldes und der Gewürze, auf welches die Portugiesen mit krampfhafter Sehnsucht gespannt waren, aufgefunden werden sollte, mußte die bisherige Küstenschiffahrt, welche langsam und gefahrvoll war, aufgegeben und der Weg auf der hohen See eingehalten werden. Aber dann liefen die Schiffe Gefahr, die Richtung zu verlieren und sich in der grenzenlosen Wasserwüste zu verirren. Die Entdeckungsschiffer sahen sich daher nach astronomischen Tafeln um, welche ihnen feste Punkte zeigen sollten, nach Sonnen- und Sternenhöhen zu schiffen. In diesem Fache waren aber gerade spanische Juden Meister gewesen. Ein Vorbeter von Toledo, Zag Ibn-Said hatte im dreizehnten Jahrhundert Sterntafeln, unter dem Namen alfonsinische Tafeln bekannt, angelegt, die auch von den Fachmännern in Deutschland, Frankreich, England und Italien angenommen und nur geringfügig geändert worden waren.

Als nun João II. von Portugal Schiffe zur Entdeckung Indiens auf dem Atlantischen Meere längs der westafrikanischen Küste aussenden wollte, ließ er eine Art astronomischen Kongreß zusammentreten, welcher brauchbare Sterntafeln ausarbeiten sollte. In diesem Kongreß saßen neben dem berühmten deutschen Astronomen Martin von Behaim, neben dem christlichen Leibarzte des Königs Rodrigo, auch zwei Juden, ein gewisser Mose und der königliche Leibarzt Joseph (Jose) Vecinho oder de Viseu. Der letztere legte dem immerwährenden astronomischen Kalender die Tafeln der sieben Planeten zugrunde, welche der als Chroniker bekannt gewordene Abraham Zacuto für einen Bischof von Salamanca früher ausgearbeitet und demselben gewidmet hatte. Joseph Vecinho hat auch das Instrument zur Messung der Sternhöhe, das so unentbehrlich für die Schiffahrt war (nautisches Astrolabium), in Verbindung mit christlichen Fachmännern verbessert. Dadurch war es erst Vasco de Gama möglich geworden, den Seeweg nach Indien um das Vorgebirge der guten Hoffnung zu finden. Auch die Länderkunde und die Gewandtheit zweier Juden, des Rabbi Abraham de Beja und Joseph Zapateiro de Lamego, benutzte der König João II., schickte sie nach Asien, um Mitteilungen an seine Auskundschafter, welche nach dem fabelhaften Lande des Priesters Johann gehen sollten, zu bringen und solche von ihnen zum empfangen. Obwohl also der König João II. kenntnisreiche und gewandte Juden zu seinem Zwecke verwendete, hatte er doch kein Herz für den jüdischen Stamm. In demselben Jahre, in dem er Joseph Zapateiro und Abraham de Beja nach Asien auf Erkundigungen aussandte, ernannte er auf Antrag des Papstes Innocenz VIII. eine Inquisitionskommission gegen die aus Spanien nach Portugal geflüchteten Marranen und ließ diejenigen, welche dem Judentume mehr oder weniger anhänglich waren, ebenso wie Fernand und Isabella in Spanien, zum Feuertode oder zum ewigen Kerker verurteilen. Als einige Marranen nach seinen Besitzungen in Afrika hinübergeschifft waren, und dort sich frei zum Judentume bekannt hatten, erließ er ein Verbot bei Todesstrafe und Vermögenseinziehung gegen die Auswanderung von getauften Juden oder Neuchristen zur See. An dem Hauche dieses harten, herzlosen Monarchen hing das Leben oder der Tod von Hunderttausenden der jüdisch-spanischen Verbannten.

Auch gegen diese Unglücklichen in Portugal verschworen sich nicht bloß die bösen Menschen, sondern auch die Natur. Gleich bei ihrer Ankunft in Portugal wütete eine bösartige Seuche und raffte Tausende von ihnen hin. Die portugiesische Bevölkerung, welche ebenfalls durch die Pest litt, glaubte, die Juden hätten sie eingeschleppt und murrten gegen den König, daß er die Verwünschten, an deren Fersen sich die Pest geheftet, ins Land gebracht hatte. Don João hielt daher strenger auf die Erfüllung der Bedingung als er sonst getan haben würde, daß die Übriggebliebenen Portugal binnen acht Monaten verlassen sollten. Anfangs stellte er ihnen laut Vertrag Schiffe zu billigem Fahrpreise zur Verfügung und befahl den Schiffskapitänen, sie mit Menschlichkeit zu behandeln und sie nach den Plätzen zu führen, welche sie selbst angeben würden. Aber die Schiffsherren, meistens von Judenhaß oder Gewinnsucht geleitet, kehrten sich, einmal auf der See, wenig an des Königs Befehl, da sie wegen ihrer begangenen Unmenschlichkeit keine Kläger zu fürchten hatten. Sie forderten mehr Geld als ursprünglich bedungen war und erpreßten es von den Hilflosen, oder sie führten sie solange auf der Wasserfläche umher, bis den Unglücklichen der Mundvorrat ausgegangen war. Dann verlangten sie für Lieferung von Lebensmitteln große Summen, so daß die Unglücklichen zuletzt ihre Kleider um Brot hingeben mußten, und fast nackt an irgend einem Hafenplatze ausgesetzt wurden. Frauen und Mädchen wurden in Gegenwart der Männer und Eltern geschändet; der christliche Namen wurde zur Schmach gemacht. Oft setzten die Unmenschen die Unglücklichen an einen öden Punkt aus und überließen sie dem Hunger, der Verzweiflung oder der Wut barbarischer Mauren, die den Rest zu Gefangenen machten.

Die Leiden der auf Schiffen aus Portugal Ausgewanderten erzählt ein Augenzeuge, der Kabbalist Juda Ben Jakob Chajjat. Das Schiff, auf dem sich er, seine Frau und noch zweihundertfünfzig jedes Alters und Geschlechts befanden, lief im Winter (anfangs 1493) vom Hafen von Lissabon aus und irrte vier Monate auf den Wellen umher, weil kein Hafen sie wegen der Pest aufnehmen wollte. Natürlich wurden die Lebensmittel auf dem Schiffe knapp. Das Schiff wurde noch dazu von biskayischen Seefahrern gekapert, geplündert und in den spanischen Hafen von Malaga geschleppt. Den Juden wurde weder gestattet, ans Land zu steigen, noch abzusegeln, noch wurden ihnen Lebensmittel geliefert. Die Geistlichen und Behörden der Stadt wollten sie durch Hungerqual für die Christuslehre geneigt machen. Es gelang ihnen auch wirklich, hundert Personen mit ausgemergelter Gestalt und hohlen Augen zu werben. Die übrigen aber blieben standhaft im Glauben und fünfzig von ihnen, Greise, Jünglinge, Jungfrauen, Kinder, erlagen dem nagenden Hunger, darunter auch Chajjats Frau. Erst dann regte sich einiges Mitleid im Herzen der Malagesen, und sie lieferten ihnen Brot nnd Wasser. Als die Überbleibsel nach zwei Monaten die Erlaubnis erhielten, nach der afrikanischen Küste abzusegeln, traf sie bitteres Leid in anderer Gestalt. Wegen der Pest wurden sie in keine Stadt gelassen und waren auf das Gras des Feldes angewiesen. Chajjat selbst wurde von einem boshaften Mohammedaner in einen grausigen Kerker voll Schlangen und Molchen geworfen, zum Übertritt zum Islam unter verlockenden Bedingungen aufgefordert und im Weigerungsfalle mit dem Tode durch Steinigung bedroht. Alle diese gehäuften Leiden machten ihn aber auch nicht einen Augenblick in seiner religiösen Überzeugung wankend. Endlich wurde er von den Juden eines kleinen Städtchens ausgelöst und nach Fez gebracht. Dort aber herrschte eine so große Hungersnot, daß Chajjat gezwungen war, für ein Stück Brot, das auch für Hunde zu schlecht gewesen wäre, täglich mit seinen Armen eine Mühle zu drehen.

So sehr auch die portugiesischen Schiffsleute die von ihnen an den Juden begangenen Unmenschlichkeiten zu verheimlichen suchten, so kamen sie doch ans Tageslicht und schreckten die noch Zurückgeblieben zurück, auf Schiffen auszuwandern. Die Armen vermochten auch nicht das Geld für Schiffslohn und Zehrung zu erschwingen. Sie verschoben daher die Abreise von Tag zu Tag und wiegten sich in der Hoffnung, der König werde Gnade für Recht ergehen lassen und sie in Portugal dulden. Allein Don Joãos Herz war nicht vom Strahl der Gnade und des Mitleids erwärmt. Er behauptete, daß eine größere Zahl,

8*

als bedungen war, in Portugal eingewandert wäre, und bestand darauf, daß der Vertrag pünktlich erfüllt werde. Diejenigen, welche nach Ablauf der acht Monate zurückgeblieben waren, wurden richtig zu Sklaven gemacht und an Edelleute verschenkt oder verkauft, welche sich diesen oder jenen Juden ausgewählt hatten (1493).

Der König João II. ging aber noch weiter in der Grausamkeit gegen die unglücklichen spanischen Juden. Den der Sklaverei verfallenen Eltern ließ er die Kinder von 3 bis 10 Jahren entreißen und auf die Seite schaffen, um sie nach den neuentdeckten San-Thomas- oder Schlangen- oder Verlorenen Inseln zu bringen und dort im Christentum erziehen zu lassen. Das Wehegeschrei der trostlosen Mütter, das Gewinsel der Kinder, die Wut der Väter, die sich vor Schmerz das Haar ausrauften, nichts vermochte den Herzlosen zu bewegen, sein Edikt zu widerrufen. Die Mütter flehten, ihre Kinder begleiten zu dürfen. Eine Mutter, der die Schergen sieben Kinder geraubt hatten, warf sich dem Könige zu Füßen bei seinem Austritt aus der Kirche und flehte, ihr wenigstens das jüngste zu lassen. Don João ließ sie fortdrängen und wehklagen „wie eine Hündin, der man die Jungen entzieht". Was Wunder, wenn manche Mutter sich mit ihren Kindern ins Meer stürzte, um in den Wellen bei ihren Lieblingen zu bleiben. Die Inseln San Thomas, wohin die Kleinen geschleppt wurden, waren von Eidechsen, giftigen Schlangen und Verbrechern bewohnt, welche zur Strafe aus Portugal dahin transportiert worden waren. Die meisten jüdischen Kinder kamen auf der Reise dahin um oder wurden ein Fraß der wilden Bestien. Von den Überlebenden heirateten später Brüder und Schwestern in Unwissenheit einander. Vielleicht war des Königs verdüstertes, erbittertes Gemüt seit dem Tode seines einzigen legitimen Sohnes schuld an seiner Unmenschlichkeit gegen die Juden.

Nachdem João II. freudlos ins Grab sank (Ende Oktober 1495) schien unter seinem Nachfolger, seinem Vetter Manoel, der ein Gegenstück zu ihm bildete, freundlich, mild und ein Liebhaber der Wissenschaften war, den Juden Portugals und dem Rest der spanischen Verbannten ein freundlicher Stern zu leuchten. Dieser König, welcher die Verurteilung der spanischen Juden zur Sklaverei nicht gebilligt haben mochte, und belehrt, daß sie nur gezwungenerweise und aus Angst vor tausendfachem Tode über die Frist zurückgeblieben waren, schenkte allen, welche in Sklaverei waren, die Freiheit. Das Gold, welches die Freudetrunkenen ihm dafür anboten, wies er zurück. Freilich hatte er dabei den Hintergedanken, wie berichtet wird, die Juden durch Milde für den Übertritt zum Christentum zu gewinnen. Den jüdischen Mathematiker und

Astronomen Abraham Zacuto, welcher aus Nordspanien (wo er seine Lieblingswissenschaften selbst Christen gelehrt hatte) nach Lissabon ausgewandert und zurückgeblieben war, stellte Manoel als seinen Hofastrologen an. Indessen diente ihm dieser nicht bloß mit der Deutung der Konstellation. Zacuto hatte, obwohl ein nüchterner, beschränkter, im Aberglauben seiner Zeit befangener Mann, gediegene Kenntnisse in der Astronomie, verfaßte ein Werk darüber (außer seinen astronomischen Tafeln) und gab für die Schiffahrt die Anfertigung eines genauen Instrumentes zur Messung der Sternhöhen aus Metall anstatt des bis dahin aus unzuverlässigem Holze gebrauchten. Unter dem Könige Don Manoel, unter dem Portugal durch Länderstrecken in Indien und Amerika erweitert wurde, konnten die Juden ein wenig aufatmen. Er gestattete den fanatischen Predigermönchen nicht gegen sie zu züngeln.

Kurz, sehr kurz war indes der Glücksschimmer der Juden unter Manoel; die finstere Kirchlichkeit des spanischen Hofes verwandelte ihn in schauerliches Düster. Sobald der junge König von Portugal den Thron bestiegen hatte, war das spanische Königspaar darauf bedacht, eine Heiratsverbindung mit ihm einzugehen, um an dem feindlichen Nachbar einen Freund und Bundesgenossen zu haben. Es ließ ihm die jüngere Tochter Johanna, die wegen ihrer Eifersucht und ihres wahnsinnigen Benehmens berühmt gewordene Fürstin, Karls IV. Mutter, antragen. Manoel ging gerne auf diese Verbindung ein, hatte aber ein Auge auf die ältere Schwester Isabella II., welche früher mit dem Infanten von Portugal verheiratet und bald darauf Witwe geworden war. Isabella hatte zwar eine entschiedene Abneigung gegen eine zweite Ehe, aber ihr Beichtvater gab ihr zu verstehen, wie sie dadurch die Verherrlichung des christlichen Glaubens fördern würde. Der spanische Hof hatte es nämlich mit Verdruß gesehen, daß der portugiesische König die jüdischen und mohammedanischen Flüchtlinge aufgenommen hatte. Die eheliche Verbindung sollte ihn bewegen, die Hand von ihnen abzuziehen. Das Königspaar sagte ihm daher die Hand ihrer ältesten Tochter unter der Bedingung zu, daß er sich mit Spanien gegen den König von Frankreich, Karl VII., verbinden und daß er die Juden aus Portugal verjagen sollte, sowohl die eingeborenen, wie die aus Spanien eingewanderten. Beide Bedingungen waren dem König Manoel sehr unangenehm, denn mit Frankreich stand er in guten Beziehungen, und von den Juden zog er bedeutenden Nutzen durch ihr Geld, ihre Rührigkeit, ihre Gewandtheit und ihre Kenntnisse. Er ging daher mit seinen vertrauten Granden über diese für den Staat wichtige Judenfrage zu Rate. Die Meinungen waren aber darüber geteilt.

Manoel selbst blieb noch einige Zeit schwankend, weil seine edle Natur sich gegen diese Härte und Wortbrüchigkeit sträubte. Den Ausschlag gab erst die Infantin Isabella. Sie hegte einen fanatischen, fast persönlichen Haß gegen die Juden, war im Wahne — oder ließ es sich von den Geistlichen einreden — daß das Unglück, welches über den König João II. in seinen letzten Tagen hereingebrochen war, durch die Aufnahme der Juden herbeigeführt worden sei, und sie, an der Brust des Aberglaubens genährt, fürchtete auch für ihre Ehe mit Manoel ein Unglück, wenn die Juden ferner in Portugal geduldet blieben. Welch eine bodenlose Lieblosigkeit in dem Herzen einer jungen Frau! Für den König Manoel trat dadurch ein unversöhnlicher Widerstreit der Gefühle und Gedanken ein. Die Ehre, das Staatsinteresse und die Menschlichkeit geboten, die Juden nicht hilflos zu verstoßen, aber die Hand der spanischen Infantin und die Hoffnung auf den Besitz der spanischen Krone waren nur durch das Elend der Juden zu gewinnen. Liebe oder Berechnung neigte das Zünglein in der Wage zugunsten des Hasses. Als der König seine Braut an der Grenze erwartete, erhielt er ein Schreiben von ihr, daß sie nicht eher Portugal betreten werde, bis das Land von den „fluchbeladenen" Juden gesäubert sein würde.

Der Heiratsvertrag zwischen Don Manoel und der spanischen Infantin Isabella II. wurde daher mit dem Elende der Juden besiegelt. Am 30. November 1496 war er unterzeichnet, und schon am 24. des folgenden Monats erließ der König einen Befehl, daß sämtliche Juden und Mauren seines Königreiches die Taufe empfangen oder das Land innerhalb einer Zeitfrist bei Todesstrafe verlassen sollten. Um sein Gewissen zu beschwichtigen, verfuhr der König anfangs milde gegen diejenigen, welche sein Edikt in grenzenloses Elend treiben sollte. Er dehnte die Frist zur Auswanderung lange genug aus, bis zum Oktober des nächstfolgenden Jahres, sodaß ihnen Zeit bliebe, Vorkehrungen zu treffen; er bestimmte ferner drei Hafenplätze für ihren freien Auszug (Lissabon, Oporto und Setubal). Daß er die Juden durch Verheißungen von Ehren und Vorteilen zum Christentum zu locken suchte, lag so sehr in der verkehrten Ansicht der Zeit, daß er nicht dafür verantwortlich gemacht werden kann. Dennoch ließen sich anfangs nur wenige zur Taufe verlocken.

Aber gerade das milde Verfahren Manoels schlug zum größeren Verderben der Juden aus. Da sie lange Zeit hatten, sich zur Auswanderung vorzubereiten, und es ihnen unverwehrt war, Gold und Silber mitzunehmen, so glaubten sie sich nicht beeilen zu müssen und ihre Abreise aufschieben zu dürfen. Vielleicht änderte sich gar der Sinn des Königs. Sie hatten Freunde bei Hofe, welche zu ihren Gunsten wirkten. Ohnehin waren die Wintermonate nicht geeignet, sich dem Meere anzuvertrauen. Die meisten von ihnen warteten also das Frühjahr ab. Inzwischen änderte sich allerdings der Sinn des Königs Manoel, aber nur zu ihrem grausigen Elende. Es verdroß ihn nämlich, daß so wenige Juden sich zur Annahme des Christentums entschlossen hatten. Er sah sie nicht gerne mit ihren Reichtümern und ihrer Brauchbarkeit abziehen und sann daher darauf, sie im Lande, freilich als Christen, behalten zu können. Nur der erste Schritt kostete ihm Überwindung, der zweite wurde ihm schon leicht.

Im Staatsrate regte er die Frage an, ob die Juden mit Gewalt zur Taufe gebracht werden dürften. Zu Ehren der portugiesischen Geistlichkeit muß es gesagt werden, daß dieselbe sich entschieden und freimütig dagegen ausgesprochen hat. Der Bischof Fernando Coutinho von Algarvien führte kirchliche Autoritäten und päpstliche Bullen an, daß die Juden nicht zur Annahme des Christentums gezwungen werden dürften, weil dieses ein freies und nicht ein gezwungenes Bekenntnis erheische. Manoel war aber so sehr darauf versessen, die fleißigen Juden zu behalten, daß er endlich erklärte, er kümmere sich nicht um die bestehenden Gesetze und Autoritäten und werde nach seiner Eingebung handeln.

Auf den Rat eines boshaften jüdischen Täuflings Levi-Ben-Schem-Tob, wahrscheinlich als Christ Antonio genannt, welcher eine giftige Schrift gegen das Judentum verfaßt hatte, ließ der König sämtliche Synagogen und Lehrhäuser schließen und verbot den Juden, sich zum gemeinsamen Gebet an Sabbaten zu versammeln. Als dieses Mittel aber nicht verschlug, da eifrige Juden ihre Wohnungen als Betplätze einräumten, obgleich sie grausame Strafen dafür erduldeten, erließ Manoel abermals auf Rat des Täuflings (anfangs April 1497) einen geheimen Befehl, daß sämtliche jüdische Kinder, Knaben wie Mädchen, bis zum vierzehnten Jahre im ganzen Lande am Ostersonntag den Eltern mit Gewalt entrissen und zum Taufbecken geschleppt werden sollten. Trotz der Heimlichkeit, mit der die Vorbereitungen dazu betrieben wurden, erfuhren es doch einige Juden und trafen Anstalten, sich und ihre Kinder durch rasche Auswanderung vor der „Befleckung durch die Taufe" zu retten. Als Manoel Wind davon erhielt, erteilte er den Befehl, die gewaltsame Taufe der Kinder sofort auszuführen. Herzzerreißende Szenen kamen bei dieser Gelegenheit in den Städten, wo Juden wohnten, vor, als die Schergen die Kinder in die Kirchen schleppen wollten. Die Eltern umklammerten ihre

Lieben, und diese hielten krampfhaft an jenen fest, sie wurden aber mit Peitschenhieben und Schlägen von einander gerissen! In der Verzweiflung, von ihren Kindern auf ewig getrennt zu werden, erdrückten manche Eltern ihre Kinder in der Umarmung oder warfen sie in Brunnen und Flüsse und legten dann Hand an ihr eigenes Leben. „Ich habe es gesehen", erzählt der Bischof Coutinho, „wie viele an den Haaren zum Taufbecken geschleift wurden, und wie die Väter mit verhülltem Haupte und mit Schmerzensgeschrei ihre Kinder begleiteten und am Altar gegen diese unmenschliche Gewalttaufe protestierten. Ich habe noch anderes unaussprechlich Grausiges gesehen, das ihnen zugefügt wurde". In der Erinnerung der Zeitgenossen blieb die gräßliche Art, mit der ein edler und gebildeter Jude Isaak Ibn-Zachin seine Kinder und sich umbrachte, um sie nicht dem Christentum verfallen zu sehen. Christen selbst wurden von dem Jammergeschrei und den Tränen der jüdischen Väter, Mütter und Kinder zu Mitleid und Erbarmen bewegt, und trotz des Verbotes, den Juden Beistand zu leisten, verbargen sie manche Unglückliche in ihren Häusern, um sie wenigstens für den Augenblick zu retten. Aber das Herz des Königs Manoel und seiner jungen Gattin, der Spanierin Isabella II., blieb ungerührt von diesen Jammerszenen. Die getauften Kinder, denen christliche Namen beigelegt wurden, ließ der König in verschiedene Städte verteilen und christlich erziehen. Entweder infolge eines heimlichen Befehles oder aus Übereifer schleppten die Schergen nicht bloß Kinder, sondern auch Jünglinge und Mädchen bis zum Alter von zwanzig Jahren zur Taufe.

Viele Juden Portugals mögen wohl bei dieser Gelegenheit zum Christentum übergegangen sein, um mit ihren Kindern beisammen bleiben zu können. Aber das genügte dem Könige nicht, der sich nicht aus Glaubenseifer, sondern aus politischen Rücksichten bis zur Herzlosigkeit verhärtet hatte; sämtliche Juden Portugals sollten mit oder ohne Überzeugung — darauf kam es ihm nicht an — Christen werden und im Lande bleiben. Zu diesem Zwecke brach er noch mehr als sein Vorgänger sein gegebenes Versprechen. Als die Frist zur Auswanderung immer näher rückte, befahl er, daß die Juden sich nur in dem einzigen Hafenplatze Lissabon einschiffen dürften, während er ihnen drei Plätze zugewiesen hatte. So mußten denn alle diejenigen, welche auswandern wollten, in Lissabon zusammenströmen — man sagt — 20000 Seelen, mit brennendem Schmerz im Herzen, aber bereit, alle Qualen zu erdulden, um nur ihrer Überzeugung treu zu bleiben. Was tat der Unmensch? Er wies ihnen allerdings in der Hauptstadt Wohnungen an, legte aber ihrer Einschiffung so viele Hindernisse in den Weg, daß die Zeit verstrich, und der Oktober herankam, an dem sie, wenn noch auf portugiesischem Boden betroffen, das Leben oder wenigstens die Freiheit verwirken sollten. Als sie solcher Gestalt seinen Händen preisgegeben waren, ließ er diejenigen, welche noch zurückgeblieben waren, in einen Raum, wie das Vieh in Ställe einsperren und eröffnete ihnen, daß sie nun seine Sklaven seien, und er also nach Belieben mit ihnen verfahren dürfe. Wenn sie sich freiwillig zum Christentum bekennten, dann sollten sie Ehre und Reichtümer erhalten, wo nicht, so würden sie ohne Mitleid mit Gewalt zur Taufe gezwungen werden. Als viele von ihnen dennoch standhaft blieben, verbot er, ihnen drei Tage und drei Nächte Nahrung und Wasser zu reichen, um sie durch Hunger und Durst mürbe zu machen. Auch dieses Mittel verschlug bei den meisten nicht; sie verschmachteten lieber, als daß sie sich zu einer Religion verstehen sollten, welche solche Bekenner hatte. Darauf ließ Manoel mit Gewalt gegen die Widerstrebenden vorgehen. An Stricken, an Haaren und Bärten wurden sie aus der Pferche zu den Kirchen geschleppt. Um dem zu entgehen, stürzten sich einige aus den Fenstern und zerschmetterten ihre Glieder, andere rissen sich los und stürzten sich in Brunnen. In der Kirche selbst töteten sich einige. Ein Vater breitete seinen Gebetmantel über seine Söhne, und brachte sie und zuletzt sich selbst um. Manoels grausiges Verfahren tritt noch greller hervor, wenn man damit vergleicht, wie er gegen die Mauren vorgehen ließ. Auch sie mußten Portugal verlassen, aber ihrer Auswanderung wurde kein Hindernis in den Weg gelegt, aus Rücksicht, damit es nicht die mohammedanischen Fürsten in Afrika und der Türkei an den unter ihnen wohnenden Christen vergelten sollen. Weil die Juden keinen Annehmer auf Erden hatten, weil sie hülflos waren, darum erlaubte sich Manoel, welchen Geschichtsschreiber den Großen nennen, solche unmenschliche Gewalttätigkeiten gegen sie.

Auf diese Weise sind viele eingeborene portugiesische und eingewanderte spanische Juden zum Christentume geführt worden, das sie, wie die christlichen Zeitgenossen es selbst mit Beschämung erzählen, offen verachtet haben. Es befanden sich einige darunter, welche später angesehene rabbinische Autoritäten wurden, wie Levi Ben Chabib, später Rabbiner in Jerusalem. Diejenigen, welche mit ihrem Leben und ihrem Glauben glücklich entkommen waren, betrachteten es als eine besonders gnadenreiche, wunderbare Fügung Gottes. Isaak Ben-Joseph Caro, der aus Toledo nach Portugal übergesiedelt war, hatte dort seine erwachsenen wie unmündigen Söhne („die schön wie Königssöhne waren") sämtlich verloren und dankte seinem Schöpfer für die Gnade, daß er trotz der Gefahren auf dem Meere nach der Türkei gelangen konnte. Auch Abraham Zacuto schwebte mit seinem Sohn Samuel in Todesgefahr, obgleich oder weil er Günstling, Astrolog und Chronikschreiber des Königs Manoel war. Beide waren aber glücklich, die herbe Prüfung zu bestehen, entkamen aus Portugal, gerieten zweimal in Gefangenschaft und siedelten sich dann in Tunis an.

Die Aufregung welche die gewaltsame Bekehrung der Juden in Portugal hervorgerufen hatte, hörte nicht so bald auf. Diejenigen, welche aus Liebe zu ihren Kindern oder aus Todesfurcht, sich die Taufe gefallen gelassen hatten, gaben die Hoffnung nicht auf, durch Schritte am päpstlichen Hofe ihre gewaltsame Bekehrung rückgängig machen zu können, zumal es jedermann in Europa bekannt war, daß der Papst Alexander VI. und sein ihm ähnliches Kardinalkollegium für Geld zu allem zu bewegen waren. Ein Witzwort machte damals durch alle christlichen Länder die Runde:

„Es verkaufte Alexander Himmelsschlüssel, Altar, Christus.
Hat ers doch selbst gekauft, kanns darum auch verfeilschen.“

Rom war ein Schandplatz, eine Astartenherberge, eine Giftbude geworden, wo aber auch Unschuldige für Geld ihr Recht erkaufen konnten. Die portugiesischen Neuchristen schickten daher eine Gesandtschaft von sieben Leidensgenossen an den Papst Alexander. Sie vergaßen natürlich den Beutel mit Geld nicht. Der Papst und das sogenannte heilige Kollegium zeigten sich ihnen günstig, namentlich nahm sie der Kardinal von Sancta Anastasia in seinen Schutz. Der spanische Gesandte Garcilaso arbeitete aber im Auftrage des spanischen Königspaares ihnen entgegen. Die Angelegenheiten der portugiesischen Juden müssen indessen doch eine günstige Wendung genommen haben, denn der König Manoel entschloß sich zu Zugeständnissen. Er erließ (30. Mai 1497) ein Dekret der Milde. In demselben erteilte er allen gewaltsam getauften Juden Amnestie und bestimmte eine Frist von zwanzig Jahren, innerhalb welcher sie nicht vor das Inquisitionstribunal wegen Judaisierens gezogen werden sollten, weil sie sich erst ihrer alten Gewohnheiten entledigen und in den katholischen Glauben einleben müßten, wozu eine geraume Zeit erforderlich sei. Ferner bestimmte das Dekret, daß nach Ablauf dieser Frist gegen die des Judaisierens Angeklagten ein regelmäßiges Zeugenverhör angewendet, und wenn sie dessen überführt würden, ihre Güter nicht wie in Spanien konfisziert werden, sondern den Erben verbleiben sollten. Endlich verordnete das Dekret, daß diejenigen getauften Ärzte und Chirurgen, welche nicht Lateinisch verständen, sich hebräischer Lehrbücher bedienen dürften. Es war damit den Zwangschristen bewilligt und gestattet, im Geheimen ohne Furcht vor Strafen als Juden leben zu dürfen und auch ihr Schrifttum zu behalten. Denn wer konnte damals in Portugal ein hebräisches Buch von einem anderen unterscheiden? Die Talmudbeflissenen konnten daher unter der Maske des Katholizismus nach wie vor ihrem liebgewonnenen Studium obliegen, und sie taten es auch.

Indessen sollte diese Milde nur den portugiesischen Marranen zugute kommen, aber nicht denen, welche von auswärts eingewandert waren. Diese Klausel hat Manoel aus Rücksicht auf den spanischen Hof oder vielmehr auf seine Frau, die spanische Infantin Isabella, aufgenommen. Denn diese bestand darauf, daß die aus Spanien nach Portugal geflüchteten Marranen dem Moloch der Inquisition ausgeliefert werden sollten. In dem Ehevertag zwischen dem König von Portugal und dieser fanatischen Isabella wurde ausdrücklich bedungen (August 1497), daß sämtliche Personen von hebräischem Geschlechte, welche, von der Inquisition verurteilt, Schutz in Portugal suchen sollten, innerhalb eines Monats ausgewiesen werden müßten,

So waren den so viel Tausend portugiesische Juden zum Scheine Christen geworden, aber mit dem festen Entschlusse, jede Gelegenheit wahrzunehmen, um auszuwandern und in einem freien Lande ihre ihnen durch Qualen nur um so teurer gewordene Religion zu bekennen. Ihre Seele war, wie der Dichter Samuel Usque sie schildert, von der empfangenen Taufe nicht befleckt worden. Indessen waren auch noch einige Juden zurückgeblieben, welche die Zwangstaufe mit aller Macht von sich abgewehrt hatten, unter ihnen Simon Maimi, wahrscheinlich der letzte Großrabbiner (Arrabi mor) von Portugal, ein skrupulös frommer Mann, ferner seine Frau, seine Schwiegersöhne und noch einige andere. Sie waren in strenger Haft, weil sie das Judentum nicht abschwören und auch äußerlich nicht die Kirchenriten mitmachen mochten. Um sie zu bekehren, wurden Simon Maimi und seine Leidensgenossen, bestallte Rabbiner, auf die unmenschlichste Weise gefoltert. Im Kerker wurden sie bis an den Hals eingemauert und drei Tage in dieser qualvollen Lage gelassen. Als sie dennoch standhaft blieben, o wurden die Mauern niedergerissen; drei waren den Qualen erlegen, auch Simon Maimi, auf dessen Bekehrung es am meisten abgesehen war, weil sein Beispiel die übrigen nachgezogen hätte. Zwei Marranen wagten ihr Leben, um die Leiche des frommen Dulders auf dem jüdischen Begräbnisplatz zu bestatten, obwohl es streng verboten war, die jüdischen Schlachtopfer durch andere Personen als durch Henker zu beerdigen. Heimlich begleiteten noch einige Marranen den stillbeweinten Heiligen zur letzten Ruhe und hielten ihm dort die Trauerfeierlichkeit.

Wahrscheinlich nach dem Tode seiner Gattin, der Urheberin seiner Unmenschlichkeit gegen die Juden (Isabella starb an der Geburt des Thronerben von Portugal und Spanien am 24. August 1498 und der Infant zwei Jahre später) gestattete Manoel, daß die wenigen standhaft gebliebenen Juden auswandern dürften. Unter diesen befand sich Abraham Saba, Prediger und kabbalistischer Schriftsteller, dessen zwei Kinder gewaltsam getauft und zurückgehalten wurden, ferner Schemtob Lerma und Jakob Lual. Aber die Genossen des Simon Maïmi und seine Schwiegersöhne blieben noch lange im Kerker, wurden später nach Arzilla (in Afrika) geschickt, dort gezwungen am Sabbat Schanzarbeiten zu verrichten und starben zuletzt den Märtyrertod. So handelten die Bekenner der Religion der Liebe.

Achtzig Jahre später führte Manoels Urenkel, der abenteuerliche König Sebastian, die Blüte des portugiesischen Volkes nach Afrika zu neuen Eroberungen hinüber. In einer einzigen Schlacht wurde die Kraft Portugals gebrochen, die Adligen getötet oder zu Gefangenen gemacht. Die Gefangenen wurden nach Fez gebracht und dort den Enkeln der so unsäglich mißhandelten portugiesischen Juden auf dem Sklavenmarkt zum Kauf angeboten. Die gebeugten portugiesischen Adligen und Ritter waren schon getröstet, wenn sie von Juden als Sklaven angeworben wurden, weil sie deren mildes, menschliches Gefühl kannten. So handelten die Bekenner des Gottes der Rache.

Sechstes Kapitel.

Neue Wanderung der Juden und Marranen.

(1497—1520.)

Die ebenso unkluge, wie unmenschliche Ausweisung der Juden aus der pyrenäischen Halbinsel bildet nach manchen Seiten hin einen Wendepunkt in der Gesamtgeschichte des jüdischen Stammes. Sie war nicht bloß für die Verbannten, sondern auch für die Gesamtjudenheit von weittragenden, allerdings meistens trüben Folgen begleitet. Ihr Glanz war damit erloschen, ihr Stolz gedemütigt. Der Schmerz über dieses traurige Erlebnis durchdrang die Juden aller Länder, so weit sie Kunde davon hatten. Es war allen zu Mute, als wenn die Söhne Zions zum dritten Male in die Verbannung und in das Elend geschickt worden wären. Mag es Einbildung oder Überhebung gewesen sein, daß die spanischen (sefardischen [1]) Juden dem edelsten Stamme entsprossen

[1]) Konventionell wurde in dieser Zeit das Wort Sepharad in der Bibel auf die ganze pyrenäische Halbinsel angewendet, so daß Sephardim oder Sefardim sämliche Juden Spaniens, Kastilianer, Aragonesen, Leonesen, Navarresen und auch Portugiesen umfaßt.

seien, und daß sich unter ihnen Nachkommen des Königs David in gerader Linie befunden hätten; in den Augen sämtlicher Juden galten sie tatsächlich als die edelsten, als eine Art jüdischen Adels. Und nun hatten gerade sie die härtesten Leiden getroffen. Die Verbannung, die Gewalttaufen, der Tod in jeder scheußlichen Gestalt, durch Verzweiflung, Hunger, Pest, Feuer, Schiffbruch, alle Plagen vereint hatten ihre Zahl von Hunderttausenden auf kaum den zehnten Teil heruntergebracht, und die Übriggebliebenen wandelten größtenteils wie Gespenster umher, wurden von einem Lande zum andern gehetzt und mußten, sie, die Fürsten unter den Juden, als Bettler an die Türen ihrer Brüder pochen. Die mindestens 30 Millionen Dukaten, welche die spanischen Juden allein bei der Vertreibung in Besitz hatten, waren unter der Hand zerronnen, und so standen sie völlig entblößt da in einer feindlichen Welt, welche an den Juden nur noch das Geld schätzte. Auch viele deutsche Juden wurden zur selben Zeit aus einigen Städten des Westens und Ostens ausgewiesen, aber ihr Elend glich nicht dem der sefardischen Juden. Sie kannten weder die Süßigkeit eines Vaterlandes, noch die Bequemlichkeit des Lebens, sie waren mehr abgehärtet, wenigstens an Schmach und freche Behandlung gewöhnt.

Ein halbes Jahrhundert nach der Verbannung der Juden aus Spanien und Portugal begegnet man überall Flüchtlingen, hier einer Gruppe, dort eine Familie oder auch vereinzelten Züglern. Es ist eine Art Völkerwanderung im kleinen, die ostwärts ging, meistens nach der Türkei, als sollten sich die Juden wieder ihrer Urheimat nähern. Aber auch ihre Wanderungen, bis sie wieder sichere Wohnplätze erreichen und einigermaßen zur Ruhe gelangen konnten, sind herzbeklemmend durch die Unfälle aller Art, die Erniedrigungen, die Schmach, die sie betroffen haben, schlimmer als der Tod.

Die edle Familie Abrabanel blieb von herben Schlägen und unstäten Wanderungen nicht verschont. Der Vater Isaak Abrabanel, der in Neapel am Hofe des gebildeten Königs Ferdinand I. und seines Sohnes Alfonso eine angenehme hohe Stellung gefunden hatte, mußte bei Annäherung der Franzosen die Stadt verlassen und mit seinem königlichen Gönner eine Zuflucht in Sizilien, dann auf der Insel Korfu Sicherheit suchen und ließ sich in Monopoli (Apulien) nieder. Die Reichtümer, die er im Dienste des portugiesischen und spanischen Hofes erworben hatte, waren zerronnen, Frau und Kinder von ihm getrennt und zerstreut, und er lebte in düsterer Stimmung, daraus ihn nur die Beschäftigung mit der heiligen Schrift zu reißen vermochte. — Sein ältester Sohn Jehuda Leon Medigo Abrabanel hielt sich in Genua auf, wo er sich, trotz des unstäten Lebens und des nagenden Schmerzes um sein ihm entrissenes und im Christentum in Portugal erzogenes Söhnchen, mit Idealen beschäftigte. Er war viel gebildeter, gedankenreicher und überhaupt bedeutender als sein Vater und hätte mehr Beachtung als dieser verdient. Leon Abrabanel trieb die Arzneikunde nur als Brotstudium (wovon er den Namen Medigo erhielt), dagegen Astronomie, Mathematik und Philosophie als Lieblingsfächer. Er wurde Leibarzt des spanischen Großkapitäns, Gonsalvo de Cordova, des Eroberers und Vizekönigs von Neapel. Der heldenmütige, liebenswürdige und verschwenderische de Cordova teilte nämlich nicht den Haß seines Gebieters gegen die Juden. Als König Fernand nach Eroberung des Königreichs Neapel (1504) befohlen hatte, die Juden von hier ebenso wie aus Spanien zu verweisen, hintertrieb es der Großkapitän mit der Bemerkung, daß sich im ganzen nur wenig Juden im Neapolitanischen befänden. Die Ausweisung dieser Wenigen würde dem Lande nur zum Nachteil gereichen, weil sie nach Venedig übersiedeln und ihren Gewerbfleiß und ihre Reichtümer dorthin tragen würden. Infolgedessen durften die Juden noch einige Zeit im Neapolitanischen bleiben. Aber gegen die eingewanderten Marranen aus Spanien und Portugal ließ Fernand die grausige Inquisition in Benevent einführen.

Der zweite von Isaak Abrabanels Söhnen, Isaak II., lebte als Arzt zuerst in Reggio (Calabrien) und später in Venedig und ließ seinen Vater auch dahin kommen. Der jüngste Sohn, Samuel, später ein hochherziger Beschützer seiner Glaubensgenossen, hatte es noch am besten; er weilte nach der Auswanderung im Schatten des stillen Lehrhauses in Salonichi, wohin ihn der Vater zur Ausbildung im jüdischen Wissen gesandt hatte. Dieser betrat noch einmal die politische Laufbahn. In Venedig hatte er Gelegenheit, einen Konkurrenzstreit zwischen dem portugiesischen Hofe und der venezianischen Republik zu schlichten, welcher infolge der von den Portugiesen angelegten ostindischen Kolonien und besonders wegen des Gewürzhandels ausgebrochen war. Einige einflußreiche Senatoren erkannten bei dieser Gelegenheit Isaak Abrabanels richtigen politischen und finanziellen Blick und zogen ihn seitdem bei wichtigen Staatsfragen zu Rate. Aber seine Kraft war durch die vielen Leiden und Wanderungen gebrochen. Noch vor dem siebzigsten Lebensjahre hatte ihn die Hinfälligkeit des Greisenalters beschlichen. Die gehetzten Opfer des spanischen Fanatismus hätten einen Leib von Erz und Kraft von Stein haben müssen, um dem Andrang von Leiden nicht zu erliegen. Wer vermag den umherirrenden

Verbannten mit wunden Füßen und noch mehr wundem Herzen zu folgen, bis sie irgendwo Rast oder die Ruhe des Grabes gefunden haben! Aber gerade diese Riesenhaftigkeit des Elends, das sie erduldet, hob das Bewußtsein des sefardischen Juden zu einer Höhe, welche an Hochmut streifte. Wen Gottes Hand so wuchtig schwer, so nachhaltig getroffen, wer so unsäglich viel gelitten, der müsse ein besonders Auserwählter sein, dieser Gedanke oder dieses Gefühl lebte in der Brust aller Übriggebliebenen mehr oder minder klar. Sie betrachteten ihre Vertreibung aus der pyrenäischen Halbinsel als ein drittes Exil und sich selbst als besondere Lieblinge Gottes, die er gerade wegen seiner größern Liebe zu ihnen nur um so härter gezüchtigt habe. Wider Erwarten stellte sich bei ihnen eine gehobene Stimmung ein, welche die erduldeten Leiden zwar nicht vergessen machte, aber sie verklärte. Sobald sie sich nur von der Wucht ihres tausendfachen Elends ein wenig frei fühlten und aufzuatmen vermochten, schnellten sie wieder empor und trugen wie Fürsten ihre Häupter hoch. Alles hatten sie verloren, nur ihr spanisch-vornehmes Wesen und ihren Stolz nicht. Sie hatten auch einigermaßen die Berechtigung dazu. So sehr sie auch seit der Überhandnahme der wissensfeindlichen, streng frommen Richtung im Judentum und seit der erfahrenen Ausschließung aus den Gesellschaftskreisen in den höheren Wissenschaften zurückgekommen waren und ihre Jahrhunderte lang behauptete Meisterschaft eingebüßt hatten, so waren sie doch den Juden aller übrigen Länder an Bildung, Haltung und auch an innerem Gehalt bei weitem überlegen, die sich in ihrer äußeren Erscheinung und ihrer Sprache zeigte. Ihre Liebe zu ihrer Heimat war so groß, daß sie keinen Raum in ihren Herzen für den Haß ließ, den sie gegen die Rabenmutter, die sie ins Elend gestoßen, hätten empfinden müssen. Wo sie hinkamen, gründeten sie daher spanische oder portugiesische Kolonien. Sie brachten die spanische Sprache, die spanische Würde und Vornehmheit nach Afrika, der europäischen Türkei, nach Syrien und Palästina, nach Italien und Flandern und überall hin mit; wohin sie verschlagen wurden, hegten und pflegten sie wie das spanische Wesen, so die reine Sprache aus ihrer Heimat mit so viel Liebe, daß sie sich unter ihren Nachkommen bis auf den heutigen Tag fast unverdorben erhalten hat.

Dadurch konnten sie im Verkehr mit Christen ebenbürtig und männlich ohne Scheu und Kriecherei auftreten. Sie bildeten in diesem Punkte einen Gegensatz zu den deutschen Juden, welche gerade das, was den Menschen zum Menschen macht, eine reine und schöne Sprache, mißachteten und dagegen verwahrlostes und kauderwelches Sprechen so wie Zurückgezogenheit von der christlichen Welt als

Religiosität betrachteten. Die sefardischen Juden legten überhaupt Gewicht auf Formen, auf Geschmack in ihrer Tracht, auf Anstand in den Synagogen, und eben so auf die Mittel zum Gedankenaustausch. Die Rabbinen spanischer oder portugiesischer Zunge predigten in ihrer Landessprache und legten auf Wohllaut großen Wert. Diese Überlegenheit der Juden sefardischer Abstammung und Bildung wurde auch von den übrigen Juden anerkannt und bewundert. Daher durften jene sich herausnehmen überall die Herren zu spielen und oft trotz ihrer Minderheit die Gemeinden andrer Zunge zu meistern. In dem Jahrhundert nach ihrer Verbannung sind sie fast ausschließlich die Träger der geschichtlichen Begebenheiten; die Namen ihrer Stimmführer, erklingen überall, sie liefern Rabbiner Schriftsteller, Denker und Phantasten. In allen Ländern mit Ausnahme Deutschlands und Polens, wohin sie niemals oder nur vereinzelt gedrungen waren, wurden die sefardischen Juden die Tonangeber.

Der nordafrikanische Küstenstrich und das bewohnbare Binnenland waren mit Juden dieser Abkunft gefüllt, wo sie sich in dem Jahrhundert der großen Verfolgung von 1391 bis zur vollständigen Vertreibung zahlreich angesammelt hatten. Obwohl von den kleinen berberischen Tyrannen und der unzivilisierten und verkommenen maurischen Bevölkerung meistens mit Willkür behandelt und öfter zum Tragen einer schändenden Tracht gezwungen, blieb doch für die Gewandtheit hervorragender Juden daselbst Spielraum genug, sich auszuzeichnen, sich zu einer hohen Stufe emporzuschwingen und einen umfangreichen Wirkungskreis einzunehmen. In Marrokko stand ein reicher und geschichtskundiger Jude, welcher dem Fürsten dieses Staates bedeutende Dienste geleistet, bei diesem in hohem Ansehen. In Fez, wo eine Gemeinde von 5000 jüdischen Familien bestand, in deren Händen die meisten Gewerke lagen, lebte ein Jude spanischer Abkunft, Samuel Alvalensi, der wegen seiner Tüchtigkeit und seines Mutes bei dem König beliebt war und bei der Bevölkerung so viel Vertrauen genoß, daß sie ihn zum Führer annahm. — In der bedeutenden Residenzstadt Tlemsen (Tremcen) nahm die sehr zahlreiche jüdische Gemeinde spanischer Abkunft den größten Teil ein. Hier traf nach der Flucht aus Spanien der achtzehnjährige Jakob Berab ein (geb. 1474, gest. 1541), einer der rührigsten Männer unter den spanischen Auswanderern, der scharfsinnigste Rabbiner seiner Zeit nächst seinem deutschen Namensgenossen, Jakob Polak, aber zugleich ein querköpfiger, rechthaberischer und unverträglicher Mann, der sich viele Gegner zuzog, aber auch viele Verehrer hatte.

In Algier leitete die bereits verringerte Gemeinde ein Abkömmling spanischer Flüchtlinge von 1391, Simon Duran II., ein Sohn des philosophisch gebildeten Rabbiners Salomon Duran. Er galt zu seiner Zeit gleich seinem Bruder als hochangesehene rabbinische Autorität. Von edler Gesinnung wie sein Vater war Simon Duran eine Schutzwehr für seine Glaubensgenossen und ein Rettungsanker für die spanischen Verbannten, die in seine Nähe versprengt worden waren, denn er scheute weder Geldverlust, noch Lebensgefahr, wo es galt, Religiosität, Sittlichkeit und Rettung seiner Stammgenossen durchzusetzen. Fünfzig versprengte Flüchtlinge, die Schiffbruch erlitten hatten, waren an die Küste von Sevilla geworfen, von den fanatischen Spaniern, dem Worte des Ediktes gemäß, in Kerker gesperrt und zwei Jahre lang darin gehalten worden. Sie hatten täglich den Tod erwartet, wurden aber doch zuletzt begnadigt, d. h. als Sklaven verkauft. Als solche kamen sie in kläglichem Zustande nach Algier und wurden durch die Bemühung Simon Durans um 700 Dukaten, welche die kleine Gemeinde zusammengeschossen, ausgelöst. In Tunis hatten zwei bedeutende sefardische Männer einige Jahre eine Zuflucht gefunden, der Geschichtsschreiber und Astronom Abraham Zacuto, der bereits am Abend seines Lebens stand, und ein jüngerer, Mose Alaschkar. Zacuto, welcher auf der pyrenäischen Halbinsel bereits eine Schule von christlichen und mohammedanischen Jüngern in der Mathematik und Astronomie hatte, dessen Schriften, durch Druck veröffentlicht, vielfach gelesen und benutzt wurden, war gezwungen, wie ein Geächteter herumzuirren, und war nur mit Not dem Tode entronnen. In Tunis scheint er einige ruhige Jahre verlebt zu haben und hier hatte er seine mehr berühmte als brauchbare Chronik vollendet (Jochasin 1504). Geschichtswerk darf man sie nicht nennen; sie hat nur das Verdienst, die Geschichtsforschung unter den Juden angeregt zu haben. Zacutos Chronik war ein Kind des Alters und der Drangsale; er hat sie mit zitternder Hand und mit bangem Gemüt wegen der nächsten Zukunft und ohne genügende literarische Hilfsmittel zustande gebracht, und insofern verdient sie Nachsicht.

Gleichzeitig mit Zacuto lebte in Tunis Mose Ben Isaak Alaschkar. Er war ein scharfsinniger Talmudist wie sein jung verstorbener Lehrer Samuel Alvalensi, ein richtig denkender Kopf, ohne beschränkte Einseitigkeit. Obwohl der Kabbala huldigend, nahm er doch Maimuni und dessen philosophisches System gegen die verketzernden Ausfälle der Finsterlinge in Schutz.

Vor dem Schrecken, den die spanischen Waffen über die nordafrikanischen Juden gebracht haben, scheinen Zacuto und Alaschkar mit vielen anderen Tunis verlassen zu haben. Sie hatten die Unmenschlichkeit der überkatholischen Spanier gegen die Juden hinlänglich kennen gelernt. Der erstere wanderte nach der Türkei und scheint gleich darauf müde ins Grab gestiegen zu sein (vor 1515). Alaschkar floh nach Ägypten und nahm dort vermöge seiner vielseitigen Kenntnisse und seines Reichtums eine sehr geachtete Stellung ein.

In Ägypten und namentlich in der Hauptstadt Kairo hatten sich ebenfalls viele jüdisch-spanische Flüchtlinge angesammelt und hier in kurzer Zeit ein bedeutendes Übergewicht über die jüdischen Ureinwohner erlangt. Als sie dort eintrafen, fungierte noch über sämtliche ägyptische Gemeinden, wie in früherer Zeit, ein jüdischer Oberrichter oder Fürst (Nagid, Reïs) in der Person des ebenso edlen, wie reichen Isaak Kohen Schalal. Es war ein biederer Charakter, der sein hohes Ansehen, welches von dem ägyptischen Mameluckensultan anerkannt war, und seinen Reichtum zum Wohl der Gemeinden und der dahin versprengten Flüchtlinge verwendete. Ohne Neid beförderte er verdienstvolle Männer unter den spanischen Auswanderern zu Ämtern, und dadurch gelangten diese nach und nach zu bedeutendem Einflusse. Unter ihnen fand in Kairo eine Zufluchtsstätte ein Mann von bedeutendem Namen. David Ibn-Abi Simra (geb. um 1470, gest. um 1573), ein Jünger des Mystikers Joseph Saragossi, reich an Kenntnissen, Tugenden, Schätzen und Nachkommen, der bald die Einheimischen überstrahlte und die höchste rabbinische Autorität erlangte.

Eine politische Wandlung in Ägypten brachte die Spanier an die Spitze der dortigen Judenheit. Das Nilland mit dem dazu gehörigen Syrien und Palästina, dessen Eroberung den Sultanen von Konstantinopel so schwer wurde, fiel endlich Selim I. als sichere Beute zu. In einer entscheidenden Schlacht unweit Aleppo erfocht er einen glänzenden Sieg über den letzten Mamelukensultan, und sein Marsch von Syrien nach Ägypten glich einem Triumphzug (1517). Den Sommer desselben Jahres brachte Selim damit zu, eine neue Ordnung in Ägypten zu schaffen, es in vollste Abhängigkeit von der Türkei zu bringen und überhaupt es in eine Provinz zu verwandeln, die von einem ihm ergebenen Pascha als Vizekönig regiert werden sollte. Einen Juden spanischer Abkunft Abraham de Castro setzte Selim zum Münzpächter für die neue türkische Prägung ein, und dieser erlangte durch seine Reichtümer und seinen Einfluß eine gewichtige Stimme im türkischen Beamtenkreise und in der ägyptischen Judenheit. De Castro war sehr wohltätig, spendete alljährlich 3000 Gulden für Almosen und nahm überhaupt ein lebendiges Interesse an den Angelegenheiten seiner Glaubensgenossen.

Die alte Ordnung der ägyptischen Judenheit scheint Selim I. oder der Vizesultan verändert zu haben. Bis dahin befand sich seit Jahrhunderten ein Oberrabbinat und ein Oberrichteramt über sämtliche Gemeinden, dessen Inhaber eine Art fürstliche Gewalt hatte. Er ernannte die Rabbiner für die Gemeinde, entschied die Streitigkeiten unter den Juden ganz allein in höchster Instanz, hatte das Recht, jede neue Einrichtung oder Maßregel zu bestätigen oder zu verwerfen, durfte selbst gewisse Leibesstrafen über Vergehen und Verbrechen von seiten der Glaubensgenossen unter seiner Gerichtsbarkeit verhängen und bezog für diese Funktionen bedeutende Einnahmen. Diese Ordnung wurde seit der Herrschaft der Türken über Ägypten aufgehoben. Jede Gemeinde erhielt fortan die Selbständigkeit, ihren Rabbiner selbst zu wählen und ihre Angelegenheit ohne Bevormundung zu ordnen. Der letzte jüdisch-ägyptische Fürst oder Großrabbiner, Isaak Schalal, wurde seiner Würde entsetzt und begab sich mit seinen Reichtümern nach Jerusalem, wo er ein Wohltäter der anwesenden Gemeinde wurde. Das Rabbinat von Kairo erhielt darauf der spanische Einwanderer David Ibn-Abi-Simra wegen seiner vielfachen vortrefflichen Eigenschaften. Sein Ansehen stieg so bedeutend, daß er einen sehr alten Brauch aufheben durfte, der sich in allzu übertriebener Erhaltungssucht von Jahrhundert zu Jahrhundert wie ein abgestorbenes Glied hingeschleppt hatte. Die babylonischen Juden hatten vor mehr denn achtzehn Jahrhunderten die syrische oder seleucidische Zeitrechnung zum Andenken an den Sieg des syrischen Königs Seleukos über die anderen Feldherrn Alexanders des Großen angenommen. Das syrische Reich und die Seleuciden waren längst untergegangen, Syrien war nacheinander eine Beute der Römer, der Byzantiner, der Mohammedaner, der Mongolen und Türken geworden; nichtsdestoweniger hatten die babylonischen und von ihnen übernommen, die ägyptischen Juden die alte Zeitrechnung beibehalten und sich derselben nicht bloß für geschichtliche Erinnerungen und weltliche Urkunden, sondern auch für Ausstellung von Scheidebriefen und ähnlichen Dokumenten bedient. Während die palästinensischen und europäischen Juden nacheinander eine andere Zeitrechnung eingeführt hatten, seit der Tempelzerstörung und seit Erschaffung der Welt, hielten die babylonischen und ägyptischen Juden an der seleucidischen Ära so fest, das jede Scheidungsurkunde, die nicht nach derselben datiert war, als ungültig angesehen wurde. Diese veraltete Zeitrechnung hob Ibn-Abi-Simra für Ägypten auf und führte dafür die bereits allgemein angenommene seit der Erschaffung der Welt ein; seine Neuerung fand keinen Widerspruch.

Während seines Rabbinats schwebte eine schwere Gefahr über den Häuptern der Gemeinde von Kairo. Der vierte vizekönigliche Pascha von Ägypten, Achmed Schaitan (Satan), hegte einen Plan, Ägypten von der Türkei wieder loszureißen und sich zum selbständigen Herrscher desselben aufzuwerfen. Als ihm die ersten Schritte dazu gelungen waren, stellte er an den jüdischen Münzpächter Abraham de Castro das Ansinnen, die Prägung der Münzen mit seinem Namen zu versehen. Dieser ging zum Schein darauf ein und ließ sich den Befehl dazu schriftlich von Achmed ausstellen. Damit versehen, suchte er sich heimlich aus Ägypten zu entfernen und eilte nach Konstantinopel an den Hof Suleimans II., um Anzeige von dem verräterischen Abfall des Paschas zu machen. Dadurch fand sich Achmed in der Ausführung seines Planes gehemmt. Den Zorn über de Castros Flucht ließ er daher an den Juden aus, warf einige derselben, wahrscheinlich de Castros Verwandte und Freunde, in den Kerker und gestattete den Mameluken, das Judenquartier in Kairo zu plündern. Er entbot darauf zwölf angesehene Juden in seinen Palast und legte ihnen das Herbeischaffen einer unerschwinglichen Summe binnen kurzer Zeit auf, mit der Drohung, sie mit Weib und Kindern unbarmherzig umkommen zu lassen. Zur größeren Sicherheit hielt er die berufenen Vorsteher als Geisel zurück. Das Flehen der Gemeinde um Nachsicht und Aufschub beantwortete der Wüterich mit noch schrecklicheren Drohworten. In dieser hoffnungslosen Lage wendeten sich die Juden in inbrünstigem Gebete zu Gott. Da die gesammelten Gelder aber kaum dem zehnten Teil der von Achmed Schaitan geforderten Summe entsprachen, ließ sein Geheimschreiber auch die Sammler in Fesseln legen und bedrohte sie, sowie sämtliche Gemeindeglieder, klein und groß, noch an demselben Tage mit dem sicheren Tode, sobald sein Herr nur das Bad verlassen haben werde. In demselben Augenblick, als der Katib diese Drohung ausgesprochen, wurde der Pascha von einem seiner Vesiere Mohammed-Bey und von einigen Mitverschworenen im Bade überfallen und schwer verwundet. Achmed Schaitan entfloh zwar aus dem Schlosse, wurde aber verraten, eingeholt, gefesselt und dann enthauptet. Mohammed-Bey befreite darauf die gefesselten jüdischen Vorsteher aus dem Kerker und sämtliche Juden Kairos von der Todesgefahr. Der Tag der Errettung (der 28. Adar 1524) wurde eine Zeitlang von den ägyptischen Juden als Gedenktag (Purim-Kairo) gefeiert.

Durch die Einwanderung der Spanier und Portugiesen erhielt auch Jerusalem wie mehrere palästinensische Städte einen großen Zuwachs an Gemeindemitgliedern und eine hohe Bedeutung; auch hier wurden diese binnen kurzer Zeit ganz besonders Stimmführer und Tonangeber. In der kurzen Zeit von sieben Jahren war die Zahl der Juden in der heiligen Stadt von kaum siebzig auf zweihundert Familien angewachsen und wiederum in einem Zeitraum von zwei Jahrzehnten (1495 bis 1521) war sie auf fünfzehnhundert gestiegen. Der Wohlstand der jüdischen Bewohner Jerusalems hatte sich durch den Zufluß neuer Ansiedler unendlich gehoben. Während früher fast sämtliche Gemeindeglieder bettelarm waren, gab es drei Jahrzehnte später nur noch zweihundert Almosenempfänger. Was noch höher anzuschlagen ist, auch die Sittlichkeit hatte sich durch die Einwanderer bedeutend gehoben. Jerusalem war nicht mehr die Räuberhöhle, welche Obadja da Bertinoro, der von Italien dahin eingewandert war, angetroffen hatte. Die Gemeindeglieder wurden nicht mehr von einem habsüchtigen, gewalttätigen, verräterischen Vorstande bis aufs Blut gequält und zur Verzweiflung oder zur Auswanderung getrieben; Eintracht, Verträglichkeit, Gerechtigkeitsgefühl und Ruhe waren in ihrer Mitte eingekehrt. Es herrschte zwar darin eine übertriebene äußerliche Frömmigkeit vor, aber diese stand nicht mehr in grellem Widerspruche zu einem empörend unsittlichen Lebenswandel. Viel, sehr viel hatte zu dieser Hebung der Sittlichkeit und der Gesinnung in Jerusalem der sanfte und liebenswürdige italienische Prediger Obadja da Bertinoro beigetragen, der mehr als zwei Jahrzehnte der anwachsenden Gemeinde mit Wort und Beispiel innige Religiosität, Gesinnungsadel und Entwöhnung von barbarischer Rohheit lehrte. Als er in Jerusalem eingetroffen war, schrieb er an seine Verwandten: „Wenn es in diesem Lande einen einsichtsvollen Juden gäbe, der die Leitung einer größeren Körperschaft mit Billigkeit und Sanftmut verstände, so würden sich ihm nicht bloß die Juden, sondern auch die Mohammedaner gern fügen." Damals ahnte Bertinoro nicht, daß ihm selbst diese schöne Rolle zufallen würde, die Rohheit zu sänftigen, die Unsittlichkeit zu verbessern, die Niedrigkeit zu veredeln. Mit seinem milden, herzgewinnenden Wesen entwaffnete er die Bosheit und heilte die Schäden, welche er in der Jerusalemer Gemeinde angetroffen, beklagt und schonungslos aufgedeckt hatte. Obadja war ein Schutzengel für die heilige Stadt, entfernte den Schmutz von ihr und umgab sie mit einem sauberen Feierkleide. „Wollte ich sein Lob verkünden," so berichtete ein italienischer Jerusalempilger, „würde ich nicht fertig werden. Er ist der angesehenste Mann im Lande und nach seinem Befehle wird alles geleitet, seinen Worten wagt niemand zu widersprechen. Predigt er, so lauscht jedes Ohr auf sein Wort, und man vernimmt dabei nicht das leiseste Geräusch, so still andächtig sind seine Zuhörer". — Verbannte aus der pyrenäischen Halbinsel, die dahin versprengt waren, unterstützten ihn in seinem edlen Werke.

Wahrscheinlich kamen durch die Vermittlung des Obadja da Bertinoro und seiner Gesinnungsgenossen die trefflichen Beschlüsse zustande, welche sich die Gemeinde selbst als unverbrüchliche Gesetze aufgelegt und in eine Tafel in der Synagoge zur Erinnerung eingegraben hatte; sie waren gegen früher eingeschlichene Mißbräuche gerichtet. Juden sollten keine falsche Münze kaufen, und wenn zufällig dazu gelangt, sie nicht ausgeben. Dann auch am Grabe des Propheten Samuel keinen Wein trinken. Denn an diesem Tage pflegten Männer und Frauen gemischt dahin zu wallen und zwar die letztern unverschleiert, so daß, wenn der Weinrausch die Sinne benebelt hatte, Unfug entstand. — Eine noch größere Bedeutung erhielt die heilige Stadt durch die Einwanderung des Isaak Schalal aus Ägypten mit seinen Reichtümern, seiner Erfahrung und seinem Ansehen; sie fing dadurch an, wieder mitzuzählen.

Nächst Jerusalem hatte die verhältnismäßig jüngste Stadt Palästinas, Safet in Galiläa, eine starke jüdische Bevölkerung und Gewicht erlangt, die allmählich so sehr zunahmen, daß Safet der Mutterstadt den Rang ablaufen konnte. Sie beherbergte zwar am Ende des fünfzehnten und im Anfang des nächsten Jahrhunderts nur etwas über dreihundert jüdische Familien, Urbewohner (Moriscos), Berber und Sefardim. Auch hatte sie anfangs noch keinen bedeutenden Talmudkundigen, dem die Führerschaft zugefallen wäre. Sie erhielt ihre Bedeutung und ihren weitreichenden Einfluß erst durch die Einwanderung eines spanischen Flüchtlings, der ihrer Gemeinde Halt und Richtung gab. Joseph Saragossi wurde für Safet ungefähr dasselbe, was Obadja da Bertinoro für Jerusalem geworden war. Aus Spanien (Saragossa) vertrieben, war er nach Safet gekommen und hatte dort einen Ruhepunkt gefunden. Joseph Saragossi war ebenfalls eine sanfte, herzgewinnende Persönlichkeit und betrachtete es als seine Lebensaufgabe, Friedfertigkeit zu predigen und die gestörte Eintracht in den Familien und im Gemeindeleben wieder herzustellen. Selbst unter den Mohammedanern wirkte er in diesem Sinne versöhnend und beschwichtigend, und sie liebten und verehrten ihn deswegen wie einen Friedensengel. Als er Safet einst wieder verlassen wollte, klammerte sich die Gemeinde förmlich an ihn und setzte ihm einen Jahresgehalt aus, wozu der mohammedanische Stadthauptmann zwei Drittel aus seiner Kasse beisteuerte. Joseph Saragossi verpflanzte das Talmudstudium nach Safet, aber auch die Kabbala, da er ein überfrommer Mystiker war. Durch ihn wurde diese bis dahin jungfräuliche Gemeinde ein kabbalistisches Nest.

Auch in der halb palästinensischen Hauptstadt Syriens, in Damaskus, bildete sich neben einer uralten mostarabischen Gemeinde durch den Zuwachs von Flüchtlingen eine sefardische, und sie zählte in dieser Zeit fünfhundert jüdische Familien. Die Spanier bauten in kurzer Zeit nach ihrer Ankunft eine Prachtsynagoge in Damaskus, Khathaib genannt; bald vermehrten sie sich so sehr, daß sie sich in mehrere Gruppen, nach der Landsmannschaft aus ihrer Heimat, spalteten.

Die Hauptströmung der sefardischen Verbannten floß nach der europäischen Türkei; der größte Teil der Überbleibsel von den 300 000 Geächteten fand in dem Lande ein Asyl, dessen Einwohner nicht die Liebe zu ihrem Aushängeschilde hatten. Die Sultane Bajazet II., Selim I. und Suleiman I. haben nacheinander die eingewanderten flüchtigen Juden nicht bloß geduldet, sondern sie auch mit außergewöhnlicher Zuvorkommenheit aufgenommen und ihnen dieselbe Freiheit eingeräumt, welche andere Völkerschaften, Armenier und Griechen, dort genossen. Ein jüdischer Dichter schilderte mit Begeisterung die freie Stellung, welche seine Glaubensgenossen dort einnahmen. „Die große Türkei, ein weites und ausgedehntes Meer, welches unser Herr mit dem Stabe seiner Barmherzigkeit öffnete (wie beim Auszuge aus Ägypten), damit darin die Hochflut deines gegenwärtigen Mißgeschickes (Jakob), wie die Menge der Ägypter einst sich darin verliere und untergehe. Dort hast du die Pforten der Freiheit und die Stellung auf gleich und gleich zur ungehemmten Befolgung des Judentums stets offen; sie verschließen sich dir nie. Dort kannst du dein Inneres erneuern, deinen Stand ändern, die Gebräuche und die falschen und irrtümlichen Lehren (das Christentum) abstreifen, deine alte Wahrheit wieder in dich aufnehmen, die dem göttlichen Willen zuwiderlaufenden Gewohnheiten hinter dir lassen, die du durch die Gewalttat der Völker, unter denen du als Pilger gewandert, nachzuahmen gezwungen warst."

Die eingewanderten Juden hatten in der Türkei in der ersten Zeit außerordentlich glückliche Tage, weil sie dem verhältnismäßig jungen Staate wie gerufen gekommen waren. Die Türken waren gute Krieger, aber schlechte Bürger. Den Griechen, Armeniern und Christen anderer Bekenntnisse konnten die Sultane bei ihren oft gespannten Verhältnissen zu den christlichen Staaten wenig trauen; sie galten ihnen als geborene Spione und Verräter. Auf die Treue, Zuverlässigkeit und Brauchbarkeit der Juden dagegen konnten sie rechnen. Sie bildeten daher einerseits die Geschäftsführer und anderseits den Bürgerstand in der Türkei. Nicht bloß der Handel im großen und kleinen, zu Wasser und zu Lande war in ihren Händen, sondern auch die Handwerke und Künste. Sie, namentlich die aus Spanien und Portugal entflohenen Marranen, verfertigten für die Kriegslust der Türken neue Rüstungen und Feuerwaffen, große Kanonen, fabrizierten Pulver und lehrten die Türken damit umzugehen. So hatte die verfolgungssüchtige Christenheit ihren Hauptfeinden, den Türken, gewissermaßen selbst die Waffen geliefert, mit denen diese in den Stand gesetzt waren, ihr Niederlage auf Niederlage und Demütigung auf Demütigung zu bereiten. Besonders beliebt waren jüdische Ärzte in der Türkei, geschickte Jünger aus der Schule Salamancas, und sie wurden wegen ihrer Gewandtheit, ihrer höheren Bildung, ihrer Verschwiegenheit und Klugheit den christlichen, ja sogar den mohammedanischen Ärzten vorgezogen. Diese jüdischen Ärzte, meistens spanischer Abkunft, erlangten an dem Hofe der Großsultane und bei Vezieren und Paschas weitreichenden Einfluß.

Sultan Selim hatte zum Leibarzte einen aus Spanien eingewanderten Joseph Hamon; dessen Sohn und Enkel nahmen nacheinander dieselbe Stellung ein. Sein Sohn Mose Hamon (geb. um 1490, starb vor 1565), Leibarzt des klugen Sultans Suleiman, war noch viel angesehener und einflußreicher als der Vater, wegen seiner Geschicklichkeit und seines männlichen Charakters. Er pflegte den Sultan auf seinen Kriegszügen zu begleiten. Aus Persien, wohin er Suleiman auf einem Siegeszuge gefolgt war, brachte Mose Hamon einen gelehrten Mann, Jakob Tus (oder Taws) mit (um 1535), der den Pentateuch ins Persische übersetzt hat. Diese Übersetzung ließ er später auf eigene Kosten, nebst einer chaldäischen und arabischen Übersetzung drucken. — Mose Hamon galt als Beschützer seiner Stammgenossen und Beförderer des Judentums.

Die Hauptstadt Konstantinopel hatte eine sehr zahlreiche jüdische Gemeinde, welche mit jedem Tage durch neue Flüchtlinge aus der pyrenäischen Halbinsel anwuchs, die größte in Europa wurde und wohl 30000 Seelen zählte. Sie hatte vierundvierzig Synagogen, d. h. ebensoviele Gemeindegruppen. Denn die jüdische Körperschaft in der türkischen Hauptstadt und in den übrigen Städten bildete nicht eine geschlossene Einheit, sondern zerfiel in verschiedene Gruppen und Bruchteile, je nach dem Lande oder dem Orte ihrer Heimat, von denen jede ihre Eigenart bewahren, ihre Erinnerungen erhalten, ihre Liturgie und ihren Ritus beibehalten und sogar ihre eigene Synagoge und ein eigenes Rabbinatskollegium haben wollte. Die Gesamtgemeinde teilte sich daher in lauter Landsmannschaften, die sich gegeneinander abschlossen und nicht zu einem großen Ganzen verschmelzen mochten. Jede Kleingemeinde verteilte die Steuern unter ihre Mitglieder selbständig nicht bloß für ihren Kultus, ihre Gemeindebeamten, ihr Armenwesen, ihre Hospitäler und Schulen, sondern auch für die Abgaben an den Staat.

In der ersten Zeit hatten allerdings die angesessenen Juden, welche die Mehrzahl bildeten, das Übergewicht über die Eingewanderten. Das Großrabbinat bekleidete nach dem Tode des verdienstvollen, aber verkannten Mose Kapsali der wahrscheinlich aus einer eingewanderten griechischen Familie stammende Elia Misrachi, welcher unter den Sultanen Bajazet, Selim I. und vielleicht auch unter Suleiman Sitz im Divan hatte, wie sein Vorgänger, und der offiziell-religiöse Vertreter der türkischen Gesamtjudenheit war. Diesen hohen Posten verdiente er auch wegen seiner rabbinischen und anderweitigen Gelehrsamkeit und seines biedern, gerechten Charakters. Elia Misrachi (geb. um 1455, gest. zwischen 1525 bis 1527) war, als ein Zögling der deutschen Schule, ein tiefer Talmudkundiger und ein strengfrommer Mann, aber er war darum doch nicht der Wissenschaft abgeneigt. In der Jugend war er ein Heißsporn und führte eine Fehde mit den Karäern in der Türkei. Im Alter dagegen war Elia Misrachi milder gegen sie gestimmt und legte sein gewichtiges Wort ein, um eine Ungerechtigkeit der Stockfrommen gegen sie abzuwenden. Einige Finsterlinge, namentlich von der apulischen Gemeinde in Konstantinopel, wollten den freundnachbarlichen Verkehr zwischen Rabbaniten und Karäern auf eine gewaltsame Weise stören. Sie versammelten ihre Gemeindemitglieder und sprachen mit der Thorarolle im Arm den Bann über diejenigen aus, welche noch ferner Karäern, Erwachsenen wie Unmündigen, in Bibel oder Talmud Unterricht erteilen oder ihnen auch nur profane Fächer, Mathematik, Naturkunde, Logik oder Musik lehren sollten. Auch sollten rabbanitische Dienstboten nicht mehr bei karäischen Familien in Dienst treten. Der größte Teil der Konstantinopolitaner Gemeinde war aber mit dieser unduldsamen Maßregel der Überfrommen sehr unzufrieden. Aber diese brachten ein rohes, mit Knitteln versehenes Gesindel in die Synagoge, wo die Beratung stattfinden sollte, daß jene gar nicht zu Worte kommen konnten. So wurde der Bannbeschluß in feierlicher Form von einer trotzigen Minderheit gegen den Widerspruch und die guten Gründe der Mehrheit durchgesetzt. Da trat der Rabbiner Elia Misrachi mit entschiedener Offenheit gegen dieses gewaltsame Treiben auf.

Die türkischen Juden hatten zu dieser Zeit auch eine Art politischen Vertreter, Anwalt oder Kämmerling (Kahija), welcher Zutritt zu dem Sultan und zu den Großwürdenträgern hatte und mit seinem Amt vom Hofe belehnt war. Schaltiel, ein als edel geschilderter Mann, hatte diese Würde unter Suleiman inne. Bei jeder Ungerechtigkeit und jedem gewalttätigen Verfahren gegen die Juden im türkischen Reiche, die bei dem Hochmute der türkischen Bevölkerung gegen Andersgläubige, Juden wie Christen, bei dem Willkürregimente der Provinzialpaschas und bei dem Fanatismus der christlichen Griechen und Bulgaren niemals fehlten, trat der Kahija Schaltiel für seine Glaubensgenossen ein und erlangte bei Hofe für Summen die Abstellung derselben. — Die zweitgrößte Gemeinde des türkischen Reiches war Salonichi, eine ungesunde Stadt, die aber nichtsdestoweniger die sefardischen Auswanderer anzog. Es entstanden hier bald mindestens zehn Gemeinden, und die meisten davon waren sefardischen Ursprungs. Später vermehrten sie sich zu sechsunddreißig Gemeindegruppen. Salonichi wurde eine förmliche Judenstadt, in welcher mehr Juden als Nichtjuden wohnten. Ein jüdischer Dichter (Samuel Usque) nennt diese Stadt „eine Mutter des Judentums von vorzüglichen Pflanzen und fruchtbaren Bäumen, wie man sie gegenwärtig auf dem ganzen Erdenrunde nicht wieder findet. In ihr hat sich der größte Teil der verfolgten und verbannten Söhne aus Europa und andern Teilen der Erde gesammelt, und sie nimmt sie mit Liebe und Herzlichkeit auf, als wenn sie unsere allerehrwürdige Mutter Jerusalem wäre". In kurzer Zeit erlangten hier die sefardischen Einwanderer das volle Übergewicht über ihre Stammgenossen anderer Sprachen und selbst über die Urgemeinde, so daß die spanische Sprache die herrschende in Salonichi wurde. Hier hatte sich Jehuda Benveniste, Enkel des edeln Abraham Benveniste, niedergelassen, der so viel von seinem väterlichen Vermögen gerettet hatte, daß er eine großartige Büchersammlung besaß. Er war die Fahne, um die sich die Schwergeprüften sammeln konnten. Vertreter des Talmuds waren hier eine Gelehrtenfamilie Taytasak und Jakob Ibn Chabib, obwohl keineswegs Fachmänner erster Größe. Auch Philosophie und Astronomie wurde in Salonichi von sefardischen Einwanderern einigermaßen gepflegt. Aber am meisten fand hier die Kabbala Pflege, und zwar ebenfalls von spanischen Einwanderern, von Joseph Taytasak, Samuel Franco und anderen. Salonichi in der europäischen Türkei und Safet in Palästina wurden mit der Zeit die Hauptnester für kabbalistisches Brüten.

Auch in Kleinasien bevölkerten die sefardischen Flüchtlinge die Städte Amasia, Brussa, Tria und Tokat. In Griechenland entstanden ebenfalls mehrere bevölkerte Gemeinden. In Patras, Negroponte und Theben gab es ebenfalls nicht unbedeutende Gemeinden, von denen die Thebaner als sehr gelehrt, d. h. talmudkundig galten.

Eine ansehnliche Gemeinde war in Canea auf der Insel Kandia (Kreta), welche zu Venedig gehörte. Hier standen zwei berühmt gewordene Familien an der Spitze, die Delmedigos, Söhne und Verwandte des Philosophen Delmedigo, und die Kapsalis, Verwandte des ehemaligen Großrabbiners der Türkei.

Elia Kapsali (geb. um 1490, gest. um 1555) war ein guter Geschichtskenner. Als einst die Pest Kandia verheerte und die Bevölkerung in Trauer versetzte, verfaßte er (1523) eine Geschichte der türkischen Dynastie in einem sehr anmutigen hebräischen Stile, in durchsichtiger und gehobener Sprache, fern von Überladungen. Kapsali bestrebte sich, nur die Wahrheit zu erzählen. Er flocht darin die Geschichte der Juden ein, und schilderte in düsteren Farben das tragische Geschick der aus Spanien Vertriebenen, wie er es aus dem Munde der Flüchtlinge vernommen hatte. Obwohl er eine Nebenzweck bei Abfassung derselben erzielen wollte, die Erheiterung der wegen der Pest Verstimmten und Traurigen, so kann sie doch zum Muster eines schönen hebräischen Geschichtsstils dienen und hat auch als solches gedient und Nachahmung gefunden.

In Italien wimmelte es damals von flüchtigen Juden. Fast die meisten derer, welche aus Spanien, Portugal oder Deutschland ausgewiesen worden waren, berührten zuerst den italienischen Boden, um je nachdem sich unter dem Schutze eines der duldsamen Machthaber dort niederzulassen oder weiter nach Griechenland, der Türkei oder Palästina zu wandern. Merkwürdigerweise zeigte sich das damalige Papsttum am judenfreundlichsten unter den italienischen Fürsten. Alexander VI., Julius II., Leo X. und Clemens VII. hatten andere Interessen zu verfolgen und anderen Liebhabereien nachzuhängen, als daß sie ihr Augenmerk auf Quälereien gegen die Juden hätten richten sollen. Sie und ihr Kardinalkollegium beachteten die kanonischen Gesetze nur insoweit, als sie dieselben zur Erhöhung ihrer Macht und zur Füllung ihrer Säckel brauchten. Mit vollständiger Vergessenheit des Beschlusses auf dem Baseler Konzil, daß jüdische Ärzte nicht von Christen zu Rate gezogen werden sollten, wählten diese Päpste und ihre Kardinäle gerade vorzugsweise jüdische Leibärzte. Es scheint, daß bei dem geheimen Kriege, dem Ränkeschmieden und der Giftmischerei, welche seit Alexander VI. in der Kurie im Schwange waren — wo einer in dem anderen einen geheimen Feind argwöhnte — jüdische Ärzte vorgezogen wurden, weil von ihnen nicht zu befürchten war, daß sie statt eines Heilmittels einem Papst oder Kardinal eine Giftpille reichen würden. Alexander VI. hatte einen jüdischen Arzt um sich, Bonet de Lates, aus der Provence eingewandert, der auch Sternkunde verstand, einen astronomischen Ring anfertigte und die Beschreibung desselben in lateinischer Sprache dem Papste in überschwenglicher Lobhudelei widmete. Bonet de Lates war später auch ein sehr beliebter Leibarzt des Papstes Leo X. und hatte auf dessen Entschlüsse Einfluß. Julius II. hatte einen solchen an Simeon Zarfati. So waren denn überhaupt jüdische Heilkünstler am meisten damals in Italien gesucht. Die Gelehrtengeschichte nennt aus dieser Zeit Abraham de Balmas (gest. 1521), aus Lecce, Leibarzt des Kardinals Domenici Grimani, der philosophische Kenntnisse besaß und ein Werk über hebräische Sprache verfaßte, das ein Christ zugleich mit lateinischer Übersetzung herausgab; ferner Juda oder Laudadeus de Blanis in Perugia; Obadja oder Servadus de Sforno (Sfurno, geb. um 1470, gest. 1550), Arzt in Rom und Bologna, der neben medizinischen Studien auch biblische und philosophische trieb und einige seiner hebräischen

Schriften mit lateinischer Übersetzung dem König Heinrich II. von Frankreich widmete. Sie überragte der spanische Fachgenosse, Jakob Mantin, der aus Tortosa nach Italien geschleudert, dort als Arzt und Philosoph viel geleistet und einen Namen hinterlassen hat. Mantin (geb. um 1490, gest. um 1549) war sehr sprachkundig, er verstand außer der Sprache seines Geburtslandes und seines Volksstammes noch das Lateinische, Italienische und Arabische. Er war ein sehr gelehrter Arzt und Philosoph und übersetzte medizinische und metaphysische Schriften aus dem Hebräischen oder Arabischen ins Lateinische. Er stand als Leibarzt in hohem Ansehen bei einem Papste, bei dem Gesandten des Kaisers Karl V. in Venedig und bei dem Fürsten Hercole Gonzaga. Eine aus dem Arabischen übersetzte philosophische Schrift widmete er dem Dogen von Venedig Andreas Griti. Aber seine Gelehrsamkeit wurde durch sein schlechtes Herz verdunkelt.

Abraham Farissol (geb. 1451, gest. um 1525), aus dem französischen Kirchenstaate Avignon, war aus einer unbekannten Veranlassung, vielleicht aus Not, nach Ferrara ausgewandert. Farissol war der erste jüdische Schriftsteller, der statt sich mit dem gestirnten Himmel, mit Astronomie und Astrologie zu beschäftigen — wozu jüdische Denker im Mittelalter eine allzu große Neigung hatten — sich mit Länderkunde, mit Erforschung des Erdkreises eingehend beschäftigte, wozu die wunderbaren Entdeckungen der Südküste Afrikas und Indiens durch die Portugiesen und die Auffindung Amerikas durch die Spanier ihm Anregung gegeben hatten.

Farissol hatte Zutritt zu dem Hofe des Herzogs von Ferrara, Ercole (Hercules) d'Este I., eines der besten Fürsten Italiens, welcher mit den Medici in der Förderung der Wissenschaft wetteiferte. Der Herzog fand Vergnügen an dessen Gesprächen und lud ihn öfter ein, über religiöse Fragen mit gelehrten Mönchen zu disputieren.

Durch den Einfluß jüdischer Ärzte und überhaupt gebildeter Juden wurden jüdische Flüchtlinge aus der pyrenäischen Halbinsel und Deutschland und sogar Scheinchristen, welche in den Schoß des Judentums zurückgekehrt waren, in vielen norditalienischen Städten aufgenommen und zur Verkehrsfreiheit zugelassen. Die bedeutendsten Gemeinden in Italien bildeten sich nach Aufreibung der Juden von Neapel durch Zuwachs aus der Fremde im Römischen und Venetianischen. Hier neben Venedig die blühende Stadt Padua und dort neben Rom die Hafenstadt Ancona. Im Rate der egoistischen venetianischen Republik herrschten in betreff der Juden zwei entgegengesetzte Ansichten. Einerseits mochte der Handelsstand die von den Juden zu erwartenden Vorteile nicht entbehren und überhaupt nicht mit ihnen anbinden, um es nicht mit deren Glaubensgenossen in der Türkei (den levantinischen Juden) zu verderben. Anderseits hegten die venetianischen Handelshäuser Brotneid gegen die jüdische Kaufmannschaft. Daher wurden die Juden im Venetianischen, je nachdem die eine oder die andere Stimmung im hohen Rate der Signoria überwog, bald gehegt, bald bedrückt. In Venedig wurde zuerst unter allen italienischen Städten, wo Juden wohnten, ein besonderes Judenquartier (Ghetto) für sie eingeführt (März 1516).

Durchschnittlich erhielten die eingewanderten Juden, Spanier oder Deutsche, in Italien das Übergewicht über die Einheimischen. Eine bedeutende Rolle spielten die Abrabanel in Italien. Das Familienhaupt zwar, Isaak Abrabanel, durch Leiden und Alter gebrochen, starb, noch ehe die schwankenden Verhältnisse Festigkeit annahmen. Auch sein ältester Sohn Leon Medigo übte wenig Einwirkung auf einen Kreis. Er war dazu zu sehr philosophischer Träumer und Idealist, eine Dichternatur, die sich nicht gerne mit den Dingen dieser Welt befaßte. Einflußreich für seine Zeit war nur der jüngste der drei Brüder, Samuel Abrabanel (geb. 1473, gest. um 1550). Er galt zu seiner Zeit als der angesehenste Jude in Italien und wurde von seinen Stammgenossen wie ein Fürst verehrt. Er allein unter seinen Brüdern erbte von seinem Vater die Finanzwissenschaft und scheint nach seiner Rückkehr aus dem talmudischen Lehrhause von Salonichi sich darauf verlegt zu haben und bei dem Vizekönig von Neapel, Don Pedro de Toledo, im Finanzfache verwendet worden zu sein. Er erwarb in Neapel ein sehr bedeutendes Vermögen, das man auf mehr als zweihunderttausend Zechinen schätzte. Den Reichtum verwendete er, um dem in seiner Familie erblich gewordenen Zuge, gewissermaßen Bedürfnisse, edelmütiges Wohltun zu üben, seinerseits zu genügen. Der marranische Dichter Samuel Usque entwirft eine schwärmerische Schilderung von dessen Charakter und Herzen. „Samuel Abrabanel verdient Trismegistos (Dreimal Groß) genannt zu werden; er ist groß und weise im Gesetze, groß im Adel und groß im Reichtume. Mit seinen Glücksgütern ist er stets großherzig, eine Hilfe für die Trübsale seines Volkes. Er verheiratet Waisen in Unzahl, unterstützt Bedürftige, bemüht sich, Gefangene auszulösen, so daß er alle die großen Eigenschaften vereint, welche zur Prophetie befähigen."

Zur Erhöhung seines Glückes hatte ihm der Himmel eine Lebensgefährtin zugeführt, die eine Ergänzung seiner hohen Tugenden war und deren Name Benvenida Abrabanel von den Zeitgenossen nur mit andächtiger Verehrung ausgesprochen wurde. Zartfühlend, tiefreligiös, zugleich klug und mutig, war sie auch ein Muster des gebildeten Tones und des feinen Umgangs, worauf in Italien mehr Gewicht als in den übrigen europäischen Staaten gelegt wurde. Der mächtige spanische Vizekönig von Neapel Don Pedro ließ seine zweite Tochter Leonora mit Benvenida vertraulich verkehren, um sich an ihr zu bilden. Als diese Tochter später Herzogin von Toskana geworden war, hielt sie sich immer noch zu der jüdischen Donna und gab ihr den Ehrennnamen Mutter. Dieses edle Paar, Samuel Abrabanel und Benvenida, in dem sich Zartheit und Weltklugheit, warme Anhänglichkeit an das Judentum mit geselligem Anschluß an nichtjüdische Kreise vereinigte, war zugleich der Stolz und der Notanker der italienischen Juden und aller derer, welche in deren wohltuende Nähe kamen. Es bildete einen kleinen Mittelpunkt für die jüdische Wissenschaft in Süditalien. Auch christliche Männer der Wissenschaft verkehrten in Abrabanels Kreise.

In Italien hatten damals die Juden wenigstens noch die Freiheit und die Fähigkeit, mit den Christen ein Wort zu wechseln. Stiegen sie aber über die Alpen nach Deutschland, so wehte für sie zugleich eine atmosphärisch und politisch rauhe Luft. Die deutsche Bevölkerung war damals nicht weniger feindselig gegen die Juden als die spanische. Sie hatte sie zwar nicht wie in Spanien um eine hohe Stellung und den Einfluß an den Höfen zu beneiden, aber sie gönnte ihnen nicht einmal das elende Leben in den Judengassen, worin sie zusammengepfercht wohnten. Aus einigen Gegenden Deutschlands waren sie bereits verjagt, aus dem Cölnischen, Mainzischen, aus Augsburg; in ganz Schwaben gab es damals keine Juden. Aus andern Gegenden wurden sie fast gleichzeitig mit denen aus der pyrenäischen Halbinsel vertrieben. Der Kaiser Friedrich III. nahm sich zwar bis in seine letzte Stunde der von aller Welt Geächteten an. Er hatte ebenfalls einen jüdischen Leibarzt — gewiß eine Seltenheit in Deutschland — den gelehrten Jakob Ben-Jechiel Loans, dem er viele Gunst zugewendet und den er zum Ritter ernannt hat. Auf seinem Totenbette soll Friedrich seinem Sohn die Juden warm empfohlen haben, sie zu beschützen und den verleumderischen Anklagen gegen sie, deren Grundlosigkeit er sattsam erfahren hattte, kein Ohr zu leihen. Wie es scheint, stand Jakob Loans auch beim Kaiser Maximilian, dem es zugefallen war, Deutschland in den allerschwierigsten Lagen zu regieren, in Gunst; denn dieser Kaiser ernannte dessen Verwandten Joselin Loans aus Rosheim zum Vertreter, Verteidiger und Beschirmer der Juden und ließ ihn einen besondern Eid leisten.

Aber schon der Umstand, daß die deutschen Juden einen Verteidiger nötig hatten, beweist, daß sie nicht auf Rosen gebettet waren, denn Kaiser Maximilian war kein fester Charakter, vielmehr allen Einflüssen und Einflüsterungen zugänglich und hat den Rat seines Vaters nicht immer befolgt. Sein Verhalten gegen die Juden war daher stets schwankend; bald erteilte er ihnen Schutz oder sagte ihn ihnen wenigstens zu, bald bot er die Hand, wenn auch nicht zu ihrer blutigen Verfolgung, so doch zu ihrer Ausweisung und Demütigung. Den lügenhaften Anschuldigungen gegen sie von Hostienschändung und Kindermord, welche die Dominikaner gerade unter seiner Regierung geflissentlich verbreiteten und die seit dem angeblichen Märtyrertum des kleinen Simon von Trient mehr Glauben fanden, schenkte auch Kaiser Maximilian hin und wieder Gehör. Daher kamen während seiner Zeit nicht bloß Judenvertreibungen in Deutschland und seinen Nebenländern vor, sondern auch Judenhetzen und Marter. Des Märtyrertodes waren sie so sehr täglich gewärtig, daß ein eigenes Sündenbekenntnis für solche Fälle formuliert wurde, damit die unschuldig Angeklagten, wenn zum Abfall aufgefordert, ihr Bekenntnis mit dem Tode besiegeln und sich freudig für den einzigen Gott hingeben sollten. Wurden Juden irgendwo mit Bewilligung oder durch passives Verhalten des Kaisers ausgewiesen, so hatte dieser kein Bedenken, ihre zurückgelassenen liegenden Gründe für sich einziehen und zu Gelde machen zu lassen.

Die Nürnberger Gemeinde verjagte der Kaiser zwar nicht geradezu, aber er erteilte den Bürgern die Erlaubnis dazu — um schnödes Geld. Und da machte noch die Christenheit den Juden ungerechten Geldgewinn zum Vorwurfe, während sie, eigentlich doch nur die Reichen, allenfalls solches Unrecht nur im kleinen begingen! Gleich nach Maximilians Regierungsantritt ging ihn die Bürgerschaft an, die Ausweisung der Judenschaft „wegen loser Aufführung" zu gestatten. Diese „lose Aufführung" formulierte sie in den Anklagen, daß die Juden durch Aufnahme fremder Glaubensgenossen ihre Zahl über Gebühr vermehrt, daß sie übermäßigen Wucher getrieben und mit Schuldforderung Betrug geübt, dadurch die Verarmung von Handwerksleuten herbeigeführt, und endlich, daß sie schlechtem Gesindel Herberge gegeben hätten. Um den Haß gegen sie rege zu machen, ließ der reiche Bürger Antonius Koberger die giftgeschwollene judenfeindliche Schrift des spanischen Franziskaners Alfonso de Spina auf eigene Kosten drucken, welche die Lateinischkundigen, d. h. die gebildeten Klassen, in dem Wahne bestärken sollte, daß die Juden Gotteslästerer, Hostienschänder und Kindesmörder wären. Nach langem Bitten und Betteln gewährte endlich Kaiser Maximilian die Bitte des Rates „wegen der Treue, welche die Stadt Nürnberg von jeher dem kaiserlichen Hause erwiesen", hob die Schutzprivilegien der Juden auf, erlaubte dem Rate, eine Frist zur Vertreibung festzusetzen, verlangte aber, daß die Häuser, Liegenschaften, Synagogen und selbst der Friedhof dem kaiserlichen Fiskus zufallen. Er räumte noch dazu der Stadt Nürnberg das Privilegium ein, niemals mehr Juden aufnehmen zu müssen. (5. Juli 1598). Nur vier Monate bewilligte der Rat anfangs zur Vorbereitung für die Verbannung —

und im Rate saß damals schon der gebildete, mit Tugend und Humanität um sich werfende Patrizier Willibald Pirkheimer, später eine Säule des Humanistenkreises. — Auf das Flehen der Unglücklichen wurde ihnen die Galgenfrist um noch drei Monate verlängert. Aber von den Schöppen in die Synagoge zusammengerufen, mußten sie einen Eid leisten, daß sie bis dahin bestimmt auswandern würden. Endlich verließ (10. März 1499) die ohnehin sehr heruntergekommene Gemeinde Nürnbergs die Stadt, wo sie sich nach dem Ende des schwarzen Todes wieder angesiedelt hatte.

Um dieselbe Zeit wurden auch die Juden anderer deutscher Städte ausgewiesen, aus Ulm, Nördlingen, Kolmar und Magdeburg. Der regensburger Gemeinde, damals der ältesten in Deutschland, erging es noch schlimmer, und sie vernahm bereits die Warnungsstimme, sich auf Verbannung gefaßt zu machen. Seitdem die Bürger dieser Reichsstadt durch die Händel mit den Juden wegen falscher Blutanklage von seiten des Kaisers Friedrich Demütigungen und Geldverlust erfahren hatten, war die ehemalige Verträglichkeit zwischen Juden und Christen daselbst geschwunden und hatte Verbitterung und Gehässigkeit Platz gemacht. Anstatt diese aufeinanderfolgenden Unfälle ihrem eigenen Unverstande beizumessen, beschuldigte die Bürgerschaft die Juden als Urheber ihres Verfalls und ließ ihren Unmut an denselben aus. Die Pfaffen, erbittert, daß ihr Anschlag gegen die Juden mißlungen war, fanatisierten wie früher Ferrand Martinez in Spanien und seine Nachfolger, die Volksmasse täglich mit bitterer Galle gegen sie und predigten geradezu, die Juden müßten ausgeschafft werden. Infolgedessen wollten ihnen die Müller kein Mehl, die Bäcker kein Brot verkaufen (1499); die Geistlichkeit hatte die Handwerker mit Entziehung des Abendmahls bedroht, falls sie den Juden Lebensmittel zukommen ließen. An manchen Tagen durften die Juden auf dem Markte gar nicht, an anderen nicht vor einer bestimmten Tagesstunde und erst nach den Christen ihre Einkäufe an Lebensmitteln machen. Den Christen wurde „bei des Rates ernsthafter Strafe“ untersagt, für Juden Einkäufe zu machen, und daß ein jeder die Ehre Gottes und seine Seligkeit zu Herzen nehmen möge“, herzlos gegen die Juden zu sein. Der Rat beschäftigte sich bereits ernstlich mit der Beratung, den Kaiser Maximilian um seine Zustimmung zur Vertreibung der Juden aus Regensburg anzugehen, und allenfalls etwa vierundzwanzig Familien zu behalten. Nur noch wenige Jahre waren ihnen vergönnt, ein elendes Leben daselbst zu führen. Im ganzen gab es außer Regensburg nur noch zwei große Gemeinden in Deutschland, nämlich in Frankfurt a. M. und Worms, und auch diese wurden öfter mit Verbannung bedroht.

In Prag wohnten zwar sehr viele Juden, aber diese Stadt wurde damals nicht zum eigentlichen Deutschland gezählt, sondern als ein eigenes Kronland, über welches Ladislaus, zugleich König von Ungarn sozusagen regierte. Die böhmischen Juden hatten es unter diesem König nicht besser als in Deutschland; das Judenquartier in Prag wurde öfter von Pöbelhaufen geplündert. Die Vertreibung der Juden aus Böhmen war ein Herzenswunsch der Bürger. Doch hatten die Juden auch ihre Gönner, namentlich unter dem Adel. Als auf einem Landtage die Frage wegen Ausweisens oder Verbleibens der Juden zur Sprache gekommen war, ging der Beschluß durch (7. August 1501), daß sie von der Krone Böhmen in ewigen Zeiten geduldet werden sollten. Wenn der eine oder der andere unter ihnen sich gegen die Gesetze verginge, sollten die Schuldigen allein bestraft und deren Verbrechen nicht an der ganzen Judenheit geahndet werden. Der König Ladislaus bestätigte diesen Landtagsbeschluß, um ihn nur zu bald zu brechen, denn die Prager Bürgerschaft gab sich alle erdenkliche Mühe, ihn zu vereiteln. Sie nahm den König so sehr gegen die Juden ein, daß er ihre Ausweisung bestätigte und diejenigen Christen mit Verbannung bedrohte, die sich unterfangen sollten, eine Fürbitte für die Juden einzulegen. Dennoch blieben sie im Lande, man weiß nicht, durch welche günstige Fügung. Täglich der Ausweisung gewärtig, gewöhnten sie sich doch, sich an dem flammenzuckenden Krater anzubauen. Ein Abkömmling der italienischen Druckerfamilie, Soncin, Gerson Kohen, legte eine hebräische Druckerei in Prag an (um 1503), die erste in Deutschland, beinahe vier Jahrzehnte nach der Entstehung hebräischer Druckereien in Italien.

Viel Gelehrsamkeit scheint damals in der Prager Gemeinde nicht heimisch gewesen zu sein, denn die Gersonsche Druckerei lieferte in einer geraumen Zeit nicht einmal ein talmudisch-rabbinisches Werk, sondern sorgte nur für den Synagogenbedarf, während die italienischen und türkischen Druckereien wichtige Schriften aus der älteren Zeit und der Gegenwart verbreiteten. Nur eine einzige rabbinische Autorität Prags wird aus dieser Zeit genannt, und diese, Jakob Polak (geb. um 1460, gest. 1535), war ein Ausländer. Er war nächst seinem Namensverwandten im Morgenlande, Jakob Berab, der gründlichste und scharfsinnigste Talmudist dieser Zeit. Merkwürdigerweise sollte die staunenswerte Fertigkeit, den Talmud spitzfindig zu behandeln, welche erst in Polen ihre höchste Ausbildung erhalten sollte, von einem geborenen Polen ausgehen.

Nächst Italien und der Türkei war Polen in dieser Zeit eine Zufluchtsstätte für die Gehetzten und Ausgewiesenen, namentlich aus Deutschland. Hier, wozu auch Lithauen durch Personalunion gehörte, waren die Juden weit besser gestellt als in den Nachbarländern jenseits der Weichsel und der Karpathen, obwohl der Mönch

Capistrano das gute Verhältnis zwischen dem Königtum und den Juden auf einige Zeit gestört hatte.

Die Könige und der Adel waren auf sie gewissermaßen angewiesen und räumten ihnen in der Regel, wenn nicht andere Interessen ins Spiel kamen, Rechte ein, weil die Juden mit ihren Kapitalien und ihrem Handel den Bodenreichtum des Landes in Fluß brachten und die für ein geldarmes Land so unentbehrliche Barschaft verschaffen konnten. Zollpacht und Branntweinbrennereien waren größtenteils in den Händen der Juden. Es versteht sich von selbst, daß sie Äcker besaßen und nicht bloß Handel, sondern auch Handwerke betrieben. Gegen 500 christliche Großhändler gab es in Polen 3200 jüdische, aber dreimal so viel Handwerker, darunter Gold- und Silberarbeiter, Schmiede und Weber. Das für die Juden so überaus günstige Statut Kasimirs IV. bestand noch immer für sie in Kraft. So wurden sie im allgemeinen als Bürger im Staate angesehen, brauchten keine schändenden Abzeichen zu tragen und durften gar Waffen führen. Nach dem Tode dieses staatsklugen Königs erhoben zwar zwei Gegner ihre Waffen gegen sie, einerseits die Geistlichkeit, welche in der günstigen Stellung der Juden im Polenreiche eine Schmälerung des Christentums erblickte, und anderseits die deutsche Kaufmannschaft, welche sich seit langer Zeit in den Städten angesiedelt, ihr Zunft- und Zopfwesen aus Deutschland mitgebracht hatte und den jüdischen Handels- und Handwerkerstand aus Brotneid haßte. Beiden vereint gelang es zu Zeiten, die Nachfolger Kasimirs, seine Söhne Johann Albert und Alexander, der Art gegen die Juden einzunehmen, daß sie deren Privilegien aufhoben, sie in Judenquartiere einschränkten oder sie hier und da aus Städten ganz auswiesen (1496 bis 1505). Doch schon ihr nächster Nachfolger Sigismund I. (1506 bis 1548) war ihnen günstiger und schützte sie öfter gegen Verfolgungen und Ausschließung. Die kräftigste Stütze hatten aber die polnischen Juden an dem polnischen Adel, der die deutschen Städte aus nationaler Antipathie haßte und daher die Juden zum eigenen Nutzen und als Werkzeug gegen die anmaßenden Deutschen benützte. Und da die Adligen zugleich die Palatine, Woiwoden und hohen Beamten waren, so blieben die beschränkenden Gesetze gegen die Juden zum Verdruß der Geistlichkeit und der deutschen Zünftler stets toter Buchstabe. Polen blieb daher ein gesuchtes Asyl für die irgendwo verfolgten Juden. Wollte sich ein zum Christentum übergetretener Jude oder auch ein geborener Christ frei zum Judentum bekennen, so konnte er es ebenso gut in Polen tun wie in der Türkei.

Die Rabbiner waren für die Krone wichtige Mittelspersonen; sie hatten die Befugnis, die Kopfsteuer von den Gemeinden einzuziehen und an die Staatskasse abzuliefern. Daher wurden die Rabbiner großer Städte vom König gewählt oder bestätigt, galten als Oberhäupter bei Verwaltung der Gemeindeangelegenheiten, vertraten sie bei der Krone und führten den Titel Archirabbiner. Sie behielten wie bisher die bürgerliche Gerichtsbarkeit, aber auch die peinliche wurde ihnen hin und wieder eingeräumt, unwürdige Mitglieder zu verbannen und auch mit dem Tode zu bestrafen. Aber in dem Lande, welches mehrere Jahrhunderte die Hauptheimat für den Talmud und die Pflanzstätte für Talmudjünger und Rabbiner werden sollte, welches gewissermaßen eine Zeitlang eine talmudische Atmosphäre hatte, gab es im Anfang des sechzehnten Jahrhunderts noch keine rabbinische Größe. Erst die zahlreich dorthin eingewanderten deutschen Talmudkundigen haben dieses Studium dort heimisch gemacht. Von der Rhein- und Maingegend, von Bayern, Schwaben, Böhmen und Österreich hatten sich ganze Scharen jüdischer Familien an den Ufern der Weichsel und des Dniepr angesiedelt, und diese brachten nach dem Verlust ihrer Habe das Teuerste mit, was sie mit dem Leben verteidigten und ihnen nicht geraubt werden konnte, ihre religiöse Überzeugung, die Sitte der Väter und ihre Talmudkenntnisse. Die deutsch-rabbinische Schule, der in der Heimat jeder Luftzug versperrt worden war, schlug ihr Zelt in Polen und Litthauen, in Ruthenien (Reußen) und Volhynien auf, verbreitete sich nach allen Seiten und verwandelte sich unter der Hand, mit slavischen Elementen geschwängert, in eine eigenartige, in eine polnische Schule.

Aber nicht bloß deutsche Talmudkunde haben die jüdisch-deutschen Flüchtlinge nach Polen verpflanzt, sondern auch die deutsche Sprache — in ihrer damaligen Beschaffenheit; sie impften sie den eingeborenen Juden ein und verdrängten nach und nach aus deren Munde die polnische oder ruthenische Sprache. Wie die spanischen Juden einen Teil der europäischen oder asiatischen Türkei in ein neues Spanien verwandelt haben, so machten die deutschen Juden Polen, Litthauen und die dazu gehörigen Landesteile gewissermaßen zu einem neuen Deutschland. Mehrere Jahrhunderte hindurch zerfielen daher die Juden in spanisch Redende und deutsch Sprechende, gegen welche die Italiens als eine wenig zählende Klasse verschwanden, da auch hier die Juden Spanisch oder Deutsch verstehen mußten. Das deutsche Wesen, die deutsche Unbeholfenheit und Biederkeit haben die in Polen angesiedelten Juden nach und nach abgelegt und überwunden, nur die Sprache nicht. Sie verehrten sie wie ein Palladium, wie eine heilige Erinnerung, und wenn sie sich auch im Verkehr mit Polen der Landessprache bedienten, im trauten Familienkreise, im Lehrhause und im Gebete behielten sie das Deutsche bei. Sie galt ihnen nächst dem Hebräischen als eine heilige Sprache. Es traf sich recht glücklich für die Juden, daß zur Zeit, als sich neue Leiden über ihren Häuptern in Deutschland sammelten, sie an der Grenze ein Land fanden, das ihnen gastliche Aufnahme und Schutz gewährte, denn es brach damals ein Sturm in Deutschland aus, der sein erstes Wehen im beschränkten jüdischen Kreise hatte, wodurch nach und nach die Anfmerksamkeit der ganzen Christenheit auf die Juden mehr, als ihnen lieb war, gelenkt wurde. Eine weitreichende, weltgeschichtliche Geburt, welche Europa umwandeln sollte, lag sozusagen in einer jüdischen Krippe.

Die humanistische und Reformations-Zeitepoche.

Erstes Kapitel.

Der Humanistenkreis und die Reformation.

(1500 bis 1530.)

Wer hätte damals ahnen können, daß gerade von dem deutschen Volke, von dem Lande der Raubritter, der täglichen Fehden um die nichtigsten Dinge, der Zerfahrenheit politischer Zustände, eine Bewegung ausgehen würde, welche die europäischen Zustände bis in ihre Tiefen erschüttern, eine neue Gestaltung der politischen Verhältnisse schaffen und dem Mittelalter den Todesstoß versetzen würde? Eine Reformation der Kirche und des politischen Zustandes, welche erleuchtete Geister damals geträumt haben, hätte man am allerwenigsten von Deutschland erwarten können. Und doch schlummerten in diesem Volke stille Kräfte, welche nur geweckt zu werden brauchten, um eine Wiederverjüngung anzufachen. Unter den Deutschen herrschte noch größere Lebenseinfachheit und Sittenstrenge, pedantisch zwar und mit lächerlicher Außenseite, als in den tonangebenden romanischen Ländern, in Italien, Frankreich und Spanien, wo bereits Überfeinerung, Übersättigung und sittliche Fäulnis eingetreten waren. Gerade weil sich bei den Deutschen die urgermanische Plumpheit am längsten behauptet hatte, konnte es den sittenverderbenden Geistlichen nicht ganz gelingen, sie mit dem Gifte ihrer Lasterhaftigkeit zu verderben. Die niedrige Geistlichkeit war hier im Verhältnis zu der der übrigen europäischen Länder keuscher und verschämter. In Rom und in Italien verlachte man in den gebildeten Kreisen und am meisten am päpstlichen Hofe das Christentum und seine Glaubenslehren und klammerte sich nur an die daraus entsprungene politische Macht. In Deutschland dagegen, wo man außer in Trinkstuben wenig lachte, machte man mit dem Christentume mehr Ernst, dachte es sich noch als ein Ideal, das einmal lebendig gewesen und wieder lebendig werden müßte.

Aber diese sittlichen Keime im deutschen Volksstamme waren so sehr verborgen und vergraben, daß es günstiger Umstände bedurfte, sie ans Licht zu treiben und als geschichtliche Mächte hervortreten zu lassen. Einen großen Anteil an der Erweckung der schlummernden Kräfte hatte mittelbar der Talmud. Man darf kühn behaupten, daß der Streit für und wider den Talmud das Bewußtsein der Deutschen wachgerufen und eine öffentliche Meinung geschaffen hat, ohne welche die Reformation, wie so viele andere Versuche, in ihrer Geburtsstunde gestorben oder gar nicht zur Geburt gelangt wäre. Ein geringfügiges Gerölle hat einen erschütternden Lawinensturz herbeigeführt.

Das unscheinbare Sandkörnchen, welches diesen Sturz herbeigeführt, war ein unwissender, grundgemeiner jüdischer Wicht, welcher nicht verdient hat, daß von ihm in Literatur und Geschichte die Rede sei, den aber die Vorsehung bestimmt zu haben scheint, wie den Stinkkäfer, ein nützliches Werk wider Willen zu vollbringen. Joseph Pfefferkorn war seines Handwerks ein Metzger. Seine sittliche Verworfenheit war noch größer als seine Unwissenheit. Er beging einen Diebstahl mit Einbruch, wurde ertappt, dafür mit Kerkerhaft bestraft und nur auf dringendes Bitten seiner Verwandten und durch Erlegung von Strafgeld davon befreit. Diese Schmach, so scheint es, hatte er mit Taufwasser abwaschen wollen, und die Kirche war nicht sehr wählerisch, sie nahm auch einen solchen Wicht auf, als er sich zur Annahme des Christentums im sechsunddreißigsten Lebensjahre mit Weib und Kindern meldete. In Cöln wurde er von den unwissenden, hochmütigen und fanatischen Dominikanern gehegt und gepflegt. Cöln war damals ein Eulennest lichtscheuer Großsprecher, welche den Anbruch einer hellen Zeit mit dem dichten Nebel wissensfeindlicher Dummgläubigkeit zu verdunkeln bestrebt waren. An der Spitze derselben stand Hochstraten (Hoogstraten), Inquisitionsrichter oder Ketzermeister, ein gewalttätiger, rücksichtsloser Mensch, der sich nach Brandgeruch verkohlter Ketzer förmlich sehnte. Ihm ähnlich war Arnold aus Tungern, Professor der Dominikanertheologie. Der dritte im Bunde war Ortuin de Graes aus Deventer (Ortuinus Gratius), der Sohn eines Geistlichen, der es darin seinem Vater nachtun wollte.

Ortuin de Graes hegte einen so glühenden Haß gegen die Juden, daß er nicht bloß aus Glaubenseifer entstanden sein konnte. Er verlegte sich förmlich darauf, durch judenfeindliche Schriften den Haß der Christen gegen sie rege zu machen. Allein zu unwissend, auch nur eine Flugschrift zustande zu bringen, zog er getaufte Juden heran, die ihn mit Stoff versehen mußten. Ein Jude, der bei irgend einer Verfolgung oder aus anderen Gründen in seinem fünfzigsten Lebensjahre zum Christentum übergetreten war und den Namen Victor von Karben angenommen hatte, wurde zum Rabbiner gestempelt — er verstand nur wenig hebräisch und rabbinisch — um seiner Bekämpfung des Judentums und Anerkennung des Christentums mehr Gewicht beizulegen. Freiwillig oder gezwungen machte Victor von Karben (der es mit Schmerz aussprach, er habe beim Übertritt Frau, drei Kinder, Brüder und liebe Freunde verlassen) den Juden zum Vorwurfe, daß sie voller Bosheit gegen die Christen wären und alles Christliche schmähten.

Von diesem ließ sich Ortuin Gratius das Material zu Anklagen gegen die Juden, ihren Talmud und ihre Abscheulichkeiten liefern und machte ein Buch daraus. Victor von Karben scheint doch nicht recht brauchbar oder schon zu alt gewesen zu sein, um einen von langer Hand angelegten Plan ausführen zu helfen, damit dem Dominikanerorden, als dem Ketzergericht über Menschen und Schriften, einträgliche Geschäfte zufielen. Sie brauchten aber einen Juden dazu, denn ihre eigene Firma war nicht lange vorher in außerordentliche Mißachtung geraten.

Brauchbarer schien Pfefferkorn. Er gab seinen Namen zu einer neuen judenfeindlichen Schrift her, welche wiederum Ortuin Gratius zuerst lateinisch ausgearbeitet hat. Einen „Spiegel zur Ermahnung“, sich zum Christentum zu bekehren, hielt er den Juden vor. Diese erste judenfeindliche Schrift unter Pfefferkorns Namen tut noch freundlich mit den Juden, streichelt sie noch ein wenig und läßt sich sogar angelegen sein, die häufigen Anschuldigungen gegen sie vom Stehlen und Schlachten von Christenkindern als unwahr und verläumderisch zu erklären. Sie richtet noch die Bitte an die Christen, die Juden nicht auszuweisen, da sie bisher stets von einem Exil ins andere gehetzt wurden, ihnen auch keinen allzu unerträglichen Druck aufzulegen, da sie doch gewissermaßen auch Menschen seien. Aber diese Freundlichkeit war nur Maske, es war ein ausgestreckter Fühler, um sichern Boden zu gewinnen.

Die cölnischen Dominikaner hatten es nämlich darauf angelegt, auf Konfiszierung der talmudischen Schriften zu dringen, wie zur Zeit Ludwigs des Heiligen von Frankreich. Darauf zielte von weitem die erste Flugschrift Pfefferkorns. Sie ging nämlich darauf los, den Talmud zu verdächtigen. Sie machte abwechselnd mit zärtlichen Anrufungen und boshaften Schmähungen den Juden zum Vorwurf, daß sie dem Wucher ergeben seien, zum Kirchenbesuch nicht zwangsweise angehalten würden und dem Talmud anhingen. Würden diese Hindernisse beseitigt werden, so würden die Juden sich massenhaft zur Kirche drängen. Die Flugschrift ermahnte daher die Fürsten und Völker, dem Wucher der Juden zu steuern, sie zum Kirchenbesuche und zum Anhören von Predigten zu zwingen und endlich den Talmud zu verbrennen. Sie gestand zwar ein, daß es nicht billig wäre, das Eigentumsrecht der Juden auf ihre Schriften zu verletzen. Allein da die Christen sich doch nicht scheuen, den Juden allerlei Gewalt anzutun, so sei dagegen die Konfiszierung ihrer talmudischen Schriften eine unschuldige Sache. Darauf ganz allein hatte es diese unter Pfefferkorns Namen erschienene Schrift abgesehen. — Es war damals ein weit verbreitetes Urteil in Deutschland, daß die cölner Nachteulen mit Pfefferkorn dabei ein Geschäft machen wollten. Wenn sie auf die Fürsten und die öffentliche Meinung einwirken könnten, die Talmudexemplare mit Beschlag zu belegen, worüber dann die Dominikaner als gesetzliche Inquisitionsrichter die Verfügung hätten, so würden die deutschen Juden, die den Talmud nicht missen konnten, mit vollen Händen kommen, um die Konfiszierung rückgängig zu machen. Darum traten die Dominikaner unter Pfefferkorns Schild in dem nächsten Jahre mit noch gehässigern Forderungen auf in mehreren Schriften, worin auseinandergesetzt wurde, es sei Christenpflicht, die Juden wie räudige Hunde zu verjagen. Sollten die Fürsten darauf nicht eingehen, so möge das Volk die Sache in die Hand nehmen, zuerst die Fürsten angehen, den Juden alle Bücher mit Ausnahme der Bibel und alle Pfänder mit Gewalt zu nehmen, noch mehr, ihnen die Kinder zu entreißen und sie christlich erziehen zu lassen und die Erwachsenen als unverbesserliche Schelme ins Elend zu jagen. Es sei keine Sünde, den Juden das Schlimmste zuzufügen, da sie nicht Freie, sondern mit Leib und Gut Eigentum der Fürsten seien. Sollten diese auf das Gesuch des Volkes nicht gutwillig eingehen, so möge dieses sich in Massen versammeln, ja, einen Aufruhr machen und mit Ungestüm die Erfüllung der Christenpflicht zur Schädigung der Juden verlangen. Die Massen sollten sich zu Rittern Christi aufwerfen und sein Testament vollziehen. Wer den Juden Leid zufügt, sei ein Glied Christi, wer sie aber begünstigt, der sei noch schlimmer als sie und werde jenseits mit ewigem Weh in höllischem Feuer bestraft werden.

Aber Pfefferkorn, Ortuin Gratius und die cölner Judenfresser kamen doch etwas zu spät. Aufläufe zum Totschlagen der Juden waren nicht mehr an der Zeit, wenn diese auch damals nicht weniger als zur Zeit der Kreuzzüge und des schwarzen Todes gehaßt und verachtet waren. Die Fürsten waren noch weniger zu bewegen, die Juden zu vertreiben, da mit ihnen auch ein regelmäßig einlaufender Einnahmeposten weggefallen wäre. Um Bekehrung der Juden war man damals auch nicht mehr sehr eifrig, vielmehr wiesen manche Christen höhnisch und spottend auf getaufte Juden. Es hatte sich damals ein Gleichnis unter den Christen gebildet, ein getaufter Jude gleiche weißer reiner Leinewand. So lange sie frisch ist, erfreue sich das Auge daran, einige Tage im Gebrauche, wird sie beseitigt und zum Schmutze geworfen. So wird ein übergetretener Jude nach frischer Taufe von Christen gehegt; gehen dann Tage vorüber, wird er vernachlässigt, gemieden, ausgeschlossen und dann gar verspottet.

Die deutschen Juden, welche von Pfefferkorns Eifer neue Gefahren für sich fürchteten, arbeiteten ihm, soviel sie vermochten, entgegen. Jüdische Ärzte, welche an den fürstlichen Höfen beliebt waren, scheinen ihren Einfluß auf ihre Gönner geltend gemacht zu haben, um Pfefferkorns Anschuldigungen als erlogen zu bezeichnen. Das letzte Ziel der cölner Dunkelmänner, den Talmud zu vernichten, glaubten sie indes weit eher erreichen zu können. Die Talmudexemplare und überhaupt jedes mit ihrer Religion zusammenhängende Buch, außer der Bibel, sollte den Besitzern genommen und Haussuchung darüber gehalten werden; sie sollten sogar durch die Folter zum Ausliefern derselben gezwungen werden. Auf den Kaiser Maximilian hatten sie es besonders abgesehen, ihn wollten sie bestürmen, auf ihn, der nicht leicht zu einer Gewalttat die Hand bot, geradezu einen Druck ausüben, damit er die Juden samt deren Schriften und Geldbeutel ihrer Willkür überliefere. Sie bedienten sich dazu der büßermäßigen Überfrömmigkeit einer unglücklichen Fürstin als Helferin.

Die schöne Schwester Maximilians, Kunigunde, Lieblingstochter des Kaisers Friedrich III., hatte ihrem greisen Vater in ihrer Jugend viel Herzeleid verursacht. Hinter dem Rücken des Vaters hatte sie sich mit dessen erklärtem Feinde verheiratet. Lange Zeit mochte der tiefgekränkte Vater nicht einmal ihren Namen nennen hören. Als ihr Gemahl im Mannesalter starb (1508), war die verwitwete Kunigunde vielleicht aus Reue über ihren Jugendfehler aus ihren herzoglichen Gemächern in ein Franziskanerkloster in München getreten. Als Äbtissin der Klarissinnen kasteite sie ihren Leib. Auf das verdüsterte Gemüt dieser Fürstin spekulierten nun die cölner Dominikaner. Sie versahen Pfefferkorn mit Empfehlungsschreiben an sie. Er sollte ihr mit giftiger Zunge das schändliche Treiben der Juden, ihre Schmähungen gegen Jesus, Maria, die Apostel und die Kirche überhaupt schildern; auch sollte er ihr an die Hand geben, daß die Judenschriften samt und sonders all diese Schändlichkeiten enthielten und abgetan zu werden verdienten. Wie leicht ist nicht ein Weib, und noch dazu ein stockgläubiges, in Klostermauern verdumpftes, zu überreden? Kunigunde schenkte den Verläumdungen gegen die Juden und ihr Schrifttum um so mehr Glauben, als sie aus dem Munde eines ehemaligen Juden kamen, der doch ihre Gewohnheiten und Bosheiten kennen müsse, besonders auf dessen Versicherung, mit der Vertilgung der jüdischen Schriften würden sich sämtliche Juden nach und nach zum Christentum bekehren.

Pfefferkorn erlangte von der fürstlichen Nonne leicht, was er gewünscht. Sie gab ihm ein dringendes Schreiben an ihren kaiserlichen Bruder mit, worin sie denselben beschwor, den Lästerungen der Juden gegen das Christentum zu steuern und einen Befehl zu erlassen, daß ihnen sämtliche Schriften mit Ausnahme der Bibel entrissen und verbrannt werden möchten. Sonst würden die Sünden der Gotteslästerung, welche täglich von den Juden begangen würden, auf sein gekröntes Haupt fallen. Mit diesem Schreiben versehen, begab sich Pfefferkorn stracks ins Lager des Kaisers.

Dem fanatischen Schreiben Kunigundens und Pfefferkorns mündlichen Anschwärzungen gelang es, Maximilian ein Mandat (vom 10. August 1509) abzugewinnen, worin er dem getauften Bösewicht Vollgewalt über die Juden einräumte. Er sollte das Recht haben, die jüdischen Schriften überall im Deutschen Reich zu untersuchen und alle, deren Inhalt gegen die Bibel und den Christenglauben gerichtet wären, zu vernichten. Den Juden schärfte das Mandat ein, bei Vermeidung von schwerer Strafe an Leib und Gut, keinen Widerstand zu leisten und ihre Schriften Pfefferkorn zur Verfügung vorzulegen.

Triumphierend eilte Pfefferkorn mit dem Vollmachtschreiben des Kaisers in den Händen, das ihn zum Herrn über die Juden gemacht, nach Deutschland zurück, um Jagd auf die jüdischen Schriften oder die jüdischen Säckel anzustellen. Er begann sein Geschäft mit der damals bedeutendsten deutschen Gemeinde, Frankfurt, wo es viele Talmudkundige, folglich viele Talmudexemplare und auch wohlhabende Juden gab und außerdem Talmudexemplare und verwandte Schriften zum Verkauf auf der Messe aufgestapelt lagen. Auf Pfefferkorns Veranlassung versammelte der Rat sämtliche Juden in der Synagoge und verkündigte ihnen des Kaisers Befehl, ihre Schriften auszuliefern. Im Beisein von Geistlichen und Räten wurden dann sämtliche Gebetbücher, welche sich in den Synagogen befanden, konfisziert. Es war gerade Vorabend des Hüttenfestes (Freitag, 28. September 1509). Aus eigener Machtvollkommenheit oder mit dem Vorgeben, auch dazu vom Kaiser ermächtigt zu sein, verbot Pfefferkorn den Besuch der Synagoge für den Freitag; er beabsichtigte an demselben Haussuchung zu halten. Denn ihm lag am meisten daran, der Talmudexemplare habhaft zu werden. Indessen waren die anwesenden Geistlichen nicht so rücksichtslos, das Fest der Juden in Trauer zu verwandeln, und verschoben diese Nachforschung nach den Büchern auf den folgenden Montag. Was taten die Juden? Auch das zeugt für das Wesen einer neuen Zeit, daß sie es wagten, Einspruch gegen diesen gewalttätigen Eingriff zu tun. Sie ließen nicht mehr, wie früher in Deutschland, Beraubungen, Plünderungen und selbst den Tod mit stiller Lammesgeduld über sich ergehen. Sie beriefen sich vielmehr auf ihre von Kaisern und Päpsten verbrieften Rechte, welche ihnen Religionsfreiheit zusicherten, und der Besitz ihrer Gebet- und Lehrbücher sei darin eingeschlossen. Sie verlangten Aufschub der Bücherkonfiskation, um an den Kaiser und das Kammergericht zu appellieren. Der Vorstand der Frankfurter Gemeinde sandte noch dazu einen Deputierten an den Kurfürsten und Erzbischof von Mainz, U r i e l v o n G e m m i n g e n, um ihn, zu dessen Sprengel Frankfurt gehörte, zu bewegen, den Geistlichen ihre Mittätigkeit an der ungerechten Sache zu verbieten. Als Pfefferkorn die Haussuchung begann, langte ein Schreiben vom Erzbischof an, welcher zunächst den Geistlichen verbot, Pfefferkorn Beistand zu leisten; dadurch wurde der Anschlag vereitelt. Denn auch die Ratsherren zogen sich von der Sache zurück, sobald sie von der Teilnahme des höchsten geistlichen Würdenträgers in Deutschland für die Juden Kunde hatten. Diese legten nicht die Hände in den Schoß, denn wenn sie auch nicht wußten, daß die mächtigen Dominikaner hinter Pfefferkorn standen, ahnten sie doch, daß Judenfeinde sich dieses boshaften Wichtes bedienten, um Verfolgungen über sie heraufzubeschwören. Sie sandten sofort einen Anwalt für ihre Sache, J o n a t h a n Z i o n, an den Kaiser und einen anderen an die nahen und fernen deutschen Gemeinden, zu gemeinsamer Beratung auf einen Gemeindetag für den folgenden Monat zusammenzukommen, um Schritte zur Abwendung der Gefahr zu tun und besonders Gelder zusammenzuschießen.

Für den Augenblick schien die für die Juden so peinliche Angelegenheit eine günstige Wendung zu nehmen, besonders durch das Verhalten des Erzbischofs von Mainz. Sei es aus Rechtsgefühl — er war ein billig denkender Mann — oder aus Judenfreundlichkeit oder aus Abneigung gegen die dominikanische Ketzerriecherei oder endlich aus Eifersucht, daß der Kaiser in seine Befugnisse eingegriffen und einem solchen Wicht geistliche Gerichtsbarkeit in seinem Sprengel übertragen hatte, Uriel von Gemmingen nahm geradezu Partei für die Juden. Er richtete ein Schreiben an den Kaiser (5. Okt.), worin er einen leisen Tadel aussprach, daß der Kaiser einem so unwissenden Menschen Vollmacht in dieser Angelegenheit erteilt hatte, behauptete, daß seines Wissens dergleichen lästerliche und christenfeindliche Schriften unter den Juden seines Sprengels nicht vorhanden seien, und gab zu verstehen, wenn der Kaiser durchaus auf der Untersuchung und Konfiskation des jüdischen Schrifttums bestehen sollte, er einen Sachkenner damit betrauen müsse. Pfefferkorn ließ der Erzbischof zwar nach Aschaffenburg kommen, aber nur, um seine Parteinahme nicht zu verraten, und gab ihm zu verstehen, daß dessen von Maximilian mitgebrachtes Mandat einen Formfehler enthielte, wodurch es unwirksam würde, da die Juden die Gültigkeit desselben anfechten könnten. Bei dieser Unterredung tauchte zum ersten Male der Name Reuchlins auf, sei es, daß Pfefferkorn oder der Erzbischof ihn zuerst genannt hatte. Es wurde nämlich dabei besprochen, den Kaiser anzugehen, Reuchlin (auch Viktor von Karben) und einen cölner Dominikaner zu Richtern über die Schriften der Juden zugleich mit Pfefferkorn zu ernennen.

Dieser oder die cölner Dominikaner glaubten sich nämlich der Mithilfe eines Mannes versichern zu müssen, der vermöge seiner Gelehrsamkeit, seines Charakters und seiner geachteten Stellung die Maßregel wirksamer zu machen versprach. Reuchlin, der Stolz Deutschlands, sollte ihr Bundesgenosse werden, um etwaige Gegner derselben von vornherein zu entwaffnen. Es soll auch im Plane gelegen haben, diesen von den Finsterlingen scheel angesehenen Mann, welcher zu ihrem Verdrusse die hebräischen Sprachstudien zuerst in Deutschland und in Europa überhaupt unter den Christen angeregt hat, so oder so zu kompromittieren. Aber eben durch diese feinen Kniffe haben Pfefferkorn und seine Führer nicht nur ihre Sache vollständig vereitelt, sondern einen Sturm erzeugt, welcher in kaum einem Jahrzehnt das ganze Gebäude der katholischen Kirche tief erschüttert hat. Mit Recht sagte man später, der halbjüdische Christ habe dem Christentume mehr geschadet, als es sämtliche unflätige Schriften der Juden vermocht hätten. Johannes Reuchlin aus Pforzheim (geb. 1455, gest. 1522) hat das Mittelalter in die neue Zeit hinüberleiten helfen und hat darum einen klangvollen Namen in der Geschichte des sechzehnten Jahrhunderts erhalten. Er hat unter dem lateinischen Namen Capnio mit seinem jüngeren Zeitgenossen Erasmus von Rotterdam die Schmach der Barbarei von Deutschland genommen und durch ihr Beispiel und ihre Anregung auf weite Kreise bewiesen, daß die Deutschen in Kenntnis der lateinischen und griechischen Sprache, in geschmackvoller Darstellung und überhaupt in humanistischer Bildung mit den Italienern wetteifern konnten. Neben einer erstaunlichen Gelehrsamkeit in der klassischen Literatur und einem eleganten Stile besaß Reuchlin einen lautern, gediegenen Charakter, edle Gesinnung, eine in jeder Beziehung bewährte Rechtschaffenheit, eine bewunderungswürdige Wahrheitsliebe und ein weiches Gemüt. Vielseitiger als Erasmus verlegte sich Reuchlin auf die Kenntnis des Hebräischen, um die gottbegnadete Sprache inne zu haben und es darin dem Kirchenvater Hieronymus gleich zu tun, der sein Vorbild war. Reuchlins Liebe zur hebräischen Sprache wurde gar zur Schwärmerei, als er bei seiner zweiten Reise nach Rom den gelehrten Jüngling, das Wunderkind Italiens, Pico de Mirandola, in Florenz kennen gelernt und von ihm erfahren hatte, welche tiefe, wunderbare Geheimnisse in den hebräischen Quellen der Kabbala verborgen lägen. Reuchlin hatte seit der Zeit einen wahren Durst nach der hebräischen Literatur, aber er konnte ihn nicht löschen. Erst im reifen Alter gelang es ihm, tiefer in die Kenntnis der hebräischen Sprache eingeführt zu werden. Bei seinem Aufenthalte in Linz, am Hofe des greisen Kaisers Friedrich III., lernte er den kaiserlichen Leibarzt und jüdischen Ritter Jakob Loans kennen, und dieser wurde sein Lehrer in der hebräischen Sprache und Literatur.

Seine mit so viel Eifer erworbenen hebräischen Kenntnisse suchte Reuchlin alsbald zu verwerten. Er arbeitete ein Werkchen aus, von dem wunderbaren Worte, das eine begeisterte Lobrede auf die hebräische Sprache ist. „Die Sprache der Hebräer ist einfach, unverdorben, heilig, kurz und fest, in welcher Gott mit den Menschen und die Menschen mit den Engeln unmittelbar und ohne Dolmetsch von Angesicht zu Angesicht verkehren, wie ein Freund mit dem andern zu sprechen pflegt." Ein für seine Altertümer eingenommener Jude könnte nicht begeisterter davon sprechen. Reuchlin stellte sich zur Aufgabe, nachzuweisen, daß die Weisheit aller Völker, die Symbole der heidnischen Religion, die Formen ihres Kultus nichts weiter als Verkennung und Entstellung der hebräischen Wahrheit seien, welche in den Worten, Buchstaben, ja selbst in den Figuren der hebräischen Buchstaben geheimnisvoll und tief enthalten sei.

Reuchlin mochte übrigens fühlen, daß seine hebräischen Kenntnisse noch manche Lücke hatten, und so ließ er es sich nicht verdrießen, als Gesandter des Churfürsten von der Pfalz in Rom, um dessen Sache am Hofe des Papstes Alexander VI. zu vertreten, (1498 bis 1500), sich in der hebräischen Literatur durch einen andern Lehrer, Obadia Sforno, weiter zu bilden. So saß der deutsche Humanist, der bereits ein gefeierter Mann war, dessen lateinische Reden von Italienern bewundert wurden, zu den Füßen gelehrter Juden, um sich im Hebräischen zu vervollkommnen.

Da er nun in Deutschland, ja man kann sagen in ganz Europa, der einzige Christ war, der sich mit der heiligen Sprache vertraut gemacht hatte, und die Sehnsucht nach Kenntnis derselben, sowie des Griechischen nicht vereinzelt war, so drängten ihn seine zahlreichen Freunde eine hebräische Sprachlehre auszuarbeiten, welche die Lernbegierigen in den Stand setzen sollte, sich selbst darin zu belehren. Die erste hebräische Sprachlehre von einem Christen ausgearbeitet, die Reuchlin als ein „Denkmal, dauernder als Erz“ bezeichnete (vollendet März 1506), war freilich dürftig genug ausgestattet. Sie lieferte lediglich das Allernotwendigste zur Aussprache und zur Formenlehre und war zugleich ein Wörterbuch, dessen Unvollkommenheit von einem Anfänger nicht überraschen darf. Aber diese Grammatik hatte eine bedeutende Wirkung: sie regte die hebräischen Studien bei einem großen Kreis von Humanisten an, die sich seitdem mit allem Eifer darauf warfen. Bei der lutherischen Kirchenreformation erzeugten diese Studien einen neuen Gärungsstoff. Eine Reihe von Jüngern Reuchlins, Sebastian Münster, Widmannstadt, traten in seine Fußtapfen und hoben die hebräische Sprache zur Ebenbürtigkeit mit der griechischen.

Wenn Reuchlin in die Judengasse herabstieg, um einen daselbst vergrabenen Schatz zu heben, so war er darum anfangs doch nicht weniger als seine Zeitgenossen von dickem Vorurteil gegen den jüdischen Stamm befangen. Uneingedenk seines ehemaligen Glanzes und ohne Blick für dessen gediegenen, wenn auch von einer abschreckenden Schale umgebenen Kern, betrachtete Reuchlin ihn nicht nur als barbarisch und alles Kunstsinnes bar, sondern auch als niedrig und verworfen. Er beteuerte aufs feierlichste, daß er weit entfernt sei, die Juden zu begünstigen. Mit dem zerfahrenen Kirchenvater Hieronymus, seinem Musterbilde, bezeugte er, daß er die jüdische Nation gründlich haßte. Zugleich mit seiner hebräischen Sprachlehre verfaßte er ein Sendschreiben (Missive), worin er alles Elend der Juden von ihrem verblendeten Unglauben herleitete, statt es in der Lieblosigkeit der Christen gegen sie zu suchen. Reuchlin beschuldigte sie nicht weniger als Pfefferkorn der Lästerung gegen Jesus, Maria, die Apostel und die Christen überhaupt.

Später hatte es Reuchlin zu bedauern, diese judenfeindliche Schrift verfaßt zu haben, denn sein Herz teilte nicht das Vorurteil seines Kopfes. Wo er mit einzelnen Juden zusammentraf, wendete er ihnen sein Herz oder wenigstens Achtung zu; er mochte finden, daß sie besser waren, als das Bild, welches sich Christen von den Juden entworfen hatten. Sein Rechtsgefühl konnte es nicht über sich bringen, den Juden geradezu Unrecht tun zu lassen oder gar die Hand dazu zu bieten. Obwohl sich Reuchlin bis dahin auch nicht einmal einen Schatten von Ketzerei hatte zu Schulden kommen lassen und mit dem Dominikanerorden auf bestem Fuße stand, so sahen die Finsterlinge doch in ihm instinktmäßig ihren geheimen Feind. Das Pflegen der Wissenschaft, die Beschäftigung mit der klassischen Literatur, die Begeisterung für die griechische Sprache, welche Reuchlin in Deutschland zuerst geweckt hatte und nun gar die Einführung der hebräischen Sprache, die Bevorzugung der „hebräischen Wahrheit“ gegen die verdorbene, in der Kirche als kanonisch geltende lateinische Übersetzung der Bibel, „Vulgata“ genannt, das alles galt den Finsterlingen als ebenso viele Frevel, gegen die zwar nicht sofort von seiten der Ketzergerichte eingeschritten werden konnte, die ihm aber einen Platz in ihrem schwarzen Buche sicherten.

Der Auftrag an Pfefferkorn, den geheimen Agenten der cölner Dominikaner, Reuchlin bei der Untersuchung der lästerlichen, jüdischen Schriften heranzuziehen, war, wie bereits angedeutet, eine schlau berechnete Falle. Auf seiner zweiten Reise in des Kaisers Lager suchte Pfefferkorn daher Reuchlin in dessen Behausung geradezu auf, bemühte sich ihn zum Bundesgenossen seiner giftigen Pläne gegen die Juden zu machen, und zeigte ihm des Kaisers Mandat. Reuchlin lehnte dieses Ansinnen halb ab, lobte zwar das Bestreben, die jüdischen Schmähschriften gegen das Christentum zu vertilgen, meinte aber das Mandat des Kaisers habe einen Formfehler, wodurch das Einschreiten gegen die jüdischen Schriften ungesetzlich erschiene. Reuchlin soll ihm damals auch zu verstehen gegeben haben, sich dabei zu beteiligen, wenn er dazu aufgefordert werden sollte. Pfefferkorn begab sich infolgedessen zum Kaiser, um ein zweites formgerecht eingerichtetes und unanfechtbares Mandat von ihm zu erwirken.

Der Anwalt der Frankfurter Gemeinde, Jonathan Zion, und ein in der Umgebung des Kaisers beliebter Jude, Isaak Triest, wendeten indessen allen Eifer an, um Pfefferkorns Plan zu vereiteln. Sie wurden von angesehenen Christen unterstützt, von dem Vertreter des Erzbischofs und vom Markgrafen von Baden. Die jüdischen Anwälte machten zunächst die Privilegien geltend, welche den Juden von den Kaisern und Päpsten Religionsfreiheit verbrieft haben, wonach es auch dem Kaiser nicht gestattet sei, Eingriffe in ihre inneren Angelegenheiten, in den Besitz ihres religiösen Schrifttums, zu machen. Die jüdischen Anwälte verfehlten auch nicht, dem Kaiser beizubringen, daß ihr Ankläger ein verworfener Mensch, ein Dieb und Einbrecher sei. Schon glaubten sie am Ziele ihrer Wünsche zu sein. Der Kaiser hatte ihr Gesuch in einer Audienz angehört und hat schließlich Uriel von Gemmingen, ihren Gönner, zum Kommissar in dieser Sache ernannt. War das nicht ein günstiges Zeichen?

Allein sie kannten Maximilians wankelmütigen Charakter nicht. Sobald Pfefferkorn von neuem bei ihm mit einem eigenhändigen Schreiben seiner Schwester erschien, worin die überfromme Nonne ihn beschwor, das Christentum nicht durch Rücknahme des Mandats zu schädigen, neigte sich das Zünglein der Wage gegen die Juden. Ohnehin wurmte es den Kaiser, daß die so tief stehenden Juden in

Frankfurt es gewagt hatten, seinem Mandat zuwider, die Auslieferung der Bücher in ihren Häusern zu verweigern.

Darauf hin erließ er ein zweites Mandat (10. November 1509). Darin machte Maximilian den Juden zum Vorwurf, daß sie sich erkühnt, Widerstand zu leisten, befahl die Konfiskation fortzusetzen, ernannte allerdings den Erzbischof Uriel zum Kommissar, gab ihm aber an die Hand, Gelehrte von den Hochschulen Cöln, Mainz, Erfurt und Heidelberg und gelehrte Männer wie Reuchlin, Viktor von Karben und auch den im Hebräischen völlig unwissenden Ketzerrichter Hochstraten hinzuzuziehen.

Mit diesem Mandat in der Tasche eilte Pfefferkorn nach dem Schauplatz seiner Tätigkeit in die Rheingegend zurück. Der Erzbischof Uriel ernannte darauf den Regens der Universität Mainz zu seinem Delegierten, um die Bücherkonfiskation seitens der Juden zu leiten. Mit ihm zusammen begab sich Pfefferkorn abermals nach Frankfurt, und die Jagd auf hebräische Schriften begann von neuem. So wurden den Frankfurter Juden 1500 handschriftliche Werke abgenommen (mit den bereits früher eingezogenen) und in das Rathaus niedergelegt. Auch in anderen Städten betrieb Pfefferkorn sein Geschäft mit vielem Eifer.

Schlimmer noch als des Kaisers wankelmütiges Verhalten war die Teilnahmlosigkeit der größeren Gemeinden Deutschlands für die Beschickung eines Gemeindetages zur Beratung und Vereitlung der boshaften Anschläge Pfefferkorns oder richtiger der Dominikaner. Kleinere Gemeinden hatten allerdings ihre Beiträge zu den Ausgaben für diese so peinliche Sache beigesteuert; aber die größeren und reicheren, Rothenburg an der Tauber, Weißenburg und Fürth, auf welche die Frankfurter am meisten gerechnet hatten, zeigten einen gleichgültigen Sinn. Als aber infolge des zweiten Mandats des Kaisers die jüdischen Bücher von neuem nicht bloß in Frankfurt, sondern auch in anderen Gemeinden konfisziert wurden, rafften sich die Gemeinden zur Tat auf.

Der Rat von Frankfurt wurde zunächst zu ihren Gunsten umgestimmt. Zur Frankfurter Frühjahrsmesse pflegten jüdische Buchhändler ihre Bücherballen zum Verkauf zu bringen. Da nun Pfefferkorn auch diese zu konfiszieren drohte, so weigerte sich der Rat von Frankfurt, zu diesem Ansinnen die Hand zu bieten, weil er das Meßrecht nicht verletzen lassen mochte. Ohnehin hatten die jüdischen Buchhändler Geleitschriften von den Fürsten und Herren ihrer Heimat, welche nicht bloß ihre Person, sondern auch ihr Gut schützten. Der Erzbischof Uriel verhielt sich schmollend dazu, und war mehr den Juden zugeneigt. Er berief die vom Kaiser bezeichneten gelehrten Männer zur Prüfung der jüdischen Bücher nicht zusammen, sondern tat nur, was er nicht unterlassen konnte. Auch von seiten mancher Fürsten, welchen die Juden über die Tragweite dieser seltsamen Konfiskation die Augen geöffnet hatten, scheinen Beschwerden an den Kaiser gelangt zu sein. Die öffentliche Meinung war besonders gegen Pfefferkorn eingenommen.

Dieser und die Dominikaner ruhten aber auch nicht, sondern machten Anstrengungen, den Kaiser und auch die öffentliche Meinung für sich zu gewinnen. Es war wunderbar, daß die Feinde der Öffentlichkeit der bis dahin stummen Richterin den Mund geöffnet und ihr zur Macht verholfen haben. Zu diesem Zwecke erschien unter Pfefferkorns Namen eine neue Schmähschrift gegen die Juden: „Zu Lob und Ehren des Kaisers Maximilian." Sie blies dem Kaiser ganze Wolken von Weihrauch ins Gesicht und bemerkte mit Bedauern, daß die Anschuldigungen gegen die Juden und den Talmud in christlichen Kreisen aus Leichtfertigkeit und Unverstand so wenig beachtet würden. Die Cölner Dominikaner — sie standen stets hinter Pfefferkorn — suchten durch die öffentliche Meinung einen moralischen Druck auf Maximilian auszuüben.

Diese muß indessen so sehr gegen die Finsterlinge gesprochen haben, daß Maximilian sich bewogen fühlte, einen für einen Kaiser ungewöhnlichen Schritt zu tun, seine früheren Befehle gewissermaßen zu widerrufen und dem Rat von Frankfurt zu befehlen, den Juden ihre Schriften zurückzustellen (23. Mai 1510) „bis zur Vollendung unseres Vornehmens und Beschau der Bücher". Die Freude der Juden war groß, wie sich denken läßt. Waren sie doch einer großen Gefahr entronnen. Denn es handelte sich nicht bloß um ihr Schrifttum, das ihrem Herzen so teuer war, sondern um ihre Stellung im deutsch-römischen Reiche. Aber sie hatten zu früh triumphiert. Die Dominikaner gaben die bereits errungenen Erfolge nicht so leicht auf. Ein trübseliger Vorfall in der Mark Brandenburg gab ihren feindlichen Bestrebungen neue Nahrung und einen Anhaltspunkt zu Anklagen. Ein Dieb hatte in einer Kirche ein Ziborium mit einer vergoldeten Monstranz gestohlen. Über die Hostie befragt, machte er Geständnisse, sie an Juden im Brandenburgischen verkauft zu haben. Natürlich schenkte man dem Diebe vollen Glauben, und der Bischof von Brandenburg betrieb die Verfolgung der brandenburger Juden mit glühendem Eifer. Darauf ließ der Kurfürst Joachim I. die des Verbrechens Angeklagten nach Berlin bringen. Zu der Anschuldigung der Hostienschändung kam die des Kindermordes hinzu. Joachim ließ sie nun foltern und dann auf einem Roste achtunddreißig verbrennen. Mit Standhaftigkeit und mit Lobgesang im Munde waren diese Märtyrer von Brandenburg zum Feuertode gegangen (19. Juli 1510) bis auf zwei, welche vor Todesangst die Taufe genommen hatten und, scheinbar ehrenvoller, nur enthauptet worden waren. Das ist die erste Kunde von den Juden in Berlin und Brandenburg. Dieser Vorfall machte viel Aufsehen in Deutschland und die Cölner Dominikaner benutzten ihn, um den Kaiser recht ungünstig gegen die Juden umzustimmen. Sie schoben wieder dieselbe Mittelsperson vor. Die Herzogin-Äbtissin Kunigunde, welcher die grauenhafte Schlechtigkeit der Juden durch diesen Vorfall noch greller geschildert wurde, sollte abermals auf den Kaiser einwirken. Die Dominikaner wußten ihr beizubringen, zu welchem Nachteile es dem Christentum gereichen würde und bereits gereiche, daß die hostienschänderischen und kindermörderischen Juden sich rühmen können, ihre Schriften seien ihnen auf des Kaisers Geheiß wieder zugestellt worden, der Kaiser billige gewissermaßen die darin enthaltenen Schmähungen gegen die christliche Religion. Darauf bestürmte sie ihren Bruder förmlich und tat bei ihrer Zusammenkunft mit ihm in München einen Fußfall, ihn unter Tränen beschwörend, die Angelegenheit der jüdischen Schriften wieder aufzunehmen.

Maximilian war in Verlegenheit. Er mochte einerseits seiner geliebten Schwester einen so innig gehegten Wunsch nicht versagen, anderseits war er von Pfefferkorns Lügengewebe gegen die Juden nicht sehr erbaut. Er fand indes eine Auskunft, um nach beiden Seiten hin billig zu erscheinen. Er erließ ein neues Mandat, das vierte in dieser Angelegenheit (6. Juli 1510), an den Erzbischof Uriel, die Sache wieder aufzunehmen, aber unter einer andern Gestalt. Dieser sollte Gutachten darüber von deutschen Universitäten und von den namhaft gemachten Personen, Reuchlin, Viktor von Karben und Hochstraten einholen. Der Ausfall des Urteils oder der Urteile über den Wert des jüdischen Schrifttums sollte ihm durch Pfefferkorn, als Anreger der Sache, übermittelt werden. Die Juden hatten Ursache, mit bangem Gefühle dem Ausfallen der Gutachten entgegenzusehen. Ihr Weh und Wohl hing davon ab. Reuchlins Gutachten war ein Glückswurf für sie; es ist zwar sehr pedantisch und in dem schwerfälligen Stile damaliger Rechtsauseinandersetzungen gehalten, aber nicht ohne Geschicklichkeit ausgearbeitet. Er ging dabei von dem richtigen Gesichtspunkte aus, daß man bei Beantwortung dieser Frage die jüdischen Bücher nicht in Bausch und Bogen als ein gleichartiges Schrifttum zu behandeln habe; vielmehr müsse man darin (außer der Bibel) sechs voneinander verschiedene Klassen auseinanderhalten. Die Klasse der Auslegungsschriften oder Bibelkommentare — von R. Salomon (Raschi), Ibn Esra, den Kimchiden, Moses Gerundensis und Levi Ben-Gerson — weit entfernt, dem Christentum nachteilig zu sein, sei vielmehr für die christliche Theologie unentbehrlich. Das beste, was die gelehrten Christen über die alttestamentliche Schriftauslegung geschrieben, stammte von Juden, als Brunnen, woraus die rechte Wahrheit und das Verständnis der heiligen Schrift fließen. Wenn man aus den umfangreichen Schriften des besten christlichen Auslegers, des Nikolaus de Lyra, die Bestandteile ausscheiden wollte, die er von Raschi entlehnt, so würde das, was er aus dem eignen Kopfe hinzugefügt hat, in wenig Blättern zusammenzufassen sein. Es sei auch eine Schande, daß viele Doktoren der christlichen Theologie wegen Unkenntnis des Hebräischen und Griechischen die Schrift falsch auslegten. — Die Klasse der hebräischen Schriften, welche Philosophie, Naturwissenschaften und freie Künste enthalten, unterschieden sich in nichts von solchen, welche etwa in griechischer, lateinischer oder deutscher Sprache geschrieben sind. Was nun den Talmud selbst betrifft, gegen den die Hauptanklage gerichtet war, so gestand Reuchlin ein, nichts, gar nichts davon zu verstehen; aber auch andere gelehrte Christen verständen nicht mehr davon, es sei denn durch die Anklagen, welche die Gegner desselben, in neuester Zeit Pfefferkorn dagegen erhoben haben. Er kenne aber auch manche, welche kein Wort vom Talmud verstehen und doch ihn verdammen. Wie will aber jemand gegen die Mathematik schreiben, ohne ein Wort davon zu verstehen? Er sei daher der Meinung, daß der Talmud nicht verbrannt werden sollte, wenn es auch wahr sein sollte, daß unter vielem andern auch Schmähworte gegen die Stifter des Christentums darin enthalten seien. „Wäre der Talmud so verdammenswert, wie behauptet wird, so hätten ihn unsere Vorfahren vor vielen hundert Jahren, die mehr Ernst mit dem christlichen Glauben gemacht haben, als wir in unserer Zeit, längst verbrannt. Die getauften Juden, Peter Schwarz und Pfefferkorn, die einzigen, welche auf dem Verbrennen desselben bestehen, mögen ihre Privatabsichten dabei haben."

Reuchlin schloß sein Gutachten mit dem Resultat, man sollte den Juden keineswegs ihre Schriften nehmen oder verbrennen, vielmehr an jeder deutschen Universität zwei Professoren der hebräischen Sprache anstellen, welche allenfalls auch das Rabbinische zu lehren hätten; dann könnten die Juden auf sanftem Wege durch Überzeugung zum Christentum bekehrt werden.

Gewiß, seitdem die Juden von der Christenheit mißhandelt und verfolgt wurden, haben sie keinen so wohlwollenden Sachwalter gefunden, wie an Reuchlin und noch dazu in einer amtlichen Erklärung für den Reichskanzler und den Kaiser. Zwei Punkte, welche Reuchlin betont hatte, waren von besonderer Wichtigkeit für die Juden. Der erste, daß die Juden Mitbürger des deutsch-römischen Reiches seien und desselben Rechtes und Schutzes genießen. Es war gewissermaßen der erste stotternd ausgesprochene Laut zu jenem befreienden Worte vollständiger Gleichstellung, welches mehr als drei Jahrhunderte brauchte, um voll ausgesprochen und anerkannt zu werden. Damit war der mittelalterliche Spuk zum Weichen gebracht, als wenn die Juden durch Vespasians und Titus' Eroberung Jerusalems ihren Nachfolgern, den römischen und deutschen Kaisern, mit Gut und Blut verfallen wären. Die Juden haben auch ein Recht, das geachtet werden müsse, auch von Kaiser und Reich, von Geistlichen und Weltlichen, das war der erste schwache, zitternde Lichtstrahl nach so langer düsterer Nacht. — Der zweite Punkt, den Reuchlin schon mit mehr Offenheit betonte, war nicht minder wichtig, die Juden dürfen nicht als Ketzer angesehen und behandelt werden. Da sie außerhalb der Kirche stünden und zum christlichen Glauben nicht gezwungen seien, so seien die Begriffe Ketzerei und Unglauben — jene entsetzenerregenden und tödlichen Bannwörter im Mittelalter — gar nicht auf sie anwendbar.

Von welchem Nutzen sein Gutachten für die Juden war, erkennt man erst aus dem Urteil der zu Rate gezogenen Fakultäten, denen der Talmud natürlich ein Buch mit sieben Siegeln war. Die Cölner Dominikaner samt und sonders, die theologische Fakultät, der Ketzermeister Hochstraten und der graue Täufling Viktor von Karben, welche sämtlich aus einem Munde sprachen, ließen sich gar nicht auf die Beweisführung ein, daß der Talmud Schädliches und Christenfeindliches enthalte; sie schickten das vielmehr voraus, waren daher mit ihrem Rate bald fertig, die talmudischen Schriften und auch alle übrigen, welche wohl desselben Geistes sein würden, den Juden zu entreißen und zu verbrennen. Sie gingen aber noch weiter, namentlich hatte Hochstraten die Keckheit es auszusprechen, die Juden sollten auf die Anklagebank gesetzt werden. Kundige Männer sollten nämlich ketzerische Stellen aus dem Talmud und den übrigen jüdischen Schriften ausziehen und zusammenstellen. Dann sollten die Juden befragt werden, ob sie die Schädlichkeit der Schriften, in welchen solches gelehrt würde, anerkennen oder nicht. Geständen sie es ein, so dürften sie nichts dagegen haben, wenn solche lästerliche und ketzerische Schriften dem Feuer übergeben würden. Beharrten sie dagegen halsstarrig, solche Stellen als einen Teil ihres Bekenntnisses anzusehen, dann möge sie der Kaiser der Inquisition als offenbare Ketzer zur Bestrafung überlassen.

Die Mainzer Fakultät gab ein ähnliches Urteil ab, ging aber noch viel weiter. Nicht bloß sämtliche talmudische und rabbinische Schriften seien voll von Irrtümern nnd Ketzereien, sondern auch die heiligen Schriften dürften davon verdorben und verschlechtert worden sein. Daher seien auch diese den Juden abzunehmen, zu untersuchen und, wenn nach Erwarten befunden, dem Scheiterhaufen zu überliefern. Das war nicht minder schlau angelegt: Der hebräische Text der Bibel stimmt nicht mit dem Texte der lateinischen, von der Kirche benutzten Vulgata überein, welche von Stümpern herrührt. Wie, wenn man die unverdorbene Mutter der entarteten Tochter gegenüberstellte und ihr bewiese, daß, sofern sie nicht die Fehler der Tochter teile, sie nich tverdiente zu existieren? Ja, es war ein guter Einfall der Dominikaner, sich den unbequemen hebräischen Text, „die hebräische Wahrheit", vom Halse zu schaffen, jenen Text, der zu dem Kinderspiele der kirchlichen Deutelei majestätisch den Kopf schüttelte. Wenn die Mainzer und Cölner Theologen mit ihrem Gutachten durchgedrungen wären, so wäre das Buch vom Sinai, die Prophetenworte, die Psalmenlieder, Denkmäler einer gnadenreichen Zeit, den Flammen überliefert und dafür ein Bastard (die verdorbene Vulgata) untergeschoben worden. Die Mainzer und Cölner Dominikaner scheinen es geahnt zu haben, daß von dem schlichten Wortsinn der Bibel ihrem Unwesen der Untergang drohte. Glücklicherweise haben die Cölner ihren schlau angelegten Plan durch ein Bubenstück selbst vereitelt.

Reuchlin hatte sein günstiges Gutachten über die jüdische Literatur versiegelt durch einen vereideten Boten an den Kurfürsten-Erzbischof Uriel von Mainz überschickt. Er hatte vorausgesetzt, daß es als Amtsgeheimnis nur von demselben und vom Kaiser erbrochen und gelesen werden würde. Aber Pfefferkorn, der sich dem Ziele nahe glaubte, Rache an den Juden nehmen zu können, bekam es erbrochen noch vor dem Kaiser in die Hand. Wie dies zugegangen war, blieb ein unaufgehellter Punkt. Reuchlin bezeichnete die Cölner geradezu als gewissenlose Siegelbrecher. Fast sollte man ihnen dankbar sein, daß sie die anfangs in Amtsgeheimnis gehüllte Sache an die Öffentlichkeit gebracht, dadurch ein anderes Tribunal geschaffen und die Gefährdung der Juden in die Gefährdung der Kirche verwandelt haben. Sie waren nämlich über Reuchlins Urteil außer sich geraten, weil dessen Stimme viel Gewicht beim Kaiser und seinen Räten hatte. Sie machten sich daher bald daran, eine geharnischte Widerlegung gegen dessen Parteinahme für Juden und ihr Schrifttum in die Welt zu schicken und zwar in deutscher Sprache, um ihre Sache volkstümlich zu machen, und die Menge so zu fanatisieren, daß der Kaiser selbst außerstande sein sollte, auf Reuchlin zu hören.

Diese Schmähschrift, der „Handspiegel", unter Pfefferkorns Namen, aber von den Dominikanern verfaßt, in tausend Exemplaren verbreitet, gegen einen so hochgestellten und hochgeachteten Mann, einen Mitrichter des schwäbischen Bundes, einen Gelehrten, der einer ganzen Universität gleichkam, machte natürlich außerordentliches Aufsehen. Es war seit Erfindung der Buchdruckerkunst die erste geharnischte Schmähschrift gegen einen Würdenträger, und noch dazu in deutscher Sprache zu jedermanns Verständnis geschrieben. Reuchlins Freunde — und deren gab es nicht wenige — waren über die Unverschämtheit eines getauften Juden, der sich rechtgläubiger gebärdete als ein in Ehren stehender, geborener Christ, mit Recht empört. Die Cölner Dominikaner hatten darin ihrem giftigen Hasse mehr nachgegeben, als die Klugheit riet. Gegen solche Angriffe mußte Reuchlin etwas tun; seine Ehre war zu tief verletzt. Zunächst eilte er zum Kaiser Maximilian und führte Klage gegen seinen boshaften Verläumder Pfefferkorn. Der Kaiser gab durch Wort und Gebärden seinen Unwillen darüber zu erkennen und beruhigte den aufgeregten Reuchlin mit der Aussicht, die Angelegenheit durch den Bischof von Augsburg untersuchen zu lassen. Aber im Drange der Geschäfte, in der Verwicklung der italienischen Händel, vergaß er — wie die Großen der Erde zu allen Zeiten — Reuchlin, die ihm widerfahrene Kränkung und die ihm versprochene Genugtuung. Die Frankfurter Herbstmesse nahte heran, auf welcher Pfefferkorn den Rest der Exemplare feil bieten wollte, ohne daß für Reuchlin etwas dagegen geschehen war.

So war denn Reuchlin gezwungen, für die Talmudfrage, als eine persönliche Angelegenheit, einzutreten, die öffentliche Meinung als Richterin anzurufen und dadurch der Sache einen weittragenden Klang zu geben. Er verfaßte (Ende August oder Anfang September 1511) seine weltgeschichtlich berühmt gewordene Gegenschrift „Augenspiegel“ (oder Brille, eine Brille auf dem Titelblatte gezeichnet). Darin zeichnete er die Gemeinheit Pfefferkorns und seiner Mitarbeiter dem deutschen Publikum in scharfen Linien, aber damit deckte er, ohne es zu wollen, die Blößen des damaligen Christentums auf. Das war eine Schrift, von der man ohne Übertreibung sagen kann, sie wog eine Tat auf. Sie war zunächst gegen Pfefferkorn, aber doch auch gegen die Cölner Dominikaner, als öffentliche Gönner, Beschützer und Anreger seiner Schmähungen, gerichtet.

Er erzählte in schlichten, treuherzigen Worten den ganzen Hergang, wie der getaufte „Jud“ alle Anstrengungen gemacht, den Talmud durchaus für gefährlich auszugeben und dem Scheiterhaufen zu überliefern, und wie er auch ihn, Reuchlin, dazu habe benutzen wollen. Er teilte die Aktenstücke des Kaisers und des Erzbischofs von Mainz an ihn und sein Gutachten mit. Er berichtet, wie sich Pfefferkorn auf unehrliche Weise das Gutachten zu verschaffen gewußt und eine Schmähschrift dagegen ausgearbeitet, welche nicht weniger als vierunddreißig Unwahrheiten gegen ihn enthalte. Der ganze Ton im „Augenspiegel“ gibt die gerechte Entrüstung eines Ehrenmannes, dem ein Wicht ein Bein gestellt hat, sehr gut wieder.

Besonders empört war Reuchlin über die gegen ihn erhobene Beschuldigung, er habe um Geldeswillen die Schutzschrift für den Talmud erlassen. Mit gerechter Entrüstung beteuerte er daher, daß er sein Lebtag, von seinen Kindeszeiten an bis auf diese Stunde von den Juden oder ihretwegen weder Heller, noch Pfennig, weder Gold, noch Silber, weder Kreuz, noch Münz empfangen habe. Nicht minder empfindlich war Reuchlin über die Geringschätzung seiner hebräischen Kenntnisse und namentlich über die Beschuldigung, daß er seine hebräische Sprachlehre nicht selbst verfaßt habe. Würdig ist auch sein Auftreten für die Juden. Der Schelm Pfefferkorn hatte ihm zum Vorwurf gemacht, daß er von den Juden hebräisch gelernt und also mit ihnen verkehrt hälte, was gegen die kanonische Satzung verstieße. Darauf Reuchlin: „Der getaufte Jud schreibt, das göttliche Recht verbiete mit den Juden Gemeinschaft zu haben, das ist nicht wahr. Es mag jeder Christ vor Gericht mit ihnen rechten, von ihnen kaufen, ebenso ihnen etwas schenken oder geben. Es kann ein Fall vorkommen, daß ein Christ mit einem Juden eine gemeinsame Erbschaft antritt. Man darf auch mit ihnen sprechen und von ihnen lernen, wie der heilige Hieronymus und Nikolaus de Lyra getan haben. Und endlich soll ein Christ den Juden lieben, wie seinen Nächsten, das alles ist in den Gesetzen begründet."

Man kann sich denken, welches Aufsehen Reuchlins „Augenspiegel" in deutscher Sprache gemacht hat, als er zur Zeit der Frankfurter Messe erschien, damals der Sammelplatz von vielen Tausenden, zu einer Zeit, wo es noch keine Öffentlichkeit gegeben hat, und jedermann einer Skandalgeschichte volle Aufmerksamkeit schenkte. Daß ein gefeierter Mann, wie Reuchlin, einen Ankläger der Juden als Verläumder, Lügner und Wicht an den Pranger stellte, war so neu und überraschend, daß sich die Leser die Augen rieben und sich fragen mußten, ob sie nicht bisher wie in einem Traume gedușelt haben. Die Juden griffen noch gieriger nach der Schrift, weil zum ersten Male ein Ehrenmann mit gewichtiger Stimme für sie in die Schranken trat, und die so oft wiederholte Anschuldigung gegen sie als Verläumdung brandmarkte. Sie jubelten, daß sie endlich einmal einen Annehmer gefunden und dankten Gott, daß er sie in ihrer Not nicht verlassen. Wer will es ihnen verargen, daß sie für Verbreitung der Reuchlinschen Schrift geschäftig waren? Am meisten jedoch sorgten die Finsterlinge selbst vom Gelichter der Cölner für deren Verbreitung. Von allen Seiten, von gelehrten und ungelehrten Kreisen kamen Glückwünsche an Reuchlin und Äußerungen der Freude darüber, daß er den unverschämten Pfefferkorn und seine Hintermänner so derb abgefertigt hat.

Mit der Veröffentlichung und Verbreitung von Reuchlins

„Augenspiegel“ und seiner Verteidigung des Talmuds war ein Kampf eröffnet, der mit jedem Tage ernster wurde, einen immer größeren Umfang annahm und eine über den Gegenstand weit hinauszielende Tragweite erhielt. Denn die Finsterlinge, welche noch im Vollbesitze ihrer Macht und ihrer Schreckmittel waren, nahmen die Herausforderung nicht gleichgültig hin. Pfefferkorns Sache war doch eigentlich die ihrige. Und nun hatte es ein Mann gewagt, ihrem Plane entgegenzutreten, die Verdammung des Talmuds nicht gut zu heißen, vielmehr ihn als gewissermaßen unentbehrlich für das Christentum auszugeben, die Verfolgung der Juden nicht zu billigen, sondern noch obendrein zu empfehlen, sie zu lieben. Welch' eine Frechheit! Es hat sie in eine so unheilige Wut versetzt, daß sie über das Ziel hinausschossen, Torheiten über Torheiten begingen und so ihrer Sache einen bedeutenden Schaden zufügten.

Ein Stadtprediger, Peter Meyer in Frankfurt am Main, welcher das Verkaufsverbot des „Augenspiegels“ durchsetzen wollte, aber nicht konnte, beging den zweiten Fehlgriff. Er kündigte von der Kanzel beim Gottesdienste an, Pfefferkorn werde an der nächsten Vorfeier des Marienfestes gegen Reuchlins Judenschrift predigen, und er ermahnte die Gläubigen, sich recht zahlreich zur Predigt einzufinden. Nichts konnte verkehrter als dieser Einfall sein. Pfefferkorn mit einer abschreckenden Gestalt, mit ausgeprägt jüdischen Zügen und mit Gemeinheit verratender Miene sollte vor einem christlichen Publikum in seinem jüdisch-deutschen Kauderwelsch predigen! Jedes Wort und jede Bewegung an ihm mußte die Zuhörer zum Lachen reizen und die aufrichtigste andächtigste Stimmung verscheuchen. Außerdem war es nach katholischer Satzung einem Laien und noch dazu einem verheirateten Laien streng verboten, die Funktionen eines Geistlichen auszuüben. Nicht lange vorher war ein einfältiger Schafhirt durch richterlichen Urteilsspruch wegen angemaßten Predigeramtes verbrannt worden. Um die Form zu wahren, predigte Pfefferkorn an dem bestimmten Tage (7. September 1511) nicht in der Kirche, sondern vor dem Eingange derselben vor einer großen Volksmenge. Es muß sich recht possierlich ausgenommen haben, zu sehen, wie dieser häßliche Jude das Zeichen des Kreuzes über die Gläubigen machte und von dem christlichen Glauben in jüdischem Jargon sprach. Pfefferkorn war es dabei hauptsächlich zu tun, die Juden und ihre Gönner dem Abscheu der Zuhörer zu überliefern.

Bisher hatte sich der Haupturheber des ganzen Skandals, der boshafte Ketzermeister Jakob Hochstraten, hinter der Linie gehalten und nur nach und nach seine Kreaturen ins Feuer geschickt, zuerst Pfefferkorn, dann Ortuin Gratius und Arnold von Tongern. Von jetzt an trat er selbst in den Vordergrund mit einer so unverschämten Hoheitsmiene, als müßten sich alle, Geistliche und Weltliche vor ihm beugen, vor seiner Brauenbewegung in den Staub sinken, als ob er das Recht hätte, Satzung und Herkommen mit Füßen zu treten. Um das geschwächte Ansehen des Ordens durch Gewaltmittel zu retten, mußten sämtliche Dominikaner gemeinsame Sache machen und allen Eifer anwenden, um Reuchlins und des Talmuds Verdammnis durchzusetzen. Der Kampf erhielt dadurch eine große Ausdehnung, er wurde Ordensangelegenheit.

Angeblich von seinem Provinzial dazu ermächtigt, erließ Hochstraten (15. September 1513) als Inquisitor ein Vorladungsschreiben an Reuchlin, sich binnen sechs Tagen in Mainz des Morgens um acht Uhr zu stellen, um wegen Begünstigung der Juden und Geruches der Ketzerei gerichtet zu werden. Er hatte vorher eine geharnischte Anklageschrift gegen Reuchlins „Augenspiegel" und den Talmud ausgearbeitet. Er hatte sich auch vorsichtig nach Bundesgenossen umgesehen, um in diesem ernsten Streite nicht allein zu stehen. An vier Universitäten hatte er kurz vorher Schreiben gerichtet und sie gebeten, sich gutachtlich über Reuchlins Schrift „Augenspiegel " zu äußern, natürlich in seinem Sinne, und alle hatten seinen Erwartungen entsprochen. Am bestimmten Tage (20. September) fand sich Hochstraten mit einer Schar von Dominikanern in Mainz ein, wählte beliebig aus Gesinnungsgenossen Richter zu einer Kommission aus, eröffnete die Sitzung und trat zugleich als Ankläger und Richter in einer Person auf.

Die Anklagepunkte, die er vorbrachte, waren natürlich dieselben, die Pfefferkorn und Arnold von Tongern bereits gegen den „Augenspiegel" erhoben hatten. Es war immer derselbe Grundton, Reuchlin begünstige die Juden allzusehr, „betrachte sie, die unverschämten Hunde", halb und halb als gleichberechtigte Menschen, seine Schrift rieche oder schmecke allzusehr nach Ketzerei. Hochstraten stellte daher den Antrag an die Kommission, die Sentenz auszusprechen, daß Reuchlins „Augenspiegel" vollgespickt von Ketzereien und Irrtümern, allzu gönnerisch für die ungläubigen Juden, beleidigend gegen die Kirche und daher zu verdammen, zu unterdrücken und durch Feuer zu verbrennen sei. Man darf dabei nicht den großen Abstand zwischen einem deutschen und einem spanischen Inquisitionstribunal übersehen. Ein Torquemada oder Ximenes de Cisneros hätten nicht so viel Federlesens gemacht, sondern mit dem Buche zugleich den Verfasser zum Scheiterhaufen verurteilt. Hochstratens Herz war auch keineswegs zu weit für eine solche Sentenz; er durfte es aber nicht wagen, weil er ganz Deutschland, geistliche wie weltliche Machtinhaber, gegen sich gehabt hätte.

Über einen solchen mit Unrecht begonnenen und mit Verletzung aller Formen geführten Prozeß war das Rechtsgefühl vieler Ehrenmänner und besonders Reuchlins zahlreicher Freunde und Verehrer empört. Die von der Fäulnis der Theologie noch nicht angesteckte, von der Scholastik noch nicht verkleisterte und von Rücksichten freie, studierende Jugend der Mainzer Universität gab ihren Unwillen über dieses schamlose Inquisitionsverfahren laut zu erkennen, riß die Doktoren der Rechtsgelehrsamkeit mit hin, und das bewog auch ernste Männer von Einfluß einzuschreiten.

Zur Überraschung der Dominikaner erschien der bereits gealterte, ehrwürdige Reuchlin in Mainz, begleitet von zwei angesehenen Räten des Herzogs von Württemberg. Das Kapitel gab sich zwar die größte Mühe, einen Vergleich zustande zu bringen. Aber Hochstraten, welcher den Rauch des Scheiterhaufens aufwirbeln sehen wollte, ließ sich auf nichts ein und verschob die Unterhandlung bis zum 12. Oktober, an welchem das Endurteil gefällt werden sollte.

Schon hatte der Ketzermeister allen Geistlichen in Mainz den Befehl erteilt, von den Kanzeln zu verkünden, daß jedermann, Christen wie Juden, gehalten sei, bei Vermeidung empfindlicher Strafen, die Exemplare des „Augenspiegels" für den Scheiterhaufen auszuliefern. Außerdem wurden dem Volke 300 Tage Ablaß verheißen, wenn es sich am anberaumten Tage auf dem Kirchplatze einfinden würde, um dem Autodafé beizuwohnen und ihm Glanz zu verleihen. Am bestimmten Tage war in der Tat der Platz vor der Kirche in Mainz gedrängt voll von Zuschauern, Neugierigen, Teilnehmenden und Ablaßbedürftigen. Pfauengleich aufgeblasen schritten die Väter und Brüder des Dominikanerordens und Theologen von den Universitäten Cöln, Löwen und Erfurt, welche dazu eingeladen waren, auf die Tribüne zu, die dafür errichtet war, und „die Erde zitterte unter ihren Füßen". Hochstraten, bisher Ankläger, nahm wieder den Platz unter den Richtern ein. Schon schickte dieser sich an, die Verwünschungsformel auszusprechen und das Feuer anschüren zu lassen, als ein Bote vom Erzbischof Uriel eiligen Schrittes herankam mit einem Schreiben, welches seine Lippen verstummen machte. Uriel von Gemmingen war, wie die meisten Bischöfe jener Zeit, mehr weltlich als kirchlich gesinnt. Die Anmaßung der Cölner Dominikaner und ihr ungerechtes Verfahren gegen Reuchlin empörten auch ihn. Daher erließ er ein Handschreiben an die aus seinem Stifte gewählten Kommissäre, das Urteil für einen Monat bis zu neuer Vermittlung aufzuschieben. Sollten sie aber nicht darauf eingehen wollen, so enthebe er sie mit dem Schreiben ihrer Befugnisse als Inquisitionsrichter, und alles, was sie bisher beschlossen haben, se null und nichtig. Mit verblüfften Gesichtern hörten die Dominikaner das laute Verlesen dieses, ihre Machination vereitelnden Schreibens durch den Mund des Notars an. Hochstraten allein wagte zuerst freche Äußerungen über versagtes Recht zu sprühen. Die übrigen Genossen schlichen sich beschämt davon, verfolgt von dem Gespötte der Gassenjugend und dem Rufe der Erwachsenen: „Möchten doch diese Brüder auf Scheiterhaufen verbrannt werden, welche einem Biedermanne solche Schmach antun wollen."

Als Sieger feierten ihn darauf Hermann vom Busche, der Missionär für humanistische Bildung (wie ihn ein geistvoller Schriftsteller der Neuzeit treffend nennt) und Ulrich von Hutten, der Ritter für Recht und Wahrheit, in einem schwärmerischen Lobliede: „Reuchlins Triumph."

„Jauchze, wofern du dich selbst erkennst, ja jauchze, mein Deutschland!"

Das ist der Refrain. Deutschland sollte die Augen öffnen und dem Besieger der boshaften Dominikaner bei seiner Heimkehr ins Vaterland einen glänzenden Triumph, seinem großen, seinem unsterblichen Reuchlin einen erhebenden Empfang im schönsten Schmucke unter Blumengewinden und rauschender Musik bereiten. Hochstraten wird als überwundener gefährlichster Feind in Fesseln geführt, als häßlicher Feuermann, dessen steter Ruf es ist: „Ins Feuer mit Schriftstellern und ihren Schriften! Magst du Wahres oder Falsches, Gerechtes oder Ungerechtes erdenken, er hat immer Feuer für dich bereit. Er verschlingt Feuer, er nährt sich davon, er haucht Flammen aus!" Mit ihm werden seine Spießgesellen in Ketten geschleppt, Ortuin Gratius, Arnold von Tongern und Pfefferkorn. Diesen Erzschelm zerfleischte die dichterische Jugend am schonungslosesten:

„Rufet herbei mir zwei Henkersknechte zum neuen Triumphe!
„Bringet, ihr Schergen, das Werkzeug mir mit, vergesset das Kreuz nicht.
„Bringet die Stricke und den mit Seilen umwundenen Haken.
„So nun gerüstet, erweiset ihr, Henker, folgenden Dienst mir:
„Schleudert ihn hin, das verhaßte Gesicht zur Erde gewendet,
„Aufwärts richtet die Knie, daß er den Himmel nicht schaue,
„Daß sein stierender Blick euch nicht berühre. Mit seinem
„Lästernden Mund beiß' er den Boden und speise den Staub auf.
„Zaudert ihr noch, ihr Henker? So sperrt doch ihm hurtig den Mund auf.
„Reißet die Zunge ihm aus, dem Stifter unsäglicher Übel,
„Daß er mir im Triumpheszuge Verruchtes nicht spreche.
„Hauet die Nase und Ohren ihm ab und treibet den Haken
„Fest in die Füße hinein, an den aufgerichteten Knien
„Zerrt ihn herum, daß Gesicht und Brust den Boden mir fege,
„Schlagt das Gebiß im heraus und machet die Lippen unschädlich!
„Habt ihr die Hände hinter dem Rücken ihm fest auch geknebelt?
„Stutzet dennoch ihm ab die Fingerspitzen, ihr Henker.
„„Schrecklich! Unmenschlich"! (rufet entrüstet mir Tongern entgegen)
„Schrecklich, unmenschlich wär solch ein Beginnen? Schrecklicher, glaub ich
„Waren die Laster, die ihr mit frechem Sinne begangen."

Daß die Juden auch ihre Freude an dem Ausgange dieses Ketzergerichtes hatten, läßt sich denken. Handelte es sich ja doch dabei in erster Reihe um sie selbst. Denn wenn Reuchlins „Augenspiegel“ verurteilt worden wäre, so hätte kein noch so wohlwollender Christ sich ihrer annehmen dürfen, wenn er sich nicht als Judengönner dem Verdacht der Ketzerei und der Kirchenstrafe hätte aussetzen wollen. Sodann wäre damit auch das jüdische Schrifttum in feierlicher Weise verketzert. Wenn es wahr ist, was die Dominikaner erzählten, daß die Rabbiner infolgedessen aus ganz Deutschland zu einer Synode in Worms zusammengekommen wären und an der Niederlage der wütenden Dominikaner gegen Reuchlin ein Vorzeichen von dem Untergang des römischen (päpstlichen) Reiches gefunden haben, so hätten sie allerdings einen prophetischen Blick bekundet.

Indessen war Reuchlin noch lange nicht so weit, über seine und der Juden Feinde triumphieren zu können. Sie waren, wenn auch für den Augenblick gedemütigt, noch lange nicht überwunden. Er selbst kannte ihre List und Bosheit zu sehr, als daß er sich der Siegesfreude untätig hätte überlassen sollen. Er wußte wohl, daß sie ihre Verfolgung gegen ihn von jetzt an verdoppeln würden. Daher beeilte auch er sich, die Berufung an den päpstlichen Stuhl anzumelden, damit von dort aus seinen erbitterten Feinden Stillschweigen auferlegt werde. Reuchlin fürchtete aber mit Recht, daß bei der Unzuverlässigkeit und Käuflichkeit der päpstlichen Kurie seine Sache eine schlimme Wendung nehmen könnte, wenn die Untersuchung außerhalb seines Gerichtsbezirks unter dem Einfluß der Cölner Dominikaner geführt werden sollte. Daher wandte er sich an den jüdischen Leibarzt des damaligen Papstes Leo X., an Bonet de Lates, mit einem hebräischen Briefe, den Papst günstig für seine Sache zu stimmen.

Leo, aus der erlauchten Familie der Mediceer, von dem sein Vater sagte, er sei der Klügste seiner Söhne, hatte erst einige Monate vorher den päpstlichen Stuhl bestiegen. Er war ein vornehmer Herr, der sich mehr für Politik als für Religion interessierte, mehr römischer Heide als katholischer Christ war, der von seiner olympischen Höhe mit Verachtung auf theologische Streitfragen wie auf Kinderspiele herabsah und nur darauf bedacht war, wie er zwischen den zwei einander befehdenden Staaten, Österreich und Frankreich, oder richtiger den Häusern Habsburg und Valois, ohne Gefährdung der weltlichen Interessen das Schifflein des Papsttums hindurchlavieren könnte. Mit einer heute überraschenden Offenheit durfte dieser Papst die Äußerung tun: „Wie viel die Fabel von Christus uns und den Unsrigen zu allen Zeiten Nutzen gebracht hat, ist bekannt.“ [1]) Ihm war nun

[1]) Quantum nobis nostrisque illa de Christo fabula profuerit omnibus saeculis, notum est.

die Frage zur Entscheidung vorgelegt, ob Reuchlins „Augenspiegel“ nach Ketzerei rieche, und ob er die Juden nach Gebühr oder über Gebühr begünstigt habe. Leo, dessen Papsttum in eine Zeit fiel, wo die theologischen Fragen Europa in Brand zu stecken drohten, verstand davon vielleicht weniger als sein Koch. Es kam also darauf an, in welchem Lichte ihm die Streitfrage zwischen Reuchlin und den Dominikanern gezeigt wurde. Darum bat Reuchlin den Leibarzt Bonet de Lates, da er sich stets in den päpstlichen Gemächern bewege und der „Leib seiner Heiligkeit“ seiner Hand übergeben sei, ihn dafür zu gewinnen, daß die Untersuchung nicht in Cöln oder in dessen Nähe geführt werden möge; denn da wäre seine Sache verloren. Reuchlin teilte ihm den ganzen Hergang mit, wie Pfefferkorn und die Cölner Dominikaner sich gegen die Juden und den Talmud verschworen, und wie nur seine außerordentliche Bemühung den Talmud vor dem Scheiterhaufen gerettet. Hätten die Dominikaner diesen Brief in die Hände bekommen und lesen können, so hätten sie den vollgültigsten Beweis von Reuchlins Judenfreundlichkeit führen können; denn darin gab er vieles zu, was er öffentlich verschwiegen hatte.

Es läßt sich denken, daß Bonet de Lates seinen Einfluß beim Papste zu Gunsten Reuchlins geltend gemacht hat. Wahrscheinlich ist es seinem Eifer zuzuschreiben, daß Leo so bald (21. November 1513) ein Breve an die Bischöfe von Speier und Worms erließ, die Streitfrage zwischen Reuchlin und Hochstraten zusammen oder je einer, selbst oder durch delegierte Richter, zu untersuchen und mit Ausschluß jedes andern Tribunals das Urteil zu fällen, dem sich die besiegte Partei ohne Widerrede zu unterwerfen habe. Der Bischof von Worms, ein Dahlberg, mit dem Reuchlin auf freundschaftlichem Fuße stand, mochte die Kommission nicht annehmen. So setzte der junge Bischof von Speier, Georg, Pfalzgraf und Herzog von Bayern, zwei Richter ein, welche beide Parteien binnen Monatsfrist vor ihr Tribunal in Speier vorluden. Reuchlin erschien, von einem Prokurator und andern Freunden begleitet, pünktlich. Hochstraten dagegen, auf die Macht der Dominikaner vertrauend, stellte sich nicht, noch sandte er einen förmlich genügenden Sachwalter. Er trug ganz offen Verachtung gegen diese Kommission, den Bischof, ja selbst gegen den Papst zur Schau. Die Richter betrieben den Prozeß anfangs nicht mit gebührendem Nachdruck, vielmehr mit einer gewissen Mattherzigkeit, vielleicht aus Furcht vor der Rache der Dominikaner. Und so zog sich der Prozeß ein Vierteljahr hin (Januar bis April 1514).

Der Spruch, der endlich durchweg zu Gunsten Reuchlins ausfiel, besagte, daß Reuchlins „Augenspiegel“ weder Irrtümer, noch

Ketzereien enthalte oder „danach röche“, daß er nicht über Gebühr die Juden begünstige, daß demnach Hochstraten den Verfasser verleumdet habe, ihm daher Stillschweigen über diese Materie aufzulegen sei, daß der „Augenspiegel“ von jedermann gelesen und gedruckt werden dürfe, und daß Hochstraten in die Kosten verurteilt sei (111 rheinische Goldgulden).

Die Cölner Dominikaner knirschten mit den Zähnen, tobten und rasten über diesen Ausfall des Prozesses zu ihrer Beschämung, dachten aber nicht daran, sich dem Urteilsspruch des apostolischen Kommissars zu unterwerfen. War es damals bei der Zerfahrenheit Deutschlands überhaupt schwer den Urteilsspruch eines Richters in Vollzug zu setzen, so waren die Dominikaner noch weniger geneigt, etwas darauf zu geben, sobald er gegen sie ausgefallen war. Das Erkenntnis des Bischofs von Speier verlachten sie als ein von einem dummen Jungen ausgegangenes. Den Anschlag des Urteils in Cöln riß der freche Pfefferkorn ab. Hochstraten hatte außergerichtlich, d. h. ohne auch nur dem als apostolischen Richter fungierenden Bischof von Speier eine Anzeige davon zu machen, an den Papst appelliert, obwohl er früher eine solche Berufung verworfen hatte. Seine Hoffnung, den Prozeß gegen Reuchlin dennoch zu gewinnen und den „Augenspiegel“ verdammt zu sehen, gründete er auf die Käuflichkeit am römischen Hofe: „In Rom ist alles für Geld zu haben,“ äußerte er sich offen. „Reuchlin ist arm, sie, die Dominikaner, sind reich, daher wird das Recht durch Geld unterdrückt werden.“ Hochstraten konnte auch auf Gesinnungsgenossen unter den Kardinälen rechnen, die, mit demselben Geifer gegen die freie Wissenschaft schäumend, jedenfalls den Prozeß so lange hinzuschleppen imstande sein würden, daß Reuchlins Vermögen zur Bestreitung der Kosten nicht ausreichen würde. Außerdem rechneten die Dominikaner darauf, von einigen Universitäten, namentlich von der tonangebenden in Paris, ein Verdammungsurteil gegen den „Augenspiegel“ zu erlangen, und damit auf die päpstliche Kurie einen Druck ausüben zu können. Sämtliche Dominikaner und Finsterlinge innerhalb und außerhalb Deutschlands machten daher gemeinschaftliche Sache, Reuchlin zu Falle zu bringen.

Diese Kraftanstrengung der Dominikanerpartei hatte aber die Wirkung, daß sich auch die Freunde der freien Wissenschaft, die Feinde der Scholastik, der Verdummung und der kirchlichen Theologie, mit einem Worte, die Humanisten, aufrafften und zum gemeinsamen Handeln verbanden. Es bildete sich ein förmlicher Humanistenorden, eine Reuchlinistische Partei, deren Mitglieder stillschweigend einander und für Reuchlin in die Hände arbeiteten. „Einer unterstützte den andern und sprach zum Genossen: Sei mutig. Alle, die wir zur Schar der Pallas gehören, sind dem Reuchlin nicht minder ergeben, als Soldaten dem Kaiser." Es war ein förmlicher Bund, dessen Glieder zur Unterstützung Reuchlins um neue Anhänger förmlich warben. So entstanden in der Christenheit infolge der giftigen Pfefferkornschen Feindseligkeit gegen Talmud und Juden zwei Parteien, Reuchlinisten und Arnoldisten (wie die Dominikaner genannt wurden), die einander bitter bekämpften. Es war ein Kampf des mittelalterlichen Dunstes mit dem aufgehenden Tageslicht einer besseren Zeit.

Am kräftigsten arbeiteten für Reuchlin und gegen die Finsterlinge das damalige junge Deutschland, nächst Hermann vom Busche, Crotus Rubianus (Johann Jäger) und der feurige Ulrich von Hutten, die kräftigste, männlichste Erscheinung in dieser Zeit. Ja, Huttens Tatendrang erhielt erst durch diese leidenschaftliche Fehde zwischen Reuchlin und den Dominikanern ein rechtes Ziel. Bisher hatte er nur Fechterstreiche in die leere Luft geführt, seinen ritterlichen Mut und seinen feurigen Genius an phantastischen Gegnern ausgelassen. Nun erst gingen dem sechsundzwanzigjährigen Jüngling die Augen auf, und er erblickte den wahren Feind, den mit seinem Ritterschwerte und seiner noch schärferen Geistesklinge auf Tod und Leben zu bekämpfen, eine preiswürdige, ruhmreiche Lebensaufgabe wäre. Die Dominikaner, die Pfaffen, die Dunkelmänner zu vernichten, das Reich des Geistes, der freien Wissenschaft aufzurichten, Deutschland von dem Alpdrucke des kirchlichen Aberglaubens und der Barbarei zu erlösen, es aus seiner Niedrigkeit zu erheben und es zum Schiedsrichter Europas zu machen, das schien ihm ein Ziel, nach dem er zu ringen habe. Sobald Hutten dieses Bewußtsein klar wurde, arbeitete er mit dem Aufgebot seiner ganzen Kraft rastlos darauf hin, zunächst für Reuchlin, welcher als Fahne der humanistischen Bestrebungen galt, um ihm zum Siege über seine Todfeinde zu verhelfen.

Aber auch reife Männer in Ansehen und Würden traten immer mehr für Reuchlin auf, der Herzog Ulrich von Württemberg und sein ganzer Hof; Graf von Helfenstein in Augsburg, der Domherr Graf von Nuenar, die Patrizier Welser, Pirkheimer und Peutinger in Regensburg, Nürnberg und Augsburg mit ihrem Anhange, viele Pröpste, Domherren und Kapitularen, sogar Kardinäle und hohe Geistliche in Italien. Egidio von Viterbo, General des Augustinerordens in Rom, der Gönner und Schüler des jüdischen Grammatikers Elias Levita, der in die jüdische Literatur verliebt war und eine Übersetzung des kabbalistischen Buches Sohar veranstaltete, schrieb an Reuchlin: „Die Lehre (Thora) die dem Menschen im Feuer geoffenbart wurde, ist zum erstenmal aus dem Feuer gerettet worden, als Abraham dem glühenden Kalkofen entkam, und jetzt ist sie zum zweitenmal durch Reuchlin vor dem Feuer bewahrt worden, da die Schriften gerettet sind, wodurch das Gesetz erst Licht erhielt, durch deren Untergang ewige Finsternis wieder eintreten würde. Indem wir für deine Sache uns abmühen, verteidigen wir nicht dich, sondern das Gesetz, nicht den Talmud, sondern die Kirche." Bemerkenswert ist es, daß der Franziskanerorden aus Haß gegen die Dominikaner für Reuchlin Partei nahm.

Fast in jeder größeren Stadt gab es Reuchlinisten und Antireuchlinisten, die nicht selten bis zur Schlägerei einander befehdeten. Das Losungswort der einen war, Rettung des Augenspiegels und Erhaltung des Talmuds, und der andern, Verdammung und Verbrennung beider. Unwillkürlich wurden die Reuchlinisten auch Judenfreunde und suchten nach Gründen, sie zu verteidigen. Die Anhänger der Dominikaner dagegen wurden nur noch erbittertere Judenfeinde und stöberten nach jedem verschollenen Buche, um daraus die Bosheit der Juden zu belegen.

Immer mehr Geräusch machten diese Händel in Europa. Waren sie bisher nur auf Deutschland beschränkt, so begannen sie jetzt auf zwei entlegenen Schauplätzen zu spielen, in Rom und Paris. Hochstraten und die Dominikaner arbeiteten mit allem Nachdruck daran, daß das Speiersche Urteil hier von der bedeutendsten Universität und dort von der päpstlichen Kurie verworfen und Reuchlins Schrift zum Scheiterhaufen verurteilt werden sollte. Sie hatten hier wie dort mächtige und einflußreiche Verbündete, welche ihrem Parteieifer mit Hingebung dienten.

Reuchlin war daher auch seinerseits genötigt, obwohl sein Prozeß formgültig vom apostolischen Gerichte in Speier gewonnen war, Schritte zu tun, damit die Appellation durch die Intrigen seiner Feinde keine Wirkung erlangen möchte. Und es gelang auch seinen Freunden, den Papst dahin zu bestimmen. Leo X. ernannte als Untersuchungsrichter den Kardinal und Patriarchen Dominico Grimani. Es war bekannt, daß dieser Kirchenfürst die rabbinische Literatur und die Kabbala pflegte, auch als Patron des Franziskanerordens die Dominikaner haßte und also Partei für Reuchlin genommen hatte. Ohne Zweifel waren angesehene Juden in Rom ebenfalls für Reuchlin tätig, aber sie, wie die deutschen Juden hatten den richtigen Takt, sich im Hintergrund zu halten, um die Streitfrage nicht durch ihr offenes Hervortreten als eine bloße Judensache erscheinen zu lassen und zu kompromittieren. Kardinal Grimani erließ hierauf (Juni 1514) eine Vorladung an beide Parteien, jedoch mit offenbarer Begünstigung für Reuchlin, wegen seines vorgerückten Alters einen Vertreter zu senden, an Hochstraten aber sich persönlich zu stellen. Mit Empfehlungen und gespicktem Geldbeutel versehen, erschien der Ketzermeister in Rom mit unerschütterlicher Zuversicht, den Sieg zu erringen. Was war nicht alles für Geld in Rom zu erlangen!

Ulrich von Hutten, der Hebel ansetzte, das in Laster gesunkene Papsttum zum Sturze zu bringen, geißelte es mit schneidigen Versen:

„Auf! ihr Männer, wohlauf, legt Hand an, lebet vom Raube.
„Mordet, vom heiligen Gute stehlet, verletzet das Recht.
„Eure Rede sei Gräuel und Eure Händel Verbrechen.
„Wälzet Euch im Pfuhle der Lust, leugnet im Himmel den Gott.
„Bringet ihr Geld nach Rom, so seid ihr die rechtlichsten Leute.
„Tugend und Seligkeit kauft und erkauft man zu Rom.
„Ja, auch künftig Verruchtes zu tun, erkauft man in Rom sich.
„Drum wenn ihr toll, so seid gut, wenn ihr verständig, seid schlecht“.

Reuchlin konnte nichts bieten; er war arm. Ihm stand nicht die Wünschelrute über die Goldschätze stockfrommer Weiber zu Gebote und auch nicht die Zauberformel über Beichtväter, welche geschickte Schatzgräber waren. Empfehlungen hatte er aber von Freunden und Gönnern. Der Kaiser Maximilian, der Urheber aller dieser Wirren — weil er Pfefferkorns Gemeinheiten und der hysterischen Frömmigkeit seiner Schwester ein allzugeneigtes Ohr geliehen — später aber seine Unklugheit bereuend, verwendete sich öfter beim Papste für Reuchlin. Er sehe ein, schrieb der Kaiser, daß die Cölner widerrechtlich und durch Ränke den Streit in die Länge ziehen wollen, um den unschuldigen, gelehrten und mit der Kirchenlehre wohl übereinstimmenden Reuchlin aufzureiben. Das, was jener (zugunsten des jüdischen Schrifttums) geschrieben, sei in seinem, des Kaisers Auftrag zu gutem Zwecke und Frommen der Christenheit geschehen!

Aber die Dominikaner trotzten der öffentlichen Meinung, dem Kaiser und dem Papste. Von dem letzteren sprachen sie wie von einem Schulbuben, der unter ihrer Zuchtrute stünde. Wenn er nicht in ihrem Sinne die Entscheidung treffen sollte, so würden sie ihm den Gehorsam aufkündigen, von ihm abfallen und selbst eine Kirchenspaltung nicht scheuen. Sie ließen Drohungen fallen, daß sie sich, im Falle Reuchlin den Sieg davon tragen sollte, mit den Hussiten in Böhmen gegen den Papst verbinden würden. So verblendet war diese Rotte in ihrem Rachegefühl, daß sie aus bloßer Rechthaberei den Katholizismus untergrub. Auch die Majestät des Kaisers schonten sie nicht, als sie erfuhren, daß Maximilian sich für Reuchlin beim Papst verwendet hatte, und häuften Schmähungen auf ihn.

Ihre Hoffnung setzten die Dominikaner am meisten auf den Ausspruch der Pariser Universität, der Mutter sämtlicher europäischer Hochschulen. Wenn diese angesehenste theologische Fakultät Reuchlins Schrift und den Talmud verdammte, dann würde der Papst selbst nicht wagen, sich mit ihr in Widerspruch zu setzen. Alle Hebel setzten sie daher in Bewegung, von Paris aus ein ihnen günstiges Gutachten zu erlangen. Besonders wurde der König von Frankreich, Ludwig XII., durch seinen Beichtvater Guillaume Haquinet Petit bearbeitet, auf die theologische Fakultät zugunsten der Dominikaner einen Druck auszuüben. Die Politik, welche Frankreich und den deutschen Kaiser entzweit hatte, spielte ebenfalls in diesen Streit hinein. Weil der Kaiser von Deutschland für Reuchlin war, entschied sich der König von Frankreich für die Dominikaner und gegen den Talmud. — Die Entscheidung war aber nicht leicht getroffen, da Reuchlin auch in Paris viele und warme Freunde zählte. Daher zog sich die Beratung in die Länge (Mai bis anfangs August 1514).

Es gab allerdings unter den Stimmenden manche, welche sich zugunsten Reuchlins aussprachen oder doch die Ungesetzlichkeit der Verhandlung hervorhoben, aber sie wurden von den Fanatikern so sehr überschrieen, daß sie gar nicht zu Worte kommen konnten. Für viele französische Theologen war das Beispiel maßgebend, daß Ludwig der Heilige auf Drängen des getauften Juden Nikolaus Donin und im Auftrage des Papstes Gregorius IX. drei Jahrhunderte vorher den Talmud hatte verbrennen lassen. Und in diesem Sinne fällte die Pariser theologische Fakultät den Spruch. Da Reuchlins „Augenspiegel" Ketzereien enthalte und mit allem Eifer die talmudischen Schriften verteidige, so verdiene er, zum Feuer verurteilt zu werden.

Groß war der Jubel der Dominikaner und namentlich der Cölner über dieses Urteil. Sie glaubten dadurch gewonnenes Spiel zu haben und den Papst selbst zwingen zu können, sich demselben zu unterwerfen. Sie säumten nicht, diese mühsam durchgesetzte Errungenschaft durch eine neue Schmähschrift dem Publikum bekannt zu machen. Der Prozeßgang, an sich in Rom außerordentlich schleppend, wurde von den Dominikanern geflissentlich noch mehr hingehalten. Hochstraten hatte der Anklageschrift eine Übersetzung des „Augenspiegels" beigelegt, welche das Original an vielen Stellen geradezu gefälscht und dem Verfasser ketzerische Sätze in den Mund gelegt hatte. Die niedergesetzte Kommission ließ zwar von einem in Rom anwesenden Deutschen, Martin von Gröningen, eine andere wortgetreue Übersetzung veranstalten; aber daran mäkelte wieder die Gegenpartei. Durch allerlei Hindernisse rückte der Prozeß nicht von der Stelle und kostete Reuchlin bereits im ersten Verlaufe über 400 Goldgulden. Das wars, worauf die Dominikaner gerechnet hatten, ihren Gegner, den Judengönner, in Armut zu versetzen, damit er verhindert werde, sein Recht zu verfolgen. So schwand immer mehr die Aussicht, Reuchlins Sache in Rom triumphieren zu sehen. Daher waren Reuchlins Freunde darauf bedacht, einen anderen Richterstuhl für diese Streitsache zu schaffen, von dem übelberatenen oder eingeschüchterten Papste an die öffentliche Meinung zu appellieren.

Während der Spannung der Gemüter, als kleine und größere Kreise, hohe und niedrige Geistliche, Fürsten und gebildete Bürger auf Nachrichten lauschten, wie der Reuchlinsche Prozeß in Rom ausgefallen sei oder ausfallen dürfte, dichtete einer der jüngeren Humanisten (wahrscheinlich zuerst Crotus Rubianus in Leipzig) eine Reihe von Briefen, welche ihresgleichen, was Witz, Laune und beißende Satire betrifft, noch nicht in der Literatur hatten. Die „Briefe der Dunkelmänner“ (epistolae obscurorum virorum im Laufe des Jahres 1515 veröffentlicht), größtenteils an den schuftigen Ortuin Gratius gerichtet, reden die Sprache der ungehobelten Mönche. Sie legen ihren niedrigen Sinn, ihren Hochmut, ihre erstaunliche Unwissenheit, Lüsternheit, Gehässigkeit und Unflätigkeit, ihr erbärmliches Latein und ihre noch erbärmlichere Moral, ihre Faselei, ihr widriges Geklätsche bloß, kurz, sie führen alle ihre Untugenden und Unausstehlichkeiten so handgreiflich vor Augen, daß sie auch dem Halbgebildeten einleuchteten. Alle Feinde Reuchlins, Hochstraten, Arnold von Tongern, Ortuin Gratius, Pfefferkorn und ihre Helfershelfer, die Pariser Universität, wurden mit Stacheln und Skorpionen gegeißelt, daß nicht ein gesunder Fleck an ihnen blieb. Diese künstlerischen Satiren, welche mehr als aristophanischen Spott enthalten, wirkten um so beißender, als die Dominikaner, die Doktoren der Theologie, sich darin selbst gaben, wie sie waren, sich selbst in ihrer widrigen Blöße zeigten, gewissermaßen sich selbst an den Pranger stellten. Es konnte aber nicht fehlen, daß bei dieser Verhöhnung der Dunkelmänner auch die Schäden des Papsttums, der ganzen hierarchischen Tyrannei und der Kirche überhaupt bloßgelegt wurden. Waren doch die Dominikaner mit ihrer hochmütigen Unwissenheit und frechen Unzucht nur Ausflüsse, naturgemäße Wirkungen aus der katholischen Ordnung und Institution! So wirkten die satirischen Briefe der „Dunkelmänner“ wie eine ätzende Säure, um den ohnehin faulen Leib der katholischen Kirche vollends zu durchfressen.

Die Juden und der Talmud waren die erste Veranlassung zu den Reuchlinischen Händeln, sie durften in den „Dunkelmännerbriefen“ nicht fehlen. Solchergestalt wurden die so sehr verachteten Juden auf die Tagesordnung gebracht. In einem Briefe legte angeblich der Magister Johannes Pellifex dem sogenannten Gewissensrat Ortuin eine Gewissensfrage vor. Er sei neulich mit einem jungen Theologen zur Zeit der Frankfurter Messe vor zwei anständig aussehenden Männern vorübergegangen, welche schwarze Röcke und Kapuzen mit Mönchshüllen getragen, so daß er sie für Geistliche gehalten, vor ihnen eine Reverenz gemacht und das Barett gezogen habe. Sein Begleiter habe ihn aber darauf zu seinem Entsetzen aufmerksam gemacht, daß es Juden gewesen. Sein Begleiter habe gar behauptet, er habe damit eine Todsünde begangen, weil es an Götzendienst anstreife und gegen das erste der zehn Gebote verstoße. Denn wenn ein Christ einem Juden Ehre erweise, handle er gegen das Christentum und scheine selbst ein Jude zu sein, und die Juden könnten sich rühmen, sie seien mehr als die Christen, würden dadurch nur in ihrem Unglauben bestärkt, verachteten den Christenglauben und wollten sich nicht taufen lassen. (Es ist das dieselbe Anklagereihe, welche die Dominikaner gegen Reuchlin wegen seiner Begünstigung der Juden ausspintisiert hatten.) Der junge Theologe erzählt darauf eine Geschichte, wie er einmal in der Kirche vor dem Bilde eines Juden mit dem Hammer in der Hand, in der Meinung, es sei der heilige Petrus, das Knie gebeugt, dann bei näherer Betrachtung tiefe Reue darüber empfunden hätte. In der Beichte bei den Dominikanern hätte ihm der Beichtvater auseinandergesetzt, daß er damit, wenn auch unwissentlich, eine Todsünde begangen habe, und er, der Beichtvater, hätte ihm nicht die Absolution erteilen können, wenn er nicht zufällig bischöfliche Befugnis gehabt hätte. Wenn das aber wissentlich geschehen wäre, so hätte nur der Papst die Sünde tilgen können. Und so rät der junge Theologe dem Magister Pellifex wegen seiner Reverenz vor den zwei Juden vor dem Offizial zu beichten, weil er hätte genau hinsehen müssen und solchergestalt die Juden durch das gelbe Rad am Kleide von den Geistlichen unterscheiden können. Pellifex richtet nun an Ortuin Gratius die gewichtige Frage, ob er damit eine Todsünde oder eine verzeihliche Sünde begangen, ob es ein einfacher oder ein vor den Bischof oder gar vor den Papst gehöriger Fall sei. Auch möge Ortuin ihm schreiben, ob die Frankfurter Bürger recht daran täten, die Juden in derselben Tracht wie die Doktoren der heiligen Theologie einhergehen zu lassen. Der Kaiser sollte solches nicht dulden, daß ein Jud, der wie ein Hund ist, ein Feind Christi ... (das war die Sprache der Dominikaner). Gewiß, nichts konnte besser die Erbärmlichkeit und Spitzfindigkeit der scholastischen Theologen geißeln, als dieser Brief es tut.

Ein schallendes Gelächter ging durch das westliche Europa beim Lesen der Dunkelmännerbriefe. Alle, die in Deutschland, Italien, Frankreich und England lateinisch verstanden, lachten oder kicherten über Form und Inhalt dieser Selbstbekenntnisse der Dominikaner und Scholastiker. Diese plumpen Gemeinheiten, diese dickköpfige Unwissenheit, diese überklug sich spreizende Albernheit, diese Unzüchtigkeit in Wort und Wendung, stachen allzugrell ab gegen die äußerliche Gelahrtheit und Ehrbarkeit des Standes, dem alle diese Lächerlichkeiten in den Mund gelegt wurden, und regten auch den ernstesten Mann zum Lachen an. Man erzählte sich, daß Erasmus, der beim Lesen dieser Briefe an einem Halsgeschwür gelitten, durch das krampfhafte Lachen davon befreit worden. Die lustige Komödie der Einfältigen scharte vollends die Lacher auf Reuchlins Seite, und die Dominikaner waren in der öffentlichen Meinung gerichtet, wie auch das Urteil des päpstlichen Stuhles ausfallen mochte. Man riet hin und her, wer der Verfasser derselben sei. Einige meinten, Reuchlin selbst, andere Erasmus, Hutten oder der und jener aus dem Humanistenkreise sei der Verfasser. Hutten gab die richtige Antwort auf die Frage nach dem Verfasser: „Gott selbst wars.“ [1]) Es zeigte sich in der Tat immer mehr, daß der so kleinlich begonnene Streit um Verbrennung des Talmuds eine weltgeschichtliche Bedeutung angenommen hatte, in welcher der Einzelwille gewissermaßen untergeht und für den Dienst des Allgemeinen getrieben wird. In Rom und Cöln erkannten tieferblickende Reuchlinisten darin das Werk der Vorsehung.

Nur die deutschen Juden konnten sich dem Lachen nicht überlassen. Die Dominikaner hatten inzwischen auf einem anderen Wege daran gearbeitet, zu ihrem Hauptziele zu gelangen, oder wenigstens Rache an den Juden zu nehmen. Was frommte es den Juden, daß einige erleuchtete Christen, auf das Judentum aufmerksam gemacht, eine besondere Vorliebe für dasselbe faßten und ihre neugewonnene Überzeugung in Schriften kund gaben? Die christliche Gesellschaft im großen und ganzen war nun einmal gegen die jüdische Lehre und deren Anhänger eingenommen. Mit Recht sagte Erasmus damals: „Wenn es christlich ist, die Juden zu hassen, so sind wir sehr christlich.“ Daher wurde es ihren Feinden leicht, sie zu schädigen. Pfefferkorn hatte öfter darauf hingewiesen, daß es in Deutschland nur noch drei große jüdische Gemeinden gäbe, Regensburg, Frankfurt und Worms, und mit der Vertilgung derselben würde es mit der Judenheit im Deutschen Reiche ganz und gar zu Ende sein.

Um eine Austreibung der Juden aus Frankfurt und Worms zu bewirken, hatten die Judenfeinde ein zweckmäßiges Mittel ersonnen. Der junge Markgraf Albert von Brandenburg, bisher Bischof von Magdeburg, der später in der Reformationsgeschichte eine traurige Berühmtheit erlangte, war zum Erzbischof von Mainz erwählt worden. Die Judenfeinde hatten, wahrscheinlich auf Anregung von Cöln aus, den Erzbischof Albert bewogen, eine Einladung

---

[1]) Est Deusmet, eine glückliche Persiflage des damaligen Mönchslateins.

an geistliche und weltliche Herren und an Städte, namentlich Frankfurt und Worms, ergehen lassen, auf einer Tagsatzung in Frankfurt zusammen zu kommen, um zu beraten, daß die Juden ausgewiesen und nimmermehr zugelassen werden sollten. Der Einladung folgend, erschienen in Frankfurt (7. Januar 1516) viele Abgeordnete. Das Programm lautete, daß sämtliche Städte sich einigen und bündig verpflichten mögen, auf alle Gerechtsame und Nutzen von den Juden zu verzichten, ihre jüdischen Untertanen auszuweisen und solche niemals mehr unter welchem Titel auch immer für die Dauer oder zeitweise aufzunehmen. Diesen gemeinsamen Beschluß sollten sie dem Kaiser unterbreiten und um dessen Bestätigung bitten. Keine einzige Stimme machte das Recht der Menschlichkeit geltend oder zeigte Mitleid, daß die Juden ins Elend gestoßen werden sollten; so entmenscht und verstockt hatte die damalige Kirche das Herz der Gläubigen gemacht. Auf dieser Tagsatzung zu Frankfurt wurde indes nur — wie es bei den deutschen Ratsversammlungen zu geschehen pflegte — ein neuer Tag zur endgültigen Entscheidung (8. März) beschlossen.

Die Juden dieser Gegend sahen eine sichere Gefahr über ihrem Haupte schweben, denn wenn die deutschen Fürsten und Herren sonst uneinig und saumselig waren, in Verfolgung der Juden waren sie stets einig und rührig. Es blieb ihnen daher nichts übrig, als eine Deputation an den Kaiser Maximilian zu senden und ihn anzuflehen, ihnen mit seiner Gnade gegen den Ratschluß der ihnen übelwollenden Stände beizustehen. Der Kaiser erinnerte sich glücklicherweise, daß die Juden, wenn auch unter verschiedener großer und kleiner Herren Untertänigkeit, doch im Grunde seine und des Reiches Kammerknechte waren, und daß ihre Vertreibung einem Eingriffe in seine Souveränitätsrechte gleichkäme. Maximilian beeilte sich demgemäß, ein sehr strenges Handschreiben an den Kurfürsten Albert und das Domkapitel von Mainz, an sämtliche geistliche und weltliche Herrschaften und die Städte zu richten, drückte ihnen darin unumwunden sein Mißfallen an ihrer Beratung aus und untersagte ihnen, zur angemeldeten Zeit zusammen zu kommen. Die Juden dieser Gegend waren für den Augenblick gerettet. Der Erzbischof von Mainz oder in dessen Abwesenheit das Domkapitel gab aber die Betreibung der Sache nicht auf. Die Judenfeinde, die Freunde der Cölner Dominikaner, hofften immer noch, den Kaiser gegen die Juden umzustimmen. Ihre Hoffnungen wurden aber getäuscht. Diese Juden wurden vor der Hand nicht ausgewiesen. Aber die alte und wegen ihrer Haltung geachtete Gemeinde von Regensburg wurde kurz nach Maximilians Ableben infolge der Aufwieglung der Handwerker und der Wühlereien des brauseköpfigen Dompredigers B a l t h a s a r H u b m a i e r auf Nimmerwiederkehr verjagt (Februar 1519).

Während dessen hatte der Reuchlinsche Prozeß, dessen Mittelpunkt der Talmud bildete, einen zwar wegen des Hin- und Herziehens zweier Parteien, durch Minen und Gegenminen sehr langsamen, aber doch merklichen Fortschritt gemacht. Hochstraten, einsehend, daß die Kommission zugunsten Reuchlins entscheiden würde, verlangte mit Ungestüm die Entscheidung durch ein Konzil, weil es sich nicht um einen Rechtsstreit, sondern um eine Glaubenssache handele. Papst Leo, der es mit keiner Partei verderben wollte, mußte im Widerspruche mit seinen eigenen wiederholten Befehlen zum Teil darauf eingehen. Auf der einen Seite drang nämlich der Kaiser Maximilian und viele deutsche Fürsten darauf, Reuchlin freizusprechen und den Dominikanern den Mund zu schließen, und von der anderen Seite führte der König von Frankreich und der junge Karl (damals Herzog von Burgund), künftiger Kaiser von Deutschland, König von Spanien und Herrscher von Amerika, eine fast drohende Sprache gegen den Papst, daß die Sache mit mehr Ernst betrieben und das judengönnerische Buch endlich verurteilt werden möge. Leo hielt es daher für geraten, die bedenklich werdende Angelegenheit von seinen Schultern abzuwälzen. Er übertrug die Entscheidung einer Prüfungskommission aus den Mitgliedern des damals tagenden großen Laterankonzils. So wurde die Talmudfrage zur wichtigen Sache einer ökumenischen Synode, gewissermaßen zu einer europäischen Frage erhoben und damit an die große Glocke gehängt.

Als die Kommission sich zugunsten Reuchlins ausgesprochen hatte, bearbeiteten Hochstraten und seine Freunde Leo X ein Mandat zu erlassen, daß der Prozeß vor der Hand niedergeschlagen werde. Dieser Ausweg entsprach vollständig Leos Charakter und Stellung zwischen den leidenschaftlich erregten Parteien. Er liebte die Aufregung nicht, und er würde sie sich zugezogen haben, wenn er sich für die eine oder andere Seite entschieden ausgesprochen hätte. Er wollte es auch weder mit den Humanisten, noch mit den Dunkelmännern, weder mit dem deutschen Kaiser, noch mit dem König von Frankreich und dem Regenten von Spanien verderben. So blieb der Prozeß in der Schwebe und konnte jeden Augenblick bei günstigerer Zeitlage von den Dominikanern wieder aufgenommen werden. Hochstraten mußte zwar Rom unter Schimpf und Schmach verlassen, aber er gab die Hoffnung nicht auf, sein Ziel doch endlich zu erreichen. Er war ein willensstarker Mann, der sich durch Demütigungen nicht niederbeugen ließ; er war auch so gewissenlos, daß ihm Lügen und Verdrehungen leicht wurden.

Wenn Papst Leo geglaubt hat, durch seinen Machtspruch die Händel niederschlagen zu können, so hat er das Ansehen des Papsttums überschätzt und die Parteien, so wie den innersten Kern der

Entzweiung verkannt. Die Gemüter waren zu sehr erhitzt, als daß sie durch ein Wort von oben herab sich hätten beruhigen können. Beide Parteien wollten nicht den Frieden, sondern den Krieg, den erbittertsten Krieg auf Tod und Leben. Als Hochstraten aus Rom zurückkehrte, war er seines Lebens nicht sicher. Wütende Reuchlinisten machten öfter Anschläge auf ihn. Hutten war, seitdem er das Treiben in Rom mit reifem Blicke kennen gelernt hatte, am eifrigsten, den Sturz der Geistlichenherrschaft in Deutschland herbeizuführen.

Das Geheimnis konnte nicht mehr gewahrt werden, es wurde von den Dächern laut verkündet, daß die Kirche einen klaffenden Riß erhalten hätte. Nicht ihre Gegner, sondern der Provinzial des Dominikanerordens, Eberhard von Cleve, und das ganze Kapitel gestanden in einem offiziellen Schreiben an den Papst ein, daß der Streit ihnen, den Predigermönchen, Haß und Verachtung eingetragen, daß sie für alle zur Fabel geworden, daß sie — ja wohl, unverdient! — als Feinde der brüderlichen Liebe, des Friedens und der Eintracht in Rede und Schrift verschrieen werden, daß ihre Predigten verachtet, ihre Beichtstühle gemieden, daß alles, was sie unternehmen, verlacht und als Hochmut und Überhebung ausgelegt werde.

Inzwischen pflanzte sich der Streit zwischen Reuchlin und den Dominikanern und namentlich Hochstraten auf einem andern Gebiete fort und berührte das Judentum an einer andern Fläche. Die Kabbala bildete eigentlich den dunklen Hintergrund dieser Bewegung. Aus Schwärmerei für diese Geheimlehre, welche den Schlüssel zum tiefern Verständnis der Philosophie und des Christentums bieten sollte, hatte Reuchlin auch den Talmud geschont wissen wollen, weil darin nach seiner Meinung mystische Elemente enthalten seien. Die junge Kabbala war die Schutzpatronin des grauen Talmuds geworden. Reuchlin verstand aber noch wenig von dieser Afterwissenschaft. Seine Wißbegierde und sein Eifer ließen ihm keine Ruhe, sich darin zu orientieren. Es war für ihn bei den Angriffen seiner Gegner auf seine Rechtgläubigkeit, Redlichkeit und Gelehrsamkeit nun gar zu einer Ehrensache geworden, die Übereinstimmung der Kabbala mit dem Christentum gründlich nachweisen zu können. Allein er hatte das Unglück, in seinen hebräischen Studien in schlechte Hände zu geraten. Nachdem er lange nach einem Leitfaden gesucht, machte ihn das Ungefähr mit der trübsten Quelle der Kabbala bekannt, mit einigen sinnlosen Schriften des Kabbalisten Joseph Gicatilla aus Kastilien, welche der Täufling Paul Riccio jüngsthin ins Lateinische übersetzt hatte.

Sobald Reuchlin von der Fundgrube des sinnverwirrten Joseph Gicatilla erfuhr, hatte er keine Ruhe, bis er sie erhielt, und er machte sich darüber her, die Kabbala von neuem für die Dogmen des Christentums auszubeuten. Infolge der ihm aufgegangenen Wahrheit, daß die Kabbala die höchste Erkenntnis, die Mysterien des Christentums, offenbare und bestätige, arbeitete Reuchlin ein Werk aus, von der kabbalistischen Wissenschaft, und widmete es dem Papste Leo X, um seiner Streitsache, daß die jüdischen Schriften statt verbrannt, gehegt zu werden verdienten, neues Gewicht zu geben. Reuchlin mußte auf den Beifall des Papstes, dem er das Werk gewidmet hatte, gerechnet haben, daß er dem schwankenden Glauben von einer andern Seite neue Stütze zu verleihen imstande sei. Er knüpfte daran die Hoffnung, daß Leo X den Urteilsspruch in dem Streite zwischen ihm und den Dominikanern, der zwar niedergeschlagen, aber von den letzteren doch noch mit Eifer betrieben wurde, endgültig fällen und ihm Frieden und Ruhe gewähren würde. Die christlich gefärbte Kabbala sollte seine Fürsprecherin am päpstlichen Hofe sein. In der Tat stand er damals nicht vereinzelt mit seiner Affenliebe für die Geheimlehre. Nicht nur Kardinäle, sondern der Papst selbst versprachen sich viel von einer Ausbeute der Kabbala für das Christentum.

Als das Interesse an dem Reuchlinschen Streit lauer zu werden anfing, tauchte eine andere Bewegung in Deutschland auf, welche das fortsetzte, was jener angebahnt hatte, die festen Säulen des Papsttums und der katholischen Kirche bis auf den Grund zu erschüttern und eine Neugestaltung Europas vorzubereiten. Die so weittragende Reformation hatte erst durch den ursprünglich sich um den Talmud drehenden Streit einen günstigen Luftzug vorgefunden, ohne welchen sie weder hätte entstehen, noch wachsen können. Aber die reformatorische Bewegung, welche in kurzer Zeit eine weltgeschichtlich wirkende Macht wurde, aus winzigen Anfängen entstanden, bedurfte eines kräftigen Rückhaltes, wenn sie nicht im Keim erstickt werden sollte. Martin Luther, eine kräftige, derbe, eigensinnige und leidenschaftlich erregte Natur, die mit Zähigkeit an ihren Überzeugungen und Irrtümern festhielt, gab ihr diesen Rückhalt. Der willensstarke Luther wurde durch den Widerspruch allmählich zu der Überzeugung geführt, daß der jedesmalige Papst, und dann noch weiter, daß das Papsttum überhaupt nicht unfehlbar sei, und daß der Glaubensgrund nicht der päpstliche Wille, sondern das Schriftwort sei.

Der Tod des greisen Kaisers Maximilian (1519), dem die theologischen Wirren, die er hervorgerufen, über den Kopf gewachsen waren, und die Wahl des neuen Kaisers, die sich ein halbes Jahr hinschleppte, zogen das Spiel der Politik hinein, und es entstand dadurch ein Wirrwar, in welchem Freunde und Feinde der freien religiösen Richtung oder der trüben Stockgläubigkeit nicht mehr zu unterscheiden waren. Hutten und die Humanisten waren für die Wahl Karls V, in dessen Hauptland Spanien doch die Dominikaner die Oberhand hatten und die Flammen der Scheiterhaufen nicht erlöschen ließen, und der päpstliche Hof war gegen ihn. Immer mehr wurde die Reuchlinsche und Lutherische Sache, gewissermaßen der Talmud und die Reformation, untereinander gemischt. So weit war es gekommen, daß die Kurfürsten zur Zeit ihrer Versammlung zur Königswahl sich entschieden für Reuchlin gegen die verfolgungssüchtigen Cölner aussprachen. — Anstatt den Talmud zu verdammen, ermunterte der Papst Leo einige Unternehmer, denselben zu drucken. So war durch die allen Zeitgenossen unbegreifliche Bewegung das Unerwartete eingetroffen: Reuchlin gerechtfertigt, der Talmud gerechtfertigt und gewissermaßen vom Papsttum begünstigt. In der Tat unternahm Daniel Bomberg, ein reicher, edler christlicher Druckereibesitzer aus Antwerpen, in demselben Jahre eine vollständige Ausgabe des babylonischen Talmuds in zwölf Foliobänden mit Kommentarien zu drucken, das Muster sämtlicher späteren Ausgaben. — Leo versah die Talmudausgabe mit schützenden Privilegien. Die Dominikaner erlitten auf der ganzen Linie eine vollständige Niederlage.

Eine geistvolle stumme Komödie, ursprünglich in französischer oder lateinischer Sprache und ins Deutsche übersetzt, stellt Reuchlin recht anschaulich als Urheber der großen immer mehr um sich greifenden Bewegung dar. Sie läßt einen Doktor, dessen Name Capnion (Reuchlin) auf dem Rücken zu lesen, auftreten, ein Bündel krummer und gerader Reiser auf die Bühne hinwerfen und sich entfernen. Eine andere Figur (Erasmus) bemüht sich vergebens, die Stäbe zu ordnen und die krummen gerade zu biegen, schüttelt den Kopf über das Chaos und verschwindet. Auch Hutten kommt darin vor. Luther erscheint im Mönchsgewande, bringt einen Feuerbrand und zündet die krummen Reiser an. Eine andere Figur in kaiserlicher Tracht schlägt mit dem Schwerte auf das um sich greifende Feuer und gibt ihm dadurch noch mehr Spielraum. Endlich erscheint der Papst, will löschen, greift nach einem Eimer, der aber voll Öl ist, gießt es ins Feuer und schlägt die Hände über dem Kopfe zusammen wegen der hell auflodernden Flammen, die nicht mehr zu ersticken gehen. Pfefferkorn und der Talmud hätten in dieser stummen Komödie nicht fehlen sollen, denn diese haben den Zunder zu dem Brande geliefert.

Schon lagen die Verhältnisse derart, daß jeder Luftzug den Brand nur noch mehr begünstigte. Luther hatte auf dem Reichstage zu Worms Standhaftigkeit und Mut erlangt und durch ein Festigkeit verratendes Wort den Bruch mit dem Papsttum vollendet. Obwohl der Kaiser Karl, durch eigenen stockkirchlichen Sinn und von

Finsterlingen belagert und ermahnt, geneigt war, den Reformator als Ketzer dem Scheiterhaufen zu überliefern, so ließ er ihn doch aus politischer Berechnung, den Papst dadurch in Händen zu haben, ungefährdet abziehen und erklärte ihn erst später in die Reichsacht. Indessen war Luther bereits auf seinem Patmos, der Wartburg, verborgen und geborgen. Während er hier in der Stille an einer deutschen Übersetzung der Bibel arbeitete, wurde im Wittenbergischen von den reformatorischen Heißspornen alle kirchliche Ordnung umgestoßen, der Gottesdienst in den Kirchen verändert, Messe und Priesterornamente abgeschafft, die Mönchsgelübde aufgehoben und Priesterehen eingeführt — d. h., die Priester erklärten ihre bisherigen heimlichen Konkubinen öffentlich als ihre Gattinnen. Die Gemüter waren für die Reformation vorbereitet. Sie faßte daher in Norddeutschland, Dänemark und Schweden feste Wurzel, drang in Preußen, Polen und anderseits in Frankreich und sogar in Spanien ein, in das Land düsterer, dumpfer Kirchlichkeit und blutdürstiger Verfolgungssucht. Zwingli, der Reformator der Schweiz, sagte sich nach vielem Schwanken ebenfalls vom Papsttum los; da dort mehr Freiheit der Bewegung, als in dem geknechteten Deutschland herrschte, wurde der neue Gottesdienst eingeführt, Priesterehen eingesegnet, Bilder und Kruzifixe zerstört und Klöster aufgehoben. Eine neue Ordnung der Dinge war eingetreten, das allmächtige Rom war gegenüber dem neuen Geiste ohnmächtig. Schwärmereien der Wiedertäufer begannen die Gemüter zu erhitzen und alle Lebensverhältnisse umzugestalten.

Für die Juden hatte Luthers Reformation anfangs nur eine geringe Wirkung. Indem sich Katholiken und Neuerer namentlich in Deutschland in jeder Stadt in den Haaren lagen, hatten sie keine Muße zu Judenverfolgungen, es trat daher hier eine kleine Pause ein. Luther selbst, dessen Stimme bereits mächtiger als die der Fürsten klang, nahm sich ihrer anfangs an und strafte die vielfachen Beschuldigungen gegen sie Lügen. In seiner derben und innigen Weise äußerte er sich gleich anfangs darüber: „Diese Wut (gegen Juden) verteidigen noch einige sehr abgeschmackte Theologen und reden ihr das Wort, indem sie aus großem Hochmut daher plaudern, die Juden wären den Christen Knechte und dem Kaiser unterworfen. Ich bitte Euch darum, sagt mir, wer wird zu unserer Religion übertreten, wenn er auch der allersanftmütigste und geduldigste Mensch wäre, wenn er sieht, daß sie so grausam und feindselig und nicht allein nicht christlich, sondern mehr als viehisch von uns traktiert werden?"

In einer eignen Schrift, deren Titel schon die verbissenen Judenfeinde stutzig zu machen geeignet war, „Daß Jesus ein geborener Jude gewesen" (1523), sprach sich Luther noch derber gegen den unvertilgbaren Judenhaß aus: „Unsere Narren, die Papisten, Bischöfe, Sophisten und Mönche, haben bisher also mit den Juden verfahren, daß, wer ein guter Christ gewesen, hätte wohl mögen ein Jude werden. Und wenn ich ein Jude gewesen wäre, und hätte solche Tölpel und Knebel den Christenglauben regieren und lehren gesehen, so wäre ich eher eine Sau geworden, als ein Christ. Denn sie haben mit den Juden gehandelt, als wären es Hunde und nicht Menschen, haben nichts mehr tun können, als sie schelten. Sie sind Blutsfreunde, Vettern und Brüder unseres Herrn; darum, wenn man sich des Blutes und Fleisches rühmen soll, so gehören die Juden Christo mehr an, denn wir. Ich bitte daher meine lieben Papisten, wenn sie müde geworden, mich Ketzer zu schimpfen, daß sie nun anfangen, mich einen Juden zu schelten.“ „Darum wäre mein Rat“, so fährt Luther fort, „daß man säuberlich mit ihnen (den Juden) umgehe; aber nun wir mit Gewalt sie treiben und gehen mit Lügenteiding um und geben ihnen schuld, sie müßten Christenblut haben, daß sie nicht stinken und weiß nicht, was des Narrenkrams mehr ist — auch daß man ihnen verbietet, unter uns zu arbeiten, hantieren und andere menschliche Gemeinschaft zu haben, damit man sie zu wuchern treibt, wie sollen sie zu uns kommen? Will man ihnen helfen, so muß man nicht des Papstes, sondern der christlichen Liebe Gesetz an ihnen üben und sie freundlich annehmen, mit lassen werben und arbeiten, damit sie Ursache und Raum gewinnen, bei uns und um uns zu sein.“ Das war ein Wort, wie es die Juden seit einem Jahrtausend nicht gehört hatten. Man kann darin Reuchlins milde Verwendung für sie nicht verkennen.

Manche heißblütige Juden sahen in der Auflehnung der Lutheraner gegen das Papsttum den Untergang der Jesuslehre überhaupt und den Triumph des Judentums. Drei gelehrte Juden kamen zu Luther, um ihn für das Judentum zu gewinnen. Schwärmerische Gemüter unter den Juden knüpften gar an diesen unerwarteten Umschwung und namentlich an die Erschütterungen, welche das Papsttum und der abgöttische Reliquien- und Bilderdienst erfahren, die kühnsten Hoffnungen von dem baldigen Untergange Roms und dem Herannahen der messianischen Zeit der Erlösung. — Mehr als der jüdische Stamm gewann die jüdische Lehre durch die Reformation. Bis dahin wenig beachtet, kam sie in der ersten Zeit der Reformation gewissermaßen in Mode. Reuchlin hatte nur den bescheidenen, frommen Wunsch ausgesprochen, daß an den wenigen deutschen Universitäten auf einige Zeit Lehrer der hebräischen Sprache wirken möchten. Durch die zunehmende Einsicht, daß die Bibel ohne diese Kenntnis ein verschlossenes Buch bleibt, suchten Fürsten und Universitäten förmlich nach Lehrern derselben und errichteten Lehrstühle für die hebräische

Sprache, nicht nur in Deutschland und Italien, sondern auch in Frankreich und Polen. Die leichte, lachende klassische Muse, welche die Herzen von den kirchlichen Formen abgezogen hatte, wurde immer mehr vernachlässigt und dafür die ernste hebräische Matrone hervorgesucht. Jünglinge und Männer scharten sich um Juden, von denen sie die hebräische Sprache erlernen konnten. Es entstand dadurch ein gemütliches Verhältnis zwischen jüdischen Meistern und christlichen Jüngern — allerdings zum gräulichen Ärger der Stockfrommen auf beiden Seiten; manches Vorurteil wurde dadurch beseitigt. Der Hauptlehrer der Christen war der Grammatiker von deutscher Abkunft Elia Levita (geb. um 1468, gest. 1549). Dieser arme Mann, der um das tägliche Brot zu kämpfen hatte, hat den Grund zur Kenntnis der hebräischen Sprache unter Christen gelegt. Die Plünderung Paduas führte ihn über Venedig nach Rom, wo ihn der Kardinal Egidio de Viterbo zum Behufe grammatischer und kabbalistischer Studien ins Haus genommen und ihm mit seiner Familie mehr als zehn Jahre den Lebensunterhalt gewährt hatte. Auch andere hochgestellte Christen saßen zu Levitas Füßen, George de Selve, Bischof von Lavour, französischer Gesandter, ebenso gelehrt wie staatsklug. Gegen den Vorwurf, den ihm überfromme Rabbiner deswegen machten, verteidigte sich Levita mit der Bemerkung, daß seine christlichen Jünger durchweg Freunde der Juden wären und deren Wohl zu befördern suchten. Gegen den festen Glauben der damaligen Zeit, daß die hebräischen Vokalzeichen uralt, womöglich vom Sinai zugleich mit dem Gesetztafeln geoffenbart seien, führte Levita die Behauptung durch, diese Zeichen seien nicht einmal in der talmudischen Zeit bekannt gewesen, sondern erst später eingeführt worden. Man kann sich denken, welchen Sturm diese Behauptung gegen ihn erhoben hat. Sie warf mit einem Schlage die festgewurzelte Ansicht um. Die Stockfrommen erhoben ein Zetergeschrei gegen ihn, als hätte er mit seiner Behauptung das ganze Judentum geleugnet. Elia Levita war daher bei seinen Glaubensgenossen wenig beliebt und hielt sich mehr zum christlichen Gelehrtenkreise, was ihm nicht weniger Tadel von den Stockfrommen zuzog und auch Folgen für seine Nachkommen hatte.

Er war übrigens nicht der einzige Lehrer der hebräischen Literatur und Sprache für Christen. Wie vor ihm Obadja Sforno Reuchlin im Hebräischen Unterricht erteilt hatte, so tat es gleichzeitig mit Levita Jakob Mantin und auch Abraham de Balmes. Es entstand überhaupt eine förmliche Schwärmerei für die hebräische Sprache in der Christenheit. Die Drucker rechneten so sehr auf guten Absatz, daß an mehreren Stellen Italiens und Deutschlands ältere oder jüngere hebräisch-grammatische Schriften aufgelegt wurden, auch da, wo keine Juden wohnten. Alle Welt wollte hebräisch lernen, das hebräische Sprachgut und Schrifttum verstehen. Wenige Jahre vorher galt den Vertretern der Kirche die Kenntnis des Hebräischen als Luxus oder gar als ein verderbliches Übel, an Ketzerei anstreifend; durch die Reformation dagegen wurde es in die notwendigen Fächer der Gottesgelehrtheit eingereiht. Luther selbst lernte hebräisch, um gründlicher in den Sinn der Bibel eindringen zu können.

Am auffallendsten zeigte sich dieser Umschwung der Gesinnung in Frankreich. Die tonangebende Pariser Universität hatte in der Mehrzahl ihrer Mitglieder Reuchlins Augenspiegel zugunsten des Talmud und der hebräischen Studien zum Feuer verurteilt. Kaum sechs Jahre später entstanden daselbst ein Lehrstuhl und eine Druckerei für das Hebräische, und gerade jener Beichtvater des Königs Ludwig, Guillaume Haquinet Petit, dessen Ohrenbläserei die Verdammung der Reuchlinschen Schrift durchgesetzt hat, dieser Dominikaner selbst trat als Förderer der hebräischen Literatur auf. Auf seinen Antrag ließ der König Franz I. den in hebräischer Literatur eingelesenen Bischof von Korsika, Augustin Justiniani, nach Frankreich kommen. Dieser junge König hatte oder zeigte wenigstens, seinem Vorgänger unähnlich, Interesse an der Hebung der Studien und auch des Hebräischen. Er ließ Elia Levita einladen, nach Frankreich zu kommen, um dort den Lehrstuhl der hebräischen Sprache einzunehmen, wahrscheinlich auf Antrag seines Verehrers de Selve. Man muß erwägen, was das damals bedeutet hat. Im eigentlichen Frankreich durfte seit mehr als einem Jahrhundert kein Jude wohnen oder auch nur weilen, und nun wurde ein Jude berufen, nicht bloß dort seinen Aufenthalt zu nehmen, sondern eine ehrenhafte Stellung anzutreten und Christen Unterricht zu erteilen. Welcher Umschwung! Elia Levita schlug jedoch diesen zuvorkommenden Antrag aus; er hätte sich als einziger Jude dort nicht behaglich fühlen können, und die Zulassung der Juden in Frankreich nebenbei zu betreiben, dazu war er nicht der Mann. Justiniani übernahm dafür die Aufgabe, die Kenntnis des Hebräischen in Frankreich anzubahnen. Auf der Universität zu Rheims fingen unter ihm die französischen Studenten an, Hebräisch zu radebrechen. Da es aber an Exemplaren mangelte, so ließ Justiniani die schlechte hebräische Grammatik von Mose Kimchi drucken. Was noch merkwürdiger ist, in Paris, wo 300 Jahre vorher die jüdischen Stockorthodoxen mit Hilfe der Dominikaner Maimunis religionsphilosophisches Werk „Führer der Irrenden,“ verbrannt hatten, ließ der Dominikaner Justiniani eine lateinische Übersetzung desselben drucken (1520). Selbstverständlich blieben die christlichen Lehrer der hebräischen Sprache von den jüdischen Meistern abhängig, sie konnten keinen Schritt ohne diese tun. Als Paulus Fagius, reformatorischer Priester und Jünger Reuchlins, eine hebräische Druckerei in Isny anlegen wollte, berief er Elia Levita dahin. Diese Einladung nahm er an, weil er in Not war und für seine chaldäischen und rabbinischen Wörterbücher keinen Verleger fand. Paul Fagius waren diese Werke gerade sehr lieb, weil sie ihm den Schlüssel zu der von christlichen Gelehrten so sehr gesuchten Kabbala zu bieten schienen.

Durch die Reuchlinsche und Luthersche Bewegung kam auch die so lange vernachlässigte Bibelkenntnis einigermaßen in Schwung. Judentum und Christentum beruhen auf der heiligen Schrift, und doch war diese gerade den Bekennern beider Religionen durchweg fremd geworden. Dieses herrliche Denkmal einer gnadenreichen Zeit war von so vielen Hüllen verschleiert, von dem Spinngewebe zumeist sinnloser Auslegungen so sehr eingesponnen und überhaupt durch das Beiwerk so sehr verunstaltet, daß es seinem wahren Werte nach vollständig unkenntlich geworden war. Weil man alles in der heiligen Schrift suchte und hineindeutelte, fand man gerade den richtigen, wahren Sinn nicht. Dem christlichen Laienvolke war die Bibel seit langer Zeit unzugänglich geworden, weil das Papsttum deren Übertragung in die Volkssprache aus instinktmäßiger Furcht untersagt hatte. So kannten die Gläubigen nur Bruchstücke daraus, nur abgerissene Verse und auch diese nicht einmal recht, weil sie durch die verkehrte Auslegung entstellt waren. Selbst Geistliche fanden sich nicht heimisch darin, weil sie sie nur aus der lateinischen Sprache der Vulgata kannten, und diese den Grundgedanken der biblischen Wahrheiten durch Unverstand und Verkehrtheit verwischt hatte. Es war daher eine wichtige Tat, als Luther in seiner Einsamkeit auf der Wartburg die Bibel, das alte und neue Testament, in die deutsche Sprache übersetzte. Luther mußte dazu, wie schon angegeben, etwas hebräisch lernen und Juden um Auskunft fragen. Es war den damals Lebenden, als wenn das Gottesbuch erst neu geoffenbart worden wäre; diese reine Stimme hatten sie noch nicht vernommen. Ein frischer Hauch strömte den Menschen daraus entgegen, als die Wälle entfernt waren, welche diese Lebensluft des Geistes so lange abgesperrt hatten.

Das klassische Altertum hatte den Geschmack eines kleinen Kreises verfeinert. Das hebräische Altertum dagegen hat das ganze Geschlecht verjüngt, ihm wieder Sinn für Einfachheit und ungekünstelte Lebensverhältnisse beigebracht. Bald wurde die Bibel in alle europäischen Sprachen übertragen, und die Katholiken selbst waren genötigt, von dem päpstlichen Verbote abzugehen, sie dem Volke in verständlicher Sprache zu übergeben. Auch die Juden fühlten das

Bedürfnis nach der heiligen Schrift in der Landessprache. Diesem half der unermüdliche Elia Levita ab, der eine deutsche Übersetzung in Konstanz auf seiner Rückreise von Isny nach Venedig anfertigte. Eine spanische Übersetzung besorgte ein aus Portugal entkommener Marrane Duarte de Pinel in Ferrara, der sich als Jude Abraham Usque nannte. Die Nachfrage nach hebräischen Bibeln war so bedeutend, daß Daniel Bomberg das großartige Geschäft unternahm, das alte Testament mit den Kommentarien von Raschi, Ibn Esra, Kimchi, Gersonides und andern zu drucken. Der Absatz der umfangreichen rabbinischen Bibel war so groß, daß immer mehr neue Auflagen davon erschienen.

Zweites Kapitel.

Die marranische Rührigkeit und die kabbalistisch-messianische Schwärmerei.

(1530 bis 1548.)

Es ist erstaunlich und doch wieder nicht erstaunlich, daß die hochwogige Bewegung, die krampfhafte Erschütterung in dem ersten Viertel des sechzehnten Jahrhunderts, welche die christliche Welt aus den Angeln gehoben, die Juden innerlich kaum berührt hat. Während in der Christenheit eine durchgreifende Veränderung in Denkweise, Sitte und selbst in Sprache vorging, das Alte, Überkommene hier abgelegt und verworfen und dort frisch aufgeputzt wurde, damit es wie neu aussähe, mit einem Worte, während sich eine neue Zeitepoche herausarbeitete, blieb bei den Juden alles beim alten. Das kam daher, daß sie bis dahin kein eigentliches Mittelalter hatten, darum brauchte für sie auch keine neue Zeit anzubrechen. Sie bedurften keiner Wiedergeburt, brauchten nicht den unzüchtigen Lebenswandel abzustellen, den Krebsschaden sittlicher Fäulnis zu heilen, dem Übermut und der Raubsucht ihrer geistlichen Führer einen Damm entgegenzusetzen. Sie hatten nicht so viel Wust wegzuräumen. Damit soll aber nicht gesagt sein, daß innerhalb der Judenheit alles lauter Glanz war. Das Judentum, seine erhebenden und versittlichenden Gedanken, waren bis dahin nicht zum Durchbruch gekommen; aber hier fehlte beim Volke die Innerlichkeit der Religion und bei den Führern die Klarheit des Geistes. Werktätigkeit und scholastischer Dunst waren auch unter den Juden heimisch. Im Gottesdienste wurde die Erhebung und im Geschäftsleben öfter der redliche Sinn vermißt. Der Synagogenritus hielt krampfhaft alles fest, was aus dem Altertum überkommen war, füllte sich noch dazu mit unverständlichen Bestandteilen und hatte im ganzen einen unschönen Charakter. Predigten gab es in den deutschen Gemeinden und ihren anderweitigen Kolonien so gut wie gar nicht, höchstens talmudische Vorträge, welche dem Volke, namentlich dem weiblichen Geschlechte, unverständlich waren und daher das Gemüt kalt ließen. Die spanisch-portugiesischen Prediger bedienten sich zwar der klangvollen Sprache ihrer Heimat, aber ihre Vorträge waren von scholastischem Wulst erfüllt und für die Laienwelt nicht weniger unverständlich.

Ein Übelstand war auch die zäh unterhaltene Zersplitterung der Gemeinden. Die Hetzjagd gegen die Juden hatte in größeren Städten Italiens und der Türkei Flüchtlinge aus der pyrenäischen Halbinsel und Deutschland zusammengewürfelt, die weit entfernt, sich mit der Urgemeinde zu verbinden, sich vielmehr gegen sie und gegeneinander absperrten. Es gab daher in manchen Städten nicht bloß italienische, romanische (griechische), spanische, portugiesische, deutsche und hin und wieder moghrebische (afrikanische) Gemeinden, sondern fast ebensoviel Gruppen, als es Landschaften oder Städte in deren jeweiligem Mutterlande gab. Es gab daher z. B. in Konstantinopel, Adrianopel, Salonichi in Griechenland und vielen anderen Städten eine bunte Karte von Gemeinden, von denen jede ihren eigenen Vorstand, Synagogenritus, Rabbiner, Lehrhäuser, Armenpflege, ihren eigenen Dünkel und ihre gegenseitigen Eifersüchteleien hatte. Unter diesen Umständen konnte nichts Großes, Gemeinnütziges, Allgemeines zustande kommen. Die geistlichen Führer, obwohl im allgemeinen sittlich und auch innerlich religiös, beugten sich nicht selten vor den Reichen ihrer Gemeinde, sahen dem Übermut und der Ungebührlichkeit nach und traten ihnen nicht mit Mut entgegen.

Schlimmer noch als diese Zersplitterung in lauter Gemeindeatome war die Gebrochenheit der Kraft, der kleinliche Geist, das gewissermaßen am Boden Kriechen nicht bloß unter den Juden deutscher Zunge, sondern selbst unter den Schichten der sefardischen Auswanderer. Nur wenn es galt, für die Überkommnisse der Väter zu sterben, zeigten sich alle groß und heldenmütig; sonst war die Tätigkeit auch der Großen aufs Kleinliche gerichtet. Keine neue Bahn wurde eingeschlagen, selbst nicht beim Anblick der täglichen Umwälzungen in der christlichen Welt. Diejenigen, welche sich noch auf der Höhe der Wissenschaft hielten, gingen meist auf betretenen Bahnen und traten sie nur noch breiter. Die vorherrschende Richtung war, das Alte und die Alten zu erläutern, Kommentarien zu schreiben, sogar Kommentarien zu Kommentarien (Superkommentarien). Die Talmudisten legten den Talmud, und die philosophisch Gebildeten Maimunis „Führer" aus. Kein Laut echter Poesie entströmte dem Munde derer, welche doch an dieser Brust groß gezogen worden waren, nicht einmal ein markerschütterndes Klagelied, das den Schmerz zu verklären vermag.

Die einzige Erscheinung, welche eine Veränderung der Lage und der Zeit beurkundete, ist das Interesse an geschichtlichen Erinnerungen, freilich meistens auch nur unter den Juden pyrenäischer Abkunft. Die grenzenlosen Leiden, die sie erduldeten, wollten sie den nachfolgenden Geschlechtern überliefern. Die neuen Leiden brachten ihnen auch die alten seit der grauen Vorzeit in frische Erinnerung und ließen sie erkennen, daß die Geschichte des jüdischen Stammes eine lange Reihe schmerzensreichen Märtyrertums war. Sonst tauchte nichts Neues in dieser Zeit auf. Die jüdischen Lehrer für christliche Kreise, Abraham Farißol, Jakob Mantin, Abraham de Balmes, wiewohl von diesen hochgeehrt, galten wenig in jüdischen Kreisen und übten ebensowenig Einfluß wie der ihnen weit überlegene Denker Elia Delmedigo. Die wissenschaftliche Richtung war nicht beliebt.

Isaak Abrabanel, der Überlieferer des alten jüdisch-spanischen Geistes, fand in Maimunis philosophischen Schriften manches dem Judentum widersprechende Ketzerische und verdammte die freien Forscher, welche über das Gegebene hinaus gegangen waren. Ein portugiesischer Flüchtling Joseph Jabez und ein spanischer Abraham Ben-Salomo aus Trujillo wälzten alle Schuld an der Ausweisung der Juden aus Spanien und Portugal auf die Philosophie. Sie sei die große Sünderin gewesen, welche Israel verführt habe, darum sei das Strafgericht über dasselbe so herb ausgefallen.

Ein frischer Hauch weht nur aus der philosophischen Schrift des geistvollen Leon Abrabanel oder Medigo, die schon durch ihren Titel „Gespräche von der Liebe“ (Dialoghi d'amore) zu verstehen gibt, daß der Leser es nicht mit Abgeschmacktheiten der Alltagsphilosophen zu tun hat. Wenn keiner, so bewies dieser Sprößling der alten edlen Familie Abrabanel die Schmiegsamkeit des jüdischen Geistes. Aus einem behaglichen Leben herausgerissen, in ein fremdes Land geworfen, unstät durch ganz Italien gehetzt und im Herzen den nagenden Schmerz um den lebendigen Tod seines ihm entrissenen Erstgeborenen, behielt Leon Medigo die Geisteskraft, sich in die neuen Verhältnisse zu schicken, sich in italienische Sprache und Literatur zu versenken und die zerstreuten Züge philosophischer Gedanken in seinem Kopfe zu einem einheitlichen Bilde zu sammeln und abzurunden. In kaum zehn Jahren seit seiner Flucht aus Spanien konnte er als gelehrter Italiener gelten, konnte mit den feingebildeten Männern des mediceïschen Zeitalters an Geschmack wetteifern und sie noch an Vielseitigkeit des Wissens übertreffen. Mit derselben Feder, mit der er seinem in Portugal im Scheinchristentum erzogenen Sohne einen herzzerreißenden Ermahnungsbrief in hebräischen Versen schrieb, „des Judentums stets eingedenk zu bleiben, die hebräische Sprache und Literatur zu pflegen und sich die Trauer seines Vaters, den Schmerz seiner Mutter zu vergegenwärtigen,“ mit derselben Feder schrieb er seine „Dialoge der Liebe“, welche der tiefen Liebe Philos zu Sophia entströmen. Dieser scheinbare Roman bildet den Ausgangspunkt zu Leon Medigos philosophischem System. Das Ganze klingt mehr wie eine philosophische Idylle, denn als ein strenges System; es herrscht darin mehr Phantasie als Gedanken vor, und die darin niedergelegten Bemerkungen sind mehr sinnig als wahr. Möglich, daß Leon Medigo seine tieferen Gedanken in ein anderes, jetzt verschollenes Werk, „Die Harmonie des Himmels“ betitelt, niedergelegt hat. Dem Judentume stehen seine Liebesdialoge durchaus fern. Sein Werk wurde daher unter Christen mehr als unter Juden geschätzt. Die Italiener waren stolz darauf, philosophische Gedanken zum ersten Male in ihrer von ihnen so schwärmerisch geliebten Sprache entwickelt zu sehen. „Die Liebesgespräche“ wurden eine Lieblingslektüre gebildeter Leser, ins Lateinische und Spanische übersetzt. Die Widmung der spanischen Übersetzung nahm der finstere, judenmörderische König Philipp II. von Spanien an. Juda Medigo bildete eine rühmenswerte Ausnahme.

In die der strengen logischen Zucht entwöhnten Köpfe nistete sich die Kabbala mit ihrem tönenden Nichts ein; sie füllte gewissermaßen den leer gewordenen Raum aus. Im sechzehnten Jahrhundert begann erst ihre Herrschaft über die Gemüter. Ihre Gegner waren tot oder nicht gelaunt, sich mit der ganzen Zeitrichtung auf den Kriegsfuß zu setzen, welche dem Geheimnisvollen, Auffallenden nur allzu geneigt war. Sefardische Flüchtlinge Juda Chajat, Baruch von Benevent, Abraham Levi, Meïr Ben-Gabbaï, Ibn-Abi Simra hatten die Kabbala nach Italien und der Türkei eingeschleppt und erweckten ihr mit außerordentlicher Rührigkeit eifrige Anhänger. Auch die Schwärmerei christlicher Gelehrter, Egidio von Viterbo, Reuchlin, Galatini und selbst eines Papstes für die Kabbala übte auf die Juden eine Rückwirkung aus. Dieser Lehre müsse doch eine tiefe Wahrheit zugrunde liegen, wenn sie von vornehmen Christen so sehr gesucht wird! Die kabbalistisch-gläubigen Prediger entwickelten deren Lehre — was bisher nicht vorgekommen war — von der Kanzel. Mit frecher Anmaßung behaupteten die Kabbalisten, daß sie allein im Besitze der mosaischen Überlieferung seien, und daß der Talmud und die Rabbinen sich vor ihnen beugen müßten. Solchergestalt wurde die Geheimlehre mit ihrer Träumerei und Spielerei, die bisher nur in den Köpfen weniger Adepten spukte, allgemein unter die Judenheit verbreitet und berückte den gesunden Sinn. Der Widerstand von seiten der

Rabbinen gegen ihre Eingriffe in den Ritus und das religiöse Leben überhaupt war nur schwach, da auch sie von der Göttlichkeit der Kabbala überzeugt waren.

Es konnte nicht fehlen, daß die hohle Kabbala in den hohlen Köpfen Schwärmerei erzeugte. Wie bei den Essäern, so war auch bei den soharistischen Mystikern die Messiashoffnung der Angelpunkt ihrer ganzen Lehre. Das messianische Reich oder das Himmelreich oder das Reich der sittlichen Ordnung zu fördern und das Eintreffen desselben durch Buchstaben- und Zahlenspielerei im Voraus zu berechnen und zu verkünden, das war ihr Hauptaugenmerk. Isaak Abrabanel, obwohl der Kabbala nicht allzusehr zugetan, hatte dieser messianischen Schwärmerei aus frommer Besorgnis Vorschub geleistet. Die gehäuften Leiden der wenigen Überbleibsel von den Juden Spaniens und Portugals hatten vielen den Mut gebrochen und die Aussicht auf bessere Zeit geraubt.

Diese Hoffnungslosigkeit und Verzweiflung seiner Landsleute, die, wenn um sich greifend, die Wünsche der Kirche erfüllt hätten, schmerzten den im innigsten Glauben bewährten Isaak Abrabanel, und er verfaßte, um diesem gefährlichen Unmute entgegen zu treten, drei Schriften, um aus der Bibel, namentlich aus dem Buche Daniel, und aus den agadischen Sentenzen, wie er glaubte, mit der allerstrengsten Beweisführung die Berechnung gefunden zu haben, die messianische Zeit müsse notwendigerweise im Jahre 5263 seit der Weltschöpfung (1503) anbrechen und die Vollendung derselben mit dem Falle Roms etwa vier Jahreswochen später eintreten.

Diese so bestimmt von einem besonnenen Manne, einer hochgeachteten Persönlichkeit verbürgte messianische Berechnung scheint, verbunden mit anderen kabbalistischen Träumereien, einen Schwärmer aufgeregt zu haben, für die allernächste Zeit das Eintreffen der messianischen Erfüllung zu verkünden. Ein Deutscher Ascher Lämlein (oder Lämlin) trat in Istrien in der Nähe von Venedig als messianischer Vorläufer auf (1502). Er verkündete, daß, wenn die Juden strenge Buße, Kasteiung, Zerknirschung und Wohltätigkeit betätigen würden, der Messias nach einem halben Jahre unfehlbar eintreffen müsse. Die Gemüter waren durch die Leiden und den kabbalistischen Dusel für solche krampfhafte Erwartungen empfänglich; daher hatte Ascher Lämlein einen Kreis von Anhängern gewonnen, welche seine Verkündigung verbreiteten. Sie fanden in Italien und Deutschland Anklang und Glauben. Es wurde viel gefastet, viel gebetet, viel gespendet. Man nannte die Zeit das Bußjahr! Man rechnete so gewiß auf die Erlösung und Rückkehr nach Jerusalem, daß man das Bestehende geradezu niederriß. Die Nüchternen und Besonnenen wagten nicht, der allgemeinen Schwärmerei entgegen zu treten.

Selbst Christen sollen an Ascher Lämleins messianische Prophetie geglaubt haben. Aber der Prophet starb oder kam plötzlich um, und damit hatte der Schwindel ein Ende. Viele Juden traten infolgedessen zum Christentum über. Isaak Abrabanel, der das von ihm ausgerechnete Jahr und die Lämleinsche Bewegung erlebt hatte, mag nicht wenig davon beschämt gewesen sein.

Allein mit dem erfolglosen Ende des Lämleinschen Bußjahres war die Messiashoffnung keineswegs in den Gemütern der Juden erloschen; sie war ihnen notwendig, um sich in dem Elend aufrecht zu erhalten. Die Kabbalisten hörten darum nicht auf, diese Hoffnung von neuem anzuregen und deren wunderbare Verwirklichung von neuem zu verheißen. Drei Jahrzehnte später entstand daher eine viel bedeutendere messianische Bewegung, welche vermöge ihres Umfanges und durch die dabei beteiligten Persönlichkeiten einen interessanteren Verlauf nahm. Die Marranen in Spanien und Portugal spielten dabei eine Hauptrolle.

Diese Unglücklichsten aller Unglücklichen, die ihrem angestammten Glauben entsagt, sich gewissermaßen ihrem eigenen Selbst entfremdet hatten, Kirchenriten mitmachen, ja sie noch peinlicher befolgen mußten, obwohl sie ihnen in tiefster Seele verhaßt waren, und doch wiederum von der Inquisition und dem Hasse der christlichen Bevölkerung gegen sie an ihre Abstammung gewiesen wurden, sie erduldeten ohne Redeschwulst ein wahres Höllenleben. Der größte Teil unter ihnen konnte bei aller Anstrengung über sich selbst keine Zuneigung zum Christentum fassen. Wie konnten sie ein Bekenntnis liebgewinnen, dessen Träger täglich Menschenopfer verlangten, und diese unter den nichtigsten Vorwänden unter den Scheinchristen aussuchten? Unter dem zweiten spanischen Großinquisitor Deza waren fast noch größere Grausamkeiten vorgekommen, als unter Torquemada. Er und seine Werkzeuge, ganz besonders Diego Rodriguez Lucero, ein frommer Henker in Cordova, hatten so viele Schändlichkeiten begangen, daß ein frommer Mönch, Pedro Martyr, die Inquisition drei Jahrzehnte nach ihrer Entstehung mit den grellsten Farben schilderte: „Der Erzbischof von Sevilla (Deza), Lucero und Juan de la Fuente haben alle diese Provinzen entehrt. Ihre Leute erkennen weder Gott, noch die Gerechtigkeit an, töten, stehlen und schänden Weiber und Mädchen zur Schmach der Religion. Die Schäden und das Unglück, welche die schlechten Diener der Inquisition in meinem Lande verursacht haben, sind so groß und so vielfach, daß jeder darüber betrübt sein muß." Lucero (der Lichtvolle), von seinen Zeitgenossen wegen seines finstern Tuns Tenebrero (der Finstere) genannt, hat die Schlachtopfer zu Tausenden gehäuft; er war unersättlich nach jüdischem Märtyrerblut. „Gebt mir Juden zum Verbrennen," soll er immer gerufen haben. Sein Fanatismus war in kannibalische Raserei umgeschlagen. Die Schergen der Inquisition hatten alle Hände voll zu tun. Es entstand aber dadurch eine drohende Gärung in Cordova; die angesehensten Personen klagten über dieses Verfahren des Inquisitors Lucero und gingen den Großinquisitor an, ihn seines Amtes zu entsetzen. Deza war aber mit ihm einverstanden, und so wurden auch die Unzufriedenen, Ritter, vornehme Damen, Geistliche und Nonnen, als Begünstiger jüdischer Ketzerei angeklagt.

Der dritte Großinquisitor, Ximenes de Cisneros, verfuhr schonender gegen die verdächtigen Altchristen, ließ aber nicht weniger Neuchristen von jüdischer und maurischer Abstammung verbrennen. Er war es auch, der gegen Karl V. eine drohende Sprache führte, als er im Begriff stand um 800 000 Goldkronen den spanischen Marranen die Freiheit ihrer jüdischen Bekenntnisse einzuräumen. Er verbot seinem kaiserlichen Zöglinge, die Juden zu dulden, wie es Torquemada Karls Urahnen verboten hatte. Seine Nachfolger waren nicht weniger rechtgläubig, d. h. nicht weniger unmenschlich. Unter diesen bekamen die jüdischen Schlachtopfer christliche Mitschuldige und Leidensgenossen. Die reformatorische Bewegung in Deutschland hatte auch in Spanien einen Widerhall gefunden. Luthers und Calvins Lehre von der Verwerflichkeit des Papsttums, der Priesterschaft und des Zeremoniendienstes war durch die Verbindung Spaniens mit Deutschland infolge der Personalunion des Kaisers Karl auch über die Pyrenäen gedrungen. Der Kaiser, dem die Reformation in Deutschland so viel zu schaffen machte, gab dem heiligen Offizium die Weisung, streng gegen die lutherisch Gesinnten in Spanien zu verfahren. Dem blutdürstigen Ungetüme war die ihm zugewiesene Beute willkommen, und fortan ließ es eine Art Gleichheit gegen Juden, Mohammedaner und lutherische Christen eintreten. Jedes Auto da Fé verkohlte in gleicher Weise die Märtyrer der drei verschiedenen Religionsbekenntnisse.

Mit den zahlreichen Marranen in Portugal hatte es ein anderes Bewandtnis als in Spanien. Der König Manoel, welcher die zum Auswandern gerüsteten Juden gewissermaßen an den Haaren zur Taufe zerren ließ, hatte ihnen, um sie nicht zur Verzweiflung zu treiben, sein Wort verpfändet, daß sie zwanzig Jahre unbelästigt von der Inquisition wegen ihres Glaubens und Tuns bleiben sollten. Selbst hebräische Bücher zu besitzen und zu lesen war ihnen gestattet. Vertrauend darauf, wagten die portugiesischen Marranen mit weniger Heimlichkeit als die spanischen, die Satzungen des Judentums zu beobachten. In Lissabon, wo die meisten derselben wohnten, hatten sie eine Synagoge, in der sie um so andächtiger zum Gebet zusammen zu kommen pflegten, als sie auch äußerlich die Kirchenriten mitmachen mußten und daher in ihrem Gotteshause mit Zerknirschung Gott um Verzeihung wegen der begangenen Sünde des Götzendienstes anflehten. Die Erwachsenen unterrichteten die Unmündigen in Bibel und Talmud und legten ihnen das Judentum eindringlich ans Herz, um sie vor der Versuchung zum aufrichtigen Übertritt zum Christentum zu warnen. Die portugiesischen Marranen hatten auch mehr Freiheit auszuwandern und begaben sich nach Veräußerung ihrer Besitztümer einzeln oder in Gruppen nach der Berberei oder nach Italien und von da nach der Türkei. Zwar hatte Manoel, um der Auswanderung der Marranen zu steuern, eine Ordonnanz erlassen, daß ein Christ ein Tauschgeschäft mit Neuchristen bei Verlust des Vermögens nicht abschließen und liegende Gründe von ihnen nur mit königlicher Erlaubnis kaufen, daß kein Marrane mit Frau, Kindern und Gesinde ohne ausdrückliche Bewilligung des Königs außer Landes reisen dürfte. Aber wie leicht konnte ein solches Gesetz umgangen werden!

Die spanischen Marranen hatten alle Ursache ihre Leidensgenossen in Portugal zu beneiden, und wagten über die Grenze des Landes, wo für sie Scheiterhaufen flammten, zu entkommen. Dem arbeitete natürlich die rachsüchtige spanische Regierung entgegen und bewog Manoel ein Gesetz zu erlassen, daß kein Spanier den portugiesischen Boden betreten dürfe, wenn er nicht eine Bescheinigung beibrächte, daß er nicht der Ketzerei beschuldigt sei.

Die portugiesischen Marranen hätten ein leidliches Dasein genießen können, wenn nicht der Volkshaß es ihnen verleidete. Sie waren weniger als Bekenner des Judentums, denn als eine rührige, betriebsame, den Christen überlegene Klasse verhaßt. Die Antipathie der Altchristen steigerte sich noch mehr gegen sie, als die Neuchristen die Befugnis erlangt hatten, alle Gewerbe zu betreiben, die Pacht der Kirchenzehnten zu übernehmen, Ämter zu bekleiden und sogar geistliche Würden erhielten und in Mönchsorden eintraten. Zuerst machte sich der Haß gegen sie durch beschimpfende Benennungen: „Jude, verfluchter Neuchrist“ (Judeo, Marrano converso) Luft, und Manoel mußte solche Bezeichnungen für sie durch ein Gesetz verbieten. Mißernten, welche mehrere Jahre in dem kleinen Portugal Hungersnot erzeugt hatten, wozu sich noch die Pest gesellte, gaben dem Hasse neue Nahrung, denn es hieß allgemein, die getauften Juden trieben Kornwucher, verteuerten die Lebensmittel und exportierten das Getreide ins Ausland. Am glühendsten gehaßt war ein marranischer Emporkömmling, João Rodrigo Mascarenhas, Oberpächter aller Steuern, und dieser Haß traf sämtliche Marranen.

Diese Stimmung gegen die Marranen benutzten die boshaften Dominikaner, um sie, die Lieblinge des Königs Manoel, der Vertilgung preiszugeben. Sie predigten nicht bloß gegen die Gottlosigkeit der Neuchristen, sondern veranstalteten geradezu ein Wunder, um das Volk zu fanatisieren. Die Pest und die anhaltende Mißernte hätten die Marranen verschuldet. Eines Tages verkündeten Dominikaner laut, daß in ihrer Kirche ein in einem Kreuze angebrachter Spiegel in einem Feuerglanz Maria gezeigt hätte und noch andere staunenswerte Wunder. Sie waren in solchen Vorspiegelungen geübt. Viel Volk strömte nach der Kirche, um das Wunder zu bewundern. Bei dieser Gelegenheit forderte ein Dominikaner die an der Kirche versammelte Volksmenge in einer wütenden Predigt zum Morde gegen die verdammten Neuchristen auf, weil der König sie begünstigte, und zwei andere, João Mocho und Fratre Bernardo, zogen gar mit Kreuzen durch die Straßen unter dem Rufe: „Ketzerei, Ketzerei!" Die ganze Volkshefe der unruhigen Hauptstadt kam in Aufruhr, und zu ihr gesellten sich die deutschen, niederländischen und französischen Matrosen, die Gelegenheit zum Plündern benutzend. So zogen nahe an 10000 Mörder durch die Stadt und erschlugen die Marranen, Männer, Frauen und Kinder, wo sie sie antrafen, auf den Straßen, in den Häusern und Verstecken. Zwei Tage wurde das Gemetzel fortgesetzt. Ein Deutscher, der damals in Lissabon anwesend war, berichtet: „Am Montag bekam ich Dinge zu sehen, die fürwahr unglaublich zu sagen oder zu schreiben sind, wenn man sie nicht selber gesehen hat, von so großer Grausamkeit sind sie." — Schwangere Frauen wurden aus den Fenstern geschleudert und von den draußen Stehenden auf Spießen aufgefangen; die Frucht wurde öfter weithin geschleudert. Das Bauervolk folgte dem Beispiele des hauptstädtischen Gesindels. Schändungen an Frauen und Jungfrauen fehlten bei dieser fanatischen Hetzjagd nicht. Die Zahl der umgekommenen Neuchristen wird auf 2000 bis 4000 geschätzt.

Durch dieses Gemetzel war das Los der Marranen in Portugal gefallen. Das Volk wurde durch die Parteinahme des Königs für sie um so erbitterter gegen sie und plante deren Vertilgung. Ihr Leben hing also nur von der augenblicklichen Gunst des Königs ab. Vergebens fuhr Manoel fort, sie zu beschützen. Er bestimmte durch ein Dekret (vom März 1507), daß die Neuchristen den alten gleichgestellt seien, und daß sie auswandern dürften, und durch ein anderes, daß sie noch sechzehn Jahre wegen ihres religiösen Verhaltens nicht vor ein Gericht gestellt werden sollten. Die altchristliche Bevölkerung blieb gegen die neuchristliche feindselig und erbittert. Der König Manoel wurde gewissermaßen von dem Fluche seiner Untat gegen die Juden verfolgt, er konnte ihre unheilvolle Wirkung nicht bemeistern.

Eine andere Wendung nahm das Verhältnis der portugiesischen Marranen unter seinem Nachfolger João III. (1522 bis 1557), jenem Dummkopf, der den Ruin seines Landes geradezu herbeigeführt hat. Schon als Infant galt er als entschiedener Feind der Neuchristen. Zwar achtete er anfangs die Bestimmung seines Vaters, sie den Altchristen gleich zu stellen und keine Untersuchung wegen ihres Religionsverhaltens bis zur abgelaufenen Frist anstellen zu lassen. Aber diese günstige Nachsicht verdankten die Marranen den ältern Räten seines Vaters, welche einerseits noch erfüllt von der gewaltsamen Art bei deren Bekehrung waren, und anderseits die Nützlichkeit derselben für das Gedeihen dieses damals kleinen Großstaates zu würdigen wußten. Denn die Marranen waren die nützlichste Volksklasse wegen ihrer Tätigkeit, ihres Großhandels, ihrer Bankgeschäfte und ihrer Kunstfertigkeit, selbst als Waffenschmiede und Kanonengießer. Sie waren im Alleinbesitze der nützlichen Kenntnisse der Medizin und Naturwissenschaften und was damit zusammenhing. Es gab in Portugal fast nur jüdische, d. h. marranische Ärzte. In dem Maße aber, als sich entgegengesetzte Einflüsse auf João geltend machten, erlangte seine fanatische Stimmung gegen die Neuchristen die Oberhand. Die Königin Katharina, eine spanische Infantin, mit Bewunderung für das Glaubensgericht ihres Vaters erfüllt, und die blutdürstigen Dominikaner, neidisch auf die Macht ihrer Ordensgenossen in Spanien, bestürmten den König mit Klagen über das lästerliche Verhalten der Marranen gegen den Jesusglauben und drangen darauf, deren Treiben durch Einführung der Inquisition zu steuern. João III. trug infolge dessen einem Beamten, Jorge Themudo, auf, das Leben der Marranen in Lissabon, ihrem Hauptsitze, zu beobachten und ihm Bericht hierüber zu erstatten. Wie dieser ausgefallen ist, läßt sich an den Folgen ermessen. Themudo wich wohl nicht weit von der Wahrheit ab, wenn er dem Könige mitteilte (Juli 1524), daß einige Marranen Sabbat und Passahfest feierten, daß sie dagegen die christlichen Riten und Zeremonien so wenig als möglich mitmachten, nicht der Messe und dem Gottesdienste beiwohnten, nicht zur Beichte gingen, beim Sterben nicht die letzte Ölung verlangten, ihre Leichen in jungfräuliche Erde und nicht in Kirchhöfen beerdigten, daß sie für ihre verstorbenen Verwandten keine Seelenmesse halten ließen und ähnliches mehr.

João hatte sich aber mit Themudos Bericht nicht begnügt, sondern eine spionierende Aufpasserei gegen die Marranen veranstaltet. Ein aus Spanien eingewanderter Neuchrist, namens Henrique Nunes, der später den kirchlichen Ehrennamen Firme-Fé erhielt, wurde vom König dazu gebraucht. Dieser hatte sich in der Schule des Blutmenschen Lucero zum glühenden Marranenhasser ausgebildet, und sein sehnlichster Wunsch war, auch in Portugal Scheiterhaufen für sie entzündet zu sehen. Ihm gab der König den förmlichen, natürlich geheim gehaltenen Auftrag, sich in die Familien der Neuchristen einzuschleichen, mit ihnen wie ein Bruder und Leidensgenosse zu verkehren, sie zu beobachten und ihm seine gesammelten Erfahrungen mitzuteilen. Von Fanatismus und Haß gegen seine Stammgenossen verblendet, merkte Nunes gar nicht, welch eine verwerfliche Rolle als gemeinem Spion ihm zugeteilt wurde. Er übernahm den Auftrag nur allzuwillig, erfuhr die Seelengeheimnisse der unglücklichen Marranen in Lissabon, Evora und andern Orten und berichtete alles, was er gesehen und vernommen, in Briefen an den König. Mit dem Bruderkusse verriet er sie, die ihn in jede Falte ihres Herzens blicken ließen. Er berichtete an den König, daß sie keine katholischen Gebetbücher in ihrem Hause, keine Heiligenbilder auf ihren Schmucksachen und auf Tafelgeschirr hätten u. dgl. m., gab auch die Namen der judaisierenden Marranen an und erteilte gehässige Ratschläge gegen sie.

Joao III. war infolge dieser durch Verräterei erlangten Nachrichten entschlossen, die Inquisition in seinem Land nach dem Muster der spanischen einzuführen, und sandte heimlich den zuverlässigen Nunes an Karl V. nach Spanien, um ihn und durch ihn den Papst dafür zu gewinnen. Die Marranen hatten aber Wind davon bekommen. Zwei derselben setzten dem Spion nach, um seinen Verrat mit dem Tode zu bestrafen. Es waren zwei Franziskanermönche oder solche, die sich zum Schein in das Mönchsgewand gehüllt hatten, Diego Vaz und Andre Dias. Sie erreichten ihn unweit der spanischen Grenze bei Badajoz, töteten ihn und fanden Briefe bei ihm, welche von der Einführung der Inquisition handelten. Die Rächer oder Mörder, wie sie die rechtgläubigen Christen nannten, wurden aber entdeckt, auf die Folter gespannt, um ihre Mitschuldigen anzugeben, und zuletzt zum Galgen verurteilt. Der Verräter Nunes wurde als Märtyrer verehrt, fast heilig gesprochen und erhielt den Ehrennamen Firme-Fé (Glaubensfest).

Man sollte nun erwarten, daß der fanatisierte König nach diesem Vorfall mit noch größerem Eifer die Einsetzung des Inquisitionstribunals betrieben hätte gegen die judaisierenden Marranen, deren Namen ihm durch Nunes' Liste bekannt geworden. Der König ließ in der Tat sogleich eine strenge Untersuchung einleiten. Allein unerwarteterweise, wurde sie in die Länge gezogen und keine strenge Maßregel gegen die Marranen erlassen. Der König hat mit einem Male damals den Plan zur Einführung der Inquisition fallen lassen. Welchem Umstande hatten die bereits aufs Schlimmste gefaßten portugiesischen Marranen diese Gunst zu verdanken? Ein Zufall, die Kühnheit eines Abenteurers scheint eine Umstimmung im Gemüte des schwachen, wankelmütigen Königs hervorgerufen zu haben.

Ein aus dichtem Dunkel herausgetretener Mann aus dem fernen Ost, von dem man nicht weiß, ob er ein Betrüger oder ein alles wagender Schwärmer war, und ob er eine messianische oder eine politische oder Abenteurerrolle zu spielen gedachte, hat in derselben Zeit eine tiefgehende Bewegung in der Judenheit veranlaßt, und davon sind die Marranen im äußersten Westen berührt worden. David, der Abstammung nach wohl ein Morgenländer, der eine geraume Zeit in Arabien und Nubien geweilt, trat nämlich plötzlich mit einer eigentümlichen Rolle in Europa auf und erweckte durch Wahrheit und Dichtung unerfüllbare Hoffnungen. Er gab sich nämlich als Abkömmling des angeblich unabhängig in Arabien lebenden altisraelitischen Stammes Rëuben aus, und zwar als Prinz und Bruder eines dort regierenden jüdischen Königs und ließ sich daher David Rëubeni nennen. Mit großer Lust an Abenteuern und Irrfahrten wanderte er viel umher in Arabien, Nubien, Ägypten und kam zuletzt nach Italien. Es hieß, er sei von seinem Bruder, der über dreimalhunderttausend auserwählte Krieger gebiete, von den siebzig Ältesten des Landes Chaibar an die europäischen Fürsten, namentlich an den Papst abgeordnet, um von ihnen Feuerwaffen und Kanonen zu erwirken, damit einerseits die mohammedanischen Völker, welche die Vereinigung dies- und jenseits des roten Meeres wohnender jüdischen Stämme hinderten, zu bekämpfen, und anderseits mit den kriegstüchtigen jüdischen Armeen die Türken aus dem heiligen Lande zu jagen.

David Rëubenis Person und Benehmen trugen dazu bei, ihm Glauben zu verschaffen. Beides hatte etwas Fremdartiges, Geheimnisvolles, Exzentrisches. Er war von schwarzer Hautfarbe, zwerghaft und von einer Magerkeit, welche durch anhaltendes Fasten ihn zum durchsichtigen Skelett machte. Dabei besaß er Mut, Unerschrockenheit und ein barsches Wesen, welches jede Vertraulichkeit fernhielt. Er sprach nur hebräisch, aber in einem so verdorbenen Jargon, daß ihn weder die asiatischen, noch die südeuropäischen Juden verstanden. In Rom angekommen (Februar 1524) ritt er auf einem weißen Zelter mit einem Diener und einem Dolmetsch in den päpstlichen Hof und verlangte gleich eine Audienz bei dem Kardinal Giulio im Beisein anderer Kardinäle. Er wurde auch vom Papst in Audienz empfangen und überreichte ihm Beglaubigungsschreiben.

Clemens VII. (auf dem päpstlichen Stuhle 1523 bis 1534) war einer der edelsten Päpste, aus dem florentinisch-mediceischen Hause in unehelicher Geburt erzeugt, klug und milde und von dem Bestreben beseelt, Italien unabhängig von den Barbaren, d. h. von den Deutschen zu machen. Aber seine Regierung fiel in eine Zeit, als Europa aus den Angeln gehoben war. Auf der einen Seite drohte die von Luther ausgegangene Reformation, die täglich Riesenfortschritte machte, das Papsttum zu untergraben, und auf der andern Seite drückte die Wucht des in der Hand Karl V. vereinigten großen Reiches von Spanien, Amerika und Deutschland auf ihm. Überwarf sich Clemens mit dem Kaiser, so begünstigte dieser die Reformation und machte Miene, die päpstliche Gewalt einzuschränken. Versöhnte er sich mit ihm, so geriet Italiens Freiheit in Gefahr. So war er trotz seines festen Charakters in steter Schwankung und nahm, wie die meisten seiner Zeitgenossen, zur astrologischen Afterwissenschaft seine Zuflucht, um das, was menschliche Klugheit nicht voraussehen konnte, durch Konstellation zu erfahren.

Diesem Papste scheint David Rëubeni Beglaubigungsschreiben von portugiesischen Kapitänen oder Geschäftsträgern, die er in Arabien oder Nubien angetroffen haben mag, überreicht zu haben. Diese Kreditive überschickte der Papst dem portugiesischen Hofe, und als man sie dort bewährt gefunden, wurde David von ihm mit großer Auszeichnung und mit allen Ehren eines Gesandten behandelt. Auf einem Maulesel ritt er durch Rom, begleitet von zehn Juden und mehr als zweihundert Christen. Der Plan mag dem Papste, dessen Unternehmungen durch den Widerstreit der verwickelten Verhältnisse jeden Augenblick durchkreuzt wurde, geschmeichelt haben, einen Kreuzzug gegen die Türkei, und zwar durch ein israelitisches Heer zu veranlassen, den gefährlichsten Feind der Christenheit aus dem heiligen Lande vertreiben zu lassen und solchergestalt wieder die kriegerischen Angelegenheiten in Händen zu haben. Selbst die Ungläubigsten unter den Juden, welche Davids Worten nicht ganz trauten, konnten sich der überraschenden Tatsache nicht verschließen, daß ein Jude von dem päpstlichen Hofe mit solcher Zuvorkommenheit und Ehre behandelt wurde, und waren auch ihrerseits überzeugt, daß mindestens ein Korn Wahrheit in Davids Angaben liegen müsse. Viele römische und fremde Juden drängten sich seitdem an ihn, der ihnen eine hoffnungsreiche Zukunft zu eröffnen schien. Die Señora Benvenida Abrabanela, Frau des reichen Samuel Abrabanel, sandte ihm aus Neapel bedeutende Geldsummen, eine kostbare Seidenfahne mit den zehn Geboten eingestickt, und sonst noch reiche Gewänder. Er aber spielte seine Rolle meisterhaft, die Juden in scheuer Entfernung zu halten.

Als endlich ein förmliches Einladungsschreiben vom König João von Portugal an David Rëubeni einlief, sich an dessen Hof zu begeben, verließ er Rom und reiste mit einer schön gestickten jüdischen Fahne zu Schiffe dahin. In Almeirin, der Residenz des Königs bei

Santarem, wo David (im November 1525) mit einer zahlreichen Dienerschaft wie ein Fürst und mit reichen Geldmitteln eingetroffen war, wurde er ebenfalls mit Auszeichnung behandelt, und es wurde mit ihm ein Plan verabredet, wie für die israelitischen Reiche in Arabien und Nubien Waffen und Kanonen von Portugal geliefert werden sollten.

Davids Erscheinen in Portugal hat diese Umstimmung gegen die Marranen hervorgerufen und den König João bewogen, die beabsichtigte Verfolgung gegen sie fallen zu lassen. Zu einer so weitreichenden Unternehmung brauchte er ihre Unterstützung, ihre Kapitalien und ihren Rat. Wollte er zudem ein Bündnis mit einem jüdischen König und Volk eingehen, so durfte er die Halbjuden in seinem Lande nicht verfolgen. Darum erkaltete plötzlich sein Eifer für die Einführung der Inquisition in Portugal. Man kann sich das Erstaunen und die Freude der Marranen in Portugal denken bei der Wahrnehmung, daß ein Jude nicht nur in Portugal eingelassen wurde, sondern auch Zutritt zum Hofe erhielt und mit demselben in Verkehr trat! So hätte denn die Erlösungsstunde für sie geschlagen, nach der sie sich in tiefster Seele gesehnt hatten! Unerwartete Hilfe war für sie eingetroffen, Befreiung und Rettung aus ihrer Angst. Sie atmeten wieder auf. Gleichviel ob sich David Rëubeni als messianischer Vorläufer ausgegeben hat oder nicht, die Marranen hielten ihn dafür und zählten die Tage bis zur Zeit, wo er sie das neue Jerusalem in herrlicher Pracht sehen lassen würde. Sie drängten sich an ihn, küßten ihm die Hände und behandelten ihn, als wäre er ihr König. Von Portugal aus drang die angebliche Heilsbotschaft nach Spanien zu den dort noch unglücklicheren Marranen, die sich einem förmlichen Freudentaumel überließen. Der Gemütszustand dieser Menschenklasse war ohnehin aufgeregt, exzentrisch und unberechenbar geworden. Täglich und stündlich die Seelenqualen erdulden, Religionsgebräuche mitmachen zu müssen, die sie im Grund ihrer Seele verabscheuten und im Versteck die Riten des Judentums unter Seelenangst vor Entdeckung zu beobachten, es war kein Wunder, daß manche unter ihnen das Gleichgewicht ihrer Seelenkräfte verloren und in wahnsinnähnliche Zustände verfielen. In der Gegend von Herrera hatte sich eine Marranin für eine Prophetin ausgegeben, Verzückungen und Visionen gezeigt, behauptet, Moses und die Engel gesehen zu haben, und die Verheißung ausgesprochen, ihre Leidensgenossen ins heilige Land zu führen. Sie fand viele Gläubige unter den Marranen. Als aber diese Schwärmerei an den Tag gekommen war, wurde in Toledo eine große Menge und in Cordova mehr als neunzig, welche ihrer Schwärmerei Glauben geschenkt hatten, verbrannt.

Messianische Hoffnungen, d. h. Erlösung durch ein Wunder

vom Himmel, das war die Atmosphäre, in der die Marranen atmeten und webten. Bei der Nachricht von dem Eintreffen des Gesandten eines jüdischen Reiches am portugiesischen Hofe flüchtete wiederum eine große Menge spanischer Neuchristen nach Portugal, um dem angeblichen Erlöser nahe zu sein. David, der die Freiheit genoß, in Portugal sich frei zu bewegen, scheint sich aber sehr vorsichtig benommen zu haben; er machte ihnen keine Hoffnung und ermunterte sie nicht, sich offen zum Judentum zu bekennen. Er wußte wohl, daß er über einem Abgrund schwebte, und eine Äußerung oder eine Tatsache von ihm zur Überredung der Neuchristen hinterbracht, ihm das Leben kosten könnte. Dennoch hefteten sich ihre Blicke auf ihn, sie waren mehr denn je erregt und gespannt auf wunderbare Ereignisse, die unfehlbar eintreffen müßten.

Am mächtigsten wurde ein edler, begabter, schöner Jüngling von David Rëubenis Erscheinen und den Hoffnungen, die er erweckte, ergriffen und umgewandelt. Diogo Pires (geb. um 1501, gest. als Märtyrer 1532), der in einer günstigeren Umgebung mit seiner glühenden dichterischen Phantasie auf dem Gebiete des Schönen viel hätte leisten können, wurde ein Werkzeug für die Aufschneiderei des angeblichen Gesandten von Arabien. Als Neuchrist geboren, hatte sich Pires eine gelehrte Bildung angeeignet, verstand und sprach das Lateinische, die Allerweltssprache der damaligen Zeit, hatte es bis zum königlichen Notar an einem hohen Gerichtshofe gebracht und war bei Hofe außerordentlich beliebt. Er muß aber auch in die hebräische und rabbinische Literatur von frühester Jugend eingeweiht gewesen sein, und selbst in die Kabbala mußte ihn wohl einer der marranischen Lehrer eingeführt haben. Als David mit seinem chimärischen Plane in Portugal aufgetreten war, wurde Diogo Pires von wilden Träumen und Visionen förmlich besessen, die sämtlich einen messianischen Hintergrund hatten. Er drängte sich daher an ihn, um zu erfahren, ob dessen Sendung mit seinen traumhaften Offenbarungen übereinstimmte. David Rëubeni soll ihn aber kalt behandelt und ihm geradezu bemerkt haben, seine militärische Botschaft habe mit der messianischen Mystik nichts gemein. Diogo Pires war aber im Wahne, die Kälte des angeblichen Gesandten rühre davon her, weil er selbst noch nicht das Bundeszeichen an seinem Leibe trage, und schritt daher zu dieser gefahrvollen Operation; ein dadurch erzeugter Blutverlust warf ihn aufs Krankenlager. David war sehr ungehalten darüber, als ihm Pires diese Mitteilung gemacht hatte, weil beide in Gefahr hätten kommen können, wenn es dem Könige kund würde, daß ein Marrane sich durch einen entschiedenen Akt zum Judentume bekannt hätte, und es dann heißen würde, er sei von jenem dazu überredet worden. Nach der Beschneidung hatte Pires, der den Namen Salomo Molcho angenommen, wahrscheinlich durch die Körperschwäche noch fürchterlichere Traumgesichte. Ihr Inhalt bezog sich immer auf die Marranen und deren messianische Erlösung. Im Traume will er auch vom Himmel durch ein eigenes Wesen, das sich mit ihm unterredete (Magid), einen Auftrag erhalten haben, Portugal zu verlassen und nach der Türkei auszuwandern. Auch David Rëubeni hatte ihm geraten wegen möglicher Entdeckung eilig Portugal zu verlassen. Die Entfernung von Marranen aus Portugal muß damals nicht schwer gewesen sein. Diogo Pires oder Salomo Molcho gelangte nach der Türkei und suchte eine messianische Sendschaft und den Tod eines Märtyrers.

Dort machte der junge, schöne, schwärmerische, dem Judentume neugewonnene Kabbalist großes Aufsehen. Er gab sich zuerst als einen Sendboten des David Rëubeni aus, von dessen guter Aufnahme am päpstlichen und portugiesischen Hofe auch im Morgenlande Gerüchte im Umlauf waren und die Köpfe erhitzt hatten. In Salonichi nahm ihn der kabbalistische Kreis des Joseph Taytasak in Beschlag und lauschte auf seine Träume und Gesichte. In Adrianopel bekehrte Pires-Molcho den nüchternen, aus Spanien als Knabe ausgewanderten Joseph Karo zur Kabbala, der sich bis dahin lediglich mit Anhäufung von talmudischer Gelehrsamkeit beschäftigt hatte. Schwärmerei ist ansteckend. Karo verfiel auch seinerseits in kabbalistische Schwärmerei gleich Molcho, hatte auch seine Traumvision (Magid), die ihm geschmacklose mystische Schriftdeutungen offenbarte und die Zukunft enthüllte. Sein Kopieren ging so weit, daß er gleich Molcho in sicherster Erwartung lebte, er werde auf dem Scheiterhaufen als ein dem Herrn angenehmes Ganzopfer verbrannt werden. Molchos einnehmende Persönlichkeit, seine reine Begeisterung, sein romantisches Wesen, seine Vergangenheit, seine überraschende Kenntnis der Kabbala, obwohl als Christ geboren, alles an ihm erweckte ihm eine Schar von Anhängern, die auf seine mystische Äußerungen lauschten und sie gläubig hinnahmen. Er pflegte oft zu predigen, und die Worte flossen ihm sprudelnd über die Lippen. Ergraute Männer wandten sich mit Fragen an den Jüngling, bald ihnen dunkle Schriftverse zu deuten, bald die Zukunft zu offenbaren. Auf das Drängen seiner Freunde in Salonichi veröffentlichte er einen kurzen Auszug seiner kabbalistischen Predigten, deren Hauptinhalt war, die messianische Zeit werde bald, mit dem Ende des Jahres 5300 der Welt (1540) anbrechen. Die Plünderung und Verheerung Roms (5. Mai 1527) bestärkte die kabbalistischen Schwärmer in ihren messianischen Hoffnungen. Das mit der Beute der ganzen Erde gefüllte Rom, das sündenvolle katholische Babel, war von deutschen meistens lutherischen Landsknechten im Sturm erobert und gewissermaßen auf

Befehl des katholischen Kaisers Karl V. wie eine feindliche Stadt behandelt worden. Der Fall Roms sollte nach messianisch-apokalyptischer Mystik als ein Vorzeichen für das Erscheinen des Messias eintreffen. Nun war Rom gefallen. In Asien, der Türkei, Ungarn, Polen, Deutschland regten sich daher im Herzen der Juden messianische Hoffnungen, die sich an Salomon Molchos Namen knüpften, und die er zur Verwirklichung bringen sollte.

In Spanien und Portugal klammerten sich die Marranen noch mehr an die Aussichten auf die messianische Erlösung und an David Rëubeni, den sie mit oder gegen seinen Willen für einen Vorläufer hielten. Ihre Illussionen machten sie so sicher, daß sie kühne Unternehmungen wagten, die ihnen unfehlbar den Tod bringen mußten. Mehrere spanische Marranen, die dem Scheiterhaufen geweiht waren, hatten merkwürdigerweise eine Zuflucht in Portugal (in Campo-Mayor) gefunden und blieben geduldet. Eine Schar junger Leute unter ihnen drang gar mit bewaffneter Hand von da aus nach Badajoz, von wo sie entflohen waren, um mehrere marranische Frauen, die im Kerker der Inquisition schmachteten, zu befreien, setzten die Stadtbewohner in Schrecken und erlösten in der Tat die unglücklichen Schlachtopfer. Dieser Vorfall, verbunden mit andern Anklagen gegen einige Marranen wegen Schändung eines Marienbildes, erweckten in dem König wieder den Gedanken, die Inquisition gegen sie einzuführen.

Ohnehin war David Rëubenis Gunst bei dem König nur von kurzer Dauer. Anfangs vom Hofe mit großer Freundlichkeit aufgenommen und öfter zu Audienzen zugezogen (wobei ein arabisch und portugiesischer Dolmetscher die Unterredung vermittelte) erhielt er die bestimmte Zusage, daß ihm acht Schiffe und 4000 Feuerwaffen zur Verfügung gestellt werden sollten, um seinen Bruder, den angeblichen König von Arabien, in den Stand zu setzen, die Araber und Türken zu bekämpfen. Aber allmählich wurde der König ernüchtert. M i g u e l d e S i l v a, welcher bei Davids Anwesenheit in Rom portugiesischer Gesandter am päpstlichen Hofe war und damals schon den angeblichen jüdischen Prinzen von Arabien für einen Abenteurer gehalten hatte, war nach Portugal zurückberufen worden, und er machte die größten Anstrengungen gegenüber den andern Räten, welche sich von Davids keckem Wesen hatten täuschen lassen, ihm die Gunst des Königs zu entziehen. Ohnehin hatten die Huldigungen, welche die Marranen ihm offen und auffallend dargebracht hatten, Mißtrauen gegen ihn erweckt. Miguel de Silva, welcher beauftragt war, die Einführung der Inquisition in Portugal durchzusetzen, konnte darauf hinweisen, daß der König selbst durch Begünstigung des angeblichen jüdischen Fürsten die Marranen in ihrem Unglauben oder in ihrer Anhänglichkeit an das Judentum förmlich bestärke. Dazu kam noch die Beschneidung und die Flucht des königlichen Schreibers Diogo Pires oder Salomo Molcho. Dieser Vorfall wurde am portugiesischen Hofe mit großem Mißfallen vernommen, und es wurde dem König beigebracht, daß David ihn dazu ermuntert habe.

So erhielt David Rëubeni mit einem Male die Weisung, Portugal zu verlassen, nachdem er beinahe ein Jahr da geweilt und mit Auszeichnung behandelt worden war. Nur zwei Monate Frist wurden ihm gewährt, sich einzuschiffen. Das Schiff, das ihn und seine Begleitung trug, wurde an die spanische Küste verschlagen, und David war in Spanien in Gefangenschaft geraten und sollte vor ein Inquisitionsgericht gestellt werden. Indessen hatte der Kaiser Karl ihm die Freiheit gewährt, und er konnte sich nach Avignon, in das päpstliche Gebiet begeben. Sobald der König João mit David Rëubeni gebrochen hatte, war der Grund zur Schonung der Marranen weggefallen. Immer mehr wurde der schwankende König von der Königin, den Dominikanern und einigen Großen zum Entschlusse gedrängt, die Inquisition einzuführen. Den Ausschlag gab der Bischof von Ceuta Henrique, ein ehemaliger Franziskanermönch und ein fanatischer Priester. In seinem Sprengel Olivença waren fünf Neuchristen des Judaisierens verdächtigt, und er machte kurzen Prozeß mit ihnen. Ohne sich viel darum zu kümmern, ob das Inquisitionstribunal vom Papste genehmigt und vom Könige gesetzlich eingeführt worden war oder nicht, errichtete er einen Scheiterhaufen und ließ die ohne regelmäßiges Verhör Verurteilten verbrennen (um 1530). Das Volk jauchzte ihm dafür zu und feierte den Mord der Judenchristen durch Stiergefechte. Weit entfernt seine Tat oder Untat zu verheimlichen, rühmte sich Henrique derselben und drang in den König, endlich mit der Züchtigung der ketzerischen und lästerlichen Neuchristen Ernst zu machen. Darauf entschloß sich João beim Papste Clemens auf Einrichtung von Untersuchungskommissionen in Portugal anzutragen.

Indessen gab es noch einige Priester aus alter Zeit, welche ihre Stimme laut gegen diese beabsichtigte neue Gewaltmaßregel gegen die Neuchristen erhoben. Es waren besonders Fernando Coutinho, Bischof von Algarvien, und Diogo Pinheiro, Bischof von Funchal; ihre Namen verdienen der Nachwelt überliefert zu werden. Sie waren Zeugen gewesen, unter welchen unmenschlichen Grausamkeiten die Juden unter Manoel zur Taufe gebracht worden waren und sie konnten sie nach keiner Seite als volle Christen anerkennen, sei es um sie als rückfällige Ketzer zu bestrafen, oder ihnen Richterämter oder geistliche Pfründen anzuvertrauen. Coutinho, welcher den falschen Eifer der jüngeren Geistlichen nicht genug geißeln konnte, erinnerte auch den König daran, daß der Papst Clemens VII. selbst vor kurzem einigen Marranen gestattet hatte, sich in Rom selbst offen zum Judentume zu bekennen. — Dieser Papst, überzeugt von der Ungerechtigkeit gegen die Neuchristen, hatte ihnen in der Tat mit Zustimmung des Kardinalkollegiums ein Asyl in Ancona eröffnet und ihnen gestattet, unbelästigt das Judentum zu bekennen. — Auch in Florenz und Venedig durften sie ungestraft leben. Das päpstliche Konsistorium selbst habe sich dahin ausgesprochen, daß die portugiesischen Marranen als Juden angesehen werden sollten. Er wäre dafür, so sprach sich Coutinho in seinem Gutachten darüber aus, daß statt der Neuchristen, welche der Schändung christlicher Heiligtümer angeklagt sind, die Zeugen gezüchtigt werden sollten, weil sie falsches Zeugnis ablegten. Nur durch milde Behandlung müßten die Neuchristen für den Glauben gewonnen werden. Endlich entschloß sich João, die Frage dem Papste vorzulegen, der, falls er die Einführung der Inquisition guthieße, ihn zugleich seines Versprechens gegen die Marranen entbinden würde. Der portugiesische Gesandte am römischen Hofe, Bras Neto, erhielt den Auftrag, dafür eine Bulle vom Papste zu erwirken. Allein, was in Spanien so leicht durch einen Federstrich bewilligt worden war, das kostete dem König von Portugal viele Anstrengung und Kämpfe, und er hat sich der Inquisition nicht recht erfreuen können.

In die Speichen dieses rollenden Rades griff nämlich die schwache Hand des liebenswürdigen kabbalistischen Schwärmers Diogo Pires oder Salomo Molcho ein. Er hatte sich vom Orient nach Italien begeben (1529), um die messianische Sendung, die er in sich fühlte, oder die man ihm zugedacht, zu vollbringen. Er wollte in der christlichen Welthauptstadt ohne Scheu vor Fürsten von der baldigen Erlösung sprechen. Seine Schwärmerei streifte an Wahnwitz, aber mit seinem exzentrischen Wesen, von einer anziehenden Persönlichkeit getragen, erweckte er Begeisterung und Glauben. Man könnte ein Evangelium von seinem Tun, seinen Verkündigungen, seinen Wundern zusammenstellen. Molcho fand in Ancona, wo bereits eine Gemeinde aus ausgewanderten und zum Judentum zurückgekehrten Marranen bestand, begeisterten Anklang mit seinen apokalyptischen Predigten, in denen er von seinem baldigen Märtyrertode sprach, der zu seiner Erhöhung führen würde. Er fand aber auch da Gegner, welche von seinem Freimut Leiden für die Judenheit oder für die Marranen fürchteten. Sein Wesen und Treiben erregte Aufmerksamkeit. Der Herzog von Urbino Francesco Della Rovere I. gewann ihn, sich in Pesaro niederzulassen, in der Erwartung, daß er wohlhabende Marranen anziehen und diese Stadt dadurch eine Bedeutung erlangen würde. Lange hielt er es aber nicht in Pesaro aus, es zog ihn nach Rom, wo seine messianische Rolle beginnen sollte. Erstaunlich genug ist es, daß er bei dem Kardinal Lorenzo Pucci, dem Großpönitentiar, welcher allerdings auch für Reuchlin und den Talmud Partei gegen die Dunkelmänner genommen hatte und die ausgewanderten Marranen beschützte, Gunst fand, und noch dazu beim Papste Clemens VII., der ihm, man möchte sagen, eine mystische Sympathie zuwandte. Dieser Papst, welcher seit einigen Jahren den Leidenskelch gekostet hatte, wie nur wenige Päpste vor ihm — er hatte seinen Todfeind Karl V. zum römischen Kaiser krönen müssen (1530) — war nur allzu geneigt auf Träume, Gesichte und Verkündigungen zu hören. Er erteilte dem vom Christentum abgefallenen Marranen Pires-Molcho einen Schutzbrief, weil er ihm verkündet hatte, daß Rom von einer verheerenden Überschwemmung leiden würde, wie er dem portugiesischen Gesandten Bras Neto, welcher die Erlaubnis zur Einführung der Inquisition erwirken sollte, prophezeit hatte, daß Portugal von einem Erdbeben heimgesucht werden würde, und beide vorausverkündeten unglücklichen Ereignisse eingetroffen waren.[1]) So wurde Molcho wie ein Prophet verehrt. Der portugiesische Gesandte Bras Neto sagte ihm, wenn der König von Portugal gewußt hätte, daß Molcho ein so gottgefälliger, zukunftskundiger Mann sei, würde er ihm gestattet haben in seinem Staate ungehindert zu leben. Unter dem Einflusse von Molcho waren der Papst und der Großpönitentiar Pucci entschieden gegen die Einführung der Inquisition in Portugal. Pucci bemerkte dem portugiesischen Gesandten geradezu, der König von Portugal habe es, wie die Könige von Spanien, mehr auf die Reichtümer der Marranen, als auf die Reinheit des Glaubens abgesehen. Möge er ihnen lieber erlauben, frei nach ihren Gesetzen zu leben und nur diejenigen bestrafen, welche, freiwillig den Katholizismus bekennend, dann wieder zum Judentume zurückfallen sollten. Bras Neto konnte für den Augenblick nichts ausrichten.

Inzwischen wurde Molcho von seinen eigenen Glaubensgenossen und besonders von dem wissensreichen Arzte und Sprachkundigen Jakob Mantin aufs hartnäckigste verfolgt. Dieser stellte gewissermaßen den portugiesischen Gesandten zur Rede, daß er einen ehemaligen Christen aus Portugal, der gegen das Christentum predigte, frei in Rom einherwandeln ließe. Da ihm der Gesandte kein Gehör schenkte, wendete sich Mantin mit derselben Anklage an die Inquisition, brachte Zeugen aus Portugal, die aussagten, daß Salomo Molcho früher als Christ in Portugal gelebt, und bewirkte, daß der

---

[1]) Die Überschwemmung in Rom fand tatsächlich am 8. Oktober 1530 und das Erdbeben zu Lissabon am 26. Januar 1531 statt.

Angeklagte vor die Kongregation geladen wurde. Molcho legte hierauf dem Inquisitionsgericht seinen vom Papste erhaltenen Freibrief vor und glaubte, darauf gestützt, unbelästigt zu bleiben; allein die Richter rissen ihn ihm aus den Händen, begaben sich damit zum Papste und hielten ihm das Ungebührliche vor, daß er einen Verhöhner des Christentums schützte. Clemens erwiderte, er brauche Molcho zu einem geheimen Zwecke und wünsche, daß man ihn unbehelligt lasse. Als die Inquisition von der Anklage abstehen wollte, brachte Mantin neue Punkte gegen ihn auf, bis ihn die Kongregation infolge der Anklage zum Tode verurteilte. Ein Scheiterhaufen wurde angezündet, der eine große Volksmenge herbeilockte. Ein Verdammter wurde im Büßerhemd herbeigeführt, ohne Umstände ins Feuer geworfen, und ein Richter zeigte dem Papste an, daß der Glaubensakt durch den Tod des Verbrechers geschehen sei. Das Erstaunen des Richters und der Zeugen der Hinrichtung soll groß gewesen sein, als sie Salomo Molcho später in den Zimmern des Papstes lebend angetroffen hatten. Clemens soll nämlich, um seinem Schützling das Leben zu retten, einen andern untergeschoben haben, den Scheiterhaufen zu besteigen, während Salomo Molcho in den päpstlichen Gemächern verborgen war. Dies soll der Papst selbst den betretenen Richtern mitgeteilt und ihnen Stillschweigen darüber aufgelegt haben. Salomo Molcho war gerettet, durfte aber nicht länger in Rom verweilen.

Nach seiner Entfernung aus Rom und besonders nach dem Tode des ihn und die Marranen besonders begünstigenden Kardinals Lorenzo Pucci (August 1531) trat eine andere Stimmung in betreff der Marranen ein. Ein portugiesischer Unterhändler erlangte vom Papste, der dazu vom Kaiser Karl und von dem Großpönitentiar, Antonio Pucci, Nachfolger seines Oheims, gedrängt wurde, die so lang erbetene Bulle zur Einführung der Inquisition (ausgestellt 17. Dezember 1531), obwohl die Kardinäle Egidio von Viterbo, der Jünger Elia Levitas, und Geronimo de Ghinucci sich dagegen ausgesprochen hatten. Als schämte sich dieser milde Papst, seine ehemaligen Schützlinge verfolgen zu lassen, gesellte er ihnen die Lutheraner zu. Er war aber darauf bedacht, daß nicht die glaubenswütigen Dominikaner Gewalt über die Marranen erlangen sollten. Ein Franziskaner, der milde gesinnte Beichtvater des Königs, Diogo de Silva, wurde zum Generalinquisitor von Portugal ernannt. Es verschlug wenig. Drei Bluttribunale wurden errichtet, in Lissabon, Evora und Coimbra, und sie nahmen sich die spanischen von Torquemada eingeführten und von seinen Nachfolgern verbesserten, d. h. noch grelleren Konstitutionen zum Muster. Die portugiesischen Marranen waren noch viel schlimmer daran als die spanischen, weil sie beim Volke so verhaßt waren, daß auch ehrbare Christen aus Fanatismus umherspähten, um sie anzugeben, während in Spanien Spione dafür gewonnen werden mußten.

Als die Inquisition ihre fluchwürdige Arbeit beginnen sollte, dachten viele Marranen natürlich an Auswanderung. Aber wie schwer wurde ihnen die Flucht! Es ging ihnen wie ihren Vorfahren beim Auszug aus Ägypten, hinter ihnen her die Feinde und vor ihnen das Meer mit seinen Gefahren und Schrecknissen. Die Schiffskapitäne wurden bei Todesstrafe gewarnt, Marranen zu transportieren, und sämtlichen Christen wurde untersagt, Grundeigentum von Neuchristen zu kaufen. Ihre Habe durften sie nicht nach dem Auslande versenden und keine Wechsel im Lande ausstellen. Rüsteten sie sich nachts heimlich zur Auswanderung, „fliehend das Land, welches die Giftschlange (Inquisition) berührt hatte“, wurden sie mit Frau und Kindern ergriffen und in düstere Kerker und von da zum Feuertode geschleppt. Sie stellten indes ihre Fluchtversuche nicht ein, betrieben sie nur mit noch größerer Vorsicht. Es blieb ihnen kein anderer Ausweg; ihr Anrufen der Gerechtigkeit und Menschlichkeit und ihre verbrieften Privilegien fanden nur taube Ohren beim Kabinet.

Die nach Rom entkommenen Marranen führten indes beim Papst Clemens bittere Klagen über die Unmenschlichkeit und machten auch geltend, daß die Bulle, welche er dafür erlassen, vom König lediglich erschlichen sei, da dem päpstlichen Konsistorium der Tatbestand nicht im richtigen Lichte bekannt gewesen sei. Sie beklagten sich ganz besonders darüber, daß ihnen entgegen der ihnen zugestandenen Gesetzesgleichheit das Auswandern untersagt sei. Clemens VII., der ohnehin Reue darüber empfand, die Bulle erlassen zu haben, nahm die Beschwerden an. Er mochte fühlen, wie die katholische Kirche durch die Scheiterhaufen der Inquisition, angewendet auch auf solche, die nicht zur Kirche gehörten, nicht dazu gehören wollten, gebrandmarkt wurde, was den Lutheranern noch mehr Stoff gab, ihre feindseligen Angriffe auf dieselbe fortzusetzen, sie als blutdürstig zu schildern und verhaßt zu machen. Außerdem wußte er recht wohl, daß die Inquisition in Portugal nur auf Betrieb Spaniens und seines Erzfeindes, des Kaisers Karl, eingeführt war. Clemens ging daher mit dem Plane um, die Bulle zu widerrufen. In dieser Zeit nahmen Salomo Molcho und David Rëubeni ihre mystische Tätigkeit wieder auf und faßten den abenteuerlichen Plan, sich zum Kaiser nach Regensburg zu begeben, wo damals der Reichstag versammelt war.

Mit einer fliegenden Fahne, worauf die Buchstaben M a ch b i gestickt waren (Anfangsbuchstaben des Verses: „Wer ist gleich Dir unter den Göttern, o Herr“), reisten sie von Bologna über Ferrara und Mantua nach Regensburg. Sie erhielten Audienz beim Kaiser

Karl. Eine Sage behauptet, sie hätten den Kaiser zur jüdischen Religion bekehren wollen; allein so unbesonnen schwärmerisch war David keineswegs, wenn es auch von Molcho glaublich wäre. Sie verlangten vielmehr von Karl, den Marranen zu gestatten, sich zu bewaffnen und, mit dem Reste der Stämme vereint, gegen die Türken Krieg zu führen. Vergebens hatte sie der nüchterne Sachwalter für die Juden in Deutschland, Joselin von Sosheim, gewarnt, sich in die gefährliche Nähe des kirchlich-fanatischen Kaisers zu drängen. Das Ende war, daß Karl beide in Fesseln werfen ließ (Juni bis September 1532) und beide gebunden mit sich auf seiner Reise nach Mantua führte. Hier ließ der Kaiser ein Glaubensgericht zusammentreten, und dieses verurteilte Molcho als Abgefallenen und Ketzer zum Feuertode. Während der Kaiser sich seinen Aufenthalt in Mantua durch Triumphe, Feste, Jagden, Komödienspiel und Lustbarkeiten aller Art angenehm machte, wurde der Scheiterhaufen für den schwärmerischen Marranen Lissabons angezündet. Mit geknebelten Munde wurde er dahin geführt. Denn seine Beredsamkeit war so hinreißend, daß der Kaiser und das Tribunal den Eindruck derselben auf die Menge fürchteten, wenn er seine Zunge hätte gebrauchen können. Doch als die Henkersknechte schon bereit waren, ihn in die lodernde Flamme zu werfen, kam ein Bote des Kaisers, löste ihm den Knebel und fragte ihn in dessen Namen, ob er sein Verbrechen bereue und in den Schoß der Kirche zurückkehren wolle; in diesem Falle sollte er begnadigt werden. Molcho erwiderte darauf, wie zu erwarten war, da er sich gewissermaßen nach dem Märtyrertode gesehnt hatte, „als angenehmes Ganzopfer auf dem Altar des Herrn", er bereue nur eins, in seiner Jugend Christ gewesen zu sein. Man möge mit ihm nach Belieben verfahren, er hoffe, daß seine Seele in Gott eingehen werde. Darauf wurde er auf den Scheiterhaufen geworfen und starb seelenstark (November — Dezember 1532).

Molcho fiel als ein Opfer seiner Phantasterei und seines Wahnes, in den er sich in stetem Kampfe mit der Wirklichkeit hineingeträumt hatte. Die reichen Gaben, welche die Natur ihm verliehen hatte, Schönheit, glühende Einbildungskraft, Fassungsgabe, Begeisterungsfähigkeit, die für eine minder phantastische Persönlichkeit Staffeln zum Glücke gewesen wären, gereichten ihm nur zum Verderben, weil er, in den Wirbel der Kabbala hineingerissen, damit das Erlösungswerk vollbringen zu können vermeinte. David Rëubeni erhielt nicht einmal den Glorienschein des Märtyrers. Karl nahm ihn nach Spanien mit und warf ihn in einen Kerker der Inquisition. Er soll zuletzt durch Gift aus dem Wege geräumt worden sein. Das Glaubenstribunal hatte keine Gewalt über ihn als Juden. Aber von den Marranen in Spanien, welche mit ihm verkehrt hatten, und deren Namen er vielleicht auf der Folter angegeben hatte, wurden manche verbrannt. — So groß war indes die Begeisterung für Molcho, daß der Wahnglaube sich an ihn heftete und allerlei Fabeln über ihn erdichtete. In Italien und der Türkei glaubten viele, er sei auch diesem Feuertode, wie schon früher einmal, wunderbar entronnen. Einige wollten ihn acht Tage nach dem an ihm ausgeführten Auto-da-Fé gesehen haben. Andere gaben vor, er habe auch seine Braut in Safet besucht. Mit der Verurteilung Molchos zum Scheiterhaufen wollte Karl V. dem ihn begünstigenden Papst eine Kränkung mehr zufügen. Dieser aber scheint einen Gegenzug gemacht zu haben. Er arbeitete daran, jene so verhängnisvolle Bulle — Einführung der Inquisition in Portugal — zu widerrufen oder wenigstens ihre Wirkung zu lähmen. Die Marranen wußten das und machten alle Anstrengungen, die päpstliche Kurie für sich zu gewinnen. Sobald sie einsahen, daß auf Salomo Molcho, ihren wirksamsten Verteidiger, nicht mehr zu rechnen war, hatten sie einen andern nach Rom abgesandt, der ihre Klagen vor den Papst bringen und ihre Sache vertreten sollte. Dieser neue Sachwalter der Marranen, Duarte de Paz, war völlig entgegengesetzter Natur als Molcho, ein nüchterner Kopf, fern von jeder Schwärmerei, schlau, berechnend, beredt und kühn, eingeweiht in alle Schliche damaliger Diplomatenkünste, ein tiefer Menschenkenner, der die menschlichen Schwächen zu nutzen verstand. Duarte de Paz, welcher fast acht Jahre die Angelegenheit der portugiesischen Neuchristen in Rom leitete, war selbst von marranischer Abstammung und hatte durch Dienste, die er in Afrika dem portugiesischen Hofe geleistet, eine angesehene Stellung und das Vertrauen des Königs João III. erlangt. Von diesem zu einer geheimen Sendung auserwählt und dafür im voraus am Tage der Abreise mit dem Grade eines Ritters des Christusordens beehrt (als Kommendadore betitelt), begab er sich nicht nach dem ihm angewiesenen Platze, sondern nach Rom, um für die Marranen zu arbeiten. Duarte de Paz hat aber die Fäden seiner Intrigen so sehr verschlungen, daß man nicht genau mehr ermitteln kann, ob er den König oder die Marranen hinters Licht geführt hat. An Geld ließen es seine Klienten, die Marranen, nicht fehlen, vermittelst dessen der päpstliche Hof zu gewinnen war. Clemens war überzeugt von dem himmelschreienden Unrechte, das den Neuchristen widerfuhr, von ihnen, den mit brutaler Gewalt zur Taufe Geschleiften, katholische Rechtgläubigkeit zu verlangen. Er erließ eine Breve (17. Oktober 1532), wodurch er bis auf weiteres das Verfahren der Inquisition einstellen ließ. Duarte de Paz arbeitete noch weiter daran, eine allgemeine Verzeihung für die angeklagten und eingekerkerten Marranen zu erwirken.

Es scheint, daß am Hofe João III. selbst Intrigen zugunsten

der Marranen ins Spiel gesetzt worden waren. Die Partei, welche für die Inquisition arbeitete, hielt es nämlich mit Spanien und war im voraus darauf bedacht, bei der voraussichtlichen Kinderlosigkeit des Königs die portugiesische Krone mit der spanischen zu vereinigen. Dagegen scheint die nationale Partei, welche die Selbständigkeit Portugals gewahrt wissen wollte, gegen die Inquisition eingenommen gewesen zu sein. Daher die Minen und Gegenminen, welche mehrere Jahre betreffs der Inquisition ins Werk gesetzt wurden. Es ging so weit, daß Duarte de Paz ein zweites außerordentlich wichtiges Breve vom Papst Clemens erlangte, worin er die von den Scheinchristen geltend gemachten Gründe für ihre geringe Anhänglichkeit an die Kirche als tatsächlich und berechtigt ansah. „Da sie mit Gewalt zur Taufe geschleppt worden waren, so können sie nicht als Glieder der Kirche gelten, und sie wegen Ketzerei und Abfall bestrafen, hieße die Prinzipien der Gerechtigkeit und Billigkeit erschüttern". Ein anderes Bewandtnis hätte es zwar mit den von den ersten Marranen geborenen Söhnen und Töchtern; sie gehörten allerdings der Kirche als freiwillig zugeführte Glieder an. Allein da sie, von den Ihrigen im Judentume erzogen, deren Beispiel stets vor Augen hätten, so wäre es grausam, sie wegen Judaisierens nach den bestehenden kanonischen Gesetzen zu bestrafen; sie sollten mit Milde in dem Schoße der Kirche erhalten werden. Mit diesem Breve hob Clemens VII. die Tätigkeit der portugiesischen Inquisition auf, berief alle Anklagen gegen die Marranen vor sein eigenes Tribunal und erteilte damit allen eine durchgreifende Absolution oder Amnestie für vergangenen Abfall von der Kirche. Die in den Inquisitionskerkern Schmachtenden sollten in Freiheit gesetzt werden, die Verbannten zurückkehren dürfen und die ihrer Güter Beraubten in ihren Besitz wieder eingesetzt werden. Man muß dem Papste Clemens VII. Gerechtigkeit widerfahren lassen, er hat mit vieler Standhaftigkeit die Sache der Menschlichkeit für die unglücklichen Marranen gegen den blutdürstigen Geist des damaligen Christentums vertreten, wenn ihn auch dabei andere, nicht so reine Beweggründe geleitet haben mögen. Es fiel ihm schwer, die Marranen den Blutmenschen in Portugal ohne Gnade zu überliefern. Obwohl die Frage vielfach durchsprochen war, ließ Clemens von neuem eine Kommission darüber beraten, die aus zwei neutralen Kardinälen erwählt war, de Cesis und Campeggio. Freilich durfte der Großpönitentiar, Antonio Pucci, Kardinal de Santiquatro, obwohl parteiisch für den portugiesischen Hof, dabei nicht fehlen. Nichtsdestoweniger hat diese Kommission die haarsträubenden Unmenschlichkeiten der Inquisition gegen die Scheinchristen offiziell beurkundet. Infolge ihres Berichtes erließ Clemens VII. fast auf dem Totenbette (26. Juli 1534) — er fühlte damals schon sein Hinscheiden — ein Breve an den Nuntius am portugiesischen Hofe, die Befreiung und Lossprechung der eingekerkerten Marranen energisch durchzusetzen. Ob diese, deren Zahl sich auf zwölfhundert belief, dadurch ihre Freiheit erlangt haben? Es scheint, daß Clemens' Tod (25. September 1534) seinen guten Willen und ihre Hoffnung vereitelt hat.

Unter seinem Nachfolger Paul III. Farnese (1534 bis 1549) spielten die Intrigen in Betreff der Inquisition von neuem, und zwar anfangs zum Nachteil der Marranen. Dieser Papst gehörte zwar noch der alten Schule der weltlich gesinnten, diplomatischen, nichts weniger als kirchlichen Kirchenfürsten an. Er war ein fein berechnender Kopf und nahm mehr auf irdische, als auf himmlische Gewalten Rücksicht. Den Juden war Paul III. besonders gewogen. Wenn die Schilderung, welche ein beschränkter Bischof (Sadolet von Carpentras) von dessen Judenfreundlichkeit entwarf, auch nur teilweise begründet war, so muß sie bedeutend genug gewesen sein. „Christen sind noch von keinem Papste mit so viel Gnadenbezeugungen, Privilegien und Zugeständnissen beschenkt worden, wie die Juden von Paul III. Mit Ehrenvorrechten und Wohltaten sind sie nicht bloß gefördert, sondern sogar bewaffnet worden." Paul III. hatte seinen jüdischen Leibarzt an Jakob Mantin, der ihm einige seiner Schriften widmete.

Sobald er den päpstlichen Stuhl bestiegen hatte, erachtete es der König von Portugal als eine wichtige Angelegenheit Clemens' Bullen und Breven zugunsten der Marranen aufheben zu lassen, welche die Wirksamkeit der Inquisition hinderten. Der Sachwalter der Marranen, Duarte de Paz, dem ein Beistand an Diego Rodrigues Pinto beigegeben war, arbeitete dagegen. An Gold wurde nicht gespart. Duarte de Paz, obwohl scheinbar in verräterischer Korrespondenz mit dem König João, bot dem Kardinal Santiquatro, dem Parteigänger Portugals, eine jährliche Pension von 800 Crusados an, wenn er den Marranen seinen Schutz zuwenden wollte. Der Papst, diplomatisch bedächtig, wie er war, entschied zuerst (3. November 1534), daß Clemens' Breve nicht veröffentlicht werden sollte. Als er aber erfuhr, daß es bereits in Wirksamkeit getreten war, ließ er die Sache von neuem untersuchen und ernannte dazu zwei Kardinäle, Ghinucci und Simoneta, von denen der erstere die Marranen entschieden begünstigte und eine Schrift zu ihrer Verteidigung veröffentlicht hatte.

Infolgedessen ermahnte Paul III. den portugiesischen Hof nachdrücklich, Clemens' VII. Absolutionsbulle Gehorsam zu erweisen. Er sprach sich besonders entschieden gegen die Verhaftung der Marranen in unzugänglichen Kerkern und gegen die Güterkonfiskation aus. Aber wie alle damaligen katholischen Könige nur soweit dem päpstlichen Stuhle Gehorsam leisteten, als ihr Interesse nicht im Spiele war, kehrte sich João III. wenig an des Papstes Ermahnung. Riet ihm doch sein Gesandter, um die Inquisition durchzusetzen, sich, wie der König von England, von der römischen Kirche loszusagen. Ein wahrer Knäuel von Intrigen entspann sich daher in dieser Angelegenheit in Rom und Portugal. Hier einerseits der Hof und andererseits der Führer der Marranen, Thomé Sarrão und Manuel Mendes, mit dem päpstlichen Legaten, und dort Duarte de Paz und Pinto gegen oder mit dem portugiesischen Gesandten und dem Kardinal Santiquatro.

Der Züge und Gegenzüge überdrüssig, erließ Paul III., der ein einmal gefaßtes Vorhaben nicht gern fallen ließ, eine neue entschiedene Bulle (2. Oktober 1535), wodurch er den Marranen Absolution erteilte und sie gegen alle kirchlichen und weltlichen Strafen wegen Apostasie und Ketzerei in Schutz nahm, insofern sie sich in Zukunft nicht dergleichen würden zuschulden kommen lassen. So war denn abermals die Inquisition in Portugal, welche zum Schein wenigstens der päpstlichen Autorisation bedurfte, damit aufgehoben. Der Nuntius ging ebenfalls mit Entschiedenheit in Portugal vor, ließ die Bulle bekannt machen und brachte es dahin, daß selbst der den Marranen feindlich gesinnte Infant Don Alfonso die Kerker öffnete und diejenigen in Freiheit setzte, welche man von Rom aus am dringendsten empfohlen hatte — im ganzen 1800 Marranen (Dezember 1535).

Der portugiesische Hof, anfangs wie von einem plötzlichen Schlage betäubt, setzte später alle Hebel in Bewegung, abermals die unbeschränkte Gewalt über die Marranen und ihr Vermögen zu erlangen. Er scheute nicht einmal Meuchelmord anzuwenden, um nur zum Ziele zu gelangen. Eines Tages wurde Duarte de Paz auf der Straße überfallen und so schwer verwundet, daß er für tot liegen blieb (Januar 1536). Alle Welt war in Rom überzeugt, daß die Mörder vom portugiesischen Hofe gedungen waren. Der Papst war über diese Untat sehr entrüstet und ließ dem Prokurator alle ärztliche Pflege angedeihen; er wurde auch wiederhergestellt.

Der portugiesische Hof schlug endlich den rechten Weg ein, sein Ziel zu erreichen; er wandte sich dringend an den siegreichen Karl V. die Sache zu betreiben. Der Kaiser hatte damals nämlich einen schweren Kampf gegen den Mohammedaner Barbarossa geführt, welcher, unterstützt von der Türkei, die ganze Christenheit beunruhigt hatte. Nach vieler Anstrengung wurde Tunis von dem zahlreichen christlichen Heere, welches Karl selbst angeführt hatte, genommen und Barbarossa besiegt. Als er, als Triumphator durch Italien ziehend, in Rom eingetroffen war (April 1536), verlangte er von dem Papste als Lohn seiner christlichen Siege über die Mohammedaner die Bewilligung der Inquisition für Portugal. Noch immer sträubte sich zwar Paul III. dagegen; er kam immer wieder darauf zurück, die portugiesischen Marranen seien ursprünglich mit Gewalt zur Taufe geschleppt worden und darum hafte das Sakrament nicht an ihnen.

Allein zum Unglück für die Marranen waren ihre Mittel erschöpft, die Geldgier des päpstlichen Hofes zu befriedigen. Ihr Sachwalter Duarte de Paz hatte unerschwingliche Summen für die Vereitlung der Inquisition versprochen und noch dazu einen Teil des ihm zur Verfügung gestellten Geldes zu eigener Bereicherung verwendet. So erkaltete allmählich unter den Kardinälen das Interesse an den Marranen. Als der Kaiser immer mehr Paul III. drängte, die Inquisition für Portugal zu bewilligen, sanktionierte der Papst endlich endgültig die Glaubenstribunale für die portugiesischen Besitzungen (23. Mai 1536). Da der judenfreundliche Papst die Sanktion nur mit schwerem Herzen und unter dem vom Kaiser auf ihn ausgeübten Druck erteilt hatte, so brachte er allerlei Beschränkungen an, daß in den ersten drei Jahren das gewöhnliche, bei weltlichen Gerichten übliche Verfahren eingehalten werden sollte, d. h. öffentliches Gegenüberstellen der Zeugen — wenigstens für die Klasse der nicht als mächtig angesehenen Marranen — und die Güterkonfiskation der verurteilten Marranen sollte erst nach zehn Jahren erfolgen. Mündlich empfahl der Papst noch durch den Protektor Portugals mildes Verfahren gegen die Scheinchristen. Doch war dieses Zugeständnis nur Schein, in Wirklichkeit sollte dieselbe Strenge gegen die portugiesischen Marranen angewendet werden, wie gegen die spanischen. Die Ermahnung, welche die Inquisitoren erließen, daß jedermann verpflichtet sei, judaisierende Handlungen oder Äußerungen der Scheinchristen bei Strafe der Exkommunikation oder einer noch schärferen anzugeben, unterschied sich in nichts von der, welche der erste kannibalische Großinquisitor von Spanien Torquemada erlassen hatte. Im November desselben Jahres begannen die Bluttribunale ihre die Menschheit schändende Tätigkeit, nachdem die dreißig Tage der sogenannten Gnadenfrist vorüber waren. Sogar ein eigenes Zeichen legte João III. den Marranen auf, um sie von alten Christen zu unterscheiden.

Sie gaben sich indessen noch nicht so bald gefangen, wandten vielmehr noch allen Eifer an, um die Bulle zurücknehmen zu lassen. Die feinsten Intrigen wurden wieder am päpstlichen Hofe gesponnen; Duarte de Paz entwickelte wieder seine diplomatische Schlauheit.

Die Marranen erhoben Klagen über die grausame Behandlung von seiten des Bluttribunals. In einer Denkschrift an den Papst wagten sie es, fast eine drohende Sprache zu führen: „Wenn Ihre Heiligkeit die Bitten und Tränen des hebräischen Geschlechtes verachten oder, was wir nicht hoffen, verweigern, dem Übel abzuhelfen, wie es doch dem Stellvertreter Christi geziemt, so protestieren wir vor Gott, und mit Klagen und Seufzern, die weithin ertönen, werden wir im Angesicht des Universums protestieren, daß wir verfolgt am Leben, an der Ehre, in den Kindern, welche unser Blut sind, und bis an unsere Seligkeit, zwar versuchen werden, uns vom Judentum fern zu halten, bis daß, wenn die Tyrannei nicht aufhören sollte, wir das tun werden, an welches keiner von uns sonst denken würde, d. h. wir werden zur Religion Moses zurückkehren und das Christentum verleugnen, welches man uns gewaltsamerweise zwingt anzunehmen. Wir rufen feierlich aus, daß wir Opfer sind, bei dem Rechte, welches diese Tatsache uns gibt, ein Recht, von Eurer Heiligkeit anerkannt. Das Vaterland verlassend, werden wir Schutz suchen bei minder grausamen Völkern!"

Es erfolgte abermals am päpstlichen Hofe eine Umstimmung und sogar Reue über den getanen Schritt. Die von ihm erlassene Bulle wurde von neuem einer Kommission unterworfen, ob sie nicht ungesetzlich bewilligt sei, und in diese Kommission wurde der den Marranen günstige Kardinal Ghinucci gewählt und ein gleichgesinnter, Jacobacio. Diese zwei wußten den dritten, den ehrlichen, aber beschränkten Kardinal Simoneta, so sehr gegen die Inquisition einzunehmen, daß er den Papst bat, das Übel durch Widerruf wieder gut zu machen. Ein neuer Nuntius wurde nach Portugal geschickt, der gewissermaßen Vollmacht hatte, alle Handlungen der Inquisition gegen die Marranen zu vereiteln, diese zu schützen und namentlich ihre Auswanderung aus Portugal zu erleichtern. Dem Nuntius schickte der Papst ein Breve nach (vom August 1537), wodurch er jedermann ermächtigte und gewissermaßen ermunterte, den angeklagten Marranen Schutz und Beistand zu leihen — gerade das, was in Portugal als Mitschuld und Teilnahme an der Ketzerei galt. Dem König mag es wunderlich vorgekommen sein; er hatte endlich eine Bulle, ein Tribunal, einen Großinquisitor mit Kollegen und den ganzen Apparat der Menschenschlächterei zur Ehre Gottes, und doch hatte er so gut wie nichts.

Ein Zufall mischte indessen das Spiel wieder zugunsten des Königs und der Partei der Fanatiker. Man las eines Tages (Februar 1539) in Lissabon an der Tür der Kathedrale und anderer Kirchen einen Zettel angeheftet, des Inhalts, der Messias sei noch nicht gekommen, Jesus sei nicht der Messias gewesen, das Christentum sei eine Lüge. Ganz Portugal war natürlich über solche

Lästerung entrüstet und eine strenge Untersuchung wurde angestellt, den Täter zu ermitteln. Der König setzte einen Preis von 10 000 Crusados (Dukaten) auf dessen Entdeckung aus. Aber auch der Nuntius setzte dafür 5000 Crusados aus, weil er mit vielen andern der Meinung war, es sei ein von den Feinden der Marranen ausgegangener Schlag, um den König noch mehr zu fanatisieren und den Nuntius in Verlegenheit zu bringen. Um jeden Verdacht abzuwenden, ließen die Neuchristen an denselben Plätzen anschlagen: „Ich, der Verfasser, bin weder Spanier, noch Portugiese, sondern ein Engländer, und wenn ihr den Preis auf 20 000 erhöht, werdet ihr meinen Namen doch nicht erfahren." Dennoch wurde der Urheber in der Person eines Marranen, Emanuel de Costa, entdeckt. Er wurde vor die Inquisition geladen, gestand alles ein, wurde auf die Folter gespannt, um Mitschuldige anzugeben und zuletzt, nachdem ihm beide Hände abgehauen worden waren, auf dem Scheiterhaufen verbrannt. Die Marranen sahen schlimme Zeiten voraus und mehrere entflohen. In der Tat ergriff nun der König die Gelegenheit, die Inquisition strenger und blutiger auftreten zu lassen und dem Nuntius sein Spiel zu verderben. Die wütendsten Fanatiker wurden sofort zu Inquisitoren ernannt — zum größten Ärger des Nuntius und des Papstes — darunter einen Namens João Soares, den der Papst selbst also beurteilte: „Er ist ein Mönch von wenig Wissen, aber von großer Kühnheit und äußerstem Ehrgeize. Seine Gesinnungen sind die allerschlechtesten, und er ist ein öffentlicher Feind des apostolischen Stuhles, dessen er sich noch rühmt." Dieser wurde zum unumschränkten Herrn über das Leben der Scheinchristen gemacht und mit ihm zugleich ein anderer Erzfeind der Neuchristen. Mehr als früher wurden seit der Zeit Scheiterhaufen für die hartnäckigen Ketzer angezündet, und es fielen seitdem mehr Schlachtopfer zu zehn bis vierzig mit einem Male, ohne daß ihrer Berufung an den Papst Folge gegeben wurde. Die Kerker füllten sich mit angeklagten und verdächtigen Marranen.

Grausig ist die Schilderung des zeitgenössischen Dichters Samuel Usque von den Seelenmartern der portugiesischen Inquisition, die er selbst als Jüngling erlebt hat. „Ihr Eintreffen störte den Juden die Ruhe ihres Geistes, erfüllte ihre Seele mit Schmerz und Trauer, zog sie aus der Behaglichkeit ihres Hauses und brachte sie in dunkle Kerker, wo sie unter Pein und Seufzern lebten. Da wirft sie (die Inquisition) die Schlinge um sie und schleift sie zum Feuer; da verhängt sie, daß sie ihre Söhne töten, ihre Gatten verbrennen, ihre Brüder des Lebens beraubt sehen müssen, ihre Kinder zu Waisen gemacht, ihre Witwen vermehrt, die Reichen verarmt, die Mächtigen heruntergebracht, Edelgeborene in Straßenräuber verwandelt, zurückgezogene und keusche Frauen schandbare und schimpfliche Stätten bevölkern aus Armut und Verlassenheit, die sie über sie bringt. Sie hat eine große Zahl verbrannt, nicht einzelne, sondern je dreißig und dreißig, je fünfzig und fünfzig zusammen. Und nicht genug, dieselben verbrannt und vertilgt zu haben, bringt sie das christliche Volk dahin, daß es sich dessen rühmt und sich freut, meine Glieder (die Söhne Jakobs) auf dem Scheiterhaufen verbrennen zu sehen, den es mit auf dem Rücken weit herbeigeschleppten Holzstücken anschürt und anzündet. Die widerwillig Getauften schleichen umher voll von Furcht vor diesem wilden Tiere (der Inquisition), daß sie auf den Straßen ihre Augen überall hinwenden, ob es sie nicht ergreift. Mit unsicherem Herzen gehen sie umher, zitternd wie ein Blatt vom Baume. Mit Angst bringen sie den Bissen in den Mund an ihrem Tische, und die Stunde, welche für alle Wesen Ruhe bringt, beunruhigt und erschreckt sie noch mehr. Die Freuden und Feste der Hochzeiten und Geburten verwandeln sich ihnen in Trauer und Seelenunruhe. Endlich läßt sie jeder Augenblick tausend tödliche Übel kosten."

Ist diese Schilderung übertrieben? Hat vielleicht die Phantasie des Dichters geringe Leiden zu Märtyrerschmerzen vergrößert? Ein Kardinalskollegium, welches das Verfahren der portugiesischen Inquisition gegen die Marranen offiziell zu untersuchen hatte, bestätigte diese Schilderung Wort für Wort urkundlich. Wenn ein Scheinchrist angeklagt wird — manchmal durch falsche Zeugnisse — so schleppen ihn die Inquisitoren in ein finsteres Loch, wo ihm nicht gestattet wird, Himmel und Erde zu sehen, und am wenigsten mit den Seinigen zu sprechen, daß sie ihm beistehen könnten. Sie beschuldigen ihn auf dunkle Zeugnisse hin und geben ihm weder Ort noch Zeit an, in denen er das, wessen er angeklagt wird, begangen haben sollte. Später geben sie ihm einen Sachwalter, der öfter, anstatt ihn zu verteidigen, ihm zum Gang nach dem Scheiterhaufen verhilft. Gesteht ein Unglücklicher ein, wahrhaft gläubiger Christ zu sein, und leugnet fest die ihm zur Last gelegten Vergehungen, so verdammen sie ihn zu den Flammen und konfiszieren seine Güter. Wenn er beichtet, diese oder jene Handlung getan zu haben, aber ohne Absicht, so behandeln sie ihn auf dieselbe Weise unter dem Vorwande, daß er hartnäckig seine bösen Absichten verleugne. Trifft es sich, daß er offen das Angeschuldigte eingesteht, so bringen sie ihn in die äußerste Dürftigkeit und verdammen ihn zu ewiger Kerkernacht. Und das nennen sie gegen den Schuldigen mit Barmherzigkeit und christlicher Milde verfahren! Selbst der, dem es gelingt, seine Unschuld sonnenklar zu beweisen, wird zu einer Geldstrafe verurteilt, damit man nicht sage, sie hätten ihn ohne Grund verhaftet. Die in Gewahrsam gehaltenen

Angeklagten werden durch allerlei Marterwerkzeuge gepeinigt, die ihnen aufgebürdeten Anschuldigungen zu gestehen. Viele von ihnen sterben im Kerker, und die in Freiheit Gesetzten bleiben, sie und die ihrigen, mit der Brandmarke ewiger Schande entehrt."

Je ernster und blutiger die Inquisition verfuhr, desto mehr klammerten sich die portugiesischen Scheinchristen an den letzten Hoffnungsanker, der ihnen noch geblieben war, an den Papst und ihre andern Gönner. Sie hatten einen neuen Vertreter und Sachwalter gefunden, der ehrlicher und nachdrücklicher für sie tätig zu sein verhieß. Der Kampf zwischen dem portugiesischen Hofe und dem apostolischen Stuhle entbrannte daher von neuem. Es war ein Kampf auf Tod und Leben nicht der Ringer, sondern der Unglücklichen, welche bei aller Selbstüberwindung sich mit dem Christentum nicht befreunden und versöhnen konnten, und doch nicht den Mut hatten, Opfer für das Judentum zu bringen, weder von ihrer Überzeugung, noch von ihrem Mammon und ihrer Stellung lassen mochten. Um den Papst oder doch seine Umgebung gegen die Marranen einzunehmen, ließ der Infant und Großinquisitor Henrique ein Sündenregister der Neuchristen zusammenzustellen und übersandte es nach Rom (Februar 1542).

Auch die Marranen ließen, um ihren Gegnern in Rom und allerwärts die Waffen zu entwinden und die verlogenen Angaben und Berichte des portugiesischen Hofes ein- für allemal und gründlich zu widerlegen, eine umfangreiche Denkschrift ausarbeiten (1544), worin sie ihr trübes Geschick von der Zeit der Könige João II. und Manoel, die sie durch Elend aller Art zum Christentum gebracht, bis auf die jüngste Zeit durch Urkunden belegten und auseinandersetzten — ein ewiges Schanddenkmal für jene Zeit.

Indessen führten diese gegenseitigen Anklagen nicht zum Ziele. Paul III. war gelähmt. So sehr er auch einen Schauder vor den Grausamkeiten der portugiesischen Inquisition empfunden haben mag, so sehr er auch die bedeutenden Summen brauchte, welche die Marranen spendeten, um seine Politik in Italien und seinen Krieg gegen die Protestanten durchzusetzen, so durfte er doch nicht allzu schroff gegen den Hof von Lissabon auftreten. Er lag selbst in den Banden der katholischen Fanatiker. Um die protestantischen Ketzer zu bekämpfen und das Ansehen des Papsttums wieder zu heben, hatte er den Orden der Jesuiten bestätigt (1540), welcher das Losungswort der kämpfenden Kirche auf seine Fahne schrieb. Er hatte die von dem fanatischen Pietro Caraffa in Vorschlag gebrachte Einführung der Inquisition gegen Ketzer in Rom gutgeheißen (1542); Loyala und Caraffa waren die Herren in Rom, der Papst nur ihr Werkzeug. Zudem sollte das tridentinische Konzil zustande kommen, um die Glaubensnorm festzustellen, wodurch die Protestanten zur Ohnmacht gebracht werden sollten. Dazu brauchte Paul III. fanatisch eifrige Mitglieder, um den Lauen die Stange zu halten. Solche Konzilsmitglieder konnte nur Spanien und Portugal stellen. In Portugal fanden die Jesuiten die freundlichste Aufnahme. So war denn der Papst gezwungen, milde gegen den portugiesischen Hof aufzutreten und sich aufs Bitten zu verlegen, wo er befehlen sollte.

Portugal sandte einen seines fanatischen Königs würdigen Vertreter zum Konzil von Trient, den Bischof Balthasar Limpo, welcher sich herausnehmen durfte, gegen den Papst eine Sprache zu führen, die ihm hätte klar machen können, daß er nicht mehr Herr im eigenen Hause war. Er verlangte ungestüm von Paul III., daß er endlich die Inquisition gegen die rückfälligen Neuchristen gut heißen möge, und rügte dessen Parteinahme für sie. Er bemerkte ganz richtig: „Als Christen und unter christlichen Namen verlassen sie heimlich Portugal und nehmen ihre Kinder mit, welche von ihnen selbst zur Taufe geführt sind. Kommen sie nach Italien, geben sie sich für Juden aus, leben nach jüdischen Satzungen und lassen ihre Kinder beschneiden. Das geschicht unter den Augen des Papstes und der Kurie, in den Mauern Roms und Bolognas. Das geschieht, weil Se. Heiligkeit den Ketzern ein Privilegium gegeben hat, daß niemand sie in Ancona des Glaubens wegen beunruhigen darf. Unter solchen Umständen ist es unmöglich, daß der König ihnen freien Abzug aus dem Lande gestatten sollte. Verlangt es Se. Heiligkeit etwa, damit die Auswanderer sich als Juden in seinen Staaten niederlassen, und die Kurie dergestalt Vorteile von ihnen ziehen könnte? Statt die Errichtung der Inquisition in Portugal zu verhindern, wäre es längst die Pflicht Sr. Heiligkeit gewesen, sie in der eigenen Herrschaft einzuführen.“ Auf eine solche Standrede hätte der Papst nur antworten können, wenn er ein reines Gewissen gehabt und das Christentum tatsächlich als Religion der Milde und Menschlichkeit gepredigt hätte. Da er aber den wahnbetörten Fanatismus brauchte, um den Protestantismus hartnäckig zu bekämpfen, und beim Ausbruch des Krieges gegen diesen die mörderische Kreuzesbulle erließ, worin den Katholiken im Namen des Statthalters Christi zugerufen wurde: „Schlaget die Protestanten tot!“, so mußte er einem Limpo gegenüber verstummen. Er war in den eigenen Schlingen gefangen. Eins noch wollte Paul III. retten, die freie Auswanderung der Marranen aus Portugal; unter dieser Bedingung wollte er dem portugiesischen Hofe alles nachgeben. Die Neuchristen, welche das Land verlassen wollten, sollten nur eine Bürgschaft stellen, daß sie nicht in das Gebiet der Ungläubigen nach Afrika oder der Türkei auswandern würden. Auch darauf gab der Bischof Limpo eine schlagende Entgegnung.

„Ist etwa ein Unterschied, ob diese Ketzer sich unter die Herrschaft der Ungläubigen oder nach Italien begeben? Sie lassen sich in Ancona, Ferrara oder Venedig beschneiden und gehen von da nach der Türkei. Sie besitzen ja päpstliche Privilegien, so daß niemand sie fragen darf, ob sie vielleicht Juden sind! Erkennungszeichen tragen sie nicht, und so können sie frank und frei gehen, wohin sie wollen, ihre Zeremonien beobachten, die Synagogen besuchen. O, wie viele von denen besuchen diese nicht jetzt schon, die in Portugal in ihrer Jugend getauft, zum Tode verurteilt oder in effigie verbrannt sind! Räumt man ihnen die freie Auswanderung ein, so brauchen sie nur den Fuß in das Land der Ungläubigen zu setzen, und können sich offen zum Judentum bekennen. Nie wird der König einen solchen Zustand dulden, kein Theologe, was sage ich, kein einfacher Christ kann ihm dazu raten. Statt daß Se. Heiligkeit sich bemüht, die geheimen Juden in Sicherheit zu bringen, möge er lieber die Inquisitionstribunale in seinen Staaten vermehren und nicht bloß die lutherischen Ketzer, sondern ebensogut die jüdischen bestrafen, welche in Italien Schutz und Zuflucht suchen."

Paul III. war noch durch einen andern Umstand zur Nachgiebigkeit gezwungen. Durch seinen Sieg über die Protestanten (April 1547), wollte sich Karl V. zum Herrn über das Papsttum machen und eine Kirchenordnung eingeführt wissen, welche auch den Protestanten zusagen sollte. Dies war aber eine Kriegserklärung gegen den Papst. Dadurch mußte er mit dem Kaiser brechen, und um nicht ganz vereinzelt diesem Mächtigen gegenüber zu stehen, Portugal, sowie die katholischen Mittelstaaten für sich gewinnen. Um Portugal zu versöhnen, sandte er einen besonderen Kommissarius mit Bullen und Breven versehen dahin, worin er die Inquisition halb und halb bestätigte — die ausschlaggebenden Kardinäle waren dafür vom portugiesischen Hofe gewonnen worden — aber mit Milde geübt wissen wollte. Vor allem sollten die der Ketzerei und des sogenannten Rückfalls angeklagten Neuchristen für den Augenblick nicht verurteilt, sondern erst in Zukunft verantwortlich gemacht werden. Auch dann sollten die ersten zehn Jahre die Güter der Rückfälligen nicht angetastet werden, sondern ihren Erben verbleiben. In der Beschränkung der Auswanderung der Marranen, woran dem portugiesischen Hofe sehr viel lag, hatte Paul III. nachgegeben.

Infolge der den Neuchristen vom Papste erteilten allgemeinen Absolution wurden die Kerker der Inquisition geöffnet und achtzehnhundert Marranen in Freiheit gesetzt (Juli 1548). Bald darauf wurden sämtliche Marranen zusammen berufen und mußten ihr Judaisieren abschwören. Erst von diesem Augenblicke an wurden sie als volle Christen angesehen und sollten bei etwaiger Übertretung als Ketzer bestraft werden.

Der Papst hatte aber in einem Breve dem König ans Herz gelegt, daß die Tribunale auch gegen solche in Zukunft mit Milde verfahren sollten, da sie doch nur aus Gewohnheit jüdische Gebräuche beobachteten. So hatte dieser Papst bis zu seinem Lebensende die Marranen in Schutz genommen. Nichtsdestoweniger fielen sie dem tragischen Geschicke zum Opfer. Es war vergebliche Mühe, sie zu guten Christen zu machen. Der portugiesische Hof konnte sich aber der Inquisition nicht so erfreuen wie der spanische. Denn in Portugal wurden die Neuchristen trotz ihres Bekenntnisses immer noch nicht als echte Christen angesehen, auf welche die Strafe der Ketzerei von der Inquisition kanonisch-gesetzlich anwendbar wäre. Nach Pauls Tod (Nov. 1549) wurde noch Julius III. angegangen, den Marranen Absolution zu erteilen. Selbst die folgenden Päpste, welche die reaktionäre und verfolgungssüchtige Strömung begünstigten und förderten, haben die Inquisition für die portugiesischen Neuchristen mehr als vollendete Tatsache, denn als gesetzliche Institution bestehen lassen. Darum hat noch ein halbes Jahrhundert später ein Papst (Clemens VIII.) die Justizmörderei der Inquisition gemißbilligt und abermals eine allgemeine Amnestie für die verurteilten Marranen erlassen.

Drittes Kapitel.

Die Marranen und die Päpste.

(1548 bis 1566.)

Jeder neu aufsteigende Qualm von Scheiterhaufen in Spanien und Portugal trieb einzelne oder ganze Gruppen Marranen nach dem fernen Osten, nach der Türkei, außerhalb der Schußweite des Kreuzes; denn auch in Italien fühlten sie sich nicht mehr sicher, seitdem auch die besseren Päpste gegen ihre bessere Überzeugung sich die Inquisition hatten bringen lassen. Die Türkei bildete daher immer mehr eine jüdische Welt im kleinen, in die selbst die despotische Regierung der Sultane keine Eingriffe erlaubte, so sehr auch die einzelnen der Willkür ausgesetzt waren. Hier wie in Palästina, wo sie sich durch Massenhaftigkeit und Wohlstand gehoben fühlten, durften sie Träumen nachhängen, eine gewisse Selbständigkeit zu gründen, eine religiös-nationale Einheit zu erstreben und messianische Schwärmereien zu verwirklichen. Salomo Molchos, des Märtyrers von Mantua, Auftreten ging nämlich nicht ganz spurlos vorüber, hinterließ vielmehr einen Nachhall. In Safet, der größten Gemeinde Palästinas, wo er längere Zeit geweilt, Verbindungen angeknüpft und Hoffnungen erweckt hatte, rechnete man nach seinem Tode noch immer auf Erfüllung seiner messianischen Verkündigungen. Der Ablauf der runden Zahl 5300 seit Erschaffung der Welt (1540) schien ein geeignetes messianisches Jahr zu sein. Aber die Messiaszeit, so dachte man damals, könne nicht urplötzlich eintreten; es müssen vielmehr dazu von seiten der Israeliten Vorbereitungen getroffen werden. Maimuni, die gewichtigste Autorität, hatte gelehrt, daß der messianischen Zeit die Einsetzung eines allgemein anerkannten jüdischen Gerichtshofes, eines Synhedrin, vorangehen werde oder müsse. Allgemein wurde daher das Bedürfnis gefühlt, autorisierte und ordinierte synhedriale Richter, wie sie zur Zeit des Tempelbestandes und des Talmuds in Palästina vorhanden und anerkannt waren, zu besitzen, und überhaupt die so lange vermißte Ordination von Richtern wiederum einzuführen. Von seiten des türkischen Staates war kein Hindernis vorauszusehen. Die Rabbinen hatten hier ohnehin eine eigene bürgerliche und selbst peinliche Gerichtsbarkeit. Nur waren die von den Gemeinden angestellten Rabbinen, die zugleich Richter waren, ohne berechtigte, in der talmudischen Lehre begründete Befugnis. Sie fanden Gehorsam, aber auch Widerspruch. Ihr Ansehen beruhte auf Herkommen und nicht auf dem Boden des talmudischen Judentums. Eine Einheit der Gesetzgebung und Gesetzauslegung war nicht möglich, so lange jeder Rabbiner in seiner Gemeinde selbständig war und keine höhere Autorität anzuerkennen brauchte. Es war daher ein Zeitbedürfnis, eine Art religiösen hohen Rates zu schaffen. Und wo anders als in Palästina? Nur die heiligen Erinnerungen dieses Landes vermöchten einem Kollegium von Rabbinen die Würde eines Synhedrin zu verleihen. Nur von Zion durfte die Lehre, welche allgemeine Anerkennung finden sollte, ausgehen und das Wort Gottes nur von Jerusalem.

Viele hatten von der Notwendigkeit gesprochen, die Ordination von Richterrabbinen mit einer höheren Autorität wieder einzuführen, aber nur einer hatte die Tatkraft, Ernst damit zu machen. Das war der scharfsinnige, aber querköpfige und darum auch kühne Jakob Berab. Nach vielen Wanderungen und Ortswechsel von Ägypten, Jerusalem, Damaskus hatte sich Berab im Alter in Safet angesiedelt. Er war vermögend und genoß durch Reichtum und Geist ganz besondere Auszeichnung. Er faßte den Plan, der messianischen Gefühlszerflossenheit einen festen Punkt zu geben. Berab hatte wohl dabei einen löblichen Zweck im Auge, aber auch ein wenig Ehrgeiz spielte in den Plan hinein, als erste Autorität, ja gewissermaßen als Synhedrialpräsident in Palästina, dadurch auch selbstverständlich im ganzen Morgenlande (und warum nicht gar in der Gesamtjudenheit?) anerkannt zu werden. Aber der erste Schritt war schwer. Nur Ordinierte können gesetzlich weiter ordinieren, aber solche gab es schon lange nicht. Glücklicherweise bot ein anderer Ausspruch Maimunis einen Anhaltspunkt dafür, nämlich, wenn die Weisen (Rabbiner) in Palästina übereinstimmen, einen aus ihrer Mitte zu ordinieren, so hätten sie das

Recht dazu, und der solchergestalt Ordinierte könnte zugleich die Befugnis auf andere übertragen. Nun zählte damals keine palästinische Gemeinde neben Safet, welches durch zahlreiche Einwanderer zu mehr denn eintausend jüdischen Familien angewachsen war. Safet oder vielmehr die Talmudkundigen dieser Stadt hatten es demnach in Händen, insofern sie nur einig darüber waren, die Synhedrialwürde wiederherzustellen, selbst im Widerspruche mit Kollegen anderer Gemeinden, weil die Safetenser eben die Mehrzahl bildeten. Die fungierenden und nicht fungierenden Rabbinen Safets, Männer ohne Rang und Namen, hatten eine zu große Hochachtung vor Berabs Geist, talmudischer Gelehrsamkeit und Reichtum, als daß sie Widerspruch dagegen erheben oder ihm Hindernisse in den Weg legen sollen. Er brauchte bloß zu winken, und sofort traten fünfundzwanzig Männer zusammen, um ihm die Würde eines ordinierten Richterrabbiners zu erteilen. Damit war der erste Schritt geschehen und der erste Kristallpunkt zu einem neuen Synhedrin angesetzt (1538). Es hing nur von Jakob Berab ab, so viele Kollegen, als ihm beliebte, weiter zu ordinieren. In einem Vortrage setzte Berab die Gesetzlichkeit des Schrittes nach talmudischen Prinzipien auseinander und widerlegte alle möglichen Einwürfe dagegen. Palästinensische Talmudkundige in den übrigen Gemeinden gaben nacheinander ihre Zustimmung zu dieser Neuerung zu erkennen. Dadurch glaubten Berab und seine Anhänger die erste Vorbereitung zur Ankunft der messianischen Zeit getroffen zu haben. In der Tat hätte die erneute Ordination, wenn auch nicht die messianische Zeit herbeiführen, so doch einen Kern zur Einheit des Judentums bilden können. Ein wiederhergestelltes Synhedrin im heiligen Lande hätte einen mächtigen Klang auch in Europa gehabt, einen besonderen Reiz ausgeübt und noch mehr Einwanderer angezogen. Die Quälereien der Juden in Italien und Deutschland, der Vernichtungskrieg gegen die Marranen in Spanien und Portugal, die Sucht nach dem Exzentrischen und Außerordentlichen in dieser Zeit, die mächtig angeregte messianische Sehnsucht, alles das wäre Anregung genug gewesen, gebildete und reiche Juden aus dem Abendlande nach dem Morgenlande zu locken. Mit Hilfe der mitgebrachten Kapitalien und auf Grund der synhedrialen Autorität hätte sich ein jüdisches Gemeinwesen mit staatlichem Charakter organisieren können. Berab wäre die geeignete rechte Persönlichkeit gewesen, einen so großen Plan mit Beharrlichkeit, ja mit Eigensinn ins Werk zu setzen.

Es stellten sich aber alsogleich Schwierigkeiten ein. Es war vorauszusehen, daß die Gemeinde von Jerusalem und ihre Vertreter sich verletzt fühlen würden, bei einem so folgenreichen Akte übergangen zu werden und die ganze Anordnung als nichtig erklären könnten.

Gebührte doch der heiligen Stadt die erste Stimme in einer so wichtigen Angelegenheit für das heilige Land und für ganz Israel! Jakob Berab sah das wohl ein und beeilte sich, den ersten Gebrauch den er von seiner erhöhten Würde machte, die Ordination auf das damalige Oberhaupt des Jerusalemer Rabbinatskollegiums zu übertragen, auf Levi Ben-Jakob Chabib, aus Zamora gebürtig, ungefähr gleichen Alters mit ihm. Zur Zeit der Zwangstaufe unter dem König Manoel war er als Jüngling Scheinchrist geworden, hatte einen christlichen Namen geführt, das Kreuz geschlagen und andere Zeremonien des katholischen Kultus mit Verzweiflung in der Seele mitgemacht. Er hatte die erste günstige Gelegenheit benutzt, um aus Portugal zu fliehen, das Scheinchristentum von sich zu schleudern und Sicherheit in der Türkei zu suchen. Zuletzt hatte er sich nach Jerusalem begeben. Hier wurde er vermöge seiner umfassenden Talmudgelehrsamkeit, die zwar mehr in die Breite als in die Tiefe ging, als Rabbiner die erste Person in der Gemeinde. Er hatte sich auch um ihr leibliches und geistiges Wohl verdient gemacht und besonders der Zerfahrenheit gesteuert, in welche sie durch Zuzügler aus verschiedenen Ländern, die sich nicht gern der Zucht und Ordnung unterwerfen mochten, von neuem zu geraten drohte. Levi Ben-Chabib besaß auch einige Kenntnis von Mathematik, Astronomie und Kalenderwesen. Zwischen ihm und Jakob Berab, mit dem er eine Zeitlang zusammenlebte, bestand aber kein freundliches Verhältnis.

Nun war an Ben-Chabib als ersten Rabbiner von Jerusalem die Aufforderung ergangen, die Wahl des Jakob Berab zum ersten gesetzlich ordinierten Richterrabbiner, zum Synhedristen, anzuerkennen und durch seine Zustimmung gut zu heißen. Jerusalem wurde dadurch gegen Safet und er selbst gegen Berab zu einer untergeordneten Stellung herabgedrückt. Es war allerdings eine Verletzung in Wesen und Form; denn Berab hatte es nicht einmal der Mühe wert gehalten, die Zustimmung des Jerusalemer Kollegiums vorher nachzusuchen, sondern hatte seine Neuerung von oben herab dekretiert, er ernenne vermöge der ihm erteilten Würde Levi Ben-Chabib zum ordinierenden Richter. Er hatte auch dabei zu verstehen gegeben, daß ein Widerspruch von Jerusalem ihn wenig stören würde, da ein solcher nur als der von einer Minderheit gegen die Safetaner Mehrheit angesehen werden würde. Der Augenblick, als ein wichtiger Schritt zur Zusammenschließung des Judentums getan werden sollte, fand Levi Ben-Chabib, dessen Stimme jedenfalls gewichtig war, nicht groß genug. Er unterlag der Empfindlichkeit und vergaß schnell, daß es auch früher sein Wunsch gewesen war, die Ordination von Richterrabbinern wieder zu erneuern.

An Gründen gegen die Erneuerung der Ordination und eines

Synhedrin konnte es in den talmudischen und rabbinischen Gesetzen nicht fehlen. Es herrscht darin ein so verwirrendes Meinungsgewimmel, daß für jede Sache das Für und Wider geltend gemacht werden konnte. Und wann hätte es überhaupt dem bösen Willen oder der verletzten Eitelkeit an Scheingründen gefehlt, einen unangenehmen Schritt zu verdächtigen und zu verkleinern? Berab und seine kopfnickenden Wähler hatten ohnehin eine Handhabe zur Verdächtigung der Ordination gegeben. Das rabbinische Judentum ist so durch und durch praktisch, daß es für romantische Schwärmerei und Gefühlsverschwommenheit keinen Boden bietet. Die Safetaner durften also nicht ihren Herzenswunsch als Grund zur Einführung der Ordination geltend machen, daß dadurch die messianische Zeit gefördert würde. Das hätte in den Ohren der Rabbinen, so voll auch ihre Brust von der Messiashoffnung war, als gar zu abenteuerlich und lächerlich geklungen. Andere beifällige Gründe gab es zurzeit nicht. Das Festkalenderwesen, das früher von einem ordinierten Kollegium geordnet zu werden pflegte, war seit einem Jahrtausend festgestellt, und es durfte daran nicht gerüttelt werden. Andere Fälle, für welche im Talmud ordinierte Richter gefordert werden, wie etwa zur Verurteilung eines Mädchenschänders, kamen gar zu selten vor, als daß daraus die Notwendigkeit der Ordination hätte hergeleitet werden können. Daher hatten die Safetaner einen Grund geltend gemacht, der praktisch und zeitgemäß scheinen sollte, aber doch weit hergeholt war. Es trafen Marranen in Palästina ein, welche während des Scheinchristentums Todsünden nach talmudischer Lehre zu begehen gezwungen waren. Diese bereuten zerknirscht ihr Vergehen und lechzten nach innerer Sühne und Sündenvergebung — sie hatten mit der Maske des Christentums nicht das katholische Prinzip von der Äußerlichkeit der Buße abgelegt. — Eine solche Sündenvergebung könne ihnen aber erst voll gewährt werden (das machte Berab geltend), wenn die gesetzlich vorgeschriebene Geißelstrafe (neununddreißig Streiche) an ihnen vollzogen würde; diese Strafe vermöge aber nur ein gesetzmäßig ordiniertes Kollegium zu verhängen. Darin läge also die Notwendigkeit für die Ordination. Es wurde Levi Ben-Chabib nicht schwer, wenn er einmal seine Antipathie gegen den Urheber der Anordnung auf dessen Werk übertragen wollte, diesen Grund als nicht stichhaltig genug zu erschüttern. Aber er begnügte sich nicht damit, sondern brachte auch allerlei Sophistereien vor. Dieser Widerspruch von Jerusalem aus, von seiten des Levi Ben-Chabib, den Jakob Berab nicht in dem Maße erwartete, da er ihm nicht so viel Mut oder mehr Selbstverleugnung zugetraut hatte, erbitterte ihn in hohem Grade. Es war ihm um so peinlicher, als dieser Widerspruch geeignet war, das ganze Unternehmen scheitern zu lassen. Denn wie sollte er es der asiatischen, europäischen und afrikanischen Judenheit annehmbar und es zum Angelpunkte einer Reorganisation machen, wenn die Hauptgemeinde Palästinas, wenn Jerusalem, die heilige Stadt, es verwarf? Dazu kam noch, daß in dieser Zeit sein Leben in Safet gefährdet war, wahrscheinlich durch Denunziation bei den türkischen Behörden, welche irgend eine Gelegenheit benutzen wollten, sich seines Vermögens zu bemächtigen. Berab war genötigt, für den Augenblick Palästina zu verlassen. Um die Ordination nicht alsbald fallen zu lassen, erteilte er vier Talmudkundigen die Weihe, ähnlich, wie es einst in der hadrianischen Zeit Juda Ben-Baba gemacht hatte. Diese vier hatte er aber nicht aus den älteren Rabbinern ausgewählt, sondern aus jüngeren. Darunter war Joseph Karo, der Schwärmer für Salomo Molcho und dessen kabbalistisches Messiastum, der mit ganzer Seele für die Ordination eingenommen war. Solche Bevorzugung jüngerer, gefügiger, wenn auch begabter Männer machte in Jerusalem noch mehr böses Blut. In den dabei gewechselten Zuschriften, die für das Publikum berechnet waren, verbitterten sich beide Rabbinergrößen Palästinas immer mehr gegeneinander in einer so verletzenden Art, daß sie selbst durch die leidenschaftliche Erregung nicht entschuldigt werden kann. Gegen die tadelnde Bemerkung des Levi Ben-Chabib, ein geweihter Ordinierter müsse nicht bloß gelehrt, sondern auch heilig sein, hatte Jakob Berab eine boshafte Anspielung auf dessen Scheinchristentum gemacht: „Ich habe meinen Namen nie gewechselt, ich bin in Not und Verzweiflung stets in Gottes Wegen gewandelt!“ Er warf Levi Ben-Chabib auch vor, daß noch immer etwas von den christlichen Dogmen an ihm kleben geblieben sei. Das traf den Gegner ins Herz. Er gestand zu, daß man zur Zeit der Zwangstaufen in Portugal seinen Namen geändert, ihn zum Christen gemacht, und er nicht imstande gewesen war, für die angestammte Religion zu sterben. Er entschuldigte sich mit seiner Jugend, er sei kaum ein Jahr im Scheinchristentum geblieben, und hoffe, daß der Tränenstrom, den er bisher darüber vergossen und noch immer vergieße, seinen Sündenfleck vor Gott ausgelöscht haben werde. Nach dieser Zerknirschung kannte Ben-Chabibs Heftigkeit gegen Berab keine Grenzen mehr. Er schleuderte ihm die gröbsten Beleidigungen zu und erklärte, ihn nimmermehr von Angesicht zu Angesicht sehen zu wollen. Durch diese maßlose Heftigkeit des Hauptrabbiners von Jerusalem und durch den gleich darauf erfolgten Tod Berabs (Januar 1541), zerfiel die Einrichtung der Ordination. Nur Joseph Karo, einer der von demselben Ordinierten, gab sie noch nicht auf.

Diese Persönlichkeit, welche später so tief in die jüdische Geschichte eingegriffen hat (geb. 1488, gest. 1575), war als Kind mit seinen Eltern aus Spanien vertrieben worden, hatte frühzeitig die herbe

Leidensschule kennen gelernt und war nach langer Wanderung in Nikopolis in der europäischen Türkei angekommen. Hier verlegte er sich auf einen sonst vernachlässigten Zweig des Talmuds. Er vertiefte sich so sehr in den Mischnatext, daß er ihn auswendig kannte. Von Nikopolis nach Andrianopel übergesiedelt, wurde er dort wegen seiner erstaunlichen Talmudgelehrsamkeit bereits als respektable Persönlichkeit angesehen und bildete Schüler aus. In den dreißiger Jahren unternahm er ein Riesenwerk, den Religions- und Ritualkodex des Jakob Ascheri zu kommentieren, mit Belegstellen zu versehen und zu berichtigen, ein Werk, woran er zwanzig Jahre seines Lebens wendete (1522 bis 1542) und zu dessen nochmaliger Revision er noch zwölf Jahre brauchte (1542 bis 1554). In diese seine trockene Beschäftigung, wobei seine Phantasie müßig blieb, hatte Salomo Molchos Erscheinen einen Wechsel gebracht. Der junge Schwärmer aus Portugal hatte einen so überwältigenden Eindruck auf ihn gemacht, daß er sich von ihm in die sinnverwirrende Kabbala einweihen ließ und dessen messianische Träume teilte. Seit dieser Zeit war seine Geistestätigkeit zwischen der trockenen rabbinischen Gelehrsamkeit und der phantastischen Kabbala geteilt. Er stand mit Molcho während dessen Aufenthalts in Palästina in Briefwechsel und machte Pläne, ebenfalls dahin auszuwandern. Er bereitete sich wie Molcho auf einen Märtyrertod vor, daß er als „heiliges Ganzopfer auf dem Altar des Herrn verbrannt werden werde", und hatte wie dieser phantastische Träume und Visionen, die ihm, wie er glaubte, durch Eingebung eines höhern Wesens zugekommen waren. Dieses höhere Wesen (Maggid) sei aber nicht ein Engel oder eine phantastische Stimme, sondern — drollig genug — die personifizierte Mischna gewesen, die sich zu ihm herabgelassen und ihm namentlich in der Nacht Offenbarungen zugeflüstert, weil er sich ihrem Dienste geweiht habe. Solche Visionen, die er größtenteils niedergeschrieben, hatte Joseph Karo nicht in einer kurzen Zeit, sondern bis an sein Lebensende fast vierzig Jahre hindurch in gewissen Zwischenräumen. Sie sind später zum Teil veröffentlicht worden und machen einen betrübenden Eindruck wegen der Verheerung, welche die Kabbala in den Köpfen angerichtet hat. Das höhere Wesen oder die Mischna legte Karo die schwersten Kasteiungen auf. Hatte er sich irgend ein Vergehen zuschulden kommen lassen, sich dem Schlafe zu sehr überlassen, sich zu spät zum Gebet eingefunden oder das Studium der Mischna ein wenig vernachlässigt, so erschien die Mutter-Mischna und machte ihm zärtliche Vorwürfe. Es ist erstaunlich, was sie ihm alles offenbart hat. Die Verkündigungen waren keineswegs betrügerische Schwindeleien, sondern Eingebungen aufgeregter Phantasie in einer aufgeregten Zeit, wie sie im heißen, üppigen Morgenlande häufiger vorkommen als im kalten, nüchternen Norden.

Joseph Karo war so voll von dem Gedanken, daß er berufen sei, eine Rolle in Palästina zu spielen und infolge derselben in der durch Salomo Molcho vorbereiteten messianischen Vorzeit als Märtyrer zu sterben, daß er Adrianopel verließ. Er traf in dem Kabbalistennest Safet ein mit einem Gesinnungsgenossen, Salomo Alkabez, einem geistlosen Schriftsteller, dessen Bewillkommnungslied für die Braut Sabbat (Lecha Dodi) berühmter geworden ist als der Dichter. Joseph Karo hatte die Freude, daß sich ein Teil seiner phantastischen Träume in Safet erfüllte; er erhielt von Berab die Weihen als Ordinierter, als künftiges Synhedrialmitglied. Nach dem Tode Berabs träumte er von nichts als von seiner einstigen Größe, er werde die Ordination ins Werk setzen, werde von den Weisen Palästinas und des Auslandes anerkannt werden, werde Fürst und Führer der Juden in Palästina, ja im ganzen türkischen Reiche werden, werde die besten Talmudjünger ausbilden, so daß nur die Jünger seiner Schule Anerkennung finden werden. Alle werden ihn als das heilige Bild (Diokna Kadischa) verehren, und er werde Wunder vollbringen. Er werde zwar gleich Molcho zur Heiligung des Gottesnamens den Märtyrertod sterben, aber bald darauf wieder die Auferstehung erleben und in das Messiasreich eingehen.

Alle diese Vorzüge und Vorrechte hoffte Joseph Karo durch ein Werk zu erringen, das in sich selbst die Einheit des Judentums erzielen und ihm ungeteilte Bewunderung einbringen sollte. Wenn er seinen gründlichen Kommentar zu Jakob Ascheris Religionskodex vollendet, durch den Druck veröffentlicht, verbreitet und auf Grund desselben ein eigenes umfassendes Religionsgesetzbuch ausgearbeitet haben würde, dann werde und müsse er als der erste in Israel, als Fürst und Gesetzgeber anerkannt werden. Sein Schutzgeist hatte ihm zugeflüstert, dann würden die höhern Welten selbst fragen: „Wer ist der Mann, an dem der König der Könige Wohlgefallen hat, das Oberhaupt von Palästina, der große Schriftsteller des heiligen Landes?“ Sein Kommentar, seine Erklärungen und Entscheidungen (Kodex, Schulchan Aruch) würde er ohne Fehler veröffentlichen können. So bestimmten hingebende Frömmigkeit, Phantasterei und auch ein wenig Ehrgeiz den Mann, den letzten Religionskodex für die Gesamtjudenheit auszuarbeiten, der allen Schwankungen, Ungewißheiten und allem Widerspruch der Ansichten ein Ende machen sollte. Die von Salomo Molcho angeregte kabbalistisch-messianische Schwärmerei und die von Berab ausgegangene Ordination gönnten Karo keine Ruhe, die von jenen geahnten Zustände durch ein umfassendes Schriftwerk zu verwirklichen, wenigstens diese Einheit im religiösen Leben zu vollführen. Aber auch diese Einheit sollte nicht zustande kommen. Ein junger

Rabbiner in Krakau, Mose Isserles, machte Glossen zu Karos Kodex und stellte entgegengesetzte Entscheidungen auf.

Während sich die Juden im Morgenlande einer gewissen Ruhe und Unabhängigkeit erfreuten, infolgedessen messianische Luftschlösser bauen konnten und daran arbeiteten, einen idealen Zustand, allerdings mit verkehrten Mitteln, herbeizuführen, unterlagen die abendländischen Juden dem Drucke der stets frisch über sie verhängten Verfolgungen. Die alten Anklagen über ihre Gemeinschädlichkeit, ihren Kindermord, ihre feindselige Haltung gegen das Christentum, einige Zeit während der Reformationsbewegung verstummt, tauchten von neuem auf. Die übereifrige kirchliche Richtung, welche sich innerhalb des Katholizismus um diese Zeit geltend machte, um sich gegen das immer mehr erstarkende Luthertum zu behaupten, wirkte auch auf die Juden zurück und brachte ihnen zunächst in katholischen Ländern neue Leiden. Zu den alten Anklagen kam noch eine neue hinzu, welche auch die Lutheraner gegen sie einnahm. Die lutherische und calvinische Reformation, die bis nach England und Polen gedrungen war, hatte vielen über Religion und Christentum die Augen geöffnet und sie zum Selbstdenken gebracht, vieles als falsch, irrtümlich und lächerlich zu finden, was die Reformatoren selbst als wesentliche Bestandteile des Christentums ansahen. Die in die meisten europäischen Volkssprachen übersetzte Bibel gab denkenden Lesern an die Hand, sich selbst einen eigenen, von den Dogmenschmieden in Rom, Wittenberg und Genf abweichenden Lehrbegriff der Religion zu bilden. Beim Lesen der Bibel kam das alte Testament vor dem neuen, und beim Übergang von dem einen zum andern gewahrten manche, daß da vieles nicht miteinander stimmt, daß die Lehre von der strengen Gotteseinheit der Propheten im grellen Widerspruch stehe zu der Dreifaltigkeitslehre der Kirchenväter. Außerdem hatte die Reformation den Anlauf genommen, neben der religiösen Befreiung auch die politische Freiheit von dem eisernen Joche der Fürsten anzubahnen, in deren Augen das Volk gar nicht zählte, sondern nur gut für Steuerzahlen und Frondienst der Leibeigenschaft war. Nun fiel es nicht wenigen auf, daß die biblischen Schriften des Judentums alles Recht dem Volke zusprechen und den Despotismus der Könige verdammen, während das evangelische Christentum ein Volkstum gar nicht anerkennt, sondern nur himmelnde Gläubige, denen es empfiehlt, den Nacken unter das Joch der Tyrannen zu beugen. Der Gegensatz zwischen dem alten und neuen Testament, daß das eine nebst einem gottesfürchtigen Leben tätige Tugenden lehrt und das andere neben blindem Glauben leidende Tugenden verherrlicht, dieser Gegensatz wurde von den durch das rege Vertiefen in die Bibel geschärften Augen nicht übersehen. Unter dem Gewimmel religiöser Sekten, welche die Reformation in den ersten Jahrzehnten zutage gefördert hat, entstanden auch einige, welche sich dem Judentum mehr zuneigten und von den herrschenden Parteien als Halbjuden, Judenzer gebrandmarkt wurden. Diese nahmen besonders an der Dreieinigkeit Anstoß und wollten Gott nur als strenge Einheit gedacht wissen. Michael Servet, ein Aragonier, vielleicht von Marranen in Spanien belehrt, verfaßte eine Schrift über die „Irrtümer der Dreieinigkeit", die viel Aufsehen machte und ihm anhängliche Jünger zuführte; er wurde dafür von Calvin selbst in Genf auf dem Scheiterhaufen verbrannt. Die Reformatoren hatten die fanatische Unduldsamkeit der katholischen Kirche beibehalten. Nichtsdestoweniger bildete sich eine Sekte der Einheitslehre (Unitarier, Antitrinitarier), welche Jesu Wesensgleichheit mit Gott verwarf. In England, wo der Katholizismus nur durch die Laune und Liebesbrunst eines Tyrannen, Heinrichs VIII., gestürzt worden war, fing jene religiös-politische Partei sich zu bilden an, welche das alttestamentliche Staatswesen englischen Verhältnissen anpassen und verwirklichen wollte. Sie schien nur alttestamentliche Vorbilder zu kennen und von den Betbrüdern und Betschwestern des neuen Testaments nichts wissen zu wollen. Manche feierten den Sabbat als den von Gott eingesetzten Ruhetag, allerdings bei verschlossenen Fenstern. Einige exzentrische Christen faßten eine Art Vorliebe für die Juden als Nachkommen der Patriarchen, als Reste jenes Volkes, das Gott einst seiner Gnadenfülle gewürdigt, als Blutsverwandte der großen Propheten, die schon deswegen allein die höchste Achtung verdienten. Es erschien damals unter der Unzahl von Flugschriften auch eine, ein Dialog zwischen einem Juden und einem Christen, worin die Stützen für die christlichen Dogmen aus alttestamentlichen Schriftversen umgestoßen wurden. Solche Erscheinungen trugen dazu bei, die Juden auch im Kreise der Reformatoren mißliebig zu machen. Die Anhänger der neuen Kirche heuchelten gewissermaßen Judenhaß, um den Verdacht von sich abzuwenden, als wollten sie das Christentum untergraben und das Judentum an dessen Stelle setzen. Die Juden hatten also hüben und drüben Feinde und mußten bald den Wahn aufgeben, daß der Katholizismus gestürzt und die neue Religion mit ihnen sympathisieren würde. Als die Bauern in Süddeutschland, Elsaß, Franken, auf die von Luther verkündete evangelische Freiheit allzu leichtgläubig vertrauend, das Joch ihrer sämtlichen Zwingherren abzuschütteln versucht hatten, kamen die wenigen Juden in Deutschland zwischen zwei Feuer. Von der einen Seite beschuldigte sie der Adel und die vornehmen Stände, daß sie die aufrührerischen Bauern und Bürger mit ihrem Gelde unterstützten und aufreizten, und von der andern Seite überfielen sie die Bauern als Bundesgenossen und Beförderer der Reichen und des Adels. Balthasar

Hubmaier, jener fanatische Priester, welcher die Vertreibung der Juden aus Regensburg betrieben hatte, war Ratgeber der Schwarzwälder Bauernhaufen und wahrscheinlich Verfasser der zwölf schriftlichen Forderungen (Artikel), welche die Bauern aufgestellt hatten. Er war durch seinen Abfall vom Katholizismus nicht milder und als Anhänger der Wiedertäufer noch fanatischer geworden. Die Landschaft des Rheingaues stellte unter anderen Forderungen auch die auf, es solle kein Jude im Rheingau wohnen oder hausen.

Die Juden in der Gegend, wo der Bauernkrieg wütete, waren auf sich selbst angewiesen, sie konnten weder vom Kaiser, noch vom Adel, noch von der Bürgerschaft Schutz erwarten. Ein mit großem Mute, mit aufopfernder Tätigkeit und Klugheit auftretender Mann wendete im Elsaß die drohende Gefahr von den dortigen Juden ab und erlangte von den Führern Schonung für die Juden überhaupt. Dieser rühmenswerte Mann war Joselin (Joßelmann) Loans aus Roßheim (im Elsaß, geb. um 1478, gest. um 1555), Neffe des Leibarztes der Kaiser Friedrich und Maximilian, von welchem Reuchlin die ersten Elemente des Hebräischen erlernt hat. Der Leibarzt muß an seinem jungen Neffen so bedeutende Anlagen gefunden haben, daß er ihn dem Kaiser empfahl, als Sachwalter der deutschen Judenheit anerkannt zu werden, mit der Berechtigung, für sie einzutreten und ihre geringen Privilegien, die er bestätigte, aufrecht zu erhalten. Joselin Roßheim, wie er gewöhnlich genannt wurde, mußte dem Kaiser den Eid der Treue leisten. Er wurde zugleich von den jüdischen Gemeinden als Oberer und Oberrabiner anerkannt und nannte sich oder wurde von vielen „Regierer oder Befehlshaber" der Juden genannt. Auch Karl erkannte ihn als Vertreter der Judenheit an. Er erlangte auch von ihm die Bestätigung der Privilegien. So oft einer Gemeinde Gefahr drohte, eilte Joselin zum kaiserlichen Lager oder zu den einflußreichen Hofleuten, um sie abzuwenden. Er war unermüdlich, für das Wohl seiner Glaubensgenossen in Deutschland zu wirken. Während des Bauernkrieges hatte Joselin den Mut, sich in das Lager des zwölftausend oder fünfzehntausend zählenden wuterfüllten Schwarmes zu begeben, und erlangte von ihm die Zusicherung, daß sie den Juden kein Leid zufügen würden.

Die Reformation hatte, wie jede weitwirkende Neugestaltung in der Geschichte, großes Elend in ihrem Gefolge, und von diesem hatten die Juden am empfindlichsten zu leiden. Man kann aus dieser Zeit ein Jahrbuch der Judenverfolgung anlegen und für fast jedes Jahr Ausweisung, Quälereien und Pein eintragen. Joselin von Roßheim, welcher bei jeder einer Gemeinde zugefügten Unbill zur Abhilfe angerufen wurde, hat den Leidensstand derselben Jahr für Jahr aufgezeichnet, und zwar aus den deutschen Landen, dessen Zeuge er war. Dieses martyrologische Verzeichnis ließe sich durch Vorgänge in außerdeutschen Landen vermehren. Indessen hatte sich die Zeit für die Juden insofern gebessert, daß nicht mehr wie bisher Morde in Masse vorkamen, sondern nur einfach und gemütlich Ausweisungen, Hinausjagen ins Elend. Nur Anklagen wegen Kindermordes hat die neue Zeit von der alten herübergenommen.

In einer kleinen mährischen Gemeinde Bösing (unweit Preßburg) wurde eine Anklage wegen Kindesmordes erhoben. Dadurch wurden sechsunddreißig Juden jedes Geschlechtes und Alters verbrannt und fast sämtliche Juden in Mähren in Gewahrsam gebracht (1529). Joselin gelang es indessen, durch Beibringung von Urkunden von Päpsten und Kaisern, daß dergleichen Anklagen keinen Glauben verdienen, von König Ferdinand die Befreiung der eingekerkerten Juden durchzusetzen. Dann wurde eine Anklage erhoben (1530), daß die Juden im Deutschen Reiche Spionendienst für die vordringenden Türken leisten, und diese Anklage sollte eine allgemeine Ausweisung der Juden herbeiführen. Joselin gelang es abermals, den Kaiser Karl und den König Ferdinand vermittels einer Schutzschrift von der Nichtigkeit der Anklage zu überzeugen. Ähnliche Beschuldigungen kamen in einer Gemeinde in Schlesien vor, wodurch der Vorsteher und zwei andere Männer verbrannt wurden.

Luther selbst, der sich bei seinem ersten Auftreten so warm der Juden angenommen hatte, wurde allmählich ihr bitterer Feind. Er hatte sich der Täuschung hingegeben, daß infolge des von ihm gelehrten reinen Glaubens die Juden in großen Massen sich dazu bekennen würden. Da er sie aber verstockt fand, d. h. treu der Lehre ihrer Väter, so erwachte in ihm sein mönchischer Fanatismus gegen sie. Als der Kurfürst Johann Friedrich der Weise von Sachsen wegen Vergehungen einiger jüdischer Wichte die Juden aus seinem Lande verjagen und es für alle Zeit ihnen verschließen wollte (1537), war der unermüdliche Joselin voll Eifers, diesen Schlag von seinen Glaubensgenossen abzuwenden. Er ließ sich Empfehlungsschreiben geben von dem zur Reformation bekehrten Geistlichen Wolf Capito an Luther und von dem Magistrat von Straßburg an den Herzog. Capito hatte Luther warm ans Herz gelegt, mit der evangelischen Milde und Feindesliebe sich der Juden anzunehmen. Aber dieser ließ nicht einmal Joselin vor sich kommen, sondern fertigte ihn mit einer lieblosen Antwort ab, obzwar er sich für die Juden bei Fürsten und Herrn verwendet habe, haben diese sich undankbar gezeigt, sich nicht einmal zum Christentum bekehren zu wollen. Darum sollten sie durch seine Wohltat nicht noch mehr in ihrem Irrtum bestärkt werden.

In Neapel, wo die Spanier herrschten, arbeitete die ultrakatholische Partei schon lange daran, die Inquisition gegen die dort weilenden Marranen einzuführen. Als Karl V. von seinem Siegeszuge aus Afrika zurückkehrte, ging sie ihn an, die Juden überhaupt aus Neapel zu vertreiben, weil die Marranen durch Verkehr mit denselben in ihrem Unglauben nur bestärkt würden. Aber die auch von den Spaniern hochgeachtete Donna Benvenida, die edle Gattin des Samuel Abrabanel, hatte den Kaiser so eindringlich angefleht, den Ausweisungsbefehl zurückzunehmen, und ihre junge Freundin, die Tochter des Vizekönigs, hatte das Gesuch so warm unterstützt, daß er es ihnen nicht versagen konnte. Möglich auch, daß das Vermögen des Abrabanel dabei mitgewirkt hatte. Aber einige Jahre später legte der Kaiser den Juden so unerträglich harte Beschränkungen auf, daß sie das Land verließen. Dieser freiwillige Abzug wurde in eine Ausweisung verwandelt und jeder Jude mit schweren Strafen bedroht, der sich in Neapel ferner blicken lassen würde (1540 bis 1541). Viele von ihnen wendeten sich nach der Türkei, einige nach Ancona unter päpstlichen Schutz oder nach Ferrara unter die Herrschaft des Herzogs Ercole II. welcher als Judenfreund galt. Auch Samuel Abrabanel, dessen Haus ein Sammelpunkt für jüdische und christliche Gelehrte war, verließ Neapel, obwohl es ihm freigestellt war, ausnahmsweise dort zu bleiben; er wollte sich aber von dem Geschicke seiner unglücklichen Religionsgenossen nicht trennen. Er ließ sich in Ferrara nieder und lebte etwa noch ein Jahrzehnt daselbst. Seine edle Frau, hochgeehrt von der Tochter des Vizekönigs von Neapel, Leonora, inzwischen Herzogin von Toskana geworden, überlebte ihn.

Ein Jahr darauf empfanden die Juden Böhmens den sozusagen gemilderten anständigen Judenhaß. Es waren in den Städten, namentlich in Prag, öfters Feuersbrünste entstanden. Juden wurden neben Hirten als Urheber beschuldigt, daß sie Mordbrenner zu dieser verruchten Tat gedungen hätten. Infolgedessen mußten sie mit ihren Habseligkeiten den Wanderstab ergreifen (Adar 1542); von der zahlreichen Judenschaft Prags erhielten nur zehn Personen oder Familien die Erlaubnis, daselbst zu weilen. Viele von ihnen wanderten nach Polen und der Türkei, den beiden tolerantesten Ländern der damaligen Zeit. Indessen stellte sich noch im Laufe desselben Jahres die Unschuld der deswegen Hingerichteten und folglich der ausgewiesenen Juden heraus. Einige Große verwendeten sich daher für die Zurückberufung derselben; sie waren doch unentbehrlicher, als der Brotneid, kirchlicher Fanatismus und Rassenhaß glauben machen wollten. Und so durften diejenigen, welche sich in der Nähe der böhmischen Grenze niedergelassen hatten, wieder in ihre Heimat zurückkehren. Sie mußten aber für diese Gnade ein jährliches Schutzgeld von dreihundert Schock Groschen erlegen und wurden angehalten, einen gelben Tuchlappen als Unterscheidungszeichen zu tragen.

In derselben Zeit hetzten zwei hochstehende einflußreiche Persönlichkeiten, die eine auf katholischer und die andere auf protestantischer Seite, so gewaltig gegen die Juden Deutschlands, daß es als ein Wunder zu betrachten ist, daß sie damals nicht bis auf den letzten Mann vertilgt worden sind. Die Veranlassung der einen Aufreizung war, daß im Herzogtum Neuburg um die Osterzeit ein vierjähriger Bauernknabe vermißt worden war, und der Argwohn vermutete ihn bei den Juden. Nach Ostern war der Knabe von einem Hunde entdeckt worden, und der Judenhaß glaubte Zeichen von Marterung an dessen Leibe zu finden. Der Bischof von Eichstätt hatte darauf einige Juden aufgreifen und nach seiner Residenz schleppen lassen, um ihnen den Prozeß zu machen, und außerdem an alle benachbarten Fürsten das Ansuchen gestellt, auch ihre Juden gefänglich einzuziehen. Die Untersuchung hatte aber die Schuld der Juden nicht ergeben. Bei dieser Gelegenheit hatte sich der Herzog Otto Heinrich von Neuburg der Juden eifrig angenommen und dem Bischof von Eichstätt entgegengewirkt. Dieser hatte dagegen Himmel und Hölle in Bewegung gesetzt, sie wenigstens ausweisen zu lassen. Auch der evangelische Prediger Buzer, Capitos aber auch Luthers Freund, nahm Gelegenheit, gegen die Juden zu wüten. Wahrscheinlich auf Veranlassung des Herzogs hatte ein mutiger Schriftsteller freimütig die Juden gegen das Vorurteil der Christen in einer Schrift in Schutz genommen. Diese Schrift, ein „Judenbüchlein“ — dessen Verfasser ein lutherischer Geistlicher (vielleicht Hosiander) war — hat zum ersten Male die ganze Lügenhaftigkeit und Bosheit der Beschuldigung des Christenkindermordes in helles Licht gesetzt. Mit lauter Stimme rief der Verfasser, der viel mit Juden verkehrt und ihre Sprache, Gesetze und Sitten gründlich kennen gelernt haben wollte, daß den Juden mit den ewigen Anschuldigungen von Kindermord himmelschreiendes Unrecht geschehe. Der Reichtum und der reine Glaube der Juden seien die Veranlassung dazu. Einerseits pflegen habsüchtige und grausame Fürsten oder verarmte Edelleute oder an die Juden verschuldete Bürger solche Märchen zu erfinden, um den Juden zu Leibe gehen zu können, und anderseits erfinden und verbreiten Mönche oder Weltgeistliche solche Fabeln, um neue Heilige zu machen und neue Wallfahrtsorte zu stiften. In dem langen Zeitraum seit der Zerstreuung der Juden unter die Christen, bis vor dreihundert Jahren, habe man nichts davon gehört, daß sie Christenkinder geschlachtet hätten. Erst seit dieser Zeit, seitdem Mönche und Pfaffen viel Betrug mit Wallfahrten und Wunderkuren angerichtet, seien diese Märchen aufgekommen. Denn diese Pfaffen haben niemand mehr gefürchtet als die Juden, weil diese nichts auf Menschenerfindung geben, auch weil sie die Schrift besser als die Pfaffen verstehen, darum haben sie die Juden aufs höchste verfolgt, verunglimpft und verhaßt gemacht. Es sei daher gerechtfertigt, anzunehmen, daß die Pfaffen auch den Mord des Kindes im Neuburgischen erdichtet haben. Der Verfasser weist ferner darauf hin, daß die Christen bis ins dritte Jahrhundert bei den Heiden als Kindermörder und Blutzapfer verrufen waren. Die Geständnisse von Juden selbst, auf die man sich zur Begründung der Anklage berufe, seien — nach der Ansicht des wohlwollenden Verteidigers — unter der Folter gemacht worden und könnten nicht als Beweise angeführt werden.

Die fanatischen katholischen Geistlichen und namentlich der Bischof von Eichstätt sahen diese Wendung mit Unwillen, daß die Juden, statt verabscheut und verfolgt zu werden, in dieser Schrift verherrlicht worden sind, und sie beeilten sich, den Eindruck zu verwischen. Doktor Johann Eck, berüchtigten Andenkens aus der Reformationsgeschichte, ein Schützling des Bischofs von Eichstätt, erhielt den Auftrag, eine Gegenschrift zu verfassen, die Blutbeschuldigung zu beweisen und die Juden zu verlästern. Dieser juristische Theologe mit der Breitschultrigkeit eines Metzgerknechtes, der Stimme eines Aufrührers und der Disputiersucht eines Sophisten, der durch seine Eitelkeit und Trunksucht die katholische Kirche, die er gegen die Lutheraner verteidigen wollte, erst recht in Mißachtung gebracht hatte, dieser gewissenlose Streithahn übernahm gern den Auftrag, den Juden Fußtritte zu versetzen. Er verfaßte (1541) eine judenfeindliche Gegenschrift gegen das Judenbüchlein, worin er sich anheischig machte, zu beweisen, "was Übles einer Büberei die Juden in allen deutschen Landen und andern Königreichen gestiftet haben." Alle von getauften Juden gegen sie vorgebrachten Beschuldigungen wärmte er wieder auf; alles, was gefolterte Juden bekannt haben, namentlich die erlogenen Geschichten von Trient und Regensburg, stoppelte er zusammen.

Es überschreitet aber das Maß aller Nachsicht mit der Eigenart einer ausgeprägten Persönlichkeit, wenn Luther sich ebenfalls in Lieblosigkeit gegen die Juden erging, wie man sie nur von „Judenbrennzern" gewöhnt war. „Was klagen die Juden über harte Gefangenschaft bei uns," heißt es bei ihm, „wir Christen sind beinahe 300 Jahre lang von ihnen gemartert und verfolgt, daß wir wohl klagen möchten, sie hätten uns Christen gefangen und getötet. Dazu wissen wir noch heutigen Tages nicht, welcher Teufel sie in unser Land gebracht hat" (als wenn nicht Juden vor den Germanen in einigen jetzt zu Deutschland zählenden Landstrichen gewohnt hätten). „Wir haben sie zu Jerusalem nicht geholt; zudem hält sie auch niemand. Land und Straßen stehen ihnen jetzt offen, mögen sie ziehen in ihr Land, wir wollen gern Geschenke dazu geben, wenn wir sie los werden;

denn sie sind uns eine schwere Last, wie eine Plage, Pestilenz und eitel Unglück." Wie Pfefferkorn und Eck teilte Luther mit Schadenfreude mit, wie die Juden öfter mit Gewalt vertrieben worden, „aus Frankreich und neulich vom lieben Kaiser Karl aus Spanien (verworrene Geschichtskenntnis), dieses Jahr aus der ganzen böhmischen Krone, da sie doch zu Prag der beiden Nester eins hatten, auch aus Regensburg, Magdeburg und mehreren Orten bei meinen Lebzeiten."

Ohne Blick für die Duldergröße der Juden in der allerfeindseligsten Umgebung und unbelehrt von der Geschichte, wiederholte Luther nur die lügenhaften Anschuldigungen des rachsüchtigen Pfefferkorn, dessen Lügenhaftigkeit und Verworfenheit der Humanistenkreis so handgreiflich bewiesen hatte. Diesem Erzjudenfeind schrieb er nach, daß der Talmud und die Rabbiner lehrten, Gojim d. h. Christen töten, ihnen den Eid brechen, sie bestehlen und berauben sei nicht Sünde, und daß die Juden an nichts anderes dächten, als die christliche Religion zu schwächen. Es ist ganz unbegreiflich von Luther, der in seinem ersten reformatorischen Aufflammen sich so kräftig der Juden angenommen hatte, daß er all die lügenhaften Märchen gegen sie von Brunnenvergiftung, Christenkindermord und Benutzung von Menschenblut wiederholen konnte. Übereinstimmend mit seinem Antipoden Eck behauptete auch er, die Juden hätten es zu gut in Deutschland, und daher stamme ihr Übermut.

„Was soll nun diesem verworfenen, verdammten Volke, das gar nicht mehr zu dulden sei, geschehen?" fragte Luther und erteilte auch eine Antwort darauf, die von ebensoviel Unklugheit wie Lieblosigkeit zeugt. Fürs erste, riet der Reformator von Wittenberg, sollte man die Synagogen der Juden einäschern und „solches soll man tun unserm Herrn und der Christenheit zu Ehren". Dann sollten die Christen deren Häuser zerstören und sie etwa unter ein Dach oder in einen Stall wie die Zigeuner treiben. Alle Gebetbücher und Talmudexemplare, ja selbst die heilige Schrift alten Testamentes sollte man ihnen mit Gewalt nehmen (gerade wie es Luthers Gegner, die Dominikaner, geraten hatten), und selbst das Beten und Aussprechen des göttlichen Namens sei ihnen bei Verlust des Leibes und Lebens verboten. Ihren Rabbinen sollte das Lehren untersagt werden. Die Obrigkeit sollte den Juden überhaupt das Reisen verbieten und die Straßen verlegen; sie müßten zu Hause bleiben. Luther riet, den Juden ihre Barschaft abzunehmen, damit einen Schatz anzulegen und davon diejenigen Juden zu unterstützen, die sich zum Christentum bekehren würden. Die starken Juden und Jüdinnen sollte die Obrigkeit zum Frondienste zwingen, sie streng anhalten, Flegel, Axt, Spaten, Rocken und Spindel zu handhaben, damit sie ihr Brot im Schweiß des Angesichts verdienen und es nicht in Faulenzerei, in Festen und

Pomp verzehren. Eck war unverschämt genug, aus dem alten Testamente selbst den blutdürstigen Charakter der Juden zu beweisen. Mit seiner Zungendrescherei und seiner falschen Gelehrsamkeit behauptete er steif und fest, daß die Juden Christenkinder verstümmelten und deren Blut gebrauchten, damit ihre Priester zu weihen, die Geburt ihrer Weiber zu fördern, Krankheiten zu heilen, und daß sie Hostien schändeten. Mit Entrüstung rief er aus, „es sei ein großer Mangel bei uns Christen, daß wir die Juden zu frei halten, ihnen viel Schutz und Sicherheit gewähren." Er meinte damit die von Kaiser Karl erneuerten Schutzbriefe — wahrscheinlich durch Joselins Vermittlung — in denen er sie von der Schuld des Christenblutgebrauches freigesprochen hat.

Erstaunlich ist es aber, daß Luther, der Stifter eines neuen Bekenntnisses, der Kämpfer gegen veraltete Vorurteile, mit seinem Todfeinde, dem Doktor Eck, welcher ähnliche Verlogenheit mit derselben Unverschämtheit gegen ihn vorgebracht hatte, in betreff der Juden vollständig übereinstimmte. Die beiden leidenschaftlichen Gegner waren im Judenhasse ein Herz und eine Seele. Luther war im zunehmenden Alter sehr verbittert worden. Durch seinen Eigensinn und seine Rechthaberei hatte er im eigenen Kreise vieles verdorben, die Eintracht mit den Gesinnungsgenossen gestört und eine dauernde Spaltung im eigenen Lager geschaffen. Seine derbe Natur hatte immer mehr das Übergewicht über seine sanfte Religiosität und Demut erlangt. Seine mönchische Beschränktheit konnte das Judentum mit seinen nicht den Glauben, sondern die Versittlichung und Veredlung der Menschen erzielenden Gesetzen gar nicht begreifen, und er geriet in förmliche Wut, wenn sich seine Genossen (Karlstadt, Münzer) darauf beriefen, z. B. auf das Jubeljahr zur Befreiung der Sklaven und Leibeigenen. Nun war ihm gar eine Schrift zugekommen, worin das Judentum gegen das Christentum in einem Dialoge gehoben wurde, wahrscheinlich von einem christlichen Verfasser. Das war zu viel für ihn. Das Judentum sollte sich erdreisten, sich mit dem Christentum messen zu wollen! Flugs ging Luther daran, eine so leidenschaftliche giftige Schrift „Von den Juden und ihren Lügen" (1542) zu verfassen, welche Pfefferkorns und Doktor Ecks Gehässigkeiten noch übertraf.

Luther bemerkte im Eingange, er habe sich zwar vorgenommen, nichts mehr, weder von den Juden, noch wider sie zu schreiben aber weil er erfahren, daß „die elenden heillosen Leute" sich unterfingen, Christen an sich zu locken, wollte er diese warnen, sich von ihnen narren zu lassen. Seine Beweisführung für die Wahrheit des Christentums gegen die Leugnung von Jesu Messianität seitens der Juden ist ganz im mönchischen Geschmack gehalten. Weil die Christen ihnen über ein Jahrtausend alle Menschenrechte geraubt, sie getreten, zerfleischt und niedergemetzelt haben, mit einem Worte, weil sie durch die Lieblosigkeit der Christen im Elende sind, darum müßten sie verworfen und der Heiland der Welt muß erschienen sein. Es ist noch immer die mittelalterliche Logik. Die Christen sollten keine schwache Barmherzigkeit für die Juden haben. Dem Kaiser und den Fürsten redete Luther zu Herzen, sie möchten die Juden ohne weiteres aus dem Lande jagen, sie in ihr Vaterland zurücktreiben. In der Voraussetzung aber, daß die Fürsten nicht eine solche Torheit begehen würden, ermahnte er die Pfarrer und Volkslehrer, ihre Gemeinden mit giftigem Hasse gegen die Juden zu erfüllen. Wenn er Gewalt über die Juden hätte, bemerkte er, würde er ihre Gelehrten und Besten versammeln und ihnen mit der Androhung, „ihre Zungen hinten am Halse herauszuschneiden, den Beweis auflegen, daß das Christentum nicht einen einzigen Gott, sondern drei Götter lehre". Luther hetzte geradezu die Raubritter gegen die Juden. Er habe gehört, daß ein reicher Jude mit zwölf Pferden durch Deutschland reise. Wenn nun die Fürsten ihm und seinen Glaubensgenossen nicht die Straße verlegen wollten so möge sich Reiterei wider sie sammeln, da die Christen aus seinem Büchlein erfahren könnten, wie verworfen das jüdische Volk sei.

Noch kurz vor seinem Tode ermahnte er seine Zuhörer in einer Predigt, die Juden zu vertreiben. „Über das andere habt ihr auch noch die Juden im Lande, die großen Schaden tun. Wenn sie uns könnten alle töten, so täten sie es gerne und tun es auch oft, sonderlich, die sich vor Ärzte ausgeben — so können sie auch die Arznei, die man in Deutschland kann, da man einem Gift beibringt, davon er in einer Stunde — ja in zehn oder zwanzig Jahren sterben muß, die Kunst können sie. — Das habe ich als Landkind euch nur wollen sagen zur Letzten. Wollen sich die Juden nicht bekehren, so wollen wir sie auch bei uns nicht dulden, noch leiden".

So hatten denn die Juden an dem Reformator und Regenerator Deutschlands einen fast noch schlimmeren Feind als an den Dominikanern, an den Hochstratens und Ecks, jedenfalls einen schlimmeren als an den Päpsten bis zur Mitte des Jahrhunderts. Auf die Worte jener Wichte, die als sophistisch und verlogen bekannt waren, hörten wenige, während Luthers lieblose Aussprüche gegen sie von den Christen neuen Bekenntnisses wie Orakel angesehen und später nur allzu genau befolgt wurden. Wie der Kirchenvater Hieronymus die katholische Welt mit seinem unverhüllt ausgesprochenen Judenhasse angesteckt hat, so vergiftete Luther mit seinem judenfeindlichen Testamente die protestantische Welt auf lange Zeit hinaus. Ja, die protestantischen Kreise wurden fast noch gehässiger gegen die Juden als die katholischen. Die Stimmführer des Katholizismus verlangten von ihnen lediglich

Unterwerfung unter die kanonischen Gesetze, gestatteten ihnen aber unter dieser Bedingung den Aufenthalt in den katholischen Ländern. Luther aber verlangte ihre vollständige Ausweisung. Die Päpste ermahnten öfter, die Synagogen zu schonen; der Stifter der Reformation dagegen drang auf deren Entweihung und Zerstörung. Ihm war es vorbehalten, die Juden auf eine Linie mit den Zigeunern zu stellen. Das kam daher, daß die Päpste auf der Höhe des Lebens standen und in der Weltstadt Rom residierten, wo die Fäden von den Vorgängen der vier Erdteile zusammenliefen. Daher hatten sie kein Auge für kleinliche Verhältnisse und ließen die Juden meistens wegen ihrer Winzigkeit unbeachtet. Luther dagegen, der in einer Krähwinkelstadt lebte und in ein enges Gehäuse eingesponnen war, lieh jedem Klatsch gegen die Juden sein volles Ohr, beurteilte sie mit dem Maßstabe des Pfahlbürgertums und rechnete ihnen jeden Heller nach, den sie verdienten. Er trug also die Schuld daran, daß die protestantischen Fürsten sie bald aus ihren Gebieten verwiesen. In den römisch-katholischen Staaten waren lediglich die Dominikaner ihre Todfeinde.

Bis in die Türkei hinein verfolgte sie der Judenhaß. Waren es nicht Römisch-Katholische oder Protestanten, so waren es griechisch-katholische Christen. In den kleinasiatischen wie in den griechischen Städten wohnten Türken und Griechen untereinander. Die letzteren, welche ihren Übermut nicht aufgeben mochten, ihn aber an den herrschenden Türken nicht auslassen konnten, verfolgten die Juden mit ihrem stillen Hasse. Eines Tages ließen Böswillige unter ihnen in der Stadt Amazia in Kleinasien einen armen Griechen, der unter Juden zu verkehren pflegte und von ihnen unterhalten worden war, verschwinden und klagten einige Juden an, ihn ermordet zu haben. Die türkischen Kadis zogen hierauf die Angeklagten ein, folterten sie und erpreßten ihnen das Geständnis des Mordes. Sie wurden gehenkt, und ein angesehener jüdischer Arzt, Jakob Abi-Ajub, wurde verbrannt (um 1545). Nach einigen Tagen erkannte ein Jude den ermordet geglaubten Griechen, entlockte ihm die Art seines Verschwindens und brachte ihn vor den Kadi. Dieser, mit Recht über die boshaften griechischen Ankläger erzürnt, ließ sie hinrichten. Auch in der Stadt Tokat in derselben Gegend kam in derselben Zeit eine ähnliche Anschuldigung gegen Juden vor, und auch diese Lüge kam an den Tag. Von diesen Vorfällen nahm der jüdische Leibarzt des Sultans Suleiman, Mose Hamon, Gelegenheit, ein Dekret zu erwirken, daß eine Anklage gegen Juden in der Türkei wegen eines Christenmordes und ähnliche boshafte Verleumdungen nicht vor die gewöhnlichen Richter, sondern vor den Sultan selbst gebracht werden sollten.

Der Judenhaß, der also in der Türkei an sich halten mußte, machte sich um so ungestümer in den christlichen Ländern Luft. Die

Republik Genua hatte eine Zeitlang keinen Juden länger als drei Tage auf ihrem Gebiet geduldet. Indessen wurden nach und nach Füchtlinge aus Spanien oder der Provence in dem Städtchen Novi bei Genua aufgenommen, verkehrten auch in der Hauptstadt und wurden daselbst stillschweigend geduldet. In der Parteistreitigkeit der Patrizierfamilien wurde die kleine Gemeinde in Mitleidenschaft gezogen, von der einen verwiesen, von der anderen wieder zugelassen. Es waren meistens gewerbtätige intelligente Juden, Kapitalisten, Ärzte. Aber auch hier wühlten die Dominikaner gegen sie und stachelten in ihren Predigten namentlich den Brotneid der christlichen Ärzte gegen sie auf. Gegen den Willen des Dogen Andreas Doria wurden infolgedessen die Juden aus Genua vertrieben (April 1550), und unter Trompetenklang wurde verkündet, daß kein Jude künftig daselbst geduldet werden sollte. Diese Austreibung aus Genua hat nur insofern einige Bedeutung, als ein gewandter jüdischer Geschichtsschreiber davon betroffen wurde, dessen Lebensschicksale im kleinen den Schmerzensgang des jüdischen Stammes im großen abspiegeln.

Der Auf- und Niedergang im Völkerleben, sowie die Wechselfälle im Leben des jüdischen Volkes brachten nämlich seit der grausigen Vertreibung der Juden aus Spanien und Portugal und der unmenschlichen Verfolgung der Marranen einigen scharfbeobachtenden Juden die Überzeugung bei, daß nicht der Zufall in der Geschichte walte, sondern daß sie eine höhere Hand leite und durch Blut und Tränenströme ihren Ratschluß zu Ende führe. Kein Jahrhundert seit den Kreuzzügen war reicher an wechselvollen Begebenheiten als das sechzehnte, in welchem nicht bloß neue Länder entdeckt wurden, sondern sich auch ein neuer Geist unter den Menschen regte, der nach neuen Schöpfungen rang, aber von dem Bleigewicht des Alten und Bestehenden noch immer niedergehalten wurde. Diese Fülle der Tatsachen führte ebenfalls einige gedankenreiche Juden, größtenteils von sefardischer Abkunft zu der Reife des Urteils, in der wilden, scheinbar launenhaften und unregelmäßigen Strömung der allgemeinen und jüdischen Geschichte ein Werk der Vorsehung zu erblicken. Sie betrachteten die Geschichtserzählung als Trösterin desjenigen Teiles der Menschheit, welcher von dem wilden Ritte der heranstürmenden Begebenheiten umgeworfen, überritten und zertreten worden ist. Und welcher Volksstamm bedurfte mehr des Trostes als der jüdische, das Märtyrervolk, das zu Leiden geboren schien und sein Brot stets mit Tränen aß? Fast zu gleicher Zeit faßten drei geistesgeweckte Juden die Aufgabe ins Auge, sich in der Geschichte umzusehen und die Ereignisse in eherne Tafeln zu zeichnen. Es waren der Arzt Joseph Kohen, der talmudisch gebildete Joseph Ibn-Verga und der Dichter Salomo Usque. Der Geist der Propheten, welcher in dem Laufe der Geschichtsbegebenheiten das geeignetste Mittel zur Belehrung und Erhebung erblickte, war über sie gekommen, und sie haben dadurch unwiderleglich bekundet, daß die Juden auch in ihrer Niedrigkeit nicht dem Gesindel der Zigeuner glichen, das weder eine Geschichte hat, noch kennt, ja, daß sie in mancher Beziehung höher standen als diejenigen, die Zepter und Schwert, Rad und Kolben zur Knechtung der Menschheit gehandhabt haben.

Der bedeutendste unter diesen als Geschichtsschreiber war Joseph Ben-Josua Kohen (geb. in Avignon 1496, gest. 1575). Seine Ahnen stammten aus Spanien. Bei der großen Austreibung war sein Vater Josua nach Avignon ausgewandert, hatte auch einige Zeit in Genua geweilt und war auch von da vertrieben worden. Joseph Kohen hatte die Arzneikunde studiert, sie praktisch ausgeübt und theoretisch betrieben. Er scheint Leibarzt im Hause des Dogen Andreas Doria gewesen zu sein. Für seine Glaubensgenossen schlug sein Herz warm, und er ließ es nicht an Eifer fehlen, das Los der Unglücklichen unter ihnen zu erleichtern. Bei der Ausweisung aus Genua (1550) baten ihn die Bewohner der kleinen Stadt Voltaggio, sich bei ihnen als Arzt niederzulassen, und er brachte achtzehn Jahre dort zu. Mehr als die Arzneikunde zog ihn jedoch die Geschichte an, und er sah sich nach Chroniken um, um eine Art Weltgeschichte in Form von Jahrbüchern zu schreiben. Er begann mit der Zeit vom Untergang des römischen Reiches und der neuen Staatenbildung und stellte den weltgeschichtlichen Verlauf als einen Kampf zwischen Asien und Europa, zwischen dem Halbmonde und dem Kreuze dar; jenes wird repräsentiert durch das damals mächtige türkische Reich, dieses durch Frankreich, das den ersten christlichen Gesamtmonarchen, Karl den Großen, aufgestellt hatte. An diese zwei großen Völkergruppen knüpfte Joseph Kohen die europäische Geschichte an, In der Geschichte seiner eigenen Zeit, die er entweder selbst erlebt oder gewissenhaft durch Zeugenverhör erforscht hatte, ist er ein unparteiischer, zuverlässiger Zeuge und darum eine lautere Quelle. Der hebräische Geschichtsstil, den er den besten biblischen Geschichtsbüchern entlehnt hat, belebt seine Darstellung ungemein. Die biblische Gewandung und die dramatischen Wendungen geben ihr einen eigenen Reiz und heben das Werk über den Stand einer trockenen Chronik hinaus. An die betreffenden Zeitpunkte reihte Joseph Kohen die Geschichte der größeren Judenverfolgungen an. Seine Hauptaufgabe war, die gerechte Waltung Gottes in der geschichtlichen Begebenheit nachzuweisen, wie Gewalt und Arglist ihre gerechte Vergeltung fanden und die Mächtigen von ihrer errungenen Höhe hinabgestürzt wurden. Er empfand die Wehen der Geschichte mit, darum schrieb er nicht kalt, sondern öfter mit maßloser Bitterkeit.

Von anderer Art ist ein Geschichtswerk aus derselben Zeit, woran drei Geschlechter, Vater, Sohn und Enkel, gearbeitet haben. Aus der angesehenen Familie Ibn-Verga, welche mit den Abrabanel verwandt war, hatte Juda Ibn-Verga, zugleich Kabbalist und Astronom, in einem Werke gelegentlich einige Verfolgungen der Juden zu verschiedenen Zeiten und in verschiedenen Ländern angemerkt. Salomo Ibn-Verga, der die Vertreibung der Juden aus Portugal und Spanien erlebt, eine Zeit lang Scheinchrist und dann als Marrane nach der Türkei ausgewandert war, hatte zu der Aufzeichnung seines Vaters einige Erzählungen hinzugefügt. Sein Sohn, Joseph Ibn-Verga, der zum Rabbinatskollegium in Adrianopel gehörte, hat dann wieder das Überkommene durch einige Tatsachen aus früherer und aus seiner Zeit ergänzt und die Bestandteile als ein Ganzes veröffentlicht unter dem Titel „Die Zuchtrute Judas (Schebet Jehuda)". Dieses Martyrologium der Ibn-Verga ist daher nicht aus einem Gusse, sondern ohne Plan und Ordnung, selbst ohne chronologische Reihenfolge angelegt.

Der bedeutendste und originellste der drei zeitgenössischen Geschichtsschreiber war Samuel Usque, der unzweifelhaft vor der Wut der Inquisition aus Portugal entflohen war. Er ließ sich mit seinen Verwandten in Ferrara nieder, mit Salomo Usque (mit seinem spanischen Namen Duarte Gomez) und mit Abraham Usque (Duarte Pinel). Er war Dichter, aber seine Muse befaßte sich nicht mit fremdem Stoffe, mit Nachahmungen und Übertragungen, sondern schuf Eigenes und Eigenartiges. Die zugleich glanzvolle und tragische Geschichte des israelitischen Volkes zog ihn an, und sie lag nicht bloß in seinem Gedächtnisse als toter Gelehrtenstoff angehäuft, sondern lebte in seinem Herzen als frisch sprudelnde Quelle, woraus er Trost und Begeisterung schöpfte. Die biblische Geschichte mit ihren Helden, Königen und Gottesmännern, die nachexilische Geschichte mit ihrem Wechsel von heldenmütiger Erhebung und unglücklicher Niederlage, die Geschichte seit der Zerstörung des jüdischen Staates durch die Römer, alle Vorgänge und Wandlungen der drei Zeiten waren Usque gegenwärtig. Er belebte diesen Stoff mit einem poetischen Hauche zu einem das Herz mächtig ergreifenden, langen Klage- und Trostgedichte, nicht in Versen, aber in so gehobener Prosa, daß es dem Leser in dieser Einkleidung noch mehr anmutet. Es ist ein Gespräch zwischen drei Hirten, Icabo, Numeo und Zicareo, von denen der erste das tragische Geschick Israels seit seinem Eintritt in die Geschichte mit blutigen Tränen beklagt, die beiden andern den Balsam des Trostes in das wunde Herz des unglücklichen Hirten träufeln und ihm die Leiden als notwendigste Vorstufen zur Erreichung eines herrlichen Zieles darstellen. „Trost auf die Trübsale Israels“ nannte Samuel Usque diesen geschichtlichen Dialog in portugiesischer Sprache (1552). Er beabsichtigte durch die lebensvolle Darstellung der jüdischen Vergangenheit die portugiesischen Flüchtlinge in Ferrara und anderwärts, die sich wieder an das Judentum angeklammert hatten, in ihren Trübsalen und schweren Leiden zu trösten und auf eine schöne Zukunft zu verweisen. Die israelitische Nation schildert er bald als trauernde Witwe, welche die Hände ringt und Tag und Nacht Tränen vergießt um die lange, lange, Tausende von Jahren umfassende Reihe von Leiden ihrer Söhne, bald wieder als gottbegeisterte Prophetin im Strahlengewande, deren Auge die Finsternis durchbricht, eine herrliche Zukunft schaut, und deren Mund Weisheit und Linderung für die brennenden Schmerzen ausströmt. Wenn auch kein quellentreuer Geschichtsschreiber, so hat doch keiner wie Samuel Usque die Hauptzüge der jüdischen Geschichte so lichtvoll und lebendig dargestellt, von den ältesten Zeiten bis auf seine Gegenwart, von der ersten Gewalttaufe, die der westgotische König Sisebut über die spanischen Juden verhängt hat bis zu Vertreibung der Juden aus Spanien und Portugal und bis zur Einführung der Inquisition in Portugal, die Usque mit eigenen Augen kannte. Sein Haupttrost ist, daß alle diese Leiden und Qualen, welche der jüdische Volksstamm erduldet, von den Propheten buchstäblich voraus verkündet und genau vorgezeichnet worden seien; sie dienen dazu, um Israel zu erhöhen. So wie sich die schlimmen Prophezeiungen erfüllt haben, so sei mit Gewißheit darauf zu rechnen, daß auch die tröstlichen nicht ausbleiben würden. Tröstende Prophetenworte aus Jesaias balsamisch lindernden Reden beschließen die Dialoge. Gewiß hat seine herzerhebende Darstellung viel dazu beigetragen, die Marranen in dem neugewonnenen Bekenntnisse zu erhalten und dafür Mühsale aller Art und selbst den Tod mutig zu erdulden.

Samuel Usque war der Meinung, daß die Leiden des jüdischen Volkes damals im Abnehmen begriffen seien, und daß der ersehnte Morgen bald auf die dunkle Nacht folgen würde. Die Kirche strafte ihn Lügen. Er erlebte es noch, wie neue Leiden in seiner unmittelbaren Nähe hereinbrachen und wie ein ganzes System neuer Verfolgungen in Anwendung kam, welche der jüdische Geschichtsschreiber Joseph Kohen noch in seine Jahrbücher des Märtyrertums eintragen konnte. Diese neuen Trübsale hatten ihren tieferen Grund in der Reaktion, welche die katholische Kirche gegenüber der überhandnehmenden Reformation mit aller Konsequenz durchzuführen bestrebt war. Zwei Männer haben fast zu gleicher Zeit, aber unabhängig voneinander, den sinkenden Katholizismus wieder aufgerichtet und eben dadurch dem Fortschritt des Menschengeschlechtes Fußfesseln angelegt.

Der Neapolitaner Pietro Caraffa und der Spanier Inez Loyola, beide Männer von Tatkraft, haben mit Selbstbeherrschung begonnen und mit Knechtung der Geister und Leiber geendet. Das wurmstichige Papsttum, von dem man damals glaubte, es werde unter dem Gelächter und Spott der Gegner von selbst zusammenstürzen, und für das selbst seine Freunde nur Achselzucken hatten, haben diese beiden Männer zu einer Macht erhoben, die noch fast größer war als zur Zeit Innocenz' III. und seiner unmittelbaren Nachfolger, weil sie nicht auf der schwankenden Unterlage traumhafter Gläubigkeit, sondern auf dem festen Grunde willenskräftiger Überzeugung und rücksichtsloser Konsequenz ruhte. Caraffa, nachmaliger Papst Paul IV., und Loyola, der Schöpfer des bis auf den heutigen Tag noch so mächtigen Jesuitenordens, haben mit der Herrschaft des Papsttums über die Gemüter der Gläubigen, mit seiner Macht zu lösen auf Erden und im Himmel, strengen Ernst gemacht, weil sie selbst davon überzeugt waren. Caraffa stellte die schlaff gewordene kirchliche Disziplin wieder her, verschärfte sie noch mehr und gab ihr eine eiserne Zuchtrute in die Faust.

Dasselbe Mittel, welches Torquemada, Dezaximenes de Cisneros in Spanien anwendeten, um die Juden und Mauren zur Kirchlichkeit zu zwingen, den lodernden Scheiterhaufen, führte Caraffa für die große katholische Welt ein. Alle diejenigen, welche eine vom Papsttum auch nur um eine Haaresbreite abweichende Glaubensneigung hegten, sollten sie abschwören oder verbrannt werden. Die erbarmungslose Gewalt, die nicht denkt und alles selbständige Denken totschlägt, sollte der geschändeten Kirche wieder ihr Ansehen verschaffen. Um die entfesselten, nach Freiheit strebenden Geister wieder einzufangen und zu knechten, schien es der Inquisition als höchst dringlich, die Presse zu überwachen. Das Preßwesen hat das Unheil der Spaltung und Zerrissenheit über die Kirche gebracht (so glaubten Caraffa und sein Gesinnungsgenosse), es sollte zuerst und zumeist geknebelt werden. Es dürfe nur das gedruckt und gelesen werden, was der Papst und seine Anhänger für gut befanden. Die Bücherzensur war zwar schon von früheren Päpsten eingeführt worden, aber da bis dahin alles käuflich und bestechlich war, so konnten die Verleger mit oder ohne Wissen der zur Überwachung bestellten Geistlichkeit Brandschriften gegen die bestehende Kircheneinrichtung drucken und verbreiten. Die aufregenden Streitschriften in der Reuchlinschen Sache, die Dunkelmännerbriefe, Huttens Raketen gegen das Papsttum, Luthers erste Schrift gegen die römisch-babylonische Hure, dieser rasch aufeinander folgende Zündstoff, welcher das aus Werg gesponnene Kirchenzelt von allen Seiten anzündete, war eine Folge der nachlässigen Behandlung der Zensur. Das sollte anders werden.

Nur päpstlich getreuen Geistlichen wurde das Zensuramt anvertraut, und aus Überzeugung oder Selbsterhaltungstrieb übten sie es ohne Nachsicht aus. Die Juden empfanden bald diese düstere katholische Reaktion, sie, die keinerlei Schutz hatten und nur der Inkonsequenz in Handhabung der bereits gegen sie vorhandenen kanonischen Gesetze ihre dürftige Existenz verdankten. Sobald die Kirche diese feindseligen Beschlüsse streng und ernst in Ausführung brachte, war das Dasein der Juden oder wenigstens ihre Ruhe gefährdet. Zuerst wurde wieder die Talmudfrage angeregt, aber nicht mit jener Lauheit wie vierzig Jahre vorher. Damals konnten die Cölner Dominikaner gar nicht hoffen, bei dem päpstlichen Stuhle Gehör zu finden, den Talmud zu verbrennen, und mußten zu allerhand Schlichen greifen, um nur den Kaiser dafür zu gewinnen. Jetzt herrschte ein ganz anderer Geist. Die Gemeinschädlichkeit des Talmud brauchte nur von boshaften Täuflingen angedeutet zu werden, um sofort seine Vernichtung herbeizuführen. Die neue Anschwärzung gegen denselben ging auch von solchen aus.

Elia Levita, dem hebräischen Grammatiker, der im Hause des Kardinals Egidio de Viterbo lange geweilt und viele Christen mündlich und durch Schriften in hebräische Sprachkunde und in oberflächliches Verständnis der Kabbala eingeweiht hatte, wurden zwei Enkel von einer Tochter geboren, die von Haus aus in christlichen Kreisen verkehrten. Einer derselben, Eliano, hatte das Hebräische gründlich erlernt und war Korrektor und Abschreiber in mehreren Städten Italiens. Sein Bruder Salomo Romano hatte weite Reisen in Deutschland, der Türkei, Palästina und Ägypten gemacht und war vieler Sprachen kundig, hebräisch, lateinisch, spanisch, arabisch und türkisch. Eliano, der Ältere, war zum Christentum übergetreten unter dem Namen Vittorio Eliano, war Geistlicher und sogar später Kanonikus geworden. Über diesen Abfall war Salomo Romano so empört, daß er nach Venedig eilte, um seinen Bruder zu bewegen, in den Schoß des Judentums zurückzukehren. Aber anstatt zu bekehren, wurde er selbst bekehrt. Ein kirchlich gesinnter venetianischer Patrizier hatte sich an ihn herangemacht, um ihn für das Christentum zu gewinnen, und was dieser angefangen, das hatte ein Jesuit vollendet. So nahm auch Salomo Romano die Taufe (1551) und den Namen Johannes Baptista an, zum großen Schmerze der noch lebenden Mutter. Er wurde Jesuit und später kirchlicher Schriftsteller. Diese Enkel des Grammatikers Elia Levita mit noch zwei andern Konvertiten Ananel di Foligo und Joseph Moro traten gleich Nikolas Donin und so vielen anderen vor den Papst als Ankläger gegen den Talmud auf und wiederholten Anschuldigungen, daß die talmudischen Bücher Schmähungen gegen Jesus, die Kirche und die ganze Christenheit enthielten und die massenhafte Bekehrung der Juden hinderten. Julius III. war zwar keineswegs streng kirchlich gesinnt und am wenigsten judenfeindlich. Aber es war nicht mehr des Papstes Sache, über den Talmud zu entscheiden, sondern gehörte vor das Forum der Inquisition, d. h. des fanatischen Caraffa, und Julius III. mußte das Dekret, welches der Generalinquisitor ihm vorlegte, gutheißen und unterschreiben (12. August 1553). Auch darin zeigte sich die so sehr gerühmte Unfehlbarkeit des Papsttums. Leo X. hatte den Druck des Talmuds gefördert, und sein dritter Nachfolger verordnete dessen Vernichtung. Die Schergen der Inquisition überfielen darauf die Häuser der römischen Juden, konfiszierten die Talmudexemplare und Sammlungen und verbrannten sie mit besonderer Bosheit zuerst am jüdischen Neujahrstage (9. September), damit der Schmerz über die Vernichtung ihrer heiligen Schriften die Juden um so empfindlicher treffe. Aber nicht bloß in Rom fahndeten die Generalinquisitoren auf talmudische Schriften, sondern auch in der ganzen Romagna und darüber hinaus in Ferrara, Mantua, in Venedig, Padua, auf der zu Venedig gehörenden Insel Candia, und überall wurden sie zu Hunderten und Tausenden verbrannt. Die Schergen unterschieden in ihrer Wut nicht mehr Talmudexemplare von anderen hebräischen Schriften. Alles, was ihnen unter die Hände kam, wurde den Flammen überliefert; selbst an der heiligen Schrift vergriffen sie sich. Die Juden aller katholischen Länder waren in Verzweiflung, sie waren dadurch auch solcher rabbinischer Schriften beraubt, welche die Vorschriften des religiösen Lebens enthalten und worin vom Christentum nicht ein Wort vorkommt. Sie wandten sich daher flehend an den Papst, das Dekret zurückzunehmen oder wenigstens ihnen den Gebrauch der unverfänglichen rabbinischen Schriften zu lassen. Das letztere gewährte Julius III. und erließ eine Bulle (29. Mai 1554), daß die Juden zwar gehalten wären, ihre Talmudexemplare bei Leibesstrafe auszuliefern, daß es aber den Häschern nicht gestattet sei, sich auch anderer hebräischer Schriften zu bemächtigen und die Juden zu plagen. Seit dieser Zeit mußten alle hebräischen Schriften vor ihrer Veröffentlichung der Revision unterworfen werden, ob nicht darin ein Schatten von Tadel gegen das Christentum oder gegen Rom enthalten sei. Die Zensoren waren meist getaufte Juden, welche dadurch Gelegenheit erhielten, ihre ehemaligen Genossen zu plagen.

Nach dem Tode des Papstes Julius III. wurde es noch schlimmer für die Juden. Denn das Kardinalkollegium sah von jetzt an streng darauf, nur streng kirchlich gesinnte, womöglich mönchische Päpste zu wählen. Die gebildeten, human gesinnten, Kunst und Wissenschaft liebenden Würdenträger, wenn es noch welche gab, waren in Mißkredit geraten.

Auf Marcellus, der kaum einen Monat auf dem Petristuhl saß und gerecht genug war, die Juden Roms vor einer neuen Anklage eines Christenkindermordes zu schützen — folgte der kirchlich fanatische Theatiner Caraffa auf den Petristuhl unter dem Namen Paul IV. (Mai 1555 bis August 1559). Er hatte als Greis die ganze Heftigkeit und Leidenschaftlichkeit seiner Jugend bewahrt und seine Politik danach gestaltet. Er haßte die Protestanten und Juden, aber auch die Spanier, die brauchbarsten Werkzeuge des kirchlichen Fanatismus; er nannte sie und den glaubenswütigen König Philipp II. „verdorbene Samen von Juden und Mauren". Bald nach seinem Regierungsantritte erließ er eine Bulle, daß jede Synagoge im Kirchenstaat gehalten sei, zehn Dukaten zur Unterhaltung des Hauses der Katechumenen, wo Juden im Christentum erzogen wurden, zu leisten. Noch rücksichtsloser war seine zweite judenfeindliche Bulle (12. Juli 1555), welche mit aller Strenge die kanonischen Gesetze gegen sie in Ausführung brachte. Sie sollten nicht von der christlichen Bevölkerung mit „Herr" angeredet werden, und es wurde ihnen verboten, liegende Gründe zu besitzen; innerhalb eines halben Jahres müßten sie dieselben verkaufen. So mußten sie ihre Güter, die über 500 000 Goldkronen betrugen, für den fünften Teil veräußern. Das Schlimmste in dieser Bulle war, daß den jüdischen Ärzten untersagt wurde, Christen ärztliche Hilfe zu leisten, ihnen, denen so mancher Papst seine Gesundheit zu verdanken hatte. Schwere Strafe war für die Übertretung verhängt. Mit aller Strenge wurden diese feindseligen Maßregeln ausgeführt und auch noch auf Talmudexemplare gefahndet. Mehrere Juden verließen darauf das boshaft gewordene Rom, um sich nach duldsameren Staaten zu begeben; sie wurden aber unterwegs von dem fanatisierten Pöbel mißhandelt. Die in Rom Zurückgebliebenen schikanierte der Theatinerpapst auf kleinliche Art. Bald hieß es, sie hätten ihre Liegenschaften nur zum Schein verkauft und falsche Verkaufsurkunden ausgestellt, und er ließ sie dafür in Haft bringen. Bald ließ er bekannt machen, diejenigen Juden, welche nicht für das allgemeine Beste tätig wären, sollten binnen einer Frist Rom verlassen. Als die geängstigten Juden sich eine Erklärung darüber erbaten, was denn „zum allgemeinen Besten tätig sein" bedeute, erhielten sie die pharaonische Antwort: „Ihr sollt's zur Zeit erfahren." Paul IV. zwang sie zu Frondiensten bei der Ausbesserung der Mauern Roms, die er gegen den selbst heraufbeschworenen Feind, die Spanier, widerstandsfähiger machen wollte. Einst befahl er, den die Juden mit Recht Haman nannten, in seiner rasenden Judenfeindlichkeit seinem Neffen in dunkler Nacht sämtliche Wohnungen der Juden in Brand zu stecken. Schon eilte dieser, wenn auch mit Widerwillen, den Befehl zu vollstrecken, als ihm der einsichtsvolle Kardinal Alexander Farnese begegnete und ihn bedeutete, mit diesem unmenschlichen Beginnen noch zu zögern, um dem Papst Zeit zur Besinnung zu lassen. In der Tat nahm dieser Tags darauf den Befehl zurück.

Wenn der fanatische Papst Paul IV so gegen die Juden wütete, wie nun erst gegen die Marranen in seinem Gebiete. Viele mit Gewalt zum Christentum geschleppte Juden von Portugal hatten in Ancona ein Asyl gefunden und vom Papst Clemens VII. Indemnität erhalten, von der Inquisition unbelästigt bleiben und dem Judentum anhängen zu dürfen. Die zwei nachfolgenden billig denkenden Päpste Paul III. und Julius III. hatten dieses Privilegium den Marranen bestätigt, überzeugt wie sie waren, daß die an ihnen mit Fäusten vollzogene Taufe keine sakramentale Bedeutung haben könne. Je mehr die in Portugal eingeführte Inquisition gleich der spanischen gegen die Marranen wütete, desto mehr Flüchtlinge kamen nach Italien und ließen sich mit ihrem geretteten Reichtum in Ancona und Ferrara nieder, auf die zugesicherten Privilegien des Oberhauptes der katholischen Christenheit vertrauend. Was galt aber dem haßerfüllten Papst Paulus IV. eine von seinen Vorgängern gegebene und von ihm selbst eine Zeitlang stillschweigend anerkannte Schutzzusicherung, wenn sie mit seiner vermeinten Rechtgläubigkeit im Widerspruch war? Er erließ daher einen heimlichen Befehl, sämtliche Marranen von Ancona, die bereits mehrere Hundert zählten, in die Kerker der Inquisition zu werfen, ein Verhör wegen ihrer Rechtgläubigkeit mit ihnen anzustellen und ihre Güter mit Beschlag zu belegen (August 1555). Es war ein harter Schlag für sie, welche zum Teil bereits ein halbes Jahrhundert dort geweilt und sich in Sicherheit gewiegt hatten. Auch solche Marranen, welche türkische Untertanen waren und nur in Handelsgeschäften in der durch ihren levantinischen Handel blühend gewordenen Hafenstadt eine kurze Zeit geweilt hatten, wurden in die Anklage wegen Judaisierens hineingezogen und eingekerkert. Ihre Waren wurden ebenfalls konfisziert. Der rasende Papst hatte sich selbst dadurch bedeutende Einnahmequellen abgeschnitten, im Augenblick, als er sich in einen kostspieligen Krieg mit Spanien stürzen wollte.

Nur wenigen Marranen war es gelungen, den Häschern der päpstlichen Generalinquisition zu entkommen; sie wurden sämtlich vom Herzog Guido Ubaldo von Urbino aufgenommen und in Pesaro angesiedelt, weil dieser damals in Gegnerschaft zu dem Papste stand und den levantinischen Handel durch die Verbindung der Marranen mit der Türkei von Ancona nach Pesaro zu ziehen gedachte. Auch der Herzog Ercole II. von Ferrara bot den Portugiesen und Spaniern jüdischen Geschlechts, von welchem Lande sie auch kommen mochten, Asyl in seinem Staate und lud sie förmlich dahin ein (Dezember 1555). Unter den nach Pesaro Entkommenen befand sich der zu seiner Zeit berühmte Arzt Amatus Lusitanus (geb. 1511, gest. 1568), ein verständiger Arzt und geistvoller Mann. Als Scheinchrist hatte er einen andern Namen geführt: João Rodrigo de Castel-branco. Auch ihn scheint die Einführung der Inquisition in Portugal aus der Heimat vertrieben zu haben. Er hatte sich längere oder kürzere Zeit in Antwerpen, der damaligen Hauptstadt von Flandern, später in Ferrara und Rom aufgehalten, sich aber dauernd in Ancona niedergelassen (um 1549), wo er ganz offen den jüdischen Familiennamen Chabib angenommen und ihn in Amatus Lusitanus latinisiert hatte. Obwohl er sich offen als Jude bekannte, wurde er öfter an den Hof des Papstes Julius III. gerufen, um dessen kranken Leib zu heilen.

Er wurde auch von nah und fern von Leidenden aufgesucht. Die Heilkunst war für ihn ein heiliges Amt, um das Menschenleben zu verlängern. Amatus konnte daher einen feierlichen Eid ablegen — bei Gott und seinen heiligen Geboten — daß er stets nur für das Wohl der Menschen besorgt gewesen, sich um Lohn niemals gekümmert, reiche Geschenke niemals angenommen, Arme umsonst behandelt und keinen Unterschied zwischen Juden, Christen und Türken gemacht habe. Er hatte viel Jünger seiner Kunst unterrichtet, die mit Liebe an ihm hingen und die er wie seine Kinder betrachtete. Bereits in seiner Jugend hatte er medizinische Schriften bearbeitet, die so sehr geschätzt waren, daß sie bei seinem Leben vielfach gedruckt wurden. Vom König von Polen erhielt er einen Ruf, an seinen Hof zu kommen und sein Leibarzt zu werden, nahm ihn aber nicht an.

Ein solcher Wohltäter der Menschheit, die Zierde seiner Zeit, mußte, weil er nicht ein albernes Glaubensbekenntnis vor der blutdürstigen Inquisition Paulus IV. ablegen und sich nicht dem Feuertode aussetzen mochte, wie ein Verbrecher die Flucht aus Ancona nach Pesaro ergreifen und später noch weiter wandern. Über hundert portugiesische Marranen, welche nicht entfliehen konnten, mußten in den Kerkern der Generalinquisition schmachten, bis ihnen das Urteil verkündet wurde. Es lautete, daß diejenigen, welche ein reumütiges katholisches Glaubensbekenntnis ablegten, freigesprochen, aber nach der Insel Malta transportiert werden und Ansehen und Würden verlieren sollten. Sechzig Marranen verstanden sich zu dieser Heuchelei, vierundzwanzig dagegen, darunter eine greise Frau, Doña Majora, blieben fest bei ihrem angestammten Bekenntnis „der Herr, unser Gott ist einzig" und wurden auf dem Scheiterhaufen verbrannt (1556).

Der Märtyrertod dieser Marranen wurde in ergreifenden, wenn auch nicht dichterisch gelungenen Versen aufrichtig betrauert, auch von Jakob di Fano aus Ferrara. Darüber war ein Kardinal, der später zum Papst erwählt wurde, so entrüstet, daß er ihn dafür gezüchtigt wissen wollte, da doch die Marranen nach Recht hingerichtet worden wären.

Ein Schrei des Entsetzens ertönte indes unter allen Juden bei der Nachricht von diesen Scheiterhaufen der Marranen in Ancona. Namentlich waren die portugiesischen Marranen in der Türkei von diesem Schlage gegen ihre Leidensgefährten betäubt. Sie sannen auf Mittel, Rache an dem wahnsinnig herzlosen Papst zu nehmen. Die eigentümliche Lage der Juden in diesem Jahrhundert gab ihnen die Möglichkeit in die Hand, an einen Kampf mit dem boshaften Feinde auf dem Petristuhle zu denken. Eine gewisse Einheit der Juden im Morgenlande konnte die Mittel dazu liefern.

Es lebte damals eine edle jüdische Frau, die durch weibliche Anmut, Geist, Gemüt, Charakter und Seelengröße eine Zierde ihres Geschlechtes und Volkes war und zu den auserwählten Erscheinungen gehörte, welche die Vorsehung von Zeit zu Zeit in die Welt zu setzen scheint, um die göttliche Ebenbildlichkeit des Menschen nicht ganz in Vergessenheit geraten zu lassen. Doña Gracia Mendesia hatte einen klangvollen Namen, wie selten eine Frau, den ihre jüdischen Zeitgenossen nur mit Verehrung und Liebe nannten. Mit großartigen Geldmitteln gesegnet und sie nur zum Besten anderer und zur Hebung des Geistes weise verwendend, gebot sie über einen Einfluß gleich einer Fürstin — was sie auch war — und herrschte über Hunderttausende ihr freudig entgegenschlagender Herzen. Aber welche Seelenkämpfe mußte sie durchmachen, bis sie sich frei Gracia (Channa) nennen durfte! Der Schmutz der Gemeinheit und Schlechtigkeit wälzte sich an sie heran, vermochte aber nicht die Reinheit ihrer Seele zu trüben. Geboren in Portugal (um 1510, gest. um 1568) aus einer Marranenfamilie Benveniste wurde sie unter dem christlichen Namen Beatrice an einen reichen Genossen desselben Unglücksloses aus dem Hause Naßi verheiratet, der den Patennamen Francisco Mendes angenommen hatte. Dieser hatte ein umfangreiches Bankgeschäft gegründet, das seine Verzweigungen bis Flandern und Frankreich ausdehnte. Der deutsche Kaiser und Herrscher zweier Weltteile, Karl V., der König von Frankreich und wer weiß, wie viele Fürsten sonst noch, waren Schuldner des Hauses Mendes. Ein jüngerer Bruder, Diogo Mendes, stand der Filialbank von Antwerpen vor. Als Beatrices Gatte mit Hinterlassung einer Tochter namens Reyna gestorben war (vor 1535), und die grausige Einführung der Inquisition in Portugal ihr Vermögen, ihr und ihres Kindes Leben zu gefährden drohte, begab sie sich zu ihrem Schwager nach Antwerpen und brachte ein Gefolge mit, eine jüngere Schwester und mehrere junge Neffen. Sie hat auch ärmeren Marranen die

Mittel gereicht, sich dem Feuer der Inquisition durch die Flucht zu entziehen. Durch ihre und ihres Schwagers Vermittlung gingen die Summen, welche die portugiesischen Scheinchristen den päpstlichen Gesandten und Kreaturen bezahlten, um die Inquisition zu vereiteln. In Antwerpen, wo es ebenfalls Marranen gab, nahm die Familie Mendes eine geachtete Stellung ein; ihr junger, gewandter und schöner Neffe, João Miques, verkehrte mit den ersten Männern der Hauptstadt und war selbst bei der Statthalterin der Niederlande, Maria, ehemals Königin von Ungarn, Schwester Karls V., sehr beliebt.

Indessen fühlte sich Beatrice Mendesia in Antwerpen nichts weniger als behaglich. Die Liebe zu ihrer angestammten Religion, die sie verleugnen mußte, und der Abscheu gegen das aufgezwungene katholische Bekenntnis machten ihr Flandern ebenso widerwärtig wie Portugal. Sie sehnte sich nach einem Lande, wo sie dem Zuge ihres Herzens frei folgen konnte. Daher bestürmte sie ihren Schwager, den Leiter des Bankgeschäftes, mit ihr Antwerpen zu verlassen. Diogo Mendes hatte bereits eine Zeit für die Auswanderung festgesetzt, als er das Zeitliche segnete; er hinterließ eine Witwe und eine Tochter Gracia die Jüngere. Seit dieser Zeit begannen sorgenvolle Tage für die edle Mendesia. Sie war von ihrem verstorbenen Schwager letztwillig als Haupt des weitverzweigten Geschäftes anerkannt. Sie konnte aber die Geschäfte nicht so rasch abwickeln, um dem Drange ihres Herzens zu folgen und sich auf einem duldsamen Flecken der Erde offen zum Judentum zu bekennen. Dazu kam noch, daß die Habgier Karls V. ein Auge auf das große Vermögen des Hauses Mendes geworfen hatte. Gegen den verstorbenen Diogo Mendes wurde von dem kaiserlichen Fiskal die Anklage erhoben, er habe heimlich judaisiert. Es mag auch bekannt geworden sein, daß er durch Rat und Tat die Gegner der Inquisition unterstützt hatte. Schon war der Befehl erteilt, die Güter und Handlungsbücher des Hauses Mendes mit Beschlag zu belegen und sie zu versiegeln. Indessen gelang es noch der Witwe Mendesia, die Habsucht durch eine bedeutende Anleihe und Bestechung der Beamten für den Augenblick zu beschwichtigen. In dieser Lage konnte sie noch weniger Antwerpen verlassen, um nicht den Verdacht gegen sich rege zu machen. So mußte sie unter stetem schweren Seelenkampf noch zwei Jahre daselbst verweilen, bis die Anleihe vom Kaiser zurückgezahlt war.

Endlich schien die Stunde der Freiheit für sie zu schlagen, nach Venedig auswandern zu können. Man erzählte sich, ihr Neffe João Miques habe ihre Tochter Reyna, um deren Hand sich hohe christliche Adlige beworben hatten, entführt und sei mit ihr nach Venedig entflohen. Vielleicht war das nur ein geflissentlich ausgebreitetes Gerücht, um ihrer Abreise nach Venedig einen Vorwand zu geben. Indessen hatte ihre Vorsicht keinen Erfolg. Nach ihrer Entfernung befahl Karl V. wiederum, auf die Güter ihres Hauses, soweit sie sich innerhalb seines Gebietes befanden, Beschlag zu legen, weil die beiden Schwestern heimliche Jüdinnen wären, und Mendesia die Ältere (wie sie genannt wurde) mußte wiederum bedeutende Summen anwenden, um den Schlag abzuwenden.

In Venedig begannen für sie Unglückstage, schlimmer als sie bisher erfahren hatte, denn sie kamen ihr von seiten ihrer jüngeren Schwester. Diese, ebenso unbesonnen und zerfahren, als die ältere gesammelt und charakterfest war, verlangte von ihr die Herausgabe des ihr und ihrer Tochter zukommenden Anteils an dem Vermögen, um selbständig darüber verfügen zu können. Do^na^ Mendesia mochte und durfte aber nicht darauf eingehen, weil sie zur alleinigen Leiterin des Geschäfts und auch zum Vormund über ihre noch unmündige Nichte eingesetzt worden war. Wegen dieser unwillig ertragenen Bevormundung und wahrscheinlich von schlechten Ratgebern geleitet, tat die jüngere Schwester einen Schritt, der zu ihrem eigenen Nachteil ausschlug. Sie machte der venetianischen Signoria die Anzeige, daß ihre ältere Schwester mit den großen Reichtümern nach der Türkei auszuwandern im Begriffe sei, um offen zum Judentum überzutreten, während sie selbst mit ihrer Tochter im Christentum zu verbleiben gedächte; die venetianischen Behörden möchten ihr zu ihrem Vermögensanteil verhelfen, damit sie denselben als gute Christin in Venedig verwenden könnte. Die venetianischen Machthaber, welche dabei einen guten Fang zu machen glaubten, zögerten nicht, auf die Klage einzugehen, luden die Angeklagte vor ihre Gerichtsschranken und brachten sie in Gewahrsam, um ihre Flucht zu verhindern. Ihre übelberatene und charakterlose Schwester sandte noch dazu einen habsüchtigen und judenfeindlichen Boten nach Frankreich, um dort die dem Hause Mendes zustehenden Güter mit Beschlag belegen zu lassen. Der Bote, welcher sich nicht genug für seine Sendschaft belohnt glaubte, denunzierte aber auch die jüngere Schwester als heimliche Jüdin und bewirkte, daß der französische Hof das ganze Vermögen des Hauses Mendes in Frankreich mit Beschlag belegte. Die Schuld an dieses Haus zu zahlen, hielt sich der König Heinrich II. ebenfalls für überhoben. Indessen arbeitete die unglückliche Mendesia daran, die gegen sie und ihr Vermögen geführten Schläge so viel als möglich abzuwenden. Ihr Neffe João Miques spendete mit vollen Händen, um die Verluste abzuwenden und seine edle Verwandte zu befreien. Entweder er oder sie selbst hatte einen Weg zum Sultan Suleiman gefunden und ihn bewogen, sich der Verfolgten anzunehmen. So bedeutende Reichtümer sollten in seine Staaten eingeführt werden, und die venetianische Republik, die nur noch von seiner Gnade existierte, wagte es, sie ihm vorzuenthalten? Das reizte seinen Zorn. Sein jüdischer Leibarzt, Mose Hamon, der sich Hoffnung machte, die Hand der reichen Erbin Reyna für seinen Sohn zu gewinnen hatte den Sultan günstig für die Familie Mendes gestimmt. Ein eigener Staatsbote (Tschaus) wurde von der Pforte nach Venedig abgesandt mit der Weisung, die gefangene Marranin sofort in Freiheit zu setzen und sie ungehindert mit ihrem Vermögen nach der Türkei ziehen zu lassen. Wider ihren Willen wurde ihr eine bedeutende Rolle zugeteilt.

Inzwischen war es ihr gelungen — man weiß nicht, auf welche Weise — eine Zufluchtsstätte in Ferrara zu finden, unter dem Schutze des Herzogs Ercole d'Este, wo sie mehrere Jahre (um 1549 bis 1553) zum Segen und Troste ihrer Religions- und Leidensgenossen lebte, und zwar unter ihrem jüdischen Namen. Es war ihr jetzt erst vergönnt, all ihre hehre Tugend, ihr weiches Mitgefühl, ihren Edelsinn, ihre innige Frömmigkeit, mit einem Worte ihr großes Herz, offen und frei zu betätigen. Auch ihre Klugheit und Besonnenheit kam den Marranen in Italien zu statten. Der Dichter Samuel Usque, welcher ihr sein schönes Werk gewidmet, sprach mit Begeisterung und tiefster Verehrung von ihr. Er läßt seinen Numeo, den Tröster im Dialoge, unter andern Trostgründen für Israels Leiden auch den anführen, daß er unerwartete Hilfe durch diese edle Frau erlangt hat. „Wer hat nicht die göttliche Barmherzigkeit im menschlichen Gewande sich offenbaren gesehen, wie sie sich dir zur Abwehr deiner Mühseligkeit gezeigt hat und noch zeigt? Wer hat Mirjams inniges Mitleid auferstehen gesehen, das Leben hinzugeben, um ihre Brüder zu retten? Die große Klugheit Deboras, um ihre Volksgenossen zu regieren? Die unendliche Tugendhaftigkeit und Heiligkeit Esthers, um die Verfolgten zu schützen? Die ruhmwürdige Anstrengung der keuschen Witwe Judith, um die von Angst Belagerten zu befreien? Sie hat der Herr in unsern Tagen vom hohen Heere seiner Engel entboten und alles in eine Seele niedergelegt, und diese Seele hat er zu deinem Glücke in den weiblichen schönen Leib der segensreichen Israelitin Naßi eingepflanzt. Sie hat im Anfang der Auswanderung (der Marranen) deinen dürftigen Söhnen, welche ihr geringes Vermögen mutlos machte, dem Feuer (Scheiterhaufen) zu entgehen und einen so weiten Weg anzutreten, Kraft und Hoffnung gegeben. Sie unterstützte diejenigen mit freigebiger Hand, welche bereits ausgewandert, in Flandern und in anderen Gegenden durch Armut geschwächt, von der Seefahrt niedergebeugt und in Gefahr waren, nicht weiter zu kommen, und stärkte sie in ihrer Dürftigkeit. Sie versagte selbst ihren Feinden keine Gunst. Mit ihrer reinen Hand und ihrem himmlischen Willen hat sie die meisten dieser Nation (Marranen) aus der Tiefe unendlicher Mühsal, aus Armut und Sünden befreit, sie in sichere Gegenden geleitet und sie unter den Gehorsam der Vorschriften ihres alten Gottes gesammelt. So war sie die Kraft in deiner Schwäche".

Alle, auch die nüchternsten Rabbinen jener Zeit, waren des Lobes von ihr voll und schrieben ebenso begeistert, wenn auch nicht so zierlich, von ihren Tugenden: „Die erhabene Fürstin, der Ruhm Israels, die weise Frau, die ihr Haus in Heiligkeit und Reinheit erbaut. Mit ihrer Hand unterstützte sie Arme und Dürftige, um sie diesseits glücklich und jenseits selig zu machen. Sie hat viele vom Tode gerettet und sie aus der Niedrigkeit des eitlen Lebens erhoben, die im Kerker schmachteten, dem Tode geweiht waren."

Nachdem sich Doña Gracia Naßi auch mit ihrer Schwester ausgesöhnt und für alle ihre Familienglieder mütterlich gesorgt hatte, führte sie das längst gehegte Vorhaben aus, nach der türkischen Hauptstadt auszuwandern (um 1553 bis 1555), um allen Anfechtungen auf christlichem Boden zu entgehen. Ihr begabter Neffe Jaão Miques welcher mit ihrer Tochter Reyna versprochen war, und inzwischen weite Reisen gemacht hatte, um ihre Angelegenheiten zu ordnen, förderte ihre Auswanderung. Er hatte durch seine Gewandtheit ihr einen guten Empfang in Konstantinopel bereitet. Mit schlauer Diplomatie, die er im Umgange mit christlichen Staatsmännern gelernt hatte, ließ er sich von dem Gesandten des französischen Hofes, mit dem die Familie Mendes-Naßi in stillem Kriege lebte, in Konstantinopel warm empfehlen, und fand dadurch eine günstige Aufnahme an der Pforte. Erst in Konstantinopel trat João Miques offen zum Judentum über, nahm den Namen Joseph Naßi an und heiratete seine reiche Base Reyna. Er war aber nicht allein dahin gekommen, sondern hatte ein großes Gefolge von fünfhundert Personen spanische (portugiesische) und italienische Juden nachgezogen. Er trat dort gleich anfangs wie ein Fürst auf. Durch seine Gewandtheit, seine Kenntnis der europäischen Verhältnisse und seinen Reichtum wurde Joseph Naßi in den Hofkreis eingeführt und galt viel beim Sultan Suleiman. Aber seine edle Schwiegermutter blieb wie bisher die Hauptleiterin des großen Vermögens. Bald empfanden die jüdischen Bewohner Konstantinopels die wohltätige Hand Doña Gracias und ihres Schwiegersohnes.

Als nun die Nachricht einlief, der Papst Paul habe die Marranen in Ancona einkerkern lassen, um sie früher oder später verbrennen zu lassen, fühlte Doña Gracias Herz einen stechenden Schmerz, wie eine Mutter bei dem Unglück ihrer Kinder. Sie hatte sie alle, wie Söhne und Brüder in ihr Herz geschlossen. Doch überließ sie sich nicht einem untätigen Jammer, sondern handelte in Gemeinschaft mit Joseph Naßi tatkräftig. Zunächst wandte sie sich an den Sultan Suleiman, um ihn anzuflehen, wenigstens diejenigen marranischen Juden aus der Türkei, welche in Ancona in Geschäften anwesend und mit eingekerkert waren, zurückzufordern. Sie war so glücklich, dieses Gesuch erfüllt zu sehen. Der Sultan Suleiman richtete an den Papst ein Schreiben (9. März 1556) in jenem hochmütigen Tone, den sich die türkischen Herrscher im Gefühle ihrer Macht gegenüber den christlichen Fürsten erlaubten. Er beklagte sich, daß seine jüdischen Untertanen widerrechtlich eingekerkert worden, wodurch seinem Schatze ein Verlust erwachsen sei. Der Sultan bestand darauf, daß der Papst die zur Türkei gehörigen Marranen in Ancona sofort in Freiheit setzen solle, und ließ die Drohung durchblicken, daß er im Falle ungünstiger Aufnahme seiner Vorstellung Repressalien an den unter seinem Zepter wohnenden Christen zu nehmen gedächte. Paul IV. mußte zähneknirschend gehorchen, die Juden aus der Türkei in Freiheit setzen und ungefährdet abreisen lassen. Die übrigen, die keinen mächtigen Annehmer hatten, wurden, wie erzählt, verbrannt. Dafür wollten die Juden sich empfindlich an dem Papst rächen, und sie rechneten dabei auf die tatkräftige Unterstützung der Doña Gracia und ihres Schwiegersohnes.

Der Herzog Guido Ubaldo von Urbino hatte die aus Ancona geflüchteten Marranen in Pesaro nur deswegen aufgenommen, weil er darauf gerechnet hatte, daß der levantinische Handel in den Händen der Juden seiner Hafenstadt zugewendet werden würde. Die Pesarenser Gemeinde ließ sich daher angelegen sein, ein Sendschreiben an sämtliche türkische Gemeinden, welche in Geschäftsverbindung mit Italien standen, ergehen zu lassen, ihre Waren nicht mehr nach Ancona, sondern nach Pesaro zu senden. Der Handel der türkischen Juden war sehr bedeutend, alles ging durch ihre Hände, sie konkurrierten mit den Venetianern und sandten ihre eigenen Schiffe und Galeeren aus. Sie hatten bis dahin, um den Venetianern den Rang abzulaufen, den Hafen von Ancona als Stapelplatz für ihre Waren benutzt. In der ersten Aufwallung der Entrüstung über die Untat des Papstes Paul IV. stimmten viele levantinische Juden nach dem Vorgange der großen Gemeinde Salonichi, diesem Antrag zu (August 1556) und machten miteinander ab, ihn empfindlich zu strafen, ihm die bedeutenden Einnahmequellen von dem levantinischen Handel vollständig abzuschneiden. Sofort empfanden Anconas Einwohner den Rückgang ihres Wohlstandes, klagten darüber dem Papst, daß seine getreue Stadt bald verlassen sein und einem Dorfe gleichen werde, und flehten ihn um Abhilfe an. Da aber eine solche empfindliche Züchtigung des glaubenstollen Papstes nur wirksam sein konnte, wenn sämtliche nach Italien handeltreibende Juden damit einverstanden waren, sagten die Zustimmenden vor der Hand ihre Mitwirkung nur auf acht Monate zu, nicht mehr in Ancona Geschäfte zu machen. Die besonders dabei beteiligten Pesarenser Juden und die ehemaligen Marranen im türkischen Reiche gaben sich natürlich alle Mühe, einen gemeinsamen Beschluß, die Hafenstadt des Papstes in den Bann zu tun, durchzusetzen.

Allein die eingesessenen anconensischen Juden, die nicht zu den Marranen gehörten, fürchteten durch die Verlegung des levantinischen Handels nach Pesaro eine Schädigung ihrer Interessen und suchten diese Maßregel zu hintertreiben. Aller Augen waren daher auf die Hauptgemeinde von Konstantinopel gerichtet; dorthin hatten die übrigen Vertreter der Handelsplätze Salonichi, Adrianopel, Brussa, Aulona, Morea, Schreiben gerichtet, die Angelegenheit wohl zu erwägen und ihre Interessen zu berücksichtigen. Hier hatte natürlich Doña Gracia und Joseph Naßi die Hauptstimme, und sie waren entschieden dafür, den unmenschlichen Papst durch Androhung des Bannes gegen den Geschäftsbetrieb in Ancona zu züchtigen. Sie hatten zugleich allen ihren Agenten die Weisung erteilt, die Waren ihres Hauses nach Pesaro zu expedieren. Es zeigte sich aber in Konstantinopel selbst eine kleine Opposition, indem ein Teil der Kaufleute ihre Interessen durch die Bevorzugung von Pesaro zu gefährden fürchtete. Die Sache lag also in der Hand der Rabbinen von Konstantinopel; wenn diese sich einstimmig aussprächen, daß aus Rücksicht für die nahe Gefahr der Pesarenser Marranen der Hafen von Ancona zu meiden sei, so würde ihre Autorität ins Gewicht fallen und den Ausschlag geben. Aber zwei Rabbinen waren gegen einen solchen Beschluß. Da nun in der Hauptgemeinde Konstantinopel keine Einstimmigkeit dafür zustande kam, so waren die jüdischen Kaufleute der übrigen türkischen Gemeinden froh, ihren Handel nach Ancona keiner Beschränkung unterworfen zu sehen. Vergebens forderte Doña Gracia, die es als eine Herzensangelegenheit betrachtete, den Marranen Genugtuung zu verschaffen, ein Gutachten von dem Rabbinate der Gemeinde Safets, das durch dessen zwei Vertreter, Joseph Karo und Mose di Trani, die höchste Autorität in der morgenländischen Judenheit genoß. Der Bann der Rabbinen über den Papst Paul IV. trat nicht in Wirksamkeit. Während die Rabbinen noch berieten, trat zum großen Schmerz der Doña Gracia und ihrer Anhänger endlich doch das ein, was sie befürchtet hatte. Der Herzog Guido Ubaldo, welcher seine Erwartung getäuscht sah, seine Hafenstadt Pesaro zum Mittelpunkte des levantinisch-jüdischen Handels erhoben zu sehen, und von dem Papste in judenfeindlichem Sinne bestürmt, wies die in Pesaro aufgenommenen Marranen wieder aus (März 1558). Man muß es ihm indes noch hoch anrechnen, daß er sie nicht den Schergen der Inquisition überliefert hat. Die Ausgewiesenen steuerten auf gemieteten Schiffen meist ostwärts. Die päpstliche Schiffspolizei lauerte ihnen aber auf, und sie entkamen nur mit Not. Einige von ihnen gerieten in Gefangenschaft und wurden als Sklaven behandelt. Der ebenso geschickte wie menschenfreundliche marranische Arzt Amatus Lusitanus, der eine kurze Zeit in Pesaro geweilt und dann in Ragusa vielen Christen das Leben und die Gesundheit wiedergegeben, mußte ebenfalls die christliche Erde verlassen und nach der fast jüdischen Stadt Salonichi auswandern (1558 bis 1559). Auch den Marranen in Ferrara scheint dieses Jahr Unglück gebracht und der Herzog ihnen den Schutz entzogen zu haben; denn die Druckerei des Abraham Usque wurde in diesem Jahre eingestellt, und Joseph Naßis Bruder, Don Samuel Naßi, wurde von dem Herzoge so schikaniert, daß er erst die Vermittlung des türkischen Hofes anrufen mußte, um freie Übersiedlung nach Konstantinopel zu erlangen. Ein drohendes Wort des ungläubigen Sultans vermochte mehr bei den christlichen Fürsten als die Stimme der Gerechtigkeit und Menschlichkeit.

Je mehr sich der Papst Paul IV. dem Grabe näherte, desto rasender wurde er gegen die Juden. Getaufte Juden, Sixtus Senensis und Philipp oder Joseph Moro zogen auf seinen Befehl in den Gemeinden des Kirchenstaates umher und quälten die Juden mit ihren aufreizenden Predigten. Der letztere drang einst mit einem Kruzifix, das die Juden nun einmal als Götzenbild betrachteten, am Versöhnungstage (1558) in die Synagoge von Recanate und stellte es mit Ungestüm in die Lade, wo die „heilige Thora" aufbewahrt wurde. Als die Juden ihn wegen Verletzung ihres Heiligtums hinausdrängten, versammelte er den wütenden Pöbel um das Gotteshaus, und zwei Juden, welche Hand an ihn gelegt hatten, wurden auf Befehl des Stadthauptmanns gefesselt und gegeißelt. Am meisten gereizt war dieser leidenschaftliche Papst gegen Marranen und Talmud. Die ersteren suchte er aus den entlegenen Schlupfwinkeln zu entfernen. Viele Scheinchristen Spaniens und Portugals, die sich nicht durch die Flucht retten konnten, pflegten in einen Mönchsorden zu treten und heulten sozusagen mit den Wölfen, um von ihnen nicht angefallen zu werden. Paul IV., bei dem über die Zulassung von Neuchristen zu Mönchsorden geklagt wurde, verbot, Mitglieder von jüdischem Geblüte aufzunehmen.

Mit dem Talmud räumte er noch gründlicher auf; es gab im Kirchenstaate und in dem größten Teil Italiens kein Talmudexemplar mehr, die Besitzer eines solchen waren einer schweren Strafe ausgesetzt. Die Lehrhäuser hatten meistens aufgehört. Es wären, wenn dieser Zustand allgemein geworden wäre, eine große Unwissenheit und Stumpfheit unter den italienischen Juden eingerissen, die den Zweck des Papstes, die Bekehrung derselben, leicht gefördert hätten. Es entstand aber damals ein großes Lehrhaus und ein Asyl für den verfolgten Talmud in einer oberitalienischen Stadt, in Cremona, die zu Mailand gehörte. Dort hatte unter dem Statthalter von Mailand ein aus Deutschland eingewanderter Talmudkundiger Joseph Ottolenghi ein Lehrhaus eröffnet, den Talmud gelehrt und rabbinische Schriften drucken lassen. Jeder Besitzer von Talmudexemplaren ließ sie daher heimlich nach Cremona bringen, und so entstand dort eine reichhaltige Niederlage dafür, von wo aus sie nach dem Morgenlande, Polen und Deutschland exportiert wurden. Diese allerdings dürftige Religionsfreiheit behielten die Juden auch unter den Spaniern, welche mit Paul IV. Krieg zu führen gezwungen waren. Nachdem der Papst sich zu einem schimpflichen Frieden bequemen mußte, sann er darauf, die jüdischen Schriften in Cremona verbrennen zu lassen. Die Dominikaner, diese Polizei des Papsttums, bearbeiteten in seinem Sinne die Bevölkerung, um einen Druck auf den Statthalter zu üben.

Aufreizende Schriften wurden in Cremona verbreitet, welche das Volk geradezu aufforderten, die Juden tot zu schlagen (8. April 1559). Einige Tage später wurde der Statthalter von zwei Dominikanern, von denen der eine Sixtus Senensis, ein getaufter Jude war, angegangen, einen Scheiterhaufen für Talmudexemplare zu errichten, da er lauter Schmähungen gegen Jesus usw. enthalte. Da dieser der Anklage der Dominikaner nicht ohne weiteres Glauben schenken mochte, traten zwei Zeugen gegen den Talmud auf, der getaufte Jude Vittorio Eliano, Tochterenkel des jüdischen Grammatikers Elia Levita, nnd ein gewissenloser deutscher Jude Josua dei Cantori.

Beinahe wäre Vittorio Eliano, der boshafte Täufling, durch den Scheiterhaufen für den Talmud selbst zu Schaden gekommen. Denn die spanischen Soldaten, denen der Befehl zugekommen war, auf die Schriften der Juden zu fahnden, kümmerten sich wenig darum, ob dieselben talmudischen oder anderweitigen Inhalts waren. Sie hätten daher um ein Haar auch die kabbalistische Grundschrift, den Sohar, das Schoßkind des Papsttums, mit verbrannt. Seit der Schwärmerei Picos de Mirandola und noch mehr Reuchlins, des Kardinals Egidio de Viterbo, des Franziskaners Galatino für die Mystik glaubten nämlich die orthodoxesten Kirchenlehrer und Kirchenfürsten steif und fest, die Kabbala enthalte die Mysterien des Christentums. Der Vernichtungsbann, welcher gegen den Talmud geschleudert wurde, traf daher den Sohar nicht. Ja, er wurde gerade unter dem Papste Paul IV. mit Bewilligung der Inquisition von Emanuel de Benevent zuerst in Mantua gedruckt. Die Kabbala sollte sich auf den Trümmern des Talmuds aufbauen. — Aus Brotneid auf die Mantuaner Herausgeber, weil der Absatz in Italien und dem

Oriente viel Gewinn versprach, ließ ein christlicher Verleger, Vicenti Conti in Cremona in derselben Zeit ebenfalls den Sohar drucken und versprach viel neues zu liefern, um die Mantuaner Ausgabe zu verdrängen. An diesem Cremonensischen Sohar war der getaufte Enkel des Elia Levita, der giftige Kanonikus Vittorio Eliano, beteiligt. Er scheute sich nicht, ein marktschreierisches hebräisches Vorwort dazu zu schreiben, um Kundschaft anzulocken und seinen Namen dabei zu nennen. Während des Druckes suchten die spanischen Soldaten nach jüdischen Schriften in Cremona, fanden zweitausend Exemplare des Sohar und waren im Begriff, auch sie auf den Scheiterhaufen zu werfen. Vittorio Eliano und seine Geschäftsgenossen wären dadurch um ihren Gewinn und ihre Auslagen gekommen, wenn nicht ein anderer Täufling, jener Sixtus von Siena, der von der päpstlichen Inquisition den Auftrag hatte, den Talmud in Cremona vernichten zu helfen, der Wut der spanischen Soldaten Einhalt getan hätte. So wurde für den Augenblick der Talmud verbrannt, aber der Sohar verschont. Es war ein richtiger Instinkt der Judenfeinde, diese Giftquelle der soharistischen Geheimlehre den Juden zu lassen, in der Hoffnung, daß die Anhänger derselben sich eher vom bestehenden Judentum lossagen würden. Durch den Druck wurde der Sohar immer mehr und mehr als ein kanonisches Buch verehrt, und eine geraume Zeit wurde in jeder hebräischen Schrift, die nicht gerade trocken talmudisch gehalten war, der Sohar mit der heiligen Schrift auf gleichem Fuße behandelt. Aber die Liebe des Papsttums zur Kabbala dauerte nicht lange; einige Jahre später wurden auch die kabbalistischen Schriften in den Katalog der zu verbrennenden Schriften gesetzt.

Pauls IV. Feindseligkeit gegen die Juden und ihre Schriften blieb nicht auf Italien beschränkt, sondern erhielt, durch den von ihm entzündeten fanatischen Geist genährt, größere Ausdehnung. Getaufte Juden waren stets die Werkzeuge solcher Verfolgungen. Ein solcher Täufling, Ascher aus Udine, erhob ebenfalls Anklagen gegen die jüdischen Schriften in Prag, und die Obrigkeit konfiszierte alle samt und sonders, auch Gebetbücher, und schickte sie nach Wien (1559). Die Vorbeter waren infolgedessen genötigt, in der Synagoge auswendig vorzutragen. Ein Feuer, das in derselben Zeit in Prags Judengasse ausbrach und einen großen Teil ihrer Häuser in Asche legte, zeigte noch mehr den fanatischen Haß der Christen gegen sie. Anstatt den Unglücklichen beizuspringen und Rettung zu bringen, warfen sie selbst schwache Weiber in die prasselnden Fluten und plünderten die Habseligkeiten der Juden. Als wenn das Maß des Unglücks für sie nicht voll gewesen wäre, machte der seit einem Jahre zum Kaiser ernannte Ferdinand I. mit der zweitmaligen Ausweisung der Juden aus Böhmen und Prag Ernst. Er war zwar ein milder Fürst, der an dem Frieden zwischen Katholiken und Protestanten ernstlich arbeitete, aber gegen die Juden hatte er ein unüberwindliches Übelwollen. Er war es, der zuerst für die wenigen österreichischen Juden die Zettelmeldung oder die Judenzettel eingeführt hat. Er hatte verordnet, daß jeder in Österreich wohnende Jude, wenn er geschäftshalber nach Wien käme, sich in der kürzesten Zeit beim Landmarschall melden und angeben sollte, womit er Geschäfte zu treiben und wie lange er sich aufhalten wollte. Dieser Beschränkung der Juden ließ Ferdinand noch andere folgen, bis er ihre Ausweisung mit ihren Weibern, Kindern, Gesinde, Hab und Gut aus dem Lande Niederösterreich und Görz bis zum nächsten Johannistage befahl. Sie erhielten zwar nach und nach Aufschub zur Auswanderung auf zwei Jahre, aber doch mußten sie endlich den wandernden Fuß in die Fremde setzen.

Dasselbe Los dachte der König Ferdinand auch der alten Gemeinde von Prag zu. Was die Veranlassung dazu gewesen sein mag, ist je nachdem leicht oder schwer zu erraten. Die Prager Gemeinde stand damals bei ihren Schwestern in sehr üblem Rufe als niedrig, gewissenlos, gewalttätig und streitsüchtig. Um die Besetzung der Rabbiner und Wahl der Vorsteher entstanden regelmäßig so heftige Streitigkeiten, daß auf des Kaisers Veranlassung die angesehensten Rabbiner Deutschlands und Italiens eine Wahlordnung für die Gemeinde von Prag ausarbeiten mußten. Bei der Zurückberufung der Juden nach der zwei Jahrzehnte vorher stattgefundenen Ausweisung war nur die Hefe wieder nach Prag zurückgekehrt. Die Christen wurden gewiß von diesem schlechten jüdischen Gesindel vielfach übervorteilt. Aber schwerlich waren die Christen derselben Klasse gesitteter und gewissenhafter. Die Anschauung war aber damals einmal so. Die christliche Gesellschaft übte gegen ihre Glieder große Nachsicht, an die Judenheit dagegen stellte sie die Anforderung zur Tugendhaftigkeit und Rechtlichkeit mit äußerster Strenge. Über die zweite Austreibung der Juden aus Prag wurde übrigens lange verhandelt, denn selbst die Erzherzöge, die sich damals im Lande befanden, waren dagegen; sie erfolgte aber doch (1561). Die Abziehenden wurden von Raubrittern überfallen und ausgeplündert. Aber auch damals, wie nach der ersten Ausweisung schien es, als wenn die Prager Christen oder wenigstens der Adel eine Sehnsucht nach den Juden empfände. Wiederum geschahen Schritte, sie zurückzurufen, und die Erzherzöge begünstigten sie. Der Kaiser Ferdinand wies aber das Gesuch um abermalige Zulassung der Juden unter dem Vorwande oder mit aufrichtiger Einfalt ab, er habe geschworen, die Juden von Prag auszuweisen und dürfte seinen Eid nicht brechen. Darauf unternahm ein edler Jude von Prag eine Reise nach Rom, um von dem neuen

Papste Pius IV. — der judenfeindliche Paulus IV. war bereits gestorben — die Entbindung des kaiserlichen Eides zu erwirken.

Dieser edle Mann war Mardochai Zemach Ben-Gerschon aus der berühmten Familie Soncin, deren Glieder in mehreren Städten der Lombardei, in Konstantinopel und Prag jüdische Druckereien mit vielem Erfolg betrieben. Obwohl er von der Prager Gemeinde schwere Kränkungen an seiner Ehre erfahren hatte und seine verehelichte Tochter bei aller Unschuld von falschen Zeugen, eine zweite Susanna, des Ehebruchs bezichtigt und von feigen Rabbinen verurteilt worden war, so ließ er sich doch bereit finden, ein großes Opfer zugunsten der Prager Gemeinde zu bringen. Er unternahm eine Reise zum angegebenen Zwecke unter vielen Mühseligkeiten nach Rom. Seine Mühe wurde mit Erfolg gekrönt, der Papst, welcher die Macht zu binden und zu lösen hatte, entband den Kaiser seines Eides, und dieser fühlte sein Gewissen erleichtert. Sein Sohn Maximilian (später Kaiser) nahm ganz besonders die Juden von Prag in Schutz, und so wurde ihr Ausweisungsdekret rückgängig gemacht. Sie durften wieder in Prag und einigen böhmischen Städten weilen, auch im Österreichischen wurden sie wieder zugelassen. Aber selbst unter den besten Kaisern, wie Maximilian II. und Rudolph, hatten sie ein dornenvolles Dasein, die Hand der offiziellen katholischen Kirche lastete schwer auf ihnen.

Der erste konsequente Vertreter der fanatischen, verfolgungssüchtigen katholischen Kirche, der Papst Paul IV., war zwar gestorben (August 1559), und die Römer hatten sein Andenken und sein System verwünscht. Das Volk hatte sich, wie zu den alten Zeiten der römischen Republik, auf dem Kapitol zusammengerottet, war durch die ganze Stadt gezogen, hatte Feuer an das Inquisitionsgebäude gelegt, die Schergen und Dominikaner mißhandelt, die Wappenschilder und die Bildsäule des Papstes zerschlagen und den Kopf derselben durch die Straßen geschleift. Mit Hohngelächter hatten die Römer es angesehen, wie ein Jude das von diesem Papste so unerbittlich befohlene Judenbarett auf den Kopf seiner Bildsäule gesetzt hatte. Allein was nützte diese kindische Wut gegen den Verstorbenen? Das System überlebte seinen Urheber um Jahrhunderte. Die Jesuiten und die streng Kirchlichen hatten bereits in der katholischen Kirche die Oberhand erlangt, und jeder nachfolgende Papst mußte sich ihnen willig oder widerwillig fügen. Wurden doch unter dem Papste Pius IV., einem der besten der römischen Hohenpriester, die Satzungen des tridentinischen Konzils zum Beschlusse erhoben, welche die Geister der Katholiken knechten!

Eine Deputation der römischen Juden hatte sich zu dem neugewählten Papste begeben, um ihm zu huldigen, und sie schilderte mit rührenden Worten die Leiden, welche sein Vorgänger über sie verhängt hatte. Pius IV. versprach ihnen Abhilfe und erließ eine Bulle für die Juden des Kirchenstaates (27. Febr. 1562) die allerdings günstig genug für sie lautete; aber die gemilderten Bestimmungen lassen die noch zurückgebliebenen Beschränkungen um so greller hervortreten. Die Einleitung dazu ist deswegen interessant, weil sie die Heuchelei der päpstlichen Kurie an den Tag legt. „Die von meinem hochseligen Vorgänger aus Eifer für die Religion erlassenen Vorschriften für euer Verhalten haben, wie wir vernommen, einige nach euren Gütern Lüsterne zum Vorwand falscher Anklagen und Quälereien gegen euch genommen und sie gegen die Absicht meines Vorgängers ausgelegt, wodurch ihr gequält und beunruhigt wurdet. Darum verordnen wir in Erwägung, daß die heilige Mutter Kirche vieles den Juden gewährt und einräumt, damit der Rest von ihnen selig werde, und gestützt auf das Beispiel unserer Vorgänger" — nun, was verordnet der Papst großes? Daß die Juden des römischen Reiches außerhalb der Stadt ihre Abzeichen, das gelbe Barett, ablegen, daß sie Grundbesitz bis zum Wert von 1500 Dukaten erwerben, daß sie auch andere Geschäfte als mit alten Kleidern betreiben und daß sie allenfalls mit Christen verkehren, aber ja nicht christliche Dienstboten halten dürfen. Das war so ziemlich alles, was einer der Päpste ihnen gewährt hat, gewähren konnte. Wichtiger war für die römischen Juden der Punkt, daß die Anklagen wegen Vergehungen gegen die harten Gesetze Pauls IV. niedergeschlagen wurden, auch wegen des Verbrechens derjenigen, welche ihre Talmudexemplare nicht vorgezeigt hatten. Die italienischen Juden ließen es sich auch angelegen sein, von dem Papste die Lösung des Bannes gegen die talmudischen Schriften zu erwirken. Diese Angelegenheit lag aber damals in den Händen der auf dem Konzil zu Trient tagenden Kardinäle und Bischöfe. Um sie durchzusetzen, wählten die italienischen Gemeinden zwei Deputierte (Oktober 1563). Da das Konzil nur dasjenige Verzeichnis verbotener Bücher genehmigte, welches vorher in der päpstlichen Kanzlei ausgearbeitet worden war, so war auch für die Behandlung der jüdischen Schriften die Ansicht des Papstes und seiner Umgebung maßgebend. Die Entscheidung darüber wurde dem Papste überlassen, und dieser erließ — für Summen — eine Bulle, daß der Talmud zwar überhaupt verdammt sei — gleich der ganzen humanistischen Literatur, gleich Reuchlins „Augenspiegel und kabbalistischen Schriften", — daß er aber, wenn der Name Talmud wegbliebe, und er vor der Veröffentlichung von den angeblich christenfeindlichen Stellen gesäubert, d. h. zensiert worden, doch erscheinen dürfte (24. März 1564). Sonderbar, der Papst gestattete die Sache und verbot den Namen! Allein er scheute die öffentliche Meinung, die den Widerspruch zu grell gefunden haben würde, daß der eine Papst den Talmud aufsuchen und verbrennen gelassen und der andere ihn freigegeben hätte. So war doch wenigstens Aussicht vorhanden, daß dieses für die Juden unentbehrliche Schriftdenkmal, wenn auch in verstümmelter Gestalt wieder ans Licht treten konnte. In der Tat wurde der Druck des Talmuds einige Jahre darauf in Basel unternommen.

Aber auch dieses wenige wurde den Juden des Kirchenstaates entrissen, als Pius IV. einen Nachfolger erhalten hatte, welcher die düstern, mönchischen und unduldsamen Satzungen höher als Menschenglück und Menschenleben achtete, und die kirchliche Richtung der Caraffa und seiner Genossen auf die Spitze trieb. Pius V. (1566 bis 1572) überbot noch sein Vorbild Paulus IV. an Verfolgungssucht und Grausamkeit. Die Juden haßte dieser Papst nicht weniger als die deutschen Protestanten, die schweizerischen Calvinisten und die französischen Hugenotten. Sie empfanden bald das Herbe der neuen Kirchlichkeit. Drei Monate nach seiner Inthronisation (19. April 1566) bestätigte er nach allen Seiten hin die Beschränkungen Pauls IV. gegen sie, verschärfte sie noch mehr und setzte die Milderung seines Vorgängers außer Kraft, als wenn sie gar nicht verordnet gewesen wäre. Also abermals Ausschließung vom Verkehr mit Christen, Verbot, Grundbesitz zu haben, andere Geschäfte als Trödelhandel zu treiben, Einschärfung, Judenabzeichen zu tragen und nicht mehr als eine Synagoge zu besitzen. Aber nicht nur gegen die Juden des Kirchenstaates erließ er diese Verordnungen, sondern auch gegen die der ganzen katholischen Welt. Denn damals, in der Zeit hämischer kirchlicher Reaktion gegen den Protestantismus hatte des Papstes Wort einen ganz anderen Klang als früher und fand willige Vollstrecker. So traten abermals trübselige Tage für die Juden der katholischen Länder ein.

Immer neue Leiden hatte Joseph Kohen im Alter in „sein Jahrbuch der Verfolgungen" einzutragen, immer neue Tränen seiner Volksgenossen in seinem „Jammertale" (Emek ha Bacha) zu sammeln. Der geistliche Wüterich Pius V. gab öfter Gelegenheit dazu. Unter dem Vorwande, die Juden des Kirchenstaates hätten die von ihm eingeschärften kanonischen Gesetze übertreten, ließ er viele von ihnen in Kerker werfen und ihre Schriften aufsuchen und verbrennen. Namentlich wurde der wohlhabenden Gemeinde von Bologna hart zugesetzt; es war auf ihr Vermögen abgesehen. Um einen gesetzlichen Weg für den Raub zu haben, wurden ihnen in einem förmlichen Verhör vor einem Inquisitionstribunal verfängliche Fragen über das Christentum vorgelegt, ob die Juden die Katholiken als Götzendiener betrachten, ob die Verwünschungsformel gegen die „Minäer" und „das Reich des Frevels" im Gebete sich auf Christen und das Papsttum bezögen, und besonders ob die Erzählung in einer wenig gelesenen Schrift von einem „Bastard, Sohn einer Verworfenen" auf Jesus anspiele. Ein getaufter Jude Alessandro hatte die Anklagepunkte zusammengestellt, und darauf hin wurden die Eingekerkerten mit Anwendung der Folter befragt. Einige derselben von den Qualen der Tortur überwältigt, gestanden alles ein, was das Bluttribunal von ihnen verlangte. Nur der Rabbiner von Bologna namens Ismael Chanina, hatte den Mut, während der Folterung zu erklären, falls er in der Bewußtlosigkeit der Schmerzen Geständnisse machen sollte, diese im voraus für null und nichtig anzusehen seien. Indessen da andere Lästerungen der Juden gegen das Christentum zugestanden hatten, so hatte die päpstliche Kurie einen Anhaltspunkt zu Beraubungen. Den Reichen und Vornehmen wurde unter Androhung der schwersten Strafen untersagt, die Stadt zu verlassen. Aber gerade dieses unsinnige strenge Verbot regte in den Juden von Bologna den Gedanken an, der Stadt ganz und gar und auf immer den Rücken zu kehren. Durch Bestechung des Pförtners gelang es ihnen, mit Frauen und Kindern dem Fallstricke zu entgehen und nach Ferrara zu entfliehen. Darüber wurde der Papst Pius V. so sehr gegen sämtliche Juden erzürnt, daß er dem Kardinalskollegium seinen Willen kund gab, die Juden des Kirchenstaates zu vertreiben. Vergebens machten einige Kirchenfürsten dagegen geltend, daß der Petristuhl von jeher die Juden geschützt, ja sich dazu verpflichtet gehalten, damit der Rest der Juden nicht untergehe und selig werde. Vergebens bestürmte die Geschäftswelt von Ancona den Papst, die Handelsblüte des Kirchenstaates nicht mit eigener Hand zu zerstören. Sein Judenhaß betäubte die Stimme der Vernunft, der Gerechtigkeit und des Vorteils. Die Bulle wurde erlassen (26. Februar 1569), daß sämtliche Juden des Kirchenstaates mit alleiniger Ausnahme derer von Rom und Ancona binnen drei Monaten auswandern sollten; die Zurückbleibenden würden der Sklaverei und noch härterer Strafe verfallen. Trotz des ihnen drohenden Elendes entschlossen sich fast alle davon Betroffenen zum Auswandern; nur wenige gingen zum Christentum über. Die Verbannten büßten noch dazu ihre Habe ein, weil sie in der kurzen Zeit ihre Liegenschaften nicht veräußern und ihre außenstehenden Schulden nicht einziehen konnten. Der Geschichtsammler Gedalja Ibn-Jachja allein verlor an seinen Schuldnern in Ravenna über 10 000 Dukaten. Die Verbannten zerstreuten sich, suchten für den Augenblick Schutz in den nahegelegenen kleinen Staaten Pesaro, Urbino, Ferrara, Mantua und Mailand. Die Juden von Avignon und Venaissin, die einzigen auf französischem Boden seit der Vertreibung der Juden aus Frankreich zwei Jahrhunderte vorher, wurden ebenfalls ausgewiesen. Auf sie hatten die reaktionären Kirchenfürsten längst ihre bösen Blicke geworfen, denn sie waren unter den humanistischen Päpsten Leo X., Clemens VII. und besonders Paul III. von den

Beamten des Kirchenstaates außerordentlich begünstigt werden. Die Kurie bezog durch deren Geschäftsumsatz ihre einzige Einnahmequelle aus dieser Enklave. Die Juden von Avignon, Carpentras und anderen Städten besaßen große Reichtümer, Güter aller Art und sogar Äcker. Nun wurden auch sie verbannt.

Die meisten Juden des italienischen und französischen Kirchenstaates wanderten, wie alle aus unduldsamen christlichen Gebieten Verwiesene nach der Türkei und fanden dort die beste Aufnahme, wenn sie sie glücklich erreichen konnten und nicht unterwegs von dem maltesischen Raubritterorden aufgefangen und mißhandelt worden sind. Es schien damals mit den Juden im christlichen Europa zu Ende zu gehen. Überall Haß, Verfolgung und Ausweisung. In den katholischen Gebieten der Fanatismus des Papsttums und in protestantischen Ländern die Engherzigkeit des von seiner Höhe zum albernen Schulgezänk herabgesunkenen Luthertums. Beide schienen den oft ausgesprochenen Gedanken der Erzjudenfeinde, daß die Juden im Abendlande nichts zu suchen haben, verwirklichen zu wollen.

Viertes Kapitel.

Die Juden in der Türkei und Don Joseph von Naxos.

(1566 bis 1590.)

Wiederum wie so oft, lagen die Fäden des weltgeschichtlichen Gewebes so verschlungen, daß die systematische Verfolgung der Juden in der Christenheit sie nicht vertilgen konnte. Die Sonne, die sich ihnen im Westen im düsteren Gewölke verdunkelte, ging ihnen, wenn auch nur auf kurze Zeit, im Osten wieder strahlend auf. Durch eine günstige Wendung der Zeitumstände trat für sie eine Zeit ein, welche dem oberflächlichen Blicke wie eine Glanzepoche erscheinen konnte. Ein Jude, der in den Ländern des Kreuzes ohne Umstände auf dem Scheiterhaufen verbrannt worden wäre, nahm eine sehr einflußreiche Stellung im Reiche des Halbmondes ein, brachte es zu einem Herzogsrange und herrschte über viele Christen. Mit ihm und durch ihn erhoben sich sämtliche nach Millionen zählende Juden in der Türkei zu einer freien und geachteten Stellung, um die sie ihre minderzähligen, geächteten Brüder im christlichen Europa beneiden durften. Zähneknirschend sahen die judenfeindlichen christlichen Machthaber ihre Pläne hier und da von jüdischer Hand durchkreuzt und ihre inneren Verwickelungen nur noch mehr verschlungen. Der getretene Wurm konnte seinen Peinigern denn doch unangenehm werden. Joseph Naßi oder Juan Miques, der geächtete Marrane aus Portugal, machte manchem christlichen Herrscher und Diplomaten unruhige Stunden, und sie mußten in knechtischer Gesinnung dem schmeicheln, den sie, wenn sie seiner habhaft geworden, wie einen räudigen Hund totgeschlagen hätten. Die erlauchte Republik Venedig, das allmächtige Spanien, das aufgeblasene Frankreich und selbst das hochmütige Papsttum sahen sich von ihm bedroht.

Juan Miques oder Don Joseph Naßi, bei seinem Eintreffen in Konstantinopel mit Empfehlungsschreiben von französischen Staatsmännern dem türkischen Hof empfohlen, hatte sich noch mehr durch sein einnehmendes Äußere, seinen erfinderischen Geist, seine Erfahrung und Kenntnis der christlich europäischen Länder und ihrer politischen Lagen empfohlen. Sultan Suleiman, der sich auf Menschen verstand, nahm ihn bald in Gunst. Er hatte weitreichende Pläne, auch mit Spanien einen Kriegstanz zu beginnen, und den Mohammedanern an der afrikanischen Küste Hilfe gegen die Scheiterhaufenschürer zu senden. Durch seine Reichtümer und die Anhänglichkeit seiner Glaubensgenossen in den christlichen Ländern an ihn erfuhr Joseph Naßi vieles, was sich an den christlichen Höfen zutrug und konnte die Wahrheit über den Stand der politischen und kriegerischen Angelegenheit dem Sultan berichten, ohne daß dieser es nötig hatte, Spione zu unterhalten, oder sich von den christlichen Gesandten an seinem Hofe täuschen zu lassen. Don Joseph konnte ihm mit klugem Rate beistehen. So wurde er als fränkischer Bey in kurzer Zeit eine hervorragende Persönlichkeit in Konstantinopel. Sein Ansehen stieg aber noch mehr durch einen jener günstigen Zufälle, welche Erhöhungen und Erniedrigungen von Persönlichkeiten zur Folge zu haben pflegen. Unter Suleimans Söhnen herrschte Haß und Eifersucht, und der Vater zog den jüngeren wegen seines kriegerischen Sinnes vor. Die Höflinge hielten sich daher von dem zurückgesetzten älteren Prinzen Selim fern und redeten ihm auch nicht bei seinem Vater das Wort. Joseph Naßi vertrat dagegen warm Selims Interesse bei dessen Vater, und als dieser jenem seine Gunst durch ein reiches Geschenk bezeugen wollte, wählte er dazu seinen jüdischen Günstling zum Sendboten nach Kleinasien. Der Prinz, hocherfreut über Geschenk und Gunstbezeugung, wurde von der Stunde an dem Botschafter und Überbringer hold und sicherte ihm lebenslang seine Dankbarkeit zu. Er wurde sein Vertrauter und zum Edelmann der Leibwache (Mutafarrica) ernannt, eine Würde, nach der christliche Fürstensöhne gierig haschten. Die Gesandten der christlichen Höfe sahen mit Ingrimm den wachsenden Einfluß eines jüdischen Günstlings, der alle ihre Schliche kannte, auf den künftigen Sultan und verbreiteten daher die lügenhaftesten Berichte über ihn. Am meisten feindlich gesinnt gegen ihn waren die Gesandten von Venedig und Frankreich, weil er ihre ränkevollen Pläne auf den türkischen Hof durchschaute und zu vereitlen vermochte, und besonders, weil er Privathändel mit ihnen hatte. Die venetianische Signoria hatte seine Schwiegermutter eingekerkert, sie um Vermögen gebracht und ihn selbst wegwerfend behandelt; der französische Hof schuldete dem Hause Mendes-Naßi eine bedeutende Summe (150000 Dukaten) und dachte nicht daran, ihm gerecht zu werden. Heinrich II. und sein Nachfolger hatten nämlich gegen die Schuldforderung etwas geltend gemacht, welches für die damalige Sittlichkeit charakteristisch ist, Gesetz und Religion verböten dem König, seinen jüdischen Gläubigern die Schuld zurückzuzahlen, weil es Juden überhaupt nicht gestattet sei, in Frankreich Geschäfte zu machen, daß vielmehr alle ihre Güter vom König konfisziert werden dürften. Natürlich erkannten der Sultan und sein Sohn eine solche Moral nicht an und drangen mit halber Drohung auf Befriedigung der Schuldforderung. — Der Sultan Suleiman war ihm so gewogen, daß er ihm einen Strich Landes am Tiberiassee in Palästina schenkte, um die Stadt Tiberias unter eigener Botmäßigkeit aufzubauen, mit der ausdrücklichen Bewilligung, daß nur Juden darin wohnen sollten. Als Selim II. zur Regierung gelangte (1566), ernannte er ihn zum Herzog von Naxos und der zwölf zykladischen Inseln. So durfte ein Jude ebenfalls seine Befehle im pompösen Stile erlassen: „Wir, Herzog des ägäischen Meeres, Herr von Naxos“. Joseph residierte indes nicht in der Hauptstadt seines Herzogtums, wo er den Weltbegebenheiten fern gerückt wäre. Er blieb vielmehr in seinem schönen Palaste in Belveder bei Konstantinopel und ließ die Inseln von einem christlichen Edelmann, Coronel, verwalten, dessen Vater Gouverneur von Segovia gewesen war und von dem jüdischen Schatzmeister Abraham Senior abstammte, welcher zur Zeit der Verbannung der Juden aus Spanien halb gezwungen sich hatte taufen müssen. So scheel auch die christlichen Fürsten auf diesen ihnen gleichgestellten jüdischen Herzog blickten, so lagen doch die europäischen Verhältnisse der Art, daß sie ihm noch schmeicheln mußten. Wollten sie etwas am türkischen Hofe durchsetzen, so durften sie ihn nicht umgehen. Als eine österreichische Gesandtschaft vom Kaiser Ferdinand I. nach neuen Siegen der Türken in Ungarn in Konstantinopel eintraf, um einen Friedensschluß zu erbetteln und die türkischen Großwürdenträger durch Geschenke und Jahrgehälter dafür zu gewinnen, hatte sie den Auftrag, sich bei Joseph von Naxos abzufinden. Seine erbitterten Feinde, Frankreich und Venedig, empfanden die Macht des jüdischen Herzogs schwer. Der König von Frankreich wollte noch immer nicht die vom marranischen Hause Mendes kontrahierte Schuld, welche auf Joseph übergegangen war, zahlen. Leicht verschaffte dieser sich einen Ferman vom Sultan, vermöge dessen er auf alle Schiffe unter französischer Flagge, die in einen türkischen Hafen einliefen, Beschlag legen durfte, und es gelang ihm, auf mehrere Fahrzeuge im Hafen von Alexandrien Beschlag zu legen, sich die Ware anzueignen und sie für seine Schuldforderung zu veräußern (1569). Der französische Hof schlug Lärm darüber, tobte, alles umsonst. Selim schützte seinen Günstling. Es trat dadurch eine Erkältung in den diplomatischen Beziehungen zwischen beiden Reichen ein, die für Frankreich unangenehmer wurde, als für die Türkei. Dem französischen Gesandten an der Pforte lag daher viel daran, den Sturz des Joseph von Naxos herbeizuführen und er bediente sich dazu der Unzufriedenheit eines Agenten, eines jüdischen Arztes, Namens Daud, eines der Leibärzte des türkischen Hofes, der auch im Dienste des Herzogs beschäftigt war. Dieser versprach dem französischen Gesandten vollgiltige Beweise zu liefern, daß Joseph von Naxos eine verräterische Korrespondenz gegen die Pforte geführt, daß er täglich an den Papst, an den König von Spanien, an den Herzog von Florenz, an die genuesische Republik, kurz an alle Feinde des Sultans Bericht erstattet und die Vorgänge an der Pforte denselben verriete.

Aber trotz des Geheimnisses wurden Joseph von Naxos die von Daud und dem französischen Gesandten angezettelten Ränke verraten, und er kam ihnen zuvor. Es konnte ihm nicht schwer werden, den Sultan Selim zu überzeugen, daß er unter allen Hofdienern am aufrichtigsten zu ihm gehalten hatte. Er erlangte auch vom Sultan ein Dekret, vermöge dessen der Verräter Daud lebenslänglich verbannt wurde. Entweder auf Antrag Don Josephs oder aus eigenem Antriebe sprachen sämtliche Rabbinen und Gemeinden Konstantinopels den schwersten Bann über Daud und zwei Helfershelfer desselben aus. Die außerordentliche Bemühung des französischen Gesandten und Hofes, den jüdischen Günstling Selims zu stürzen, mißlang vollständig und hinterließ in dessen Gemüt eine nur allzugerechte Erbitterung, mit der er deren diplomatische Pläne zu durchkreuzen und zu vereiteln nur noch angelegentlicher betrieb.

Noch mehr spielte Joseph von Naxos dem Staate Venedig mit. Selim, welcher den Venetianern ebenfalls nicht wohlwollte, wurde von seinem jüdischen Günstlinge öfter aufgestachelt, Venedig den lange bestandenen Frieden zu kündigen und die Eroberung der venetianischen Insel Cypern zu unternehmen. Josephs Verbindungen mit Europa erleichterten diese Unternehmung. Bei der Nachricht, daß das Kriegsarsenal von Venedig durch eine Pulverexplosion in die Luft geflogen war, ließ der Sultan auf Josephs Rat sofort die Flotte zum Angriff auslaufen. Im ersten Sturme fiel ein Hauptort von Cypern, Nikosia, und der andere, Famagusta, wurde hart belagert (1570).

Wie so oft, wurden auch diesmal für das Tun eines einzelnen alle Juden verantwortlich gemacht. Daß die venetianische Regierung sämtliche levantinische, größtenteils jüdische Kaufleute, die sich beim Ausbruche des Krieges in Venedig befanden, eingekerkert und deren Waren eingezogen hat, lag in der damaligen barbarischen Behandlung des Verkehrs zwischen Staat und Staat. Aber daß der Senat den Beschluß gefaßt hat (Dezember 1571), sämtliche Juden Venedigs, gewissermaßen als Mitverschworene des Joseph Naßi und des türkischen Reiches, auszuweisen, war ein Ausfluß des von der Kirche genährten Hasses. Glücklicherweise kam es nicht dazu. Trotz der Anstrengung des fanatischen Papstes Pius V., eine Liga der christlichen Staaten gegen die Türkei, eine Art Kreuzzug gegen die sogenannten Ungläubigen, zustande zu bringen, mußte sich die Stadt Famagusta dem türkischen Feldherrn ergeben, und damit fiel die ganze Insel für immer der Türkei zu. Die Venetianer mußten noch dazu um Frieden betteln und setzten ihre ganze Hoffnung, ihn zu erlangen, auf einen anderen einflußreichen Juden, der ihn vermitteln sollte.

Der Einfluß der Juden am türkischen Hofe war so groß, daß sie, die sonst Hilfeflehenden, von Christen um Hilfe angefleht wurden. Die Niederlande hatten einen ernsten Aufstand gegen Spanien und den finstern König Philipp II. gemacht, weil er das Bluttribunal der Inquisition in ihrer Mitte gegen die dem Katholizismus Entfremdeten einführen wollte. Der Blutmensch Alba suchte den Abfall niederzuhalten und den Katholizismus in die Gemüter durch Menschenopfer zurückzuführen. Der Galgen sollte das wankend gewordene Kreuz stützen. In dieser Bedrängnis wandten sich die niederländischen Aufständischen, die Geusen, an Joseph von Naxos, der mit einigen Adligen in Flandern von seinem früheren Aufenthalte daselbst Verbindungen hatte. Der Herzog Wilhelm von Oranien, die kräftige Seele des Aufstandes, schickte einen eigenen Boten an Joseph von Naxos, daß er den Sultan bewegen möge, Spanien den Krieg zu erklären, wodurch die spanischen Truppen von Flandern hätten abberufen werden müssen. Der österreichische Kaiser Ferdinand ließ sich ebenfalls herab, um die Gunst der Pforte zu erhalten, an den jüdischen Herzog ein eigenhändiges Schreiben durch seinen Botschafter zu richten. Sigismund August, König von Polen, welcher von der Pforte einen wichtigen Dienst erwartete, wandte sich ebenfalls an ihn, gab ihm den Titel „durchlauchtigster Fürst“, und, was noch mehr bedeutet, versprach günstige Privilegien für die Juden seines Landes, um ihn für seine Pläne geneigt zu machen.

Man kann fast sagen, daß der Divan oder der türkische Staatsrat unter dem Sultan Selim aus zwei Parteien bestand, aus einer geheimen christlichen durch den ersten Vezier, Mohammed Sokolli, und aus einer jüdischen durch Joseph von Naxos vertreten, die einander Schach boten. Mit und neben ihm gab es noch andere Juden, welche in untergeordneter Stellung Einfluß übten, Männer auf die Würdenträger, Frauen auf die Sultaninnen. Sultan Selims Gunst für die Juden war so offenkundig, daß sich ein Märchen bildete, er sei gar ein geborener Jude, der als Kind im Harem statt eines Prinzen untergeschoben worden wäre. Selbst der Großvezier Mohammed Sokolli, so sehr er auch ein Feind des Joseph von Naxos und des jüdischen Einflusses war, war darauf angewiesen, sich eines jüdischen Unterhändlers zu bedienen und ihm wichtige diplomatische Aufträge anzuvertrauen. Der venetianische Botschafter, der eigentlich die verschwiegene Aufgabe hatte, den Juden am türkischen Hofe entgegen zu arbeiten, trug selbst dazu bei, einem solchen Einfluß zu verschaffen.

Salomo Ben-Nathan Aschkenasi war zur Zeit, als Joseph eine gewichtige Stimme im Divan hatte, eine unbekannte Persönlichkeit in Konstantinopel. Er hatte frühzeitig Reisen gemacht, war nach Polen gekommen und hatte es bis zum ersten Arzte des Königs von Polen gebracht. Als Untertan der venetianischen Republik stellte er sich bei seiner Übersiedelung nach der türkischen Hauptstadt unter den Schutz der diplomatischen Agenten von Venedig. Salomo Aschkenasi wurde zwar Rabbi genannt, hatte aber am meisten Sinn und Fähigkeit für seine diplomatische Fädenspinnerei, für Entwirrung verschlungener Knoten, für Vermittelung, Ausgleichung und Glättung. Als solcher war er bei mehreren venetianischen Agenten in Konstantinopel nach einander sehr beliebt. Der erste Minister des türkischen Hofes, Sokolli, erkannte dessen diplomatische Gewandtheit, fesselte ihn an sich und betraute ihn bis an sein Lebensende mit solchen Aufträgen, bei denen es galt, durch Klugheit und Feinheit zum Ziele zu gelangen. Während die türkischen Waffen gegen die Venetianer geführt wurden, mußte Salomo Aschkenasi schon die ersten Fäden zum künftigen Friedensschlusse spinnen.

Die christlichen Kabinette ahnten gar nicht, daß der Gang der Begebenheiten, der sie zwang, Stellung nach der einen oder anderen Seite zu nehmen, von jüdischer Hand in Bewegung gesetzt wurde. Das war besonders bei der polnischen Königswahl in dieser Zeit der Fall. Der Tod des letzten jagellonischen Polenkönigs Sigismund August (Juli 1572), der keinen Thronerben hinterließ und eine förmliche Wahl ins Ungewisse nötig machte, setzte ganz Europa, wenigstens die Kabinette und diplomatischen Kreise in aufregende Spannung. Der deutsche Kaiser Maximilian II. und der russische Herrscher Iwan der Grausame, als Nachbarn Polens, wünschten die Wahl auf einen Prinzen ihres Hauses zu lenken. Der Papst arbeitete daran, daß ein katholischer Fürst den polnischen Thron einnähme, weil sonst zu fürchten war, daß die Wahl eines der Reformation günstigen Königs die im Zunehmen begriffene reformatorische Bewegung unter dem Adel und in den Städten Polens kräftigen, und diese Länder sich vom Papsttum losreißen würden. Dagegen hatten wieder die protestantischen Länder, Deutschland und England, und vor allem die Anhänger der neuen Kirche verschiedener Sekten in Polen selbst das höchste Interesse, einen König ihres Bekenntnisses oder wenigstens einen, der nicht entschieden katholisch wäre, durchzusetzen. Dazu kam noch der persönliche Ehrgeiz einer mächtigen französischen Königin, die in dieses wirre Getriebe mit geübter Hand eingriff. Die ebenso kluge, wie falsche Königin-Witwe Katharina von Medici, der astrologisch verkündet worden war, alle ihre Söhne würden Kronen tragen, wollte ihrem Sohne Heinrich, Herzog von Anjou, eine fremde Krone verschaffen, damit die Verkündigung sich nicht durch den Tod ihres regierenden Sohnes Karl IX. erfülle. Sie und ihr Sohn, der König von Frankreich, setzten daher alle Hebel in Bewegung, um Anjou auf den polnischen Thron zu bringen. Aber auch die Türkei hatte wichtige Interessen und eine gewichtige Stimme bei der polnischen Königswahl. Ein wahrer Knäuel von Kabbalen und Ränken verwirrte sich daher bei der polnischen Königswahl; jeder Kandidat suchte eine starke Partei unter dem polnischen Groß- und Kleinadel zu werben, aber auch sich die Pforte geneigt zu machen. Heinrich von Anjou hatte anfangs Aussichten, aber diese schwanden durch die blutige Bartholomäusnacht in Frankreich, in welcher auf des Königs Wink Hunderttausende von Hugenotten gemordet worden waren (24. Aug. 1572). Eine solche Unmenschlichkeit, mit kaltem Blute angeordnet und ausgeführt, von einem König an Untertanen, war unerhört in der europäischen Geschichte seit den Mordtaten an den Albigensern im dreizehnten Jahrhundert auf päpstlichen Befehl. Die Anhänger der Reformation aller Länder waren von diesem Schlage betäubt. Die Kandidaten auf den polnischen Thron suchten daher die Untaten der Bartholomäusnacht gegen Anjou auszuspielen. Destomehr mußten der französische Kandidat, seine Mutter und sein Bruder die Pforte bearbeiten, seiner Wahl günstig zu sein. Ein außerordentlicher Gesandter wurde zu diesem Zwecke nach Konstantinopel gesandt. Aber die polnische Königswahl lag letztentscheidend in der Hand eines im Hintergrunde stehenden Juden. Denn Salomo Aschkenasi beherrschte den Willen des Großveziers, und dieser leitete im Namen des Sultans die auswärtigen Angelegenheiten. Salomo, der unter dem polnischen Adel Bekannte hatte, entschied sich für Heinrich von Anjou und gewann den Großvezier dafür. Als dieser endlich fast einstimmig gewählt war (Mai 1573), und der französische Gesandte prahlte, daß er nicht einer der letzten gewesen, welche diese Wahl herbeigeführt hätten, schrieb Salomo Aschkenasi an den König von Polen, später König von Frankreich, unter dem Namen Heinrich III.: „Am meisten habe ich Euer Majestät dabei Dienste geleistet, daß Sie zum König gewählt wurden; ich habe alles bewirkt, was hier (an der Pforte) getan wurde."

Großes Aufsehen machte es aber im christlichen Europa, als dieser jüdische Arzt und Diplomat von der Pforte abgeordnet wurde, den Frieden mit Venedig endlich abzuschließen, und also als geachtete offizielle Persönlichkeit aufzutreten. So ganz ohne Widerstand wurde indessen der jüdische Botschafter von der erlauchten Republik nicht angenommen. „Rabbi Salomo Aschkenasi", wie er genannt wurde, kam trotzdem als außerordentlicher Botschafter der Türkei nach Venedig. Einmal angenommen, mußten die Würdenträger der Republik, der Doge und die Senatoren ihm die größten Ehren und Aufmerksamkeiten erweisen, weil der türkische Hof in diesem Punkte sehr empfindlich war und den Mangel an gebührender Auszeichnung für seinen Vertreter als Beleidigung angesehen haben würde. Salomo wurde daher in feierlicher Audienz im Dogenpalaste aufgenommen, und dort wurde die Urkunde des Friedens zwischen der Türkei und Venedig von ihm im Namen der ersteren unterzeichnet. Auch sonst erwies ihm die Signoria die zuvorkommendsten Aufmerksamkeiten und sämtliche europäische Gesandte in Venedig drängten sich an ihn.

Für seine Glaubensgenossen in Venedig war Salomo ein rettender Engel. Ihre Freude über die Ehre, welche einem der Ihrigen von den Machthabern erwiesen wurde, war nämlich mit Trauer und Besorgnis gemischt wegen der ihnen drohenden Ausweisung. Der Doge Mocenigo hatte nämlich darauf bestanden, den früher gefaßten Beschluß zur Verbannung der Juden vollstrecken zu lassen. Schon waren manche jüdische Familien ausgewandert. Salomo hatte aber noch in Konstantinopel mit dem venetianischen Agenten Jakopo Soranzo verhandelt, sich der unglückliche Juden anzunehmen. Bei dessen Rückkehr nach Venedig machte er begreiflich, welcher Schaden der Republik durch die Ausweisung der Juden erwachsen würde. Es sei sehr bedenklich, sich die Juden zu Feinden zu machen, welche eine Macht in der Türkei bildeten, und Freundschaft mit diesem Staate zu erhalten, sei für Venedig die sicherste Gewähr friedlicher Zustände, da es sich weder auf den Papst, noch auf Spanien verlassen könne. Die eifrige Verwendung Soranzos zugunsten der Juden bewirkte eine Umstimmung der Zehnmänner. Das Ausweisungsdekret wurde widerrufen (19. Juli 1573), und Salomos Anwesenheit in Venedig erhöhte noch die Freude seiner Glaubensgenossen, da er auch das Versprechen erlangte, daß sie nie mehr mit Ausweisung bedroht werden sollten. Mit Ehren überhäuft kehrte Salomo nach Konstantinopel zurück, wo seine Stellung sich noch mehr befestigte und sein Ansehen noch mehr stieg. Sein in Venedig zur Erziehung weilender Sohn wurde vom Dogen mit Aufmerksamkeit behandelt.

Infolge des Einflusses des Joseph von Naxos auf den Sultan Selim und des Salomon Aschkenasi auf den ersten Minister bewarben sich christliche Höfe noch mehr um die Gunst der türkischen Juden in

Stambul. Wolle einer derselben etwas bei der Pforte durchsetzen, so suchte er vor allem einen jüdischen Vermittler dafür zu gewinnen. Selbst der finstere Philipp II. von Spanien, der eingefleischte Juden- und Ketzerhasser, mußte sich, um Waffenruhe von den Türken zu erlangen, nach jüdischen Unterhändlern umsehen. Die Stellung der Juden in der Türkei und namentlich in der Hauptstadt unter den Augen ihrer mächtigen Beschützer war daher außerordentlich günstig. Sie erwarben Reichtümer, welche auch damals Macht verliehen. Der Großhandel und der Zoll waren größtenteils in ihren Händen. Auch Schiffahrt im großen trieben sie und wetteiferten mit den Venetianern. In Konstantinopel besaßen sie die schönsten und größten Häuser mit Gärten und Kiosks, die denen des Großveziers gleichkamen.

Selbst die hebräische Poesie trieb in dieser Zeit in der Türkei einige Herbstblumen, welcher zwar die Spuren einer kalten Sonne und feuchter Nebel an sich tragen, die aber doch wohltuend abstechen gegen die freudlose winterliche Öde anderer Gegenden und späterer Zeiten. Mehr noch als die Erzeugnisse selbst flößt ihr Anreger und Beförderer Interesse ein. Es war ein Ibn-Jachja aus der türkischen Linie dieser weitverzweigten Familie. Ibn-Jachja, ein Weiser und angenehmer Redner, bildete eine Art poetische Schule oder einen poetischen Kreis.

Auch lateinische Verse zu machen, waren die Juden der Türkei infolge der Sicherheit und Behaglichkeit ihres Daseins aufgelegt. Selbstverständlich waren es eingewanderte Marranen, welche in dem großen Kerker Spanien oder Portugal auch die Sprache ihrer Zwingherren gelernt hatten. Als der gewissenhafte Arzt Amatus Lusitanus, der von Königen und Bettlern gesuchte Helfer, welcher wegen der Unduldsamkeit von Italien nach Salonichi ausgewandert war und dort sich neue Freunde und Bewunderer erworben hatte, ein Opfer seiner Tätigkeit geworden und an der Pest gestorben war, setzte ihm einer seiner Freunde, der Marrane Flavio Jacobo de Evora, ein Denkmal in schönen lateinischen Versen. „Er, der das entfliehende Leben so oft im siechen Körper zurückgerufen und bei Königen und Völkern darum beliebt war, liegt fern von seinem Geburtslande in mazedonischem Staube.“

Das Hochgefühl und die Befriedigung der türkischen Juden an der Gegenwart flößten ihnen den Gedanken ein, völlige Unabhängigkeit zu erlangen. Während die Juden in der Christenheit gar keinen Sinn dafür hatten und sich selbst von jeher nur in Untertänigkeit und in gebeugter Gestalt vor ihren Herren denken konnten, machten sich jene mit dem Gedanken vertraut, jüdische Selbstherrscher und unabhängige Juden zu sehen.

Joseph von Naxos trug sich lange mit dem Gedanken, einen kleinen jüdischen Staat zu gründen. Der Jude und der Staatsmann in ihm, beide hingen diesem Plane nach, und die großartigen Reichtümer seiner Schwiegermutter, über die er verfügen konnte, sollten ihm als Mittel dazu dienen. Schon als flüchtiger Marrane hatte er an die Republik Venedig ernstlich das Gesuch gestellt, ihm eine der zu diesem Staate gehörenden Inseln zu überlassen, um sie mit jüdischen Bewohnern zu bevölkern. Er wurde aber damit abgewiesen, entweder aus christlicher Engherzigkeit oder aus kaufmännischer Furcht vor Konkurrenz. Als er später in der Gunst des Sultans Suleiman stand, ließ er sich die Trümmer der Stadt Tiberias und sieben Dörfer dazu schenken, um sie in ein kleines jüdisches Gemeinwesen zu verwandeln. Er sandte einen seiner Agenten dahin, den Neubau von Tiberias zu leiten. Selim gab noch als Prinz dem Pascha von Syrien den gemessenen Befehl, den Bau mit allen Mitteln zu fördern. Die arabischen Dorfbewohner der Umgegend wurden gezwungen, Frondienste dabei zu leisten. In einem Jahre war die Stadt Tiberias mit schönen neuen Häusern und Straßen vollendet. Joseph von Naxos wollte noch dazu daraus eine Fabrikstadt machen, welche mit den Venetianern konkurrieren sollte. Er ließ dort Maulbeerbäume für die Zucht von Seidenraupen pflanzen und Gespinste von Seidenstoffen anlegen; er ließ auch feine Wolle aus Spanien kommen, um dort feine Tuche weben zu lassen.

Indessen scheint Joseph nicht seine Tatkraft dem kleinen jüdischen Staat zugewendet zu haben; seine Pläne gingen überhaupt ins Weite, und darum hat Neu-Tiberias keine Rolle gespielt. Als er so glücklich war, vom Sultan Selim zum Herzog ernannt zu werden, dachte er nicht einmal daran, seinen kleinen Inselstaat mit Juden zu bevölkern. Sein Sinn war darauf gerichtet, König von Cypern zu werden, was ihm der Sultan zugesagt hatte. Möglich, daß er die Insel der Göttin der Schönheit in einen jüdischen Staat umgewandelt hätte, wenn er sie in Besitz bekommen hätte. Aber sein Feind, der Großvezier Sokolli, ließ es nicht dazu kommen. So zerannen seine Träume, einen selbständigen jüdischen Staat zu gründen. Überhaupt hat Joseph von Naxos nichts Wesentliches und Dauerndes für das Judentum getan. Er hat immer Anläufe dazu genommen, ist dann aber wieder erschlafft oder vergriff sich in den Mitteln.

Die so überaus günstige Lage der Juden in der Türkei während eines so langen Zeitraumes hatte schließlich keine nachhaltig günstige Erhebung zur Folge. Sie erzeugte keinen einzigen Kraftgeist, welcher befruchtende Gedanken für die Zukunft aus sich heraus gesetzt und den Mittelmäßigen eine neue Richtung vorgezeichnet hätte. Nicht ein einziger der damals lebenden Führer der Gemeinden ragte über das

Maß eines Alltagsmenschen hinaus. Die Rabbinen und Prediger waren grundgelehrt in ihrem Fache, wandelten aber durchweg in ausgefahrenen Geleisen, ohne auch nur auf ihrem eigenen Gebiete eine Leistung besonderer Art zu hinterlassen. Nur ein einziger Rabbiner hat ein eigenes Schriftwerk der Zukunft überliefert, das noch heute seine, wie wohl bestrittene, Geltung hat; aber dieser hat damit nicht etwas Neues oder Ursprüngliches geleistet. Joseph Karo, erster Rabbiner der palästinensischen Stadt Safet, hat sein neues religiöses Gesetzbuch (Schulchan Aruch — hergerichtete Tafel, 1567) vollendet. Religiöser Drang, kabbalistische Schwärmerei und Ehrgeiz hatten gleichen Anteil an diesem Werke. Er hatte ein ganzes Menschenleben damit zugebracht, um den weitschichtigen Stoff zusammenzutragen, das Für und Wider abzuwägen, das Schlußergebnis zu machen und es an die betreffende Stelle einzureihen.

Die Zerfahrenheit und Zerklüftung, welche das Chaos des Talmuds, die Auslegung desselben und die Auszüge aus demselben erzeugt haben, daß nicht zwei Rabbinen über einen einzigen Punkt eines Sinnes waren, und jeder imstande war, Gründe für Ja oder Nein daraus zu entnehmen dieser Zerfahrenheit wollte Joseph Karo mit seinem neuen Religionskodex steuern. Da er von Geburt Spanier war, so bevorzugte er unwillkürlich die Ansichten spanischer Autoritäten gegen deutsche und französische — und beging dadurch eine Einseitigkeit. Auch kabbalistische Elemente hat Karo von spanischen Mystikern aufgenommen. Es ist ihm aber damit ebensowenig wie Maimuni mit seinem Gesetzbuche gelungen, dem Wirrwarr ein Ende zu machen; es liegt in der Beschaffenheit der Quellen selbst, aus welchen die Gesetze abgeleitet wurden. Wie zum Hohne auf die erstrebte Gleichmäßigkeit und Einigkeit hat ein scharfsinniger junger Rabbiner in Krakau gleich beim Erscheinen von Karos Werk Anmerkungen dazu gemacht, welche dessen Entscheidungen vielfach umstoßen. Karos Traum, durch seine rabbinischen Werke allgemein anerkanntes Oberhaupt von Israel zu werden, war damit zeronnen. Der junge Rabbiner, Moses Isserles, welcher seine Ausstellung an der „Tafel" — nicht sehr geschmackvoll „Tafeltuch" (Mappa) nannte, — hat nur der Tatsache von der Unverschmelzbarkeit der von Hause aus einander widerstrebenden religionsgesetzlichen Elemente Ausdruck gegeben. Den spanischen Autoritäten, auf welche Karo sich verließ, stellte Isserles deutsch-polnische gegenüber, denen er den Vorzug gab. Zu den Erschwerungen, welche die Ascheriden aus Überfrömmigkeit zu verbindlichen Gesetzen gestempelt hatten, und welche Karo in sein rabbinisches Gesetzbuch aufgenommen hat, tat Isserles neue hinzu, welche die Klügelei der deutsch-polnischen Talmudschulen ausgetüftelt hatte. Sowohl in Karos „Tafel", wie in Isserles „Tafeltuch" trat ein ganz anderes Judentum in die Erscheinung, als das, welches im Pentateuch gelehrt, von den Propheten verkündet, und selbst von Maimuni auseinandergesetzt wurde.

Von welchem Geiste Karos rabbinisches Judentum durchweht war, zeigte sich in seinem Verhalten zu einem durch Forschungssinn und Wahrheitstrieb als einzig in seiner Zeit dastehenden Mann, der imstande gewesen wäre, schon im sechzehnten Jahrhundert einen Läuterungsprozeß im Judentum vorzubereiten, wie Mendelssohn im achtzehnten Jahrhundert, wenn die Ungunst der Zeitrichtung nicht die Saat im Keime erstickt hätte. Diese hervorragende Persönlichkeit war Asarja Ben-Mose dei Rossi (geb. in Mantua um 1514, gest. 1578) aus einer alten italienischen Familie. Er hatte sich so sehr in Bücher vergraben, daß sein Körper davon Spuren tiefen Leidens an sich trug. Schwach, gelb, ausgetrocknet, mit Fieber behaftet, schlich er wie ein Sterbender einher. Aber in dieser lebendigen Leiche arbeitete rührig ein kräftiger, gesunder Geist. Er hatte sich das ganze jüdische Schrifttum zu eigen gemacht, sich noch außerdem in die lateinische Geschichtsliteratur eingelesen und auch Medizin getrieben. Dabei mußte er ein Wanderleben führen, mußte seinen Wohnsitz Bologna infolge der Folterung und Ausweisung der Juden unter Pius V. meiden und ließ sich endlich dauernd zum zweiten Male in Ferrara nieder. Mit den Besten seiner Zeit, Juden, Marranen und Christen, pflegte er Umgang und wurde von allen als ein Wunder der Gelehrsamkeit angestaunt. Aber mehr noch als seine erstaunliche Belesenheit ist die Verwendung derselben an ihm zu bewundern. Er war der erste, welcher zwei Literaturgebiete, die weit voneinanderlagen — den Talmud mit seinen Nebenzweigen, und die Elemente der jüdisch-griechischen Welt, die in Philo, Josephus und auch in der kirchenväterlichen Literatur angetroffen werden — in Berührung und Beziehung brachte, um aus dem Munde so verschiedener Zeugen die Wahrheit der geschichtlichen Nachrichten zu prüfen. Er beruhigte sich nicht bei dem Gegebenen, sondern unterwarf alles und jedes einer eingehenden Prüfung und Läuterung.

Ein zufälliges Ereignis brachte die in Dei-Rossi liegenden geistigen Schätze zu Tage. Ferrara war von einem grausigen Erdbeben heimgesucht worden (18. Nov. 1570), welches die Einwohner zwang, Zufluchtsstätten außerhalb der Stadt aufzusuchen. In einem Dorfe war er mit einem gelehrten Christen zusammengetroffen, welcher seine schwermütigen Gedanken infolge des Erdbebens durch das Lesen eines griechischen Buches aus dem jüdischen Altertume erheitern wollte. Im Gespräche darüber wurde Dei-Rossi inne, daß selbst seine gebildeten Glaubensgenossen aus einseitiger Beschäftigung mit dem Talmud oder mit abgelebten philosophischen Schriften ihre eigene glänzende

Literatur aus der Epoche des zweiten Tempels so wenig kannten, während Christen daran ihr verdüstertes Gemüt aufrichteten. Er faßte daher den Entschluß, von dem christlichen Freunde ermuntert, den Aristeasbrief, die angeblichen Gespräche eines griechischen Königs über die jüdische Weisheit, ins Hebräische zu übertragen, um sie seinen Glaubensgenossen zugänglich zu machen.

Zur Ausarbeitung seines Hauptwerkes „Augenleuchte" (verfaßt 1575), welches zum Hauptinhalte Parallelen talmudischer und profaner Angaben über geschichtliche und archäologische Punkte hat, prüfte Deï-Rossi die verschiedenen Quellen gegeneinander und kam auf das überraschende Resultat, das er nicht verschwieg, daß manche Aussprüche im Talmud, welche seinen jüdischen Zeitgenossen als unumstößliche Wahrheit galten, bei gewissenhafter Prüfung nicht Stich halten. Als sein Werk beim ersten Erscheinen nach Safet gelangte, fanden selbstverständlich die dortigen Überfrommen den Inhalt äußerst ketzerisch. Joseph Karo trug einem Mitgliede seines Rabbinatskollegiums, Elisa Galaico, auf, eine Verdammungsschrift dagegen aufzusetzen, die an die ganze Judenheit gerichtet werden und sie auffordern sollte, Deï-Rossis Schrift zu verbrennen. Die Safetaner übten ebenfalls eine Inquisition gegen Bücher aus. Joseph Karo starb aber, ehe er das Verdammungsurteil unterzeichnet hatte (April 1575). Indessen waren die italienischen Juden doch nicht so fanatisch, Deï-Rossi zu verdammen, da sie ihn als einen rechtgläubigen und sittlich lauteren Mann kannten. Das Mantuaner Rabbinat wendete darauf nur das Verfahren Ben-Adrets gegen die Beschäftigung mit Profanliteratur an, es verbot das Lesen des Deï-Rossischen Werkes für Jünglinge unter fünfundzwanzig Jahren. Durch die, wenn auch nicht amtliche Verketzerung hat dieses wenig Einfluß auf die jüdische Mit- und unmittelbare Nachwelt ausgeübt. Im christlichen Kreise ist Deï-Rossis Werk viel mehr beachtet worden, es wurde beleuchtet und noch dazu ins Lateinische übersetzt. Wie konnte auch die nüchterne, prüfende Betrachtungsweise Anklang finden in einer Zeitströmung, in welcher die Schwindel erregende Kabbala das große Wort führen durfte, die Blindgläubigkeit als höchste Tugend angepriesen wurde, und die Schwärmerei sich bis zum fanatischen Taumel steigerte? Die Verzückungen Salomo Molchos und Joseph Karos und ihre messianische Schwärmerei können noch als nüchtern gegen das Tun und Treiben gelten, welches nach ihnen einen wahren Hexensabbat feierte. In den letzten drei Jahrzehnten des sechzehnten Jahrhunderts errang die Kabbala in Palästina eine unbedingte Alleinherrschaft, veranstaltete Geistererscheinungen und Beschwörungen, verbreitete sich von da aus über die ganze Türkei, Polen, Deutschland und Italien, verdunkelte und verwirrte die Köpfe, verschlechterte sogar die Herzen, ließ keinen gesunden Gedanken aufkommen oder brandmarkte ihn als Ketzerei und Sünde. Abermals, wie zur Zeit des jungen Christentums, wurde Galiläa und namentlich die Gegend von Safet der Schauplatz für böse Geister und Besessene, welche mystische Beschwörungen herausforderten und tiefe Geheimnisse offenbarten, und man weiß nicht, ob die Beschwörer um der Besessenen oder diese um jener willen aufgetaucht sind. Es entstand eine Zeit kabbalistischer Raserei, welche mit Zuchtlosigkeit und Herzensverderbnis Hand in Hand ging und nicht bloß die Wissenschaften, sondern auch den zur Nüchternheit anleitenden Talmud heruntersetzte. Für die Judenheit begann damals erst ein eigentümliches, dummgläubiges Mittelalter, als sich in der europäischen Welt nur noch die letzten Spuren des nächtlichen Grauens zeigten. Diese Richtung wurde von zwei Männern angeregt, die mit ihrer Schwärmerei und ihren Verzückungen einen immer größeren Kreis ansteckten, von Isaak Lurja und seinem Jünger Chajim Vital Calabrese.

Isaak Lurja Levi (geb. in Jerusalem 1534, gest. 1572), stammte aus einer deutschen Familie. Früh vom Vater verwaist, kam er nach Ägypten in das Haus eines reichen Oheims, Mardochai Francis, eines Steuerpächters, und wurde zum Talmudstudium angehalten, aber auch in die Kabbala eingeführt, die ihn fortan so sehr beherrscht hat, daß sein Geist davon umnebelt wurde. Das trockene Talmudstudium, welches mit massenhafter Gelehrsamkeit, unfruchtbarem Haarspalten und Formelwesen die Köpfe erfüllte, aber das Herz leer ließ, scheint Lurja widerwärtig geworden und ihn zur phantastischen Mystik getrieben zu haben. Er zog dem lärmenden Lehrhause die schauerliche Einsamkeit der Nilgegend und dem Operieren mit Verstandesformeln die Vertiefung in mystische Welten und schwärmerisches Beten vor. Der Sohar, welcher damals durch den ersten Druck überall hin verbreitet und jedermann zugänglich geworden war, zog ihn mächtig an. Je mehr ihm durch die Vertiefung in das tönende Nichts des Sohar die Kabbala vertrauter wurde, desto mehr stellte er den Verkehr mit Menschen ein, vernachlässigte selbst seine junge Frau, besuchte sein Haus nur von einem Sabbat zum andern, sprach wenig und das Wenige nur in hebräischer Sprache. Mehrere Jahre soll Lurja auf diese Weise in stiller Einsamkeit zugebracht haben, und sie machte ihn, wie alle diejenigen, deren Verstandeskraft nicht stärker ist, als ihre Phantasie, zu einem verzückten Schwärmer. Fest überzeugt von der Echtheit des Lügenbuches Sohar, als Werkes von Simon Ben-Jochaï, und von der Göttlichkeit der darin geoffenbarten Phantasterei und Albernheiten, suchte Lurja darin höhere Bezüge und tiefere Weisheiten. In seiner erhitzten Phantasie sah er wohl auch den Propheten Elia, den Lehrer von Geheimnissen, von Angesicht zu Angesicht.

Was offenbarte ihm der Prophet Elia, oder der Sohar, oder vielmehr seine eigene Einbildungskraft? Zunächst suchte er in die Verworrenheit und Zerfahrenheit des Sohar System, Einheit und Folgerichtigkeit zu bringen, wie wenn jemand in der Geschwätzigkeit eines halb Blödsinnigen Gedankenstrenge nachweisen wollte. Der Einsiedler von Kairo suchte herauszubringen, wie Gott die Welt vermöge der Zahlwesen (Sefirot) geschaffen und geordnet, oder wie sich die Gottheit in den Formen der Wesenheiten geoffenbart oder wie sie sich in sich selbst zusammengezogen hat, um aus ihrer Unendlichkeit die Endlichkeit der Wesen zu entfalten. So kam ihm ein außerordentlich verschlungenes Netz und Gewebe von Kräften, Gegenkräften, Wirkungen und Gegenwirkungen, Formen und Stufen in den vier Sphären der Sonderung, Schöpfung, Bildung und Wandlung heraus, und er belegte diese leeren Begriffe mit so wunderlichen Namen, daß er später sich mit Recht beklagen konnte, daß niemand sein mystisches System zu verstehen imstande sei. Doch galt Lurja diese vielfach verschlungene Weltschöpfungstheorie nur als eine Art Voraussetzung zu dem ihm viel wichtiger scheinenden praktischen Teile der Kabbala, wodurch die Welt der Gottesordnung herbeigeführt werden könnte. Die Lurjanische praktische Kabbala beruht auf einer wunderlichen Seelenlehre, immer auf Grund soharistischer Träumerei.

Die Seelen spiegeln die enge Verbindung des Unendlichen und Endlichen ab. Die ganze Seelenfülle, welche in die Zeitlichkeit eingehen soll, sei mit Adam geschaffen worden, aber jede Seele je nach ihrer höheren oder niedereren Stufe an oder aus oder mit dem ersten Menschen von höheren oder niederern Organen und Formen gebildet. Es gebe demnach Gehirnseelen, Augen-, Ohren-, Hand- und Fußseelen. Jede derselben ist als Ausfluß oder Funke (Nizuz) von Adam anzusehen. Durch die erste Sünde des ersten Menschen — auch die Kabbala braucht für ihre Wahngebilde die Erbsünde — sei das Hohe und Niedere, die Ober- und Unter-Seelen, Gutes und Schlechtes in Verwirrung und Vermischung geraten. Auch die lautersten Wesen haben dadurch eine Beimischung von dem Bösen oder dem Dämonischen „der Schale" (Kelipha) erhalten. Die sittliche Weltordnung oder die Läuterung des ersten Menschen könne aber nicht eher eintreten, bis die Folgen der Erbsünde, das Durcheinander von Gut und Böse, getilgt und abgetan seien. Von dem schlechtesten Teil der Seelenfülle stamme die Heidenwelt, vom guten dagegen das israelitische Volk; aber jene sei ebensowenig ohne ein Gemengteil des Urguten, wie dieses nicht ohne Beimischung des Verderbten und Dämonischen. Dieses gebe eben die ewige Anregung zur Sünde und hindere den auserwählten Bruchteil des Menschengeschlechtes, die Vorschriften Gottes, die Thora, zu befolgen. Die messianische Zeit werde eben diese Umkehrung der Ordnung durch die Erbsünde oder die eingetretene Unordnung wieder aufheben und die Vergöttlichung der Welt herbeiführen oder herbeigeführt sehen. Es müsse daher vorher eine durchgängige Scheidung des Guten vom Bösen erfolgen, was eben nur durch Israel geschehen könne, wenn es, oder die Gesamtheit seiner Glieder, die Beimischung des Schlechten los werde oder aus sich ausscheide. Zu diesem Zwecke müßten die Seelen (zunächst der Israeliten) Wanderungen durchmachen, Wanderungen durch Menschen- und Tierleiber, ja sogar durch Flüsse, Holz und Steine. Die Lehre von der Seelenwanderung bildet den Mittel- und Schwerpunkt der Lurjanischen Kabbala; er hat sie aber eigentümlich weiter ausgesonnen. Nach seiner Theorie müssen auch die Seelen der Frommen Wanderungen durchmachen, da auch sie von dämonischer Beimischung nicht frei seien; es gebe keinen Gerechten auf Erden, der nur Gutes täte und nicht sündigte, d. h. dessen Seele von der Beimischung des Unreinen frei wäre. Damit glaubte Lurja die Schwierigkeit gelöst zu haben, welche ältere Kabbalisten nicht zu überwinden vermochten.

Diese Scheidung der guten und bösen Elemente in der Seelenfülle oder diese Sühne und Tilgung der Erbsünde oder die Wiederherstellung der Ordnung in Adam würde aber, bei der steten Anreizung zu sündigen, eine sehr lange Zeitreihe erfordern. Es gäbe aber Mittel, diesen Prozeß zu beschleunigen, und das war die ureigene Erfindung Lurjas. Neben der Wanderung der sündhaften oder mit dämonischer Beimischung behafteten Seelen bestehe nämlich noch eine andere Art, eine Seelenaufschwingung oder Seelenschwängerung. Hat eine selbst geläuterte Seele hienieden manches Religiöse verabsäumt oder keine Gelegenheit gehabt, eine Pflicht zu erfüllen, so müsse sie ins Erdenleben zurückwallen, sich der Seele eines lebenden Menschen anzuschmiegen, sich mit ihr vereinigen und eng zusammenschließen, um das Versäumte nachzuholen. Auch abgeschiedene Geister frommer, sündenfrei gewordener Menschen treten hin und wieder auf Erden wieder auf, um schwache, schwankende Seelen, die aus eigener Kraft das Gute nicht zustande brächten, darin zu unterstützen, zu kräftigen und zum Ziele zu führen. Diese lauteren Geister wüchsen mit den im Kampfe ringenden Seelen zusammen und bilden eins mit ihnen, vorausgesetzt, daß sie einige Verwandtschaft miteinander haben, d. h. von denselben adamitischen Funken oder Organen stammen, wie denn überhaupt nur gleichartige (homogene) Seelen eine Anziehung aufeinander ausüben, ungleichartige (heterogene) dagegen einander abstoßen. Nach dieser Theorie habe die Verbannung und Zerstreuung Israels einen welt- oder seelenerlösenden Zweck. Die geläuterten Geister frommer Israeliten sollen sich mit den Menschenseelen aus anderen Völkerkreisen verbinden, sie an sich ziehen, um sie von den ihnen innewohnenden dämonischen Schlacken zu befreien.

Isaak Lurja träumte ein ganzes System von Seelenwanderung und Seelenverdoppelung. Wichtig schien ihm auch, das Geschlecht der Seelen zu kennen; denn es gebe auch weibliche Seelen in männlichen Leibern und umgekehrt, je nach der Anziehung und Wanderung. Das sei besonders für das Eingehen einer Ehe wichtig, ob die Seelen des Paares ihrer Abstammung und Stufe nach zu einander stimmten oder nicht; in dem einen Falle gäben sie eine Harmonie und eine gediegene Nachkommenschaft, in dem andern Falle Zwietracht und ein entartetes Geschlecht. Mit diesem Geheimnis vermeinte der Schwärmer von Kairo auch ein anderes zu besitzen, wie die guten Geister herabbeschworen, gewissermaßen zum Eingehen in den Leib lebender Menschen genötigt und so Offenbarungen aus der jenseitigen Welt zu machen gezwungen werden könnten. Damit glaubte er den Schlüssel zum Messiasreiche und zur Herstellung der Weltordnung in Händen zu haben. Er selbst glaubte die Seele des Messias von Josephs Linie zu besitzen und eine messianische Sendung zu haben. Er sah überall Geister und hörte deren Geflüster in dem Rauschen der Gewässer, in der Bewegung der Bäume und Gräser, im Gesange oder Gekrächze munterer Vögel, im Flimmern der Flamme. Er sah, wie sich die Seelen beim Verscheiden von dem Leibe loslösten, wie sie sich in die Höhe schwangen oder aus den Gräbern aufstiegen. Ganz besonders verkehrte er mit den Geistern biblischer, talmudischer und rabbinischer Frommen und namentlich mit Simon Ben-Jochaï, dem angeblichen Verfasser des Sohar. Kurz, Lurja war ein entschiedener Geisterseher und Totenbeschwörer, ein zweiter Abraham Abulafia oder auch ein Salomo Molcho, und gedachte mit kabbalistischem Krimskrams messianische Hoffnungen zu erwecken, dabei war er aber doch nüchtern und sophistisch; er trug die talmudische Klügelei in die Kabbala hinein.

Wohl um sein Erlösungswerk durchzuführen, siedelte er mit Weib und Kind nach Safet, dem kabbalistischen Jerusalem, über, wo die Geheimlehre in höchster Blüte stand, und wo der Sohar, die Trugschrift des Mose de Leon, eben so sehr vergöttert wurde, wie das Gesetzbuch des Mose, Sohn Amrams. Fast das ganze Rabbinatskollegium und sämtliche Tonangeber von Safet waren Kabbalisten, wie die ganze Stadt nur mit Juden bevölkert war. Hier konnten die Kabbalisten daher nach Herzenslust ihr Wesen treiben. Sie fühlten sich, geschützt von der Gunst des jüdischen Herzogs von Naxos beim Sultan, wie in eigenem Staate, dessen Gesetzgeber und Herrscher sie allein waren. Erst durch seine Bekanntschaft und Verbindung mit einem noch größeren, vielleicht nicht so ehrlichen Schwärmer wurde Lurja eine gesuchte Persönlichkeit und steckte alle Welt mit seinen wachen Träumen an.

Dieser sein Genosse war der Italiener Chajim Vital Calabrese (geb. 1543, gest. 1620), dessen Vater aus Italien nach Palästina gewandert war. Vital hatte in seiner Jugend nichts Rechtes gelernt, sondern nur etwas von Talmud und Geheimlehre gekostet. Dafür besaß er eine ausschweifende Phantasie und eine entschiedene Neigung für das Abenteuerliche und für Lärmschlagen. Zwei und ein halbes Jahr hatte er sich mit Alchimie und Goldmacherkunst beschäftigt. Von dieser Geheimkunst wandte er sich Lurjas Kabbala zu, von einem Dusel zum anderen. Gewiß ist es, daß beide, ohne es zu wollen, einander betrogen haben. Sie suchten zusammen Einöden und Gräber auf. Es waren Lieblingsplätze Lurjas, weil er da den Geist Simon Ben-Jochaïs, dieses vermeintlichen Urmystikers, auf sich herabziehen zu können vermeinte. Hin und wieder sandte Lurja seinen Jünger aus, Geisterbeschwörungen vorzunehmen, und überlieferte ihm dazu gewisse Formeln aus versetzten Buchstaben der Gottesnamen. Natürlich flohen böse Geister vor Vitals Anblick, gute Geister schlossen sich ihm an und teilten ihm Geheimnisse mit.

Vital war es nun, der von der außerordentlichen, vermeintlich göttlichen Begabung seines Meisters ungeheuren Lärm schlug und, wie es scheint, mit künstlicher Berechnung auf Marktschreierei. Der zuerst vereinsamte Lurja sah sich mit eine Male von Verehrern umschwärmt. Mehrere Jünger schlossen sich ihm an, und er teilte ihnen die Ausgeburten seines wirren Kopfes mit, gab jedem an, welche adamitische Urseele ihm innewohne, welche Wanderung sie vor ihrem gegenwärtigen Leibesleben durchgemacht, und welche Aufgabe sie hienieden habe. Von den Jüngern, die sich um Lurja gesammelt hatten, bildete er zwei Klassen, Eingeweihte und Novizen. Kabbalistische Unterredungen und Aufzeichnungen, Geisterseherei und Beschwörungen bildeten die Tätigkeit Lurjas und seines Kreises.

Er stand auf dem Sprunge, eine neue jüdische Sekte zu bilden. Am Sabbat kleidete er sich weiß, in die Farbe reiner Seelen, und trug ein vierfaches Gewand, um den vierbuchstabigen Gottesnamen darzustellen. Der Hintergrund aller seiner Offenbarungen und Tätigkeiten war, daß er der Messias vom Stamme Josephs, der Vorläufer des Davidischen Messias, sei. Dieses deutete er indes seinen Jüngern nur verstohlen an. Sein Wahn war, die messianische Zeit habe mit dem Beginne der zweiten Hälfte des zweiten Tausendtages seit der Tempelzerstörung begonnen (1568).

Der unerwartet eingetretene Tod des achtunddreißigjährigen Mystikers hat noch mehr zu seiner Verherrlichung beigetragen. Solche Naturen pflegt erst der Tod zu verklären. Mit morgenländischer Übertreibung betrachteten ihn seine Jünger noch mehr denn als einen Wundermann; sie nannten ihn den „Heiligen und Göttlichen“. Sie versicherten, daß, wenn Lurja noch fünf Jahre hätte leben können, er die Welt so gründlich gebessert haben würde, daß die messianische Zeit unfehlbar eingetreten wäre. Abraham Abulafia, der aus sich heraus kabbalistischen Wirrwarr gesponnen hatte, wurde verketzert und verfolgt. Isaak Lurja, der dasselbe auf Grund des Sohar getan hatte, wurde fast vergöttert.

Nach Isaak Lurjas Tode trat Vital Calabrese in den Vordergrund. Er maßte sich sofort eine Art Meisterschaft über seine Mitjünger an, gab vor, Lurja habe ihn in den letzten Stunden zu seinem Nachfolger ernannt, und entzog ihnen, einer angeblich letztwilligen Anordnung zufolge, die schriftlichen Aufzeichnungen, die sie von Lurja in Händen hatten. Vital Calabrese gab noch zu verstehen, daß er der Messias aus dem Stamme Josephs sei. Indessen kehrten sich einige Jünger nicht daran und lehrten frischweg, was sie von Lurja vernommen hatten, in verschiedenen Ländern, so namentlich Israel Saruk in Italien und Amsterdam.

Unsäglich war der Schaden, den die Lurjanische Kabbala im jüdischen Kreise angerichtet hat. Sie hat das Judentum mit einem so dichten Schimmelüberzug umgeben, daß es bis heute noch nicht gelungen ist, ihn ganz zu entfernen. Durch Lurja bildete sich neben dem talmudisch-rabbinischen Judentum ein soharistisch-kabbalistisches. Denn erst durch ihn ist das Lügenwerk des Sohar zur Ebenbürtigkeit mit der heiligen Schrift und dem Talmud erhoben, ja noch höher als diese gestellt worden. Die Lurjanische Kabbala erblickte auf Grund des Sohar in jeder Kleinigkeit und Winzigkeit etwas Erhabenes und Welttragendes, und sie drückte daher dem Judentum noch mehr, als es bisher die rabbinische Skrupulosität getan hatte, den Stempel des Kleinigkeitskrames auf. Lurjas Bräuche (Minhagim) stimmen zum Lachen, erfüllen aber auch mit Trauer, daß das Erhabene so sehr in den Dunst der Niedrigkeit herabgezogen werden kann.

Wohl hat die Lurjanische Mystik Wert auf einen Umstand gelegt, der im jüdischen Kreise sonderbarerweise vermißt wurde, auf Andacht beim Gebete, aber auch diese Andacht artete in eine kabbalistische Spielerei aus. Jedes Wort und jede Silbe in den Gebetstücken sollte andächtig erwogen werden, um dabei an die Sephirot-Welten, an die mystische Bedeutung der Gottesnamen und an vieles andere zu denken. Wohl schärfte die Lurjanische Kabbala eine heitere Stimmung ein und verpönte jeden Trübsinn und jedes Aufwallen des Zornes und des Unmuts. Aber diese Heiterkeit erlangte durch den mystischen Beisatz etwas Beklemmendes und Unheimliches, wie das Lachen eines Wahnwitzigen. Den Mittelpunkt der Lurjanischen Kabbala bildet der Sabbat, die Gebete und Mahlzeiten an demselben. Jedes Tun und Lassen an demselben wirke auf die höhere Welt ein. Mit einem

Singsang eröffnete der Lurjanische Kreis den Sabbat, „die mystische Braut". Luria hat zu diesem Zwecke chaldäische Lieder gedichtet, voll dunkler, sinnloser Formeln. Die Lurjanische Kabbala führte sogar einen zweiten Versöhnungstag ein. Der Hosianna-Tag, der siebente Tag des Hüttenfestes, galt in der früheren Zeit als ein Freudentag. Joseph Karo wagte noch nicht seinem Kodex, diesem Tage eine höhere mystisch-religiöse Weihe zu geben. Erst die Lurjanische Richtung erhob ihn auf Grund des Sohar zu einem Versöhnungstage im kleinen, machte eine Vorschrift, die Nacht vorher mystische Wache zu halten, erblickte in jedem Blättchen des Weidenzweiges und in dem siebenmaligen Umkreisen um die Gesetzrolle eine höhere mystische Beziehung. Auch in sittlicher Beziehung wirkte die Lurjanische Mystik verderblich. Sie stellte eine Art Seelenharmonie für die Ehe auf. Wo sich daher Mißhelligkeit in der Ehe zeige, sei sie eben keine vorherbestimmte Vereinigung. Die Kabbalisten — und wer war es damals nicht? — pflegten sich daher bei dem geringsten Zerwürfnis in ihrer Ehe von ihren Frauen zu scheiden, um die harmonische, ihnen durch Vorherbestimmung zugedachte Hälfte zu suchen. Ehescheidungen kamen daher im Kabbalistenkeise häufiger vor. Nicht selten verließen Kabbalisten ihre Weiber und Kinder im Abendlande, zogen nach dem Morgenlande und gingen dort eine oder mehrere neue Ehen ein, ohne daß die Kinder aus den verschiedenen Ehen etwas voneinander wußten. Dieser verderbliche kabbalistische Spuk blieb nicht etwa toter Buchstabe, sondern wurde von den Anhängern in die Praxis umgesetzt.

So glich denn der Glanz, der vom jüdischen Herzog von Naxos und anderen einflußreichen Juden am türkischen Hofe auf ihre morgenländischen Glaubensgenossen fiel, genau betrachtet, einem Irrlichte, das einen Sumpf mit hellem Schimmer flimmern macht. Denn in der Tat war die religiöse Versumpfung grell genug. Es war ein entschiedener Rückfall ins Heidentum, und, was noch schlimmer war, es gab nicht einen einzigen Warner, der die Schäden erkannte, und mit wie schwacher Stimme auch immer die Verkehrtheit als solche gebrandmarkt hätte. Ob vielleicht das Vollgefühl der Sicherheit, in dem sich die Juden der Türkei unter mächtigen Beschützern ihres Stammes gewiegt haben, dieses Unwesen gefördert hat? Jedenfalls nahm es nicht ab, als dieser Schutz allmählich schwand. Denn der Einfluß des Joseph von Naxos auf den Sultan Selim hörte mit dem Tode dieses letztern auf (1574). Sein Nachfolger, Sultan Murad III. (1574—1595), ließ zwar gemäß letztwilliger Verfügung seines Vaters den jüdischen Herzog in seiner Würde und in seinen Ämtern. Aber direkten Einfluß auf den Divan hatte er nicht mehr, er wurde von seinem Gegner, dem Großvezier Mohammed Sokolli, und seinem Nebenbuhler, Salomo Aschkenasi, verdrängt und konnte nur durch

Intrigen vermittelst des Harems etwas durchsetzen. Joseph von Naxos überlebte seine teilweise Ungnade nicht lange (starb am 2. August 1579). Seine angehäuften Schätze zerrannen ebenso wie seine weitfliegenden Pläne. Der geldgierige Sultan Murad, welcher auf Goldhaufen schlief, damit sie ihm nicht entwendet würden, zog auf den Rat Sokollis dessen ganzes Vermögen ein, angeblich, um dessen Schulden zu decken. Die verwitwete Herzogin Reyna Naßi erhielt kaum aus der Hinterlassenschaft ihre eingebrachte Mitgift von 90,000 Dukaten heraus. Diese edle Frau, auf welche zwar weder der Geist ihrer Mutter, der Doña Gracia, noch der ihres Gatten übergegangen war, gedachte ihr Vermögen im Interesse der jüdischen Wissenschaft zu verwenden. Sie legte eine hebräische Druckerei in ihrem Palaste an. Allein sie wurde von einem geschmacklosen Geschäftsführer Joseph Askaloni, dem sie die Presse anvertraut hatte, irre geführt, so daß nur bedeutungslose Schriften, die besser im Dunkeln hätten bleiben sollen, in ihrer Druckerei (1579—1598) erschienen sind.

Mit dem Abtreten des Herzogs Joseph vom Schauplatze stieg das Ansehen des jüdischen Staatsmannes Salomo Aschkenasi, des Friedensstifters zwischen der Türkei und Venedig. Aber so viel er auch durch seine feinen diplomatischen Künste durchzusetzen vermochte, er stand nicht wie Joseph von Naxos im Vordergrunde der Begebenheiten als türkischer Würdenträger, sondern im Hintergrunde als kluger, verschwiegener Vermittler. Die Unterhandlungen zwischen der Türkei und Spanien wegen eines Friedens oder wenigstens eines leidlichen Verhältnisses, von beiden Seiten gewünscht, aber wegen gleichen Stolzes immer hinausgeschoben, abgebrochen und wieder angeknüpft, leitete Rabbi Salomo, der wie kein anderer dazu geschickt war, und führte sie auch teilweise durch. Für das gute Einvernehmen der Pforte mit Venedig sorgte er mit vieler Aufmerksamkeit. Dafür wurde er von dem Dogen belohnt, daß dessen Söhne auf Kosten des Staates in Venedig lebten.

Auch jüdische Frauen mit klugem Sinne und ein wenig in die Arzneikunde eingeweiht, erlangten unter den Sultanen Murad III., Mohammed IV. und Achmed I. vermittelst des Harems großen Einfluß. Unter diesen zeichnete sich Esther Kiera, Witwe eines Elia Chendali, besonders aus. Sie stand in besonderer Gunst bei der Sultanin Baffa, Lieblingsgemahlin Murads, welche die Politik unter ihrem Gatten und später unter ihrem Sohne leitete. Wenn ein christlicher Staat irgend etwas bei der Pforte durchsetzen wollte, mußte er die jüdische Unterhändlerin Kiera gewinnen. Das wußten namentlich die Venetianer auszubeuten. Sie vergab zuletzt wichtige Ämter im Staate. Alle Ehrgeizigen, die zu einem hohen Amte gelangen wollten, bezeigten daher der Kiera hohe Verehrung und Schmeichelei. Sie bereicherte sich natürlich durch ihre stille Macht, wie jedermann in der Türkei, der, wie schwach oder stark auch immer, in die Speichen des Staatsräderwerkes eingriff. Für ihre Stammgenossen zeigte sie großes Interesse; sie unterstützte Arme und Leidende, speiste Hungrige und tröstete Traurige. Auch die jüdische Wissenschaft empfand ihre spendende Hand. Auf ihre Kosten wurde Zacutos Geschichtswerk veröffentlicht. Natürlich erregte ihre Stellung Neid, und sie wurde von den Spahis, in deren Ernennung und Absetzung sie sich gemischt hatte, samt ihren Söhnen erschlagen.

Unter dem Sultan Achmed I. gelangte die Witwe des Staatsmannes Salomo Aschkenasi zu Ansehen und Einfluß. Sie war so glücklich, den jungen Sultan von den Blattern zu heilen, die kurz nach seiner Thronbesteigung sein Leben bedrohten, und für welche die türkischen Ärzte kein Heilmittel kannten. Aus Dankbarkeit wurde ihr Sohn an den Dogen Grimani in Venedig, wohin er seine Reise antrat, warm empfohlen und dort wie sein Vater mit Ehren empfangen. Allein solche Gunstbezeugungen gegen Juden wurden auch in der Türkei immer seltener und hörten endlich ganz auf, je mehr das Reich erschlaffte, und die Sultane Sardanapale wurden. Der Glanz der türkischen Juden erlosch wie ein Meteor. Erpressungen, Plünderungen, offenbare Gewalttätigkeiten der Paschas gegen die Juden in den Provinzen fingen auch da an alltäglich zu werden, seitdem sie eines kräftigen Schutzes in der Nähe des Sultans entbehrten.

Einen Augenblick hatte es den Anschein, als wenn ein anderer Schauplatz ein ruhiger Sammelpunkt für die Judenheit werden sollte, Polen nämlich, wo sich die jüdischen Einwohner behaglich fühlten. Capistranos verderbliche Ratschläge gegen sie hatten keinen dauernden Erfolg.

Fünftes Kapitel.

Lage der Juden in Polen und Italien bis Schluß des sechzehnten Jahrhunderts.

(1560 bis 1600.)

Polen, im sechzehnten Jahrhundert durch Vereinigung mit Litauen unter den Söhnen Kasimirs IV. eine Großmacht geworden, war so ziemlich wie die Türkei ein Asyl für alle Geächtete, Verfolgte und Gehetzte. Das kanonische, verfolgungssüchtige Christentum hatte dort noch keine feste Wurzel geschlagen, und der sich selbst vergötternde monarchische Absolutismus, von Hofschranzen und Priestern genährt, konnte bei dem Unabhängigkeitssinn des polnischen Groß- und Kleinadels nicht durchdringen. Die Starosten durften auf ihrem Gebiete, wie die englischen und schottischen Lords und Clans unumschränkt herrschen und königliche Eingriffe abwehren. Das reformatorische Bekenntnis, namentlich Calvins Lehre fand beim Adel und bei der Bürgerschaft Eingang. Die kanonischen Beschränkungen gegen die Juden, sie als geächtete Auswürflinge zu behandeln, wurden in Polen hier wenig beachtet; Capistranos Hetzereien gegen sie waren verschollen. Noch weniger fand Luthers letztwillige Lieblosigkeit gegen sie unter den meistens calvinistischen Polen Anklang. Als die Juden aus Böhmen ausgewiesen worden waren und sich nach Polen gewandt hatten, wurden sie hier wohlwollend aufgenommen. Ja, es wurde so hoher Wert auf sie gelegt, daß, als viele, angelockt von der günstigen Stellung ihrer Stammgenossen in der Türkei, sich anschickten dahin auszuwandern, der König alles aufbot, um sie freiwillig oder gezwungen im Lande zu behalten. Der Adel schützte sie auf seinen Gütern gegen feindselige Anfälle, insofern sein Interesse dabei nicht geschädigt wurde. Trieb es getaufte Juden, die Heuchelei des christlichen Bekenntnisses abzuschütteln und sich wieder dem Judentume zuzuwenden, so konnten sie Polen aufsuchen und hier nach ihrem Gewissen leben.

Über die Zahl der Juden in Polen liegt keine Schätzung vor, doch sollen es 20 000 Männer und Frauen bewohnt haben. Die Posener Gemeinde zählte damals 3000 Mitglieder, und ebensoviel die Krakauer, oder vielmehr die in der Vorstadt Kazimierz Wohnenden. Die drittgrößte Gemeinde war Lublin. Steuern hatten sie allerdings viel zu zahlen unter verschiedenen Titeln. Dazu wurden sie ja im Lande aufgenommen, geduldet und von den Königen und dem Adel geschützt. Sie waren so ziemlich die einzigen, welche in dem geldarmen Lande Geld besaßen. Daher begünstigten die Könige ihre Handelsunternehmungen. Als Sigismund I. August bald nach seiner Tronbesteigung mit dem russischen Großfürsten oder Zaren Iwan IV. (der Grausame genannt) Unterhandlunden wegen Verlängerung des Friedens pflog, stellte er die Bedingung, daß die litauischen Juden, wie früher, freie Handelsgeschäfte in Rußland machen dürften. Iwan schlug diese Bedingung rund ab; er wollte keine Juden in seinem Lande sehen. „Wir wollen diese Menschen nicht, welche Gift für Leib und Seele zu uns gebracht; sie haben tödliche Kräuter bei uns verkauft und unsern Herrn und Heiland gelästert". Es hatte sich nämlich etwa siebzig Jahre vorher eine jüdische Sekte in Rußland durch einen Juden Zacharias gebildet, welcher auch Popen und ein Metropolitan Zosima anhingen. Diese judaisierende Sekte hielt sich bis zum Anfang des sechzehnten Jahrhunderts; ihre Anhänger wurden aber, wenn entdeckt, streng verfolgt. Daher wurden die Juden in Rußland gar nicht geduldet.

Infolge der Reformation, welche in Polen Eingang gefunden, hatte sich daselbst auch geläuterter Geschmack und Liebe zur Wissenschaft und Literatur gehoben. Polnische Edelleute, welche gern Reisen machten, brachten Interesse dafür aus Deutschland und Italien mit und ließen ihre Söhne an den reformierten Universitäten von Wittenberg und Genf studieren. Auf die Juden Polens hatte allerdings die Erweckung für Wissenswürdiges nur geringen Einfluß, aber so ganz bar derselben, wie die deutschen Juden, waren sie keineswegs. Aristoteles, die in der jüdischen Welt so sehr verehrte, dem jüdischen Geiste so verwandte philosophische Autorität, fand auch im jüdisch-polnischen Kreise einzelne Verehrer; er zog die Jugend besonders mächtig an. Auch Maimunis religiös-philosophische Schriften hatten daselbst einige, wenn auch nicht viele Leser. Jüdische Ärzte aus Italien, welche mit der Königin Bona, Gemahlin Sigismund I. (1508 bis 1548) nach Polen eingewandert waren, brachten nächst der Arzneikunde auch andere profane Kenntnisse mit, welchen lernbegierige Jünglinge sich zuwendeten. Im allgemeinen herrschte unter den Juden polnischer Zunge nicht diese Öde und Verkommenheit wie unter den jüdischen Bewohnern Deutschlands.

Unter allen Juden Europas und Asiens haben die polnischen sich am spätesten mit dem Talmud vertraut gemacht, dafür haben sie ihn mit schwärmerischer Liebe gepflegt, als wollten sie das Versäumte schnell nachholen. Zwei Rabbinen ersten Ranges haben die liebevolle Pflege dieses Wissensfaches nach Polen verpflanzt, Mose Menz aus Mainz (um 1463 ausgewandert), der sich im Alter in Posen niedergelassen hatte und Jakob Polak (blühte um 1490—1530). Der letztere, an der deutschen Talmudschule ausgebildet, schraubte die Methode der Talmudauslegung zu einer staunenerregenden Meisterschaft. Ein Aufwand von Scharfsinn für geringfügige Erträgnisse, gleich dem Aufführen eines Riesenbaues aus losen Sandkörnern, eine Haarspalterei, welche bei weitem jene übertraf, die schon manche Talmudisten alter Zeit verspottet hatten, daß sie ein Seil durch ein Nadelöhr zieht, eine Disputierkunst, welche eine eigene Benennung erhielt — Pilpul — eine Art Frage- und Antwortspiel, dieses machte Jakob Polak in Krakau heimisch, wohin er von Prag aus eingewandert war und wo er ein Lehrhaus gegründet hatte. Seitdem schien es, als wenn sich erst dort die rechten Steuermänner zum Befahren des „Talmudmeeres" gefunden hätten. Die polnisch-talmudischen Hochschulen wurden seit dieser Zeit die berühmtesten in der ganzen europäischen Judenheit. Wer Gründliches lernen wollte, begab sich dahin. In einem jüdisch-polnischen Lehrhause ausgebildet sein, galt ohne weiteres als Empfehlung, und wer diese nicht hatte, wurde nicht als ebenbürtig angesehen.

Drei Männer waren es, welche den Ruf der polnischen rabbinischen Hochschulen weiter begründet haben. Schalom Schachna,

Jakob Polaks Jünger, Salomo Lurja und Mose Isserles, einer der Jünger Schachnas. Der erstere (blühte 1540—1558) scheint Großrabbiner geworden zu sein und in Lublin gewohnt zu haben. Salomo Lurja (geb. um 1510, gest. um 1573) aus einer eingewanderten deutschen Familie, wäre in einer besseren, kraftvolleren Zeit geboren, ein Fortbildner des Judentums geworden. Als Sohn einer verkommenen Zeit dagegen wurde er nur ein gründlicher Talmudist in einem höheren Sinne des Wortes, insofern er sich nicht bei dem Gegebenen beruhigte, sondern jedes einzelne prüfte und auf die Goldwage kritischer Genauigkeit legte. Lurja war zugleich ein ausgeprägter Charakter. Unrecht, Käuflichkeit, Scheinheiligkeit waren ihm so verhaßt, daß er darüber in einen öfter unklugen Feuereifer geriet. Mit dieser seiner Selbständigkeit und Charakterfestigkeit, die er überall geltend zu machen wünschte, stieß Salomo Lurja freilich öfter an und verletzte manche Eitelkeit. In herbem Ton geißelte er die Talmudgelehrten, deren Tun nicht der Lehre entsprach, die nur des Disputierens willen, oder um sich einen Namen zu machen, dem Studium oblagen. Er geißelte die Talmudbeflissenen seiner Zeit, daß der Unwissenden viele, der Kundigen nur wenig wären, die Hochmütigen zunähmen, und keiner sei, der den ihm gebührenden Platz einnehmen wollte. Sobald einer derselben ordiniert sei, geberde er sich als Meister, sammle für Geld eine Schar Jünger um sich, wie die Adligen sich Leibdiener mieten. Es gäbe „ergraute Rabbinen, die vom Talmud wenig verstehen, sich herrschsüchtig über Gemeinden und Kundige benehmen, bannen, entbannen, Jünger ordinieren, alles nur Eigennutz". Salomo Lurja überschüttete mit der Lauge seines Spottes diejenigen unter den deutschen Talmudkundigen, welche gegen Reiche und Angesehene eine weitgehende Nachsicht bei Übertretung rabbinischer Satzungen übten, dagegen über weniger bemittelte, fremde Männer, wenn sie auch nur von einer Sitte abwichen, z. B. unbedeckten Hauptes zu gehen, einen bösen Leumund verbreiten".

Es stand übrigens nicht so schlimm in diesem Kreise, wie es seine gereizte Stimmung schilderte; das beweist am bündigsten die Anerkennung, welche der grämliche Tadler selbst gefunden hat. Jüngere wie ältere Talmudbeflissene waren noch bei seinem Leben voll Bewunderung für seine Leistungen. Noch an der Grenze von Jugend und Mannesalter unternahm er sein Hauptwerk, die talmudische Diskussion zu läutern und zu sichten, um daraus die religiöse Praxis festzustellen, und er arbeitete daran bis an sein Lebensende, ohne es ganz zu vollenden. Salomo Lurja vollzog allerdings diese Aufgabe mit mehr Gründlichkeit, Klarheit und Tiefe als seine Zeitgenossen und Vorgänger. Aber wenn er glaubte, wie es den Anschein hat, dem Chaos und dem Meinungswirrwarr des rabbinischen Judentums ein Ende zu machen, so lebte er in demselben Irrtum wie Maimuni und andere. Er hat nur dazu beigetragen, diesen Knäuel noch mehr zu verwickeln.

Vermöge seines kritischen Sinnes legte Lurja auch Wert auf das, was seine polnischen und deutschen Fachgenossen als zu kleinlich gar nicht beachteten, auf grammatische Richtigkeit und Genauigkeit zur Unterscheidung der Sprachformen im Hebräischen. Dagegen war er ein abgesagter Feind der scholastischen Philosophie; sie schien ihm gefährlich und vergiftend für den Glauben.

Eine tonangebende rabbinische Größe in Polen war Mose Ben-Israel Isserles in Krakau (geb. um 1520, gest. 1572). Sohn eines sehr reichen, angesehenen, mit dem Vorstandsamte bekleideten Vaters, zeichnete er sich mehr durch Frühreife und umfassende Gelehrsamkeit als durch eine besondere Eigenheit des Geistes aus. Er konnte in Behaglichkeit sich in das Studium des Talmuds vertiefen und sich in dessen Irrgängen heimisch machen. Er erlangte bald einen solchen Ruf, daß er noch halb im Jünglingsalter zum Rabbiner-Richter in Krakau ernannt wurde. Mit dreißig Jahren umfaßte er das ganze Gebiet der talmudischen und rabbinischen Literatur ebenso gründlich wie der noch einmal so alte Joseph Karo.

Auch Isserles fühlte das Bedürfnis, das weithin zerstreute und verworrene Material des rabbinischen Judentums zu sammeln und abzuschließen. Da ihm aber Joseph Karo darin mit Abfassung seines Kodex zuvorgekommen war, so blieb ihm nur übrig, Anmerkungen und Berichtigungen daran anzubringen. Diese fügte er zu Karos „Tafel" hinzu unter dem Titel „Mappa". Da die deutsche Judenheit von jeher skrupulöser als die übrige war, so fielen Isserles' aus dieser Quelle entnommenen Nachträge und Ergänzungen erschwerend aus. Seine Entscheidungen fanden alsogleich völlige Anerkennung und bilden bis auf den heutigen Tag für die deutschen und polnischen Juden — und was dazu gehört — die religiöse Norm, das offizielle Judentum. Man kann nicht gerade sagen, daß er dadurch noch mehr zur Verknöcherung desselben beigetragen hat, denn diese Erschwerungen hat er nicht erfunden und eingeführt, sondern festgehalten und abgeschlossen; er war nur dem allgemeinen Zuge gefolgt. Hätte sie nicht Isserles in den Religionskodex gebracht, so würde es ein anderer getan haben.

Isserles hatte übrigens auch regen Sinn für außertalmudische Fächer, zunächst für Astronomie; er arbeitete einen Kommentar zu Frohbachs astronomischem Werke (Theorica) aus. Eine Neigung hatte er auch für Philosophie, allerdings soweit er sie aus den hebräischen Schriften kannte. Maimunis „Führer" war auch sein Führer. Dafür mußte er sich eine derbe Abfertigung von seiten des stolz redenden

Salomo Lurja gefallen lassen. Für Geschichte war Isserles auch nicht ohne Sinn.

Durch sein Interesse daran regte Isserles einen seiner Jünger an, sich ernstlich damit zu beschäftigen. David Gans (geb. in Westfalen 1541, gest. in Prag 1613) war als Jüngling nach Krakau gekommen, um die dortige rabbinische Hochschule zu besuchen; aber unwillkürlich wurde sein angeborener Sinn für Wissenschaftliches, für Geschichte, Geographie, Mathematik und Astronomie, von Isserles, der ihn erzogen und geleitet hat, lebhaft geweckt. Gans verlegte sich auf diese Studien, machte persönliche Bekanntschaft mit den beiden Größen in Mathematik und Astronomie in dieser Zeit, mit Kepler und Tycho de Brahe, und arbeitete mehrere Schriften über diese Zweige in hebräischer Sprache aus. Berühmt ist besonders seine Chronik (Zemach David) geworden, welche in Jahrbüchern der jüdischen und der allgemeinen Geschichte besteht. Es war viel, sehr viel für einen deutschen Juden, daß er sich diese außer dem Bereiche der Alltäglichkeit liegenden Kenntnisse angeeignet hat. Aber bedeutend kann man David Gans' Leistungen in der Geschichtsschreibung durchaus nicht nennen. Er führte für Juden die nackte, trockne Form der Geschichtserzählung ein, wie sie früher geistlose Mönche gebraucht hatten, und die damals bereits einer künstlerischen Darstellung gewichen war. Gans' Chronik hat nur insofern ein Verdienst, daß sie die im Talmud Versenkten daran erinnerte, daß eine lange Geschichtsreihe ihnen vorangegangen war.

Diese drei dem Range und der Zeit nach ersten rabbinischen Größen, Schachna, Salomo Lurja und Isserles, haben den Grund zum außerordentlichen Aufschwung der polnisch-talmudischen Hochschulen gelegt. Jede verwickelte Frage wurde ihnen, besonders aber dem letzteren, aus Deutschland, Mähren, Böhmen, sogar aus Italien und der Türkei, zur endgültigen Entscheidung vorgelegt. Die widrigen Gemeinheiten in der Prager Gemeinde, denen gegenüber das dortige Rabbinatskollegium ohnmächtig war, wurden vor die polnischen Rabbinen gebracht, und diese schritten kräftig dagegen ein. Leidenschaftliche Streitigkeiten in Frankfurt a. M., welche eine Verfolgung oder Ausweisung herbeizuführen drohten, wurden von Polen aus beschwichtigt. So begründete dieses rabbinische Triumvirat eine gewisse Oberhoheit Polens fast über die europäische Judenheit, die von allen Seiten zugestanden wurde.

Das Triumvirat, dessen zahlreiche Jünger einen Wetteifer für das Talmudstudium entwickelten, hatte die Wirkung, daß nach und nach fast sämtliche polnische Juden talmudkundig und sogar rabbinatsbefähigt wurden. Selbst in kleinen Gemeinden von nur fünfzig Mitgliedern gab es mindestens zwanzig Talmudgelehrte mit einem Lehrhause, worin wiederum wenigstens dreißig Jünger unterrichtet wurden. Überall entstanden Lehrhäuser mit einem vortragenden Rabbinen an der Spitze; die Funktion eines solchen bestand hauptsächlich darin, Lehrvorträge zu halten; alles übrige war Nebensache für ihn. Die Jugend drängte sich in die Lehrhäuser, sie konnte sorglos leben, da die Gemeindekasse oder reiche Privatleute für deren Subsistenz sorgten. Von zarter Jugend an wurden die Kinder — allerdings zum Nachteile der natürlichen Entwicklung des Geistes — zum Talmudstudium angehalten. Aufseher wurden ernannt, den Fleiß der Studierenden (Bachurim) und der Kinder zu überwachen. Nach und nach wurde ein Lehrplan für die talmudischen Vorträge im Sommer- und Wintersemester eingeführt, der sich so ziemlich bis zum Beginn der Neuzeit erhalten hat.

Nach Schluß der Semester zogen sämtliche Talmudlehrer mit ihren zahlreichen Jüngern zu den polnischen Hauptmessen, im Sommer nach Zaslaw und Jaroslaw und im Winter nach Lemberg und Lublin. So kamen mehrere tausend Talmudjünger zusammen. Dort fand ein lebendiger Austausch der Bemerkungen und Spitzfindigkeiten über den talmudisch-rabbinischen Lehrstoff statt. Es wurden öffentliche Disputationen gehalten, an denen sich jedermann beteiligen konnte. Die guten Köpfe erhielten auf diesen Reisen als Lohn für ihre Geistesanstrengung reiche Bräute. Denn reiche Eltern setzten einen Stolz darein, talmudisch geschulte Schwiegersöhne zu haben, und suchten solche auf den Messen. Die Juden Polens erhielten durch diesen Feuereifer, so zu sagen, eine talmudische Haltung, die sich in jeder Bewegung und Äußerung, in unschönem Achselzucken, in eigentümlicher Daumenbewegung kund gab. Jedes Gespräch gleichgültiger oder auch geschäftlicher Natur glich einer talmudischen Disputation. Talmudische Wörter, Bezeichnungen, Phrasen, Wendungen und Anspielungen gingen in die jüdische Volkssprache über und waren selbst Frauen und Kindern verständlich.

Aber diese Übertreibung des Talmudstudiums in Polen hat dem Judentum keinen Nutzen gebracht. Wurde es doch nicht betrieben, um ein rechtes Verständnis desselben zu erzielen, sondern lediglich um etwas ganz Besonderes, Ausgesuchtes, Witziges, Pikantes, den Verstandeskitzel Anregendes zu finden! Bei dem Zusammenströmen so vieler tausend Talmudkundiger, Meister und Jünger, an den Hauptmeßplätzen strengte sich jeder an, etwas Überraschendes, recht Kniffiges zu finden, auf den Markt zu bringen und die übrigen zu überbieten, unbekümmert, ob es stichhaltig oder auch nur relativ wahr sei, lediglich um in den Ruf eines scharfsinnigen Kopfes zu kommen. Das Hauptbestreben der Talmudbeflissenen Polens ging dahin, etwas Neues in der talmudischen Diskussion zu Tage zu fördern, etwas zu erfinden (Chiddusch). Die Vorträge der Schulhäupter hatten nur dieses eine Ziel im Auge, etwas Unübertroffenes aufzustellen und ein Spinngewebe von talmudischen Sätzen sophistisch zusammen zu leimen, unfaßliche Haarspaltungen noch mehr zu spalten (Chillukim). Dadurch erhielt die ganze Denkweise der polnischen Juden eine verkehrte Richtung; sie stellten die Dinge auf den Kopf. Die Sprache litt besonders dadurch, sie artete in ein Lachen erregendes Kauderwelsch, in ein Gemisch von deutschen, polnischen und talmudischen Elementen, in ein häßliches Gelalle aus, das durch die witzelnde Art und den singenden Ton nur noch widriger wurde. Diese verwilderte Sprache, welche alle Formen verachtete, konnte nur noch von einheimischen Juden verstanden werden. Mit der Sprache büßten die Juden Polens das Wesen ein, was den Menschen erst zum Menschen macht, und setzten sich selbst dem Gespötte und der Verachtung der nichtjüdischen Kreise aus. War die heilige Schrift schon durch den Gang der Entwicklung nach und nach in den Hintergrund getreten, so schwand ihre Kenntnis in Polen ganz und gar. Wenn man sich mit ihr befaßte, so geschah es auch nur, um Witz oder Aberwitz darin zu suchen.

Die Umstände lagen damals der Art, daß die Juden Polens gewissermaßen einen eigenen Staat im Staate bilden konnten. Mehrere Könige hintereinander waren ihnen insofern günstig, als sie deren ausgedehnte Schutzprivilegien anerkannt und, so weit ihre Macht reichte, auch durchgeführt haben. Nach dem Tode des letzten jagellonischen Königs Sigismund II. (1572) kam das Wahlkönigtum den Juden Polens recht zustatten. Denn jeder neu gewählte König brauchte vor allem Geld, und dieses konnten nur Juden herbeischaffen, oder er brauchte eine Partei unter den Adligen, und dadurch erlangte dieser im allgemeinen ihnen zugetane Stand das Übergewicht über die engherzige, judenfeindliche, meistens deutsche Bürgerschaft.

Nach einer Zwischenregierung von dreizehn Monaten und langen Wahlverhandlungen und Intrigen gelangte der kluge Fürst von Siebenbürgen, Stephan Bathori, auf den polnischen Thron, wohl auch nicht ohne Mitwirkung des jüdischen Agenten Salomo Aschkenasi, wie bei der Wahl Heinrichs von Anjou, da die Türkei dessen Wahl gefördert hat. Nicht lange nach seiner Thronbesteigung richtete er milde Worte an die Juden, nahm die von Litauen in Schutz gegen die lügenhafte Anschuldigung des Chistenkindermordes und sprach die Überzeugung aus, daß die Juden gewissenhaft der jüdischen Lehre folgen, Menschenblut nicht zu vergießen. Seine fast zwölfjährige Regierung (1575—1586) bildet einen freundlichen Abschnitt in der Geschichte der Juden Polens. Stephan Bathori erhielt ihre Privilegien mit allem Nachdruck aufrecht. Er gestattete (1576) den Juden jeden Handel ohne Einschränkung zu treiben, selbst an christlichen Feiertagen zu kaufen und zu verkaufen, bestimmte, daß der Mord an einem Juden ebenso wie an einem Christen mit dem Tode bestraft werden sollte, und machte den Magistrat der Städte für Aufläufe und Beschädigungen an Synagogen, Friedhöfen und Leichen der Juden seitens des christlichen Pöbels verantwortlich. Der Urheber von tumultuarischen Angriffen auf Juden, die meistens in der halbdeutschen Stadt Posen vorkamen, sollte in 10 000 polnische Mark Geldstrafe und der Magistrat, der seine Pflicht nicht getan, die Juden zu schützen, in dieselbe Strafe verfallen. An Aufreizungen gegen sie fehlte es während Bathoris Regierung nicht. Wo gab es damals im christlichen Europa ein Land, in dem nicht Judenfeinde gegen sie gezüngelt hätten? Aber Bathoris starker Arm hielt sie im Zaum.

Unter der langen Regierung Sigismunds III., des Schwedenprinzen (1587—1632), dessen Wahl das Vorbild für innere Spaltung und Bürgerkriege gab, erging es den polnischen Juden besser, als man von ihm, dem Jesuitenzögling und eifrigen Katholiken, hätte erwarten können. Obwohl er die polnischen Dissidenten verfolgen ließ, fühlten sich die Juden unter seiner Regierung nicht unbehaglich. Auf dem Reichstage zu Warschau (1592) bestätigte er ihre für günstig geltenden alten Kasimirschen Privilegien. Nur eine gesetzliche Bestimmung führte Sigismund III. zum großen Nachteil der Juden ein, die seinen engkirchlichen Sinn bekundet. Er verordnete, daß sie zum Bau neuer Synagogen die Erlaubnis von Geistlichen einholen müßten, wodurch er die Religionsübung der Juden von der verfolgungssüchtigen Kirche abhängig machte.

Nichtsdestoweniger konnte in dieser Zeit die polnischen Judenheit eine Institution einführen, wie sie bisher im Verlaufe der jüdischen Geschichte in dieser Form noch nicht bestand, und welche den Gemeinden eine außerordentliche Einigkeit, Halt, Stärke und dadurch Ansehen nach innen und außen verlieh. Es hatte sich bisher von selbst gemacht, daß bei dem Zusammenströmen von Rabbinen und Schulhäuptern mit ihrem Anhange an den polnischen Hauptmeßplätzen wichtige Fragen daselbst verhandelt, Prozesse geschlichtet und gemeinsame Verabredungen getroffen wurden. Die Nützlichkeit solchen Zusammengehens mag sich augenfällig herausgestellt und die Idee angeregt haben, regelmäßige Zusammenkünfte der Hauptgemeindeführer zu veranstalten, um gemeinsame bindende Beschlüsse zu fassen. Die Führer und die Gemeinden müssen damals von einem guten Geiste beseelt gewesen sein, daß sie auf ein solches Zusammenwirken eingingen. Es einigten sich zunächst die Gemeinden der Hauptländer Kleinpolen, Großpolen, und Reußen zu dem Zwecke, regelmäßig wiederkehrende Synoden (Waad) zu veranstalten, die an den Hauptmeßplätzen Lublin und Jaroslaw tagen sollten. Die

Hauptgemeinden sandten Deputierte, gelehrte, bewährte Männer, welche Sitz und Stimme in der Synode hatten. Die Deputierten wählten einen Vorsitzenden, der die Verhandlungen der zur Sprache gebrachten Fragen leitete und ein Sitzungsprotokoll führte. Streitigkeiten in den Gemeinden, Steuerverhältnisse, religiöse und sittliche Anordnungen, Abwendung von drohenden Gefahren, gemeinsame Unterstützung leidender Brüder, das waren die Punkte, welche auf den Synoden verhandelt und bindend verabredet wurden. Auch eine Bücherzensur übte die Synodalverwaltung aus, indem sie für gewisse Bücher die Erlaubnis erteilte, gedruckt und verkauft zu werden, für andere, die ihr schädlich schienen, Druck und Verbreitung untersagte. Als Litauen später hinzu kam, wurden die Synoden die der Vier-Länder genannt [1]). Sehr wohltätig wirkten die Synodalversammlungen. Sie verhüteten zunächst Zwistigkeiten, wehrten Ungerechtigkeit ab, hielten den Gemeinsinn wach, und arbeiteten solchergestalt der Engherzigkeit und Selbstsucht örtlicher Interessen entgegen. Aus diesen Gründen war die polnisch-jüdische Synode auch auswärts angesehen; selbst entfernte deutsche Gemeinden oder Privatpersonen, die sich über Unbilden zu beklagen hatten, wandten sich an diese höchste Behörde in der Gewißheit, von ihr Abhilfe ihrer Beschwerden zu erlangen. Es gereicht den Männern, welche eine geraume Zeit von mehr als einem Jahrhundert die Synoden leiteten, zum Ruhme, daß ihre Namen, die würdig gewesen wären, der Nachwelt bekannt zu werden, dunkel geblieben sind, als hätten sie geflissentlich ihre persönliche Bedeutung vor dem Allgemeinen zurückgedrängt. Nicht einmal die ersten Persönlichkeiten sind bekannt, die das gewiß mühsame Werk der Einigung durchgesetzt haben, den doppelt anarchischen Sinn als Juden und Polen zu überwinden und zu bewegen, sich einem großen Ganzen unterzuordnen. Mardochaï Jafa, ein aus Böhmen stammender Rabbiner (geb. 1530, gest. 1612) scheint diese regelmäßigen Synodalversammlungen organisiert zu haben. Er war von Jugend an gezwungen, den Wanderstab zu gebrauchen und war auch nach Venedig gekommen. Wie es scheint, verleidete ihm die Hetzjagd der Inquisition auf die Talmudexemplare den Aufenthalt in dieser Stadt, und er begab sich infolgedessen wieder nach Polen. Dort fungierte er zuletzt in Lublin als Rabbiner, wo, wie gesagt, zur Meßzeit viele tausend Juden zusammenströmten, und es gab daselbst immer schwebende Prozesse und Streitigkeiten zu schlichten. Dadurch mag Mardochaï Jafa auf den Gedanken gekommen sein, die zufälligen Zusammenkünfte in regelmäßige Synoden zu verwandeln und Statuten dafür auszuarbeiten. Seine Autorität war gewichtig genug, um seinen

[1]) Waad Arba Arazot.

Vorschlägen, die zugleich einem Bedürfnis entsprachen, Eingang zu verschaffen. Nach ihm scheint den Vorsitz bei den Synoden Josua Falk Kohen, Schulhaupt von Lemberg (1592—1616), geführt zu haben, dessen großes Lehrhaus sein reicher und angesehener Schwiegervater unterhielt. Die häufigen Synoden der Dissidenten in Polen, der Calvinisten und Antitrinitarier mit ihren Nebensekten, in verschiedenen Städten scheinen den jüdischen zum Muster gedient zu haben. Nur wurden hier nicht wie dort haarspaltende Glaubensartikel verhandelt, sondern praktische, ins Leben eingreifende Fragen entschieden.

Denn äußerlich betrachtet, boten Polen und Litauen in dieser Zeit das Bild eines von religiösen Streitigkeiten durchwühlten Landes, als sollte sich eine neue Gestaltung des Christentums daraus emporarbeiten. Als in Deutschland die reformatorische und gegenreformatorische Bewegung sich bereits gelegt, die titanischen Himmelsstürmer sich in alltägliche Pastoren verwandelt hatten, die neue Kirche ihrerseits einem Verknöcherungsprozeß entgegen ging und nach kurzem Jugendrausche in Altersschwäche verfiel, gingen in den polnischen Landesteilen die Wogen religiöser und sektiererischer Spaltung erst recht hoch und drohten, eine allgemeine Überflutung herbeizuführen. Die deutschen Kolonien in Polen hatten die Reformation dahin verpflanzt, und der polnische Adel betrachtete es als eine Modesache, der gegenpäpstlichen Neuerung zu huldigen. Das Christentum in katholischer Form war in Polen und Litauen überhaupt noch zu jung, um feste Wurzeln zu haben. So drang die Reformation, weil sie wenig Widerstand fand, in Adel- und Bürgerkreise schnell und sich fast überstürzend ein. Der König Sigismund August hatte diese Bewegung gewähren lassen. Von den Radziwils in Litauen, die seinem Throne nahe standen, beherrscht, war er nahe daran, dem Papsttum untreu zu werden. So wurde Polen in weitester Ausdehnung ein Freistaat und ein Tummelplatz für die von Luther und Calvin ausgegangene neue Lehre. Selbst die in Italien, der Schweiz oder Deutschland von katholischer oder reformistischer Seite verfolgten Schwärmer, welche die religiöse Bewegung weiter treiben wollten, fanden unter dem Schutze der auf ihrem Gebiete selbständigen polnischen Adligen zuvorkommende Aufnahme. So konnte sich in Polen eine Sekte bilden, welche, folgerichtig fortgesetzt, dem Christentum überhaupt eine andere Gestalt hätte geben können. Die Asche des auf dem Scheiterhaufen zu Genf verbrannten Aragoniers Servet, der „über die Irrtümer der Dreieinigkeit" geschrieben hatte, schien einen neuen Keim kirchlicher Spaltung befruchtet zu haben. Eine Reihe seiner Jünger, Socin, Blandrata, Paruta, Italiener von kühnen Gedanken, die an dem Grundgebäude des Christentums rüttelten, in katholischem und reformatorischem Lager geächtet, trat über die polnische Grenze und durfte dort nicht nur frei leben, sondern auch frei sprechen. Die Hauptangriffe der Socinianer oder Pinczowianer (wie diese in Polen wuchernde Sekte genannt wurde) war gegen die Dreieinigkeit als eine Art Vielgötterei gerichtet. Davon erhielten sie den Namen Unitarier oder Antitrinitarier. Es entstand dadurch ein Gewimmel von Sekten, welche auf synodalen Versammlungen zusammenkamen, um sich zu einigen, aber stets noch mehr getrennt und zerklüftet auseinander gingen.

Unter den Unitariern oder den Gegnern der Dreieinigkeit gab es einige, welche sich halb und halb dem Judentum näherten und namentlich die Anrufung und Verehrung Jesu als eine göttliche Person verwarfen. Sie wurden von ihren verschiedenen Gegnern als Halbjuden (Semi-judaizantes) verlästert. Zu den konsequentesten Unitariern in Polen gehörte Simon Budny aus Masovien, Pastor des calvinischen Bekenntnisses (st. nach 1584), der eine eigene Sekte, die Budnier, stiftete. Er war gelehrter als die übrigen Sektenhäupter, verstand Griechisch und war auch des Hebräischen ein wenig kundig, das er wohl von Juden erlernt hatte. Simon Budny hat sich durch seine einfache Übersetzung des alten und neuen Testaments ins Polnische berühmt gemacht. Durch seinen Umgang mit Juden bekundete er seine Hochachtung vor dem sonst von aller Welt geschmähten Talmud.

Wiewohl die religiös reformatorische Bewegung in Polen ungeachtet der häufigen Synoden, Disputationen, Protestationen im ganzen nicht tief eingreifend war, so ging sie an den Juden doch nicht ganz spurlos vorüber. Sie ließen sich gern mit den Sektenhäuptern oder Anhängern in Disputationen ein, wenn auch nicht gerade um sie zum Judentum zu bekehren, so doch um ihre Bibelfestigkeit zu zeigen. Religionsgespräche zwischen ihnen und den Dissidenten (wie man sämtliche vom Katholizismus abgefallenen Polen nannte) kamen daher nicht selten vor. Ein Unitarier Martin Czechowic (geb. um 1530 gest. 1613) aus Großpolen, ein unklarer Kopf, der alle Wandlungen der religiösen Bewegung durchgemacht hat und endlich Schismatiker wurde, die Kindertaufe verwarf und behauptete, ein Christ dürfe kein Staatsamt annehmen, dieser Martin Czechowic hatte in einem Werke die Einwürfe der Juden gegen Jesu' Messianität zu widerlegen gesucht und die fortdauernde Verbindlichkeit des Judentums mit rostigen Waffen bekämpft. Gegen diese Beweisführung schrieb ein rabbinitischer Jude Jakob von Belzyce in Lublin (1581) eine Widerlegung, die so scharf gewesen sein muß, daß sich Czechowic herausgefordert sah, seine Behauptung in einer Gegenschrift zu rechtfertigen.

Mehr noch als Jakob von Belzyce ließ sich ein Karäer Isaak Ben-Abraham Troki (aus Trock bei Wilna, geb. um 1533 gest. 1594) in Disputationen mit polnischen und litauischen Anhängern verschiedener Bekenntnisse ein. Er hatte Zutritt zu Adligen, Kirchenfürsten und anderen christlichen Kreisen, war bibelfest und auch im neuen Testamente und in den verschiedenen religiös-polemischen Schriften seiner Zeit belesen und solcherstalt ausgerüstet, gründlichen Bescheid zu geben. Die Ergebnisse seiner ruhig gehaltenen Religionsgespräche sammelte Isaak Troki kurz vor seinem Tode (1593) zu einem Werke, das später berufen war, als Arsenal für die niederschmetternden Geschosse gegen das Christentum zu dienen. „Befestigung des Glaubens" (Chisuk Emuna) nannte er sein Werk; aber er entkräftete nicht bloß die vielfachen Angriffe von christlicher Seite auf das Judentum, sondern ging auch dem Christentum zu Leibe und hob recht geschickt und mit Sachkenntnis die Widersprüche und unhaltbaren Behauptungen hervor, welche in den Evangelien und anderen christlichen Urschriften vorkommen. Es ist das einzige Buch eines karäischen Schriftstellers, das sich einigermaßen sehen läßt. Besonders Neues enthält es zwar nicht; alles was darin zur Verteidigung des Judentums und zur Bekämpfung des Christentums vorgebracht wird, ist bereits von jüdisch-spanischen Schriftstellern früherer Zeit, namentlich von dem geistvollen Profiat Duran in schönerer Weise gesagt worden. Und doch machte Trokis Werk mehr Glück — so haben auch Schriften ihr eignes Geschick. Es wurde in die spanische, lateinische, deutsche und französische Sprache übersetzt und erhielt von der Gegnerschaft christlicherseits gegen dasselbe noch mehr Ruf. Ein Herzog von Orleans machte sich daran, des polnischen Karäers Angriffe auf das Christentum zu widerlegen. Und als die erwachte und gekräftigte Vernunft sich die Aufgabe stellte, die Grundfesten des Christentums zu erschüttern und das ganze Gebäude abzutragen, holte sie auch aus dieser Rüstkammer ihre Werkzeuge.

Der freie Geist der europäischen Völker, welcher zu Anfang des Jahrhunderts einen so kühnen Hochflug genommen hatte, die alten Fesseln, womit die Kirche die Gemüter so lange geknechtet, zu zerbrechen, und welcher auch politische Befreiung zu bringen versprach, schien indes in der zweiten Hälfte desselben Jahrhunderts vollständig niedergebeugt zu sein. Das Papsttum oder der Katholizismus hatte sich von seinem ersten Schrecken erholt und sich zusammengerafft. Durch das Konzil von Trient außerordentlich gehoben, schmiedete es neue Fesseln, in welche sich die treugebliebenen Völker gern fügten. Der Orden der Jesuiten, dieser rührige und unermüdliche Vorkämpfer, der den Gegner nicht bloß entwaffnete, sondern ihn auch zu seinen Reihen herüberzog, hatte mit seinen großartigen Zielen und weiten Plänen bereits viel verlorenen Boden zurückerobert und das Eingebüßte mit doppeltem

Zins zurückgewonnen. Italien, ein großer Teil Süddeutschlands und der österreichischen Länder, Frankreich nach langen Zuckungen und Bürgerkriegen, nach der blutigen Bartholomäusnacht und dem Morde zweier Könige, größtenteils auch Polen und Litauen waren wieder katholisch geworden und zwar fanatisch katholisch wie Spanien und Portugal, die lodernden Höllen der Scheiterhaufen. In dem lutherischen und reformierten Deutschland war ein anderes Papsttum zur Herrschaft gelangt, das Papsttum der trockenen Glaubensformel, die Knechtschaft des Buchstabens. Das byzantinische Gezänk um schattenhafte Glaubensartikel und begriffsleere Worte spaltete die evangelischen Gemeinden in ebensoviele Sekten und Untersekten als es Mittelpunkte gab, und wirkte lähmend auf die politische Neugestaltung. Die klassische Philologie, welche im Anfange befreiend und befruchtend gewirkt hatte, war durch die strenge Bibelgläubigkeit von der einen und der Autoritätgläubigkeit von der anderen Seite vernachlässigt und zur spielenden Schönschreiberei oder zu gelehrtem Kram herabgesunken. Die Pflege der hebräischen Sprache, welche zuerst zündend gewirkt hatte, lag ebenfalls danieder oder wurde nur oberflächlich für kirchliches Gezänk getrieben. Die Kenntnis der hebräischen Sprache galt in stockkatholischen Kreisen noch immer oder damals erst recht als Ketzerei. Und nun gar erst die rabbinische Literatur, welche in der Sturm- und Drangperiode der Reformation so beliebt war! Als der gelehrte spanische Theologe Arias Montanus die erste vollständige Polyglottenbibel auf Kosten Philipps II. in Antwerpen herausgegeben, dazu zugleich hebräische und verwandtsprachliche Grammatiken und Wörterbucher ausgearbeitet und auch auf ältere jüdische Schriftausleger Rücksicht genommen hatte, wurde er, der Liebling des Königs Philipp II., er, der selbst einen Katalog ketzerischer Bücher angelegt hatte, von der Inquisition der Hinneigung zur Ketzerei und des heimlichen Judaisierens angeklagt und als Rabbiner gebrandmarkt. So schien die christlich-europäische Gesellschaft einen Rückgang anzutreten, nur mit dem Unterschiede, daß das, was früher heitere, naive Gläubigkeit war, seitdem finsterer Glaubenstrotz geworden war.

Diese finstere Kirchlichkeit, welche jene Spannung erzeugte, die sich später in der gegenseitigen Vernichtung des dreißigjährigen Krieges entlud, machte den Aufenthalt der Juden in katholischen, wie in protestantischen Ländern zu einer immerwährenden Qual. Luthers Anhänger in Deutschland vergaßen, was Luther zu deren Gunsten so eindringlich geäußert hatte, um sich nur dessen zu erinnern, was er in seiner Verbitterung Gehässiges gegen sie vorgebracht hatte. So wurde den Juden Berlins und des Brandenburgischen Gebietes die traurige Wahl gestellt, sich zu taufen oder auszuwandern, weil der jüdische Finanzminister, Günstling des Kurfürsten Joachim II., zu finanziellen Schwindeleien die Hand geboten, und der Arzt Lippold, von seinem Nachfolger Johann Georg in Untersuchung gezogen und auf die Folter gespannt, ausgesagt hatte, seinen Gönner, den Kurfürsten, vergiftet zu haben, obwohl er es später widerrufen hatte. Aus dem Braunschweigischen vertrieb sie der Herzog Heinrich Julius. Die katholischen Völker und Fürsten brauchten ihren protestantischen Gegnern nicht Duldsamkeit und Menschlichkeit vorzuwerfen.

Es war ein halbglücklicher Zufall für die Juden Deutschlands und der österreichischen Erbländer, daß der damalige Kaiser Rudolph II., obwohl ein Jesuitenzögling, in dem Lande der stets rauchenden Scheiterhaufen erzogen und ein Todfeind der Protestanten, gegen die Juden nicht allzu vorurteilsvoll war. Wenn er auch vermöge seiner Haltlosigkeit nicht imstande war, Verfolgungen gegen sie Einhalt zu tun, so beförderte er sie doch wenigstens nicht. Rudolph richtete doch wenigstens einen Erlaß an einen Bischof (von Würzburg), die Juden in ihren Privilegien nicht zu kränken, und an einen anderen (von Passau), sie nicht vermittelst der Folter zu peinigen. Damit er aber ja nicht von seinen Zeitgenossen oder der Nachwelt als Judengönner verschrieen werde, erließ er einen Befehl, die Juden innerhalb eines halben Jahres aus dem Erzherzogtum Österreich auszuweisen. In dieser Lage, von Katholiken und Lutheranern ohne Unterschied mit Füßen getreten oder ins Elend geschickt, vom Kaiser wenig geschützt, aber dafür ausgesogen, steigerte sich die Verkommenheit und Gesunkenheit der deutschen Juden noch mehr.

Den Juden Italiens erging es in dieser Zeit fast noch schlimmer, und auch sie sanken in Elend und Verkommenheit. Hier war der Hauptsitz der verbissenen, unerbittlichen kirchlichen Reaktion, die auf nichts sann, als darauf, die Gegner des Katholizismus vom Erdboden zu vertilgen. Vom Vatikan aus wurde die Brandfackel des Bürgerkrieges nach Deutschland, Frankreich und den Niederlanden geschleudert. Da nun die Juden seit Paul IV. und Pius V. auf der Liste der Ketzer oder der Feinde der Kirche standen, so war ihr Los nicht beneidenswert. Mit ihrer eingebüßten Selbständigkeit verlor sich auch ihre Zahl. In Süditalien wohnten keine Juden mehr. In Norditalien zählten die großen Gemeinden in Venedig und Rom nur zwischen 2000 und 1500 Seelen. Auf Pius V., der von Natur finsterkirchlich und verfolgungssüchtig war und die Juden wie verfluchte Söhne Chams behandelt hatte, war Gregor XIII. gefolgt (1572—1585), der von den Jesuiten und Theatinern künstlich zum Fanatismus abgerichtet worden war. Für die Juden war Gregor der konsequenteste Fortsetzer der Lieblosigkeit seines Vorgängers. Es gab trotz wiederholter Verbote noch immer Christen in Italien, welche — in ihrer Verblendung — sich lieber von bewährten jüdischen Ärzten, wie David de Pomis, Elia Montalto, als von christlichen Quacksalbern heilen lassen mochten. Das wollte Gregor aufs strengste verboten wissen. Indem er das alte kanonische Gesetz erneuerte, daß christliche Kranke nicht von jüdischen Ärzten behandelt werden dürften, belegte er nicht bloß die christlichen Übertreter desselben mit schwerer Strafe, sondern auch die jüdischen Ärzte, wenn sie sich einfallen ließen, einem christlichen Leidenden das Leben zu verlängern oder auch nur die Schmerzen zu mildern. Seine Strenge drang diesmal durch. Ein anderes gregorianisches Gesetz traf nicht bloß einen Stand, sondern die Juden im allgemeinen. Es stellte sie unter die Argusaugen der Generalinquisition. Wenn einer von ihnen irgend etwas Ketzerisches, d. h. der Kirche Mißliebiges, behauptete oder lehrte, ja, wenn er mit einem Ketzer oder einem von der Kirche Abgefallenen umginge oder ihm auch nur die geringste Hilfeleistung oder Gefälligkeit erwiese, sollte er von der Inquisition vorgeladen und, je nach Befund, zum Verlust des Vermögens, zur Galeerenstrafe oder gar zum Tode verurteilt werden. Wenn also ein aus Spanien oder Portugal entflohener Marrane in Italien betroffen wurde, daß sein jüdischer Bruder ihm Herberge gegeben oder Erquickung gereicht, so konnten beide gewärtig sein, dem unerbittlichen Arm der italienischen Generalinquisition zu verfallen. Auch gegen den Talmud entlud sich der Zorn des Papstes Gregor XIII. Die Juden wurden abermals angehalten, die talmudischen und andere als kirchenfeindlich verdächtigen Bücher auszuliefern.

Die Inquisitoren und andere geistliche Behörden wurden angewiesen, überall Nachsuchungen nach solchen zu halten. Wer später im Besitze derselben betroffen werden sollte, selbst mit der Angabe, daß sie von den verdächtigen Stellen gereinigt und zensiert wären, sollte einer schweren Strafe verfallen. Am meisten ließ sich Gregor XIII. die Bekehrung der Juden angelegen sein. Er, der die Jesuiten und ihre Schule aufs nachdrücklichste beförderte, ein propagandistisches Seminar aller Nationen — damals mit fünfundzwanzig Sprachen — ausstattete und das Collegium Germanicum begründete, er erließ ein kanonisches Gesetz, daß christliche Prediger an Sabbaten und Feiertagen, womöglich in hebräischer Sprache über die christlichen Glaubenslehren Vorträge halten sollten, und die Juden, mindestens der dritte Teil der Gemeinde, beide Geschlechter, Erwachsene über zwölf Jahre, mußten sich dazu einstellen. Die katholischen Fürsten wurden ermahnt, diesen Bekehrungseifer zu fördern. Was ein halbtoller schismatischer Papst (Benediktus XIII.) in leidenschaftlicher Erregung verordnet hatte, das genehmigte und verschärfte bei kaltem Blute ein Patron der gesamten katholischen Kirche, einen Religionszwang aufzulegen, welcher dem des Antiochos Epiphanes, den Tempel des einigen Gottes dem Zeus zu weihen, nicht ganz unähnlich war. Charakteristisch ist der Zug für die damalige Anschauung, daß die Juden gehalten sein sollten, den ihnen widerwärtigen Predigern für den ihnen angetanen Gewissenszwang Gehalt zu geben. Wie sein Vorgänger, Pius V., scheute Gregor keine Mittel, Juden anzulocken. Seine Erlasse blieben nicht toter Buchstabe, sondern wurden mit aller Strenge und Herbigkeit ausgeführt. Die Folge davon war, daß viele Juden Babel-Rom verließen.

Unter seinem Nachfolger Sixtus V. (1585—1590), jenem Papste, dessen Erhebung vom Schweinehirten zum Oberhirten der katholischen Christenheit und dessen rücksichtslose Energie in der Verwaltung des Kirchenstaates ihn zu einem Charaktertypus gestempelt haben, änderte sich scheinbar die Lage der Juden Roms. Er duldete sie und hegte einen aus Portugal entflohenen Marranen, Lopez, der ihm Ratschläge zur Verbesserung der kirchenstaatlichen Finanzen gab. Er erließ eine Bulle (22. Oktober 1586), welche fast sämtliche Beschränkungen seiner Vorgänger aufhob. Sixtus gestattete nicht bloß den Juden, in allen Städten des Kirchenstaates zu wohnen, sondern auch mit Christen zu verkehren und sich ihrer als Gehilfen zu bedienen. Ihre Religionsfreiheit umgab er mit schützenden Paragraphen und erteilte ihnen Amnestie für begangene Verbrechen, d. h. für Verurteilungen wegen des Besitzes ihrer Religionsschriften. Er verbot ferner den Rittern des Malteserordens, fahrende Juden zur See von Europa nach der Levante oder umgekehrt zu Sklaven zu machen — was diese Gott geweihten Streiter bis dahin zu tun pflegten. Papst Sixtus war der Mann, welcher seinem Gesetz gewordenen Worte Achtung zu verschaffen wußte. Darum kehrten die ehemals ausgewiesenen Juden wieder nach dem Kirchenstaate zurück. Die römische Gemeinde zählte unter ihm wieder 200 Mitglieder. Der strenggerechte Papst verurteilte einen Christen Secchi aus Rom, welcher mit einem Juden Sansone Ceneda eine Wette eingegangen war um den Ausschnitt eines Pfundes Fleisch aus seinem Körper im Falle des Gewinnes und — ein christlicher Shylock — darauf bestanden hatte, zum Tode, weil er das Leben eines Juden gering achtete. Auch den wettenden Juden verurteilte er zur selben Strafe, weil er sein Leben verwettet hatte. Endlich hob er den Bann, welcher auf den jüdischen Ärzten lastete, christliche Leidende nicht behandeln zu dürfen, auf. Nur die von seinem Vorgänger eingeführten Zwangspredigten ließ Sixtus fortbestehen.

Diese damals wichtige Toleranz, jüdische Ärzte zu christlichen Kranken zuzulassen, hat wahrscheinlich der damals berühmte Arzt

David de Pomis (geb. 1525, gest. 1588) für sich und seine Kollegen vom Papste erwirkt. De Pomis war keine alltägliche Erscheinung. Er verband mit medizinischer Kenntnis Sprachkunde und Belesenheit in der jüdischen und klassischen Literatur, schrieb elegant hebräisch und lateinisch. Den Wechsel der Stimmungen in der päpstlichen Kurie erfuhr er recht empfindlich auf seinem Lebenswege. Durch Pauls IV. judenfeindliche Erlasse war er um sein ganzes Vermögen gekommen. Von Pius IV. freundlich behandelt, gestattete man ihm infolge eines schönen lateinischen Vortrages, vor diesem Papste und dem Kardinalkollegium gehalten, ausnahmsweise bei Christen zu praktizieren. Aber von Pius V. wieder quälerischen Beschränkungen unterworfen, mußte er seine Kunst im Dienst kleiner und launenhafter Adligen verwerten. Um die undurchdringlichen Vorurteile gegen die Juden und namentlich gegen die jüdischen Ärzte in ihr Nichts aufzulösen, arbeitete de Pomis ein lateinisches Werk: „Der hebräische Arzt“ aus, das ein sehr ehrendes Zeugnis für seine edle Gesinnung und seine gediegene Bildung ablegt. Mit einem Aufwand von Beredsamkeit führte de Pomis den Beweis, daß der Jude durch seine Religion verpflichtet sei, den Christen als seinen Bruder zu lieben, und daß der jüdische Arzt, weit entfernt dem leidenden Christen Schaden zufügen zu wollen, ihm vielmehr die aufmerksamste Sorgfalt zuzuwenden pflege. Er zählte eine Reihe von jüdischen Ärzten auf, welche Kirchenfürsten, Kardinäle und Päpste behandelt und ihre Gesundheit wieder hergestellt hatten und von diesen, sowie auch von ganzen Städten, ausgezeichnet worden waren. Zum Schlusse teilte Pomis Kernsprüche aus dem Talmud in lateinischer Übersetzung mit, um darzutun, daß dieses vielfach verlästerte Buch nicht so verderblich sei, wie die Judenfeinde behaupteten. Diese Schutzschrift für das Judentum und die jüdischen Ärzte, die er dem Fürsten Francisco Maria von Urbino gewidmet hat, und deren eleganter lateinischer Stil von einem kundigen Geschmacksrichter seiner Zeit sehr gepriesen wurde, scheint einen Eindruck auf den Papst Sixtus gemacht zu haben. De Pomis muß ihm überhaupt nahe gestanden haben, da er ihm seine zweite bedeutende literarische Arbeit, ein talmudisches Wörterbuch in drei Sprachen, widmen durfte.

Das günstige Verhalten dieses Papstes gegen die Juden ermutigte sie zu der Hoffnung, welche für sie zugleich eine Gewissens- und Existenzangelegenheit war, den Bann gegen den Talmud und das jüdische Schrifttum für immer aufgehoben zu wissen. Unter den zwei letzten Päpsten durfte in Italien kein Talmudexemplar zum Vorschein kommen, ohne dem Besitzer Fährlichkeiten von seiten der lauernden Inquisition zuzuziehen. Auch andere ganz harmlose Schriften in hebräischer Sprache zu besitzen, war nicht ohne Gefahr; denn da die Inquisitoren und geistlichen Behörden nichts davon verstanden, so verurteilten sie durchweg Alles als kirchenfeindlich — ein weiter Spielraum für Denunziationen! Es hing es dann in letzter Instanz von der Stimmung getaufter, des Rabbinischen kundiger Juden ab ob der Besitzer eines hebräischen Buches zum Verluste seines Vermögens oder zur Galeere verurteilt werden sollte. Um nun solchen Plackereien zu entgehen, hatten die Gemeinden Mantua, Mailand, Ferrara eine Bitte an Sixtus V. gerichtet, den Juden zu gestatten, Talmudexemplare und andere Schriften zu besitzen, wenn dieselben vorher von den angeschuldigten, scheinbar christenfeindlichen Stellen gesäubert oder zensiert würden. Sie konnten sich auf den Beschluß des Papstes Pius IV. berufen, daß der Talmud nicht ohne weiteres verdammt sei, sondern daß er nur verdammungswürdige Stellen enthalte, die durch Zensurstriche entfernt werden sollten. Mit 2000 Scudi versehen, hatte sich ein jüdischer Deputierter Bezalel Masserano nach Rom begeben, um die Bitte der Juden zu den Füßen seiner Heiligkeit zu legen. Und sie wurde durch eine Bulle bewilligt. Sixtus gestattete den Wiederabdruck des Talmud und anderer Schriften, allerdings nach vorangegangener Zensur. Schon freuten sich die italienischen Juden, einen, wenn auch verstümmelten, Talmud besitzen zu dürfen. Allein kaum hatte eine Prüfungskommission die Zensurbedingungen zusammengestellt (7. August 1590), so starb der kluge Papst und der begonnene Druck des Talmud unterblieb.

Sixtus' V. Nachsicht gegen die Juden war aber nicht immer aus Gerechtigkeitsgefühl entsprungen, sondern meistens aus seiner glühenden Leidenschaft, einen bedeutenden Schatz zu sammeln. „Den Christen", sagte sein Biograph, „ließ dieser Papst an der Kehle zur Ader, den Juden dagegen preßte er das Blut aus allen Gliedern." Sie sahen sich öfter genötigt, unglaubliche Summen an die päpstliche Schatzkammer zu liefern. Aber gleichviel, es erleichterte doch einigermaßen ihre Lage. — Mit Clemens VIII. dagegen (1592—1605) kehrte das uneigennützige, aber unduldsame System Pauls IV., Pius V. und Gregors XIII. in Behandlung der Juden wieder. Er wiederholte abermals das Verbannungsdekret gegen die Juden des Kirchenstaates und ließ sie nur in Rom, Ancona und Avignon wohnen. Würde ein Jude in einer anderen päpstlichen Stadt getroffen werden, so sollte er es durch Verlust seines Vermögens und mit Galeerenstrafe büßen. Den in den drei Städten Geduldeten legte Clemens die alten Beschränkungen auf.

Die aus dem Kirchenstaat ausgewiesenen Juden scheint Ferdinand, Herzog von Toskana aufgenommen und ihnen Pisa zum Aufenthalt angewiesen zu haben (Juli 1593). Er gestattete ihnen auch Bücher jeder Art und Sprache, also auch den Talmud zu besitzen; aber die Exemplare sollten vorher nach der Anweisung der von Sixtus V. eingesetzten Kommission zensiert werden. So sehr war der Fanatismus des apostolischen Stuhles maßgebend, daß auch edle Fürsten wie Ferdinand de Medici von Toskana und Vicenzo Gonzaga von Mantua davon abzuweichen sich nicht getrauten. Auch da, wo den Juden der Besitz zensierter Bücher aus Gnade gestattet war, waren sie allerhand Plackereien und Schindereien ausgesetzt. Sie mußten für die Verstümmelung derselben Summen an die Zensoren, größtenteils getaufte Juden zahlen, und waren doch nicht sicher, daß sie ihnen nicht wieder konfisziert und sie selbst in Strafe genommen wurden, weil noch das eine oder andere verdächtige Wort darin ungestrichen geblieben sei. Sie selbst legten, um nicht Schikanen ausgesetzt zu sein, Hand an ihre literarischen Besitztümer und strichen nicht bloß alles, was darin vom Götzentum handelt, sondern auch alles, was Rühmliches von dem jüdischen Stamme angegeben, oder wo von dem Messias und seinem einstigen Erscheinen die Rede ist. Da nun Italien damals der Hauptmarkt für jüdische Druckwerke war, so erhielten die auswärts wohnenden Juden nur verstümmelte Exemplare, worin die lauten oder stillen Klagen gegen die Tochter, welche so unbarmherzig an der Mutter handelte, vollständig zum Verstummen gebracht worden waren.

Verbannung der Juden aus den italienischen Städten war unter diesem Papste Tagesordnung, aus Cremona, Pavia, Lodi und anderen — etwa 1000 Seelen — (Frühjahr 1597); sie mußten um ein Unterkommen in Mantua, Modena, Reggio, Verona und Padua betteln. Bei der Auswanderung wurden sie noch von herzlosen Christen ihrer Habe beraubt. Auch über den Juden Ferraras, das von jeher ein zuverlässiges Asyl für sie und sogar für die eingewanderten Marranen war, schwebte eine Zeitlang das kanonische Schwert. Der herzogliche Stamm d'Este, dessen Träger an Edelmut und Kunstsinn mit den Mediceern wetteiferten, war ausgestorben. Die Juden Ferraras hatten sich mit dem Geschicke dieses fürstlichen Hauses so verwachsen gefühlt, daß sie bei der schweren Krankheit der sinnigen Prinzessin Leonora — welche zwei große Dichter in dem Himmel der Poesie verklärt haben — öffentliches Gebet in der Synagoge um ihre Genesung veranstaltet hatten; sie war selbst eine Gönnerin der Juden und hat sie oft in Schutz genommen. Nun war der letzte Stammhalter Alfonso II. ohne Leibeserben gestorben (1597), und Ferrara wurde gegen seine letztwillige Verfügung von Clemens VIII. dem Kirchenstaate einverleibt. Die jüdische Gemeinde, meistens aus ehemaligen eingewanderten Marranen bestehend, hatte sich schon auf Verbannung gefaßt gemacht, da sie bei diesem Papste nicht auf Duldung rechnen konnte. Sie baten nur noch den päpstlichen Nepoten Aldobrandini, der Besitz von Ferrara genommen hatte, ihnen eine günstige Frist zur Vorbereitung für die Auswanderung zu gönnen. Da dieser aber die Handelsblüte der Stadt in den Händen der Juden sah, so war er doch einsichtsvoll genug, sie im Interesse des Kirchenstaates nicht zu knicken; er erteilte ihnen daher Toleranz auf fünf Jahre und setzte es gegen den fanatischen Willen des Papstes Clemens VIII. durch. Aber ein flüchtiger Marrane durfte nicht mehr in Ferrara Halt machen, ohne den Fangarmen der blutigen Inquisition zu verfallen. So war auch das letzte Asyl für diese Klasse von Juden in Italien aufgehoben, und es gab eigentlich damals in der west- und mitteleuropäischen Christenheit keine sichere Stätte mehr für sie.

Sechstes Kapitel.

Entstehung von marranischen Gemeinden in Amsterdam, Hamburg und Bordeaux.

(1593 bis 1648.)

Es erscheint abermals wie ein Werk der Vorsehung, daß der jüdische Stamm, der in Europa und Asien, in der Christenheit und unter dem Islam am Ende des sechzehnten Jahrhunderts keinen rechten Halt mehr hatte, gerade in dem Lande seines hartnäckigsten Feindes, Philipps II. von Spanien, festen Boden fassen und von da aus sich seine Gleichstellung erobern konnte. Und in letzter Verkettung von Ursachen und Wirkungen war es gerade das blutige Inquisitionstribunal, welches für sie die Freiheit vorbereiten half. Holland, dieses der Meeresflut abgerungene Stück Erde, wurde für die gehetzten Opfer des grausigen Fanatismus ein Ruhepunkt, auf dem sie sich lagern und sogar ihre Eigenart entfalten konnten. Aber welche Wandlungen und Wechselfälle mußten vorangehen, bis diese kaum geahnte Möglichkeit eine Wirklichkeit werden konnte? Der nordwestliche Winkel Europas wurde von jeher nur von wenigen Juden bewohnt.

Als die Niederlande unter dem weitreichenden Zepter Karls V. mit Spanien vereinigt waren, wurden die Grundsätze der spanischen Judenfeindlichkeit auch auf die Juden dieses Landes übertragen. Dieser Kaiser hatte Befehle über Befehle erlassen, die wenn auch gering zähligen Juden in den niederländischen Städten auszuweisen. Jeder Bürger war gehalten, die widergesetzliche Anwesenheit von Juden den königlichen Beamten anzuzeigen. Nun hatten sich mehrere marranische Familien infolge der Einführung der Inquisition in Portugal mit ihren Reichtümern, ihrer Gewerbtätigkeit und ihrem Kunstfleiße nach den aufblühenden Städten der Niederlande Antwerpen, Brüssel, Gent begeben, um dort ungefährdeter ihrer Religion heimlich leben zu können; diese traf nun die strenge Gesetzgebung Karls noch mehr. Die Magistrate kamen in diesem Punkte dem Befehle ihres Herrn pünktlich nach, weil sie fürchteten, die Anwesenheit von Neuchristen könnte für sie die Inquisition herbeiziehen, ein Übel, das ihnen wie ein tödliches Verderben vorschwebte.

Der Inquisition konnten die Niederländer doch nicht entgehen; waren sie doch, obwohl ein Anhängsel von Spanien, von lutherischen Ketzern um geben und hatten solche gar in ihrer Mitte! Das war eine der Hauptursachen, welche den Abfall der Niederlande herbeigeführt und und jenen langdauernden Krieg erzeugt hat, der klein in seinen Anfängen und groß in seinen Erfolgen war, der das gewaltige Spanien ohnmächtig und das winzige Holland fast zu einer Macht ersten Ranges gemacht hat.

Die portugiesischen Marranen, welche auch im dritten Geschlechte ihre jüdische Abkunst nicht vergessen konnten und nicht aufgeben mochten, hatten ihr Augenmerk gerade auf die um Freiheit ringenden Freistaaten gerichtet, je mehr die Inquisition gegen sie wütete und sie zu Kerker und Scheiterhaufen schleifte. Seit dem ersten Anzeichen von dem Erlöschen des spanischen Glückssternes, seit dem Untergang der unüberwindlichen Flotte, vermittelst welcher Philipp II. nicht bloß für England, sondern womöglich bis ans Ende der Erde die Ketten körperlicher und geistiger Knechtung zu tragen gedachte, seitdem regte sich im Herzen der Scheinchristen unter dieses Tyrannen eiserner Zuchtrute immer mehr das heiße Verlangen nach Freiheit. Da Italien für sie durch die verfolgungssüchtige Politik der auf Paul III. folgenden Päpste verschlossen war, so blieb ihnen nur die Hoffnung auf ein Asyl in den Niederlanden.

Ein angesehener Jude, Samuel Pallache, welcher vom König von Marokko als Konsul nach den Niederlanden gesandt worden war (um 1591), machte dem Magistrate von Middelborg (Provinz Seeland) den Vorschlag, Marranen aufzunehmen und ihnen Religionsfreiheit zu gewähren; dafür wollten sie aus dieser Stadt vermittelst ihrer Reichtümer einen blühenden Handelsplatz machen. Die weisen Väter der Stadt wären gern auf diesen Plan eingegangen; aber der so leidenschaftlich geführte Religions- und Freiheitskrieg gegen den doppelten spanischen Despotismus hatte auch die reformierten Prediger fanatisch und unduldsam gestimmt. Diese waren gegen die Aufnahme der Juden in Seeland.

Die Marranen gaben aber nichtsdestoweniger den Gedanken nicht auf, in den bereits vom spanischen Joche befreiten Provinzen der Niederlande eine sichere Stätte zu suchen. Mit mächtigen Banden fühlten sie sich zu dieser Bürgerrepublik hingezogen, sie teilten mit ihr den glühenden Haß gegen das nach Menschenopfern lechzende Spanien und seinen König Philipp II. Der große Protektor Wilhelm von Oranien, die Seele des niederländischen Unabhängigkeitskampfes, hatte den Gedanken gegenseitiger Duldung und freundlichen Zusammenlebens verschiedener Religionsparteien, Bekenntnisse und Sekten ausgesprochen. Wenn auch dieser erste Keim echter Humanität anfangs zu Boden fiel, so knüpften die Marranen doch daran die Hoffnung auf eine Erlösung aus ihrer täglichen Pein. Eine beherzte marranische Frau, Mayor Rodrigues, scheint den Plan befördert zu haben, ein Asyl zunächst für ihre Familie in Holland zu suchen. Sie, ihr Gatte, Gaspar Lopes Homem, ihre zwei Söhne und Töchter, sowie mehrere Glieder dieser reichen und geachteten Familie waren dem Judentum noch immer zugetan und der Heuchelei müde, christliche Gebräuche mitzumachen, die sie doch nicht vor den Schrecknissen der Inquisition zu schützen vermochten.

Als ein Schiff mit auswandernden Marranen unter Leitung eines Jakob Tirado von Portugal aus — wer weiß unter welchen Vorsichtsmaßregeln? — absegelte, vertraute Mayor Rodrigues ihre liebreizend schöne Tochter Maria Nuñes und ihren Sohn dem Fahrzeug an. Die Mutter scheint auf den Zauber ihrer Tochter gerechnet zu haben. Die außerordentliche Schönheit der Maria Nuñes sollte den von Gefahren umringten Auswanderern als Schild dienen und ihnen ein Asyl eröffnen. In der Tat gelang es ihrer Schönheit, die erste Gefahr, welche den aus zehn Männern, Frauen und Kindern bestehenden marranischen Flüchtlingen zugestoßen war, abzuwenden. Sie wurden nämlich von einem englischen Schiffe, welches Jagd auf die spanisch-portugiesische Flagge machte, gekapert und nach England geführt. Maria Nuñes hatte den Kapitän, einen englischen Herzog, so sehr bezaubert, daß er ihr, in der Meinung, sie gehöre dem portugiesischen Grandenkreise an, die Hand bot; sie schlug aber den ehrenvollen Antrag aus. Nach London mit den Mitgefangenen geführt, machte die Schönheit der Portugiesin so viel von sich reden, daß die jungfräuliche, männliche Königin Elisabeth selbst neugierig wurde, die so sehr gefeierte und für die Liebe eines Herzogs unzugängliche Schöne kennen zu lernen; sie lud sie zu einer Audienz ein und fuhr mit ihr in einem offenen Wagen durch die Straßen der Hauptstadt. Wahrscheinlich durch Maria Nuñes' Vermittlung konnten die ausgewanderten Marranen ungefährdet England verlassen, um nach Holland steuern zu können. Aber ein Sturm bedrohte die von aller Welt Ausgestoßenen mit dem Untergang; die zwei Schiffe, auf denen sie mit ihren Reichtümern fuhren, wurden leck. Indessen beruhigte sich das Meer, und sie konnten in den Hafen von Emden einlaufen. Hier wie überhaupt in Ostfriesland wohnten damals nur wenige deutsche Juden.

Durch hebräische Buchstaben und andere Zeichen erfuhren die Marranen von der Anwesenheit von Stammesgenossen in dieser Stadt. Der angesehenste unter ihnen, Jakob Tirado, begab sich zu dem für gelehrt geltenden Mose Uri Halevi, an dessen Haus sie hebräische Buchstaben bemerkt hatten, entdeckte sich ihm und äußerte seine und seiner Genossen Absicht, das Scheinchristentum los zu werden und vollständig, womöglich sofort, ins Judentum aufgenommen zu werden. Mose Uri hatte aber Bedenken, anscheinend die Bekehrung von Christen zum Judentum in einer nicht bedeutenden Stadt, wo nichts verborgen bleiben konnte, vorzunehmen. Er riet daher den Marranen, sich nach Amsterdam zu begeben, wo mehr Duldung herrschte, und versprach ihnen, mit seiner ganzen Familie zu ihnen zu kommen, bei ihnen zu bleiben und sie im Judentum zu unterweisen. Verabredetermaßen trafen die Marranen unter Tirado in Amsterdam ein (22. April 1593), suchten Wohnungen, die ihr Zusammenbleiben ermöglichten, und ließen sich, als Mose Uri mit den Seinen nachgekommen war, ins Judentum aufnehmen. Der bereits betagte Jakob Tirado ging ihnen mit dem Beispiel des Mutes voran. Mose Uri und sein Sohn richteten den Marranen ein Bethaus ein und fungierten darin als Vorbeter. Dabei zeigten großen Eifer nicht nur Jakob Tirado, sondern auch der Konsul Samuel Pallache und ein aus Madeira eingewanderter marranischer Dichter Jakob Israel Belmonte, welcher die von der Inquisition verhängten Qualen in Versen unter einem passenden Titel „Hiob" schilderte. Neue Ankömmlinge verstärkten die junge Gemeinde durch Personenzahl und Ansehen. Eine englische Flotte, die unter dem Grafen Essex die Festung Cadix überrumpelte und den Spaniern empfindlichen Schaden zufügte (Sommer 1596), brachte mehrere Marranen nach Holland und darunter einen originellen Mann, der nicht ohne Bedeutung für die Folgezeit war, Alonso de Herrera, der von jüdischem und altspanischem adligen Blute abstammte. Sein Ahn war der große Kapitän Gonsalvo de Cordova, Eroberer Neapels für Spanien. Er selbst war spanischer Resident in Cadix und war bei der Einnahme dieser Stadt in englische Gefangenschaft geraten. Freigelassen, kam er nach Amsterdam, nahm das Judentum und den Namen Abraham de Herrera an. Er lebte sich in das Judentum so gründlich ein, daß er sich in die Lurjanische Geheimlehre einweihen ließ und ein kabbalistisches Buch ins Portugiesische übersetzte.

Indessen wurde den Marranen in Amsterdam die Ausübung ihrer Religion nicht so leicht. Als diese erste portugiesische Gemeinde zum vierten Male heimlich den Versöhnungstag feierte (Oktober 1596), fiel den christlichen Nachbarn das heimliche Hineinschleichen vermummter Gestalten in ein und dasselbe Haus auf; sie witterten verräterische Zusammenkünfte verschworener Papisten und zeigten es dem Magistrate an. Während die marranischen Juden in Gebet vertieft waren, drangen

Bewaffnete in das Bethaus ein und verbreiteten Schrecken unter den Versammelten. Da die meisten, noch erschreckt von den Überfällen der Inquisition, in Amsterdam ein ähnliches Los befürchtend, sich durch die Flucht retten wollten, erregten sie noch mehr den Verdacht der Amsterdamer Beamten. Diese suchten nach Kruzifixen und Kirchenparamenten und führten den Vorbeter Mose Uri und seinen Sohn in den Kerker. Indessen wußte Jakob Tirado, der sich mit der Behörde lateinisch verständigen konnte, dieselbe zu überzeugen, daß die Versammelten nicht Papisten, sondern Juden, dem Moloch der Inquisition entflohen, wären, ferner, daß sie viele Schätze mitgebracht hätten, und endlich, daß sie viele Gleichgesinnte mit ihren Reichtümern aus Portugal und Spanien nachziehen und dem Handel Amsterdams Aufschwung geben würden. Tirados Rede machte Eindruck; die Gefangenen wurden entlassen, und die erschreckten portugiesischen Juden konnten noch an demselben Tage den Versöhnungsgottesdienst beschließen. Da ihr Religionsbekenntnis einmal bekannt war, so wagten sie den Schritt, den Magistrat zu ersuchen, ihnen den Bau einer Synagoge zu gottesdienstlichen Zusammenkünften zu gestatten. Nach vielfacher Beratung wurde das Gesuch gewährt. Jakob Tirado kaufte einen Platz und baute darauf den ersten jüdischen Tempel im europäischen Norden, „das Haus Jakobs" genannt (Bet Jakob, 1598) das mit Begeisterung von der kleinen Gemeinde eingeweiht wurde.

Die günstigen Nachrichten von den angesiedelten Marranen, die auf heimlichem Wege nach Spanien und Portugal gelangten, lockten zu neuen Auswanderungen. Die erste Anregerin derselben, Mayor Rodrigues Homem, fand auch Gelegenheit, aus Portugal zu entkommen und sich mit ihrer schönen Tochter Maria Nuñes zu vereinigen. Sie brachte ihren jüngeren Sohn und ihre jüngere Tochter mit (um 1598). Zur selben Zeit traf auch eine andere angesehene Familie aus Portugal ein, die bereits den Flammen der Inquisition verfallen schien, die Familie Franco Mendes, Eltern mit zwei Söhnen, Francisco Mendes Medeyros, einem literarisch gebildeten Manne, der den jüdischen Namen Isaak annahm, und Christoval Mendes Franco, der sich Mardochaï nannte. Diese beiden spielten eine große Rolle in der Amsterdamer Gemeinde, haben aber später zu einer Spaltung Anlaß gegeben.

Philipp II. erlebte es noch, daß die zwei Volksstämme, die er am blutigsten gehaßt und verfolgt hatte, die Niederländer und die Juden, sich zum Verderben seiner Schöpfungen gewissermaßen die Hand reichten. Denn der Staat Holland hatte seinen Nutzen von den eingewanderten portugiesischen Juden. Er war früher einer der ärmsten. Die erbitterten verheerenden Kriege hatten das Land noch ärmer gemacht. So waren denn die Kapitalien, welche die Marranen allmählich nach Amsterdam brachten, sehr willkommen und kamen dem ganzen Lande zustatten. Erst dadurch waren die Holländer imstande, den Grund zu ihrer Größe zu legen, indem sie den indischen Handel den mit Spanien in einer Mißehe verbundenen Portugiesen entrissen. Die Kapitalien der Marranen haben die Gründung der großen überseeischen Gesellschaften und die Ausrüstung von Handelsexpeditionen erst ermöglicht. Auch die Verbindungen, welche die portugiesischen Juden mit heimlichen Glaubensgenossen in den indischen Besitzungen der Portugiesen hatten, beförderten die Unternehmungen der Holländer.

Philipp II. starb (Sept. 1598) als ein abschreckendes Beispiel für eigensinnige und gewissenlose Despoten. Geschwüre und Ungeziefer hatten seinen Leib bedeckt und ihn zum Gegenstand des Abscheues gemacht. Auch das große Reich, das er seinem schwachen Sohne Philipp III. hinterließ, war voll von Eiterbeulen und Ungeziefer; es ging seinem Siechtum entgegen und zählte nicht mehr im europäischen Völkerrate. Die Zügel der Regierung erschlafften, und dadurch wurde es den Marranen noch leichter, durch die Flucht den Fangarmen der Inquisition zu entkommen. Sie hatten jetzt ein bestimmtes Ziel.

Ein außerordentlicher Vorfall in Lissabon hatte auch die lauesten Marranen entzündet, sich dem Judentum wieder zuzuwenden. Ein Franziskanermönch Diogo de la Asumção, von altchristlichem Blute, durch das Bibellesen von der Wahrheit des Judentums und dem Ungrund des Christentums überzeugt geworden — das Bibellesen ist gefährlich —, hatte diese seine Überzeugung gegen seine Ordensgenossen offen ausgesprochen. Wozu wäre die Inquisition erfunden worden, wenn sie solche Verbrechen ungestraft lassen sollte? Diogo wurde in den Kerker geworfen; aber es gab da nichts auszuforschen, da er seine Missetaten, seine Liebe zum Judentume, offen und ohne Rückhalt bekannte; höchstens mochte das Tribunal mit der Folter versuchen, seine Mitschuldigen zu erfahren. Denn er hatte versichert, mehrere seiner Ordensgenossen teilten seine Überzeugung. Nachdem er ungefähr zwei Jahre im Inquisitionskerker zugebracht hatte, wurde er endlich bei einem feierlichen Autodafé mit noch einigen anderen Personen in Lissabon in Gegenwart des Vizekönigs lebendig verbrannt (August 1603), darunter auch eine Marranin Thamar Barocas, die wahrscheinlich mit ihm in Verbindung gestanden hatte.

Diese Tatsache, daß ein geborener Christ, ein Mönch, für das Judentum gelitten hatte und standhaft gestorben war, machte auf die portugiesischen Marranen einen gewaltigen Eindruck und riß sie förmlich zum offenen Bekenntnis der Lehre ihrer Väter hin. Die

Inquisition hatte ihre Schrecken für sie verloren; sie traten offener mit ihrem Judentume auf, unbekümmert darum, ob sie dadurch dem Tode entgegen gingen. Ein junger Dichter David Jesurun, den die Muse schon von Kindesbeinen an anlächelte, und der daher von seinen Bekannten „der kleine Dichter“ genannt wurde, besang in einem feurigen Sonett in portugiesischer Sprache den Feuertod des Märtyrers Diogo de la Asumção:

„Du warst das Gold, vergraben im dunklen Gange des Blutgerichts,
Und wie das Gold das Feuer von Schlacken reinigt,
So solltest Du im Feuer geläutert werden.
Du warst der Phönix, der sein Leben erneut
Und dem Tode nicht untertan bleibt.“

Dieser glühende junge Dichter Jesurun war so glücklich, der Inquisition zu entgehen und nach Amsterdam zu eilen. Beim Anblick dieser Stadt, die ihm wie ein neues Jerusalem erschien, dichtete er ein schwungvolles Lied in spanischer Sprache. Ein anderer marranischer Dichterjüngling wurde gerade durch den tragischen Tod des Franziskaners Diogo dem Judentum anhänglich, Paul de Pina. Mit der Trauerbotschaft eilte er nach Amsterdam (1604), trat mit Begeisterung zum Judentum über, nahm den jüdischen Namen Rohel Jesurun an und wurde eine Zierde der Amsterdamer Gemeinde.

Die Anhänglichkeit an das Judentum, welches portugiesische Marranen seit der Zeit unvorsichtig zeigten, mehrte natürlich die Opfer der Inquisition. Hundertundfünfzig derselben wurden nicht lange darauf in finstere Kerker geworfen, gemartert und zum Geständnis gebracht. Es schien dem Regenten von Portugal selbst bedenklich, eine so große Zahl verbrennen zu lassen. Außerdem hatten die marranischen Kapitalisten den spanischen Hof, dem seit der Vereinigung beider Königreiche auch Portugal zugehörte, gewissermaßen in Händen. Er schuldete ihnen hohe Summen, die er wegen der zunehmenden Verarmung beider Länder nicht zahlen konnte. Diese Marranen boten dem König Philipp III. Entlastung von den Schulden und überdies noch ein Geschenk von 1 200 000 Cruzados (2 400 000 Mark), wenn den eingekerkerten Marranen Verzeihung gewährt werden sollte. Die Räte wurden durch 150 000 Cruzados gewonnen. Infolgedessen zeigte sich der Hof für den Gnadenweg geneigt und wandte sich an den Papst Clemens VIII., die Inquisition zu ermächtigen, diesmal nicht auf den Tod der Sünder zu bestehen. Dieser erinnerte sich oder wurde daran erinnert, daß seine Vorgänger Clemens VII. und Paul III. den portugiesischen Marranen Absolution erteilt hatten. Er erließ daher eine Bulle der Begnadigung für die eingekerkerten Scheinchristen (23. August 1604). Die Inquisition begnügte sich daher mit der erheuchelten Reue der Eingekerkerten. Mehrere Hundert derselben wurden in Büßerhemden zum Autodafé in Lissabon geführt (10. Jan. 1605), nicht um den Scheiterhaufen zu besteigen, sondern um, ihre Schuld öffentlich bekennend, lediglich dem bürgerlichen Tode zu verfallen. Von diesen aus den Kerkern Befreiten begaben sich sehr viele nach dem neueröffneten Asyl, darunter auch Joseph Ben-Israel nach dreimal erlittener Höllenpein mit zerrütteter Gesundheit und Verlust seines Vermögens. Er brachte seinen Sohn Manasse als Kind mit, der berufen war, ein schönes Blatt in der jüdischen Geschichte zu füllen.

Zweihundertachtundvierzig Männer nahm Mose Uri allmählich in den Bund des Judentums auf, so sehr wuchs die Zahl der jungen Amsterdamer Gemeinde. Sie ließen sich einen Rabbinen sefardischer Abkunft aus Salonichi kommen, Joseph Pardo, der die Stimmung der halbkatholischen Gemeindemitglieder gut kannte und ihnen ein Buch (in spanischer Sprache) in die Hand gab, das einen mehr christlichen als jüdischen Ton anschlägt. Bald genügte die von Tirado erbaute Synagoge Bet Jakob für die große Zahl der Beter nicht mehr, und es mußte eine neue (Newe Schalom) erbaut werden (1608). Sie wurde von Isaak Francisco Mendes Medeyros und seinen Verwandten gegründet. Wie den Entdeckern eines bis dahin unbewohnten Landes jeder Schritt, den sie in dasselbe setzen, jede neue Einrichtung, die sie ins Leben gerufen, und alle Personen, die sich dabei durch irgend etwas hervorgetan, denkwürdig bleiben, so zeichnete die junge Amsterdamer Gemeinde freudig alles auf, was bei ihren Anfängen in ihrer Mitte vorgegangen war. Ein Glück für diese eigentümliche Gemeinde war ihr Rabbiner Isaak Usiel (gest. 1620), der ihre Seelenstimmung gut kannte. Er war Dichter, Grammatiker und Mathematiker, aber noch mehr als dieses alles, ein eindringlicher, das Gemüt ergreifender Prediger, der es zuerst wagte, die durch katholische Gewohnheiten eingelullten Gewissen seiner Zuhörer mit gewaltiger Stimme aufzurütteln, daß sie nicht glauben sollten, durch gedankenlos geübte religiöse Bräuche gewissermaßen einen Ablaß für Sünden, Torheiten und Laster erkauft zu haben. Isaak Usiel schonte auch die Angesehensten und Mächtigen nicht, zog sich aber dadurch ihren Haß zu, der bis zur Spaltung führte.

Denkwürdig war noch für sie die Erwerbung eines Begräbnisplatzes (April 1614) unweit der Stadt. Der erste Mann, welcher darauf begraben wurde, war Manuel Pimentel (jüdischer Name Isaak Abenuacar), der ein vertrauter Spielgenosse des französischen Königs Heinrich IV. war und von ihm „König der Spieler" genannt wurde. Zwei Jahre später wurde die Hülle eines bedeutenden und edlen Mannes zur Bestattung auf diesem Friedhofe aus der Ferne gebracht. Elia Felice Montalto, früher Marrane und später überzeugungstreuer Jude, ein einsichtsvoller Arzt und eleganter Schriftsteller in Livorno, Venedig und zuletzt in Paris als Leibarzt der Königin Maria de Medici, war auf einer Reise mit dem französischen Hofe in Tours verschieden (Februar 1616). Die Königin ließ seine Leiche einbalsamieren und unter Begleitung seines Oheims, seines Sohnes und seines Jüngers Saul Morteira nach dem Begräbnisplatz von Ouderkerk bringen. Indessen waren die Amsterdamer Juden gezwungen, eine geraume Zeit von jeder Leiche eine Abgabe an die Kirchen zu leisten, vor welchen sie vorbeigeführt wurde. — Überhaupt waren sie in der ersten Zeit offiziell nicht geduldet, sondern lediglich übersehen. Es herrschte sogar anfangs ein Mißtrauen gegen sie, daß sie unter der Maske von Juden Spionendienst für das katholische Spanien leisteten und auf Verrat sännen. Selbst als die Machthaber und die Bevölkerung sich von deren aufrichtigem Hasse gegen Spanien und Portugal überzeugt hatten, waren sie noch weit entfernt, sie als eigene Religionsgenossenschaft anzuerkennen und sie zu dulden. Zu dieser Unduldsamkeit in dem Lande, wo die Religionsfreiheit zuerst ihren Tempel erbauen sollte, trug der leidenschaftliche Streit zwischen zwei reformatorischen Parteien bei, den Remonstranten und Kontraremonstranten, die einander befehdeten. Wie sollten sie gegen Juden duldsam sein?

Indessen das damals noch nicht reiche Amsterdam konnte die Juden, welche Reichtümer und Weltkenntnis dahin verpflanzt hatten, nicht mehr entbehren. Die veralteten Vorurteile gegen sie schwanden daher im näheren Verkehr mit ihnen immer mehr. Denn die eingewanderten portugiesischen Juden verrieten durch ihre gebildete Sprache, ihre Haltung und Manieren nicht, daß sie zu einer verworfenen Kaste gehörten. Zustatten kam ihnen die Bildung, die sie in Spanien und Portugal durch Besuch der höheren Schulen erlangt hatten, sowie die pompös klingenden Adelsnamen, welche ihnen ihre christlichen Taufpaten gegeben hatten. Ihre Peiniger selbst hatten sie mit den in die Augen fallenden Vorzügen eines höheren Standes ausgestattet. Sie konnten gewissermaßen als Edelleute auftreten, mit denen zu verkehren manchem christlichen Bürger in Amsterdam zur Ehre gereichte. Sie wurden daher mit einer gewissen Vorliebe behandelt. Bald wuchs ihre Zahl zu vierhundert Familien an, und sie besaßen in der Stadt dreihundert Häuser. Es dauerte nicht lange, so entstand eine hebräische Druckerei in Amsterdam, welche die Argusaugen der Zensur nicht zu fürchten brauchte. — Aus Neid über den durch die portugiesischen Juden Amsterdam zugefallenen Wohlstand rissen sich manche christliche Fürsten um sie und luden sie in ihre Länder ein. Der König Christian IV. von Dänemark richtete ein Schreiben an den jüdischen Vorstand von Amsterdam, daß er einige Mitglieder ermuntern möge, sich in seinen Staaten niederzulassen; er verhieß ihnen Freiheit des Gottesdienstes und noch andere günstige Privilegien. Der Herzog von Savoyen lud portugiesische Juden nach Nizza und der Herzog von Modena nach Reggio ein, und beide räumten ihnen weitgehende Freiheiten ein. So bildeten sich inmitten der finsteren verfolgungssüchtigen Christenheit, deren zwei Religionsparteien im dreißigjährigen Kriege Schwerter gegeneinander zückten, kleine freundliche Oasen für die Juden, von wo aus sie die eingebüßte Freiheit wieder erobern und sich allmählich aus der schweren Knechtschaft erheben konnten.

So wurde Amsterdam, das nordische Venedig, im Anfang des siebzehnten Jahrhunderts ein neuer Mittelpunkt für die Juden; sie nannten es mit Recht ihr neues, großes Jerusalem. Es wurde mit der Zeit eine feste Arche in der neuen Sintflut für den jüdischen Stamm. Mit jedem Inquisitionsprozesse in Spanien und Portugal wegen des Judaisierens der dortigen Marranen, mit jedem Scheiterhaufen für Überführte und Verdächtige vermehrte sich die Mitgliederzahl der Amsterdamer Gemeinde, als hätten es die Fanatiker darauf angelegt, die erzkatholischen Länder zu entvölkern, um die ketzerischen Staaten der Niederlande zu bevölkern und zu bereichern. Sie betrieben meistens mit ihren bedeutenden Kapitalien Handel im großen Stile, waren bei der ostindischen und westindischen Kompagnie beteiligt oder leiteten Bankgeschäfte. Das von der Entdeckung Amerikas in Spanien angesammelte Gold war zum Teil in den Händen der Marranen.

Doch nicht um ihrer Reichtümer willen allein nahmen sie eine angesehene Stellung in der neuen batavischen Handelsstadt ein. Die eingewanderten Marranen gehörten meistens dem gebildeten Stande an, hatten in ihrer Rabenmutterheimat Spanien oder Portugal eine Stellung als Ärzte, Rechtsgelehrte, Staatsbeamte, Offiziere oder Welt- und Klostergeistliche eingenommen, waren daher meistens ebenso der lateinischen Sprache und der Literatur, wie der schönen Wissenschaften kundig und in den Umgangsformen der Gesellschaft gewandt. In den Niederlanden, damals dem gebildetsten Teile Europas, deren Staatsmänner die Berufung Scaligers, des Fürsten der Gelehrsamkeit, an die Universität von Leyden als eine hochwichtige Angelegenheit behandelten, in diesem Lande galt humanistische Bildung an sich schon als eine besondere Empfehlung. Gebildete Juden verkehrten daher in Holland mit christlichen Männern der Wissenschaft auf dem Fuße der Gleichheit. Einzelne unter ihnen erlangten einen europäischen Ruf und standen mit hochgestellten Persönlichkeiten in Verbindung. Abraham Zacuto Lusitano (geb. 1576, gest. 1642), Urenkel des Geschichtsschreibers und Astronomen Zacuto, war einer der berühmtesten Ärzte seiner Zeit. Von marranischen Eltern in Lissabon geboren und glücklich nach Amsterdam entkommen, konnte er ungehindert seiner Wissenschaft und dem Judentume leben. Zacuto Lusitano stand in brieflicher Verbindung mit dem Fürsten Friedrich von der Pfalz und dessen gelehrter Gemahlin, jenem unglücklichen Eintagskönigspaare von Böhmen, das den Janustempel des dreißigjährigen Krieges aufschloß. Christliche wie jüdische Fachgenossen verkündeten sein Lob in Poesie und Prosa. Aus den Briefen und Versen an Zacuto Lusitano erkennt man nicht, daß Vorurteile gegen Juden damals noch im Schwange gewesen waren. Die Statthalter der Niederlande, die Reihe der edlen Fürsten aus dem Hause Oranien-Nassau, Moritz, Heinrich und Wilhelm II. waren wie ihr Stammgründer Wilhelm I. wohlwollend gegen die eingewanderten Juden und behandelten sie wie vollberechtigte Bürger Selbst die Peiniger der Marranen in ihren Ländern, die spanischen und portugiesischen Könige, bequemten sich nach und nach dazu, den Nachkommen ihrer gehetzten Opfer Ehren zu erweisen, Amtsbefugnisse zu übertragen und besonders ihnen die Konsulatsgeschäfte für ihre Staaten anzuvertrauen.

Die Anhänglichkeit der Amsterdamer Juden an ihre neugewonnene und mit so vielen Gefahren erkaufte Religion war tief empfunden. Diese Hingebung spiegelte sich in all ihrem Tun ab und verkörperte sich in Versen, die sie allerdings nur in der Sprache ihrer Peiniger dichten konnten. Jener Dichter, welcher einst auf dem Sprunge stand, Mönch zu werden, Paul de Pina oder Rohel Jesurun, dichtete für eine feierliche Gelegenheit Wechselgesänge in portugiesischer Sprache, welche von sieben Jünglingen vorgetragen wurden, um die erste Synagoge (Bet Jakob) zu verherrlichen. Die Berge des heiligen Landes, Sinaï, Hor, Nebo, Garizim, Karmel, Zetim (Ölberg) und Zion, wurden redend eingeführt, um die Trefflichkeit des israelitischen Gottesbekenntnisses, des jüdischen Gesetzes, des jüdischen Volkes in wohlklingenden Versen zu feiern.

Im Hintergrunde glänzender Gemälde zeigten sich aber stets die schauerlichen Kerker, die Molochspriester und der lodernde Flammenschein der Inquisition. Diese zugleich fröhliche und düstere Stimmung der Amsterdamer marranischen Juden veranschaulichte ein tiefsinniger Dichter treu und farbenreich, David Abenatar (um 1600 bis 1625). Im Scheinchristentum in Spanien geboren, unter eigenen Umständen der Inquisition und dem Höllenrachen entflohen und dem Lichte wiedergegeben, stellte er sich zur Aufgabe, die Psalmen in spanische Verse umzugießen. Die traurigen und frohen Weisen des Psalters belebten sich in seiner Dichterbrust zu einem ergreifenden Abbilde der Gegenwart.

„Mich warf in tiefen Kerkers Nacht
Der Ketzerrichter Schreckgewalt,
Den Zähnen wilder Löwen hin,
Du hast die Freiheit mir gebracht,
Der Schmerz verrauscht, die Klage schweigt.
Und als in schwerer Marter Schmerz
Die Glieder sie mit Fesseln banden,
Daß in der Qualen Übermacht
Den Freund ich, ja den Bruder morde,
Als Nacht umhüllt das zage Herz,
Zur Folter sie empor mich wanden,
Da fleht' ich die entmenschte Horde:
„Nehmt nur die Fesseln mir vom Leibe,
Und man verzeichne und man schreibe,
Und ich will euch gern gestehen
Mehr als ihr von mir verlangt."

In dieser durch die stete Rückerinnerung an die überstandenen Leiden und Martern gehobenen Stimmung gründeten die Mitglieder der Amsterdamer Gemeinde Wohltätigkeitsanstalten aller Art mit vollem Herzen und reicher Hand, Waisenhäuser, Unterstützungsgesellschaften (hermandades), Hospitäler, wie sie in keiner der ältern Gemeinden vorhanden waren. Sie hatten Mittel und den rechten Sinn dafür. Ihre Frömmigkeit äußerte sich in Mildtätigkeit und Edelsinn. Indessen, wie gehoben auch ihre Stimmung war, so waren sie doch Menschen mit Leidenschaften, und darum stellten sich auch Zwistigkeiten in der jungen Gemeinde ein. Viele Mitglieder, im Katholizismus geboren und erzogen, brachten ihre katholischen Anschauungen und Gewohnheiten mit und behielten sie bei; sie glaubten sie mit dem Judentum vereinigen zu können. Kann jemand Kohlen in seinem Schoße tragen, ohne daß seine Kleider davon versengt werden? Von Kindesbeinen an hatten die Marranen gehört und gesehen, daß man sündigen dürfe, wenn man sich nur von Zeit zu Zeit mit der Kirche aussöhnt. Dazu waren eben die katholischen Priester in allen Rangstufen da, um die Sündenvergebung zu vollziehen und die einstigen Höllenstrafen durch kirchliche Mittel von den Sündern abzuwenden. In den Augen der meisten Marranen vertraten die Ritualien des Judentums die Stelle der katholischen Sakramente und die Rabbiner die der Priester und Beichtväter. Sie glaubten, wenn sie dieses und jenes gewissenhaft befolgten, so dürften sie dem Antriebe der Begierden nachgeben, ohne des Seelenheils verlustig zu gehen. Allenfalls könnten die Rabbiner Absolution erteilen. Der Lebenswandel der Amsterdamer Marranen war besonders im Punkte der Keuschheit wenig lauter. Die ersten beiden Rabbiner der Amsterdamer Gemeinde hatten unter Berücksichtigung der Umstände ein Auge gegen die

Schwächen und geschlechtlichen Vergehungen zugedrückt. Der dritte, Isaak Usiel, hielt aber nicht mehr an sich, geißelte vielmehr mit unerbittlichem Eifer von der Kanzel die üblichen Gewohnheiten der Halbjuden und Halbkatholiken. Diese Strenge verletzte die Betroffenen, sie grollten dem strengen Prediger. Mehrere und an ihrer Spitze David Osorio verließen den Verband und die Synagoge, gründeten eine neue (1618) und erwählten den Prediger David Pardo zu ihrem Rabbiner. So trat eine Spaltung in der Gemeinde ein.

Inzwischen suchten auch deutsche Juden, welche die Kriegsfurie des dreißigjährigen Krieges aus ihrem Ghetto vertrieben hatte, das Asyl Amsterdam auf und wurden zugelassen (1636). Wenn der Amsterdamer Rat früher der Einwanderung und Ansiedlung der Juden nur durch die Finger sah, so beförderte er sie später förmlich. Die Juden unterlagen keinerlei Beschränkung, ein und dasselbe Gesetz war so ziemlich für sie und die christliche Bevölkerung, nur daß sie nicht Ämter bekleiden durften, was sie auch gar nicht beansprucht haben. Infolge des Friedensschlusses der Niederlande mit Spanien und Portugal verlangten die holländischen Vertreter gar für die jüdischen Untertanen dieselben Rechte in diesen Ländern wie für die christlichen, daß sie daselbst unbelästigt wohnen dürften. — Die eingewanderten deutschen Juden konnten sich natürlich der portugiesischen Gemeinde nicht anschließen, weil sie nicht bloß durch Sprache, sondern auch durch Haltung und Manieren von ihr geschieden waren. Eine weite Kluft trennte die Stamm- und Religionsgenossen portugiesischer und deutscher Zunge voneinander. Jene sahen auf diese mit Stolz wie auf Halbbarbaren herab, und diese erkannten jene nicht als vollbürtige Juden an. Sobald ihrer eine hinlängliche Zahl zusammen war, bildeten die deutschen Juden sofort einen eigenen Synagogenverband mit einem eigenen Rabbiner. Die Spaltung innerhalb der portugiesischen Gemeinde ist aber schmerzlich empfunden worden. Darum gab sich ein angesehener Mann, Jakob Curiel, welcher später Resident des portugiesischen Hofes in Hamburg wurde, die größte Mühe und brachte eine Versöhnung zustande. Erst seit der Einigung von drei Synagogen zu einer einzigen Körperschaft (April 1639) trat die portugiesische Gemeinde durch das harmonische Zusammenwirken der Kräfte mit Glanz auf und überragte alle ihre älteren Schwestern in den drei Erdteilen.

Bei der Vereinigung der drei Gemeindegruppen zu einer einzigen, wofür Statuten festgesetzt wurden, haben die Vertreter auch dafür Sorge getragen, der Unkunde im Judentum entgegenzuarbeiten. Sie gründeten eine Lehranstalt (Talmud Thora) worin zugleich Knaben und Jünglinge Unterricht in den wissenswerten Fächern der jüdischen Religion erhalten sollten. Es war vielleicht die erste derartige Lehranstalt in der Judenheit, worin eine gewisse Ordnung und eine Stufenfolge in den Lehrgegenständen eingeführt waren. Anfänger konnten darin von der untersten Stufe des hebräischen Alphabets bis zur höchsten Stufe des Talmudstudiums hinaufgeführt werden. Auch gründliche hebräische Sprachkunde, Beredsamkeit und neuhebräische Poesie wurden darin gelehrt, was in keiner anderweitigen jüdischen Lehranstalt üblich war. In den höchsten Lehrfächern erteilten die ersten Rabbiner oder Chachams den Unterricht, zu jener Zeit Saul Morteira und Isaak Aboab. Diese beiden ohne ihr Verdienst berühmt gewordenen Männer bildeten mit Manasse Ben-Israel und David Pardo das erste Rabbinatskollegium. Das reich ausgestattete Lehrhaus wurde eine Pflanzstätte zur Ausbildung von Rabbinern für die Amsterdamer Gemeinde und ihre Töchter in Europa und Amerika. Aus ihm gingen Zöglinge hervor, welche auf größere Kreise wirkten; nennen wir bloß des Gegensatzes wegen den kabbalistisch wirren Mose Zacuto und den geisteshellen Baruch Spinoza.

Es war kein Glück für die Amsterdamer Gemeinde, daß ihre ersten geistlichen Führer, die einen außerordentlichen Einfluß ausübten, nur mittelmäßige, zum Teil verschrobene Persönlichkeiten waren. Bei den großartigen Mitteln, welche ihr zu Gebote standen, bei der vielfältigen Bildung, die in ihr vorhanden war, und der Hingebung ihrer Mitglieder an das Judentum hätten ihre Führer, wenn sie einen freieren Blick, tieferen Geist und Schwung besessen hätten, Wunderbares zu Tage fördern können. Die Zeitumstände waren außerordentlich günstig. Sie hätten eine Verjüngung des Judentums schon damals anbahnen können. Allein das erste Amsterdamer Rabbinatskollegium hatte von dem allen nichts, gar nichts. David Pardo scheint gar wenig Bedeutung gehabt zu haben. Saul Morteiro (geb. 1596, gest. 1660) stammte wahrscheinlich von portugiesischen Eltern und war mit Elia Montaltos Leiche, welche mit allen Ehrenbezeugungen nach Amsterdam begleitet worden war, dahin gekommen und zum Prediger erwählt worden. Er war aber nicht einmal ein ausgezeichneter Kanzelredner; Morteira folgte nur breitspurigen Bahnen und wiederholte nur das, was andere vor ihm gedacht und aufgezeichnet hatten.

Noch unbedeutender war sein Kollege Isaak Aboab de Fonseca (geb. 1606, gest. 1693). Er stammte ebenfalls aus Portugal, war mit seiner Mutter nach Amsterdam gekommen und bildete sich zum gediegenen und beliebten Prediger aus. Aber eine wohlgesetzte, eindringliche und anmutende Predigt ist nicht immer die Frucht gediegenen Wissens und klarer Überzeugung. Wenigstens war es bei Aboab nicht der Fall. Er hat nichts Nennenswertes geleistet. Von Charakter war er schwankend, dem Einflusse anderer zugänglich, empfänglich für Schmeichelei und daher unselbständig. Diesem Manne war es gegeben, die Amsterdamer Gemeinde drei Menschenalter zu leiten. Einschneidend wichtige Fragen sind an ihn herangetreten und fanden ihn kleinlich, beschränkten Geistes, ohne Verständnis für die Vergangenheit und ohne Blick für die Zukunft.

Bedeutender war allerdings Manasse Ben-Israel (geb. 1604, gest. 1657), ein Kind der Amsterdamer Gemeinde, wohin sein Vater durch die Folterqualen der Inquisition mit halb zermalmtem Körper und von allen Mitteln entblößt, gekommen war. Lernbegierigen Geistes bildete sich der junge Manasse unter Isaak Usiel aus und brachte es in Kenntnis der Bibel und des Talmuds, wenn auch nicht zur vollendeten Meisterschaft, so doch zur Gewandtheit und Eingelesenheit. Durch den geschichtlichen. Wurf auf das Erlernen mehrerer Sprachen gewiesen, Portugiesisch als seine angeborene Muttersprache, Hebräisch als seine nationale Muttersprache, Holländisch als Landessprache, auch Lateinisch als Literatursprache — und noch mehrerer — verstand es Manasse, sich in allen diesen Zungen mit mehr oder weniger Vollendung in gehobenem Stile mündlich und schriftlich auszudrücken. Von Natur redegewandt, bildete auch er sich zum Prediger aus, mit allen Licht- und Schattenseiten dieses Standes. Er wurde auch ein fruchtbarer Schriftsteller und er hat darin, obwohl jung gestorben, unvergleichlich mehr als seine Kollegen geleistet. Was seine Zeitgenossen an Manasse bewunderten, war nicht sein tiefer Geist, nicht seine hinausgreifende Größe, sondern im Gegenteil seine ruhige, sich anschmiegende, bescheidene Umgänglichkeit, sein einfaches Wesen. Er hat keine großen und fruchtbaren Gedanken in die Welt gesetzt, sondern die Geisteskinder anderer gehegt und gepflegt und sie wie seine eigenen behandelt. Er war mehr Vielwisser als Denker. Obwohl er auch in der Profanliteratur und in der christlichen Theologie heimisch war, so hielt er doch zähe am überkommenen Judentume, nicht bloß an dem rabbinischen Wesen, sondern auch an der Kabbala und betrachtete wie seine minder gebildeten Kollegen jedes Wort im Talmud und Sohar als eine überschwengliche Offenbarung.

So waren die Männer beschaffen, welche berufen waren, die junge, katholisierende und folgsame Gemeinde Amsterdam zu führen und zu belehren. Ihnen war eine große Macht gegeben. Wichtige Angelegenheiten wurden in gemeinschaftlichen Sitzungen des von den Gemeindegliedern gewählten Vorstandes und des Rabbinats (Maamad) beraten und beschlossen. In religiösen Angelegenheiten gaben die Chachams allein den Ausschlag, weil die Laien — im Anfang wenigstens — sich kein Urteil zutrauten. Die Beschlüsse des Rabbinats waren für die Gemeindeglieder bindend, niemand durfte sich dagegen auflehnen. Die Behörden ließen dem Vorstande und dem Rabbinatskollegium vollständige Freiheit, geistliche Strafen über ungefügige Mitglieder zu verhängen. Von dieser Freiheit und dieser Gewalt machten die Vertreter einen nur allzu ausgedehnten Gebrauch. Sie hatten von Spanien und Portugal den unseligen Eifer mitgebracht, den Glauben rein erhalten und Ketzerei ausrotten zu wollen. Das Amsterdamer Rabbinat hat die Neuerung eingeführt, religiöse Meinungen und Überzeugungen vor seinen Richterstuhl zu ziehen, sich als eine Art Inquisitionstribunal zu konstituieren, und Auto dafés, wenn auch unblutige, so doch für die Betroffenen nicht minder empfindliche, zu veranstalten. Der Charakter und die Organisation der größten portugiesischen Gemeinde in Europa haben auf den Gang der jüdischen Geschichte mächtig eingewirkt.

Denn es bildeten sich von ihr aus Töchtergemeinden, welche sich nicht bloß den Ordnungssinn, die Würde, die hingebende Frömmigkeit und Wohltätigkeit, sondern auch die Torheiten und Verkehrtheiten ihrer Mutter zum Muster nahmen. Die zweite Gemeinde auf holländischem Boden sammelte sich nach und nach in Rotterdam an. Zwei eben so fromme, wie reiche Brüder Pinto (Abraham und David) legten den Grund zu dieser Gemeinde und beriefen zu ihrem Chacham and Vorsteher eines von ihnen fundierten Lehrhauses einen jungen Mann, Josiahu Pardo, der sich aber durch nichts besonderes hervortat. Auch in Harlem sollten Juden die Erlaubnis zur Ansiedlung erhalten. Die Humanisten und Beförderer der Duldung, wie der König der Philologen Joseph Scaliger, freuten sich schon darauf; allein zuletzt siegte doch die Intoleranz, und es wurde anfangs nichts daraus. Dafür entstanden portugiesische Gemeinden im deutschen Norden, jenseits des Ozeans und nach und nach auch in anderen niederländischen Städten.

In Hamburg bildete sich zunächst eine bedeutende Kolonie der Amsterdamer Gemeinde. Aber wie viele Schwierigkeiten hat es gemacht, um die deutschen Vorurteile und die deutsche Pedanterie zu überwinden! Gegen die Vorteile der Niederlassung der reichen und intelligenten Juden, welche die Amsterdamer schnell ergriffen, sträubten sich die Hamburger Bürger mit Händen und Füßen. Es war den eingefleischten Lutheranern ein Gräuel, Juden in ihrer Mitte zu haben. Ein jüdischer Juwelier Isaak aus Salzufeln (im Lippeschen) hatte mit zwölf Glaubensgenossen, die gezwungen waren, eine neue Wohnstätte auszukundschaften, den Versuch gemacht, sich in Hamburg niederzulassen. Er hatte eine Bittschrift an den Senat gerichtet, sie auf zwölf Jahre aufzunehmen, und dafür die Summe von 3000 Talern Einzugsgeld und 400 Mark jährliche Steuer geboten. Alle Gründe, welche sich damals für die Annahme geltend machen ließen, hatte der Unterhändler Isaak erschöpfend auseinandergesetzt und von vorherein erklärt, sich allen Bedingungen unterwerfen zu wollen. Alles vergebens. Hamburg, das damals viel Behagen an pfäffischem Gezänk über Rechtgläubigkeit und Ketzerei hatte, mochte von Juden nichts wissen.

Spaßhaft ist es, daß es damals, als es sich gegen die zeitweise Aufnahme von Juden so sehr sträubte, bereits, ohne es zu ahnen, solche in seiner Mitte beherbergte, mit denen die rechtgläubigen Christen täglich verkehrten, freilich unter der Maske portugiesischer Papisten. Marranische Flüchtlinge vor den Scheiterhaufen der Inquisition hatten sich nämlich auch in der norddeutschen Reichs- und Hansestadt niedergelassen und galten als portugiesische „Komerzanten", welche die Handelsblüte der Stadt beförderten. Bei der Nachricht, daß ihre Genossen in Amsterdam, mit denen sie in Verbindung standen, sich offen zum Judentum bekannten und geduldet wurden, lüfteten auch sie mehr ihre Maske, übten offener die jüdischen Bräuche, ließen aber noch immer ihre neugeborenen Kinder taufen. Darob erhob die streng lutherische Bürgerschaft ein Geschrei und richtete an den Senat die Forderung, die reichen Juden, welche aus Portugal oder anderen Orten gekommen waren, nicht zu dulden. Den Senat, d. h. die großen Kaufherren, hinderte eine Art Schamgefühl, diese Männer von edelmännischer Haltung und intelligentem Wesen wie Landstreicher oder wie Juden zu behandeln. Die meisten von ihnen hatten bedeutende Kapitalien mitgebracht, leiteten selbständig überseeische Geschäfte nach den neuentdeckten Ländern oder vertraten große spanische oder portugiesische (d. h. marranische) Handelshäuser. Zu den heimlichen Juden Hamburgs gehörte auch der zu seiner Zeit beliebte und gesuchte Arzt Rodrigo de Castro (geb. 1560, gest. 1627 oder 1628), der beim Wüten der Seuche mit Selbaufopferung zum Siechenbett der von der Pest Befallenen geeilt war und manchem das Leben gerettet hatte. Zudem war er ein geschickter Frauenarzt, und das schwache Geschlecht war für ihn eingenommen. Geschickte Ärzte waren damals überhaupt und noch mehr im deutschen Norden nicht häufig. Kurz, es schien dem Senat nicht tunlich, diese Portugiesen auszuweisen. Er verlegte sich daher anfangs der Bürgerschaft gegenüber auf ein offizielles Ableugnen, daß sich unter ihnen gar keine Juden befänden. Später gab er die Zahl derselben geringer an, während bereits 125 Personen eingewandert waren, darunter zehn Kapitalisten und zwei Ärzte.

Wenn sich auch die Bürgerschaft dabei beruhigte, so ließ sich ein anderer Faktor nicht abweisen. Das große Wort hatte in Hamburg das Ministerium, d. h. die lutherischen Pfarrgeistlichen, welche durchweg von Luthers judenfeindlichem Geiste beseelt waren. Dieses Ministerium klagte den Senat wegen der Duldung portugiesischer Juden an. Um sein Gewissen und die öffentliche Meinung zu beschwichtigen, wendete er sich an die theologischen Fakultäten von Frankfurt a. O. und Jena, ob es nach dem christlichen Glauben gestattet sei, Juden zu dulden. Das darauf erfolgte Gutachten der Jenaer Fakultät sieht aus, als hätte es ein Professor der Dominikanertheologie ein Jahrhundert vorher zur Zeit Hochstratens geschrieben und als wäre der Zeiger der Geschichte unvermerkt stehen geblieben. Sie könnte die Zulassung der Juden nur gestatten, wenn der Senat ihnen weder öffentliche Synagogen, noch heimliche, gottesdienstliche Zusammenkünfte, noch die Beschneidung, noch christliche Dienstboten zu halten erlaube, noch sie zu einem Amte zulassen würde. Wie die unduldsamsten Päpste wünschte auch die lutherisch-theologische Fakultät, die Juden zum Anhören christlicher Predigten zu zwingen.

Der Senat, der durch das Gutachten der theologischen Fakultäten einigermaßen von der kirchlichen Seite geschützt war, gestattete (Februar 1612) den portugiesischen Juden offen den Aufenthalt in Hamburg, allerdings mit unangenehmen Beschränkungen; aber sie durften ihre Toten auf einem eigenen Gottesacker bei Altona, den sich einige Familien zu diesem Zwecke angekauft hatten, beerdigen. Infolge der Vergrößerung der Gemeinde mit solchen Ansiedlern, die geradezu als Juden und nicht mehr als verkappte Portugiesen aufgenommen waren, wurde eine neue Vereinbarung zwischen ihnen und dem Senate erforderlich, worin ihre Privilegien in geschäftlicher Beziehung erweitert, aber in bürgerlicher beschränkt wurden. Sie durften kein eigenes Haus oder Liegenschaft besitzen. Eine Ausnahme wurde nur dem beliebten Arzte Rodrigo de Castro zugestanden.

Indessen, je mehr die portugiesischen Juden durch ihre Kapitalien und ihre geschäftliche Verbindung mit den bedeutenden Handelsherren Wichtigkeit erlangten, desto mehr durchbrachen sie die um sie gezogenen Schranken einer engherzigen Gesetzgebung. Als die Bank in Hamburg gegründet wurde (1619 bis 1623), welcher diese Stadt ihre auf fester Basis beruhende Handelsblüte verdankt, haben sich mindestens zwölf jüdische Kapitalisten dabei mit ihren Kapitalien beteiligt.[1]) Den bedeutenden Handel Hamburgs mit Spanien und Portugal haben die portugiesischen Ansiedler allein begründet. Auf ihre Unentbehrlichkeit vertrauend, richteten sie still eine Synagoge ein und beriefen dazu einen Chacham Isaak Athias aus Amsterdam.

---

[1]) Die Namen der zwölf jüdischen Mitbegründer der Hamburger Bank waren: Mardochaï Abendana, David Brandon, Joan Francisco Brandon, Gonsalvo Carlos, Diego Cardoso, Abraham Dacosta, Francesco Gomes, Diego Gonsalvo da Lima, Henrico da Lima, Gonsalvo Lopez, Joseph Mendes, Lope Nuñes.

Diese wohl einfache, aus zwei großen Zimmern bestehende Synagoge hat sehr viel böses Blut gemacht und viel Ärgernis gegeben. Der Kaiser Ferdinand II., der Schrecken der Protestanten, richtete im Beginn des dreißigjährigen Krieges ein drohendes Schreiben an den Senat (1627), daß den Juden um des Handels willen eine öffentliche Synagoge gestattet werde, während den Römisch-katholischen die Religionsübung verboten sei. Mehr brauchte es nicht, um die lutherischen Fanatiker in Harnisch zu bringen. Wenn man den Juden freie Religionsübung nachgebe, so müsse man es auch den Katholiken und auch gar den Calvinisten einräumen, sagten sie. Allerdings eine erschreckende Konsequenz! Als der geistliche Konvent den Senat wegen Überschreitung der mit den Juden vereinbarten Artikel anfuhr, und dieser wieder die Juden zur Rede stellte, erklärten die letzteren, sie hätten keine Synagoge, sondern lediglich einen Versammlungsort, um das Gesetz Moses, die Psalmen, die Propheten und andere Bücher des alten Testaments zu lesen, allenfalls beteten sie auch darin für das Wohl der Stadt und der Obrigkeit. Der Rat beruhigte sich dabei, aber die Geistlichen hörten nicht auf, von der Kanzel gegen die Juden und den pflichtvergessenen Senat zu donnern. Sie verlangten nichts weniger, als daß ein christlicher Rabbiner angestellt werden möge, um für die Juden in der Synagoge oder sonst irgendwo das Christentum zu predigen. Und die Ärzte sahen mit Ingrimm auf die Beliebtheit jüdischer Fachgenossen.

Die Gemeinde und ihr Wohlstand wuchsen aber von Jahr zu Jahr, und der Senat nahm die Zuzügler mit Kapitalien und Handelsverbindungen gern auf. Wenn auch die Schilderungen des damaligen Erzjudenfeindes (Johannes Müller) übertrieben erscheinen, so läßt sich doch daraus der Reichtum der portugiesischen Juden Hamburgs entnehmen. „Sie gehen einher geschmückt mit goldenen und silbernen Stücken, mit köstlichen Perlen und Edelgesteinen. Sie speisen bei ihren Hochzeiten aus silbernen Gefäßen, fahren in solchen Karossen, die nur hohen Standespersonen zustehen, und gebrauchen noch obendrein Vorreiter und eine große Gefolgschaft." Ganz besonders machte die in Hamburg angesiedelte, überaus reiche Familie Texeira einen geradezu fürstlichen Aufwand. Der erste Gründer dieses Bankhauses, Diego Texeira de Mattos, hieß in Hamburg, wie einst Joseph von Naxos in Konstantinopel „der reiche Jude". Er stammte aus Portugal, führte einen hohen Adelstitel und war früher spanischer Resident in Flandern. Als Siebziger unterwarf er sich noch der gefahrvollen Operation. Vermöge seines Reichtums und seiner Verbindungen sowohl mit dem Adel, als mit den Kapitalisten konnte er den vornehmen Herrn spielen. Ein geistlicher Herr, an welchem einst der alte Texeira in seidenem Talar vorüberfuhr, machte in seiner deutschen Unterwürfigkeit vor dem Unbekannten eine tiefe Verbeugung, als ob es dem Kurfürsten von Sachsen gälte. Als er aber hörte, daß er seine Verehrung an einen Juden verschwendet hatte, schämte er sich vor sich selbst und wünschte die Macht zu haben, diesen, wie alle Juden, wie einst Josua die Gibeoniten, zum Holzspalten und Wassertragen zu erniedrigen.

Eine kleine deutsche Gemeinde hatte sich ebenfalls nach und nach in Hamburg zusammengefunden und eine Betstube eingerichtet. Und das sollten die treuen Söhne Luthers ruhig mit ansehen? Die Hamburger Pastoren drängten daher den Rat, und hetzten die Bürgerschaft, ihnen die geringfügige Duldung zu entziehen. Unter ihnen tat sich ein Erzeiferer hervor, Johannes Müller, Senior an der Petrikirche, ein protestantischer Großinquisitor und Hauptverketzerer. Es verstand sich bei diesem giftigen Pastor, der sich als eine Säule der lutherischen Rechtgläubigkeit ansah, von selbst, daß es eine Gewissenssache für ihn sei, die Juden gründlich zu hassen und zu demütigen. Er und seine Genossen drangen stets darauf, die Synagoge schließen zu lassen (zwischen 1631 bis 1644). Der Rat antwortete darauf, es gehe über seine Begriffe; die Juden beteten darin den wahren Gott an, welcher Himmel und Erde geschaffen. Sollten sie denn wie das dumme Vieh ohne Religion leben? Man könne ihnen doch nicht das Beten und Singen der Psalmen verbieten! Endlich — und das war die Hauptsache — wenn man ihnen die Synagogen verböte, würden sie wegziehen, was der Stadt zum größten Schaden gereichen würde, sie würde zu einem Dorfe herabsinken. Der Senat und die Juden behaupteten ihre Sache; denn da wo Einsicht und Gerechtigkeit nicht durchdringen konnte, schlug das Geld der Juden an.

Nur Senior Müller durfte das Verdienst der Unbestechlichkeit für sich beanspruchen; dafür war er aber um so giftiger gegen die Juden. In Schrift und Wort, auf der Kanzel und im Kreise seiner Schüler, im Privatgespräch und in offiziellen Äußerungen war sein Lieblingsthema die Juden und ihre Demütigung. Mit dieser glaubenswütigen Unduldsamkeit stand er nicht allein. Drei theologische Fakultäten, die hauptlutherische von Wittenberg, die Straßburger und die Rostocker, hatten auf Müllers Anfrage den Bescheid erteilt, daß jüdische Ärzte nie und nimmer zu christlichen Patienten zugelassen werden dürften. Im siebzehnten Jahrhundert, als der bluttriefende dreißigjährige Krieg mit schwerer Zuchtrute die Notwendigkeit gegenseitiger Duldung predigte, wünschten die Vertreter des Luthertums eine neue Auflage der Konzilbeschlüsse gegen Juden aus der westgothischen Zeit! Aber die Zeit war denn doch eine andere geworden. Der König Christian IV. von Dänemark, Schleswig und Holstein, der Hort der Protestanten nächst Gustav Adolf, dem Müller sein judenfeindliches

Buch gewidmet hat, gerade er hatte den jüdischen Arzt Benjamin Musaphia zu seinem Leibarzt genommen.

In Hamburg selbst hatte Müllers fanatischer Eifer auch nicht den besten Erfolg. Er und die Gesamtgeistlichkeit haben zwar bei dem beabsichtigten Bau einer größeren Synagoge großen Lärm geschlagen und ihm Hindernisse in den Weg gelegt, aber vereiteln konnten sie ihn doch nicht. Die Bürgerschaft gewöhnte sich nach und nach an die Juden und lernte sie achten. Einige unter ihnen wurden von hohen, selbst katholischen Potentaten zu Geschäftsträgern oder Residenten ernannt. Der König von Portugal bestimmte zuerst Duarte Nuñes da Costa und Jakob Curiel zu seinen Agenten, und die katholische Majestät Ferdinand IV. erhob einen jüdischen Schriftsteller von portugiesischer Abstammung, Imanuel Rosales zum Pfalzgrafen.

Eine Kolonie der Amsterdamer Muttergemeinde bildete sich in Südamerika, in dem von Portugiesen entdeckten und bevölkerten Brasilien und besonders in der Stadt Pernambuco. Dorthin hatte die portugiesische Regierung öfter jüdische Verbrecher, d. h. Marranen, welche sie nicht dem Scheiterhaufen überliefern wollte, zugleich mit Lustdirnen und anderem Gesindel als Kolonisten überführen lassen. Diese geschändeten Marranen erleichterten den Holländern die Eroberung von Brasilien, das einen eigenen Statthalter an dem einsichtigen Johann Moritz von Nassau erhielt (1624 bis 1636). Sofort trat eine Verbindung zwischen der Amsterdamer Gemeinde und der Brasilianischen ein, welche die Maske des Christentums abgeworfen hatte und von den Holländern fast verhätschelt wurde. Schon nannten sich die Juden auf Recife bei Pernambuco die „heilige Gemeinde“ (Kahal Kados).

Mehrere Hundert Amsterdamer Portugiesen schifften sich, sei es auf Grund einer Einladung oder aus eigenem Antriebe, um Geschäftsverbindungen mit der Kolonie anzuknüpfen, nach Brasilien ein und nahmen den Chacham Isaak Aboab da Fonseca mit (1642). Er war der erste brasilianische Rabbiner. Auch auf Tamarica bildete sich eine Gemeinde, welche einen eigenen Chacham an Jakob Lagarto hatte — dem ersten talmudischen Schriftsteller in Südamerika. Es verstand sich von selbst, daß die brasilianischen Juden vollständige Gleichberechtigung genossen, denn sie leisteten den Holländern die wesentlichsten Dienste als Ratgeber und Krieger. Als die eingeborenen Portugiesen, welche die Unterjochung durch die Holländer mit Ingrimm ertrugen, eine Verschwörung anzettelten, sich bei einem Schmause der holländischen Beamten der Hauptstadt zu entledigen und dann über die hauptlose Kolonie herzufallen, warnte sie ein Jude und rettete sie und die Kolonie vor sicherm Untergange,

Als später (1646) offener Krieg zwischen Portugiesen und Holländern ausbrach, und die Besatzung von Recife, von Hungersnot aufgerieben, auf dem Punkte stand, sich auf Gnade oder Ungnade zu ergeben, waren es die Juden, welche den Gouverneur zur mutigen Ausdauer und zur Fortsetzung des Kampfes antrieben. Der hingebende Eifer der Juden für das Staatswohl der Holländer war ein fester Kitt zwischen ihnen und der Republik, welcher sich nie mehr löste. Die Duldung der Juden in den Niederlanden blieb für die Dauer gesichert.

Nicht so glücklich waren die Marranen, welche vor der Wut der Inquisition in Frankreich Zuflucht gesucht hatten. Der älteste Sohn der Kirche gestattete ihnen anfangs nicht, als heimliche Juden im Lande zu bleiben, obwohl mehrere von ihnen eine hohe Stellung als Ärzte, Rechtslehrer oder Schriftsteller[1]) einnahmen. Indessen waren diese ihren Stammesgenossen, welche sich später in Bordeaux als Großhändler niedergelassen hatten, dazu behilflich, halb und halb als Juden geduldet zu werden. Da sie mit ihren Kapitalien und ihrer Geschäftskenntnis den Wohlstand der Stadt förderten und daher von der städtischen Behörde gern gesehen wurden, so bewilligte Heinrich II. (1550) den bereits angesiedelten und noch in Zukunft zuziehenden portugiesischen Kaufleuten, unter der Benennung Neuchristen in Bordeaux zu wohnen und Geschäfte zu betreiben. Allerdings mußten sie äußerlich als Christen erscheinen, ihre Kinder in der Kirche taufen und ihre Ehen von katholischen Geistlichen trauen lassen und selbstverständlich christliche Namen führen. Aber heimlich lebten sie mehrere Geschlechter hindurch nach jüdischem Brauche. Sie entgingen auf wunderbare Weise dem Gemetzel der Bartholomäusnacht und den öffentlichen Anklagen von Fanatikern, daß sie nur Scheinchristen wären. Im Jahre 1636 zählte die marranische Gemeinde von Bordeaux zweihundertundsechzig Mitglieder. Eine kleine Gemeinde bestand auch in Bayonne und anderen kleinen Städten. Erst ein halbes Jahrhundert später, unter Ludwig XIV., durften die portugiesischen Neuchristen sich offen als Juden bekennen.

Siebentes Kapitel.

Der dreißigjährige Krieg und der Aufstand der Kosaken.

(1618 bis 1655.)

Während in Holland für die Juden der erste Strahl einer besseren Zeit aufdämmerte, war das übrige Europa für sie noch voll von dichtem Schatten. In Deutschland besonders galt der Jude noch im siebzehnten

[1]) Michel de Montaigne, der erste französische elegante Schriftsteller, stammte von Marranen ab. Seine Mutter, Antoinette de Louppes, verheiratet mit dem Edelmann Pierre Ayquem, Herrn von Montaigne, war die Tochter des Marranen Pierre de Louppes (Pedro Lopez).

Jahrhundert, wie vorher, als ein verworfenes Geschöpf, für das es kein Mitleid gab, das man mit Kot bewarf, dem man den Bart anzündete und das man schlimmer als einen Hund behandelte. Es gab nur noch drei oder vier bedeutende Gemeinden in Deutschland, Frankfurt am Main mit etwa 4000 bis 5000 Seelen, Worms mit 1400, Prag mit höchstens 10 000 und Wien mit 3000; die übrigen zählten weniger. Hamburg war noch eine junge Gemeinde.

In den westdeutschen Freistädten Frankfurt und Worms herrschte eine Gehässigkeit gegen die Juden, die mehr in der Engherzigkeit des Pfahlbürgertums und des zopfigen Zunftwesens als in dem Gegensatze des Bekenntnisses wurzelte. Beide Städte betrachteten die Juden in ihren Mauern als ihre Kammerknechte und beriefen sich allen Ernstes auf eine Urkunde des Kaisers Karl IV., daß er sie ihnen mit Leib und Gut verkauft habe. Als sich portugiesisch-marranische Juden von den Niederlanden aus in Frankfurt niederlassen wollten, welche diese Stadt zu einem Handelsplatze ersten Ranges wie Amsterdam und Hamburg erhoben hätten, und um die Erlaubnis baten, ihnen ein Bethaus zu bewilligen, schlug es ihnen der Rat rundweg ab. Was taten die jüdischen Kapitalisten? Sie wendeten sich an den Herrn von Hanau und erlangten von ihm ein sehr günstiges Privilegium.

Die Verbissenheit der Frankfurter gegen ihre jüdischen Mitbewohner hatte sich in einer Gesetzgebung kristallisiert, die zu den widerwärtigsten und abgeschmacktesten gehört. Sie wurde die „Judenstättigkeit“ genannt und bestimmte, unter welchen Bedingungen oder Beschränkungen die Juden die Frankfurter Luft oder vielmehr die verpestetete Atmosphäre des Judenviertels einatmen durften. Sämtliche vom Papsttum eingeführten kanonischen Beschränkungen zur Brandmarkung derselben, Verbot, christliche Dienstboten und Ammen zu halten, und Gebot, ein schändendes Abzeichen zu tragen, hat die größtenteils protestantische Stadt beibehalten. Sie behandelte sie geradezu wie Sträflinge. Außerhalb der Judengasse durften sich die Juden nur für nötige Geschäfte aufhalten, aber nicht zwei zusammen als Spaziergänger und gar nicht in der Nähe des Römers, besonders nicht an christlichen Festtagen oder an Hochzeiten oder wenn Fürsten in der Stadt lagen. Auch in ihrem Ghetto sollten sie sich still verhalten, christliche Ohren nicht durch einen hellen Laut verletzen, die eingekehrten fremden Juden zum zeitigen Schlafengehen anhalten. Ohne Vorwissen des Magistrats durften sie überhaupt keine Fremden beherbergen, nicht einmal Kranke in ihr Hospital aufnehmen. Eßwaren durften sie nicht gleichzeitig mit den Christen auf dem Markt einkaufen. Ihr Geschäftsumfang war neidisch eingeengt, und doch mußten sie viel mehr Steuern als die christlichen Einwohner zahlen. Wie sie an ihren Kleidern besondere Abzeichen, so mußten sie auch an ihren Häusern besondere Schilder mit wunderlichen Figuren und Namen haben, zum Knoblauch, zum Esel, zum grünen, weißen Schild, Rotschild, Schwarzschild. Nach diesen Schilderfiguren wurden die Bewohner der Häuser genannt: „Der Jude N. zum Esel". Bei der Aufnahme eines Juden mußte dieser die pünktliche Befolgung aller dieser ebenso dummen, wie herzlosen Bestimmungen mit einer entehrenden Eidesformel geloben. Und noch dazu hing ihr kümmerliches Dasein nur vom guten Willen des Magistrats ab; denn ein Paragraph bestimmte: Der Rat behält sich vor, einem jeden Juden, zu welcher Zeit auch immer, die Stättigkeit, d. h. das Aufenthaltsrecht, zu kündigen. In diesem Falle muß der einzelne oder die Familie nach Ablauf der bestimmten Frist die Stadt verlassen.

Wenn der Magistrat berechtigt war, einzelnen Juden den Aufenthalt zu kündigen, so durfte er sie doch sämtlich aus der Stadt weisen. So folgerte und verlangte die mit dem Rate in Hader geratene Bürgerschaft oder die Zünfte. Sie beabsichtigten ihre Freiheiten zu erweitern, die Macht der Patrizier im Magistrat zu beschränken und fingen mit den Juden an. An der Spitze der ansässigen Zünftler stand der Lebkuchenbäcker Vincenz Fettmilch, ein verwegener Mann, der die Räte in Schrecken hielt und sich ganz offen den neuen Haman der Juden nannte. Während die Gemeinde im Bethause versammelt war (1. September 1614), folgte Schlag auf Schlag und Stoß auf Stoß, mit Wutgeschrei vermischt, an der Pforte des Judenviertels. Darauf von seiten der Juden Angstgeschrei, verzweifeltes Hin- und Herrennen und ratloses Fliehen. Mutige Jünglinge und Männer griffen zu den Waffen, den Sturm abzuwehren oder mannhaft zu sterben. Es fielen auf beiden Seiten Verwundete und auch einige Leichen. Die Überzahl und Verwegenheit der Fettmilchschen Bande obsiegten. Darauf Plünderung, Zerstörung und Entweihung der heiligen Plätze mit tierischer Wut die ganze Nacht hindurch bis an den anderen Tag. Die meisten Juden, welche nicht von menschenfreundlichen Bürgern geborgen waren, harrten zitternd auf dem Begräbnisplatze aneinander gekauert, manche in Sterbekleider gehüllt, und erwarteten den Tod. Geflissentlich ließ sie die Rotte in banger Ungewißheit über das Los, das sie ihnen zugedacht, zwischen Leben und Vertreibung, so daß die Juden es als eine Gnade Gottes ansahen, als sich ihnen des Nachmittags das Fischerpförtchen öffnete und sie, allerdings ohne Hab und Gut, abziehen durften, 1380 Personen.

Es dauerte lange, bevor die Juden Frankfurts Genugtuung für die so verletzende Unbilde erhielten. Der Magistrat war ohnmächtig und der Kaiser Matthias fast nicht minder. Erst ähnliche Vorgänge in Worms, einer der ältesten Gemeinden in Deutschland, beschleunigten das Ende der Frankfurter Wirren. Dort hatte die durch Judenhaß und Brotneid entstandene Erbitterung gegen sie zur selben Zeit einen anderen Verlauf genommen, als nicht die Zünfte, sondern einige Glieder des Magistrats die Ausweisung der Juden betrieben, und als der Hauptjudenfeind nicht ein brutaler, aber gerader Handwerksmann, sondern ein arglistiger Advokat und Rechtsverdreher war, Doktor Chemnitz (Chemnitius), welcher durch Kniffe glücklicher und ungefährlicher die Ausweisung der Juden durchsetzen zu können meinte als die Frankfurter durch Gewalt. Auf seinen Rat schickten die Zünftler eine Deputation an die Juden, innerhalb einer Stunde mit Sack und Pack aus der Stadt zu ziehen. Der Magistrat protestierte ohnmächtig dagegen, und so blieb den Juden nur übrig, am vorletzten Passahtage auszuwandern (April 1615). Der Erzbischof von Mainz und der Landgraf Ludwig von Darmstadt gestatteten den Verbannten den Aufenthalt in den kleinen Städten und Dörfern, und so kamen sie zum Teil mit ihren Frankfurter Leidensbrüdern zusammen.

Indessen dauerte der Jubel der judenfeindlichen Wormser Bürger nicht lange. Der Kurfürst Friedrich von der Pfalz, der Freund des jüdischen Arztes Zacuto Lusitanus, ließ Fußvolk, Reiterei und Kanonen in die Stadt einrücken, welche dem Aufruhr ein Ende machten. Der großsprecherische Doktor Chemnitz wurde mit anderen Aufwieglern in Gewahrsam gebracht. Es dauerte aber doch noch fast dreiviertel Jahr, bis die Wormser Juden auf Befehl des Kaisers in ihre Stätte wieder eingesetzt wurden (19. Januar 1616). Zwei Monate später wurden die Juden von Frankfurt wie im Triumphe mit Paukenschall und Hörnerklang von kaiserlichen Kommissarien in ihre Wohnungen wieder zurückgeführt. Hier wurden die Aufwiegler härter als in Worms bestraft, weil sie Zerstörung, Plünderung und Blutvergießen veranlaßt hatten. Vincenz Fettmilch wurde gevierteilt und gehenkt, sein Haus geschleift und seine Familie in die Verbannung gejagt. Die Stadt wurde vom Kaiser mit 175 919 Gulden Schadenersatz für die an den Juden verübte Plünderung belegt. Zum Andenken an diese im deutschen Reiche nicht alltägliche Errettung und ehrenvolle Wiedereinsetzung bestimmte die Frankfurter Gemeinde den Tag des Einzuges (20. Adar) als Festtag.

Die alte Judenstättigkeit sowohl in Worms, als in Frankfurt hob der Kaiser Matthias auf und führte dafür eine neue Judenordnung ein, im mittelalterlichen Geschmack. Die alten Beschränkungen der Juden in Tracht, Hantierung und Bewegung sind geblieben und teilweise noch verschärft worden. „Nur da sie einmal vom Kaiser privilegiert waren, sollte der Rat sie schützen und nicht mehr die Befugnis haben, diejenigen, welche einmal die Stättigkeit erlangt hatten, auszuweisen." Diejenigen Frankfurter Juden, welche damals wieder eingesetzt wurden, brauchten daher nicht mehr wie früher ihr Aufenthaltsrecht alle drei Jahre zu erneuern, und ihr Recht ging auf ihre Nachkommen über. Die Zahl der Juden wurde auf 500 festgesetzt. Nicht mehr als sechs Familien sollten jährlich zur Stättigkeit zugelassen werden, und nie mehr als zwölf Paare durften sich jährlich verheiraten. Zu den alten Schutzabgaben kamen auch neue hinzu, eine Heirats- und Erbschaftssteuer. — Die Beschränkungen in der neuen Judenordnung für Worms sind womöglich noch drückender ausgefallen. Die Gemeinde hatte ihr Weiderecht eingebüßt; sie wurde dafür mit dem Privilegium entschädigt, „Milch zu ihrer und der Ihrigen Notdurft von der Bürgerschaft kaufen und abholen zu dürfen" — eine bedeutende Errungenschaft! Es kam allen deutschen Gemeinden zugute, daß der Kaiser Matthias einmal wenigstens die Unverletzlichkeit der Juden mit Nachdruck betont und mit Waffengewalt betätigt hatte. Kaiser Ferdinand II., so sehr er auch Jesuitenzögling und Protestantenfresser war, besiegelte diese Unantastbarkeit der Juden für das ganze deutsche Reich. Daher kam es, daß der zerstörungs- und blutreiche dreißigjährige Krieg die Juden Deutschlands nicht so hart traf, wie man erwarten sollte. Sie teilten zwar die Leiden des deutschen Volkes, sie hatten ihr Teil an den Brandschatzungen, Plünderungen und Verwüstungen, welche die Führer der Landsknechte, die Mansfeld, Tilly, Wallenstein, nacheinander über die blühendsten Städte brachten. Manche jüdische Gemeinde ist infolge der Kriegswut vollständig untergegangen. Aber die Juden hatten wenigstens von dem innern Feinde nichts zu fürchten und konnten sich in der Abgeschiedenheit ihrer Ghettos still vor den Stürmen bergen. Die katholischen Heerführer hatten vom Kaiser die Weisung, Leben und Gut der Juden zu schonen, und diese wurde hin und wieder befolgt, so daß mancher Protestant seine Habe im Asyle des Judenviertels bergen und retten konnte. Die Finanzquelle der Juden mußte geschont werden, wenn der Krieg einen guten Fortgang haben sollte. Daher war der mit vieler Überlegung handelnde Kaiser Ferdinand darauf bedacht, seinen Feldherren einzuschärfen, die Juden von allen Kriegsbeschwerlichkeiten und Einquartierung zu befreien. Diese zärtliche Behandlung kam ihnen allerdings teuer zu stehen.

Der Wiener Hof erfand auch ein anderes Mittel, die Finanzquelle der Juden für den Krieg ergiebig zu machen. Er ernannte jüdische Kapitalisten zu Hofjuden, räumte ihnen die ausgedehnteste Handelsfreiheit ein, befreite sie von den Beschränkungen, denen andere Juden unterworfen waren, sogar vom Tragen des gelben Fleckens, gewährte ihnen und ihren Angehörigen überhaupt eine günstige Ausnahmestellung. Fast scheint es, als wenn die Juden in dieser Zeit noch besser als die Christen behandelt wurden. Wenigstens in Mainz verfuhren die Schweden, die über vier Jahre dort hausten, (Ende 1631 bis Anfang

1636) glimpflicher gegen sie, als gegen die Katholiken. Sie waren auch nicht so verarmt; denn sie konnten drei Jahre nach Abzug der Schweden eine Synagoge in Mainz bauen, also einen größeren Gemeindeverband bilden, eine Vergünstigung, die sie seit ihrer Ausweisung über 150 Jahre vorher nicht genießen konnten. Während die christliche Bevölkerung durchweg mit Not zu kämpfen hatte — ein Hauptumstand, welcher die Fürsten zum Abschluß des westfälischen Friedens geneigt machte, — hatten die Juden doch noch etwas errettet. Die Beute der Plünderungen so vieler Städte ging durch ihre Hände, und wenn sie auch durch Steuerzahlung außerordentlich angespannt waren, behielten sie doch immer einen Gewinn davon. Daher kam es, daß, als gerade nach Beendigung des dreißigjährigen Krieges große Massen flüchtiger Glaubensgenossen aus Polen nach Deutschland kamen, sie von den Gemeinden brüderlich unterstützt werden konnten.

Die Juden Polens wurden nämlich damals zum ersten Male von einer ausgedehnten blutigen Verfolgung heimgesucht. Der Leidenskelch sollte auch an ihnen nicht vorübergehen. Polen war nicht mehr wie früher die große Freistätte für die Söhne Judas, seitdem die verblendeten Könige die Jesuiten ins Land gerufen, um ihnen die Abrichtung der Söhne des Adels und der jungen Geistlichkeit für die fanatische Kirchlichkeit in die Hände zu geben und den widersetzlichen Sinn der polnischen Dissidenten zu brechen. Die Väter der Zwietracht, auf welche die vielfache Teilung Polens als erste Urheber zurückgeführt werden muß, suchten auch die stille Macht, welche die Juden vermöge ihrer Geldmittel und ihrer Klugheit auf die adlige Bevölkerung ausübten, zu untergraben, und gesellten sich zu deren anderweitigen Feinden, den deutschen Gewerks- und Handelszünftlern, um sie zu beschränken und zu unterdrücken. Indessen war ihr Zustand in Polen doch erträglicher als in Deutschland und Italien. In den Drangsalen des dreißigjährigen Krieges suchten flüchtige Juden Polen auf. Der letzte König aus dem Stamme der Jagellonen, Wladislaw IV. (1632—48) war ihnen besonders gewogen. Der hohe Adel blieb im allgemeinen auch in dieser Zeit in einer gewissen Abhängigkeit von den Juden, weil ihre Rührigkeit der polnischen Leichtlebigkeit und Verschwendungssucht mit ihrer Klugheit, ihrem kleinlichen Sparsystem und ihrer Vorsorglichkeit zustatten kam. Der Jude war dem polnischen Edelmann mehr noch als sein Finanzmeister, er war sein kluger Ratgeber. Die Adligen verwendeten die Juden besonders zur Verwertung neu angelegter Kolonien, wozu sie selbst weder Fähigkeit, noch die nötige Ausdauer besaßen. Es hatten sich nämlich nach und nach am untern Dnjepr und am Nordrande des Schwarzen Meeres in der Nachbarschaft der krimischen Tataren Kolonien gebildet aus entlaufenen polnischen Leibeigenen, Sträflingen,

Bauern und solchen, welche sich in der Heimat beengt und gefährdet fühlten. Diese Auswürflinge bildeten den Grundstock zu dem Kosakenstamme an den Wasserfällen des Dnjepr, Zaporoger genannt. Um ihr Leben zu fristen, waren sie auf Beute und Raub von den benachbarten Tataren angewiesen; es war eine Kriegsschule für sie. Die Könige, welche sie zu kriegerischen Unternehmungen und zur Abwehr der Einfälle von Tataren und Türken brauchten, räumten ihnen in der Ukraine und Kleinrußland eine gewisse Selbständigkeit ein und stellten einen Attaman (Hetman) mit eigenen Abzeichen seiner Würde an ihre Spitze. Aber der kirchliche Sinn des Königs Sigismund III. und die Jesuiten machten aus den Kosaken, welche ein Element der Stärke für Polen hätten werden können, ein Element ewiger Unzufriedenheit und Empörung.

Die Zaporoger waren größtenteils Anhänger der griechischen Kirche, daher arbeiteten die Jesuiten daran, nachdem sie die Dissidenten geschwächt hatten, auch die Griechisch-Katholischen entweder mit der römischen Kirche zu vereinigen oder zu vertilgen. Bei dem kriegerischen Sinn der Kosaken war aber diese Umwandlung nicht so leicht, daher wurde ein förmliches System der Knechtung gegen sie angewendet. Drei adlige Häuser hatten vornehmlich die Kolonisation in der Ukraine und Kleinrußland, die Koniecpolski, die Wischniowiecki und die Potocki, und diese überließen die Pacht der den Kosaken aufgelegten drückenden Steuer ihren jüdischen Geschäftsführern. Die Kosaken mußten von jedem neugeborenen Kinde, von jedem neuvermählten Paare eine Abgabe zahlen. Damit kein Umgehen derselben eintreten könnte, hatten die jüdischen Pächter die Schlüssel zu den griechischen Kirchen in Verwahrung, und so oft der Geistliche taufen oder trauen wollte, mußte er sie von dem jüdischen Gutsverwalter ausbitten, und dieser lieferte sie erst nach Leistung der Abgaben aus. Das machte die Juden bei den Kosaken verhaßt. Dazu kam noch, daß das in Polen durch die drei Männer Schachna, Lurja und Isserles geschaffene hochgeschraubte Talmudstudium, welches von ihren Jüngern Josua Falk Kohen, Meïr Lublin, Samuel Edles und Sabbataï Kohen bis zur Spitzfindigkeit gesteigert wurde, den polnischen Juden im allgemeinen den Charakter der Findigkeit und Kniffigkeit aufgedrückt hat, der sich im Verkehr, im Handel und Wandel äußerte. Denn in diesem Lande beschäftigte sich jedermann, wenn er nicht stumpfsinnig war, mit dem Talmud. Die Vertiefung in denselben war hier ein größeres Bedürfnis als im übrigen Europa. Die Rabbiner hatten eigene Gerichtsbarkeit und entschieden nach talmudisch-rabbinischen Gesetzen. Die Massenhaftigkeit der Juden in Polen und ihre Prozeßlust gaben Veranlassung zu verwickelten Rechtsfällen, die kaum im Kodex (Schulchan

Aruch) angedeutet waren. Die Richterrabbiner mußten daher auf die Rechtsquelle, den Talmud, zurückgehen, um in solchen Fällen Anhaltspunkte zu suchen, und, weil die Parteien meistens selbst kundig und gewitzt waren, mußten sie ihre Herleitungen und Vergleichungen scharf begründen.

Das rabbinische Zivilrecht fand daher in Polen eine ganz außerordentliche Pflege und Erweiterung, um auf alle Fälle gefaßt und den gelehrten Parteien zugänglich zu sein. So lag gewissermaßen die immer zunehmende Kniffigkeit der Lehrmethode in den Verhältnissen und Bedürfnissen, und man muß noch den Umstand hinzunehmen, daß einer den anderen an Haarspalterei übertreffen wollte, um etwas Neues zu bieten und auf den Vierländersynoden sich auszuzeichnen. Die einseitige Ausbildung eines einzigen Seelenvermögens, der haarspaltenden Urteilskraft auf Kosten der übrigen, hemmte auch die Phantasie, und daher ist in Polen auch nicht eine einzige literarische Erscheinung erzeugt worden, welche mit dem Namen Poesie belegt werden könnte. Sämtliche Geisteserzeugnisse der polnischen Schule tragen den talmudisch-rabbinischen Stempel. Die Jünger dieser Schule sahen fast mit einer gewissen achselzuckenden Verächtlichkeit auf die heilige Schrift und ihre einfache Größe herab, oder vielmehr sie war für sie so gut wie nicht vorhanden. Und was sollten sie auch mit diesen Kindergeschichten anfangen, an denen sich kein Scharfsinn anbringen ließ? Allenfalls wußten sie etwas von der Bibel aus den Versen, welche in den Synagogen vorgelesen wurden, und aus dem, was der Talmud gelegentlich anführt. Der Sinn für das einfache Erhabene blieb ihnen daher verschlossen. Drehen und Verdrehen, Advokatenkniffigkeit, Witzelei und voreiliges Absprechen über das, was nicht in ihrem Gesichtskreise lag, wurde solchergestalt das Grundwesen der polnischen Juden. Religiös waren sie natürlich außerordentlich, fromm, sehr fromm; aber auch diese Frömmigkeit beruhte auf Klügelei und Überhebung. Einer wollte den anderen darin übertreffen oder vielmehr besser wissen, was der Kodex für diesen und jenen Fall vorschreibt. Biederkeit und Rechtssinn waren bei vielen ebenso abhanden gekommen, wie innige Frömmigkeit, Einfachheit und Sinn für Wahrheit. Der Troß eignete sich dieses kniffige Wesen der Talmudschulen an und gebrauchte es, um den minder Schlauen zu überlisten. Freilich gegen Stammgenossen konnte List nicht gut angewendet werden, weil diese gewitzigt waren; aber die nichtjüdische Welt, mit der sie verkehrten, empfand zu ihrem Schaden diese Überlegenheit des kniffigen Geistes der polnischen Juden. Daß der Talmud und die großen Lehrer des Judentums Betrügerei und Übervorteilung von Andersgläubigen fast noch mehr gebrandmarkt haben als gegen Stammgenossen, daran kehrten sich die polnischen Söhne des Talmud wenig.

Diese Verdorbenheit rächte sich an ihnen auf eine blutige Weise. In arger Verblendung hatten sie den Adligen und Jesuiten hilfreiche Hand geboten, die Kosaken in der Ukraine und Kleinrußland zu bedrücken. Die Magnaten wollten aus den Kosaken einträgliche Leibeigene, die Jesuiten aus den griechischen Ketzern römische Katholiken machen, die in dem Landstriche angesiedelten Juden wollten sich dadurch bereichern und die Herren über diese niedrigsten Parias spielen. Sie maßten sich Richterämter über sie an und kränkten sie in deren kirchlichen Angelegenheiten. Kein Wunder, daß die geknechteten Kosaken die Juden fast noch mehr haßten als ihre adligen und geistlichen Feinde, weil sie mit ihnen am meisten zu verkehren hatten. An Warnungszeichen hat es den Juden nicht gefehlt, welches Los sie treffen würde, wenn diese ihre erbitterten Feinde einst die Oberhand erlangen sollten. Bei einem wiederholten Aufstand der Zaporoger unter ihrem selbstgewählten Hetman Pawliuk (um 1638), so kurz er auch dauerte, erschlugen sie 200 Juden und zerstörten einige Synagogen. Nichtsdestoweniger boten die Juden die Hand zu der infolge des Aufstandes noch gesteigerten Knechtung der Unglücklichen. Sie erwarteten im Jahre 1648 laut des Lügenbuches Sohar die Ankunft des Messias und die Zeit der Erlösung, wo sie die Herren würden spielen können, und waren daher rücksichtsloser und sorgloser, als sie sonst zu sein pflegten. Die blutige Vergeltung blieb nicht aus und traf die Unschuldigen mit den Schuldigen, vielleicht jene noch mehr als diese.

Sie ging von einem Manne aus, welcher den gesteigerten Haß der Kosaken zu seinen Zwecken zu benutzen verstand. Bogdan Chmielnicki (russisch Chmel), vor dem ganz Polen mehrere Jahre zitterte und der Rußland zuerst Gelegenheit gab, sich in die polnische Republik einzumischen, war für die Juden eine erschreckende Geißel, welche auch sie um ihre halbgünstige Stellung gebracht hat. Chmielnicki, tapfer im Kriege und verschlagen in Ausführung von Plänen, grausam und heuchlerisch zugleich, war persönlich von Juden gereizt worden, als er noch in untergeordneter Stelle lebte. Als er die „Kosakenmutter“, die ganze Ukraine, zu einem fanatischen Religions- und Rassenkriege gegen Polen entflammte, war sein erstes Wort an die Kosaken: „Die Polen haben uns als Sklaven der verfluchten Brut der Juden überliefert“, und es genügte, um sie zu allem zu bewegen. Die racheschnaubenden Zaporoger und die beutelustigen Tataren mit ihnen im Bunde schlugen das polnische Heer (1648). Nach dem Siege ergossen sich die wilden Scharen über die Städte östlich vom Dnjepr, zwischen Kiew und Pultawa, plünderten und mordeten besonders die Juden, welche nicht die Flucht ergriffen hatten. Die Zahl der Gemordeten belief sich auf mehrere Tausende. Glücklich waren noch diejenigen, welche in Gefangenschaft der Tataren geraten waren;

sie wurden nach der Krim transportiert und von dort aus von den türkischen Juden ausgelöst. Vier jüdische Gemeinden mit ungefähr 3000 Seelen entschlossen sich, dem Gemetzel zuvorzukommen und ergaben sich den Tataren mit allen ihren Habseligkeiten. Sie wurden gut behandelt und nach der Türkei verkauft, wo auch gegen sie von ihren Stammgenossen die Pflicht der Auslösung brüderlich geübt wurde. Die Gemeinde Konstantinopels sandte einen Delegierten nach Holland, um von den reichen Gemeinden Gelder zur Auslösung der jüdisch-polnischen Gefangenen zu sammeln.

Zum Unglücke für die Polen und Juden war der König Wladislaw, auf den Chmielnicki noch einige Rücksicht genommen hatte, mit dem Tode abgegangen. Während der Zwischenregierung von mehreren Monaten (Mai bis Oktober 1648) trat die gewöhnliche polnische Zerfahrenheit ein, welche jeden Widerstand nach außen lähmte. Anfangs zog sich Chmielnicki, scheinbar zur Unterhandlung mit der Krone geneigt, zurück, erteilte aber seinen Kreaturen Vollmacht, die polnischen Provinzen zu durchstreifen und zu verheeren. Es bildeten sich förmliche Mordscharen, die sich Haidamaks (tatarisch: Parteigänger) nannten, unter vertierten Führern, die ein Menschenleben nicht höher als einen Strohhalm achteten und sich an den Todesnöten ihrer polnischen und jüdischen Feinde förmlich weideten. Von den griechischen Popen aus ihrer Mitte wurden sie im Namen der Religion zum Morde an Katholiken und Juden geradezu fanatisiert. Jeder Bandenführer hatte eine eigene Art, seine Grausamkeit zu üben. Morosenko ließ Riemen um den Hals katholischer und jüdischer Frauen schlingen und sie daran zerren, das nannte er „sie mit einem roten Bande beschenken". Wenige Wochen nach dem ersten Siege der Kosaken zog eine Bande unter Ganja gegen die Festung Nemirow, wo sich gegen 6000 Juden, Einwohner und Flüchtlinge aus der Umgegend angesammelt hatten. Die Kosaken waren im Einverständnis mit den griechischen Christen in der Stadt, und, von beiden angegriffen, wurden fast sämtliche Juden unter furchtbaren Qualen niedergemetzelt. Eine andere Horde Haidamaken griff die Stadt Tulczyn an, wo 6000 Christen und ungefähr 2000 Juden in der Festung Zuflucht genommen hatten. Es waren darunter sehr tapfere Juden, die nicht ohne Gegenwehr sterben wollten. Edelleute und Juden beteuerten einander durch einen Eid, Stadt und Festung bis auf den letzten Mann zu verteidigen. Da wendeten die Kosaken eine List an. Sie versicherten den Edelleuten, daß sie es nur auf die Juden, ihre Todfeinde, abgesehen hätten; wenn ihnen diese überliefert würden, so würden sie abziehen. Die verblendeten und eidvergessenen Adligen stellten daher an die Juden den Antrag, ihnen die Waffen abzuliefern. Die Juden fügten sich, und die Polen ließen die Bande in die Stadt. Nachdem diese den Juden alles genommen hatten, stellten sie ihnen die Wahl zwischen Tod und Taufe. Aber kein einziger von ihnen wollte um diesen Preis sein Leben erkaufen; gegen 1500 wurden unter den Augen der polnischen Edelleute gemartert und hingerichtet. Die Polen traf aber sogleich die Strafe des Verrats. Des Beistandes der Juden beraubt, wurden sie von den Kosaken angefallen und mit den Hohnworten getötet, daß Wortbrüchige nicht auf Treue rechnen könnten. Dieser traurige Vorfall hat wenigstens die gute Seite gehabt, daß die Polen seitdem durchweg auf seiten der Juden blieben und im Verlaufe des mehrjährigen Krieges sich nicht von ihnen trennten. In derselben Zeit war eine andere Haidamakenhorde unter einem Führer Hodki in Kleinrußland eingedrungen und richtete ein grausiges Gemetzel unter den dort wohnenden Gemeinden in Homel, Starodub, Czernigow und andern (östlich und nördlich von Kiew) an. Die Juden von Homel sollen am standhaftesten das Märtyrertum bestanden haben.

Der Fürst Jeremias Wischniowiecki, die einzige Heldengestalt in der damaligen polnischen Zerfahrenheit, nahm die jüdischen Flüchtlinge unter den schützenden Flügel seiner kleinen, aber tapfern Schar auf, mit der er die kosakischen Streifbanden überall bis zur Vernichtung verfolgte. Aber auf die eigene Kraft angewiesen, vermochte er nichts Nachhaltiges durchzusetzen. Durch kleinliche Eifersüchtelei wurde er noch dazu bei der Wahl des Oberfeldherrn gegen den kosakischen Aufstand übergangen, und statt seiner wurden drei gewählt, wie sie Chmielnicki für seine Siege nur brauchen konnte. Er mußte zuletzt vor der Überzahl der Streifscharen und der mit ihnen sympathisierenden griechischkatholischen Bevölkerung zurückweichen, was die Juden, welche auf seinen Heldenmut gerechnet hatten, mit ins Verderben zog. In der Festung Polonnoie (zwischen Zaslaw und Zytomir) sollen 10 000 Juden, teils Einwohner, teils Flüchtlinge aus der Umgegend durch die Hand der belagernden Haidamaks und der verräterischen Einwohner umgekommen sein. Überall, wo die blutdürstigen Haidamaks auf Juden und Katholiken stießen, erschlugen sie sie ohne Erbarmen.

Der unglückliche Ausgang des zweiten Krieges zwischen Polen und Kosaken brachte ein blutiges Los über diejenigen Juden, welche sich weitab vom Schlachtfelde sicher geglaubt hatten. Es war kein Entrinnen für sie vor dem Ansturm der Zaporoger, es sei denn, daß sie die walachische Grenze erreichen konnten. Die weite Strecke von der Südukraine bis Lemberg über Dubno und Brody hinaus bezeichneten Blutspuren von erschlagenen und zertretenen Juden; in der Stadt Bar allein kamen 2000 bis 3000 um. Die Grausamkeit der regulären Kosaken, wie der wilden Haidamaks machten keinen Unterschied zwischen Rabbaniten und Karäern. Von den wenigen karäischen

Gemeinden Polens blieben nur zersprengte Überreste übrig. Die bedeutende Gemeinde Lemberg verlor viele ihrer rabbanitischen Mitglieder durch Hunger und Pest und noch dazu ihr ganzes Vermögen, das sie an die Kosaken als Lösegeld zahlen mußte. Von Lemberg zog Chmielnicki mit seinem Heere auf Zamosc zu, um sich Warschau zu nähern und bei der bevorstehenden Königswahl mit dem Schwerte den Ausschlag zu geben.

In der Stadt Narol, welche auf dem Wege lag, richteten die Zaporoger ein bis dahin unerhörtes Gemetzel an. 45 000 Menschen sollen daselbst unter grausamen Martern erschlagen worden sein und darunter über 12 000 Juden (Anfang November). Die Haidamaken schweiften indes in Wolhynien, Podolien und Westrußland umher und löschten ihre Rache in dem Blute erschlagener Edelleute, Geistlichen und Juden zu Tausenden und Zehntausenden. In Krzemieniec schlachtete ein Unmensch mehrere hundert jüdische Kinder, untersuchte zum Hohn deren Leichen, wie die Juden es beim ritualmäßig geschlachteten Vieh zu machen pflegen, und warf sie den Hunden vor. In manchen Städten bewaffneten sich indes die Juden gleich den Katholiken und trieben die blutdürstigen Kosaken auseinander.

Die endlich erfolgte Königswahl, die, trotzdem der polnische Staat am Rande des Abgrundes war, unter leidenschaftlichen Kämpfen und Zuckungen vorgenommen wurde, machte dem Blutvergießen für den Augenblick ein Ende. Chmielnicki entschied sich für Jan Kasimir, bisher Primas von Gnesen, und er wurde gewählt. Infolgedessen entschloß sich der Hetman, die in Trümmer verwandelte Gegend zu verlassen und als Triumphator nach der Ukraine zurückzukehren. Den polnischen Kommissarien, welche ihn in seiner Kosakenresidenz aufsuchten, um mit ihm wegen Abschluß eines Friedens zu verhandeln, diktierte er barsch, daß in den Kosakenprovinzen keine katholische Kirche und kein Jude geduldet werden sollte. Die Kommission, welche diese Bedingungen nicht annehmen konnte, reiste unverrichteter Sache wieder ab (16. Februar 1649). Der Abbruch der Unterhandlung führte zu einem dritten Zusammenstoß. In dem Treffen bei Sbaraz wäre die polnische Armee von den Zaporogern und Tataren vollständig aufgerieben worden, wenn der König, der nahe daran war, in Gefangenschaft zu geraten, sich nicht klugerweise mit dem Tatarenhäuptling verständigt hätte. Darauf folgte der Friedensschluß (August 1649), welcher unter einer andern Form Chmielnickis Programm vollständig bestätigte, auch den Punkt in betreff der Juden.

Infolge des Friedensschlusses von Sbaraz hatten die Polen und die Juden etwa anderthalb Jahre so ziemlich Ruhe. So weit ihnen der Aufenthalt gestattet war, kehrten die flüchtigen Juden in ihre Heimat zurück. Den aus Todesfurcht getauften Juden gestattete der König Jan Kasimir, sich zum Judentum offen zu bekennen. Viele hundert jüdische Kinder, welche ihre Eltern und Verwandten verloren hatten und im Christentum auferzogen waren, brachten die Juden wieder an sich, gaben sich Mühe, ihre Abstammung zu erforschen und hängten die Zeugnisse in einem Röllchen an deren Hals, damit sie später nicht in Blutsverwandtschaft heiraten möchten. Die im Winter (1650) in Lublin zusammengetretene allgemeine Synode von Rabbinern und Vorstehern hatte vollauf zu tun, um die Wunden der polnischen Judenheit nur einigermaßen vernarben zu machen. Viele Hunderte oder gar Tausende von jüdischen Frauen wußten nicht, ob ihre Männer im Grabe lagen oder bettelnd im Osten oder Westen, in der Türkei oder Deutschland umherirrten, ob sie Witwen oder Ehefrauen wären — oder befanden sich in anderen Verlegenheiten, welche das rabbinische Gesetz geschaffen hatte. Die Synode von Lublin soll dafür vortreffliche Anordnungen getroffen haben. Auf Anregung des Sabbataï Kohen (Schach) wurde der Tag des ersten Gemetzels in Nemirow (20. Siwan) zur Erinnerung als allgemeiner Fasttag für die Überbleibsel der polnischen Gemeinden festgesetzt.

Nach anderthalbjähriger Pause brach der Krieg von neuem aus, dessen erste Opfer abermals die Juden waren, da Chmielnicki mit den wilden Zaporogern nunmehr in die polnischen Gebiete einfiel, wo sich wieder Gemeinden angesiedelt hatten. Freilich so massenhaft konnte das Gemetzel nicht mehr ausfallen, es gab nicht mehr Tausende von Juden abzuschlachten. Auch hatten sie durch die bösen Tage Mut bekommen, hatten sich bewaffnet und dem König eine Schar jüdischer Soldaten gestellt. Indessen wendete sich diesmal das Schlachtenglück gegen die Kosaken, da die abermals herbeigerufenen Tataren plötzlich vom Schlachtfelde abzogen und Chmielnicki als Gefangenen mitschleppten. Jan Kasimir und seine Minister vergaßen nicht, das Recht der Juden ausdrücklich in dem Vertrage mit den besiegten Kosaken zu wahren. Es sollte ihnen unbenommen bleiben, sich nach wie vor in der Ukraine und überhaupt überall niederzulassen und Güter in Pacht zu nehmen.

Auch dieser Vertrag wurde beschlossen und beschworen, um gebrochen zu werden. Chmielnicki hatte ihn nur angenommen, um sich zu stärken und sein erschüttertes Ansehen bei den Kosaken wieder herzustellen. Sobald er sein nächstes Ziel erreicht hatte, begann er von neuem Feindseligkeiten gegen Polen, welche die Juden stets am schmerzlichsten empfanden. In zwei Jahren seit dem ersten Aufstande der Zaporoger waren mehr denn 300 Gemeinden vollständig durch Tod oder Flucht untergegangen, und das Ende der Leiden war noch nicht abzusehen. Die polnischen Truppen konnten vor Chmielnickis Gewaltstreichen nicht bestehen. Als er von den Tataren keine Hilfe mehr erwarten konnte, verband er sich mit den Russen und reizte diese zu einem Kriege gegen das unglückliche und doch in sich geteilte Polen.

Infolge des russischen Krieges (1654 und 1655) litten auch diejenigen Gemeinden, welche bis dahin von den Kosakenschwärmen verschont geblieben waren, die westlichen Gebiete und Litauen. Die Gemeinde Wilna wurde durch das Gemetzel von seiten der Russen und durch die Flucht vollständig entvölkert. Als hätte damals das Verhängnis die Auflösung Polens beschlossen, trat ein neuer Feind zu den Kosaken und Russen hinzu, Schweden. Durch den schwedischen Krieg unter Karl X. kamen auch die groß- und kleinpolnischen Gemeinden von Posen bis Krakau in Not und Verzweiflung (1656). Bis auf die Neige mußten die Juden Polens den Giftkelch leeren. Diejenigen, welche die Kosaken, Russen und die wilden Schweden aus dem dreißigjährigen Krieg verschont hatten, mißhandelte der judenfeindliche polnische General Czarnicki nnter dem Vorwande, sie stünden in verräterischem Einverständnis mit den Schweden. Ganz Polen glich damals einem blutigen Schlachtfelde, auf dem sich Kosaken, Russen, Preußen und Schweden und noch dazu Scharen des Fürsten Rakoczi von Siebenbürgen tummelten; die Juden waren von allen gemißhandelt und erschlagen. Nur der große Kurfürst von Brandenburg verfuhr milder gegen sie. Die Zahl 600 000 jüdischer Seelen, welche in dem Jahrzehnt dieser Kriege (1648—58) umgekommen sein sollen, ist zwar sehr übertrieben, aber auf eine Viertelmillion kann man wohl die erschlagenen Juden Polens veranschlagen. Mit dem Sinken Polens als Großmacht ist auch die Bedeutung der polnischen Juden geschwunden. Die Überbleibsel waren verarmt, gebeugt und erniedrigt und konnten sich nicht mehr erholen. Ihre Not war so groß, daß sich diejenigen, welche nach Preußen verschlagen wurden, als Taglöhner für Feldarbeit an Christen um Brot vermieteten.

Wie man zur Zeit der Vertreibung der Juden aus Spanien nnd Portugal überall auf flüchtige sefardische Juden stieß, ebenso begegnete man während der kosakisch-polnischen Kriege fliehenden polnischen Juden in elender Gestalt, die, dem Blutbade, den Feuersbrünsten, dem Hunger, der Seuche entkommen, oder von Tataren in Gefangenschaft geschleppt und von ihren Brüdern ausgelöst, irgendwo ein Unterkommen suchten. Westwärts über Danzig und die Weichselgegend kamen solche Flüchtlinge nach Hamburg, wanderten nach Amsterdam und wurden von da nach Frankfurt a. M. und anderen rheinischen Städten befördert. Südwärts entflohen viele derselben nach Mähren, Böhmen, Österreich und Ungarn und wanderten von da bis nach Italien. Die Gefangenen im Heere der Tataren kamen nach den türkischen Provinzen und wurden zum Teil zu den Bar-

baresken verschlagen. Überall wurden sie von ihren Brüdern voller Herzlichkeit aufgenommen, verpflegt, bekleidet und unterstützt. Die italienischen Juden übten an ihnen die Pflicht der Auslösung und Unterstützung mit großen Opfern. Die wohlhabenderen Mitglieder der Gemeinde von Livorno verwendeten ein Viertel vom Hundert ihres Einkommens für die Befreiung und Unterhaltung der unglücklichen polnischen Juden. Auch die deutschen und österreichischen Gemeinden, obwohl sie unter den Drangsalen des dreißigjährigen Krieges auch gelitten hatten, betätigten an ihnen jene Brüderlichkeit, die sie weniger mit den Lippen bekannten, aber desto tiefer im Herzen trugen. Indessen war die Zahl und das Elend der aus Polen Entflohenen und Gefangenen so groß, daß die deutschen Gemeinden genötigt waren, die für Jerusalem bestimmten Gelder teilweise für sie zu verwenden.

Für das Judentum war die kosakische Judenverfolgung von einschneidender Wirkung. Hatte bereits bis dahin die polnisch-rabbinische Lehrweise die Talmudschulen in Deutschland und zum Teil auch in Italien durch die überreiche Literatur der Autoren aus derselben beherrscht, so wurde sie durch die Flüchtlinge — die meistens talmudkundig waren — tonangebend und unterjochend. Die Rabbinatssitze wurden meistens polnischen Talmudisten übertragen, in Mähren Ephraim Kohen und Sabbataï Kohen, in Amsterdam Mose Ribkes, in Fürth und später in Frankfurt a. M. Samuel Ahron Kaidonower, in Metz Mose Kohen aus Wilna. Diese polnischen Talmudisten waren eben wegen ihrer Überlegenheit in ihrem Fache stolz, sahen mit Verachtung auf die Rabbiner deutscher, portugiesischer und italienischer Zunge herab. Weit entfernt, in der Fremde ihre Eigenart aufzugeben, verlangten sie vielmehr, daß alle Welt sich nach ihnen richte, und setzten es auch durch. Man spottete über die „Polacken“, ordnete sich ihnen nichtsdestoweniger unter. Wer sich gründliches talmudisches und rabbinisches Wissen aneignen wollte, mußte sich zu den Füßen polnischer Rabbiner setzen. Jeder Familienvater, der seine Kinder für den Talmud erziehen wollte, suchte für sie einen polnischen Rabbi. Die polnischen Rabbiner zwangen allmählich den deutschen und zum Teil auch den portugiesischen und italienischen Gemeinden ihre klügelnde Frömmigkeit und ihr Wesen auf. Durch sie sanken wissenschaftliche Kenntnisse und auch die Bibelkunde noch mehr als bis dahin. Gerade im Jahrhunderte Descartes' und Spinozas, als die drei zivilisierten Völker, Franzosen, Engländer und Holländer, dem Mittelalter den Todesstoß versetzten, brachten die jüdisch-polnischen Emigranten, die von Chmielnickis Banden Gehetzten, ein neues Mittelalter über die europäische Judenheit, das sich mehr als ein Jahrhundert in Vollkraft erhalten hat und zum Teil noch in unserer Zeit fortdauert.

Achtes Kapitel.

Die Ansiedlung der Juden in England und die Wühler.

(1655 bis 1666.)

Gerade in derselben Zeit, als die Juden Polens hingeschlachtet oder wie verscheuchtes Wild umhergetrieben wurden, erschloß sich wieder für die Judenheit ein Land, aus dem sie seit mehr als dritthalb Jahrhunderten verbannt waren. England, welches die kluge Königin Elisabeth und der heldenhafte Protektor Cromwell zur ersten Macht Europas erhoben hatten, das eine ganz andere Bedeutung als das zusammenbrechende Polenreich hatte, ließ wieder Juden einziehen, zwar nicht durch das große Portal, sondern durch eine Hintertüre; aber diese Zulassung machte so viel von sich reden, daß sie einem Triumphe für das Judentum glich. Sehnsüchtig blickten die Juden Amsterdams und Hamburgs nach diesem Insellande, dem sie so nahe waren, mit dessen Kaufherren, Schiffsmeistern und Gelehrten sie in Verbindung standen, und das ihnen einen weiten Spielraum verhieß. Aber ihre Ansiedlung daselbst schien auf unübersteigliche Hindernisse zu stoßen. Die englische Hochkirche, welche das Zepter über die Gewissen führte, war noch viel unduldsamer als der von ihr verfolgte Papismus. Sie gönnte den Katholiken und Dissidenten nicht die Luft zu atmen, und sollte gar die Nachkommen derer dulden, welche in den neutestamentlichen Schriften so verlästert werden? Das englische Volk, welches seit Jahrhunderten keinen Juden gesehen hatte, teilte meistens die Abneigung der Geistlichkeit gegen sie. Wer sollte es unternehmen, dieses dicke Vorurteil zu bannen, um Bevölkerung wie Herrscher günstig für die Nachkommen Israels zu stimmen?

Ein Mann unternahm und führte diese schwierige Aufgabe durch, der nicht zu den Geistern erster Größe gehörte, der aber das rechte Maß von Einsicht und Beschränktheit, von Willensstärke und Schmiegsamkeit, von Wissen und Phantasterei, von Selbstverleugnung und Eitelkeit besaß, welches zu einer so dornenvollen Unternehmung durchaus erforderlich war. Manasse Ben-Israel, zweiter oder dritter Rabbiner in Amsterdam, der in der Heimat nur eine Nebenrolle spielte, der arme Prediger, welcher, um die Seinigen zu ernähren, die Kanzelberedsamkeit mit kaufmännischer Spekulation vertauschen wollte und nahe daran war, nach Brasilien zu übersiedeln, er war es, welcher England für die Judenheit eroberte und die Vorurteile gegen seinen Stamm, wenn auch nicht bannte, so doch verminderte. Er war, wie gesagt, keine hervorragende Persönlichkeit. Aber er hatte etwas in seinem Wesen, welches anzog, eine gewinnende Freundlichkeit und Zugänglichkeit, die ihn befähigten, mit verschiedenen Kreisen zu verkehren, sich überall Freunde zu erwerben und keinen Feind zu haben. Sein

Gemüt war tiefer als sein Geist. Seine starke Seite war gewandte Beredsamkeit, Leichtigkeit der Darstellung und Ausarbeitung derjenigen Gedanken, die in seinem engen Gesichtskreis lagen und die er mehr empfangen, als aus sich heraus erzeugt hatte.

Zum Muster für seine Schriftstellerei hatte er sich Isaak Abrabanel genommen, dessen Urenkelin Rahel Soeira er geheiratet hatte. Auf diese Verbindung war Manasse nicht wenig stolz, weil er des festen Glaubens war, die Abrabanels stammten aus königlich davidischem Geblüte, und daß er dem davidischen Hause Nachkommen erhalte. Gleich Abrabanel arbeitete er ein Werk aus, in welchem die Widersprüche in der heiligen Schrift gelöst und versöhnt werden sollten. Nur ist Manasses Darstellung, wenn auch ebenso unbefriedigend, doch nicht so außerordentlich weitschweifig und langweilig. Manasse Ben-Israel war ein sehr dankbarer Leser; er nahm nicht bloß das Wahre auf, von welcher Seite es ihm auch zukommen mochte, sondern auch das Unwahre und Unsinnige. Den Gespenstergeschichten der Mystiker schenkte er denselben Glauben wie der Erzählung der Bibel. In die Kabbala und ihre Theorie von der Seelenwanderung war er förmlich vernarrt.

Indessen sahen seine Zeitgenossen Manasses Schriften mit anderen Augen an. Die darin angehäufte Gelehrsamkeit aus allen Literaturgebieten und Sprachen und die Glätte der Form bestachen sie und erregten Bewunderung. Auch christliche Gelehrte seiner Zeit schätzten und überschätzten ihn. In Holland wurde durch das Zusammentreffen vieler Umstände und namentlich durch die Größe des Königs der Philologen, Joseph Scaliger, im siebzehnten Jahrhundert der Grund zu jener staunenswerten Gelehrsamkeit gelegt, welche sich in umfangreichen Folianten ablagerte.

Die drei bevorzugten Sprachen des Altertums, Griechisch, Lateinisch und Hebräisch und ihre Literatur gründlich zu verstehen, spornte den Ehrgeiz an. Das Hebräische, als Sprache der Religion, genoß noch einen besondern Vorzug, und wer sie gleich den beiden anderen verstand, war der Auszeichnung sicher. Joseph Scaliger, das Orakel der protestantischen Theologen, hatte neben der hebräischen Sprache auch der sogenannten rabbinischen Literatur das Bürgerrecht verschafft und selbst den Talmud mit einer gewissen Achtung behandelt. Seine Jünger folgten seinem Beispiele und verlegten sich mit allem Eifer auf diesen, ein Jahrhundert vorher mit Verächtlichkeit oder mit einer gewissen Scheu angesehenen Wissenszweig.

Johannes Buxtorf, der Ältere, in Basel hatte die Kenntnis des Hebräischen und Rabbinischen zu einer Art Meisterschaft gebracht und sie christlichen Kreisen zugänglich gemacht. Er führte mit jüdischen Gelehrten in Amsterdam, Deutschland und Konstantinopel eine lebhafte Korrespondenz in hebräischer Sprache. Selbst Damen verlegten sich damals auf die hebräische Sprache und Literatur. Die exzentrische Königin Christine von Schweden, Gustav Adolphs gelehrte Tochter, verstand hebräisch. Ernstlich und eingehend beschäftigten sich Staatsmänner damit, der Holländer Hugo Grotius und der Engländer Johannes Selden, für ihre theologischen oder geschichtlichen Studien.

Aber zur Selbständigkeit hatten es christliche Gelehrte bei allem Eifer doch nicht in der rabbinischen Literatur gebracht; sie konnten ohne einen jüdischen Führer nicht gehen oder fühlten sich unsicher. Daher waren christlichen Forschern Manasse Ben-Israels Abhandlungen, welche viele rabbinische Belegstellen und neue Gesichtspunkte boten, außerordentlich willkommen. Sie suchten ihn auf, bewarben sich um seine Freundschaft, hingen sozusagen an seinem Munde, legten daher allmählich die Vorurteile gegen die Juden ab. Zunächst waren es solche wißbegierige Forscher, welche von der herrschenden Kirche verfolgt oder verketzert wurden, und christliche Schwärmer, welche von dem Eintreten des fünften Reiches, der Herrschaft der Heiligen (nach der Sprache Daniels) träumten. Der bluttriefende dreißigjährige Krieg, welcher Eigentum und Leben der Roheit wilder Landsknechte überlieferte und gewaltige Veränderungen zur Folge hatte, hatte in schwärmerischen Männern die Gedankenreihe erweckt, daß die vom Buche Daniel und der Apokalypse verkündete messianische Zeit des tausendjährigen Reiches nahe und daß die Kriegsnöte nur die Vorläufer der erwarteten Gnadenzeit seien. Diese phantastischen Schwärmer zeigten sich den Juden besonders günstig; sie mochten diese große Veränderung nicht ohne Teilnahme derer sich vollziehen lassen, an die doch eigentlich die Verkündigung zuerst ergangen war. Sie gaben demnach zu, daß die Juden wieder Besitz vom heiligen Lande nehmen müßten, was sich aber nicht so leicht, selbst nicht durch Wunder erringen ließ. Denn dazu müßten zuerst die verschollenen Zehnstämme wieder aufgefunden und versammelt werden, wenn die prophetischen Worte nicht zur Erde gefallen sein sollten. Sodann müßten die zur Besitznahme des heiligen Landes versammelten Stämme doch ihren Messias haben, einen Sproß vom Stamme Isaï. Aber was sollte denn aus Jesus, als Christus, d. h. als Messias werden, an den doch die Juden schlechterdings nicht glauben wollen? Auch ein so weit gehendes Zugeständnis machten einige Enthusiasten des fünften Heiligenreiches zugunsten der Juden, ihnen einen eigenen Messias einzuräumen in der Erwartung, daß sich der Kompetenzstreit zwischen dem jüdischen und christlichen Erlöser eintretendenfalls würde ausgleichen lassen.

Solche apokalyptische Schwärmereien fanden in Manasse Ben-Israels Herzen eine widerhallende Saite. Erwartete doch auch er, wenn auch nicht das tausendjährige Reich der Heiligenherrschaft, so doch nach kabbalistischer Verkündigung das baldige Eintreffen der Messiaszeit. Der Sohar, der von ihm als ein göttliches Buch verehrt wurde, hatte das Anbrechen der Gnadenzeit auf das Jahr 1648 angesetzt. Glücklich machte ihn daher das Schreiben eines christlichen Schwärmers Mochinger aus Danzig an ihn des Inhalts: „Von mir mögest Du wissen und überzeugt sein, daß ich Eure Glaubenslehre gebührend würdige und mit anderen Glaubensgenossen eifrig wünsche, daß Israel endlich vom wahren Lichte bestrahlt werden und sich des alten Ruhmes und Heiles erfreuen möge.“ Ein anderer deutscher Mystiker aus Danzig, Abraham v. Frankenberg, ein Edelmann aus der Gegend von Oels (Schlesien), ein Jünger Jakob Böhms sagte rund heraus: „Das wahre Licht wird von den Juden kommen; ihre Zeit ist nicht mehr fern. Von Tag zu Tag wird aus verschiedenen Gegenden Wunderbares gehört werden, das für sie eintreffen wird, und alle Inseln werden mit ihnen jauchzen.“ In seiner nächsten Nähe hatte Manasse zwei christliche Freunde, welche enthusiastisch für Israels Glorie schwärmten, Heinrich Jesse und Petrus Serrarius. — In Frankreich lebte damals im Dienste des Herzogs von Condé ein Schwärmer eigener Art, Isaak la Peyrère aus Bordeaux, ein Hugenotte. In einer Schrift „Von der Heimkehr der Juden“ setzte er auseinander, daß die Juden von allen Enden der Welt aus ihrer Zerstreuung berufen werden müßten, um zeitlich in das heilige Land zurückzukehren. Der König von Frankreich, als ältester Sohn der Kirche, habe den Beruf, den ältesten Sohn Gottes, Israel, in das gelobte Land zurückzuführen.

Am meisten warme Verehrer des „Gottesvolkes“ gab es damals in England und zwar unter denen, die ein gewichtiges Wort im Rate und im Lager zu sprechen hatten. In der Zeit, als die Deutschen wegen Bekenntnisspaltung einander zerfleischt und Freiheit und Macht eingebüßt hatten, errang sich England religiöse und zugleich politische Freiheit, und diese machte es zum mächtigsten und glücklichsten Lande. Neben Episkopalen, Presbyterianern und Katholiken erhob sich eine vierte Partei, welche vollständige Religionsfreiheit für alle auf ihre Fahne schrieb. Dieser gesinnungstüchtigen und kernigen Partei, den Puritanern, hatten der kopflose Despotismus Karls I. und die Engherzigkeit des langen Parlaments die Herrschaft in die Hände gespielt.

Ihr Parteiführer Oliver Cromwell war zugleich der Kopf, welcher richtige Gedanken ersann, und der Arm, der sie verwirklichte. Mit dem Schwerte erkämpfte er und das ihm anhängende Heer Religionsfreiheit für sich und für andere. Er und seine Offiziere waren nicht beutesüchtige und blutdürstige Landsknechte, sondern gehobene, geisteserfüllte Gottesstreiter, welche eine sittliche Weltordnung, einen Gottesstaat, herbeiführen zu können träumten und herbeizuführen unternahmen. Wie einst die Makkabäer hatten die puritanischen Krieger „das Schwert in der Hand und Gottes Preis im Munde." Cromwell und seine Soldaten lasen vor und nach dem Kampfe die Bibel. Aber nicht aus dem neuen Testamente konnten die „Rundköpfe" ihren Kriegsmut schöpfen, sondern lediglich aus dem alten. Die christliche Bibel mit ihren essäisch-mönchischen Gestalten bot keine Musterbilder für Krieger, welche einen wortbrüchigen König, eine falsche Aristokratie und unheilige Priester bekämpfen mußten. Nur die großen Heldengestalten des alten Testaments, welche Gottesfurcht im Herzen und das Schwert in der Hand hatten, diese zugleich nationalen und religiösen Streiter, konnten den Puritanern als Vorbild dienen, die Richter, welche das unterdrückte Volk vom Joche der Fremdherrschaft befreiten; Saul, David, Joab, welche die Feinde ihres Landes zu Paaren trieben; Jehu, der einem götzendienerischen und lasterhaften Königshause ein Ende machte, das waren die Lieblingsgestalten der puritanischen Krieger. In jedem Verse der biblischen Schriften Josua, Richter, Samuel und Könige sahen sie ihre eigene Lage abgespiegelt, jeder Psalm schien eigens für sie gedichtet zu sein. Oliver Cromwell kam sich wie der Richter Gideon vor, der anfangs nur zaudernd der Gottesstimme folgte, dann aber mutig die Scharen der anstürmenden Heiden zerstreute, oder wie Juda Makkabi, der aus einer Handvoll Märtyrer siegreiche Streiter machte.

Die Vertiefung in die Geschichte, die Prophezeiung und die Poesie des alten Testaments, als Ausfluß göttlicher Offenbarung, erzeugte in diesem Kreise den Gedanken, daß das Volk, der Träger und Erzeuger aller dieser Herrlichkeit und Größe, besonders bevorzugt und auserkoren sein müsse. Unter den Puritanern gab es daher ernstliche Bewunderer des „Volkes Gottes". Es schien ihnen ein staunenswertes Wunder, daß dieses Volk, welches Gott durch große Gnade und harte Züchtung so sehr ausgezeichnet hat, daß dieses Volk oder ein Rest desselben noch existiert. Der Wunsch regte sich in ihrem biblisch gestimmten Herzen, dieses lebendige, wandelnde Wunder, Juden, mit eigenen Augen zu sehen, es in die in England zu errichtende Gottesgemeinde hineinzuziehen und ihr damit gewissermaßen das Siegel aufzudrücken. Bezeichnend für die Gefühle, welche die Puritaner gegen die Juden hegten, ist die Äußerung Oliver Cromwells: „Groß ist mein Mitleiden mit diesem armen Volke (der Juden), welches Gott erwählt und dem er sein Gesetz gegeben hat; Jesus verwerfen sie, weil sie ihn nicht als Messias anerkennen." Cromwell träumte von einer Versöhnung des alten und neuen Testamentes, von einer innigen Verbindung des jüdischen Gottesvolkes und der englisch-puritanischen Gottesgemeinde. Besonders die Schwärmer für die fünfte Monarchie oder das tausendjährige Reich der Heiligen in Cromwells Heer und unter den Parlamentsmitgliedern wiesen dem jüdischen Volke eine glänzende Stelle in dem erwarteten tausendjährigen Reiche zu. Ein puritanischer Prediger, Nathanael Holmes (Homesius), wünschte geradezu nach dem Buchstaben mancher Prophetenverse der Knecht Israels zu werden und ihm auf den Knien zu dienen. Das öffentliche Leben erhielt wie die Kirchenpredigten einen sozusagen israelitischen Anstrich. Es fehlte nur noch, daß die Parlamentsredner hebräisch sprachen, so hätte man sich nach Judäa versetzt glauben können. Ein Schriftsteller schlug geradezu vor, den Sabbat statt des Sonntags zum Ruhetag zu wählen. Manche wünschten, daß die Staatsgesetze der Thora geradezu zur Norm für England erklärt werden möchetn.

Mit pochendem Herzen folgte Manasse Ben-Israel diesen Vorgängen auf der britischen Insel, welche die baldige Verherrlichung Israels in nebelhafter Form verhießen. Sollten diese Stimmen nicht die Nähe des Messiasreiches verkünden? Er hoffte es und entwickelte eine fieberhafte Tätigkeit, um diese Zeit herbeiführen zu helfen. Er setzte sich mit einigen angesehenen Personen in Verbindung, welche ihm versicherten, daß „die Gemüter der Menschen in jener Zeit den Juden günstig wären und daß sie den Engländern angenehm und willkommen sein würden“. Was ihn besonders zu freudigem Hoffen berechtigte, war eine Schutzschrift unter dem Namen eines einflußreichen Christen, Edward Nikolas, „für die edle Nation der Juden und die Söhne Israels“. In dieser Schrift, dem langen Parlamente gewidmet, werden die Juden durchweg als das auserwählte Volk Gottes mit einer Zärtlichkeit behandelt, woran sie bis dahin gar nicht gewöhnt waren. Der Verfasser hielt es daher zum Schluß für nötig, zu beteuern, daß er sie nicht auf Betrieb der Juden, sondern aus Liebe zu Gott und seinem Vaterlande geschrieben habe. Die Meinung des Apologeten war, die durch den Religions- und Bürgerkrieg gehäuften Leiden seien eine gerechte Strafe dafür, daß die Engländer die Heiligen und Lieblinge Gottes, d. h. die Juden, verfolgt haben, und es sei eine dringende Mahnung, diese große Sünde durch Zulassung und brüderliche Behandlung derselben wieder gut zu machen. Die Bevorzugung und Auserwähltheit Israels belegte der Verfasser mit zahlreichen Bibelversen. Er berief sich auf einen Prediger, welcher im Parlamente geäußert hatte, anknüpfend an den Vers, „Rührt meine Gesalbten nicht an und mißhandelt nicht meine Propheten“, daß das Wohl oder Wehe der Welt von der guten oder schlechten Behandlung des Gottesvolkes abhänge. Gott habe dieses Volk vermöge seines geheimen Ratschlusses bis auf den heutigen Tag erhalten, um ihm eine glorreiche Zukunft zuzuweisen. „Daher ist es unsere Pflicht, alles mögliche aufzubieten, um die Juden zu begünstigen, zu trösten, soweit es angeht, ihnen Genugtuung für ihr unschuldiges Blut zu geben, das in diesem Reiche vergossen wurde, und sie mit uns in Freundschaft und Verkehr zu einigen.“ Am meisten, meinte er, werden wohl der Papst und seine Anhänger über die brüderliche Behandlung der Juden empört sein, sie, welche noch immer Grausamkeiten und Demütigungen über das Volk Gottes verhängen. Die Päpste zwängen die Juden, ein Schandzeichen zu tragen, und verböten den Katholiken jede Berührung mit ihnen, weil die Juden Götzen und heidnischen Kultus verabscheuen. Aber deswegen müßten die Juden bevorzugt werden.

Diese geradezu judenverherrlichende Schrift machte das größte Aufsehen in England und Holland. Manasse Ben-Israel war entzückt davon und machte sogleich sich ans Werk, dieses Ziel seinerseits herbeizuführen. Er wie die christlichen Mystiker in England trugen jedoch eine Sorge im Herzen, was denn aus den verschollenen Zehnstämmen, die der assyrische König Salmanassar verbannt hat, geworden sei? Eine Wiederherstellung des jüdischen Reiches ohne diese Zehnstämme schien unmöglich. Die Vereinigung von Juda und Israel, welche manche Propheten so eindringlich verkündet haben, bliebe unerfüllt, wenn die Zehnstämme untergegangen sein sollten. Manasse lag also viel daran, das Vorhandensein derselben irgendwo nachweisen zu können.

Glücklicherweise war Manasse Ben-Israel in den Stand gesetzt, den Fundort einiger der Zehnstämme anzugeben. Einige Jahre vorher hatte ein jüdischer Reisender, Montezinos, mit einem feierlichen Eide versichert, in einer Gegend Südamerikas eingeborene Juden vom Stamme Reuben gesehen und mit ihnen verkehrt zu haben. Manasse Ben-Israel war von der Aussage desselben fest überzeugt und legte sie einer Schrift, „Die Hoffnung Israels“ zugrunde, welche er eigens verfaßte, um die messianische Zeit anzubahnen. Die Zeit der Erlösung schien sich ihm doch endlich zu nähern. Mehrere Vorzeichen sprächen dafür. Haben sich doch die Strafandrohungen der Propheten an Israel in so schrecklicher Weise erfüllt, warum sollten sich nicht auch ihre Hoffnung erweckenden Verheißungen bewähren? Welche unsägliche Grausamkeit verhängte und verhängt noch täglich das Ungeheuer der Inquisition über arme Unschuldige des jüdischen Stammes, jedes Alters und Geschlechts, weil sie vom Gesetz Moses nicht lassen mögen, das unter so vielen Wundern offenbart worden. Und täglich bewähren noch Märtyrer eine unglaubliche Standhaftigkeit, sie lassen sich lebendig verbrennen, um den Namen Gottes zu heiligen. Manasse zählte in dieser Schrift eine Reihe von Märtyrern auf, welche wegen ihres jüdischen Bekenntnisses in Spanien und Portugal zum Feuertode verurteilt worden waren. Als ein besonders erstaunliches

Beispiel für die Hingebung an das Judentum erzählte er den Märtyrertod eines jungen christlichen Adligen, Don Lope de Vero y Alarcon, welcher mit dem Mute eines Ritters und Weisen seine gewonnene Überzeugung für die Wahrheit des Judentums kundgab. Er nannte sich Juda der Gläubige. Nachdem er mehrere Jahre im Kerker zugebracht, wurde er dem Feuer übergeben (25. Juli 1644). Inmitten der Flammen vernahmen die Zuhörer schaudernd aus seinem Munde den Psalmvers: „In deine Hand, o Gott, empfehl' ich meinen Geist". „Man hat noch nie eine solche Festigkeit wie bei diesem Jüngling gesehen," erzählte einer dem anderen.

Unter dem Eindruck dieser Nachrichten von den neuen Gräueltaten der Inquisition gegen die Juden schrieb Manasse Ben-Israel seine „Hoffnung Israels". Manasse bediente sich dieses Beweises, um die Schlußfolgerung daraus zu ziehen, daß wie die gehäuften Leiden, sich auch die so oft verheißene Erlösung und Wiedergeburt des Gottesvolkes erfüllen werde. Diese Abhandlung über das Vorhandensein der Zehnstämme und die daran geknüpfte Hoffnung auf Erlösung überreichte er in lateinischer Sprache einer hochgestellten und gelehrten Persönlichkeit in England, um sie dem unter Cromwells Einfluß stehenden Parlamente und dem Staatsrate vorzulegen. In einem Begleitschreiben setzte Manasse dem Parlamente seine Lieblingsschrulle auseinander, daß der Rückkehr der Juden ins Stammland — wozu die Zeit doch so nahe sei — ihre allgemeine Zerstreuung vorangehen müsse. Diese Zerstreuung soll nach den Worten der Schrift von einem Ende der Erde bis zum andern stattfinden; darunter sei die Insel England zu verstehen, welche im äußersten Norden der bewohnten Welt liege. Da aber seit mehr denn dreihundert Jahren keine Juden in England wohnen, so knüpfe er daran die Bitte, der Staatsrat und das Parlament möchten den Juden die Erlaubnis erteilen, nach England übersiedeln, dort freie Religionsübung halten und Synagogen bauen zu dürfen (1650). Aus seinen messianischen Hoffnungen machte Manasse kein Hehl, weil er darauf rechnete und rechnen durfte, daß die „Heiligen" oder die Puritaner selbst das „Einsammeln des Gottesvolkes" in seiner Urheimat wünschten und zu fördern geneigt waren.

Manasse Ben-Israel hatte sich nicht verrechnet. Sein Gesuch und seine Widmungsschrift wurden vom Parlamente günstig aufgenommen. Lord Middlesex sandte ihm ein Dankschreiben zu mit der Überschrift: „Meinem teuren Bruder, dem hebräischen Philosophen Manasse Ben-Israel." Ein Paß zur Reise nach England wurde ihm zugeschickt. Indessen schien das schöne Ziel, dem er so nahe zu sein glaubte, wieder in die Ferne gerückt. England und Holland gerieten in einen erbitterten Krieg, welcher die Verbindung zwischen Amsterdam und London unterbrach.

Als aber Oliver Cromwell durch die Auflösung des langen Parlaments die Gewalt vollständig an sich gerissen hatte (April 1653) und Geneigtheit zeigte, mit den Generalstaaten Frieden zu schließen, nahm Manasse sein Vorhaben wieder auf. Cromwell hatte ein neues Parlament zusammenberufen, das sogenannte kurze Parlament, welches aus lauter Heiligen, d. h. puritanischen Predigern, biblisch gesinnten Offizieren und Schwärmern für das messianische tausendjährige Reich, zusammengesetzt war. Welche Vorliebe manche von Cromwells Offizieren für die altjüdische Ordnung hatten, erweist sich aus dem Umstande, daß sie ihm alles Ernstes vorschlugen, den Staatsrat aus siebzig Mitgliedern zu erwählen, nach der Zahl der jüdischen Synhedristen. Im Parlament saß der Obergeneral Thomas Harrison ein Wiedertäufer, welcher mit seiner Partei das mosaische Gesetz für England eingeführt wissen wollte. Manasse beeilte sich daher, sein Gesuch an dasselbe zu wiederholen, den Juden die Erlaubnis zum Aufenthalt in England zu erteilen. Die Judenfrage wurde auch gleich darauf auf die Tagesordnung gesetzt. Das Parlament sandte Manasse einen Paß zur Reise nach London, um die Angelegenheit persönlich zu betreiben. Als Cromwell die königliche Gewalt unter dem Titel Protektor des Reiches erhielt und Frieden mit Holland schloß (April 1654), hielt Manasse den Zeitpunkt für durchaus geeignet, seine innigsten Wünsche für die Erlösung Israels zu verwirklichen. Hatten doch sogar drei Admirale der englischen Flotte eine Petition eingereicht (Oktober 1654), die Juden in England zuzulassen.

Sei es, daß das Vertrauen auf seine Persönlichkeit und Geschicklichkeit, die Schwierigkeit zu überwinden, von jüdischer Seite nicht allgemein anerkannt war, oder daß die Befürchtung rege war, seine Vermischung einer geschäftlichen Unterhandlung mit messianischen Träumereien könnte Nachteil bringen, eilte ein Marrane, Manuel Martinez Dormido, nach London, um einfach ein Gesuch zur Zulassung von Juden in England zu stellen. Dormido hatte ein angesehenes Amt in Spanien bekleidet und Reichtümer erworben, war aber längere Zeit mit Frau und Schwester von der Inquisition eingekerkert worden, dann entflohen und in Amsterdam zum Judentum zurückgetreten und eingebürgert, war aber durch den Verlust von Brasilien an die Portugiesen heruntergekommen. In seinem Gesuch bekannte er sich offen als Jude und betonte darin den außerordentlichen Vorteil, welchen England von den Marranen in Spanien und Portugal infolge ihrer Reichtümer und ihrer Kenntnis des neuen Handels erlangen würde, da sie nicht mehr Holland, sondern die republikanische Insel aufsuchen würden. Dormido bot sich Cromwell als Vermittler für die jüdischen Emigranten an. Obwohl der Protektor sein Gesuch annahm und es dem Staatsrate zur Beachtung empfahl, fand es keinen Anklang (Nov. 1654). Die Marranen setzten daher wieder ihre Hoffnung auf Manasse, daß seine Schwärmerei vielleicht einen besseren Erfolg herbeiführen würde.

Manasse schwelgte in einem wahren Taumel von der herannahenden Glanzzeit für Israel. Er betrachtete sich als ein von der göttlichen Vorsehung auserkorenes Rüstzeug, ihre Erfüllung herbeizuführen. In diesen Träumen würde er von den christlichen Mystikern des tausendjährigen Reiches erhalten und bestärkt. Der Holländer Heinrich Jesse hatte kurz vorher eine Schrift, „Von dem baldigen Ruhm Judas und Israels" veröffentlicht. Am tollsten trieb es der böhmische Arzt, Mystiker und Alchimist Paulus Felgenhauer. In Deutschland von Katholiken und Protestanten gleich verfolgt, suchte er ein Asyl in Amsterdam und knüpfte dort Bekanntschaft mit Manasse Ben-Israel an. Er verfaßte eine originelle Schrift (Dez. 1654): „Frohe Botschaft für Israel von Messias, daß nämlich die Erlösung Israels von allen seinen Nöten, seine Befreiung aus der Gefangenschaft und die ruhmreiche Ankunft des Messias nahe sei, zum Troste für Israel aus den heiligen Schriften alten und neuen Testaments von einem Christen, welcher ihn mit den Juden erwartet." Felgenhauer stellte das jüdische Volk als Samen Abrahams sehr hoch, aber auch die wahren Gläubigen aus den Völkern seien geistiger Samen Abrahams. Daher sollten Juden und Christen einander lieben. Sie sollen beide wie Juda und Israel sich in Gott vereinigen. Diese Vereinigung stehe nahe bevor. Als Zeichen dafür sei der blutige dreißigjährige Krieg zu Wasser und zu Land, von Volk gegen Volk und von Stadt gegen Stadt fast auf dem ganzen Erdenrunde, wie es bis zu dieser Zeit noch nicht in dieser Ausdehnung vorgekommen sei.

Mit vor Freude pochendem Herzen empfing Manasse die Einladung von Cromwell, nach England zu kommen, und er unternahm (Spätherbst 1655) die allerdings wichtige, aber nach seiner Ansicht weltenschwere Reise nach London. Er wurde von Cromwell aufs freundlichste empfangen und erhielt eine Wohnung angewiesen. In seiner Begleitung war der gelehrte und an Verkehr mit hochgestellten Personen gewöhnte Jakob Sasportas, früher Rabbiner in afrikanischen Städten. Auch andere Juden hatten ihn begleitet in der Hoffnung, die Zulassung der Juden werde weiter keine Schwierigkeiten machen. Es lebten damals bereits Juden in London, auch schon unter der Königin Elisabeth, aber heimlich als verkappte portugiesische oder spanische Fremde, wie in Bordeaux. Ein jüdischer oder marranischer Arzt Lopes spielte in Elisabeths Zeit eine Rolle als Beschützer und Dolmetsch eines portugiesischen Bastardprinzen Antonio, welcher dem König von Spanien den Besitz von Portugal streitig machte und von England Unterstützung erwartete. Lopes wurde aber durch Ränke des Verrats angeklagt und von der Königin widerwillig zum Tode verurteilt. Seitdem verbarg der zu Lopes gehörige marranische Kreis von Verwandten und Angehörigen noch mehr seine Zugehörigkeit zum Judentum. Unter den Stuarts hatte sich eine kleine Zahl von Marranen angesiedelt, welche wie in Bordeaux und Hamburg als spanische und portugiesische Christen galten und wegen ihrer Reichtümer und Handelsverbindungen geduldet wurden. Der angesehenste unter ihnen war Antonio Fernandez Carvajal, der eigene Schiffe ausrüstete und ein ausgedehntes überseeisches Geschäft leitete. Als er einst wegen Abfalles vom Christentum angeklagt wurde, bestimmten die angesehensten Kaufleute Londons das Parlament, ihn wegen des großen Vorteiles für die Stadt zu schützen, und das Oberhaus brachte den Ankläger zum Schweigen. Neben ihm waren noch bedeutende marranische Handelsherren Henrique Gorge Mendes, Antonio Rodrigues Robles, dessen Eltern von der Inquisition verurteilt worden waren, und Simon de Caceres, welcher Cromwell einen Plan vorlegte, mit Hilfe marranischer Krieger das Gebiet von Chili für England zu erobern. Alle diese Marranen kamen zum Schein in der Kapelle des portguiesischen Gesandten Antonio de Sousa, Schwiegervaters Carvajals, zum katholischen Gottesdienste zusammen; sie war aber in eine Synagoge verwandelt. Cromwell und die Staatsmänner wußten recht gut, daß diese spanischen oder portugiesischen Handelsherren heimlich als Juden lebten, drückten aber ein Auge zu. Ob diese Verkappten das Bedürfnis fühlten, sich offen zum Judentum bekennen zu dürfen? Sie fühlten sich in der Zwitterstellung behaglich und taten auch während der Umwälzung keinen Schritt zur Erlangung einer klaren Stellung. Manasse mußte sie durch seine Rührigkeit gewissermaßen dazu zwingen.

Allein so rasch ließ sich die Sache nicht erledigen. Zunächst überreichte Manasse dem Protektor in einer Audienz eine sorgfältig ausgearbeitete Bittschrift (Adress). Er hatte sich dazu von Juden aus verschiedenen Ländern Europas Vollmachten ausstellen lassen, um gewissermaßen im Namen der ganzen jüdischen Nation die Ansiedlung der Juden in England zu erbitten. Zu gleicher Zeit hatte er eine Gedenkschrift (declaration) durch den Druck verbreiten lassen, welche dazu dienen sollte, die Gründe für die Zulassung der Juden auseinander zu setzen. und die Gegengründe, sowie die Vorurteile zu entkräften. Alle seine Gründe liefen auf zwei hinaus, einen mystischen und einen handelspolitischen. „Daß unsere Nation gegenwärtig überall zerstreut ist und ihren Aufenthalt in allen blühenden Ländern der Welt hat, sowohl in Amerika, als in den anderen drei Weltteilen, und daß nur die bedeutende und mächtige Insel allein davon ausgenommen ist. Daher müssen wir, ehe der Messias eintritt und unsere Nation wieder herstellt, auch hier unseren Wohnsitz haben." Der andere war formuliert, daß durch die Juden der Handel Englands einen großen Aufschwung durch Ausfuhr und Einfuhr von allen Teilen der Welt nehmen werde. Er hatte dabei den Großhandel im Auge, den die portugiesischen Juden Hollands mit Münzen verschiedener Länder (Wechselgeschäft), mit Diamanten, Cochenille, Indigo, Wein und Öl betrieben. Die Geldgeschäfte, welche sie machten, beruhten nicht auf Wucher. Die Kapitalien der portugiesischen Juden in Holland und Italien seien deswegen so bedeutend, weil auch die Marranen in Spanien und Portugal ihre Barschaft denselben zum Verkehr übergeben, um sie gegen die Habsucht der Inquisition sicher zu stellen.

Cromwell war entschieden der Aufnahme der Juden geneigt. Er mag dabei nebenher den Vorteil im Auge gehabt haben, daß der ausgebreitete Handel und die Kapitalien der spanischen und portugiesischen Juden, sowohl der offenen, als der verkappten, England zugeführt werden könnten, das damals noch nicht mit Holland konkurrieren konnte. Auch war er von dem großen Gedanken unbedingter Toleranz aller Religionsbekenntnisse beseelt. Am meisten wirkte bei ihm aber das religiöse Gefühl, die Juden durch freundliche Behandlung fürs Christentum zu gewinnen. Er glaubte das Christentum, wie es in England von den Independenten gepredigt wurde, ohne Götzendienst und Aberglauben, müßte die bisher von dem Bekenntnis abgeschreckten Juden doch endlich dafür einnehmen. Cromwell und Manasse Ben-Israel begegneten einander in einem messianisch-schwärmerischen Hintergedanken. Um die Bevölkerung günstig für die Zulassung von Juden zu stimmen, ließ Cromwell zwei seiner eifrigsten Independenten dafür arbeiten, den Geistlichen Hugh Peters, seinen Sekretär, und das feurige Mitglied des Staatsrates, Harry Martens.

Endlich war die Zeit gekommen, die Frage ernstlich in Beratung zu ziehen. Denn da sie im Jahre 1290 infolge eines Dekrets aufs Nimmerwiederkehren aus England ausgewiesen worden waren, so war es fraglich, ob dieses Gesetz nicht noch zurzeit Anwendung finden sollte. Cromwell ließ daher eine Kommission in Whitehall zusammentreten (4. Dezember 1655), um die Sache erschöpfend zu beraten, und stellte zwei Punkte zur Beratung, ob es gesetzlich sei, die Juden wieder in England zuzulassen, und dann, falls es nicht gegen das Gesetz verstieße, unter welchen Bedingungen die Aufnahme geschehen sollte. Die Aufregung bei der Verhandlung um Zulassung der Juden war in London groß, und man stritt im Volke dafür und dawider. Blinder Haß gegen die Kreuziger des Gottessohnes und blinde Liebe für das

Volk Gottes, Furcht vor Handelskonkurrenz der Juden und Hoffnung vermittels derselben den Holländern und Spaniern den Rang abzulaufen, Vorurteile, daß sie Christenkinder kreuzigen, Münzen beschneiden oder gar sämtliche Engländer zu Juden machen würden, alle diese dunkeln Gefühle trübten das Urteil für oder wider sie. Auch Parteileidenschaften spielten hinein. Die Anhänger Cromwells und überhaupt die Republikaner waren dafür, seine geheimen und offenen Gegner, die Royalisten und Papisten, waren auch ihre Gegner. Das Volk drängte sich daher zum Saale, wo die Judenfrage zu allererst öffentlich verhandelt wurde. Gleich im Anfang erklärten die Vertreter des Staatsrechtes, daß kein altes Gesetz die Juden aus England ausschließe, denn ihre Verbannung vor mehreren Jahrhunderten sei lediglich vom König ohne Zustimmung des Parlaments verfügt worden. Die Vertreter der Stadt verhielten sich ruhig; desto heftiger waren die Geistlichen, welche ihren aus den Evangelien und der theologischen Literatur gezogenen Haß gegen die Juden nicht loswerden konnten. Cromwell, welcher gern ein günstiges Resultat erzielen wollte, zog daher noch drei Geistliche hinzu, von denen er ein judenfreundliches Votum erwartete. Einer Schlußversammlung (18. Dezember 1655) präsidierte er selbst. Die Mehrzahl der Geistlichen war auch an diesem Tage gegen die Zulassung und nur einige für deren Aufnahme unter zweckmäßiger Vorsicht. Cromwell, unzufrieden mit dem Gang der Verhandlung, ließ zuerst die theologischen Einwendungen von Manasse Ben-Israel widerlegen, dann sprach er selbst mit vieler Wärme und schalt die Geistlichen aus, er habe gehofft, von ihnen eine Aufklärung für sein Gewissen zu erhalten; statt dessen hätten sie die Frage noch dunkler gemacht. Die Hauptstärke seiner Gründe war, man müsse den Juden das reine (puritanische) Evangelium predigen, um sie für die Kirche zu gewinnen. „Können wir es ihnen aber predigen, wenn wir sie nicht unter uns dulden wollen?“ Cromwell schloß darauf die Beratung und wollte nach eignem Ermessen die Angelegenheit entscheiden.

Der Staatsrat in seiner Mehrheit hatte beschlossen, die Zulassung der Juden nur unter außerordentlich beschränkenden Bedingungen zu gewähren, daß sie sich nicht einmal zum Gottesdienste versammeln und daß sie nicht christliche Dienerschaft halten dürften. Über diese Engherzigkeit ging zwar Cromwell hinweg; er gestattete ihnen Betversammlungen in einem Privathause. Aber mehr durfte er ihnen nicht einräumen. Denn er hatte nicht bloß den Widerstand fanatischer Geistlichen gegen sich, sondern auch den der Menge, welche deren vorurteilsvolle Stimmung teilte. Unerbittliche Judenfeinde machten nämlich alle Anstrengung, um die Bevölkerung gegen die Zulassung einzunehmen. Sie verbreiteten die unglaublichsten Märchen über sie.

Am meisten fanatisch aufregend gegen die Juden wirkte ein geistlicher Rumormacher und Pamphletschreiber William Prynne mit einer giftigen Schrift „Bedenken wegen der rechtmäßigen Zulassung der Juden in England“, worin er alle lügenhaften Beschuldigungen gegen sie wieder aufwärmte und die judenfeindlichen Dekrete aus dem 13. Jahrhundert kurz zusammentrug. Auch von anderen Seiten erschienen Flugschriften gegen sie. Wahrscheinlich auf Cromwells Veranlassung schrieb Thomas Collier eine Widerlegung gegen Prynnes Anklagen, die er dem Protektor selbst widmete. Seine Verteidigungsschrift schloß mit einer im Geschmacke jener Zeit gehaltenen Wendung: „Laßt uns die Juden hochstellen! Erwarten wir den ruhmreichen Tag, welcher sie zum Haupt der Nationen machen wird. O, die Zeit ist nahe, in welcher jeder sich glücklich fühlen wird, welcher das Gewand eines Juden auch nur wird anfassen können! Unser Heil kommt von ihnen. Unser Jesus war einer der ihrigen. Wir sind in ihre Verheißungen und Bevorzugungen hineingebracht. Die natürlichen Zweige sind abgeschnitten worden, damit wir als Pfropfreiser eingesetzt werden können. Laßt uns nicht um Gottes willen undankbar gegen sie sein. Nein, wir hätten genug, wenn wir alle ihre geistigen Reichtümer hätten.“

Während die Zulassung der Juden in England auf so viel Schwierigkeiten stieß, hegte die holländische Regierung Argwohn gegen die Bemühung Manasse Ben-Israels, ihre Ansiedlung durchzusetzen, daß nicht etwa die Amsterdamer Juden mit ihren Kapitalien sämtlich nach England auswandern würden. Manasse mußte deswegen den holländischen Gesandten in einer Unterredung beruhigen und ihm versichern, daß seine Bemühung nicht den holländischen Juden, sondern den von Argusaugen bewachten Marranen in Spanien und Portugal gälte, denen er ein Asyl in England verschaffen wolle. Da der Protektor, mit inneren und auswärtigen Angelegenheiten voll beschäftigt, keine Muße für die Frage hatte, so schien Zulassung der Juden aussichtslos. Manasses Begleiter, welche die Hoffnung auf Erfolg aufgegeben hatten, verließen daher London; andere, welche, aus der pyrenäischen Halbinsel entflohen, auf dem Wege dahin waren, kehrten um und ließen sich in Italien oder Genf nieder.

Indessen ermatteten die Judenfreunde nicht und hofften noch immer, eine günstige Umstimmung in der Bevölkerung zu erzeugen. Eine hochgestellte Persönlichkeit, welche der Regierung nahe stand, veranlaßte Manasse, eine kleine, aber umfassende Schrift zur Verteidigung der Juden zu veröffentlichen. In Form eines Briefes stellte derselbe sämtliche Anklagepunkte zusammen. Sie betrafen die landläufigen Verläumdungen, Gebrauch des Blutes von Christen am Passahfeste, Verwünschung gegen Christen und Lästerung des

Christengottes in ihren Gebeten, und endlich, daß sie den Thorarollen götzendienerische Verehrung erwiesen. Diese Schutzschrift für die Juden ist vielleicht das Beste, was aus seiner Feder geflossen ist. Sie ist mit warmem Herzen und darum überzeugend geschrieben. Gelehrter Kram fehlte zwar auch darin nicht, aber die Gelehrsamkeit ist dem Hauptzweck untergeordnet. Bei Abfassung der Schutzschrift muß es Manasse eigen zu Mute gewesen sein. Er war nach England in der Erwartung gekommen, um als Dolmetsch oder Vertreter des Gottesvolkes die Sympathie der Christen gewissermaßen in Sturmschritt zu erobern und die Herrschaft Israels über die Völker der Erde anzubahnen, und nun wurde diese Nation sozusagen auf die Anklagebank gesetzt, und er mußte sie verteidigen. Daher ist der Ton dieser Schrift nicht siegesgewiß, sondern im Gegenteil elegisch. „Zuerst muß ich mit bitteren Tränen und Beklemmung der Seele jene harte und schreckliche Anklage einiger Christen wieder die zerstreuten und niedergebeugten Juden beweinen, daß sie (ich zittere, indem ich dieses niederschreibe) bei der Feier des Passafestes zur Gärung ihres Brotes sich des Blutes von Christen bedienen sollten, die sie zu diesem Zwecke umgebracht hätten.“ Dieser so oft und auch von Prynne behaupteten, erlogenen Anklage ist der größte Teil seiner Verteidigung gewidmet, und sie ist schlagend ausgefallen. Die Beglaubigung dafür führte er mit Recht entweder auf falsche Zeugen oder auf Geständnis der Angeklagten unter der Folter zurück. Die Wahrheit und die Unschuld der Angeklagten sei öfter an den Tag gekommen, aber zu spät, wenn sie bereits hingerichtet waren. Manasse Ben-Israel beteuerte zum Überfluß mit einem feierlichen Eide: „Ich beschwöre, daß ich nie einen solchen Gebrauch bei dem Volke Israels gesehen und daß es nie eine solche Ruchlosigkeit ausgeübt oder auch nur versucht hat.“ Nachdem er alle übrigen Anschuldigungen gegen die Juden auf ihr Nichts zurückgeführt hat, beschließt er seine Schutzschrift mit einem schönen Gebete und mit einer Anrede an England: „Die sehr ehrwürdige englische Nation ersuche ich ganz untertänigst, daß sie meine Gründe unparteiisch und ohne Vorurteil und Leidenschaftlichkeit lesen möge, die durch die Propheten verheißene Zeit nahen zu lassen, daß wir Gott eines Sinnes anbeten und daß wir die Tröstungen Zions sehen mögen.“

Diese letzte Schrift Manasse Ben-Israels hat in England den gewünschten günstigen Eindruck gemacht. Denn wenn auch Cromwell unter der zunehmenden Schwierigkeit seiner Regierung die gesetzliche Zulassung der Juden nicht durchsetzen konnte, so hat er doch den Anfang dazu gemacht. Ein Vorfall bewog Cromwell aus seiner rücksichtsvollen Zurückhaltung herauszugehen und den Aufenthalt der Juden zu gestatten. Der reiche Robles war vor Gericht als portugiesischer Papist angeklagt (1656), und sein Vermögen wurde eingezogen, weil England damals im Kriege mit Portugal war und Papisten überhaupt nicht duldete. Allein der Staatsrat — gewiß auf Cromwells Eingebung — hob die Konfiszierung auf, wohl aus dem Grunde, daß der Angeklagte nicht Katholik, sondern Jude sei. Damit war die Duldung der Marranen als Juden gesetzlich anerkannt, und die in London wohnenden begannen ihre Masken als Christen fallen zu lassen. Durch die Bemühung Carvajals und Simon de Caceres' wurde ihnen gestattet, einen eigenen Begräbnisplatz für die Glieder ihrer kleinen Gemeinde anzulegen (Februar 1657). Sie durften von jetzt an ihre Feste und gottesdienstlichen Zusammenkünfte öffentlich begehen. Sie galten aber als Fremde und wurden als solche höher besteuert. Ganz erfolglos war also Manasses schwärmerischer Eifer doch nicht. Cromwell entließ Manasse mit Auszeichnungen und setzte ihm (20. Februar 1657) einen Jahrgehalt von 100 Pfund aus dem Staatsschatze aus. Lange genoß er die Leibrente nicht, denn er starb, wahrscheinlich von Anstrengung und getäuschter Hoffnung gebrochen, noch ehe er die Seinigen erreicht hatte, unterwegs in Middelburg (Nov. 1657). Man brachte seine Leiche später nach Amsterdam und setzte ihm eine ehrende Grabschrift.

Ein Jahr darauf starb Cromwell, und mit seinem Tode machte die republikanische Gesinnung, wie die mystische Schwärmerei einer nüchternen, dem Königtum günstigen Betrachtungsweise Platz. Kaum zwei Jahre nach Cromwells Tod führte der Kriegsoberste Monk den Prätendenten Karl II. im Triumphe nach England zurück. Dieser lebenslustige und stets geldbedürftige König hatte schon früher mit Juden aus Amsterdam verhandeln lassen, welche ihm versicherten, daß die Unterhandlung mit Cromwell gegen ihren Willen geschehen sei, und er hatte ihnen versprochen, falls sie ihn mit Geld und Waffen unterstützen sollten, würde er bei seiner Restauration die Niederlassung der Juden in England befördern. Und er hielt Wort. Er gestattete die Niederlassung neuer jüdischer Zuzügler in England, ohne daß ihr Verhältnis gesetzlich geregelt worden wäre.

Für die Befreiung der Juden, daß sie nicht wie Auswürflinge geächtet, sondern menschenwürdig behandelt wurden, wurde damit der erste Ansatz gemacht. Es dauerte aber beinahe anderthalb Jahrhundert, bis ihre vollständige Entfesselung in einem Teile Europas zum Gesetze erhoben wurde. Zur Befreiung oder Läuterung des Judentums, der dreitausendjährigen Lehre, ist in derselben Zeit auf anderen Schauplätzen ebenfalls ein geringfügiger Anfang gemacht worden. Die Vollendung dieses Läuterungsprozesses dauerte aber viel länger oder ist eigentlich noch weit vom Ziele.

Das dreitausendjährige Judentum glich damals — wie sollte es auch anders? — einem edlen Kerne, der von übereinandergeschichteten

Krusten, Versteinerungen, fremdartigen Ansätzen und Überzügen so verhüllt und verdeckt ist, daß ihn nur wenige, sehr wenige herauserkennen. Die prophetischen Kerngedanken waren längst schon von vielfachen Schichten sopherischer und talmudischer Auslegungen und Umzäunungen überdeckt. Darüber hatten sich im Laufe der Jahrhunderte neue Lagen aus der Zeit der gaonäischen, spanischen, französischen, deutschen und polnischen rabbinischen Schulen gebildet, und diese Lagen und Schichten wurden von einer häßlichen Kruste, einem Schimmelüberzug umschlossen, von der Kabbala, die sich nach und nach in Lücken und Ritzen einnistete, wucherte und sich verästelte. Alle diese neuen Gebilde hatten bereits die Autorität des Alters für sich und galten als unantastbar. Man fragte im allgemeinen nicht mehr, was lehrte das Grundgesetz, worauf haben die Propheten Gewicht gelegt, man beachtete kaum, was der Talmud als wesentlich und unwesentlich aufstellte, sondern die rabbinischen Autoritäten allein, in letzter Instanz Joseph Karo und Mose Isserles entschieden, was religiös und was jüdisch sei. Gerade diese Schmarotzerpflanze überwucherte das ganze religiöse Leben der Juden. Fast sämtliche Rabbiner und Führer der jüdischen Gemeinden, gleichviel ob in einem polnischen Städtchen oder in dem gebildeten Amsterdam, der Chacham Isaak Aboab de Fonseca in gleichem Grade wie der nach Palästina ausgewanderte Jesaia Hurwitz (Rabbiner in Frankfurt, Prag, Posen und Krakau) waren von der Kabbala berückt. Sie, welche seit dem vierzehnten Jahrhundert, gleichzeitig mit der Ächtung der Wissenschaft die Herrschaft über die Gemüter antrat, hatte seit Isaak Lurja solche Riesenfortschritte gemacht oder vielmehr solche riesige Verheerungen angerichtet, daß keine Mittel sie hemmen konnten. Der lurjanische Schwindel von Seelenursprung, Seelenwanderung, Seelenanschluß, Erlösungswerk und Wundertäterei zog nach seinem Tode immer mehr Anhänger in seinen Bannkreis, trat mit Siegeszuversicht auf, benebelte die Köpfe und verhärtete die Gemüter. Lurjas Jünger, „die Jungen des Löwen“, wie sie sich geschmacklos nannten, besonders Vital Calabrese und seine Söhne, gingen förmlich auf Bekehrung aus, verbreiteten die abgeschmacktesten Märchen von seinen Wundertaten und hüllten sich in geheimnisvolles Dunkel, um desto größeren Zulauf zu haben. Chajim Vital Calabrese hat mit seinen Gaukeleien die leichtgläubige Welt in Palästina und den Nachbarländern fast vierzig Jahre (1572—1620) bis an seinen Tode beschwindelt. Sendboten waren beflissen, diesem Schwindel die größte Verbreitung in den Gemeinden zu geben. Israel Saruk führte die lurjanische Kabbala in Italien und Holland ein. Alfonso oder Abraham de Herrera (gest. 1639), mütterlicherseits ein Abkömmling des spanischen Großkapitäns und Vizekönigs von Neapel, wurde Kabbalist und schrieb ein Werk über Mystik. Manasse Ben-Israel und alle seine älteren und jüngeren Zeitgenossen in Holland huldigten der Kabbala und zweifelten nicht an deren Wahrheit und Göttlichkeit. Indessen entstanden in der dichten, häßlichen Kruste, welche das Afterjudentum abgelagert hatte, einige Risse und Spalten, welche eine beginnende Zerbröckelung andeuteten. Hier und da gab es einige Männer von unbefangenem Urteile, welche Zweifel an der Wahrheit des Judentums in seiner rabbinischen und kabbalistischen Gestalt hegten und aussprachen, und sie zogen auch die talmudische Auslegung mit hinein. Andere schritten vom Zweifel zur Gewißheit fort und wühlten mehr oder weniger offen gegen das bestehende Judentum. Solche Wühler waren, wie sich denken läßt, nicht unter den deutschen und polnischen, auch nicht unter den asiatischen Juden anzutreffen, sondern in italienischen und portugiesischen Gemeinden, welche mit gebildeten Gesellschaftskreisen in Verbindung standen. So sehr auch die Marranen nach ihrer Flucht und ihrer Ansiedlung in duldsameren Plätzen dem Judentum anhingen, so konnte ihnen doch nicht die Entstellung entgehen, welche die rabbinische Peinlichkeit und Klügelei daran angebracht hatten. Sie waren von Jugend an nicht daran gewöhnt. Ein Jude von marranischer Abkunft in Hamburg stellte mehrere Beweise gegen die Richtigkeit der talmudischen Überlieferungen und Zusätze auf. Das, was in einem kleinen Kreise als ein dunkles Gefühl oder als Unbehaglichkeit an dem für religiös Geltenden sozusagen wurmte, brachten drei oder vier begabte Persönlichkeiten zu gleicher Zeit mit mehr oder weniger Offenheit zum Bewußtsein, Uriel Acosta, Juda Leon Modena und Joseph Delmedigo; man kann allenfalls noch Simone Luzzato dazu zählen. Sie haben einen Ansatz dazu gemacht, die Schäden und Unzuträglichkeiten des bestehenden Judentums bloßzulegen; freilich ein Heilmittel anzugeben oder es gar durchzuführen, vermochte keiner von ihnen.

Uriel da Costa (Gabriel Acosta, geb. um 1590, gest. 1640) war eine originelle Erscheinung, dessen innere Gärung und äußerer Lebensgang ihn zum Widerspruche gegen das Judentum mit einer gewissen Naturnotwendigkeit führen mußten. Er stammte aus einer portugiesischen Marranenfamilie in Oporto, deren Glieder die Schrecken der Inquisition bereits zu aufrichtigen katholischen Christgläubigen gemacht hatten. Der junge Gabriel lernte vom Vater Kirchlichkeit und Kavaliertugenden. Er betrat die Laufbahn, welche allein noch für Jünglinge des hohen portugiesischen Bürgerstandes offen blieb, er wurde für die Rechtswissenschaft vorbereitet, welche auch einen Übergang zum zweiten Stande, dem geistlichen, anbahnen konnte. In seiner Jugendzeit hatte der Jesuitenorden schon eine gewaltige Macht über die Gemüter errungen, und seine Mittel, die Phantasie zu überreizen und die Geister durch Ausmalung der ewigen Verdammnis und Höllenstrafen zu knechten, hatten sich bereits bewährt. Nur pünktliches, mechanisch-kirchliches Tun und ewiges Beichten konnten die Schrecken der Hölle überwinden. Gabriel da Costa fühlte sich aber trotz seiner pünktlichen Kirchlichkeit nicht im Gewissen beruhigt; es war etwas von dem grübelnden jüdischen Geiste in seinem Wesen geblieben, das an dem festgezimmerten katholischen Glaubenssystem in seinem Innern rüttelte. Je mehr er sich in die katholisch-jesuitische Dogmenlehre vertiefte, desto mehr Zweifel stiegen in ihm auf und beunruhigten sein Gewissen. Um seine Zweifel zu bannen, griff er nach den ältesten Urkunden der heiligen Schrift. Die Propheten sollten ihm die Rätsel lösen, welche die römisch-katholischen Kirchensatzungen ihm täglich aufwarfen. Der frische Geist, der ihn aus der heiligen Schrift alten Testamentes, wenn auch in entstellter, lateinischer Hülle anwehte, brachte seinem Inneren Beruhigung. Die Glaubenslehren des Judentums schienen ihm um so gewisser, als sie doch eigentlich auch von dem neuen Testamente und der Kirche anerkannt wurden. Da Costa faßte den Entschluß, den Katholizismus zu verlassen und zum Judentum zurückzukehren. Von schneller, heftig leidenschaftlicher Gemütsart suchte er ihn rasch zu verwirklichen. Trotz der argusäugigen Auflauerei der Inquisition gegen Marranen gelang es der Familie Da Costa doch, ein Schiff zu gewinnen und nach Amsterdam zu entkommen. Gabriel Da Costa und seine Brüder ließen sich in den Bund des Judentums aufnehmen. Er verwandelte seinen Namen in Uriel.

Eine heißblütige Natur, ein Enthusiast, hatte sich Uriel Da Costa ein Ideal vom Judentum entworfen, das er in Amsterdam anzutreffen gedachte, wie es nimmer war. Biblische Zustände dachte er in der jungen Amsterdamer Gemeinde verwirklicht zu sehen, einen hohen Flug des Geistes zu finden, der ihm die Rätsel, die ihm die katholische Kirche nicht lösen konnte, mit einem Schlage klären würde. Da Costa hatte religiös-dogmatische Luftschlösser gebaut und war daher erbittert darüber, daß sie nicht in der wirklichen Welt anzutreffen. Er fand bald, daß das religiöse Leben der Amsterdamer Gemeinde und die feststehenden Gesetze nicht mit den mosaischen und pentateuchischen Vorschriften übereinstimmen. Da er große Opfer für seine Überzeugung gebracht hatte, so glaubte er ein Recht zu haben, seine Meinung freimütig zu äußern und auf die Kluft hinzuweisen, welche zwischen dem biblischen und dem rabbinischen Judentume liegt. Er war tief verstimmt und gereizt und ließ sich davon beherrschen, setzte sich offen über Religionsgebräuche hinweg und glaubte damit noch ein Gott verdienstliches Werk zu tun, den Anordnungen der „Pharisäer“ (wie er, an die Sprache der Kirche gewöhnt, die Rabbiner nannte) entgegenzutreten. Freilich zog er sich dadurch Unannehmlichkeiten zu, die sich immer mehr zu einem tragischen Knoten schürzten. Sollten die Amsterdamer Juden, die so viel für ihre Religion gelitten, ruhig mit ansehen, wie eines ihrer Mitglieder das ihnen so teuer gewordene Judentum offen verletzte und verspottete? Die im Lande der Inquisition Geborenen und Erzogenen hatten von Duldung und Gewährenlassen jeder Überzeugung keine Ahnung. Die Rabbiner bedrohten Da Costa mit Ausstoßung aus der religiösen Gemeinschaft, wenn er in seiner Übertretung der religiösen Satzungen verharren sollte. Der Widerstand reizte den heftigen Mann nur noch mehr; er wollte durch die Opfer, die er gebracht hatte, sich nicht neue Fesseln erkauft haben. Er fuhr fort, sich über das Bestehende hinwegzusetzen und wurde in den Bann getan. Seine eigenen Verwandten mieden ihn und richteten kein Wort an ihn. So stand Da Costa inmitten einer großen Stadt allein. Von seinen Stammgenossen, Freunden und Verwandten geschieden, mit den christlichen Bewohnern Amsterdams, deren Sprache er noch nicht gelernt, ohne Verbindung und auf sich selbst angewiesen, verfiel er immer mehr in Grübeleien. Aus Überreizung wollte er eine Schrift in feindseligem Sinne gegen das bestehende Judentum veröffentlichen. Da er durch diese Schrift „Prüfung der pharisäischen Traditionen" seinen Bruch mit dem Judentum unzweideutig angekündigt hatte, so mußte er die Folgen über sich ergehen lassen. Die offiziellen Vertreter der Amsterdamer Gemeinde traten mit einer Anklage bei dem Magistrate auf, daß er die Unsterblichkeit der Seele leugne und damit nicht bloß die Lehren des Judentums, sondern auch die des Christentums bekämpft und Irrlehren verbreitet habe. Da Costa wurde hierauf verhaftet, blieb mehrere Tage im Kerker und wurde zuletzt zu einer Geldstrafe verurteilt. Fünfzehn Jahre blieb er im Banne. Zuletzt lastete die Vereinsamung schwer auf ihm, er ertrug es nicht, von den Seinigen wie ein Verpesteter gemieden zu werden. Da Costa war kein starker Geist, er konnte die Welt nicht missen. Er hatte im Sinne, eine Frau in sein Haus zu führen, was ihm als Gebannten unmöglich war. Daher gab er dem Drängen eines seiner Verwandten zuletzt nach, sich mit der Gemeinde auszusöhnen. Er bekannte sich mit den Lippen zum Judentume, gerade zur Zeit, als er innerlich gründlich mit ihm zerfallen war.

Er wollte sich um den Preis seiner Überzeugung Ruhe und Lebensbehaglichkeit erkaufen. Allein seine leidenschaftliche Natur brachte ihn um beides. Er konnte sich nicht Entsagung auflegen, um den Religionsgebräuchen des Judentums zu genügen, übertrat sie vielmehr heimlich. Der Krieg zwischen ihm und den Vertretern der Gemeinde brach von neuem aus. Die Rabbiner luden ihn zum zweiten Male vor ihr Tribunal, hielten ihm seine religiösen Übertretungen vor und erklärten ihm, er könne nur dadurch dem zweitmaligen, verschärften Banne entgehen, wenn er sich einer öffentlichen, feierlichen

Buße unterwerfen wollte. Aus Ehrgefühl verwarf er diese Buße, und so wurde er von neuem in den Bann gelegt und zwar in einen viel herberen. Am härtesten verfuhren seine Verwandten gegen ihn, weil sie ihn dadurch zur Buße zu zwingen gedachten.

Da Costa, inzwischen ins Mannesalter getreten, durch die Kämpfe und Aufregungen mürbe geworden, sehnte sich noch mehr nach Ruhe und entschloß sich zur Unterwürfigkeit. Darauf wurde er in eine der Synagogen geführt, die voll von Männern und Frauen war, es sollte eine Art jüdisches Auto-da-Fé sein und seiner Reue die größtmögliche Öffentlichkeit gegeben werden. Dort betrat er die Emporbühne und las sein Sündenbekenntnis ab, daß er den Sabbat entweiht, die Speisegesetze übertreten, Glaubensartikel geleugnet und Personen widerraten habe, dem Judentum beizutreten. Er erklärte feierlich, sich nicht mehr solcher Vergehungen schuldig machen zu wollen, sondern als treuer Jude zu leben. Darauf begab er sich in einen Winkel der Synagoge, mußte seinen Körper bis zum Gürtel entblößen, worauf er neununddreißig Geißelhiebe erhielt. Dann mußte er sich auf die Erde setzen, worauf der Bann gelöst wurde. Damit noch nicht zu Ende, mußte er sich auf die Schwelle der Synagoge hinstrecken, damit die Anwesenden über ihn hinwegschreiten sollten. Es war ein Übermaß von Büßung, wie es die Marranen dem Verfahren der Inquisition abgesehen hatten. Die erlittene Schmach und Demütigung gaben ihm den Gedanken der Rache ein. Er beschloß zu sterben, aber zugleich Rache an seinem Hauptverfolger, seinem Bruder (oder Vetter) zu nehmen. Um das Mitleid der Mit- und Nachwelt mit seinem Mißgeschick zu erregen, schrieb er seine Leidensgeschichte und sein Bekenntnis nieder mit Verbissenheit und gehässigen Ausfällen gegen die Juden, untermischt mit Anschwärzungen gegen sie in den Augen der Christen, daß der Staat ihnen nicht die Freiheit des Bekenntnisses einräumen sollte. Nachdem er sein leidenschaftliches Testament vollendet hatte, lud er zwei Pistolen, drückte die eine auf seinen an seinem Hause vorübergehenden Verwandten ab, und als diese fehlte, entleibte er sich durch die andere (April 1640). Beim Öffnen seiner Wohnung nach dem vernommenen Schusse fanden die Eindringenden seine Selbstbiographie „Ein Beispiel des menschlichen Lebens“ auf seinem Tische, worin er Juden und Judentum mit pathetischen Sätzen, wie sie ihm die aufgeregte Phantasie in der letzten Stunde eingab, brandmarkte. Er wirkte etwa wie ein Bube, der in einem stockig gewordenen Gebäude die Fenster zertrümmert und dadurch der Luft einen Durchzug öffnet.

Der zweite maulwurfartige Wühler dieser Zeit, Leon (Jehuda) Modena (geb. 1571, gest. 1649), stammte aus einer gebildeten, bei der Vertreibung der Juden aus Frankreich nach Italien eingewanderten Familie, deren Ahnen neben ihrer vielseitigen Bildung abergläubischen Wulst oder Schrullen im Kopfe trugen. Von dieser Familieneigenheit hat Modena einen hohen Grad besessen. Er war ein Wunderkind; im dritten Jahre las er bereits einen Abschnitt aus den Propheten vor, im zehnten hielt er eine Art Predigt, im dreizehnten verfaßte er einen gewandten Dialog über Zulässigkeit oder Schädlichkeit des Karten- und Würfelspieles und dichtete ein Trauerlied auf den Tod seines Jugendlehrers Mose Basula in hebräischen und italienischen Versen, die ganz gleich klingen, freilich eine Spielerei. Aber aus dem Wunderkinde wurde keineswegs ein Wundermann, keine hervorragende, Ton und Richtung angebende Persönlichkeit. Modena bildete sich nur zum erstaunlichen Vielwisser (Polyhistor) aus. Wie er allerhand Gewerbe trieb, um seine Existenz zu begründen, Prediger, Lehrer für Juden und Christen, Vorbeter, Dolmetsch, Schreiber, Korrektor, Buchhändler, Makler, Kaufmann, Rabbiner, Musikant und Amulettenverfertiger war, so betrieb er auch viele Wissensfächer, ohne auch nur in einem einzigen besonders hervorzuleuchten. Er umspannte die ganze biblische, talmudische und rabbinische Literatur, hatte alles gelesen, was ihm nur durch das Medium der drei Sprachen, hebräisch, lateinisch und italienisch, zugänglich war, und hat es auch behalten, denn er besaß ein glückliches Gedächtnis. Allein Leon Modena hatte keine Freudigkeit und kein Genüge, weder am Wissen, noch an der Poesie. Die Wissenschaft hat ihn nicht geläutert und gehoben. Unzufrieden mit sich und seinem Geschicke, wegen seiner Spielsucht in steter Aufregung, mit Not kämpfend, wurde sein Inneres zerrissen und zwiespältig. Die Religion hatte keine Macht über sein Gemüt; er predigte anderen, aber nicht sich selbst. Unglaube und Aberglaube führten in seinem Innern einen steten Kampf. Er hatte, so wie keinen rechten Ernst, so auch keine rechte Überzeugung, oder vielmehr, er hatte jeden Tag, je nach Laune und Stimmung eine andere, ohne darum ein Heuchler zu sein. Er konnte in einem Tage für den Talmud und das rabbinische Judentum eine Lanze einlegen und an einem anderen den Stab darüber brechen. Er machte sich lustig über die von den Kabbalisten betonte Seelenwanderung und, einmal von einem außerordentlichen Vorfall betroffen, glaubte er wieder, auf einen Augenblick wenigstens, daran. Leon Modena verkehrte auch viel mit Christen. Christliche Jünger saßen zu seinen Füßen. Der französische Bischof Jakob Plantavicius und der halbverrückte christliche Kabbalist Jakob Gaffarelli waren seine Jünger. Adlige und Gelehrte korrespondierten mit ihm und ließen sich von ihm seine Schriften mit schmeichelhaften Anreden widmen. Leon Modena nahm in Italien ungefähr die Stellung ein, wie Manasse Ben-Israel in Holland.

Im Gespräche ernster Männer und im lustigen Kreise von Spielern hörte er öfter die Ritualien des Judentums als kindische Possen verlachen. Anfangs verteidigte er sein Bekenntnis. Nach und nach wurde er aber dahin gedrängt, dieses und jenes am Judentum als unangemessen und albern einzugestehen; er schämte sich, so ganz und gar Jude zu sein und alle Konsequenzen zu rechtfertigen. Seine Geldbedürfnisse brachten ihn endlich dahin, auf das Drängen seiner christlichen Freunde und besonders eines englischen Lords einzelne Teile und zuletzt den ganzen Umfang des jüdischen Ritualkodex in italienischer Sprache dem christlichen Publikum zugänglich zu machen und drucken zu lassen, und widmete diese Schrift dem französischen Gesandten in Venedig. Leon Modena hat mit dieser von Christen gierig gelesenen Schrift, gewissermaßen wie Ham, die Blöße seines Vaters aufgedeckt, das innere Heiligtum der Juden schaulustigen und spottsüchtigen Augen enthüllend preisgegeben. Uneingeweihten mußte das, was innerhalb des jüdischen Kreises Sache der Pietät war, kleinlich und läppisch erscheinen. Leon Modena setzte für christliche Leser auseinander, welche Zeremonien und Satzungen die Juden in ihrer Wohnung, Kleidung, ihrem Hausgerät, beim Aufstehen und Niederlegen, bei menschlichen Verrichtungen und in den Synagogen und Lehrhäusern üben und anwenden. Unwillkürlich gesellte sich der Verfasser zu den Verächtern des Judentums, das er doch selbst als Rabbiner geübt und gelehrt hatte. Er sprach sich bewußt darüber aus: „Während des Niederschreibens habe ich in Wahrheit vergessen, daß ich ein Hebräer bin, und betrachtete mich als einfachen und unparteiischen Erzähler. Indessen leugne ich nicht, mich bemüht zu haben, den Spott wegen der vielen Zeremonien zu vermeiden; aber ich hatte auch nicht die Absicht, sie zu verteidigen und zu beschönigen, weil ich nur mitteilen, nicht überzeugen wollte."

Indessen hatte Leon Modena keineswegs in seinem Inneren mit dem rabbinischen Judentum gebrochen. Er war kein Mann von fester und ausdauernder Überzeugung. Fast zur selben Zeit, als er die Riten des Judentums dem christlichen Publikum preisgab, arbeitete er eine Verteidigung der mündlichen Lehre überhaupt gegen Angriffe von jüdischer Seite aus. Dann arbeitete er eine Schrift aus, welche das Beste ist, das aus seiner schreiblustigen Feder geflossen ist. Ihr Inhalt ist, auf der einen Seite wuchtige Angriffe auf das rabbinische Judentum, wie sie bis dahin kaum von Christen und Karäern aufgestellt worden sind, und auf der andern Seite eine durchgreifende Abwehr derselben. Die schweren Anklagen gegen das bestehende Judentum und den Talmud wagte er doch nicht mit seinem eigenen Namen zu decken, sondern legte sich einem falschen Namen bei. Die Zwiespältigkeit seines Inneren, die wechselnde Überzeugung in seinem Wesen verteilte Leon Modena an zwei Rollen. Den Gegner des Judentums läßt er mit einer Kühnheit sich aussprechen, wie sie Uriel Da Costa kaum schärfer geäußert hat. Er ging so weit, Vorschläge zu machen, wie das Judentum von allen Auswüchsen gereinigt werden könnte, um das echte, alte, biblische, innerliche in seiner Lauterkeit wieder herzustellen — der erste Versuch zu einer Reform. Vereinfachung der Gebete und des Synagogenwesens, Beseitigung der Ritualien, Aufhebung des zweiten Feiertages, Erleichterung der Sabbats-, Feiertags- und Passahgesetze, selbst des Versöhnungstages: „es sollte jeder nur nach Maßgabe seiner körperlichen und geistigen Kräfte fasten", das Ritual für Tierschlachten, die Speisegesetze, alles wollte er entweder vollständig beseitigt oder vereinfacht wissen.

Wäre es Leon Modena mit dieser kühnen, das bestehende Judentum umwälzenden Ansicht ernst gewesen, hätte er sie als tiefe Überzeugung in die Welt hinausgerufen, dann hätte er ohne Zweifel eine starke Bewegung innerhalb der Judenheit, eine Reform, hervorgerufen. Allein die Verurteilung des Talmuds war ihm nur ein Geistesspiel; er arbeitete vielmehr eine Entgegnung aus mit ebenso geringem Ernst und ließ beides, Angriff wie Verteidigung, unter seinen Papieren schlummern. Mehr Ernst machte Leon Modena mit der Bekämpfung der Kabbala, die ihm durch seine nächste Umgebung lästig und widerwärtig, wie kriechendes schleimiges Ungeziefer, geworden war. Aber weder diese Schrift gegen die Kabbala, noch seine Angriffe auf das talmudische Judentum hat er veröffentlicht. Bis in sein spätes Alter setzte er seine ungeregelte Lebensweise fort, tadelte sich in seiner Selbstbiographie stets, ohne an seiner Besserung zu arbeiten. Leon Modena starb kampfesmüde, nicht im Streite gegen die Götter, d. h. Ideen und Menschen, sondern im Streite mit sich selbst und mit der gemeinen Not, die er über sich selbst gebracht hat.

Scheinbar ähnlich, aber doch grundverschieden von ihm war der dritte Wühler dieser Zeit, Joseph Salomo Delmedigo (geb. 1591, gest. 1655). Sprößling einer alten und edlen Familie, in deren Mitte Wissenschaft und Talmud Pflege fanden, Urenkel mütterlicherseits des geradsinnigen Denkers Elia Delmedigo, war er ihnen wenig ähnlich. Auf der Universität in Padua erlangte er seine wissenschaftliche Ausbildung; sein klarer Kopf hatte eine entschiedene Neigung für Mathematik und Astronomie, und er konnte sich rühmen, daß er den großen Galilei, den Entdecker der Himmelsgesetze, den Märtyrer für die Naturwissenschaft, zu seinem Lehrer hatte. Durch ihn wurde er mit dem kopernikanischen Sonnen- und Planetensystem bekannt. Weder bei Delmedigo, noch bei irgend einem gläubigen Juden regte sich der Wahn, als ob diese Ansicht vom Stillstand der Sonne und der Bewegung der Erde ketzerisch wäre. Delmedigo erlernte zwar auch die Medizin, aber nur als Brotstudium; sein Lieblingsfach blieb die Mathematik. Er füllte indes seinen Geist mit allen Schätzen und allem Plunder des Wissens, er wurde fast noch mehr Vielwisser als Leon Modena, an den er sich während seines Aufenthaltes in Italien wie ein Jünger an seinen Meister anschloß. Im Kreise der jüdisch-italienischen halben Freidenker büßte er seinen von Haus mitgebrachten naiven Glauben ein, wurde von Zweifel an der Wahrheit des Überkommenen beschlichen, hatte aber nicht Wahrheitsdrang genug in sich, diesen Zweifel zu überwinden, noch ihm Raum zu geben. Joseph Delmedigo war ebenso wenig wie Leon Modena zum Märtyrer für seine Überzeugung geschaffen, dieser aus Wankelmut, jener aus Unaufrichtigkeit.

Mit Zweifel im Herzen kehrte er nach Kandia ins Vaterhaus zurück, erregte mit seiner freieren Denkweise Anstoß und war genötigt, es wieder zu verlassen. Damit begann sein Wanderleben, das ihn wie sein Vorbild Ibn-Esra rastlos von Stätte zu Stätte trieb. Wie dieser befreundete auch er sich überall mit Karäern, wo er solche antraf, und diese drängten sich an ihn. In Kairo feierte Delmedigo einen wahren Triumph mit seinen mathematischen Kenntnissen, als ein alter mohammedanischer Lehrer der Mathematik ihn, fast noch Jüngling, zu einem öffentlichen Wettkampfe herausgefordert hatte und unterlegen war. Der Besiegte war großherzig genug, ihn vor aller Welt auszuzeichnen. Delmedigo reiste dann nach Konstantinopel, hielt sich auch dort im Kreise der Karäer auf und wanderte zuletzt nach Polen. Da die Mathematik kein Brot abwarf, so übte er die Arzneikunde aus, die er aber mehr aus Büchern als am Krankenbette erlernt hatte. In Polen galt er indes als großer Heilkünstler und wurde von dem Fürsten Radziwil bei Wilna in Dienst genommen. Hier, wo durch die Überhandnahme des Talmudstudiums die Wissenschaft verwaist war, drängten sich lernbegierige Jünglinge und Männer, besonders Karäer, an Delmedigo, um ihren Wissensdurst zu löschen.

Auch in Polen scheint sich Delmedigo auf die Dauer nicht behaglich gefühlt zu haben. Zechen mit den Edelleuten, die er ärztlich behandelte, durfte er nicht aus Furcht vor den Juden, und Geld zu verdienen gab es in diesem geldarmen Lande nicht. So begab er sich nach Hamburg in die damals kurz vorher geduldete portugiesische Gemeinde. Seine Arzneikunde scheint aber in der Elbstadt wenig Beachtung gefunden zu haben. So mußte er sich entschließen, eine Art rabbinischer Funktion zu übernehmen, sei es auch nur als Prediger. Er war daher um des Brotes willen gezwungen, zu heucheln und dem rabbinischen Judentum das Wort zu reden. Ja, um das Gerücht, welches aus Polen über ihn als ganzen oder halben Ketzer herübertönte, zu zerstreuen, entblödete er sich nicht, die Kabbala, die er kurz vorher verdammt hatte, als höchste Weisheit anzupreisen. Zu diesem Zwecke arbeitete er seine Schutzrede für die Geheimlehre aus, um die vernichtende Beweisführung seines Ahnen, Elia Delmedigo, gegen sie zu widerlegen. Aber diese Schrift war recht darauf angelegt, Sand in die Augen der unwissenden Menge zu streuen. Freilich war er zu gescheit, um lange die Schafsmiene platter Dummheit beizubehalten, ohne eine grinsende Satyrgrimasse zu machen.

Von Hamburg begab er sich nach Amsterdam, als die Gemeinde gerade durch das rücksichtslose Auftreten Da Costas voller Argwohn gegen die philosophisch Gebildeten war. Darum hielt es Delmedigo für geraten, jeden Verdacht des Unglaubens von sich abzuwenden und sich in den Ruf strengster Gläubigkeit zu bringen. Aber diese durchsichtige Heuchelei brachte ihn nicht weiter. Er wurde allerdings als Prediger und halb und halb als Rabbiner in oder bei Amsterdam angestellt, aber er konnte sich doch nur wenige Jahre in Holland behaupten. Unvermögend und unstät kam er nach Frankfurt a. M., um seine Subsistenz zu suchen. Hier in einer deutschen Gemeinde, wo rabbinische Gelehrsamkeit verbreitet war, konnte er nicht ein rabbinisches Amt erlangen und mußte den Predigertalar mit dem Doktormantel vertauschen. Günstig muß seine Stellung nicht gewesen sein, denn er vertauschte die Mainstadt mit Prag (um 1640 bis 1650); in dieser verwahrlosten Gemeinde ließ er sich dauernd nieder und endete sein vielverheißendes, aber wenig leistendes Leben. Er hat mit seinem wühlerischen Geiste nur auf kleine Kreise gewirkt.

Halb und halb kann man auch S i m o n e (Simcha) L u z z a t o (geb. um 1590, gest. 1663) zu den Wühlern dieser Zeit rechnen. Er war mit Leon Modena Rabbiner in Venedig, aber er hatte viel mehr Gediegenheit als dieser und als Delmedigo. Von dem letzteren, der ihn persönlich kannte, wird er als ein ausgezeichneter Mathematiker gerühmt. Auch in die alte und neue Literatur war er gründlich eingelesen. Mehr noch als Wissen und Gelehrsamkeit zierten ihn seine Aufrichtigkeit und Wahrheitsliebe. Eine P a r a b e l, die Luzzato in seiner Jugend in italienischer Sprache ausarbeitete, bekundete seine Gesinnung wie seine Geistesreife, daß er frühzeitig über das Verhältnis des Glaubens zum Wissen nachgedacht hat. Er legte seine Gedanken dem Vater der griechischen Weisheit, Sokrates, in den Mund. Die Vernunft richtet eine Bittschrift an die Akademie aus dem Kerker, in dem sie so lange von der gläubigen Autorität gehalten worden war, sie in Freiheit zu setzen. Es geschieht, und die Autorität wird ihres bisherigen Amtes entsetzt. Die freigelassenen Geister richten aber großen Schaden unter den Menschen an, die Akademiker sind ratlos. Da tritt Sokrates auf und setzt in langer Rede auseinander, daß beide, Vernunft und Autorität, zur Alleinherrschaft zugelassen, nur Irrtümer und Schäden erzeugen, dagegen gegenseitig beschränkt, die Vernunft durch die Offenbarung und diese wiederum durch die Vernunft, das rechte Maß und einen schönen Zusammenklang geben.

Simone Luzzato ließ sich von dem überlauten kabbalistischen Schwindel nicht berücken, er warf seine Vernunft nicht hinter sich; er war gläubig, blieb aber dabei nüchtern. Meisterhaft ist Luzzatos Verteidigungsschrift für das Judentum und die Juden, der er den Titel gab: „Abhandlung über den Stand der Hebräer". Er beschwor darin die Freunde der Wahrheit, die Überbleibsel des alten hebräischen Volkes, wenn auch durch Leiden entstellt und verkümmert, nicht geringer zu achten, als ein verstümmeltes Kunstwerk von Phidias oder Lysippus, da doch alle Menschen zugeben, daß dieses Volk einst von dem höchsten Werkmeister geleitet worden sei. Der Zweck, den er mit seiner Verteidigungsschrift verfolgte, war zunächst, der Böswilligkeit einiger venetianischer Patrizier gegen die Juden in dem Polizeistaat die Waffen zu entziehen. Das Volk in der Lagunenstadt hatte weniger Antipathie gegen sie; es lebte zum Teil von ihnen. Aber unter den Teilhabern an der Regierung gab es kirchliche Eiferer und Neider, welche eine noch größere Beschränkung oder gar Ausweisung der Juden befürworteten. Es war ihnen nicht ganz wohl, daß die venetianischen Juden, die, in dem Ghetto eingepfercht, kein Grundstück besitzen und kein Handwerk betreiben durften, mit ihnen in Geldgeschäften und Handel konkurrierten. Die Handelsstadt Venedig, von den neu aufgekommenen Seemächten Holland und England bei weitem überflügelt und auch allmählich aus der Levante verdrängt, sah manches seiner stolzen Handelshäuser in glänzendem Elende, während jüdische Kapitalisten an ihre Stelle traten und die levantinischen Geschäfte an sich rissen. Mit geschickten Wendungen und feinen Andeutungen gab Luzzato den Politikern Venedigs zu verstehen, daß, weil die Wohlhabenden nur auf Erhaltung des Erworbenen und auf Genüsse bedacht waren, der ehemalige venetianische Welthandel nahe daran war, in die Hände Fremder überzugehen. Die Juden seien daher ein Segen für den Staat geworden. Es sei doch geratener, den ausgebreiteten Handel, namentlich nach dem Orient, den eingeborenen Juden zu lassen und sie zu schützen, als ihn den Nachbarstädten oder ganz Fremden zugewendet zu sehen, welche im Lande selbst einen Staat im Staate bildeten und das bare Geld nach und nach außer Landes führten. Luzzato rechnete statistisch aus, daß die Juden der Republik jährlich mehr denn 250 000 Dukaten eintrugen, daß sie 4000 Arbeitern Brot gaben, einheimische Fabrikate billig lieferten und Waren aus den entfernten Ländern herbeischafften. Ein Rabbiner mußte erst diese volkswirtschaftliche Seite, welche die Lebensbedingung für die Inselrepublik war, den weisen Räten vor Augen führen. Luzzato machte noch darauf aufmerksam, von welchem bedeutenden Nutzen sich die Kapitalien der Juden in jüngster Zeit während der Pest und der Auflösung der Polizeiordnung erwiesen hatten, wie sie zuvorkommend dem Staate Geld anboten, um keine Verlegenheit eintreten zu lassen.

Wie er die Lichtseiten seiner jüdischen Zeitgenossen hervorhob, so verschwieg er keineswegs ihren Schatten. Er schilderte die Juden unparteiisch. „So sehr auch die Weise der venetianischen Juden verschieden ist von den türkischen, deutschen und polnischen, so haben sie doch sämtlich etwas Gemeinsames. Es ist eine Nation von zaghaftem und unmännlichem Sinne, im gegenwärtigen Stande einer politischen Regierung unfähig, nur beschäftigt mit ihren Sonderinteressen und wenig um das Allgemeine bekümmert." Die Sparsamkeit der Juden streife an Geiz; sie seien Bewunderer des Altertums und haben kein Auge für den gegenwärtigen Lauf der Dinge. Viele von ihnen seien ungebildet, ohne Sinn für Lehren oder Kenntnis der Sprachen. Die Beobachtung ihrer Religionsgesetze gehe bis zur Peinlichkeit. Sie haben aber auch bemerkenswerte Eigenschaften, Festigkeit und Beständigkeit in ihrer Religion, wunderbare Standhaftigkeit, wenn auch nicht Gefahren entgegen zu gehen, so doch das herbste Elend zu ertragen und auszuharren. Sie besitzen Kenntnis der heiligen Schrift und ihrer Erläuterungen, Mildtätigkeit und Gastlichkeit gegen Stammesgenossen — der persische Jude leidet gewissermaßen bei den Unbilden der italienischen mit, — strenge Enthaltsamkeit von fleischlichen Vergehen, außerordentliche Sorgsamkeit, die Familie unbefleckt zu erhalten, Geschicklichkeit, schwierige Angelegenheiten zu behandeln. Unterwürfig und gefügig sind sie gegen jedermann, nur nicht gegen Religionsgenossen. Sein Urteil über das talmudisch-rabbinische Judentum deutet er nur flüchtig an. Dagegen bezeichnet er die Geheimlehre, als fremdem Ursprung entstammt, dürfte sie eher K a b a l e als K a b b a l a genannt werden.

Diese vier mit dem bestehenden Judentume mehr oder weniger unzufriedenen Denker, die mit Geist und Kenntnissen ausgerüstet und redegewandt waren, haben jedoch wenig Einfluß auf ihre jüdischen Zeitgenossen ausgeübt und die dichte Kruste an demselben auch nicht an einem Punkte zum Aufspringen gebracht. Aber von zwei anderen Seiten, von zwei ganz entgegengesetzten Persönlichkeiten wurden so wuchtige Schläge gegen das talmudisch-rabbinische Judentum geführt, daß sie es völlig zu zertrümmern drohten. Die in einem Juden gewissermaßen verkörperte Vernunft und die in einem anderen eingefleischte Unvernunft reichten einander die Hände, um das bestehende Judentum zu untergraben und sozusagen den Gott Israels zu entthronen.

Neuntes Kapitel.

Spinoza und Sabbataï Zewi.

(1666 bis 1678.)

Während Manasse Ben Israel mit Eifer daran arbeitete, den Giebel für den Bau des Judentums aufzurichten, d. h. den messianischen Abschluß herbeizuführen, legte einer seiner Jünger Gedankenhebel an, um diesen Bau bis auf seine Grundfeste zu zerstören, ihn in nichtsnutziges Gerölle und Staub aufzulösen. Er machte Ernst mit dem, was für Leon Modena nur Spiel war. Der jüdische Stamm hatte wieder einmal einen tiefen Denker in die Welt gesetzt, welcher den menschlichen Geist von seinen eingewurzelten Irrtümern gründlich heilen und ihm eine neue Richtung vorzeichnen sollte, um den Zusammenhang zwischen Himmel und Erde oder zwischen Geist und Körper besser zu begreifen. Wie sein Urahn, Therachs Sohn, unternahm dieser jüdische Denker, alle Götzen und Wahngebilde, vor welchen die Menschen bis dahin in Furcht, Gewohnheit und Gedankenträgheit ihr Knie gebeugt hatten, zu zertrümmern und einen neuen Gott zu offenbaren, der aber nicht in unerreichbarer Himmelshöhe throne, sondern in ihnen selbst weile und webe. Dieser Denker wirkte wie ein Gewitter, betäubend und niederschmetternd, aber auch reinigend und erfrischend.

Dieser große oder richtiger größte Denker seiner Zeit, welcher eine neue Erlösung brachte, war Baruch Spinoza (geb. in Spanien 1632, gest. 1677). Kein Zeichen verriet bei seiner Geburt, daß er noch über zwei Jahrhunderte später als König im Reiche des Gedankens herrschen werde. Sein Wissenstrieb stachelte ihn an, über den beschränkten Kreis der Studien hinauszugreifen, welche in Morteiras Lehrhaus betrieben wurden. Er vertiefte sich in die Schriften älterer jüdischer Denker, von denen ihn drei zugleich anzogen; Ibn-Esra mit seinem Freisinn und seiner Mystifikation, Mose Maimuni mit seinem künstlichen System, Glauben und Wissen, Judentum und Philosophie zu versöhnen, und endlich Chasdaï Crescas mit seiner Feindseligkeit gegen die hergebrachte Philosophie. Diese Wissenselemente wogten und gärten in seinem nach Klarheit ringenden Geiste und erregten quälende Zweifel in seinem Innern. Schon als fünfzehnjähriger Jüngling soll Spinoza seinen Zweifel in Form von einschneidenden Fragen an seinen Lehrer Morteira ausgesprochen haben. Zu diesen aus der jüdischen Denkerwelt ihm zugeführten auflösenden Elementen kamen von außen neue hinzu. Er suchte den Unterricht eines bedeutenden Philologen seiner Zeit, des Arztes Franz van den Enden, auf, welcher für vornehme Jünglinge Amsterdams und Auswärtige Vorlesungen hielt. Hier lernte er in Berührung mit gebildeten christlichen Jünglingen eine andere Anschauungsweise kennen, als in dem jüdischen Kreise, und van den Enden befruchtete seinen Geist formell. Naturwissenschaften, Mathematik und Physik, die er mit Liebe betrieb, und die neu aufgetauchte Philosophie des René Descartes (Cartesius), für die sein Geist eine ganz besondere Wahlverwandtschaft hatte, erweiterten seinen Gesichtskreis und klärten seine Urteilskraft. Je mehr ihm aus verschiedenen Kanälen neue Gedanken zuströmten, und je mehr sich sein logisch geschärfter Verstand entwickelte, desto mehr wurde er dem Judentum in dem entstellenden rabbinischen und kabbalistischen Aufzuge entfremdet.

Die selbständig urteilende Vernunft, welche von allem Überlieferten und durch die Zeit Geheiligten absieht und ihrem eigenen Gesetze folgt, das war seine Geliebte, der er einen reinen, ungeteilten Kultus widmete. Alles, was sich nicht vor dem unerbittlichen Tribunal der klaren menschlichen Einsicht rechtfertigen läßt, galt ihm als getrübte Einsicht, wo nicht gar als Wahnwitz. Sein Drang nach Wahrheit, nach der reinen Wahrheit und Gewißheit, führte ihm zum völligen Bruche mit der von ihm von Jugend auf liebgewonnenen Religion; er verwarf nicht bloß das talmudische Judentum, sondern betrachtete auch die Bibel als Menschenwerk. Spinoza war eine ebenso bedeutend sittliche Natur, wie tiefer Denker. Etwas für unwahr in der Theorie halten, und es doch aus Furcht, Gewohnheit oder Vorteil äußerlich mitmachen, war für ihn ganz unmöglich. Er war ganz anders geartet, als der von ihm bewunderte Meister Descartes, welcher sich mit der von ihm entzündeten Fackel der Wahrheit von der Kirche fernhielt, um sie nicht in Brand zu stecken, und beispielsweise für das Gelingen seines auf Umsturz des Christenglaubens auslaufenden Systems eine Wallfahrt zur Madonna von Loretto gelobte. Nach Spinozas Kopf sollte jede Handlung ein treues Abbild der Vernunft sein. Sobald er im Judentum nicht mehr die Wahrheit finden konnte, brachte er es nicht mehr über sich, dessen rituelle Vorschriften zu befolgen. Er stellte den Besuch der Synagoge ein, kümmerte sich nicht mehr um Sabbat und Festeszeiten und verletzte die Speisegesetze. Seine Überzeugung brachte er auch den Jünglingen bei, welche seine Belehrung suchten.

Die Vertreter der Amsterdamer Gemeinde waren bei der Wahrnehmung von Spinozas Entfremdung vom Judentum um so mehr betroffen, als sie sich in dem hochbegabten Jüngling gewissermaßen gespiegelt hatten. Nun war zu befürchten, daß er sie verlassen, zum Christentum übertreten und seine Geistesgaben zur Bekämpfung seiner Mutterreligion anwenden würde. Durften die Vertreter, das Rabbinatskollegium und die Vorsteher, einer planmäßigen Zerstörung des Judentums in der eigenen Mitte mit gleichgültigem Blicke zusehen?

Es kamen noch immer Flüchtlinge aus Portugal und Spanien, welche ihre geachtete Stellung aufgaben, ihr Vermögen und ihr Leben aufs Spiel setzten, um sich zum Judentum frei zu bekennen. Andere ließen sich aus unbeugsamer Anhänglichkeit an das Bekenntnis ihrer Väter in die finsteren Kerker der Inquisition werfen oder bestiegen freudigen Mutes den Scheiterhaufen. „In Spanien und Portugal waren Mönchs- und Nonnenklöster voll von Juden. Viele Kanoniker, Inquisitionsrichter stammen von Juden. Nicht wenige bargen das Judentum im Herzen und heuchelten wegen weltlicher Güter den Christenglauben. Von diesen empfanden einige Gewissensbisse und entflohen, wenn sie konnten. In Amsterdam und in mehreren anderen Gegenden gab es Mönche, Augustiner, Franziskaner, Jesuiten, Dominikaner, welche den katholischen Glauben abstreiften. Es gab in Spanien Bischöfe und feierlich ernste Mönche, deren Eltern, Brüder und Schwestern in Amsterdam und in anderen Städten wohnen, und das Judentum bekennen." Gerade in den Jahren, in welchen sich Spinoza von dem Judentume abwendete, stieg der Qualm der Scheiterhaufen für jüdische Märtyrer in mehreren Städten Spaniens und Portugals lichterloh auf. In Lissabon wurde ein angesehener Marrane, Manuel Fernando da Villa-Real, Staatsmann, politischer Schriftsteller und Dichter, welcher in Paris die Konsulatsgeschäfte des portugiesischen Hofes leitete, als er einst wieder geschäftshalber nach Lissabon gekommen war, von der Inquisition eingezogen, geknebelt und zum Tode geführt (1. Dez. 1652). In Cuenca wurden eines Tages (29. Juni 1654) an siebenundfünfzig judaisierende Christen zum Auto da Fé geschleppt; zehn wurden verbrannt. Unter ihnen befand sich ein angesehener Mann, der Hofsattler Balthasar Lopez aus Valladolid, der ein Vermögen von 100 000 Dukaten besessen hatte. Auf dem Wege zum Schaffot machte sich Balthasar Lopez noch über die Inquisition und das Christentum lustig. Das Märtyrertum von zwei Marranen Namens Bernal, kurz hintereinander auf dem Scheiterhaufen verbrannt, regte die Gemüter der Amsterdamer Gemeinde aufs tiefste auf. Wer nur Verse machen konnte, in spanischer, portugiesischer oder lateinischer Sprache, besang oder betrauerte das Märtyrertum der beiden Bernal. Und alle diese Märtyrer und die tausend noch immer gehetzten jüdischen Schlachtopfer der Inquisition sollten, nach Spinozas Ansicht, einem Wahne nachgejagt haben? Durften die Vertreter der Judenheit in ihrer nächsten Nähe seine Ansicht ungerügt durchgehen lassen, daß das Judentum ein tausendjähriger Irrtum sei?

Das Rabbinatskollegium hatte sich vorher Gewißheit über Spinozas Sinneswandlung verschafft und Zeugnisse gesammelt. Er wurde darauf vorgeladen, verhört und ermahnt, zu seinem alten

Wandel zurückzukehren. Mit Strenge verfuhr das Rabbinat anfangs nicht gegen ihn. Vermöge der Festigkeit seines Charakters hat Spinoza wohl keinerlei Zugeständnisse gemacht und auf der Freiheit der Forschung, des Denkens und Verhaltens bestanden. Diese Festigkeit wurde auf der anderen Seite als Halsstarrigkeit und Trotz ausgelegt. Aber Rabbinat und Vorstand wollten dennoch die Strenge des rabbinischen Gesetzes nicht gegen ihn anwenden, um ihn nicht in die Arme der Kirche zu treiben. Welchen Schaden konnte der Übertritt eines so bedeutenden Jünglings zum Christentum in der noch ziemlich jungen, aus Neuchristen bevölkerten Gemeinde nach sich ziehen? Welchen Eindruck auf die Marranen in Spanien und Portugal machen? Die Rabbiner ließen daher so unter der Hand Spinoza durch seine Freunde eine jährliche Pension von 1000 Gulden unter der Bedingung anbieten, daß er keinen feindlichen Schritt gegen das Judentum tun und sich von Zeit zu Zeit in der Synagoge blicken lassen würde. Allein Spinoza war so gefestigten Charakters, daß ihn Geld nicht zum Aufgeben seiner Überzeugungen oder gar zur Heuchelei verlocken konnte. Er beharrte auf der Freiheit der Forschung und Prüfung und fuhr auch fort, seine das Judentum untergrabenden Lehren jüdischen Jünglingen mitzuteilen. So verschärfte sich die Spannung zwischen den Vertretern des Judentums und ihm täglich mehr. Ein Fanatiker in Amsterdam glaubte dieser Spannung durch einen Messerstich gegen den gefährlichen feindlichen Denker ein Ende machen zu können. Er lauerte Spinoza beim Austritt aus dem Theater auf und fuhr mit dem Mordwerkzeug gegen ihn. Infolgedessen verließ Spinoza Amsterdam und begab sich zu einem Freunde, der, ebenfalls der herrschenden calvinistischen Kirche abtrünnig, verfolgt wurde, zu einem Anhänger der Sekte der Rhunsburger oder Kollektanten, welcher in einem Dorfe zwischen Amsterdam und Oudekerk wohnte. An eine Aussöhnung Spinozas mit der Synagoge war nach diesem Vorfall nicht mehr zu denken. Daher sprachen Rabbiner und Vorstand über ihn den schwersten Bann (Cherem) aus und verkündeten ihn in portugiesischer Sprache an einem Donnerstag (6. Ab.—27. Juli 1656) in der Synagoge von der Kanzel herab in feierlicher Weise bei der geöffneten heiligen Lade. Der Inhalt des Bannes war: „Seit lange hat der Vorstand Nachricht von den schlechten Meinungen und Handlungen des Baruch de Espinosa gehabt, und diese nehmen noch von Tag zu Tag zu trotz der Bemühung, ihn davon abzuziehen. Namentlich lehrte und verkündete er entsetzliche Ketzerei, wofür glaubwürdige Zeugen vorhanden sind, welche ihre Aussagen in Gegenwart des Angeklagten abgelegt haben." Dieses alles sei in Gegenwart des Chachams geprüft worden, und so habe der Vorstand beschlossen, ihn in den Bann zu tun und von der Gemeinschaft zu trennen.

Darauf wurden in Gegenwart der Thorarolle die üblichen Bannflüche über ihn ausgesprochen, und zuletzt warnte der Vorstand, mit ihm mündlich oder schriftlich zu verkehren, ihm eine Gunst zuzuwenden, mit ihm unter einem Dache oder innerhalb vier Ellen zu weilen oder das von ihm Geschriebene zu lesen. Der Bann gegen Spinoza wurde gegen die sonstige Art verschärft, um Jünglinge von seinen Ketzereien fernzuhalten.

Die Nachricht von dem Banne soll er gleichgültig hingenommen und dabei bemerkt haben, man zwänge ihn zu etwas, was er auch sonst getan haben würde. Indessen so ganz ohne Folgen lief die Sache für ihn nicht ab. Der Vorstand der portugiesischen Gemeinde ging gegen ihn bei der städtischen Behörde vor, um dessen dauernde Verbannung aus Amsterdam zu erwirken. Der Magistrat legte die Frage, die doch eigentlich eine theologische war, den Geistlichen vor, und diese sollen dessen Entfernung aus Amsterdam auf einige Monate beantragt haben. Höchstwahrscheinlich hat ihn dieses Verfahren des Vorstandes veranlaßt, eine Rechtfertigungsschrift auszuarbeiten, um der weltlichen Behörde darzutun, daß er kein Übertreter der Staatsgesetze sei, sondern daß er nur sein unverkümmertes Recht ausgeübt habe, über die Religion seiner Väter oder über die Religion überhaupt nachzudenken und eine andere Ansicht darüber aufzustellen. Die Gedankenreihe, welche in Spinoza bei Ausarbeitung dieser Selbstverteidigung aufstieg, gab ihm Veranlassung, die Denk- und Forschungsfreiheit überhaupt zu behandeln und damit den Grund zu der ersten seiner gedankenreichen Schriften zu legen, welche ihm Unsterblichkeit verschafft haben. In der Zurückgezogenheit (1656—64) beschäftigte sich Spinoza mit Schleifen optischer Gläser zur Sicherung seiner mäßigen Subsistenz, mit der kartesianischen Philosophie und mit der Ausarbeitung der Schrift: „Der theologisch-politische Traktat." Es war ihm zunächst darum zu tun, die Überzeugung zu verbreiten, daß die Denkfreiheit unbeschadet der Religion und des staatlichen Friedens gestattet werden könne und müsse; denn wenn sie verboten würde, könnten die Religion und der Frieden im Staate nicht bestehen.

Die Verteidigung der Denkfreiheit hatte sich Spinoza durch Querbalken seines großartig angelegten Gedankenbaues eher erschwert als erleichtert. Er machte gewissermaßen „die Menschen, wie die Fische des Meeres, wie Gewürm, das keinen Herrscher hat". Die großen Fische haben das Recht, nicht bloß das Wasser zu schlürfen, sondern auch die kleineren Fische zu verschlingen, weil sie die Macht dazu haben; auch die Rechtssphäre des einzelnen Menschen erstreckt sich nur so weit, wie seine Machtsphäre. Dieses Naturrecht erkenne den Unterschied von gut und böse, von Tugend und Laster, von Hingebung und Vergewaltigung gar nicht an. Weil aber ein solcher Zustand der ausgedehntesten Rechthaberei eines jeden zu einem ewigen Kriegszustande aller gegen alle führen müßte, hätten sich die Menschen stillschweigend aus Furcht oder Hoffnung oder Einsicht dieser ihrer weiten Rechtsbefugnis begeben und sie auf ein *Kollektivwesen*, den *Staat*, übertragen. Der Staat sei eben dadurch der volle Inhaber des Rechtes aller, weil er eben die Macht aller besitze. Ihm sei jedermann aus eigenem Vorteile unbedingten Gehorsam schuldig, auch wenn ihm befohlen würde, anderen das Leben zu rauben; jede Widersetzlichkeit gegen denselben sei nicht bloß *sträflich*, sondern *vernunftwidrig*. Der Staat habe aber nicht bloß das höchste Bestimmungsrecht über Handlungen weltlicher Natur, sondern auch über geistliche und religiöse Ansichten; er könnte sonst nicht bestehen, wenn es jedem unter dem Vorwande der Religion gestattet wäre, den Staat aufzulösen. Die Staatsgewalt habe also ganz allein die Befugnis, die Religionsangelegenheiten zu fixieren und zu bestimmen, was Rechtgläubigkeit und was Ketzerei sei. Welch eine Konsequenzmacherei! Wie diese spinozistische Theorie das sittliche Recht nicht anerkennt, so auch nicht Gewissenhaftigkeit und Treue. Sobald die Regierung schwach wird und ihre Macht einbüßt, habe sie keinen Anspruch mehr auf Gehorsam; jedermann dürfe sich von ihr lossagen und sich ihr widersetzen, um sich der neu auftretenden Macht zu unterwerfen. Fast ächtet Spinozas Theorie auch die Denk- und Meinungsfreiheit. Wer gegen irgend eine Staatseinrichtung spricht, um die Regierung anzuklagen oder verhaßt zu machen, sei als ein Friedensstörer zu betrachten. Nur durch einen sophistischen Kniff konnte Spinoza die Denkfreiheit und die freie Meinungsäußerung retten. Jeder Mensch habe von Natur dieses Recht, und das sei das einzige, welches er nicht an die Staatsgewalt veräußert oder übertragen habe, weil es seinem Wesen nach unveräußerlich sei. Es müsse jedem gestattet bleiben, gegen die Anschauung der Regierung zu denken und zu urteilen, auch zu sprechen und zu lehren, wenn es nur mit Vernunft und Besonnenheit, ohne Betrug, Zorn, Haß und ohne Absicht, eine Veränderung herbeizuführen, geschehe. Mit diesem schwachen Grunde rechtfertigte Spinoza seine Bekämpfung des Judentums und seine philosophischen Angriffe gegen die auch von den holländischen Staaten anerkannten heiligen Urkunden der Bibel. Spinoza war so sehr von Unwillen, wenn nicht von Haß gegen Juden und Judentum erfüllt, daß sein sonst klares Urteil dadurch getrübt war. Er nannte die Rabbiner, wie Da Costa, nicht anders als Pharisäer und schob ihnen ehrgeizige und niedrige Gesinnung unter, während sie doch nur ihren ererbten Schatz gegen Angriffe sicherstellen wollten.

Stolz auf die seit Jahrhunderten von der Kirche unterdrückte und damals um so kräftiger emporschnellende Vernunft lud Spinoza die Theologie und besonders das uralte Judentum vor ihren Richterstuhl, prüfte dessen Dogmen und Urkunden und sprach ein Verdammungsurteil über seine Mutter aus. In seinem Kopfe hatte er einen Gedankenturm aufgerichtet, von dem aus er gewissermaßen den Himmel stürmen wollte. Spinozas Geist erkannte, wie kein Denker vor ihm, eherne, unveränderliche Gesetze im ganzen Weltall, in der Kreisbewegung der Himmelskörper, in der Regelmäßigkeit des mathematischen Denkens, wie in der scheinbaren Regellosigkeit wilder Leidenschaften. Das ganze Weltall, die einzelnen Dinge und ihre Tätigkeiten, sind (nach Spinoza) nicht bloß a u s Gott, sondern i n Gott; sie bilden die unendliche Reihe von Formen und Bildungen, in welchen sich Gott offenbare, durch die er nach seiner ewigen Natur ewig wirke: die Seele sei gewissermaßen denkender Körper und der Körper die sich im Raume ausdehnende Seele. Gott sei die innewohnende, aber nicht die von außen einwirkende Ursache aller Dinge; alles ist in Gott und wird in ihm bewegt. Gott als Schöpfer und Erzeuger aller Dinge ist die erzeugende oder die sich verwirklichende Natur. Die Dinge könnten daher nicht anders gestaltet sein, als sie es eben sind; denn sie sind die in ewigem Fluß ins Dasein tretenden Erscheinungen Gottes in der innigen Verbindung von Denken und Ausdehnung.

Welche Stellung nimmt der Mensch in diesem geschlossenen System ein? Wie soll er handeln und wirken? Auch er ist mit aller seiner Größe und Kleinheit, mit seiner Kraft und Schwäche, mit seinem himmelanstrebenden Geiste und seinem, dem Bedürfnis der Selbsterhaltung unterliegenden Leibe nichts weiter, als eine Daseinsweise (Modus) Gottes. Mensch auf Mensch, Geschlecht auf Geschlecht entsteht und vergeht, verfließt wie ein Tropfen in einem ewigen Strome, aber seine eigentümliche Natur, die Gesetze, nach denen er sich körperlich und geistig in dieser eigenartigen Verbindung von Geist und Raumausdehnung bewegt, spiegeln göttliche Wesenheit ab. Namentlich bilde der menschliche Geist oder richtiger, die verschiedenen Denkweisen, Gefühle, Anschauungen aller Menschen zusammen die ewige Vernunft Gottes. Der Mensch ist aber so wenig wie alle anderen Dinge, wie der Stein, der vom Berge herunterrollt, frei, sondern folge den auf ihn eindringenden äußeren und inneren Einwirkungen. Der Gute wie der Böse, der sich für ein erhabenes Ziel hingebende Märtyrer, wie der fluchwürdige Bösewicht und Menschenschlächter, alle sind sie wie der Ton in der Hand Gottes; sie müssen nach ihrer inneren Natur der Eine gut, der Andere bös handeln, wie sie eben handeln. Sie wirken beide nach eherner Notwendigkeit. Niemand dürfe es Gott zum Vorwurf machen, daß er ihm eine schwache Natur oder einen umnachteten Geist gegeben, wie es widersinnig wäre, wenn der Kreis sich beklagte, daß Gott ihm nicht die Natur und die Eigenschaften der Kugel gegeben hat.

Unfrei ist der Mensch am meisten durch seine Leidenschaften. Liebe, Haß, Zorn, Ruhmsucht, Geldgeiz machen ihn zum Sklaven der Außenwelt. Diese Leidenschaften entspringen aus verworrenen Gedanken der Seele. Je mehr Einsicht die Seele verlangt, in dem Zusammenhange des Weltalls die Reihenfolge der Ursachen und Wirkungen und die Notwendigkeit der Erscheinungen zu begreifen, desto mehr kann sie sich von den schmerzhaften Leidenschaften befreien, desto mehr kann sie den Schmerz in Wohlbehagen verwandeln. Durch höhere Einsicht vermöge der Mensch, wenn er sich von der Vernunft leiten läßt, sich Seelenstärke anzueignen, noch mehr Liebe zu Gott, d. h. zum ewigen Zusammenhange, zu empfinden. Dieses gewähre einerseits Edelsinn, die Menschen zu unterstützen und sie durch Milde und Wohlwollen zu gewinnen, und verschaffe anderseits Befriedigung, Freude und Seligkeit. Der mit höchster Erkenntnis Begabte lebe in Gott und Gott in ihm. Erkenntnis ist Tugend, wie Unwissenheit gewissermaßen Laster ist. Die höchste Tugend ist nach dem spinozistischen System Selbstentäußerung durch Erkenntnis, mit dem zermalmenden Räderwerk der Kräfte so wenig als möglich in Berührung zu kommen, ihnen auszuweichen, wenn sie nahe kommen, oder sich ihnen zu unterwerfen, wenn ihre wilde Jagd den einzelnen niederwirft. Der Mensch hat also gar kein Ziel, ebensowenig wie die ewige Substanz. Spinozas Sittenlehre (Ethik im engeren Sinne) ist ebenso unfruchtbar, wie seine Staatslehre. Hier wie dort erkennt er nur Unterwürfigkeit als vernünftig an. Für ihn gab es keinen Fortschritt in der Flucht der Zeiten, sondern nur ein ewiges, langweiliges Wiederholen derselben Erscheinung von Denken und Ausdehnung, einen ewigen Stillstand der Menschheit.

Bei dieser Auffassung von Gott und von dem gebundenen sittlichen Tun des Menschen darf es nicht befremden, daß das Judentum keine Gnade vor Spinozas Augen fand. Stellt dieses doch gerade entgegengesetzte Prinzipien auf. Spinoza fehlte überhaupt der Blick für geschichtliche Vorgänge, welche wunderbarer noch als die natürlichen sind, und er konnte daher dem Judentum keine besondere Bedeutung beimessen. Er verkannte es noch mehr durch die Erbitterung, welche er gegen das Amsterdamer Rabbinatskollegium empfand, das — verzeihlich genug — ihn aus der Gemeinschaft ausgeschlossen hatte, eine Erbitterung, die er auf die Gesamtjudenheit und das Judentum übertrug.

Dem Christentum räumte Spinoza einen großen Vorzug vor dem Judentum ein, weil er dieses mit dem Auge des Unwillens betrachtete und daher überall Gebrechen und Ungereimtheiten erblickte, jenes aber mit wohlwollendem Blicke ansah und die Schwächen übersah. Spinoza hat daher bei dem redlichen Trieb nach Wahrheit über die Gestaltung des Judentums neben manchem Richtigen auch vieles Falsche und Verkehrte ausgesprochen. Um das Judentum herabzudrücken, erklärte Spinoza, daß die Bücher der heiligen Schrift vielfache Schreibfehler, Einschiebsel, Entstellungen enthalten und nicht den Verfassern angehören, denen sie zugeschrieben werden, nicht einmal die Thora, die Grundquelle des Judentums. Esra habe sie vielleicht erst nach dem babylonischen Exil zusammengetragen und geordnet. Die echte Schrift von Mose sei nicht mehr vorhanden, nicht einmal die zehn Gebote in ihrer ursprünglichen Gestalt. Mose, die Propheten und alle die höheren Personen der Bibel hätten überhaupt nur eine verworrene Anschauung von Gott und der Natur gehabt, sie seien nicht Philosophen gewesen, sie hätten sich nicht des natürlichen Lichts der Vernunft bedient. Jesus dagegen habe höher gestanden, er habe eine helle Vernunft besessen, er habe nicht eine Nation, sondern die ganze Menschheit durch Vernunftsgründe belehrt. Auch die Apostel seien höher zu stellen als die Propheten, da sie einen natürlichen Lehrgang eingeführt hätten. Nur die Bitterkeit Spinozas konnte ihn so verblendet haben, das geistige Eigentum der Judenheit zu verkleinern und das Christentum so hoch zu stellen.

Spinoza hätte den Bestand des Judentums äußerst gefährden können, denn er lieferte dessen Gegnern die Waffen der Vernunftschlüsse, es wirksamer zu bekämpfen. Gestand er ja auch jedem Staate und jeder Behörde das Recht zu, es zu verbieten und dessen Bekennern Religionszwang aufzuerlegen, dem diese sich aus Gehorsam fügen müßten. Die Scheiterhaufen der Inquisition gegen die Marranen waren nach seiner Denkweise doppelt gerechtfertigt, weil Bürger kein Recht haben, sich der anerkannten Staatsreligion zu widersetzen, und weil es eine Torheit sei, das Judentum zu bekennen und sich dafür noch zu opfern. Allein Spinoza hatte eine Charaktereigenschaft, welche dem Judentume zustatten kam. Er liebte zu sehr Frieden und Ruhe, als daß er mit seinem auflösenden Gedankengang hätte Schule machen wollen. „Friedfertig und ruhig zu sein", das war für ihn das Ideal des Lebens. Als der gebildetste deutsche Fürst seiner Zeit, Pfalzgraf Karl Ludwig, welcher auch für die Juden ein gewisses Wohlwollen hegte, ihm, dem „protestantischen Juden" (wie er denn noch immer genannt wurde) einen Lehrstuhl für Philosophie an der Universität von Heidelberg unter sehr günstigen Bedingungen antrug, lehnte Spinoza dieses Anerbieten entschieden ab. Er verleugnete halb und halb sein eigenes Kind, den „theologisch-politischen Traktat", um nicht in Gemütsunruhe versetzt zu werden.

Wie vorauszusehen war, machte das Erscheinen dieses Buches

ungemeines Aufsehen. So scharf, so entschieden und einschneidend war bis dahin noch nicht über das Verhältnis der Religion zur Philosophie und zur Staatsgewalt geschrieben und namentlich nicht so der Stab über den geistlichen Stand gebrochen worden. Die Geistlichen aller Bekenntnisse waren gegen dieses „gottlose“ Buch, welches den Offenbarungsglauben herabsetzte, außerordentlich aufgeregt. Spinozas einflußreichsten Freunde vermochten es nicht zu schützen; es wurde durch ein Dekret der Generalstaaten verdammt und zum Verkauf verboten — allerdings um nur noch eifriger gelesen zu werden. Spinoza scheute sich aber seit der Zeit noch mehr, seine anderweitigen Schriften, namentlich sein eigenes philosophisches System zu veröffentlichen.

In dieser selbstischen Selbstlosigkeit seines Charakters lag zum Teil auch der Grund, daß seine gegen das Judentum am kräftigsten geführten Schläge keine große Bewegung in der jüdischen Welt hervorgerufen haben. Es gab doch gerade zur Zeit, als Spinoza dem Judentume den Fehdehandschuh hinwarf, in dem jüdisch-portugiesischen Kreise eine Fülle von Bildung und Kenntnissen, wie weder vorher noch nachher. Es herrschte in der Amsterdamer Gemeinde und ihren Kolonien eine außerordentliche geistige Rührigkeit und Fruchtbarkeit. Ihre Träger waren meistens gebildete Marranen, welche den spanischen und portugiesischen Inquisitionstribunalen entflohen waren, um im freien Holland ihrem Bekenntnisse leben zu können. Es waren Denker, Ärzte, Mathematiker, Sprachforscher, Dichter und auch Dichterinnen. Manche unter diesen nach Amsterdam entkommenen Marranen hatten eigentümliche Wandlungen durchgemacht. Ein Mönch aus Valencia, Fray Vicente de Rocamora (geb. 1601, gest. 1684) war bis zum Beichtvater der Infantin Maria aufgestiegen, welche später Kaiserin von Deutschland und Verfolgerin der Juden wurde. Eines Tages entflieht der Beichtvater aus Spanien, gelangt nach Amsterdam und entpuppt sich als Isaak de Rocamora, studiert als Vierziger Medizin, wird glücklicher Familienvater und Vorsteher jüdischer Wohltätigkeitsanstalten. Dieser ehemalige Mönch und später Gemeindevorsteher machte gelungene spanische und lateinische Verse.

Eine andere Laufbahn machte Enrique Enriquez de Paz aus Segovia (geb. um 1600, gest. nach 1660), der jüdische Calderon. Jung in den Kriegerstand eingetreten, hat er sich so tapfer bewährt, daß er sich den San Miguelorden erwarb und Kapitän wurde. Er führte neben dem Schwerte auch die Feder, mit der er komische Figuren und Lagen zeichnete. Enriquez de Paz, oder wie er als Dichter genannt wurde, Antonio Enriquez de Gomez gestaltete mehr als zweiundzwanzig Komödien, von denen einige auf der Madrider

Bühne aufgeführt, für Calderonsche gehalten und mit Beifall aufgenommen wurden. Aber weder Mars noch die Musen vermochten ihn vor der Inquisition zu schützen; er konnte sich nur durch schnelle Flucht ihren Griffen entziehen. Eine Zeitlang lebte er in Frankreich. Seine fruchtbare Muse besang Ludwig XIV., die Königin von Frankreich, den mächtigen Staatsmann Richelieu und andere hochgestellte Personen des Hofkreises. Er beweinte in Elegien sein Mißgeschick und den Verlust seines Vaterlandes, das er, wie stiefmütterlich auch gegen ihn, wie ein Sohn liebte. Obwohl mit Glücksgütern gesegnet, fühlte sich Enriquez de Paz, fern von den blauen Bergen und der milden Luft Spaniens, unglücklich. In Frankreich lebte er als verkappter Christ, bekundete aber seine Teilnahme am Judentum, indem er den Märtyrertod des Lope de Vera y Alarcon in elegischen Versen betrauerte. Zuletzt ließ auch er sich im Asyl der Marranen nieder; während dessen wurde sein Bild in Sevilla auf dem Scheiterhaufen verbrannt. Unter den zahlreichen weltlichen Dichtungen hat Enriquez Gomez auch eine von jüdisch-nationalem Interesse hinterlassen, ein Heldengedicht, welches den Riesen-Richter Simson (Sanson Nazareno) besingt. Die Lorbeeren, welche der von ihm bewunderte stammgenössische, ältere spanische Dichter Miguel Sylveyra mit seinem Epos (Der Makkabäer) gepflückt hatte, ließen ihn nicht ruhen, bis er ein Seitenstück hervorgebracht hatte. Dem geblendeten Helden, der sich noch mit dem Tode an den Philistern rächen wollte, lieh Gomez Verse, welche seine eigene Brust bewegten:

„Ich sterb' für deine Schrift, für deine Religion,
Für deine Lehre, dein geheiligtes Gebot,
Für die durch deine Wahl erkorne Nation,
Für deine hehre Satzung geh' ich in den Tod.

Eine andere Seite bieten zwei ausgewanderte Marranen dieser Zeit, Vater und Sohn, die beiden Pensos, der eine reich an Glücksgütern und Wohltätigkeit, und der andere an poetischer Begabung. Beide entflohen vor der Wut der Inquisition und ließen sich nach vielem Wechsel des Aufenthaltes zuletzt als Juden in Amsterdam nieder. Der Sohn (Felice) Joseph Penso, auch de la Vega genannt (geb. um 1650, gest. 1703), widmete als reicher Kaufmann seine Muße der Dichtkunst. Er erweckte bereits mit seiner jungen Stimme als siebzehnjähriger Jüngling das so lange schlummernde Echo der neuhebräischen Poesie und ließ sie den höchsten Ton anschlagen. Kühn unternahm Joseph Penso, ein hebräisches Drama zu schaffen. Seit Imanuel Romi seine witzigen Novelletten gedichtet hatte, war die neuhebräische Poesie mit Unfruchtbarkeit geschlagen, woran die zunehmende Ungunst der Zeiten nicht allein Schuld hatte. Selbst die vollwichtigen Dichter Gebirol und Jehuda

Halevi hatten nur die lyrische und didaktische Poesie gepflegt und an das Drama nicht einmal gedacht. Joseph Penso, angehaucht von der poetischen Luft seines Geburtslandes Spanien, welche von Lope de Vegas und Calderons wohlklingenden Versen widerhallte, übertrug die spanische Kunstform auf die neuhebräische Poesie. Er hat glücklich die verschiedenen Vers- und Strophengattungen der europäischen Dichtkunst in der Sprache Davids und Jesaias nachgeahmt. Er nannte sein Drama „Die Gefangenen der Hoffnung." Spanische Verse hat Joseph Penso de la Vega sehr viele gedichtet, Gelegenheitspoesie, moralisch-philosophische Betrachtungen, Lobgedichte auf Fürsten. Beliebt waren seine Novellen „Die gefährlichen Fahrten."

Marranische Dichter mittleren Schlages gab es so viel in dieser Zeit in Amsterdam, daß einer derselben, der zum Pfalzgrafen ernannte Resident Spaniens in den Niederlanden, Manuel de Belmonte (Isaak Nuñes) eine poetische Akademie gründete. Dichterische Arbeiten sollten eingeliefert werden. Zu Preisrichtern ernannte er den ehemaligen Beichtvater de Rocamora und einen anderen Marranen, welcher lateinische Verse leicht zustande brachte, Isaak Gomez de Sosa. Portugiesische und lateinische Verse machte Nicolas de Oliver y Fullana, Oberst in spanischem Dienste, zum Ritter geschlagen, dann aus Spanien entflohen und in holländischem Dienste genauer Kartenzeichner und Kosmograph; Joseph Szemach Arias, ebenfalls Militär von hoher Charge, der jene Schrift des Geschichtsschreibers Josephus (gegen Apion) ins Spanische übersetzte, welche die alten Vorurteile und Lügen gegen die Juden widerlegte. Von den jüdisch-marranischen Dichterinnen sei nur genannt die schöne und geistvolle Isabel Correa (Rebekka), die einen Blütenkranz verschiedener Poesien flocht und das italienische Lieblingsdrama „Der treue Hirte" (von Guarini) in schöne spanische Verse brachte.

Von einem ganz anderen Schlage war der Marrane Thomas de Pinedo (geb. 1614, gest. 1679) aus Portugal, in einem Jesuitenkollegium von Madrid erzogen. Er war heimischer im klassischen Altertum als im jüdischen und legte sich auf ein zu seiner Zeit in Spanien wenig angebautes Fach, auf die alte Geographie. Auch ihn verscheuchte die Inquisition aus Spanien, und er pries sich glücklich, mit heiler Haut davon gekommen zu sein. Der Philologe de Pinedo weilte in seinen letzten Jahren als Bekenner des Judentums in Amsterdam, wo er sein umfangreiches Werk druckte.

Zu diesem gebildeten Kreise von Spinozas Zeitgenossen gehören noch zwei Männer, welche abwechselnd in Hamburg und Amsterdam weilten. David Coen de Lara (geb. um 1610, gest. 1674) und Dionys Musaphia, beide Philologen, aber nicht viel mehr. Mit ihrer Kenntnis des Lateinischen und Griechischen haben sie den talmudischen Wortschatz erläutert und früher eingeschlichene Irrtümer berichtigt. David de Lara war auch Prediger und Moralschriftsteller. Er verkehrte zu viel mit dem auf Judenbekehrung versessenen Hamburger Prediger Esdras Edzardus. Dieser verbreitete daher das gewiß falsche Gerücht, de Lara sei vor seinem Ende halb und halb Christ geworden. — Dionys (Benjamin) Musaphia (geb. um 1616, gest. in Amsterdam 1675), war Arzt und Naturforscher, stand eine Zeitlang im Dienste des dänischen Königs Christian IV. bis zu dessen Tode, war philosophisch gebildet und erlaubte sich an diesem und jenem in Talmud und Bibel zu zweifeln. Nichtsdestoweniger fungierte er im Alter als Rabbiner in Amsterdam.

Viel bedeutender als dieser ganze Kreis war Balthasar Orobio de Castro (geb. um 1620, gest. 1687). Auch er stammte von marranischen Eltern, welche heimlich vom Judentum noch den Versöhnungstag beobachteten, d. h. sich an diesem Tage von Speise und Trank enthielten. In diesem Halbjudentume wurde Orobio erzogen. Mit einem hellen Geiste begabt, studierte er die verkommene und veraltete Philosophie, wie sie nur noch auf spanischen Hochschulen gelehrt wurde, und brachte es bis zum Lehrer der Metaphysik an der Universität zu Salamanca. In reiferem Alter verlegte er sich auf die Arzneikunde. Darin hatte Orobio mehr Glück; er erlangte Ruf in Sevilla, wurde Leibarzt eines Herzogs von Medina-Celi und auch einer dem Hofe nahe stehenden Familie und erwarb Reichtümer. Er war bereits glücklicher Gatte und Familienvater, als die Inquisition ihr Auge auf ihn warf. Orobio wurde verhaftet, des Judaisierens angeklagt und in einen engen, düsteren Kerker geworfen, der ihm nicht einmal Raum zur Bewegung ließ. Darin mußte er drei Jahre körperlich und geistig verkümmern.

Anfangs füllte er seine Zeit mit Grübeleien aus. Nach und nach trübte sich sein Geist so sehr, daß er sich öfter selbst fragte: „Bin ich wirklich Don Balthasar Orobio, welcher sich in den Straßen Sevillas bewegte, im Wohlstand lebte und eine Familie hatte?" Sein früheres Leben kam ihm wie ein Traum vor. Aber das Inquisitionstribunal brachte doch einmal Abwechslung in sein wüstes Traumleben. Es ließ ihn foltern, um ihm das Geständnis, daß er heimlich dem Judentume anhinge, abzuzwingen und bedrohte ihn, falls er im Leugnen verharre, noch gräßlicheren Schmerzen unterworfen zu werden. Er überlebte indes die Folterqualen, wurde in den Kerker zurückgebracht, um seine Wunden vernarben zu lassen, dann verurteilt, zwei Jahre das Schandkleid (Sam-Benito) zu tragen und endlich aus Spanien verwiesen. Er begab sich nach Toulouse, wo er Professor der Medizin an der Universität wurde. Obwohl in seiner neuen Stellung geachtet, konnte Orobio doch nicht lange die Heuchelei ertragen, gab sie auf, ging nach Amsterdam und bekannte sich offen zum Judentum (um 1666). Kein Wunder, wenn er ein erbitterter Gegner des Christentums wurde. Er versetzte ihm daher so nachhaltige Schläge, daß sich ein angesehener holländischer Theologe (van Limborch) gedrungen fühlte, es gegen Orobios Angriffe in Schutz zu nehmen.

Alle diese vielseitig gebildeten Jünglinge und Männer kannten Spinozas feindselige Haltung gegen das Judentum und lasen ohne Zweifel seinen theologisch-politischen Traktat. Isaak Orobio de Castro stand mit Spinoza im Verkehr. Und dennoch haben seine erschütternden Streiche gegen das Judentum ihre Überzeugung nicht wankend gemacht. Orobio de Castro hielt es anfangs nicht der Mühe wert, Spinozas Angriffe gegen das Judentum zu widerlegen. Später fand er, daß sie doch nicht so unschädlich wären, indem Halbwisser sich davon verleiten ließen, in Atheismus und in ein darauf gebautes sittenloses Leben zu verfallen. Er verfaßte daher eine Widerlegungsschrift dagegen.

Ohne es zu ahnen, hatte Spinoza an einem Gegenfüßler im Morgenlande einen Verbündeten, der nachhaltiger an der Auflösung des Judentums arbeitete, und der fast die Gesamtjudenheit in einen rasenden Taumel versetzte. Dieser Gegenfüßler und Bundesgenosse hatte viel, viel mehr Bewunderer als der Denker von Amsterdam, war eine Zeitlang der Abgott der ganzen Judenheit und hat noch bis auf den heutigen Tag heimliche Anhänger, die eine eigene Sekte bilden. Es war Sabataï Zewi, (geb. am 9. Ab 1626, gest. 1676) aus Smyrna in Kleinasien von jüdisch-spanischer Abkunft, Urheber einer neuen messianischen Raserei. Er war keineswegs ein außergewöhnliches Wesen und verdankte die Anhänglichkeit, die ihm schon als Jüngling zu teil wurde, nicht seinem umfassenden Geiste, sondern dem kabbalistischen Wahnwitz und seiner äußeren Erscheinung. Er war großgewachsen, wohlgestaltet, hatte schönes schwarzes Bart- und Kopfhaar und ein angenehmes Organ, das durch Sprechen und mehr noch durch Gesang die Herzen gewinnen konnte. Sein Geist aber war von der Phantasie umwölkt, er hatte einen schwärmerischen Zug und einen Hang zum Außergewöhnlichen. Von Jugend an mied Sabbataï Zewi Gesellschaft und Spiel von Altersgenossen, suchte einsame Plätze auf und tat überhaupt niemals das, was die Jugend reizt. Vom Talmud verstand er wenig; desto mehr zog ihn der Wirrwarr der Kabbala an. Ein Zug unterschied ihn von seinen Genossen; er hatte keinerlei Neigung für das weibliche Geschlecht. Nach Brauch wurde Sabbataï Zewi jung verheiratet, mied aber seine junge, nicht unschöne Frau so hartnäckig, daß sie auf Scheidung antrug. Dasselbe wiederholte er später an einer zweiten Frau. Diese im heißen Morgenlande seltene Abneigung gegen die Ehe, seine emsige Beschäftigung mit der Kabbala und seine strenge Lebensweise erregten Aufmerksamkeit. Jünger suchten ihn auf; als Zwanzigjähriger war er bereits Meister eines kleinen Kreises. Ein anderer Umstand kam hinzu. Mit der Thronbesteigung des Sultans Ibrahim entstand ein heftiger Krieg zwischen der Türkei und Venedig, welcher den levantinischen Handel von Konstantinopel nach Smyrna brachte. Diese bis dahin unansehnliche Stadt erhielt dadurch eine größere Bedeutung. Mardochaï Zewi, Sabbataïs Vater aus Morea in Griechenland, von Hause aus arm, wurde Agent eines englischen Hauses in Smyrna, führte dessen Aufträge aus, genoß das Vertrauen der Handelsherren und machte dabei gute Geschäfte. Seinen zunehmenden Wohlstand schrieb der verblendete Vater dem Verdienste seines die Kabbala pflegenden Sohnes zu; er galt in seinen Augen als junger Heiliger. Im Hause seines englischen Handelsherrn hörte Mardochaï Zewi oft von der Nähe des tausendjährigen Reiches sprechen. Das Jahr 1666 wurde nämlich von christlichen Schwärmern als das in der Offenbarung Johannes' bezeichnete mystisch-messianische Jahr bezeichnet, welches den Juden eine neue Herrlichkeit bringen, sie nach Jerusalem zurückkehren und dem Christentume zukehren sehen werde. Diese im englischen Handelshause vernommenen Erwartungen teilte Mardochaï Zewi den Mitgliedern seiner Familie mit, und keins derselben lauschte mit mehr Andacht darauf, als Sabbataï. Wie, wenn er selbst berufen wäre, die Erlösungszeit herbeizuführen? Und wer wäre würdiger für diesen Beruf, als ein tiefeingeweihter Kabbalist?

Der Mittelpunkt der jüngeren Kabbala Lurjas war eben die gespannteste Messiaserwartung. Diese lurjanische Mystik hatte den wirren Kopf des Jünglings von Smyrna mit solchem Schwindel und Taumel benebelt, daß er die geistige Erlösung mit Leichtigkeit herbeiführen zu können vermeinte, auf welche die leibliche sofort folgen müßte. Sabbataï Zewi war nicht der erste solcher demütig-vermessenen Phantasten, die mit mystischem Dusel die Weltordnung umkehren zu können glaubten und sie zum Teil umgekehrt haben. Das Lügenbuch Sohar hatte in einem Zusatze bezeichnet, daß im Jahre 5408 der Welt (1648) die Erlösungszeit beginnen werde. Gerade in diesem Jahre offenbarte sich Sabbataï seinem Gefolge von jüngeren Genossen als messianischen Erlöser, indem er den vierbuchstabigen Gottesnamen (im Hebräischen Jhwh), ohne Scheu auszusprechen sich vermaß, obwohl es talmudisch und durch Jahrtausende langen Brauch aufs strengste verpönt war. Das Rabbinatskollegium verhängte wegen dieser seiner frechen Übertretung den Bann über ihn. Es entstanden dadurch Reibungen in der Gemeinde. Schließlich wurden er und seine Jünger (um 1651) aus Smyrna verjagt. Die messianische Schwärmerei schien damit im ersten Aufkommen erstickt zu sein, glomm aber unter der Asche fort und brach kaum fünfzehn Jahre später zu einer hellen, verzehrenden Flamme aus. Die Verfolgung, weit entfernt Sabbataï Zewi abzuschrecken, gab ihm erst recht das Gefühl seiner Würde. Die Vorstellung von einem leidenden Messias hatte sich bereits früher vom Christentum in den jüdischen Kreis fortgepflanzt, so daß auch hier angenommen wurde, des Messias' Demütigung führe zu seiner Erhöhung und Verklärung. Sabbataï glaubte an sich, und seine Jünger, darunter Mose Pinheiro, ein bereits reiferer Mann, teilten diesen Glauben mit aller Zähigkeit. Hätte sich der angebliche Messias durch die Welt betteln müssen, so würde seine Illusion nicht lange vorgehalten haben. Allein er war von seinem Vaterhause aus mit Geldmitteln reichlich versehen, konnte seine Unabhängigkeit und seine vermeintliche Würde behaupten und noch dazu Anhänger werben. In Konstantinopel, der zahlreichsten jüdischen Gemeinde, worin es viele reine und unreine Elemente gab, konnte jedermann für seine Pläne und Abenteuer Genossen finden. Dort lernte er einen Prediger Abraham Jachini kennen, welcher ihn in seinem Wahne bestärkte. Es war ein armer Teufel und ein verschmitzter Mann. Aus Lust an Mystifikation schob dieser eine mystische Schrift, eine apokryphische Rolle in altertümlichen Zügen, in seine Hände, welche angeblich aus älterer Zeit von Sabbataïs Messiastum Zeugnis ablegt. „Ich Abraham war vierzig Jahre in einer Höhle eingeschlossen und war verwundert, daß sich die Zeit der Wunder nicht einstellte. Da tönte mir eine Stimme entgegen: „„Ein Sohn wird im Jahre 5386 der Welt (1626) geboren und wird Sabbataï genannt werden. Er wird den großen Drachen demütigen, er ist der wahre Messias und wird ohne Waffen Krieg führen."" Diese Rolle, welche der junge Schwärmer selbst für eine echte Offenbarung gehalten zu haben scheint, wurde später die Quelle vieler Betrügereien. Indessen schien Sabbataï die Stadt Salonichi ein noch geeigneterer Schauplatz für kabbalistische Schwärmereien zu sein, als Konstantinopel. Hier gewann er in der Tat Anhänger und trat bereits mit mehr Kühnheit auf. Hier führte er eines seiner Stücke auf, wodurch er auch später auf die Einbildungskraft der Kabbalisten zu wirken pflegte. Er beging seine mystische Vermählungsfeier mit der Thora. Kabbalistisch sollte es bedeuten, daß die Thora, die Himmelstochter, mit dem Messias, dem Sohne des Himmels, in einen unzertrennlichen Bund vereinigt sei, oder daß er die Fleisch gewordene

Thora sei und diese ersetzen könne. Diese Szene erregte allerdings Anstoß, und die besonnenen Rabbiner Salonichis setzten seine Verbannung auch aus dieser Stadt durch. Nach Wanderungen in Griechenland kam er nach Kairo, und hier bot sich ihm Aussicht zur Verwirklichung seiner Träume. In der ägyptischen Hauptstadt fungierte ein jüdischer Münzmeister und Zollpächter, welcher den Titel Saraf-Baschi führte, Namens Raphael Joseph Chelebi (aus Aleppo), ein Mann von großen Reichtümern und reichspendender Wohltätigkeit, aber auch von einer unsäglichen Leichtgläubigkeit und unvertilgbarem Hange zu nebelhafter Mystik und zur asketischen Lebensweise. Fünfzig Talmudkundige und Kabbalisten wurden von ihm unterhalten und speisten an seiner Tafel. Während er im Staatswagen fuhr und in Prachtgewändern auftrat, trug er an seinem Leibe ein Büßergewand, fastete und badete viel und ließ sich öfter in der Nacht geißeln. Samuel Vital, ein Sohn des kabbalistischen Lärmschlagers Chajim Calabrese, leitete seine beständigen Büßungen nach lurjanisch-kabbalistischer Vorschrift. In diesen Kreis kam Sabbataï Zewi und gewann um so eher dessen Vertrauen, als er vermöge seiner Unabhängigkeit nichts von ihm verlangte. Das apokalyptisch-messianische Jahr 1666 rückte immer näher, es galt daher für ihn, es zu bewähren.

Er begab sich daher nach Jerusalem (um 1663) wohl im Wahne, daß sich auf dem heiligen Boden ein Wunder ereignen werde, welches ihn in seiner Hoheit beglaubigen würde. Die Jerusalemer Gemeinde war damals nach jeder Seite hin arm und armselig. Durch die Quälereien und Gelderpressungen der türkischen Beamten heruntergekommen, versiegten für sie noch infolge der anhaltenden Judenschlächtereien in Polen die Zuflüsse aus Europa. Die Folge davon war, daß die besten Männer auswanderten, und die Gemeindeführung eingefleischten Kabbalisten, lauter Lurjanisten und Vitalisten, oder gar einer zuchtlosen Bande überließen.

Das Wunder, welches Sabbataï Zewi in der heiligen Stadt für sich erwartete, war bereits vorhanden, die Leichtgläubigkeit und die Wundersucht dieser Gemeinde, die geneigt war, wie die Wilden auf der untersten Stufe das Albernste und Blödsinnigste als eine göttliche Offenbarung anzunehmen. Anfangs hielt sich der Schwärmer von Smyrna ruhig und gab keinen Anstoß. Er lebte nach der lurjanischen Kabbala, legte sich die strengsten Kasteiungen auf und weilte oft auf den Gräbern frommer Männer, um deren Geister auf sich herabzuziehen. Damit und auch mit seinem einnehmenden Wesen gewann er allmählich einen Kreis von Anhängern, der einen blinden Glauben an ihn hatte. Zudem war sein Tun außergewöhnlich gewesen. Er pflegte anstößige Liebeslieder in spanischer Sprache mit mystischer Andeutung zu singen, von der schönen Kaisertochter Meliselde mit ihren Korallenlippen und ihrem Milchfleische, wie sie aus dem Bade steigt. Ein Vorfall brachte seine Exzentrizitäten der Verwirklichung näher. Über die Jerusalemer Gemeinde wurde abermals eine jener Gelderpressungen verhängt, welche öfter Folterqualen und Tod im Gefolge hatten. Die verarmten Mitglieder setzten ihre Hoffnung einzig und allein auf den Münzmeister Raphael Chelebi in Kairo. Sabbatai Zewi wurde allgemein als der geeignetste für diese Sendung an diesen Helfer in der Not angesehen. Er übernahm diesen Auftrag um so bereitwilliger, als er dadurch Gelegenheit zu erhalten hoffte, eine Rolle als Retter der heiligen Stadt zu spielen. In Kairo angekommen, erhielt er sogleich von Chelebi die für die Befreiung der Jerusalemer Gemeinde erforderliche Summe und noch dazu eine außerordentlich günstige Gelegenheit, seine messianischen Träume unerwartet bestätigen zu können.

Während des Gemetzels der Juden in Polen durch Chmielnicki wurde ein etwa sechsjähriges verwaistes jüdisches Mädchen von Christen gefunden und in einem Kloster untergebracht. Die Eltern waren tot, die Gemeinde zersprengt, und niemand kümmerte sich um das verlassene Kind, so daß die Nonnen den Findling als eine ihnen zugeführte Seele betrachteten und ihm eine christliche und klösterliche Erziehung gaben. Indessen waren die Eindrücke, welche die Waise im elterlichen Hause erhalten hatte, so lebendig, daß das Christentum keinen Eingang in ihr Inneres finden konnte. Nichtsdestoweniger wurde ihre Seele durch die klösterliche Umgebung von phantastischen Träumen genährt. Sie entfaltete sich zu einer schönen Jungfrau, und sehnte sich, den Klostermauern zu entfliehen. Eines Tages fanden sie Juden, welche sich wieder in dem Orte angesiedelt hatten, auf dem jüdischen Begräbnisplatze, nur mit einem Hemd bekleidet. Erstaunt darüber, fragten sie sie aus und erhielten zur Antwort, sie sei von jüdischer Abkunft, in einem Kloster erzogen, die Nacht vorher habe sie der Geist ihres Vaters an ihrem Leibe angefaßt und sie auf den Begräbnisplatz getragen. Sie zeigte den Frauen zur Bewahrheitung ihrer Aussagen Nägelspuren an ihrem Leibe. Sie scheint im Kloster die Kunst erlernt zu haben, sich an einem Körperteile Wundenmale beizubringen. Die Juden beförderten sie nach Amsterdam. Dort fand sie ihren Bruder wieder. Exzentrisch und noch mehr von dem mit ihr vorgegangenen Wechsel aufgeregt, wiederholte sie beständig die Worte, sie sei dem Messias, der bald erscheinen werde, zur Frau bestimmt. Unter dem Namen Sara war sie nach Livorno gekommen. Dort hat sie, wie glaubwürdige Zeugen versicherten, von ihrer Schönheit einen unkeuschen Gebrauch gemacht, und dabei blieb sie bei dem fixen Gedanken, sie sei dem Messias zugedacht und dürfe keine andere Ehe eingehen, wohl aber inzwischen frei leben. Die abenteuerliche Geschichte dieses Mädchens machte unter den Juden einiges Aufsehen und drang auch nach Kairo. Sabbataï Zewi, welcher Kunde davon erhielt, gab vor, auch ihm sei im Traume ein jüdisch-polnisches Mädchen zu seiner seelenverwandten Frau bestimmt worden, sandte einen Boten nach Livorno und ließ Sara nach Kairo kommen.

Durch ihr zugleich phantastisches, freies Wesen und ihre Schönheit machte Sara einen eigenen Eindruck auf Sabbataï und seine Genossen. Er selbst wurde dadurch von seiner Messianität überzeugt. Ihm und seinen Freunden war der unkeusche Wandel dieser polnischen Abenteurerin nicht unbekannt geblieben. Aber auch das sollte eine messianische Fügung sein, er sei angewiesen worden, wie der Prophet Hosea, ein unzüchtiges Weib heimzuführen. — Keiner war glücklicher als Chelebi, daß in seinem Hause dem Messias die Messiasfrau angetraut wurde. Er stellte fortan Sabbataï Zewi seine Reichtümer zur Verfügung und wurde sein erster einflußreicher Gläubiger. Die hingebende Anhänglichkeit eines so hochgestellten angesehenen und einflußreichen Mannes hat Sabbataï andere Anhänger zugeführt. Mit Recht sagte man damals von ihm, als Sendbote sei er nach Ägypten gekommen und als Messias heimgekehrt. Sara, die schöne Messiasfrau hat ihm ebenfalls viele Anhänger zugeführt. Durch sie kam ein romantisch-lüderlicher Zug in das phantastische Treiben des Messias von Smyrna. Ihre Schönheit und ihr freies Wesen zogen Jünglinge und Männer an, welche sonst für das mystische Messiastum keine Sympathie hatten. Mit einem größeren Gefolge, als bei seiner Abreise kehrte Sabbataï nach Palästina zurück, und brachte zwei Talismane mit, welche nachhaltiger wirkten, als kabbalistische Mittel, Saras herausforderndes Wesen und Chelebis Geld. In Gaza erhielt er einen dritten Bundesgenossen, der ihm noch mehr die Wege ebnete.

Der Sohn eines mit Bettelbriefen in Nordafrika, Holland, und Polen herumreisenden Jerusalemer Sendboten, Nathan Benjamin Levi (geb. 1644, gest. 1680), sich selbst oder der verkehrten Erziehung jener Zeit überlassen, von oberflächlicher Kenntnis des Talmuds, hatte eine Gewandtheit in jenem pompös klingenden, aber hohlen rabbinischen Stile jener Zeit erlangt, worunter sich Gedankenarmut verbergen konnte. Nathan aus Gaza wurde plötzlich aus drückender Armut durch die Heirat mit der einäugigen Tochter eines reichen Mannes in Wohlhabenheit versetzt. Infolge dieses seines Glückwechsels verlor er allen Halt, wenn er ihn überhaupt je besessen hat. Als Sabbataï Zewi auf seiner Rückreise aus Kairo nach Gaza kam, sich bereits zum Teil öffentlich als Messias bekannte und umschwärmt wurde, trat auch Nathan Ghazati in ein näheres Verhältnis zu ihm. Sabbataï muß diesem die ihm von Abraham Jachini übergebene Lügenrolle von seiner Berufung als Messias in die Hand gespielt haben. Nathan wurde dadurch sein eifrigster Anhänger. Ob aus Überzeugung oder Heuchelei, um eine Rolle zu spielen, ist in dieser Geschichte, wo naiver Glaube, Selbstbetrug und geflissentliche Täuschung so nahe aneinander grenzen, nicht mehr zu unterscheiden.

Seit der Bekanntschaft des zwanzigjährigen Nathan Ghazati mit dem vierzigjährigen Sabbataï folgten prophetische Offenbarungen aufeinander. Der erstere geberdete sich mit einem Male als der auferstandene Elias, welcher dem Messias die Bahn ebnen sollte. Er gab vor, in einem Jahre und wenigen Monaten werde der Messias sich in seiner Glorie zeigen, werde den Sultan ohne Waffen, nur durch Gesang von Liedern gefangen nehmen und die Herrschaft Israels über sämtliche Völker der Erde gründen. Das messianische Jahr sollte 1666 eintreffen. Diese Offenbarung posaunte der angebliche Prophet von Gaza durch Schriften überall aus und fügte abenteuerliche Phantastereien hinzu. Je ausschweifender und toller diese prophetischen Aufschneidereien waren, desto mehr fanden sie Glauben. Ein wahrer Taumelgeist bemächtigte sich fast sämtlicher Juden Jerusalems und der nahe liegenden Gemeinden. Hier ein Prophet, der früher ein schüchterner Jüngling war, und dort der leibhafte Messias, wer wagt noch an der Nähe der Gnadenzeit zu zweifeln? Diejenigen, welche zu diesem auftauchenden Wahn den Kopf schüttelten, wurden von den Anhängern förmlich verhöhnt. Indessen sah Sabbataï Zewi wohl ein, daß Jerusalem nicht der rechte Schauplatz für seine Pläne werden könnte, da ihm die Rabbiner Hindernisse in den Weg legen würden. In seiner Vaterstadt, einem bedeutenden Sammelplatze für Europäer und Asiaten, gedachte er größere Erfolge zu erzielen. Seine reichen Brüder hatten ihm bereits durch Austeilen von Geld unter Arme und Unbemittelte einen guten Empfang vorbereitet, und Nathans schwärmerisch prophetische Briefe hatten die Phantasie der Smyrnaer entzündet. Ehe er aber Jerusalem verließ, sorgte Sabbataï dafür, rührige Sendboten von schwärmerischem und betrügerischem Charakter in die Welt hinaus als Propheten seiner messianischen Erscheinung zu senden, die Gemüter aufzuregen und sie mit seinem Namen zu erfüllen. Sabbataï Raphael, ein Bettler und Schwindler aus Morea, nahm den Mund in marktschreierischer Weise voll von des Messias' Größe, und ein deutscher Kabbalist, Mathatia Bloch, tat dasselbe in blinder Einfalt.

So kam es denn, daß, als Sabbataï Zewi Jerusalem verlassen hatte, freiwillig (wie er angab), ausgewiesen (sagten die anderen), er bereits in der großen asiatischen Gemeinde Aleppo wie im Triumphe empfangen wurde. Noch größer war die Huldigung, die ihm in Smyrna zu teil wurde (Herbst 1665). An den früher über ihn verhängten Bann wurde gar nicht mehr gedacht. Ihn begleitete ein Jerusalemer Samuel Primo, der sein Geheimschreiber und einer der eifrigsten Werber wurde. Samuel Primo verstand nämlich die Kunst, nichtigen Dingen einen offiziellen Ernst zu verleihen und mit Stilblumen dem messianischen Schwindel die Wichtigkeit eines Weltereignisses zu geben. Er allein blieb inmitten der immer mehr anschwellenden Schwärmerei nüchtern und gab den Wahnwitzigen Richtung und Ziel. Sabbataï hatte Takt genug, in Smyrna sich nicht sogleich offen als Messias zu bekennen; er gebot vielmehr der gläubigen Menge, noch nicht davon zu sprechen, bis seine Zeit gekommen sein werde. Aber diese Zurückhaltung, verbunden mit anderen Umständen, den rasenden Briefen Nathans, der Ankunft einiger Jerusalemer, welche ihm die Huldigung der heiligen Stadt — allerdings ohne Auftrag — überbrachten, die Kasteiungen, welche sich einige auflegten, um die Sünden zu büßen und würdig für die Messiaszeit zu werden, dieses alles wirkte aufregend auf die Menge, und sie konnte den Tag seiner Offenbarung kaum erwarten. Endlich erklärte sich Sabbataï Zewi in der Synagoge unter Hörnerschall für den erwarteten Messias (September oder Oktober 1665), und die Menge jauchzte ihm entgegen: „Es lebe unser König, unser Messias." Das Sprichwort, der Prophet gelte am wenigsten in seiner Heimat, wurde diesmal Lügen gestraft. Die Raserei der Smyrnaer kannte keine Grenzen. Alle Zeichen der Verehrung und der schwärmerischen Liebe wurden ihm erwiesen. Der Taumel, daß der so langerhoffte Messias endlich und in ihrer Gemeinde erschienen sei, ergriff Groß und Klein. Frauen, Mädchen und Kinder fielen in Verzückung und verkündeten in der Sprache des Sohar Sabbataï Zewi als den wahren Erlöser. Das Prophetenwort, daß Gott am Ende der Tage seinen Geist über Unmündige ausgießen werde, schien in Erfüllung gegangen. Alle bereiteten sich zum baldigen Auszuge, zur Rückkehr nach dem heiligen Lande vor. Die Geschäftsleute vernachlässigten seitdem Handel und Wandel und dachten nur an das bevorstehende Messiasreich. Die Verwirrung der Köpfe zeigte sich in der Art, wie die Gläubigen Smyrnas sich die Teilnahme dieser Gnadenzeit verdienen wollten. Auf der einen Seite unterwarfen sich einige unglaublichen Kasteiungen, fasteten mehrere Tage hintereinander, wachten Nächte hindurch, um durch kabbalistische Gebetformeln in der Mitternachtsstunde die begangenen Sünden und deren Wirkungen zu verwischen, badeten auch in schneidender Kälte oder gar im Schnee; einige gruben sich bis an den Hals in die Erde ein und blieben in diesem Grabesbette bis ihr Leib vor Kälte und Feuchtigkeit erstarrte. Auf der einen Seite überließen sich andere dem ausgelassensten Jubel und begingen Festlichkeiten über Festlichkeiten zu Ehren des Messias, so oft er durch die Gassen Psalmen singend schritt, „die Rechte des Herrn ist hoch, die Rechte des Herrn bringt Sieg", oder so oft er in einer Synagoge predigte und seine Messianität durch kabbalistische Auslegung bewies. Jedes Wort von ihm wurde wie ein Gotteswort tausendfach wiederholt, ausgelegt und zugespitzt. Alles, was er tat, galt als ein Wunder, wurde verbreitet und geglaubt. So weit ging die Raserei, daß seine Gläubigen ihre Kinder zu zwölf Jahren und noch darunter, verheirateten — 700 solcher Paare — um nach kabbalistischem Wahnwitze den Rest der noch nicht geborenen Seelen in die Leiblichkeit zu befördern und dadurch das letzte Hindernis zum Eintreffen der Gnadenzeit zu beseitigen. Seine Frau Sara wirkte durch ihr nicht allzu züchtiges Benehmen auf die männliche Bevölkerung. Die Schranken der Zucht, die im Morgenlande unter den Juden viel enger gezogen waren, als in Europa, wurden durchbrochen. Im messianischen Freudenrausche tanzten Männer und Frauen wie Rasende miteinander, und in der mystischen Verzückung soll mancher Unfug getrieben worden sein. Die Stimmen der Bedenklichkeit und des Tadels verstummten immer mehr, wie in einen Wirbel wurden alle hineingerissen, und die Ungläubigen unschädlich gemacht. Der Rabbiner Ahron de la Papa, ein greiser, würdiger Mann, welcher anfangs laut gegen diese messianische Raserei sprach und den Bann über den Urheber verhängte, wurde von Sabbataï zugleich mit anderen Rabbinern öffentlich in einer Predigt geschmäht, seines Amtes entsetzt und zuletzt genötigt, Smyrna zu verlassen. So konnte er die jüdische Bevölkerung nach Gutdünken zum Guten oder Schlimmen lenken. In dieser Stimmung, welche einige Monate anhielt, fürchteten die Smyrnaer Juden ihre Tyrannen, die türkischen Kadis, sehr wenig; wollten diese dem überhandnehmenden Treiben steuern, so wurden sie durch reiche Geschenke beschwichtigt.

Diese Vorgänge im Smyrnaer Judenviertel machten in immer weitern Kreisen das größte Aufsehen. Die kleinasiatischen Gemeinden in der Nähe von Smyrna wurden mit in den Taumel hineingerissen. Der Geheimsekretär Samuel Primo sorgte dafür, daß den weiter abwohnenden Gemeinden die Kunde und der volle Eindruck von dem erschienenen Messias zukam. Nathan Ghazati und die Wanderpropheten Sabbataï Raphael und Mathatia Bloch erfüllten ihre Zuhörer mit den staunenswertesten Dingen von dem neuen Erlöser. Aber auch Christen sorgten für Verbreitung von Nachrichten. Die

Residenten, die Sekretäre der englischen und holländischen Handelshäuser und die evangelischen Geistlichen in Smyrna berichteten von den außerordentlichen Dingen, die in Smyrna vorgingen, spotteten zwar über die Torheit der Juden, konnten sich aber doch nicht eines halbgläubigen Gefühls erwehren. Sahen sie doch mit eigenen Augen die Verzückungen und Verkündigungen der Propheten und Prophetinnen von Sabbataï Zewi, dem wahrhaften Erlöser! An den Hauptbörsen Europas sprach man von Sabbataï Zewi, als von einer merkwürdigen Erscheinung, und war gespannt auf jede Nachricht, die von Smyrna oder Konstantinopel eintraf. Anfangs waren die Juden in Europa von diesen plötzlich auf sie eindringenden Nachrichten wie betäubt; aber je mehr davon in ihre Mitte drang, wiederholten sich auch unter ihnen schwärmerische Spannung, Kasteiungen und Almosenspende an Dürftige, hin und wieder auch dieselben prophetischen Verzückungen. Nicht bloß die stumpfe Menge, sondern auch fast sämtliche Rabbiner und sogar Männer von Bildung und philosophischer Einsicht fielen dieser Leichtgläubigkeit anheim. Die alles überwuchernde Kabbala hatte sie genährt. Es gab damals nicht einen einzigen Mann von Bedeutung und Gewicht, der das Grundübel aller dieser Erscheinungen — die Kabbala und den Sohar — erkannt oder gar aufgedeckt hätte — eine traurige Zeit! Jakob Sasportas, zu dieser Zeit in Hamburg, ein Mann von Mut und rücksichtsloser Schärfe, dessen Wort durch seine talmudische Gelehrsamkeit Gewicht hatte, bekämpfte zwar von Anfang an mit Leidenschaftlichkeit diese messianische Raserei. Er war unermüdet, Sendschreiben auf Sendschreiben an die Gemeinden und Führer in Europa, Asien und Afrika zu richten, die groben Täuschungen zu entlarven und vor den traurigen Folgen zu warnen. Aber auch er war in den Schlingen der Kabbala verstrickt. Auf dem Boden dieser Afterweisheit waren die ganzen Schwärmer mehr im Rechte als die halben. Heinrich Oldenburg, ein vornehmer deutscher Gelehrter in London, schrieb an seinen Freund Spinoza (Dez. 1665): „Alle Leute sprechen hier von dem Gerüchte der Rückkehr der mehr als 2000 Jahre zerstreuten Israeliten in ihr Vaterland. Bei wenigen findet es Glauben, aber viele wünschen es... Sollte sich die Nachricht bestätigen, so dürfte sie einen Umschwung in allen Dingen herbeiführen.“ Spinoza faßte ebenfalls die Möglichkeit ins Auge, daß bei dieser Gelegenheit und bei der Veränderlichkeit der menschlichen Dinge die Judenheit ihr Reich wieder aufrichten und von Gott wieder erwählt werden könnte. Täglich wuchs in Amsterdam und London die Zahl der Gläubigen unter den Portugiesen nicht minder, als unter den Deutschen. Auch hier äußerte sich die Gläubigkeit auf widersprechende Weise, durch Jubel mit rauschender Musik und Tänzen in den Bethäusern und durch trübe, mönchische Kasteiung. Die Druckereien konnten nicht genug Exemplare von eigenen Gebetbüchern in hebräischer, portugiesischer und spanischer Sprache für die Menge der Gläubigen liefern, worin Büßungen und litaneihafte Formeln angegeben waren, wodurch man des messianischen Reiches teilhaftig zu werden hoffte. Manche sabbatianische Gebetbücher zeigten Sabbataïs Bild neben dem des Königs David, Embleme seiner Herrschaft und ausgewählte Bibelsprüche.

In Hamburg trieben es die Juden fast noch toller, weil sie den unduldsamen Christen gegenüber, die ihnen noch immer mit Quälereien, womöglich mit dem Zwang, christliche Predigten anhören zu müssen, vielfach zusetzten, eine Demonstration machen wollten. Wer in die Synagoge trat und ihr Hüpfen, Springen und Tanzen mit der Gesetzesrolle im Arm, und dieses von ernsten, würdigen Männern mit spanischer Vornehmheit und Grandezza sah, mußte sie für wahnsinnig halten. Manoel Texeira, in dessen Haus die vornehmsten Männer verkehrten und mit ihm um hohe Einsätze spielten, dieser jüdische Kavalier machte die närrischen Tänze mit. Der bereits betagte, gebildete und gesuchte Arzt Bendito de Castro, eine Zeitlang Leibarzt der Königin Christine, war nicht minder von diesem Wahne besessen. Dort erhielt der Taumelgeist durch christliche Schwärmer für das tausendjährige Reich noch mehr Nahrung. Sonderbare Gerüchte flogen von Mund zu Mund. Es hieß, in Nordschottland habe sich ein Schiff mit seidnen Segeln und Tauen gezeigt, das von hebräisch redenden Schiffsleuten geführt wurde. Die Flagge habe die Inschrift getragen „Die zwölf Stämme oder Geschlechter Israels". Die Gläubigen in London gingen in englischer Weise hohe Wetten ein, daß Sabbataï innerhalb zweier Jahre zum König von Jerusalem gesalbt sein würde, und stellten darüber förmliche Wechsel aus. Und überallhin, wo Juden wohnten, drang die Kunde von dem kabbalistischen Messias in Smyrna und veranlaßte dieselben Erscheinungen. In Avignon, dessen kleine Gemeinde von päpstlichen Beamten nicht am glimpflichsten behandelt wurde, rüsteten sie sich, im Frühjahr in das Königreich Juda zu ziehen.

Wenn Sabbataï Zewi bis dahin noch nicht an sich und seine Würde geglaubt hätte, so hätte diese Huldigung von fast der ganzen Judenheit in ihm den Glauben an sich erwecken müssen. Täglich liefen Nachrichten, Sendboten und Deputationen ein, die ihn in schmeichelhaftesten Wendungen als König der Juden begrüßten, ihm Hab und Leben zur Verfügung stellten und ihn mit Geschenken überhäuften. Wäre er ein Mann von festem Plane und von Willenskraft gewesen, so hätte er mit diesem ungeheuchelten Enthusiasmus und dieser opferwilligen Hingebung seiner Gläubigen doch etwas erzielen können. Allein Sabbataï Zewi hatte an dem Kitzel des Weihrauchs Genüge, er dachte an nichts Großes, oder vielmehr er lebte des Wahnes, daß sich die Erwartungen von selbst durch ein Wunder erfüllen würden. Samuel Primo und seine Vertrauten verfolgten aber einen festen Plan, das rabbinische Judentum zu durchbrechen oder es gar aufzuheben. Der Grundgedanke des Sohar, der Bibel der Kabbalisten, lautete, daß in der Gnadenzeit, in der Welt der Ordnung, die Gesetze des Judentums, die Ritualien über Erlaubtes und Verbotenes, vollständig ihre Bedeutung verlieren würden. Nun war diese im Sinne der Sabbatianer bereits angebrochen, folglich könnte der rituelle Kodex (der Schulchan Aruch) beseitigt werden. Es herrschte überhaupt in diesem Kreise eine Mißachtung gegen den Talmud und die talmudische Lehrweise. Die sabbatianischen Mystiker suchten Schlinge nach Schlinge von dem talmudisch-rabbinischen dichtgezogenen Netze aufzulösen. Sogar eine neue Gottheit stellten sie auf und setzten für den Gott Israels einen Gottmenschen. In ihrer Spielerei und Deutungswut hatten die Kabbalisten auf der einen Seite an dem Begriff der Gottheit so viel gemodelt, daß er ihnen in nichts verschwamm, und auf der anderen Seite hatten sie den Messias so sehr hinaufgeschraubt und verherrlicht, daß er Gott so nahe als möglich zu stehen kam. Die Sabbatianer stellten eine lästerliche Theosophie auf, die Gottheit sei dreifältig in drei Personen, dem Uralten der Tage, dem heiligen König und in einer weiblichen Person (Schechina). Der heilige König, der Messias, sei der wahre Gott, der Erlöser und Befreier der Welt, der Gott Israels, ihm allein müsse Anbetung zu teil werden, der Uralte dagegen habe sich zurückgezogen und Sabbataï zu seinem Stellvertreter eingesetzt. Mit Anwendung eines Verses im hohen Liede sagten sie „Gott gleich Zewi“. Samuel Primo, welcher die Sendschreiben und Regierungserlasse im Namen des Messiaskönigs ausfertigte, setzte öfter als Unterschrift: „Ich, der Herr, Euer Gott, Sabbataï Zewi.“ Die Auflösung des bestehenden Judentums begannen sie mit der Verwandlung eines Fasttages (zehnten Tebet) in einen Freudentag. Samuel Primo richtete im Namen seines Götzen ein Sendschreiben an Gesamtisrael in halboffizieller Form. „Der einige und erstgeborene Sohn Gottes, Sabbataï Zewi, Messias und Erlöser des israelitischen Volkes, allen Söhnen Israels Frieden! Nachdem ihr gewürdigt worden seid, den großen Tag und die Erfüllung des Gotteswortes durch die Propheten zu sehen, können eure Klage und Trauer in Freude und euer Fasten in frohe Tage verwandelt werden. Freut euch mit Gesang und Lied und verwandelt den Tag, der sonst in Betrübnis und Trauer verlebt wurde, in einen Tag des Jubels, weil ich erschienen bin.“ Die Stockfrommen wurden allerdings über diese erste Neuerung stutzig. Sie konnten sich den Messias nicht anders, denn als streng frommen Rabbi vorstellen, der wenn möglich noch neue Erschwerungen ausklügeln würde. Sie erhoben daher ihre Stimme gegen den das Gesetz auflösenden Messias. Es bildete sich in jeder größeren Gemeinde eine kleine Partei von Ungläubigen, welche das Bestehende vor jedem Angriff schützen wollte.

Das rabbinische Judentum und die Kabbala, bisher Engverbündete, fingen an miteinander in Streit zu geraten; die zweideutige Bundesgenossin zeigte sich endlich in ihrer wahren Gestalt, als Feindin des Stockrabbinismus. Aber diese ernüchternde Entdeckung, daß die Rabbiner an der Kabbala eine Schlange am eigenen Busen großgezogen hatten, erkannten doch nur wenige. Sie blieben ihr noch immer treu, schoben die beginnende Feindseligkeit gegen das Ritualgesetzbuch (Schulchan Aruch), auf Sabbataï und seine Helfershelfer und schrien Zeter.

Aber der Messias mußte sich doch endlich einmal aus dem Schlaraffenleben herausreißen. Es heißt, der Kadi habe Sabbataï Zewi drei Tage Frist gegeben, sich zu Schiff vor die höchsten türkischen Behörden nach Konstantinopel zu stellen. Mit einer gewissen Absichtlichkeit scheint Sabbataï Zewi seine messianische Reise nach Konstantinopel gerade mit dem Beginne des für mystisch gehaltenen Jahres 1666 angetreten zu haben. Er war von einigen seiner Anhänger, namentlich von seinem Sekretär Samuel Primo begleitet. Da das Schiff, das ihn trug, mit Sturm zu kämpfen hatte, und das Meer ihn nicht verschlang, so hatten die Sabbatianer Stoff zu Wundererzählungen, wie Sturm und Wogen dem Messias gehorchten. An der Küste der Dardanellen verhafteten ihn indes türkische Häscher. Der Großwesir Achmed Köprili hatte von der Aufregung der Juden in Smyrna und im ganzen türkischen Reiche Kunde erhalten und wollte sie mit einem Schlage dämpfen. Die Häscher hatten den gemessenen Befehl, den angeblichen Erlöser in Fesseln nach der Hauptstadt zu bringen, und waren daher dem Schiffe, das ihn führte, entgegengeeilt. Sie legten ihm Fesseln an und führten ihn nach einem Städtchen in der Nähe Konstantinopels, weil der Sabbatabend nahe war. Durch einen Kurier von seiner Ankunft unterrichtet, eilten seine Anhänger aus der Hauptstadt, ihn zu begrüßen, und am Sonntag darauf (Febr. 1666) wurde er nach Konstantinopel gebracht, ganz anders, als er und seine Gläubigen geträumt hatten! Seine Ankunft hatte Aufsehen erregt, auf dem Landungsplatze war ein solcher Andrang von Juden und Türken, daß die Polizei Ordnung für das Ausschiffen machen mußte. Ein Unterpascha bewillkommnete den Gottmenschen mit einem Schwall von Ohrfeigen. Sabbataï Zewi soll aber klugerweise die andere Wange zum Streiche hingehalten haben. Da er nicht den triumphierenden Messias spielen konnte, wollte er wenigstens den leidenden mit Anstand spielen. Vor den stellvertretenden Wesir Mustafa Pascha geführt, hat er die erste Probe nicht glänzend bestanden. Befragt, was sein Vorhaben sei, und warum er die Juden so sehr in Aufregung setze, soll Sabbataï geantwortet haben, er sei weiter nichts als ein jüdischer Chacham, der aus Jerusalem nach der Hauptstadt gekommen sei, um Almosen zu sammeln; er könne nichts dafür, wenn die Juden ihm so viel Anhänglichkeit bezeugten. Mustafa ließ ihn darauf in ein Gefängnis bringen. Weit entfernt, durch diese Behandlung enttäuscht zu sein, verharrten seine Anhänger in Konstantinopel noch immer in ihrem Wahne, die Leiden, die ihm widerfuhren, seien notwendig und Vorbedingung zu seiner Verherrlichung. Seine Propheten und Apostel fuhren fort, von seiner und Israels baldiger Erlösung zu künden. Auch ein türkischer Derwisch erfüllte die Straßen Konstantinopels mit Prophezeiungen von dem erschienenen Messias. Tausende drängten sich daher täglich zu Sabbataïs Gefängnis um nur einen Blick von ihm zu erhaschen. Auch Türken, bezaubert von seinem Wesen und überrascht von den Prophezeiungen der Frauen und Kinder, zollten ihm Verehrung. Kaufleute, welche ihre Schuldforderungen von ihren jüdischen Schuldnern nicht erlangen konnten, wandten sich an den Messias. Samuel Primo sorgte dafür, die fabelhaftesten Mitteilungen von der Verehrung, die dem Messias von seiten der türkischen Großen zu teil wurde, bekannt zu machen. Die Erwartungen der Juden wurden dadurch nur noch mehr gespannt. Es galt als ein Wunder, daß die rasche türkische Justiz ihn, den aufwieglerischen Juden, am Leben ließ. Eine gewisse Scheu scheint in der Tat die türkische Regierung vor dem jüdischen Messias gehabt zu haben. Der kandiotische Krieg stand bevor, welcher alle Kräfte des bereits halb erschöpften türkischen Reiches brauchte. So erschien es dem klugen Großwesir Köprili bedenklich, ihn während seiner Abwesenheit im Kriege in Konstantinopel zu lassen, wo er leicht Stoff zu einer Aufregung in der Hauptstadt abgeben könnte. Er befahl daher, ihn nach dem Dardanellenschlosse Kostia abzuführen, wo Staatsgefangene in Gewahrsam gebracht zu werden pflegten. Es war eine leichte Haft, einige seiner Freunde durften ihn dahin begleiten, Samuel Primo brauchte ihn nicht zu verlassen. Diese Festung nannten die Sabbatianer mit einem mystischen Namen: „Turm der Macht."

Wenn Sabbataï Zewi einen Augenblick an sich zweifelte, so wuchs ihm wieder der Kamm durch die rücksichtsvolle Schonung von seiten des Diwan und die andauernde und noch zunehmende Anhänglichkeit der Juden. Er fühlte sich wieder voll als Messias. Bei seiner Ankunft im Dardanellenschlosse am Rüsttage zum Passahfeste schlachtete er für sich und seine Begleiter ein Osterlamm und genoß es mit den Fetteilen, obwohl solches nach dem talmudischen Gesetz verboten ist. Er gab damit zu verstehen, daß das mosaisch-talmudische und rabbinische Gesetz aufgehoben sei. In der Festung richtete er eine förmliche Hofhaltung ein mit den bedeutenden Geldsummen, welche seine Brüder und seine reichen Anhänger ihm mit vollen Händen zufließen ließen. Seine Frau Sara durfte bei ihm weilen, geberdete sich als Messiaskönigin und bezauberte die Menge durch ihre Reize. Es wimmelte von Schiffen, welche seine Anhänger nach dem Dardanellenschlosse führten. Der Fahrpreis für Schiffe stieg daher von Tag zu Tag. Aus allen Ländern und Erdteilen strömten Scharen von Juden nach dem Orte seines Gefängnisses. Der Kastellan des Schlosses stand sich gut dabei, denn er ließ sich von den Besuchern Einlaßgeld bezahlen. Die Einwohner des Städtchens hatten ebenfalls ihren Nutzen davon, weil sie für ihre Wohnung und Lebensmittel hohe Preise erzielen konnten. Ein wahrer Goldregen strömte in Kostia. Der Eindruck, den diese Tatsachen, noch dazu geflissentlich von Mund zu Mund vermehrt und übertrieben, auf die Juden in Europa, Asien und Afrika machten, und die Wirkungen, die sie hervorbrachten, sind unbeschreiblich. Mit geringen Ausnahmen waren alle von Sabbataïs Messianität und baldiger Erlösung in spätestens zwei Jahren überzeugt. In den großen Handelsstädten, in denen Juden in Geschäften im großen tonangebend waren, in Amsterdam, Livorno, Hamburg, trat eine Stockung ein, weil die Geschäftsleute bald eine Veränderung erwarteten. In Europa waren die Augen aller Gemeinden auf die Amsterdamer gerichtet, und diese war in ihren Vertretern am meisten der Schwärmerei zugetan. Jeder Posttag, welcher neue Briefe brachte, war ein Festtag für sie. In Venedig brach am Sabbat ein Streit zwischen Sabbatianern und ihren Gegnern aus, und einer der letzteren wäre dabei beinah ums Leben gekommen. Als Sabbataï befragt wurde, wie mit den Kofrim (Ungläubigen) verfahren werden sollte, antwortete er oder Samuel Primo, diese dürfen ohne weiteres selbst am Sabbat ums Leben gebracht werden. Die Vollstrecker einer solchen Strafe seien der Seligkeit gewiß. In Hamburg begaben sich frommgläubige Protestanten zu dem bekehrungssüchtigen Prediger Esdras Edzard und fragten ihn was nun zu tun sei: „Wir haben nicht nur von Juden, sondern auch von unseren christlichen Korrespondenten aus Smyrna, Aleppo, Konstantinopel und anderen Orten der Türkei ganz gewisse Nachrichten, daß der neue Judenmessias so viele Wunder tue, und die Juden der ganzen Welt sich zu ihm sammeln. Wo bleibt denn nun die christliche Lehre und der Glaube von unserem Messias?" Kurz, jedes Ereignis führte immer tiefer in die Täuschung hinein.

Nur Jakob Sasportas ließ laut seine warnende Stimme gegen den Schwindeltaumel vernehmen.

So verdichtete sich immer mehr die Nebelhülle des Wahnglaubens, und es war niemand mehr imstande, hinter die Wahrheit zu kommen. Indessen führte Sabbataï bereits drei Monate im Dardanellenschlosse ein wahres Fürstenleben und war nur auf die eigene Vergötterung bedacht. Entweder aus eigenem Antriebe oder auf Samuel Primos Eingebung erklärte er den Fasttag des siebenten Tammus ebenfalls für aufgehoben, und verordnete, daß der Fasttag des neunten Ab zur Erinnerung an die Zerstörung Jerusalems nicht mehr als Fasttag, sondern als ein Geburtstag freudig mit Speise und Trank, mit einem eigenen Gottesdienst, mit eigens dafür ausgewählten Psalmen und mit Saitenspiel und Gesang begangen werden sollte. Auch soll er den Plan gehabt haben, sämtliche jüdischen Feiertage, sogar den Versöhnungstag außer Kraft zu setzen und dafür andere einzuführen. Allein ehe es dazu kam, beging er im Übermut eine Unklugheit, welche das ganze messianische Kartenhaus umblies.

Unter den vielen tausend Besuchern von Nah und Fern waren auch zwei talmudgelehrte Polen, Verwandte von berühmten Rabbinern aus Lemberg, zu ihm gewallfahrtet, um sich Gewißheit zu verschaffen und sich an seinem Anblick zu weiden. Von diesen hatte Sabbataï vernommen, daß in ihrem Lande ein Prophet, Nehemia Kohen, ebenfalls die Nähe des Messiasreiches, aber nicht ihn als Träger desselben verkündet habe. Er übergab daher den Gesandten einen lakonischen Brief mit, worin er den Juden in Polen Rachenahme für das erlittene Gemetzel durch die Kosaken verhieß und zum Schluß befehlshaberisch bedeutete: „Nehemia soll eiligst zu mir kommen.“ Der schwärmerische Kabbalist Nehemia scheute nicht die Hunderte von Meilen nach der Türkei zurückzulegen. Als er in Kostia eintraf, wurde er sogleich zur Audienz vorgelassen. Der polnische Prophet und der Smyrnaer Messias lachten nicht einander ins Gesicht, wie zwei Vogelschaupriester, sondern disputierten ernst und eifrig miteinander über den messianischen Vorläufer, den ephraimitischen Messias, ob dieser sich bereits gezeigt habe, und ums Leben gekommen sei — wie es nach der Schablone geschehen müßte — oder nicht. Nehemia wurde von der langen Disputation nicht überzeugt und verhehlte es auch nicht. Deswegen sollen die fanatischen Sabbatianer einander verstohlen zugewinkt haben, den gefährlichen Polen beiseite zu schaffen. Er entkam aber glücklich aus dem Schlosse und begab sich nach Adrianopel zum Kaimakam Mustafa, wurde Türke und verriet demselben Sabbataïs phantastische und hochverräterische Pläne, die der Regierung nur deswegen unbekannt geblieben seien, weil der Aufseher des Dardanellenschlosses ein Interesse an der Zuströmung der Juden hätte.

Der Keimakam überbrachte die Nachricht dem Sultan Mohammed IV., und das Verfahren gegen Sabbataï Zewi wurde im Rate reiflich erwogen, wozu auch der Mufti Wanni zugezogen wurde. Kurzen Prozeß mit dem phantastischen Aufwiegler zu machen, schien untunlich, zumal auch Türken ihm anhingen. Fiele er als Märtyrer, so könnte daraus eine neue Sekte entstehen, welche Zündstoff für neue Unruhen geben könnte. Wanni, ein bekehrungssüchtiger Oberpriester, schlug vor, den Versuch zu machen, Sabbataï zum Islam herüber zu bringen. Dieser Rat wurde befolgt, und der Leibarzt des Sultans, ein jüdischer Renegat, namens Didon, wurde ins Mittel gezogen. Plötzlich wurde der angebliche Messias verhaftet, nach Adrianopel gebracht und mit dem Leibarzt zusammengeführt. Dieser stellte ihm vor, welche grausige Strafe ihn unfehlbar treffen würde, wenn er nicht den Zorn des Sultans durch Annahme des Islams beschwichtigen wollte. Ob diese Zumutung zum Abfall vom Judentum dem eingebildeten Messias viel Seelenkampf gekostet? Mannesmut hatte er überhaupt nicht, und das Judentum in der bestehenden Gestalt war für ihn bereits überwunden. So ging er auf Didons Rat ein. Vor den Sultan geführt, warf er sogleich seine jüdische Kopfbedeckung zum Zeichen der Verachtung auf die Erde, ein Diener reichte ihm einen türkischen weißen Turban und ein grünes Oberkleid, und somit war sein Übertritt zur mohammedanischen Religion vollzogen. Der Sultan war mit diesem Ausgang der Bewegung sehr zufrieden, gab ihm den Namen Mehmed Effendi und ernannte ihn zu seinem Türhüter — Capigi Baschi Otorak — mit einem nicht geringen Monatsgehalte; er sollte in seiner Nähe bleiben. Die Messiasfrau Sara, die schöne, unzüchtige polnische Rabbinerstochter, wurde ebenfalls Mohammedanerin unter dem Namen Fauma Kadin und erhielt von der Sultanin reiche Geschenke. Einige seiner vertrautesten Anhänger gingen ebenfalls zum Islam über. Der Mufti Wanni unterrichtete sie in der mohammedanischen Religion. Frech schrieb der Exmessias einige Tage nach seiner Bekehrung an seine Brüder nach Smyrna: „Gott hat mich zum Ismaeliten (Türken) gemacht; er befahl und es geschah. Am neunten Tage nach meiner Wiedergeburt." In derselben Zeit versammelte in Amsterdam der philosophisch gebildete Rabbiner Dionys Musaphia den Vorstand seiner Gemeindegruppe, um auch ihrerseits ein Huldigungsschreiben an den Messias zu erlassen.

Als aber die Kunde von Sabbataïs Abfall die Runde durch die Gemeinden machte und nicht mehr abzuleugnen war, folgte auf die Zuversicht das betäubende Gefühl der Enttäuschung und Beschämung. Der höchste Vertreter des Judentums hatte es verlassen und verraten! Mohammedaner und Christen wiesen mit Fingern auf die leichtgläubigen, verblendeten Juden. Mit dem Spott war es noch nicht abgetan. Eine so durchgreifende Bewegung konnte nicht ohne Spuren verlaufen. Der Sultan gedachte, sämtliche Juden seines Reiches, weil sie sich mit rebellischen Plänen getragen hatten, zu vertilgen, und die Kinder unter sieben Jahren im Islam erziehen zu lassen. Zwei Räte und die Sultanin-Mutter sollen indes den Sultan von diesem Vorhaben abgebracht haben, mit der Bemerkung, die Juden seien als Betrogene zu betrachten. Aber fünfzig Hauptrabbiner von Konstantinopel, Smyrna und anderen Städten, weil sie ihre Pflicht verabsäumt hatten, das Volk zu belehren, sollten hingerichtet werden. Es wurde als eine besondere Fügung angesehen, daß dieser Beschluß unausgeführt blieb, und die Juden nicht einmal eine Geldstrafe erlitten haben. Schlimmer noch als dieses hätte die Zwietracht in den Gemeinden wirken können, wenn die Ungläubigen die ehemaligen Gläubigen mit Spott und Hohn überhäuft hätten. Aber die Rabbinatskollegien traten im Morgenlande beschwichtigend und vermittelnd dazwischen. Sie bedrohten denjenigen mit dem Banne, der einem ehemaligen Sabbatianer durch Wort oder Tat zu nahe treten würde.

Seine eifrigen Anhänger, namentlich in Smyrna konnten sich aber nicht beruhigen, daß sie wirklich einem Schatten nachgelaufen sein sollten. Es müsse doch wohl etwas an Sabbataïs Messianität gewesen sein. Die Kabbalisten kamen leicht über das Anstößige hinweg. Sabbataï sei gar nicht Türke geworden, sondern eine Scheingestalt habe diese Rolle gespielt, er selbst sei in den Himmel oder zu den Zehnstämmen entrückt worden und werde bald wieder erscheinen, um das Erlösungswerk zu vollbringen. Wie zur Zeit der Entstehung des Christentums mystische Gläubige Jesu Kreuzestod als einen bloßen Schein auslegten, ebenso erklärten sich eingefleischte Kabbalisten in dieser Zeit Sabbataïs Abfall vom Judentum. Andere, welche den Sturz des rabbinischen Judentums durch ihn herbeizuführen gedachten, Samuel Primo, Jakob Faliagi, Jakob Israel Duhan, klammerten sich noch fester an ihm an. Am meisten Interesse, an ihm festzuhalten, hatten die Propheten, welche durch seine Bekehrung am augenscheinlichsten Lügen gestraft wurden. Nathan Ghazati hatte sich während Sabbataïs Triumph in Palästina gehalten, um seinerseits Huldigungen zu empfangen. Nachdem die Enttäuschung eingetreten war, setzte er nichtsdestoweniger seine mystisch-bombastischen Sendschreiben fort. Durch diese wurden die allzu Leichtgläubigen in ihrem Wahne von neuem bestärkt. Daher mußten die Rabbiner tatkräftig einschreiten.

Nathan Ghazati wurde besonders in den Bann getan und jedermann gewarnt, ihn zu beherbergen oder in seine Nähe zu kommen. Aber den Schwindel ganz zu bannen, vermochten die Rabbiner keineswegs. Einer der eifrigsten Sabbatianer, vielleicht auch der erfindungsreiche Samuel Primo, warf ein Stichwort hin, das besser zog, als jenes von der Scheinbekehrung: „Es mußte alles so kommen, wie es gekommen ist." Gerade durch seinen Übertritt zum Islam habe sich Sabbataï als Messias bewährt. Es sei ein kabbalistisches Mysterium, welches bereits früher verkündet worden sei. Wie der erste Erlöser Mose einige Zeitlang an Pharaos Hofe hat weilen müssen und zwar äußerlich als Ägypter, ebenso habe der letzte Erlöser Türke werden müssen: „Äußerlich Renegat, innerlich aber lauter." Dieses Stichwort machte Glück, es zündete von neuem und fachte den Schwindel wieder an. Es wurde ein Zugwort für sämtliche Sabbatianer, sich mit Anstand und einem Scheingrund als solche bekennen und sammeln zu können.

Durch Nathan auf der einen Seite und durch den Kreis um Mehmed Effendi auf der anderen Seite ermutigt und zu neuer Hoffnung erweckt, nahm die Zahl der Gläubigen eher noch zu. Der Renegat mußte sich zwar in der ersten Zeit unter des Mufti Wanni Leitung in den Mohammedanismus hineinleben, sich vor jedem Schein einer Neigung zum Judentum und zu den Juden sorgsam hüten und den frommen Türken spielen. Aber nach und nach durfte er sich freier bewegen, durfte auch seinen kabbalistischen Krimskrams äußern. Des Stilllebens müde und begierig, wieder eine Rolle zu spielen, knüpfte er wieder mit den Juden an und gab vor, von neuem vom heiligen Geist durchweht worden zu sein und Offenbarungen empfangen zu haben. Er oder einer seiner Helfershelfer verbreitete eine mystische Schrift, in überschwänglicher Sprache an die Juden gerichtet, worin die Phantastereien auseinander gesetzt werden, daß Sabbataï der wahre Erlöser sei und bleibe, daß es ihm ein Leichtes wäre, sich als solchen zu bewähren, daß er nur im Scheinmohammedanismus verharre, um Tausende und Zehntausende Nichtjuden zu Israel hinüberzuführen. Dem Sultan und Mufti gegenüber gab er dagegen an, seine Annäherung an die Juden habe zum Zweck, sie zum Islam zu bekehren. Daher erhielt er auch die Erlaubnis, wieder mit Juden zusammen zu kommen und vor ihnen in Adrianopel sogar in Synagogen zu predigen. So spielte er bald den Juden, bald den Muselmann. Waren türkische Aufpasser zugegen, so wußten die jüdischen Zuhörer sie zu täuschen. Manche Juden haben sich bei dieser Gelegenheit ernstlich zum Islam bekehrt, und es bildete sich eine jüdisch-türkische Sekte um Sabbataï Zewi. Das Entsetzen vor dem Abfall minderte sich, es hieß einfach, der und der hat den Turban genommen. Als sollte dieser wirre Knäuel noch mehr verwirrt oder dieses kabbalistisch messianische Unwesen bis in seine letzten Konsequenzen fortgeführt werden, erhielt es unerwartet an einem europäisch-gebildeten, nicht unbegabten Manne einen Anhänger und Verteidiger, an Abraham Miguel Cardoso. Er war eine originelle Persönlichkeit, welche die Wandlungen der portugiesischen Juden seit ihrer Vertreibung an sich verlebendigte. In einer portugiesischen Stadt von marranischen Eltern geboren, studierte Miguel Cardoso wie sein älterer Bruder Fernando, Medizin; aber während dieser sich mit Ernst den Wissenschaften ergab, vertändelte Miguel in dem üppigen Madrid seine Tage in süßem Nichtstun, sang zur Laute Liebeslieder unter dem Balkon schöner Damen und dachte sehr wenig an die Kabbala oder an das Judentum. Sein ernsterer und gesinnungstüchtigerer Bruder war, nachdem er bereits als medizinischer und naturwissenschaftlicher Schriftsteller sich in Spanien einen Namen gemacht hatte, aus Liebe zum Judentum nach Venedig ausgewandert, und Miguel war ihm nachgefolgt. Beide Brüder nahmen nach ihrer Rückkehr zur Religion ihrer Väter jüdische Namen an. Während der ältere Bruder ein geregeltes Leben führte, getragen von sittlichen Grundsätzen und einem vernünftigen Glauben, verfiel der jüngere haltlos der Regellosigkeit einer ausschweifenden Phantasie und eines ausschweifenden Wandels.

Abraham Cardoso begann von Sabbataï zu schwärmen und gab vor, in die Kabbala eingeweiht, fortwährend Träume und Gesichte zu haben. Der Abfall des falschen Messias vom Judentum brachte ihn von seinem Wahne nicht ab; er blieb ein eifriger Parteigänger, rechtfertigte noch dazu dessen Verrat, als sei es notwendig gewesen, daß der Messias zu den Sündern gezählt werde, damit er die Sünde des Götzendienstes, den Israel so lange getrieben, abbüße und tilge. Der jesajanische Hochspruch vom Messiasvolke und seiner Auferstehung von den Toten, welchen die Christen auf Jesus anzuwenden pflegten, deutete Cardoso ebenso falsch auf Sabbataï Zewi. Vergebens warnte und verspottete ihn sein nüchterner Bruder Isaak (Fernando) Cardoso und fragte ihn ironisch, ob er denn von seinem ehemaligen Lautenspielen für die schönen Mädchen von Madrid die Prophetengabe empfangen habe? Der ehemalige Leichtsinn Abraham Cardoso war dadurch keineswegs verdutzt, nahm vielmehr gegen seinen älteren und ernsten Bruder, welcher die Kabbala wie die Astrologie gründlich verachtete, einen belehrenden Ton an und sandte ihm ganze Hände voll Beweise aus dem Sohar und anderen kabbalistischen Schriften, daß Sabbataï der wahre Messias sei. Durch seinen Eifer gewann er für den sabbatianischen Schwindel viele Anhänger in Afrika. Er mußte indes ein Abenteuerleben beginnen, von seinem Wahne gewissermaßen Brot für sich und die Seinigen ziehen, trieb in Smyrna, Konstantinopel, auf den griechischen Inseln und in Kairo allerhand Spiegelfechterei und nährte den sabbatianischen Unfug mit seinem reicheren Wissen, beredten Munde und seiner gewandten Feder. Er, der Zögling christlicher Schulen, war vermöge seines Bildungsganges den übrigen sabbatianischen Aposteln bei weitem überlegen, wußte dem Blödsinn einen Anstrich von tiefer Weisheit zu geben, blendete dadurch die Befangenen und betörte selbst solche, welche früher dem sabbatianischen Treiben abgeneigt waren.

Durch die fortdauernde Anhänglichkeit unter den Juden an ihn trotz seines Religionswechsels ermutigt, beharrte Sabbataï auch im Verkehr mit den Juden in seiner messianischen Rolle. Freilich hatte sein schwacher Kopf durch diese auf ihn einstürmenden Ereignisse noch mehr gelitten, und er verlor allen Halt. Das eine Mal schmähte er das Judentum und den Gott Israels mit gemeinen Lästerworten, das andere Mal hielt er mit seinen jüdischen Anhängern Gottesdienst nach jüdischem Ritus, sang Psalmen, ließ am Sabbat aus der Thora vorlesen und wählte dazu öfter sieben Jungfrauen aus. Er heiratete zuletzt noch eine Frau, die Tochter eines talmudkundigen Mannes, Joseph Philosoph aus Salonichi. Als ihn aber einst die türkische Scharwache in einem Dorfe bei Konstantinopel in einem Konventikel mit Juden beim Psalmsingen überraschte, erteilte der Großvezier den Befehl, ihn nach Albanien in ein kleines Städtchen Dulcigno, wo keine Juden wohnten, zu verbannen. Dort starb er vereinsamt und verlassen (1676).

Der halb und halb ebenfalls vom Judentum abgefallene Spinoza, welcher alle diese Erscheinungen erlebt hat, mag wohl mit großer Verachtung auf dieses tollhäuslerische messianische Treiben geblickt haben. Wenn es ihm darum zu tun war, das Judentum zu unterwühlen und zu bestatten, so hätte er in Sabbataï Zewi, dessen Geheimschreiber Samuel Primo und dessen Propheten, nur Bundesgenossen und Helfer begrüßen müssen. Die Unvernunft der Kabbala hat noch viel wirksamer das Judentum in Mißachtung gebracht, als die Vernunft und Philosophie. Aber weder die eine noch die andere hat die zahlreichen gebildeten Juden von Amsterdam, Hamburg, London und von Bordeaux von der Religion ihrer Väter abbringen können. Gerade in dieser Zeit der doppelten, feindlichen Strömungen gegen das Judentum im eigenen Schoße erbaute die zu 4000 Familien herangewachsene portugiesische Gemeinde in Amsterdam eine Prachtsynagoge. Die Einweihung derselben (3. Aug. 1675) wurde mit Feierlichkeit und Pomp begangen, wie kaum die des Tempels in Jerusalem. Er ist vielfach besungen und durch pomphafte Reden gepriesen worden. Abbildungen mit Kupferstichen wurden davon, mit Versen versehen, verbreitet. Christen hatten den Juden in der bedrängten Zeit Geld zum Bau vorgeschossen, und ein Dichter Romein de Hooghe dichtete zur Verherrlichung der Synagoge und des jüdischen Volkes Verse in lateinischer, holländischer und französischer Sprache.

Spinoza erlebte auch diesen Jubel der Gemeinde, von der er sich abgewendet hatte. Er mag die Freude der Amsterdamer Juden als eitel belächelt haben. Aber der Bau dieser Synagoge in einer Stadt, die ein Jahrhundert vorher keine Juden duldete, allenfalls nur solche, welche eine lange Zeit hindurch als Christen galten, war ein laut redendes Zeichen der Zeit und zeugte gegen manche seiner Behauptungen. — Er starb nicht lange darauf, oder richtiger, er entschlief sanft, wie mit einem Gotteskusse (21. Februar 1677), etwa fünf Monate nach Sabbataï Zewi. Er hat wider seinen Willen zur Verherrlichung des Stammes beigetragen, den er so ungerechterweise geschmäht hat. Seine überwältigende Geisteskraft und Charakterstärke werden immer mehr als Eigenschaften anerkannt, die er zum Teil wenigstens dem Blute zu verdanken hat, aus dem er sein Dasein hatte.

Zehntes Kapitel.
Schatten und Licht.
(1677 bis 1720.)

Es war recht freundlich von den Fürsten und Völkern Asiens und Europas, daß sie die Juden in der messianischen Posse nicht störten und ihnen Ruhe gewährten, sich mit Schande zu bedecken. Es war gerade damals eine Pause in der regelmäßig wiederkehrenden Judenverfolgung eingetreten, die aber nicht allzulange dauerte. Bald wiederholte sich das unterbrochene Tagewerk von Anschuldigungen, Quälereien und Ausweisungen. Dabei fällt der Unterschied zwischen den Bekennern Mohammeds und Jesu recht scharf ins Auge. In der Türkei ist den Juden trotz ihrer großen Aufregung und ihres nationalmessianischen Luftschlösserbaues kein Haar gekrümmt worden.

Innerhalb der Christenheit dagegen wurden die Juden nur in Holland und England als Menschen geachtet und behandelt, in den übrigen Staaten dagegen noch immer als Auswürflinge, für die es kein Recht und kein Mitleid gab. — Den Reigen der Ausweisungen eröffnete wieder Spanien. Dieses unglückliche Land, welches durch Despotismus, Glaubenswut und Inquisition immer mehr entmannt wurde, beherrschte damals ein unkluges und fanatisches Weib, die Witwe-Regentin Maria Anna von Österreich, welche ihren Beichtvater, den deutschen Jesuiten Neidhard, zum Generalinquisitor und zum allmächtigen Minister erhoben hatte. Natürlich konnte an diesem Hofe keinerlei Duldung Andersgläubiger gelitten werden. Nun gab es noch in dem Winkel des nordwestlichen

Afrika, in Oran, Mazaquivir und anderen Städten Juden. Viele unter ihnen hatten der spanischen Krone bedeutende Dienste im Kriege wie im Frieden geleistet. Die Familien Cansino und Sasportas, königliche Dolmetscher oder Dragomans für diese Besitzungen, hatten sich besonders durch Treue und Hingebung an Spanien ausgezeichnet, was der Gemahl Maria Annas, Philipp IV. in einem besonderen Schreiben anerkannt hatte. Nichtsdestoweniger erließ die Königin-Witwe den Befehl, die Juden dieser Gegend auszuweisen, weil sie nicht dulden könne, daß in ihrem Reiche Leute dieses Stammes leben sollten. Auf dringende Bitte der jüdischen Großen war der Gouverneur so freundlich, den Juden eine Frist von acht Tagen während ihrer Feiertage zu gewähren und ihnen das Zeugnis zu erteilen, daß sie nicht wegen Vergehungen oder Verräterei, sondern lediglich wegen Unduldsamkeit der Regentin verbannt würden (Ende April 1669). Ihre Besitztümer mußten sie in der Eile um einen Spottpreis verkaufen. Die Ausgewiesenen ließen sich in der Gegend Savoyens, in Nizza, Villafranca nieder.

Wie die Mutter, so die Tochter. Um diese Zeit wurde die Ausweisung der Juden aus Wien und dem Erzherzogtum Österreich dekretiert und zwar auf Anregung der Tochter der spanischen Regentin, der Kaiserin Margaretha, in Verbindung mit den Jesuiten. Seitdem Leopold I. den Thron bestiegen hatte, der dem Jesuitenorden angehörte, hatten die Jünger Loyolas allen Einfluß auf Schule und Kanzel und damit auch auf die öffentliche Meinung. Sie hetzten den Hof und die Bevölkerung zum Fanatismus gegen die akatholische Bevölkerung, gegen die Protestanten in Ungarn, gegen die Hugenotten in Frankreich und die Dissidenten in Polen. Die Juden, welche sich seit einem halben Jahrhundert in Wien wieder angesiedelt hatten, mußten dabei mitbüßen. Der Brotneid der christlichen Kaufmannschaft und die Rauflust der jesuitisch erzogenen Studenten wurden künstlich gegen sie aufgestachelt. Fand man gar eine christliche Leiche im Wasser, so wurde ohne weiters von den geschäftigen Judenfeinden der Verdacht gegen die Juden erregt und durch Zeitungsblätter, Lieder, Pasquille und Bilder genährt. Nach langem Widerstreben des Kaisers wurde unter Trompetenschall bekannt gemacht (14. Febr. 1670), daß die Juden binnen einigen Monaten Wien und die Landschaft bei Leibes- und Lebensstrafe zu verlassen hätten. Am Hofe war keine Aussicht auf Änderung dieses Entschlusses, hier hatten die Jesuiten die Oberhand durch die Kaiserin und deren Beichtvater. Da wandten sich die Unglücklichen in einem tränenreichen Schreiben an den einflußreichsten und vielleicht auch reichsten Juden der damaligen Zeit, an Manoel Texeira, Residenten der Königin Christine, seinen Einfluß auf weltliche und geistliche Fürsten zu ihren Gunsten geltend zu machen. Dieser hatte bereits an einige spanische Granden geschrieben, mit denen er in Verbindung gestanden, auf den Beichtvater der Kaiserin einzuwirken. Auch an den mächtigen und klugen Kardinal in Rom, Azzolino, den Freund der Königin Christine (den sie bald einen Engel, bald einen Teufel nannte) hatte er sich gewendet. Die Königin von Schweden, welche nach ihrem romantischen Übertritt zum Katholizismus große Achtung in der katholischen Welt genoß, hatte Texeira Hoffnung gemacht, daß durch ihr Schreiben an den päpstlichen Nuntius die Verbannung der österreichischen Juden widerrufen werden würde. Aber alle diese vereinten Anstrengungen führten zu nichts. Der Kaiser oder vielmehr die Kaiserin blieb dieses Mal fest und verfügte, noch ehe die Juden abgezogen waren, über ihre Häuser; nur war sie menschlich genug, bei schwerer Strafe zu verordnen, daß den abziehenden Juden nichts zuleide geschehen sollte.

So mußten sich denn die Juden der eisernen Notwendigkeit fügen und zum Wanderstabe greifen. Die Jesuiten rieben sich die Hände und verkündeten in einem Gradusbüchlein den großen Ruhm Gottes. Das Judenquartier kaufte der Magistrat dem Kaiser um 100 000 Gulden ab und nannte es zu Ehren des Kaisers Leopoldstadt. Der Platz der Synagoge wurde zu einer Kirche verwendet, wozu der Kaiser zu Ehren seines Schutzpatrons den ersten Grundstein legte (18. August 1670). Die Ausgewiesenen zerstreuten sich nach Mähren, Böhmen, Bayern, wo ihnen für den Augenblick die Ansiedlung gestattet wurde, nur in Ungarn durften sie nicht einwandern.

Diese Schattenseite hatte aber auch ihre Lichtseite. Der aufstrebende preußisch-brandenburgische Staat, welcher bis dahin nur wenig Juden duldete, wurde dadurch eine neue, wenn auch nicht sehr gastliche Heimat für die Verbannten. — Der große Kurfürst, welcher den festen Grund zur künftigen Größe der preußischen Monarchie gelegt hat, war zwar nicht duldsamer als die meisten Fürsten des Jahrhunderts Ludwigs XIV. Aber er war jedenfalls einsichtsvoller als Kaiser Leopold und erkannte, daß gute Finanzen für das Gedeihen eines Staates nicht ganz unwesentlich sind, und daß die Juden noch immer etwas von ihrem alten Ruhm, als gute Finanzkünstler, behalten hatten. In der Mark Brandenburg durfte seit einem Jahrhundert kein Jude wohnen. Eine gewisse Konsequenz bewog indes Friedrich Wilhelm, der kein Freund von Halbheiten war, gegen das Vorurteil der unduldsamen protestantischen Bevölkerung einige Juden zu dulden. Im Westfälischen Frieden hatte er die Stadt Halberstadt und Umgegend erworben, wo zwar kaum zehn jüdische Familien wohnten, aber diese konnten doch nicht so ohne weiteres ausgewiesen werden. Der große Kurfürst erteilte daher dieser winzigen Halberstädtischen Gemeinde ein Privilegium, das nicht besser und nicht schlimmer als die Duldungsakte jener Zeit war. Auch in der Neumark scheinen einige jüdische Familien gewohnt zu haben. Im Cleveschen (Emmerich, Wesel, Duisburg, Minden), das zu Brandenburg geschlagen wurde, bestanden ebenfalls seit alter Zeit kleine Gemeinden. In Emmerich hatte Friedrich Wilhelm einen außerordentlich begabten Juden gefunden, Elia Gumperts (Gompertz) oder Elia von Emmerich, welcher ihm wesentliche Dienste in den Kriegen als Lieferant von Waffen, Geschützen, Pulver und als diplomatischer Agent leistete. Da nun einmal Juden in seinen Staaten zerstückelt wohnten, warum sollte der auf Hebung seines Landes bedachte Kurfürst nicht noch mehr aufnehmen, namentlich solche, welche Kapitalien mitbringen könnten? Sein Gesandter in Wien setzte sich daher mit reichen Juden in Verbindung, und auf seine Anregung reisten zwölf derselben nach Berlin, um mit dem Kurfürsten wegen der Aufnahme zu unterhandeln. Die Bedingungen, unter welchen sie zugelassen wurden, waren in manchen Punkten hart, sehr hart, aber doch noch günstiger, als in anderen protestantischen Ländern. Fünfzig Familien aus dem Österreichischen durften sich nach Belieben im Brandenburgischen und im Herzogtum Krossen niederlassen und überall ungehindert Handel treiben. Jede Familie hatte jährlich acht Taler Schutzgeld zu zahlen und für jede Hochzeit einen Goldgulden, wohl ebenso viel von jeder Leiche. Dafür waren sie aber im ganzen Lande vom Leibzoll befreit. Häuser durften sie kaufen und bauen, aber unter der Bedingung, sie nach Ablauf einer Frist an Christen zu verkaufen. Synagogen durften sie nicht halten, wohl aber Betstuben, einen Schulmeister und einen Schlächter. Dieser Schutzbrief war zwar nur auf zwanzig Jahre gültig, aber es war ihnen in Aussicht gestellt, daß er vom Kurfürsten oder seinem Nachfolger verlängert werden würde. Von diesen fünfzig österreichischen Familien ließen sich etwa sieben, die Familien Rieß, Lazarus, Veit in Berlin nieder, und diese bildeten den Grundstock der später so angewachsenen und tonangebenden Gemeinde. Ein Schritt zog den anderen nach sich. Friedrich Wilhelm nahm auch andere reiche Juden aus Hamburg und Glogau auf: so entstanden Gemeinden in Landsberg, Frankfurt a. O. Hin und wieder zeigte der große Kurfürst auch uneigennütziges Wohlwollen gegen die Juden. Als er auf den abenteuerlichen Plan des schwedischen Reichsrates Skytte einging, in der Mark (Tangermünde) eine Universaluniversität für alle Wissenschaften und ein Asyl für verfolgte Gelehrte zu gründen, sollte nach seinem Programm auch jüdischen Männern der Wissenschaften, wie Arabern und Ungläubigen aller Art, Aufnahme in dem märkischen Athen gestattet sein, jedoch unter der Bedingung, daß sie ihre Irrtümer nicht verbreiten sollten. Besonders machte es diesem Fürsten Ehre, daß er sich zweier jüdischer Jünglinge, welche vom Wissensdurst getrieben waren, eifrig annahm und ihre Zulassung zur Universität Frankfurt a. O. dekretierte. Kohen Rose, dessen Vater von der kosakischen Metzelei nach Metz geschleudert war, hatte Wissensdrang Medizin zu studieren. Auf seiner Durchreise durch die Kurmark wagte er und ein gleichalteriger Freund, den Kurfürsten anzuflehen, ihnen zu gestatten, an der Universität von Frankfurt zu studieren. Friedrich Wilhelm zwang die medizinische Fakultät, die jüdischen Jünglinge an den Vorlesungen teilnehmen zu lassen und setzte ihnen noch dazu einen Jahrgehalt während ihrer Studienzeit aus.

Einen Augenblick schien es, als wenn in dieser Zeit die unglücklichsten der unglücklichen Juden, die Marranen in Portugal wenigstens, aus ihrer grausigen Lage befreit werden sollten, und die Macht der fluchwürdigen Inquisition gebrochen werden sollte. Mehr als ein und einhalbes Jahrhundert, mindestens vier Geschlechter waren vorübergegangen, seitdem das Bluttribunal in Portugal ohne formellgesetzliche Bestätigung von Rom eingeführt worden war. Volk, Adel auch fürstliche Häuser waren mit jüdischem Blute vermischt, Mönchs- und Nonnenklöster waren voll von Marranen oder Halbmarranen. Nichtsdestoweniger waren die Neuchristen noch immer Gegenstand des Argwohns, des Hasses und der Verfolgung, weil die altchristliche Bevölkerung instinktiv fühlte, daß die Marranen mit ihrem christlichen Bekenntnisse nie und nimmer Ernst machen würden, sondern es nur als Joch ertrugen, bis sie Gelegenheit fänden, es abzuwerfen.

Am Hofe von Portugal und in der päpstlichen Kurie wurden mit einem Male Intrigen gegen die Macht des Bluttribunals eingefädelt. Diese Intrigen gingen von dem Jesuitenpater Antonio Vieira aus, der Schlaueste unter diesen Schlauen, welcher auffallenderweise eine ganz besondere Zuneigung zu den Juden und Marranen hatte. Bei seinem Aufenthalte in Amsterdam hatte er die jüdischen Predigten besucht und mit den Rabbiner Manasse und Aboab verkehrt. Dieser Jesuit wurde einst von dem Inquisitionstribunal in einem strengen Profeßhause in Haft gebracht und zum Verluste seines Stimmrechtes und seiner Berechtigung zu predigen verurteilt. Daraus befreit, schmiedete Vieira Rachepläne gegen das sogenannte heilige Offizium, und seine Ordensgenossen standen ihm zur Seite. Er eilte nach Rom, um die Demütigung der Inquisition durchzusetzen. Alle Hebel setzte er, der eine gewichtige Stimme im Jesuitenorden hatte, dazu in Bewegung. Der Jesuitenprovinzial von Malabar Balthasar legte dem Regenten Dom Pedro einen Plan vor, das für Portugal verlorene Indien wieder zu gewinnen. Dazu sei Geld, viel Geld nötig. Geld besäßen die Marranen, und diese würden es gerne für Erleichterung ihrer Pein und eine allgemeine Amnestie hergeben. Dom Pedro wies seinen Beichtvater an, sich mit ihnen in Unterhandlung zu setzen. Während die Jesuiten gegen das heilige Offizium heimlich wühlten, hatte dieses das Volk gegen die Marranen fanatisiert und viele derselben wegen Diebstahls von Hostien eingekerkert. Um der ewigen Aufregung ein Ende zu machen, waren einige Mitglieder des Staatsrates der Ansicht, die Marranen samt und sonders aus dem Lande zu verbannen. Damit wäre aber den Inquisitoren wenig gedient gewesen. Sie boten daher alles auf, um diesen Vorschlag zu bekämpfen, und sie, die Herzlosen, machten sogar das Gebot der Barmherzigkeit geltend. Man dürfe doch nicht um einiger Schuldigen willen so viele Unschuldige hinausstoßen und ihren schwankenden Glauben der Versuchung aussetzen.

In Rom hatte bereits der Jesuitenorden und besonders der gegen die Inquisition erbitterte Antonio Vieira eine günstige Stimmung hervorgebracht. Papst Clemens X. erließ ein Breve nach Portugal; es möge den Neuchristen gestattet werden, Sachwalter nach Rom zu senden, um ihre Beschwerden gegen das Tribunal vorzubringen. Ja, er suspendierte (3. Okt. 1674) die Tätigkeit der portugiesischen Tribunale, verbot ihnen, über die Marranen Todes- oder Galeerenstrafen, sowie Güterkonfiskation zu verhängen, und befahl, daß die Prozesse der eingekerkerten Marranen nach Rom an das Amt der Generalinquisition geschickt werden sollten. Der päpstliche Nuntius machte diese Bulle in Portugal bekannt. Die Jesuiten hatten für den Augenblick gesiegt. Das Volk wurde aber von neuem gehetzt. In den Straßen Lissabons erschallten aufrührerische Stimmen: „Tod allen Juden und Marranen.“ Als der Papst durch eine förmliche Bulle die Inquisitoren ihrer Ämter entsetzte und befahl, die Schlüssel der Inquisitionskerker dem Nuntius zu überliefern, versagten die Glieder dem Kopfe den Gehorsam.

In Spanien sahen die Inquisitoren diese Einmischung des Papstes in die inneren Angelegenheiten der Tribunale mit vielem Verdruß. Wie, wenn es dem päpstlichen Hofe einfiele, dasselbe Verfahren auch gegen sie einzuschlagen? Sie kamen diesem Beginnen zuvor, sie wollten dem Papste zeigen, daß er es nicht wagen dürfte, sie anzutasten, da Hof und Volk mit ihnen einverstanden sei, die Ketzer und Juden zu vertilgen. Zu diesem Zwecke bedienten sie sich des schwachköpfigen, jungen Königs Karl II. Sie wußten ihm beizubringen, daß er seiner jungen Gemahlin, einer Nichte Ludwigs XIV., keine anziehendere Festlichkeit bieten könnte, als wenn in der Hauptstadt ein großes Auto da Fé mit Verbrennung vieler Ketzer gesehen würde. Mit Freuden griff Karl zu und befahl, daß zu Ehren der jungen Königin ein großes Menschenopfer-Schauspiel in Madrid aufgeführt werden sollte. Der fünfundzwanzigste Großinquisitor Diego de Sarmiento erließ darauf ein Rundschreiben an die Tribunale Spaniens, sämtliche verurteilte Ketzer für das große Fest rechtzeitig nach Madrid zu liefern. Vier Wochen vorher wurde in der Hauptstadt in feierlicher Weise durch Herolde bekannt gemacht, daß an dem und dem Tage ein großes Auto da Fé stattfinden würde. Es war nicht bloß auf ein Schaugepräge abgesehen, sondern auf Einschüchterung des Papstes und der Kardinäle, welche anfingen, menschlich für die Opfer der Inquisition zu fühlen. Sechzehn Meister mit ihren Gesellen arbeiteten mehrere Wochen, um Estraden und Schauplätze für den Hof, den Adel, die Geistlichkeit und das Volk auf einem großen Platze zu errichten.

Eine so große Zahl Opfer der Inquisition war schon lange nicht vereint gesehen worden. Einhundertundachtzehn Personen jedes Alters und Geschlechts! Siebzig oder noch mehr Judaisierende hatten die verschiedenen Tribunale geliefert. Der Morgens früh wurden diese Unglücklichen barfuß im Büßerkleide mit Kerzen in den Händen zur Brandstätte geführt, begleitet von Geistlichen und Mönchen aller Orden, Rittern und Familiaren der Inquisition mit flatternden Fahnen und Kreuzen. Kohlenbrenner mit Hellebarden eröffneten den Zug nach altem Brauch und Vorrecht. Bilder von verstorbenen und flüchtigen Ketzern, mit Namen bezeichnet, und Särge mit den Gebeinen der Unbußfertigen wurden von Henkersknechten der Inquisition getragen. Der geistesschwache König, die junge Königin Maria Louise von Orleans, Hofdamen, Großwürdenträger, der hohe und niedere Adel, alle diese waren von morgens an auf dem Schauplatze versammelt und hielten trotz der drückenden Hitze bis spät abends aus. Wer von bedeutenden Persönlichkeiten, selbst vornehmen Damen, ohne Grund fehlte, kam dadurch in Verdacht der Ketzerei. Beim Anblick der Schlachtopfer rief das Volk: „Es lebe der Glaube." Plötzlich hörte man die flehentliche Stimme einer kaum siebzehnjährigen Marranin von wunderbarer Schönheit, welche in der Nähe der Königin zu stehen kam, ausrufen: „Großmütige Königin! erbarmen Sie sich meiner Jugend! Wie kann ich der Religion entsagen, die ich mit der Muttermilch eingesogen." Maria Louise, selbst nicht viel älter, unterdrückte eine Träne. Der Großinquisitor Diego de Sarmiento ließ die feierliche Gelegenheit nicht unbenutzt vorübergehen, den König beim Evangelium und dem Kreuze an seine Pflicht als allerchristlichste Majestät zu ermahnen, daß er die Ungläubigen verfolgen wolle. Der König fügte die Tat zum Worte hinzu und zündete zuerst mit einer ihm gereichten Fackel den Scheiterhaufen an, und zu diesem waren achtzehn Marranen verurteilt, welche sich offen zum Judentum bekannt hatten; darunter eine sechzigjährige Witwe mit zwei Töchtern und einem sechsunddreißigjährigen Schwiegersohn, welche acht Jahre im Kerker zugebracht hatten, und noch zwei andere Frauen, von denen die eine erst dreißig Jahre alt war. Die meisten waren Männer kräftigen Alters zwischen 27 und 38 Jahren, einfache Leute, Tabakspinner, Goldarbeiter, Handelsleute, sie alle starben mit Standhaftigkeit den Flammentod. Einige stürzten sich in die Glut. „Ich hatte nicht den Mut, dieser entsetzlichen Hinrichtung der Juden beizuwohnen. Es war ein erschreckliches Schauspiel, wie man mir sagte. Man konnte aber nur durch Bescheinigung vom Arzte von der Anwesenheit dispensiert werden. Was für Grausamkeiten man beim Tode dieser Elenden gesehen hat, kann ich Ihnen nicht beschreiben." Das berichtet die Marquise de Villars an ihren Gemahl. Eine andere französische Dame berichtet darüber: „Ich ging nicht zur Exekution, ich war schon von Schmerzen ergriffen, als ich die Verurteilten am Tage sah ... Man muß aber nicht glauben, daß ein so strenges Beispiel imstande wäre, die Juden zu bekehren. Sie werden nicht im geringsten davon gerührt, und es gibt selbst in Madrid eine beträchtliche Anzahl, welche als solche bekannt sind, und die man in ihren Stellungen als Finanzbeamte läßt." Die übrigen 54 Marranen wurden teils zu den Galeeren, teils zu mehrjährigem und manche zu ewigem Kerker verurteilt.

Dieses große Auto da Fé (1680) in Madrid muß in Rom einen niederschlagenden Eindruck gemacht haben. Denn der Papst Innocenz XI. gab gleich darauf dem Widerstande der Inquisition in Portugal nach und begnügte sich mit einem Schein von Gehorsam. Das kleine Portugal geriet infolge der fortdauernden Verurteilungen der reichen und gewerbtätigen Marranen in Verfall. Ein halbes Jahrhundert später sagte ein Staatsmann zum portugiesischen Thronfolger: „Wenn Eure Hoheit zum Thron gelangt, werden Sie viele schöne Flecken und Dörfer fast unbewohnt finden, selbst Lamego und Guarda. Wenn Sie fragen, wie diese Plätze in Trümmer gefallen und ihre Manufakturen zerstört worden sind, so möchten wenige es wagen, Ihnen die Wahrheit zu sagen, daß die Inquisition, weil sie viele wegen des Verbrechens des Judaisierens eingekerkert und andere aus Furcht vor Konfiskation und Gefängnis zu flüchten genötigt hat, diese Städte und Flecken verwüstet und die Manufakturen des Landes zerstört hat."

Außerhalb Spaniens hatte die christliche Kaufmannschaft die Rolle der Dominikaner gegen die Juden übernommen. Um die lästige Konkurrenz der Juden los zu werden, benutzten oder erfanden Kaufleute Gerüchte von Christenkinderkauf oder Mord. Es scheint nicht Zufall, sondern Symptom einer krankhaften Erregung gewesen zu sein, daß fast zu gleicher Zeit solche Anschuldigung in Metz, Berlin und Padua erhoben und ausgebeutet wurde.

Wenn auch die grausige Behandlung der Juden, Ausweisungen, lügenhafte Anschuldigungen und Gemetzel in dieser Zeit noch nicht aufgehört haben, so verminderte sich doch ihre Zahl und Ausdehnung. Diese Erscheinung war eine Folge der zunehmenden Gesittung in den europäischen Hauptstädten, einer Art Vorliebe für Juden und ihre Glanzliteratur und der Bewunderung ihres Fortbestandes. Gebildete Christen, Katholiken wie Protestanten, auch nüchterne von Schwärmerei nicht befangene Männer, die den Ton angaben, fingen an über den Fortbestand dieses Volkes zu erstaunen. Wie, dieses Volk, das seit einem Jahrtausend und darüber so blutig verfolgt, zertreten, wie giftige oder räudige Tiere behandelt wurde, das kein Vaterland, keinen Beschützer hat, an das alle Welt Hand anlegt — dieses Volk existiert noch? Es existiert nicht bloß, sondern bildet noch immer eine eigene Körperschaft, auch in seiner Niedrigkeit noch zu stolz, sich mit den weitgebietenden Nationen zu vermischen? Immer mehr Schriftsteller traten für sie als Fürsprecher auf, drangen auf milde Behandlung derselben und redeten in Wort und Schrift den Christen zu Herzen, dieses lebendige Wunder doch nicht zu zerstören oder zu entstellen. Manche gingen in ihrer Begeisterung für die Juden sehr weit. Der hugenottische Prediger Pierre Jurieu in Rotterdam schrieb ein Buch (1685) über „die Erfüllung der Propheten“, daß Gott sich diese Nation aufbewahrt habe, um noch große Wunder an ihr zu tun. Der wahre Antichrist sei die grausige Verfolgung der Juden. Eine übereifrige Tätigkeit für die Rückkehr des jüdischen Volkes in sein einstiges Vaterland entwickelte der Däne Oliger (Holger) Pauli. Er war so sehr für den jüdischen Stamm eingenommen, daß er Millionen für seine Grille, die Juden nach Palästina zu befördern, verschwendete und mystische Sendschreiben an König Wilhelm von England und den Dauphin von Frankreich richtete, um sie geneigt zu machen, die Zurückführung der Juden in ihre Hand zu nehmen. Noch weiter ging in seinem Enthusiasmus für Juden und Judentum der von katholischen Eltern in Wien geborene Johannes Petrus Speet (in Augsburg). Nachdem er eine Schrift zur Verherrlichung des Katholizismus geschrieben hatte, trat er zu den Sozinianern und Menoniten über, wurde zuletzt Jude in Amsterdam und nahm den Namen Mose Germanus an (gest. 17. April 1702). Wie er selbst sich aussprach, hatten gerade die lügenhaften Anschuldigungen gegen die Juden ihm Widerwillen vor dem Christentum eingeflößt. „Noch heutzutage geschieht viel dergleichen in Polen und Deutschland, da man alle

Umstände hervorzählt, auch Lieder auf den Gassen davon singt, wie die Juden abermals ein Kind gemordet und das Blut in Federkielen einander zugesendet. Um an diesem mordteuflischen Betrug kein Teil zu haben, habe ich das so geartete Christentum verlassen.“ Mose Germanus wurde ein umgekehrter Paulus. Man darf noch heute nicht alles niederschreiben, was Mose Germanus über die Jesuslehre ausgesprochen hat. Er war übrigens nicht der einzige Christ, der in dieser Zeit aus Liebe zum Judentum sich der nicht ungefährlichen Operation und der noch empfindlicheren Schmähung und Verlästerung aussetzte,

Ebenso und fast noch mehr als die geahnte einstige Größe Israels zog das reiche jüdische Schrifttum gelehrte Christen an und flößte ihnen eine Art Sympathie für das Volk ein, aus dessen Fundgrube solche Schätze hervorgegangen sind. Mehr noch als im Anfang des siebzehnten Jahrhunderts wurde in der Mitte und zu Ende desselben von Christen die hebräische Sprache erlernt, die hebräisch-rabbinische Literatur eifrig durchforscht, in die lateinische oder in moderne Sprachen übersetzt, ausgezogen, benutzt und angewendet. Die „jüdische Gelehrsamkeit“ war nicht wie früher ein bloßer Schmuck, sondern ein unerläßliches Element der Gelehrsamkeit geworden. Es galt als eine Schande für katholische und protestantische Theologen, im „Rabbinischen“ unwissend zu sein, und die Unwissenden wußten sich nicht anders zu helfen, als daß sie die Hebraisten als „Halbrabbinen“ verlästerten. Ein gutmütiger, aber schwachköpfiger christlicher Schriftsteller dieser Zeit (Joh. Georg Wachter) stieß wegen dieser Erscheinung bittere Seufzer aus. „Wenn nur diejenigen, die sich Christen nennen, einmal aufhören wollten, zum höchsten Schaden und Verderbnis ihrer Religion für das Judentum so zu eifern, wie ein Proselyte nimmer tun kann. Denn es ist eine neue ebionitische Art heutzutage aufgestanden, welche alles von den Juden herleiten will.“

Zur Hochachtung der Juden und ihrer Literatur trug sehr viel der erste Bibelkritiker bei, der Pater Richard Simon von der Kongregation des Oratoire in Paris. Er, der den sicheren Grund zu einem wissenschaftlichen, philologischen Studium der Bibel alten und neuen Testamentes legte, hat sich mit großem Eifer in den jüdischen Schriften umgesehen und sie zu seinem Zwecke benutzt. Richard Simon war ein denkender Kopf mit einem durchdringenden Verstande, der unbewußt über die katholische Lehre hinausgegangen war. Spinozas biblisch-kritische Bemerkungen regten ihn zu gründlichen Forschungen an, und da er als echter Franzose gesunden Sinn hatte, brachte er es weiter in diesen Forschungen. Richard Simon war besonders von der Bibelauslegung der Protestanten in Bausch und Bogen angeekelt, welche alle ihre Weisheit und Dummheit mit Versen aus der heiligen Schrift zu belegen pflegten. Er unternahm daher, den Nachweis zu führen, daß die ganze Bibelkenntnis und Bibelauslegung der protestantischen Kirche, auf welche sie den Katholiken und Juden gegenüber so stolz tat, eitel Dunst und Irrtum sei. „Ihr Protestanten beruft euch zur Bekämpfung der katholischen Überlieferung auf das reine Gotteswort, ich will euch den festen Boden entziehen und euch gewissermaßen an die Luft setzen.“ Richard Simon war der Vorläufer von Reimarus und David Strauß. Die Katholiken jauchzten ihm Beifall zu, ohne zu ahnen, daß sie eine Schlange im Busen nährten. Richard Simons Schriften, nicht in lateinischer, sondern in der Landessprache mit einer gewissen Eleganz geschrieben, machten gerechtes Aufsehen. Sie wurden von allen gebildeten Ständen, auch von Damen begierig gelesen. Dadurch war die rabbinische Literatur noch mehr als durch Reuchlin, Scaliger, die beiden Buxtorfe und die lateinschreibenden Gelehrten Hollands in die gebildete Welt eingeführt. Um sich die umfangreiche Kenntnis dieser Literatur eigen zu machen, mußte Richard Simon, wie ehemals Reuchlin, Umgang mit Juden aufsuchen. Dabei fiel ein Teil seiner Vorurteile gegen Juden, die in Frankreich noch in ihrer Dichtigkeit bestanden. Richard Simon war weit entfernt von jener auf Unwissenheit beruhenden Überhebung, daß das Christentum etwas ganz Besonderes, vom Judentum Grundverschiedenes und weit Erhabeneres sei. Er hatte vielmehr den Mut, es auszusprechen, daß das Christentum sich in Inhalt und Form vollständig nach dem Judentum gebildet habe und ihm wieder ähnlich werden müßte. „Da die christliche Religion ihren Ursprung vom Judentum hat, so kann man sie nur im Verhältnis zum Judentum erklären. Auch stammen ein Teil unserer Zeremonien von den Juden.“ Richard Simon sprach es fast bedauernd aus, daß die Juden, welche ehemals in Frankreich so gelehrt waren, denen Paris als ihr Athen galt, aus diesem Lande verjagt worden sind. Er nahm sie in Schutz gegen die Anschuldigung ihrer angeblichen Gehässigkeit gegen die Christen. Er nahm sich auch sehr eifrig der Juden von Metz an, als sie eines Christenkindermordes angeklagt waren, und wo er sonst Gelegenheit hatte. Seine im lebhaften französischen Stile geschriebenen, von der gebildeten Welt vielfach gelesenen Bücher und Briefe haben dem Judentume viel Freunde erworben oder wenigstens seine Feinde vermindert. Indessen scheint die offizielle katholische Welt diesem Lobredner des Judentums ein wenig auf die Finger geklopft zu haben, und Richard Simon, der die Ruhe liebte, mußte zum Teil widerrufen.

War das nicht ein eigenes Geschick, daß christliche gebildete Kreise damals in Jakobs Zelten die höchste Weisheit suchten, sogar die Mißgeburt aus dessen Schoße, die Kabbala, mit respektvoller

Schcu behandelten und die Juden doch noch immer der entsetzlichsten Verbrechen für fähig hielten! Was in früherer Zeit Unwissende gegen die Juden vorgebracht und später Schlaue mit geflissentlichem Betruge in Szene gesetzt haben, daß sie Christenkinder mordeten und deren Blut tränken oder als Heilmittel für eigenartige, angeborene Krankheiten gebrauchten, was tausendfach von Gewichtigen als Erfindung erklärt worden war, wiederholten noch in diesem Jahrhundert Christen aus dem gebildeten Stande. Ein friesischer Protestant, Geistlicher und Arzt, Jakob Geusius, schleuderte zwei Anklagen gegen die Juden in die Welt: „Anan und Kaiphas aus der Unterwelt entflohen" und „Menschenopfer", worin er, recht gelehrt, Lügenmärchen zusammenstellte, die je gegen Juden aufgetaucht waren von Apion und Tacitus an bis auf den Franziskaner Bernhard von Feltre, welcher das Kind Simon von Trient als Märtyrer jüdischer Ruchlosigkeit ausposaunte. Aber in diesem Jahrhundert brauchten die Juden nicht mehr als Dulder zu schweigen, sondern durften das Lügengewebe zerfasern. Ein holländischer Jude, redegewandt und ebenfalls gelehrt, verfaßte unter dem Namen Isaak Viva eine geschickte Entgegnung gegen diese Schmähschrift mit dem Titel „Der Bluträcher". Zwei Punkte betonte er mit allem Nachdruck, daß nicht ein einziger Fall von Kindermord durch Juden urkundlich über allen Zweifel festgestellt wurde, und daß die Heiden in den ersten Jahrhunderten des Christentums die Christen desselben Verbrechens beschuldigt haben.

Auch Isaak Cardoso in Verona, der nüchterne, wissensreiche, und charaktervolle Bruder des sabbatianischen Schwindelkopfes Miguel Cardoso widerlegte in derselben Zeit die Anschuldigungen gegen Juden, aber er gab dem Thema eine anziehende Wendung. Die „Vorzüglichkeit der Hebräer" setzte er ins helle Licht, wodurch die ihnen zur Last gelegten Verbrechen und angebliche Verworfenheit in ihrem Nichts hell beleuchtet wurden. Diesen Gegensatz setzte Isaak Cardoso scharf auseinander. Israel sei tatsächlich das von Gott auserwählte Volk, zu seinem Dienste berufen. Es sei lebendiger Zeuge der Gotteseinheit und daher von den Völkern durch eigenartige Gesetze getrennt. Drei Eigenschaften seien ihm zur eigenen Natur geworden, Mitgefühl mit anderer Leiden, Wohltätigkeitssinn und Züchtigkeit. Es befolge seine Religionsgesetze treu, als eine ihm von Gott gegebene, von seinen Vätern überlieferte Offenbarung, nicht vermittelst philosophischer Grübeleien, die für dasselbe überflüssig seien. Die Weisen anderer Nationen bewundern daher diese Zähigkeit. Das israelitische Volk allein sei der Prophetie gewürdigt worden. Und dieses von Gott geliebte, auserkorene, mit so vielen vortrefflichen Eigenschaften begabte und besonderer Gnadenmittel gewürdigte Volk wird von jeher mit so viel Verläumdung teils lächerlicher, teils grausiger Natur überhäuft, daß es einen üblen Geruch an sich trage, daß es an einem eigenen regelmäßigen Blutflusse leide, daß es die anderen Völker in seinen Gebeten verwünsche, daß es hart und gefühllos gegen dieselben sei, daß es die heiligen Schriften aus Feindseligkeit gegen das Christentum gefälscht hätte, und endlich, daß es Christenkinder töte und sich ihres Blutes bediene. Die Erlogenheit aller dieser Anschuldigungen belegte Isaak Cardoso mit geschichtlichen Urkunden. — Als Zeichen der Zeit kann noch angeführt werden, daß Fürsten, welche den Juden damals mehr uneigennützige Teilnahme zuwendeten, als früher und auch ihrer Literatur Beachtung schenkten, immer mehr den Vorurteilen oder geflissentlichen Verläumdungen mit Eifer entgegentraten. Der Fürst Christian August von Pfalz-Sulzbach, welcher sich mit Liebe auf die hebräische Sprache und Literatur verlegte und sich sogar in die Kabbala — wahrscheinlich durch den Mystiker Knorr von Rosenroth — einweihen ließ, befahl in seinem Lande überall seine Mandate anzuschlagen, als zweimal Gerüchte von Christenkindermorden auftauchten (1682, 1692), bei schwerer Strafe „den ausgestreuten, erdichteten und lügenhaften Anschuldigungen gegen die Juden keinen Glauben beizumessen, noch sie weiter zu verbreiten, noch überhaupt davon zu sprechen und viel weniger einen Juden deswegen anzufechten".

Die Aufmerksamkeit, welche den Juden und ihrer Literatur von seiten christlicher Gelehrten und Fürsten zugewendet wurde, brachte hin und wieder drollige Erscheinungen zu Tage. In Schweden, dem bigottesten protestantischen Lande, durfte kein Jude wohnen, allerdings auch kein Katholik. Nichtsdestoweniger interessierte sich König Karl XI. außerordentlich für die Juden und noch mehr für die Sekte der Karäer. Wäre es nicht leicht, gerade sie, die nicht vom Talmud eingesponnen sind, zum Christentum hinüber zu bringen? Karl XI. sandte daher einen der hebräischen Literatur kundigen Professor von Upsala, Gustav Peringer von Lilienblad, nach Polen (um 1690), die Karäer aufzusuchen, sich nach ihrer Lebensweise und ihren Gebräuchen zu erkundigen und besonders ihre Schriften anzukaufen. Mit Empfehlungsbriefen an den König von Polen versehen, reiste Peringer nach Litauen, wo es mehrere kleine karäische Gemeinden gab. Aber die polnischen oder litauischen Karäer waren noch mehr verkommen, als ihre Brüder in Konstantinopel, in der Krim und in Ägypten. Durch die kosakische Verfolgung war ihre Zahl zusammengeschmolzen und ihre Literatur zerstreut. Es gab nur sehr wenig Kundige unter ihnen, welche von ihrem Ursprunge und dem Verlaufe ihrer Sekte ein Geringes wußten, genau wußte es kein einziger. Gerade um diese Zeit hatte der polnische König Johann Sobieski durch den bei ihm beliebten karäischen Richter Abraham Ben-Samuel aus Trok, man weiß nicht zu welchem Nutzen, dessen Bekenntnisgenossen auffordern lassen, sich aus ihren Hauptsitzen Trok, Luzk, Halič auch in anderen kleinen Städten anzusiedeln. Sie zerstreuten sich also noch mehr bis in die Nordprovinz Samogitien. So von ihrem Mittelpunkte getrennt, vereinzelt, den Umgang mit Rabbaniten meidend und auf die polnische Landbevölkerung angewiesen, verbauerten die polnischen Karäer und fielen dem Stumpfsinn anheim. Welch einen Gegensatz boten sie gegen die allzu übertriebene Beweglichkeit der rabbinisch-polnischen Juden!

Einige Jahre später machten abermals zwei schwedische Gelehrte, wahrscheinlich ebenfalls im Auftrage Karls XI. Reisen zu demselben Zwecke in Litauen. Sie forderten zugleich Karäer freundlich auf, nach Schweden zu kommen, um mündliche Auskunft über ihr Bekenntnis zu geben. Ein junger Karäer Samuel Ben-Ahron, der etwas Latein verstand, entschloß sich, sich nach Riga zu einem königlichen Beamten Johann Puffendorf zu begeben und mit ihm eine Unterredung zu halten. Bei dem Mangel an literarischen Quellen und bei der Unwissenheit der Karäer über ihren geschichtlichen Ursprung und die Entwicklung ihrer Sekte konnte Samuel nur dürftiges liefern. Auch von anderer Seite wurden die Karäer Gegenstand eifriger Nachforschung. Ein Professor in Leyden, Jakob Trigland, in der hebräischen Literatur ziemlich heimisch, wollte ein Buch über die alten, verschollenen jüdischen Sekten schreiben. Vom Wunsche beseelt, Auskunft über die polnischen Karäer zu haben und in den Besitz ihrer Schriften zu gelangen, sandte er einen Brief durch bekannte Kaufhäuser aufs Geradewohl an die Karäer (1698) mit bestimmten Fragen, um deren Beantwortung er bat. Dieser Brief kam zufällig einem Karäer, Mardochai Ben-Nissan in Luzk, in die Hände, und dieser, ein armer Gemeindebeamter, wußte selbst nicht genug, um Bescheid über Anfang und Grund der Spaltung zwischen Rabbaniten und Karäern geben zu können. Aber er betrachtete es als eine Ehrensache, diese Gelegenheit wahrzunehmen, um durch das Organ eines christlichen Schriftstellers die vergessenen Karäer der gebildeten Welt in Erinnerung zu bringen und deren Gegnern, den rabbanitischen Juden, einige Streiche zu versetzen.

Die Aufmerksamkeit, welche der christliche Gelehrtenkreis der jüdischen Literatur so eifrig zuwandte, brachte den Juden manche Verdrießlichkeit und Ungelegenheit. Sehr lästig wurden ihnen deutsch-protestantische Gelehrte, welche den Holländern und dem Franzosen Richard Simon nachstrebten und sich recht schwerfällige Gelehrsamkeit aneigneten, aber weder deren freundlich milde Duldung gegen die Juden, noch deren Stileleganz lernten. Fast zu gleicher Zeit verwerteten drei deutsche Hebraisten Wülfer, Wagenseil und Eisenmenger ihre Kenntnis der hebräischen Literatur, um Anklagen gegen die Juden zu erheben. Johannes Wülfer suchte nach hebräischen Handschriften und alten jüdischen Gebetbüchern, um eine Anklage gegen die Juden begründen zu können. Einige Juden pflegten nämlich in dem Schlußgebete (Alenu) von dem Glanze des Gottesreiches, einen Satz hinzuzufügen: „denn sie (die Heiden) beten zum nichtigen leeren Hauch." In dem Worte „leer (werik)" wollten Judenfeinde Jesus bezeichnet sehen und eine Lästerung gegen ihn finden. Gedruckt war dieser Satz in den Gebetbüchern nicht, aber in manchen Ausgaben war dafür ein leerer Raum gelassen. Diese leere Stelle oder dieses Wort ließ den frommen Protestanten keine Ruhe, und Wülfer suchte in den Bibliotheken umher, um einen Beleg dafür zu finden, und als er das Wort in Handschriften fand, machte er den Fund in einem Buche bekannt und lobte den Fürsten Georg von Hessen dafür, daß er seinen Juden einen verschärften Eid schwören ließ, daß sie nimmer dieses lästerliche Wort gegen Jesus ausstoßen würden. Wülfer war indes anderseits gerecht genug, einzugestehen, daß die Anschuldigung vom Blutgebrauch eine boshafte Erfindung sei, und daß das Zeugnis getaufter Juden gegen sie wenig Glauben verdiene.

Der Jurist Johann Christoph Wagenseil, Professor in Altorf, ein sehr gutmütiger, von Wohlwollen für Juden erfüllter Mann, machte es noch schlimmer gegen sie, als der Theologe. Er hatte noch weitere Reisen als Wülfer gemacht, war über Spanien bis nach Afrika gedrungen und suchte solche jüdische Schriften aufzutreiben, welche aus der heiligen Schrift oder mit den Waffen der Vernunft gegen das Christentum ankämpften (antichristianische Schriften). Mit diesem Funde füllte er seinen Köcher „mit des Teufels feurigen Geschossen". Wagenseil hatte einen frommen Wunsch. Die protestantischen Fürsten möchten wirksame Anstalten zur Bekehrung der Juden treffen. Er hatte sich zwar überzeugt, daß in Rom, wo seit Papst Gregor XIII. alljährlich an bestimmten Sabbaten ein Dominikanermönch vor einer Anzahl Juden schläfrig zu disputieren pflegte, die Juden ihn angähnten oder zum besten hatten. Aber er meinte, die protestantischen Fürsten, eifrigere Christen, als die katholischen, sollten es besser anfangen. Dabei war Wagenseil den Juden wohlwollend gesinnt. Er bemerkte mit vielem Nachdruck, daß er es unwürdig finde, die Juden zu sengen, zu brennen oder sie aller Güter zu berauben oder mit Weib und Kind aus dem Lande zu verjagen. Es sei höchst grausam, daß man in Deutschland und einigen anderen Ländern die Kinder der Juden widerwillig taufe und sie zur Christuslehre mit Gewalt zwinge. Wagenseil verfaßte eine eigene Schrift, um die entsetzliche Unwahrheit, daß die Juden Christenblut gebrauchen, in das hellste Licht zu setzen. Um dieser so warm für die Juden sprechenden Schrift sollte man ihm seine anderweitigen Albernheiten verzeihen.

Sollte man es für möglich halten, daß trotz diesem mit fester Überzeugung ausgesprochenen Urteile von Wülfer und Wagenseil, welche jahrelang mit Juden verkehrt hatten, bis in die innersten Falten gedrungen waren, ihre Zeitgenossen alles Ernstes diese entsetzliche Unwahrheit noch einmal aufgetischt haben? Ein Protestant, der Professor der orientalischen Sprache Johann Andreas Eisenmenger, wiederholte diese tausendfach als lügenhaft gebrandmarkte Anschuldigung von dem Blutgebrauch der Juden und hat dadurch der Nachwelt Anklagestoff gegen die Juden geliefert. Eisenmenger gehörte zu der Klasse von Kreaturen, die aus Blumen Gift saugen.

Er stellte ein giftgeschwollenes Buch von zwei starken Bänden zusammen, dessen Titel allein für die Christen eine Aufforderung zu Judenhetzen war. „Entdecktes Judentum oder gründlicher und wahrhafter Bericht, welchergestalt die verstockten Juden die heilige Dreieinigkeit erschrecklicherweise verlästern und verunehren, die heilige Mutter Christi verschmähen, das neue Testament, die Evangelisten und Apostel, die christliche Religion spöttisch durchziehen und das ganze Christentum auf das Äußerste verachten und verfluchen. Dabei noch vieles andere, entweder gar nicht oder wenig Bekannte und große Irrtümer der jüdischen Religion und Theologie, wie auch lächerliche und kurzweilige Fabeln an den Tag kommen. Alles aus ihren eigenen Büchern erwiesen. Allen Christen zur treuherzigen Nachricht verfertigt." Eisenmenger beabsichtigte Wagenseils „Feuergeschosse des Satans" tödlich auf die Juden zu schleudern. Er wiederholte in diesem Buche alle Lügenmärchen vom Morde der Juden an Christen begangen, von der Brunnenvergiftung durch Juden zur Zeit des schwarzen Todes. Einige Juden hatten Wind von dem Drucke des Eisenmengerschen Werkes in Frankfurt a. M. erhalten und erschraken nicht wenig über die ihnen so nahe drohende Gefahr. Denn noch bestanden in Deutschland allzufest die alten Vorurteile gegen die Juden in den Massen, mehr noch unter den Protestanten als unter den Katholiken, als daß eine in deutscher Sprache verfaßte Brandschrift unwirksam ablaufen sollte. Die Frankfurter Juden setzten sich daher (1700) mit den Hofjuden in Wien, besonders mit dem Geldwechsler Samuel Oppenheim, einem edel gesinnten Manne in Verbindung, um der Gefahr zu begegnen. Dieser nahm mit Eifer die Sache in die Hand, das Erscheinen von Eisenmengers judenfeindlichem Buche zu verhindern. Er und die übrigen Juden durften mit Recht behaupten, daß die Veröffentlichung dieses in deutscher Sprache, wenn auch in geschmacklosem Stile gehaltenen Buches zu Mord und Todschlag wider die Juden reizen würde. So erschien denn ein Edikt des Kaisers Leopolds II., welches die Verbreitung desselben verbot. Eisenmenger war dadurch doppelt geprellt, er konnte mit seinem Judenhasse nicht durchdringen und hatte nicht nur sein ganzes Vermögen, das er für die Kosten des Druckes verwendet hatte, eingebüßt, sondern mußte noch Schulden machen. Sämtliche Exemplare bis auf wenige lagen in Frankfurt unter Schloß und Riegel.

Der neugekrönte König von Preußen, Friedrich I., nahm sich aber des Verfassers und Buches sehr warm an. Die Aufmerksamkeit dieses Fürsten wurde von verschiedenen Seiten auf die Juden gelenkt. Böswillige getaufte Juden suchten den kirchlichen Sinn des neuen Königs und der Bevölkerung gegen die Juden einzunehmen. „Lästerung gegen Jesus" lautete die lügenhafte Anklage, abermals auf das Gebet Alenu gestützt. Da die Zünfte ohnehin den Juden nicht wohlgesinnt waren, so benutzten sie diese Aufregung zu fanatischer Hetzerei, und es entstand eine solche Erbitterung in den Städten und Dörfern gegen sie, daß sie (wie sie sich vielleicht wissentlich übertreibend ausdrückten) ihres Lebens nicht mehr sicher wären. Der König Friedrich schlug aber ein Verfahren ein, welches seinem milden Herzen Ehre macht. Er erließ an sämtliche Regierungspräsidenten einen Befehl (1702), daß sie die Rabbiner und in Ermangelung derselben die jüdischen Schulmeister und Ältesten an einem bestimmten Tage zusammenberufen und sie eidlich befragen sollten, ob sie ausdrücklich oder stillschweigend das lästerliche Wort we-Rik im Gebet Alenu gegen Jesus gebrauchten. Überall erklärten die Juden mit einem Eide, daß sie bei diesem Gebete und bei der in den Gebetbüchern gelassenen Lücke nicht an Jesus dächten. Der Theologe Johann Heinrich Michaelis in Halle, welcher um ein Gutachten angegangen wurde, sprach sie ebenfalls von der angeschuldigten Lästerung frei. Da der König aber noch immer die Juden im Verdacht hatte, sie schmähten in Gedanken Jesus, so erließ er eine ganz charakteristische Verordnung mit einer Einleitung (1703). Es sei allerdings seines Herzens Wunsch, daß das Volk Israel, welches der Herr einst so sehr geliebt und zu seinem Eigentum erkoren hat, zur Glaubensgemeinschaft geführt werde. Indessen maße er sich nicht die Herrschaft über die Gewissen an und wolle die Bekehrung der Juden der Zeit und Gottes Ratschluß überlassen. Aber er befehle bei Strafe, daß sie das Gebet „Alenu" laut sprechen und nicht dabei ausspeien sollten. Aufseher wurden ernannt, welche von Zeit zu Zeit in den Synagogen horchen mußten, wie zur Zeit des Byzantinischen Kaisers Justinian, ob das betreffende Schlußgebet laut oder leise vom Vorbeter vorgetragen wurde. Durch die Bemühung eines sehr einflußreichen Juden Issachar Bärmann in Halberstadt, Hofagenten des Kurfürsten von Sachsen und Königs von Polen, auch in Berlin wohl gelitten, wurde die polizeiliche Aufsicht über die jüdischen Gebete gemildert.

Eisenmenger vor seinem Tode und nachher seine Erben, welche des preußischen Königs Neigung kannten, der Anklage gegen die Juden einigermaßen Gehör zu geben, hatten sich daher an ihn gewandt, es beim Kaiser Leopold durchzusetzen, daß der Bann und die Haft von dem judenfeindlichen Buche „Entdecktes Judentum" gelöst werde. Friedrich I. nahm sich der Erben sehr warm an, und richtete eine Art Bittschrift an den Kaiser (1705). Aber dieser ließ sich nicht bewegen, das Siegel von Eisenmengers Buch zu lösen. Da wurde mit Friedrich I. Genehmigung eine zweite Auflage in Königsberg veranstaltet, wo die kaiserliche Zensur keine Gewalt hatte. Für den Augenblick hatte das Giftbuch keine so nachteilige Wirkung, als die einen gehofft und die anderen gefürchtet hatten; aber für die Zukunft, als es sich darum handelte, die Juden als Menschen, als Bürger und Staatsbürger anzusehen, erwies es sich als eine Rüstkammer für übelwollende Gegner derselben.

König Friedrich I. wurde noch öfter von Judenfeinden behelligt, ihre Gemeinheit mit seiner königlichen Autorität zu decken. Die Licht- und Schattenseiten in der Beurteilung der jüdischen Literatur zeigten sich auch dabei recht anschaulich. In Holland, dem protestantischen Lande, hegte ein christlicher Gelehrter in derselben Zeit eine förmliche Schwärmerei für den Grundstock des talmudischen Judentums, für die Mischna. Der junge Wilhelm Surenhuys aus Amsterdam hat in einer langen Reihe von Jahren die Mischna mit zwei Kommentarien derselben ins Lateinische übersetzt (gedruckt 1698 bis 1703). Er wünschte, daß die christlichen Jünglinge, welche sich zum geistlichen Stand vorbereiten, durch die Beschäftigung mit der Mischna gewissermaßen die Vorweihe dazu empfangen mögen. „Wer ein guter und würdiger Jünger Christi sein will, muß vorher Jude werden, oder er muß vorher Sprache und Kultur der Juden aufs innigste kennen, und zuerst Moses Jünger werden, ehe er sich den Aposteln anschließt." In diese schwärmerische Vorliebe gerade für den Stein im Gebäude des Judentums, den die Bauleute zu verachten pflegten, schloß Surenhuys auch das Volk, den Träger dieser Gesetze, ein. Er dankte mit vollem Herzen dem Amsterdamer Senat, daß er die Juden wie einen Augapfel schützte. „Um so viel dieses

Volk einst alle anderen Völker übertraf, bevorzugt Ihr es, würdevolle Männer! Der alte Ruhm und die Würde, welche dieses Volk und die Bürger von Jerusalem einst besaßen, alles das ist Euer. — Denn die Juden gehören Euch innig an, nicht durch Gewalt und Waffen unterworfen, sondern durch Menschlichkeit und Weisheit gewonnen; — sie kommen zu Euch und sind glücklich, Eurem republikanischen Regimente zu gehorchen." Surenhuys sprach seinen vollen Unwillen gegen diejenigen aus, welche, nachdem sie Nützliches aus den Schriften der Juden gelernt, sie schmähen und mit Kot bewerfen, „wie Wegelagerer, welche, nachdem sie einen ehrlichen Mann aller Kleider beraubt, ihn mit Ruten zu Tode peitschen und mit Hohn fortschicken." Während Surenhuys in Amsterdam eine solche Begeisterung für diese, nicht gerade glänzende Seite des Judentums hatte (und er stand damit nicht vereinzelt) klagte ein gemeiner Täufling abermals den Talmud der Lästerung gegen das Christentum an und fand Anklang (1707). Die Judenfeinde gedachten, das neue preußische Königtum gewissermaßen zu einem protestantischen Kirchenstaate und seinen ersten König zum Papst zu machen, berufen, alles nach Ketzerei Riechende zu verdammen. Die Zeit war aber doch eine andere geworden, der König Friedrich, obwohl kirchlich gesinnt, durfte nicht mehr Fanatiker sein.

Die Vorliebe christlicher Gelehrten für die jüdische Literatur hat eine seltene Frucht gezeitigt, ein anziehendes Geschichtswerk über Juden und Judentum, welches gewissermaßen die alte Zeit abschließt und eine neue ahnen läßt. Jakob Basnage (gest. 1723), ein guter protestantischer Theologe, gründlicher Geschichtskenner, angenehmer Schriftsteller und überhaupt eine geachtete Persönlichkeit, hat dem Judentum einen unberechenbaren Dienst erwiesen, indem er die Ergebnisse mühsamer Forschungen der Gelehrten über Juden und Judentum geläutert, volkstümlich umgearbeitet und allen gebildeten Kreisen zugänglich gemacht hat. Bei seinen emsigen Geschichtsforschungen, namentlich über die Entwicklung der Kirche stieß Basnage fast bei jedem Schritte auf Juden und ihn überkam die Ahnung, daß das jüdische Volk doch nicht, wie die Alltagstheologen glaubten, mit dem Untergange seiner staatlichen Selbständigkeit und der Ausbreitung des Christentums ausgespielt hätte, dem Tode verfallen sei und nur noch als Leiche umher wandle. Das großartige Märtyrertum dieses Volkes und seine so reiche Literatur flößten ihm eine gewisse Bewunderung ein. Sein Wahrheitssinn für geschichtliche Vorgänge gestattete ihm nicht, die Tatsachen wegzuklügeln. Basnage unternahm vielmehr, die Geschichte der Juden oder der jüdischen Religion seit Jesus Zeit bis auf seine Zeit zusammenzustellen. Er bestrebte sich, soweit damals ein gläubiger Protestant es vermochte, unparteiisch die Vorgänge darzustellen. „Der Christ darf es nicht sonderbar finden, daß wir sehr oft die Juden von verschiedenen Verbrechen entlasten, deren sie nicht schuldig sind, da die Gerechtigkeit es so verlangt. Es heißt nicht Partei nehmen, wenn man diejenigen der Ungerechtigkeit und der Gewalt anklagt, die sie geübt haben. Wir haben nicht die Absicht, die Juden zu verletzen, aber auch nicht, ihnen zu Gefallen zu sprechen. — Man hat sie angeklagt, die Ursache aller Unglücksfälle zu sein, welche zugestoßen sind, und belastete sie mit einer Unzahl von Verbrechen, an die sie niemals gedacht haben. Man hat unzählige Wunder ausgedacht, um sie davon zu überzeugen oder vielmehr um desto lauter im Schatten der Religion den Haß zu befriedigen. Wir haben eine Sammlung von Gesetzen angelegt, welche die Konzilien und die Fürsten gegen sie veröffentlicht haben, durch welche man von der Bosheit der einen und der Unterdrückung der anderen urteilen kann. Indessen durch ein Wunder der Vorsehung, welches das Erstaunen aller Christen rege machen muß, besteht die gehaßte, an allen Orten seit einer großen Zahl von Jahrhunderten verfolgte Nation noch heute überall." — „Die Völker und die Könige, Heiden, Christen und Mohammedaner, in so vielen Punkten entgegengesetzt, haben sich in der Absicht vereinigt, diese Nation zu vertilgen, und es ist ihnen nicht gelungen. Moses Dornbusch, von Flammen umgeben, hat immer gebrannt, ohne sich zu verzehren. Sie leben noch trotz Schmach und Haß, der ihnen überall folgt, während die größten Monarchien so gefallen sind, daß sie uns nur dem Namen nach bekannt sind." Basnage, welcher durch die katholische Unduldsamkeit Ludwigs XIV. mit der Aufhebung des Edikts von Nantes das Brot der Verbannung in Holland gekostet hat, konnte die Gefühle der Juden in ihrem langen Exil einigermaßen würdigen. Er war aber nicht Künstler genug, um die erhabenen oder tragischen Szenen aus der jüdischen Geschichte, wenn auch nur in rasch verfliegenden Nebelbildern mit hellen Farben für das Auge aufzurollen. Er hatte auch wenig Sinn für die geschichtliche Perspektive und für geschichtliches Wachstum, und allmähliche Entwicklung, welches gerade die Vergangenheit des jüdischen Stammes so augenfällig zeigt. Die Zeloten, welche mit dem römischen Koloß einen Kampf auf Tod und Leben eingingen; die Anhänger Bar-Kochebas, welche den römischen Kaiser zittern machten; die arabischen Juden, welche von ihrem Abhube den Söhnen der Wüste eine neue Religion hinwarfen; die jüdischen Dichter und Denker in Spanien und der Provence, welche den Christen die Kultur brachten; die Marranen in Spanien und Portugal, welche, in Mönchs- und Jesuitentalare gehüllt, die stille Flamme ihrer Überzeugung nährten und den mächtigen katholischen Staat Philipp I. unterwühlten, sie haben für Basnage samt und sonders eine und dieselbe Physiognomie, sind einander zum Verwechseln ähnlich. Er sah die Geschichte doch nur durch den dichten Nebel der Kirchengeschichte. Er konnte bei der redlichsten Absicht, unparteiisch und gerecht zu sein, nicht darüber hinwegkommen, „die Juden sind verworfen, weil sie Jesus verworfen haben". Kurz Basnages „Geschichte der Religion der Juden" hat tausend Fehler, ja, es ist kaum ein einziger Satz darin, nach allen Seiten betrachtet, richtig und der Wahrheit entsprechend.

Und dennoch war ihr Erscheinen von großer Tragweite für die Juden. Sie streute eine große Masse geschichtlichen Stoffes, wenn auch roh oder entstellt, in die Kreise der gebildeten Welt, weil sie in der Mode gewordenen französischen Sprache geschrieben ist, und dieser Same ging allmählich wuchernd auf. Ohne es zu wissen und zu wollen, hat Basnage, wenngleich er ihm manchen Schandfleck angehängt hat, die Erhebung des jüdischen Stammes aus seiner Niedrigkeit angebahnt. Die beiden Bücherwürmer, Christian Theophil Unger, Pastor in Herrenlauschitz (Schlesien), und Johann Christophorus Wolf, Professor der morgenländischen Sprache in Hamburg (gest. 1739), die sich angelegentlich und ernstlich mit jüdischer Literatur und Geschichte beschäftigten, waren seine Jünger und hätten ohne seine Arbeiten nicht viel auf diesem Gebiete leisten können. Diese beiden, besonders Wolf, haben viele Lücken, die Basnage gelassen hat, mit mehr Gründlichkeit, ja mit einer gewissen Wärme für die Sache ausgefüllt.

Die Vorliebe oder wenigstens die Teilnahme für die Juden bewog in dieser Zeit den mutigen Kämpfer gegen das verknöcherte Christentum, John Toland, das Wort für sie zu erheben, daß sie in England und Irland auf gleichen Fuß mit den Christen gestellt werden müßten, die erste laute Stimme für die Entfesselung. Aber diejenigen, zu deren Gunsten diese merkwürdige Umstimmung der gebildeten Welt eingetreten war, hatten am wenigsten Kunde davon. Sie fühlten die veränderte Windrichtung gar nicht.

Elftes Kapitel.

Die Verwilderung.

(1700 bis 1760.)

Gerade zur Zeit, als die Augen der gebildeten Welt auf den jüdischen Stamm mit einem gewissen Mitgefühl und zum Teil mit Bewunderung gerichtet waren, und als beim Anbruch der Aufklärung in dem sogenannten philosophischen Jahrhundert die kirchliche Engherzigkeit allmählich zu schwinden begann, machten die Glieder dieses Stammes innerlich und äußerlich nicht den vorteilhaftesten

Eindruck auf diejenigen, welche mit ihnen in Berührung traten. Als sie gewogen und vollwichtig gewünscht wurden, sind sie gar zu leicht gefunden worden. Die Juden boten zu keiner Zeit eine so klägliche Haltung, wie zu Ende des siebzehnten Jahrhunderts, bis in die Mitte des achtzehnten, als sollte die Erhebung aus der tiefsten Gesunkenheit so recht als ein Wunder erscheinen. Die ehemaligen Lehrer Europas waren durch den traurigen Gang der Jahrhunderte kindisch oder noch schlimmer, kindische Greise geworden. Alles, was die Gesamtheit in dieser Zeit Öffentliches, so zu sagen Geschichtliches geleistet hat, trägt diesen Charakter der Albernheit und der Verwilderung. Nicht eine einzige erfreuliche Erscheinung, kaum eine achtunggebietende Persönlichkeit, die das Judentum würdig vertreten und zur Geltung hätte bringen können. Aus der vorhergehenden Zeit ragte noch der geistesstarke Mann Isaak Orobio de Castro hinüber (gest. 1687), der ehemalige Sträfling der Inquisition, dessen Überzeugungstreue, innere und äußere Haltung und scharfgeschliffene Dialektik, die er gegen das Christentum kehrte, hervorragenden Gegnern des Judentums Achtung geboten. Er hat keinen ebenbürtigen Nachfolger in der gebildetsten Amsterdamer Gemeinde, und um so weniger außerhalb derselben gefunden, wo die Bedingungen vollends fehlten. Die Führer der Gemeinde waren meistens irre geleitet, wandelten wie im Traume und strauchelten bei jedem Schritte; nur wenige Rabbiner befaßten sich mit anderweitigem Wissen außer dem Talmud oder betraten selbst in diesem Stadium eine neue Bahn; die Ausnahmen lassen sich zählen. Ein gebildeter Rabbiner war David Nieto in London (geb. Venedig 1654, gest. 1728). Er war auch Arzt, verstand Mathematik, war geschickt genug, das Judentum gegen Verunglimpfungen in Schutz zu nehmen, und schrieb neben vielen Plattheiten auch manches Vernünftige. Eine bedeutende Erscheinung war der italienische Rabbiner Jehuda Leon Brieli in Mantua (geb. um 1643, gest. 1722), ein Mann von gesunden Ansichten, gediegenen, auch philosophischen Kenntnissen. In der Landessprache hat er in gebildeter Form das Judentum gegen christliche Zudringlichkeit in Schutz genommen. Brieli hatte den Mut, sich über Dinge hinwegzusetzen, welche in den Augen des damaligen Geschlechtes schwerer als Verbrechen wogen; er blieb sein Lebelang unverheiratet und trug als Rabbiner nicht den Bart. Aber sein Einfluß auf seine jüdischen Zeitgenossen war sehr gering. Er hat sehr gut die Schwächen des Christentums erkannt, aber für die Schäden des Judentums und der Judenheit hatte er nicht denselben scharfen Blick. Nur von der Schädlichkeit des Lügenbuches Sohar und der Kabbala überhaupt war Brieli tief durchdrungen und wünschte, sie hätten nicht das Tageslicht geschichtlicher Geburt erblickt; aber weiter reichte seine Erkenntnis nicht.

Sonst waren die Rabbiner dieser Zeit im allgemeinen keine Muster, die polnischen und deutschen meistens Jammergestalten, die Köpfe erfüllt von unfruchtbarem Wissen, sonst unwissend und unbeholfen, wie kleine Kinder. Die portugiesischen Rabbinen traten äußerlich würdig und imponierend auf, aber innerlich waren auch sie hohl; die italienischen hatten mehr Ähnlichkeit mit den deutschen, besaßen aber nicht deren Gelehrsamkeit. So ohne des Weges kundige Führer, in Unwissenheit oder Wissensdünkel versunken, Phantomen nachjagend, taumelte die Gesamtjudenheit von Torheit zu Torheit und ließ sich von Betrügern und Phantasten am Narrenseil leiten. „Die Köpfe, dem Leben und wahrer Wissenschaft entfremdet, erschöpften ihre übrigens nicht gemeinen Kräfte in Spitzfindigkeiten und abergläubischen Verirrungen der Kabbala. Die Lehrer sprachen selten oder nur talmudisch zu den Schülern; auf den Vortrag selbst wurde keinerlei Sorgfalt verwendet, da es keine Sprache und keine Beredsamkeit gab.“ Abergläubischen Bräuchen mit religiösem Anstrich war Tür und Tor geöffnet. Für Krankheiten Amulette (Kamea) schreiben und sie dadurch zu bannen, wurde von jedem Rabbiner verlangt, und sie gaben sich dazu her; manche wollten als Geisterbeschwörer gelten. Allen Ernstes prahlte einst ein unterrichteter Jude aus der Kabbalistenschule von Damaskus vor dem freien Kritiker Richard Simon, er sei imstande, einen höheren Geist herbeizurufen, und machte bereits Anstalten dazu. Als der ungläubige Pater aber dessen Bewegungen mit einem satirischen Lächeln folgte, zog sich der Beschwörer mit der Bemerkung aus der Schlinge, der Boden Frankreichs sei für Geistererscheinung nicht geeignet. Denkende Christen standen staunend vor diesem Wunderdenkmal der Geschichte, vor diesem Volke mit dieser Lehre und seinem wechselvollen, glorreichen und tragischen Geschicke; die eignen Söhne waren stumpf für die eigne Größe oder suchten sie in albernen Märchen und blödsinnigen Handlungen. Christen durchforschten mit Emsigkeit und einem Gefühle von staunender Bewunderung die dreitausendjährige jüdische Geschichte, die Juden selbst hatten keinen Sinn dafür, auch nicht die gebildeten portugiesischen Juden. Drei Geschichtsschreiber aus dieser Zeit werden zwar genannt, der Wanderrabbiner David Conforte (gest. 1671), Miguel (Daniel) de Barrios, der in Portugal geborene und zuletzt nach Amsterdam zurückgekehrte Marrane (gest. 1701) und endlich der polnische Rabbiner Jechiel Heilperin in Minsk (gest. um 1747). Aber alle drei gleichen eher den chronikschreibenden Mönchen in der barbarischen Zeit, und ihre Darstellungsweise ist mehr abstoßend als anziehend.

Wenn die Literatur das photographische Abbild der Denkweise und der Bestrebungen einer Zeitepoche ist, so muß das Jahrhundert, welches zwischen Spinoza und Mendelssohn liegt, sehr häßliche Züge getragen haben. Es ist zwar sehr viel geschrieben und veröffentlicht worden, jeder Winkelrabbiner wollte durch einen neuen Beitrag, eine neue Anhäufung des ohnehin schon unübersehbaren rabbinischen Stoffes seinen Namen verewigen, seine Seligkeit sichern und nebenher auch einen Gewinn erzielen. Spitzfindig rabbinische Kommentarien, abgeschmackte Predigten und Erbauungsbücher, geifervolle Streitschriften, das waren die Ablagerungen des jüdischen Geistes oder der Geistlosigkeit dieser Zeit. Die Blume der Poesie hatte keinen Boden in diesem Sumpf. Nur zwei jüdische Dichter erzeugte diese Zeit, und zwar echte Söhne der jüdischen Muse, zonenweit voneinander getrennt, den einen auf der Insel Jamaika und den anderen in Italien, Laguna und Luzzato, als hätte der alte, halbabgestorbene jüdische Stamm den in seinem Innern fortpulsierenden Saft und seine Verjüngungsfähigkeit auch in den allerungünstigsten Lagen bestätigen wollen. Lopez Laguna, als Marrane in Frankreich geboren (um 1660, gest. nach 1720), als Jüngling nach Spanien gekommen, lernte er die schauerlichen Inquisitionskerker kennen. In der Nacht des Leidens brachten ihm wie so vielen Schmerzensgenossen die seelenvollen Psalmen Licht und Hoffnung. Vom Kerker befreit und nach Jamaika entkommen, schlug Laguna unter dem jüdischen Namen Daniel Israel die Harfe zu den heiligen Liedern, die sein Gemüt erquickt hatten. Um auch anderen, namentlich den des Hebräischen unkundigen Marranen die Psalmen zugänglich zu machen, übersetzte er sie treu nach dem Original in wohlklingende und anziehende spanische Verse. Diesen Psalter „einen Spiegel des Lebens" in verschiedenen spanischen Versmaßen umgearbeitet, brachte Daniel Israel Lopez Laguna nach London, wofür ihm mehrere Dichterlinge, auch drei jüdische Dichterinnen, Sara de Fonseca Pinto y Pimentel, Manuela Nuñez de Almeida und Bienvenida Coen Belmonte, in lateinischen, englischen, portugiesischen und spanischen Versen entgegenjauchzten. — Mose Chajim Luzzato, in die trübseligen Verirrungen dieser Zeit hineingerissen, hat zwei hebräische Dramen voller Schönheit und Jugendfrische gedichtet. Außer diesen poetischen Blüten zeigt diese lange Zeitepoche nur eine farblose Öde. Auch das sittliche Gefühl war in dieser allgemeinen Verwilderung abgestumpft. Die Grundtugenden des jüdischen Stammes blieben allerdings in ihrer ganzen Kraft bestehen: Idyllische Familienliebe, brüderliche Teilnahme unter einander und keuscher Sinn. Grobe Laster und Verbrechen kamen auch damals in Jakobs Zelten selten vor. Grundverdorbene Auswürflinge waren so rücksichtsvoll, sie zu verlassen und mit ihrem unsittlichen Wandel lieber die Kirche oder die Moschee zu beflecken. Aber das Rechts- und Ehrgefühl der Juden war im Durchschnitt geschwächt. Verdienen, Geld erwerben war eine so gebieterische Notwendigkeit, daß die Art und Weise des Erwerbes gleichgültig und dem Tadel nicht ausgesetzt war. Daraus entsprang eine Anbetung des Mammons, nicht bloß Liebe zum Golde, sondern auch Respekt vor ihm, mochte es aus noch so unreiner Quelle geflossen sein. Die bis dahin noch so ziemlich behauptete demokratische Gleichheit unter den Juden, welche den Unterschied des Standes nicht anerkennen mochte, verlor sich bei dem rasenden Tanz um das goldene Kalb. Die Reichsten, nicht die Würdigsten kamen an die Spitze der Gemeindeverwaltung und erhielten dadurch einen Freibrief für Willkür und Übermut. Eine Satire aus dieser Zeit geißelt recht drastisch die Allmacht des Geldes, der sich alle unterwarfen: „Der Gulden bindet und löset, er erhebt Unwissende zu Gemeindebeamten."

Die zunehmende Verarmung unter den Juden war Mitursache dieser Erscheinung. Nur unter der geringen Zahl der portugiesischen Juden in Amsterdam, Hamburg, Livorno, Florenz und London gab es bedeutende Geldmänner. Isaak (Antonio) Suasso, von Karl II. von Spanien zum Baron Avernes de Gras ernannt, konnte dem holländischen Statthalter Wilhelm zu seinem halbabenteuerlichen Zuge nach London zur Erlangung der englischen Krone zwei Millionen Gulden unverzinsbar mit den einfachen Worten vorschießen: „Sind Sie glücklich, so werden Sie sie mir zurückerstatten, wo nicht, so will ich auch das verlieren." Francisco Melo hat mit seinem Vermögen dem holländischen Staat große Dienste geleistet. Ein de Pinto hinterließ mehrere Millionen zu edlen Zwecken und bedachte damit die jüdischen Gemeinden, den Staat, christliche Waisenhäuser, Geistliche, Küster und Glöckner. — In Hamburg waren es die Texeiras und Daniel Abenser, welche der armen polnischen Krone große Vorschüsse machen konnten. Salomon de Medina in London, der stete Begleiter des Feldherrn Churchill, Herzogs von Marlborough, von der Königin Anna zum Ritter geschlagen, hatte einen Geschäftsumsatz von 80 000 Pfund jährlich, und es wurde glaublich befunden, daß der große Feldherr von ihm 5000 Pfund jährlich bezogen habe. Dagegen waren die deutschen, auch zum Teil italienische und morgenländische Juden meistens verarmt. Die Wandlung, welche der Welthandel erfahren hatte, brachte diese Veränderung hervor. Am meisten verarmt waren die polnischen Juden, welche die europäische Judenheit mit ihrer Talmudgelehrsamkeit beherrschten. Von den Wunden, die ihnen die kosakischen Aufstände geschlagen, konnten sie sich nicht mehr erholen, und die darauf folgende Zerrüttung des polnischen Reiches brachte ihnen noch neue bei. Die überhand nehmende Armut der polnischen Juden warf jedes Jahr Scharen von Bettlern nach dem europäischen Westen und Süden, welche ihren Weg zu den großen Gemeinden nahmen, um sich von ihren reichen Brüdern unterbringen und ernähren zu lassen. Polnische Talmudbeflissene gelangten zu den großen Rabbinatssitzen Prag, Nikolsburg, Frankfurt a. M., Amsterdam und Hamburg (für die deutschen Gemeinden) und selbst in Italien, weil sie in Talmudkenntnis allen übrigen Juden weit überlegen waren. Und jeder polnische Auswanderer war Rabbiner oder Prediger, gab sich dafür aus und wurde dafür gehalten. Von ihnen stammt die immer mehr zunehmende Verwilderung unter den Juden. Ihrer Erziehung oder vielmehr ihrer Verwahrlosung wurde die jüdische Jugend anvertraut, die, so bald sie nur sprechen konnte, von ihnen in den Talmud eingeführt wurde, und zwar nach der kniffigen, witzelnden Methode. Durch diese Verkehrtheit artete die Sprache der deutschen Juden, wie die der polnischen, in ein widriges Lallen und Stammeln, und ihr Denken in eine verdrehende, aller Logik spottende Rechthaberei und Disputierkunst aus. Selbst die portugiesischen Juden, welche sich von dem häßlichen Mauscheln fernhielten, blieben von dem verkehrten Denken, welches die Zeit beherrschte, nicht unangesteckt.

Dazu kamen die Schlammfluten der sabbatianischen Schwärmerei, die sich von neuem ergossen und alle besudelten, die damit in Berührung kamen, aber nichtsdestoweniger als eine Quelle lauteren Wassers galten. Sie hatten indes das Gute, den stehenden Sumpf aufzuwühlen und in Bewegung zu setzen oder, um ohne Bild zu sprechen, die dumpfe Alltäglichkeit im jüdischen Kreise aufzurütteln und die vor lauter unfruchtbarer Gelehrsamkeit stumpf und träge gewordenen Rabbiner und Talmudisten in eine gewisse Leidenschaftlichkeit und Rührigkeit zu versetzen. Nach Sabbataïs Tod hatte einer seiner Anhänger, Daniel Israel Bonafoux, ein unwissender Vorbeter in Smyrna, den Glauben an den verstorbenen Messias durch allerlei Blendwerk unterhalten. Sein Helfershelfer war Abraham Miguel Cardoso, der wegen seiner Wühlereien aus Tripolis verjagt, in Smyrna im Konventikel von Sabbatianern und auch in Konstantinopel und Kairo mehr als zwanzig Jahre den sabbatianischen Schwindel trieb, bis er von seinem Neffen, der sich von ihm übervorteilt glaubte, mit einem Messer erstochen wurde. Mit seinem Tode hörte sein Schwindel nicht auf; denn seine Schriften, ein Gemisch von Unsinn und Vernünftigkeit, wurden gierig gelesen und entzündeten die Gemüter. Cardoso blieb wenigstens dem Judentum treu. Der Prophet Bonafoux dagegen nahm, wahrscheinlich wegen erlittener Verfolgung von seiten des Smyrnaer Rabbinats, den Turban.

Weit eingreifender noch war die von einem sabbatianischen Wanderprediger ausgegangene kabbalistische Schwärmerei (1679 bis 1682), die sich nach Polen verpflanzte, wo sie mehr Nahrung fand und zäher festgehalten wurde. Mardochaï aus Eisenstadt, ein Mann von einnehmender Gestalt und Ehrfurcht einflößenden Gesichtszügen, kasteite sich viel, fastete viele Tage hintereinander, predigte in Ungarn, Mähren und Böhmen mit vieler Eindringlichkeit von Buße und Zerknirschung, ein jüdischer Vicente Ferrer. Der Beifall, den seine Predigten fanden, erweckte sein Selbstvertrauen, und er gab sich als Propheten aus. In Wort und Schrift behauptete er, daß Sabbataï Zewi der wahre Messias gewesen sei, der aus mystischer Fügung notwendigerweise habe Türke werden müssen. Er werde drei Jahre nach seinem angeblichen Tode — denn wirklich gestorben sei er gar nicht — sich offenbaren und die Erlösung vollbringen. Die ungarischen, mährischen und böhmischen Juden hörten diesen sabbatlichen Predigten und Prophezeiungen mit vieler Andacht zu. Vom Zulauf der Wundergläubigen ermutigt, ging der Prediger von Eisenstadt in seiner Narrheit noch weiter, gab sich selbst für den wahren Messias vom Hause David aus, als der auferstandene Sabbataï Zewi. Dieser habe das Erlösungswerk nicht vollbringen können, weil er reich gewesen, der Messias müsse aber arm sein. Alle diese Narrheiten wurden mit Beifall aufgenommen. Italienische Juden luden den ungarischen Messias ein. In Modena und Reggio wurde er mit Enthusiasmus empfangen. Er faselte von seiner Aufgabe, nach Rom gehen zu müssen, um in der sündhaften Stadt messianische Vorbereitungen zu treffen. Er deutete auch verschmitzt an, er werde sich vielleicht äußerlich in christliche Vermummung kleiden müssen, wie sich Sabbataï Zewi in türkische Kleidung habe hüllen müssen, d. h. er werde sich im Notfalle zum Scheine der Taufe unterwerfen. Die bedächtigen Juden Italiens wurden wegen dieser Phantasterei, die die Bekenner des Judentums gefährdete, bedenklich, konnten aber gegenüber der überwiegenden Mehrheit der Gläubigen nichts unternehmen. Seine Anhänger, die die Inquisition fürchteten, rieten ihm indes zuletzt selbst, Italien zu verlassen. So kam er über Böhmen nach Polen. Hier, wohin nur eine sehr dunkle Kunde von Sabbataï und den Sabbatianern gedrungen war, fand er zahlreiche Anhänger. Sein Wahnsinn wurde ansteckend in Polen. Seit dieser Zeit bildete sich dort eine Sekte, welche bis in den Beginn der neueren Zeit und noch darüber hinaus ihr heilloses Unwesen trieb.

In derselben Zeit brachte derselbe Schwindel in der Türkei eine neue Erscheinung zu Tage. Sabbataï Zewi hatte eine Witwe hinterlassen. Diese hat, sei es aus Ehrgeiz oder, wie die Gegner sagten aus Geilheit, durch Blendwerk die Sabbatianer zu neuer Raserei aufgestachelt. Nach Salonichi zurückgekehrt, soll sie ihren Bruder Jakob für ihren eigenen, von Sabbataï Zewi empfangenen Sohn ausgegeben haben, den sie als zehnjährigen Knaben geboren haben will. Dieser Knabe, welcher den Namen Jakob Zewi angenommen hat, wurde daher ein Gegenstand andächtiger Verehrung für die Sabbatianer, sie nannten ihn Querido (der Liebling). Sie glaubten, daß in ihm die Seelen zweier Messiasse aus dem Hause Joseph und David vereinigt wiedergeboren seien; er sei daher als der wahre Erlöser, als der echte Fortsetzer Sabbataïs zu betrachten. Seine Anhänger sollen häßlichen Unfug getrieben haben. Sicher ist, daß die Ehe in diesem Kreise nicht als heilig geachtet wurde. Nach der lurjanisch-kabbalistischen Verirrung sollte eine Ehefrau, an der ihr Gatte keinen Gefallen fände, als das Hindernis einer harmonisch-mystischen Ehe ohne weiteres entlassen und einem anderen, der sich zu ihr hingezogen fühlte, überlassen werden. Diese Vorschrift wurde in diesem mystischen Kreise streng befolgt; es war eine eigene Art Suche nach Wahlverwandtschaft. Die Rabbiner durften diesen Unfug nicht gleichgültig mit ansehen und denunzierten sie bei der türkischen Behörde. Diese stellte Untersuchungen an und verhängte strenge Strafen über sie. Die Sabbatianer hatten aber von ihrem Urmeister ein Mittel gelernt, den Zorn der türkischen Machthaber zu beschwichtigen. Sie nahmen sämtlich — man sagt bis auf vierhundert — den weißen Turban (um 1687). Sie machten aber mehr Ernst mit ihrem neuangenommenen, mohammedanischen Bekenntnisse. Ihr Messias Jakob Querido machte mit vielen seiner Anhänger eine Wallfahrt nach Mekka, um am Grabe des Propheten Mohammed zu beten. Auf der Rückkehr starb er in Alexandrien. Diese Neu-Türken, zumeist in Salonichi, bildeten seitdem eine eigene Sekte, Dönmäh von den Türken genannt, d. h. Abtrünnige. Sie selbst aber, von Juden und Türken getrennt, nennen sich selbst Maminim, d. h. echte Gläubige.[1]) Sie heirateten nur untereinander, besuchen zwar hin und wieder die Moschee, kamen aber öfter zusammen, um ihren Erlöser und Gottmenschen anzubeten. Vom Judentum behielten sie nur die Beschneidung zu acht Tagen und das hohe Lied bei, dessen Liebesdialoge und Monologe ihnen freien Spielraum für mystische Deutungen ließen. Der Sohar gilt ihnen als besondres

---

[1]) Noch gegenwärtig existieren etwa 1000 Familien oder viertausend Seelen von dieser Sekte in Salonichi. Sie zerfallen in drei Untersekten, die Smyrli, nach Sabbataï Zewi aus Smyrna genannt, die Jakubiten nach Jakob Querido, und die dritte nennt sich Anhänger des Osman Baba, der erst gegen Ende des 18. Jahrhunderts aufgetreten ist. Die erste Untersekte wird auch Karawajo genannt. Die Jakubiten werden von der türkischen Regierung als Beamte verwendet. Die Anhänger dieser Sekten verheirateten sich nicht untereinander. Alle haben noch jüdische Bräuche beibehalten, die sie bei ihren religiösen Zusammenkünften heimlich beobachten. Ihr Prediger führt den Titel Ab-Bet-Din und ihr Vorbeter Paytan.

heiliges Buch, aus dem sie Texte für ihre Predigten wählen. Nach Queridos Tod wurde ihr Führer sein Sohn Berechja, der ihnen als Verkörperung der Urseele des Messias, als Fleisch gewordene Gottheit galt.

Trotz dieses dem Judentum hohnsprechenden Unwesens der Salonicher Sabbatianer fanden sie auch außerhalb der Türkei neue Anhänger, die mit zäher Beharrlichkeit an dem Wahne festhielten, sich und andere betörten und Betrügern Gelegenheit gaben, diese schwärmerische Stimmung auszubeuten. Vom Orient und von Polen aus kreuzten miteinander geheime Sabbatianer, von hier als wandernde Prediger und von dort als angebliche Sendboten des heiligen Landes, und regten immer neue Verirrungen an. In Polen entstand eine sabbatianische Sekte, die durch strenge Buße das Herannahen des Himmelreiches zu befördern vermeinte. An ihrer Spitze standen zwei Männer, Juda Chaßid (der Fromme) aus Dubno und Chajim Malach, ein verschmitzter Talmudist. Beide wühlten durch aufregende Predigten und fanden eine zujauchzende Zuhörerschaft, die sich ihnen zur Buße und zu kabbalistischen Extravaganzen anschloß. Diese Verbindung nannte sich Chaßidäer (Chassidim). In Polen war aber trotz der rabbinischen Überklugheit die Unwissenheit so groß, daß die Rabbiner selbst die Tragweite und Schädlichkeit dieser sabbatianischen Schwärmer nicht erkannten. Erst als Zewi Aschkenasi, (Chacham Zewi genannt), welcher das Treiben der Sabbatianer gut kannte, ihnen die Augen öffnete und ganz besonders vor Chajim Malach warnte, stellte das Rabbinat von Krakau gegen die Chaßidäer eine Verfolgung an. Infolgedessen wanderten etwa 1300 bis 1500 Personen dieser Sekte unter Juda Chaßid aus Polen aus. Wie ehemals die christlichen Geißlerbrüder, so zeichneten sich diese sogenannten Frommen durch vieltägiges Fasten und durch Kasteiungen aller Art aus. Überall, wo sie durch Deutschland zogen, predigten sie und ermahnten zur strengen Buße. Juda Chaßid riß durch seine gewaltige Stimme, seine Geberden und heiße Tränen die Zuhörer zur Wehmut hin. Namentlich wirkte er auf die schwachen Frauengemüter.

Nach dem heiligen Lande gewandert, hatte die Schwärmerei dieser Sekte bald ein Ende. Am ersten Tage nach ihrer Ankunft in Jerusalem starb ihr Hauptführer Juda Chaßid (Okt. 1700); seine Anhänger wurden ratlos, fanden statt baldiger Erlösung nur scheußliches Elend. Ein Teil dieser Sektierer ging daher wegen der plötzlichen Enttäuschung und Verzweiflung zum Islam über. Die Reste derselben zerstreuten sich überall hin, und viele nahmen die Taufe, darunter Juda Chaßids Neffe. Chajim Malach blieb mehrere Jahre in Jerusalem und stand einer kleinen sabbatianischen Sekte vor. Auch er lehrte das Zwei- oder Dreigöttertum und die Fleischwerdung Gottes, zollte Sabbataï Zewi göttliche Verehrung und soll dessen Abbild, in Holz geschnitzt, in der Synagoge seiner Sekte zur Anbetung herumgetragen haben. Auf die Zertrümmerung des rabbinischen Judentums oder des Judentums überhaupt hat Chajim Malach entschieden hingearbeitet. Wegen seines wüsten Treibens aus Jerusalem ausgewiesen, begab er sich zu den mohammedanischen Sabbatianern nach Salonichi, den Dönmäh, machte ihre ausschweifenden Tollheiten mit und lehrte offen den sabbatianischen Schwindel. In Konstantinopel wurde er in Bann getan, kehrte nach Polen zurück und streute dort den Samen sabbatianischer Ketzerei aus, die das Judentum später tief unterwühlen sollte. Er soll in Trunksucht seinen Tod gefunden haben.

Ein anderer verstockter Sabbatianer schleuderte die Fackel der Zwietracht in das jüdische Lager, ein Mann, welcher an Schlauheit, Heuchelei, Frechheit und Gewissenlosigkeit nur wenig seines gleichen in dem an Betrügern reichen achtzehnten Jahrhundert hatte, Nehemia Chija Chajon (geb. 1650, gest. nach 1726). Er hatte eine besondere Freude an Mystifikationen und Schwindeleien und führte von seiner Jugend bis in sein Greisenalter ein abenteuerliches, lustiges, verstellungsreiches Leben. Da ihm bisher kein Unternehmen gelungen war, verlegte er sich auf kabbalistische Gaukeleien, um die Welt zu betrügen. Er arbeitete eine Schrift aus, worin er die Behauptung durchführte, daß das Judentum (allerdings das Judentum mit kabbalistischem Vorder- und Hintergrunde) einen dreieinigen Gott zum Bekenntnis habe. Mit dieser Schrift im leeren Sacke ging er auf Reisen, kam zuerst nach Smyrna (Frühjahr 1708) in der Absicht, entweder bei den Sabbatianern oder deren Gegnern sein Glück zu versuchen. Aber ehe sich noch Chajon ansiedeln konnte, schleuderte das Rabbinat von Jerusalem, auf seine sabbatianischen Ketzereien in seinem Buche aufmerksam gemacht, den Bannstrahl gegen ihn und verurteilte dessen Schrift zum Feuer.

Nach wenigen glücklichen Tagen war Chajon abermals auf Bettelfahrten angewiesen. In Italien fanden seine Schwindeleien wenig Anklang. Manche erinnerten sich noch seiner Streiche aus seinem früheren Aufenthalte in diesem Lande. Ein Kabbalist, Joseph Ergas in Livorno, erkannte die Schrift des Chajon sofort als eine sabbatianische. Nur in Venedig fand er bei Rabbinern und Laien einige Beachtung. Hier ließ er ein kleines Schriftchen drucken, worin er ganz offen die Dreieinigkeit als Glaubensartikel des Judentums aufstellte, allerdings nicht die christliche Dreieinigkeit, sondern die sabbatinische. Keck mit der Gefahr spielend, verwebte er zu dieser Schrift die Anfangsverse eines zotigen italienischen Liedes, „die schöne Margarete." Und dieses lästerliche Schriftchen (Geheimnis der Dreieinigkeit) billigte und empfahl das Venetianer Rabbinat, entweder weil es gar nicht vor dem Drucke Einsicht davon genommen hatte, oder weil es im kabbalistischen Stumpfsinn die Tragweite desselben nicht erkannte. In Prag fand Chajon einen Wunderglauben, wie er ihn für sein Blendwerk nicht günstiger zu wünschen brauchte. Unter seinen Bewunderern war auch der wegen seines Scharfsinnes später so berühmt und wegen seiner sabbatianischen Ketzerei berüchtigt gewordene Jonathan Eibenschütz. Chajon schrieb Amulette, um die man sich riß, führte aber dabei heimlich ein Lotterleben. Endlich wagte er es, seine ketzerische Schrift von der Dreieinigkeit einem Rabbiner Naphtali Kohen zur Begutachtung vorzulegen und zeigte ihm gefälschte Leumundszeugnisse von italienischen Rabbinern vor, und dieser vor lauter Bewunderung für ihn erteilte ihm, ohne auch nur einen Blick in die Schrift hineingeworfen zu haben, eine warme Empfehlung derselben.

Mit gefälschten und erschlichenen Empfehlungen versehen, berückte Chajon noch andere Gemeinden. In Berlin, wo er mehrere Monate weilte, hatte er die beste Gelegenheit im Trüben zu fischen. Die bereits auf mehr denn hundert Familien angewachsene Berliner Gemeinde, welche aus Schutzjuden und aus den auf Kündigung Geduldeten bestand, war in Spaltung geraten, wie es scheint durch zwei mit dem Hofe verkehrende, einander feindliche Familien, die der Witwe des Hofjuweliers Liebmann, welche bei König Friedrich I. eine wohlgelittene Person war, und die des Markus Magnus, welcher gewissermaßen Leibjude des Kronprinzen war. Persönliche Erbitterung versteckte sich hinter dem Plan, eine neue Synagoge zu bauen. Gerade als die Parteileidenschaft am heftigsten entbrannt war, kam Chajon nach Berlin und konnte aus der Spaltung Nutzen ziehen. Er hielt sich an die zwar schwächere, aber reiche und um so opferwilligere Liebmannsche Partei. Der damalige Rabbiner von Berlin Ahron Benjamin Wolf, Schwiegersohn der Hofjüdin Liebmann, behandelte ihn mit verehrungsvoller Auszeichnung. So konnte der Schelm seine ketzerische Schrift, womit er sein Unwesen fünf Jahre vorher in Smyrna begonnen hatte, in Berlin drucken: „Der Glaube des All" (Mehemenuta de Cola), die Ausgeburt eines Sabbatianers (einige meinten des Sabbataï Zewi selbst), zu der er zwei Kommentare rechts und links zum Texte hinzufügte. Mit diesem Werke eilte er nach Amsterdam, um in diesem jüdischen Eldorado sein Glück zu machen. Damit begann eine zerrüttende Spaltung in der Judenheit. Chajon, welcher sich zu der portugiesischen Gemeinde dieser Stadt hielt, überreichte dem Vorstande ein Exemplar seiner in Berlin gedruckten Schrift vom Dreieinigen, um von ihm die Erlaubnis zum Absatz zu erwirken. Er scheint sich als palästinischer Sendbote ausgegeben zu haben. Aber ein in Amsterdam weilender jerusalemischer Sendling Mose Chages schlug Lärm gegen die ketzerische Schrift, und sie mußte zur Prüfung vorgelegt werden. Man brauchte nicht lange darin zu suchen, um die plumpe Dreieinigkeitslehre zu finden. Der Rabbiner der deutschen Gemeinde Chacham Zewi Aschkenasi, von Mose Chages auf die verdächtige Lehre Chajons aufmerksam gemacht, bedeutete dem portugiesischen Vorstande, ja dekretierte ihm beinah, den Fremden als Ketzer auszuweisen. Dieser mochte sich aber nicht so ohne weiteres Vorschriften machen lassen und stellte an ihn das Verlangen, entweder ihm die ketzerisch klingenden Stellen in Chajons Buch genau zu bezeichnen oder mit einigen vom Vorstande ernannten Mitgliedern zu einer Prüfungskommission zusammentreten. Beides schlug Chacham Zewi rundweg ab.

Der portugiesische Chacham Salomo Ayllon, der früher zu dem Salonicher Kreis der Sabbatianer gehört hatte und von dem deutschen Rabbinern von oben herab behandelt wurde, hatte Grund genug, sich verletzt zu fühlen. Sein eigener Vorstand hatte ihn bei dieser Sache übergangen, Mißtrauen gegen ihn gezeigt und seinen Gegner gewissermaßen als höhere Instanz über ihn gesetzt. Außerdem scheint er den schlangenklugen Abenteurer gefürchtet zu haben, wenn er zu dessen Verfolgung die Hand böte, weil dieser von Ayllons Vergangenheit und Beziehungen zu den Salonichern mehr gewußt haben mag, als ihm lieb war. Er hatte demnach ein Interesse, dem Schwindler zur Seite zu stehen. Nicht gar schwer wurde es ihm, ein Mitglied des portugiesischen Vorstandes, den unbeugsamen, für innere Fragen gleichgültigen Ahron de Pinto gegen den deutschen Chacham einzunehmen, ihm beizubringen, daß es sich darum handle, die Unabhängigkeit der angesehenen, portugiesischen Gemeinde gegenüber der Anmaßung der bisher untergeordneten deutschen zu wahren. Die wichtige Frage über Rechtgläubigkeit und Ketzerei wurde in eine Rangfrage zwischen den verschiedenen Gemeindegruppen umgekehrt. De Pinto wies fest und stramm jede Einmischung des deutschen Rabbiners in diese scheinbar portugiesische Gemeindeangelegenheit ab und beauftragte Ayllon eine Prüfungskommission aus portugiesischen Gemeindegliedern zusammenzusetzen.

Während die parteiische Kommission scheinbar noch dem Prüfungsgeschäfte oblag, beeilte sich Chacham Zewi im Verein mit Mose Chages den Bann über Chajon und sein ketzerisches Buch auszusprechen, „weil er Israel von seinem Gott abzuziehen und fremde Götter (Dreieinigkeit) einzuführen versuchte.“ Niemand dürfe mit ihm verkehren, seine Schrift sollte dem Feuer übergeben werden. Dieses Verdammungsurteil ließ er in hebräischer und portugiesischer Sprache drucken und als Flugblatt verbreiten.

Groß war die Aufregung der Amsterdamer Judenheit infolge dieses Schrittes. Chacham Zewi und Mose Chages wurden auf den Straßen von Portugiesen beschimpft und beinahe mißhandelt. Die Erbitterung steigerte sich, als die Prüfungskommission das Urteil in geradem Gegensatze zu Chacham Zewis und Chages' Entscheidung ankündigte, in Chajons Schrift fände sich nichts Anstößiges oder Verfängliches gegen das Judentum; es seien darin nur neue Lehren enthalten, wie in anderen kabbalistischen Schriften. Der Urheber dieses Zerwürfnisses wurde im Triumph in die Hauptsynagoge geführt, wobei mit ihm zur Kränkung der Gegner wahre Abgötterei getrieben wurde.

Aber von auswärts traf Hilfe für Chacham Zewi ein. Diejenigen Rabbiner, deren angebliche Empfehlungsschreiben Chajon seiner Schrift vorgedruckt hatte, erklärten dieselben geradezu als gefälscht. Den tiefsten Eindruck machten die Sendschreiben des allverehrten greisen Rabbiners von Mantua, Leon Brieli, der die häßliche Vergangenheit des Schwindlers nur zu gut kannte, ihn unumwunden entlarvte und dem Verdammungsurteil gegen dessen ketzerische Schrift beitrat. Nichtsdestoweniger blieben die Portugiesen bei ihrem Trotze. Der Friede war aus dieser so musterhaften Gemeinde gewichen, und die Zwietracht pflanzte sich in das Familienleben fort. Es war so weit gekommen, daß Chajon, der Fremdling, gehegt und Chacham Zewi ausgewiesen wurde. Dieser verließ Amsterdam, sei es, daß de Pinto dessen Verbannung bei dem Magistrat durchgesetzt hatte oder daß er, um einer skandalösen Ausweisung zuvorzukommen, sich selbst verbannte (1714).

Indessen konnten seine Gegner, Chajon, Ayllon und de Pinto, ihres Sieges nicht froh werden, der geringfügig scheinende Streit hatte eine große Ausdehnung genommen. Fast sämtliche deutsche, italienische, polnische und auch einige afrikanische Gemeinden mit ihren Rabbinern nahmen für den verfolgten Chacham Zewi Partei und schleuderten Bannstrahle gegen den gewissenlosen Sabbatianer. Alle diese Bannbullen wurden verbreitet. Seine Entlarvung durch Zeugen aus den Ländern, wo seine Vergangenheit nur zu gut bekannt war, trug dazu bei, den betrügerischen Propheten einer neuen Dreieinigkeit vollends zu richten.

Aber die Amsterdamer Portugiesen, wenigstens ihre Führer, ließen ihn noch immer nicht fallen, aus Schamgefühl oder Rechthaberei. Sie sahen indes wohl ein, daß Chajon etwas unternehmen müsse, um den gegen ihn erhobenen Sturm zu beschwören. Sie begünstigten daher seine Abreise nach dem Morgenlande und versahen ihn mit Geld und Empfehlungen an einflußreiche Juden und Christen, die ihn unterstützen sollten, den über ihn von den Rabbinaten in der türkischen Hauptstadt verhängten Bann zu lösen. Die Reise war aber für Chajon dornenvoll; kein Jude ließ ihn in sein Haus oder reichte ihm eine Labung. Wie Kain mußte er fluchbeladen von Ort zu Ort durch Europa flüchten. In Konstantinopel wurde Chajon, sobald er sich blicken ließ, von den Juden gemieden und wie ein Ausgestoßener behandelt; aber die Amsterdamer Empfehlungsbriefe bahnten ihm den Weg zu einem Wesir. Es vergingen indes mehrere Jahre bis sich drei, wahrscheinlich durch den Wesir eingeschüchterte Rabbiner bereit finden ließen, Chajon vom Banne zu befreien. Sie knüpften aber ausdrücklich die Bedingung daran, daß er sich nimmermehr über kabbalistische Punkte lehrend, predigend oder veröffentlichend auslassen würde, und Chajon verpflichtete sich dazu mit einem feierlichen Eide (August 1724) — freilich um ihn gelegentlich zu brechen. Mit einem Schreiben, welches seine Wiederaufnahme in die jüdische Gemeinschaft bezeugte, eilte er nach Europa zu neuen Abenteuern und Schwindeleien.

Inzwischen war der sabbatianische Taumelgeist in Polen erwacht. In Podolien und in der Umgegend von Lemberg war die Giftsaat aufgeschossen, welche der polnische Abenteurer Chajim Malach seit seiner Rückkehr aus der Türkei ausgestreut hatte. Die Führer der polnischen oder podolischen Sabbatianer waren zum Teil ehemalige Genossen des Wanderpredigers Juda Chaßid. Es liegen haarsträubende Zeugnisse von dem Treiben dieser podolischen Sabbatianer vor, daß sie sich im Pfuhl wilder Unkeuschheit und zwar mit frommer, Welt erlösender Miene gewälzt haben, wie ehemals eine gnostische Sekte. Ihre Übertretung und Verachtung des talmudischen Judentums und der Sittlichkeit betrieben sie lange Zeit heimlich, warben aber um Anhänger, predigten und legten zur Deckung ihrer zuchtlosen Theorien den Sohar aus. Wie ihre Sekte sich vergrößerte, lüfteten sie ein wenig ihre fromme Maske, traten kecker auf und wurden vom Lemberger Rabbinat feierlich in der Synagoge bei ausgelöschten Kerzen in den Bann getan.

Aber durch diese Mittel konnte diese Sekte nicht unterdrückt werden. Ihre Glieder waren von einer fanatischen Begeisterung getrieben, den Talmud, gewissermaßen das Lebenselement der polnischen Juden, zu verhöhnen und die Kabbala mit ihrer eigenen Bibel, dem Sohar, an dessen Stelle zu setzen. Heimlich schickten ihre Führer (1725) Sendlinge nach Mähren, Böhmen und Deutschland, um sich mit den geheimen Sabbatianern dieser Länder in Verbindung zu setzen. Unentdeckt durchreisten diese viele Gemeinden. Wer konnte es diesen polnischen Bettelrabbinern ansehen, die talmudisch zu disputieren verstanden und überfromm scheinheilig die Augen verdrehten, welche Gesinnung sie im Innern hegten? Von Prag aus wurde in derselben Zeit eine scheinbar kabbalistische Schrift verbreitet, welche an Verkehrtheit und Gotteslästerung kaum ihresgleichen haben dürfte; die allerunflätigsten Dinge werden darin in talmudischen und soharistischen Redewendungen mit der Gottheit in Verbindung gebracht. Auch diese Schrift entwickelt die Lehre von drei Personen in der Gottheit und deutet an, daß auf einem höheren Standpunkte die Thora und ihre Gesetze keine Bedeutung haben. Es verlautete damals, daß Jonathan Eibeschütz, ein noch junger, scharfsinniger Talmudist Verfasser dieser ebenso empörenden wie abgeschmackten Schrift gewesen sei.

Der Zufall brachte dieses unsaubere Treiben an den Tag. Auf Grund der bei einem dieser Sendlinge gefundenen Schriften und der Zeugenaussagen sprach das Rabbinat von Frankfurt den allerherbsten Bann über denselben, seine Genossen und sämtliche Sabbatianer aus, daß jeder Jude verpflichtet sei, ihr Unwesen ohne Rücksichtnahme aufzudecken. Diesem Banne schlossen sich die Rabbiner mehrerer deutschen Gemeinden an; sie ließen die Bannformel zu jedermanns Kunde in den Synagogen verlesen und durch den Druck verbreiten. Einige hatten es damals auch auf Jonathan Eibeschütz abgesehen, dessen Verbindung mit den wandernden Sabbatianern erwiesen war, ihn in den Bann hineinzuziehen. Aber aus Rücksicht auf seinen Anhang und seine geachtete Familie in Polen unterblieb seine Ächtung. Um jeden Verdacht von sich abzuwälzen, sprach er selbst in der Synagoge den Bann über die Sabbatianer aus.

Gerade in dieser Zeit war Chajon wieder in Europa eingetroffen und vermehrte noch den Schwindel. Um sich vor Verfolgungen zu decken, näherte er sich heimlich den Christen, erlangte Zutritt in der Kaiserburg in Wien, verlästerte die Juden als Verblendete, die den rechten Glauben verschmähten, und gab zu verstehen, daß er ebenfalls sich zur Dreieinigkeit bekenne. Indessen fand er dieses Mal nicht mehr eine so gute Aufnahme. Das Mißtrauen gegen geheime Sabbatianer war erregt und gegen ihn ganz besonders. In Berlin mußte er eine Drohung aussprechen, wenn ihm nicht ein Zehrpfennig zugeschickt würde, sei er entschlossen zur Schande der Juden sich taufen zu lassen. So schleppte sich der arme Schelm bis Amsterdam in der Hoffnung, dort seine enthusiastischen Freunde von ehemals wiederzufinden, aber er hatte sich getäuscht. Alle seine Schwindeleien waren an den Tag gekommen; er wurde in die Ächtung gegen die Sabbatianer mit hineingezogen und in den Bann getan (1726). Chajon konnte sich in Europa nicht mehr behaupten, im Morgenlande war er ebenfalls geächtet, so begab er sich nach Nordafrika, wo er starb.

Sein Sohn trat später als sein Rächer auf; er war zum Christentum übergetreten und verlästerte in Rom am päpstlichen Hofe mit erlogenen oder halbwahren Anschuldigungen die Juden — eine trübselige Zeit der Selbstzerfleischung.

So viele Enttäuschungen und Beschämungen durch Träumer und Betrüger fast ein ganzes Jahrhundert hindurch, alle diese jämmerlichen Vorgänge durch Sabbataï Zewi und seine Prophetenschar und die Bannstrenge gegen sie waren nicht imstande, die kabbalistisch-messianische Schwärmerei ein für allemal zu unterdrücken. Die ungesunden Säfte, welche dem Organismus des Judentums im Laufe der Zeiten zugeführt worden waren, traten als häßliche Ausschläge an die Oberfläche. Die Verderbnis hatte auch schon edle Teile ergriffen. Ein seelenvoller Jüngling, dem die Natur herrliche Gaben verliehen hatte, der bei normalen Verhältnissen eine Zierde geworden wäre, hat, von der allgemeinen Verwilderung ergriffen, diese seine schönen Anlagen durch Phantasterei gemißbraucht und seinerseits der Verkehrtheit Vorschub geleistet. Man kann sich eines wehmütigen Gefühles nicht erwehren, diesen liebenswürdigen Jüngling mit einem idealen Zuge in Verirrung geraten zu sehen, die ihn fast auf eine Linie mit den unsauberen Geistern Malach und Chajon stellten — ein farbenreicher Sonnenstrahl, der in einem Sumpf erlischt.

Mose Chajim Luzzato (geb. 1707, gest. 1747) stammte von sehr wohlhabenden Eltern in Padua. Die zwei alten Sprachen, hebräisch und lateinisch, welche in Italien ein literarisches Bedürfnis waren, die eine unter den Juden, die andere unter den Christen, erlernte Luzzato in zarter Jugend. Beide befruchteten seine natürlichen Anlagen; die lateinische Sprache öffnete ihm das Reich des Schönen und die hebräische die Pforten des Erhabenen. Luzzatto besaß eine zart besaitete Dichterseele, eine Äolsharfe, die jeder Lufthauch in harmonisch wohltönende Schwingungen versetzt. Seine poetische Begabung zeigte zugleich Kraft und Lieblichkeit, Fülle der Phantasie und Bilderreichtum, gepaart mit Ebenmaß. Man legt gewöhnlich die hebräische Sprache zu den Toten. In Luzzatto war sie lebensvoll, frisch, jugendlich und wohlklingend.

Unvergleichlich begabter als Joseph Penso de la Vega dichtete Luzzato wie dieser im siebzehnten Lebensjahre ein Drama aus der biblischen Welt: Simson und die Philister. Diese Jugendarbeit läßt bereits den vollendeten Meister ahnen. Ehe Luzzato noch das zwanzigste Jahr erreicht hatte, dichtete er hundertundfünfzig Psalmen, die nur Nachbildung des alten Psalters sind, aber Reinheit und Innigkeit der Sprache atmen. In derselben Zeit hat er ein zweites hebräisches Drama geschaffen „Der hohe Turm oder die Harmlosigkeit der Tugendhaften“

in vier Aufzügen, in schönem Versbau, wohllautender Sprache und anmutigen Bildern, aber arm an Gedanken, von italienischen Mustern abhängig. Er schritt noch auf Stelzen.

Dieser Segen, die Leichtigkeit und Gewandheit, ureigene und überkommene Gedanken in eigene und fremde Formen zu kleiden, sein Gestaltungstrieb, verwandelten sich für ihn in einen Fluch. Eines Tages überkam ihn die Lust, auch die dunkele Sprache des Sohar nachzubilden, und es gelang ihm damit ebenso gut, wie mit den Psalmen. Dieses Gelingen erfüllte ihn mit Schwindel und führte ihn auf Abwege. Er bildete sich ein, sein eigenes Gestaltungsvermögen stamme nicht aus seiner Begabung, sondern sei, dem Sohar gleich, das Erzeugnis einer höheren Eingebung. Warum sollte nicht auch er dieser göttlichen Gnadengabe gewürdigt sein? Er lebte in der Täuschung, daß ein göttlicher Geist ihm den tiefen Einblick in die Kabbala erschlossen, die Rätsel gelöst, den Knäuel entwirrt hätte. Als seine Meisterschaft in Nachbildung des Soharstiles erkannt wurde, suchten einige venetianische Kabbalisten den jungen Wundermann auf und bestärkten ihn in seiner Schwärmerei. Mose Chages, der als Ketzerriecher oder Ketzermeister galt, und einige Rabbiner bedrohten ihn und die Paduaner Gemeinde mit dem schwersten Banne, wenn er seine Geisterseherei und sein mystisches Treiben nicht einstellen würde. Luzzato blieb aber dabei, Gott habe ihn so wie viele vor ihm auserkoren, ihm seine Geheimnisse zu verkünden. So lange er in Wohlstand lebte und von Freunden umgeben war, hatten die venetianischen Rabbiner seinem Treiben gegenüber eine außerordentliche Nachsicht gezeigt; nachdem aber seine Familie ins Unglück geraten und der Verarmung nahe war, konnten sie nicht genug Steine auf ihn werfen. Die Mitglieder des Venetianer Rabbinats sprachen den Bann über ihn aus und verurteilten seine Schriften zum Feuer (1734). Der unglückliche gebannte Phantast mußte zum Wanderstabe greifen, Eltern, Frau und Kind verlassen. Mehr noch als dieses schmerzte ihn die Trennung von seinen kabbalistischen Genossen.

Tief gedemütigt und um seine Hoffnung betrogen, begab sich Luzzato nach Amsterdam. Hier lächelte ihm wieder ein Sonnenblick. Die portugiesische Gemeinde nahm ihn freundlich auf und setzte ihm einen Gehalt aus. Im Hause eines portugiesischen Reichen Mose de Chaves fand er gastfreundliche Aufnahme und unterrichtete dessen Sohn. Um aber unabhängig zu sein, verlegte er sich gleich Spinoza auf das Schleifen von optischen Gläsern. Das führte ihn dahin, auch Physik und Mathematik zu treiben.

Neben seiner vielseitigen Beschäftigung mit der Kabbala für seinen Geist und mit Gläserschleifen für seine leibliche Existenz lieferte Luzzato (1743) der neuhebräischen Poesie ein Kunstwerk, wie sie kein zweites aufzuweisen hat, ein in Form, Sprache und Gedanken vollendetes Drama, ein Denkmal seiner reichen Begabung. Unter der bescheidenen Form eines Gelegenheitsgedichtes zur Hochzeitsfeier seines Jüngers Jakob de Chaves mit der edeln Jungfrau Rahel da Vega Enriques veröffentlichte er seine dramatische Schöpfung: „Ruhm den Tugendhaften" (La-Jescharim Tehilla). Der Dichter hatte inzwischen Gelegenheit genug gehabt, angenehme und unangenehme Erfahrungen zu sammeln, einen Blick in das vielfach verschlungene Leben der Wirklichkeit zu werfen, hatte die große Menge sattsam kennen gelernt, wie sie gleich einem Rohr im Wasser schwankend und in den Banden des Betruges gefangen ist, gegen deren Unbelehrbarkeit und Schwächen die Weisheit selbst nichts vermag, wie die Torheit, mit Unwissenheit gepaart, sich über die Söhne des Geistes lustig macht und über deren Beschäftigung lacht. Luzzato hatte es selbst erkannt, das List und Hochmut in engster Verbindung dem Verdienste seine Krone rauben und sie sich selbst aufsetzen. Nichtsdestoweniger lebte er der Überzeugung, daß das verkannte und geschmähte Verdienst zuletzt den Sieg davon tragen, und die Anerkennung (der Ruhm) ihm als Braut zu teil werden wird, wenn er sich nur von der Vernunft und ihrer Dienerin, der Geduld, leiten läßt.

Diese Gedankenreihe kleidete Luzzato in seine dramatische Parabel, verlebendigte sie und ließ sie durch den Mund der redenden Personen in Ein- oder Zwiegesprächen verkünden. Freilich ein Drama im strengen Sinne ist Luzzatos Kunstwerk nicht. Die auftretenden Personen haben nicht Fleisch und Blut, sondern sind kalte Begriffe; die Vernunft und die Torheit, das Verdienst und der Betrug sind in Szene gesetzt. Die dramatische Handlung ist gering; es ist eigentlich nur ein schöner Kranz von Versen. Was hätte Luzzato leisten können, wenn er sich von der Phantasterei der Kabbala hätte loswinden können? Aber sie hielt seinen Geist in engen Banden gefangen und zog ihn nicht lange nach Vollendung seines Dramas nach Palästina. Hier gedachte er ungehindert den Eingebungen seiner aufgeregten Phantasie lauschen, oder eine messianische Rolle spielen zu können. Aber ehe er sich Bahn brechen konnte, raffte ihn die Pest im vierzigsten Lebensjahre hin (1747). Seine Leiche wurde in Tiberias beigesetzt. Die beiden größten neuhebräischen Dichter, Jehuda Halevi und Luzzato sollten in hebräischer Erde ruhen.

Der Pfuhl, welcher sich in der Judenheit seit Jahrhunderten seit der Ächtung der Forschung und dem Siege ihrer Feindin, der Kabbala, angesammelt hatte, wurde immer mehr aufgewühlt und besudelte Reine und Unreine. Jener Taumelgeist des eitellügnerischen Messias von Smyrna war mit der Ächtung Chajons und der polnischen Sabbatianer noch immer nicht gebannt, er drang auch in Kreise ein, die bis dahin ihm unzugänglich schienen. Das Rabbinertum, auf die praktische und dialektische Auslegung des Talmuds angewiesen, hatte bisher der Kabbala keinen ebenbürtigen Zutritt eingeräumt. nur hier und da wie verstohlen etwas von ihr angenommen. Der sabbatianischen Ketzerei hatten sich die Rabbiner zuletzt entgegengestemmt und sie verwünscht. Aber ein tonangebender Rabbiner ließ sich mit ihr ein, legte ihr Wichtigkeit bei und beschwor solchergestalt einen Kampf herauf, wodurch Zucht und Ordnung aufgelöst und der Sinn für Wahrheit und Recht noch mehr abgestumpft wurde. Die Verwilderung erreichte durch diesen den höchsten Grad.

Jonathan Eibeschütz oder Eibeschützer (geb. in Krakau 1690, gest. in Hamburg 1764) stammte aus einer polnischen Kabbalistenfamilie. Mit einem außergewöhnlichen scharfsinnigen, haarscharfen Verstand und einem eisernen Gedächtnisse begabt, fiel der junge Jonathan der regellosen Erziehung oder vielmehr der Verwilderung der Zeit anheim, die ihm nur zwei Stoffe für seine Gehirnarbeit zuführte, das weitausgedehnte Gebiet des Talmuds mit seinen labyrinthischen Irrgängen und die berückende Kabbala mit ihren klippenreichen Untiefen. Das eine bot seinem nüchternen Verstande und das andere seiner ungeregelten Phantasie reiche Nahrung. Nehemia Chajon scheint auf den jungen Eibeschütz bei seiner Anwesenheit in Prag einen tiefen Eindruck gemacht zu haben. In Abraham Miguel Cardosos Schriften vertiefte er sich, obwohl sie öffentlich verketzert worden waren. Den lästerlichen Hauptgedanken dieser und anderer Sabbatianer hat Eibeschütz in sich aufgenommen, daß der höchste Gott, die erste Ursache, mit dem Weltall in keinerlei Verbindung stehe, sondern eine zweite Person in der Gottheit, der Gott Israels genannt, habe die Welt erschaffen, das Gesetz für Israel geoffenbart. Er scheint aber auch den Konsequenzen dieser ketzerischen Theorien gehuldigt zu haben, daß Sabbataï Zewi, der Messias, die zweite Person der Gottheit in sich verkörpert habe, und daß durch dessen Erscheinen die Bedeutung der Thora aufgehört habe.

Eibeschütz hatte aber keinen so festen Carakter und keine entschiedene Gesinnung, um sein inneres Denken mit seinem Tun in Gleichklang zu setzen. Mit dem rabbinischen Judentum offen zu brechen, sich als ein Gegentalmudist, wie mehrere polnische Sabbatianer es getan haben, mit der Gesamtjudenheit zu überwerfen, lag nicht in seinem Wesen. Er war zu praktisch, klug und auch zu bequem, um sich den Unannehmlichkeiten eines solchen Bruches auszusetzen. Auch liebte er den Talmud und die rabbinische Literatur als Nahrung für seinen Witz, er konnte sie nicht missen.

Im einundzwanzigsten Lebensjahre stand Eibeschütz bereits in

Prag einem Lehrhause vor, und eine Schar von Scharfsinn liebenden Talmudjüngern hing an seinen Lippen und bewunderte seine anregende, gewissermaßen mit den Schwierigkeiten spielende Lehrweise. Seine Zuhörer fesselte und begeisterte er durch sein freundliches, man möchte fast sagen, studentisches Wesen, durch seinen sprudelnden Witz und seine treffenden Ausfälle. Daher mehrte sich mit jedem Jahr die Zahl seiner Zuhörer und belief sich auf Tausende, die ab- und zugingen. Seine verbreitete Autorität und seine große Jüngerzahl schützten ihn vor dem Bannspruch gegen die Sabbatianer, mit denen er erwiesenermaßen in engster Verbindung stand.

So ganz und gar vergessen war indes Eibenschütz' ketzerische Haltung in seiner Jugend doch nicht. Als die Rabbinatsstelle in Metz besetzt werden sollte, und er sich darum bewarb, erschien die greise verwitwete Rabbinerin in der Sitzung des Vorstandes und warnte ihn, ihrem verstorbenen Gatten und anderen frommen Rabbinern, seinen Vorgängern, nicht im Grabe diese Schande anzutun, ihnen einen sabbatianischen Ketzer zum Nachfolger zu bestimmen. Diese feierliche Warnung machte einen solchen Eindruck, daß seine Wahl fallen gelassen wurde. Durch den Eifer seiner Bewunderer wurde er indes später doch gewählt. Ehe er aber die Stelle antrat, entbrannte der österreichische Erbfolgekrieg oder der Kampf zwischen dem jugendlich aufstrebenden Preußen unter Friedrich dem Großen und dem bereits gealterten Österreich unter Maria Theresia. Ein französisches Heer im Bunde mit Preußen und dem Gegenkaiser Karl VII. hielt Prag besetzt. Die systematisch verdummte Bevölkerung in Böhmen und Mähren hegte den Wahn, als ob die Juden es verräterisch mit dem Feinde hielten. Es hieß, Friedrich der Große, der protestantische Ketzer, sei ein besonderer Gönner der Juden. In Mähren entstanden daher in der Gegend, wohin die Preußen noch nicht gedrungen waren, leidenschaftliche Wutausbrüche gegen die Juden. Ein österreichischer Feldmarschall in Mähren, von demselben Wahn befangen oder ihn heuchelnd, erließ ein hartes Dekret (1742), daß die wenig zahlreichen Gemeinden innerhalb sechs Tagen 50 000 Gulden Rheinisch bar nach Brünn abliefern sollten, „widrigenfalls sie sämtlich geplündert und niedergemacht werden würden". Durch die aufopfernde Bemühung zweier Männer der Wiener Gemeinde, Barons de Aguilar und des reichen Rabbiners Isaschar Berusch Eskeles, hob die Kaiserin Maria Theresia dieses Dekret auf.

Jonathan Eibeschütz, zum Rabbiner von Metz erwählt, hatte sich unbesonnen an die in Prag eingezogenen Franzosen angeschmiegt, entweder aus Eitelkeit oder um sich das Rabbinat in Metz zu sichern. Er erhielt von dem französischen Kommandanten einen Geleitsbrief, ungefährdet nach Frankreich zu reisen, erregte aber bei der böhmischen Bevölkerung den Verdacht verräterischen Einverständnisses mit dem Feinde. Nach Abzug der Franzosen (Ende 1742) wurde von der österreichischen Behörde eine Untersuchung gegen Eibeschütz' Verhalten eingeleitet, und sein Vermögen, so weit es nicht von den Panduren geplündert war, mit Beschlag belegt. In den Verdacht der Verräterei gegen den Staat wurden später sämtliche böhmische und mährische Juden hineingezogen. Die erzkatholische Kaiserin, welche zugleich gemütlich und hartherzig war, erließ ein Dekret (1744 für Böhmen, 1745 für Mähren), sämtliche Juden dieser beiden Kronländer binnen kurzem „aus mehrerlei triftigen Ursachen" auszuweisen; wer nach dieser Frist betroffen würde, sollte mit „militärischer Hand ausgeschafft" werden. Mit diesem Dekret wurde auch grausiger Ernst gemacht. Die Lage der böhmischen und mährischen Juden war traurig. Wohin sollten sie sich wenden? Im achtzehnten Jahrhundert wurden die Juden nicht mehr wie früher wegen ihrer Kapitalien gesucht und aufgenommen. Ihre Habseligkeiten waren ohnehin durch den Krieg größtenteils vernichtet. Als fühlte Eibeschütz, daß er einige Schuld an ihrem Unglück hatte, gab er sich Mühe, ihnen einige Erleichterung zu verschaffen. Er richtete von Metz aus Schreiben an die wohlhabenden marranischen Gemeinden in Bayonne und Bordeaux, ihnen Unterstützung zukommen zu lassen, und an die römische Gemeinde, sich für ihre unglücklichen Brüder beim Papst zu verwenden. Das alles war aber nicht von großer Bedeutung. Wirksamer scheint die Verwendung de Aguilars, Berusch Eskeles, und anderer Wiener Hofjuden beim Hofkreise gewesen zu sein. Auch christliche Menschenfreunde redeten ihnen das Wort, und die Gesandten von Holland und England und der anderen Höfe verwendeten sich sehr warm und eindringlich für sie. Die Anschuldigung verräterischen Einverständnisses mit dem Feinde während des Krieges konnte leicht widerlegt werden. Nach mehrjährigem Sträuben gestattete ihnen die Kaiserin auf Antrag der Stände „da durch Abzug derselben dem Lande ein Verlust von vielen Millionen drohte", den Aufenthalt, vorläufig auf noch zehn Jahre, aber unter entsittlichenden Bedingungen. Sie sollten eher vermindert, als vermehrt werden; ihre Zahl wurde festgesetzt. Nur der älteste Sohn durfte eine Familie bilden, in Böhmen wurden etwa 20 000 und in Mähren 5100 Familianten (wie sie genannt wurden) geduldet. Jene mußten jährlich etwa 200 000 Gulden an die kaiserliche Kasse liefern. Diese Beschränkungen haben sich bis zum Umwälzungsjahr 1848 erhalten. Jonathan Eibeschütz wurde mit Recht oder Unrecht als Landesverräter erklärt, und es wurde ihm untersagt, je den österreichischen Boden zu betreten.

Er fühlte sich in Metz, wo er mehrere Jahre als Rabbiner fungierte, nicht sehr behaglich; ihm fehlte dort überhaupt die lärmende und disputierende Schar junger Bewunderer, ein großer Schauplatz, um seinen Talmudwitz leuchten zu lassen. In Frankreich wurden nicht soviel Talmudjünger aus Polen und Deutschland zugelassen. Es war daher verzeihlich, daß er sich um das Rabbinat der Drei-Gemeinden (Altona, Hamburg und Wandsbeck) eifrig bewarb. Durch die Bemühung seiner Verwandten und Bewunderer und durch seinen Ruf als der bedeutendste Talmudist und Wundertäter fiel die streitige Wahl auf ihn. Da die Juden dieser Städte noch die eigene Zivilgerichtsbarkeit hatten, welche auf dem rabbinischen Gesetze beruhte, so suchten sie einen scharfsinnig juristischen Rabbiner und konnten nach dieser Seite keine bessere Wahl treffen. Aber mit seinem Einzuge in Altona (Anfang September 1750) zog ein böser Geist mit ein, der nicht bloß diese Drei-Gemeinden, sondern die deutsche und polnische Judenheit zerrüttete. Indessen ist Eibeschütz, wenn auch der Hauptschuldige, doch nicht allein dafür verantwortlich zu machen; die ganze Zeitrichtung war seine Mitschuldige.

Zur Zeit als Eibeschütz das Rabbinat übernahm, herrschte in diesen Gemeinden eine peinliche Aufregung. Es waren innerhalb eines Jahres mehrere junge Frauen in Kindesnöten gestorben. Jede Frau im Zustande der Mutterschaft sah mit zunehmender Angst der heranrückenden Stunde entgegen. Mit Sehnsucht wurde daher der neue Rabbiner erwartet, den Würgengel, der sich junge Frauen zu seinem Opfer ausersehen hatte, zu bannen. Galt damals jeder Rabbiner als ein Beschützer gegen allerhand Übel, als eine Art Magier, so erwarteten die Hamburger und Altonaer Frauen noch viel mehr von Jonathan Eibeschütz, den seine Bewunderer als den vollkommensten Rabbiner und als Wundertäter ausposaunt hatten. Wie sollte er diesen gespannten Erwartungen entsprechen? Selbst wenn er gesinnungstüchtiger gewesen wäre, hätte Eibeschütz zu einer Mystifikation greifen müssen, um sein Ansehen in seinem neuen Amte zu behaupten. Er schrieb daher gleich bei seiner Ankunft Talismane, Geisterbannzettel (Kameen) für die zitternden Frauen und ließ noch anderen Hokuspokus veranstalteten. Solche Amulette hatte er schon früher in Metz und anderweitig verteilt. Von dort war aber bereits ein Gerücht nach Altona gedrungen, daß Eibschütz' Talismane ganz anderer Art wären, als sie sonst zu sein pflegten, daß sie einen sabbatianisch-ketzerischen Anstrich hätten. Aus Neugierde wurde ein vom Oberrabbiner Jonathan Eibeschütz erteiltes Amulett in Altona geöffnet, und was fand man darin? „O Gott Israels, der Du in der Zierde Deiner Macht wohnst (kabbalistische Anspielung), sende durch das Verdienst Deines Knechtes Sabbataï Zewi Heilung für diese Frau, damit Dein Name und der Name des Messias Sabbataï Zewi in der Welt geheiligt werde.“ Man weiß nicht, was größer war, Eibeschütz' Dummgläubigkeit und Anhänglichkeit an den vom Judentum abgefallenen Schwindler von Smyrna oder seine Frechheit oder sein sorgloser Leichtsinn, sich so bloß zu stellen. Allerdings hatte er die Wörter ein wenig entstellt, gewisse Buchstaben mit anderen vertauscht; aber er mußte doch wissen, daß der Schlüssel zu diesem Rätsel leicht zu finden war. Diese Mystifikation blieb natürlich nicht verschwiegen; die Amulette gelangten in die Hände Jakob Emdens, eines begüterten Privatrabbiners in Altona, eines Sohnes von Chacham Zevi und gleich diesem ein Ketzerriecher. Ihm blieb kein Zweifel, daß Eibeschütz noch immer der sabbataïschen Ketzerei nachhing. Aber so sehr er sich auch freuen mochte, Gelegenheit gefunden zu haben, sein Ketzerrichteramt auszuüben, so stutzte er doch anfangs vor den Folgen. Wie sollte er den Kampf mit einem Manne aufnehmen, der einen ausgebreiteten Ruf als der gelehrteste Talmudist hatte, dessen zahlreiche Jünger — man sagte mehr als 20 000 — bereits Rabbinate, Gemeindeämter und einflußreiche Stellungen einnahmen, bereit, eine Phalanx um ihn zu bilden und alles zu seinem Schutze aufzubieten? Aber die Sache konnte auch nicht unterdrückt werden. Die Vorsteher mußten Eibeschütz darüber befragen, und er erteilte elende Ausflüchte. Nichtsdestoweniger mußte der Vorstand, gleichviel ob er Eibeschütz' Worten Glauben schenkte oder nicht, die Sache tot machen. Als nun Emden in seiner Synagoge in feierlicher Weise den Sachverhalt erklärte, daß er den Schreiber der Amulette für einen sabbatianischen Ketzer halte, der den Bannfluch verdiene, daß er zwar damit nicht den Oberrabbiner als Verfasser beschuldigen wolle, daß dieser aber verpflichtet sei, sich von dem Verdachte zu reinigen, glaubte der Vorstand der Drei-Gemeinden in vollem Rechte zu sein, Emden, dem angeblich gemeinen Verläumder, die Weisung zugehen zu lassen, Altona zu verlassen. Da dieser sich auf sein ihm erteiltes königliches Privilegium berief, vereinsamte, schikanierte und verfolgte man ihn rücksichtslos. Dieses Verfahren reizte Emden nur zu noch größerem Eifer. Inzwischen liefen Schreiben von Metz mit anderen Amuletten ein, die Eibeschütz dort ausgeteilt und deren Echtheit er selbst anerkannt hatte, welche sonnenklar bekundeten, daß er tatsächlich Sabbataï Zewi als Messias und Heiland verehrt hat.

Nach und nach verurteilten mehrere Rabbiner deutscher Gemeinden den Inhalt der Amulette als sabbatianische Ketzerei. Nur in Mähren und Polen fand Eibeschütz Parteigänger. In nicht wenigen Gemeinden entstanden dadurch Reibungen und häßliche Feindseligkeiten zwischen seinen Gegnern und Verehrern. Auf der Vierländersynode in Polen, welche ein Urteil über diese Frage abgeben sollte, ging es wildlärmend zu. Als einige Rabbiner Eibeschütz wegen Ketzerei in den Bann legten, sprachen seine Verehrer in Polen über diese den Bann aus, weil sie einen Talmudisten ersten Ranges der Verleumdung und Verachtung preisgegeben. Infolge des ungerechten Verfahrens des Altonaer Vorstandes wider einen seiner Gegner, wandten diese sich an den König Friedrich I. von Dänemark, Erben von Holstein, und legten ihm eine beglaubigte Übersetzung der verdächtigten Amulette vor. Darauf legte der König dem Vorstande eine Geldstrafe auf und forderte Eibeschütz auf, sich gegen die Anschuldigung der Ketzerei zu rechtfertigen. Dieser war aber schlau genug, die für ihn ungünstige Entscheidung in eine günstige zu verwandeln und den König zu bestimmen, den Amulettenprozeß niederzuschlagen und ihn als Rabbiner zu bestätigen. Das machte ihm aber nur noch mehr Feinde. Mehrere seiner Anhänger, ehemalige Vorsteher, sagten sich von ihm los und brandmarkten ihn ihrerseits nicht bloß als Ketzer, sondern als Ränkeschmied. Diese Gegner klagten von neuem beim König über die seinetwegen eingerissene Zwietracht in den Gemeinden; sie könnten in ihren Prozessen kein unparteiisches Urteil von ihm erhalten, da er sich bei seinem Rechtsspruch von Haß und Leidenschaft leiten ließe. Auf diese Klage wollte sich der gerechte König endlich völlige Gewißheit über den Stand der Sache verschaffen, ob Eibeschütz wirklich ein arger Ketzer sei, oder eine verfolgte Unschuld.

Zu diesem Zwecke forderte er ein Gutachten über die Amulette von hebräisch-kundigen christlichen Professoren und Theologen ein (Anfang 1755). Diese Wendung machte Eibeschütz unruhig. Die Schrift eines Professors und Pastors David Friedrich Megerlin, scheinbar zu Eibeschütz' Gunsten, rettete ihn in den Augen des Königs, brandmarkte ihn aber desto mehr in den Augen der Judenheit. Megerlin glaubte den Schlüssel zu den rätselhaften Eibeschützischen Amuletten gefunden zu haben; die angefochtenen Buchstaben, welche die Gegner auf Sabbataï Zewi deuteten, seien nichts anders als eine mystische Anspielung auf Jesus Christus. Der Oberrabbiner von Altona und Hamburg sei im Herzen dem christlichen Glauben zugetan, so behauptete Megerlin, er wage nur nicht aus Furcht vor den Juden offen damit hervorzutreten. Er forderte den König von Dänemark auf, Eibeschütz gegen die Verfolgungen seitens der Juden zu schützen und ganz besonders ihm zum Schilde gegen Jakob Emdens Verleumdungen zu dienen, der in ihm den Christen hasse und verfolge, wie es sein Vater mit dem heimlichen Christen Chajon getan habe. In seiner Narrheit ermahnte Megerlin mit ernsten Worten Eibeschütz, die Maske fallen zu lassen, das Rabbinat der Drei-Gemeinden aufzugeben und sich taufen zu lassen. Er richtete gelegentlich ein Sendschreiben an die Juden, eine allgemeine Rabbinerversammlung zu veranstalten und dem Christentum die Ehre zu geben. Hätte Eibeschütz einen Funken Ehrgefühl gehabt, so hätte er diese ihm angedichtete Gesinnung, heimlich zum Christentum zu halten, zurückweisen müssen, selbst auf die Gefahr hin, die Gunst des Königs zu verlieren. Er schwieg dazu, zog aber den Nutzen davon. Denn Megerlins Beweisführung, so närrisch sie auch ist, überzeugte den König Friedrich. Er hob die über Eibeschütz schwebende Suspension vom Amte auf und dekretierte, daß die Juden der Altonaer Gemeinde ihm Gehorsam zu leisten haben (1756). Auch der Hamburger Senat erkannte ihn wieder als Rabbiner der deutschen Gemeinde an. Eibeschütz jubelte. Seine Bewunderer bereiteten ihm eine feierliche Genugtuung. Der sechsjährige Streit, welcher alle häßlichen Leidenschaften unter den Juden von Lothringen bis Podolien und von der Elbe bis zum Po aufgeregt hatte, endete scheinbar mit einem Tanze. Aber in derselben Zeit erlitt Eibeschütz auf einer anderen Seite eine Niederlage; sie brandmarkte ihn in den Augen derer, welche ihm noch das Wort geredet und für ihn eingetreten waren.

Als hätten die Tatsachen seine Behauptungen Lügen strafen wollen, die er durch sein Mundstück, seinen ehemaligen Jünger, den zum Christentum übergetretenen akademischen Lehrer Karl Anton, aufstellen ließ, es gäbe keine Sabbatianer mehr, erhoben solche gerade in derselben Zeit ihr Schlangenhaupt und züngelten mit ihrem giftigen Munde gegen die Anhänger des talmudischen Judentums. Die Saat, welche Chajim Malach in Polen ausgestreut hatte, war durch die Bannflüche der Rabbiner nicht unterdrückt. Sie hatten nur die Wirkung, daß die Sabbatianer sich tot stellten, dabei aber im Stillen ihr Wesen trieben und Anhänger warben. Einige Städte in Podolien waren voll von Talmudisten, die mit der sabbatianischen Theorie den Talmud verhöhnten, die Satzung des Judentums verwarfen und unter der Maske strengfrommer Übungen unkeuschen Wandel trieben. Die Wirrnisse, welche die Eibeschützische Zwistigkeit auch nach Polen verpflanzte, als eine Partei die andere angab und verfolgte, ermutigten die podolischen Sabbatianer sich aus ihrem Versteck hervorzuwagen und ihre Masken ein wenig zu lüften.

Doch fehlte es ihnen an einem mutigen Führer. Dieser fand sich ein, und mit seinem Auftreten begann eine neue Bewegung von widerwärtigem Charakter, welche die ganze polnische Judenheit in große Aufregung und Verzweiflung versetzte. Es war der berüchtigte Jakob Frank oder, wie er eigentlich hieß, Jankiew Lejbowitz (geb. 1720, gest. 1791), einer der verschmitztesten und betrügerischsten Menschen des achtzehnten Jahrhunderts, noch viel schlauer und abenteuerlicher als Chajon, der die Klügsten zu täuschen und seine Betrügereien so gut zu verhüllen wußte, daß viele ihn nach seinem Tode als einen trefflichen Mann bewunderten und ihn zum interessanten Helden von Romanen machten. Betrügen verstand er schon in der Jugend. Er selbst rühmte sich später, wie er seinen Vater beschwindelt habe. Auf Reisen in der Türkei war er in Salonichi mit den dortigen Sabbatianern oder jüdischen Moslems, den Dönmäh, in Verbindung getreten. Er wurde Türke, wie er später römisch-katholisch und griechisch-katholisch wurde, so lange es seinem Zweck diente. Er wechselte die Religion, wie man ein Kleid wechselt. Von seinem längeren Aufenthalt in der Türkei erhielt er den Namen Frank oder Frenk. Die messianische Verrücktheit legte er sich nach der Kabbala zurecht, vermöge welcher die aufeinanderfolgenden Messiasse nicht Schwärmer oder Betrüger gewesen wären, sondern die Verkörperung einer und derselben Messiasseele. Der König David, der Prophet Elia, Jesus, Mohammed, Sabbataï Zewi und seine Nachfolger bis auf Berechja, wären lediglich eine und dieselbe innerliche Persönlichkeit gewesen, die nur verschiedene Leibeshüllen angenommen habe. Warum nicht auch er selbst? Er wußte sich mit einem mysteriösen Glorienschein zu umgeben. Die Umstände waren ihm außerordentlich günstig. Er kam in den Besitz von Vermögen und einer sehr schönen Frau aus Nikopolis, deren er sich zur Anlockung von Anhängern bedient haben soll. Er sammelte nach und nach ein kleines Gefolge von türkischen und walachischen Juden um sich, die seine lockeren Grundsätze teilten und ihn für ein höheres Wesen hielten.

Frank scheint Kunde von der Spaltung erhalten zu haben, welche infolge der Eibeschützischen Wirren in Polen entstanden war, und er glaubte den günstigen Zeitpunkt benutzen zu müssen, um die podolischen Sabbatianer um sich zu sammeln und unter ihnen wie durch sie eine Rolle zu spielen. Er kam plötzlich nach Polen (Nov. 1755) und bereiste viele Städte, wo heimliche Sabbatianer wohnten. Sie fielen gewissermaßen einander in die Arme. Frank brauchte eine Gefolgschaft, und sie suchten einen Führer. Diesen offenbarte sich Frank als Sabbataïs Nachfolger, oder was dasselbe bedeutete, als die wiedergeborene Seele des sabbatianischen Hauptes Berechja. Von seinen Anhängern ließ er sich „der heilige Herr“ nennen. Vermöge seiner Teilhaftigkeit an Gott vermöge der Messias alles, auch Wunder zu tun. Frank tat auch Wunder nach dem Glauben seiner Anhänger, die er in seinem Gefolge mit sich führte, und die er in Polen um sich scharte. Sie glaubten so fest an seine göttliche Natur, daß sie mystische Gebete in der Soharsprache an ihn richteten, mit denselben Formeln, welche die Salonicher Dönmäh an Jakob Querido und Berechja zu richten pflegten. Kurz, Frank bildete aus den podolischen Sabbatianern eine eigene Sekte, die man mit seinem Namen Frankisten nannte. Es war eine eigentümliche Sekte. Ihr Stifter lehrte seine Adepten, sich Reichtümer selbst auf betrügerischen und krummen Wegen zu erwerben. Betrug sei weiter nichts als ein geschickter Kunstgriff. Ihre Hauptaufgabe ging zunächst dahin, das rabbinische Judentum aufzulösen, den Talmud zu bekämpfen und zu vernichten.. Diese Aufgabe erfüllten sie mit Leidenschaftlichkeit. Sie setzten den Sohar dem Talmud entgegen, als wenn der angebliche Offenbarer des Sohar, Simon Ben-Jochaï, vor alter Zeit den Talmud bekämpft und ihn als Fälscher des Judentums angeklagt hätte. Im Sohar allein sei die wahre Lehre Moses enthalten. Seine Anhänger nannten sich daher Sohariten und Contratalmudisten. Mit einem gewissen kindischen Trotz taten sie gerade dasjenige, was das rabbinische Judentum streng verpönt, auch in betreff der Ehe und Keuschheitsgesetze. Unter diesen kontratalmudinischen Frankisten befanden sich auch Rabbiner und sogenannte Prediger, Jehuda Leb Krysa, Rabbiner von Nadworna, und der Rabbiner Nachman Ben-Samuel Levi von Busk. In besonderem Ansehen unter den polnischen Sabbatianern oder Frankisten stand Elisa Schor von Rohatyn, ein bereits bejahrter Mann, ein Abkömmling von bedeutenden polnischen Rabbinern. Er, seine Söhne, seine Tochter Chaja (welche den Sohar auswendig gekonnt, sich herausfordernd benommen haben soll und als Prophetin galt), seine Enkel und seine Schwiegersöhne, sie alle waren von früher her eingefleischte Sabbatianer, denen es einen Kitzel verursachte, die rabbinischen Vorschriften zu verhöhnen.

Eines Tages wurde Frank mit etwa zwanzig Anhängern in Laskorun bei einem Konventikel überrascht. Sie hatten sich mit ihm während einer Jahrmarktszeit bei einem gesinnungsgenössischen Wirt in einem Wirtshause eingeschlossen und das Eingangstor verrammelt, um ungestört und unbelauscht ihr Wesen zu treiben. Was hatten sie zu verheimlichen? Die Frankisten sagten aus, sie hätten weiter nichts, als gewisse Lieder in der Soharsprache gesungen. Ihre Gegner behaupteten aber, sie hätten um ein halbnacktes Frauenzimmer einen orgiastischen Tanz aufgeführt und es geküßt. Die Heimlichkeit lenkte die Aufmerksamkeit der Juden von Laskorun und der Fremden, welche zum Jahrmarkt anwesend waren, auf Frank und seinen Anhang. Es versammelten sich viele um das Wirtshaus, um einzudringen, und machten bei der Polizei Anzeige, daß ein Türke sich in Podolien eingeschlichen habe, um die Juden zur mohammedanischen Religion und zur Auswanderung nach der Türkei zu verleiten, und daß diejenigen, welche sich ihm angeschlossen haben, eine adamitische, d. h. unzüchtige Lebensweise führten. Die Polizei schritt ein, ließ die verrammelte Tür einschlagen und hob das frankistische Nest aus. Frank mußte als Ausländer entlassen werden, aber die podolischen Frankisten wurden in Gewahrsam gehalten. Der Vorfall machte Aufsehen, wurde vielleicht geflissentlich übertrieben. Wie ein Lauffeuer durchflog die Nachricht von der frechen Verhöhnung der Religion und Sittlichkeit in Polen das rabbinische Judentum. Entsetzen ergriff die Frommen. Die Rabbiner und Vorsteher wendeten sofort die gewöhnlichen Mittel gegen die Übertreter an, Bannflüche und Verfolgung. Auf die verkappten Ketzer wurde Jagd gemacht. Durch große Summen gewonnen, standen die polnischen Behörden den Verfolgern kräftig bei. Die jungen Frankisten, welche in schlimmer Lage waren, zeigten Reue und legten offene Geständnisse ihrer Untaten ab, die, mögen sie genau oder übertrieben gewesen sein, ein trauriges Bild von der Gesunkenheit großer jüdischer Kreise in Polen geben. Vor dem Rabbinate in Satanow in öffentlicher Sitzung sagten mehrere Männer und Frauen von sich und ihren Genossen aus, daß sie Unzucht, Ehebruch, Blutschande und andere Frechheiten getrieben haben, und das alles nach mystischkabbalistischer Theorie.

Infolge dieser Zeugnisse wurde in Brody (1756) ein feierlicher Bann mit Auslöschen brennender Kerzen über die Frankisten ausgesprochen, daß sich niemand mit ihnen verschwägern dürfte, daß ihre Söhne und Töchter als in Ehebruch erzeugte Bastarde zu behandeln seien, und daß auch die nur Verdächtigen nicht zu einem religiösen Amte oder zum Lehrfache zugelassen werden sollten. Jedermann sei verpflichtet, heimliche Sabbatianer zu entlarven. Dieser Bannspruch wurde in mehreren Gemeinden wiederholt; die Formel wurde gedruckt, verbreitet und sollte jeden Monat in den Synagogen zur Nachachtung verlesen werden. In diesem Bannspruch war ein Punkt von großer Wichtigkeit enthalten. Es sollte niemand unter dreißig Jahren sich mit der Kabbala beschäftigen, den Sohar oder eine andere mystische Schrift lesen. So hatte endlich die Not den Rabbinern die Augen geöffnet, zu erkennen, welche unreinen Elemente seit der Lurjanischen Zeit die Säfte des jüdischen Stammes vergiftet haben. Diese Erkenntnis war teuer erkauft; sie kam zu spät. Die Not zeitigte noch eine andere Erkenntnis; die Mitglieder der Konstantinower Synode wandten sich in ihrer Verlegenheit um Rat an Jakob Emden, welcher seit seiner Fehde mit Eibeschütz als Vertreter der reinen Rechtgläubigkeit im Judentum galt; sie wünschten, daß ein gebildeter Portugiese (Jude) nach Polen kommen möge, um mit seinem gediegenen Wissen und mit seiner Redegewandtheit ihnen vor den polnischen Behörden und Geistlichen zur Unterdrückung der gefährlichen frankischen Sekte zur Seite zu stehen. Sie erkannten endlich, daß außertalmudisches

Wissen, das sie bis dahin verachtet hatten, doch einen Wert hat. Jakob Emden, dem der Notschrei seiner polnischen Brüder zu Herzen ging, kam auf eine richtige Einsicht. Die Sabbatianer, wie die Kontratalmudisten in Polen, beriefen sich stets auf den Sohar, als auf ein heiliges Grundbuch, auf die Bibel einer neuen Offenbarung. Mit Belegen aus dem Sohar beschönigten sie alle ihre Lästerlichkeiten und Frechheiten. Wie, wenn nun der Sohar eine Fälschung wäre? Die widerwärtigen Vorfälle in Polen führten Emden auf diese Untersuchung, und es wurde ihm klar, daß mindestens ein Teil des Sohar die Ausgeburt eines Betrügers sei.

Auf die Anfrage, ob es gestattet sei, die Frankisten zu verfolgen, antwortete Jakob Emden mit einem entschiedenen Ja. Indessen bedurfte es des Stachels von seiner Seite nicht. Wo es in Polen zu verfolgen galt, fehlte es nicht an Lust dazu. Die Frankisten wurden bei den Behörden und Geistlichen als eine neue Sekte angegeben und der katholischen Inquisition überliefert. Der Bischof Nikolaus Dembowski von Kamieniec Podolski, in dessen Sprengel sie auf ihren Abwegen ertappt worden waren, hatte nicht übel Lust, Scheiterhaufen für sie zu errichten. Franks Schlauheit wußte aber das gegen die Seinigen abgedrückte Geschoß von ihnen abzuwenden und auf die Gegner zu schleudern. Er riet ihnen zu ihrer Verteidigung zwei Punkte zu betonen, daß sie an eine Dreifaltigkeit glaubten, und daß sie den Talmud, als eine Schrift voll Irrtümern und Lästerung, verwerfen. Zwanzig oder dreißig von ihnen sollten sich schnell taufen lassen, um ihrer Behauptung mehr Nachdruck zu geben. Frank war es eine Kleinigkeit, die Religion zu wechseln. Die talmudisch gesinnten Juden der Umgegend hatten aber Wind von Franks geheimer Zusammenkunft mit den Seinigen, rotteten sich zusammen, überfielen sie und führten sie unter Mißhandlungen ins Gefängnis. Dieses Verfahren reizte die Kontratalmudisten noch mehr zur Rache an ihren Feinden. Die Taufe mochten sie zwar nicht nehmen, aber sie erklärten vor dem Tribunal des Bischofs Dembowski, daß sie beinahe Christen wären, da sie an eine göttliche Dreieinigkeit glaubten, und daß sie eben wegen ihres besseren Glaubens verfolgt würden. Um ihren Bruch mit dem Judentume recht augenfällig zu machen, oder um sich an ihren Gegnern recht blutig zu rächen, bedienten sie sich erlogener Anschuldigungen als Mittel, daß die Anhänger des Talmuds Blut von Christen gebrauchten, und daß der Talmud Mord an Christen als religiöse Vorschrift einpräge. Wie leicht war es, diese Anschuldigung zu beweisen! Ein christliches Kind brauchte nur vermißt zu werden. Etwas dergleichen muß damals in Jampol (in Podolien) vorgekommen sein, und sofort wurden die angesehensten Juden dieses podolischen Städtchens in Fesseln geschlagen. Der Bischof Dembowski und sein Kapitel, glücklich einen solchen Fang zu machen, begünstigten die Frankisten infolge ihrer Aussage, befreiten sie aus den Kerkern, ließen sie in der Diözese Kamieniec sich ansiedeln, gestatteten ihnen nach ihrer Weise zu leben und nährten mit Wohlgefallen deren Haß gegen die talmudischen Juden. Die neue Sekte wurde aus einer Verfolgten eine Verfolgerin.

Um ihre Gegner zur Verzweiflung zu treiben, stellten die Frankisten (1757) das Gesuch an den Bischof Dembowski, eine Disputation zwischen ihnen und den Talmudisten zu veranstalten, und machten sich anheischig, ihre Glaubenslehre von der Dreieinigkeit aus Schrift und Sohar einerseits und die Verwerflichkeit des Talmuds anderseits zu beweisen. Sie legten eine Bekenntnisschrift vor, worin besonders betont war, der Talmud enthalte die abscheulichsten Dinge, „daß Juden Christen betrügen und totschlagen dürfen". Die Szenen sollten sich in Polen wiederholen, welche im Anfang des fünfzehnten Jahrhunderts in Spanien vor dem Papste durch den Täufling Geronimo de Santa-Fé stattfanden, wo ein abgefallener Jude gegen seine Stammgenossen und den Talmud Gift spie. Aber dort trat ein Laie als Ankläger auf; hier waren es Rabbiner mit Bärten und Kaftan, mit rabbinisch-kabbalistischen Floskeln und mit der ganz widerlichen Erscheinung eines verwahrlosten Wesens, welche aus Rachegefühl die Maske des katholischen Glaubens annahmen, um ihre Feinde desto nachdrücklicher verfolgen zu können. Schmerzlich empfanden die Vertreter der polnischen Gemeinde, die Vier-Ländersynode, in der verzweifelten Lage den Mangel an Bildung in ihrer Mitte. Sie konnten nicht einen einzigen Mann stellen, welcher imstande gewesen wäre, in gewandter oder auch nur anhörbarer Sprache die Spiegelfechtereien der Frankisten und die Hohlheit ihres Bekenntnisses aufzudecken.

Der Bischof Dembowski erließ darauf einen Befehl, daß die Talmudisten Deputierte zu einer Disputation nach Kamieniec entsenden möchten, widrigenfalls er sie in Strafe nehmen und den Talmud, als ein christenfeindliches Buch, verbrennen lassen würde (1757). Vergebens beriefen sich die Juden Polens auf ihre alten Privilegien oder steckten sich hinter Edelleute und spendeten Summen; es half ihnen nichts. Sie mußten die Disputation beschicken und ihren so verachteten Todfeinden Rede stehen. Was vermochten auch die Vertreter des Talmuds mit ihrer gründlichen Unwissenheit und ihrer stotternden Sprache gegen die frechen Anklagen der Frankisten vorzubringen, zumal auch sie den Sohar als heiliges Buch anerkannten, und dieser tatsächlich eine Art Dreieinigkeit aufstellt? Bei der Disputation galten die Talmudisten als überführt. Der Bischof Dembowski ließ öffentlich bekannt machen (14. Okt. 1757), da die Kontratalmudisten die Hauptpunkte ihres Glaubensbekenntnisses niedergeschrieben und bewiesen hätten, so sei ihnen gestattet, überall mit den talmudischen Juden zu disputieren, und ließ in den Städten seiner Bistümer, mit Hilfe der Polizei, Talmudexemplare aufsuchen, in eine Grube werfen und durch Henkershand verbrennen. Die Talmudisten vermochten nichts dagegen zu tun, sie konnten nur seufzen, weinen und einen strengen Fasttag wegen des „Brandes der Thora“ veranstalten. Die Kabbala hatte diesmal die Fackel zum Scheiterhaufen für den Talmud angezündet.

Plötzlich starb der Bischof Dembowski (17. Nov. 1757) eines nicht natürlichen Todes, und dieser Tod führte eine andere Wendung herbei. Die Verfolgung gegen den Talmud hörte sogleich auf und kehrte sich gegen die Frankisten. Infolgedessen begaben sich sechs von ihnen auf Franks Rat zum Erzbischof Wratislaw Lubienski von Lemberg mit der Erklärung „im Namen aller“, daß sie sämtlich unter Bedingungen geneigt wären, sich der Taufe zu unterziehen. Sie winselten in ihrer Bittschrift in widerlichen mönchisch-katholischen Faseleien und schnoben Rache gegen ihre ehemaligen Glaubensgenossen. Sie wünschten eine neue Disputation gegen die Talmudisten und machten sich anheischig zu beweisen, „daß die Talmudisten noch mehr als die Heiden unschuldiges Christenblut vergössen“. Lubienski ließ zwar dieses Gesuch der Soharіten drucken, um einerseits den Sieg der Kirche zu verkünden und anderseits die Anhänger dieser Sekte beim Wort zu nehmen, tat aber nichts für sie und dachte auch nicht daran, ein Religionsgespräch einzuleiten.

Die Sachlage änderte sich wiederum, als Lubienski nach seinem erzbischöflichen Sitze Gnesen zog, und der Administrator des Erzbistums Lemberg, der Kanonikus de Mikulicz Mikulski, mehr Eifer für Bekehrung zeigte. Er sagte sofort den Frankisten zu, ein Religionsgespräch zwischen ihnen und den Talmudisten herbeizuführen, wenn sie aufrichtige Neigung für die Taufe zeigen würden. Als die Deputierten Leb Krysa und Salomon von Rohatyn im Namen aller ein katholisches Glaubensbekenntnis ablegten, traf Miskulski hinter dem Rücken des päpstlichen Nuntius Serra Vorkehrungen zu einer zweiten Disputation in Lemberg (Juni 1759). Die Rabbiner dieser Diözese wurden aufgefordert, bei einer hohen Geldstrafe sich am 16. Juli einzufinden. Der Adel und die Geistlichkeit wurde angegangen, sie dazu nötigenfalls durch Zwang zu bewegen. Der Nuntius Serra in Warschau, an den sich die Talmudisten klagend wendeten, war zwar mit der Disputation unzufrieden, mochte sie aber nicht hintertreiben, um sich daraus die Gewißheit zu verschaffen, ob die Juden wirklich Christenblut gebrauchten. Dieser Punkt schien ihm der wichtigste von allen. Gerade in dieser Zeit hatte der Papst Clemens XIII. in dieser Frage einen günstigen Bescheid gegeben. Jelek, ein schlichter Mann von großer Opferfähigkeit, hatte die beschwerliche Reise nach Rom unternommen, um vom päpstlichen Stuhle ein gewichtiges Wort gegen diese ewige Anschuldigung zu erwirken. Und der Papst hatte erklärt, daß der heilige Stuhl die Beweise, worauf sich die Meinung vom Gebrauche christlichen Blutes für das Passahfest und von Mord an Christenkindern seitens der Juden stützt, geprüft und gefunden habe, daß man sie daraufhin nicht als Verbrecher verurteilen dürfte, vielmehr bei ähnlichen Vorkommnissen die gesetzlichen Formen für die Beweisführung anzuwenden habe. Und dennoch schenkte, durch die Gemeinheit der Frankisten getäuscht, um dieselbe Zeit der päpstliche Nuntius dieser Verlogenheit halb und halb Glauben und berichtete darüber an die Kurie.

Das Religionsgespräch, das zur Bekehrung so vieler Juden führen sollte, fing an, Interesse zu erregen. Der polnische Adel, Herren und Damen, lösten um einen hohen Preis Eintrittskarten dazu, deren Erlös den ärmlichen Täuflingen zugute kommen sollte. An dem anberaumten Tage wurden die Talmudisten und die Kontratalmudisten in die Kathedrale von Lemberg geführt; der Administrator Mikulski präsidierte. Es war ein seltenes Schauspiel, wie Juden gegeneinander Anklagen wegen der scheußlichsten Laster schleuderten. Die Disputation fiel erbärmlich aus. Von den Frankisten, welche ruhmredig viele Hunderte der Ihrigen in Aussicht gestellt hatten, waren nur etwa zehn erschienen. Von den Talmudisten fanden sich aus Furcht vor der angedrohten Geldstrafe vierzig ein. Sie, die Vertreter des talmudischen Judentums, standen linkisch und betreten, und wußten kein Wort hervorzubringen. Sie verstanden nicht einmal die Landessprache — allerdings ihre Gegner ebensowenig — Dolmetscher mußten herbeigezogen werden. Die Talmudisten hatten bei diesem Religionsgespräche allerdings den schwersten Stand. Das Hauptthema der Frankisten war, daß der Sohar die Dreieinigkeit lehre, und daß eine Person in der Gottheit Fleisch geworden sei. Durften sie dieses Dogma so entschieden in Abrede stellen, ohne die Christen, ihre Herren, zu verletzen? Und daß sich solche Anklänge im Sohar finden, konnten sie auch nicht läugnen. Es ist wohl glaublich, daß die talmudischen Wortführer nach dreitägigem Gespräche beschämt und verwirrt heimgekehrt sind. Sogar die Blutbeschuldigung blieb an ihrem Bekenntnis haften.

Die Soharíten wurden indes von den Geistlichen gedrängt, sich endlich taufen zu lassen. Aber sie sträubten sich immer dagegen und taten es erst auf ausdrücklichen Befehl ihres Oberhauptes Frank, und in seinem Beisein. Er selbst trat mit großem Pomp auf, in prachtvoller türkischer Kleidung, mit einem Sechsgespann und umgeben von Gardisten in türkischer Kleidung. Er wollte in Polen imponieren. Im ganzen nahmen damals etwa tausend frankistische Sabbatianer die Taufe. Frank ließ sich nicht in Lemberg taufen, sondern erschien mit blendendem Schaugepränge in Warschau (Oktober 1759), machte die Neugierde der polnischen Hauptstadt rege und bat sich die Gnade aus, den König zum Taufpaten zu haben.

Die Spalten der Zeitungen der polnischen Hauptstadt waren voll von Berichten über die täglich erfolgten Taufen so vieler Juden und von den hohen Edelleuten und Edelfrauen, die ihre Taufpaten waren. Frank wurde aber von der Geistlichkeit mit argwöhnischem Blicke umlauert. Sie traute ihm nicht recht und ahnte in ihm einen Schwindler, der unter der Maske des Christentums, wie früher unter der des Islams, als Haupt einer Sekte eine Rolle spielen wollte. Seine polnischen Anhänger wurden heimlich von Geistlichen über sein Tun und Treiben, seine Vergangenheit und seine Ziele ausgeforscht. Endlich wurde er von einigen seiner polnischen Anhänger verraten, daß ihm der Christusglaube nur ein Spiel sei, und daß er sich vielmehr von den Seinigen als Messias und verkörperte Gottheit, als heiliger Herr, anbeten ließe. Er wurde vor dem Offizial der polnischen Inquisition als Betrüger und Glaubensschänder verhaftet und verhört. Die Zeugenaussagen bestätigten immer mehr seine Schwindeleien. So wurde er nach der Festung Czenstochow abgeführt und in ein Kloster eingesperrt (1760). Vom Feuertode als Ketzer und Abtrünniger rettete Frank nur die Patenschaft des Königs. Der Troß wurde zum Teil zur Schanzenarbeit an der Festung Czenstochow angehalten oder in die Heimat verwiesen. Viele Frankisten mußten an den Kirchentüren betteln und waren bei der polnischen Bevölkerung verachtet. Sie blieben aber ihrem Messias oder heiligem Herrn treu. Alle widerwärtigen Vorgänge legten sie sich kabbalistisch zurecht, es habe alles so kommen müssen. Das Kloster von Czenstochow nannten sie mystisch „die Pforte Roms". Äußerlich hingen sie dem Katholizismus an, machten alle Sakramente mit, hielten sich aber doch nur zueinander, und wie ihre türkischen Genossen, die Dönmäh, verheirateten sie sich nur untereinander. Noch heutigen Tages sind die von ihnen stammenden Familien in Polen Wolowski, Dembowski, Dzalinski und andere als Frenks oder Schäbs kenntlich. Frank wurde nach dreizehnjähriger Haft (1771) in der Festung vorgefunden, von den Russen in Freiheit gesetzt, nahm den griechisch-katholischen Glauben an, spielte auf anderen Schauplätzen, in Wien, Brünn und zuletzt in Offenbach als Baron über zwanzig Jahre eine Betrügerrolle, stellte seine Tochter Eva als verleiblichte Gottheit auf, und täuschte bis an sein Lebensende und über sein Grab hinaus alle Welt und zumeist seine leichtgläubigen Gläubiger in Frankfurt a. M.

An allen diesen trübseligen Ereignissen hatte Jonathan Eibeschütz nicht wenig Schuld. Die Frankisten zählten ihn, den großen Rabbiner, zu den Ihrigen, und er tat nichts, diesen brandmarkenden Verdacht von sich abzuwälzen. Er wurde angefleht, den polnischen Juden in der Not beizuspringen, der Anschuldigung vom Gebrauch des Christenblutes entgegenzutreten. Er blieb stumm, als fürchtete er, die Frankisten gegen sich zu reizen. Sein jüngster Sohn Wolf stand in Verbindung mit dem giftigen Frankisten Salomo Schor-Wolowski, trieb ebenfalls mystische Schwindeleien als Goldmacher, lebte auf großem Fuße, erschwindelte sich den Titel Baron von Adlersthal, weil er dem österreichischen Hofe die Aussicht eröffnete, sich taufen zu lassen, betrog alle Welt und vielleicht am meisten seinen eigenen Vater, machte Schulden und wurde von Gläubigern und Gläubigen verfolgt. Das Rabbinertum, in zwei Parteien gespalten, welche einander in den Bann gelegt hatten, hat sich selbst an den Pranger gestellt und seine eigene Autorität untergraben. Damit hat es den Boden gelockert, auf dem eine bessere Saat aufgehen konnte. In derselben Zeit, in welcher sich Eibeschütz mit seinen Gegnern wegen des Amulettenskandales herumbalgte, knüpften Mendelssohn und Lessing einen Freundschaftsbund, der nicht bloß für die Juden ersprießlich wurde.

Wunderlich genug, hat sich die christliche Gelehrtenwelt in Deutschland für diesen unerquicklichen Streit interessiert. Das damals unter Friedrich dem Großen in Schwung gekommene Zeitungswesen brachte über den Fortgang des seltenen Vorfalls Berichte in nicht gehässiger Weise. Es war allerdings eine außerordentliche Erscheinung, daß ein hochgeachteter Rabbiner der Ketzerei beschuldigt und von vielen Seiten verurteilt wurde.

In England und Frankreich haben zwei Vorgänge die Aufmerksamkeit auf die Juden, ihr Wesen, ihre Gegenwart und Vergangenheit gelenkt und sie in die Öffentlichkeit gezogen, der Versuch ihnen in England eine gesetzliche Stellung einzuräumen und Voltaires Ausfälle gegen sie. In England, wo sie sich seit einem Jahrhundert, so zu sagen, eingeschlichen hatten, machten sie, besonders in der Hauptstadt, eine abgeschlossene Genossenschaft aus, ohne durch ein ausdrückliches Gesetz geduldet oder anerkannt zu sein. Sie galten lediglich als Fremde, als Spanier, Portugiesen, Holländer oder Deutsche und mußten auch eine Fremdensteuer (alien duty) leisten. Nur ausnahmsweise wurde Reichen und Angesehenen von der portugiesischen Gemeinde von dem König das Bürgerrecht erteilt. Die nicht Naturalisierten wurden hin und wieder geplagt, bald in Strafe genommen, weil sie nicht die Kirche besuchten, bald weil sie einen Paragraphen der Steuergesetze übertreten hätten. Am Schlimmsten waren die aus Deutschland und Polen Eingewanderten daran, welche selbst von den Portugiesen mit Verachtung angesehen wurden. Indessen nahmen die Behörden, namentlich die Richter, Rücksicht auf deren jüdisches Bekenntnis und luden z. B. jüdische Zeugen nicht am Sabbat vor. Nachdem die in amerikanischen Kolonien Englands angesiedelten geringzähligen Juden naturalisiert worden waren, wurde dem Parlament von Kaufleuten und Fabrikanten, allerdings von Juden und ihren Freunden angeregt, das Gesuch eingereicht, sie auch in England als Eingeborene zu behandeln, ohne daß sie nach der gesetzlichen Bestimmung genötigt sein sollten, zur Erlangung des Bürgerrechtes das Abendmahl zu nehmen. Der Minister Pelham unterstützte das Gesuch und betonte den Vorteil, der dem Land durch die bedeutenden Kapitalien der portugiesischen Juden und durch ihre warme Anhänglichkeit an England erwachsen werde. Von den Gegnern wurden aber teils selbstsüchtige, teils religiöse Vorurteile dagegen geltend gemacht. Die Juden würden, mit den Bürgern gleichgestellt, den ganzen Reichtum des Landes an sich ziehen, sämtliche Ländereien erwerben und die Christen enterben, diese würden ihre Sklaven sein, und die Juden würden gar ihre eigenen Könige wählen. Die dumme Bibelgläubigkeit sagte, sie müßten nach dem Spruche der christlichen Prophezeiungen ohne Vaterland bleiben, bis sie in das Land ihrer Väter eingesammelt werden würden. Überraschend genug wurde die Bill doch vom Oberhause genehmigt, daß alle Juden, welche ununterbrochen drei Jahre in England oder Irland ihren Aufenthalt haben, naturalisiert sein sollten; nur dürften sie kein weltliches oder geistliches Amt bekleiden und nicht das Wahlrecht für das Parlament ausüben. Die Lords und Bischöfe waren also nicht gegen die Juden eingenommen. Auch die Mehrheit des Unterhauses stimmte der Bill zu, und der König Georg II. erhob sie zum Gesetz (März 1753). War der Beschluß der drei Gesetzesfaktoren wirklich der Ausdruck der Volksmajorität? Das wurde sofort zweifelhaft. Denn alsbald ertönte von den Kanzeln, aus den Zünften und Schankhäusern Verwünschung gegen das Ministerium, welches die Einbürgerung der Juden durchgesetzt hatte. Ein Geistlicher, der Dekan Turker, welcher das Naturalisationsgesetz verteidigt hatte, wurde von der Opposition im Parlamente, auch in Zeitungen und Flugschriften geschmäht und persönlich mißhandelt, sein Bild nebst seiner Schutzschrift zugunsten der Juden wurde in Bristol verbrannt. Zum Verdrusse der Bessergesinnten hatte das Ministerium die Schwäche, dem aus Brotneid und fanatischer Unduldsamkeit entsprungenen Geschrei nachzugeben und sein eignes Werk aufzuheben (1754), „weil dadurch das Mißvergnügen erregt und die Gemüter vieler königlichen Untertanen beunruhigt worden sind". Da selbst die heftigsten Feinde des Gesetzes den Juden Englands nichts Böses nachsagen konnten, so hatte das Fehlschlagen der Einbürgerung doch keine ungünstige Wirkung für sie.

Der zweite Vorgang, obwohl er nur von einer vereinzelten Persönlichkeit angeregt war, machte fast noch mehr von den Juden reden, als die Parlamentsverhandlungen in England. Arouet de Voltaire, im achtzehnten Jahrhundert der König im Reiche der Literatur, der mit seinem dämonischen Lachen die noch immer hochragende Veste des Mittelalters wie ein Kartenhaus umblies, in seinen Schriften ein Weiser und in seinem Leben ein Tor, ein Sklave niedriger Leidenschaften, hatte mit den Juden angebunden und sie und ihre Vergangenheit dem Hohne preisgegeben. Seine feindliche Haltung gegen sie entsprang einer persönlichen Verstimmung. Während seines Aufenthaltes in London will er bei dem Bankerott des jüdischen Kapitalisten de Medina viel Geld verloren haben.

Aber er, ein schmutziger Harpagon, der am Gelde hing, haßte gerade wegen dieses, gleichviel ob bedeutenden oder geringeren Verlustes nicht bloß diesen Juden, sondern alle auf dem ganzen Erdrunde. Ein zweiter Vorfall reizte ihn noch mehr gegen sie. Als Voltaire in Berlin und Potsdam Hofdichter, Korrektor und Kammerherr des Königs Friedrich II. war, hatte er einem jüdischen Juwelier Hirsch oder Hirschel (1750) einen schmutzigen Auftrag gegeben, den er später auf Anraten eines brotneidischen Geldmenschen, Ephraim Veitel, rückgängig machen wollte. Dadurch kam es zu Reibungen zwischen Voltaire und Hirsch. Voltaire beging eine Reihe der häßlichsten Schelmenstreiche gegen seinen jüdischen Unterhändler, betrog ihn um Diamanten, mißhandelte ihn, log, fälschte Schriftstücke und tat dabei, als wäre er der Betrogene. Es kam daher zu einem verwickelten Prozeß. König Friedrich, welcher Einsicht in die Akten und eine Anklageschrift gegen Voltaire genommen hatte, war äußerst erzürnt über den dichterischen und philosophischen Schelm. Er schrieb gegen ihn ein Lustspiel in französischen Versen „Tantalus im Prozeß." Voltaires Händel mit einem preußischen Juden machten Aufsehen und boten der Schadenfreude seiner Gegner reichen Stoff. Dafür sollte die ganze jüdische Nation seinen Haß empfinden. So oft er Gelegenheit hatte, von Judentum oder Juden zu sprechen, begeiferte er mit seiner unflätigen Satire gleichzeitig das jüdische Altertum und die Juden der Gegenwart. Es paßte auch zu seiner Kampfesart. Das Christentum konnte er nicht gar zu offen angreifen, ohne sich schwerer Strafe auszusetzen. So diente ihm das Judentum, der Erzeuger des Christentums, zur Zielscheibe, gegen das er seine beschwingten, zierlichen, aber um so giftiger wirkenden Pfeile schleuderte. In einem Artikel in der „Enzyklopädie" hatte er besonders seine Galle über Juden und Judentum ausgegossen.

Dieses Stabbrechen über ein ganzes Volk und seine tausendjährige Vergangenheit empörte viele wahrheitsliebende Männer, aber niemand wagte es, mit einem so gefürchteten Gegner wie Voltaire anzubinden. Es gehörte eine Art Wagnis dazu, und diesem unterzog sich ein gebildeter Jude Isaak Pinto (geb. in Bordeaux 1715, gest. in Amsterdam 1787), von portugiesisch-marranischem Geschlechte, reich, edel und uneigennützig in seinen eigenen Verhältnissen, der aber an einem verzeihlichen Genossenschaftsegoismus litt. Er war von Bordeaux nach Amsterdam übergesiedelt, hatte der portugiesischen Gemeinde wesentliche Dienste geleistet und auch dem holländischen Staate bedeutende Summen vorgeschossen; daher nahm er eine ehrenvolle Stellung ein. Sein Herz schlug aber nur warm für die portugiesischen Juden, seine Stamm- und Sprachgenossen, war dagegen gleichgültig und kalt gegen die Juden deutscher und polnischer Zunge; er sah auf sie mit jenem verächtlichen Stolz herab, wie vornehme Christen auf niedrige Juden. Bei unangenehmen Händeln, in welche sich die portugiesische Gemeinde von Bordeaux verwickelt hatte, zeigte er zugleich warmen Eifer nach der einen und Gemütshärte nach der anderen Seite. Die meisten der aus Neuchristen erwachsenen Gemeindemitglieder von Bordeaux unterhielten bedeutende Bankhäuser oder betrieben Waffenfabriken, rüsteten Schiffe aus und unternahmen überseeische Geschäfte in französischen Kolonien. Das Haus Gradis hatte einen weitklingenden Namen für Schifffahrt und Großhandel. Mit dieser Bedeutung als Kauf- und Schiffsherren verbanden die Portugiesen von Bordeaux eine gediegene Ehrenhaftigkeit, tadellose Redlichkeit in Geschäften, Freigebigkeit gegen Juden und Nichtjuden und eine edelmännische Haltung, die sie aus der pyrenäischen Halbinsel, ihrem Rabenmutterland, mitgebracht hatten. Dadurch erlangten sie Achtung und Auszeichnung unter den christlichen Bewohnern. Die bedeutende Handelsstadt zog auch deutsche Juden aus dem Frankreich zugefallenen Elsaß und französische Juden aus dem unter päpstlicher Herrschaft stehenden Gebiete Avignon an, welche sich durch Geldopfer das Aufenthaltsrecht verschafften. Darauf waren die portugiesischen Juden eifersüchtig; sie fürchteten mit diesen wenig gebildeten, dem Kleinhandel oder Geldgeschäften ergebenen Religionsgenossen auf eine Linie gestellt zu werden. Von diesem selbstsüchtigen Trieb geleitet, gaben sie sich Mühe, die zugewanderten deutschen und avignonesischen Juden aus der Stadt weisen zu lassen, mit Berufung auf das alte Edikt, daß Juden in Frankreich nicht wohnen dürften. Aber die Ausgewiesenen wußten sich den Schutz einflußreicher Hofpersonen zu verschaffen und ihren Aufenthalt durchzusetzen. Das war den Portugiesen widerwärtig. Um dem Zuzuge Fremder entgegenzuwirken, vereinbarten sie (1760) ein Gemeindestatut von der engherzigsten Art gegen ihre anderweitigen Glaubensgenossen. Sie brandmarkten von vornherein alle Juden nicht-portugiesischen Ursprungs als Landstreicher und Bettler. Sie verläumdeten dieselben, daß sie durchweg ein ehrloses, betrügerisches Gewerbe betrieben, und nahmen solchergestalt die Bürgerschaft und die Behörden gegen sie ein. Laut ihres Statuts sollte es den portugiesischen Juden oder ihrem Vorstand anheimgestellt bleiben, solche fremde Juden oder „Landstreicher" innerhalb dreier Tage aus der Stadt bringen zu lassen. Dieses herzlose Statut sollte vom König Ludwig XV. bestätigt werden. Es war nicht allzuschwer bei diesem von Weibern und Höflingen beherrschten König auch das Unmenschlichste durchzusetzen. Ein Freund und Stammgenosse Isaak Pintos übernahm die Sorge, dieses Statut vom Hofe genehmigen zu lassen.

Rodrigues (Jakob) Pereira (geb. in Spanien 1715, gest. in Paris 1780) war ein Künstler eigener Art und hatte einen bedeutenden Namen erlangt. Er war darauf gekommen, eine Zeichensprache für Taubstumme zu erfinden und diesen Unglücklichen ein Mittel für ihre Gedankenäußerungen zu lehren. Die Pein, welche seine Mutter, in Spanien als jüdische Ketzerin angeklagt, ein ganzes Jahr hindurch an einer Kirchentür hatte erdulden müssen, hatte sie bewogen, mit ihrer Familie das Land der Inquisition zu verlassen und nach Bordeaux auszuwandern. Hier hatte Pereira noch vor dem Abt de l'Epée, die Theorie des Unterrichtes für Taubgeborene in einer eigens dazu angelegten Schule so sehr bewährt, daß der König ihm eine Belohnung zukommen ließ, und die ersten Männer der Wissenschaft ihm Lobeserhebungen spendeten. Pereira wurde später königlicher Dolmetscher und Mitglied der königlichen Gesellschaft für Wissenschaften in London. Die portugiesische Gemeinde von Bordeaux hatte ihn zu ihrem Sachwalter in Paris ernannt, um durch ihn ihre Beschwerden erledigen zu lassen und ihre Wünsche durchzusetzen. Dieser von Mitleid für Unglückliche bewegte Mann gab sich ebenfalls aus Genossenschaftsegoismus dazu her, seine deutschen und avignonesischen Religionsgenossen unglücklich zu machen. Er erlangte vom Könige die Bestätigung des herben Statuts. Aber in der zerfahrenen Regierungsweise des Hofes lag zwischen Befehl und Handhabung von Gesetzen eine weite Kluft. Schließlich lag die Ausweisung der Juden deutscher und avignonesischer Abstammung in Bordeaux in den Händen der Gouverneurs, Herzogs von Richelieu. Diesen wußte Isaak Pinto zu gewinnen, mit dem er befreundet war. Richelieu erließ einen dringlichen Befehl (November 1761), daß sämtliche fremde Juden innerhalb vierzehn Tagen Bordeaux verlassen sollten. Sie wurden ins Elend gestoßen, das ihrer um so gewisser wartete, als es den Juden verboten war, sich irgendwo in Frankreich niederzulassen, und anderweitige Landstriche und Städte, wo solche wohnten, keine neuen Zuzügler aufnahmen.

Das harte Verfahren der portugiesischen Juden gegen ihre Brüder in Bordeaux machte großes Aufsehen. Wenn Juden nicht in Frankreich weilen durften, warum werden denn die portugiesisch Redenden geduldet? Die letzteren sahen sich daher genötigt, sich in ein günstigeres Licht zu stellen, und veranlaßten Isaak Pinto, der literarische Bildung besaß, in einer Art Verteidigungsschrift auf den weiten Abstand zwischen den jüdischen Bekennern portugiesischer Zunge und denen aus anderen Gegenden aufmerksam zu machen. Pinto knüpfte zu diesem Zwecke an Voltaires Verunglimpfung des Judentums und der Juden Betrachtungen an (1762). Er sagte diesem gesinnungslosen Ehrenräuber, daß das Laster, einzelne zu verläumden, gesteigert erscheint, wenn die Verläumdung eine ganze Nation betrifft, und den höchsten Grad erreicht, sobald sie sich gegen die ohnehin von allen Geschmähten richtet, sie sämtlich für das Vergehen einzelner verantwortlich machen zu wollen. Ein Jude von Bordeaux und einer von Metz scheinen zwei ganz verschiedene Wesen zu sein. Nichtsdestoweniger habe sie Voltaire in Bausch und Bogen verdammt und eine ebenso abscheuliche, wie unwahre Schilderung von ihnen entworfen. Er, der sich berufen fühle, die Vorurteile auszurotten, habe gerade seine Feder dem blindesten Vorurteile geliehen. „Die Juden sind nicht unwissender, nicht barbarischer, nicht abergläubischer als die übrigen Nationen." Pinto war es lediglich darum zu tun, seine engeren Stammgenossen, die portugiesischen oder sefardischen Juden in ein günstigeres Licht zu stellen. Zu diesem Zwecke höhlte er eine förmliche Kluft zwischen ihnen und den andersprachlichen, namentlich deutschen und polnischen Juden, aus. Die portugiesischen Juden wären Nachkommen der edelsten Familien des Stammes Juda, und diese Abstammung sei für sie von jeher in Spanien und Portugal ein Antrieb zu großen Tugenden und ein Schutz vor Laster und Niedrigkeit gewesen. Die deutschen und polnischen Juden dagegen gab Pinto so ziemlich preis. Er entschuldigte allerdings ihr nicht sehr ehrenhaftes Gewerbe und ihr verächtliches Auftreten mit den gehäuften Leiden, der Knechtung und Demütigung, die sie erduldet haben und noch erduldeten. Er erlangte übrigens, was er gewünscht hatte. Voltaire machte in einem Antwortschreiben ihm und den portugiesischen Juden Komplimente, gestand ein, daß er Unrecht getan habe, auch über diese den Stab zu brechen, fuhr aber nichtsdestoweniger fort, das ganze jüdische Altertum zu begeifern.

Pintos Schutzschrift machte Aufsehen. Die öffentlichen Blätter, französische und englische, beurteilten sie günstig und nahmen sich der Juden gegen Voltaires Verdammungsurteil an. Manche tadelten aber Pintos Verfahren, daß er zu parteiisch für die portugiesischen und gegen die deutschen und polnischen Juden aufgetreten war und sie wegen des Benehmens einzelner in Bausch und Bogen, fast wie Voltaire, verurteilt hatte. Es erschienen „jüdische Briefe", angeblich von portugiesischen und deutschen Juden an Voltaire, die gut gemeint, aber schlecht gehalten sind. Sie wurden vielfach gelesen und trugen dazu bei, für die Juden und ihre Sache die öffentliche Meinung gegen Voltaires Gehässigkeiten zu gewinnen.

Das Großtun der portugiesischen Juden rief aber auch eine gewisse Feindseligkeit gegen sie hervor. Es erschien (1767) in Frankreich eine aufreizende Schrift: „Gesuch der Kaufmannszünfte gegen die Zulassung der Juden und deren Gerechtsame," welche besonders gegen die Portugiesen von Bordeaux gerichtet war. Es wurde ihnen vorgeworfen, daß sie ihre alten Privilegien gewissermaßen gefälscht hätten. Denn die sie begünstigende Urkunde von Heinrich II. und den folgenden französischen Königen hätte nicht ihnen, sondern lediglich Neuchristen gegolten. Sie aber wären Juden, und als solche dürften sie in Frankreich, das sie seit mehreren Jahrhunderten ausgewiesen habe, gar nicht geduldet werden. So wurden die portugiesischen Juden gemahnt, daß sie zu voreilig sich von den übrigen Juden losgesagt und sich eine unnahbare Ausnahmestellung beigelegt haben. Der Geist der Unduldsamkeit, der lange noch nicht gebannt war, betrachtete sie doch noch immer als eins mit ihren anderweitigen Religionsgenossen. Da die Juden aber bereits Männer von Bildung in ihrer Mitte hatten, so konnten sie die gegen sie geschleuderte Gehässigkeit zurückweisen. Rodrigues Pereira verfaßte eine Gegenschrift (1767). Ein anderer Jude schrieb eine Apologie (1769) unter dem Titel „Briefe eines Lords," worin er ihre Verdienste um die europäischen Staaten hervorhob. Hollands und Englands Handel habe erst mit der Ansiedlung der Juden in diesen Staaten zu blühen begonnen. Frankreich habe diese rührige und verständige Menschenklasse noch besonders nötig, weil der Ehrgeiz seiner Bewohner, nur auf kriegerisches Getöse und Ämterjägerei gerichtet, für den Reichtum des Landes keinen Sinn habe.

Allein die auf die Juden gelenkte Aufmerksamkeit der öffentlichen Meinung und selbst die für sie laut gewordenen wohlwollenden Stimmen hätten keinerlei Veränderung für die Judenheit im allgemeinen, weder eine äußerliche noch eine innerliche herbeigeführt, wenn nicht durch eine hochbegabte Persönlichkeit, man kann fast sagen eine wunderbare, jedenfalls unerwartete Verjüngung derselben angebahnt worden wäre.

Die Epoche der Wiedergeburt.

Erstes Kapitel.

Mendelssohns Zeit.

(1760 bis 1786.)

Kann ein Volk in einem Tage geboren werden? Oder kann ein Volk wiedergeboren werden? Eine Genossenschaft, zum Gespötte nicht bloß für Boshafte und Gedankenlose, sondern fast ebenso für Wohlwollende und Denker, ja, die sich in ihren eigenen Augen verächtlich vorkam, nur ehrwürdig durch häusliche Tugenden und alte Erinnerungen, aber die einen wie die andern durch Nebendinge entstellt, bis zur Unkenntlichkeit verunziert, und von welcher derjenige, der ihr volles Bewußtsein vertrat, sagen konnte: „Meine Nation ist in einer solchen Entfernung von Kultur gehalten, daß man an der Möglichkeit einer Verbesserung verzweifeln möchte", diese Genossenschaft erhob sich doch! Sie erhob sich mit so wunderbarer Schnelligkeit aus ihrer Niedrigkeit, als wenn der Zuruf des Propheten ihr gegolten hätte: „Auf, auf, schüttele ab den Staub, löse die Knoten deiner Fesseln, gefangene Tochter Zions!" Und von wem ging diese Erhebung aus? Von einem Manne, der gewissermaßen das Bild dieses Volksstammes dargestellt hat, von Moses Mendelssohn, von verwachsener Gestalt, linkisch, blöde, unschön in seiner Äußerlichkeit. Aber in dieser Volksmißgestalt webte ein denkender Geist, der nur, irre geleitet, Hirngespinste verfolgte, und geächtet, sich selbst nicht achtete. Sobald diesem Volksstamme die Wahrheit in ihrem Glanze gezeigt wurde, und daß sie seine Wahrheit ist, so ließ er alsbald sein Wahngebilde fahren und wandte sich dem Lichte zu, und sein Geist begann alsbald seinen Leib zu verklären, seine gebeugte Gestalt zu heben, die häßlichen Züge verloren sich, und es fehlt nicht viel, um den Schimpfnamen „Jude" in einen Ehrennamen verwandelt zu sehen.

Diese Verjüngung oder Wiedergeburt des jüdischen Stammes, die man mit Fug und Recht, als von Mendelssohn ausgegangen, ansehen kann, hat das Charakteristische, daß der Urheber dieses großen Werkes es nicht beabsichtigt hat, kaum eine Ahnung davon hatte, ja, wie gesagt, an der Verjüngungsfähigkeit seiner Stammgenossen fast verzweifelte. Er hat die ganz unbeabsichtigte Veredlung auch nicht vermöge seines Berufes oder Amtes bewirkt. Er war nicht ein Prediger in der Wüste, er hielt sich vielmehr sein Lebelang scheu vor jeder geflissentlichen Einwirkung zurück. Selbst wenn aufgesucht, wich er jeder Führerschaft aus. Er weckte unwillkürlich die schlummernde Begabung des jüdischen Stammes, die nur eines Anstoßes bedurfte, um aus dem gebundenen Zustande herauszutreten und sich zu entfalten. Moses Mendelssohn (geb. Dessau 17. August 1728, gest. 4. Januar 1786) war ebenso unscheinbar und elend, wie fast alle ärmlichen jüdischen Kinder. Die Knechtsgestalt trugen damals meistens schon die jüdischen Neugeborenen in der Wiege. Für geweckte Knaben gab es keine Jugend, denn sie wurden früh genug von dem eisigen Hauch des rauhen Lebens durchfröstelt und geschüttelt, aber eben dadurch wurden sie zeitig zum Denken geweckt und zum Kampfe mit der lieblosen Wirklichkeit gestählt. Eines Tages klopfte der kaum vierzehnjährige schwächliche, verwachsene Mendelssohn an das Eingangspförtchen eines der Tore Berlins. Ein jüdischer Aufpasser, der Schrecken zugewanderter Juden, angewiesen, jüdische Zuwanderer ohne Subsistenzmittel abzuweisen, fuhr den kränklichen Knaben, der Einlaß begehrte, barsch an. Zum Glücke konnte er schüchtern die Worte herausstottern, daß er sich unter dem neugewählten Rabbiner Berlins zum Talmudjünger ausbilden wolle. Das war eine Art Empfehlung und machte den gefüllten Beutel so ziemlich entbehrlich. Mendelssohn wurde eingelassen und richtete seine Schritte zum Hause des Rabbiners, der sein Landsmann und Lehrer war. David Fränkel, welcher kurz vorher von Dessau nach Berlin berufen worden war, nahm sich des schüchternen Jünglings an. Er ließ ihn zu seinen rabbinischen Vorlesungen zu, versorgte ihn leiblich so weit, um ihn nicht verhungern zu lassen und beschäftigte ihn mit Abschreiben seiner Kommentarien zu dem Jerusalemischen Talmud.

Wie die meisten Talmudjünger (Bachurim) führte Mendelssohn das dürftige Leben, welches der Talmud gewissermaßen als Bedingung für diesen Kreis aufgestellt hat. „Iß Brot mit Salz, trinke zugemessenes Wasser, schlafe auf harter Erde, führe ein Leben voller Entbehrung und beschäftige dich mit der Lehre.“ Sein Ideal reichte damals nicht weiter, als sich im Talmudstudium zu vervollkommnen. War es der Zufall, der diesen reichhaltigen Keim gerade in den Berliner Boden eingrub? Aus der preußischen Hauptstadt wehte Mendelssohn eine frische Luft bis in das enge Gehäuse seiner rabbinischen Studien an. Mit der Thronbesteigung des großen Friedrich, welcher neben dem Kriege auch den Musen opferte, begannen literarische Liebhaberei, französisches Wesen und auch Religionsspötterei die Berliner Juden anzustreifen. So beschränkt auch ihre Stellung unter Friedrich war, so ging, weil mehrere unter ihnen Wohlhabenheit erlangten, der neue Geist, wie einseitig und oberflächlich auch immer, nicht spurlos an ihnen vorüber. Ein Drang nach Bildung, Neuerung und Nachahmung des christlichen Wesens begann sich unter ihnen bemerkbar zu machen. Ein Talmudist Israel Levi Zamosc machte Mendelssohn mit

Maimunis philosophischem Werke bekannt, das an ihm und durch ihn wahrhaft zum „Führer der Verirrten" wurde. Zumeist war er sein eigener Lehrer und auch sein eigener Erzieher. Er stählte sich zu einem festen Charakter, zähmte seine Leidenschaften, daß sie willig der Vernunft gehorchten, und gewöhnte sich, ehe er noch wußte, was Weisheit ist, unverrückbar nach ihren Regeln zu leben. Auch nach dieser Seite hin war Maimuni sein Wegweiser.

Die Leidensschule, die er mehrere Jahre durchgemacht hat, hat statt ihn niederzudrücken, seinen Geist geweckt, gehoben und veredelt. Die Dürftigkeit hörte für seine Genügsamkeit mit der nicht sehr glänzenden Stellung als Erzieher auf, die er in einem vermögenden Hause (Isaak Bernard) antrat. Aber seine Lehrjahre waren noch nicht abgeschlossen. Noch wogte das Alte und Neue, das Überkommene und Ursprüngliche in seinem Geiste durcheinander. Klarheit und Bewußtsein sollten ihm erst von einer anderen Seite zugeführt werden. Zu den großen Geistern, welche Deutschland im achtzehnten Jahrhundert erzeugte, gehörte Gotthold Ephraim Lessing. Er war der erste freie Mann in Deutschland, vielleich freier als der königliche Held Friedrich. Mit seiner Riesengröße stieß Lessing späterhin alle Schranken und Regeln um, welche verdorbener Geschmack, dickbestäubte Gelehrsamkeit, hochmütige Rechtgläubigkeit und Zopftum jeder Art aufgeführt, gehalten und verewigt wissen wollten. Die Befreiung, welche Lessing den Deutschen brachte, war viel tiefer und nachhaltiger als die, welche Voltaire mit seiner beißenden Lauge in der verdorbenen französichen Gesellschaft angeregt hatte.

Es war ein sehr wichtiger Augenblick für die Geschichte der Juden, in dem die beiden jungen Männer, Mendelssohn und Lessing, Bekanntschaft miteinander machten. Man sagt, daß ein leidenschaftlicher Schachspieler (Isaak Heß) sie beim Schachbrett zusammengeführt habe (1754). Das Königsspiel hat gewissermaßen zwei Könige im Reiche der Gedanken zu einem Bündnis vereinigt. Lessing, der Sohn eines Pastors, war eine demokratische Natur; er suchte gerade die Verstoßenen und von der öffentlichen Meinung Geächteten auf; er scheute sich nicht, in Berlin mit den geächteten Juden zu verkehren. Hatte er doch die Erstlinge der Kunst, die ihm als die höchste erschien, dem Pariavolk gewidmet. Mit dem Drama „Die Juden" wollte er den Beweis führen, daß ein Jude uneigennützig und edel sein könne, und erregte dadurch das Mißfallen der gebildeten christlichen Kreise.

Sobald Lessing und Mendelssohn Bekanntschaft miteinander gemacht hatten, lernten sie einander verehren und lieben. Der letztere bewunderte in seinem christlichen Freunde die Gewandtheit und Zwanglosigkeit, den Mut und die abgerundete Bildung, den sprudelnden Geist und die Kraft, mit welcher dieser eine neue Welt auf seinen

Riesenschultern trug, und Lessing bewunderte an Mendelssohn wieder die Gedankenhoheit, den Wahrheitsdrang und die auf sittlichem Grunde ruhende Charakterfestigkeit. Er ahnte in seinem jüdischen Freunde einen zweiten „Spinoza", der seiner Nation Ehre machen würde. Lessing, der damals nur „Schöngeist" war (wie man es nannte), brachte Mendelssohn den Sinn für edle Formen, für Poesie und Kunst bei, und dieser gab jenem wiederum philosophische Gedankenanregung. So gaben und empfingen sie wechselseitig, das rechte Verhältnis gediegener Freundschaft. Durch ihn kam Mendelssohn in dessen Freundeskreise, lernte Umgangsformen und streifte das Ungelenke von sich ab, das ihm vom Ghetto her anhaftete. Er verlegte sich zunächst mit allem Eifer auf die Aneignung eines anziehenden deutschen Stiles, eine für ihn um so schwierigere Aufgabe, als ihm die deutsche Sprache fremd und der unter den Juden übliche deutsche Wortschatz veraltet und irreführend war. Er hatte auch kein Muster vor Augen, denn ehe Lessing mit seinem Geiste den deutschen Stil befruchtete, war dieser schwerfällig, holperig und unschön. Aber Mendelssohn überwand alle Schwierigkeiten.

Ehe ein Jahr seit seiner Vertrautheit mit Lessing abgelaufen war, konnte er schon „philosophische Gespräche" in frischer Darstellung ausarbeiten (Anfang 1755), worin er, der Jude, die Deutschen tadelte, daß sie, den tiefen Gehalt ihres Geistes verkennend, sich unter das Joch des französischen Geschmackes beugen. Der Jude war deutschgesinnter oder deutschtümelnder als die meisten Deutschen seiner Zeit und als der philosophische König. Die „philosophischen Gespräche" übergab Mendelssohn seinem Freunde mit der scherzenden Bemerkung, daß er ebenfalls so etwas wie der Engländer Shaftsbury zustandebringen könne. Hinter seinem Rücken übergab sie Lessing dem Drucke; er flocht damit das erste Blatt zu dessen Ruhmeskranze. Durch Lessings Eifer, ihn nach jeder Seite hin zu fördern, wurde Mendelssohn im Berliner Gelehrtenkreise bekannt. Als sich in der bis dahin literarisch ziemlich öden preußischen Hauptstadt ein „gelehrtes Kaffeehaus" bildete, luden ihn die Gründer zur Mitgliedschaft ein. Je ein Mitglied pflegte alle vier Wochen ein wissenschaftlich ausgearbeitetes Thema vorzutragen. Mendelssohn aber, den Schüchternheit und das mangelhafte Organ verhinderten, selbst vorzulesen, lieferte seinen Beitrag schriftlich: „Betrachtung über die Wahrscheinlichkeit", welche in der beschränkten Erkenntnissphäre der Menschen die Gewißheit ersetzen muß. Noch während der Vorlesung wurde er als Verfasser erkannt und erntete den Beifall der urteilsfähigen Gesellschaft. So war Mendelssohn in der Republik der Literatur eingebürgert, nahm tätigen Anteil an allen literarischen Erscheinungen der Zeit und lieferte Beiträge zur „Bibliothek der schönen Wissenschaften", die sein Freund Nikolai ins Leben gerufen hatte. Mit jedem Tage mehr läuterte sich sein Geschmack, veredelte sich sein Stil, klärten sich seine Gedanken. Seine Darstellungsweise war um so anziehender, als er sie durch seinen Witz zu würzen verstand.

Gerade dasjenige, was die Judenheit durch die Erniedrigung tausendjähriger Knechtschaft eingebüßt hatte, erwarb Mendelssohn für sie in der allerkürzesten Zeit. Sie hatte im allgemeinen — bis auf den Bruchteil der portugiesischen und italienischen Juden — die reine Sprache, das erste Mittel des geistigen Verkehrs, verloren und dafür ein lallendes Kauderwelsch angenommen. Mendelssohn empfand ein wahres Entsetzen vor der Verwahrlosung der Sprache. Er wußte es, daß das jüdische Sprachgemisch nicht wenig zur „Unsittlichkeit des gemeinen Mannes" beigetragen hatte, und versprach sich eine günstige Wirkung von der beginnenden Sorgfalt auf eine reine Sprache. Es war nur eine andere Seite der Sprachverderbnis, daß die deutschen und polnischen Juden mit wenigen Ausnahmen auf dem ganzen Erdrund den Formensinn, Geschmack an künstlerischer Schönheit und ästhetisches Gemeingefühl eingebüßt hatten. Der Druck von außen und die Belastung von innen, welche sie zu einer wahren Knechtsgestalt herunterbrachten, hatten diesen Adel wie so manchen anderen aus ihrer Mitte verbannt. Auch dieses geistige Gut erwarb Mendelssohn für sie. Er eignete sich einen so bewunderungswürdig zarten Sinn für Formenschönheit an, daß er später als Richter in Geschmacksfragen anerkannt wurde. Der verkehrte Studiengang der Juden seit dem dreizehnten Jahrhundert hatte auch ihren Sinn für das Einfache abgestumpft. Sie hatten sich so sehr an Gekünsteltes, Geschraubtes, Verschnörkeltes und an Witzeleien gewöhnt, daß die einfache, schmucklose Wahrheit in ihren Augen kindisch und lächerlich erschien. Derjenige, welcher ihnen die Verjüngung wiederbringen sollte, hatte sich selbst in der kürzesten Zeit so unnachsichtlich erzogen und geschult, daß ihm geschraubtes Wesen und geschraubte Gedanken widerwärtig waren. Mit dem feinen Sinne für das Einfache, Schöne und Wahre öffnete sich ihm das tiefe Verständnis für das biblische Schrifttum, dessen Grundwesen eben Einfachheit und Wahrheit ist. Durch die dichten Schichten von Schutt und Schimmel, welche Kommentarien und Superkommentarien darauf abgelagert hatten, drang er in den tiefen Kern und war imstande, die schönen Gebilde von Staub zu reinigen, das Uralte als eine neue Offenbarung zu verstehen und verständlich zu machen. Er vereinigte solchergestalt in seinem Wesen so viele angeborene und schwer erworbene Eigenschaften, um einen wohltuenden Gegensatz zu dem Zerrbilde abzugeben, welches die deutschen wie die polnischen Juden damals darstellten. Ein einziger Sinn ging jedoch Mendelssohn ab — und dieser Mangel war für die nächste Zukunft des Judentums von großem Nachteil. Es fehlte ihm jedes Verständnis für die Geschichte, für den in der Nähe kleinlichen und in der Fernsicht großartigen, zugleich komischen und tragischen Gang des Menschengeschlechtes im Laufe der Zeiten.

Wenn nicht alle, so doch viele seiner glänzenden Eigenschaften leuchteten aus Mendelssohns Augen und Gesichtszügen heraus und gewannen ihm um so mehr die Herzen, je weniger er auf Eroberungen ausging. Man fing an, selbst am Hofe Friedrichs des Großen auf „diesen Juden" neugierig zu werden. Der unerschrockene Lessing flößte auch ihm so viel Beherztheit ein, daß er es wagte, die poetischen Erzeugnisse des preußischen Königs in einer Zeitschrift zu beurteilen und einen Tadel einfließen zu lassen (1760). Mendelssohn, der Jude, fühlte sich von dem Deutschenhaß des Königs ebenso verletzt wie von dessen Flitterweisheit. Da man aber den Königen nicht die Wahrheit sagen darf, so wußte er sehr geschickt aus der Posaune des Lobes einen leisen Ton des Tadels nachhallen zu lassen.

Ein boshafter Höfling (Prediger Justi) entdeckte den Tadel, denunzierte ihn, daß er als „Jude die Ehrfurcht gegen des Königs allerhöchste geheiligte Person im frechen Urteil über dessen Poesie aus den Augen gesetzt hat". Mendelssohn kam plötzlich der barsche Befehl zu, sich an einem Sonnabende in Sanssouci zu stellen. Das war der Rohcit jeder Zeit angemessen. Angsterfüllt begab sich Mendelssohn nach Potsdam in das königliche Schloß, wurde ins Verhör genommen und befragt, ob er der Verfasser jener unehrerbietigen Beurteilung sei. Er gestand seine Untat ein und entschuldigte sich mit der feinen Bemerkung: „Wer Verse macht, schiebt Kegel, und wer Kegel schiebt, sei er König oder Bauer, muß sich gefallen lassen, daß der Kegeljunge sagt, wie er schiebt."

Das Glück war diesem Manne, der unbewußt der Träger der Zukunft war, außerordentlich günstig. Es hatte ihm innige Freunde zugeführt. Es verschaffte ihm eine zwar nicht glänzende, aber doch ziemlich unabhängige Stellung als Buchhalter in dem Hause, in dem er bis dahin die kümmerliche Stellung eines Hauslehrers inne hatte. Es führte ihm eine traute, zärtliche, wiewohl einfache Lebensgefährtin zu und verschaffte ihm noch dazu einen großen Triumph. Die Berliner Akademie hatte eine Preisaufgabe ausgeschrieben: „Ob die philosophischen (metaphysischen) Wahrheiten derselben Deutlichkeit fähig sind, wie die Lehrsätze der Mathematik." Schüchtern machte sich Mendelssohn an die Lösung dieser Frage. Er gehörte nicht zur gelehrten Zunft, hatte erst im vorgerückten Alter deutsch buchstabieren gelernt. Er hatte gefährliche Mitarbeiter, und doch errang er (Juni 1763) den Sieg auch über Kant, den Schöpfer einer neuen fruchtbaren Philosophie, welcher nur ehrenvoll genannt wurde. Mendelssohn erhielt den ausgesetzten Preis von 50 Dukaten und die Auszeichnung. Seine Arbeit hatte den Vorzug der Klarheit und Faßlichkeit. Er hatte von den Rosen der Philosophie die Dornen weggebrochen. Seine Arbeit, zugleich mit der Kants auf Kosten der Akademie ins Französische und Lateinische übersetzt,. verschaffte ihm in der gelehrten Welt einen sicheren Ruhm. In demselben Jahre (Oktober 1763) erhielt er vom König Friedrich eine Auszeichnung, welche die niedrige Stellung der Juden in Preußen charakterisiert, das Privilegium eines Schutzjuden, d. h. die Zusicherung, nicht eines schönen Tages aus Berlin ausgewiesen zu werden. Bis dahin wurde er nur als ein Anhängsel zum Hause seines Brotherrn geduldet.

Viel mehr Glück machte der philosophische Schutzjude von Berlin mit einer Schrift, für welche seine Zeitgenossen aus allen Klassen der Gesellschaft in eine fast verzückte Bewunderung gerieten. Fast sechzehn Jahrhunderte hatte das Christentum die europäischen Völker erzogen, gehofmeistert und mit dem Glauben an überirdische Dinge fast überfüttert. Es hatte dazu alle Mittel der Überredung angewendet, und am Ende, als sich die aus dem Schlummer der Wiegenlieder erwachten Denker fragten, welche Gewißheit bietet diese so viel verheißende Heilsverkündigung für die jenseitige Existenz, so sagten sich die Ernsten mit Schmerz — und die Spötter grinsten es mit Schadenfreude —, daß sie Phantasiegebilde für Wahrheit feil biete.

Ernst und satirisch hatten die französischen Denker des achtzehnten Jahrhunderts die Welt entgöttert, den Himmel in Dunst umgewandelt; alles, was bis dahin unverrückbar fest schien, war in einen Wirbel geraten. Die Jesuslehre hatte ihre Anziehungskraft verloren und war in den Augen der Denkenden zum Kindermärchen herabgesunken. Mit Jesus Entgötterung schien die Entthronung Gottes Hand in Hand zu gehen, und damit war die Unsterblichkeit der Seele dem nagenden Zweifel verfallen. Davon hing damals nicht bloß die Ruhe der Menschen über ihr künftiges Sein, sondern auch die politische Moral ab. Der zivilisierte Teil der Menschheit war nach dem langen Traum so vieler Jahrhunderte wieder in die Trübseligkeit der römischen Gesellschaft zur Kaiserzeit zurückgefallen; er war ohne Gott, ohne Halt, ohne Stachel für ein tugendhaftes Leben.

Mendelssohn war ebenfalls in dem Gedanken befangen, daß die Würde des Menschen mit der Unsterblichkeit der Seele steige und falle. Darum unternahm er es, das den Gebildeten abhanden gekommene Gut wieder zu gewinnen, die verlorene Wahrheit gewissermaßen wieder zu entdecken, sie so sicher zu stellen, und die Angriffe darauf so entschieden zu entwaffnen, daß der Sterbende ruhig einer heiteren Zukunft und seiner jenseitigen Glückseligkeit entgegensehen könnte. Er arbeitete einen Dialog „Phädon oder die Unsterblichkeit der Seele“ aus. Es sollte ein Volksbuch, eine neue Heilslehre für die ungläubige oder zweifelnde Welt sein. Seinem Dialog gab er einen gemeinverständlichen, anziehenden Stil nach dem Muster des gleichnamigen platonischen Dialogs. Diese platonische Weisheit war veraltet, und Mendelssohn konnte davon ebensowenig Gebrauch machen wie von Platos Phantasien von einer schöneren, blühenden Erde, wohin die Seelen nach ihrer Loslösung vom Körper flögen.

Sein Ausgangspunkt zum Beweise für die Unsterblichkeit der Seele ist das Dasein Gottes, das für ihn die allerbündigste Gewißheit hatte. Die Seele sei Gottes Werk, ebenso wie der Leib; dieser gehe doch wohl im eigentlichen Sinne nach der Auflösung nicht unter, sondern verwandele sich in andere Elemente, und noch weniger könne die Seele, dieses einfache Wesen, sich auflösen und dem Untergange verfallen. „Wäre unsere Seele sterblich, so wäre Vernunft ein Traum, den uns Jupiter geschickt hat, um uns Elende zu hintergehen, so wären wir wie das Vieh hingesetzt worden, Futter zu suchen und zu sterben.“ Jeder Gedanke, welcher zur Beseligung des Menschen ihm eingeboren ist, müsse darum auch wahr und wesenhaft sein.

Fast mehr noch als Mendelssohn mit dem „Phädon“ beabsichtigt und davon erwartet hatte, „die Überzeugung des Herzens, die Wärme des Gefühles“ für die Unsterblichkeitslehre zu erregen, erreichte er. Der Phädon wurde das gelesenste Buch seiner Zeit, und er wurde mit Herz und Seele gelesen. Es wurde bald in alle europäischen Sprachen — versteht sich auch in die hebräische — übertragen. Theologen, Philosophen, Künstler, Dichter (Herder, Gleim, der junge Goethe), Staatsmänner und Fürsten, Frauen wie Männer erbauten sich daran, richteten ihren gesunkenen religiösen Mut wieder auf und dankten mit einer Schwärmerei, die heutzutage lächerlich erscheinen würde, dem jüdischen Weltweisen, der ihnen wieder jenen Trost gebracht hat, welchen das Christentum ihnen nicht mehr gewähren konnte. Die Erlösung durch den Juden Mendelssohn wurde ebenso freudig von der heidnisch gewordenen Welt begrüßt, wie ehemals die durch Jesus von Nazareth und Paulus von Tarsus ausgegangene. Von allen Seiten kamen dem bescheidenen Manne Huldigungsschreiben zu. Der Herzog von Braunschweig dachte ernstlich daran, Mendelssohn für seinen Staat zu gewinnen. Der Fürst von Lippe-Schaumburg behandelte ihn wie einen Seelenfreund. Die Berliner Akademie der Wissenschaften schlug ihn zur Aufnahme als Mitglied vor. Aber König Friedrich strich den Namen Mendelssohns aus der Liste. Zwei Benediktinermönche wendeten sich mit ihren Zweifeln an den Juden Mendelssohn, als an ihren Gewissensrat, um sich von ihm Unterweisung für ein sittliches und philosophisches Leben zu erbitten.

Selbst eine verdrießliche Geschichte diente Mendelssohn außerordentlich, ihn in den Augen seiner Zeitgenossen zu heben und ihm den Glanz eines Märtyrertums zu verleihen. Johann Kaspar Lavater, ein evangelischer Priester aus Zürich, halb Schwärmer und halb scheinheiliger Ränkeschmied, der später mit den Jesuiten in ein Bündnis trat, hatte in Mendelssohns geistvollem Kopfe die sprechende Bestätigung seiner trügerischen Kunst zu finden geglaubt, aus den Gesichtszügen auf den Charakter und die Seelenanlage der Menschen zu schließen. Nachdem Mendelssohn seinen Phädon so vollständig in griechischem Sinne hatte sprechen lassen, daß man den Verfasser nicht als Juden hätte erkennen können, kam Lavater auf den phantastischen Einfall, Mendelssohn sei seiner angestammten Religion ganz und gar entfremdet. Dazu kam noch, daß Mendelssohn bei einer allerdings widerwilligen Unterredung mit Lavater besonnen und ruhig von dem Stifter des Christentums mit einer gewissen Anerkennung gesprochen hatte, freilich mit der Einschränkung, „wenn Jesus von Nazareth nichts als ein tugendhafter Mensch hätte sein wollen". Diese Äußerung schien Lavater der Beginn des Durchbruches zur Gnade und Gläubigkeit zu sein. Wenn diese verkörperte Weisheit, gleichgültig gegen das Judentum geworden, für das Christentum gewonnen werden könnte! Aus Naivität oder Schlauheit warf Lavater ein Fangnetz gegen Mendelssohn aus. Ein Genfer Professor Kaspar Bonnet, hatte damals eine schwache Apologie für das Christentum „Untersuchung der Beweise für das Christentum gegen Ungläubige" französisch geschrieben. Diese übersetzte Lavater ins Deutsche und schickte der Übersetzung eine plumpe Widmung an Mendelssohn voran, die wie eine Falle aussah (September 1769). Er beschwor ihn dabei feierlich, die Bonnetschen Beweise für das Christentum ebenso öffentlich zu widerlegen, oder wofern er sie richtig fände, zu tun, „was Klugheit, Wahrheitsliebe und Redlichkeit tun hießen, was ein Sokrates getan haben würde, wenn er diese Schrift gelesen und unwiderleglich gefunden hätte".

Hinterher durfte Mendelssohn es Lavater Dank wissen, daß dieser ihn aus Unbesonnenheit oder frommer Schlauheit aus seiner Schüchternheit und Abgeschlossenheit herausgerissen hat. Er hätte sein Lebelang ohne äußeren Anstoß in der scheinbar dem Judentum abgewandten Haltung verharren können, wenn ihn nicht Lavaters plumpe Zudringlichkeit aus dieser falschen Stellung gerissen hätte. Er durfte bei dieser an ihn gerichteten Zumutung nicht schweigen, ohne selbst von seinen Freunden für feig gehalten zu werden. So ging er denn in den ihm aufgedrungenen Kampf, führte ihn mit vieler Gewandtheit durch und blieb am Ende Sieger. In der mildesten Form sagte er in einem öffentlichen Sendschreiben an Lavater (Ende 1769) diesem und der Christenheit einschneidende Wahrheiten, deren

Stimme in früheren Zeiten unfehlbar in Blut oder Scheiterhaufenqualm erstickt worden wäre. Seine Religion habe er von Jugend auf untersucht und bewährt gefunden. Die Weltweisheit und die schönwissenschaftlichen Bestrebungen seien ihm nie Zweck, sondern nur Mittel gewesen, sich für die Prüfung des Judentums vorzubereiten. Wäre diese nicht zu dessen Vorteil ausgefallen, was hätte ihn denn an die so strenge, so allgemein verachtete Religion fesseln, was ihn abhalten können, sie zu verlassen? „Ich werde es nicht leugnen, daß ich bei meiner Religion menschliche Zusätze und Mißbräuche wahrgenommen, die leider ihren Glanz verdunkeln — wie sie jede Religion im Laufe der Zeiten annimmt. — Allein von dem Wesentlichen meiner Religion bin ich so fest und unwiderleglich versichert, daß ich vor Gott bezeuge, daß ich bei meinem Grundsatze bleiben werde, so lange meine ganze Seele nicht eine andere Natur annimmt". Dem Christentum sei er nach wie vor abgeneigt. „Die verächtliche Meinung, die man von einem Juden hat, wünschte ich durch Tugend und nicht durch Streitschriften widerlegen zu können". An Deutlichkeit hatte er es nicht fehlen lassen, daß er, den man „den deutschen Sokrates und eine von den göttlichen Wahrheiten durchdrungene Seele" nannte, an der verachteten Religion der Juden festhalte, dagegen das Christentum als einen Irrtum betrachte, der nur nicht unmittelbar schade; er fände sich nur aus mancherlei Gründen nicht berufen, diesen Irrtum aufzudecken.

Das Mendelssohnsche Sendschreiben an Lavater machte natürlich das größte Aufsehen. Gehörte er ohnehin seit dem Erscheinen des Phädon zu den auserwählten Schriftstellern, so kam noch der Umstand hinzu, daß die Streitsache eine anziehende Seite für die Gegenwart hatte. Der Erbprinz von Braunschweig, ohnehin von Mendelssohn eingenommen, bezeugte ihm (1770) seine Bewunderung darüber, daß er über diese kitzliche Frage „mit so viel Takt und einem hohen Grade von Menschenliebe" gesprochen habe. Bonnet selbst, eine um etwas saubercre Persönlichkeit als sein Lobhudler, räumte Mendelssohn volle Gerechtigkeit ein und klagte über Lavaters unklugen Eifer. Lavater selbst war genötigt, mit süßsaurer Miene in einem Sendschreiben Mendelssohn öffentlich um Verzeihung zu bitten, daß er ihn in der Form in eine schiefe Stellung gebracht hat.

Die günstige Gelegenheit wollte Mendelssohn nicht vorüber gehen lassen, ohne das so tief verachtete Judentum in Achtung zu bringen oder wenigstens den Denkern klar zu machen, daß es mit der Vernunft durchaus nicht im Widerspruch stehe. Dagegen wies er auf die Kluft hin, welche das Christentum zwischen sich und der Vernunft gehöhlt habe. Freimütig äußerte sich Mendelssohn auch dem Erbprinzen von Braunschweig gegenüber über die Unhaltbarkeit der christlichen Glaubenslehre und die Vernunftgemäßheit der jüdischen.

Alle diejenigen, welche sich nicht der Vernunft entäußert hatten, gaben Mendelssohn und seiner Verteidigung Recht und sahen mit Verwunderung, daß das so sehr verachtete Judentum einen so bedeutenden Vorsprung vor dem gefeierten, orthodoxen Christentum habe. Der unglückliche Bekehrungseifer Lavaters und Mendelssohns ebenso feine, wie kühne Abfertigung bildeten eine Zeitlang den Gesprächsstoff der gebildeten Kreise Deutschlands und auch über dessen Grenzen hinaus. Anekdoten darüber flogen von Zürich nach Berlin hin und her. Man sprach von der Mendelssohn-Lavaterschen Fehde mehr als von Krieg und Frieden. Jede Messe brachte Flugschriften in deutscher und französischer Sprache, unbedeutende Erzeugnisse, die kein langes Leben verdienten. Bei dieser Gelegenheit begeiserte ein gallsüchtiger Mensch und elender Schriftsteller, Johann Balthasar Kölbele in Frankfurt a. M., ein Rechtsverdreher, ihn, die Rabbiner, die Juden und das Judentum mit so gemeinen Schmähungen, daß er eben dadurch die Wirkung seiner Angriffe selbst lähmte. Seine ganze Galle entleerte er aber in einem Sendschreiben an „Herrn Mendelssohn über die Lavaterschen und Kölbelischen Angelegenheiten" (März 1770). Mendelssohns reiner selbstloser Charakter war, man kann fast sagen, in den gebildeten und hohen Kreisen Europas bekannt. Nichtsdestoweniger verdächtigte ihn Kölbele, daß er nur aus Eigennutz im Judentume verharre. Mit wenigen Worten fertigte ihn Mendelssohn in der Nachschrift zu einem Sendschreiben an Lavater ab. Mendelssohn hatte von diesen Schmähungen den Vorteil, daß anständige Schriftsteller ihn in Ruhe ließen; sie scheuten Kölbeles Genossenschaft. Siegreich ging Mendelssohn hervor; er hatte in der öffentlichen Meinung an Achtung gewonnen, daß er so mannhaft für seine angestammte Religion aufgetreten war.

Er hatte aber deswegen von seiten der jüdischen Frommen eine Anfechtung zu erdulden. In seiner Wahrheitsliebe hatte er offen geschrieben, „daß er im Judentum menschliche Zusätze und Mißbräuche gefunden". Diese Äußerung verletzte alle diejenigen, die in jeder noch so unjüdischen Gewohnheit, welche die Zeit und der Kodex geheiligt hatten, eine Offenbarung verehrten. Er wurde daher wegen dieser Äußerung wahrscheinlich von dem damaligen Rabbiner Hirschel Lewin zu Rede gestellt und um nähere Erklärung befragt. Er gab sie und konnte sie geben. Sie befriedigte wahrscheinlich den Rabbiner, der kein Eiferer war. Aber seine Rechtgläubigkeit wurde doch dadurch den Strengfrommen, die er „die Kölbele unserer Glaubensgenossen" nannte, verdächtig.

Bald gab er Gelegenheit, diesen Argwohn zu erhöhen. Der

Herzog von Mecklenburg-Schwerin hatte den Juden seines Landes in mildväterlicher Weise verboten (April 1772), die Leichen nach jüdischem Brauch so rasch zu bestatten, daß der Tote vom Scheintoten nicht unterschieden werden konnte. Die jüdische Pietät gegen Verstorbene, sie nicht oberhalb der Erde der Verwesung auszusetzen, fühlte sich durch dieses Edikt verletzt, als wenn der Herzog ihnen zugemutet hätte, die Religion zu übertreten. Die Vertreter der Gemeinde von Schwerin wandten sich daher flehend an Jakob Emden in Altona, den bereits greisen Eiferer für die Rechtgläubigkeit, ihnen beizustehen und talmudisch-rabbinisch zu beweisen, daß das längere Unbestattetlassen der Leichen gegen einen wichtigen Punkt des Judentums verstoße. Emden wies die Schweriner an Mendelssohn, dessen Wort bei Fürsten großes Gewicht habe. Sie befolgten seinen Rat. Wie erstaunt waren sie, durch ein Schreiben von Mendelssohn (Mai 1772) zu erfahren, daß er ganz entschieden dem herzoglichen Erlasse beistimme, die Leichen vor dem dritten Tage nicht zu bestatten, weil nach den Erfahrungen bewährter Ärzte Fälle von Scheintod vorgekommen seien. Zum Überfluß wies er nach, daß in den talmudischen Zeiten Vorkehrung zur Verhütung des grausigen Scheintodes getroffen worden sei. Sein Gutachten war rabbinisch untadelhaft ausgearbeitet, bis auf einen Schnitzer, den er begangen hatte. Emden stempelte aber in seinem überfrommen Eifer diese streitige Frage fast zu einem Glaubensartikel. So entstand eine kleine Spannung zwischen Mendelssohn und den Stockorthodoxen, die sich später steigerte.

Inzwischen hat sein Freund Lessing am Vorabend seines Todes unbeabsichtigt einen Sturm in Deutschland erregt, der die Kathedrale erzittern machte und dabei in künstlerischem Drange Mendelssohn und mit ihm die Juden durch eine vollendete poetische Schöpfung verklärt. Die erste Veranlassung zu diesem Sturm war Mendelssohns Streit mit Lavater. Lessing war nämlich über diese Siegesgewißheit der Vertreter des kirchlichen Christentums so tief empört, daß er seinen jüdischen Freund zu mannhaftem Kampfe gegen dasselbe mit allem Nachdruck ermutigt hatte. „Sie allein dürfen und können in dieser Sache so schreiben und sprechen, und sind daher unendlich glücklicher, als alle anderen ehrlichen Leute, die den Umsturz des abscheulichen Gebäudes von Unsinn nicht anders, als unter dem Vorwande, es neu zu unterbauen, befördern können". Bei seinem unsteten Leben, welches seinem unruhigen Geiste entsprach, war Lessing nach Hamburg gekommen und hatte mit der geachteten und denkfreien Familie Reimarus Bekanntschaft gemacht. Der tiefe Forscher Hermann Samuel Reimarus, hatte im Unmut über das verknöcherte und doch so anmaßend auftretende lutherische Christentum der Hamburger Pastoren eine „Schutzschrift für die vernünftigen Verehrer Gottes“ ausgearbeitet, welche der Vernunft ihr verkümmertes Recht verschaffen sollte und dabei den Stifter des Christentums herabsetzte. Reimarus hatte aber nicht den Mannesmut, die Schäden der herrschenden Religion nach seiner Überzeugung öffentlich bloßzulegen. Er hinterließ diese Schrift, welche in ihren Falten gefährlichen Zündstoff enthielt, seiner Familie und gewissermaßen einem geheimen Orden freidenkender Mitglieder als Vermächtnis. Elisa Reimarus, die edle, ihres Vaters würdige Tochter, übergab Bruchstücke dieser Brandschrift an Lessing, der sie mit Inbrunst las und zu veröffentlichen gedachte. Er hatte mit der Übernahme der Herzoglich-Braunschweigischen Bibliothek in Wolfenbüttel die Freiheit erlangt, die handschriftlichen Schätze der reichen Sammlung zu veröffentlichen. Im Interesse der Wahrheit erlaubte er sich die Unwahrheit, als wenn er die „Bruchstücke eines Unbekannten“ in dieser Bibliothek gefunden hätte, eines Verfassers, der sie ein Menschenalter vorher niedergeschrieben hätte. Unter dieser Mummerei begann er die Veröffentlichung (1770—1775), von Beiträgen „zur Geschichte und Literatur aus den Schätzen der Bibliothek zu Wolfenbüttel“.

In einem Bruchstücke wurde die Unmöglichkeit der Wunder nachgewiesen, und ganz besonders die Glaubwürdigkeit von Jesu Auferstehung, der Hauptsäule des Christentums, womit es steht und fällt, eindringlich bezweifelt. In einem Kapitel „vom Zwecke Jesu und seiner Jünger“ war auseinandergesetzt, daß Jesus sich zum jüdischen Messias und zum Könige der Juden habe aufwerfen wollen. Dazu habe er mit seinen Jüngern eine geheime Verschwörung unterhalten, um den hohen Rat, (das Synhedrion) zu stürzen. Als ihm aber sein Umsturzplan mißlungen sei, und er den Tod habe erleiden müssen, hätten die enttäuschten Jünger erklärt: „Jesu Reich sei nicht von dieser Welt.“ Die Evangelien hätten die ursprüngliche Lehre Jesu entstellt.

Diese Behandlung der christlichen Urgeschichte, welche das ganze Christentum über den Haufen zu werfen geeignet war, schlug wie ein Blitz ein. Eine Art Erstaunen und Verblüffung war der Eindruck. Staatsmänner und Bürger waren ebenso davon ergriffen, wie Theologen. Der ganze Zorn der Eiferer entlud sich daher auf den Herausgeber Lessing. Er wurde von allen Seiten angefallen und hatte keinen Mitstreiter zur Seite. Aber von jeher gewohnt, mit starken Armen allein gegen Ungeschmack und Unverstand zu kämpfen, war Lessing Mann genug, sich selbst zu schützen. Er streckte alle seine Feinde nacheinander nieder und am nachdrücklichsten den Typus der dummgläubigen, hochmütigen, hämischen Orthodoxie, den Pastor Göze in Hamburg. Da seine zwerghaften Gegner diesem Kämpfer auf literarischem Wege nicht beikommen konnten, so riefen sie den weltlichen Arm zu Hilfe, Lessings Beiträge wurden verboten, konfisziert, die Handschrift der Fragmente mußte er ausliefern, die Zensurfreiheit wurde ihm entzogen, und noch dazu wurde ihm zugemutet, nichts mehr in dieser Angelegenheit zu schreiben (1778). Von den Kirchenkanzeln herab donnerten die Eiferer gegen ihn. Da schickte er sich an, ihnen von seiner Theaterkanzel zu antworten. Das jüngste, reifste, vollendetste Kind seiner Muse, „Nathan der Weise", sollte sein Rächer werden.

Zum Ärger der hochmütigen christlichen Frommen, welche bei aller Engherzigkeit, Leblosigkeit und Verfolgungssucht alle Tugenden für sich in Anspruch nahmen und alle Untugenden den Juden samt und sonders andichteten, stellte Lessing einen Juden als fleckenloses Ideal der Tugend, der Weisheit und Gewissenhaftigkeit auf. Dieses Ideal hatte er in Moses Mendelssohn verkörpert gefunden. Der Hauptheld seines unsterblichen Dramas ist ein Weiser und Kaufmann wie Mendelssohn, „ebenso gut als klug und ebenso klug als weise". — Sein Volk verehret ihn als einen Fürsten; doch daß es ihn den weisen Nathan nennt — vor allen aber hätts ihn den guten nennen können.

„. . . . Wie frei von Vorurteilen
„Sein Geist, sein Herz wie offen jeder Tugend,
„Wie eingestimmt mit jeder Schönheit sei.
„. . . . . . . welch' ein Jude!
„Und der so ganz ein Jude scheinen will."

Ein Sohn des Judentums, hat sich Nathan zur höchsten Höhe humaner Gesinnung erhoben, weil ihm auch sein Gesetz diese Milde vorschreibt. Im fanatischen Gemetzel der Kreuzzüge hatten wilde Christen in Jerusalem alle Juden mit Weib und Kind ermordet und ihm selbst ein geliebtes Weib mit sieben hoffnungsvollen Söhnen verbrannt. In Hiobs Duldergröße sprach er:

„Doch war auch Gottes Ratschluß das. Wohlan!"

In diesem brennenden Schmerze bringt ihm ein Reiterknecht ein junges, zartes, verwaistes Mädchen, und Nathan nahm es, trugs auf sein Lager, küßte es, warf sich auf seine Kniee und dankte Gott, daß er ihm doch wenigstens die verlorenen Sieben durch eins ersetzt habe. Dieses christliche Mädchen liebte er und erzog es mit äußerster Gewissenhaftigkeit. Nicht diese oder jene Religion und noch weniger die seinige flößte er in Rechas oder Blankas junge Seele ein, sondern nur die Lehre von reiner Gottesverehrung, idealer Tugend und Sittlichkeit. So der Vertreter des Judentums.

Wie handelten dagegen die Vertreter des Christentums in diesem Drama? Der Patriarch von Jerusalem, der mit seiner Kirche in der mohammedanischen Stadt nur geduldet wird, sinnt auf verräterische Pläne gegen den Sultan, schmiedet Ränke gegen ihn:

„Nur — meint der Patriarch, sei Bubenstück
„Vor Menschen nicht auch Bubenstück vor Gott.“

Für Nathan will er einen Scheiterhaufen anzünden, weil er ein verlassenes, christliches Kind gehegt, geliebt und zur liebreizenden, seelenvollen Jungfrau erzogen hatte. Das Kind wäre ohne des Juden Erbarmen im Elend verkommen:

„Tut nichts, der Jude wird verbrannt.“

Der Tempelherr Leu von Filneck vertritt eine andere Seite des Christentums. Wiewohl edel gesinnt, zeigt er den Juden gegenüber nur Hochmut und Verachtung. So der beste Christ! Erst nach und nach durch der Liebe Wunderkraft legt der Tempelherr die rauhe, häßliche Kruste seiner christlichen Vorurteile ab. Es fließt mohammedanisches Blut in seinen Adern. Nur die heilige Einfalt des Klosterbruders Bonafides verbindet noch menschliche Güte mit klösterlicher Kirchlichkeit; aber er kennt nur eine Pflicht, Gehorsam, und auch er würde auf ausdrücklichen Befehl des fanatisch grausamen Patriarchen die entsetzlichsten Verbrechen begehen.

Diese Lehre predigte Lessing von seiner Theaterkanzel den verstockten Gemütern der Christgläubigen. Der weise Jude Nathan — Mendelssohn — steht bereits auf der Höhe humaner Gesinnung, der beste Christ — der Tempelherr, jeder gebildete Christ — müsse sich erst von dickhäutigen Vorurteilen los machen, um dazu zu gelangen. Das Pochen auf die eigene wahre Religion und die rechte Seeligkeit ist ein Wahn. Wer besitzt den echten Ring? Wodurch kann der echte von dem unechten unterschieden werden? Jedenfalls durch Sanftmut, herzliche Verträglichkeit, Wohltun und innigste Ergebenheit in Gott, kurz durch alles das, wovon das kirchliche Christentum damals nicht allzuviel zeigte, und was in Mendelssohn vollendet war.

Mit jedem Zuge hat Lessing in diesem Drama das verknöcherte, verfolgungssüchtige Christentum gegeißelt und das Judentum, wenigstens in seinem Hauptvertreter, verherrlicht. Sobald das Drama in die Öffentlichkeit gedrungen war (Frühjahr 1779) ballte sich ein glühender Zorn gegen den Dichter, als ob er das Christentum herabgesetzt hätte. Seine Freunde selbst zeigten ihm nur kalte Gesichter, mieden ihn, schlossen ihn, der Geselligkeit liebte, von geselligen Kreisen aus und überließen ihn der Verfolgung seiner Feinde. Er fühlte sich durch diesen stillen Bann gekränkt, verlor immer mehr die Elastizität seines Geistes und wurde müde, schläfrig, fast stumpf. Die Frommen haben ihm das letzte Jahr seines Lebens reichlich verbittert. Er starb im kräftigen Mannesalter wie ein Greis, ein Märtyrer seiner Liebe zur Wahrheit. Aber seine herzgewinnende Stimme für die gegenseitige Duldung drang durch und sänftigte allmählich die Mißtöne des Hasses und der Vorurteile.

Wie Mendelssohn, ohne es zu wissen und zu wollen, Lessing zum Schaffen eines Ideals angeregt und durch ihn die Vorurteile gegen Juden bannen geholfen hatte, so hat er in derselben Zeit ebenso absichtslos die geistige Befreiung seiner Stammgenossen herbeigeführt, von der sich ihre Wiedergeburt datiert. Die Bibel, namentlich der Pentateuch, das Alles in Allem des Judentums, war seinen Bekennern, obwohl ihn sehr viele auswendig kannten, so fremd geworden, wie nur je ein unverständliches Buch. Die rabbinischen und die kabbalistischen Ausleger hatten den einfachen biblischen Wortsinn so entstellt, daß sie alles darin erblickten, nur nicht das Richtige und Wahre seines Inhaltes.

Im zarten Kindesalter brachten die polnischen Schulmeister — andere gab es nicht — mit der Zuchtrute und mit zornigen Geberden der jüdischen Jugend bei, die ungereimtesten Verkehrtheiten in diesem heiligen Buche zu erblicken, verdolmetschten es in ihrer häßlichen Mischsprache und verquickten den Text so eng mit ihrer Übersetzung, daß es schien, als wenn Mose im Kauderwelsch der polnischen Juden gesprochen hätte. So war gerade das, was ein Labsal für die Seelen hätte sein sollen, in Gift verwandelt. Am tiefsten empfand Mendelssohn diese Verkennung und Entstellung des Bibelwortes, er, der zur lichten Erkenntnis gekommen war, daß die heilige Schrift nicht das enthalte, „was Juden und Christen darin zu finden glaubten", und daß eine einfache, geschmackvolle Übersetzung ein wichtiger Schritt zur Hebung der Kultur unter den Juden werden dürfte. Aber in seiner Bescheidenheit und Scheu fiel es ihm nicht ein, dieses Erziehungsmittel für seine Stammgenossen anzuwenden. Nur für seine Kinder arbeitete er eine Übersetzung des Pentateuchs aus. Erst auf Drängen anderer entschloß er sich, seine Übersetzung des Pentateuchs in deutscher Sprache für jüdische Leser zu veröffentlichen.

Er kannte aber sein jüdisches Publikum zu gut, um nicht zu wissen, daß die Übersetzung, wie vorzüglich sie auch immer ausfallen mochte, wenig Beifall finden würde, wenn sie nicht mit einer hebräischen Erklärung verbrämt sein würde. Was galt damals für den verderbten Geschmack jüdischer Leser ein Buch ohne Kommentar? Seit undenklichen Zeiten, seitdem die Kommentarien und Superkommentarien aufkamen, waren diese viel mehr beliebt, als der schönste Text. Mendelssohn gewann daher einen unterrichteten Polen, Salomo Dubno, die Ausarbeitung eines fortlaufenden Kommentars zu übernehmen. Beim Sammeln von Abnehmern für das Werk zeigte sichs, daß Mendelssohn bereits unter seinen Stammgenossen in und außerhalb Deutschlands so viele Anhänger und Verehrer zählte, daß sein Unternehmen mit Freuden begrüßt wurde, welches die Schmach der Unwissenheit in ihrer eigenen Welt und der Sprachverderbnis von ihnen abtun sollte. Als Zeichen der Zeit kann es gelten, daß sich auch Christen dabei beteiligten, Professoren, Pastoren, Hofprediger, Konsistorialräte und Exzellenzen. Allerdings waren Mendelssohns christliche Freunde außerordentlich rührig, sein Werk zu fördern. Seine und Lessings edle Freundin Elisa Reimarus sammelte selbst Unterschriften dafür. Aber die starren Anhänger des Alten und Überkommenen waren betrübt darüber. Sie fühlten lebhaft, daß die alte Zeit, die naive Gläubigkeit, welche unbesehen alles als Ausfluß einer göttlichen Quelle betrachtet, damit zu Grabe getragen werden würde.

Sobald eine Probe der Übersetzung in die Öffentlichkeit trat, waren die Rabbiner alten Schlages dagegen eingenommen und sannen darauf, den Feind vom Hause Jakob fern zu halten. Drei Polen arbeiteten der Veröffentlichung der Übersetzung entgegen, wie ehemals die Mönche gegen Luthers Bibelübersetzung. In Fürth wurden Bannstrahlen gegen „Mose Dessaus“ deutschen Pentateuch geschleudert. Allen denen, welche treu zum Judentum hielten, wurde bei Strafe der Acht verboten, sich dieser Übersetzung zu bedienen. In einigen polnischen Städten, Posen, Lissa, soll das Werk gar öffentlich den Flammen übergeben worden sein. Aber die Verketzerung von dieser Seite konnte der Verbreitung des Werkes wenig Eintrag tun. Mehr war zu befürchten von seiten des rücksichtslosen und überall angesehenen Rabbiners Raphael Kohen in Hamburg-Altona. Und in der Tat sprach auch dieser den Bann über das Buch ,aber nicht über den Verfasser aus; aber die Wirkung war von vornherein abgestumpft. Da Mendelssohns Freund, der Staatsrat von Hennigs, es durchgesetzt hatte, daß der Name des Königs Christian von Dänemark und des Kronprinzen an der Spitze der Abonnenten gezeichnet waren, so durfte der Rabbiner im Staate dieses Königs nicht offen dagegen eifern. Die Verketzerung der Mendelssohnschen Bibelübersetzung trug noch eher dazu bei, ihre Wirkung zu steigern. Die Talmudjünger griffen hinter dem Rücken ihrer die neue Strömung verkennenden Meister nach der deutschen Übersetzung und lernten im Versteck daraus zugleich das Elementare und Erhabenste, die deutsche Sprache und Religionsphilosophie, hebräische Grammatik und Poesie. Sie gewannen dadurch eine neue Weltanschauung. Wie von einem Zauberstab berührt, wuchsen dieser Jüngerschar, diesen ausgemergelten Gestalten des dumpfen Talmudlehrhauses, die Geistesflügel, mit denen sie sich über die düstere Gegenwart erhoben und einen Flug himmelwärts nahmen. Eine unstillbare Sehnsucht nach Wissen bemächtigte sich ihrer; kein noch so dunkles Gebiet blieb ihnen seitdem verschlossen. Die Geistesschärfe, das rasche Begreifen, das tiefe Eindringen, die diesen Jünglingen die Beschäftigung mit dem Talmud in einem so hohen Grade verliehen hatte, machten es ihnen leicht, sich in der ihnen neuerschlossenen Welt zu orientieren. Tausende von Talmudjüngern aus den verschiedenen großen Lehrhäusern Hamburg, Prag, Nikolsburg, Frankfurt a. M., Fürth und gar erst aus Polen wurden lauter junge, kleine Mendelssohne. Alle jene Männer, welche zu Ende des achtzehnten und im Anfang des neunzehnten Jahrhunderts nach allen Seiten hin öffentlich wirkten, waren bis zu einer gewissen Zeit einseitige Talmudisten und mußten erst von Mendelssohns Geiste angehaucht werden, um Kulturträger unter den Juden zu werden. Die Mendelssohnsche Übersetzung hatte eine wahrhafte Wiedergeburt der Juden mit raschen Schritten angebahnt.

Wie die Anregung zur inneren Befreiung, so knüpfte sich auch der Anfang der äußeren Befreiung der Juden von tausendjähriger Knechtschaft an Mendelssohns Namen und zwar unbeabsichtigt, ohne Stürmerei oder Berechnung von seiner Seite. Es nimmt sich daher wie ein Wunder aus, ohne den allergeringsten wunderbaren Vorgang. Er verschaffte den Juden zwei Vorkämpfer, wie sie sie eifriger und wärmer nicht finden konnten, Lessing und Dohm. Die Teilnahme für die Juden und die Erhebung derselben aus ihrem Sklavenstande ist durch eine Verfolgung angeregt worden.

In keinem Teil von Europa war vielleicht der Druck und die Schmach der Juden größer als in der französisch gewordenen deutschen Provinz Elsaß und in Metz. Alle Beweggründe des verbissenen Judenhasses, kirchliche Unduldsamkeit, Rassenantipathie, Adelswillkür, Habsucht, zünftiger Brotneid und Roheit vereinigten sich gegen die Juden vom Elsaß, um ihr Dasein im Jahrhundert der Aufklärung zu einer stetigen Höllenpein zu machen, die noch dazu so kleinlicher Natur war, daß sie nicht einmal zu heldenmütigem Aufbäumen aufstacheln konnte. Adel und Bürgerstand im Elsaß hatten kein Ohr für die Stimme der Menschlichkeit, die in der französischen Literatur so beredt sprach, und gingen nicht um ein Jota von ihren verbrieften Rechten über die Juden ab, welche sie ihnen fast als eine einträgliche Horde Leibeigener zu eigen gaben. Im Elsaß stand es den Edelleuten frei, Juden aufzunehmen, aber auch alte, angesessene Familien auszuweisen. In Metz hatten es die Kaufleute durchgesetzt, daß die Juden sich nicht über die Zahl von 480 Familien vermehren durften. Diese Bestimmung hatte dieselben Konsequenzen wie in Österreich und Preußen, daß die jüngeren Söhne zum Zölibat oder zum Exil aus dem väterlichen Hause, die Töchter zu alter Jungfernschaft verurteilt waren. Es verstand sich von selbst, daß die Juden von Elsaß und Metz in Ghettos eingesperrt waren und nur ausnahmsweise durch die übrigen Stadtteile gehen durften. Steuern mußten sie dafür in fast unerschwinglichem Umfange leisten. Ludwig XIV. hatte einen Teil der Einkünfte von den Metzer Juden an den Herzog von Brancas und an die

Gräfin de Fontaine geschenkt, denen sie jährlich 20,000 Livre zahlen mußten und außerdem noch Kopfsteuer, Handelssteuer, Häusersteuer, Abgaben an eine Kirche, Hospital, Kriegssteuer und wie alle diese Lasten noch betitelt waren. Im Elsaß mußten sie Schutzgeld an den König, Abgaben an den Bischof von Straßburg, an die Grafen von Hagenau, außerdem noch Wohnungssteuer an die Edelleute, in deren feudalen Gebieten sie wohnten, und Kriegssteuer zahlen. Das Ansiedlungsrecht ging hier nicht einmal auf den ältesten Sohn über, sondern mußte vom Edelmann erkauft werden, als wenn es ein fremder Schutzanflehender wäre. Und wovon sollten sie alle diese Steuern erschwingen, und noch dazu ihre Synagogen und Schulen unterhalten? Fast jedes Gewerk und jeder Handel war ihnen im Elsaß untersagt; sie durften gesetzlich nur Viehhandel und Gold- und Silberarbeit betreiben. Wollten sie außerhalb ihrer engen Provinz Reisen machen, mußten sie Leibzoll zahlen. In Straßburg durfte kein Jude über Nacht bleiben. Was blieb ihnen anders übrig, als sich die zu ihrer elenden Existenz unerläßlichen Gelder auf ungesetzlichem Wege durch Wucher zu verschaffen. Die Geldbesitzer machten den kleinen Handwerkern, Ackerbauern und Winzern Vorschüsse auf die Gefahr hin, sie einzubüßen, und ließen sich dafür hohe Zinsen zahlen oder wendeten andere Schliche an. Dies machte sie nur noch verhaßter, und die einreißende Verarmung des Volkes wurde ihnen zur Last gelegt. Sie waren in der traurigen Lage, andere und sich selbst unglücklich machen zu müssen.

Diese elende Lage der elsässischen Juden beutete ein gewissenloser Mensch zu seinem Vorteil aus und brachte sie bis hart an die Grenze blutiger Verfolgung. Ein Gerichtsschreiber, nicht ohne Kopf und literarische Bildung, namens Hell, von Hause aus arm und nach einer hohen Stellung lüstern, bekannt mit den Schlichen der jüdischen Wucherer, lernte eigens die hebräische Sprache, um ohne Furcht vor Entdeckung dieselben brandschatzen zu können. Er ließ ihnen Drohbriefe in hebräischer Sprache zukommen, daß sie wegen Wuchers und Betruges angeklagt werden würden, wenn sie ihm nicht eine bestimmte Summe zukommen ließen. Als er gar zum Landrichter für einige elsässische Edelleute ernannt wurde, waren ihm die Juden vollends preisgegeben. Diejenigen, welche seine immer gesteigerten Wünsche nicht befriedigten, wurden angeklagt und verurteilt. Da seine Ungerechtigkeiten zum Teil ans Licht kamen und er beargwohnt wurde, reizte dieses seinen Haß gegen sie zu noch viel größeren Untaten. Er wies den Schuldnern den Weg, wie sie sich der drückenden Schulden an die jüdischen Geldmänner entledigen könnten, wenn sie sich falscher Quittungen über bereits geleistete Zahlung bedienen würden. Einige seiner Kreaturen durchzogen Elsaß und schrieben solche Quittungen. Die gewissenhaften Schuldner wurden durch Geistliche beschwichtigt, die ihnen die Beraubung der Juden als gottgefällige Handlung empfahlen. Die Ängstlichen wurden durch einen eigens dazu abgerichteten Betrüger beruhigt, welcher Orden und Kreuze, angeblich im Namen des Königs, an diejenigen austeilte, welche falsche Quittungen annehmen, vorzeigen und gegen die Juden wegen Bedrückung und Betruges klagbar auftreten wollten. Die unglücklichen Schuldner vereinigten sich mit Schurken und Geistlichen, um den schwachköpfigen König Ludwig XVI. zu bestürmen, allen Wirren durch Vertreibung der Juden aus dem Elsaß ein Ende zu machen. Um sein Werk zu krönen, versuchte der gewissenlose Hell die bösen Geister gegen die Juden von Elsaß noch mehr zu entfesseln. Er verfaßte eine giftige Schrift gegen sie (1779) „Bemerkungen eines Elsassers über die gegenwärtigen Händel der Juden von Elsaß“, worin er ein grauenhaftes Bild von ihnen entwarf, um sie dem Hasse und der Vertilgung zu weihen. Er gab in dieser Schrift zu, daß Quittungen gefälscht worden sind; aber dies sei eine Folge der Ratschlüsse der Vorsehung, der allein die Rache zustehe. Sie habe dadurch Jesu Kreuzestod, den Gottesmord rächen wollen. Indessen war der Geist der Duldung bereits erstarkt genug, um solche Arglist nicht durchgreifen zu lassen. Seine gemeinen Schliche wurden aufgedeckt, und er wurde auf Befehl des Königs verhaftet und später aus dem Elsaß entfernt. Ein Dekret des Königs befahl (Mai 1780), daß Prozesse wegen Wuchers nicht mehr von dem Landgerichte der Edelleute, sondern von dem Staatsrat von Elsaß entschieden werden sollten.

Eine Folge dieser Vorgänge war, daß die elsässischen Juden sich endlich aufrafften und auszusprechen wagten, daß ihre Lage unerträglich sei, und vor dem Thron des milden Königs Ludwig XVI. eine Abhilfe erflehten. Ihre Verteter (Cerf Beer?) arbeiteten eine Denkschrift für den Staatsrat über die gegen sie bestehenden unmenschlichen Gesetze aus und machten Vorschläge zur Verbesserung ihrer Lage. Sie fühlten aber, daß diese Denkschrift derart abgefaßt sein müßte, daß sie auch auf die öffentliche Meinung wirken könnte, die damals kurz vor der Revolution schon ebenso mächtig, wie der König war. Aber in ihrer Mitte befand sich kein Mann von Geist und Fähigkeit, eine anziehende Darstellung auszuarbeiten.

An wen konnten sie sich anders wenden, als an Mendelssohn, auf den damals bereits die europäischen Juden, als auf ihren starken Vorkämpfer, blickten? Ihm sandten daher die Elsässer Juden das nötige Material zu und baten ihn, ihrer Schutzschrift die rechte Feile und eine eindringliche Form zu geben. Mendelssohn hatte zwar keine Muße und vielleicht auch keine Geschicklichkeit dazu. Aber er hatte glücklicherweise zur selben Zeit einen neuen Freund und Bewunderer gefunden, der vermöge seiner Kenntnisse und seines Amtes an besten imstande war, eine solche Denkschrift zu gliedern. Christian Wilhelm Dohm (geb. 1751, gest. 1820) war kurz vorher wegen seiner gründlichen Geschichtskenntnisse von Friedrich dem Großen mit dem Titel Kriegsrat am Archiv angestellt worden. Wie alle strebsamen Jünglinge und Männer damaliger Zeit hatte auch Dohm den jüdischen Philosophen aufgesucht und wie alle, die in Mendelssohns Kreis kamen, sich von dessen geistvoller, milder Persönlichkeit angezogen gefühlt. Jeder gebildete Christ, der in Mendelssohns Nähe kam, ließ von selbst, von dessen Wesen angenehm angeweht, seine Vorurteile gegen Juden fallen und empfand ein aus Bewunderung und Mitleid gemischtes Gefühl für einen Volksstamm, der so viel Leiden durchgemacht und eine solche Persönlichkeit aus seiner Mitte erzeugt hat. Dohm hatte bereits einen weiten Plan gefaßt, die „Geschichte der jüdischen Nation seit der Zerstörung ihres eigenen Staates" zum Gegenstand seines Studiums zu machen. Er zeigte sich daher bald bereit, mit Mendelssohn gemeinschaftlich die Denkschrift für die Elsässer Juden in eine ansprechende Form zu bringen. Bei der Ausarbeitung derselben stieg ihm indes der Gedanke auf, nicht bloß für einzelne, sondern für die deutschen Juden überhaupt, welche unter demselben Druck und derselben Schmach litten, eine Schutzschrift der Öffentlichkeit zu übergeben. So entstand seine unvergeßliche Schrift: „Über die bürgerliche Verbesserung der Juden" (vollendet August 1781), welche zuerst das schwere Joch von dem Nacken der Juden lösen half. Dohm hat damit, so wie Lessing mit seinem Nathan die große Schuld, welche gerade das deutsche Volk an der Knechtung und Entwürdigung der Juden hatte, teilweise gesühnt.

Dohms Schutzschrift hatte keinerlei geistlichen Beigeschmack, sondern wandte sich an nüchterne, erleuchtete Staatsmänner und betonte nachdrücklich den politischen und volkswirtschaftlichen Gesichtspunkt. Gewiß, der edle Menschenfreund, welcher zuerst der Emanzipation der Neger das Wort redete, hatte weit weniger Schwierigkeit zu überwinden, als Dohm mit seinem Bestreben für die Befreiung der Juden. Denn gerade diejenigen Umstände, welche zu ihren Gunsten sprechen sollten, ihre Verständigkeit und Rührigkeit, ihre Mittlerschaft für eine reine Lehre über Gott und Sittlichkeit und ihr alter Adel, diese Umstände gereichten ihnen zum entschiedensten Nachteil. Ihr verständiges und geschäftiges Wesen wurde ihnen als Schlauheit und Beutesucht, das Pochen auf den Ursprung ihrer Lehre als Anmaßung und Unglaube und ihr alter Adel als Hochmut ausgelegt. Welcher Heldenmut war dazu erforderlich, trotz der vielfachen Vorurteile und Gehässigkeiten gegen die Juden unter allen Klassen der christlichen Gesellschaft ihnen das Wort zu reden!

Dohm schilderte beredt und warm die unsäglich elende Lage

der Juden. Kaum bleibt seltenen Genies bei so vielen niederdrückenden Umständen noch Mut und Heiterkeit, sich zu den schönen Künsten und Wissenschaften zu erheben. Und auch diese seltenen Menschen, die darin eine hohe Stufe erreichen, so wie die, welche durch untadelhafte Rechtschaffenheit der Menschheit Ehre machen, können nur bei Wenigen Achtung erwerben; bei dem Haufen machen auch die ausgezeichnetsten Verdienste des Geistes und Herzens den Fehler nie verzeihlich — „Jude zu sein." Die Regierungen müßten sich bemühen, die allgemeine Aufklärung der Juden und ihre von der Religion unabhängige Sittlichkeit zu fördern.

Dohm warf einen Rückblick auf die Geschichte der Juden in Europa, wie sie in den ersten Jahrhunderten im römischen Reiche das volle Bürgerrecht genossen haben und also dessen würdig gewesen sein müssen, wie sie zuerst von den Byzantinern und dann von den germanischen Barbaren, besonders von den Westgoten in Spanien zu Rechtlosen herabgedrückt worden waren. Aus dem römischen Reiche hatten Juden mehr Kultur hinüber gebracht, als die herrschenden Nationen besaßen. In Spanien war bei ihnen und den Arabern eine bedeutendere Kultur als in dem christlichen Europa anzutreffen. Er ging dann die falschen Anschuldigungen und Verfolgungen gegen die Juden während des Mittelalters durch, und seine Schilderung läßt die Christen als grausame Barbaren, die Juden dagegen als verklärte Märtyrer erscheinen.

Die Juden besäßen allerdings Fehler und es sei möglich, daß manche so tief gewurzelt seien, daß sie erst in der dritten oder vierten Generation ganz verschwinden dürften. Aber dies sei kein Grund, bei der jetzigen Reform nicht anzufangen, weil ohne sie die gebesserte Generation nie erscheinen würde. Dohm machte fernergeltend, von den Juden sei ein noch viel bessererErfolg zu erwarten, da sie Vermögen besitzen und mehrere von ihnen vorzügliche Geistesfähigkeit und Geschicklichkeiten zeigen. Sie besitzen besonders Klugheit, Scharfsinn, Fleiß, Betriebsamkeit und die biegsame Fähigkeit, sich in alle Lagen zu schicken.

Das Schlußresultat der Dohmschen Beweisführung lautet, daß die Juden von der Natur gleiche Fähigkeit erhalten haben, bessere Menschen, nützlichere Glieder zu werden, daß nur die unseres Zeitalters unwürdige Bedrückung sie verderbt habe, und daß es der Menschlichkeit und Gerechtigkeit, sowie der aufgeklärten Politik gemäß sei, diesen Druck aufzuheben und den Zustand der Juden zu ihrem eigenen und des Staates Wohl zu verbessern. „Ich wage es sogar, demjenigen Staat Glück zu wünschen, der zuerst diese Grundsätze in Ausführung bringen wird. Er wird sich aus seinen eigenen Mitteln neue, treue und dankbare Untertanen bilden; er wird seine eigenen Juden zu guten Bürgern machen".

Dohm gab auch die Mittel an die Hand, die Verbesserung der Lage der Juden anzubahnen, und seine weisen Vorschläge bildeten ein Programm für die Zukunft. Sie sollten vor allem ganz gleiche Rechte mit allen übrigen Untertanen haben. Ihre sittliche Hebung sollte durch Gründung eigener, guter Schulen oder durch Zulassung der Jugend zu christlichen, sowie durch Hebung des Geistes der Erwachsenen in den jüdischen Gotteshäusern gefördert werden. Aber auch den Christen müßte durch Predigten und andere wirksame Mittel eingeprägt werden, daß sie die Juden wie ihre Brüder und Mitmenschen betrachten und behandeln müßten. Dohm wollte ihnen Freiheit in inneren, religiösen Angelegenheiten eingeräumt wissen, freie Religionsübung, Anlegung von Synagogen, Anstellung von Lehrern, Versorgung ihrer Armen. Nur ein einziges Recht wollte er ihnen entzogen wissen, ihre Verwendung für öffentliche Ämter oder die Staatslaufbahn. So hoch konnte sich auch Dohm noch nicht versteigen, den Juden die Fähigkeit dazu einzuräumen. Aber schon die nächste Zeit hat seine Bedenklichkeiten Lügen gestraft.

Dohm sah voraus, daß sein Emanzipationsprogramm für die Juden bei der Professoren- und Theologenzunft den heftigsten und hartnäckigsten Widerspruch finden werde. Er wendete sich daher an die „Weisheit der Regierungen“, es durchzuführen, welche damals für Verbesserung und Aufklärung viel geneigter waren, als die Völker. Es ist nicht zu verkennen, daß Mendelssohn hinter ihm stand, und wenn er ihm auch nicht die Worte in die Feder diktiert, so hat er ihn doch mit seinem Geiste der Milde und Menschenliebe angehaucht und ihm über die Punkte, welche dem Christen und politischen Schriftsteller fremd und dunkel waren, Licht gegeben. Mendelssohn ist daher, wenn auch nicht als der Vater, so doch als der Pate der Dohmschen Schrift anzusehen.

Diese wurde bald nach ihrem Erscheinen außerordentlich volkstümlich, wurde gelesen, besprochen, allerdings von vielen bekrittelt, widerlegt und nur von wenigen gebilligt. Das erste war, daß klatschsüchtige Kreise aussprengten, Dohm habe sich seine Feder von Juden mit einem sehr hohen Preise bezahlen lassen. Die einzigen Zeichen der Anerkennung, welche ihm Juden gaben, waren aber, daß die Berliner Gemeinde ihm zum Geburtstage ein silbernes Besteck schenkte, daß der Vorstand der Juden von Brasilien ihm ein Dankschreiben zuschickte, und daß eine jüdische Familie in Breslau ihm zu Ehren den Namen Dohm annahm. Doch auch zugunsten der Juden machte Dohms Schrift einen tiefen Eindruck. Das Glück begann den Juden zu lächeln, nachdem es ihnen so viele Jahrhunderte den Rücken gekehrt hatte. Kaum war die Schrift erschienen, so erließ Kaiser Joseph eine Reihe von Gesetzen in betreff der Juden, die, wenn auch gewalttätiger Art, doch von aufrichtiger Menschenliebe zeugen.

Zunächst wurde ihnen (19. Oktober 1781) das Erlernen von Handwerken, Künsten, Wissenschaften und auch der Betrieb zum Ackerbau, wenngleich unter Beschränkungen gestattet. Die Pforten der Universitäten und Akademien, bisher ihnen verschlossen, öffneten sich für sie. Die Heranbildung der jüdischen Jugend lag diesem, die „philosophische Moral" fördernden Kaiser sehr am Herzen. Demgemäß dekretierte er die Anlegung von jüdischen Elementar- und höheren Schulen (Normalschulen) und machte auch den Erwachsenen das Erlernen der Landessprache zur zwingenden Notwendigkeit. Zart beseitigte er den dabei möglichen Religionszwang für die Juden. Es sollte beim Unterricht alles für ihren Glauben Anstößige weggelassen werden. Eine Verordnung verfügte, daß die Juden allenthalben als „Nebenmenschen" geachtet und alle Exzesse gegen sie vermieden werden sollten. Auch den, die Christen noch mehr als die Juden schändenden Leibzoll hob Joseph II. glorreichen Andenkens zu allererst auf. Völlige Einbürgerung der Juden hat zwar Joseph II. nicht beabsichtigt; im Gegenteil, es blieb ihnen nach wie vor verboten, in solchen Städten zu wohnen, von welchen die christliche Unduldsamkeit sie bisher ausgeschlossen hatte. Selbst in Wien sollten nur ausnahmsweise Juden für Schutzgeld (Toleranz) zugelassen werden. Nicht einmal eine öffentliche Synagoge durften sie in Wien halten. Aber den jüdischen Honoratioren und ihren Söhnen gestattete der Kaiser, einen Degen zu tragen (2. Jan. 1782). Er drang besonders auf freundliche Begegnung der Juden von seiten der Christen. Klopstock dichtete infolgedessen eine verherrlichende Ode auf Joseph II.

So war denn ein Anfang gemacht. Die tausendjährige Schmach, welche die Lieblosigkeit der Kirche, die Gewinnsucht der Fürsten und die Dummheit der Völker auf den Stamm Juda gewälzt hatte, war in einem Lande wenigstens teilweise von ihnen genommen. Dadurch fanden Dohms Vorschläge eine weit bedeutendere Beachtung; sie wurden nicht als ideale Träume, sondern als politisch beachtenswerte Grundsätze angesehen. Gelehrte, Geistliche, Staatsmänner und Fürsten fingen an, sich mit der Judenfrage ernstlich zu beschäftigen. Diez, Dohms liebenswürdiger Freund, einer der edelsten Männer jener Übergangszeit, später preußischer Gesandter am türkischen Hofe, glaubte, daß Dohm viel zu wenig für die Juden verlangt hätte: „Sie sagen sehr wahr", bemerkte er, „daß die jetzige sittliche Verdorbenheit der Juden eine Folge des Druckes sei. Aber zur Färbung des Gemäldes und zur Milderung der Vorwürfe gegen die Juden würde auch eine Schilderung der sittlichen Verdorbenheit der Christen sehr nützlich gewesen sein; diese ist gewiß nicht geringer als die jüdische und vielmehr deren Ursache." Einen dichteren Schatten warfen auf die Juden die Träger der deutschen Schulweisheit, jene Zopfmänner, welche Religion, Kunst und Wissenschaft als eine Zunftsache ansahen, zu der kein Fremder zugelassen werden dürfe. Je mehr Gelehrsamkeit, je mehr Wust, Dünkel und Unduldsamkeit. Ein Rezensent der Dohmschen Schrift in einem viel gelesenen Blatte, Johann David Michaelis, ein Theologe und Kenner des Hebräischen, hatte bereits mehrere Jahrzehnte früher beim Erscheinen des Lessingschen Dramas „Der Jude" behauptet, ein edler Jude sei eine poetische Unmöglichkeit. Die Erfahrung hatte ihn zwar durch Mendelssohn und andere Charaktere Lügen gestraft, aber ein deutscher Professor darf sich nicht geirrt haben. Michaelis blieb dabei stehen, die Juden wären eine unverbesserliche Rasse. Selbst Schutzgeld von den Juden zu nehmen, sei nicht mehr als recht. Seine judenfeindlichen Ausfälle haben den Juden für den Augenblick nicht geschadet; denn auch ohne diese würden sie die deutschen Fürsten und Völker nie eingebürgert haben, wenn der gebieterische Gang der Geschichte sie nicht dazu gezwungen hätte. Nicht einmal Friedrich der Große, den Dohm eigentlich bei Abfassung seiner Schrift im Auge hatte, gewährte ihnen die geringste Erleichterung. Ein Gesuch des Ephraim Veitel (eines Mithelfers zur Verschlechterung der Münzprägung), daß die Juden mindestens zu Handwerken zugelassen werden möchten, blieb unbeachtet. Dohms großartiges Verdienst besteht darin, daß er eine öffentliche Meinung über die Judenfrage geschaffen hat Diese wirkte zunächst in Frankreich günstig für sie. Wunderbare Verkettung der geschichtlichen Vorgänge! Der giftige Elsässer Landrichter Hell wollte die Juden im Elsaß vertilgt wissen und hat durch seine Bosheit die Befreiung der Juden in Frankreich anbahnen helfen.

Mendelssohn hatte sich auch bei dieser Bewegung wohlweislich im Hintergrund gehalten; er wollte nicht den Schein auf sich laden, ein parteiischer Sachwalter seiner Religions- und Stammgenossen zu sein. Er segnete aber das Hervorbrechen der Teilnahme an seinen unglücklichen Stammgenossen: „Dank sei es der allgütigen Vorsehung, daß sie mich am Ende meiner Tage noch diesen glücklichen Zeitpunkt hat erleben lassen, in welchem die Rechte der Menschlichkeit in ihrem wahren Umfange beherzigt zu werden anfangen." Indessen regten ihn doch zwei Punkte an, sein Schweigen zu brechen. Er fand, daß Dohm noch nicht genug Harpunen gegen das dickhäutige Ungetüm des Judenhasses geschleudert hatte. Um von der falschen Fährte abzulenken, in welche Dohms gutgemeinte Schutzschrift hineinzuführen drohte, und zugleich der hartnäckigen Verkennung der Juden so viel als möglich zu steuern, ließ er von seinem jungen Freunde, dem Arzte Marcus Herz, eine Übersetzung aus dem englischen Original von Manasse Ben-Israels Verteidigungsschrift für die Juden gegen die vielfachen lügenhaften Anschuldigungen veranstalten und setzte ihr ein Vorwort voran, mit lichtvollen, erwärmenden Gedanken (März 1782), „Rettung der Juden", ein Anhang zu Dohms Schrift.

Mendelssohn stand bereits so hoch in der öffentlichen Meinung, daß jede neue Schrift, die seinen Namen trug, begierig gelesen wurde. Ein Hauptgedanke des Vorwortes zu Manasse Ben-Israels Schutzschrift, daß die Religion keine Zwangsmittel anwenden dürfe, machte christliche Leser betroffen. Seit dem Tage ihrer Herrschaft hat die Kirche die Halbgläubigen, die Ketzer und die Ungläubigen mit Bann, Kerker, Folter und Scheiterhaufen verfolgt. Und nun behauptet ein Jude, die Religion sollte nur Milde und Liebe kennen und gebrauchen! Aufgeklärte christliche Geistliche zollten dem Erzeuger dieses Gedankens öffentlichen Beifall. Indessen wurde ihm christlicherseits in einer Schrift: „Forschung nach Licht und Wahrheit" vorgehalten, daß er endlich die Maske habe fallen lassen; er habe sich der Religion der Liebe zugewendet und seiner angestammten Religion, welche Flüche und Strafen hat, den Rücken gekehrt. Dadurch wurde Mendelssohn zum zweitenmal gezwungen, aus seiner Zurückhaltung herauszutreten und sich über Religion auszusprechen. Er tat es in der Schrift „Jerusalem" oder „über religiöse Macht und Judentum" (Frühjahr 1783). Er stellt darin eine eigene Staatstheorie auf, nach welcher der Obrigkeit nur über Handlungen, aber keineswegs über Gesinnungen und Meinungen Befugnis zustände. Noch weniger Recht habe die Kirche zu strafen. Ihre ganze Macht bestehe lediglich in Lehren und Trösten. Kirchliches Züchtigen, Ausschließen, Verketzern oder gar Verfolgen und Verbrennen sei eine Anmaßung und Verirrung.

Das Judentum erkenne diese innere Freiheit religiöser Überzeugung an. Das uralte, echte Judentum enthalte darum auch keine bindenden Glaubensartikel, keine symbolischen Bücher, auf welche die Gläubigen vereidet und verpflichtet werden müßten, schreibe überhaupt nicht Glauben vor, sondern Wissen und Erkennen. Innerhalb dieser so verachteten Religionssphäre dürfe jeder denken, meinen und irren, was ihm beliebe, ohne der Ketzerei zu verfallen. Ihr Strafrecht beginne erst, wenn die schlechte Gesinnung in augenfällige Handlung übergehe. Das Judentum sei nicht geoffenbarte Religion, sondern geoffenbarte Gesetzgebung. In der von Gott gegebenen Verfassung sei Staat und Religion eins. Das Bürgerliche habe in früherer Zeit zugleich religiöses Ansehen gehabt, Bürgerdienst sei zugleich Gottesdienst gewesen. Jeder Frevel, d. h. jedes gesetzwidrige Tun sei wider das Ansehen Gottes, wider die Majestät gerichtet gewesen, also ein Staatsverbrechen. Mit der Zerstörung des Tempels, d. h. mit dem Aufhören des Staates, habe alle Leib- und Lebensstrafe, ja auch Geldbuße auf religiöse Übertretungen aufgehört.

Denen gegenüber, welche ernstlich oder aus Neckerei ausgesprengt hatten, Mendelssohn sei mit dem Judentum zerfallen, betonte er zum Überfluß noch einen Punkt, der eigentlich nicht zu seiner Untersuchung gehörte, daß das sogenannte Ritualgesetz des Judentums ebenfalls oder recht eigentlich göttlichen Ursprungs sei, und daß dessen Verbindlichkeit so lange fortdaure, „bis es dem Allerhöchstem gefallen werde, es ebenso laut und öffentlich abzuschaffen, wie er es geoffenbart hat". Die Notwendigkeit und Vernünftigkeit der Ritualien bewies er auf eine eigentümliche Weise.

Der Erfolg dieser ausführlichen Schutzschrift, „Jerusalem" war bedeutend größer, als Mendelssohn erwarten konnte. Statt sich zu verteidigen, war er als Ankläger aufgetreten und hatte auf eine ebenso zarte, wie nachdrückliche Weise die häßlichen Seiten der Kirche und der christlichen Staatsverfassung aufgedeckt. K a n t, der bereits seine Denkergröße bekundet hatte, schrieb ihm, er habe „Jerusalem" gelesen und den Scharfsinn, die Feinheit und Klugheit seiner Ausarbeitung bewundert. „Ich halte dies Buch für die Verkündigung einer großen Reform, die nicht allein Ihre Nation, sondern auch andere treffen wird. Sie haben Ihre Religion mit einem solchen Grade von Gewissensfreiheit zu vereinigen gewußt, die man ihr gar nicht zugetraut hätte, und dergleichen sich keine andere rühmen kann". Michaelis, der rationalistische Judenfeind, stand vor dem kühnen Gedanken in „Jerusalem" wie verblüfft, verwirrt, beschämt. Das Judentum, auf das er so verächtlich herabblickte, erhob mit Siegesmiene das Haupt. So hat Mendelssohn immer ohne Selbstantrieb, nur durch Umstände gedrängt, das Judentum verherrlicht und die Schmach von seinem Volke abgeschüttelt. Inzwischen arbeitete ihm Dohm in die Hände. Er beleuchtete noch weiter das Judentum in günstigstem Sinne und widerlegte alle die aufrichtigen und gehässigen Einwürfe dagegen. Aber noch mehr als durch diese Schrift wirkte Dohm für die Juden dadurch, daß er M i r a - b e a u, diesen Mann mit starken Schultern, welche eine neue Weltordnung tragen sollten, günstig für sie stimmte. Mirabeau löste Dohm ab.

In derselben Zeit und auf dieselbe Weise regte Mendelssohn abermals die innere Verjüngung der Juden an, welche mit der äußeren Befreiung zugleich angebahnt werden sollte. Er hatte Dohm als Kämpfer für die eine Seite geweckt, und für die andere Seite schob er einen anderen Freund vor, der für diese Aufgabe wie geschaffen schien. Durch Mendelssohn arbeitete Wessely mit allem Aufgebot seiner Kraft an der inneren Verbesserung der Juden und ergänzte ihn. — H a r t - w i g (Hartog, Naphtali-Herz) W e s s e l y (geb. in Hamburg 1725, gest. 1805) war eine eigen angelegte Natur, zugleich schwärmerisch und nüchtern. Der Mittelpunkt seines inneren Lebens war die heilige Schrift in der Ursprache; sie nach allen Seiten hin zu verstehen, war seine Lebensaufgabe. Gleich Mendelssohn war Wessely sein eigener Lehrer. Frühzeitig entwickelte sich auch in ihm der Schönheitssinn, Geschmack und Gefühl für reine Sprachen und Formen und ein Widerwille gegen Sprachvermischung und Kauderwelsch. Wessely glich auch darin Mendelssohn, daß er sich zum sittlichen Charakter von strenger Gewissenhaftigkeit und erhöhtem Ehrgefühl ausbildete. Nur hatte sein Naturell nicht die sanfte Geschmeidigkeit Mendelssohns. Er war vielmehr steif und pedantisch, mehr Wortklauber und Silbenstecher als Denker, und hatte keine richtige Vorstellung von dem Getriebe und Gesumme der weltbewegenden Kräfte. Durch Mendelssohn wurde Wessely in das öffentliche Getriebe hineingezogen. Die Triestiner Gemeinde, meistens von italienischen und portugiesischen Juden bevölkert, welche nicht gleich den deutschen die Bildung als ketzerisch verabscheuten, hatte den Statthalter Grafen Zinzendorf um Rat gebeten, wie sie sich bei der Errichtung der von dem Kaiser Joseph befohlenen Normalschule Schulbücher für den Religionsunterricht und für die Sittenlehre verschaffen könnte. Zinzendorf wies sie an Mendelssohn. Darauf richtete Joseph Chajim Galaigo im Namen der Triester Gemeinde das Gesuch an den jüdischen Weisen von Berlin. Dabei machte Mendelssohn auf seinen Freund Wessely und dessen Sendschreiben zur Empfehlung jüdischer Schulen aufmerksam, und die Gemeinde knüpfte Verbindung mit ihm an. Wessely war nämlich von Kaiser Josephs Gesetzen zugunsten der Juden begeistert und sah darin mit seinem Dämmerblicke das Hereinbrechen des goldenen Zeitalters für die Juden, während Mendelssohn mit seinem Scharfsinn sich von Anfang an nicht viel davon versprach. Wessely stieß aber in die Posaune und dichtete einen feurigen Lobpsalm auf Kaiser Josephs Herrschergröße und Hochherzigkeit. So bald er vernahm, daß die Stockfrommen in Wien über den Befehl, Schulen anzulegen, als über einen Gewissenszwang, trauerten, richtete er ein hebräisches Sendschreiben (März 1782): „Worte des Friedens und der Wahrheit“, an die österreichischen Gemeinden, um sie zu ermahnen, denselben als Wohltat zu begrüßen. Er setzte darin auseinander, daß es religiöse Pflicht der Juden und selbst vom Talmud empfohlen sei, sich allgemeine Bildung anzueignen. In seinem Sendschreiben zeichnete er eine Art Lehrplan vor, wie die jüdische Jugend von Stufe zu Stufe, von den Elementargegenständen bis zum Talmudstudium geführt werden könnte. Aber eben dadurch brach von den Stockfrommen ein Sturm gegen ihn los. Sie waren zunächst über seine Begeisterung für Kaiser Josephs Reformen in einem hohen Grade erregt. In seiner unklugen Weise hatte er sich außerdem der talmudischen Sentenz bedient: „Ein Talmudist, der nicht Kenntnisse (allgemeine Bildung) besitzt, ist häßlicher als ein Aas." Dieses Wort empörte die Stocktalmudisten außerordentlich. Offen durften die österreichischen Rabbiner nicht gegen Wessely auftreten, da er im Sinne des Kaisers geschrieben hatte. Sie scheinen daher einige polnische Rabbiner gegen ihn aufgestachelt zu haben, sein Sendschreiben zu verdammen und ihn selbst in den Bann zu tun. Auch der Berliner Oberrabbiner Hirschel machte Miene, gegen Wessely vorzugehen und sich gegen ihn das Zensuramt anzumaßen. Allein in der Stadt, wo Mendelssohn, sozusagen, geistig herrschte, konnte eine, wenn auch nur gelinde Verketzerung Wesselys nicht durchdringen.

Obwohl die Eiferer ohne Unterstützung von Berlin blieben, so fuhren sie in ihrer Verketzerungswut fort, ließen die Kanzeln von Flüchen gegen Wessely erdröhnen, und in Lissa wurde sein Sendschreiben öffentlich verbrannt. Das war eben die Ironie der geschichtlichen Verkettung, daß der Gläubigste unter den Mendelssohnianern, ohne es zu wollen, den Kampf gegen den Rabbinismus eröffnete, wie der Kabbalist Jakob Emden der Kabbala den ersten heftigen Stoß versetzt hat. Nach und nach sprachen sich mehrere italienische Rabbiner von Triest, Ferrara und Venedig zu Wesselys Gunsten aus und redeten der Bildung das Wort, Wessely blieb Sieger. Es entstanden hier und da, selbst in Prag, Schulen für regelmäßigen Unterricht. Aber die Stocktalmudisten behielten doch Recht. Ihr Argwohn ahnte tiefer die Zukunft als Mendelssohn und Wessely in ihrer Zuversicht. Beide Männer, welche sich in dem alten festen Gebäude so recht behaglich fühlten, es nur hie und da von Spinngeweben und pilzigen Ansätzen gesäubert zu sehen wünschten, trugen selbst zur allmählichen Zerbröckelung seiner Grundmauern bei.

Wessely, der stets vom Glücke Verlassene, sah noch mit tränenden Augen diesen Verfall. Mendelssohn aber, der Glückliche, blieb von diesem Schmerze verschont. Als er sich anschickte, seinem unvergessenen Freunde ein Denkmal zu setzen und ihn den künftigen Geschlechtern in seiner wahren Größe zu zeigen, erfuhr er durch Jakobi, daß Lessing kurz vor seinem Tode sich entschieden der spinozistischen Philosophie zugeneigt hatte. „Lessing ein Spinozist!" Das war für Mendelssohn ein Lanzenstich durchs Herz. Er ahnte, daß seine Philosophie, wenn Lessing sie mißfällig befunden haben sollte, als veraltet beiseite geschoben werden würde. Dieser Gedanke raubte ihm die Ruhe seiner letzten Lebensjahre und beschleunigte seinen Tod (1786). Er starb zur rechten Zeit und erlebte nicht die Herzenspein, wie eine seiner Töchter Mann und Kind verließ, um einem Buhlen nachzulaufen, die andere als fromme Katholikin dem Papst den Fuß küßte und einer seiner Söhne in gedankenloser Verachtung des Judentums, in dem sein Vater lebte und webte, seine Kinder zur Kirche führte. — Um den Mann, der vier Jahrzehnte vorher beklommenen Herzens an eins der Tore Berlins ängstlich gepocht hatte, trauerte fast die ganze preußische Hauptstadt und auch viele strebsame Männer in und außerhalb Deutschlands. Schon der Versuch seiner christlichen Freunde (Nikolai, Biester und Engel, Erzieher des damaligen Kronprinzen Friedrich Wilhelm III.), im Verein mit seinen jüdischen Verehrern Mendelssohns Bildnis auf eine Pyramide auf dem Opernplatze neben Leibnitz, Lambert und Sulzer anzubringen — wenn er auch nicht allgemeine Teilnahme fand — charakterisiert den Fortschritt der Zeit. Der verwachsene Sohn des sogenannten Zehngebotschreibers von Dessau war eine Zierde Berlins geworden.

Zweites Kapitel.

Die Schwärmerei rechts und links.

(1760 bis 1789.)

Es war vorauszusehen, daß die durch Mendelssohn angebahnte Verjüngung des jüdischen Stammes eine Zersetzung der religiösen Lebensformen innerhalb der Judenheit herbeiführen würde. Die Neuerungssüchtigen haben es gewünscht, gehofft und erstrebt, die Altfrommen geahnt und gefürchtet. Dieser Auflösungsprozeß wurde auch auf einem anderen Schauplatze unter ganz anderen Bedingungen und mit anderen Mitteln eingeleitet, und das war nicht vorauszusehen. Es entstand in Polen ein neues Essäertum mit gleichen Formen wie das alte, mit Waschungen, mit weißen Kleidern, Wunderheilungen, prophetischen Träumereien. Es ging wie das alte aus dem Schoße der Überfrömmigkeit hervor, richtete sich aber bald gegen die eigene Mutter. Es klingt sonderbar, daß zur selben Zeit, als Mendelssohn das vernünftige Denken für das Wesen des Judentums erklärte und, so zu sagen, einen weit verbreiteten Orden von Aufgeklärten stiftete, in Polen ein anderer Orden von Wundersüchtigen entstand, welcher den wüstesten Wahnglauben als Grundwesen des Judentums verkündete. Die Vernunft und die Unvernunft, die Aufklärung und die kabbalistische Mystik, reichten abermals einander die Hände, den Grundbau des talmudisch-rabbinischen Judentums zu unterwühlen. Die Sekte der Neuchaßidäer, welche gegenwärtig die Errungenschaften der Kultur für die Juden in Rußland ächtet und hintertreibt, entstand in Mendelssohns Zeit. Der Orden oder die Sekte wurde von einem Fuhrmann gestiftet, von Israel Miedziboz (geb. um 1698, gest. 1759), von seinen Anhängern der Wundertäter beigenannt (Baal-Schem, abgekürzt Bescht). Früh verwaist, arm, sich selbst überlassen, verbrachte Israel einen großen Teil seines Jünglingsalters in den Wäldern und Höhlen des Karpathengebirges. Hier lernte er wahrscheinlich von kräutersammelnden Bäuerinnen die Verwendung von Pflanzen zu Heilmitteln. Aber wie diese der Heilkraft der Natur nicht trauten, sondern Besprechungen und Beschwörungen von guten und bösen Geistern hinzufügten, so gewöhnte sich Israel ebenfalls an diese Heilmethode. Er wurde ein Wunderdoktor. Die Not lehrte ihn in der Gebirgseinsamkeit beten, anders als in der Synagoge, wenn auch mit denselben geläufigen Formeln; er sprach sie mit Inbrunst und tiefer Andacht aus oder schrie sie in die Berge mit lauter Stimme hinein. Beim Beten machte er rasende Bewegungen mit dem ganzen Körper. Die Bewegung trieb ihm das Blut in den Kopf, machte seine Augen flimmern und versetzten Leib und Seele in einen solchen Zustand der Überreizung, daß er eine Todesschwäche empfand.

Israel Baalschem behauptete, daß er infolge solches körperaufregenden und aufreibenden Gebetes einen tiefen Blick in die Unendlichkeit zu erlangen pflege. Es gibt Personen, Zeiten und Schauplätze, in denen die Grenzlinie zwischen Betrügerei und Selbstbetrug nicht zu unterscheiden ist. In Polen war gerade zur Zeit Israels in dieser Gegend bei der Überspannung, welche die Kabbala des sabbatianischen Taumels erzeugt hatte, alles möglich und alles glaublich. Infolge seiner Wunderkuren erlangte er einen so großen Ruf, daß er selbst von den polnischen Edelleuten zu Rate gezogen wurde. Gleichgesinnte, welche einen religiösen Drang fühlten, und ihn weder durch ein strenges Büßerleben, noch durch ein mechanisches Hersagen vorgeschriebener Formeln befriedigen zu können vermeinten, schlossen sich ihm an. Sie vereinigten sich mit ihm, um andachtsvoll, d. h. mit Singsang und Händeklatschen, Verbeugen, Körperbewegungen, Springen, unter Lärmen und Schreien zu beten. Fast um dieselbe Zeit entstand in England (Wales) eine christliche Sekte, „die Springer" (Jumpers) genannt, welche sich durch ähnliche Bewegungen beim Gebete in Verzückung und Hellseherei versetzen und in Nordamerika die Sekte der Schüttler (Shakers), die ebenfalls durch Raserei beim Gebete mystischen Phantomen nachjagte. Die Mystik und die Raserei wirken ansteckend. Noch mehr zog Bescht solche an, welche in Heiterkeit und Sorglosigkeit der Nähe Gottes gewiß zu sein und die messianische Zukunft fördern zu können glaubten. Sie brauchten nicht über Talmudfolianten zu hocken, um einer höheren Frömmigkeit teilhaftig zu werden. Solchergestalt entstand der Orden der Neuchaßidäer. In einem Jahrzehnt sollen sich bereits 10 000 Fromme um Israel Bescht geschart haben, die sich anfangs nur durch ihr sonderbares und langanhaltendes Beten, durch Waschung vor dem Beten nach Art der Essäer, durch ein heiteres Wesen und vielleicht auch durch das Tragen langer gelockter Haare an der Schläfe von den übrigen polnischen Juden unterschieden. Weil die Rabbiner sich über das ungelehrte Haupt des neuen Ordens lustig machten, der einen Anhang hatte, ohne der zünftigen Genossenschaft anzugehören, setzten die Chaßidäer den Wert des Talmudstudiums herab, daß es nicht imstande sei, ein wahrhaft gotterfülltes Leben zu fördern. Die Spannung zwischen den Chaßidäern und den Talmudisten steigerte sich nach dem Tode des ersten Begründers, als die Verwilderung und Entartung zunahm, zu einer förmlichen Spaltung.

Dob Beer aus Mizricz (geb. um 1700, gest. 1772) wurde Israels Nachfolger. Er war kein Phantast wie dieser, vielmehr ein feiner Kopf, der sich auf Seelenzustände und auf das, was Effekt macht, sehr gut verstand, und sich daher die Gemüter und den Willen anderer untertänig machen konnte. Er wurde als Oberhaupt der Chaßidäer anerkannt. Dob Beer war, ungleich seinem Meister, in das kabbalistische Schrifttum eingelesen und ein geschickter Prediger (Maggid), der die entlegensten Bibelverse, sowie agadische und soharistische Aussprüche für seine Zwecke zusammenzureimen und damit seine Zuhörer zu überraschen wußte. Er hatte eine ehrfurchtgebietende Gestalt, mischte sich nicht unter das Volk, lebte vielmehr die ganze Woche hindurch in einem Zimmerchen zurückgezogen, nur für seine Vertrauten zugänglich, und erlangte dadurch den Schein des mysteriösen Verkehrs mit der Himmelswelt. Nur am Sabbat zeigte er sich allen denen, welche sehnsüchtig waren, seines Anblickes gewürdigt zu werden. An diesem Tage erschien er prachtvoll in Atlas gekleidet, alles weiß (die Farbe der Gnade) und pflegte mit seinen Vertrauten, den Auswärtigen, welche zu ihm gewallfahrtet waren, und den Neuangeworbenen wie Neugierigen, welche den kabbalistischen Heiligen und Wundertäter zu sehen wünschten, gemeinschaftlich zu beten, auf dieselbe Weise, wie es Israel Bescht eingeführt hatte. Um die zum andächtigen Gebete notwendige heitere Stimmung zu erzeugen, pflegte er sich in gemeinen Späßen zu ergehen, wodurch die Anwesenden in eine ausgelassene Lustigkeit gerieten. Inmitten dieser kindischen Fröhlichkeit rief er plötzlich: „Jetzt dienet dem Herrn in Freude."

Unter Beers Leitung blieb zwar scheinbar das chaßidäische Wesen in derselben Gestalt wie unter seinem Vorgänger: Inbrünstiges, zappelndes Beten, Begeisterung, Wunderkuren und Enthüllung der Zukunft. Aber da diese Tätigkeiten nicht wie bei Israel aus dessen eigenartiger Seelenstimmung oder Krankhaftigkeit kamen, sondern nur nachgeahmt wurden, so mußten Künstelei oder Blendwerk dem nachhelfen, was die Natur versagt hatte. Der chaßidäische Führer oder Zaddik (der vollkommen Fromme) mußte nun einmal im

Gebete begeistert, verzückt sein, und Erscheinungen haben. Aber wie kann ein kluger Rechner begeistert erscheinen? So mußte die in Polen so beliebte Alkoholflasche die Stelle des inneren, eingebenden Dämons vertreten. Beer unterhielt unter seinen Vertrauten einige gewandte Kundschafter, würdig, in der Geheimpolizei zu dienen. Diese brachten vieles heraus, was mit dem Schleier des Geheimnisses bedeckt war, und hinterbrachten es dem Meister; so konnte er den Schein der Allwissenheit annehmen. Durch solche und ähnliche Mittel wußte er sich als Allwissender zu behaupten und die Schar seiner Anhänger zu vermehren. Jeder Neuangeworbene verkündete dessen göttliche Begabung und lockte andere Anhänger herbei.

Gestützt auf die kabbalistische Formel, „der Gerechte oder Fromme ist der Grund der Welt," schraubte er diese Theorie von der Bedeutung des „Zaddik" oder des chaßidäischen Oberhauptes so hoch hinauf, daß darin Gotteslästerlichkeit enthalten war; ein solcher sei nicht bloß der vollkommenste, sündenlose Mensch, sondern der Stellvertreter Gottes und dessen Abbild. Alles und jedes, was der Zaddik tue, treibe und denke, habe einen entscheidenden Einfluß auf die höhere und niedere Welt. Selbst wenn er aus der Flasche Begeisterung trinke, wirke er damit auf das ganze Weltall ein. Welcher bodenlose Wahn! Das alles hat die Afterlehre der Kabbala verschuldet. Beer dünkte sich in seinem „Stübel" oder „Klausel", d. h. in seinem schmutzigen Zimmerchen der Zurückgezogenheit ebenso groß, wie der päpstliche Stellvertreter Gottes auf Erden in seinen Prachtpalästen. Er sandte ordentliche Apostel zur Verbreitung seiner Lehre aus.

Zweierlei Umstände haben das Neuchaßidäertum begünstigt, die Verbrüderung der Genossen untereinander und die Trockenheit und Verknöcherung des Talmudstudiums, wie es seit mehr denn einem Jahrhundert in Polen betrieben wurde. Die Chaßidäer bildeten von Anfang an untereinander eine Art Ordensgesellschaft, die zwar keine gemeinschaftliche Kasse hatte, wie ehemals die ihnen ähnlichen Essäer, aber doch für die dürftigen Mitglieder Sorge trug. Zu dem Neujahrs- und Versöhnungsfeste pflegten auch die Entferntesten sich zum „Zaddik" zu begeben, Frau und Kind zu verlassen, um die sogenannte heilige Zeit gemeinschaftlich mit dem Oberhaupte zuzubringen und sich an seinem Anblick und Getue zu erbauen.

Aber auch ernste Männer fühlten sich durch das Bedürfnis des Gemütes zu den Chaßidäern hingezogen. Das rabbinische Judentum, wie es in Polen geübt wurde, bot dem Herzen keinerlei religiöse Erquickung. Die Vertreter desselben legten den höchsten Wert auf gekünstelte Auslegung des Talmuds und der Kommentare, auf Ausklügelung für neue, verwickelte Rechtsfälle. Und diese Haarspalterei galt zugleich als höchste Religiosität, der alles übrige hintangesetzt wurde, selbst Andachtsbedürfnis, Beten, gemütliche Regungen, Einflußnahme auf die sittliche Haltung der Gemeinden. Es war ihnen Nebensache, dem sie kaum eine halbe Aufmerksamkeit schenkten. Die Klasse der Prediger, jener Halbtalmudisten, welche von den talmudgeschulten Rabbinern verächtlich behandelt wurden und ein kümmerliches Auskommen hatten oder gar am Hungertuche nagten, wendeten sich dem Neuchaßidäertum zu, weil sie dort ihr Predigertalent verwerten konnten, und vor Not geschützt waren. Durch solche Elemente vergrößerte sich der Kreis der Neuchaßidäer täglich mehr. Fast in jeder Stadt gab es Anhänger derselben.

Die Antipathie der Neuchaßidäer gegen die Rabbiner und Talmudbeflissenen nahm mit ihrer Erstarkung immer mehr zu. Die Trockenheit, Gemütlosigkeit und Haarspalterei des Talmudstudiums und seiner Pflege wurde das Stichblatt des Spottes in den chaßidäischen Kreisen. Ein Jünger Beers, Löb Szerham, äußerte sich: „Ich habe Beer in Mizricz nicht aufgesucht, um von ihm Thora (neue talmudische Ausklügelungen) zu hören, sondern um zu sehen, wie er seine Schuhe auszieht und bindet; das ist viel wichtiger. Was ist Thora? Der Mensch muß selbst Thora sein in seinen Handlungen, Bewegungen, seinem Sprechen, seinem Betragen und seiner Verbindung mit Gott (durchs Gebet).“ Ehe sie sichs versahen, bildeten die Neuchaßidäer eine Sekte, welche die Gemeinschaft mit den talmudischen Juden vermied. Schon fühlten sie sich und Beer an ihrer Spitze stark genug, eine Neuerung einzuführen, welche, wie vorauszusehen war, den Zorn der Rabbiner auf sie herabziehen würde. Da das Gebet und die damit verbundenen gottesdienstlichen Riten für sie die Hauptsache waren, so kümmerten sie sich nicht um die Vorschriften des Ritualkodex, wie viel und zu welcher Stunde gebetet werden müßte, sondern nahmen ihre Stimmung zur alleinigen Richtschnur dafür. Durch die täglichen Waschungen, Reinigungen und andere Vorkehrungen vor dem Gebete (wobei auch das Tabakrauchen eine wichtige Rolle spielte), kamen sie selten dazu, die vorgeschriebene Zeit für das Gebet einzuhalten, brachen auch plätzlich ab und ließen manche Stücke weg. Die holprigen Einschiebsel in den Sabbat- und Festgebeten (die Piutim) waren ihnen besonders im Wege. Beer Mizricz führte das Gebetbuch des Hauptkabbalisten Isaak Lurja ein, welches die poetanischen Zusätze nicht enthält.

Diese Neuerung wäre wahrscheinlich an den Neuchaßidäern streng geahndet worden, wenn nicht damals die politische Macht Polens gebrochen und dadurch zugleich der feste politische Zusammenhang der polnischen Judenheit aufgelöst worden wäre. Das durch Parteiung zerwühlte, von den Jesuiten geschwächte und von den

Russen bereits als eine sichere Beute angesehene Polen hatte einen Schwächling zum König erhalten, Stanislaus August Poniatowski, den abgedankten Mitschuldigen der ehebrecherischen Kaiserin Katharina, den Spielball der inneren Parteien und der äußeren Feinde. Im ersten Jahre seiner Regierung (Sept. 1764) erließ Poniatowski unter anderen Gesetzen auch dieses, welches den Gesamtverband der polnischen Juden aufhob. Die Synode der Vierländer, welche die Machtbefugnis hatte, Bannbullen zu schleudern und Geldstrafen zu verhängen, durfte nicht mehr zusammenkommen, Beschlüsse fassen und ausführen. Die Auflösung der Synode kam den Neuchaßidäern außerordentlich zu statten. Sie konnten nicht von den Vertretern der polnischen Gesamtjudenheit mit dem Banne belegt werden, sondern es blieb lediglich jeder einzelnen Gemeinde überlassen, gegen sie einzuschreiten und ihre Zusammenkünfte zu verbieten.

Allmählich gewannen sie Boden in alten und großen Gemeinden. Schon war ihre Zahl so sehr gewachsen, daß sie zwei Stämme bildeten, Mizriczer und Karliner. Sobald mindestens zehn zusammentrafen, suchten sie sich ein Betzimmer (Stübel) aus, trieben dort ihr Wesen und suchten neue Anhänger anzuwerben, aber alles mit vieler Klugheit, um nicht eher entdeckt zu werden, als bis sie festen Fuß gefaßt hatten. Als sie aber durch den Eifer eines gewissen Isar Eingang in Wilna gefunden hatten, erhob sich ein Sturm gegen sie, der sie zu Boden warf, und es gehörte dazu ihre ganze Zähigkeit und ihre Geschicklichkeit, sich tot zu stellen, daß sie nicht davon zerschmettert wurden.

Der heftige Kampf gegen sie ging von Elia Wilna aus (geb. 1720, gest. 1797), dessen Name noch heute von den litauischen Juden unter der Bezeichnung „der Gaon" mit Ehrfurcht und Liebe ausgesprochen wird. Er war eine seltene Ausnahme unter den polnischen Rabbinern, ein Mann von lauterstem Charakter und hoher Begabung, die er nicht für Verkehrtheiten mißbrauchte. Es versteht sich von selbst, daß der Talmud mit seinen Nebengebieten und seinen Ausflüssen seinen Geist ganz erfüllte. Aber er verabscheute die verderbliche Methode seiner Landsleute, sich in Haarspaltereien, Spitzfindigkeiten und Künsteleien zu ergehen. Er wollte nur in den einfachen Sinn des Textes eindringen, machte auch einen Ansatz zur kritischen Prüfung des Inhalts. Elia Wilna suchte wieder — abermals eine Seltenheit in seiner Umgebung — die Bibel auf und — eine noch größere Seltenheit — machte sich auch mit der Formlehre der hebräischen Sprache (Grammatik) vertraut. Er war tief betrübt über die sittlichen Verheerungen, welche die Kabbala durch den Schwindler Frank unter den podolischen und galizischen Juden angerichtet hatte, daß sie dieselben in die Arme der Kirche geworfen und zu Feinden der Synagoge gemacht hatte, und doch konnte er sich von ihr nicht lossagen. Als die Zusammenkünfte der Chaßidäer in Wilna, ihr Treiben und ihr Gespötte über die Talmudbeflissenen verraten wurden, geriet die Gemeinde in große Aufregung. Der chaßidäische Konventikel wurde sofort auseinander gejagt, Untersuchungen wurden angestellt und Verhöre vorgenommen. Was ergab sich? Wenig und viel. Schriften wurden bei den Chaßidäern gefunden, welche die Grundsätze enthielten, daß man die Traurigkeit meiden müsse, selbst bei der Reue über vergangene Sünden, aber auch die Änderung des Gebetes und respektwidrige Äußerungen gegen die Rabbiner. Elia Wilna nahm die Sache sehr ernst. Er sah in der chaßidäischen Verwirrung eine Fortsetzung der frankistischen Ausschweifung und drang daher auf strenge Bestrafung. Der Verführer Isar sollte nach Elias strengem Urteil an den Pranger gestellt werden; aber die Vorsteher verfuhren milder. Sie legten ihn bloß am Sabbat, im Beisein der ganzen Gemeinde, in den Bann, sperrten ihn ein, geißelten ihn und verbrannten die vorgefundenen chaßidäischen Schriften am Pranger (1772). Darauf richtete das Rabbinat und der Vorstand, im Verein mit Elia Wilna, ein Sendschreiben an sämtliche große Gemeinden, ein scharfes Auge auf die Chaßidäer zu haben und sie in den Bann zu legen, bis sie von ihren Verkehrtheiten lassen würden. Mehrere Gemeinden folgten dem Beispiele. Das war der erste Schlag, der die Chaßidäer betroffen hat. Dazu kam noch, daß ihr Leiter Beer Mizricz in demselben Jahr starb — die Rabbiner bildeten sich ein, infolge der Bannflüche — und so fühlten sie sich verwaist. Das Polenreich wurde infolge der Schwäche des Königs und der Ländergier der Nachbarn zerstückelt. Dadurch wurde äußerlich der Zusammenhang unter den Chaßidäern aufgehoben und die getrennten Glieder von der Gesetzgebung oder Willkür der verschiedenen Regierungen abhängig.

Indessen dieser Sturm warf sie nicht nieder; sie blieben aufrecht und machten auch nicht den geringsten Versuch, sich den Gegnern unterwürfig zu zeigen. Der Kampf gab ihnen mehr Schwung und Rührigkeit. Um den Bann kümmerten sie sich nicht viel; diese seit dem Streit für und gegen Jonathan Eibeschütz stumpf gewordene Waffe verwundete nicht mehr. Die bereits auf 50000 bis 60000 angewachsenen Chaßidäer gruppierten sich zu kleinen Gemeinden mit einem Leiter, der den Namen „R e b b e n“ führte. Der Zusammenhang der Gruppen untereinander wurde dadurch erhalten, daß ein Oberhaupt aus der Nachkommenschaft des Beer Mizricz als Hauptzaddik an die Spitze gestellt wurde, dem die verschiedenen „Rebben“ scheinbar untergeordnet waren und von ihrer Einnahme einen Teil zufließen lassen mußten. Der erste Oberzaddik A b r a h a m , Beers

Sohn, wird von Chaßidäern als Ausbund aller Heiligkeit gerühmt und mit dem Beinamen „der Engel“ (ha-Malach) benannt. Dem möglichen Abfall der Einfältigen durch die von Wilna aus gegen sie geschleuderte Anklageschrift begegneten die Oberen durch die Verordnung, daß die Chaßidäer keine Schrift lesen oder auch nur anblicken dürften, die nicht von ihnen gebilligt worden ist. Die Häupter lieferten ihnen dafür Predigten oder Spruchsammlungen angeblich von Israel Baal-Schem oder Beer Mizricz, welche sich um die hohe Bedeutung des Zaddik, Wichtigkeit des chaßidäischen Lebens, und Verachtung der Talmudisten drehten —, abgeschmackte Schriften, die dennoch von den im steten Rausche erhaltenen Mitgliedern mit Bewunderung gelesen wurden.

Zwei Häupter haben nach Beers Tod zur Hebung des Chaßidäertums beigetragen, der eine durch maßlose Schwärmerei und der andere durch Gelehrsamkeit. Israel von Kozieniz (nördlich von Radom) und Salman von Liadi, beide aus dem Jüngerkreise des Mirziczer. Der erstere, unter dem Namen Kozenizer Maggid bekannt, galt als Wundertäter, an den selbst Christen glaubten und sich in Krankheitsfällen an ihn wendeten. Er wurde mit Gaben und Geschenken überschüttet. Israel Kozieniz soll aber so selbstlos gewesen sein, wenig davon für sich zu behalten, sondern alles unter die Dürftigen verteilt haben. — Salman der Liadier imponierte durch seine talmudische Gelehrsamkeit und seinen edlen Charakter. Er war der Stifter einer eigenen Gruppe, Chabad[1]) genannt.

Sie wurden indes zum zweiten Male in den Bann gelegt, abermals von Wilna aus und von Elia Wilna. In Brody und Krakau wurden die chaßidäischen Predigtsammlungen und andere Schriften, obwohl sie Verse aus der heiligen Schrift enthielten, öffentlich verbrannt (1781); doch diese verbrauchten Mittel schlugen wenig an. In der österreichisch-polnischen Provinz (Galizien) wurden von den Jüngern der Mendelssohnschen Schule andere Mittel gegen das Verdummungssystem der Chaßidäer angewendet. Josephs II. Dekret, daß in allen jüdischen Gemeinden Schulen für den Unterricht in der deutschen Sprache und in den Elementargegenständen errichtet werden sollten, stieß zwar auf gewaltigen Widerstand von seiten fast sämtlicher Juden und noch mehr der Chaßidäer. Um so mehr Eifer entwickelten dafür die wenigen Männer, Bewunderer Mendelssohns, welche die Verkümmerung und Verwilderung durch Kulturmittel heilen zu können vermeinten. — Alle gegen die Chaßi-

---

[1]) Chabad sind die Anfangslaute von drei hebräischen Wörtern, welche Weisheit (Chokhmah = Ch), Einsicht (Binah = B) und Erkenntnis (Daat = D) bedeuten.

däer angewandten Mittel sind indes bisher nicht imstande gewesen, sie zu unterdrücken, weil sie nach einer Seite hin ein berechtigtes Streben vertraten, dem Übermaß des Talmudismus entgegenzuwirken. Ehe das achtzehnte Jahrhundert abgelaufen war, waren sie bereits zu 100 000 Seelen angewachsen. Gegenwärtig geben sie in den Gemeinden, wo sie ehemals verfolgt wurden, den Ton an, und breiten sich nach allen Seiten aus.

Die Mendelssohnsche Schule — er hatte unbeabsichtigt eine Schule gebildet — bildete ebenfalls eine Art Orden. Dieser Orden bestand aus Jünglingen und jungen Männern in Deutschland, West- und Südeuropa, aus Talmudjüngern, welche eine neue Weisheit predigen oder vielmehr den alten Organismus des Judentums mit neuen Säften tränken und verjüngen wollten. Die Synagoge hätte ausrufen können: „Wer hat mir alle diese geboren? Ich bin doch entvölkert und einsam, gebannt und gemieden, wer hat mir diese groß gezogen?“ Ein neuer Geist war über diese Jünglinge gekommen. Wie auf gemeinsame Verabredung schlagen sie mit einem Male die schwerfälligen Folianten des Talmuds zu, kehren ihm den Rücken und greifen zur Bibel, dieser ewigen Quelle der Verjüngung. Mendelssohns Pentateuchübersetzung hatte diesen neuen Geist über sie ausgegossen, hatte ihnen eine neue Sprache verliehen und ihnen neue Lieder eingeflößt. Wie hat es sie so mächtig ergriffen? Man weiß es nicht. Sie stehen mit einem Male da, prophezeien eine neue Zukunft, ohne recht zu wissen, was sie prophezeien, und nehmen, kaum flügge geworden, einen Hochflug an. Von Königsberg bis Elsaß und von Italien bis Amsterdam, London, Kopenhagen vernimmt man einen hellen Lerchenschlag, der den Morgen verkündet, und die Sänger wissen selbst kaum, woher ihnen diese frischen schmetternden Töne zuströmen. Sie bilden sämtlich einen Chor und stimmen dieselbe Tonhöhe an, sind daher wenig voneinander zu unterscheiden. Ihre Bedeutung besteht auch nur in diesem Zusammenklang; vereinzelt nimmt sich jede Stimme sehr dünn und ungeschult aus, und nur vereint geben sie einen angenehmen eindringlichen Vollton. Sie, die Jünglinge, welche sich eben erst in die Ursprache der Bibel hineingelesen haben, treten sofort als Lehrer und Mahner auf, um die so vielfach verunstaltete, stets gebrauchte oder vielmehr mißbrauchte hebräische Sprache in ihrer Reinheit wieder herzustellen. Sie wollten das Verständnis für die heilige Schrift anbahnen, Geschmack an Poesie einflößen und Sinn für Wissen erwecken. Und weil sie, von Begeisterung berauscht, die Schwierigkeit übersahen, wie ein innerlich und äußerlich geknechtetes Volk sich zur Höhe der Poesie und Weltweisheit emporschwingen soll, gelang es ihnen gerade, eine Verjüngung herbeizuführen. Sie leisteten im ganzen mehr, als ihr bewundertes Ideal Mendelssohn, weil dieser zu bedächtig war, einen Schritt zu tun, der einen lächerlichen Ausgang haben könnte. Aber diese Jünglinge stürmten kühn vorwärts, sie hatten keinen Ruhm einzubüßen, sie vertraten nicht eine Sache, die kompromittiert werden könnte.

Zwei Umstände haben diese Wendung gefördert. Friedrichs II. Streben nach Bereicherung des Landes hatte die Juden und namentlich die Berlins fast gezwungen, Kapitalien zu erwerben und zu häufen. Durch Fabrikanlagen und großartige Unternehmungen einerseits und durch Sparsamkeit anderseits entstanden in Berlin die ersten jüdischen Häuser mit großem Reichtum. Sie überragten bei weitem den Wohlstand des christlichen Bürgerstandes. Aber was sollten sie mit ihrem Reichtum beginnen? Zum Kreis des Adels und des Hofes wurden sie nicht zugelassen, auch der zopfige Bürgerstand verschloß seine Türen diesen jüdischen Emporkömmlingen, auf welche er mit Neid blickte. So blieb den reichen Juden nur literarischer Verkehr übrig, wofür sie von Hause aus Vorliebe hatten. Alle oder doch die meisten hatten in der Jugend mit dem Talmud Bekanntschaft gemacht und waren mit der Bücherwelt vertraut. Dieser Umstand gab ihrem Streben einen idealen Zug; sie beteten nicht bloß den Mammon an. Lesen war ihnen in den Mußestunden ein Bedürfnis. Sobald die deutsche Literatur in ihrer Mitte durch Mendelssohn eingebürgert war, zogen sie auch diese in den Kreis ihrer Beschäftigung, sei es im ernsten Streben, sich zu belehren, oder um die Mode mitzumachen.

Die nächste Anregung ging von Königsberg aus, welches gewissermaßen eine Kolonie von Berlin war. Wie in allen von Deutschen bewohnten Städten, so war auch in dieser Stadt und in Ostpreußen überhaupt den Juden die Ansiedlung erschwert, angefochten und verbittert. Erst um die Mitte des achtzehnten Jahrhunderts konnte die kleine Gemeinde dazu gelangen, eine Synagoge zu bauen. In Königsberg hatten es indes einige durch Fleiß und Umsicht zu Reichtümern gebracht und nahmen an der in Deutschland durch die französische Literatur aufdämmernden Kultur Anteil. Drei Brüder Friedländer (Bärmann, Meyer und Wolf) waren tonangebend. Dieser Familie gehörte David Friedländer an, (geb. 1750, gest. 1834), dieser Affe Mendelssohns, welcher vermöge seiner Verschwägerung mit dem Bankierhause Daniel Itzig in Berlin Einfluß erlangte und die Verbindung zwischen Berlin und Königsberg vermittelte. Ein Ereignis war es für die Königsberger Juden, als Mendelssohn auf einer Geschäftsreise sich mehrere Tage daselbst aufgehalten hatte, von vornehmen Personen, akademischen Professoren und Schriftstellern aufgesucht und mit außerordentlicher Aufmerksamkeit behandelt worden war. Immanuel Kant, der Gedankenstürmer, hatte ihn öffentlich umarmt. Der exzentrische Hamann, „der Magus des Nordens", hatte ihn in seiner übertreibenden Weise in den Himmel gehoben. Dieser geringfügige Umstand gab den gebildeten Königsberger Juden eine Art Selbstbewußtsein, daß der Jude durch Selbstachtung den herrschenden Klassen Achtung abtrotzen könne. Dazu kam, daß die Königsberger Universität, von einigen humanen Universitätslehrern, besonders von Kant beeinflußt, wissensdurstige Juden als Zuhörer und akademische Bürger aufnahm. Unter diesen halbakademischen und halbtalmudischen Jüngern waren damals zwei, von denen die Erweckung eines frischen Geistes ausging oder vielmehr die Mendelssohns stille Tätigkeit wirksamer fortsetzten, Isaak Abraham Euchel und Mendel Bresselau, beide Hauslehrer bei den reichen und bildungsliebenden Friedländers. Isaak Euchel hatte sich durch Mendelssohns und Wesselys Vorbild zum gediegenen, korrekten, hebräischen Stilisten gebildet, dessen Schreibart wohltuend gegen die bis dahin gebräuchliche Sprachverderbnis abstach.

Bedeutender war sein jüngerer Genosse, Mendel Bresselau, der sich später an dem großen Kampfe gegen das Alte beteiligte und die rabbinischen Graubärte zauste. Er war ein wahrhafter Künstler in der hebräischen Sprache und verstand es, das biblische Sprachgut auf moderne Verhältnisse und Lagen ohne Gesuchtheit und Zweideutigkeit anzuwenden. Unterstützt von zwei Jünglingen aus dem reichen Hause Friedländer erließen Euchel und Bresselau noch bei Mendelssohns Leben während Wesselys Kampf mit den Stockfrommen (Frühjahr 1783) einen Aufruf an die Gesamtjudenheit, einen Verein zur Förderung der hebräischen Sprache zu gründen und ein öffentliches Organ, den Sammler (Meassef) zu schaffen. Euchels und Bresselaus Aufruf fand ein volltönendes Echo. Sie hatten das rechte Mittel zur Hebung und Bildung gewählt und auch ein gefühltes Bedürfnis befriedigt. Die hebräische Sprache, geläutert und geschmackvoll angewendet, konnte allein die Vermittlung zwischen der Judenheit und der Zeitbildung herbeiführen.

Am meisten Teilnahme fand der „Sammler" in Berlin, literarische Beiträge und klingende Unterstützung. Hier gab es bereits eine Reihe von Jünglingen, die von demselben Streben wie Euchel und Bresselau belebt waren, Schwärmerei für die hebräische Sprache hegten und sie mit sich verjüngten. Auch Mendelssohn lieferte einige hebräische Gedichte ohne seinen Namen zu nennen, nicht zu stolz, von der Höhe seines Ruhmes mit Anfängern einen Wettlauf anzutreten. Neue Namen tauchten in dem neubegründeten Organ auf, welche unter dem Gesamtnamen Measfim (Mitarbeiter am „Sammler") eine ganz bestimmte Richtung, eine Sturm- und Drangperiode der neuhebräischen Literatur bezeichnen. Zunächst waren es die beiden Zwillingsgenossen von Euchel und Bresselau, welche später die Redaktion übernahmen, Joel Löwe und Aaron Halle oder Wolfssohn, der eine ein ernster Forscher, der andere ein kühner Stürmer. Berliner Mitarbeiter waren nächst David Friedländer, der es mit allem versuchte, Joseph Haltern und Joseph Witzenhausen oder Veit. Zwei Polen, die sich in Berlin aufhielten und zu den bedeutendsten hebräischen Stilisten zählten, gehörten ebenfalls zu diesem Kreise, Isaak Satanow und Ben-Seeb. Zu den auswärtigen Mitarbeitern des „Sammlers" gehörte auch Wolf Heidenheim. Es war ein wunderlicher Mensch, dem die Formlosigkeit des am Alten klebenden und die Leichtfertigkeit des Neueren gleich zuwider waren, und der seine Muße mit peinlich genauen, grammatischen und masoretischen Studien an der Hand alter Meister ausfüllte. Durch seine sorgfältigen Ausgaben alter Schriften hat er der alten Schlottrigkeit und Sorglosigkeit der hebräischen Druckwerke, wenn auch nicht ein Ende gemacht, so doch gesteuert.

In Frankreich vertrat die hebräische Literatur der Measfim Mose Ensheim oder Mose Metz. Er war einige Jahre Hauslehrer bei Mendelssohn. Seine jungen Zöglinge haben ihm ein gutes Andenken im Herzen bewahrt. Er war von liebenswürdiger Milde, Herzensgüte und so großer Bescheidenheit, daß er nie etwas von seinem Geiste Ausgedachtes hat veröffentlichen wollen. Ensheim war ein Mathematiker von so großer Bedeutung, daß Mathematiker erster Größe Lagrange und Laplace sein mathematisches Werk gerühmt haben. — Die umbildende Richtung der Measfim drang auch nach Italien.

Solchergestalt hatte die hebräische Sprache und die neuhebräische Poesie ein neues Band um die westeuropäische Judenheit geschlungen, zum Teil auch die Juden in Polen umschlossen und eine erstaunlich rasche und nachhaltige Kräftigung und Verjüngung zuwege gebracht. Die hebräische Sprache war fast allen Juden, mit Ausnahme weniger unwissender Dörfler, bekannt, und darum eignete sie sich so sehr zur Vermittlerin der europäischen Kultur. Die Talmud studierende Jugend zu Tausenden an den verschiedenen Lehrstätten nahm allmählich, meistens verstohlen, regen Anteil daran und zog diese Neuerungen mit starken Zügen ein. Altes und Neues flossen anfangs zusammen. Diese Bildungsmittel, außertalmudisches Wissen — die angesehenen Rabbiner Ezechiel Landau, Raphael Kohen und andere haben sie verdammt, Mendelssohn und Wessely, untadelhaft fromme Männer, haben sie nicht nur erlaubt, sondern dringend zur Hebung des Judentums empfohlen. Von den alten verehrten Autoritäten haben sie einige erlaubt und selbst betrieben, und andere verpönt und sich davon wie vor einer verführerischen Sünde ferngehalten. Diese gewichtige Gewissensfrage trat an denkende jüdische Jünglinge heran und erzeugte eine gewaltige Unruhe. Meistens entschied der Reiz der Neuheit diese Frage. Er verlockte die anziehende Sprache der Vertreter der neuen Richtung, hin und wieder auch die Lust, sich lästiger ritueller Fesseln zu entledigen. Die Zahl der Teilnehmer an der Zeitschrift „der Sammler" nahm von Jahr zu Jahr zu. Mendelssohns Tod gab ihnen eine Fahne. Seine Jünger verherrlichten ihn mit hellen Farben, verklärten ihn und seinen ungewöhnlichen Lebenslauf in Prosa und Versen, wiesen auf ihn als auf ein nachahmenswertes Ideal und beuteten gewissermaßen seinen Ruhm für ihre Sache aus. Dieser Kreis ging dann einen Schritt weiter und richtete sein Streben auf Verfeinerung überhaupt. Er nannte sich „Verein für Gutes und Edles" (seit 1787), ohne jedoch selbst seinen Endzweck genau bestimmen zu können. Von den Anhängern des Alten konnte dem überwältigenden Strome der Neuerung kein Damm entgegengesetzt werden.

So entstand fast in jeder großen Gemeinde eine Partei der „Aufgeklärten" oder „Linken", die mit dem Alten noch nicht gebrochen hatte, aber dem Bruche nahe war, von der stockfrommem Partei wegen ihrer Vorliebe für reine Sprache; für die hebräische und europäische Literatur und für anständige Form überhaupt als Ketzer verschrieen wurde. Das Erscheinen des „Sammlers" hat auch in christlichen Kreisen Aufmerksamkeit erregt. Es wurde als Morgenröte gepriesen, und es war in der Tat ein Morgenaufgang für den jüdischen Stamm. Drei tief philosophische Denker, wenn auch nicht erster, doch zweiter Größe, zum Mendelssohnschen Kreise gehörig, aus dem Schoße der Judenheit hervorgegangen, wurden Kulturvermittler. Diese, obwohl in Mendelssohns System geschult, doch die Schwächen desselben erkennend, wandten sich neueröffneten Bahnen zu, Marcus Herz, Salomon Maimon und Ben-David. Von der überwältigenden und erlösenden Gedankenfülle des Denkers erster Größe Kant ergriffen und sie tiefer als die Kathederphilosophien erfassend, wurden sie seine Schildträger und machten seine in knorriger Sprache gegebenen Gedanken gemeinverständlich. Marcus Herz (geb. 1747, gest. 1803) wurde von Kant wegen seines Scharfsinnes ausgezeichnet. Als er sich in Berlin als geschickter Arzt niedergelassen, wurden seine Vorlesungen über Philosophie und experimentelle Physik von hervorragenden Männern und selbst von Prinzen besucht. Durch seine Persönlichkeit und seinen schlagenden Witz wurde sein Haus, das durch seine schöne und imposante Frau, Henriette de Lemos, eine Anziehungskraft mehr hatte, Sammelpunkt der vornehmen Berliner Gesellschaft und übte einen weitreichenden Einfluß auf den Bildungsgang jüdischer und auch christlicher Kreise.

Von der erstaunlich raschen Bildungsfähigkeit der Juden gab Salomon Maimon ein eindringlicheres Beispiel. Dieser Pole (geb. um 1783, gest. 1800) mit dem eigentlichen Namen Salomon aus Litauen oder aus Nieswiesz, arbeitete sich aus dem dicksten Nebel jüdisch-polnischer Unwissenheit aus eigenem Antrieb, ohne besondere Nachhilfe, zur lichten Höhe klarer philosophischer Erkenntnis heraus, versank aber vermöge seiner Zweifelsucht in entsetzliche Verirrungen. Seine Lebensgeschichte ist voll von Wanderung und Unstätigkeit.

Auch ihm hatte, wie Mendelssohn, das religionsphilosophische Werk Maimunis, „der Führer der Irrenden", die Augen geöffnet. Er las sich so sehr in das Buch hinein, daß er eins damit wurde, nannte sich infolgedessen Maimon und schwur bei dem Namen des jüdischen Weisen, so oft ihn ein Gelüst zur Sünde anfocht. Kant, an den er von Marcus Herz empfohlen war, war von Maimons Scharfsinn und Tiefe fast geblendet und spendete dem jüdischen Denker, der sich halb als seinen Gegner zeigte, das höchste Lob. Maimon wurde ein sehr fruchtbarer, philosophischer Schriftsteller und wußte, der Pole, in deutscher Sprache die schwierigen, dunkeln und trockenen metaphysischen Probleme allgemein verständlich zu machen. Dem großen Publikum wurde er erst durch seine eigene „Lebensbeschreibung" bekannt, worin er die Blöße der polnischen Juden und auch seine eigenen mit zynischer Schonungslosigkeit aufdeckte, wie mehrere Jahre früher Rousseau mit seinen „Bekenntnissen".

Diese Art offenherziger Schriftstellerei war damals in dem steifen, zopfigen Deutschland etwas außerordentliches und machte Aufsehen. Maimons Lebensbeschreibung drang in viele Kreise und gewann ihm zahlreiche Leser. Die beiden deutschen Dichtergrößen Schiller und Goethe waren förmlich in diesen jüdischen zynischen Philosophen vernarrt. Der letztere hegte den Wunsch, ihn in seine Nähe zu ziehen. Der Ruhm machte Maimon weder besser, noch glücklicher. Er behielt seine regellose Lebensweise, wie seine polnischen Manieren bei und mußte bis an sein Lebensende von Unterstützung leben.

Der dritte jüdische Denker dieser Zeit, Lazarus Ben-David (geb. in Berlin 1762, gest. das. 1832) hatte weder den tragischen, noch den komischen Lebensgang Maimons. Für die Kantsche Philosophie empfand er glühende Begeisterung. Es war vielleicht eine Torheit, daß er nach Wien ging, um dort Vorlesungen über die Philosophie zu halten, da in Österreich damals weder Sinn noch Verständnis dafür vorhanden war. Anfangs wurde ihm zwar die Universität für seine Vorlesungen eingeräumt. Man denke nur, für einen Juden und für eine Philosophie, welche dem Katholizismus jede Berechtigung abspricht, ein akademischer Lehrstuhl! Er mußte sie indes bald einstellen, aber Graf H a r r a ch räumte ihm sein Palais dafür ein.

Deutsche Juden haben sich aber nicht bloß durch Mendelssohns Anregung in raschem Fluge zur Höhe der Kultur hinaufgeschwungen, sondern auch unverkennbar die Verbreitung und Verallgemeinerung des gebildeten Bewußtseins in christlichen Kreisen gefördert. Geistvolle Juden und Jüdinnen haben zunächst in Berlin jenen gebildeten Weltton geschaffen, der die Eigentümlichkeit dieser Hauptstadt geworden ist und von hier aus anregend auf das übrige Deutschland eingewirkt hat. Juden und Jüdinnen haben zuerst in Berlin einen Salon geschaffen. Durch Friedrich den Großen war die geistvolle französische Literatur in Preußen eingebürgert worden, und die Juden fühlten sich am meisten von dem sprudelnden französischen Witz angezogen. Der talmudische Witz lief sozusagen dem französischen entgegen und umarmte ihn als einen Geistesverwandten. Voltaire hatte in den Zelten Jakobs mehr Bewunderer als in den deutschen Häusern. Die jüdische Jugend warf sich mit Heißhunger auf die französische Literatur; freilich zog damit auch die französische Leichtfertigkeit mit ein. Auch die klugen Töchter Israels gaben sich dieser Modetorheit mit allem Eifer hin. Sie lernten französisch, es war ein Schmuck mehr, den sie sich umhängten. Durch Mendelssohns und Lessings Einfluß wich diese Tändelei dem ernsten Streben, sich gründliche Bildung anzueignen, um mit den Männern auf gleicher Höhe stehen zu können. Mendelssohns Töchter in stetem Verkehr mit gebildeten Männern gingen darin voran und erregten Nacheifer. In keiner Stadt Deutschlands gab es daher so viel gebildete Mädchen und junge Frauen als in Berlin.

Mendelssohns Haus war zuerst Mittelpunkt für wissenschaftliche Unterhaltung geworden. Nach seinem Tode traten David Friedländer und Marcus Herz an dessen Stelle. Friedländer war aber zu steif und hausbacken, um eine Anziehungskraft auszuüben. So wurde denn das Haus des letzteren der Sammelpunkt der Freunde Mendelssohns, und es erweiterte sich zu einem viel größeren Kreise; denn mehr noch als seine Wissenschaft und sein Geist fesselte seine Frau. Sie bildete einen förmlichen Zauberkreis, dem alles, was es in Berlin an einheimischen und fremden Personen von Auszeichnung gab, gewissermaßen zuflog. H e n r i e t t e H e r z (geb. 1764, gest. 1847) war sozusagen ein Sonntagskind, dem das Glück von frühester Jugend an zulächelte und es verhätschelte. Von B e n j a m i n d e L e m o s, einem portugiesisch-jüdischen beliebten Arzte, geboren, der sich mit einer Deutschen verheiratet hatte, vereinigten sich in der Tochter harmonisch die Eigenart des südländischen Feuers und spanischer Würde mit deutscher Weichheit und Biegsamkeit. Sie machte mit ihrer Gestalt und ihren Gesichtszügen Aufsehen, so oft sie sich blicken ließ, und man nannte sie „die tragische Muse". Künstler bewunderten diese vollendete Schönheit, wie sie nur selten aus der Meisterhand der Natur hervorgeht.

Diese schöne Frau machte ihr Haus, wie gesagt, zum Sammelpunkte der auserwählten Gesellschaft Berlins. Es wurde der erste Salon Berlins, in welchem geistige Genüsse in mannigfacher Fülle geboten waren. Zwanglos verkehrten hier mit gebildeten Juden zunächst Mendelssohns christliche Freunde, Nikolai, Engel, Erzieher des Kronprinzen (Friedrich Wilhelm III.), welcher Proben rabbinischer Weisheit, von Juden empfangen, unter das Publikum brachte und Ramler, der Gewissensrat der Dichter. Es kamen auch neue Männer, welche eine hohe Stellung einnahmen, hinzu, die Konsistorialräte Teller und Zöllner. Knuth, der Erzieher der Brüder Alexander und Wilhelm von Humboldt, welche später europäische Berühmtheiten wurden, führte sie in Rahels Salon ein. Gentz, Schleiermacher und Friedrich von Schlegel waren gewissermaßen Hausgenossen der Herzschen Paares. Mirabeau, in dessen Haupt sich damals schon die gewitterschwangeren Wolken der Revolution sammelten, dem auch die Juden so viel verdanken, verkehrte während seiner geheimen diplomatischen Sendung (1786) in Berlin im Hause der Henriette Herz. Nach und nach ließen sich auch Damen von hohem Stande und von Bildung herbei, mit ihr und ihren Freundinnen zu verkehren, von dem Reiz des feinen und geselligen Verkehrs angezogen. Am meisten Anziehungskraft übte dieser Salon auf gebildete christliche Jünglinge wegen der schönen jüdischen Mädchen und Frauen, welche sich wie Trabanten um die schöne Wirtin bewegten. Diese jüdischen Schönheiten bildeten aber nicht bloß die Dekoration dieses Salons, sondern nahmen regen Anteil an der geistvollen Geselligkeit und zeichneten sich zum Teil durch einen originellen Geist aus. Gentz nannte sie „die klugen Weiber aus der Judenschaft".

Die gesellige Annäherung der Juden an die gebildeten Kreise ließ sie in Preußen die Hoffnung hegen, wenn auch nicht eine vollständige Einbürgerung, so doch eine Erleichterung der sie so schwer bedrückenden Gelderpressungen und Erniedrigungen zu erlangen. Zwischen der gesellschaftlichen Stellung gebildeter Juden und ihrer gesetzlichen Behandlung war nämlich eine tiefe Kluft. Die Behörden behandelten diejenigen, welche ihnen durch Reichtum und Bildung so weit überlegen waren, noch immer als gemeine Schutzjuden. Große Hoffnung machten sich die Juden Berlins nach der Thronbesteigung Friedrich Wilhelms II., welcher milden Sinnes war. Von David Friedländer angeregt, der, als Nachfolger Mendelssohns, zugleich als Vertreter der jüdischen Interessen galt, reichten die Oberältesten der Berliner Gemeinde ein Gesuch ein, den Judenleibzoll in Wegfall zu bringen, die barbarischen Judengesetze aufzuheben und den Juden Freiheit der Bewegung einzuräumen. Sie erhielten darauf einen günstigen Bescheid, daß sie „redliche Männer aus ihrer Mitte wählen“ möchten, mit denen die Regierung darüber verhandeln könnte. Auch ihr Antrag, Bevollmächtigte sämtlicher Juden aus den Provinzen (mit Ausschluß von Schlesien, Westpreußen und Ostfriesland) dazu einzuberufen, wurde genehmigt und eine Kommission eingesetzt, die Beschwerden der preußischen Juden zu untersuchen und Vorschläge zur Verbesserung zu machen.

Die Deputierten zählten die Gelderpressungen auf, denen die Juden unter den lächerlichsten Titeln unterworfen waren; z. B. Porzellan von der schlechtesten Beschaffenheit, (spottweise Judenporzellan genannt) um den höchsten Preis von der königlichen Fabrik zu kaufen und nach dem Auslande zu verkaufen, Unterhaltung einer Mützen-, Strumpf-, Beuteltuch- und Blondenfabrik. Sie verlangten kühn ständige Gleichberechtigung, nicht bloß Zulassung zum Ackerbau und zu sämtlichen Gewerben, sondern auch zu Ämtern und Universitätslehrstühlen (Mai 1787). Die Hoffnung der Berliner und preußischen Juden wurde jedoch getäuscht. Der Leibzoll wurde allenfalls aufgehoben und der Porzellanzwangkauf um 42 000 Mark abgelöst. Die übrigen Reformvorschläge wurden dagegen lange beraten. Inzwischen hatten sich die Schlauköpfe Wöllner und Bischofswerder des schwachen Königs bemächtigt, und eine Reaktion gegen die Aufklärung herbeigeführt. Der Bescheid auf das Gesuch der jüdischen Deputierten fiel daher zuletzt kläglich aus. Was ihnen die eine Hand gab, nahm wieder die andere. Es gereicht den Deputierten zur Ehre, daß sie das kärglich und engherzig Dargebotene freimütig zurückwiesen und es aussprachen: „Die Begünstigungen, die uns bestimmt werden, sind unter aller Erwartung und entsprechen den frohen Hoffnungen wenig, die wir bei der Thronbesteigung geschöpft haben“. Sie erklärten, daß sie zur Annahme der gebotenen Reform „mit wenig Vorteilen und vielen Beschränkungen“, namentlich zur Heranziehung zum niedern Kriegsdienste ohne Vollmacht wären.

So hatte sich in der Berilner Gemeinde ein Urstock für die Verdlung des jüdischen Stammes gebildet. Durch zwei Organe wirkte dieser Keimansatz anf weidere Kreise, durch eine Freischule und die damit verbundene Druckerei. Die Freischule, von David Friedländer und seinem reichen Schwager Daniel Itzig geleitet, war gerade nicht nach Wesselys Ideal und Lehrplan angelegt. Die Gegenstände von allgemeinen Wissensfächern nahmen den Hauptplatz ein und verdrängten nach und nach das sogenannte Jüdische

(Hebräisch, Bibel, Talmud) aus dem Lehrplan. In zehn Jahren (1781 bis 1791) wurden in dieser Schule mehr als 500 gutunterrichtete Zöglinge ausgebildet, die als Sendboten des jüdisch-berlinischen Geistes ihn überallhin verbreiteten. Diese Freischule wurde ein Muster für deutsche und außerdeutsche Gemeinden. In demselben Sinne wirkte die damit verbundene Druckerei, welche eine große Zahl bildender Schriften in hebräischer und deutscher Sprache in die Ghettos warf. Der dadurch genährte Geist war anfangs ein Geist der Verneinung, der seichten Aufklärung. Sein Ziel war, alles aus dem jüdischen Leben und der jüdischen Sitte zu beseitigen, was den gebildeten Geschmack verletzte, was sich nicht dem nüchternen Menschenverstande auf den ersten Blick empfahl, alles was an das Nationale, an die großen Tatsachen der Vergangenheit erinnerte, alles was die Juden in den Augen der Christen als eine Sonderheit erscheinen ließ. Der höchste Ruhm der Träger dieses Geistes war, es den Christen gleich zu tun. „Aufklärung" war ihr Stichwort. Dieser Kreis glaubte immer noch, Mendelssohn in seiner Mitte zu haben, während er ihm mit seinem Grundwesen längst entrückt war.

Mit jedem Schritte, den die Berliner Schule der Aufklärung vorwärts setzte, trat sie in Gegensatz zur Gesamtjudenheit, welche noch in der hergebrachten Weise beharrte, verletzte deren Empfindlichkeit und vereitelte dadurch ihre eigene Wirksamkeit. Mißverständnisse Erbitterung, Reibung und Kampf waren die nächsten Folgen. Darüber wurde der ehrlich-fromme Wessely außerordentlich aufgeregt, machte den Wortführern in einer Abhandlung Vorwürfe und trennte sich von den Vertretern der aufklärerischen Richtung, deren Hauptträger der Flachkopf David Friedländer war.

Viel weniger Männer von Bedeutung als die Richtung der Aufklärung zählte die der Stockfrömmigkeit. Der bedeutendste Führer derselben, Ezechiel Landau in Prag, der wenigstens als Spitze angesehen wurde, hatte auch nicht das geringste Verständnis für die neue Zeit, klammerte sich unbesonnen an jeden noch so unberechtigten Brauch und schädigte damit die Sache, die er vertrat. Die österreichische Regierung wollte ein Verbot gegen die unter den Juden übliche Beerdigung der Leichen wenige Stunden nach dem Stillstand der Atmungsorgane erlassen. Bei dieser Frage kam der Gegensatz zum Vorschein. Landau, von Erhaltungseifer geblendet, sprach sich mit schwachen sophistischen Beweisen für die Beibehaltung dieses Brauches aus. Damit drückte der Prager Oberrabbiner den Aufgeklärten den Pfeil in die Hand, da die Regierung auf ihrer Seite war. David Friedländer und Euchel hatten die synagogalen Gebete aus dem Hebräischen ins Deutsche für das weibliche Geschlecht übersetzt. Diese geringe Abweichung vom Hergebrachten, die nicht einmal eine Neuerung war, erregte Anstoß bei den Altfrommen. Ein Prediger in Prag (Eleasar Fleckeles) eiferte dagegen.

Durch die Reibungen zwischen den Aufgeklärten und Altfrommen, die beide das Maß überschritten, entstand in der Berliner Gemeinde eine aufregende Spannung. Die Jugend, Hauslehrer, Handlungsdiener, die Söhne der Reichen, die Modenarren trugen eine leichtsinnige Philosophie zur Schau, setzten einen Stolz darein, ihre greise Mutter zu verhöhnen, alles, was ihnen im Judentume im Wege stand, als Aberglaube, Vorurteil, rabbinischen Aberwitz zu verlästern.

Die Anhänger des Alten waren dadurch um so zäher und klammerten sich an alles, was einen religiösen Anstrich hatte. Da die altfrommen Gemeindevorsteher oder Verwalter von Wohltätigkeitsanstalten noch das Heft in Händen hatten, so entzogen sie den fremden Anhängern der Aufklärung in Berlin jede Unterstützung, nahmen die Kranken nicht in das jüdische Hospital auf und versagten den Toten ein ehrenhaftes Begräbnis. Die Familienlosen, zu denen auch zwei Leiter der Measfim gehörten, Euchel und Wolfsohn, wurden dadurch gezwungen, sich untereinander zu verbrüdern, um nicht vereinzelt gegen die Stockfrommen dazustehen. Mendelssohns ältester Sohn Joseph nahm die Stiftung eines Vereins in die Hand, und da dieser Name einen guten Klang hatte, so fand er zahlreiche Teilnahme. So bildete sich die „Gesellschaft der Freunde" (1792), eine aufgeklärte Gemeinde in der Gemeinde, bloß aus ledigen Jünglingen bestehend, deren Hauptzweck war, einander als Brüder zu betrachten, einander mit Rat und Beistand zu fördern und in Notfällen und Krankheiten zu unterstützen. Der Nebenzweck lautete, Bildung zu verbreiten und „Aufklärung" zu fördern. Die Mitglieder dieser Gesellschaft hatten aber keinen rechten Halt; sie entbehrten der Begeisterung für die Neuschöpfung. Noch weniger Halt hatten die Alltagsmenschen, die sogenannten aufgeklärten reichen Kaufleute, welche dem Luxus frönten und in dem Anschluß an Christen ihre Glückseligkeit suchten. Das Alte fesselte sie nicht mehr, und das Neue hatte noch keine faßbare Gestalt, um sie anzuziehen.

Vom tausendjährigen Bande einer auf nationalen Boden entstandenen Religion losgelöst, fielen die oberflächlichen Vernünftler und Wüstlinge massenhaft dem Christentum zu. „Sie glichen den Motten, flatterten so lange um die Flamme, bis sie endlich von ihr verzehrt wurden". Wozu sich noch von den Fesseln des „Generalprivilegiums" einengen lassen, wozu noch die Schmach von Schutzjuden tragen, wenn sie vermittelst einer inhaltsleeren Formel den Christen gleichgestellt werden können! So wuschen sie die vom Joche eingekerbten Male und die Schmach mit Taufwasser ab. Die Gemeinden von Berlin, Breslau und Königsberg besonders sahen täglich den Abfall ihrer Glieder zum Christentum, die Reichsten und äußerlich Gebildeten.

So hatte die Kirche einen mühelosen Sieg. Seitdem die Frankisten in Südpolen wenige Jahrzehnte vorher zum Katholizismus übergetreten waren, sah die Kirche nicht so viel Judentaufen ohne Feuer und Schwert. In drei Jahrzehnten war die Hälfte der Berliner Gemeinde zur Kirche übergetreten. Es ist als ein Wunder anzusehen, daß damals nicht sämtliche jüdische aufgeklärte Vernünftler in Deutschland dem Judentum den Rücken gekehrt haben. Drei unsichtbare Mächte schützten sie, dem Beispiel des Verrats und des Abfalls zu folgen, die tiefe Abneigung gegen das Wesen des Christentums, die unvertilgbare Anhänglichkeit an die Familie und an die tausendjährige große Vergangenheit und endlich die Liebe zur hebräischen Sprache und Literatur. Wer die Schönheiten und Erhabenheit der heiligen Schrift in der Ursprache zu begreifen und ihre Sprache nachzuahmen verstand, blieb Jude trotz des Zweifels im Herzen, trotz der Hintansetzung und der Schmach. So hatte Mendelssohn mit der Übersetzung der Bibel dem neuen Geschlechte zugleich Gift und Gegengift gereicht.

Nur David Friedländer machte eine Ausnahme von dieser Regel. Auf ihn hatte weder das jüdische Altertum, noch die hebräische Poesie, noch der Familiensinn die Macht, ihn bei der Fahne zu erhalten. Er war ein guter Familienvater, ein ehrlicher Kaufmann, ein gemeinnütziger Spender, aber eine philisterhafte, beschränkte Natur. Er kaute nur anderer Gedanken wieder und plapperte Stichwörter nach. Mit dem praktischen Judentum hatte er gebrochen und sich einige erborgte Gedankenlappen von Mendelssohn zusammengeflickt. Diese Gedankenlappen, die er bei jeder Gelegenheit zum Vorschein brachte, galten ihm als geläuterte Religion. Und doch wollte der Staat ihn und seine Gesinnungsgenossen nicht als Vollbürger anerkennen! Er hatte für sich und die ganze Friedländersche Familie um eine ausnahmsweise Naturalisation mit allen Rechten und Pflichten nachgesucht und sie nicht erlangt. Das schmerzte ihn. Anstatt sich in Ahnenstolz und Duldergröße zu hüllen, verband er sich mit einigen gleichgesinnten Familienvätern (wahrscheinlich von der Familie Itzig), richtete mit ihnen gemeinschaftlich ein Sendschreiben an den mit Juden verkehrenden Oberkonsistorialrat Teller und zeigte ihm ihre Geneigtheit zum Übertritt, sogar zur Annahme der Taufe an, jedoch unter einer Bedingung, es möge ihnen der Glaube an Jesus und die Beteiligung an Kirchenbräuchen erlassen werden oder ihnen wenigstens gestattet sein, die christlichen Glaubensartikel auf ihre Weise zu deuten, da sie den Kirchenglauben nicht teilen könnten und nicht heucheln möchten — ein ebenso alberner wie ehrloser Schritt!

Teller fertigte die jüdischen Familienväter, die sich zu einem Christentum ohne Jesus drängten, ab, wie sie es verdienten, höflich aber entschieden. Sie sollten nur bleiben, wo sie seine, das Christentum trage nach solchen ungläubigen Gläubigen kein Verlangen. Friedländer hatte eine beschämende Erfahrung gemacht. Er blieb notgedrungen Jude. Sein Sendschreiben machte indes mehr Aufsehen als es verdiente. Es erschienen mehrere Flugblätter darüber von christlicher Seite. Tiefere Naturen wie Schleiermacher, so sehr sie auch das Christentum überschätzten, sahen in dieser Schrift einen Verrat am Judentum und eine Inkonsequenz. Ohne Ahnung, wer der Urheber war, rief Schleiermacher aus: „Wie tief verwundert muß besonders der treffliche Friedländer sein! Ich bin begierig darauf, ob er nicht seine Stimme gegen diesen Verrat an der besseren Sache erheben wird, er, ein echterer Anhänger Mendelssohns als dieser hier! „Wenn Friedländer noch Scham empfinden konnte, hätte er dabei vergehen müssen. Gläubige Christen empfanden es schmerzlich, daß die glorreiche Geschichte des ältesten Volkes in ein Afterchristentum einmünden sollte. Andere riefen aus: „Macht die Tore weit auf, damit ganz Israel in die Kirche einziehe." Noch andere betrachteten es als Zeichen der Zeit, als einen Akt der Verbrüderung der Juden und Freidenker über die Köpfe der Religion und Priester hinweg. Die Juden schwiegen zu dieser Friedländerischen Torheit, und das war das Klügste.

Noch weniger Halt und Ahnenstolz als die gebildeten Juden zeigten die gebildeten Jüdinnen. Der Salon der schönen Herz wurde eine Art midjanitisches Zelt. Hier kamen meistens junge jüdische Frauen, deren Männer ihrem Tagesberufe oblagen, mit christlichen jungen Männern zusammen. Der Tonangeber in diesem Kreise wurde Friedrich von Gentz, die eingefleischte Selbstsucht, Genußsucht, Lasterhaftigkeit und Gewissenlosigkeit, der es auf Verführung der Weiber geradezu angelegt hatte. Henriette Herz wurde von den Huldigungen, die ihrer Schönheit gebracht wurden, benebelt und verführt. Sie ging auf die Liebeständelei ein, die in eine zweideutige Haltung ausartete; ihr, wie ihrer Freundinnen Urteil über Recht und Unrecht geriet in Verwirrung. Die christlichen Wüstlinge stifteten mit den Weibern und Mädchen einen sogenannten Tugendbund, einen Orden, der dahin zielte, daß die beiden Geschlechter ohne Schranken und ohne gesellschaftliche Anstandsformen mit einander verkehren, einander dutzen sollten. Es war damals der Beginn der von Goethes Poesie ausgegangenen deutschen Romantik, welche dahin strebte, die lyrischen Gefühle der Dichtkunst zu verwirklichen, das Leben poetisch zu verklären. Diese romantische Richtung lief zuletzt darauf hinaus, Empfindsamkeit zu nähren und berüchtigte Wahlverwandtschaftsehen zu suchen. Die Jüdinnen fühlten sich geehrt, mit Christen der vornehmen Stände in eine so innige Beziehung zu treten. Die Törinnen sahen nicht die züngelnde Schlange unter den Blumen.

Henriette Herz knüpfte zuerst Liebeleien mit Wilhelm von Humboldt an und dann mit Schleiermacher, diesem Apostel des neuen Christentums, der aus Spinngeweben neue Seile zur Fesselung der Geister zusammenflocht. Zu Schleiermacher gesellte sich Friedrich Schlegel, dieser Himmelsstürmer mit Kinderfäusten, der es auf die Verführung der verheirateten Dorothea Mendelssohn anlegte. Schon hatte die Verkehrtheit des „Tugendbundes" dieser den Wahn eingeimpft, sich in ihrer Ehe unglücklich fühlen zu müssen. Henriette Herz gab sich als Unterhändlerin für die Sünderin her. Dorothea trennte sich darauf von ihrem Manne und lebte mit Schlegel zuerst in wilder Ehe. In dieser Zeit erschien Schlegels unzüchtiger schmutziger Roman „Die Lucinde", in welcher die ehebrecherische Unflätigkeit verhimmelt wird. Schleiermacher war der Taufpate für diesen Roman.

Die dritte hochgebildete Jüdin in diesem Kreise war Rahel Lewin. Sie war zu klug, um an dem Tandspiel des Tugendbundes teil zu nehmen. Sie wollte ihren eigenen Weg gehen. Aber ihre Klugheit und ihr durchdringender Geist bewahrten sie nicht vor der Verpestung der Unsittlichkeit, welche die vornehme, christliche Welt damals aushauchte. Der Verführer dieser „kleinen Frau mit der großen Seele" (wie man sie nannte), war Goethe. Seine Poesie und heidnische Lebensweisheit, der Sinnlichkeit, mit Blumengewinden halb verdeckt, zu frönen, war für Rahel eine Bibel, die sie auswendig lernte und anwendete.

Diese geistesbegabten jüdischen Sünderinnen taten dem Judentum den Gefallen, zum Christentum überzutreten, Mendelssohns Töchter und Rahel ganz laut und offenkundig. Henriette Herz, die mehr auf Schein hielt, nahm dagegen die Taufe in einer kleinen Stadt, um ihre jüdischen Freunde nicht zu kränken und erst nach dem Tode ihrer Mutter. Die doppelte Reaktion, die kirchliche, welche Schleiermacher und zum Teil auch Schlegel zum Vater hat, und die politische welche sich an Gentz knüpft, hatte in dem Berliner judenchristlichen Salon ihre Wochenstube. Aber gerade in demselben Jahre, als der verweichlichte Schleiermacher in seiner romantischen Selbstbespiegelung das Judentum als eine Mumie verlästerte, erließ ein Held, ein Riese im Vergleich zu diesen nörgelnden Zwerggestalten, Bonaparte einen Aufruf an die Juden, sich um ihn zu scharen. Er wollte das heilige Land ihrer Väter für sie erobern und ihnen, ein zweiter Cyrus, den Tempel wieder erbauen. Die Freiheit, welche die Juden Berlins mit Darangabe ihrer Eigenart, mit Selbsterniedrigung vor der Kirche erlangen wollten, fiel ihnen ohne diesen Preis und ohne schimpflichen Schacher durch Frankreich in den Schoß.

Drittes Kapitel.

Die französische Revolution und die Emanzipation.

(1789 bis 1806.)

Die französische Revolution war ein Strafgericht, um tausendjährige Sünden an einem Tage zu sühnen. Es war ein neuer Tag des Herrn eingetreten, „alles Stolze und Hohe zu demütigen und das Niedrige zu erheben". Auch für die Niedrigsten und Geächtetsten in dem europäischen Gesellschaftsleben, für die Juden, sollte endlich der Tag der Erlösung und Befreiung nach so langer Knechtschaft unter den europäischen Völkern aufgehen. Eigen, die beiden europäischen Länder, welche die Juden zuerst vertrieben hatten, England und Frankreich, waren auch die ersten, ihnen wieder Menschenrechte zu gönnen. Was Mendelssohn erst in fernen Zeiten für möglich erachtete, was die Fürsprecher der Juden, Dohm und Diez, als frommen Wunsch aufstellten, das verwirklichte sich in Frankreich wie mit Zauberschnelligkeit.

Indessen ist die Freiheit der französischen Juden ihnen nicht so ganz wie eine reife Frucht in den Schoß gefallen. Sie haben vielmehr große Anstrengungen machen müssen, um das drückende Joch von ihren Schultern zu lösen. Die eifrigste Tätigkeit zur Befreiung der Juden in Frankreich entwickelte ein edler Mann, Herz Medelsheim oder Cerf Berr (geb. um 1730, gest. 1793). Er war der erste, der die Vorurteile gegen seine Stammgenossen, unter denen er selbst schwer gelitten hat, durch Wort und Tat zu bannen bemüht war. Er war von Hause aus wohlhabend und lieferte für die französische Armee Kriegsbedarf. Zu diesem Zwecke mußte er in Straßburg weilen — wo kein Jude wohnen durfte — im Anfang allerdings nur für einen einzigen Winter zugelassen. Da er aber unter Ludwig XV. während eines Krieges und einer Hungersnot dem Staate wesentliche Dienste leistete, so wurde ihm vom Minister die Erlaubnis immer wieder verlängert, und er benutzte diese Gunst, um sich dort heimisch zu machen. Cerf Berr zog noch mehrere Juden nach Straßburg. Unter der Hand kaufte er Häuser für sich und seine Familienglieder und erhielt von Ludwig XVI. wegen seiner Verdienste um den Staat alle Rechte und Freiheiten der königlichen Untertanen und besonders das Recht, ausnahmsweise Ländereien und Güter zu besitzen. Er richtete Manufakturen in Straßburg ein und war darauf bedacht, Juden zur Arbeit zu verwenden, um sie vom Schacher abzuziehen und den Anklägern den Vorwand für ihre Vorurteile gegen sie abzuschneiden. Die Deutschen in Straßburg sahen die Ansiedlung von Juden in ihren Mauern mit scheelem Blicke an und gaben sich alle erdenkliche Mühe, ihn und seine Schützlinge daraus zu vertreiben. Diese spießbürgerliche Engherzigkeit einerseits und anderseits Dohms Fürsprache für die Juden, sowie Kaiser Josephs teilweise Entfesselung derselben, ermutigten ihn, die Emanzipation oder mindestens die Zulassung der Juden in den meisten französischen Städten ernstlich ins Auge zu fassen und sie bei Hofe durchzusetzen. Er ließ dazu Dohms Schrift in französischer Sprache verbreiten, wie er auch die Pentateuchübersetzung Mendelssohns, zu dem er in Beziehung stand, verbreitete. Cerf Berrs Anträge wurden vom Hofkreise günstig aufgenommen. Auch von anderen Seiten liefen bei der französischen Regierung Gesuche um Erleichterung der Fesseln, welche namentlich die Juden von Elsaß und Lothringen drückten, ein. Der edle Malesherbes, welcher für Menschenbeglückung schwärmte, ließ im Auftrage des Königs eine Kommission von Juden zusammentreten, welche Verbesserungsvorschläge zugunsten der in Frankreich wohnenden Juden machen sollte. Als Vertreter der Juden von Lothringen wurde Cerf Berr und sein Gesinnungsgenosse Berr Isaak Berr aus Nancy einberufen und portugiesische Juden aus Bordeaux und Bayonne, darunter Furtado, der später in der Revolutionsgeschichte eine Rolle spielte. Wahrscheinlich infolge ihrer Anträge hob Ludwig XVI. den besonders die Juden der deutschredenden Provinzen Frankreichs entwürdigenden Leibzoll auf.

Doch wirksamer als Cerf Berr und die jüdische Kommission arbeiteten für die Befreiung der Juden zwei Männer, welche gewissermaßen von Mendelssohn und seinen Freunden zu deren Herolden erwählt worden waren, Mirabeau und der nicht minder für volle Freiheit begeisterte Priester Grégoire. Graf Mirabeau, der stets auf seiten der Unterdrückten stand, wurde in Mendelssohns Kreis zuerst dazu angeregt, seine Donnerstimme für die Juden zu erheben. In einer geheimen diplomatischen Angelegenheit vom französischen Hofe nach Berlin gesendet, war er gerade kurz nach Mendelssohns Heimgang dahin gekommen und vernahm überall die Nachklänge der Schmerzenslaute über den Tod des jüdischen Weisen und das volle Lob, das ihm in christlichen Kreisen neidlos gespendet worden war. Mirabeau verkehrte auch viel mit Dohm, dem ersten Fürsprecher für die Juden. Erfüllt von Mendelssohns großartiger Persönlichkeit und begeistert von dem Gedanken, einem geknechteten Volksstamme die Erlösung zu bringen, wollte Mirabeau das französische Publikum zunächst mit beiden bekannt machen. So entstand Mirabeaus einflußreiche Schrift: „Über Mendelssohn und über die politische Reform der Juden" (1787). Er ging die tausendjährige tragische jüdische Geschichte durch und erblickte in ihr das glorreiche Märtyrertum der Juden und die Schmach ihrer Unterdrücker. „Wollt Ihr, daß die Juden bessere Menschen, nützliche Bürger werden! Verbannet aus der Gesellschaft jede erniedrigende Scheidung, öffnet ihnen alle Wege des Erwerbes. Wachet, daß die Juden, ohne die geheiligte Lehre ihrer Väter zu vernachlässigen, die Natur und ihren Urheber, die Prinzipien der Ordnung, die Interessen des Menschengeschlechtes, der großen Gesellschaft besser kennen lernen, von denen sie ein Teil bilden." Durchdrungen von Mendelssohns Geiste, widerlegte Mirabeau der Reihe nach die Anschuldigungen gegen die Juden. Er beschloß seine glühende Schutzschrift für die Juden mit den Worten: „Meint Ihr, daß die vermeintlichen, tiefgewurzelten Laster der Juden erst mit dem dritten oder vierten Geschlecht verschwinden können? Nun, so fanget schon an. Denn es ist kein Gewinn, die große Reform einer Generation aufzuschieben, wenn man doch ohne diese Reform die Generation nicht verbessern kann, und das einzige, was Ihr nicht einbringen könnt, wäre die verlorene Zeit". Auch sonst ergriff Mirabeau jede Gelegenheit, um den Juden warm das Wort zu reden. Er war förmlich in sie und ihre biblische Literatur verliebt und zerstreute die Nebel der Vorurteile, welche Voltaire gegen sie angesammelt hatte. Eine Sache, deren Verteidigung Mirabeau übernahm, konnte man für halb gewonnen halten. Seine Reformvorschläge kamen zur rechten Zeit.

Unter den tausend Fragen, welche am Vorabend der Revolution die öffentliche Meinung beschäftigten, war auch die Judenfrage. Die Juden von Elsaß klagten über Unerträglichkeit ihres Elends und die christliche Bevölkerung über die Unerträglichkeit der Verarmung durch die Juden. In Metz war eine Hetzschrift erschienen: „Schreides Bürgers gegen die Juden", welche die häßlichsten Leidenschaften des Volkes gegen sie entzündete. Jesaia Beer Bing, zugleich kenntnisreich und beredt, mit der Geschichte seines Volkes mehr bekannt, als die meisten jüdischen Zeitgenossen (die Berliner Tonangeber mit eingeschlossen) widerlegte mit eindringlicher Überzeugung jene Anschuldigungen.

Durch Schriften für und gegen die Juden kam die Judenfrage auf die Tagesordnung in Frankreich. Die königliche Gesellschaft für Wissenschaft und Künste in Metz setzte einen Preis für die beste Arbeit über Beantwortung der Frage aus: „Gibt es Mittel, die Juden glücklicher und nützlicher in Frankreich zu machen?" Neun Arbeiten liefen ein, sieben zugunsten der Juden, darunter zwei von katholischen Geistlichen, dem Abt Grégoire und dem Abt de la Louze. Ihre Auseinandersetzung gipfelt in dem Gedanken, daß die Juden gleich den Christen Menschen und würdig sind, französische Bürger zu werden, und daß die ihnen zugeschriebenen Fehler das Werk der Christen seien.

Als diese Schutzschriften erschienen, verdichteten sich bereits die wetterschwangeren Wolken der Revolution, welche Zerstörung und Neubildung über den Erdkreis herbeiführen sollten. Wie mit einem Zauberstabe berührt verwandelte sich Frankreich in einen Glutherd, worin alle Werkzeuge der Knechtschaft verzehrt wurden, und aus der Asche erhob sich das französische Volk, neuverjüngt, der erste Apostel für die Freiheitsreligion. Sollte nicht auch für das am meisten geknechtete Volk, für die Juden, die Stunde der Erlösung geschlagen haben? Zwei seiner eifrigsten Verfechter saßen in der zusammenberufenen Nationalversammlung, M i r a b e a u , einer der Väter der Revolution, und der Priester G r é g o i r e , welcher seine Wahl gerade seiner Schutzschrift für die Juden verdankte.

Allzuviel Juden wohnten in Frankreich beim Anbruch der Revolution keineswegs, kaum 50 000 Seelen — im Elsaß, in Metz, Paris, Bordeaux, in dem päpstlichen Gebiet von Avignon und Carpentras. Unter den Juden in den verschiedenen Provinzen bestand ebensowenig Zusammenhang, wie unter denen der übrigen europäischen Länder. Das gehäufte Unglück hatte sie zerklüftet. Zwischen den deutschen und portugiesischen Juden bestand zudem noch eine Spannung. Daher kam es, daß keine gemeinsamen Schritte von ihnen vorbereitet wurden, um ihre Einbürgerung sofort von der Nationalversammlung zu verlangen, obwohl Grégoire, der katholische Priester, sie ermahnt hatte, die günstige Gelegenheit zu ergreifen.

Der Sturm auf die Bastille hatte dem Könige das Zepter aus der Hand gerissen und es dem Volke überliefert. Die Revolution hatte Blut geleckt und begann das Strafgericht über die Unterdrücker zu vollstrecken. An vielen Punkten des Landes wurden wie auf Verabredung die Schlösser verbrannt, die Klöster zerstört, die Edelleute mißhandelt oder getötet. Im Elsaß machte die niedrige Volksklasse zugleich einen wütenden Angriff auf die Juden (Anfang August 1789) — zerstörte ihre Häuser, plünderte ihre Habe und zwang sie halbnackt zur Flucht. Sie retteten sich meistens nach B a s e l , und obwohl dort kein Jude weilen durfte, wurden die Flüchtlinge doch beherbergt und mitleidsvoll behandelt. Wessely verewigte die menschliche Gesinnung der Baseler durch ein schönes hebräisches Gedicht. Über alle diese Ausschreitungen des ersten Freiheitsrausches, die traurigen Folgen der Selbstsucht der Großen, liefen Klagen bei der Nationalversammlung ein; von ihr erwarteten alle Abhilfe. Die mißhandelten Elsässer Juden hatten sich an Grégoire gewendet, und dieser entwarf ein düsteres Gemälde von dem Judensturm und fügte hinzu, daß er, ein Diener der Religion, welche alle Menschen als Brüder betrachtet, das Einschreiten der Versammlung zugunsten dieses geächteten und unglücklichen Volkes beanspruchen müsse. Er veröffentlichte ferner eine Schrift „Antrag zugunsten der Juden". Es folgte darauf jene denkwürdige Nacht vom 4. August, in welcher der Adel selbst seine Vorrechte auf dem Altar der Freiheit opferte und die Gleichheit aller Bürger anerkannte. Erst infolge dieser Anregung und aus Furcht, daß sie sämtlich als Opfer der Anarchie fallen könnten, entschlossen sich die Juden, Gesuche um Aufnahme in den Bruderbund des französischen Volkes zu stellen; aber wiederum traten sie vereinzelt und teilweise mit widersprechenden Wünschen auf. Die Juden von Bordeaux waren bereits in die Nationalgarde eingetreten, und einer derselben war zum Hauptmann ernannt worden. Auch von den Pariser Juden waren etwa hundert in die Nationalgarde eingetreten, und wetteiferten an Patriotismus und revolutionärem Mut mit den übrigen Bürgern. Sie schickten elf Deputierte an die Nationalversammlung, an deren Spitze ein Holländer, Goldschmidt, und ein Portugiese, Abraham Lopes Laguna, welche um Abwendung der Schmach, mit der sie als Juden bedeckt sind, und um ausdrückliche Gleichstellung durch das Gesetz baten.

Die religiöse Unduldsamkeit zeigte sich indes auch im Schoße der Versammlung. Als ein Deputierter, de Castellane, den Punkt hervorgehoben hatte: „Kein Mensch soll wegen seiner religiösen Meinungen beunruhigt, noch in der Ausübung seines Kultus gestört werden", erhob sich ein Sturm von den Bänken der katholischen Geistlichkeit, in den auch einige Laien ihre Stimme mischten. Vergebens erhob Mirabeau seine Löwenstimme gegen diese Überhebung. „Die unbeschränkte Religionsfreiheit ist in meinen Augen so heilig, daß das Wort Toleranz selbst mir gewissermaßen tyrannisch klingt". Nur die weisheitsvolle Rede eines anderen Deputierten, Rabaud Saint-Etienne, brachte die Gewissensfreiheit zum Siege. Er bemerkte, daß er eine Bevölkerung von einer halben Million Menschen vertrete, worunter sich 120 000 Protestanten befänden, und er könne nicht zugeben, daß diese von allen Ämtern und Ehren ausgeschlossen werden sollten. Er erhob aber auch für die Juden seine Stimme. „Ich verlange die Freiheit für das stets geächtete, heimatlose, auf dem ganzen Erdkreis herumirrende, der Erniedrigung geweihte Volk der Juden". Unter starkem Widerspruch ging die Fassung durch, welche seitdem die Grundlage der europäischen Konstitution geworden ist, „niemand soll wegen seiner religiösen Meinung behelligt werden, insofern seine Äußerungen nicht die öffentliche, vom Gesetz eingesetzte Ordnung stören.

Damit war der eine Punkt in dem Gesuch der französischen Juden erledigt. Als aber die Judenfrage später geradezu zur Verhandlung kommen sollte (3. September) wurde sie wieder aufgeschoben und einem Ausschuß überwiesen. Erst durch die Verfolgungen, welche Juden abermals an einigen Orten erduldeten, wurde die Judenfrage für so dringlich gehalten, daß die Tagesordnung davon unterbrochen wurde. Grégoire war es abermals, der den Verfolgten das Wort redete. Ihn unterstützte der Graf Clermont-Tonnerre, ein aufrichtiger Freiheitsfreund. Die Versammlung beschloß darauf, daß der Präsident an verschiedene Städte ein Rundschreiben richten möge, daß die Erklärung der Menschenrechte, welche die Versammlung angenommen hat, alle Menschen auf Erden, also auch die Juden umfasse, daß sie demnach nicht gekränkt werden dürften. Der König wurde angegangen, mit seiner allerdings geschwächten Autorität die Juden von ferneren Verfolgungen zu schützen. Indessen hatte dieses Mittel bei den entfesselten Leidenschaften keinen Erfolg herbeigeführt. Die jüdischen Vertreter der drei Bistümer Elsaß und Lothringen verloren die Geduld, daß ihre Gleichstellung immer wieder abgewiesen wurde. Sie bemühten sich daher, sich endlich Gehör zu verschaffen. Von den Lothringischen Deputierten vor die Nationalversammlung geführt (14. Oktober) erhielt Isaak Berr, der unermüdliche Anwalt für seine Stammgenossen, das Wort, um das tausendjährige Leid derselben zu schildern und um menschenwürdige Behandlung zu flehen. Gerührt hörten die Deputierten die Worte dessen an, der in diesem Augenblick das zugleich flehende und anklagende Judentum verkörperte. Der Präsident Peteau antwortete darauf, daß die Versammlung sich glücklich fühlen würde, den Juden Frankreichs Ruhe und Glück verschaffen zu können. Die Versammlung begleitete seine Worte mit Beifall, gestattete den jüdischen Deputierten als Ehrengästen den Verhandlungen beizuwohnen und versprach die Gleichstellung der Juden in der nächsten Sitzung zu beraten.

Inzwischen hatte die Revolution wieder einen Riesenfortschritt gemacht; das Volk hatte das so stolze frazösische Königtum wie einen Gefangenen von Versailles nach Paris geführt. Auch die Deputierten siedelten nach Paris über, und die Hauptstadt geriet immer tiefer in die Aufregung revolutionärer Fieberglut. Die Jugend der Pariser Juden und die von außen Eingewanderten nahmen Anteil an allen Vorgängen. Auch die Halbvermögenden legten Gaben auf den Altar des Vaterlandes, um der Finanznot abzuhelfen.

Endlich sollte die Judenfrage zum Austrag kommen. Ein Berichterstatter war dafür ernannt und eine eigene Sitzung dazu anberaumt. Der Berichterstatter Clermont-Tonnerre sprach wie die verkörperte Logik und Menschlichkeit zugunsten aller zurückgesetzten Klassen. Alle entschiedenen Freiheitsfreunde ergriffen das Wort zugunsten der Juden, Robespierre, Duport, Barnave und, was sich von selbst versteht, Mirabeau. Die Anhänger des Alten stemmten sich aber entschieden dagegen, der Abt Maury, der Bischof la Fare von Nancy und der Bischof von Clermont. Die Majorität entschied trotzdem, daß diejenigen Juden in Frankreich, welche unter dem Namen Portugiesen, Spanier oder Avignonesen wohnen, Vollrechte als aktive Bürger genießen sollten. Der König genehmigte sofort dieses Gesetz. Das war die erste gesetzliche Anerkennung der Juden als Vollbürger, allerdings nur eines Bruchteiles derselben. Aber es wurde damit ein Beispiel gegeben.

Die Deputierten der Juden aus den deutschen Landesteilen hatten es nicht so leicht; sie mußten sich die Gleichstellung schwer erkämpfen. Sie wendeten ein wirksames Mittel an, einen Druck auf die Nationalversammlung auszuüben und sie gewissermaßen zu zwingen, die Einbürgerung zu besiegeln. Von neuen Gesuchen an die Versammlung versprachen sie sich wenig. Die Judenfeinde sprengten aus, ein sehr reicher Jude (Cerf Berr) hätte mit noch einigen anderen bedeutende Summen in Paris ausgestreut, um Beschützer und Sachwalter für ihre Glaubensgenossen zu werben. Das war eine boshafte Verläumdung. Sie hatten allerdings den feurigberedten Advokaten Godard gewonnen, um mit Schrift und Wort für sie einzutreten, ganz besonders aber die Sektionen der Bürgerschaft von Paris zu bearbeiten, daß sie die Einbürgerung der Juden von der Nationalversammlung gewissermaßen fordern sollten. Von der Hauptstadt offiziell beauftragt, begab sich darauf eine Deputation der Kammer mit dem Vorsitzenden, dem Abt Mulot, an der Spitze, in die Sitzung der Nationalversammlung, um sie zu ersuchen, oder vielmehr moralisch zu nötigen, das Dekret, welches die portugiesischen Juden als Vollbürger erklärte, auch auf die in Paris wohnenden Juden auszudehnen.

Die Bevölkerung von Elsaß hatte sich inzwischen allmählich ebenfalls mit der Gleichstellung der Juden befreundet. Einige Gemeinden, welche die Kommunalgüter zu verteilen hatten, bewahrten auch den Juden den auf sie fallenden Anteil, in der Voraussetzung, daß er ihnen gebührte. Eine Stadt im Elsaß verlangte von der Nationalversammlung, sich sofort mit dem Lose der Juden zu beschäftigen, weil die Ungewißheit darüber sie Gefahren aussetze. Auf Grund dessen verlangten einige Deputierte, die Emanzipation der deutschredenden Juden endlich auf die Tagesordnung zu setzen. Dagegen widersetzte sich abermals der Abt Maury. Um jedoch die Juden von Elsaß vor Volksaufläufen zu schützen, dekretierte die Versammlung abermals, daß sie unter dem Schutze der Gesetze ständen, und die Behörden und die Nationalgarde über deren Sicherheit zu wachen hätten. Damit beschwichtigten sie ihr Gewissen. Der König sanktionierte das Sicherheitsgesetz für die Elsässer Juden. Aber die Hauptfrage ruhte wieder drei Monate.

Glücklicherweise stand jedoch die Judenfrage nicht vereinzelt, sondern hing mit anderen Fragen zusammen. Die Juden von Elsaß und besonders die von Metz, hatten hohe Schutzgelder zu bezahlen. Die Versammlung mußte sich darüber aussprechen, ob diese Schutzgelder fortdauern oder wegfallen sollten. Sie entschied im liberalsten Sinne. Fast ohne Widerspruch wurde die Befreiung der Juden von Elsaß und Metz von den Ausnahmesteuern zum Gesetz erhoben. Ludwig XVI., der damit wieder ein Stück Mittelalter schwinden sah, zauderte anfangs mit der Bestätigung dieses Gesetzes, mußte aber zuletzt doch nachgeben.

Schon war die Konstitution abgeschlossen und vom Könige genehmigt (September 1791), ohne daß den deutsch redenden Juden in Frankreich die so oft in Aussicht gestellte Gleichberechtigung zuerkannt war; ihnen kam nur der Paragraph der Menschenrechte zugute, daß niemand wegen seiner religiösen Meinung behelligt werden dürfte. Erst in der letzten Stunde, wenige Tage vor der Auflösung der Nationalversammlung erinnerte sich der Juden der zum Jakobinerklub gehörige Duport und verschaffte ihnen mit wenigen Worten die volle Gleichheit. Er zog die Konsequenz aus dem Rechte der Religionsfreiheit. „Ich verlange, daß die Vertagung zurückgenommen und dekretiert werde, daß sämtliche Juden in Frankreich die Rechte der Vollbürger genießen sollen". Mit rauschendem Beifall wurde dieser Antrag angenommen. Ein Mitglied verlangte, daß alle diejenigen, welche dagegen sprechen wollten, zur Ordnung gerufenn werden möchten, weil sie damit die Konstitution selbst bekämpften. So nahm denn die Nationalversammlung (27. September 1791) Duports Antrag an und formulierte Tags darauf das Gesetz, daß alle Ausnahmemaßregeln gegen die Juden hiermit aufgehoben seien, und daß die (deutschen) Juden zum Bürgereide aufgefordert werden sollten. Zwei Tage später ging die Nationalversammlung auseinander, um einer noch heftigeren revolutionären Versammlung Platz zu machen. Wenige Tage später bestätigte Ludwig XVI. diese volle Gleichstellung der französischen Juden (13. November 1791). Auch nicht ein Jota von ihrer Religion brauchten sie dafür aufzugeben; es wurde nur von ihnen verlangt, daß sie auf ihre sogenannten Privilegien verzichten sollten.

Mit vollem Rechte jubelte besonders Berr Isaak Berr über diesen Erfolg. Er hatte einen großen Anteil daran. Er richtete sogleich ein Jubelschreiben an seine Stammgenossen, um sie für die erlangte Freiheit zu begeistern und zugleich für zweckmäßige Verbesserungen geneigt zu machen. „So ist denn der Tag angebrochen, an welchem der Schleier zerissen ist, der uns mit Demütigung bedeckte! Wir haben endlich die Rechte wieder erlangt, die seit achtzehn Jahrhunderten uns geraubt worden waren. Wie sehr müssen wir in diesem Augenblicke die wunderbare Gnade des Gottes unserer Vorfahren erkennen!"

Hieran knüpfte Berr zeitgemäße, wichtige Worte an, um seinen französischen Stammgenossen auf eine sanfte Weise die aus ihrem Notstand ihnen anhaftenden Fehler vorzuhalten und zu deren Abstellung zu ermahnen. Unbeschadet der Treue in der Religion müßten die Juden ihren Geist der Abgeschlossenheit, der Genossenschaftlichkeit aufgeben, sich dem Staate eng anschließen, ihr Eigentum, erforderlichen Falles auch ihr Leben dafür zum Opfer einsetzen. Das sei der Sinn des ihnen auferlegten Bürgereides. Ganz besonders müßten sie auf Weckung des patriotischen Sinnes und auf Ausbildung der Jugend bedacht sein. Berr gab auch den französischen Juden die Mittel an die Hand, zugleich volle Franzosen zu werden und doch Glieder des Hauses Jakob zu bleiben. Ganz besonders sollte die Bibel ins Französische (nach Mendelssohns deutscher Übersetzung) übertragen und der Jugend beigebracht werden, damit die verdorbene deutsche Sprache vollständig aus ihrem Kreise verbannt werde.

An Opferwilligkeit für den französischen Staat, der an Geldmangel litt, ließen es die nun gleichgestellten Juden nicht fehlen. Die verhältnismäßig kleine Gemeinde Bordeaux brachte mehr als 100,000 Francs für den Notstand der Staatsfinanzen zusammen. Auch mit ihrem Blute dienten sie dem sie liebevoll umfassenden Vaterlande. Das französische Heer, das bald von Sieg zu Sieg fortschreiten sollte, zählte jüdische Krieger in seinen Reihen, die mit gleichem Mute kämpften. Die Heimgebliebenen begleiteten die Kämpfer mit ihren heißen Wünschen und jubelten bei ihren Siegen. Ein großer Teil der französischen Juden legte in dieser Glutzeit, welche Mannesmut erzeugte, in wunderbarer Schnelligkeit jenes scheue und kriechende Wesen ab, welches sie ehemals dem Gespötte ausgesetzt hatte.

Unter der Raserei der Schreckensherrschaft, welche wie eine Geißel Gottes Schuldige und Unschuldige traf, litten auch einzelne Juden. Als die jakobinischen Revolutionskommissionen die geächteten Girondisten in Bordeaux verfolgten und dort die Guillotine errichteten (Sommer 1793), mußte Abraham Furtado, weil er ein Anhänger dieser Partei war, um dem Tode zu entgehen, die Flucht ergreifen. Sein Vermögen wurde selbstverständlich konfisziert. Die Schreckensmänner warfen auch ihr Auge auf reiche Juden. Charles Peixotto in Bordeaux, weil er aus dem Stamme Levi und infolgedessen von einigen jakobinischen Bürgern als Aristokrat vom höchsten Adel angeklagt war, wurde vor die Richter geführt und sollte die Guillotine besteigen. Da erinnerte man die Militärkommission daran, daß der Nachkomme Levis den größten Eifer gezeigt hatte, Nationalgüter, d. h. die eingezogenen Kirchengüter, zu erwerben. Er wurde daher nur zu einer Geldstrafe von einer Million und 200,000 Franks verurteilt, mußte aber solange im Kerker bleiben, bis diese Summe erlegt war. Die Vertrautheit der Juden mit Verfolgungen, ihre Klugheit und die Geschicklichkeit, sich gewissermaßen tot zu stellen: — „Verbirg dich einen Augenblick, bis der Sturm vorüber ist“ — mag sie vor den Blutgerichten geschützt haben. Sie hatten außerdem im allgemeinen nicht den Ehrgeiz, sich vorzudrängen oder eine Rolle spielen zu wollen; sie verletzten die Machthaber des Tages nicht. So brauste der Sturm der Revolution ohne schlimmen Folgen an ihnen vorüber. Sie haben aber doch ein Opfer für die Guillotine geliefert; der Sohn eines jüdischen Gutsbesitzers Carmel wurde wegen irgend welcher politischen Anschuldigung guillotiniert.

Die Himmelsstürmerei, womit die beiden gotteslästernden Deputierten Chaumette und Hébert den Konvent hinrissen, die Religion der Vernunft einzusetzen (November 1793 bis 1794), traf die Juden nicht geradezu. Die tiefe Erbitterung und der Ingrimm gegen die Religion waren lediglich gegen den Katholizismus oder das Christentum gerichtet, dessen Diener selbst Myriaden von Opfern umgebracht hatten. Das Dekret des Konvents lautet daher lediglich: „Der katholische Kultus wird abgeschafft und durch die Verehrung der Vernunft ersetzt.“ Es waren wohl Gesuche an den Konvent eingelaufen, daß den Juden die Beschneidung und das Tragen von Bärten verboten werden sollte, damit sie sich durch nichts von der übrigen Bevölkerung unterschieden und der Gleichheit huldigen möchten. Aber die Versammlung achtete auf diese Albernheit nicht. Nur die Behörden oder fanatisch gesinnte Klubmänner in den Provinzen dehnten die Unterdrückung der Religion auch auf die Juden aus, und zwar wie es scheint, meistens in den ehemals deutschen Landesteilen. In Nancy forderte ein Beamter im Namen des Stadtrates die Juden dieser Gemeinde auf, sich an einem bestimmten Tage im Nationaltempel einzufinden, um zugleich mit den Geistlichen der anderen Kulte „ihren Aberglauben“ abzuschwören und ganz besonders die silbernen oder goldenen Schmucksachen der Synagoge auszuliefern. Wütende Männer drangen in die Synagogen ein, rissen die heiligen Schriften aus der Lade und verbrannten sie, oder suchten in den Häusern nach hebräisch geschriebenen Büchern, um sie zu zerstören. Als der Befehl vom Konvent ausgegangen war, daß nur je der zehnte Tag des Monats als Ruhetag gefeiert, dagegen der Sonntag werktätig begangen werden sollte, dehnten ihn die Maires einiger Städte (Straßburg, Troyes) auch auf den Sabbat aus. Auf dem Lande wurden Juden gezwungen, sich an der Feldarbeit am Sabbat und an jüdischen Feiertagen zu beteiligen, an solchen Tagen das Getreide abzumähen und einzuführen. Den Rabbinern wurde ebenso zu Leibe gegangen, wie den Bischöfen. Der Rabbiner einer kleinen Stadt, Westhafen bei Straßburg, Isak Lenczyc, wurde wegen Ausübung rabbinischer Funktionen in den Kerker geworfen (Juni bis Juli 1794), wo er dem Tode entgegensah. Der nachmalige Vorsitzende des französischen Synhedrin, David Sinsheim, der sich in Straßburg aufhielt, mußte von Stadt zu Stadt fliehen, um der Haft oder dem Tode zu entgehen. In Metz wagten die Juden nicht offen, ihre Osterbrote zu backen, bis eine kluge jüdische Frau den Mut hatte, dem Revolutionsbeamten zu erklären, daß diese Brote von jeher für die Juden das Sinnbild der Freiheit seien. Seligmann Alexander aus Straßburg, ein Verwandter Cerf-Berrs, wurde wegen seines Reichtums und seines offenen jüdischen Bekenntnisses als Egoist und Fanatiker angeklagt, und in den Kerker geworfen, trotzdem er mehr als 40,000 Francs auf den Altar des Vaterlandes gelegt hatte. In Paris mußten jüdische Schulmeister ihre Zöglinge an den Decadi-Tagen in die zum Tempel der Vernunft umgewandelte Notre-Damekirche zur Feier der Religion der Vernunft führen. Indessen ging diese Verfolgung ohne besondere Folgen rasch vorüber. Mit dem Siege der Thermidorier (27. Juli 1794) über Robespierre hörte die Schreckensherrschaft allmählich auf. Die Bevölkerung war darauf bedacht, Milde eintreten zu lassen. Die einmal besiegelte Gleichstellung der französischen Juden blieb bei allem Wechsel der Regierung unverkümmert. Auch die neue Verfassung vom Jahre III der Republick oder die Direktorialverfassung (Herbst 1795) erkannte die Bekenner des Judentums ohne weiteres als gleichberechtigt an und verwischte die letzte Spur von Ungleichheit. Das Gesetz sprach den weisen Grundsatz aus, niemand könne gezwungen werden, zu den Kosten eines anderen Kultus beizutragen, die Republik besolde keinen. Nur für die jüdische Gemeinde von Metz blieben noch einige Nachwehen des Mittelalters zurück.

Mit den siegreichen französischen Truppen der Republik machte die Befreiung der Juden, des gedrücktesten Stammes in der alten Welt, die Runde. Zunächst faßte sie in Holland Wurzel, welches in eine batavische Republik verwandelt worden war (anfangs 1795). Hier hatten sich bereits vorher einige rührige Juden, Asser (Mose und Carolus), de Lemon und Bromet dem Klub Felix liberate angeschlossen, der die Devise der französischen Republik zu der seinigen gemacht hatte, Freiheit, Gleichheit und Brüderschaft. Dieser Staatsgrundsatz wurde im allgemeinen von den versammelten Generalstaaten (4. März 1795) anerkannt. Die 50,000 zählenden Juden Hollands, geschieden in portugiesische und deutsche Gemeinden, waren bis dahin gegen die Bekenner des Christentums in vielen Punkten zurückgesetzt. Zunächst waren sie nur als Körperschaften geduldet, gewissermaßen als kleine Gemeinwesen in dem großen. Daß sie von allen Ämtern ausgeschlossen waren, drückte sie nicht; sie hatten bis dahin kein Verlangen darnach getragen, dieses Rechtes teilhaftig zu werden. Aber sie waren auch von manchen zünftigen Gewerken ausgeschlossen. Sie mußten zum herrschenden Kultus und zu den Schulen beitragen, ohne einen Genuß davon zu haben. Es fehlte auch nicht an anderen kränkenden Zurücksetzungen. Daher war das Verlangen nach voller Gleichstellung dringlich empfunden, noch mehr von den deutschen als den portugiesischen Juden, weil diese meistens von den Patriziern als reiche Edelleute mit Auszeichnung, jene hingegen mit Verachtung wie verlumpte Polacken behandelt wurden. Im ersten Rausche wurden manche Beschwerden der holländischen oder batavischen Juden ohne weiteres abgestellt, und einige Stimmen wurden zugunsten ihrer vollen Einbürgerung laut. Aber im Verlauf regten auch hier wie in Frankreich, judenfeindliche Schriften die öffentliche Meinung gegen sie auf, von denen die van Swiedens ganz besonders einen starken Eindruck machte: „Rat an die Repräsentanten des Volkes." Auffallenderweise waren die Rabbiner und Vorsteher, besonders die hochmächtigen Parnassim (Vorsteher) in Amsterdam, sowohl die portugiesischen wie die deutschen, der Gleichstellung abgeneigt.

Diese rabbinischen und gemeindlichen Vertreter erklärten laut, die Juden wünschten in ihren alten Verhältnissen zum Staate zu bleiben und wollten von der Gleichheit keinen Gebrauch machen. Bei den Wahlen zur ersten batavischen Nationalversammlung beteiligten sich nur wenige Juden, obwohl sie dazu eingeladen worden waren. So kam es, daß Amsterdam, das über 20,000 Juden zählte, nicht einen einzigen Deputierten durchbrachte. Die jüdischen Freiheitsfreunde hatten daher in Holland einen schweren Stand; sie mußten zugleich gegen äußere und innere Gegner kämpfen. Sie mußten daher um so rühriger sein, um die doppelte Schwierigkeit zu überwinden. Als die Judenfrage zur Verhandlung kam (August 1796), war die Spannung sehr groß. Obwohl die Gleichstellung der Juden in der batavischen Republik bereits im Prinzip und auch praktisch durch Zulassung derselben zur Wahl anerkannt war, so hatte sie doch noch immer viele Gegner, fast mehr noch als in Frankreich, zu bekämpfen. Die konservativen holländischen Deputierten waren in ihrem Herzen recht fest bibelgläubig, und für sie waren noch die neutestamentlichen Schriften Gottes Wort, daß die Juden wegen des Kreuzestodes des Gottmenschen verworfen seien und verworfen bleiben sollten. Indes gab der französische Gesandte Noël den Ausschlag zugunsten der Gleichstellung der Juden, und setzte sie herrisch durch. Nach langer Verhandlung wurde (2. September 1796) die vollständige Gleichheit der batavischen Juden dekretiert, mit dem Zusatze, für diejenigen, welche davon Gebrauch machen wollten.

Die holländischen Juden im allgemeinen empfanden bei Verkündigung dieses Beschlusses nicht die Freude, wie die französischen von der erlangten Gleichberechtigung. Sie hatten sich nicht so sehr unfrei gefühlt, um der neuen Freiheit entgegenzujauchzen. Sie hatten keinen Ehrgeiz nach einer Stellung im Staate und sahen im Vollbürgerrecht nur Lasten und Gefährdung der Religion. Sie waren daher über diejenigen erbittert, welche die Gleichstellung und damit die Lösung des Korporationsverbandes der beiden Gemeinden betrieben hatten. Es entstanden dadurch in Amsterdam Reibung und Spaltung. Die freisinnigen Männer, meistens aus der deutschen Gemeinde, verlangten nämlich, daß jene Maßregeln, welche den Rabbinern und noch mehr den Vorstehern die Machtbefugnis einräumten, ein eisernes Zepter über die Mitglieder zu führen, zeitgemäß abgeändert würden. Die Gemeindeführer verweigerten nicht bloß dieses Verlangen, sondern bedrohten die Bittsteller noch dazu mit Geldstrafe. Darauf verließen die Freisinnigen die bestehende Synagoge, versammelten sich in einer eigenen, bildeten eine eigene Gemeinde und erklärten noch dazu, daß sie die echte Gemeinde wären (Ende 1796). Die Altgesinnten belegten dafür die Ausgeschiedenen mit einer Art Bann, verboten den Mitgliedern ihrer Gemeinde, mit ihnen zu verkehren und untersagten, sich mit ihnen zu verschwägern. Die politische Parteiung wurde zugleich eine religiöse. Denn die Anhänger der neuen Gemeinde (Adat Jeschurun) begannen eine Art Reform einzuführen. Sie merzten die Verwünschungsformel (w'la Malschinim) — ursprünglich gegen die abgefallenen Juden-Christen eingeführt, aber von dem Mißverstand auf alle Christen angewendet — aus dem Gebete aus. Sie beseitigten die rasche Beerdigung der Verstorbenen und richteten ein neues, reinliches Gemeindebadehaus ein, allerdings lauter unschuldige Reformen, die aber in den Augen der Stockfrommen als schwere Vergehungen gegen das Judentum galten. Die Erbitterung derselben gegen die Neuerer war so groß, daß die unwissende Menge in der deutschen Gemeinde sie mit dem Tode bedrohte und die Drohung auch ausgeführt hätte, wenn die bewaffnete Macht nicht gegen sie eingeschritten wäre. Eigen ist es, daß die Magistratsbehörde die alte Gemeinde unterstützte und gegen die neuere Partei nahm. Indessen gelang es der letzteren doch, die fanatischen Vorsteher der deutschen Gemeinde, welche noch rücksichtsloser als die portugiesische gegen die ausgetretenen Mitglieder verfuhr, ihrer Ämter zu entsetzen, wahrscheinlich auf Betrieb des französischen Gesandten Noël. In den neuen Vorstand wurden Mitglieder der neuen Gemeinde gewählt. Nach und nach versöhnten sich doch mehrere der alten Partei mit der neuen Ordnung der Dinge und mit den Bestrebungen der Freisinnigen. Es schmeichelte auch den Frommen, als zwei Juden aus Amsterdam zu Deputierten gewählt worden waren, Bromet und de Lemon. Mehrere derselben begaben sich nach Haag zur Eröffnung der zweiten Nationalversammlung (1797), um die Ehre, welche den jüdischen Deputierten widerfuhr, zu genießen. Noch mehr wurden sie für die Gleichheit eingenommen, als später der jüdische Deputierte, Isaak da Costa Atias, in das Ratskollegium der Stadt, in die Nationalversammlung und zuletzt gar zum Präsidenten derselben erwählt worden war (1798). Die Spitze der batavischen Republik, der Großpensionär Schimmelpennink, machte nämlich vollen Ernst mit der Gleichstellung der Juden und ernannte ohne Bedenken befähigte jüdische Männer zu Ämtern. Moresco wurde bei der städtischen Regierung zu Amsterdam und Mose Asser bei der Justizbehörde angestellt. Die ersten jüdischen Beamten in Europa kamen in Holland vor.

Es war natürlich, daß in der Brust der freisinnigen Mitglieder das Selbstbewußtsein und eine Art edler Stolz erwachte. Es empörte sie tief, daß Juden von seiten der deutschen Fürsten noch immer als Auswürflinge oder Tiere behandelt wurden. Sie stellten daher den Antrag an die Nationalversammlung, dem batavischen Gesandten bei der französischen Republik die Weisung zugehen zu lassen, bei dem Friedenskongresse zu Rastatt zu beantragen, daß die holländischen Juden in Deutschland nicht mehr dem Leibzoll unterworfen werden sollten, widrigenfalls würden alle durch Holland reisenden Deutschen derselben entehrenden Behandlung unterworfen werden. Die Nationalversammlung nahm dieses Gesuch an. Überall, in Deutschland und Italien, wo die heldenmütigen Franzosen festen Fuß faßten, wurden auch die Juden frei. Die Ghettomauern wurden gesprengt, die gekrümmten Gestalten richteten sich auf. In Venedig, wo das Ghetto seinen Ursprung hatte, öffnete es sich beim Einzug der Franzosen. In Piemont begrüßte ein Geistlicher die Befreiung der Juden in der Synagoge mit einem Gebet und einer feurigen Rede. Cöln, wo seit dem fünfzehnten Jahrhundert kein Jude über Nacht bleiben durfte, mußte, als es französisch geworden war, einem Juden, Joseph Isaak, die Aufnahme gestatten (1798). Schon war der Name der unbezwinglichen Franzosen, welche Wunder von Siegen in Italien vollbracht hatten, über Europa hinaus erklungen und hatte bis in die entferntesten Gegenden Schrecken und Bewunderung erregt. Ein neuer Alexander, zog der Korse Bonaparte, ein kaum dreißigjähriger Kriegsgott, mit einem verhältnismäßig kleinen Heere aus, um Ägypten zu unterwerfen und womöglich bis nach Indien vorzudringen. In kaum einem halben Jahre (Juli bis November 1798) lag Ägypten gebrochen zu seinen Füßen. Aber ein türkisches Heer war im Anzuge gegen ihn. Bonaparte rückte ihm in Palästina entgegen. So wurde in wunderbarer Verkettung weltgeschichtlicher Ereignisse das heilige Land der Schauplatz blutiger Kriege zwischen den Trägern des neuen und alten Geistes in Europa. El-Arisch und Gaza an der Südwestseite Palästinas kamen in die Hände der französischen Schar (Februar 1799). In Jerusalem verbreitete sich bei der Nachricht von den Siegen und der Grausamkeit der Franzosen ein betäubender Schrecken. Es hieß, Napoleon gedenke auch nach der heiligen Stadt zu kommen. Auf Befehl des Unterpaschas begannen die Einwohner Erdwälle aufzuwerfen. Auch die Juden beteiligten sich dabei. Einer der dortigen Rabbiner, Mardochai Joseph Mejuchas, ermutigte sie zur Arbeit am Sabbat und legte selbst Hand an. Bonaparte hatte zwar einen Aufruf an die asiatischen und afrikanischen Juden ergehen lassen, sich unter seinen Fahnen zu scharen, mit dem Versprechen, ihnen das heilige Land zu geben und, ein neuer Cyrus, das alte Jerusalem in seinem Glanze wieder herzustellen. Es sollen sich auch infolgedessen eine große Zahl in Syrien versammelt und Aleppo bedroht haben. Aber die Jerusalemer scheinen diesen schmeichelnden Worten nicht getraut oder von dem Aufruf keine Kunde erhalten zu haben. Es war wahrscheinlich auch nur eine Verführungskunst Bonapartes, berechnet, den jüdischen Minister des Paschas von Akko, namens Chajim Maalem Farchi, die Seele der Verteidigung der wichtigen Meeresfestung, für sich zu gewinnen. Dieser jüdische Staatsmann, dessen Vater Saul Farchi Finanzminister des Paschas von Damaskus gewesen war, hielt nämlich treu zu den Türken, leitete den Krieg gegen die Franzosen und unterstützte den Kampf der Engländer gegen sie.

In der Ebene Esdrelon (Jesreel) an dem Berge Tabor, wo von den ältesten Zeiten an viele Schlachten geliefert worden waren, siegten 4000 Franzosen über ein sechsmal stärkeres türkisches Heer und bereiteten ihm eine vollständige Niederlage. Aber Akko konnte Bonaparte doch nicht einnehmen; er mußte die Belagerung aufheben und sich nach Ägypten zurückziehen. Bonapartes Erscheinen in Palästina glich einem schrecklichen Meteor, das nach angerichteten Verwüstungen wieder verschwindet. Sein Traum, Kaiser des Morgenlandes zu werden und den Juden Jerusalem wiederzugeben, verflog rasch. Aber eine Errungenschaft der Revolution hatte er bestehen lassen und sie befestigt, die Gleichheit. Sie kam besonders den Juden zugute. Sie hing nicht mehr von dem Belieben eines Herrschers ab, sondern war durch die zehnjährigen revolutionären Zuckungen tief in die Gemüter der Franzosen eingedrungen. Doch fehlte den französischen Juden etwas zur völligen Gleichheit. Als Bürger waren die Söhne Judas allerdings auch in der neuen konsularischen Verfassung, wie später unter dem Kaiserreiche ohne weiteres den Franzosen gleichgestellt. Aber bei Wiedereinführung des alten Kultus und dem Abschluß des Konkordats mit dem Papsttume wurde der öffentliche Kultus des Judentums nicht gesetzlich festgestellt. Bonapartes Ansicht über den Wert des Judentums war geteilt. Er hegte gegen dasselbe zugleich höchste Verehrung und geringschätzige Verachtung. Ihm, der die Bedeutung geschichtlicher Tatsachen, welche der Veränderlichkeit der Zeit trotzen, zu würdigen verstand, imponierte das Judentum, das so vielen Stürmen und Verfolgungen zäh widerstanden hatte. Aber er konnte dessen Größe in der äußerlichen Verkümmerung nicht wiedererkennen, und teilte vollständig die Vorurteile der großen Menge gegen das bestehende Judentum, das doch selbst von Juden verkannt wurde.

Bonaparte war daher über das zu erlassende Gesetz in betreff der Stellung des Judentums schwankend. Die unantastbare Gewissensfreiheit und die Bewunderung für das hohe Alter des Judentums geboten, keinerlei Eingriffe in die inneren Angelegenheiten der Juden zu machen; aber der nationale Charakter desselben und die unverkennbaren Auswüchse, die ihm anhafteten, flößten ihm und seinen Räten Bedenken ein, es in seiner ausgeprägten Gestalt unbedingt anzuerkennen. Er schob daher das Gesetz über die Gestaltung des jüdischen Kultus immer wieder auf.

Während die Gleichstellung der Juden in Frankreich, Holland, Italien und in allen Landesteilen, welche die Franzosen erobert hatten, fortbestand, blieben sie in Österreich, Preußen und den zu Hunderten zählenden kleinen deutschen Staaten in der alten Erniedrigung. „Nathan der Weise“ und „Dohms Emanzipationsschrift“ waren für die Deutschen umsonst erschienen. Die Vorurteile gegen die Juden nahmen wo möglich noch mehr zu; die Kölbele vervielfältigten sich. Geistig und staatlich geknechtet, wie die Deutschen waren, schien ihnen die Knechtung und Verachtung der Juden ein Trostmittel zu sein. Sie konnten sich frei fühlen, weil sie unter sich noch eine Klasse von Menschen erblickten, die sie ungestraft höhnen und mißhandeln durften. In Berlin selbst, dem Sitze der Aufklärung, wurden die jüdischen Ärzte, so groß auch ihr Ruf war, nicht im Verzeichnis der christlichen Fachgenossen, sondern abgesondert aufgeführt, gewissermaßen in ein Ghetto gewiesen. Zwei Männer ersten Ranges, der größte Dichter und der größte Denker jener Zeit, Goethe und Fichte, teilten die Eingenommenheit der Deutschen gegen die Juden und machten kein Hehl daraus. Goethe, der Vertreter der aristokratischen Kreise, und Fichte, der Verfechter der demokratischen Richtung in Deutschland, beide wünschten die Juden wie Verpestete weit, weit von der christlichen Gesellschaft entfernt. Beide waren zwar mit der Kirche zerfallen, das Christentum mit seinem Wunderglauben war beiden eine Torheit, und beide galten als Atheisten. Nichtsdestoweniger verabscheuten sie die Juden im Namen Jesu.

Soll man den Juden Bürgerrechte erteilen? Fichte sprach sich entschieden dagegen aus, nicht einmal in dem nach seiner Ansicht erbärmlichen, rechts- und vernunftwidrigen christlichen Staate soll man sie einbürgern.

Wenn die Juden bei den Tonangebern in Deutschland, im demokratischen wie im aristokratischen Lager keine Gnade fanden, um wie viel weniger erst bei der großen Menge, die noch in Roheit steckte! Wohl haben zwei edel denkende Christen Worte tiefster Überzeugung an den Kongreß zu Rastatt gerichtet, die deutschen Juden von der Schmach zu befreien. Der eine, ein unbekannter Menschenfreund, drückte den Pfeil des Spottes gegen die Verstocktheit des deutschen Judenhasses ab, und der andere, Christian Grund, bewies mit logischer Schlagfertigkeit, die Unbilden, die den Juden zugefügt werden. Beide wollten die Forderung der holländischen Juden an die diplomatischen Vertreter, in Deutschland die Achtung der deutschen Juden von den Fürsten gewissermaßen zu erzwingen, ihrerseits durch Einwirkung auf die öffentliche Meinung unterstützen. Grund machte den Deutschen Komplimente, um sie zu gewinnen. Die Antwort der deutschen Fürsten und Regierenden war nicht sehr entgegenkommend.

Die empörendste Entehrung der Juden lag im Leibzoll, in außerdeutschen Ländern nicht einmal dem Namen nach bekannt. Was half es, daß der Kaiser Joseph ihn in Österreich und Friedrich Wilhelm II. in Preußen abgeschafft hatten? Er bestand in seiner ganzen Scheußlichkeit in Mittel- und Westdeutschland fort, in der Main- und Rheingegend, wo Zwergstaaten an Zwergstaaten von wenigen Quadratmeilen dicht aneinander grenzten, Schlagbaum auf Schlagbaum in kurzen Zwischenräumen sich erhoben. Machte ein Jude auch nur eine Tagereise, so berührte er verschiedene Gebiete und mußte an jeder Grenze den Leibzoll erlegen. Mehr noch als das Geld entwürdigte die Art der Erhebung. Die Abgabe bestand öfter nur in wenigen Kreuzern. Aber das brutale Verfahren der Beamten gegen sie an jeder Grenze verletzte auch die Reichen. So lange die französischen Heere deutsche Gebietsteile besetzt hielten, waren die Juden vom Leibzoll befreit. Kaum waren sie infolge des Friedensschlusses von Luneville abgezogen, so führten die kleinen deutschen Fürsten sofort die Steuer wieder ein, wobei es ihnen nicht auf die geringen Einnahmen, als vielmehr auf die Demütigung der Juden ankam. Sie belegten mit dieser Schmach auch die französischen Juden, welche in Handelsgeschäften über den Rhein gekommen waren. Sie beriefen sich dabei auf den Buchstaben, weil es in einem Artikel des

Friedensvertrages von Campo Formio hieß: „Alle Handelsgeschäfte und Verkehr bleiben einstweilen in derselben Lage, wie sie sich vor dem Kriege befanden." Die französischen Juden, stolz auf ihr Bürgertum, beklagten sich über diese Unbill bei der französischen Regierung. Diese nahm die Sache nicht leicht. Der Regierungskommissar Jollivet richtete ein Rundschreiben (1801) an die Geschäftsträger der französischen Republik bei den deutschen Höfen, nicht zu dulden, den französischen Bürger israelitischen Glaubens zum Tiere herabzuwürdigen. Einige kleine Fürsten gaben kleinlaut nach und hoben den Leibzoll für die französischen Juden auf; für die deutsch-jüdischen Wanderer dagegen ließen sie den Leibzoll bestehen. Jeder Schritt zur Lösung der drückenden Fesseln kostete in Deutschland viel Schweiß.

Infolge des Friedens von Luneville war das heilige römische Reich zum ersten Male zerstückelt worden. Die Reichsdeputation, in Regensburg versammelt, sollte die verrenkten Glieder wieder einigermaßen in Ordnung bringen oder die Entschädigung derer, welche Verluste erlitten hatten, erledigen. An diese mit Länderschacher beschäftigte Konferenz der Gesandten von acht Fürsten erging ein Gesuch der deutschen Juden, ihnen das passive Bürgerrecht zu erteilen (15. November 1802). Es verlangte, die Reichsdeputation möge von der deutschen Judenschaft die lästigen Distinktionen nehmen, unter denen sie noch durchgehends seufzt, ihre eingeengten Wohnbezirke öffnen, die Fesseln lösen, mit welchen ihre Bevölkerung, ihr Handel und Erwerbsfleiß verstrickt sind, und überhaupt die jüdische Gemeinde der Ehre würdigen, durch die Erteilung des Passivbürgerrechts mit der deutschen Nation ein Volk auszumachen. — Die Juden (oder ihr Bevollmächtigter Grund) führten an, daß sie „neben den Ehrlosen, Geächteten, Leibeigenen stehen". Sie wiesen auf das Beispiel hin, das Frankreich und die batavische Republik gegeben. Schwerlich haben sich die Juden der Täuschung hingegeben, daß die Reichsdeputation ihnen so viel einräumen werde. Aber sie hofften dadurch wenigstens den Leibzoll loszuwerden. Ganz unerwartet wurde dieses Bittgesuch von dem angesehensten Mitgliede, dem kurböhmischen oder österreichischen Gesandten überreicht und unterstützt. Er knüpfte daran den Antrag, „den Juden (in Deutschland) das Bürgerrecht zu erteilen" (Ende 1802). Indessen hatte die Entschädigungskonferenz viel andere Angelegenheiten zu regeln, als daß sie sich mit der Judenfrage hätte beschäftigen sollen. Das Gesuch fand sein Grab unter den Akten.

Von der deutschen Gesamtheit war daher nichts zu erwarten, das sahen diejenigen ein, welche dem Gange aufmerksam folgten. Diese richteten daher ihren Eifer dahin, zunächst von den einzelnen Regierungen den Leibzoll aufheben zu lassen. Zwei Männer haben sich um Beseitigung dieser Schmach verdient gemacht, Israel Jacobson (geb. in Halberstadt 1769, gest. in Berlin 1828) und Wolff Breidenbach (geb. bei Kassel 1751, gest. in Offenbach 1824). Der erstere, Hofagent und Finanzrat des Fürsten von Braunschweig, hat indes nur diesen dafür gewonnen, den Leibzoll in den Braunschweig-Lüneburgischen Landen aufzuheben (1803). Umfassender wirkte mehrere Jahre hindurch dafür Wolff Breidenbach, ein Mann von hochherzigem Sinne und so bescheidenem Wesen, daß sein Name bei allen Opfern, die er für die deutschen Juden gebracht hat, beinahe in Vergessenheit geraten ist. Er hat nicht wie Jacobson dafür gesorgt, seinen Namen weit und breit erklingen zu lassen. Als Talmudjünger nach Frankfurt gekommen und in Dürftigkeit lebend, hatte er sich heimlich an Mendelssohns Schriften und an der Literatur der Meassimschule gebidet, verstand gut hebräisch und auch geschmackvoll aus dieser Sprache ins Deutsche zu übersetzen.

Wie kam der arme Talmudjünger Breidenbach zu Vermögen? Er war ein Meister im Schachspiele. Ein Baron oder Fürst, der dieses Spiel liebte, machte zufällig seine Bekanntschaft, zog ihn in sein Haus, übertrug ihm seine Geldgeschäfte und lieh ihm eine bedeutende Summe zur Unternehmung eines Wechsel- und Juwelengeschäfts. Breidenbach wurde ein ebenso gewandter Geschäftsmann wie Schachspieler, hatte Glück in seinen Unternehmungen und wurde Hofagent kleiner Fürsten. Geräuschlos betrieb er das Geschäft, die Kette des Leibzolls zu lösen, wo sie am schmerzlichsten einschnitt. Er erlangte zunächst die Aufhebung desselben von dem Fürsten, dessen Kammeragent er war (1803). Breidenbach erkannte aber, daß bedeutende Summen erforderlich sein würden, um diese Befreiung im großen zu betreiben, um den Polizeibehörden und Stadtpfarren angeblich für die Armen Geschenke zukommen zu lassen und auch schöne „Denkmäler für die edelmütigen Fürsten zu stiften,“ die sich erweichen lassen sollten, Juden ungequält zu lassen. Er ließ daher einen Aufruf an die deutschen und ausländischen Juden ergehen, (Ende September 1803) einen Stock zusammenzubringen, wovon die Kosten für die Aufhebung des Leibzolls gedeckt werden sollten. Durch diese Mittel und durch persönliche Verhandlungen mit den kleinen deutschen Fürsten beim Reichstage zu Regensburg unter Mitwirkung des Reichskanzlers Dalberg gelang es ihm in der Rheingegend und in Bayern die Wanderfreiheit der Juden durchzusetzen. Selbst der Frankfurter engherzige, judenfeindliche Rat hatte sich durch Breidenbachs Bittschrift bewegen lassen, die Aufhebung des Leibzolls an den Toren und auf der Brücke wegfallen zu lassen.

Das Gesuch der Juden bei der Reichsdeputation um ein, wenn auch beschränktes Bürgerrecht, die Geneigtheit einiger Fürsten, die

Fesseln zu lösen und andere günstige Anzeichen jagten den Judenfressern einen Schrecken ein. Sie konnten den Gedanken nicht fassen, daß die verachteten Juden auch in Deutschland sich aus ihrer Niedrigkeit erheben sollten. Dieses drückende Gefühl trieb eine Reihe Schriftsteller in verschiedenen Teilen Deutschlands wie auf gemeinsame Verabredung, Paalzow, Grattenauer, Buchholz und viele Namenlose, mehrere Jahre hindurch (1803 bis 1805) sich mit aller Anstrengung der Erhebung der Juden aus dem Sklavenstande zu widersetzen. Sie zeigten einen so wutschnaubenden Judenhaß, daß sie an die Zeiten des schwarzen Todes, Capistranos und der Dominikaner erinnern. Sie erzeugten einen künstlichen Höhenrauch, um die Verbreitung der Lichtstrahlen zu hindern. Früher waren es meistens die Diener der Kirche, welche die Juden brandmarkten. In dieser Zeit übernahmen die Priester der Gerechtigkeit diese Rolle, um mit Verdrehung des Rechtes sie in ihrer Schmach zu erhalten. Die meisten und hartnäckigsten Vertreter dieser judenfeindlichen Bewegung hatten ihren Sitz in Berlin, der Stadt der Aufklärung und des Schleiermacherschen Christentums. Der Charakter der Lehre des Judentums, die Vergangenheit der Juden, bis auf ihre Propheten und Patriarchen, alles, was als jüdisch galt, wurde von diesen schriftstellerischen Wegelagerern verlästert und geschändet. Am galligsten trieb die Verlästerung Grattenauer, der sich selbst einen Haman für die Juden nannte. Das ganze deutsche Volk, Hohe wie Niedere, sollte zu Haß und Ingrimm gegen die Juden entflammt werden. Er schüttete eine gefüllte Giftblase in seinen Schriften über sie aus.

Empfindlich trafen die giftigen Pfeile zwei Kreise der Berliner Judenheit, welche sich gegen dergleichen Angriffe gefeit glaubten, weil sie sich ihres Ursprungs schämten und ihn vergessen machen wollten, die Gesellschaft der Freunde, „oder die jüdischen Modejünglinge", wie sie Grattenauer nannte, und den Salon der Henriette Herz oder „die jüdischen Schönen". Rauh und schmerzlich wurden sie an ihren Ursprung erinnert. Den Kreis der Henriette Herz und Rahel, welche dem Judentum verächtlich den Rücken gekehrt hatten, verhöhnte Grattenauer unbarmherzig.

Die Tonangeber der Berliner Judenschaft waren ratlos, was sie dieser systematischen Judenhetze entgegensetzen sollten. David Friedländer schwieg. Ben-David schickte sich an, etwas dagegen zu schreiben; aber er unterließ es wohlweislich. Die Rollen hatten gewechselt. In der Mendelssohnschen Zeit und noch später mußten die deutschen Juden die Vormundschaft über die französischen übernehmen, so oft diese Unbilden ausgesetzt waren. Jetzt hatte die Freiheit diese so mündig und selbstvertrauend gemacht, daß sie jeden Angriff auf ihre Glaubensgenossen und ihr Bekenntnis mit Mut und Gewandtheit zurückschlugen. Die Berliner Juden dagegen, welche sonst stets das große Wort führten, benahmen sich bei dem ersten feindlichen Anlauf gegen sie rat- und hilflos wie die Kinder. In ihrer Verlegenheit steckten sie sich hinter die Polizei. Sie bewirkten von ihr ein Verbot, daß keine Schrift, es sei für oder gegen die Juden, veröffentlicht werden dürfte. Dieser Schritt wurde von den Gegnern als Feigheit oder Eingeständnis ihrer Ohnmacht ausgelegt. Eine neue Schmähschrift, „Können die Juden ohne Nachteil für den Staat bei ihrer jetzigen Verfassung bleiben?", die ruhiger als die Grattenauers gehalten war, verstärkte noch mehr die Wucht der Anschuldigungen gegen sie.

Dieser von dem liebevollen Geist des Christentums erfüllte Schriftsteller machte Vorschläge, die Juden unschädlich zu machen, die noch über das Mittelalter hinausgingen. „Nicht nur müßten die Juden wieder in ein Ghetto eingesperrt und unter beständige polizeiliche Aufsicht gestellt werden und nicht nur einen Flecken am Rockärmel tragen, sondern, um ihre Vermehrung zu verhindern, müßten die zweitgeborenen „Judenjungen" kastriert werden. Die protestantische Theologie und die deutsche Philosophie rieten zu Maßregeln gegen die Juden, welche die kanonischen Dekrete der Päpste Innocenz III. und Pauls IV. weit hinter sich ließen. Paalzow, Grattenauer, Buchholz und Genossen waren echte Jünger Schleiermachers und Fichtes, welche von Lessing nichts mehr wissen wollten.

Auch außerhalb Berlins, namentlich in Frankfurt a. M. und Breslau, erschienen ähnliche Schmähschriften, welche den Haß so sehr entflammten, daß einige wohlwollende Geistliche es für nötig hielten, von der Kanzel herab vor einer Judenverfolgung zu warnen. Selbst die wohlwollenden Verteidigungsschriften christlicherseits gaben die Schlechtigkeit der Juden zu und meinten, es wäre allerdings für die Christen besser, wenn es unter ihnen gar keine Juden gäbe; aber da das Übel einmal vorhanden sei, müsse man es ertragen. — Ein Jude aus Königsberg stimmte teilweise auch in das Gebelle ein. Erbärmlich genug lautet sein Vorschlag, um den Judenhaß zu tilgen, jeder Jude müsse von Staatswegen (immer der Staat!) gezwungen werden, mindestens eine seiner Töchter an einen Christen zu verheiraten und einen seiner Söhne um die Hand einer Christin werben zu lassen. Die Kinder aus einer solchen gezwungenen Mischehe müßten getauft werden. Warum nicht kurzweg die Juden samt und sonders zur Taufe zwingen? Richtiger faßte die Sache ein schlesisicher Jude an. Er meinte, man dürfe sich auf Verteidigung und auf Abwägung von jüdischen und christlichen Verbrechen gar nicht einlassen, sondern einen Aufruf an die jüdischen Mädchen erlassen und ihnen ein Wort zur Warnung im Umgange mit den Grattenauerschen Mitbrüdern ans Herz legen. Eine jüdische Jungfrau müßte keinen Funken Ehrgefühl haben, wenn sie sich von einem Menschen lieben ließe, von dem sie wüßte, daß er bei ihren Schwestern einen üblen Geruch voraussetzte. Ein solcher Aufruf würde den doppelten Nutzen haben, jüdische Mädchen vor Verführung sicher zu stellen und dem Prunk der jüdischen Frauenwelt zu steuern.

Einen noch richtigeren Weg schlugen zwei Juden ein, ein Königsberger und ein Hamburger. Beide erkannten, daß der deutsche Judenhaß nicht durch zentnerschwere Gründe, sondern nur durch leichten Spott stumm gemacht werden konnte. Diese beiden waren die Vorläufer von Börne und Heine. Der erstere unter dem Namen Dominius Haman Epiphanes setzte mit satirischen Zügen auseinander, daß ohne schleunige Niedermetzelung aller Juden und den Verkauf aller Jüdinnen als Sklavinnen die Welt, das Christentum und alle Staaten notwendig zugrunde gehen müßten. Ein anderer unter dem Namen Lefrank ging von der Verteidigung zum Angriff über. Er fragte die Deutschen, wieso denn die Gefängnisse von christlichen Mördern, Giftmischern, Dieben und Ehebrechern so vollgepfropft sind? „Vertilge erst die Schafotte, die Galgen, die Folter, die Spießrute und das gräßliche Gefolge martervoller Todesstrafen, die gerade nicht von Juden erfunden sind. Betrug soll ein verbreitetes Laster der Juden sein? „Dich bestiehlt dein christlicher Schneider, dein Schuster gibt dir schlechtes Leder, dein Krämer falsches Maß und Gewicht, dein Bäcker gibt dir bei gesegneten Ernten kleines Brot. Dein Wein wird verfälscht, dein Knecht und deine Magd vereinigen sich, dich zu betrügen. — Zähle nur unter der Menge der eben jetzt in London und Paris ausgebrochenen Zahlungseinstellungen, ob auch nur eine einzige jüdische dabei ist? Albernes Gewäsch ist, was der große Fichte schwätzet, daß der Jude einen Staat im Staate bildet. — „Du kannst es dem Juden nicht vergeben, daß er richtig deutsch spricht, daß er sich anständiger kleidet, daß er oft vernünftiger urteilt als du. Er hat nicht einmal einen Bart mehr, bei dem man ihn zupfen kann, er spricht nicht mehr kauderwelsch, daß du ihn nachäffen könntest . . . Der Jude hat sich seit zwanzig Jahren Mühe gegeben, sich den Christen zu nähern, aber wie wurde er aufgenommen? Wie manche Eingriffe hat er schon in seine kanonischen Gesetze getan, um sich euch anzuschmiegen, aber den Rücken kehrt ihr ihm zu aus lauter Humanität". Lefranks Selbstgefühl war das sicherste Vorzeichen für den endlichen Sieg der Juden.

Erst die Schlacht bei Jena, welche den Hochmut demütigte, die ausgedehnten Eroberungen der Franzosen in Deutschland und das erwachte lautere Freiheitsgefühl des deutschen Volkes verhalfen den Juden, teilweise die Ebenbürtigkeit zu erlangen.

Viertes Kapitel.

Das erneute Synhedrion und die Reaktion.

(1806 bis 1818.)

Seit der römischen Zeit hat der Erdkreis nicht solche rasche Veränderungen und Katastrophen gesehen wie im Anfange dieses Jahrhunderts. Ein neues Kaiserreich, das auf eine Universalmonarchie lossteuerte. Mehr noch als vor dem ersten Konsul Bonaparte beugten sich alle Gewalten vor dem zum französischen Kaiser gewordenen Napoleon. Der Papst, der ihn und die ganze neue Ordnung der Dinge von Herzen verwünschte, beging die Heuchelei, ihn zum Nachfolger Karls des Großen zu salben. Die deutschen Fürsten waren die ersten, welche diese Neuerung, die Erhebung eines Emporkömmlings über sie selbst, in Kriecherei anerkannt haben. Ihre Schwäche rächte sich schwer an ihnen. Zuerst kam Österreich an die Reihe. In der Schlacht bei Austerlitz demütigte Napoleon dieses Kronländerkonglomerat und zertrümmerte das heilige deutsch-römische Reich. Deutschland teilte Polens Los, es wurde zerstückelt; aber während die Polen vor Schmerz aufzuckten und sich verbluteten, empfanden die vom deutschen Rumpfe getrennten Glieder gar nichts bei dieser Zerstückelung. Sie huldigten heute diesem, morgen jenem Herrscher in gefühlloser Stumpfheit. Franz I. entsagte der deutschen Kaiserkrone. Deutsche Fürsten wurden Vasallen des korsischen Emporkömmlings, der als Protektor des neugestifteten Rheinbundes sie gängelte. Dann demütigte Napoleon Preußen nach der unglücklichen Schlacht bei Jena.

Als wenn Napoleon bei der Berührung mit den Deutschen von ihrem Judenhasse angesteckt worden wäre, trat bei ihm seit der Zeit eine Sinnesänderung gegen die Juden ein. Obwohl er früher Bewunderung für das hohe Alter und den Riesenkampf des jüdischen Stammes gehegt hatte, zeigte er ihm seitdem Verachtung. Seine ungünstige Stimmung gegen die Juden suchten die Deutschen im Elsaß sofort auszubeuten, um die französischen Juden wieder in die alte Schmach zurückzuversetzen.

Die alten Klagen gegen die Juden vom Elsaß hatten die Revolutionsstürme zum Schweigen gebracht. Jüdische Gläubiger oder Wucherer und christliche Schuldner waren durch die Schreckensherrschaft gleich verarmt, die alte Zeit war abgetan. Als die Ruhe wieder zurückgekehrt war, griffen viele Juden, welche durch ihre Rührigkeit wieder einiges Vermögen erworben hatten, zu ihrem alten Gewerbe. Was sollten sie anfangen? Handwerke und Ackerbau zu erlernen, konnte den bereits betagten Männern doch nicht zugemutet werden. Es war selbst den jüdischen Jünglingen sehr erschwert, weil die engherzigen christlichen Meister in der deutsch redenden Provinz jüdische Lehrlinge nicht gern annahmen. Eine zahlreiche Klasse der elsässischen Bevölkerung bot den jüdischen Wohlhabenden eine Nahrungsquelle. Die Bauern und Tagelöhner, bis zur Revolution Leibeigene, waren frei geworden, hatten aber keine Mittel, sich Grundbesitz zu erwerben und ihrer Hände Kraft zu gebrauchen. Ihr Vieh und selbst ihr Ackergerät hatten sie während der Sturmjahre eingebüßt, viele von ihnen waren vor der Anwerbung zum Heere entflohen. Dieser Bauernstand hatte sich bei eingetretener Ruhe an jüdische Wohlhabende gewendet, ihnen Vorschüsse zu machen, um kleine Nationalgüter erwerben und bebauen zu können. Die jüdischen Geldmänner waren auf dieses Geschäft eingegangen und hatten sich wahrscheinlich einen hohen Gewinn bedungen. Die Bauern hatten aber bei alledem ein gutes Geschäft gemacht; denn sie, die ursprünglich ganz mittellos waren, brachten es doch zu einem gewissen Wohlstand. In wenigen Jahren belief sich ihr Vermögen an liegenden Gründen an sechzig Millionen Franken, wovon sie den Juden etwa den sechsten Teil schuldeten. Es war den elsässischen Bauern allerdings schwer, bares Geld herauszuziehen, um ihre jüdischen Gläubiger zu befriedigen, zumal in der Zeit, als Bonapartes Kriege die Arme vom Pflug weg zu den Waffen riefen. Dadurch häuften sich Klagen gegen die Schuldner. Diese wurden verurteilt, ihre Felder und Weinberge den jüdischen Gläubigern zu überlassen. Einige jüdische Wucherer mögen allerdings viel Härte dabei gezeigt haben.

Diese Stimmung benutzten die Judenfeinde. Sie verallgemeinerten die Vergehungen einzelner Juden, übertrieben die Leiden der zur Zahlung gezwungenen christlichen Schuldner und stempelten sämtliche Juden als Wucherer und Blutsauger, um die Gleichstellung der französischen Juden in ihrem Gebiete rückgängig zu machen. An der Spitze der Judenfeinde stand wie immer die Bürgerschaft der deutschen Stadt Straßburg, welche vergebens Anstrengung gemacht hatte, die Juden von ihren Mauern fern zu halten. Diese sah mit verbissenem Ingrimm die Zahl der jüdischen Zuzügler zunehmen. Es gab keinen jüdischen Wucherer in ihrer Mitte, im Gegenteil lauter vermögende, rechtschaffene, gebildete Juden, die Familien Cerf-Beer, Ratisbonne, Picard, die meistens vom Grundbesitz lebten. Nichtsdestoweniger erhoben gerade die Straßburger am lautesten Klagen über die Juden. Mit den Kaufleuten steckte der Präfekt von Straßburg — ein Deutscher — unter einer Decke. Als Napoleon nach dem hunderttägigen Feldzug gegen Österreich in Straßburg weilte (Januar 1806), wurde sein Ohr vom Präfekten und von einer Deputation Elsässer mit Klagen bestürmt, wie schädlich die Juden dem Staate wären. Napoleon erinnerte sich bei dieser Gelegenheit, daß er auf seinem Kriegszuge einigen Juden bei Ulm begegnet war, welche den Soldaten geplünderte Sachen abgekauft hatten, und er war darüber unwillig geworden. Die Judenfeinde wußten ihm beizubringen, daß es Straßburger Juden gewesen wären, welche dem Heere stets nachzögen, um sich an erbeutetem Trödel zu bereichern, und daß überhaupt die Juden lauter Schacherer und Trödler wären. Um den Kaiser noch mehr zu einem judenfeindlichen Entschlusse zu drängen, behauptete diese Anklage, in ganz Elsaß, ja in sämtlichen (deutschen) Departements des Hoch- und Niederrheins wäre die Erbitterung der Bevölkerung gegen die Juden so groß, daß Szenen des Mittelalters zu befürchten wären. In den Schänkhäusern würde offen davon gesprochen, die Juden totzuschlagen. Mit diesem üblen Eindruck gegen sie verließ Napoleon Straßburg; er hatte Hilfe gegen die Beschwerden versprochen. Um den Eindruck nicht verfliegen zu lassen, bestürmten ihn Richter, Präfekten, sämtliche Beamte deutscher Zunge, die Juden bürgerlich zu vernichten. Schon war der Justizminister, von der großen Masse von Klagen gegen sie überwältigt, zu dem Entschlusse gekommen, sämtliche Juden Frankreichs unter Ausnahmegesetze zu stellen, ihnen für eine Frist das Hypothekengeschäft zu verbieten. Dazu kam noch der bigott-kirchliche, unduldsame Sinn jener reaktionären Partei hinzu, welche damals ihre ersten Fäden zu dem Netzgewebe ansetzte, um die Geistesfreiheit, die Mutter der politischen, einzufangen und zu erdrücken und die katholische Kirche zur Alleinherrscherin über Völker und Fürsten zu erheben. Ein Hauptvertreter dieser freiheitsfeindlichen und in Intrigen gewandten Partei war der Publizist Louis Gabriel Ambroise Bonald, der mit dem Romantiker Chateaubriand und dem Großmeister der Schmeichelei Fontanes die widerwärtigste kirchliche und politische Reaktion herbeiführte. Bonald, welcher nach kurzem Freiheitsrausche die Fahne der bourbonischen Legitimität entfaltete und durch mystischen Blödsinn verherrlichte, erblickte in der Freiheit der Juden eine Schmälerung der Kirchenmacht und legte Hebel an, um ihre Gleichstellung in Frankreich zu unterwühlen. Er beneidete die Deutschen, daß sie, vernünftiger und vorsichtiger als die Franzosen, den Juden höchstens den Leibzoll abgenommen, im übrigen aber sie in ihrem Drucke gelassen haben.

Es war für die Zukunft der Juden ein glücklicher Wurf, daß die Freiheitsfeinde und Stockkirchlichen den Judenhaß auf ihr Programm gesetzt hatten; dadurch zwangen sie die Freunde der Freiheit, die Sache der Juden zu der ihrigen zu machen. Aber für den Augenblick schadete ihnen Bonalds judenfeindliche Stimme nicht wenig. Sie drang auf Umwegen auch in Napoleons Ohr. Die französische Judenschaft erkannte die Tragweite dieser Wühlerei gar nicht; die Sache hatte aber eine sehr ernste Wendung genommen. Napoleon hatte die Frage dem Staatsrate zur gründlichen Beratung übergeben, und dieser hatte die Berichterstattung einem jungen Mitgliede, dem Grafen Molé, übergeben, bekannt als Muster zweideutiger Haltung in der späteren französischen Geschichte. Zur Überraschung aller ältern und gewiegten Staasratsmitglieder hatte Molé, dessen Urgroßmutter eine Jüdin war, dem Berichte eine außerordentlich judenfeindliche Färbung gegeben und war zum Schlusse gelangt, daß sämtliche französische Juden Ausnahmegesetzen unterworfen werden müßten, d. h. nichts weniger, als daß ihre gesetzlich anerkannte und tatsächlich eingeführte Gleichstellung wieder aufgehoben werden sollte. Sein Bericht wurde zwar von den ältesten Räten mit verdienter Verachtung aufgenommen, weil sie sich nicht denken konnten, wie die von der Revolution geheiligte Rechtsgleichheit angetastet werden sollte. Trotzdem sollte die Judenfrage in voller Sitzung des Staatsrates unter dem Vorsitz Napoleons (April 1806) verhandelt werden, weil dieser großes Gewicht darauf legte. Das Wohl und Wehe nicht bloß der französischen und italienischen, sondern sämtlicher europäischen Juden hing von dem Ausgang dieser Beratung ab. Napoleon, unwillig über den Widerspruch einiger freigesinnten Räte, geriet dadurch in gereizte Stimmung. Er sprach von den Juden fast wie Fichte und Grattenauer, daß sie einen Staat im Staate, den Feudaladel der Gegenwart bilden und daß man sie nicht in eine Reihe mit Katholiken und Protestanten stellen dürfe. Einige Staatsräte von Bedeutung, Regnault und Ségur, wagten es dennoch, zugunsten der Juden oder vielmehr der Gerechtigkeit zu sprechen. Sie machten darauf aufmerksam, daß die Juden in Bordeaux, Marseille und in den italienischen Städten, die zu Frankreich gehörten, sowie die in Holland in großer Achtung stünden, und daß die Vergehungen, die den Elsässer Juden zugeschoben wurden, nicht dem Judentum zur Last gelegt werden dürften, sondern von der unglücklichen Lage stammten. Es gelang ihnen auch, Napoleons Zorn für den Augenblick zu mildern. Einflußreiche Personen machten ihn außerdem aufmerksam, wie sehr sich die Juden in kurzer Zeit in Künsten, Wissenschaften, Landbau und Handwerken hervorgetan hatten. Man bezeichnete ihm viele Personen, die er als tapfere Krieger mit Pensionen oder dem Orden der Ehrenlegion ausgezeichnet hatte, und daß es demnach eine Verleumdung der Judenfeinde sei, sie sämtlich als Wucherer oder Trödler zu bezeichnen. In der zweiten Staatsratssitzung (7. Mai 1806) sprach er schon milder von den Juden. Nichtsdestoweniger konnte er sich von dem Vorurteil nicht losmachen, daß die jüdische Nation seit uralter, selbst seit Moses Zeit, wucherisch und unterdrückend sei. Aber fest entschlossen, eine Verfolgung oder auch nur Hintansetzung der Juden nicht eintreten zu lassen, kam er auf einen glücklichen Gedanken, nämlich eine Anzahl von Juden aus den verschiedenen Landesteilen zusammentreten zu lassen, welche ihm Gewißheit darüber geben sollten, ob das Judentum tatsächlich seinen Bekennern Haß und Bedrückung gegen die Christen vorschreibe. Die Juden selbst sollten durch ihre Vertreter über ihr Geschick entscheiden.

Das Gesetz, welches diesen Beschluß ausführen sollte (30. Mai 1806), führte eine sehr herbe Sprache. Napoleon selbst hatte, wie es scheint, in einem Augenblick der Verstimmung ihm die letzte Feile gegeben. Es war auch darin enthalten, Schuldforderungen jüdischer Gläubiger sollten innerhalb eines Jahres von christlichen Schuldnern nicht gerichtlich eingezogen werden. Den Notabeln sollten auch Mittel an die Hand gegeben werden, wie unter den Juden Künste und nützliche Gewerke heimisch werden könnten, statt der schädlichen Gewerbe, denen sich viele von ihnen von Vater auf Sohn seit mehreren Jahrhunderten hingegeben. So war für eine Klasse der Juden von Frankreich die Gleichstellung auf Zeit wenigstens aufgehoben.

Obwohl die Wahlen der Notabeln von den Behörden mit einer gewissen Willkür vorgenommen wurden, so fielen sie doch glücklich aus. Unter den mehr als hundert Notabeln französischer, deutscher und italienischer Zunge waren die meisten von der Größe und Wichtigkeit ihrer Aufgabe durchdrungen. Sie sollten das gewissermaßen auf die Anklagebank gesetzte Judentum vor ganz Europa verteidigen und die blinden Vorurteile gegen Bekenntnis und Bekenner zerstreuen — eine schwere, aber dankbare Aufgabe. Unter ihnen waren Männer, die bereits einen Namen hatten, Berr Isaak Berr, der mit Feuereifer für seine Stammgenossen aufgetreten war, sein vielversprechender Sohn Michel Berr, der den Aufruf an die Fürsten und Völker erlassen hatte, die Juden aus der Knechtschaft zu erlösen, Abraham Furtado aus Bordeaux, der ehemalige Parteigänger der Girondisten, der wegen seiner politischen Haltung gelitten hatte, ein Mann von der edelsten Gesinnung und von weitem Blick. Seine Eltern waren Marranen in Portugal, und trotz zweihundertjähriger Anschmiedung ihrer Familie an die Kirche hatte seine Mutter ihren Ursprung und ihre Anhänglichkeit an das Judentum nicht vergessen. Als das fürchterliche Erdbeben Lissabon in einen Trümmerhaufen verwandelte, wurden Furtados Eltern mit verschüttet, der Vater erschlagen und die Mutter in gesegneten Umständen in ein Grab eingeschlossen. Sie hatte gelobt, wenn sie Gott aus diesem Grabe befreien sollte, würde sie, keine Gefahr scheuend, zum Judentum zurückkehren. Ein neuer Erdstoß öffnete ihr das Trümmergrab. So konnte sie den Ort der Schauer verlassen, nach London entkommen und sich zum Judentum bekennen. Hier gebar sie ihren Sohn, welcher sich in Bordeaux ansiedelte. Eine sehr glückliche Wahl war auch die des Rabbiners Joseph David Sinzheim aus Straßburg (geb. 1745, gest. 1812). Es war ein Mann von fast patriarchalischem Wesen, von sittlichem Ernst und liebenswürdiger Milde, von Haus aus vermögend und Schwager des reichen Cerf Berr. Neben Sinzheim zählten unter den Rabbinern nur der portugiesische Abraham Andrade aus Saint-Esprit. Die Laien hatten das Übergewicht.

Mit zitterndem Herzen trafen etwa hundert jüdische Notabeln aus den französischen und deutschen Departements ein. Sie hatten keinen Plan, weil sie nicht recht wußten, was der Kaiser mit ihnen vorhatte. Der Ruf des Ministers, an jeden einzelnen derselben gerichtet (23. Juli 1806), lüftete nur wenig den Schleier für sie. Die Ernennung Molés zum kaiserlichen Kommissär neben Portalis und Pasquier, mit der Versammlung offiziell zu verhandeln, war nicht geeignet, sie zu beruhigen, da dieser zuerst den judenfeindlichen Schlagwörtern Bonalds als Organ gedient hatte. Am Tage vor der Eröffnung der Versammlung (25. Juli) erschien in der offiziellen Zeitung (Moniteur) eine lange Auseinandersetzung über die jüdische Geschichte seit Rückkehr der Juden aus Babylonien bis auf die Gegenwart herab. Das französische Volk sollte von der Wichtigkeit der Frage, welche die Juden selbst zu verhandeln hatten, Kenntnis erhalten. In raschen Zügen wurde geschildert die Selbständigkeit und die Abhängigkeit des jüdischen Volkes, seine Siege und Niederlagen, seine Verfolgungen während des Mittelalters und der Schutz, den es gefunden, seine Ausbreitung und seine Vertilgung, die Anklagen, die gegen es erhoben wurden, die Schmach und Bedrückungen, denen es unterworfen war. Die jüdische Geschichte erhielt dadurch gewissermaßen ein offizielles Siegel. Daß sie vielfach gefälscht und entstellt in die große Welt eingeführt wurde, war nicht zu verwundern. Auch die jüdische Religion oder das Judentum wurde offiziell, gewissermaßen auf des Kaisers Befehl, auseinandergesetzt, mit fast noch größerer Verkennung als die jüdische Geschichte. Für die eine war Basnage Gewährsmann und für die andere der Rabbiner Leon de Modena, der halbe Zweifler, welcher die Blößen des rabbinischen Judentums vor den Augen christlicher Leser aufgedeckt hatte. Zwei Punkte wurden mit besonderer Betonung hervorgehoben, die religiöse Absonderung der Juden von der übrigen Welt und der Wucher derselben zum Nachteil der Andersgläubigen, wenn auch nicht von den jüdischen Gesetzen vorgeschrieben, so doch geduldet, wofür besonders der Talmud verantwortlich gemacht wurde.

Die Schlußfolgerung aus dieser Auseinandersetzung lautete so unwahr als nur möglich: „Sehen wir nicht die portugiesischen Juden (die sich vom Wucher rein halten) dem Talmud weniger Folge leisten? Hatten die ausgezeichneten Juden in Deutschland, ihr berühmter Mendelssohn, große Ehrfurcht vor den Rabbinern? Diejenigen endlich, die unter uns sich den Wissenschaften widmen, sind das fromme Juden?"

An demselben Tage, an dem die Juden das Tagesgespräch in Paris abgaben, versammelten sich die Deputierten um eine Gewissensfrage zu entscheiden, ob sie am Sabbat die Wahl eines Vorsitzenden und der Sekretäre durch geschriebene Zettel vornehmen sollten. Hier kamen zum ersten Male die Gegensätze und Schattierungen im Verhalten zum rabbinischen Judentum zum Vorschein, Abstufungen von dem staatsmännischen Furtado, bis zu den Rabbinern, welche ihr Leben lang in talmudischen Lehrhäusern zugebracht hatten. Die Rabbiner und die Partei des Berr Isaak Berr waren entschieden dafür, die Wahl am Sabbat nicht vorzunehmen. Die weniger bedenkliche Partei, die Politiker, bestanden im Gegenteil darauf, dem Kaiser tatsächlich den Beweis zu liefern, daß das Judentum sich den obrigkeitlichen Gesetzen unterzuordnen wisse. Die Verhandlungen darüber waren heftig. Der milde Lazare wußte indes die Gemüter zu beruhigen und eine Ausgleichung herbeizuführen. Die Gewissensbedenklichen sollten ihre Wahlzettel vor dem Sabbat schreiben.

So versammelte sich gewissermaßen das erste jüdische Parlament in Paris in einem mit passenden Emblemen ausgeschmückten Saale des Stadthauses am Sabbat. Unter dem Vorsitze des Alterspräsidenten, des Rabbiners Salomon Lipman von Colmar, wurde der Wahlakt vorgenommen. Nur zwei Männer eigneten sich für den Vorsitz, Berr Isaak Berr und Furtado, beide durch ihre Persönlichkeit und ihre Stellung Achtung gebietend. Jener wurde von der frommen Partei und dieser von der politischen bevorzugt. Furtado erhielt die Stimmenmehrheit, von 94 Stimmen 62. Mit parlamentarischem Takt begann Furtado die Versammlung zu leiten. Die Deputierten wurden inne, welche schwere Verantwortlichkeit auf ihren Schultern ruhte, und zeigten sich ihrer Aufgabe gewachsen. Eifer und Streben nach Einigkeit beseelten alle. Auch die deutschen Rabbiner, welche bisher in der Abgeschiedenheit des Lehrhauses hinter Talmudfolianten zugebracht hatten, schickten sich schnell in die neue Lage und in die parlamentarischen Formen. Zündend wirkte die Rede des Deputierten Lipman Cerf-Berr, besonders die Worte: „Vergessen wir, woher wir stammen! Nichts mehr von Elsässer Juden, nichts mehr von Portugiesen. Über den Erdboden zerstreut, sind wir doch nur ein einziges Volk, denselben Gott anbetend, und wie unser Gebot es befiehlt, der Macht unterworfen, unter deren Gesetze wir leben." Allerdings mischte sich auch in ihre Gefühle eine überschwängliche, anwidernde Vergötterung Napoleons, welcher die Versammlung nicht genug Worte leihen konnte. Als der Offizier der vor dem Sitzungssaale aufgestellten Ehrenwache sich dem erwählten Präsidenten näherte, um seine Befehle entgegenzunehmen, die Wache beim Heraustreten der Deputierten ihnen militärische Ehre bezeugte und die Trommel rührte, fühlten sie sich gehoben, und ihre anfängliche Furcht verwandelte sich in Hoffnung.

Diese Hoffnung bewaffnete sie mit Mut, den Angriffen zu widerstehen, welche die judenfeindlichen Schriftsteller gegen sie richteten. Die italienisch-jüdischen Deputierten trafen später ein. Der bedeutendste unter ihnen war Abraham Vita di Cologna (geb. 1755, gest. 1832). Zugleich rabbinisch und wissenschaftlich gebildet, von einnehmendem Äußern und von sprudelnder Beredsamkeit, wurde er als Rabbiner von Mantua in das Parlament des Königreiches Italien gewählt und nach Paris berufen. Cologna neigte sich der neuen Richtung zu, welche das Judentum aus seiner Absonderung reißen wollte, um ihm ein sozusagen europäisches Gepräge aufzudrücken; aber Weg und Ziel waren ihm gleich unklar, und er blieb beim Wollen stehen.

In der zweiten Sitzung (29. Juli) überreichten die drei kaiserlichen Kommissäre feierlich zwölf Fragen, welche die Versammlung gewissenhaft beantworten sollte. Die Hauptpunkte waren, ob die französischen Juden Frankreich als ihr Vaterland, die Franzosen als ihre Brüder, die Staatsgesetze als auch für sie verbindlich betrachteten und als Folgerung die einschneidende dritte Frage: „Erlaubt das jüdische Gesetz Mischehen mit Christen?" und endlich die Frage, ob es den Wucher gegen Nichtjuden gestattet oder verbietet. Die übrigen Punkte in betreff der Vielweiberei, der Ehescheidung, des Verhältnisses der Rabbiner waren untergeordneter Natur. Die meisten Mitglieder konnten beim Anhören dieser Punkte ein Gefühl der Gekränktheit nicht unterdrücken, daß ihre Vaterlandsliebe und ihre Anhänglichkeit an Frankreich noch in Frage gestellt waren, obwohl Juden sie mit ihrem Blute auf Schlachtfeldern besiegelt hatten. Von vielen Seiten wurden bei dieser Frage Stimmen laut: „Bis in den Tod."

Die Beantwortung dieser Fragen wurde einer Kommission überwiesen, zu welcher außer dem Präsidenten, den Sekretären und den Skrutatoren vier ausgezeichnete Rabbiner Sinzheim, Andrade, di Cologna und Segre und zwei gelehrte Laien Isaak Berr und Lazare erwählt wurden.

Diese Kommission übertrug die Hauptarbeit dem Rabbiner David Sinzheim, dem gelehrtesten und geachtetsten Mitgliede der Versammlung, welcher sie auch zur Zufriedenheit derselben, sowie der Kommissarien und schließlich auch des Kaisers in der kürzesten Zeit vollendete (30. Juli bis 3. August). Seine Ausarbeitung wurde nämlich noch vor der öffentlichen Beratung den Kommissarien übermittelt. Die große Aufgabe, welche den jüdischen Deputierten zugefallen war, hatte sie auch größer gemacht, sie über das gewöhnliche Maß erhoben. Das Zusammenwirken hatte sie begeistert, die Reden, die gehalten wurden, berauscht.

In der dritten Sitzung (4. August), in welcher die Beantwortung der Fragen debattiert werden sollte, traten die Deputierten schon mit Selbstbewußtsein auf. Die ersten zwei Fragen, ob die Juden mehrere Frauen heiraten dürften und ob eine Ehescheidung nach dem französischen Gesetze auch die religiös-gesetzliche Anerkennung finde, boten keine Schwierigkeit. Aber die dritte Frage erzeugte eine leidenschaftliche Erregtheit und offenbarte den Gegensatz, der seit Mendelssohn in die Gemüter eingezogen war. „Darf sich eine Jüdin mit einem Christen oder ein Jude mit einer Christin verheiraten?" Diese Frage hatte schon im Schoße der Kommission heftige Debatten veranlaßt und nun erst gar in voller Versammlung! Die Notabeln, die dem alten Judentum bereits entfremdet waren, trugen kein Bedenken, die Frage aus vollster Seele zu bejahen. Aber die deutschen Rabbiner, der greise Salomon Lipmann und der kabbalistisch gesinnte, kenntnisreiche Deputierte N e p i, empfanden Gewissensunruhe bei dieser Frage, die so tief in das Fleisch des Judentums einschnitt. Indes auch die Frommen fühlten es, daß es äußerst bedenklich sei, sie unbedingt zu verneinen. Aber die Kommission hatte sie vorher geschickt beantwortet. Im Eingange wurde klugerweise auseinandergesetzt, daß nach biblischem Standpunkte nur die Ehe mit den kanaanitischen Völkerschaften verboten sei. Selbst vom talmudischen Standpunkte wären Mischehen gestattet, da auch er die europäischen Völkerschaften nicht als Götzendiener betrachte. Die Rabbiner würden indes Anstand nehmen, eine solche Mischehe einzusegnen, ebenso wie die katholischen Priester dabei ihre Mitwirkung versagen würden. Diese Weigerung hätte aber keine Folge weiter, da der Staat die Zivilehe anerkennt. Jedenfalls erkennen selbst die Rabbiner einen Juden oder eine Jüdin, die eine Mischehe eingehen würden, als volle Religionsgenossen an.

Die übrigen Fragen wurden ohne Aufregung in zwei Sitzungen (7. und 12. August) erledigt. Bei Beantwortung der Fragen, ob die Juden die Franzosen als ihre Brüder und Frankreich als ihr Vaterland betrachteten, konnte sich die Versammlung auf das Judentum berufen, das in seinen drei Phasen (der biblischen, talmudischen und rabbinischen) die Menschenliebe und die Brüderlichkeit an die Spitze stellt. Sie konnten auch alle die dummen Vorurteile oder die Verlogenheit ihrer Gegner, daß das Judentum Christenhaß predige, in ihr Nichts zurückweisen.

Bei Beantwortung der zwei Wucherfragen konnte die Versammlung ebenfalls ein festgewurzeltes Vorurteil beseitigen und das

Judentum in ein günstiges Licht stellen. Nach Prüfung der Antworten ließ der Kaiser Sinzheim und noch einigen Deputierten vertraulich durch die Kommissarien die Versicherung zugehen, er hege die gnädigste Gesinnung für die Bekenner der jüdischen Religion und werde ihnen nichts von den Rechten der französischen Bürger entziehen. Die Bewunderung, die Napoleon früher für dieses lebendige Denkmal des ältesten Volkes und der ältesten Zivilisation hegte, erhielt in seinem Innern durch die Haltung des jüdischen Parlaments wieder die Oberhand über die Verachtung, die ihm eingeflößt worden war. Molés Anrede an die Versammlung schlug einen ganz anderen Ton an als die früheren: „In der Tat, wer wäre nicht von Erstaunen ergriffen beim Anblick dieser Versammlung von aufgeklärten Männern, erwählt unter den Nachkommen des ältesten Volkes? Wenn irgend eine Persönlichkeit aus den entschwundenen Jahrhunderten wieder auflebte, und dieses Schauspiel sein Blick träfe, würde sie sich nicht in die Mauern der heiligen Stadt versetzt glauben, oder würde sie nicht meinen, daß eine Umwälzung die menschlichen Dinge bis auf ihren Grund erneuert habe?" — „Seine Majestät sichert Ihnen die freie Ausübung Ihrer Religion, den Vollgenuß Ihrer politischen Rechte zu; aber zum Tausche für diesen hohen Schatz fordert sie eine religiöse Bürgschaft von der vollen Verwirklichung der in Ihren Antworten ausgesprochenen Prinzipien."

Was sollte die Bürgschaft bieten? Napoleon ließ ein Wort der Überraschung verkünden, welches die Versammlung mit freudigem Erstaunen erfüllte und sie elektrisierte. „Der Kaiser schlägt vor, das große Synhedrin (Sanhedrin) zusammenzuberufen!" Diese mit dem Tempel zugleich untergegangene Körperschaft, welche allein in Israel mit Autorität versehen war, sollte neuerstanden die Antworten der Versammlung in Entscheidungen umwandeln, damit diese gleich denen des Talmuds und neben ihnen in den Augen der Juden aller Länder und aller Jahrhunderte das bestmögliche Ansehen erlangen. „Das Synhedrin soll den wahren Geist des Gesetzes zurückrufen, die Gesetze des Judentums zeitgemäß auslegen, die falschen oder streitigen aufheben und außerdem eine neue Organisation schaffen." Die Versammlung sollte die Zusammenkunft des großen Synhedrin allen Synagogen Europas kundgeben, damit sie nach Paris solche Deputierte entsenden möchten, welche imstande wären, die Regierung mit neuer Einsicht zu versehen und mit der Versammlung in Verbindung zu treten. Damit dieses erneuerte Synhedrin den durch die Geschichte geheiligten, ehrwürdigen Charakter erhalte, sollte es vollständig nach dem Vorbilde des alten aus einundsiebzig Mitgliedern bestehen, und zwar mit einem Vorsitzenden (Nasi), einem ersten Beisitzer (Ab-Bet-Din) und einem zweiten Beisitzer (Chacham) Beim Anhören dieser Rede war den Deputierten zu Mute, als wenn sie plötzlich die alte Herrlichkeit Israels aus der Gruft auftauchen und feste Gestalt annehmen gesehen hätten. Selbstverständlich ließ es die Versammlung bei Vernehmung dieser Kunde nicht an enthusiastischen Ausrufen und Beschlüssen fehlen. Sie genehmigte alles, was die Kommissare vorgeschlagen oder auch nur angedeutet hatten. Das Synhedrin sollte aus zwei Drittel rabbinischen und einem Drittel Laienmitgliedern" bestehen.

Die auseinandergehende Notabelnversammlung erließ darauf einen Aufruf an die Gesamtjudenheit (6. Oktober), sie für das zusammentretende Synhedrin zu erwärmen und zu veranlassen, Deputierte zu entsenden. Dieser Aufruf war in vier Sprachen verfaßt (hebräisch, französisch, deutsch und italienisch) und hatte zum Inhalt: „Ein großes Ereignis wird vorbereitet. Was unsere Väter seit einer langen Reihe von Jahrhunderten nicht, was wir in unsern Tagen nicht zu sehen hoffen konnten, wird vor den Augen der erstaunten Welt von neuem erscheinen. Der 20. Oktober ist der Tag, der zur Eröffnung eines großen Sanhedrin in der Hauptstadt eines der mächtigsten christlichen Reiche und unter dem Schutze des unsterblichen Fürsten, der dasselbe regiert, bestimmt ist. Paris wird dann der Welt dieses Schauspiel darbieten, und dieses ewig denkwürdige Ereignis wird für die zerstreuten Überbleibsel von Abrahams Nachkommen eine Periode der Erlösung und des Glückes eröffnen ...."

Das jüdische Parlament und die daraus hervorgegangene Wiederherstellung eines Synhedrins erregten in der Tat ein großes Aufsehen in Europa. An Kriegstaten und glänzende Siege Napoleons war die Welt gewöhnt. Aber die Neubildung eines Synhedrins war etwas Neues und Überraschendes. Die Berliner Aufgeklärten, der Kreis David Friedländers, empfanden dabei ein unbehagliches Gefühl, daß von Frankreich aus vermittelst des Synhedrins eine Wiedergeburt des Judentums mit antikem Charakter und doch in einem neuen Geiste hervorgehen könnte. Sie erklärten daher von vornherein das Synhedrin als ein Gaukelspiel, das Napoleon seinen Parisern geben wollte. Patriotismus hatte sich auch in dieses Unbehagen gemischt. Die preußischen Juden empfanden das tiefe Weh mit, welches über das preußische Volk und das Königshaus durch die Niederlage bei Jena und Auerstädt gekommen war. Die siegreichen Heere waren triumphierend in Berlin eingezogen, und ganz Norddeutschland bis zur Nord- und Ostsee und bis zur Weichsel lag dem Sieger offen. Immer weiter drang der Sieger nach Osten vor, in die sogenannten südpreußischen Provinzen (Gebiet von Posen und Warschau). In Wintermärschen, welche in dieser rauhen Gegend außerordentlich beschwerlich und aufreibend waren, fanden die französischen Soldaten bei den Juden hilfreichen

Vorschub. Gleich den Polen begrüßten die Juden in diesem polnischen Landstrich die Franzosen als Befreier. Napoleon sagte von ihrer Dienstbeflissenheit gegen ihn und sein Heer, es sei eine Frucht des von ihm zusammenberufenen Synhedrins. Vor Zusammentritt desselben wurde den Notabeln die Beratung über den Entwurf zu einer Konsistorialverfassung zugewiesen. An der Spitze der französischen Gesamtjudenheit aller Provinzen sollte ein Zentralkonsistorium mit einem Großrabbiner stehen, eine dem kaiserlichen System nachgebildete Zentralisation, mit der Aufgabe, die einzelnen Konsistorien, Rabbiner, Synagogen und Gemeinden zu überwachen. Diese wiederum sollten die Polizei für die einzelnen Juden abgeben, daß die dem Kaiser genehmen Synhedrialbeschlüsse auch befolgt werden, und ganz besonders, daß die jüdischen Behörden jedes Jahr die Anzahl der jüdischen Militärpflichtigen angeben sollten. Vergebens hatte die Minorität der Notabeln das Schimpfliche dieser Verpflichtung der Rabbiner für Polizeidienste hervorgehoben und auf die Schmach hingewiesen, welche den Juden dadurch angetan würde. Aus Furcht nahm die Majorität auch dieses hin.

Vier Tage nach dem Schluß der Notabelnversammlung (9. Febr. 1807) trat das große Synhedrin zusammen, das einen ganz andern Charakter hatte. Es bestand, wie schon angedeutet, zu zwei Drittel aus Rabbiner, meistens aus denen, welche an der Notabelnversammlung beteiligt waren. Nur die ersten drei Würdenträger hatte der Minister des Innern ernannt: Sinzheim zum Vorsitzenden (Nasi) den greisen Segre zum ersten Beisitzer (Ab-Bet-Nin) und Abraham di Cologna zum zweiten Beisitzer. Die Eröffnung des Synhedrins geschah auf eine feierliche Weise. Vom Hause des Präsidenten begaben sich die Mitglieder in die ausgeschmückte und mit Zuschauern aus den höchsten Gesellschaftskreisen gefüllte Synagoge. Es versteht sich von selbst, daß bei dieser Gelegenheit begeisterte Reden gehalten wurden. Sinzheims hebräische Predigt konnte zwar wenig Eindruck machen; aber als er mit der Thorarolle im Arme und mit der ihm eigenen Würde die Versammlung segnete, um Erleuchtung flehte und ein Gebet sprach, fühlten sich die Zuschauer von einem eigenen Gefühl ergriffen. Die italienische Rede di Colognas erhöhte noch diese Stimmung und hinterließ überhaupt einen sehr nachhaltigen Eindruck.

Aus der Synagoge begab sich die Versammlung in das Stadthaus und in den für sie ausgeschmückten Saal, und die siebzig Mitglieder setzten sich ihrem Alter nach in Halbmondsform nach altem Brauch um den Vorsitzenden. Da die Sitzungen öffentlich waren, so pflegten sich viele Zuschauer dazu einzufinden. Die Synhedrialmitglieder waren angemessen gekleidet, in schwarzer Tracht mit einem seidenen Mäntelchen und einem dreieckigen Hut auf dem Haupte. Die ganze

Tätigkeit des Synhedrins beschränkte sich darauf, die Antworten der Vorversammlung in feste, unverbrüchliche Gesetze umzuwandeln. Sie sollten die Gewähr und die Bürgschaft abgeben, daß die französischen, deutschen und italienischen Juden Frankreichs es mit der Versicherung ihrer Anhänglichkeit an das Vaterland und ihrer Unterwürfigkeit unter die Landesgesetze ernst meinten. Das Synhedrin nahm dabei ohne Bedenken die von Furtado ausgesprochene unterwühlende Ansicht an, daß das Judentum aus zwei streng voneinander geschiedenen Elementen bestehe, aus rein religiösen und politisch-gesetzlichen Bestimmungen. Die ersteren seien unveränderlich, die letzteren dagegen, welche seit dem Untergang des jüdischen Staates ihre Bedeutungen verloren hätten, könnten durch andere ersetzt werden. Die Folgerungen aus dieser Unterscheidung dürfe jedoch nicht der erste beste, sondern lediglich eine berechtigte Versammlung, ein großes Synhedrin ziehen. Es nahm auch den einschneidenden Paragraphen von der Mischehe ohne Widerspruch an, nicht nur, daß die Zivilehe der religiösen vorangehen müsse, sondern auch, daß Ehen zwischen Juden und Christen bindend seien, und obwohl nicht geeignet, mit religiösen Formen bekleidet zu werden, so zögen sie doch keine religiöse Ausschließung nach sich. Da das Synhedrin keine Taten vollbringen konnte, so hat es seine Sitzungen mit Reden ausgefüllt. Die französische Regierung hatte nun durch das Synhedrin die Bürgschaft von seiten der Juden erlangt, die sie zur Bedingung gemacht hatte, ehe die Gleichstellung derselben von neuem bestimmt werden sollte.

Auf Antrag der Kommissarien löste sich das Synhedrin auf, und dessen Beschlüsse sollten Napoleon vorgelegt werden, der aber inzwischen seinen Kopf von dem preußisch-russischen Kriege voll hatte, bis durch die entscheidende Schlacht bei Preußisch-Friedland der falsche Friede zu Tilsit herbeigeführt wurde. Während Napoleons Abwesenheit wurden im geheimen Rat Ränke zur Beschränkung der französischen Juden gesponnen. Die jüdischen Vertreter hatten aber Wind davon, und der unverdrossene Furtado eilte mit Maurice Levy aus Nancy von der Seine bis an den Niemen, um den Kaiser mit der Wühlerei gegen die Juden bekannt zu machen. Er hatte ihnen einen günstigen Bescheid zugesagt, und sie kehrten voller Hoffnung zurück. Nach Ablauf eines Jahres offenbarte Napoleon den Juden seinen gesetzgeberischen Willen. Er genehmigte (17. März 1808) die schlechte Konsistorialorganisation, welche die Vertreter der Synagoge zu Polizeidienern herabwürdigte, und regelte die bürgerliche Stellung der Juden oder vielmehr verkümmerte ihre bisherige günstige Stellung. Er hatte alle Welt getäuscht, warum hätte er den Juden Wort halten sollen? Das von ihm erlassene Gesetz enthält kein Wort von Gleichberechtigung, im Gegenteil nur Beschränkungen. Kein französischer Jude dürfte fortan einen Handel unternehmen, ohne vorher einen Erlaubnisschein vom Präfekten zu haben. Verträge solcher Juden, die kein Patent aufweisen könnten, sollten nichtig sein. Auch die Pfandnahme für Sicherheit eines Darlehns wurde im mittelalterlichen Geschmacke beschränkt. Ferner durfte weder ein fremder Jude in die deutschen Departements, noch einer aus denselben in die übrigen Departements übersiedeln. Endlich sollte die jüdische Bevölkerung keine Stellvertreter für den Militärdienst stellen dürfen, sondern jeder ausgehobene jüdische Militärpflichtige sei gezwungen, in die Reihen einzutreten. Diese Beschränkungen sollten zehn Jahre Gültigkeit haben „in der Erwartung, daß nach Ablauf dieser Zeit und durch die Wirkung verschiedener Maßregeln kein Unterschied zwischen den Juden und den übrigen Bürgern des Staates stattfinden" werde.

So waren die französischen Juden, der Hoffnungsanker für ihre Brüder in anderen Ländern, wieder herabgedrückt und in Ausnahmestellung versetzt. Nur die Juden von Bordeaux und einigen anderen Departements, die keine Veranlassung zur Klage gegeben haben, sollten den Beschränkungen nicht unterworfen sein. Später wurde auch auf eindringliche Beschwerden nach und nach auch zugunsten der Juden von Paris, Livorno, von den Departements der Niederpyrenäen und noch anderen fünfzehn Kreisen in Frankreich und Italien eine Ausnahme gemacht, so daß eigentlich nur die deutschredenden Juden in Frankreich und aus der Rheingegend, die Pechvögel, des Vollbürgertums beraubt waren. Aber nichtsdestoweniger blieb der häßliche Makel, welcher den Juden von neuem angeheftet war, auch an den Gleichgestellten dieses Stammes haften. Die Gegner, welche die Erhebung der Juden niederzuhalten übereifrig waren, konnten auf Frankreich hinweisen, daß dieser Stamm doch wohl unverbesserlich sein müsse, da dessen Söhnen auch da, wo sie schon lange emanzipiert waren, die Gleichstellung hat entzogen werden müssen.

Indessen Napoleons Arm, wie stark auch immer, war nicht imstande, die Strömung zu hemmen, welche die Befreiung der unterdrückten Völker und Klassen einmal in Bewegung gesetzt hatte. Er selbst hatte durch seinen Ungestüm die Kreiselung nur noch vermehrt. Nach der Demütigung Preußens hatte er das Königreich Westfalen unter seinem Bruder Jérôme geschaffen. In diesem Königreich, das aus vieler Herren Länder zusammengeflickt war, erlangten die Juden tatsächlich Freiheit und Gleichstellung. Napoleon selbst hat die Konstitution für dieses neue Königreich im Verein mit den Staatsmännern Beugnot, Johannes v. Müller und zum Teil auch mit Dohm ausgearbeitet, die sämtlich Judenfreunde waren, und die Gleichstellung der Juden war in der Grundverfassung mit aufgenommen. Jérôme, ehrlicher und gerechter als sein Bruder, erklärte durch ein Gesetz (12. Januar 1808) alle Juden seines Staates ohne Ausnahme als Vollbürger, schaffte die Judensteuer vollständig ab, gestattete fremden Juden Aufenthalt im Lande unter denselben Bedingungen wie den christlichen Ausländern und bedrohte die Boshaften mit Strafe, welche die jüdischen Bürger seines Staates mit dem Schimpfnamen „Schutzjude" bezeichnen sollten. Michel Berr, der mutige und glaubensinnige Verteidiger des Judentums, wurde aus Frankreich berufen, um eine Stellung im Königreich Westfalen einzunehmen. Die judenfeindliche deutsche Universität Göttingen ernannte ihn zu ihrem Mitgliede.

Eine bedeutende Rolle spielte an dem neuen Hofe von Kassel der ehemalige braunschweigische Hoffaktor und Finanzrat Israel Jacobson. Edelgesinnt, opferbereit, tatkräftig, verfolgte er das eine Ziel, die häßliche, entstellende Außenseite an den Juden und am Judentume zu entfernen und ihr dafür einen glänzenden Schein anzutünchen. Er hatte in Seesen aus eigenen Mitteln eine Schule zur Heranbildung jüdischer Kinder gegründet, worin auch Christenkinder unentgeltlich aufgenommen wurden. Auf Jacobsons Anregung sollten die Juden des Königreichs Westfalen eine der französischen ähnliche Organisation erhalten. In der Kommission zur Ausarbeitung eines Entwurfes für ein jüdisches Konsistorium des Königreichs Westfalen hatte Jacobson selbstverständlich den Vorsitz. Die Konsistorialverfassung kam nach dem Muster der französischen zustande und wurde gleichzeitig mit derselben bekannt gemacht (3. März 1808). Nur während dort ein Rabbiner an die Spitze gestellt wurde, verstand es sich von selbst, daß hier der Laie Jacobson den Vorsitz einnehmen sollte. Aus Eitelkeit wollte er auch Rabbiner sein. Jérôme ließ die Mitglieder des Konsistoriums zu einer Audienz zu und sprach dabei die denkwürdigen Worte, er habe sich gefreut, daß die Konstitution seines Königreichs in Rücksicht der Gleichstellung aller Religionen seinem Herzen entspräche. Das Konsistorium sollte auch für Erweckung patriotischer Gefühle für das Haus Bonaparte in dem Herzen des Alters und der Jugend wirken. — Während aber in das französische Zentralkonsistorium besonnene, bewährte Männer gewählt waren, welche bereits Proben von ihrem Maßhalten gegeben hatten, David Sinzheim, als Vorsitzender, Abraham di Cologna und Menahem Deutz, welche den Übergang aus der alten in die neue Zeit sanft hinüberzuleiten wußten, war in dem westfälischen Konsistorium Jacobson allmächtig, der sich in tollkühnen Sprüngen gefiel und seine Kollegen mitriß. Über die Umgestaltung des Gemeinde- und Synagogenwesens innerhalb seines Wirkungskreises beriet er sich mit David Friedländer, der mit einem Fuße im Christentume stand.

Jacobsons Sinn war nur auf Reformen versessen oder vielmehr auf Einführung solcher Formen in den jüdischen Gottesdienst, welche in der christlichen Kirche beliebt waren, und war überhaupt nur auf Schaustellung bedacht. Seine despotische Natur und Machtbefugnis setzten mit Verletzung der Empfindlichkeit und Bedenklichkeit der Rabbiner wie der Massen die Neuerungen durch. Dieser rücksichtslose Ungestüm war freilich nötig, um den Wust wegzuschaffen, der sich besonders in den kleinen Gemeinden angesammelt hatte. Mit zarten Fingern wäre gar nichts durchgesetzt worden.

Die westfälischen Gemeinden wurden in sieben Sprengel eingeteilt, denen je ein Rabbiner und mehrere Syndiken (Vorsteher) vorstanden, in größeren wurden auch noch Unterrabbiner angestellt. Diese Rabbiner wurden von dem Präsidenten zu willenlosen Werkzeugen herabgewürdigt. Wie die französischen Rabbiner sollten auch sie den Militärdienst als eine heilige Pflicht darstellen und gewissermaßen die Rekruten ausheben, oder doch diejenigen anzeigen, welche sich der Fahne entzogen hätten. Die Kanzelvorträge sollten in deutscher Sprache gehalten werden, und die Rabbiner waren verpflichtet, mindestens alle halbe Jahre ihre Predigten dem Konsistorium, d. h. Jacobson, zur Beurteilung einzusenden. Auch schauspielernde Konfirmation für die jüdische Jugend machte das Statut oder vielmehr Jacobson den Rabbinern zur Pflicht. Die Begeisterung für die erlangte Freiheit hatte die Wirkung, daß die militärpflichtigen jüdischen Jünglinge sich vollzählig beim Ausheben für die Fahnen einstellten. „Wir genießen die bürgerlichen Rechte," sagten die meisten, „warum sollten wir uns nicht mit Freuden als Vaterlandsverteidiger melden?" So waren die waffenscheuen jüdischen Jünglinge in einem Teile Deutschlands fast über Nacht mutige Männer geworden. Freilich wurden sie gleich ihren christlichen Waffengenossen nicht Vaterlandsverteidiger, sondern willenlose Maschinen, den despotischen Ehrgeiz des einzigen zu befriedigen, der Europa Gesetze vorschrieb und die Freiheit unterdrückte.

Der erste deutsche Fürst, der den Juden wenigstens eine beschränkte Freiheit aus freien Stücken gewährte, war der Herzog Karl Friedrich von Baden. An der Grenze Frankreichs hatte er sich bereits daran gewöhnt, die Juden als Bürger anzuerkennen. Er erklärte die Juden indes nur als erbfreie Staatsbürger, nicht als Ortsbürger, so daß sie sich nicht in Städten ansiedeln durften, wo es bisher keine gegeben hat; auch in ihren erbangesessenen Plätzen wurden sie nur als Schutzbürger angesehen. Ihre religiösen Eigentümlichkeiten sollten geachtet werden, aber nur „nach Ausweis des mosaischen Rechtes, nicht nach talmudischen Deutungen". Später ließ der Herzog eine eigene Verfassung für die Juden von ihrem Gönner, dem Grafen von Sternau, ausarbeiten, die aber doch voll Halbheiten war. Für die religiöse Angelegenheit der Juden wurde ein Oberrat vom Herzog erwählt, bestehend aus einem Obervorsteher, zwei oder drei Rabbinern und zwei weltlichen Räten. Der Oberrat hatte die Landrabbiner und Landältesten zu ernennen.

Auch die Stadt Frankfurt erlag für einen Augenblick dem Gleichheitsschwindel, obwohl hier der zopfige, krämerhafte Judenhaß in jedem Patrizier verkörpert war. Bis dahin mußte jeder neuaufgenommene Jude dem Senate einen Huldigungseid leisten. Die Beschränkung der jüdischen Ehen dauerte fort. Judenzoll mußten sie immer noch bezahlen, als wenn das heilige römische Reich deutscher Nation noch herrschte. In dem engen, schmutzigen, ungesunden Judenviertel mußten sie noch immer wohnen, und jeder noch so verworfene Christ hatte das Recht, dem gesittetsten Juden barsch zuzurufen: „Mach Mores Jud“, und ihn aus den schönen Teilen der Stadt und von Spaziergängen zu weisen. Als das heilige deutsch-römische Reich durch einen Hauch aus dem Munde Napoleons lächerlich wie eine Schneeflocke zerschmolz, Frankfurt unter die Herrschaft des Erzkanzlers oder Fürstenprimas des Rheinbundes gekommen war und die hochmögenden Patrizier selbst Untertanen geworden waren, hörte dieses Knechtschaftsverhältnis der Juden tatsächlich auf, ohne daß diese Veränderung eine gesetzliche Unterlage erhalten hätte. Der Primas Karl von Dalberg, ein freisinniger Mann, der früher zu dem Illuminatenorden gehört hatte, hegte die günstigsten Gesinnungen für die Juden und hätte ihnen gern das Joch vollständig abgenommen. Allein er kannte die hartnäckige Gehässigkeit des Frankfurter Patriziergeschlechtes gegen die Juden zu gut, als daß er hätte wagen sollen, mit einem Schlag die Gleichheit derselben zu betätigen. Er hatte nur im allgemeinen bei der sogenannten Thronbesteigung versichert, die Mitglieder der jüdischen Nation sollten gegen Beleidigung und beschimpfende Behandlung in Schutz genommen werden. Durch den Erlaß einer neuen Stättigkeits- und Schutzordnung für die Judenschaft machte er einerseits der neuen Richtung das Zugeständnis, „daß die bisherigen Gesetze, als dem Zeitgeist und dem dermaligen Standpunkte der jüdischen Nation nicht mehr passend, aufgehoben werden sollten. Anderseits redete er dem Judenhaß das Wort, daß „ihnen die völlige Gleichheit nicht eingeräumt werden könnte, so lange sie nicht durch Ablegung ihres eigenen Wesens, in Annahme der Landessitten, sich dafür würdig zeigen“. Durch diese neue Ordnung wurden sie im Grunde lediglich als geduldete Fremde angesehen, nur daß die unter verschiedenen Titeln bestehenden Judenschutzgelder in eine jährliche Steuer von 22 000 Gulden umgewandelt wurden. Selbst das Ghetto wurde ihnen wieder in Aussicht gestellt; sie wurden angewiesen, ihre Mietsverträge in der Stadt mit christlichen Hausbesitzern, die sie unter der französischen Herrschaft eingegangen waren, ja nicht zu erneuern, weil bald der schöne Tag anbrechen werde, an dem sie in ihr Gefängnis zurückkehren müßten.

Die Frankfurter Juden machten daher Anstrengungen, aus diesem Ausnahmezustand herauszukommen, zumal in der Nachbarschaft und im Königreich Westfalen ihre Brüder völlig gleichgestellt waren. Als daher der Rheinbund aufgelöst und das Herzogtum Frankfurt mit einer eigenen Konstitution geschaffen wurde, in welcher die Gleichheit aller Einwohner und Religionsbekenner vor dem Gesetz ausgesprochen war, gingen die Vertreter der Judenheit den Großherzog Dalberg und seine Räte an, ihre Gleichstellung durch ein besonderes Gesetz allen Anfechtungen entgegen festzustellen. Da der neue Großherzog in Geldverlegenheit war, und die Freiheit und Gleichheit der Juden seinem Herzen überhaupt zusagten, so bewilligte er sie denselben für die Summe von 440 000 Gulden (den zwanzigfachen Betrag der jährlichen Summe von 22 000 Gulden), in Raten zahlbar, und erließ das Gesetz (28. Dezember 1811), „daß sämtliche in Frankfurt wohnenden und in Schutzverhältnis stehenden Juden, deren Kinder und Nachkommen das Bürgerrecht in gleichen Befugnissen und Rechten mit den übrigen Bürgern genießen sollen". Die Juden leisteten den Bürgereid, traten in die Rechte und Pflichten ein, und L o u i s B a r u c h (Börne) wurde als Jude bei der großherzoglichen Polizei angestellt. Die Judengasse, so weit sie noch bestand, büßte ihr trauriges Vorrecht ein, sie wurde aufgehoben oder den zunächst liegenden Stadtquartieren zugewiesen.

Die nordischen Hansestädte, wo der deutsche Zunftgeist, verbunden mit dem verknöcherten Luthertum den Juden kaum das Atmen gönnte, mußten ihnen auf Befehl der französischen Besatzung die Gleichheit einräumen. Am leichtesten fügte sich noch Hamburg, alle Einwohner, also auch die Juden, völlig gleichzustellen (1811). Es nahm Juden in seinen Bürgerrat auf. Grimmiger nahm das kleine Lübeck die Ansiedlung und Einbürgerung der wenigen Juden unter französischem Schutz auf. Bis dahin waren nur etwa zehn Familien daselbst als Schutzjuden geduldet worden, die weder Handel treiben, noch in Zünfte aufgenommen werden, noch Häuser erwerben konnten. Von dem benachbarten Städtchen Moisling unter dänischer oder holsteinischer Botmäßigkeit durften täglich nur drei Juden nach Lübeck kommen und mußten am Tore eine Art Leibzoll zahlen. Mit der französischen Herrschaft (1811 bis 1814) waren etwa fünfzig selbständige jüdische Personen aus Moisling nach Lübeck gezogen, so daß im ganzen sechsundsechzig Familien dort wohnten. Die Einbürgerung dieser sechsundsechzig erregte fast noch mehr die Galle der Lübecker Patrizier als die Unterjochung durch Napoleon.

Auch in der Hansestadt Bremen, welche Juden nur als durchreisende Leibzollzahler kannte, ließen sich Juden unter französischem Schutz nieder und wurden allen übrigen Bürgern gleichgestellt. Sogar der Herzog von Mecklenburg, Friedrich Franz, sprach die Gleichstellung der Juden aus (22. Februar 1812) und gestattete noch dazu Ehen zwischen Juden und Christen — so weit war keine Gesetzgebung gegangen. Preußen konnte sich auch nicht länger der allgemeinen, den Juden so günstigen Strömung entziehen. Die Juden dieses Landes hatten während der Unglückszeit fast mehr Vaterlandsliebe gezeigt und mehr Opfer gebracht als manche verrottete Adlige, die sich mit dem siegenden Feinde auf guten Fuß gesetzt hatten. Aber es dauerte lange, bis der König Friedrich Wilhelm III. das anerzogene Vorurteil gegen sie überwinden konnte. Er nahm ihnen zwar den Schimpfnamen Schutzjuden und erklärte sie zum städtischen Bürgerrecht zulässig. Sie mußten auch als Orts- oder Staatsbürger den Eid leisten und die Lasten mit tragen. Aber als Staatsbürger wurden sie doch nicht anerkannt, ein umgekehrter Fall als in Baden. Die staatsbürgerliche Gleichstellung wurde ihnen zwar immer wieder verheißen und in Aussicht gestellt, aber die Verheißung blieb mehrere Jahre unerfüllt. Als Hardenberg abermals die zerrütteten Staatsgeschäfte übernommen hatte und auf Beseitigung der verrotteten Zustände und Gesetze drang, war er entschieden für die Einbürgerung der Juden, damit dem verstümmelten, blutenden und verarmten Ländchen durch den innigen Anschluß der Juden an das Staatswohl neue Kräfte zugeführt werden sollten. David Friedländer und seine Freunde, die Berliner Kapitalisten, machten die größte Anstrengung, die immer in Aussicht gestellte Gleichstellung verwirklicht zu sehen. Aber erst nach langem Zaudern genehmigte Friedrich Wilhelm (11. März 1812) die Gleichberechtigung aller „in den preußischen Ländern damals sich befindlichen eingesessenen Juden mit den christlichen Bewohnern“. Sie sollten auch zu akademischen Lehr- und zu Schul- und Gemeindeämtern zugelassen werden; die Zulassung derselben zu Staatsämtern behielt sich indes der König noch vor. Mit dem Rechte sollten sie auch die Pflichten übernehmen und besonders zum Militärdienst herangezogen werden. Ihre religiösen Angelegenheiten sollten später geordnet werden. „Für die Ausarbeitung der den Kultus betreffenden Gesetze sollten Juden, die wegen ihrer Kenntnisse und Rechtschaffenheit das öffentliche Vertrauen genießen, zugezogen werden“.

Nur drei deutsche Fürsten widerstanden dem Andringen des Zeitgeistes, die von Bayern, Österreich und Sachsen. Zwar erließ der erste von Napoleon eingesetzte König von Bayern, Maximilian Joseph, ein Edikt, (10. Juni 1813) das scheinbar die Juden gleichstellte oder wenigstens diejenigen, welche das Ansiedlungsrecht erhalten hatten. Aber dieses Recht unterlag vielfachen Beschränkungen. In Österreich haben die Nachfolger des Kaisers Joseph, der zuerst einige Ringe der Kette gelöst hatte, Leopold II., und Franz I., dessen günstige Bestimmungen unausgeführt gelassen und noch neue Demütigungen hinzugefügt. Zu der fast unerschwinglichen Abgabenlast der böhmischen, mährischen, schlesischen und galizischen Gemeinden unter den empörendsten Formen, hier von Lichtsteuer und dort von Wein- und Fleischsteuer, kam noch in Wien hinzu eine Kollektentaxe oder ein Zoll von jedem Juden, der nach der Hauptstadt kam. Polizeispione lauerten jedem Juden auf, der in Wien auf kurze Zeit weilend, nicht mit einem Meldezettel versehen, war und behandelten ihn wie einen Verbrecher. Das Heiraten der Juden blieb beschränkt und wurde nur dem ältesten Sohne der Familie gestattet (Familiantenwesen). Österreich, obwohl so oft von den Soldaten der Freiheit zertreten, schloß sich wie mit einer chinesischen Mauer gegen jede Neuerung ab. — In dem neugeschaffenen Königreich Sachsen blieben sämtliche Beschränkungen aus der Zeit der kurfürstlichen Verfassung und der lutherischen Kirchlichkeit ohne Milderung bestehen. Man nannte Sachsen mit Recht das protestantische Spanien für die Juden. Eigentlich sollten sie gar nicht im Lande geduldet werden, und nur in den beiden großen Städten Dresden und Leipzig wurden einige privilegierte Juden zugelassen, aber unter der ausdrücklichen Bedingung, zu jeder Zeit ausgewiesen werden zu können. Synagogen durften sie nicht haben, sondern nur Betstuben.

Unvergleichlich freundlicher und fürsorglicher für die Juden war die Gesetzgebung in Rußland unter Alexander I., diesem edlen Fürsten, dem die Hebung des Volkes eine Herzensangelegenheit war. Die Massenhaftigkeit der jüdischen Bevölkerung, die durch die Erwerbung der polnischen Provinzen durch die Teilung Polens sich auf mehr als eine Million belief, ihre Erwerbsmittel größtenteils Handel — auch Hausierhandel — und Branntweinschenken auf dem Lande, ihr verwahrlostes Wesen, ihre kauderwelsche Sprache und unschönen Bewegungen und Trachten, wodurch sie sich selbst von der übrigen Bevölkerung absonderten, ihre Verwilderung infolge der Auflösung der Vierländersynoden, statt der regelnden Autorität die Willkür bei den Vorstandswahlen in den Gemeinden und endlich die Überhandnahme der zuchtlosen Neuchaßidäer — dieses alles war ein Chaos, und der Versuch, ihn zu lichten, muß diesem Kaiser als hohes Verdienst angerechnet werden. Seine Gesetzgebung (1804 bis 1812) wollte sie aus diesem Pfuhl durch Aufmunterung zur Erlernung von Ackerbau und Handwerk, durch Anlegung von Fabriken herausziehen, deren Pfleger eine gewisse Gleichstellung erlangen sollten. Auch durch Wissenschaft und Kunst sollten sie veredelt werden. Universitäten und hohe Schulen wurden ihnen zugänglich gemacht. Auch war Vorsorge getroffen für eine regelmäßige Ausbildung der Jugend durch Schulunterricht. Um sie der verwilderten Mischsprache zu entwöhnen, sollten diejenigen, welche eine der Sprachen, russisch, polnisch oder deutsch, zu sprechen und zu schreiben imstande wären, zu Ehrenämtern in der städtischen Verwaltung zugelassen werden. Zu Rabbinern sollten nur solche gewählt werden, welche eine dieser Sprachen verstanden. Ihre Ansiedlungsfreiheit wurde auch auf einige neurussische Provinzen erweitert, unter der Bedingung, keine Schankwirtschaft zu halten und die jüdische Tracht abzulegen. Alexanders Wohlwollen für die Juden bezeugt ein Wort von ihm: „Wenn es meinen Vorkehrungen auch nur gelänge, einen einzigen Mendelssohn aus ihrer Mitte herauswachsen zu sehen, würde ich befriedigt sein".

Diesem Wohlwollen fehlte nur die Geduld, die Aussaat auf so ungünstigem Boden langsam reifen zu sehen. Können Schäden von Jahrhunderten in einem einzigen Geschlechte geheilt werden? Hindernisse verschiedener Art stellten sich dem Erziehungswerke entgegen. Was ein Segen für sie sein sollte, betrachteten fast sämtliche Juden Rußlands und Polens als einen Fluch und klagten darüber, wie über eine Verlockung zum Abfall vom Judentum. Ihre häßliche Mischsprache und ihre jüdische Tracht schienen ihnen ein teures Heiligtum, das sie um keinen Preis abtun mochten. Ganz besonders hinderlich war es, daß sich in ihrer Mitte keine Persönlichkeit von Einsicht, Ansehen und Tatkraft vorfand, welche sie belehren und den Übergang von der Verwilderung zur Ordnung hätte hinüberleiten können. Ein despotischer Israel Jacobson wäre eine Wohltat für sie gewesen. Ein Mendelssohn im verjüngten Maßstabe oder richtiger ein Wessely lebte allerdings damals in Rußland, Isaak Beer Levinsohn (geb. 1787, gest. 1837), der zuerst die Irrwege verließ, russische Sprache und Literatur erlernte, gediegene Kenntnisse des jüdischen Altertums besaß, sie zu Lehrmitteln verarbeitete und das Verbesserungswerk der russischen Regierung mit allerdings nicht besonders stichhaltigen Belegen aus dem Talmud zur Beherzigung empfahl. Allein er hatte vermöge seiner untergeordneten Stellung wenig Ansehen bei den Massen, wurde nur von seinen Gesinnungsgenossen in Galizien gewürdigt, dagegen von den Führern der russischen Gemeinden verketzert. Bei der Wahl von Deputierten, welche in Petersburg der Regierung mit ihren Erfahrungen zur Regelung der Judenangelegenheit zur Seite stehen sollten, wurde Levinsohn übergangen und dafür Personen von geringer Einsicht berufen, die nicht einmal russisch verstanden. So wurde der Kaiser ungeduldig, nahm das Gewährte teilweise zurück, legte neue Beschränkungen auf, und das Chaos blieb ungelichtet.

Wie einst der Perserkönig Xerxes hatte der bis dahin unüberwindliche und durch seine Erfolge hochmütig und brutal gewordene Napoleon Völker und Fürsten in buntem Gemisch zu einem Weltkrieg gegen Rußland aufgeboten, und sie folgten ihm unterwürfig wie Sklaven ihrem Herrn. Nicht die Gegenmacht des Feindes hat Napoleon besiegt, eine höhere Hand, die seinen sonst so klaren Blick bis zur kindischen Torheit blendete. Als ihn Gott und das Glück verlassen hatten, kehrten die Fürsten die Schwerterspitzen gegen ihn. Die Volkskraft, die er, auf sein Feldherrntalent vertrauend, so sehr verachtete, erhob sich ebenfalls gegen ihn. Niemand hatte geahnt, daß das Große das Kleine in Mitleidenschaft ziehen, daß Napoleons Sturz die Juden, denen er, wenn auch widerwillig die Freiheit gebracht hatte, auf eine lange Zeit in ihre alte Knechtschaft zurückschleudern würde. Jüdische Jünglinge wohlhabender Familien hatten in Todesmut mit den christlichen gewetteifert, sich in den Kampf zu stürzen, um den Riesen erlegen zu helfen. Ganz besonders in Preußen hatten sich, von Vaterlandsliebe erglüht, Juden zahlreich den Freiwilligenscharen angeschlossen. Jüdische Ärzte und Wundärzte waren als Opfer in Lagern und Lazaretten bei Behandlung der Kriegsverwundeten und Verpesteten erlegen. Jüdische Frauen und Mädchen scheuten keine Anstrengung und Rücksicht, um den Verwundeten Hilfe und Trost zu bringen. Und überall, wo die Bürger zu den Waffen gegriffen und sich um das Banner ihres Vaterlandes geschart hatten, blieben die Juden nicht zurück, ihr Gut und Blut einzusetzen. Nichtsdestoweniger tauchte allmählich in den Gemütern der Deutschen der scheinbar vergessene Judenhaß wieder auf, nahm eine immer größere Ausdehnung an und brachte die Juden um den Preis, welchen die blutigen Siege auch ihnen verheißen hatten.

Mit dem Sturz des Helden begann die Herrschaft der kleinen Ränkeschmiede, der Menschen- und Länderschacherer. Den ersten Luftzug der beginnenden Reaktion in Deutschland empfanden die Juden. Kaum war das Geschütz des fliehenden Feindes im Weichbild von Frankfurt verhallt, vernahm man schon mehrere laute Stimmen, die einander ermunternd zuriefen, man müsse vor allem den unerhörten Anmaßungen der Juden Grenzen setzen. So wie die Patrizier ans Ruder kamen, wurden die unter französischer oder herzoglicher Herrschaft eingeführten Gesetze der Gleichheit sofort aufgehoben und den älteren Gewohnheiten Gültigkeit zugesprochen (Januar 1814). Die Stadt stand indes unter der Kontrolle der eigens für Kriegszwecke eingesetzten Verwaltungsrates oder der unverantwortlichen Gewalt des Freiherrn von Stein. Letzterer, mehr patriotisch als freisinnig, konnte die Juden nicht recht leiden. Er haßte Napoleon gründlich und schloß in seine Abneigung nicht bloß die Franzosen ein, sondern auch die

Juden, weil sie von diesen die Befreiung erhalten und weil sie bis dahin ihnen Vorschub geleistet hatten. Stein, der mit einem scharfen Worte den Frankfurter Judenhaß hätte niederschlagen können, ließ ihn gewähren, groß wachsen und sich aufblähen. Die Juden sollten wie ehemals Kammerknechte sein, in ihren Hantierungen beschränkt, in der Judengasse eingepfercht und bei ihren Verheiratungen pharaonisch behandelt werden. Der provisorische Senat nahm den nichts und viel sagenden Entwurf an, daß die Bestimmung der bürgerlichen und gemeindlichen Verhältnisse der israelitischen Glaubensverwandten vorbehalten bleibe (19. Juli 1814). Nach dem Beispiele Frankfurts gegann es auch in den drei deutschen Hansestädten gegen die Juden zu gären. In Hamburg war das Verhältnis umgekehrt als in Frankfurt. Hier war der Senat ihnen günstig und hätte ihnen gern, wenigstens den Wohlhabenden, das Vollbürgerrecht gesetzlich eingeräumt. Er erwartete von der unbeschränkten Gleichstellung der Juden eine Förderung der durch die französische Besatzung heruntergekommenen Handelsblüte. Nur die Kleinbürger waren gegen die Juden gestimmt und gewillt, sie in ihre alte Beschränkung zurückzuwerfen. — In Lübeck und Bremen begnügte sich die Bürgerschaft nicht einmal mit Hintansetzung der Juden. Der Antrag wurde ernstlich gestellt, die Bekenner der mosaischen Religion aus den Ringmauern der Stadt zu vertreiben. In Hannover, Hildesheim, Braunschweig und Hessen wurden sie ebenfalls ihrer Gleichstellung mit einem Male beraubt. Wie sehr stach diese Reaktion selbst gegen die in Frankreich ab! Hier, obwohl der freiheitsfeindliche und rachsüchtige Adel und die verbissene katholische Geistlichkeit am Hofe Ludwig XVIII. das große Wort führten und die Vorgänge seit 1789 vollständig als nicht geschehen betrachteten, wurde den Juden doch ihre bisherige Einbürgerung nicht verkümmert. Die katholische Kirche wurde zwar als Staatsreligion anerkannt und die jüdischen Konsistorien nicht vom Staate unterhalten, aber ihre Gleichheit blieb ungeschmälert.

Die um ihre Freiheit, Ehre, ja um ihre Existenz besorgten deutschen Juden, namentlich die in den sogenannten freien Städten richteten ihr Auge daher auf den Wiener Kongreß, welcher das verrenkte Europa wieder einrenken sollte. Von ihm, von dem man ein Universalheilmittel erwartete, erwarteten auch die Juden die Sicherstellung ihrer Freiheit. Die Frankfurter Gemeinde hatte zwei Deputierte nach Wien gesandt, um dem Kongreß eine Denkschrift zu überreichen, worin die Gründe für das Recht der Frankfurter Juden nach allen Seiten hin auseinander gesetzt waren; das formelle Recht, daß sie ihre Gleichstellung mittels einer hohen Summe nach bester Form erworben, und das patriotische Recht, daß sie auch an der Befreiung Deutschlands teilgenommen hatten. Hinter der Szene arbeiteten still und unsichtbar im Verein mit den Deputierten einige einflußreiche Persönlichkeiten. Das Bankhaus Rothschild, das sich durch Umsicht und glückliche Operationen zu einer Geldmacht emporgeschwungen hatte. Geräuschlos tätig war auch die jüdische Baronin Fanny von Arnstein, in deren Hause sämtliche Mitglieder und Diplomaten des Wiener Kongresses verkehrten; es galt als eine Ehre, in ihr Haus eingeführt zu sein. Die den Kongreß für die deutschen Angelegenheiten beherrschenden Staatsmänner zeigten sich den Juden günstig. Hardenberg und Metternich hatten in einem besonderen Schreiben ihr Mißfallen an der Hintansetzung der Juden in den Hansestädten zu erkennen gegeben (1815) und dem Senate geraten, was so viel als befohlen bedeutete, eine menschliche, gerechte Behandlung derselben eintreten zu lassen.

In dem Verfassungsentwurf für Deutschland, der von dem preußischen Bevollmächtigten (Wilhelm von Humboldt) ausgearbeitet, Metternich vorgelegt und zur Unterlage für die Beratung genommen wurde, war den Juden so ziemlich die Gleichheit zugedacht, wenngleich von ihnen gesondert verhandelt wurde. „Die drei christlichen Religionsparteien genießen in allen deutschen Staaten gleiche Rechte, und den Bekennern des jüdischen Glaubens werden, insofern sie sich der Leistung der Bürgerpflichten unterziehen, die denselben entsprechenden Bürgerrechte eingeräumt."

Allein der gute Wille dieser beiden Kanzler, selbst wenn die Monarchen, die sie vertraten, ihre Gesinnung geteilt haben sollten, reichte damals nicht aus. Es entstand ein neuer Feind für die Juden, welcher viel gefährlicher und zäher war als der Brotneid und der Zunftstolz, die Deutschtümelei. Die Federfuchser, berauscht von dem Siege über die Franzosen, verloren das Maß für die Schätzung der Dinge und gerieten in eine Art Taumel. Alles, was nicht das Gepräge des rein deutschen Wesens trug, war verhaßt. Die romantische Schule, die Schlegel, Arnim, Brentano, zeigten dieses grauenhafte mittelalterliche Gespenst in so wunderlicher Beleuchtung den Deutschen, daß sie es in ihrer Verblendung für ein Ideal ansahen, dessen Verwirklichung eine heilige Aufgabe sei. Zum Mittelalter gehörte das Christentum, strenge Gläubigkeit. Fromm im mittelalterlichen Sinne konnten aber nur Verehrer des Katholizismus sein mit dem Papsttum als letztentscheidender höchster Autorität. Diesem Ziele steuerten daher auch die ehrlichen Romantiker zu, Görres, Friedrich Schlegel, Adam Müller, die folgerichtig zur römischen Kirche übertraten und das Reich der Jesuiten und der Inquisition wieder aufrichten halfen. Der sittlich faule Gentz, der Protestant, stellte allen Ernstes den Katholizismus als die allein seligmachende Kirche auf, welche die Einheit Deutschlands in der Unterwürfigkeit unter Papst und Kaiser wieder herstellen könnte. Der protestantische Teil Deutschlands, welcher vor diesem letzten Worte des folgerichtigen Handelns zurückschrak, verfiel in allerlei Widersprüche und glich Nachtwandlern mit Brandfackeln. „Gott hatte den Geist der Verwirrung in ihr Inneres gegossen, und sie taumelten wie Betrunkene.“

Die phantastisch-christliche Deutschtümelei war das gewaffnete Gespenst, das den deutschen Juden mehrere Jahrzehnte hindurch Ruhe, Ehre und Schaffensfreudigkeit raubte. Sie bohrte sich förmlich in einen Haß gegen die Juden ein, und, um Grund für diesen blinden Haß zu finden, wühlten die Judenfeinde in alten Scharteken, scharrten Kehricht zusammen und entwarfen daraus ein grauenerregendes Bild von ihnen, um sich und anderen Furcht zu machen. Ein akademischer Lehrer, den die neugegründete Berliner Universität auf die Lehrkanzel der Geschichte berufen hatte, Friedrich Rühs entwickelte in einer Schrift (Februar 1815) „Ansprüche der Juden an das deutsche Bürgerrecht“, die unheilvolle Theorie vom christlichen Staate und folgerte daraus die Berechtigung, die Juden, wo nicht aus Deutschland zu verjagen, so doch sie zu demütigen und ihr Wachstum zu hemmen. Sie sollten nur eine geduldete Volksklasse sein und durchaus keinen Anspruch auf gleiches Bürgerrecht machen können, sollten wieder Schutzgeld, Judensteuer, zahlen. Rühs war dafür, daß die Juden wieder ein Abzeichen tragen sollten. Diese Demütigung sollte sie in die Kirche locken. Seine Schrift fand Anklang. Die deutsche Gelehrsamkeit, die zur Zeit Lessings, Abts, Kants und Herders die apostolische Verkünderin allgemeiner Menschenliebe gewesen war, redete die Sprache der Kirchenväter und hetzte zu Haß und Verfolgung. Sie wetteiferte im Judenhaß mit dem Ultrakatholizismus. Pius VII., der infolge der Restauration wieder im Kirchenstaate regierte und die Inquisition wieder einführte, verordnete, daß die Juden die unter französischer Herrschaft genossene Freiheit wieder verlieren sollten. Die Juden Roms mußten ihre schönen Häuser in allen Teilen der Stadt räumen und wieder in das schmutzige, ungesunde Ghetto zurückkehren. Das Mittelalter wurde in dem Kirchenstaate wieder eingeführt. Die Juden mußten sich wieder wie im siebzehnten Jahrhundert bei Strafe zu den Bekehrungspredigten einfinden. Das Mittelalter sollte auch in Deutschland zurückgeschraubt werden. Indessen hatte die Weltgeschichte eines jener überraschenden Zwischenspiele aufgeführt, welches die Unhaltbarkeit der reaktionären Restauration beweisen sollte. Napoleon war trotz der englischen Seepolizei auf französischem Boden gelandet. Die Stützen des Bourbonischen Thrones, Adel, Geistlichkeit und Intriganten, knickten zusammen, noch ehe ein Schuß gefallen war. Das Kaiserreich der hundert Tage war wieder hergestellt. Ganz Europa bewaffnete sich gegen einen einzigen Mann. Die Kriegswürfel entschieden jedoch bei Waterloo zugunsten der Verbündeten. In dem preußischen Heere, das nächst dem englischen den Ausschlag gegeben hatte, befanden sich viele jüdische Krieger.

Was für einen Lohn erhielten die deutschen Juden für ihre aufrichtige Hingebung an das Vaterland? Als der Kongreß, durch Napoleons plötzliches Wiedererscheinen erschreckt, regelmäßige Sitzungen zu halten anfing, wurde die Bundesakte für ein zugleich geeintes und getrenntes Deutschland in Beratung gezogen und darin auch den Juden ein Paragraph gewidmet. Das Bürgerrecht sollte ihnen zugesichert werden, und in den Ländern, wo noch dieser Reform Hindernisse entgegenstehen, sollten diese so viel als möglich hinweggeräumt werden. Aber für diese Fassung waren nur Österreich und Preußen, die Stimmen aller übrigen Bundesmitglieder und namentlich die der freien Städte waren entschieden dagegen. Um eine Übereinstimmung zu erzielen, wurde eine neue fast nichtssagende Fassung in Vorschlag gebracht: „Die Bundesversammlung soll den Bekennern des jüdischen Glaubens den Genuß der bürgerlichen Rechte gegen die Übernahme aller Bürgerpflichten sichern. Jedoch werden denselben bis dahin die in den Bundesstaaten bereits eingeräumten Rechte erhalten.“ Der letzte Teil war aber für die Freistädte bedenklich. Dort waren die Juden durch die französische Regierung tatsächlich im Besitz der bürgerlichen Gleichheit. Darum protestierte der Gesandte für Frankfurt ganz entschieden dagegen. Der Abgeordnete für Bremen, Senator Schmidt, war klüger; er protestierte nicht, sondern vereitelte mit einem Meisterzuge die verfängliche Bestimmung. Mit der Bemerkung, daß die von den Franzosen den Juden in Norddeutschland verliehenen Rechte doch nicht für die Deutschen maßgebend sein könnten, warf er so hin, daß man doch bloß das Wörtchen in in von zu verwandeln brauchte, dann wäre ja alles in Ordnung. Niemand achtete anfangs auf diese scheinbar geringfügige Wortänderung. So blieb in der Bundesakte stehen: „Es werden den Bekennern des jüdischen Glaubens die denselben von den einzelnen Bundesstaaten bereits eingeräumten Rechte erhalten.“ Von den Bundesstaaten hatten aber bis dahin nur Preußen und Mecklenburg und allenfalls noch Baden den Juden das Bürgerrecht eingeräumt, die meisten aber nicht. Die Verfügung der französischen Behörden wurde hiermit als nichtig dargestellt. Deutschland war gerettet. Metternich und Hardenberg, die zwei Seelen der Beratungen für die Bundesakte, hatten so wenig Ahnung von der begangenen Fälschung, daß sie sich beeilten, noch an demselben Tage den Juden in den vier Freistädten durch deren Deputierte die Beruhigung zugehen zu lassen, daß ihre bürgerlichen Rechte von dem Kongreß anerkannt und gesichert worden seien; aber die Judenfeinde in den freien Städten lachten sich ins Fäustchen. Sie hatten den Buchstaben zum Schilde, daß sie für den Augenblick ihre Juden mißhandeln dürften, und hofften auch künftig auf dem Wege des Bundestages die zweideutige Versprechung trügerisch machen zu können.

Mit Napoleons zweitmaligem Sturz hörte bekanntlich die titanische Tragödie auf, und es begann die Posse. Die verbündeten Mächte flossen über von Religion und Tugend, vergaßen aber die verheißenen Freiheiten. Aus falschem Nationalgefühl, falscher Religiosität, aus Hochmut, Neid, Furcht und anderen dunkeln Gefühlen entwickelte sich ein giftiger Judenhaß, der von außen betrachtet, lächerlich erschien, im Innern aber eine blutige Katastrophe ahnen ließ. Es waren einige sehr schlimme Jahre für die deutschen Juden. Lübeck, durch die eingeschmuggelte Auslegung eines Paragraphen der Bundesakte geschützt, kümmerte sich nicht viel um Preußens Zorn und ließ mehr als vierzig jüdischen Familien die Weisung zugehen, die Stadt zu verlassen (September 1815). Bremen tat dasselbe mit seinen Juden. Frankfurt konnte zwar seine Juden nicht ausweisen, aber es verbitterte ihnen das Leben, schloß sie von den Bürgerversammlungen aus, setzte jüdische Beamte ab, verbot ihnen viele Gewerbe und Hantierungen, wies Ehegesuche jüdischer Verlobter mit mittelalterlicher Herzlosigkeit zurück, ließ sie nicht in allen Stadtteilen wohnen und gebärdete sich so, als wenn die Juden wie ehemals seine Kammerknechte wären. Da der Senat aber wußte, daß Preußen und Österreich es als ein Ehrensache betrachteten, die bürgerlichen Rechte der Juden von Frankfurt unverkürzt zu erhalten, wendete er sich an die juristischen Fakultäten von Berlin, Marburg und Gießen, um die Frage der Ehre und Menschlichkeit als einen Rechtsstreit entscheiden zu lassen. Die hochmütig gewordene Stadt, in deren Mitte der Bundestag die Sitzungen halten sollte, glaubte ihr Unrecht ertrotzen zu können und den Juden auch nicht das geringste Zugeständnis zu machen. Die Frankfurter Gemeinde setzte sich indes ebenfalls zur Wehr. Sie bereitete eine Denkschrift für den Bundestag (Januar 1816) vor und setzte ihr gutes Recht in ein klares Licht. Der junge Börne war der Verfasser dieser gediegenen, zugleich juristischen und politischen Arbeit.

Dieser Streit des Frankfurter Senats mit der Judenschaft, welcher sich neun Jahre hinzog (1815 bis 1824) und viele Verdrießlichkeiten in seinem Gefolge hatte, wird ewig eine Schmach jener Zeit und des deutschen Zopfgeistes bleiben. Die fünf Rechtslehrer der juristischen Fakultät von Berlin entschieden rechtsverdrehend, daß die Juden von Frankfurt nach der „Stättigkeit“ von 1616 Untertanen oder Hörige der Bürger seien und bleiben müßten. Ein Streit um

Besitz oder Besitzverwirkung von Sklaven wäre von diesen Ehrenmännern vielleicht gerechter entschieden worden. Es handelte sich aber nur um Juden. Aus allen Teilen Deutschlands erschollen zu gleicher Zeit mannigfaltige Stimmen gegen sie mit ganz bestimmter Aufforderung an das Volk oder an den deutschen Bund, sie zu knechten oder gar zu vertilgen. Zeitungen und Flugblätter hetzten gegen sie, als wenn Deutschland oder die Christenheit nur durch den Untergang der Juden gerettet werden könnte. In dieses widerliche Gebrülle, das mehrere Jahre hindurch in leidenschaftlicher Steigerung ertönte und zuletzt in Roheit ausartete, mischten sich stets schrille Stimmen aus Frankfurt, welche das Gewissen des deutschen Volkes übertäuben wollten. Den Reigen eröffnete wieder (Januar 1816) der Geschichtsprofessor an der Berliner Universität, Friedrich Rühs, mit seinen unwahren Behauptungen und blödsinnigen Folgerungen. Ihn unterstützte ein Arzt und Professor der Naturwissenschaften in Heidelberg, Friedrich Fries. Dieser schleuderte eine Schrift in die Öffentlichkeit „Gefährdung des Wohlstandes und Charakters der Deutschen durch die Juden", worin er behauptete, daß diese Kaste mit Stumpf und Stiel ausgerottet werden müßte.

Gegen die Eingriffe der Lübecker in das Recht der Juden richtete ein Organ der österreichischen Regierung eine Art Drohung. „Wie soll sich der künftige Bundestag mit Verbesserung des Zustandes der Israeliten beschäftigen, wenn einzelne Staaten durch die willkürlichsten und grausamsten Beschlüsse seinen Beratungen vorgreifen?" Was tat aber Österreich, das so viel sittliche Entrüstung für die Juden äußerte? Franz I. und sein Beherrscher Metternich vergaßen vollständig die wohlwollenden Absichten Josephs II., um sich nur der gehässigen Gesetze Maria Theresias gegen die Juden zu erinnern. Sie ließen nicht nur die alten Beschränkungen bestehen, sondern fügten noch neue hinzu. Sie verjagten die Juden allerdings nicht, es wurden ihnen Ghettos angewiesen, über die sie nicht hinausgehen durften. Tirol, das klösterliche Gebirgsland war ihnen selbstverständlich, so gut wie den Protestanten, verschlossen. In Böhmen waren ihnen die Bergstädte und Dörfer und in Mähren umgekehrt die bedeutenden Städte Brünn und Olmütz unzugänglich, wo sie nur auf kurze Zeit weilen durften. Die Beschränkungen der Juden Österreichs waren sprichwörtlich geworden. Und erst in Galizien? Für sie gab es einen noch schwereren Druck als im Mittelalter. Der Kaiser Franz adelte zwar diesen und jenen reichen Juden, aber die übrigen wurden entwürdigt. Kriegsdienst mußten sie leisten, aber die Tapferen unter ihnen wurden kaum zu den untersten Staffeln der militärischen Leiter zugelassen.

Österreich hatte allerdings den Juden keine Versprechungen gemacht und keine Hoffnung auf Freiheit erweckt. Aber auch Preußen, wo sie bereits im Vollgenusse des Staatsbürgerrechtes gewesen waren, hat für sie ein Stück Mittelalter heraufbeschworen und damit zugleich ihre Ehre tiefer gekränkt. Friedrich Wilhelm III., der die Gleichstellung der preußischen Juden als Gesetz erlassen hatte, ließ es unausgeführt als toten Buchstaben bestehen. Die verheißene Gleichstellung der Juden in den neuerworbenen oder wiedereroberten Provinzen wurde immer verschoben. Diese letzteren blieben den Beschränkungen aus früherer Zeit unterworfen, und Preußen bot den Anblick einer wunderlichen versteinerten Gesetzgebung in betreff der Juden. Es gab einundzwanzig verschiedene Grundgesetze zur Behandlung derselben. Sie wurden eingeteilt in französische, altpreußische, sächsische, polnische Juden, natürlich nur zu ihrem Nachteil. Die Juden der Provinz Posen, die Parias unter den preußischen Juden, durften kein Haus von einem Christen erwerben, nicht auf dem Lande wohnen, keine kaufmännischen Rechte erlangen und erlagen noch anderen Beschränkungen. In den Städten, wo früher keine Juden wohnten, durften keine aufgenommen werden, wie in Österreich. Von einer Provinz in die andere überzusiedeln, war nicht gestattet. Es wurde in Preußen geradezu darauf angelegt, die Juden in der Gesellschaft verächtlich zu machen. Während die Regierung früher darauf Bedacht genommen hatte, im offiziellen Verkehr den Namen J u d e , j ü d i s ch , zu vermeiden, weil er eben eine gehässige Nebenbedeutung hat, so bestand sie später darauf, daß gerade diese Bezeichnung gebraucht werden sollte. Die Verkehrtheit der Theorie vom christlich-deutschen Staate blendete auch die Augen der gerecht Denkenden und menschlich Fühlenden.

Der judenfeindliche Geist in Preußen zeigte sich auch an einem Falle, der einen Vergleich mit Frankreich herausfordert. Jenes ungerechte Napoleonische Gesetz, welches die Gleichheit der Juden der deutschen Departements auf zehn Jahre in bezug auf Freizügigkeit und Handel aufgeschoben hatte, sollte nach Ablauf der Frist (bis 17. März 1818) von selbst erlöschen, falls es nicht verlängert würde. Die Regierung Ludwigs XVIII., obwohl von der kirchlichen und politischen Reaktion umtobt, machte auch nicht einmal einen Versuch, die Beschränkung aufrecht zu erhalten, und somit wurden die Juden von Elsaß in ihre ehemalige Gleichheit wieder eingesetzt. Dasselbe beschränkende Gesetz war auch für die Juden des Gebietes des linken Rheinufers erlassen, welches zu Preußen oder zur Rheinprovinz und Westfalen geschlagen wurde. Die preußische Regierung hatte bei der Übernahme dieser ehemaligen französischen Kreise die Beschränkung bestehen lassen, und eine Kabinettsorder (vom 3. März 1818) erneuerte sie bis auf unbestimmte Zeit. Der Widerwille gegen die Juden nahm ohne Grund und Veranlassung immer mehr zu. Rahel von Varnhagen prophezeite, eine düstere Kassandra, im voraus einen Judensturm.

Die Gemüter waren damals in Deutschland sehr erregt durch die Ermordung Kotzebues in Mannheim von der Hand des christlich-romantisch überspannten Studenten Karl Sand (März 1819) und durch die Gewaltmaßregeln der Regierungen gegen demagogischen Umtriebe und Deutschtümelei, die sie selbst früher genährt hatten. Die Deutschtümler lechzten nach einem Opfer, um an ihm ihre Rache zu kühlen, und da sie den Staatslenkern nicht beikommen konnten, so wurden die hilflosen Juden dazu ausersehen. Eine Reihe brutaler Wutausbrüche erfolgte mehrere Monate hintereinander gegen sie. Das Mittelalter in seiner grinsenden Gestalt stand wieder auf; es wurde von der Studentenschaft und dem Kaufmannsstande wieder aufgefrischt.

Den Reigen mit dem wilden Toben „Hep-Hep"[1]) eröffnete die Stadt Würzburg. Die Bevölkerung erbrach die Kaufläden der Juden, warf die Waren auf die Straße, und als die Angegriffenen sich zur Wehr setzten und mit Steinen warfen, steigerte sich die Erbitterung bis zur Raserei. Es entstand eine förmliche Judenschlacht wie im Mittelalter, es kamen Verwundungen vor, mehrere Personen wurden getötet. Militär mußte zur Dämpfung der Erbitterung herbeigeholt werden, sonst wären die Juden niedergemetzelt worden. Tags darauf stellte die Bürgerschaft die Forderung an die städtische Behörde, daß die Juden Würzburg verlassen sollten. Und sie mußte sich fügen. Mit Trauer verließen etwa vierhundert Juden die Stadt und lagerten mehrere Tage in den Dörfern oder unter Zelten, einer trüben Zukunft entgegensehend. — Die Judenhetze in Würzburg wiederholte sich bald in Bamberg und in fast allen Städten Frankens. Wo sich ein Jude blicken ließ, wurde er mit dem Schimpfnamen Hep-Hep „Jude verreck" angebrüllt und gemißhandelt.

Für Frankfurt war diese Judenhetze ein Fingerzeig, wie die Verhaßten gedemütigt werden könnten, sie, die gewagt hatten, einen Prozeß gegen den Senat zu führen, und einige Beschützer beim Bundestage hatten. So wiederholte sich hier ein Krawall. Er begann mit dem Hep-Hep-Ruf und mit Zerstören der Fensterscheiben an jüdischen Häusern und steigerte sich zur Roheit, alle Juden von den Promenaden mit Hohn und Mißhandlung zu verjagen. Handwerker, Tagelöhner, Ladendiener, von ihren Brotherren heimlich ermutigt, machten wie zur Zeit Vincenz Fettmilchs Angriffe auf jüdische Häuser. Ganz besonders war es auf Rothschilds Haus abgesehen, dessen Reichtum und Bedeutung in politischen Kreisen den christlichen Patriziern in die Augen stachen. Mehrere vermögende Juden verließen das judenmörderische Frankfurt. Den Gesandten des Bundestages, welcher

[1]) Hep-Hep sollte die Abkürzung von Hierosolyma est perdita sein.

in dieser Stadt seinen Sitz hatte, war dieser Judensturm nicht gleichgültig. In Rothschilds Koffer waren Gelder des Bundestages zur Sicherheit niedergelegt. Der Vorsitzende, Graf v. Buol-Schauenstein, berief daher eine Konferenz der Mitglieder zur Beratung, und es wurde beschlossen, Bundestruppen aus Mainz zu berufen. Stafetten flogen nach allen Seiten hin. Dadurch machte die Frankfurter Judenhetze in ganz Europa Aufsehen. Die Aufregung gegen die Juden dauerte indes trotz der herbeigezogenen Truppen noch immer fort. Mehrere derselben verkauften daher ihre Häuser, und selbst die Rothschilds trauten dem Frieden nicht und dachten ernstlich daran, Frankfurt den Rücken zu kehren.

In Darmstadt und Beyreuth wiederholten sich die Stürmereien. Aus Meiningen wurden die wenigen Juden vertrieben. In Karlsruhe fand man eines Morgens (18. August) an der Synagoge und an den Häusern angesehener Juden einen Anschlagzettel angeheftet: „Tod und Verderben den Juden!“ Die Hamburger folgten nach. Die Juden wurden aus den Kaffeehäusern und von der Post mit Hohn und Beleidigung verjagt, die Fenster ihrer Häuser eingeschlagen. Kein Jude durfte sich auf den Straßen blicken lassen. In Heidelberg wäre Blut geflossen, wenn die Studentenschaft, angeführt von zwei ob der Schmach entrüsteten Professoren, Daub und Thibaut, die Wehrlosen nicht mit eigener Gefahr geschützt hätte.

Aus Deutschland flog der Funke des Judenhasses sogar in die Hauptstadt des dänischen Staates, der einige Jahre vorher den Juden das Bürgerrecht erteilt und es nicht mehr zurückgenommen hatte. Die Regierung mußte das Standrecht verkünden. Die Bürger standen indes in den wenigen Städten, wo Juden wohnten, ihnen bei, und die Prediger verkündeten von den Kanzeln Duldung und Liebe gegen sie. Damit kein Zug von den mittelalterlichen Judenhetzen fehlen sollte, wurde in einem kleinen bayerischen Orte eine Synagoge gestürmt und die Gesetzrollen in roher Weise zerrissen. Auch da, wo sich die Faust nicht ballen konnte, donnerte der Mund jedem Juden ein Hep-Hep zur Belustigung der Zuschauer entgegen. Die deutschen Regierungen, welche sie schützten, taten es mehr aus Furcht, weil sie hinter dem Judensturm demagogische Umtriebe argwöhnten. Später beriefen sie sich auf diese Gewaltausbrüche, als auf den Volkswillen oder Unwillen gegen die Juden, um ihnen die Einbürgerung vorzuenthalten.

In Portugal wurde um dieselbe Zeit bei den Cortes ein Antrag eingebracht, die ausgestoßenen Juden wieder zuzulassen und das an ihnen begangene Verbrechen zu sühnen, und in Deutschland rechtfertigten Schriftsteller und Staatsmänner dieses Verbrechen und wünschten, daß es im neunzehnten Jahrhundert wiederholt würde! Rohe Gesellen schmiedeten Brandschriften gegen die Juden. Verherrlichten sie Sand und seine Mordtat an Kotzebue und rühmten dessen christlich-religiöses Gefühl, so verfehlten sie nicht, hinzuzufügen, daß „der christliche Haß den Tag des Gerichtes über die Juden, die Spießgesellen der Plusmacherei, herbeirufen werde". Die Hand aller war gegen sie, für sie trat kein Wortführer von Gewicht und Ansehen auf, dessen Wort dem Belfern, wenn auch nicht Stillschweigen, doch Mäßigung hätte auflegen können, nicht der greise Jean Paul (Friedrich Richter), obgleich er eine Vorliebe für die Juden hatte, nicht der junge Varnhagen von Ense, obwohl er Rahel zur Frau hatte, die doch mit geschmäht wurde. Schmählich benahmen sich aber die getauften Juden bei diesen Judenstürmen. Nicht einer von ihnen (außer Börne) trat für sie mit der Entrüstung auf, welche Gewalttätigkeit gegen Wehrlose einflößen muß. Rahel von Varnhagen, welche durch ihre vernünftelnde Christelei an den Nebelschleiern der Deutschen mitgewoben hat, schrieb zwar an ihren Bruder Ludwig Robert, welcher Zeuge des Hep-Hep-Sturmes war, in ihrer Art: „Ich bin gränzenlos traurig, wie ich noch gar nicht war Wegen der Juden. Behalten wollen sie sie; aber zum Peinigen, zum Verachten, zum „Judenmauschel" schimpfen ..... zum Fußstoßen und Treppenhinunterwerfen ..... die gleißnerische Neu-Liebe zur christlichen Religion (Gott verzeihe mir meine Sünde), zum Mittelalter mit seiner Kunst, Dichtung und Gräueln hetzt das Volk zu dem einzigen Gräuel, zu dem es sich noch, an alte Erlebnisse erinnert, aufhetzen läßt." Aber weder Rahel, noch ihr Bruder Robert, die doch sonst für jede Kinderei so viel Worte künstelten und eine Stimme in der öffentlichen Meinung hatten, erhoben sie öffentlich gegen diese Gewalttaten.

Die Juden hatten zwar bereits ihre eigenen literarischen Hilfsmittel, um sich ihrer Haut zu wehren. In Deutschland allein gab es fast vierzig jüdische Schriftsteller, welche zum deutschen Publikum sprechen konnten, und zwei eigene Zeitschriften. Auch die Tagesblätter öffneten ihnen hin und wieder ihre Spalten. Sie traten auch mutig auf den Kampfplatz, um die allzugemeinen Anschuldigungen gegen ihre Stammgenossen abzuwehren. Auch der greise David Friedländer erhob abermals seine Stimme, gebärdete sich aber possierlich, schlug die Hände zusammen ob der Judenfresser in Deutschland im neunzehnten Jahrhundert und konnte nicht begreifen, er, der das Christentum und den Staat für Ideale hielt, daß diese Götter so viel Unflat um sich werfen könnten. Aber alle diese jüdischen Kämpfer warfen nur leichte Kügelchen und konnten die dicke Panzerhaut des deutschen Vorurteils gegen die Juden kaum streifen. — Dazu gehörten scharfspitzige und wuchtige Harpunen. Da erweckte ihnen der Lenker der

Geschichte zwei Racheengel, welche die Deutschen mit feurigen Ruten peitschten, sie aus ihrer erträumten Höhe herabstürzten und ihre Armseligkeit schonungslos aufdeckten. Diese Racheengel, welche den Deutschen mehr Segen brachten, als ihre Schutzengel, waren Ludwig Börne und Heinrich Heine. Sie haben den mittel alterlichen Qualm, den die Deutschen künstlich, um das Licht zu verdunkeln, um sich anhäuften, mit ihrem blitzartigen Geiste durchbrochen und dem reinen Lichte wieder Zutritt verschafft.

In ihrer kindischen Verbissenheit gegen die Juden behaupteten die Deutschtümler, die Rühs, Fries und die Hundt-Radowsky, das Judentum könne keinen Mann von Charakter, keine Seele mit freiem Kunstsinn aus sich gebären; da strafte sie die Geschichte sofort Lügen und beschämte sie. Das Judentum stattete einen charakterfesten Freiheitsapostel mit einer Sprache aus, welche an die Propheten und die römischen Catone erinnerte, und dieser verwirrte alle Begriffe der Deutschen von ihrer Staatsrechtslehre, und es stellte noch dazu einen kunstsinnigen Dichter auf, mit einer Mischung von inniger Poesie und geißelnder Ironie, und dieser warf alle ihre Kunstregeln über den Haufen. Der mannigfaltige Blütenschmuck des Börne-Heineschen Geistes ist aus jüdischen Wurzeln entsprossen. Nicht bloß ihr Witz war jüdisch, sondern auch ihr Wahrheitsdrang, ihr Widerwille gegen Schaustellungen, ihr Haß gegen das Bemänteln und Verschleiern, ihre Verachtung gegen ambrosianische Orgelklänge für Lüge, Menschenknechtung, Rechtsverdrehung und Menschenschlächterei. Die demokratische, freiheitsglühende Gesinnung, die bei Börne mehr, bei Heine weniger, die spinozistisch einschneidende Zergliederung, die bei diesem mehr, bei jenem weniger hervortritt, das alles war an ihnen urjüdisch. Sie, die Geknechteten, wurden Befreier und erlösten ihre Feinde von dem Doppeljoche politischer und gesellschaftlicher Unmündigkeit. Börne oder Löb Baruch (geb. Frankfurt 1786, gest. Paris 1837) machte schon als Jüngling der Gedanke rasend, daß ihm das Schmähwort „Jude" ins Gesicht geschleudert werden könnte. Und er hat richtig vorgeahnt, daß ihm diese Schmach nicht erspart und daß seine Löwentatze herausgefordert werden würde. Als er einen Reisepaß von der Frankfurter Polizei nahm, schrieb ihm eine Mißgestalt von Polizeischreiber hinein: „Jud' von Frankfurt." „Mein Blut stand still. Damals schwur ich im Herzen: Wartet nur, ich schreibe euch auch einmal einen Paß, euch allen", so erzählte er.

Die freche Art, wie die Frankfurter Juden um ihre dreifach verbriefte Freiheit geprellt wurden, empörte sein Freiheitsgefühl tief, und er spitzte zuerst seine Pfeile zum Kampfe für seine Stammgenossen und gegen die Frankfurter Spießbürger, welche die Judenstättigkeit von 1616, „diesen Roman der Bosheit", im neunzehnten Jahrhundert, wiedereingesetzt hatten. Was in Börne in den Jahren der immer steigenden Reaktion gegen die Juden gewogt hat, legte er einem jüdischen Offizier in einem Roman in den Mund. „Ihr habt mir die Spiele der Kindheit gestohlen, ihr schlechten Schelme! Ihr habet mir Salz geworfen in den süßen Becher der Jugend, ihr habet die tückische Verleumdung und den albernen Spott hingestellt auf den Weg des Mannes, — abhalten konntet ihr mich nicht, aber müde, verdrossen und ohne Freudigkeit erreichte ich das Ziel.... Du fragst mich, warum ich mein Vaterland fliehe? Ich habe keines, ich habe die Fremde noch nicht gesehen. Wo Kerker sind, erkenne ich meine Heimat, wo ich Verfolgung finde, atme ich die Luft meiner Kindheit. Der Mond ist mir so nah wie Deutschland."

Anstatt Rache zu nehmen für die Wunden, welche der deutsche Judenhaß ihm und seinen Stammgenossen schlug, unterzog sich Börne der schweren Aufgabe, diesen Haß verschwinden zu machen, indem er an die Veredlung des deutschen Volkes Hand anlegte. Er wollte ihnen Gefühl für Freiheit, Manneswürde und Selbstachtung einflößen, mit einem Worte, es mündig zu machen. In der „Waage", seinem Organ, stellte er Ideale auf und maß daran die kleinlichen Zustände und Vorgänge der Deutschen. Lachend sagte er ihnen Wahrheiten, wie sie sie noch nie vernommen hatten. Börne trat zwar aus dem Judentum aus und ließ sich in Offenbach taufen (5. Juni 1818). Wie wenig ihm aber das christliche Bekenntnis war, bekundete er durch die Äußerung, daß er das „Taufgeld bereute". Er wollte den Wurf seiner treffenden Geschosse nicht durch das Vorurteil hemmen lassen, daß sie von einem jüdischen Schützen abgedrückt waren. Alsbald erfuhr Deutschland, daß ihm ein Schriftsteller entstanden war, der an Lessing erinnerte, der aber mehr als Lessing war, weil er die Kunst nicht auf einsam eisige Höhen, sondern in die Ebenen des Lebens verpflanzte. — Heinrich Heine (geb. Düsseldorf 1799, gest. Paris 1854) war noch dazu in den Tiefen seines Inneren unendlich mehr Jude als Börne, ja er besaß alle Vorzüge und Unarten der Juden in einem hohen Grade. Börnes Geist glich durchsichtigem Quellwasser, das auf sauberem Kiesel dahinrieselt und nur aufschäumt, wenn Stürme es peitschen, Heines Geist glich einem Wasserstrudel, auf dessen Fläche die Sonnenstrahlen spielen und Regenbogenfarben bilden, der aber die sich nahenden Fahrzeuge in seine brausenden Tiefen hineinreißt und sie zerschellt, wenn sie nicht starken Baues sind. Heine war ein ebenso tiefer Denker wie malerischer Dichter, ebenso unerbittlicher Kritiker wie liebenswürdiger Spötter, ebenso voll von originellen Gedanken wie von Sangesweisen.

Für das Judentum oder richtiger für den jüdischen Stamm, die jüdische Leidensgeschichte und die heiligen Schriften hegte er in tiefster Brust eine warme Anhänglichkeit, die ihm nur nicht recht klar wurde. Das Steinalter des Judentums, seine der Zeit und den tausendfältigen Widerwärtigkeiten trotzende Fortexistenz imponierte ihm. Heine fühlte sich zu Zeiten stolz, diesem uralten Adel anzugehören. Was er später im zunehmenden Alter schrieb, war empfunden: „Ich sehe jetzt, die Griechen waren nur schöne Jünglinge, die Juden aber waren immer Männer, gewaltige, unbeugsame Männer, nicht bloß ehemals, sondern bis auf den heutigen Tag, trotz achtzehn Jahrhunderten der Verfolgung und des Elends. Ich habe sie seitdem besser kennen und würdigen gelernt, und wenn nicht jeder Geburtsstolz ein närrischer Widerspruch wäre, so könnte ich stolz darauf sein, daß meine Ahnen dem edlen Hause Israel angehörten, daß ich ein Abkömmling jener Märtyrer bin, die der Welt einen Gott und eine Moral gegeben und auf allen Schlachtfeldern des Gedankens gekämpft und gelitten haben." — Dieses Bewußtsein schlummerte dunkel von seiner Jugend an in seiner Brust. Er wußte aber nicht, was er mit dem Judentum anfangen, welche Stellung er dazu einnehmen sollte. Der Kreis von Juden, in dem noch Kernhaftigkeit, hohe Tugend und Sittlichkeit heimisch waren, stieß ihn mit der unästhetischen Außenseite ab. Seine Augen vermochten nicht sogleich die häßlichen Hüllen zu durchdringen und den Silberblick zu treffen. Der Kreis verfeinerter Juden, zu dem er in beginnender Mannesreife in Berlin zugezogen wurde, Friedländer, Ben-David, Jacobson und der junge Nachwuchs, hatte selbst kein rechtes Herz für das Judentum. In den halbjüdischen Kreisen, in denen er während seines Aufenthaltes in Berlin verkehrte, vernahm er gerade gründliche Verachtung für Juden und Judentum und eine schwärmerische romantische Vorliebe für das Christentum.

Heine war aber nicht so unselbständigen Urteils wie Börne, um vor den Gedankengötzen des Tages das Knie zu beugen. Er ließ sich seine Zuneigung zum Judentum nicht wegklügeln. Er schloß sich vielmehr dem Vereine mehrerer Jünglinge und junger Männer zur Hebung der Kultur unter den Juden an und trat hiermit auch dem ausgesprochenen Eide der Mitglieder bei, sich nicht um einer Staatslaufbahn willen taufen zu lassen.

Heine wäre mit seinem ganzen Wesen fürs Judentum eingetreten, wenn es selbst, d. h. seine gebildeten Träger, mit der Würde seines hohen Alters, seines Inhaltes und seines Berufes Jugendfrische und anziehenden Reiz verbunden und der gebildeten Welt hätte Achtung abgewinnen können. In seiner Ungeduld wünschte er, daß das Judentum gleich dem in Rom gefesselten Messias in der Sage plötzlich seine zerlumpte Hülle, seine gebeugte Knechtsgestalt abstreifen und sich in einen reichgeschmückten, blühenden und gebietenden Jüngling verwandeln möchte. Der Verjüngungsprozeß schien ihm zu langsam, die Mittel, die dazu angewendet wurden, zu kleinlich und das Liebäugeln der Berliner mit der herrschenden Kirche gar affenartig und unwürdig. „Wir haben nicht mehr die Kraft, einen Bart zu tragen, zu fasten, zu hassen und aus Haß zu dulden. Das ist das Motiv zu unserer Reformation." „Auch ich habe nicht die Kraft," gestand er freimütig, „einen Bart zu tragen und mir Judenmauschel nachrufen zu lassen." Entschieden äußerte sich seine Anhänglichkeit an das Judentum unter dem verzeihlichen Hasse gegen die Peiniger und Verächter seines Stammes, gegen den Erzfeind, welcher das Heil vom Judentum empfangen hatte und es dafür einkerkerte und anspie. Heines Antipathie gegen die Kirche war tief und unversöhnlich. In das Wort Edom hat er, im zuckenden Nachempfinden der alten Schmerzen, welche die Juden von dem heidnischen und christlichen Rom erduldeten, eine Welt von kochendem Ingrimm gepreßt. Noch mehr haßte Heine die Fahnenflüchtigen, die Überläufer, die, welche um Vorteils willen ihren Leidensgenossen den Rücken kehrten und sich zu dem Feinde gesellten. Ernste Überzeugung konnte sich Heine bei einem getauften Juden nicht denken; die Taufe sei Selbstbetrug, wo nicht gar Lüge. Diesem Hasse gab Heine eine poetische Gestalt in seinem dramatischen Gedichte Almansor (vollendet 1823). Er fand es aber unpassend, Juden auftreten zu lassen, welche in glühenden Versen ihren Schmerz und ihren Ingrimm aussprächen; darum legte er sie Muselmännern in Granada in den Mund.

Es zeugt für Heines warme Anhänglichkeit an seinen Stamm, daß er auch in der verdrießlichen Stimmung ernstlich daran ging, ihn zu verherrlichen. Der hinreißende Psalm, der einst an den Weiden Babels von einem hebräischen Dichter gesungen wurde, ging ihm nicht aus dem Sinn:

„Lechzend klebe mir die Zunge
„An dem Gaumen, und es welke
„Meine rechte Hand, vergäß' ich
„Jemals dein, Jerusalem!"

Im „Rabbi von Bacharach" wollte er die herrlichen und die traurigen Szenen der jüdischen Geschichte lebendig, wie nur er allein es vermochte, vorführen. Zu diesem Zwecke vertiefte er sich in die Jahrbücher der jüdischen Geschichte, um ein geschichtlich treues Bild zu zeichnen; seine Phantasie sollte nur die Tatsachen beleuchten, nicht erfinden, da ihm Stoff genug zu Gebote stand. Der empfindliche Feinfühler ließ es sich nicht verdrießen, deswegen in dem Kehricht alter Scharteken zu wühlen. Er wußte auch aus Spreu und Staub etwas zu ziehen. „Der Geist der jüdischen Geschichte offenbarte sich mir immer mehr und mehr." In der Zeit, in der Heine sich innerlich viel mit dem Judentum beschäftigte, in Begeisterung für seine Geschichte geriet und der Kirche keine Schmeicheleien sagte, ließ er sich in Heiligenstadt in die Christengemeinde aufnehmen (28. Juni 1825). Verschämt wie ein Mädchen, das sich etwas hat zu Schulden kommen lassen, teilte er seinem Busenfreunde Moser in verblümter Redeweise seine Taufe mit: „Ein junger spanischer Jude, von Herzen ein Jude, der sich aber aus Luxusübermut taufen läßt, korrespondiert mit dem jungen Jehuda Abrabanel und schickt ihm ein Gedicht. Vielleicht scheut er es doch, eine nicht sehr noble Handlung dem Freunde unumwunden mitzuteilen, aber er schickt ihm jenes Gedicht. — Denke nicht darüber nach."

Heine wurde durch seinen Übertritt nur noch erbitterter auf das Christentum, als wenn es ihn zum Treubruch, zur Ehrvergessenheit und zum Abfall von sich selbst verleitet hätte. „Ich versichere Dich," schrieb er, „wenn die Gesetze das Stehlen silberner Löffel erlaubt hätten, so würde ich mich nicht getauft haben." Börnes Einseitigkeit im vorgerückten Alter fand die bewegenden Gedanken der Neuzeit, für die er schwärmte, in einem regenerierten päpstlichen Katholizismus. Heines Vielseitigkeit entdeckte ihren Ursprung im Judentum. Auch über den Talmud sprach er selbst in seiner Zerfallenheit mit seiner feinen Fühlung ein tiefes Wort, daß die Juden es diesem zu verdanken hätten, daß sie dem christlichen Rom ebenso heldenmütig wie einst dem heidnischen widerstehen konnten. Im zunehmenden Alter, als ein tiefes Nervenleiden den Gedankenspiegel seines Geistes noch heller machte und er den Vorzug der auf Religiosität gebauten Sittlichkeit vor der sinnlichen Schönheit erkannte, kehrte Heine zu seiner Jugendliebe, zu seiner Verehrung für das Judentum ganz und gar zurück. Seine „Geständnisse" (1853 bis 1854) sind begeisterte Hymnen auf die jüdische Geschichte und den jüdischen Stamm. Für die Bibel hat er, der feinfühlige Dichter, stets geschwärmt. „Die Juden sollten sich trösten, daß sie Jerusalem und die Bundeslade eingebüßt haben; solcher Verlust ist nur geringfügig im Vergleich mit der Bibel, dem unzerstörbaren Schatze, den sie gerettet ... Die Wiedererweckung meines religiösen Gefühls verdanke ich jenem heiligen Buche, und dasselbe ward für mich ebenso sehr die Quelle des Heils, als ein Gegenstand der feurigsten Bewunderung. Ich hatte Mose früher nicht sonderlich geliebt, wahrscheinlich weil der hellenische Geist in mir vorwaltend war und ich dem Gesetzgeber der Juden seinen Haß gegen alle Bildlichkeit nicht verzieh. Ich sah nicht, daß Mose trotz seiner Befeindung der Kunst, dennoch selber ein großer Künstler war. Nur war dieser Künstlergeist bei ihm, wie bei seinen ägyptischen Landsleuten nur auf das Kolossale und Unverwüstliche gerichtet ... Er baute Menschenpyramiden, meißelte Menschenobelisken, er nahm einen armen Hirtenstamm und schuf daraus ein Volk, das ebenfalls den Jahrhunderten trotzen sollte, ein großes, ewiges, heiliges Volk, ein Volk Gottes, das allen anderen Völkern als Muster, ja der ganzen Menschheit als Prototyp dienen konnte, er schuf Israel. ...Wie über den Werkmeister, habe ich auch über das Werk, die Juden, nicht immer mit hinlänglicher Ehrfurcht gesprochen." „Ja, den Juden, denen die Welt ihren Gott verdankt, verdankt sie auch dessen Wort, die Bibel; sie haben sie gerettet aus dem Bankrott des römischen Reiches, und in der tollen Raufzeit der Völkerwanderung bewahrten sie das teuere Buch, bis es der Protestantismus bei ihnen aufsuchte und das gefundene Buch in die Landessprachen übersetzte und in alle Welt verbreitete." Den Kerngedanken des Judentums als eine Heilsoffenbarung für die Menschheit hat Heine richtiger und tiefer, als viele zeitgenössische Juden erkannt.

Der Geist des jüdischen Gesetzes und der jüdischen Geschichte war über diesen verirrten Sohn Israels gekommen und hat ihm Offenbarung gebracht, die nur wenige vor ihm in ihrer Tiefe begriffen, keiner auch nur entfernt dargestellt hat. Wie für die Weisheitstiefe in den Gesetzen und den Geisteskampf in den Jahrtausenden der jüdischen Geschichte, so hatte Heine auch ein richtiges Verständnis für das echte Gold der Poesie, die dem größten jüdischen Dichter des Mittelalters, Jehuda Halevi, entströmt ist, diesem stamm- und kunstgenössischen Troubadour. Mit seinem Zauberstabe erweckte er Jehuda Halevis Schatten aus dem Grabe und führte ihn in der ganzen Idealität seiner Erscheinung und in der ganzen Glut seiner Begeisterung vor. Bis zu seinem letzten Hauche kämpften in Heine die zwei weltgeschichtlichen Bildungsprinzipien, die keusche Sittlichkeit des Judentums und die Formenschönheit des Griechentums, die er beide bewunderte, aber nicht zu versöhnen vermochte.

„Die Gegensätze sind hier grell gepaart,
Des Griechen Lustsinn und der Gottgedanke Judäas,
. . . .
. . . .
O dieser Streit wird enden nimmermehr,
Stets wird die Wahrheit hadern mit dem Schönen".

Er selbst ahnte, daß die harmonische Vermischung beider Elemente die Aufgabe der europäischen Zivilisation sei; aber er vermochte nicht, sie in sich zu vollziehen. Aus diesem Kampfe ging seine Zerrissenheit hervor.

Die Judenheit hat diesen ihren beiden abtrünnigen Söhnen, Börne und Heine, viel zu verdanken. Sie haben, wenn auch den deutschen Judenhaß nicht vertilgt, so doch gebändigt. Was Heine einst bei der Erinnerung an die Hep-Hep-Tollheit sagte: „Auch dergleichen kann nicht wieder vorfallen, denn die Presse ist eine Waffe, und es gibt zwei Juden, welche deutschen Stil haben, der eine bin ich, der andere ist Börne", diese Prophezeiung hat sich so ziemlich erfüllt. So arge, rohe Ausbrüche gegen die Juden sind seit ihrem Auftreten nicht sobald in Deutschland vorgekommen. Die Rühs, Fries, und andere Judenfresser, welche den Juden alle höhere Begabung absprachen, konnten seit der Zeit nicht mehr einen so hochfahrenden Ton anstimmen. Aber mehr als die Juden hat Deutschland diesen seinen strengen Erziehern zu verdanken. Sie haben ein wahres Füllhorn von Gedanken über Deutschland ausgeschüttet wie zwei Könige, die auf ihrer Fahrt Goldmünzen mit vollen Händen ausstreuen. Sie haben dem deutschen Michel eine elegante, gedankenhelle und formenglatte Sprache geschaffen und ihm den Tempel der Freiheit geöffnet. Das junge Deutschland, welches den gegenwärtigen Kulturzustand und das Befreiungsjahr von 1848 im deutschen Lande geschaffen hat, ist ein Kind dieser beiden jüdischen Väter.

Fünftes Kapitel.

Die religiöse Reform und die jüdische Wissenschaft.

(1818 bis 1840.)

Nicht so rasch wie die Juden, vermochte das Judentum die Knechtschaft abzustreifen. Fast zweitausend Jahre hatte es um sein Dasein gerungen, mit jedem neuen Volke und jedem neuen Geiste, die auf dem Schauplatz der Geschichte aufgetreten waren, mit Griechen und Römern, Parthern und Neupersern, mit Goten und Slaven, mit Arabern und mittelalterlichen Eisenmännern, mit Mönchen aller Orden und mit glaubenswütenden Lutheranern. So hatte es stets von neuem heiße Kämpfe zu bestehen, und es hätte nicht mit entstellenden Narben und häßlichem Staube bedeckt sein sollen? Um sich gegen die anprallende Gewalt so vieler feindlicher Mächte so lange zu schützen, mußte sich das Judentum mit einem undurchdringlichen Panzer umgeben, sich nach allen Seiten abschließen oder sich in ein enges Gehäuse zurückziehen. An diesen schweren Harnisch hatte es sich so sehr gewöhnt, daß es mit ihm verwachsen zu sein schien, als ob er zu seinem Wesen gehörte. Auf sich selbst angewiesen und von der Außenwelt abgestoßen, besonders seit dem Jahrhundert der Vertreibung seiner Bekenner aus Westeuropa hatte es sich in eine eigene Traumwelt eingesponnen und in sein Denken und seine Phantasie Zauberformeln aufgenommen, um die Schmerzensqualen, die seine Bekenner erdulden mußten, zu betäuben, leichter ertragen oder gar vergessen machen zu können. Plötzlich wurden seine Söhne durch einen stechenden Sonnenstrahl aus dem Traume geweckt und erblickten eine Wirklichkeit, die sie fremd anstarrte. Fester schlossen sie anfangs die Augen, um die angenehmen Traumbilder nicht zu verlieren. Sie konnten sich anfangs in der neuen Zeit und der neuen Lage nicht zurecht finden und fürchteten, daß dieses nur eine Versuchung oder eine neue Kampfesart sei, welche der alte

Feind in anderer Weise gegen das Judentum anzuwenden gedächte. Es war seinem Gedächtnis entschwunden, daß es auf seiner langen Weltfahrt und in seiner Völkerschau trotz seiner Abgeschlossenheit Verkehrtheiten angenommen, sie seinem Wesen so einverleibt und weiter ausgebildet hatte, als wenn sie ihm ursprünglich und ureigentümlich gewesen wären. Sein Gedächtnis war durch Verfolgung und Marter geschwächt worden; auch seine Denkkraft hatte durch die täglich zunehmenden Leiden ein wenig gelitten. Es konnte sich anfangs nicht sammeln, sich nicht prüfen, das Fremde und Unangemessene vom Eigenen und Wesentlichen unterscheiden und ausscheiden. Unter den deutschen Juden hatte das Judentum durch die Aufnahme des verwilderten, polnischen Wesens einen barbarischen Anstrich und unter den portugiesischen und italienischen Juden durch Isaak Lurja und Chajim Vital ein kabbalistisches Gepräge angenommen. Diese Entstellungen traten bei allen Vorkommnissen grell ans Licht, beim Gottesdienste, bei den Predigten, bei Hochzeiten, Leichenbegängnissen, kurz, gerade bei den in die Augen fallenden Anlässen. Gerade die offiziellen Vertreter und Ausleger des Judentums, die Rabbiner und Pfleger des Gottesdienstes, erschienen meistens in abschreckender Gestalt, entweder als Halbwilde oder als Geisterseher. Noch hatte die Zeit keine Männer gereift, die mit feinfühligem Verständnis für den Kern des Judentums die in der großen Wandlung der Zeiten eingetretenen Entstellungen hätten erkennen und vom Wesenhaften loslösen können. Die häßlichen Formen mit sanfter Hand durch allmähliche Übergänge, ohne die Gemüter zu verletzen, zu beseitigen, dazu wäre eine ganz besonders günstig beanlagte Persönlichkeit, ein Mose Maimuni oder ein Mendelssohn mit mehr Tatkraft nötig gewesen. Ein solcher war aber nicht vorhanden. Es fehlte überhaupt in der Übergangszeit an Männern von klarem Bewußtsein, festem Charakter und anerkanntem Ansehen. Das französische Synhedrin und Konsistorium besaß zwar einen offiziellen Charakter und hätte sich Autorität erringen können. Aber seine Hauptträger, David Sinzheim, Abraham di Cologna und ihre Nachfolger hatten nicht die erforderliche Einsicht für die Verjüngung des Judentums. Die notwendige Reform — nicht an Haupt und Gliedern, sondern zur Verschönerung der Außenseite und Beseitigung der Auswüchse — fand nicht die rechten Männer, sie in die Hand zu nehmen und einzuführen. Da die Männer fehlten, übernahm die Zeit diese Arbeit, und dadurch entstanden Kämpfe und Zuckungen. Es sollte dem Judentum nicht leicht werden, sich zu häuten.

Die Wandlung des Judentums, welche die Zeit herbeiführen sollte, ging, wie die der Juden von Deutschland aus, weil Mendelssohn aus ihrem Schoße hervorgegangen war. Durch die Kämpfe, welche die Juden in Deutschland um ihre bürgerliche Erhebung aus Niedrigkeit zu bestehen hatten, als sie auf jedem Schritt Hohn und Zurücksetzung begegneten, immer wieder an ihre Entwürdigung gemahnt wurden, traten zwei gleich unerfreuliche Erscheinungen zutage. Diejenigen, welche durch Schönheitssinn gehoben waren, schwammen mit dem Strom und entfremdeten sich dem Judentum; wenn sie sich nicht ganz und gar davon lossagten, so verachteten sie es. Ihnen erschien es als eine Mumie, eine Versteinerung oder als ein Gespenst, das ruhe- und zwecklos durch die Jahrhunderte umherwandelte, ein Bild des Jammers, dem nicht zu helfen sei. Nur wenige dieser gebildeten Klasse waren so hellsehend, wie Heine in seinen lichten Augenblicken, in dieser Mumie einen Scheintoten zu erkennen, der eines Tages seinen Sargdeckel zu sprengen und starken Geistes mit lebendigen Mächten einen Kampf aufzunehmen imstande sei. Die Mehrzahl der Juden, die noch eine tiefe Liebe zu dieser runzelig gewordenen Mutter aller Religionen im Herzeu trug, klammerte sich an die unwesentlichsten Formen, an die sie von Jugend auf gewöhnt war, um, weil sie auf der anderen Seite Verrat gewahrte, den Verrätern des Judentums nicht gleichgestellt zu sein. „Sie liebten die Steine und schätzten den Staub". Es war aber nicht mehr die harmlose Frömmigkeit von ehemals, die kein Widerspiel vor Augen hatte, sondern eine aufgeregte, leidenschaftliche. Das Judentum war in ihren Augen ein aus lauter kleinen Würfeln zusammengesetztes Riesengebäude, die einander und das Ganze trugen und stützten. Sie fürchteten eine allgemeine Zertrümmerung desselben, sobald eine Lockerung dieser ineinandergreifenden Fugen einträte. Nicht einmal das verwahrloste, allen Regeln spottende, häßliche Sprachgemisch, die Unanständigkeit und das verwilderte Wesen bei gottesdienstlichen und rituellen Handlungen mochten sie fahren lassen. Jede Nachgiebigkeit oder jedes Nachlassen von der alten Ordnung schien ihnen Gemeinschaft mit den Verrätern am Judentume.

Eine Vermittelung der schroff einander gegenüber stehenden Gegensätze wurde ungeschickt und mit plumper Hand unternommen. Israel Jacobson führte zuerst eine Art Reform ein. Kaum war das westfälische Konsistorium ernannt, und er an die Spitze desselben gestellt, so trat er mit Neuerungen hervor, die zwei Seiten hatten. Aus der Synagoge ließ er alles Häßliche, Anstößige, Lärmende, besonders den Singsang bei dem Gottesdienst entfernen. Das Predigen in deutscher Sprache verstand sich bei Jacobson von selbst. Er führte aber auch neue, der Kirche entlehnte Formen und Weisen ein, deutsche Gebete neben hebräischen, neue deutsche Lieder neben den inhaltsreichen, tiefen Psalmen, das Ablegen des Glaubensbekenntnisses (Konfirmation) für Knaben und Mädchen bei ihrem Eintritte in ein reiferes Alter. Mit dem Kartenhause des westfälischen Königreichs zugleich schwand Jacobsons Herrlichkeit. Nach Berlin gezogen, richtete er hier (1815) einen Betsaal in seinem Hause ein und führte den reformierten Gottesdienst mit deutschen Gebeten, Gesängen und Chor ein; für die Orgel war anfangs kein Raum. Später gab der Bankier Jakob Beer (Vater Meyerbeers) einen großen Saal dazu her (1817), wo auch eine Orgel angebracht werden konnte. Infolge der Siege der Deutschen über Napoleon und der sogenannten heiligen Allianz war die Kirchlichkeit in Mode gekommen und steckte auch diejenigen Juden damit an, welche früher nicht das geringste Bedürfnis nach Andacht empfanden. Solche Halbbekehrte, aber nicht für das Judentum, sondern für religiöse Empfindelei Eingenommene fanden sich zum Jacobsonschen Gottesdienste ein, um sich zu erbauen und sich Andacht zu verschaffen. Die „Gesellschaft der Freunde“ lieferte Mitglieder dazu. Das war der Ursprung einer Reformpartei, einer winzigen Gemeinde in der Gemeinde, die aber durch ihre anfängliche Rührigkeit und das abstoßende Wesen des althergebrachten Gottesdienstes eine Zukunft hatte. Der Mittelpunkt dieses neuen Gottesdienstes war die deutsche Predigt, die Jacobson meistens selbst hielt. Sie übte den meisten Reiz aus, weil die sogenannten „gottesdienstlichen Vorträge“ der Rabbiner und der polnischen oder mährischen Wanderprediger nach jeder Seite geschmacklos waren. Diese Jacobsonsche oder Beersche Privatsynagoge wurde eine Pflanzschule für angehende jüdische Prediger. Jakob Auerbach (Berlin), Eduard Kley (Hamburg) und C. L. Günsburg (Breslau) waren die ersten, die sich in derselben praktisch herangebildet haben, Männer von mittelmäßiger Begabung und auch mittelmäßigem Rednertalent. Plötzlich wurde der Berliner Betsaal von der preußischen Regierung auf Grund der Beschwerden einiger Altfrommen wegen Neuerung geschlossen. Friedrich Wilhelm III. war jeder Neuerung, auch in jüdischen Kreisen abhold und haßte sie als Umsturzversuche. Kley begab sich hierauf nach Hamburg, berufen zur Leitung einer dort von einigen reichen Familienvätern gegründeten Freischule. Hier regte er den Plan an, einen Reformtempel nach dem Muster des Jacobsonschen ins Leben zu rufen.

Auch hier war die Andächtelei und Kirchlichkeit in Schwung gekommen. Die Anregung zu einem Reformgottesdienste fand Anklang. Kley hatte ein fertiges Programm aus Jacobsons Betsaal mitgebracht, deutsche Gesänge und Gebete, Predigt und Orgel. Er selbst führte ein sogenanntes religiöses Gesangbuch in protestantisch-erbaulichem Geschmacke ein, inhaltsleer und fade, für ein Kindergeschlecht berechnet. Indessen gab es doch in Hamburg selbst einige, obwohl dem Neuen huldigende Männer, welche mit dem Judentume und seiner Vergangenheit nicht ganz brechen und namentlich die hebräische Sprache beim Gebet nicht missen mochten. Die Träger dieser Partei, Breßlau und Säckel Fränkel, Kenner des Hebräischen, trafen eine Auswahl unter den vorhandenen hebräischen Gebetstücken, um sie mit den neu eingeführten deutschen Liedern und Gebeten zu verquicken, einem friedlichen Ausgleich unter streitenden Geschäftsleuten ähnlich. Etwa fünfzig Familien schlossen sich zusammen und so entstand der Reform-Tempelverein in Hamburg (1818). Junge Mädchen sangen Lieder zur Einweihung des Tempels gemeinschaftlich mit Jünglingen, um einen Eindruck zu erzielen, den die Sache selbst nicht hervorbringen konnte, was anderseits großes Ärgernis gab. An Gotthold Salomon, einem gewandten Kanzelredner, erwarb die kleine Gemeinde später einen guten Führer. Er war mit der biblischen und jüdischen Literatur mehr vertraut und lebhafteren Geistes und verstand besser die Nacktheit des jungen Kindes mit einer Hülle zu umgeben. Aber er verlieh dem neuen Tempel einen protestantischen Zuschnitt, ohne sich klar zu machen, welche Stellung das Judentum ferner neben dem Christentum einnehmen sollte. Die Unternehmer und Führer hegten die anfangs berechtigte Täuschung, daß die Reform die dem Judentume entfremdeten Söhne durch die zusagende, gefällige und wenig Entsagung fordernde Gestalt mit ihm versöhnen und sie ihm wieder zuführen würde. Hin und wieder gelang es allerdings, einige mit dem Judentume Zerfallene von dem Überschreiten der Schwelle zur Kirche zurückzuhalten. Aber für die Dauer schlug das Mittel nicht an.

Selbstverständlich erzeugte die Entstehung des Hamburger Tempels eine Entzweiung in der Judenheit. Bis dahin gab es nur „Altmodische" und „Neumodische", wie sie einander nannten, aber keine Parteien mit einer Fahne, mit Stichwörtern und einem Bekentnis. Nicht einmal die Altfrommen bildeten eine feste Partei. Denn obwohl die Anbeter des Herkömmlichen, die sich kein Jota abmäkeln ließen, eine so große Zahl ausmachten, daß sie selbst in Hamburg die Neuerer hätten erdrücken können, so traten sie doch nicht in Geschlossenheit auf. Man vernahm nur die seufzende, wimmernde Stimme einzelner über den Verfall des Judentums durch Übertreter. Die Alten hatten keine gebietende Führer; das Ansehenden. Rabbiner war schnell, in einem einzigen Menschenalter geschwuuden. Die großen deutschen Gemeinden ließen die leer gewordenen Rabbinerstühle unbesetzt. Von Polen mochten sie nicht mehr ihre Rabbiner beziehen, und in Deutschland gab es noch keine rabbinische Größen von anerkannter Autorität. Berlin, wo der christelnde Friedländersche Kreis vermöge seiner Geldmittel die Oberhand hatte, ging mit dem Beispiel voran; ihm folgten die Gemeinde von Prag und anderen Städten. Rabbinatsverweser traten an die Stelle der Rabbiner, Zwitterwesen, zu unselbständig, um eine eigene Meinung zu haben, und zu schwach, um Widerstand gegen Zumutungen von rücksichtslosen Gemeindevorstehern zu leisten.

Infolge der Mißachtung des Rabbinerwesens gingen die talmudischen Lehrhäuser in Prag, Frankfurt, Altona-Hamburg, Fürth, Metz, Halberstadt, die früher mindestens einige hundert Jünger (Bachurim) zählten, ein. Diese Verödung pflanzte sich bis nach Polen fort, da die dortigen Talmudjünger keine Hoffnung mehr hatten, in Deutschland und Frankreich ein Unterkommen zu finden. Nur vier Rabbiner des jüngeren Zeitalters genossen vermöge ihrer tiefen Talmudkenntnisse und ihres lauteren, patriarchalischen Charakters eine ausgedehnte Autorität: Mardochaï Benet in Nikolsburg, (gest. in Karlsbad 1829), Jacob Lissa (in Polnisch-Lissa gest, in Polen 1832), Akiba Eger (gest. in Posen 1838) und sein Schwiegersohn Mose Sßofer (gest. in Preßburg 1840).

Besonders genoß durch seinen Geist und seine Tugenden, unter denen die Bescheidenheit obenan stand, Akiba Eger hohe Verehrung bei den Tausenden von Jüngern, die aus seinem Lehrhause in Friedland und Posen hervorgegangen waren. Er war aber ein stiller Mann ohne Initiative und ein Feind vom Lärmschlagen. Dagegen war Mose Sßofer ein fanatischer Eiferer und rühriger Verketzerer. Er hatte Mut und Entschlossenheit und hätte einen entschiedenen Vorkämpfer abgeben können. Aber er wie seine Genossen waren von dem Mittelpunkt des Kampfes, der eröffnet werden sollte, zu sehr entfernt, als daß sie hätten eingreifen oder auch nur eine Fahne aufpflanzen können. Sie hatten nicht das geringste Verständnis für die neue Richtung, welche die Zeit und mit ihr die Judenheit eingeschlagen hatte. Sie kannten den Feind nicht, den sie angriffen, oder verachteten ihn zu sehr, als daß sie ihn hätten gefährden können. Trat eine ernste Frage, eine bedrohliche Lage ein, so waren sie ratlos, holten die alten, rostig gewordenen Waffen herbei und schadeten ihrer Sache nur noch mehr, weil sie ihre Blößen zeigten. Diese Unbeholfenheit gab ihnen das Gefühl der Schwäche und Abgelebtheit. So war die altfromme, orthodoxe (wie ihre Gegner sie mit falscher Entlehnung aus der Kirchensprache nannten) oder die konservative Partei haupt- und kopflos, ohne Fahne, ohne Programm, ohne Zusammenhang. Ganz besonders mangelte ihr das unentbehrliche Mittel, das eindringende Wort, wodurch man auf die öffentliche Meinung einwirken, sie lenken und ihre Torheit und phrasenhafte Leerheit klar machen kann. Der gänzliche Mangel an Bildung hat sich an den Altfrommen bitter gerächt.

Dagegen besaß die junge Gegenpartei, die Neuerungssüchtigen, die Partei Jacobsons, alles, was jener abging, einen mutigen Führer,

Zusammenhang und ganz besonders einen Reichtum an Schlagwörtern und Phrasen, wodurch die Urteilsunfähigen leicht gewonnen werden, „Zeitgeist, Aufklärung.“ Man konnte ihr Sieg und Herrschaft prophezeien. Sie hatte Jugendmut und Zuversicht, war keck und in den Mitteln nicht sehr wählerisch. Ihr Führer Jacobson wußte recht gut, daß der Hamburger Tempel auf Schwierigkeiten stoßen und von den alten Rabbinern als ketzerisch verdammt werden würde. Er stand mit den Unternehmern in Verbindung und wußte, daß der Senat, von den Frommen gewonnen, gleich dem König von Preußen die Tempelneuerung verbieten würde. Er wußte auch, daß viele Mitglieder der Hamburger Reformgemeinde zu lau waren, um gegen große Schwierigkeiten anzukämpfen. Darum sorgte Jacobson im voraus für die Heiligsprechung des Tempelritus. Er trat mit einem gesinnungslosen Abenteurer in Verbindung, mit Elieser Libermann aus Österreich, der im Auftrage der Reformpartei Reisen machte, weil sie von ihm erfahren hatten, daß sich in Ungarn und Italien Rabbiner oder Halbrabbiner finden lassen würden, welche für den neuen Gottesdienst ein günstiges Gutachten abgeben würden. An sie ließ daher Jacobson Anfragen ergehen und sah seinen Wunsch erfüllt. Ahron Chorin (Choriner), Rabbiner in Arad, war der erste, der sich von Libermann gebrauchen ließ. Er huldigte den neuen Bestrebungen, ohne ein geklärtes Urteil zu haben. Mose Kunitz, Rabbiner von Ofen, ein verworrener Kopf, obwohl von der Kabbala eingenommen, billigte sie ebenfalls.

Der Tempelverein erhielt noch dazu von einer Seite, von der er es nicht erwarten konnte, eine moralische Unterstützung, die in Hamburg selbst ein bedeutendes Gewicht in die Wagschale warf. Lazar Rießer (gest. 1828), Vater des unermüdlichen Vorkämpfers für die Gleichstellung der Juden in Deutschland, wurde ohne weiteres zu den Altfrommen gezählt. Schwiegersohn des Rabbiners Raphael Kohen und seine rechte Hand, wurzelte sein ganzes Wesen im Talmud. Wie erstaunt waren daher die Hamburger Juden beider Parteien, als mit einem Male von Rießer ein Sendschreiben „an meine Glaubensgenossen in Hamburg“ (Anf. 1819) erschien, welches die Tempelneuerung billigte und die dagegen eifernden Hamburger Rabbinatsverweser mit derben Worten tadelte! Er nannte diese geradezu „Heuchler und Scheinheilige“, welche „die Zwietracht in Israel nähren und den Söhnen, welche zur Huld des Vaters zurückkehren wollen, den Weg versperren“. Er stellte die Andacht, die im Tempel herrschte, dem lärmenden Treiben in den Synagogen gegenüber, als Muster auf. Achtzehn Rabbinate in Deutschland verdammten zwar mit gelehrter Beweisführung das Gebetbuch des Hamburger Tempels, aber das war nicht viel. Das angesehenste Rabbinat, das Zentralkonsistorium von Frankreich, hatte geschwiegen. Die Gründe, welche die Rabbiner gegen den Tempelgottesdienst geltend gemacht hatten, waren meistens nicht stichhaltig, einige geradezu kindisch. Der Buchstabe sprach gegen sie. Die Mannigfaltigkeit der rabbinischen Autoritäten aus so verschiedenen Zeiten und Ländern gestattete immer Scheinbeweise für oder gegen eine Frage anzuführen.

Es kam noch dazu, daß der Beginn des Streites für und gegen den Tempel in das Jahr des Hep-Hep-Sturmes fiel, der auch in Hamburg wütete. Dadurch wurden auch die reichen und verweltlichten Juden auf ihre eigene Genossenschaft angewiesen und nahmen eifrig Partei für die einmal entfaltete Fahne. Die Hamburger jüdischen Kaufleute, Mitglieder des Tempelvereins, welche die Leipziger Messe gerade zu den Hauptfeiertagen zu besuchen pflegten, errichteten im Verein mit gleichgesinnten Berliner Kaufleuten eine Tochtersynagoge daselbst (September 1820), für deren Eröffnungsfeier Meyerbeer die Gesänge komponiert hatte. Sie stellten dazu einen sogenannten Meßprediger an und gaben dadurch in dem Sammelpunkte so vieler Juden aus allen Ländern der Neuerung eine größere Tragweite. Die Hamburger Reform fand dadurch hier und da Nacheiferung; auch da, wo das ganze Programm nicht aufgeführt werden konnte (Karlsruhe, Königsberg, Breslau), wurde wenigstens die Konfirmation eingeführt.

Der erste Ansatz zu einer Gegenpartei, welche der überschäumenden Flut der Reform einen Damm entgegensetzen sollte, wurde gerade infolge der Tempelneuerung gemacht und von einem Manne angebahnt, der zwar selbst mit einem Fuße aus dem rabbinischen Judentum herausgetreten war, aber doch die Befestigung und Rechtfertigung desselben anstrebte, von Isaak Bernays (geb. Mainz 1792, gest. Hamburg 1849). Er bildete eine bewußte Gegenrichtung gegen die Verflachung der aufklärerischen Reform. In der süddeutschen grübelnden Schule der Kreuzer, Kanne, Oken ausgebildet, welche in Natur und Geschichte, in Gruppierung, Zahl, Farben und Namen lauter Gedankenreihen, zerschlagene Trümmer eines Riesenspiegels erblickten, offenbarte sich ihm das Judentum in seiner Literatur und seinem Geschichtsgange in einer bis dahin noch nicht gesehenen Gestaltung. Bernays war der erste, der viel tiefer als Mendelssohn das Judentum in seiner weltgeschichtlichen Bedeutung erkannte. Sein Fehler war vielleicht, daß er zu viel Gedanken hatte, daß er dadurch zu viel suchte und fand, und besonders, daß er dem Gedanken nicht die angemessene Form und Worthülle zu geben vermochte. In seinem Reichtum blickte er verächtlich mitleidig auf die Gedankenarmut der jüdischen Reformgründer herab, welche den Riesengeist des Judentums in den engen Rahmen eines Katechismus für große und kleine Kinder einspannen und einengen wollten. Die „Friedländerianer“

waren für ihn der Inbegriff aller Flachheit und Beschränktheit. Sie machten auf ihn den Eindruck eines Gesindels, das in einem Pyramidentempel haust und ihn sich bequem für kleinliche häusliche Bedürfnisse einrichtet.

Bernays Gedankengang, mit dem er das Judentum aus dessen Urkunden und Geschichte wie aus Trümmermassen wieder aufbaute, ist nur halb erschlossen. Er liebte mehr mündliche als schriftliche Belehrung und hatte eine Scheu, seine Gedanken auf Blättern hinausflattern zu lassen. Der „Bibelsche Orient", den man ihm zuschrieb, enthält nur den Grundriß einer Vorhalle, welche in den Ehrfurcht gebietenden Tempel führen sollte. Ein Rabbiner alten Schlages hätte den „Bibelschen Orient", wenn er den Inhalt hätte verstehen können, unfehlbar noch mehr verketzert, als Mendelssohns und Wesselys Schriften. Aber wenn der Verfasser auch nur den einen Gedanken angeregt hätte, daß das Judentum eine weltgeschichtliche Aufgabe, ein Apostelamt für die Völker habe, so würde dieses eine schon hin, reichen, ihm einen Ehrenplatz anzuweisen. Dieser Gedanke ist zwar nicht neu von ihm entdeckt worden; die Grundschrift des Judentums betont ihn scharf genug. Bei den Propheten erscheint er als der Kern ihrer Verkündigungen. Aber die gehäuften Leiden der Juden und die Knechtsgestalt des Judentums hatten diesen Gedanken so vollständig in Vergessenheit gebracht, daß die eigenen Söhne keine Ahnung mehr davon hatten.

Bernays außergewöhnliche Begabung und urwüchsige Anschauung hatten die Aufmerksamkeit der jüdischen Kreise auf ihn gelenkt. Die Hamburger Gemeinde, welche eine Gegenkraft gegen den Tempelverein vermißte, wählte ihn infolge seiner Bedeutung zu ihrem geistlichen Führer. Es war ein guter Griff und von nicht geringer Tragweite; es war eine junge Kraft, mit der Zeitbildung vertraut. Die Wahl zur Besetzung des Hamburger Rabbinats (1821) machte Aufsehen; Bernays war der erste wissenschaftlich geschulte Rabbiner. Ein Zeichen der Zeit war es, daß er diesen Titel ablehnte und sich lieber C h a c h a m (wie es unter den portugiesischen Juden üblich war) nennen ließ. Der Name Rabbiner war mißliebig geworden. Treu seinem Widerwillen gegen Nachäfferei, vermied er die geistliche Mummerei, auf welche die Reformprediger auf der Kanzel in Tracht und Geberdenspiel so viel Wert legten. Bernays gab sich nicht als Seelsorger, sondern als Lehrer seiner Gemeinde aus. Er predigte auch, aber in Inhalt, Form und bis auf Äußerlichkeiten grundverschieden von der Weise, welche die Jacobsonsche Schule eingeführt hatte. Als Heine, der damals sich noch für das Judentum interessierte, in Hamburg war, trieb es ihn, Bernays Predigt anzuhören. Er verstand sich auf Gedankengehalt und Form. Das Urteil des lyrischen Spötters war: „Bernays habe ich predigen gehört . . . keiner von den Juden versteht ihn, er ist doch ein geistreicher Mann und hat mehr Spiritus in sich als Kley, Salomon, Auerbach I. und II.“. Bernays wußte sich durch geräuschloses Wirken die Achtung der stockfrommen Juden zu gewinnen. Ihre argwöhnische Natur fand nichts an dem religiösen Tun und Lassen des Chacham auszusetzen. Dadurch erlangten die von ihm eingeführten Veränderungen, im eigentlichen Sinne doch Reformen, auch in frommen Gemeinden Beifall und Nachahmung. Mehr noch wirkte er durch seine tiefeingehende und geistvolle Belehrung für Erwachsene. Dadurch hat er Jünger herangezogen und ihnen freudige Anhänglichkeit an das Judentum eingeflößt.

Nach einer anderen Seite wirkte ebenso wohltätig und erhebend eine ganz anders geartete Persönlichkeit, ursprünglich ein Jünger der Jacobsonschen Schule, der aber durch Milderung der Schroffheiten die mißliebige Läuterung des Gottesdienstes beliebt machte. Isaak Noa Mannheimer (geb. in Kopenhagen 1793, gest. in Wien 1864) könnte man die verkörperte Veredelung der Juden nennen. In ihm war der kernhafte Gehalt des Urjüdischen mit der ansprechenden Form europäischer Kultur harmonisch geeint, Inneres und Äußeres, Gemüt und Witz, Begeisterung und Klugheit, ideales Leben und praktische Sicherheit, poetische Anlage und nüchterner Sinn, kindliche Milde und treffender Spott harmonisch verschmolzen. Ein Häuptling, welcher mit einer Schar halbwilder Menschen, inmitten der widerwärtigen Kämpfe und Gefahren eine Kolonie gründet, sie veredelt und zu einem musterhaften Gemeinwesen umbildet, hat kein größeres Verdienst, als sich Mannheimer um die Gründung der Wiener Gemeinde erworben hat. Das Feldlager Metternichs und Franz I. duldete die Juden eigentlich in Wien nicht in seinem Gebiete; nur ausnahmsweise wurden einige reiche Familien mit ihren Anhängseln unter den wunderlichsten Titeln toleriert. Diese Tolerierten waren aus den verschiedensten Ländern eingewandert und hatten keinen urwüchsigen Zusammenhang unter einander, kein Gemeinderecht, durften keine Synagoge besitzen, keinen Rabbiner anstellen, kurz, gesetzlich war ihnen als Religionsgenossenschaft so gut wie alles verboten. Nichtsdestoweniger empfanden einige abenteuerliche Glieder ein Gelüste, einen deutschen Gottesdienst nach dem Muster des Hamburger Tempels einzuführen, und wurden darin von der Regierung das eine Mal ermutigt, das andere Mal entmutigt. Während diese Wiener Aufgeklärten auf vielen Umwegen den Bau eines Tempels unternahmen, erwarben sie Mannheimer zum Prediger desselben, waren aber genötigt, unter Umgehung der beschränkenden Gesetze, mit einem dem Klange nach niedrigen Titel das Heimatsrecht für ihn in Wien zu verschaffen.

Sein erstes Wort in seinem neuen Wirkungskreise wie sein letztes war, keine Spaltung in der Judenheit hervorzurufen, keine Sektiererei zu fördern, die Altfrommen nicht durch kühne Sprünge zu verletzen und abzustoßen, sie vielmehr für die neuen Formen allmählich zu gewinnen. In diesem Sinne setzte er eine gemäßigte Synagogenordnung durch. Nur die häßlichen Auswüchse entfernte Mannheimer aus dem neuen Gotteshause, machte es würdevoll, belebte es durch sein ausdrucksvolles Wort, behielt aber die hebräische Sprache bei und gab zum Leidwesen seiner ehemaligen Reformgenossen Orgel und deutsche Lieder preis. Mehr noch als Isaak Bernays hat Isaak Mannheimer die Versöhnung des Alten mit dem Neuen durchgeführt. In Mannheimer, wie in dem neuen Tempel in Wien (eingeweiht April 1826) umarmte sich Morgen- und Abendland. Als wären das Gotteshaus und die Gemeinde von Anfang an dazu bestimmt gewesen, das Versöhnungswerk zwischen den alten und den neuen Frommen zu vollziehen, hatte sich für dieselben ein Sangkünstler gefunden, der mit seinen reichen Stimmmitteln den hebräischen Gebeten einen fast zauberhaften Ausdruck verlieh und den alten verschnörkelten Synagogengesang in seelenschmelzende Melodien umschuf. Der Widerwille der polnisch verwilderten Juden gegen Gesittung, von der Kanzel und dem Chor gesänftigt, verlor sich allmählich und machte einer Neigung zur Selbstveredelung Platz. Der Ton, der hier erscholl und in den Gemütern der Gemeindeglieder nachklang, erweckte einen Widerhall in nahen und entfernten österreichischen Gemeinden. Pest, Prag und kleinere Gemeinden in Ungarn und Böhmen folgten dem von Wien gegebenen Anstoß durch die versöhnliche Art, wie hier der „geregelte Gottesdienst" auftrat. Bis nach Galizien wirkte die von Wien gegebene Anregung. Allmählich fand die Wahl des Chacham Bernays für die Hamburger Gemeinde und Mannheimers Tätigkeit für die Wiener Synagoge in deutschen Gemeinden Nachahmung. Gebildete Rabbiner wurden vorgezogen, und diese gaben den Synagogen ihre langvermißte Würde wieder.

In derselben Zeit, als der gelehrte deutsche Pöbel Steine mit Hep-Hep-Gebrüll auf die Juden schleuderte, traten drei jüdische junge Männer zusammen, um eine Art Verschwörung gegen den unduldsamen christlichen Staat anzuzetteln, alle drei von ernstem, idealem Streben erfüllt. Leopold Zunz (geb. Detmold 1794, gest. Berlin 1886), ferner der Fahnenträger und Apostel der Hegelschen Philosophie und Stürmer der alten Juristerei, Eduard Gans (gest. 1839), und endlich ein Buchhalter, der in der Bücherwelt lebte, Moses Moser, Heines vertrautester Freund, den dieser „die Prachtausgabe eines wirklichen Menschen, den Epilog von Nathan dem

Weisen" nannte. Sie vereinigten sich (27. November 1819) zu dem Zwecke, einen Verein „für Kultur und Wissenschaft der Juden" zu gründen.

Diesen drei jungen Männern schlossen sich mehrere junge Männer, auch versteinerte Mendelssohnianer, Ben-David und David Friedländer, an. Jacobson fehlte nicht, wo es galt, mitzuraten und mitzutaten. Im ganzen zählte der Verein in Berlin etwa fünfzig Mitglieder, in Hamburg aus Mitgliedern des Tempelvereins etwa zwanzig und noch hier und da einige Teilnehmer. Heine trat ihm auch später bei und machte für ihn Propaganda. Die erste Ordensbedingung der Gründer war, treu bei dem Judentume auszuharren, den Verlockungen der Kirche tapfer zu widerstehen und so dem jungen Geschlechte ein leuchtendes Beispiel von Standhaftigkeit zu geben. Wäre der Verein diesem Programme treu geblieben, so hätte er, da die meisten Mitglieder auf der Höhe der Zeitbildung standen, schon durch diese Tatsache segensreich wirken können. Er wurde ihm aber untreu und ging noch dazu von einer falschen Voraussetzung aus, steckte sich zu ausgedehnte Ziele und vergriff sich in den Mitteln. Die falsche Voraussetzung war, daß, wenn die Juden sich gediegene Bildung aneignen, sich auf Künste und Wissenschaften verlegen, statt des Handels Ackerbau und Handwerke treiben würden, würde der deutsche Judenhaß mit einem Schlage schwinden, die Söhne Teuts würden die Söhne Jakobs brüderlich umarmen, und der Staat würde ihnen die Gleichstellung nicht versagen. Darum wollte der Verein — es klingt komisch, was er alles wollte! — Schulen, Seminarien und sogar Akademien für die Juden gründen, Gewerbe, Künste, Ackerbau und wissenschaftliche Leistungen befördern, die Juden sogar zu einem feinen Gesellschaftston erziehen. Aus den Akademien wurde aber nur eine Art Privatschule, worin die gebildeten Mitglieder des Vereins armen Jünglingen, die noch immer aus der Fremde, namentlich aus Polen nach Berlin zugewandert kamen, Talmudjünger, die den Talmudfolianten entlaufen waren, um „Weisheit" zu lernen, Unterricht erteilten. Bald genug gewahrten die Stifter des Vereins, daß sie Luftschlösser gebaut hatten, und daß der „Kulturverein" keinen Anklang fand. Sie stimmten daher den hohen Ton herab und wollten sich auf Anregung beschränken und namentlich die Wissenschaft des Judentums fördern. Sie beschlossen daher, untereinander wissenschaftliche Vorträge zu halten und eine Zeitschrift für die „Wissenschaft des Judentums" zu gründen. Aber die Führer selbst wußten nicht recht, was darunter zu verstehen sei, was sie anbauen und befruchten sollten. Heine hat sie daher bei reiferem Bewußtsein weidlich gehänselt.

Das junge Israel, die Stifter des Kulturvereins, lauschte aber anfangs auf die Aussprüche des philosophischen Seiltänzers

Hegel, als wären sie Orakel. Sie lallten ihm nach, das Judentum sei die Religion des Geistes, die den Geist aufgegeben, und das Christentum habe die ganze alte Geschichte verschlungen, um sie erneuert und veredelt aus sich zu setzen. Eduard Gans sprach stets von dem „ungestillten Judenschmerz", dachte aber dabei an seinen Schmerz daß er in Preußen keine Anstellung fand. Was sollte das Ziel der Wissenschaft des Judentums sein, die der Kulturverein fördern wollte? Gans sprach es in so hohlen Phrasen, in hegelianischem Kauderwelsch so barock aus, als wenn der Fahnenträger selbst nicht gewußt hätte, wofür die Schar der ihm Folgenden eintreten sollte.

Von der Verschwommenheit und Nebelhaftigkeit des Zieles legten die Hefte „Zeitschrift" des Kulturvereins Zeugnis ab. Die darin enthaltenen Artikel enthalten zumeist unverdauliches hegelianisches Kauderwelsch oder Gelehrtenkram, der nur für einen sehr, sehr kleinen Kreis als Handlangerarbeit einigen Nutzen hat. Heine, der kein Blatt vor den Mund nahm, erklärte es auch rund heraus: „der größte Teil (der Zeitschrift) ist ungenießbar wegen der verwahrlosten Form". „Dringen Sie doch bei den Mitarbeitern auf Kultur des Stiles. Ohne diese kann die andere Kultur nicht gedeihen". Und mit diesem Krimskrams wollte der Verein nicht bloß die Juden, sondern auch das Judentum veredeln. Gans klagte in einem Rechenschaftsbericht, daß die Stifter nicht verstanden würden: „Die Begeisterung für Religion, die Gediegenheit der alten Verhältnisse ist geschwunden, aber es ist keine neue Begeisterung hereingebrochen, es hat sich kein neues Verhältnis erbaut. Es ist bei jener verneinenden Aufklärung geblieben, die in der Verachtung und Schmähung des Vorgefundenen bestand, ohne daß man sich die Mühe gegeben hätte, einen anderen Inhalt zu geben."

Dieses Wunder vermochte der Kulturverein am allerwenigsten zu vollbringen. Er umarmte eine Wolke statt einer Göttin, und weil sie ihn unangenehm durchnäßte, statt ihn zu entzücken, wurde er mürrisch, zänkisch, beschwerte sich über alle Welt und erging sich in weltschmerzliche Elegien. Der Verdruß der Gründer des Kulturvereins war groß. Die Teilnahme dafür nahm eher ab, als zu. Die Zeitschrift in ihrer wunderlichen Turmbausprache fand keine Leser, Geldbeiträge fehlten, ja einige Mitglieder wurden fahnenflüchtig und traten trotz des stillen Eides zum Christentum über. Gans selbst faßte, während er noch im Kulturverein lange Reden hielt, die Möglichkeit ins Auge, sich taufen zu lassen. Der auf diese Weise in Auflösung übergehende Verein starb zuletzt still, unbeweint und unbeachtet. Der Fahnenträger und Hauptführer des Vereins, Gans, der bemittelt genug war, seinem Gelübde treu bleiben zu können, vermehrte das Christentum um einen Zweifler und Ungläubigen mehr. Darum war Heine so entrüstet über ihn und konnte es ihm, obwohl selbst getauft, noch über das Grab hinaus, nicht verzeihen: „Gans' Abfall war um so widerwärtiger, da er die Rolle eines Agitators gespielt und bestimmte Präsidialpflichten übernommen hatte. Es ist hergebrachte Pflicht, daß der Kapitän immer der letzte sei, der das Schiff verläßt, wenn dasselbe scheitert. Gans aber rettete sich zuerst". Der dritte im Triumvirate des Kulturvereins, Zunz, harrte allein treu aus. Er zweifelte zwar auch, aber verzweifelte nicht an der Besserung. Er deutete an, womit die Heilung oder die Vollendung der Verjüngung beginnen müsse. „Was allein aus dieser Sintflut unvergänglich auftaucht, das ist die Wissenschaft des Judentums; denn sie lebt, auch wenn Jahrhunderte lang sich kein Finger für sie regte. Ich gestehe, daß nächst der Ergebung in das Gericht Gottes die Beschäftigung mit dieser Wissenschaft mein Trost und Hilfe ist. Weil ich gesehen, daß ich in der Wüste predigte, habe ich aufgehört, zu predigen, doch nicht um dem Inhalt meiner Worte treulos zu werden".

Und wenn der Kulturverein, der so hochstrebend begann und so kläglich endete, auch nur dieses eine erwirkt hätte, die Liebe zur Wissenschaft des Judentums zu erwecken, so ist sein Träumen und Treiben doch nicht vergeblich gewesen. In der Geschichte geht kein Körnchen zugrunde. Freilich in dem von den Friedländers und Jacobsons versandeten Berliner Boden konnte es nicht aufsprießen. Eine Rabbinerbildungsstätte, welche der damalige Rabbinatsverweser von Berlin im Verein mit guten Kräften ins Leben rufen wollte, erblickte nicht einmal das Licht der Welt. Von einer anderen Seite her, wo man es gar nicht erwartete, ging, wenn auch nicht das Heil aus, aber doch die Aussicht auf seinen Eintritt.

Die jüdische Wissenschaft hat das Wunder der Auferstehung gefördert. Sie hat den jüdischen Stamm aus der Grabesnacht erweckt. Er rieb sich bei seiner Auferstehung die Augen, suchte seine Erinnerungen zu sammeln, zauberte sich seine glorreiche Vergangenheit vor das Auge, um sich zurecht zu finden; dabei fühlte es sich zugleich alt und jung, erinnerungsreich und erfahrungsarm, mit dem grauen Altertum in ununterbrochenem, innigstem Zusammenhang und doch wie von gestern. Er durchmusterte zunächst die Denkmäler seines Geistes, der inzwischen in die Völkergeschichte eingeschlagen und eine eigene Gestaltenfülle erzeugt hat, um an ihnen einen Leitfaden in dem Labyrinth seiner Erlebnisse zu haben. Das ist zunächst die Wissenschaft des Judentums, die lebendige Vergegenwärtigung seiner großen Geschichte und seiner eigenartigen Lehre. Sie weckte die eingeschlafene Kraft und flößte Selbstvertrauen ein, daß der Stamm in demselben Geiste wie in der Vergangenheit auch in der Zukunft wirken könnte. Das Selbstgefühl kam über einen Teil dieses auferstandenen alten Volkes, und es begann einen Wettlauf mit den jungen Völkern, die ihm eingeborene Eigenart auszuleben, sie hochzuschätzen, daß die Söhne wegen ihrer Abstammung und ihres Bekenntnisses nicht mehr erröten, nicht mehr stottern, wenn sie danach gefragt werden. Als wollte die Zeugungskraft der Geschichte dieses Gefühl besonders begünstigen, ließ sie aus dem Schoße des jüdischen Stammes Künstler von gediegenem Gehalte, Ton-, Farben- und Musenkünstler ersten Ranges, entstehen, die durch ihr treues Ausharren dem Stamme Achtung eintrugen.

Alle Völkerschaften, welche in der Gegenwart ihre Selbständigkeit und Lebensfähigkeit geltend machen wollen, suchen zunächst ihr Alter zu beurkunden, holen ihre alten Ahnenbilder und Wappen hervor, um zu belegen, daß sie den Wechsel von Glück und Unglück, von Kraft und Schwäche, von Sieg und Niederlage durchgemacht, Zeugnisse von Geistestätigkeit abgelegt haben und daher ein Anrecht auf Fortbestand und Wachstum besitzen. Der jüdische Stamm brauchte nicht erst nach seinem alten Ruhmestaten und den Denkmälern seiner Geisteskraft zu suchen. Selbst in seiner scheinbaren Knechtsgestalt war er nicht ganz entblößt davon. Laut verkündet es ein Jahrhundert dem anderen. Es galt bloß auf diese Stimme zu hören, oder sie im Gewühl der selbstischen Interessen nicht zu überhören. Die Geschichte der Juden drängte sich zu allererst zur Beurkundung ihrer eigenen Größe hervor. Sie war durch die tausendfachen Unbilden der Zeit verunstaltet und verkannt. Unter der Hetzjagd ihrer Peiniger waren die Juden nicht imstande gewesen, die angehäuften Erinnerungen ihrer großen Vergangenheit zu behalten; nur stückweise und entstellt waren sie ihnen bekannt. Christliche Forscher, von der Größe des Gegenstandes angezogen, hatten zwar ihr Gesamtbild aus zerstückelten Bruchstücken zusammengesetzt; aber das Bild konnte nicht treu ausfallen, weil ganze Bestandteile fehlten, die hellen Farben verblaßt waren, und der Schatten überwiegend war oder geflissentlich stark aufgetragen wurde. Selbst wohlwollende Verteidiger der Juden, Dohm und Grégoire, die in den Jahrbüchern der jüdischen Geschichte eifrig geblättert hatten, konnten sich in ihnen nicht zurechtfinden. Mehr als ein Jahrhundert war verstrichen, seitdem der ehrwürdige französisch-protestantische Geistliche Basnage der jüdischen Geschichte Aufmerksamkeit geschenkt und sie, wenn auch trümmerhaft dargestellt hatte. Eine vollendetere Gestalt erhielt die jüdische Geschichte erst durch Isaak Markus Jost (geb. Bernburg 1793, gest. Frankfurt a. M. 1860). Er hatte mehr Mut als Zunz, welcher mit seinem weiten und tiefen Geist dazu berufen schien. Mit nicht zulänglichen Mitteln ging Jost an diese Riesenarbeit und hat das große Verdienst für das Labyrinth einen Leitfaden geschaffen zu haben.

Als die kindischen Deutschtümler die Juden aus Teuts Gauen hinausgewiesen wünschten und die verbohrten oder giftigen Judenfeinde, die Rühs, aus den Blättern der jüdischen Geschichte die häßlichsten aussuchten, um sie und ihre Träger damit zu verlästern, erwachte in Jost der Drang, sie in einem besseren Lichte zu zeigen. Er wollte eigentlich aus ihr beweisen, daß die Juden stets friedsame Bürger und treue Untertanen gewesen. Sie haben zwar den römischen Kaisern die Zähne gewiesen und sich tüchtig geschlagen; aber das waren nur einige Brauseköpfe, die Zeloten, deren Torheit man nicht der ganzen Nation zur Last legen dürfe. Die Juden im ganzen seien stets brave Leute gewesen, die nie Christenkinder geschlachtet, auch sonst die Vorwürfe nicht verdient hätten, welche ihnen gemacht wurden. Nur die Pharisäer und ihre Enkel, die Rabbiner, das waren abscheuliche Menschen voller Aberglauben und Finsternis. Das ist der Grundton von Josts Darstellung der jüdischen Geschichte. Er wollte zugleich die Bewunderer der jüdischen Geschichte, wie ihre Verächter widerlegen. Niemand verkennt heute die Einseitigkeit seiner Darstellung. Dennoch hat Jost mit seiner Geschichtsbearbeitung seinem Stamme einen wesentlichen Dienst geleistet. Er hat seiner Zeit etwas neues geboten und die unentbehrlichen Grundlagen der Geschichte, Zeit und Raum, möglichst genau begrenzt. Seine Vorgänger, die christlichen Bearbeiter der jüdischen Geschichte, Basnage mitgerechnet, hatten gerade diesen wichtigen Punkt verschwommen oder falsch gegeben. Er hat ferner auf die damals meistens noch unbekannten, wenn auch dürftigen Quellen aufmerksam gemacht, auf welche fortan die Augen gerichtet wurden. Er hat zwar der heldenhaften jüdischen Geschichte einen trockenen, philisterhaften Charakter gegeben und ihr den Schimmer geraubt, den sie selbst in den Augen unbefangener christlicher Beobachter hatte. Er hat das vieltausendjährige Heldendrama in lauter Fetzen zerrissen. Zwischen den alten Israeliten, den Urahnen und Zeitgenossen der Propheten und Psalmisten, und den Juden, den Zöglingen der Rabbiner, höhlte Jost künstlich eine tiefe Kluft aus und trennte sie so scharf von einander, als wenn diese nicht die Abkömmlinge jener, sondern aus dem Stein gesprungen wären. Sein nüchterner Sinn sah in der Geschichte nur eine Anhäufung von Zufälligkeiten, die keinem Gesetze unterliegen. Seine Geschichtsdarstellung ist eigentlich nur eine vermehrte und verbesserte Auflage von Basnage.

Indessen hat er mit seiner unvollkommenen Bearbeitung der jüdischen Geschichte doch viel gewirkt. Die Unvollkommenheit seiner Behandlung lag zum Teil in seiner Unzulänglichkeit. Um aus den verschütteten Schachten dieser Geschichte das Golderz zu holen, gehört zunächst dazu der Glaube an Vorhandensein reicher Schätze und ein geübtes Auge, sie zu entdecken. Beides ging Jost ab. Beides besaßen aber zwei Persönlichkeiten in Galizien, und von ihnen ging die tiefere Erkenntnis des in der Geschichte des jüdischen Volkes webenden Geistes und eine reiche Befruchtung aus, welche lebenssaftige Keime zur Entfaltung brachte. Krochmal und Rapaport haben zuerst gediegenes Erz aus den verschütteten Schachten geholt und auch den Weg gezeigt, wie es herbeigeschafft und verarbeitet werden kann. Sie haben einen Wetteifer erregt, der es möglich machte, daß in drei Jahrzehnten die Trümmerdecke von der großen Vergangenheit des Judentums weggeräumt und das darunter vergrabene Götterbild zum Vorschein gebracht werden konnte. Sie waren die Stifter einer neuen Schule, welche man die galizianische nennen kann.

Nachman Krochmal (geb. Brody 1785, gest. Tarnopol 1840) fing noch die matten, verlöschenden Strahlen von der untergehenden Mendelssohnschen Schule auf. Mendelssohn war das Ideal, nach dem er sich bildete. Asaria dei Rossi, der ehemals verketzerte und verschollene jüdische Forscher aus dem sechzehnten Jahrhundert, lebte in Krochmal wieder auf. Je mehr die Stocktalmudisten und die chaßidäischen Ketzerriecher in Polen jedem nachspürten, der sich mit außertalmudischem und außerkabbalistischem Schrifttume befaßte oder ein nichthebräisches Buch zur Hand nahm, um ihn in der öffentlichen Meinung zu brandmarken, desto süßer schmeckte Krochmal und seinen Gesinnungsgenossen dieses verstohlen genossene Brot. Unter der Zobelmütze sammelten sich in seinem Kopfe, nachbarlich neben den angehäuften Wissensmassen aus dem Talmud, Gedankenscharen, welche eine kriegerische Haltung gegen den Talmudismus annahmen. Aber es kam bei ihm nicht zur Kriegserklärung. Krochmal war zu ängstlich, um einen kühnen Schritt außer dem Geleise zu tun; er wich vielmehr jedem Kampfe aus.

Aber vor vertrauten Genossen und Jüngern öffnete er die Schätze seines Geistes nicht hinter Wänden, die Ohren haben könnten, sondern auf freiem Felde. Seine Zuhörer, talmudisch geschult und in Enträtselung dunkler Andeutungen außerordentlich gewandt, erfaßten seine Winke schnell, ohne daß er sich in weitläufige Auseinandersetzungen einzulassen brauchte. Die Beschäftigung mit der deutschen Philosophie hatte seinen Geist geschult und ihm die logische Zucht gelehrt. Selbständige philosophische Ideen, die er für seine stärkste Seite gehalten zu haben scheint, hat er freilich sehr wenig erzeugt. Aber die philosophische Betrachtung der Geschichte und überhaupt der jüdischen Geschichte, einen klaren Überblick über ihre verschlungenen Wege hat Krochmal zuerst angebahnt. Er zeigte auch, wie man die Fundgruben des Talmuds für die Geschichte ausbeuten und verwerten kann, wie man diese Geschichtsquellen mikroskopisch beobachten oder halbverwischte Züge wiederherstellen könne. Freilich waren die Resultate der Krochmalschen Forschungen nicht immer stichhaltig. Aber sein Scharfblick und seine liebevolle Hingebung für diese Wissenschaft haben ihm nicht gar zu oft des rechten Weges verfehlen lassen. Er hat Jünger zum Forschen angeregt und ihnen den Schlüssel zu manchen hieroglyphenartigen Quellenschriften gereicht. Obwohl er von seinen Entdeckungen noch wenig veröffentlicht hatte, drang sein Ruf doch über die Grenzen seines Landes hinaus. Die Berliner Gemeinde, die seit Friedländers Zeit eine tiefe Abneigung gegen Polen und Rabbiner hegte, dachte an ihn, um ihn als Rabbiner zu berufen. Er galt als einer der Hauptträger der jungen jüdischen Wissenschaft und zählte in Deutschland viele Bewunderer.

Der empfänglichste und begabteste seiner Jünger, Salomo Jehuda Rapoport (geb. Lemberg 1790, gest. Prag 1867), machte ihm den Vorrang streitig und verdunkelte ihn zum Teil durch seine mehr ergiebigen Leistungen. Von herzgewinnender Milde, lächelnd heiterem Sinne, harmlosem Witz und Geselligkeitstrieb, war Rapoport in jeder Gesellschaft eine beliebte, anziehende Persönlichkeit. Frühzeitig wurde Rapoport der talmudischen Gelehrsamkeit halb untreu, indem er ihren Nebenbuhlerinnen, der Wissenschaft und der Dichtkunst, huldigte. Am meisten fesselte ihn die jüdische Geschichte, und er hat zuerst einige Träger des geschichtlichen Geistes ans Licht gezogen. Hintereinander lieferte er Biographien jüdisch geschichtlicher Persönlichkeiten (1829—31) mit einer Fülle lichtvoller Andeutungen und eröffnete damit das Verständnis des Judentums und seiner inneren Geschichte. Rapaport hat für den Ausbau dieser Erkenntnis mehr als Krochmal getan, da er sich nicht von den Ketzerriechern einschüchtern ließ, vielmehr männlichen Mut zeigte, für die von ihm erkannte Wahrheit mit seinem Namen einzutreten. Die wissenschaftliche Bewegung innerhalb der Judenheit, die seit dieser Zeit immer voller strömte, ist auf ihn zurückzuführen. Nicht die Quelle, welche zuerst das Wasser aus ihrem Schoße entläßt und zwischen Gebüsch versteckt rieseln läßt, hat Bedeutung, sondern der breite Strom, der sich dem Auge zeigt, auf seinem Rücken Schiffe trägt und, die Ufer überflutend, Nachbarfelder befruchtet. Die Bedeutung, die er erlangte, zeigte sich, daß er zum Kreisrabbiner von Tarnopol und bald darauf zum ersten Rabbiner von Prag gewählt wurde — ein Pole nach Deutschland berufen, aber unter welchen veränderten Umständen!

Inzwischen geschah vor den Augen des bis zur Stumpfheit ernüchterten Europa ein geschichtliches Wunder, das es von einem Ende zum anderen aufrüttelte. Plötzlich zuckte im Westen ein Blitz aus heiterem Himmel, ein Donnerschlag, ein schreckliches Krachen folgte, als wäre das Ende der Welt erschienen; die Revolution der

Julitage (1830) war geradezu ein Wunder. Niemand hatte sie geahnt, geschweige denn vorbereitet. Dieser Umschwung kam auch den Juden und mittelbar auch dem Judentume zustatten, wie jede einschneidende Veränderung in der Geschichte. Die Gleichstellung der Juden war in Frankreich unter den beiden Bourbonen Ludwig XVIII. und Karl X., obwohl von der Konstitution besiegelt, verkümmert, weil die katholische Geistlichkeit das große Wort führte und die Juden nicht allzusehr begünstigt wissen wollte. Sie hatten unter diesen legitimistischen Königen keine Staatsanstellung erhalten, obwohl ihre Zahl seit dem Beginne der ersten Revolution sich verdreifacht hatte und sie sich nach jeder Seite hin veredelt hatten. Der Anfang zu ihrer Ausschließung war auch schon gemacht. Die sogenannte Charte hatte die christliche Religion als herrschende anerkannt, und das Judentum galt bloß als geduldet. Die Julitage waren daher für dieses von großer Bedeutung. Die erste Deputiertenversammlung unter dem Könige Ludwig Philipp, welcher die Charte zur Wahrheit machen wollte, dachte gleich daran, die bestehende, allerdings geringe Ungleichheit zwischen Juden und Christen aufzuheben. Ein Deputierter (Viennet) beantragte (August 1830) die Anerkennung einer Staatsreligion aus der Verfassung zu streichen und den Kultus der Juden gleich dem der Katholiken und Protestanten aus Staatsmitteln zu bestreiten. Sein Antrag fand allgemeinen Anklang.

In der Pairskammer war es nicht so leicht, die Gleichstellung des Judentums mit dem Christentum durchzusetzen; hier tagten noch Zopfköpfe. Der Minister Mérilhou mußte daher hier seine glänzende Beredsamkeit aufbieten, um die Pairs günstig für den Gesetzesvorschlag zu stimmen. Mérilhou hob daher die Bedeutung des Judentums hervor. „Wenn ein Bekenntnis den doppelten Charakter einer langen Dauer und einer beträchtlichen Zahl seiner Anhänger vereinigt, wenn es in allen Strichen der zivilisierten Welt ausgeübt wird, so kann man unmöglich seinen Dienern die öffentliche Unterstützung versagen, welche nur ein Zeichen der Hochachtung von seiten der bürgerlichen Gesellschaft für jeden religiösen Glauben ist. Alle diese Bedingungen erfüllt die hebräische Religion. Ihre Wiege ging der des Christentums voran. Die Jünger Moses bezeugten die Macht ihres Glaubens". Noch manches Wort zu ihrer Anerkennung hallte von der Welttribüne der Pariser Pairskammer wieder. Die Namen derjenigen Juden, welche Lichtspuren in der Geschichte zurück gelassen hatten, wurden genannt, Philo, Maimonides, Mendelssohn. Bei der Abstimmung in der Pairskammer (Januar 1831) sprachen sich von 89 Stimmen 57 zugunsten vollständiger Gleichstellung des Judentums im Staate aus. Infolgedessen fiel in Frankreich die letzte Schranke zwischen den Bekennern des Judentums und den christlichen Religionsgenossen. Der König Ludwig Philipp bestätigte (8. Februar) das Gesetz, daß die französischen Rabbiner so gut wie die katholischen und protestantischen Geistlichen einen Teil ihres Gehaltes aus den Staatseinkünften beziehen sollten. Auch die nicht lange vorher ins Leben gerufene Hochschule (Collège Rabbinique) zur Ausbildung von Rabbinern in Metz (seit August 1829) wurde als eine Staatsanstalt anerkannt und teilweise aus dem Budget unterhalten. In Frankfurt a. M. brachte in derselben Zeit der Senat den Vorschlag ein. die Juden wenigstens bürgerlich gleichzustellen, daß namentlich die Ehebeschränkung aufhören sollte. Aber von neunzig Mitgliedern des gesetzgebenden Körpers stimmten zwei Drittel dagegen.

In anderen deutschen Städten hat die befreiende Revolution auch neues Hep-Hep gegen die Juden hervorgerufen, das zwar vom Gesindel ausging, aber von der guten Gesellschaft schadenfroh angehört wurde (München, Breslau und andere). Diese, edle Gemüter empörende Erscheinung erweckte für die Juden einen gewaltigen Kämpfer, der ihnen Selbstachtung einflößte, Gabriel Rießer (geb. 1806, gest. 1860), eine Persönlichkeit von edelster Gesinnung, jede Fiber an ihm ein Mann. Er war der Sohn des die Reform begünstigenden Lazar Rießer und Enkel des Stocktalmudisten Raphael Kohn. Aber er war in seinem ganzen Wesen deutsch gesinnt. Das Judentum als Sauerteig in der langen Reihe der Völkergeschichte war ihm so ziemlich gleichgültig geworden. Dennoch kämpfte er für die Ehre und Würde desselben. Nicht eigennütziges Erreichen vorenthaltener Vorteile für die Juden lag ihm am Herzen. Mit edler Entrüstung hielt er den deutschen Regierungen einen Spiegel vor, daß sie ihnen die Menschenrechte nur verkümmerten, um sie zur Taufe zu bewegen und solchergestalt sie zu falschem Eide und niedriger Gesinnung zu verleiten, weil der Übertritt meistens in eigennütziger Absicht, ohne Aufrichtigkeit geschieht. „Wie kann der erwachsene Mensch Achtung für den (christlichen) Glauben festhalten, dessen Verehrer ihm als schnöde Kuppler erscheinen müssen, die, wie Kuppler anderer Art durch den Reiz des Geldes zu einem Bekenntnis ohne Liebe, so durch äußere Vorteile zu einem Bekenntnis ohne Glauben locken? Auch den Juden zeigte er ihr Spiegelbild, jenen Mattherzigen, die sich in ihrer Behaglichkeit von der Menge trennten oder sich durch ein erlogenes Bekenntnis die Gleichheit erkauften oder wenigstens ihre Kinder der Kirche übergaben. Rießer wollte Vereine ins Leben gerufen wissen, die ihre Tätigkeit auf die Emanzipation der Juden richten möchten. Gleichgesinnte sollten in eine Art Bündnis treten, aus Ehrgefühl treu bei den Leidensgenossen auszuharren, bis der Kampf zu Ende geführt sein würde. Zehn Jahre vorher hatte der

Berliner Kulturverein nicht gewagt, ein solches Programm offen aufzustellen. Zwischen Eduard Gans und Gabriel Rießer lag eben die Julirevolution. Auch Christen forderte Rießer zur Teilnahme für einen solchen Verein auf, indem es für Gesinnungstüchtige in jedem Bekenntnisse eine Ehrensache sein müsse, für die Erlösung Geknechteter einzutreten.

Rießers Wort schlug durch; es kam zur gelegenen Zeit, die Gemüter waren empfänglicher geworden. Der Ton der Zuversicht und Sicherheit, mit dem er den endlichen Sieg der Freiheit gewissermaßen voraus verkündete, gewann die Herzen, sich der Hoffnung hinzugeben. Dazu kam, daß damals einige günstige Ereignisse seine Prophezeiung zu besiegeln schienen. Zum ersten Male kam die vollständige Gleichstellung der Juden, angeregt von vielen christlichen Kaufleuten in London und Liverpool (1830) im englischen Parlament zur Sprache und die bedeutenden Führer im Unterhause redeten ihr das Wort. Noch unerwarteter kam der Beschluß der Stände von Kurhessen, dem ersten deutschen Lande, welcher die volle Emanzipation zum Gesetze erhob. Diese Vorgänge gaben Rießer Mut, seinem Hoffnungsideal weiter nachzuhängen. Unermüdlich war er für die Sache, der er sein Leben geweiht, einzutreten, aber stets mehr aus dem Gesichtspunkte der Ehre und Würde, als aus dem des materiellen Gewinnes. Nicht die unbedeutendste rituelle Zeremonie dürfe zum Opfer für die Einbürgerung gebracht werden, wenn sie nur um diesen Preis zu erlangen ist, sprach er nach zwei Seiten hin kühn aus. Die deutschen Regierungen und Stände verlangten von den Juden Aufgeklärtheit und Lossagen vom sogenannten Aberglauben, Aufgeben des Talmud und der Messiashoffnung. Und ehrvergessene Juden boten einen solchen Tausch und gaben der Regierung an die Hand, nur diejenigen zu erheben, die dem Talmud entsagt hätten. Rießer brandmarkte einen solchen Handel mit Gewissenssachen als eine Schmach. Durch seinen Kampf gegen die Judenfresser, Paulus, Eduard Meyer, Pfizer, Streckfuß und alle die faselnden Feinde der Freiheit in den deutschen Ständekammern hat er die Judenfrage auf das Programm des Liberalismus gebracht. Das junge Deutschland und alle diejenigen, welche gegen die Knechtung in den Kampf zogen, waren fortan genötigt, die Religionsfreiheit und die Gleichstellung aller Klassen auf ihre Fahne zu schreiben. Aber bei weitem größer ist endlich Rießers Verdienst um die Judenheit, daß er das Selbstgefühl der Juden gehoben und die falsche Scham getilgt hat, welche die sogenannten Gebildeten bei dem Namen Jude empfanden.

Von dem Gedanken geleitet, daß die Selbstachtung und das Selbstbewußtsein der Judenheit durch die jüdische Wissenschaft und besonders durch die Erkenntnis ihrer Vergangenheit am mächtigsten geweckt werden kann, beleuchtete Zunz, der erste Anreger zur Pflege der jüdischen Wissenschaft im Kulturverein, eine wesentliche Seite derselben. Er hatte bei seiner Mitarbeiterschaft an der Zeitschrift dieses Vereins Anleitung zur quellenmäßigen Forschung gegeben. Jetzt begann Zunz den Reichtum seines erstaunlichen Sammelfleißes für die Verjüngung des jüdischen Stammes zu verwerten. Er stellte (1832) „die gottesdienstlichen Vorträge" der Juden d. h. synagogale Vorlesungen aus der heiligen Schrift und besonders dem Pentateuch, in ihrer Entstehung, ihrer Entwickelung, ihrer Entartung und in ihrem erneuten Aufschwung dar. Er wollte den augenfälligen Beweis liefern, daß die Juden während des Mittelalters nicht eine rohe Horde gewesen waren, ohne Gesittung und Zucht, sondern eine geistesgeweckte Gemeinde, die aus sich selbst eine eigene Kultur erzeugt und an der allgemeinen regen Anteil genommen hat.

Es war die erste gediegene, zwar trockene, aber belegreiche Arbeit eines jüdischen Schriftstellers, wie sie der deutschen Gelehrtenzunft zusagt. Sie machte einen bleibenden Eindruck und wirkte ihrerseits fruchtbar anregend. Die „gottesdienstlichen Vorträge" verfolgten zwar auch zwei Nebenzwecke, die Gleichstellung der Juden und die Reform zu fördern, aber das Hauptaugenmerk ist auf die Geschichte gerichtet.

Die flügge gewordene jüdische Wissenschaft schuf sich alsbald neue Organe, in denen sie sich aussprechen konnte. Das älteste und gediegenste war in hebräischer Sprache gehalten, der „edle Weinberg" (Kerem Chemed), von Samuel Löb Goldberg aus Tarnopol gegründet, das ein Jahrzehnt hindurch den verschiedenen Seiten des Judentums zur klaren Erkenntnis verhalf. Der jüdischen Geschichte wurde darin die größte Sorgfalt zugewendet. Es entstand ein Wetteifer unter Männern und Jünglingen, jüdisch-wissenschaftliche Untersuchungen anzustellen und zum Gemeingut zu machen. Am meisten waren in dem neuen Organ vertreten die Träger der galizischen Schule, und unter diesen nahm Rapoport den ersten Rang ein. Auch Krochmal ließ sich durch Rapoports mutiges Vorgehen herbei, einzelne Kapitel aus seinem Sammelwerke unter seinem Namen zu veröffentlichen. Die deutsche Judenheit stellte jedoch nur zwei Vertreter zur Mitarbeit, aber zwei hochbegabte, den sammelfleißigen Zunz und den hochgestimmten Michael Sachs, die, wie verschieden auch in ihrer Auffassung des Judentums, jeder von seinem Gesichtspunkte aus, die jüdische Wissenschaft reich bedacht haben.

Eine neue Verstärkung erhielt die kleine Schar der jüdischen Forscher aus Italien, das lange Zeit in Schlummer versunken war und in die jüdische Geschichte nur wenig eingegriffen hatte, durch den wunderlichen Halbrabbiner Reggio in Görz, den Rabbiner Ghirondi von Padua, den reichen Privatmann Almanzi und den Arzt Samuel Vita della Volta aus Mantua. Unter ihnen ragte besonders David Luzzato hervor (geb. Triest 1800, gest. Padua 1865). Die hebräische Sprache bis in ihr feinstes Geäder und grammatische Kleinigkeiten verstand niemand tiefer, als er. An der jungen rabbinischen Hochschule in Padua (dem collegio rabbinico), von der österreichischen Regierung (1829) ins Leben gerufen, hatte Luzzato Gelegenheit, die Bibelstudien eifrig zu pflegen und den richtigen Sinn des Wortes der Propheten und Gottesmänner zu erraten. Durch die geschichtlichen Leistungen Rapoports angeregt, warf er sich auf dieselben Studien und leistete nach dieser Seite Bedeutendes. Durch die Zerstreuung der Juden und ihr tragisches Geschick waren die schönsten Blätter ihrer Geschichte aus der spanisch-französischen Epoche verloren gegangen. Diese schönen Blätter aufzufinden, dafür war Luzzatos Eifer erglüht, und Italien krönte sein Bemühen mit Erfolg. Die gehetzten Juden aus Spanien und Frankreich hatten zumeist auf ihren Wanderungen ihren Weg über Italien genommen. Hier hatten sich daher meistens die Schätze des jüdischen Schrifttums abgelagert, aber sie waren vergraben, weil sie das Argusauge der Inquisition fürchteten. Selbst gediegene Druckwerke, aus italienischen Druckereien hervorgegangen, waren nicht leicht zu finden. Luzzatos Eifer spürte sie auf und machte sie durch wissenschaftliche Organe oder in selbständigen Schriften bekannt und benutzbar. Durch ihn erhielt erst die mittelalterlich-jüdische Geschichte ihre Urkunden, ihren festen Grund, ihre Färbung und Beleuchtung. Wenn Krochmal und Rapoport die Väter der jüdischen Geschichtsbearbeitung genannt werden, so war Luzzato ihre Mutter. Erst durch ihn war es möglich, das, was bis dahin nur umrißlich und in einen Nebelschleier gehüllt war, deutlich zu erkennen, zu gruppieren und zu gliedern. Die Anfänge der neuhebräischen Poesie, ihre Blütezeit in Jehuda Halevi, wie überhaupt das reiche Geistesleben der Juden in Spanien sind zuerst durch ihn erschlossen worden. Und bis zu seinem letzten Hauche war Luzzato unermüdlich zu suchen und zu stöbern. Er legte selbst eine Sammlung wertvoller Schriften an und ermunterte viele andere Freunde der jüdischen Wissenschaft, zum Nacheifer.

Neben dem hebräischen Organe für die jüdische Wissenschaft (Kerem Chemed) entstanden Zeitschriften in der Landessprache, welche neben Tagesfragen auch jüdisch-wissenschaftliche Studien mehr oder weniger förderten und in raschen Umlauf setzten: „Israelitisches Predigt- und Schul-Magazin" (1834), Hebrew Review von dem portugiesischen Chacham Raphall in London gegründet (1835), „Zeitung des Judentums" (seit 1837). Alle diese Blätter haben meistens den Geschichtsgang des jüdischen Stammes ins Licht gesetzt. Aber die Lehre des Judentums, sein Grundwesen, um dessentwillen dieser Stamm eine Ausnahmestellung eingenommen hat, nehmen mußte und zum Märtyrervolk wurde, war nicht zum Bewußtsein gebracht worden. Der Arzt Salomon Ludwig Steinheim (geb. Altona 1790, gest. Zürich 1866), Rießers Busenfreund, beleuchtete diesen Hauptkern. Steinheim war eine tiefbeanlagte Natur, die auf der Sonnenhöhe des reifen Denkens weilte. In ihm offenbarte sich der jüdische Gedanke in seiner Erlösungskraft, ohne welchen das Judentum ein tausendjähriger Wahn genannt werden müßte, der Gedanke, daß das jüdische Volk eine Riesensendschaft zu vollbringen habe, und daß diesem seinem Apostelamt seine Lehre und sein Geschick entsprächen. Steinheim besaß zugleich mit der Ideenfülle die Formgewandtheit, seine Gedanken in eine anziehende Hülle zu kleiden und sie mit reichem Schmelz zu umgeben. Man könnte ihn mit Jehuda Halevi, dem kastilianischen Dichter-Philosophen, vergleichen, wenn er mehr dichterische Begabung gehabt hätte. Seine Erstlingserzeugnisse „Gesänge Obadiahs Ben-Amos aus der Verbannung" haben einen nur geringen dichterischen Wert, enthalten aber schon fruchtbare Keime der Gedankensaat, die er ausgestreut hat. Ein jüdischer Weiser (Obadiah) im Ägypterland offenbart seinem Sohne zur Zeit der Ptolomäer die Hoheit und Niedrigkeit, denen das jüdische Volk entgegengehen müsse: „Absicht (der Vorsehung) und ihr Werk ist es, daß ein schwaches Volk, das ihr Heil verkünden soll, unter Millionen Feinden durch Jahrtausende verfolgt, gejagt und als Opfer geschlachtet, dennoch lebendig erhalten werde. Unsere Ahnen erhielten einstens für sich und ihre Nachkommen die Weihe der Priesterschaft.

„Du selber, Du ewiges Bundesvolk,
„Zahllose Schar unter Völkern zerstreut,
„Du bist Priester und bist Opfer.
„Ein blutiger Zeuge Jehovas".

Dazu eben habe das jüdische Volk seine Pilgerschaft auf dem ganzen Erdenrunde angetreten, damit es überall hin die Lichtkeime reiner Gottesverehrung und hoher Gesittung ausstreue. Von dieser Höhe aus gesehen, erschien Steinheim die Vergangenheit und die Zukunft des Judentums in durchsichtigem Schimmer. Alle Rätsel waren gelöst, alle Fragen beantwortet. Die priesterliche Sendschaft Israels sollte sich eben auf Schmerzenswegen bewähren; dieser Heiland der Welt mußte eine Dornenkrone tragen, mußte zur Knechtsgestalt erniedrigt werden. Es war die Beleuchtung des Grundgedankens des zweiten Jesaia.

Nur die Gegenwart war für Steinheim rätselhaft. Die Entfremdung der Söhne seines Volkes von ihrem Ursprunge, die Verzweiflung an sich selbst, die Verachtung gegen die Lehre und Abstammung, die täglich vorkommende Fahnenflucht erschienen ihm als Vorboten des nahenden Untergangs, als wollte der Hohepriester der Menschheit sich selbst entweihen, sein Erstgeburtsrecht für ein Gericht Linsen vertauschen. Dieser Selbstentfremdung und diesem Selbstaufgeben wollte Steinheim entgegenwirken. Dazu dichtete er seine „Gesänge Obadiahs aus der Verbannung", und arbeitete ein Gedankensystem über die Bedeutung des Judentums aus. „Ich fürchte nicht die Zeiten", läßt er den betagten Weisen zu seinem Sohne sprechen, „ich fürchte nicht die Zeiten des allgemeinen Drangsals; dann halten, wie unter dem Joche die Rinder, die gemeinschaftlich Leidenden zusammen. Auch die Zeiten, da allgemein Freiheit herrscht, fürchte ich nicht. Nur diejenigen Zeiten sind gefährlich, da der Druck gemäßigt, aber nicht gehoben, da die Freiheit nahe, aber nicht völlig erreicht ist. In diesen Zeiten wird der Abfall von der Väter Sitte scheinbar ehrenvoll und vorteilhaft, während Lust am Vergänglichen lau fürs Ewige macht. Das ist die Zeit des wahren Jammers". Scharf tadelte seine Muse jene Gedankenlosen, welche sich von der jüdischen Gemeinschaft lossagten:

„Jene Hand decket das Grab nicht,
„Die sich gegen den Vater erhoben,
„Jenen Mund decket das Grab nicht,
„Der seiner Mutter geflucht hat.
„Und Du — wie Du Dich fremd stellst!
„Abtrünniger Du!
„Verleugnest die Sitte
„Deines geschlagenen Volkes,
„Und trittst, Du Tückischer,
„Höhnischen Mundes zum Widersacher,
„Daß Deine ruchlosen Kinder,
„Ein fremd Geschlecht, mit Steinen
„Werfen nach Deines Vaters Haupt,
„Und ihm den grauen Bart zerraufen.
„Dich schilt mein Lied,
„Um Dich tobt mein Saitenspiel!
„Das Lied Zions verachtet Dich.

Indessen wollte Steinheim nicht bloß ausschelten, sondern belehren und überzeugen. Er wendete sich „an die Jugend mit ihrem Schmerze und ihrer Sehnsucht, mit ihrer Reizbarkeit für Licht und Recht." Ihr widmete er sein gedankenreiches Buch, „die Offenbarung nach dem Lehrbegriff der Synagoge" (1835), Steinheim, tief philosophisch angelegt, unterwarf den ganzen Lehrinhalt einer gedankenstrengen Prüfung und stellte ihn als das Höchste hin, als das „Wunder der Wunder", durch den allein der grübelnde menschliche Geist innere Befriedigung erlangen könne. Er trat kühn an die Beantwortung der Frage heran, was ist denn eigentlich dieses so hochgepriesene und tief geschmähte Judentum? Alle jüdischen Denker waren schon glücklich, nachweisen zu können, daß die Grundlehren desselben sich mit den Lehrsätzen der Philosophie über die Geisteswelt decken oder ihnen wenigstens nicht widersprechen. Steinheim dagegen stellte die Behauptung auf, die vernunftgemäße Religion sei eben das Heidentum in den verschiedensten Abstufungen, das Heidentum, das so viel sittliches Unheil gestiftet habe, in „dem die Räuber, die Diebe, die Ehebrecher, die Knabenschänder ihre großen Vorbilder in den höchsten Wesen fanden," wo selbst die Guten neidisch, liederlich, ehebrecherisch, rachgierig und ungerecht waren. Und wenn das Christentum sich von der Gemeinschaft des Judentums völlig lossagen wolle (wie es seit Schleiermacher und Hegel Modeton geworden war) ,so sinke es eben hiermit auf die niedrige Stufe des Heidentums herab. Liebe und Haß, Ahriman und Ormuz, Christus und Satan mit ihren Spielarten, der ewige Weltstoff, um den sich die zwei Mächte streiten, und die unerbittliche Notwendigkeit, das seien die Grundgedanken der natürlichen Religion; der Mensch selbst erliegt dem Jammer dieser Notwendigkeit:

„Nach ewigen, ehernen,
„Großen Gesetzen
„Müssen wir alle
„Unsres Daseins
„Kreise vollenden.

„Wie die Götter also auch ihre Priester und Weisen; wie der König, so die Herde!" Diesem grobsinnlichen oder verfeinerten Heidentume gegenüber trete das Judentum mit einer ganz anderen Gedankenreihe auf. Es stelle einen persönlichen Gott auf, der nicht mit der Natur zusammenfalle, nicht in zwei Prinzipien auseinandergehe; es erkenne die Schöpfung aus nichts, ohne ewigen Grundstoff an. Es betone scharf die menschliche Freiheit und dadurch die Verantwortlichkeit des Menschen für sein sittliches Tun. Diese und andere Wahrheiten habe nicht die menschliche Vernunft aus sich erzeugt, nicht erzeugen können, sondern sie seien am Sinaï geoffenbart worden. Sie seien aber, trotzdem daß sie der Vernunft als ein fremdes zugekommen sind, so einleuchtend und überzeugend, daß sie sich mit ihnen befreunden und ihre eigenen widerspruchsvollen Gedankenreihen fahren lassen müsse, wie sie sich mit rätselhaften Naturerscheinungen befreunden muß, deren Gesetzmäßigkeit sie nicht begreift. Die Synagoge bilde einen scharf abgegrenzten Gegensatz nicht bloß gegen die mythologische Religion, sondern auch gegen die Kirche. „Von Zion geht die Lehre aus und das Wort Gottes von Jerusalem“, dieses prophetische, halberfüllte Wort unterschrieb Steinheim mit wahrer Begeisterung. Sobald er die Seele des Judentums gefunden hatte oder gefunden zu haben glaubte, empfand er eine Glut dafür, welche ihn hellsehend machte und ihm so sehr das Verständnis für die Vergangenheit eröffnete, daß er selbst die Tätigkeit der vielgeschmähten Rabbiner zu würdigen wußte. Steinheim hat mit seiner „Offenbarung“ recht viele Wahrheiten geoffenbart, oder richtiger, vergessene alte Wahrheiten ans Licht gezogen. Keiner hat zu seiner Zeit wie in der vorangegangenen das Grundwesen des Judentums so tief verstanden wie er, wenn auch manche seiner Voraussetzungen und Folgerungen nicht Stich halten.

Alle diese wohltuenden Erscheinungen, die durch wissenschaftliche Behandlung begonnene Klärung des Judentums und die durch Selbstachtung erzielte zunehmende Achtung der Juden in bürgerlichen Kreisen, selbst in Deutschland, erweckten den Schein, als sollte sich die Neugestaltung der jüdischen Religion friedlich, ohne Kämpfe und leidenschaftliche Aufregung vollziehen. Immer mehr wurden jüngere akademisch gebildete Männer zum Rabbinatsamte berufen, welche durch Predigt in der Landessprache und andere Mittel dem Judentum in seiner äußeren Gestaltung Würde und Anziehungskraft verliehen, der Fahnenflucht, besonders der Wassertaufe entgegen wirken zu können. Es schien, als ob die alten rabbinischen Vertreter des Judentums von der Bildfläche verschwunden wären oder die Waffen gestreckt hätten. Dieser Schein friedlicher Entwickelung schwand mit einem Male, als sich ein schriller Kriegsruf von einer Seite erhob und von einer anderen Seite ebenso scharf gegentönte. Der Gegensatz zwischen dem Alten und dem Neuen und seine Unversöhnlichkeit ging von zwei jungen Männern aus, die, an einer und derselben Universität akademisch ausgebildet, sich für das rabbinische Lehramt vorbereitet hatten, miteinander freundschaftlich verkehrten und keine Ahnung davon hatten, daß ihre Namen zum Stichwort für Parteiungen in der Judenheit dienen würden. Diese Gegensätzlichkeit in bitterer Befehdung ging von Abraham Geiger und Samson Raphael Hirsch aus. Beide reichbegabt, waren nach ihren Anlagen und ihrem Temperament einander antipathisch. Der erstere war heiteren, geselligen Gemüts, anschließbaren und lebhaften Geistes, vielseitig oder wenigstens für die verschiedenen Seiten des Wissens empfänglich und anempfindend, der letztere dagegen mehr ernsten Gemütes, verschlossen und einseitig von seinem Lieblingsgedanken eingenommen.

Geiger (geb. Frankfurt a. M. 1810, gest. Berlin 1875) stammte aus einer rabbinischen Familie, und er spitzte sich zu einem erbitterten Feinde des Talmuds und des rabbinischen Judentums und zum leidenschaftlichen Fahnenträger einer durchgreifenden Reform zu. Hirsch (geb. Hamburg 1812, gest. Frankfurt 1888) aus einer Kaufmannsfamilie wurde der geharnischte Vorkämpfer für das alte rabbinische Wesen, von dem er nicht ein Jota aufgegeben wissen wollte. Ihre ganze Lebens- und Amtstätigkeit konzentrierte sich in einem Punkte, bei Geiger vollständige Auflösung der vom Talmud geschaffenen Gestaltung des Judentums, bei Hirsch krankhaftes Festhalten an allem, was der Talmud, die rabbinischen Autoritäten und der Brauch geheiligt haben.

Geiger begann den Kampf mit der Gründung der wissenschaftlichen Zeitschrift für jüdische Theologie (1835). Ihr Ziel war von Anfang an Stürmerei. Sie schlug in jugendlicher Zuversicht einen hohen Ton an, als wollte sie sich zum obersten Tribunal für Religion und Judentum aufwerfen, von dem alle Bestrebungen Lob oder Tadel zu gewärtigen haben müßten. Mutig trat sie der unverschämten Anmaßung sich gelehrt dünkender Judenfeinde entgegen und bekämpfte die Gedankenschwäche derjenigen Juden, welche noch immer die Ideale in das Christentum verlegten. Als verdienstlich ist es dieser Zeitschrift anzurechnen, daß sie frühere vernachlässigte, oder halb oder ganz geächtete Episoden und Personen der jüdischen Geschichte, die Karäer, die begabten Zweifler und Heuchler, wieder in frische Erinnerung brachte. Sie hat durch ihr Ungestüm und ihre Stürmerei Bewegung und Rührigkeit in jüdische Kreise gebracht, einen regen, wissenschaftlichen Blutumlauf erzeugt und die anderweitig gewonnenen Ergebnisse der Forschung in verdünnter Gestalt faßbar und gemeinverständlich gemacht. Wer vermag heute schon abzuwägen, ob der Gewinn oder der Schaden größer war, den ihre Stürmerei dem Judentum gebracht hat? Sie hat indes tief eingreifende Irrtümer verbreitet, indem sie das Judentum zur Theologie, d. h. zu einer Kirchen- und Dogmenreligion gemacht und dessen Vertreter, die Rabbiner, zu Geistlichen und Pfarrern gestempelt hat. In großer Hast hat sie die kaum kalt gewordene Gedankenarbeit sofort ins Leben einführen, oder wie die Formel lautete, die „Lehre mit dem Leben ausgleichen“ wollen. Die Wissenschaft war für Geiger nicht Selbstzweck, sondern Mittel, um das Judentum von dem Inhalte zu entleeren, der seine Eigenart ausmacht. Geiger hat zwar mit rühmenswertem Mannesmut den Zudrang jüdischer Geldmänner und gedankenleerer Kreise zur Kirche ohne innere Überzeugung und die Nachäffung christlicher Gewohnheiten in jüdischen Familien bekämpft und sich dadurch bei den Wortführern des Christentums mißliebig gemacht; aber indem er die alten Erinnerungen und Belehrungsmittel aus der Synagoge verbannt wissen wollte, die Predigt und neue Gebete in der Landessprache zum Mittelpunkte des Gottesdienstes machte, den Prediger zum Seelsorger stempelte, dem die Laienwelt sich unterzuordnen hätte, entzog er dem Judentume gesundes Blut, trichterte ihm dafür Lymphe ein und beförderte gegen seinen Willen den Abfall.

Die Altfrömmigkeit, welche bis dahin sich den Neuerungen gegenüber stumm oder polternd benommen hatte, oder wie Isaak Bernays in Sphinxrätseln sprach, wurde dadurch herausgefordert, das Wort zu ergreifen. Sie stellte die Berechtigung der Reform, auf welche die Neuerung so sehr pochte, geradezu in Abrede. „Die neunzehn Briefe über Judentum" von Ben Usiel, (Hirsch 1836), waren die ersten Laute eines kräftigen Widerspruchs gegen die Verflachung des Judentums zu einer Alltagsreligion. Es war die Eröffnung eines Kampfes zwischen zwei verschiedenen Grundanschauungen, der noch lange nicht ausgetragen ist. Der Kampf entbrannte jedoch nur in Deutschland. Die Juden der übrigen europäischen Länder verspürten noch nichts davon. Denn weil in Deutschland die alte Schmach so schwer zu tilgen, die junge Freiheit so mühsam zu erringen war, sahen die gebildeten Juden in der Eigenart ihres Bekenntnisses eines der Hindernisse, ihre Ebenbürtigkeit zu erlangen, und waren bereit, sie zu opfern.

Wunderbar! Tiefer blickende Christen bewunderten die Zelte Jakobs in ihrer Schmucklosigkeit, während Träger des Judentums sich darin beengt fühlten und Stiftshütte wie Bundeslade gern mit Pomp und Kirchenparade umtauschen wollten. Zwei poetisch gestimmte christliche Forscher, überrascht von der wunderbaren Erscheinung, daß das gehetzte jüdische Volk noch bis in die neueste Zeit eine eigene neuhebräische Dichtkunst, im rauhen Winter Frühlingsblüten erzeugt hat, versuchten dafür in christlichen Kreisen Verständnis und Liebe zu erwecken. Die „Geschichte der neuhebräischen Poesie (1836) von Franz Delitzsch und die „Hebräische Chrestomathie" (1837) von Adam Martinet sind Huldigungen, christlicherseits dem jüdischen Geiste dargebracht. Die Verfasser bewunderten dessen fortdauernde Schöpferkraft und die Fortbildungsfähigkeit der hebräischen Sprache. Diese eine Seite des jüdischen Geistes bewies ihnen schlagend genug die Unsterblichkeit des Trägers. „Niemand vermag zu leugnen", bemerkte Delitzsch, „daß das jüdische Volk das denkwürdigste aller Völker ist, daß seine Geschichte und Literatur nächst der kirchlichen die erste und vorzüglichste Beachtung verdient. Die Poesie ist ein großer Teil dieser kolossalen Literaturmassen und das treueste Abbild der Seelengeschichte dieses Volkes. Das Morgenland exiliert mitten im Abendlande, aus den Tränen seines Heimwehs quillt die jüdische

Poesie". Martinet wollte „die Höhe, Tiefe und Breite des jüdischen Geistes unserer Zeit in den Schätzen ihrer eigenen Literatur kennen lernen" und war glücklich, ein ehrwürdiges, tiefergreifendes und in der Beziehung großartiges Bruchstück gefunden zu haben. Seine „Auswahl" sollte eine Ehrenrettung der neuhebräischen Literatur werden und „die morgenländische prächtig blühende Blume, auf abendländischem Boden groß gezogen, zu einem duftenden Strauß binden, um Bewunderer für sie zu erwecken".

Sechstes Kapitel.

Die Blutanklage von Damaskus und ihre Folgen.

(1840 bis 1848.)

Wenn ein origineller Dichter dieser Zeit, Joel Jakoby, zwischen Treue und Abfall schwankend, der Judenheit zurief: „Matt ist dein Leib, mein Volk, und müde dein Geist; darum bringe ich dir einen Sarg, darum weihe ich dir eine Gruft!" und wenn Geigers Organ der Stürmerei halb schmerzlich und halb schadenfroh als eine Tatsache bezeugte: „Zerrissen ist das Band, welches früher die Gemeinden zusammenhielt und umschlang, und nur äußerlich halten sie zusammen, die Willenskraft der Gesamtheit ist gebrochen", so haben beide ihre Herzenswünsche für Wirklichkeit ausgegeben. Schlechte Beobachter, nahmen sie die Symptome raschen Wachstums als tödliche Schwindsucht. Ein Vorfall, unscheinbar und geringfügig in seinen Anfängen, aber bedeutend in seinen Wirkungen, hat alsbald die falschen Propheten Lügen gestraft und gezeigt, welcher wunderbare Zusammenhang die Glieder der Judenheit unauflöslich hält, wie fest das Band noch ist, welches unsichtbar, ihnen selbst unbewußt, sie umschlingt, wie ein ernster bedrohlicher Angriff auf das Judentum das Herz sämtlicher Juden auf dem Erdenrund und aller Parteien, des reformistischen Stürmers gleich dem des Stockorthodoxen und des nur in Kabbala oder Talmud webenden Klausners, im leichtlebigen Frankreich wie im ernsten Asien in patriotischem Selbstgefühl schlagen machte. Wo es schlummerte, wurde es wach gerufen. Das Wunderbarste dabei war, daß die verächtliche „Judensache" in die verschlungenen Fäden der europäischen und asiatischen Politik verflochten wurde, und daß sich der russische Selbstherrscher Nikolaus wie die amerikanische Republik der Juden in Damaskus annehmen mußten. Wer sich dieser Zeit und des Vorfalles, der sich daran knüpft, erinnert und Sinn für die Wunder der Geschichte hat, wird die wunderbare Verkettung dieser Begebenheit nicht verkennen. Ein in Frankreich naturalisierter Italiener Ratti-Menton, ein herz- und gewissenloser Gewinnjäger, der Sizilien und Tiflis wegen unehrenhafter Handlungen hat meiden müssen, ein vom Christentum zum Islam übergetretener Renegat, ein ausgemachter Schurke und Erzjudenfeind, und andere ähnlichen Gelichters, das waren die teuflischen Urheber eines neuen blutigen Dramas, worin den Juden wieder die Märtyrerrolle zugefallen war. Aber dieser Leidensstand führte zur Selbstermannung, zur Erhebung und zum stolzen Selbstgefühl.

Der Schlaukopf Mehmet Ali, Pascha von Ägypten, hatte durch glänzende Siege dem türkischen Sultan, seinem Lehnsherrn, ganz Syrien samt Palästina entrissen. Der ebenso schlaue sogenannte Bürgerkönig Ludwig Philipp, um den Groll der legitimen Fürsten von Europa, besonders des Kaisers Nikolaus, zu entwaffnen, unterstützte Mehmet Alis Eroberungspläne. Diese Ränke verdoppelten sich, als der willensfeste, aber unglückliche Sultan Mohammed ins Grab gesunken war, und sein schwacher, verzärtelter, siebzehnjähriger Sohn Abdul-Meǵid sozusagen den Thron bestieg (Juli 1839). Damals begann die orientalische Frage zu brennen. Rußland unterstützte die schwache Türkei, Frankreich hingegen den ägyptischen Räuber. Österreich und England schwankten hin und her. Durch die enge Verbindung zwischen Ludwig Philipp und Mehmet Ali erhoben die bis dahin gedrückten Christen in Palästina und Syrien ihr Haupt, da sich Frankreich gern zum Horte des Christentums im Morgenlande aufwarf. Die Geistlichen und Mönche vieler Orden im Morgenlande, gestern noch verfolgt, warfen sich, auf französischen Schutz vertrauend, zu Verfolgern auf.

In Damaskus, welches damals von fast 20 000 Seelen bewohnt war, verschwand eines Tages (5. Februar 1840) der Guardian eines Kapuzinerklosters aus Sardinien, Pater Tomaso (Thomas) mit seinem Diener. Er war kein Heiliger im katholischen Sinne, vielmehr ein Lebemann, der gern Geld nahm, aber ungern gab. Er hatte sich mit Arzneipfuscherei beschäftigt und ebenso oft jüdische und mohammedanische Quartiere wie christliche besucht, um sein Handwerk auszuüben. Was ist aus dem der ganzen Bevölkerung von Damaskus wohlbekannten Pater geworden? Niemand wußte es genau anzugeben. Es war allerdings ein Gerücht laut geworden, daß Tomaso einige Tage vorher einen heftigen Wortwechsel mit einem türkischen Maultiertreiber gehabt, der wegen vernommener Lästerung Mohammeds geschworen haben soll: „Der Christenhund soll von keiner anderen Hand als der meinen sterben.“ Die Mönche bestürmten nun den französischen Konsul in Damaskus, jenen gewissenlosen Ratti-Menton, dem Mörder nachzuspüren. Sogleich wurde die Aufmerksamkeit auf die Juden gelenkt, weil einige derselben harmlos ausgesagt hatten, sie hätten Tomaso am Abende vor dessen Verschwinden im Judenquartier gesehen. Die Mönche klammerten sich um so fester an den Verdacht gegen die Juden, weil sie dadurch mehrere Zwecke zu erreichen glaubten. Ratti-Menton erfaßte schnell diesen Verdacht gegen die Juden und unterließ jede anderweitige Nachforschung, obwohl ein Fingerzeig dafür vorhanden war. Der Gouverneur von Damaskus Scherif Pascha war leicht dazu zu bewegen, die Verfolgung der Juden zu gestatten oder anzustellen, da er es mit dem französischen Konsul nicht verderben wollte und seinerseits von einer Blutanklage gegen die Juden bedeutenden Gewinn zu ziehen hoffte. Um den Schein zu retten, beriefen sich die Ankläger auf die Aussage eines frommen Gauklers, welcher versicherte, Tomaso und sein Diener seien im Judenquartier in diesem und diesem Hause ermordet worden.

Bald häuften sich die Inzichten. Kurz, die Anklageakte war schnell fertig: „Die Juden haben Tomaso und seinen Diener ermordet, um sich des Blutes für ihre Passahfeier zu bedienen." Mehrere Juden wurden ergriffen, vor Ratti-Menton geführt und verhört. Ein armer jüdischer Barbier zeigte aus angeborener Furcht in Gegenwart der Auflaurer beim Verhör Verwirrung. Aber er leugnete fest jede Teilnahme und jede Kunde vom Morde des vermißten Paters. Nichtsdestoweniger übergab ihn der französische Konsul Scherif Pascha als stark Verdächtigten zur Untersuchung. Dieser ließ ihm die Bastonade, d. h. 500 Stockschläge auf die Sohlen geben und noch härteren Martern unterwerfen. Durch trügerisches Zureden eines Schurken ließ sich der Barbier im Kerker, weil ihm neue Folterqualen in Aussicht standen, verleiten, sieben der angesehensten und reichsten Juden, darunter einen Greis von 80 Jahren, als Schuldige anzugeben. Da diese jede Schuld in Abrede stellten, wurde außer der Bastonade noch eine andere Qual gegen sie angewendet. Sechsunddreißig Stunden mußten sie, von Soldaten bewacht, aufrechtstehen, ohne Speise und Trank, ohne sich dem Schlaf überlassen zu können. Aber alle Torturen führten kein Geständnis herbei. Scherif Pascha erfand noch eine neue Folter oder führte eine ihm eingegebene aus. Mehr als sechzig Kinder zwischen drei bis zehn Jahren wurden den Eltern entrissen, in ein Zimmer eingesperrt und ihnen die Nahrung entzogen, damit die Mütter schmerzdurchwühlt durch das Wimmern und Wehklagen der Kinder Geständnisse, wenn auch unwahre, ablegen möchten. Auch dieses Mittel schlug fehl. Scherif Pascha geriet in Wut und drohte, es würden viele jüdische Köpfe fallen, wenn der Pater nicht gefunden werden sollte. Mit einer Schar Soldaten begab er sich (18. Februar) in das Judenquartier und ließ das prachtvolle Haus eines reichen Juden zerstören, um die Leiche des Paters oder auch verdächtige Spuren zu finden. Von Schmerz über so viel Grausamkeit ergriffen, wagte ein jüdischer Jüngling, sich zum Pascha zu begeben und Zeugnis abzulegen; er habe den Pater Tomaso kurz vor seinem Verschwinden in den Kaufladen eines Türken eintreten sehen. Statt diese Spur zu verfolgen, wurde der Jüngling so unbarmherzig zerschlagen, daß er noch in derselben Nacht den Geist aushauchte.

Ratti-Menton war unerschöpflich in Mitteln, ein Geständnis von den Juden erpressen zu lassen. Er fand gar ein Stück Knochen und einen Lappen, und christliche Ärzte erklärten diesen Knochen für einen Teil des Menschengebeins, der Lappen galt als Bart des Paters. So hatten sie sichtbare Beweise von dem Mord im Judenquartier. Die sieben Angeklagten wurden darauf von neuem verhört und grausamen Folterqualen unterworfen, wobei ein Greis, Joseph Laniado, den Schmerzen erlag. Mose Abulafia nahm, um den Qualen zu entgehen, den Turban. Die übrigen sagten vor Schmerz aus, was man von ihnen verlangte; sie waren stumpf geworden und wünschten einen raschen Tod. Dieses Geständnis half ihnen aber nicht viel. Der französische Konsul wünschte handgreifliche Beweise, die Flasche mit dem gefüllten Blut und dergleichen. Neue Folterqualen wurden angewendet; aber diese brachten die armen Opfer nur dahin, ihre früheren Geständnisse zurückzunehmen. Der Verdacht wurde noch auf andere angesehene jüdische Familien gewälzt, auf die hochangesehene Familie Farchi Drei Rabbiner von Damaskus, schon früher eingezogen, wurden mißhandelt und gefoltert, ohne daß eine Lüge aus ihrem Munde erpreßt worden wäre. Der österreichische Konsul Merlato hatte lange den Unmenschlichkeiten zugesehen, auch als sein jüdischer Schützling, Picciotto, unschuldig in die Anklage verwickelt wurde. Aber endlich riß ihm die Geduld, und er trat freimütig und offen gegen das barbarische und gräßliche Verfahren auf. Dafür hatte er auch viel zu erdulden. Der gemeine christliche Haufe überhäufte ihn mit Flüchen, weil er für die Juden eintrat. Sein Haus wurde von Spionen umlagert. Auch die muselmännische Bevölkerung ward künstlich gegen die Juden fanatisiert.

Ratti-Menton seinerseits war unermüdlich, neue Anklagepunkte und Scheinbeweise herbeizuschaffen. Er ließ ein Lügenbuch (Pompta Bibliotheca von Lucio Ferrajo) gegen die Juden, welches ihm die Mönche in die Hand gegeben hatten, ins Arabische übersetzen, worin aus dem Talmud bewiesen war, daß die Juden Blut brauchten, daß sie Christenkinder schlachteten und Hostien schändeten, die dann Wunder getan hätten. Diese ins Arabische übersetzte Schrift übergab der französische Konsul dem Pascha und sorgte außerdem für deren Verbreitung unter der muselmännischen Bevölkerung. Der Pascha ließ hierauf drei verhaftete Rabbiner in Einzelhaft bringen und legte ihnen gewisse angeschuldigte Stellen im Talmud zum Übersetzen ins Arabische vor mit der Drohung der Todesstrafe, wenn sie auf Fälschung ertappt werden sollten. — Besonnene Türken schüttelten allerdings den Kopf bei diesem gegen die Juden gerichteten arglistigen Verfolgungssystem; aber sie schwiegen. Ratti-Menton schloß die Akten und fällte ein Urteil, daß die eingezogenen und gefolterten Juden Mörder des Paters Tomaso gewesen wären. Scherif Pascha holte dazu die Erlaubnis seines Herrn Mehmet Ali zur Verurteilung derselben ein.

Als sollte die Blutanklage gegen die Juden einen Schein von tatsächlicher Berechtigung haben und eine Vertilgung der Juden, als blutdürstige Kannibalen, geboten erscheinen, fiel ungefähr zur selben Zeit auf der zur Türkei gehörenden Insel Rhodus etwas Ähnliches vor. Ein zehnjähriger Knabe, Sohn eines griechischen Bauern, hatte sich erhängt, und die Christen beeilten sich, die Juden als dessen Mörder anzugeben. Die europäischen Konsuln nahmen die Sache in die Hand und verlangten von dem Statthalter Jussuf Pascha eine strenge Untersuchung gegen die Juden. Infolge dieser doppelten Anklage erhob sich ein Sturm gegen die Juden in Syrien und der Türkei. In Djabar bei Damaskus drang der Pöbel in die Synagoge, zerstörte, raubte und zerriß die Gesetzrollen in Stücke. In Bairut wurden die Juden nur durch die Dazwischenkunft des holländischen und preußischen Konsuls vor Mißhandlung geschützt. Bis nach Smyrna erstreckte sich die Feindseligkeit, und es kamen tätliche Anfälle gegen die Juden vor. — Sollte es ganz Zufall gewesen sein, daß zur selben Zeit (Anfang März 1840) eine Blutanklage gegen einen Juden in Rheinpreußen (Jülich) erhoben wurde? Ein christliches Mädchen von neun Jahren behauptete, von einem Juden in den Leib gestochen worden zu sein. Ihr sechsjähriger Bruder bestätigte die Aussage. Aber eine streng gerichtliche Untersuchung ergab, daß die Aussage der Kinder eitel Lug und Trug war. Die angeblich wunde Stelle am Leib des Mädchens war nur mit Blut bestrichen. Der angeklagte Jude wurde vollständig freigesprochen, und ein selbst von dem Staatsanwalte erwähntes Gerücht beschuldigte zwei Christen aus Düsseldorf, den Kindern diese schreckliche Anklage eingetrichtert zu haben.

In Rheinpreußen kam die Wahrheit und die Unschuld der Juden in kurzer Zeit an den Tag, in Damaskus und Rhodus dagegen dauerte es lange Zeit, weil teuflische europäische Christen geflissentlich ein solches Gewebe von Lügen darüber breiteten, daß selbst Harmlose dadurch getäuscht wurden. Vergebens rangen die mißhandelten Juden die Hände und wendeten sich an ihre europäischen Brüder, ihnen vermöge ihrer günstigeren Stellung beizustehen. Es wurde diesen außerordentlich erschwert, die Wahrheit ans Licht zu ziehen und die Bosheit zu entlarven. Religiöser Fanatismus, Judenhaß und politische Parteileidenschaft vereinigten sich, um die Lüge eine Zeit lang triumphieren zu lassen. Die Finsterlinge bedienten sich Guttenbergs Kunst, die sie verabscheuten — deren vierhundertjähriges Jubiläum gerade damals gefeiert wurde — um eine Anklage gegen die Gesamtjudenheit, als lüstern nach christlichem Blute, in die Welt zu schleudern.

Ratti-Menton sorgte seinerseits auch dafür, daß in französischen Zeitungen ein Bericht aus Damaskus in seinem Sinne und mit seiner Färbung der europäischen Welt vorgeführt wurde. Nicht nur die im Dienste der katholischen Geistlichkeit stehenden Blätter verbreiteten mit Eifer diese Anschuldigung gegen die Juden, sondern auch die liberalen, um Frankreichs Macht im Morgenlande zu rühmen. Da die Augen Europas damals auf die Verwicklung in der Türkei gerichtet waren, so strömten rasch diese erlogenen Berichte durch die Adern des europäischen Zeitungswesens. Leicht hätte sich der mittelalterliche Haß gegen die Juden erneuern und Blutszenen hervorrufen können. Entsetzen ergriff sämtliche Juden Europas bei diesem Gedanken, daß sie am hellen Tage des neunzehnten Jahrhunderts noch gegen das finstere Gespenst der Blutanklage ankämpfen mußten.

Allein Guttenbergs Kunst, deren sich die Gewissenlosen bedienten, kam noch mehr den Juden zu statten. Es gab mutige Juden, welche der Lüge und Heuchelei die Maske der Tugend abrissen. Ein solcher war Adolph Crémieux, welcher gerade kurz vorher wegen seiner Beredsamkeit Triumphe gefeiert hatte. Bei der ersten Nachricht von den noch dunkeln Vorgängen in Damaskus, fest überzeugt, daß die morgenländischen Juden ebenso wie die europäischen rein von Blutschuld waren, eilte er zum französischen Minister und entlarvte das Spiel, das in Frankreich mit dieser traurigen Sache getrieben wurde. Mit dem zündenden Feuer seiner Beredsamkeit und dem Mute, welchen eine gerechte Sache gibt, trat Crémieux den geflissentlichen und nachbetenden Verleumdungen in Frankreich entgegen (7. April) und wurde der Mittelpunkt einer Erhebung für die französischen Gemeinden.

Wie die französischen, so ermannten sich mit einem Schlage die englischen Juden. Sie hatten sich durch Reichtümer und Ehrenhaftigkeit in der öffentlichen Meinung große Achtung erworben. Einige derselben waren zum Ehrenamte von Friedensrichtern (Sherif) erwählt worden; es war vorauszusehen, daß sie bald gleichgestellt und ins Parlament Eintritt erhalten würden. Die angesehensten Juden Englands, darunter Baron Nathaniel Rothschild, Sir Moses Montefiore, welcher aus frommem Sinne eine Pilgerreise nach dem heiligen Lande gemacht hatte, Salomons und die geachteten Brüder Goldschmid, beschlossen, die Regierungen von England, Frankreich und Österreich anzugehen, durch ihr Gewicht der Unmenschlichkeit in Damaskus Einhalt zu tun. Es war eine beachtenswerte Erscheinung, diese Einmütigkeit hochgestellter Juden, sich ihrer verfolgten Brüder anzunehmen und für die Lauterkeit ihrer Lehre und selbst des Talmuds einzutreten. An einem und demselben Tage begab sich Crémieux zum König von Frankreich Louis Philipp und eine jüdische Deputation zum englischen Minister Lord Palmerston, um den Schutz dieser Länder für die Opfer in Damaskus anzurufen.

Louis Philipp antwortete gerührt, aber ausweichend. Dagegen sagte der englische Minister Palmerston im Namen der Königin Viktoria den erbetenen Schutz zu. Von einer dritten Seite wurden zwar weniger geräuschvolle, aber vielleicht noch wirksamere Schritte getan, um eine günstige Wendung herbeizuführen, von dem österreichischen Kabinett aus. Der österreichische Konsul Merlato in Damaskus war der einzige, welcher die Bosheit Ratti-Mentons, seiner Helfershelfer und der Mönche durchschaut und ihr mit dem Aufgebot seines soldatischen Mutes Widerstand geleistet hatte. Er gab einen wahrheitsgetreuen und ergreifenden Bericht von der bodenlosen Verlogenheit, welche gegen die Opfer von Damaskus aufgeboten worden war, um sie für schuldig zu erklären. Dieser Bericht, als Rechtfertigung seines Benehmens zum Schutze Picciottos, welchen er zunächst seinem Vorgesetzten, dem Generalkonsul von Ägypten, übermittelt hatte, wurde von diesem als wahr anerkannt und dem österreichischen Minister Metternich zugeschickt. Obwohl Feind der Öffentlichkeit, hatte Metternich doch sämtliche für die Juden günstige Schreiben durch die Zeitungen verbreiten lassen. Durch diese Darstellung wurde Ratti-Menton als boshafter Teufel an den Pranger gestellt. Sie führte einen Umschwung in der öffentlichen Meinung herbei und ermutigte die Juden.

In Konstantinopel im Divan des Sultans erlangten die den Juden freundlichen Vertreter der europäischen Regierungen die Revision des Blutprozesses auf der Insel Rhodus. Nathaniel von Rothschild hatte sich selbst dahin begeben und von Abdul-Meǵid einen Ferman erlangt, daß die griechische Bevölkerung drei Primaten als Ankläger und die Juden ebenso viel ihrer Vorsteher als Verteidiger nach der Hauptstadt senden sollten. Ein eigenes Tribunal wurde dafür zur Untersuchung eingesetzt, und der Erfolg war, daß die des Kindesmordes angeklagten Juden vollständig freigesprochen wurden. Bei Mehmet Ali ging es indes nicht so leicht. Er hatte zwar schon anfangs April dem österreichischen Generalkonsul Laurin versprochen, der Grausamkeit ein Ende zu machen; aber der französische Generalkonsul hielt ihn zurück, und allzu leichtgläubig auf Frankreich vertrauend, mochte er sich mit dem Agenten der französischen Regierung nicht anlegen. Auf Laurins Anregung richteten die Juden von Alexandrien eine beredte und mutige Adresse an Mehemet Ali des Inhalts: „Die jüdische Religion besteht seit mehr als viertausend Jahren. Kann man seit viertausend Jahren in den Annalen ihrer religiösen Einrichtungen ein einziges Wort finden, welches als Vorwand für eine ähnliche Schandtat dienen könnte?" — Es war schon viel, daß die ägyptischen Juden für diesen Schritt nicht die Bastonade erhielten. Ein besonderes Schreiben Metternichs an den Pascha hat ganz besonders eine günstige Wirkung hervorgebracht.

Mehmet Ali entschloß sich demzufolge, einen Gerichtshof aus den Konsuln von Österreich, England, Rußland und Preußen zusammentreten zu lassen, welche den Prozeß nach europäischem Verfahren beurteilen sollten. Das Tribunal sollte ermächtigt sein, eine Kommission nach Damaskus zu senden und an Ort und Stelle ein unparteiisches Zeugenverhör anzustellen. Ein Befehl ging nach Damaskus an Scherif Pascha, die Folterqualen gegen die Eingezogenen und die Verfolgung gegen die Juden überhaupt einzustellen. Schon war die Angelegenheit auf dem besten Wege, zugunsten der Wahrheit erledigt zu werden, als ein politisches Zwischenspiel den eingeleiteten Gang störte.

Indessen hatten die Juden aller Schattierungen bereits Selbstgefühl genug erlangt, den Winkelzügen des Ministers Thiers, der dabei eine widrige Rolle spielte, ebenso gut, wie denen seines Konsuls zu begegnen. Der jüdische Minister Achille Fould, den nur noch eine dünne Faser mit dem Judentum verband, betrachtete es ebenso wie der stockfromme Hirsch Lehren in Amsterdam, als seine Pflicht für die verfolgten Stammgenossen in Syrien mutig zu wirken. In der französischen Deputiertenkammer interpellierte er Thiers auf eine so derbe Weise, daß dieser zu Verdrehungen und Beschönigungen Zuflucht nehmen mußte. Freilich mußten sich die Juden zusammennehmen und eigene Tätigkeit entfalten, da die streng kirchlich-katholische Partei in Frankreich, Italien und Belgien sich förmlich verschworen oder von oben einen Wink erhalten hatte, die Tatsächlichkeit der Vorgänge in Damaskus zu verdunkeln und die Juden im Morgenlande und Europa als blutgierig erscheinen zu lassen. In ganz Italien durften die Schriftstücke zugunsten der Damaszener Opfer und gegen Ratti-Menton nicht gedruckt werden; die von Geistlichen geleitete Zensur verbot es. Eine französische Zeitung hatte die getauften Juden aufgefordert, auf ihre Seele und ihr Gewissen zu erklären, ob sie unter ihren ehemaligen Glaubensgenossen oder in dem jüdischen Schrifttum eine Spur einer solchen Freveltat gefunden hätten, die man den Unglücklichen von Damaskus aufbürdete. Mehrere zum Protestantismus übergetretene Juden in kirchlicher Stellung hatten die Unschuld der Juden an diesem Laster beteuert, unter anderen der als Kirchengeschichtsschreiber und als Mann von zarter Gewissenhaftigkeit bekannte August Neander.

Auch von katholischer Seite hat sich eine günstige Stimme vernehmen lassen. Es verlautete damals, der zum Christentum konvertierte katholische Prediger Veith in Wien habe von der Kanzel die

Blutbeschuldigung gegen die Juden für unwahr erklärt, und daß er als geborener Jude es vor Gott bezeugen könne. Allein einige ultramontane Zeitungen haben nach Veiths Tode diese seine Bezeugung dementiert. Dieses Dementi war aber erlogen. Denn der Bruder des Predigers, Professor Veith, erklärte vor einem Notar, daß sein Bruder tatsächlich für die Unschuld der Juden gezeugt hätte. Seine, wie gesagt notariell beglaubigte Aussage lautet: „Auf die Aufforderung des Herrn L(udwig) A(ugust) Frankel erkläre ich, daß der in dem illustrierten Extrablatt vom 1. Juli enthaltene Aufsatz über eine von meinem seligen Bruder Kanonikus Jos. Emanuel Veith am Schlusse einer Predigt abgegebene Äußerung über die vollkommene Unwahrheit der Sage von dem jüdischen Gebrauche, beim Passahfest das Blut eines christlichen Kindes zu gebrauchen, nach meiner Erinnerung von meinem seligen Bruder wirklich abgegeben worden ist."

Wien am 12. Juni 1882. Gezeichnet Prof. Veith m. p.[1])

So waren die Juden gezwungen, diesem Bunde der Unreinen gegenüber einen Bund der Reinen entgegenzustellen, die Unschuld der Märtyrer in Damaskus und zugleich die Lauterkeit ihrer Lehre offenbar zu machen, mit einem Worte sich selbst zu helfen. Der Notschrei der Juden aus Damaskus, Bairut, Alexandrien, Konstantinopel in Sendschreiben an die Rothschilds, an Mose Montefiore, Crémieux und Hirsch Lehren in Amsterdam hatte es als notwendigen Schritt bezeichnet, daß hochgestellte europäische Juden auf dem Schauplatz der Begebenheiten auftreten müßten, um durchgreifend wirken zu können. So beschloß zunächst das Zentralkonsistorium in Paris, Crémieux, den Mann von hinreißender Beredsamkeit aus seiner Mitte mit würdiger Begleitung nach Alexandrien ziehen zu lassen.

In London hatte ein Komitee aus den edelsten und angesehensten Juden den wichtigen Beschluß gefaßt, daß Montefiore im Verein mit Crémieux die Reise nach Ägypten antreten sollte, „um vermöge seiner gewichtigen Stimme die verfolgten Brüder im Morgenlande zu verteidigen". Tausend Pfund Sterling wurden von dem Komitee als Preis für den Entdecker des Tomaso oder seines Mörders ausgesetzt. Es veranlaßte auch, daß sich die unverfälschte öffentliche Meinung, wie sie nur in England durch das Parlament möglich ist, für die Juden aussprechen sollte. Robert Peel übernahm mit seiner gewichtigen Stimme diesen Auftrag. Mit Recht leitete Peel seine Anfrage an die Minister mit den Worten ein, „daß es nur der Erwähnung im Unterhause bedürfe, um die Erreichung des großen Zweckes der Gerechtigkeit und Menschlichkeit zu erleichtern." Lord Palmerston antwortete, „er habe bereits dem englischen Generalkonsul Hodges die Weisung

[1]) Ich verdanke diese Erklärung Herrn Heinrich Berger in Wien.

erteilt, Mehmet Ali vorzustellen, welche Wirkung die Kunde von solchen Grausamkeiten in Europa hervorbringen müsse, und daß es in seinem eigenen Interesse läge, die Sache so zu untersuchen, daß die Schuldigen, wenn solche vorhanden, zur Strafe gezogen, die unglücklichen Schlachtopfer dagegen entschädigt werden möchten, wenn dies noch möglich sei.

Durch solche Kundgebungen des Sieges gewiß, schickte sich Montefiore zur wichtigen Reise an, begleitet von den Segenswünschen von Millionen Menschen, unter denen die der Königin Viktoria nicht fehlten. Sie erteilte ihm eine Audienz zum Abschiede und stellte ihm ihr Staatsschiff zur Verfügung, welches ihn über den Kanal setzen sollte. Ehe Montefiore mit seiner Begleitung England verließ, erachteten es die Rabbiner der deutschen und portugiesischen Gemeinde, Salomon Herschel und David Meldola, für nötig, einen feierlichen Eid zu wiederholen, den bereits früher Manasse Ben-Israel und Mose Mendelssohn abgelegt hatten, daß die Blutanklage gegen die Juden auch nicht den Schatten eines Beweises im talmudischen Schriftttum habe und ebenso wenig je durch irgend eine Handlung den Schein einer Tatsache erhalten habe. Gegenüber der gesinnungslosen, klerikalen französischen und feilen deutschen Tagesliteratur war dieser Eid nicht überflüssig.

Indessen wenn die Juden in der französischen, italienischen und deutschen Tagesliteratur mißhandelt wurden, so gab ihnen England eine Genugtuung, welche imstande war, alle Leiden der Juden während fünfzehn Jahrhunderten seit der Herrschaft des Christentums vergessen zu machen. Angesehene Kaufleute, Inhaber großer Bankhäuser und Parlamentsmitglieder, 210 Männer, richteten an den Lord-Mayor Marschall das Gesuch, eine öffentliche Versammlung zu berufen, um ihre Gefühle und ihren aufrichtigen Anteil in Hinsicht der Verfolgung der Juden in Damaskus aussprechen zu können. So kam eine glänzende Versammlung in London (3. Juli) zusammen, welche an sich ein großer Sieg war. Viele Damen von Stande hatten sich als Zuhörerinnen eingefunden. Der Vorsitzende bemerkte gleich im Eingange, „daß die Juden von Damaskus in ihrer Handlung ebenso achtungswert sind wie die unter uns in England wohnenden. Und von diesen erlaube ich mir zu sagen, daß keiner unserer Mitbürger eifriger bemüht ist, Humanität zu befördern, Armen und Bedrückten zu helfen, Waisen zu beschützen und Literatur und Wissenschaft zu begünstigen als sie, und daß sich ihre Wohltaten nicht bloß auf die beschränken, welche ihres Glaubens sind, sondern daß auch Christen, sowie die Bekenner jedes Glaubens sich derselben erfreuen". Noch andere Redner, selbst Geistliche, sprachen in demselben Sinne zum Lobe der Judenheit. O'Connell, der Agitator für die Gleichstellung der Katholiken, fügte hinzu: „Nach den dargelegten Zeugnissen, welche den moralischen Wert der Juden zu erkennen geben, könnte wohl ein Mensch so entartet sein, zu glauben, daß sie des Blutes bedürften zu ihren Gebräuchen?.... Alle Engländer rufe ich auf, ihre Stimme für die Opfer jener schändlichen Bedrückung zu erheben. Der Ruf möge gehen von einem Ende der britischen Insel bis zum andern, und wenn der Beifall eines Irländers noch fehlt, so bin ich dafür da!"

Diese dreistündige Versammlung im Mansion-House bildet eine denkwürdige Episode in der jüdischen Geschichte. — So hinreißend wirkte die unverfälschte öffentliche Meinung, daß sich der Kaiser von Rußland, Nikolaus, gleich der amerikanischen Republik moralisch gezwungen sah, seinen Abscheu vor den Folterqualen gegen Juden zu erkennen zu geben. Montefiore konnte die Reise mit geschwellter Brust antreten. Von der Regierung unterstützt und von den Sympathien der besten Männer Englands begleitet, hegte er die besten Hoffnungen. Nicht so leicht wurde es Crémieux. Er wurde von dem französischen Ministerium eher noch gehemmt. Auf ihrer Durchreise durch Frankreich wurden diese hochherzigen und mutigen Vertreter der Judenheit überall, wo es jüdische Gemeinden gab, mit Begeisterung empfangen. In Livorno, wo das Regierungsschiff, das sie trug, landete, beging die portugiesische Gemeinde den Tag mit einer ernsten Feier. Jeder Unterschied in der Judenheit war verschwunden. Ganz Israel war wieder ein Herz und eine Seele. Altfromme Rabbiner ließen Gebete im Gottesdienste für Montefiore und Crémieux einschalten.

Sobald sie in Kairo angekommen waren, bewarb sich Montefiore, vom englischen Generalkonsul aufs kräftigste unterstützt, um eine Audienz bei Mehmet-Ali (6. August). Freundlich von ihm empfangen, überreichte er ihm eine Bittschrift im Namen der Judenheit, ihm zu gestatten, nach Damaskus zu gehen und dort Untersuchungen über die Vorfälle anzustellen, deren Ergebnis vom Pascha bestätigt werden sollte. Mehmet Ali geriet in große Verlegenheit. Gern hätte er in diese Forderung eingewilligt, weil ihm daran lag, in Europa als Fürst der Gerechtigkeit zu gelten. Aber der französische Generalkonsul Cochelet — laut Weisung von Thiers — hemmte diese Regung und bot alle Mittel auf, den Schleier ungelüftet zu lassen. Durch Mehmet Alis Schwankung schleppte sich die Sache noch drei Wochen hin. Die jüdischen Gesandten erhielten keine entscheidende Antwort. Crémieux kam indes auf das richtige Mittel. Sämtliche europäische Konsuln oder so viel sich dazu bereit erklären würden, sollten in einer Bittschrift die Freilassung der Gefangenen in Damaskus fordern. Neun Konsuln gingen darauf ein; nur der französische nicht. Um nicht den Schein aufkommen zu lassen, daß er dem Drucke der fremden Mächte durch ihre Vertreter nachgegeben habe, entschloß sich Mehmet

Ali aus freien Stücken, den Befehl nach Damaskus abgehen zu lassen die Gefangenen sofort auf freien Fuß zu setzen. Die beiden jüdischen Gesandten und ihre Begleiter waren voll seliger Freude. Schon hallten die drei Synagogen Alexandriens von Dankgebeten wieder.

Wie erstaunten aber die beiden Vertreter der Judenheit, als ihnen eine Abschrift von Mehmet Alis Befehl in türkischer Sprache zuging, welche lediglich Begnadigung gewährte. Crémieux eilte sofort zum Pascha, machte ihm begreiflich, daß der Ausdruck „Begnadigung" einen Makel an dem Angeklagten und somit auch an der ganzen Judenheit haften lasse. Er verlangte, daß dafür gesetzt werde „Freiheit und Ruhe". Mehmet Ali ließ darauf diese Änderung im Ferman anbringen.

Sobald der Befehl in Damaskus eintraf, mußte Scherif-Pascha, der Mehmet Alis Strenge kannte, die noch im Kerker befindlichen neun jüdischen Gefangenen sofort freilassen. Es waren darunter sieben, welche von den Folterqualen verstümmelt, und nur zwei, welche verschont geblieben waren. Vier Schlachtopfer waren gefallen. Sobald die Nachricht davon sich in Damaskus verbreitet hatte, versammelten sich alle Juden und viele Türken vor dem Kerkergebäude und begleiteten die Dulder bis zur Synagoge. Es zeigte sich dabei, daß angesehene Muselmänner vom ersten Augenblick an Abscheu vor dem von Ratti-Menton und den Mönchen vertretenen Christentum empfanden. Denn sie nahmen innigsten Anteil an den Juden.

Die jüdischen Gesandten glaubten ihre Aufgabe noch nicht genügend gelöst, wenn sie nicht, so viel sie vermochten, einer Wiederholung solcher, die ganze Judenheit brandmarkenden Vorfälle vorzubeugen versuchten. In der Voraussicht, daß Syrien mit Damaskus wieder zur Türkei geschlagen werden würde, begab sich Montefiore nach Konstantinopel, knüpfte mit der Pforte Unterhandlung an und erlangte vom Sultan einen Ferman (6. Nov.), welcher die türkischen Juden in der Zukunft gegen Blutanklage sicher stellte. Crémieux wählte sich ein anderes Feld der Tätigkeit als Montefiore. Das Damaszener Märtyrertum hatte die unerwartete Wirkung, daß die lose Verbindung zwischen den Juden in Europa und denen des Morgenlandes fester wurde. Die letzteren sahen mit Bewunderung, wieviel ihre europäischen Brüder durch Bildung, Einfluß und Mut durchzusetzen vermochten und wie sie von den Fürsten und Großen mit Auszeichnung behandelt wurden, während sie selbst bei jedem Streiche widerstandslos den Rücken beugen mußten. Diese Bewunderung benutzte Crémieux zu einem Versuche, die ägyptischen Juden, wenigstens die der zwei Hauptstädte Alexandrien und Kairo, aus ihrer Unwissenheit zu reißen und für Gesittung empfänglich zu machen. Ihre Unwissenheit, selbst im jüdischen Schrifttum, eine Folge des maßlosen Druckes von seiten der Paschas und der Unterbeamten, sowie der unsäglichen Verarmung, war zugleich die Ursache ihrer tiefen Verachtung bei Mohammedanern und Christen. Salomon Munk, Crémieux' Begleiter, richtete ein beredtes hebräisches und arabisches Sendschreiben an die Juden Ägyptens, worin er Beispiele des ehemaligen Glanzes der Juden in diesem Lande verglich mit dem Schatten des gegenwärtigen Elends der Juden, die Folge ihres geistigen Verfalles. Durch diese Bemühung konnte in kurzer Zeit in Kairo eine Knaben- und eine Mädchenschule eröffnet werden. Sie führten den Namen Crémieux-Schulen. Der Anreger versprach, aus Europa jährlich Zuschuß zu verschaffen, weil die Gemeinde nicht imstande war, sie aus eigenen Mitteln zu unterhalten. Munk brachte bei dieser Gelegenheit eine wichtige Versöhnung zustande. Er setzte es gegen den Eifer einiger rabbanitischen Stockfrommen durch, daß auch die Kinder der Karäer zu den Schulen zugelassen wurden, von denen es in Kairo nur noch hundert Seelen gab. Der Großrabbiner von Konstantinopel (Chacham Baschi) Mose Fresco, erließ bei dieser Gelegenheit ein Rundschreiben an die türkischen Gemeinden, daß es Pflicht der Juden sei, die Landessprache (das Türkische) zu e lernen, um dem Wunsche des Sultans entgegenzukommen. Die Mischsprache, in der dieses Rundschreiben des Chacham Baschi abgefaßt ist (Altspanisch, mit hebräischen und türkischen Wörtern) machte die Notwendigkeit für die Juden, sich einer reinen Sprache zu bedienen, recht augenfällig.

Indessen waren diese Anfänge lediglich ausgestreuter Samen im Wüstensand, dessen Wurzelung und Wachstum zweifelhaft waren. Wesentliche und dauernde Früchte brachte die Sendung nach Ägypten der jüdischen Wissenschaft, und zwar durch Salomon Munk (geb. Glogau 1802, gest. Paris 1867). Er vermehrte die Zahl der großen Charaktere, welche die erste Hälfte des neunzehnten Jahrhunderts unter den Juden gezeitigt hat. In seiner Duldergröße im Unglück und seiner Heiterkeit im Leiden durch Erblindung, die er sich im Dienste der Wissenschaft zugezogen, bewunderten ihn Deutschland und Frankreich. Gründlich wie er war, und sich nicht am Halbwissen begnügend, vertiefte er sich in die beiden Literaturkreise, den hebräischen und arabischen, und umspannte noch dazu viele andere Wissens- und Sprachgebiete, welche ihm dazu förderlich schienen. So wurde er im umfangreichen arabischen Schrifttum einer der ersten Meister seiner Zeit. In seiner Eigenschaft als Dolmetscher in Begleitung Crémieux' sprach und schrieb Munk das Arabische wie ein in arabischen Zelten Geborener. Vermöge seiner Kenntnis dieses Idioms beleuchtete er die Glanzepoche der jüdischen Geschichte im Mittelalter während der Herrschaft der Araber im Morgen- und Abendlande. Die tiefen Gedanken Maimunis, des Geistesweckers, dem der jüdische Stamm zunächst die Wiedergeburt in der Neuzeit verdankt, sind erst durch Munks Forschungen vollständig erschlossen worden.

Infolge der Blutanklage in Damaskus entstand ein neues Organ für die Tagesnachrichten, „Der Orient", gegründet von dem wissensreichen Kenner der hebräischen und armenischen Sprache Julius Fürst (geb. 1805, gest. 1873), welches in dem „Literaturblatt" gediegene jüdisch-wissenschaftliche Forschungen von den älteren Meistern und dem jungen Nachwuchse lieferte (1840 bis 1852).

Die Rückreise der jüdischen Gesandten aus dem Morgenlande, welche nicht bloß einige Menschen vom Tode, sondern das Judentum vor Schmach gerettet hatten, war ein förmlicher Triumphzug. Von Corfu bis Paris und London und bis tief in Polen hinein waren die jüdischen Gemeinden einmütig im Dankgefühl gegen die Retter und rangen nach sichtbaren Zeichen, um ihre Dankbarkeit und zugleich das jüdisch-patriotische Hochgefühl auszudrücken. Sie erschöpften sich in Ansprachen, Adressen, Zuschriften in allen europäischen Sprachen und selbstverständlich auch im hebräischen Tone, in Prosa und Versen, in Aufmerksamkeiten und Geschenken, um das wichtige Ereignis, das sich an Damaskus und die beiden Hauptvertreter der Judenheit und des Judentums knüpfte, würdig zu feiern und die Erinnerung der Nachwelt zu überliefern. Crémieux, welcher zuerst die Rückreise antrat, empfing überall enthusiastische Huldigungen. Nur die Judenschaft von Paris verhielt sich kühl und bereitete ihrem Sendboten keinen gebührenden Empfang, als hätte sie sich gescheut, die Empfindlichkeit des Königs Ludwig Philipp, dessen zweideutiges Benehmen augenfällig war, zu verletzen. — Montefiore, der längere Zeit in Konstantinopel geweilt hatte, um einen günstigen Ferman zu erlangen, und die Rückreise später antrat, wurde mit überströmenden Zuschriften von allen Seiten überschüttet. Er entwaffnete selbst die Gegner der Juden. Dem Kardinal Rivarola, dem Beschützer aller Kapuziner in Rom, zwang er das Versprechen ab, den Grabstein aus der Kapuzinerkirche in Damaskus entfernen zu lassen, welcher die angebliche Mordtat der Juden an dem Pater Tomaso verewigen und ihn als einen Märtyrer darstellen sollte. Auch den König Ludwig Philipp zwang er, eine gute Miene zum bösen Spiele zu machen. Dieser mußte anstandshalber Montefiore zum Erfolge seiner Reise und Sendung Glück wünschen. Aufrichtiger dankte ihm die Königin Viktoria. Sie belohnte Montefiore mit einem Ehrenwappenzeichen, das nicht nur ihm, sondern auch seinem Stamme eine hohe Bedeutung verlieh. Er durfte zu seinem Ritterwappen Wappenschilderträger hinzufügen, welche nur die Pairs von England und Personen vom höchsten Range führen durften und darin die hebräische Inschrift „Jerusalem" anbringen. Noch bedeutungsvoller als dieses Kinderspiel für Große waren die Worte der Königin, welche die huldvolle Auszeichnung begleiteten. Sie lobte ihn, daß er das Lügengewebe gegen die Juden zerrissen und Unschuldige gerettet hätte.

Munk, dessen Stimme damals von Gewicht war, ermahnte: „Möchte der grausige Vorfall von Damaskus wenigstens dazu dienen, uns unsere Vereinsamung zum Bewußtsein zu bringen, die zwar betrübend, aber unglücklicherweise eine Tatsache ist. Möchte er uns zeigen, daß wir in gefahrvollen Lagen unserer eigenen Kraft überlassen sind, und möchte das Band, das uns ehemals einigte, sich von neuem befestigen." Diese Ermahnung wurde nicht befolgt. Statt der Einheit brach in der deutschen Judenheit ein Zwiespalt aus. Der Gegensatz lag unbewußt in den Gemütern und kam zufällig bei einer Veranlassung zum Ausbruch. Der Hamburger Tempel, welcher zuerst zwei Jahrzehnte vorher die Parteiung der Altfrommen und der Reformer sichtbar gemacht hatte, rief auch diesmal die Entzweiung hervor, die aber von jetzt an einen viel verschärfteren Charakter annahm. Die Tempelgemeinde hatte sich seit ihren Anfängen bedeutend vermehrt. Das jüngere Geschlecht aus der alten Gemeinde war teilweise zu ihr übergetreten, weil sie in der alten Synagoge keine Befriedigung für ihr Andachtsbedürfnis gefunden und an der fortdauernden Unordnung in derselben Anstoß genommen hatte. Als der Tempelverein ernstlich daran gegangen war, ein neues größeres Bethaus zu erbauen, wurden diesem Unternehmen von der alten Partei durch Beschwerden beim Senate Hindernisse in den Weg gelegt. Er hatte außerdem bei dieser Gelegenheit ein neues Gebetbuch ausarbeiten lassen, und die damit betraute Kommission hatte anfangs im versöhnlichen Sinne manches fallen lassen, was in der älteren Ausgabe allzusehr verletzt hatte. Das veränderte Gebetbuch des Tempelvereins, das sich als ein allgemeines „Gebete für Israeliten" ankündigte, erregte Ärgernis durch seinen Anspruch, für die Gesamtjudenheit gelten zu wollen. Der Chacham Bernays ließ in drei Synagogen am Sabbat (1841) jene verketzernde Bekanntmachung erneuern, welche die rabbinischen Drei-Männer bei der Entstehung des Tempels hatten ergehen lassen, daß ein Israelit sich dieses Gebetbuches nicht bedienen dürfe. In der Begründung wurde das verletzende Wort gebraucht, daß dieses noch mehr als das ältere Gebetbuch den Charakter einer mutwilligen, leichtfertigen Behandlung der in den hebräischen Gebeten enthaltenen religiösen Überzeugungen an sich trage. Diese Bekanntmachung reizte selbstverständlich die Tempelpartei. Damit war von neuem ein heftiger Streit ausgebrochen, der von beiden Seiten mit solcher Leidenschaftlichkeit geführt wurde, daß der Senat beide Parteien zurechtweisen mußte. Der Chacham und der Vorstand seiner Gemeinde verbreiteten das Verdammungsurteil über das Gebetbuch zu Tausenden in vielen Gemeinden, und die Tempelleiter forderten von gesinnungsverwandten Rabbinern und Predigern eine gutachtliche Erklärung über Wert oder Unwert ihrer Neuerungen ein in der Voraussetzung, daß sie günstig für sie ausfallen würde. Bei dieser Veranlassung trat die Wandlung zu Tage, welche sich seit zwei Jahrzehnten in den deutschen Gemeinden vollzogen hatte. Während früher nur drei nicht ganz zurechnungsfähige oder zweideutige Rabbiner sich zugunsten des Tempelritus ausgesprochen hatten, viele andere aber ihn verurteilt hatten, stimmte beim zweiten Streite nur der Nachbarrabbiner von Altona Bernays zu, während zwölf oder dreizehn sich entschieden gegen ihn aussprachen (Ende 1841). Damals begannen die Flegeljahre der Reform. Junge Rabbiner oder Geistliche, Seelsorger (wie sie sich lieber nannten), führten das große Wort. Die alten Rabbiner dagegen wagten nicht mehr gegen sie aufzutreten. So schien es, als wenn die deutsche Gesamtjudenheit für Neuerungen im Bethause eingenommen wäre, und nur noch einige Geistesverkommene sich dagegen stemmten.

Der Hamburger Tempelstreit blieb innerhalb seines Herdes ohne Folgen, weil der entsetzliche Brand (Mai 1842) einen großen Teil dieser Stadt in einen Trümmerhaufen verwandelte und die Aufmerksamkeit von den Parteifehden abzog. Da schlug die reformatorische Flamme von einem anderen Punkte aus und drohte weit zu züngeln. In Frankfurt a. M. gab es seit langer Zeit ungefügige Elemente, die sich mit dem bestehenden Judentum überworfen hatten. Sie hatten ihre Wurzeln teils in der seit 1806 errichteten jüdischen Bildungsschule (Philanthropin) und teils in der ersten jüdischen Freimaurerloge. Die Leiter und Lehrer der Schule und die Mitglieder der Loge huldigten einer freien Richtung. Eine Zeitlang bildete Michael Creizenach (geb. 1789, gest. 1842), Lehrer am Philanthropin den Mittelpunkt für eine unsichtbare Gemeinde. Creizenach, eine ehrliche, verständige, aber trockene Natur, hatte viele Schriften zur Bekämpfung des rabbinisch-talmudischen Judentums in die Welt gesetzt. Dem Kreise seiner Freunde und Verehrer hatte er eine Art Leidenschaft für Neuerungen und eine tiefe Abneigung gegen das Alte eingeflößt, als er bereits auf der Umkehr begriffen war. Nach seinem Tode traten einige seiner Anhänger zusammen, um eine eigene Gemeinde zu bilden, auf die Gefahr hin, sich als Sekte vom Grundstock der Judenheit zu trennen. Es waren gebildete Laien, welche durch die eingetretene Zerfahrenheit Richtung und Fühlung verloren hatten oder von falschen Führern mißleitet worden waren. Sie traten zu einem Verein der Reformfreunde (1842) zusammen und stellten ein Bekenntnis auf, das die damals herrschende Unklarheit vergegenwärtigt. Den

Talmud wollten sie nicht als Autorität anerkennen. Aber die Bibel? Ja und Nein. „Die mosaische Religion hielten sie einer fortdauernden Entwicklung fähig." Von der Messiashoffnung sagten sie sich entschieden los, „weil sie ihr Geburtsland für das alleinige Vaterland ansahen".

Die Reformfreunde angelten nach Gabriel Rießer, der bereits eine anerkannte Persönlichkeit war; er war in der Tat anfangs zum Beitritt bereit. Das Freiheitsprinzip, das sein Inneres allein ausfüllte, überwog in Rießer seine gemütliche Anhänglichkeit an das bestehende Judentum. Er war daher entschieden für den einen Punkt des Creizenacher oder Frankfurter Programms, daß es jedem jüdischen Vater unbenommen bleiben sollte, seine Söhne unbeschnitten zu lassen. Indessen hatten andere Männer, welche zum Beitritt aufgefordert worden waren, gerade an diesem Punkte Anstoß genommen. Die Urheber des Vereins der Reformfreunde sahen sich daher genötigt, diesen Punkt, sowie die Erklärung gegen die Speisegesetze fallen zu lassen und von den fünf Punkten ihres ursprünglichen Programms nur zwei festzuhalten, gegen Talmud und Messias. Aber gerade diese Kürzung und Abschwächung des ursprünglichen Bekenntnisses hielt Rießer für eine Inkonsequenz und Mutlosigkeit und entzog seine Teilnahme; dadurch fehlte dem Vereine die Zugkraft; es traten nur wenige bei. So starb er bei der Geburt. Selbst einige reformistisch gesinnte junge Rabbiner erklärten sich für die Verbindlichkeit der Beschneidung. Es kam daher zu keiner Sektenspaltung in der deutschen Judenheit, obwohl die Elemente dazu in der Luft steckten und eine unbehagliche Stimmung erzeugten.

Diese Stimmung beherrschte besonders die jüngeren Rabbiner, welche selbst über Ziel und Maß der vorzunehmenden Reformen im Unklaren waren, oder in ihren Gemeinden bald auf der einen, bald auf der anderen Seite Widerstand fanden und in ihrer Vereinzelung ohne Halt waren. So fand bei einigen der Aufruf zu einer Rabbinerversammlung Anklang. Diese Zusammenkunft von ziemlich gleichgesinnten Rabbinern und Predigern erregte anfangs eine große Spannung; es war das Unbekannte, das stets in seiner Neuheit einen gewissen Reiz ausübt. Indessen kamen doch nur zweiundzwanzig zum ersten Male in Braunschweig zusammen, größtenteils aus Süd- und Westdeutschland. Die übrigen nahmen eine abwartende Stellung ein. Nur wenige Rabbiner beteiligten sich dabei, welche noch auf dem Boden des durch den Einfluß des Talmuds ausgebildeten Judentums standen. Beherrscht wurde die erste Rabbinerversammlung von einem Mann, der alle Eigenschaften besaß, den Bruch zu erweitern und ihn zu einer völligen Spaltung zu treiben, Samuel Holdheim (geb. Kempen 1806, gest. Berlin 1860). Es ist wunderbar und doch so natürlich, daß der Talmudismus, der seine Steigerung und Maßlosigkeit von den polnischen Talmudbeflissenen erhalten hatte, von einem Polen mit schonungslosen Angriffen bekämpft werden sollte.

Mecklenburg-Schwerin, das die Urformen mittelalterlicher Roheit am treuesten bewahrt hat, hatte damals einen Fürsten, den die Laune anwandelte, seine Juden statt frei freisinnig zu machen. Sie allein sollten alle alten Erinnerungen und Formeln gründlich abtun und sich neu gestalten. Ein Oberrat wurde für die Abrichtung der Gemeinden zusammengesetzt, und Holdheim wurde als Landrabbiner berufen (1840), mit einzugreifen und den Neuerungen das rabbinische Siegel aufzudrücken. Hier konnte er sich zwanglos gehen lassen und alles ablegen, was ihm innerlich und äußerlich unbequem war. Er gedachte aber das ganze Judentum in seiner dreifachen Gestaltung aus den biblischen, talmudischen und rabbinischen Bestandteilen umzukehren. Mit seinem vorwiegend von talmudischer Kniffigkeit und wenig von tief religiöser Regung beherrschten Sinne war es Holdheim leicht, die Begriffe zu verwirren, die Gewissen abzustumpfen. Seit Paulus von Tarsus hatte das Judentum nicht einen solchen inneren Feind erlebt, der dessen ganzen Bau bis auf die Grundfesten erschütterte. Das Judentum bestehe nach seiner Anschauung aus einer innigen Vermischung des Religiössittlichen mit dem Nationalpolitischen. Das letztere habe mit dem Untergang des jüdischen Staates seine Bedeutung verloren. Welche Gesetze sind national und daher verbraucht? Holdheim nannte alles so, was unbequem erscheint und eine gewisse Entsagung erfordert, Sabbat, jüdische Ehegesetze und selbst die hebräische Sprache. Diese müsse besonders aus dem jüdischen Stamme verbannt werden, weil sie ein nationales Band sei, und um so mehr die Messiashoffnung. Zu dieser Klügelei fügte Holdheim noch eine zweite hinzu in der Behauptung, daß das talmudische Judentum selbst mit dem Ausspruche „Das Gesetz des Staates ist für die Juden ebenfalls Gesetz" (in bürgerlicher Beziehung), jeden Juden verpflichte, das Religiöse dem jedesmaligen Staate unterzuordnen und zu opfern; das Judentum empfehle seinen eigenen Selbstmord, wenn der Staat ihm die seidene Schnur zuschicke. Holdheim, der Sohn des Talmuds, schlug das talmudische Judentum tot mit den Waffen, die er ihm gereicht hatte. Alle Befugnisse und Gewalt, welche ehemals das gesetzgebende Synhedrion gehabt hat oder gehabt haben soll, wollte Holdheim auf den christlichen Staat übertragen wissen, selbst das Recht, Eingriffe in Gewissenssachen zu machen.

Holdheim, von den meisten Mitgliedern der ersten Rabbinerversammlung in Braunschweig als talmudische Größe und rücksichtsloser Reformer angestaunt, erlangte ein entschiedenes Übergewicht auf die Beratungen und Beschlüsse derselben. Sie nahm dabei viel weniger auf den Buchstaben und den Geist des Judentums, als auf den Staat, auf die „Hohen deutschen Regierungen" Rücksicht. Der Talmud wurde von den meisten Mitgliedern als Sündenbock geopfert. Die Beratungen und Beschlüsse der Braunschweiger Rabbinerversammlung (Juni 1844) haben indes eine kaum merkliche Wellenbewegung erzeugt. Die Gemeinden kümmerten sich ebenso wenig darum, wie um den Protest von wenig bekannten siebenundsiebzig Rabbinern Deutschlands, Böhmens, Mährens und Ungarns gegen die Beschlüsse

Vorgänge in der christlichen Welt in derselben Zeit bewiesen mehr als dieser mühsam zusammengebrachte Protest, daß das Judentum mit seinem alten Bekenntnisse noch nicht überflüssig geworden war. Die Ausstellung des angeblich heiligen Rockes Jesu in Trier, zu dem mehr als eine Million Katholiken aus allen Ländern wallfahrtete, und vor ihm das Knie beugte (August bis Oktober 1844) zeigte, daß das „Zeitbewußtsein" ein trügerischer Maßstab ist. Infolge dieses Übermaßes mittelalterlicher Gläubigkeit entstand in Deutschland eine, wie es anfangs schien, tiefgehende antikatholische Bewegung, angeregt von den katholischen Priestern Ronge und Czerski. Es bildete sich eine deutsch-katholische Kirche (Januar 1845) und neben ihr im Schoße des Protestantismus „lichtfreundliche Gemeinden", welche eine Auflösung des Christentums herbeizuführen drohten. Ein protestantischer Priester in Königsberg hatte sich auf der Kanzel feierlich vom Glauben an die Dreieinigkeit losgesagt. Sobald es Nachahmung fremder Vorgänge gilt, finden sich in der Judenheit stets bereitwillige Liebhaber dafür. Hier und da wurden Stimmen laut, „eine deutsch-jüdische Kirche" nach dem Muster der deutsch-katholischen zu gründen. Diese Bewegung ging von Berlin aus. Hier hatte ein Schönredner, Samuel Stern, ohne Berechtigung durch Wissen in dieser Sache mitzusprechen, Vorlesung über Judentum und jüdische Gechsichte gehalten, welche die jüdische Lehre als einen Freibrief für launenhafte Einfälle darstellten. Von ihm angeregt, traten in Berlin einige zwanzig Gleichgesinnte und Geistesverwandte zu einer Art Kirchenbildung von eigentümlichem Zuschnitt zusammen, eine Reformgenossenschaft (2. April 1845). Die Urheber der Berline rReformgenossenschaft erließen einen Aufruf an ganz Israel, sich zu einer Synode zusammenzufinden, um eine neue jüdische Religion zu bilden. In ihrem Programm konnten sie selbstverständlich nur Verneinung aufstellen, Verwerfung des Talmuds, Verwerfung der Messiaslehre, da sie mit Leib und Seele der Berliner Heimat angehörten, Rückkehr zur heiligen Schrift, aber nicht nach dem Wortlaute, sondern nach dem Geiste. Zu einer Synode, zur Beratung

40*

einer Reform, die das Judentum zu einem Abklatsch der lichtfreundlichen Kirche umstempeln sollte, kam es aber nicht. Der Berliner Verein blieb jedoch bei seinem Programm stehen. Dieses sollte durch die in Frankfurt a. M. zusammengetretene zweite Rabbinerversammlung (Juli 1845) heilig gesprochen, d. h. als dem Judentum gemäß anerkannt werden.

Diese Versammlung erregte mehr Spannung und leidenschaftliche Wärme als die erste, weil sich von der einen Seite die Berliner Reformgenossenschaft an ihren Zipfel anklammerte und von der anderen Seite ein wissenschaftlicher Stimmführer sich ihr für einen Augenblick anschloß. Zacharias Frankel (geb. Prag 1801, gest. Breslau 1875), obwohl im Talmudismus erzogen, gehörte nicht zu den Stocktalmudisten. Seine wissenschaftlichen Forschungen und sein kritischer Sinn hatten ihn zur Überzeugung von der Berechtigung, ja der Notwendigkeit mancher Reformen gebracht. In seiner Jugend hatte er einen Strauß mit den Stockfrommen herausgefordert. So war er der Mann der rechten Mitte, ebenso weit von Geigers und Holdheims Stürmerei, wie von Raphael Hirschs Mumienverehrung entfernt. Er stellte ein Prinzip für die Erkenntnis der Zulässigkeit oder Unzulässigkeit der Neuerungen auf, das lediglich einem Totengerichte ähnlich ist. Er machte damit um so eher Schule, als ihm vermöge seiner Tätigkeit als Rabbiner und seiner Leistungen als Forscher die Führerschaft zuerkannt wurde. Durch diese beiden Schwergewichte einerseits der Berliner Reform und anderseits der Rücksicht auf Frankels Person hin- und hergezogen, geriet die Versammlung in eine schwankende Lage. Ihr erster, nicht unerwartet erfolgter Beschluß, daß die hebräische Sprache aus dem Gedächtnis und dem Bewußtsein des jüdischen Stammes womöglich ausgelöscht werden müsse, drängte Frankel zum lauten Austreten aus ihren Reihen, und der Beifall, der ihm von verschiedenen Seiten gezollt wurde, brachte es an den Tag, daß die Rabbinerversammlung nicht die deutsche Gesamtjudenheit, sondern nur eine kleine rührige Partei vertrat. Ohne es zu merken, hatte die Frankfurter Rabbinerversammlung das Gleichgewicht verloren. Mit der Reformgenossenschaft mußte sie Verstecken spielen. Sie mußte deren Schritte laut loben, weil sie sonst auch ihren Stützpunkt in der Reformpartei eingebüßt hätte. Anderseits durfte sie sich doch nicht zu deren Hohlheit bekennen, um nicht das Ansehen in den Gemeinden zu verlieren.

Indessen stieß sich die Reformgenossenschaft nicht an diesem halben Abweisen; sie wußte, daß sie die Tonangeber in der Versammlung und besonders Holdheim auf ihrer Seite hatte. In der Selbsttäuschung, daß sie eine wesenhafte Neugestaltung des Judentums schaffen würde, bildete sie sich zu einer Gemeinde von etwa zweihundert Mitgliedern und feierte ihre Einweihung (2. April 1846), wobei Holdheim als Hoherpriester Weihrauchwolken aufsteigen ließ. Sie waren für einander bestimmt und mußten, wie sehr sie sich auch anfangs sträubten, einander in die Arme sinken. So war denn eine „deutsch-jüdische Kirche“ aufgebaut mit einem Tempel, Prediger und Gottesdienst nach einem eigenen Zuschnitt. Ganz neue Formen wurden im Berliner Reformtempel eingeführt. Das Beten mit entblößtem Haupte stempelte ihn besonders zu einem fremdartigen und stieß auch innerlich Gleichgesinnte ab. Das Hebräische wurde nur in wenigen Formeln beibehalten. Der Reformtempel nahm überhaupt einen deutschtümelnden Charakter an und streifte den jüdisch-kosmopolitischen ab. Holdheim hätte vielleicht noch mehr als die freigesinnten Mitglieder alles jüdische Wesen mit einem gewissen Fanatismus vertilgt wissen wollen. Nicht bloß über das rabbinische Judentum und über den Talmud, sondern auch über die Verpflichtungen, die aus der heiligen Schrift stammen, setzte er sich hinweg. Indessen zeigte sich auch in der Reformgemeinde, daß das jüdische Selbstgefühl seit Friedländer bedeutende Fortschritte gemacht hat. Die Reformgenossenschaft hatte das Liebäugeln mit dem Christentume völlig überwunden. Von ihren Mitgliedern, die etwa tausend Seelen zählen, ist keines, und auch von ihren Kindern keines, zur Kirche übergetreten, wie behauptet wird. Sie will durchaus nicht als gesonderte Sekte gelten, vielmehr in inniger Teilnahme und im Zusammenhang mit dem jüdischen Stamme bleiben. Die Berliner Reformgenossenschaft fand indes in Europa keinen Anklang, doch mehr in Amerika. Denn hier bildeten sich Gemeinden seit den vierziger Jahren aus Mitgliedern mehrerer Herren Ländern, besonders aus Bayern, Böhmen, Westdeutschland und aus dem Posenschen, welche untereinander keinen Zusammenhang hatten. Sie gruppierten sich nicht um einen festen Kern, wechselten vielmehr stets durch Zufluß und Abfluß und waren nicht an fortgeerbte Traditionen alter Gemeinden und an Rücksichten gebunden. Fand sich ein Prediger von der Holdheimschen Richtung in einer verfließenden Gemeinde, und setzte er seinen Eifer ein, durchgreifende Reformen einzuführen, so fand er wenig Widerstand, oder es bildete sich neben dieser Gemeinde eine andere mit wenig oder gar keinen Reformen.

Im Schoß der Berliner Reformgemeinde hat sich Lauheit schneller eingestellt, als selbst ihre Gegner erwarten konnten. Aus Mangel an Betern mußte der Sabbat, der wie bei den Judenchristen der ersten Jahrhunderte neben dem Sonntag gefeiert werden sollte, auf diesen allein beschränkt werden. Wie es mit dem Besuch des Sonntagsgottesdienstes steht, gebührt nicht mehr der Geschichte zu erzählen. Diese Lauheit und geringe Teilnahme, welche die Schöpfer selbst erlebt haben, hätte sie darauf führen müssen, daß in ihrer Berechnung irgend ein Fehler stecken müsse. Diesen Fehler in seiner Tiefe aufzudecken, steht ebensowenig der Geschichtsforschung zu. In nächster Nähe bekam die Genossenschaft einen Gegner, den sie nicht in ihre Berechnung gezogen hatte, und der ihr um so gefährlicher wurde, als er nicht bloß mit seinem tief eindringlichen Worte, sondern mit jeder Fiber seines Wesens ein Protest gegen die durch Komiteeberatung entstandene Religion der Johannisgasse war. Dieser Gegner war Michael Sachs (geb. Glogau 1808, gest. Berlin 1864).

Wenn die erzeugende Natur es darauf angelegt hätte, ein allseitiges Widerspiel zu Holdheim zu schaffen, so ist es ihr mit Sachs gelungen. Äußeres und inneres, Gang und Sprache, Haltung und Gemütsrichtung, Studium und Charakterbildung, bis auf Gewohnheiten und Liebhabereien, alles war so verschieden an diesen beiden, daß man sie auf den ersten Blick nicht als Söhne desselben Volksstammes und als Genossen desselben Standes hätte erkennen können. Wenn Holdheim das jüdisch-polnische Wesen, durch die talmudische Dialektik hochgeschraubt, darstellte, so erinnerte Michael Sachs an die jüdischen Abkömmlinge der pyrenäischen Halbinsel, veredelt durch klassische Formen und ästhetischen Sinn. Vermöge seiner eigenen Natur und des zwiefachen Zuflusses für sein Inneres aus der hebräischen und griechischen Welt, wurde Sachs eine ideal lautere Persönlichkeit. Keine Zwiespältigkeit war in seinem Wesen; Fühlen, Denken und Tun war bei ihm aus einem Gusse. Darum war er so unerbittlich scharf gegen jede Schaustellung und jedes Gepränge, gegen die aufgeblasene Hohlheit und Eitelkeit und züchtigte sie mit der Geißel seines Wortes.

Das Judentum war seinem Herzen das Teuerste, weil er es als Offenbarung eines die Menschheit leitenden Gottes betrachtete, und weil es ihm der Inbegriff alles Hohen und Heiligen war; er ließ es sich nicht durch die Zeitphilosophie wegklügeln. Die häßlichen Auswüchse an der Erscheinung desselben übersah Sachs keineswegs, er kannte aber auch ihren Ursprung und glaubte, die Zeit, die sie angesetzt hat, würde sie wieder wegzehren. Selbst Hand daran anzulegen, dazu war er zu bedenklich, um nicht beim Ausscheiden des Siechen und Faulen Gesundes zu verletzen. Er traute sich und anderen keine Berechtigung zu, diese Ausscheidung vorzunehmen. Zum Teil stammte seine Bedenklichkeit gegen eine tiefer gehende Reform aus seiner Scheu vor jedem tatkräftigen Eingreifen ins Praktische.

Sachs' große Vorzüge und kleine Fehler wiesen ihm den Platz an, auf dem er die ganze Kraft seines Geistes entfalten konnte; er war nur für die Kanzel geschaffen. Der überströmende Fluß seiner Beredsamkeit, die Tiefe seines Gemütes, die Wärme seiner Überzeugung, der Zauber, der aus seiner Persönlichkeit ausströmte, wenn er als Dolmetsch der Propheten und Agadisten dastand, der treffende Witz, der ihm zu Gebote stand, der Wohlklang seines Organs, die Formenglätte seiner Sprache, kurz jeder Zug an ihm machten ihn zum unübertroffenen Kanzelredner seiner Zeit, und er hatte auch nur an Mannheimer in Wien einen Ebenbürtigen. Als wäre er von der Vorsehung berufen gewesen, der jüdisch-deutschen Kirche in Berlin entgegenzuwirken und einen Gegenpol zu Holdheims ewiger Verneinung zu bilden, wurde er von der Gemeinde dieser Stadt zum Prediger und Beisitzer des Rabbinats gewählt Hier gelang es ihm das volle jüdische Selbstgefühl, das ihn beseelte, und den gerechten Stolz, einem so alten, edlen Stamme anzugehören, der Gemeinde einzuflößen und sie von der Nachäfferei, an der sie so lange kränkelte, teilweise zu heilen.

Selbstverständlich bekämpfte er die Reformrichtung mit seiner ganzen Kraft, er tat es offen. Er sah in Holdheim und dessen Gesinnungsgenossen Fälscher des Judentums. Gegen Schimpf und Unglimpf war er gehärtet und gleichgültig". Namentlich von der Kanzel herab schwang er die Geißel seines vernichtenden Spottes gegen die jüdisch-deutsche Kirche, welche die Fülle des Judentums von allen Seiten so beschnitten hatte, daß es in einer Nußschale Raum hatte. Seine Gegner gestanden ihm zu, daß er sich nur ehrlicher Waffen bediente. Ein Vergleich zwischen Sachs und seinem Widerspiele Holdheim fiel stets zugunsten des ersteren aus. Während der Tempel in der Johannisgasse verödete, füllte sich die Synagoge in der Heydenreutergasse von Woche zu Woche mehr.

Wie zur Hebung und Befestigung des jüdischen Hochgefühls, so trug Sachs auch zur Förderung der jüdischen Wissenschaft bei. Sein Beitrag war aber mehr formeller, als wesenhafter Art. Er hat sie eigentlich nur vorstellungsfähig und für gebildete christliche Kreise zugänglich gemacht. Er verlieh ihr einen poetischen Schimmer, aber auch ein romantisches Halbdunkel. Die vierziger Jahre waren besonders für den vielseitigen Anbau der jüdischen Wissenschaft fruchtbar. Die glänzende jüdisch-spanische Geschichtsepoche übte eine besondere Anziehungskraft auf die jüdischen Forscher aus.

Sie war aber nur den jüdischen Forschern und diesen auch nur in rohen Massen und Bruchstücken bekannt. Sachs unternahm es, daraus ein organisches Ganze, ein schönes Gesamtbild zu gestalten. Seine „Religiöse Poesie der Juden in Spanien" (1845) bietet mehr als der Titel anzeigt. In gelungenen, anziehenden Schilderungen führte Sachs die Reihenfolge der Erzeugnisse des jüdischen Geistes von „dem schmerzlichen Beben der aus ihrem lebendigen Zusammenhange gerissenen Glieder" nach der Zerstörung des einigenden Mittelpunktes durch die Römer bis zur blütenreichen Entfaltung der neuhebräischen Poesie in dem schönen Hispanien. Die gebildete Welt wurde durch Sachs auf den Reichtum und die Schönheit der jüdischen Literatur im Mittelalter aufmerksam; selbst Heine war davon ergriffen und weihte ihr seine vergoldende Feder.

Aber das Judentum mit seinen Trägern blieb eine unentzifferbare Hieroglyphe, ein dunkles Rätsel, das ein Jahrhundert dem anderen ungelöst überlieferte, so lange der „Urfels" nicht erkannt war, „aus dem es ausgehauen, die Vertiefung, aus der es ausgehöhlt wurde" —. Nur die tiefere Erkenntnis des Ursprunges, der heiligen Urkunden, konnte das richtige Wort der Lösung geben. Jahrtausende waren verronnen, und die völlige Enträtselung derselben war noch nicht gefunden. Nachdem die heilige Schrift, als Mutter zweier oder dreier Religionen, so lange über die Maßen vergöttert worden war, daß sie als das „Alles in Allem" galt, war sie seit der Mitte des achtzehnten Jahrhunderts in Mißachtung geraten. Die Schleiermachersche Schule hatte das alte Testament vom neuen getrennt und den Zusammenhang zerrissen. Die vernünftelnde (rationalistische) Schule schenkte zwar den hebräischen Urkunden viel Aufmerksamkeit, aber nur zu dem Zwecke, deren Wert zu verkleinern. Die Kirchlichgesinnten, Tholuck, Hengstenberg, Tonangeber in der protestantischen Welt, suchten darin nach falschem Glanz und, was sie entdeckten, strichen sie für das Christentum ein. Im jüdischen Kreise waren es nur drei, die sich eingehend mit der Entzifferung der heiligen Schrift beschäftigten, Krochmal, Luzzato, Sachs; aber sie haben sich in scheuer Ferne gehalten, um nicht bis zum Sinaï vorzudringen. Erst einem kindlichen Gemüte ist es gelungen, den Schleier halb zu lüften, die Sprache der Propheten und Psalmisten tiefer verständlich zu machen und die Urgeschichte des jüdischen Volkes im rechten Lichte zu zeigen. Mit dem Erscheinen „der Propheten des alten Bundes" und „der Geschichte des Volkes Israel" (1843 bis 1847) von Heinrich Ewald war eine neue Bahn zum Verständnis des hebräischen Geistes und Volkes eröffnet. Der Kerngedanke dieser Ewaldschen Schule ist, daß der aus Abrahams Samen hervorgegangene Stamm, in der Tat und Wahrheit ein „Volk Gottes", der Erde Heilswahrheiten in Fülle bringen sollte. Die Entfaltung dieser Wahrheiten zeige sich im Geschichtsgange und im Schrifttume der Israeliten.

Aber in demselben Maße, wie Ewald die Israeliten als Schöpfer des alten und neuen Testaments verherrlichte, verachtete er ihre Nachkommen, die Juden, und wollte sie aus der christlichen Gesellschaft ausgeschlossen wissen. Dagegen hat ein Staatsmann und Romanschriftsteller ersten Ranges den Juden gerade wegen ihrer glorreichen Abstammung eine hohe Bedeutung beigelegt. Benjamin d'Israeli, später als leitender Staatsmann von England Lord Beaconsfield genannt, war der Sohn eines Juden, der aus einem gewissen Trotz mit seiner Familie zum Christentum übergetreten war. D'Israeli Beaconsfield dagegen verhehlte es nicht, daß er stolz auf seine jüdische Abstammung sei. In zwei Romanen[1]) hat er die Berechtigung zu diesem stolzen Selbstbewußtsein begründet. Eine seiner Romanfiguren, der aus einer marranischen Familie stammende Sidonia, welcher den Weltmarkt von Europa beherrscht und damit auch die europäischen Staaten beeinflußt, dem keine Größe imponiert, weil sie sich mit der Hoheit seines Adels nicht messen könne, führt die Bedeutung seines Stammes auf ein physiologisches Gesetz zurück, weil er unvermischt mit anderen Rassen geblieben sei. Ein Stamm, der die Großmächte der alten Welt überdauert und allen Gewaltmächten in der Geschichte und all ihrer Zerstörungswut bis auf die neueste Zeit Widerstand geleistet hat, könne nicht untergehen. Die verfolgenden gemischten Rassen verschwinden, die reine, wenngleich verfolgte, bleibt. Aus dem Mund einer schönen jüdischen Jungfrau läßt er einem begabten und nach Wahrheit verlangenden christlichen Jüngling gegenüber auseinandersetzen, daß, wenn es eine göttliche Offenbarung gegeben hat, so sei nur der kleine Flecken Erde des heiligen Landes dessen gewürdigt worden, wenn Himmelsboten herniedergestiegen sind, um den Menschen Trost und Belehrung zu bringen, so seien sie in keinem anderen Lande gesehen worden als in diesem. Wenn für die Menschheit ein Erlöser erschienen ist und Apostel ihn mit ihrer frohen Botschaft bekannt gemacht haben, so sind sie lediglich aus dem Schoß des jüdischen Volkes hervorgegangen. Israels Ursprung, Fortbestand in Elend und Erhebung aus der Niedrigkeit in der Gegenwart, bürgen für seine Notwendigkeit auch in der Zukunft. Diesen Gedankengang läßt D'Israeli seine Heldin entwickeln. Dieser Gedanke ist für die Bedeutung des Judentums und seiner Träger viel überzeugender als der, welchen Schwärmer für die fünfte Monarchie zur Zeit der Reformation und Cromwells dafür geltend gemacht haben.

Unerwartet und überwältigend schlug für die europäischen Juden die Stunde der Befreiung mit der Februar- und Märzumwälzung (1848) in Paris, Wien, Berlin, Italien und in anderen Ländern. Ein Freiheitsrausch kam über die europäischen Völker, der hinreißender und wunderbarer war als in den Jahren 1789 und 1830. Mit gebieterischen Forderungen traten sie an die Machthaber heran. Unter diesen Forderungen befand sich regelmäßig die Judenemanzipation. In allen Volksversammlungen und Kundgebungen wurden die gestern noch verachteten Juden in den Bund der „Freiheit, Gleichheit und Brüderlichkeit" eingeschlossen. Was die Heißblütigsten nicht einmal zu hoffen

[1]) Die Romane haben den Titel: Coningsby or the new generation 1844, Tancred or the new crusade 1847.

gewagt hatten, trat plötzlich ein, Juden wurden in die Parlamente gewählt mit beratender Stimme über die Neugestaltung der Staaten. Ein preußisches Landtagsmitglied hatte seinen Abscheu zu erkennen gegeben, daß ein Jude einst neben ihm Sitz und Stimme haben sollte. Tages darauf erfüllte es sich; Rießer und Veit saßen neben demselben, für die Neugestaltung Deutschlands Rat zu pflegen, und Mannheimer zugleich mit einem Rabbiner alten Schlages und polnischer Tracht (Meisels) berieten die Neugestaltung Österreichs. In West- und Mitteleuropa bis an die Grenze Rußlands und bis an das Gebiet des Papsttums sind die Fesseln für die Juden gefallen. Selbst der russische Kaiser Nikolaus, dem das Wort „Freiheit" in der Seele verhaßt war, hob zum Teil die unter seinem Vorgänger wieder aufgelegten Beschränkungen der russischen Juden auf. Er zeigte den besten Willen, die elende Lage und die moralische Gesunkenheit der etwa eine und eine halbe Million in seinem Reiche wohnenden Bekenner des Judentums zu verbessern. Er hatte Sir Moses Montefiore, welcher für dieselben Fürsprache bei ihm eingelegt hatte, huldvoll aufgenommen und ihm gestattet, Reisen durch das Land zu machen und sich durch den Augenschein von dem Zustande der jüdischen Gemeinden in Rußland und Polen zu überzeugen. Der Kaiser ließ ferner eine Kommission von Rabbinern und jüdischen Notabeln in Petersburg zusammentreten (Mai 1848), welche Verbesserungsvorschläge machen sollte, und befahl die Gründung von zwei Rabbinerschulen im Lande in welchen die künftigen Rabbiner neben Talmud auch sonst Wissenswertes erlernen und besonders sich die russische Sprache aneignen sollten, um das widerwärtige Kauderwelsch bannen zu helfen.

Wirft man einen Rückblick auf das abgelaufene Jahrhundert, seitdem Dohm, Mirabeau und Grégoire ihre Stimme für die Entfesselung des jüdischen Stammes erhoben haben, so erscheint der Aufschwung desselben wahrhaft wunderbar. In allen zivilisierten und auch halbzivilisierten Ländern auf dem Erdenrunde haben die Juden ihre Knechtsgestalt abgestreift, tragen den Kopf hoch und lassen sich nicht mehr von dem „Hepp-Hepp-Geschrei" der Wichte einschüchtern. Die Versuche, welche in Deutschland und Österreich hin und wieder gemacht wurden, sie wieder in das Ghetto einzusperren, konnten nicht durchgeführt werden. In Frankreich, Holland, Belgien, Dänemark und in Nordamerika ist ihre Ebenbürtigkeit bis in die letzten Konsequenzen so vollständig durchgedrungen, daß eine übelwollende Stimme, sie aufzuheben oder auch nur zu schmälern, kein Echo findet. In England hat sich zwar die Gesetzgebung für ihre vollständige Gleichstellung fast dreißig Jahre hingezogen (1829 bis 1858), aber nicht weil ihre Würdigkeit angefochten wurde, sondern weil zur Übernahme von Ehrenämtern eine Eidesformel mit christlichen Bekenntnis vorgeschrieben war, welche Juden nicht aussprechen konnten. Sie standen vielmehr so hoch in der allgemeinen Achtung, daß das Unterhaus immer und immer ihre Gleichheit zum Gesetz erhoben hat, und das Haus der Lords hat lediglich aus seiner Abneigung gegen jede Neuerung die Zustimmung versagt. Nach langem Sträuben gab endlich auch dieser gesetzgebende Faktor nach, die Eidesformel zugunsten der Juden abzuändern. Seitdem wurden hervorragenden Personen des jüdischen Bekenntnisses in England die höchsten Ehrenämter übertragen, welche hier noch eine ganz andere Bedeutung haben, als im übrigen Europa, da sie ihre Inhaber fast zum Fürstenrang erheben.

In dem neuentstandenen Königreich Sardinien und in dem zum Erstaunen der Staatsmänner und Machthaber durch Garibaldis „Rothemden" zum Königreich Neu-Italien erweiterten Staate — für dessen Zustandekommen Juden tapfer gekämpft haben —, ist die Ebenbürtigkeit derselben ebenfalls eine unanfechtbare Tatsache geworden, welche nur die wütenden Feinde Italiens erschüttern möchten.

Wollte man den Judenfressern Glauben schenken, so müßte man annehmen, daß die Judenheit neben den pentarchischen Großmächten und neben der sechsten Großmacht, welche mit den gegossenen Buchstaben des Alphabets bewaffnet ist und die öffentliche Meinung beherrscht, — daß sie neben diesen eine siebente Großmacht bilde, welche die Christenheit mit Haut und Haar zu verschlingen drohe, und auch imstande wäre sie aufzureiben, wenn nicht Vorkehrungen getroffen würden, diese Macht zu brechen. Diejenigen, welche jenes Schreckensgespenst spuken lassen, fürchten sich zwar am allerwenigsten davor und benutzen es nur als neue Kampfesart; aber ein Kern Wahrheit ist in diesem übertreibenden Warnungsruf vorhanden. Die Judenheit in den zivilisierten Ländern ist allerdings erstarkt und gewappnet, nicht zum Angriff, aber zur Abwehr. Die bange Furcht, welche die Judenheit seit den bösen Tagen der Kreuzzüge erschreckt hat, wenn ein übermütiger Christenknabe sie angefahren hat — was die Drohung des größten aller Propheten bewahrheitet hat: „Das Rauschen eines verscheuchten Blattes wird Euch erschrecken" — diese Furcht ist von Jakobs Haus gewichen. Die Geldmacht, welche infolge der veränderten Weltlage jüdische Kapitalisten erreicht und die Geistesmacht, welche hervorragende Persönlichkeiten jüdischen Stammes als Staatsmänner, als Künstler, als Pfleger und Förderer der Wissenschaften und als Wortführer der öffentlichen Meinung in der Presse errungen haben, dienen ihren Stammgenossen lediglich als Schild vor Gewalt und Unglimpf. So wenig wie die Rothschilds, die Sasoons, die Günsburgs, Hirsch und eine Reihe jüdischer Kapitalsinhaber auf Eroberungen ausgehen, ebensowenig dachten und denken an so etwas die jüdischen Staatsmänner Crémieux, Johann Jakoby, Eduard Lasker, Ignaz Kuranda und andere jüdische Parlamentsmitglieder und Inhaber von Ministerposten oder hohen Ämtern und Würden in England, Frankreich, Italien und Holland. Die jüdischen Künstler ersten Ranges, Meyerbeer, Fromental, Halevy, Moscheles, die Rahel in Frankreich, und die noch lebenden Bühnenhelden, der Romankünstler Berthold Auerbach und andere, so wie die große Reihe jüdischer Akademiker und Universitätslehrer, seit dem Sturmjahre 1848 aufgetaucht, haben nur bewußt oder unbewußt von den Juden die Schmach der Stumpfheit für Kunst und Wissenschaft getilgt, mit welcher ihre Todfeinde sie verlästert haben.

Ein Schild von weitreichendem Schutze entstand aus der unheimlichen Nachwirkung des Mittelalters. In Bologna, das zu dem vor Jahrzehnten noch bestehenden Kirchenstaate gehörte, hatte eine christliche Magd einem kranken Kinde jüdischer Eltern namens Mortara im zarten Alter die Nottaufe gegeben und erst nach einigen Jahren einem Geistlichen Anzeige davon gemacht (1858). Daraufhin drangen ein Mönch und Gendarmen in das Haus des Juden, rissen den sechsjährigen Knaben aus den Armen der Eltern, schleppten ihn nach Rom und gaben ihm eine christliche Erziehung. Die Mutter des Knaben wurde vor Schmerz wahnsinnig. Alle Schritte, welche der Vater versuchte, um sein Kind wiederzuerlangen, waren vergebens. Ein Schrei des Entsetzens erhob sich überall unter Juden und Christen bei der Nachricht von dieser im Namen der Religion verübten Gewalttat. Die ganze europäische Presse und selbst die russische — mit Ausnahme der erzkatholischen — sprach einstimmig das Verdammungsurteil über eine solche Untat. Aber vergebens haben sich einige Regierungen und selbst der Kaiser Napoleon III., dessen Soldaten damals Rom beschützten, bei dem Papste Pius IX. verwendet, das nicht rituell getaufte Kind seinen Eltern wiederzugeben. Pio Nono, welcher im Sturmjahr 1848 eine Anwandlung von Liberalismus zeigte und daher als „Zauberer von Rom" dargestellt wurde, setzte allen andringenden Bestürmungen an ihn das verhängnisvolle Wort entgegen: „Non possumus". Bei dieser Gelegenheit zeigte sich wieder die Einmütigkeit aller Juden in Europa und Amerika, wie bei der Damaskusgeschichte achtzehn Jahre vorher.

Diese günstige Stimmung benutzten sechs junge Männer in Paris, um einen Bruderbund zu stiften, welcher sämtliche Israeliten auf dem Erdenrund umspannen soll, „die allgemeine israelitische Verbrüderung"[1]) (1860). Zweck derselben sollte

---

[1]) L'Alliance israélite universelle.

sein „für die Emanzipation und den moralischen Fortschritt der Israeliten überall tätig zu sein und eine wirksame Stütze denen zu leihen, welche in der Eigenschaft als Israeliten leiden". Die sechs jungen Männer waren ein Kaufmann Charles Netter, ein Advokat Narcisse Leven, ein Brückeningenieur Jules Carvallo, ein Universitätsprofessor Eugène Manuel, ein Hilfsrabbiner Aristide Astrüc und ein Professor an dem Rabbinerkollegium Isidore Cohen. Später schloß sich der glänzende Redner und unermüdliche Verteidiger seiner Glaubensgenossen Adolph Crémieux dem Verein an, der ihm Gewicht und Ansehen gab und die Glut seiner Beredsamkeit und die Unerschrockenheit seines Charakters lieh. Diese Verbrüderung fand sogleich Anklang. Im ersten Jahre ihrer Entstehung schlossen sich 850 Mitglieder aus Frankreich, Deutschland, Österreich, England, Italien, Schweiz, Holland, Belgien, Dänemark, Rußland und selbst aus Spanien und der Republik Venezuela an. Der Bund zählt gegenwärtig mehr als 30 000 Mitglieder. Er hat sich als deckender Schild für die Judenheit in kritischen Zeitläuften bewährt. — Bei derselben Gelegenheit der Mortara-Geschichte und in derselben Zeit entstand in Amerika (1861) eine ähnliche Verbrüderung zu einem ähnlichen Zwecke, „die Vereinigung der hebräisch-amerikanischen Gemeinden für die bürgerlichen und religiösen Rechte der Glaubensgenossen"[1]). Zehn Jahre später (1871) organisierten einige noch lebende edle Männer in England eine ähnliche Verbindung[2]) zur Fürsorge für leidende Stammgenossen, welche Hand in Hand mit der allgemeinen Allianz geht. Sie zählt mehrere tausend Teilnehmer, und es gehören dazu auch Mitglieder aus australischen Gemeinden und anderen englischen Kolonien. Auch in Wien entstand eine „israelitische Allianz" zum Schutze für verfolgte Glaubensgenossen, ins Leben gerufen (1873) von Joseph Wertheimer, Ignaz Kuranda und Moriz Goldschmid. Die Zahl der Mitglieder beträgt fünftausend[3]).

Ein solches festes und enges Zusammenhalten war den Erzfeinden der Juden gegenüber, die unsterblich sind, wie die Vorurteile und die Bosheit, durchaus geboten. Der Aufschwung der Juden seit ihrer Entfesselung, welcher die Mißgunst erregte, hat ihnen namentlich in Deutschland und Österreich noch neue Feinde gemacht. Ganz

---

([1] Union of american Hebrew congregations on civil and religious rights. Nordamerika zählte im Jahre 1878 etwa 250 000 Juden in 278 Gemeinden. Die ersten Gemeinden entstanden im achtzehnten Jahrhundert in New-York und New-Port.

[2]) Anglo-Jewish Association in connection with the Alliance I. U.

[3]) Der deutsch-jüdische Gemeindebund, geschaffen von zwei edlen Männern in Leipzig, Kohner und Nachod, hat nicht gleich den genannten drei Verbindungen eine allgemeine Tendenz und hat überhaupt nur ein verschwommenes Programm.

besonders werden sie von einer Partei ingrimmig gehaßt, welche das Mittelalter mit seiner Knechtung und Geistesverdunkelung wieder herbeizuzaubern wünscht. Man nennt sie in Deutschland die kleine, aber mächtige Partei. Ihr Prophet war ein jüdischer Täufling, Friedrich Stahl, welcher ihr einige Gedankenfetzen und Stichwörter geliefert hat, von denen sie zehrt, „die Wissenschaft muß umkehren" — „Autorität, nicht Majorität". Zu ihrem Programm gehört auch die systematische Judenhetze. Das Organ dieser Partei[1]) machte das Kreuz zu seinem Symbol, aber nicht die Liebe, nicht die Demut und nicht die Wahrheit zu seiner Devise. Diese Zeitung steckte mit ihren unverwüstlichen Beschuldigungen und Hetzereien gegen Juden und Judentum jahraus jahrein verwandte Kreise außerhalb Deutschlands an.

Ein anderer Erzfeind ist für die Juden in den letzten Jahrzehnten aufgetaucht, nicht unter dem Zeichen des Kreuzes, sondern unter der Marke der Rassenüberhebung. Ein Phrasendrechsler hatte in die Tagesliteratur ein zündendes Wort hineingeworfen, daß die angeblichen Abkömmlinge von Sem, Juden, Araber und andere sprachverwandte Völkerschaften — Semiten genannt — an Geisteskraft, Leistungsfähigkeit, schöpferischer Empfindungsgabe tiefer stünden, als die Arier, die indo-europäischen Völkerschaften. Die Semiten oder richtiger die Söhne Israels haben zwar der zivilisierten Welt einen Gott, eine höhere moralische Gesittung und die, eine solche Gesittung immer von neuem weckende heilige Schrift gebracht, aber diese Segensspenden werden von den Wortführern der Rassenentzweiung geringer geschätzt, als die Güter der Arier. Aus dieser verderblichen Vorspiegelung entnahmen die Judenfeinde — sie nennen sich Antisemiten — die Berechtigung, die Juden zu ächten, und sie allenfalls in untergeordneter Stellung als Gäste zu dulden, da die Erde und ihre Fülle von Rechts wegen den Ariern gehöre. Dieser künstlich genährte antisemitische Rassenhaß, welcher in Frankreich geboren, in Deutschland großgezogen wurde und überallhin gefördert wird, hat den mittelalterlichen Geist der Beschuldigung gegen die Söhne Jakobs als Christenmörder wachgerufen und traurige Szenen zur Folge gehabt. Die seit dem vorigen Jahrhundert in die Gemüter eingepflanzte Humanität soll wieder daraus gebannt werden.

Mit dem Aufschwung und der Verjüngung der Judenheit, als Trägerin einer eigenartigen uralten Lehre, hielt die Verjüngung oder Läuterung dieser Erblehre nicht gleichen Schritt. Zwar sind die Grundwahrheiten des Judentums, ihre segensreichen Wirkungen in der Völkergeschichte, ihre zivilisatorische Bedeutung tiefer erkannt worden.

---

[1]) Die neue preußische Zeitung, gewöhnlich die Kreuzzeitung genannt.

Was auserlesene Geister aus der heiligen Schrift und aus dem wunderbaren Geschichtsgang des jüdischen Volksstammes herausgelesen haben, daß das Judentum ein Apostelamt hat, vermittelst dieser Lehre Licht für die Völker zu sein, ist gegenwärtig ziemlich geläufig geworden. Aber über die Mittel, durch welche die Grundwahrheiten des Judentums lebendig erhalten werden sollen um fernerhin zu wirken, und über das Verhältnis des Religiös-Ritualen, wie es sich geschichtlich kristallisiert hat, zum Reinreligiösen und Sittlichen, ob das Judentum in seiner Abgeschlossenheit verbleiben soll, über diese schwerwiegenden Fragen gehen die Ansichten weit auseinander, und diese Unklarheit hat, wenn auch nicht eine neue Sektenbildung, so doch eine Sonderung und Entzweiung erzeugt. Diese Frage kann nur die jüdische Wissenschaft durch eine noch ernstere Vertiefung in die Urkunden des Judentums lösen, um genau zu ermitteln, was die Propheten darüber verkündet, und was die jüdischen Weisen zu verschiedenen Zeiten darüber gelehrt haben.

Für die Wissenschaft des Judentums sind in den letzten Jahrzehnten mehrere Lehrstätten in Deutschland gegründet worden, wo sie eifriger erforscht wird, als in den älteren Lehranstalten in Frankreich und Holland. Durch die hochherzige letztwillige Verfügung des edlen Nachkommen einer rabbinischen Familie, Jonas Fränkel, entstand durch eine gesicherte Stiftung in Breslau das jüdisch-theologische Seminar (1854), welches bereits mehr als hundert Rabbiner und Prediger ausgesandt hat, um in deutschen, österreichischen und amerikanischen Gemeinden zu wirken. Ein Jahrzehnt später wurden in Berlin aus freiwilligen Beiträgen zwei ähnliche Stätten ins Leben gerufen, von denen die eine sich das „orthodoxe Rabbinerseminar" nennt und die andere als „Lehranstalt für die Wissenschaft des Judentums" bezeichnet wird. In Ungarn hat die Regierung auf Staatskosten eine Rabbinerschule für Transleithanien geschaffen, welche Rabbiner, Prediger und Religionslehrer in ungarischer Sprache ausbilden soll. Diese Lehranstalt, als eine Tochter des Breslauer Seminars, ist nach demselben Programm organisiert und wirkt in demselben Geiste.

Diese Lehrstätten für die Wissenschaft des Judentums hätten, wenn sie der Erforschung der Wahrheit ernstlich obliegen, den Beruf des erwarteten Propheten Elias, alle Zweifel zu lösen und besonders die Frage über Berechtigung, Zulässigkeit und Grenzen der Reform zu beantworten, welche eben die Gemüter in der Judenheit entzweit, um so die Herzen der Eltern mit den Herzen der Kinder in Eintracht zu versöhnen.

Ende.

Register.

Seitenzahlen ohne Buchstabenbezeichnung = 1. Band.
b = 2. Band. c = 3. Band.

A.

Abadia, Juan de c 90.
Abaji Nachmani, b 145, 147.
Abba-Areka (s. Rab) b 97, 115 ff.
Abba-Mari de Lünel b 535 ff.
Abbahu, R. b 131, 133 ff.
Ab bet-Din 278; c 436, 551.
Abdallah d. Abasside b 246.
Abdallah Ibn-Saba b 226.
Abdallah Ibn-Salam b 215.
Abdallah Ibn-Saura b 216.
Abdallah Ibn-Tumart b 384.
Abdallah Ibn-Ubej b 216, 218.
Abdellatif b 434, 441.
Abdul-Malik, Kalif b 238 f.
Abdul Medgd, Sultan c 610.
Abdulmumen b 384 f., 420.
Abdurrahman III., Kalif b 296 ff.
Abel, Menschentypus bei den Gnostikern b 35.
Abel, Stadt 67.
Abenatar, David c 321.
Abendania, Mardochaï c 328.
Abenser, Daniel c 433.
Abi-Ajub, Jakob c 244.
Abiatar Ibn-Creskas c 60.
Abiathar, Priester 38, 46 f., 51 f., 62, 68, 72, 166.
Abijam, König 91.
Abila 306.
Abinerglos, adiabenischer König 545.
Abisaï 38, 45, 61, 64, 66.
Ablaat, persischer Astronom b 119.
Abner 28, 31, 43 f.
Abner von Burgos, Täufling (s. Alfonso Burgensis) b 563 ff.
Aboab, Isaak de Fonseca, Prediger in Amsterdam c 324, 331, 363.
Aboab, Isaak, Rabb. in Spanien c 97 ff., 104.
Abrabanel, jüd. Geschlecht in Spanien b 198, 596.
Abrabanel, Isaak, Stammvater c 66, 97, 125 f., 141, 194.
Abrabanel, Isaak, der Jüngere c 93, 96, 126.
Abrabanel, Juda c 95 f., 126 f., 141, 194. (s. Medigo Leon).
Abrabanel, Samuel c 96, 126, 141 f., 204, 238.
Abraham, Erzvater 2, 60, 536, 552.
Abraham aus Granada, Kabbalist c 12.
Abraham, bekehrter Mönch b 186.
Abraham Alfachar b 398.
Abraham, spanischer Arzt b 491.
Abraham Abulafia, Kabbalist b 524 ff.
Abraham Bedaresi, Dichter b 489.
Abraham Ben-Chija b 357.
Abraham Ben-David, Talmudist b 401, 404 f., 470.

Abraham Ben-Isaak, Talmudist b 401.
Abraham Ben-Salomo c 194.
Abraham Ben-Samuel, Karäer c 422.
Abraham Ibn-Chasdaï b 399, 468, 479.
Abraham Ibn-Daud b 387, 398.
Abraham Ibn-Esra b 387, 389 ff.
Abraham Ibn-Zarzal, Arzt b 588.
Abraham Levi, Kabbalist c 195.
Abraham Senior c 64, 84, 93, 97, 103.
Abraham, chaßidäischer Ober-Zaddik c 505.
Abravalla, Samuel c 26.
Absalom 57, 60, 62, 64 f., 68 f.
Absalom, Oheim Aristobuls 417.
Absalom, Sohn Hyrkans 396.
Absaloms Denkmal 65.
Absonderungsgesetze 581; b 38.
Abtalion (Polion) 420, 432, 434 f., 440 ff.
Abu-Afak b 215.
Abu-Amru, Mose b 262.
Abu-Bekr, Kalif b 221, 238.
Abu-Hussain-Joseph b 333 ff. (s. Joseph Ibn-Nagrela).
Abu-Isa (s. Obadja) b 256.
Abu-Ischak al-Elviri, Dichter b 335.
Abu-Ischak Ibrahim Ibn-Sahal b 480.
Abu-Kariba Assad-Tobban, König von Jemen b 208.
Abu-Mansur Samuel Ben-Chananja, Oberhaupt der jüd.-ägypt. Gemeinden b 374.
Abu-Sahal Ali, Arzt b 257.
Abu-Zacharia Jachja Chajug b 312.
Abugafar Ibn-Algezzar, Arzt b 277.
Abulafia, Name einer ausgebreiteten jüd.-span. Familie b 311, 459, 523 ff.
Abulafia s. Abraham Abulafia.
Abulafia, Juan Fernando c 80.
Abulafia, Mose, c 612.
Abul-Arab Ibn-Moischa, Mohammed, Theolog und Dichter b 423 f., 434.
Abulhassan Abraham Ben-Meïr Ibn-Kamnial, jüdischer Arzt b 357.
Abulhassan Jehuda Ben-Samuel Halevi, Dichter und Philosoph b 362 ff.
Abulmeni b 444 (s. Maimuni, Abraham).
Abulsari Sahal Ben-Mazliach Kohen, Karäer b 293.
Abzeichen für Juden b 275, 319 f., 453 ff.
Akzentzeichen, hebr., eingeführt s. Vokalzeichen.
Achab s. Ahab.
Achaï aus Sabacha b 246 f.
Achas s. Ahas.
Achasja, König von Israel 102 f.
Achasja, König von Juda 106 ff.
Acher s. Elisa Ben-Abuja.
Achija aus Silo, Prophet 82.
Achikam, Sohn Schaphans 212, 216.
Achimaas, Sohn Zadoks 63.
Achisch, Philisterkönig 38 f., 41, 43.
Achitophel 52, 56 ff., 60 ff., 63, 80.
Achitub, Enkel Elis 24.
Achmed I., Sultan c 290.
Achmed Schaitan c 131 f.
Achtung der Wissenschaft b 537 ff.
Achtzehn Dinge 581.
Actiaden, Festspiele in Judäa 447.
Actium, Schlacht bei 440, 444.
Adalbert, Erzbischof in Prag b 347, 353.
Adarsa, Stadt 348.
Adamantius, jüd. Arzt b 162.
Adat Jeschurun c 532.
Adelsherrschaft in Judäa 131 ff., 144 ff., 152, 164 f., 220.
Aden (Arabien), jüd. Gemeinde b 415.
Adiabene 544, 578, 605.

Adida, Stadt 359.
Adler, Bild im Tempel 453, 460.
Adlersthal, Baron von (Wolf Eibeschütz) c 462.
Adlerzerstörer 460, 468.
Adojot, talmudischer Traktat b 43, 100.
Adolf v. Nassau, deutscher Kaiser b 540.
Adonija, Sohn Davids 68 f., 72.
Adoniram 74, 85 f.
Adonis (s. Baal).
Adora, Festung 382.
Adraat, Hauptort v. Batanäa b 218 f.
Adullam, Stadt 49.
Ägypten 1, 16, 50, 54, 59, 73, 78, 80, 83, 85, 87 f., 90, 114, 117, 120, 126, 129, 138 f., 141, 145, 148, 154 f., 156, 158 f., 161 f., 168 f., 171, 178 f., 185 f., 187, 189, 190 f., 194, 196, 198, 203, 204, 208 ff., 213 ff., 220 f., 223 f., 230 f., 234 f., 243, 248 f., 288 f., 291 ff., 297, 299 f., 302, 305, 307, 320 ff., 345, 357 f., 360 ff., 368 f., 372, 383, 398 f., 401, 412, 417, 423, 433, 436, 444 f., 513, 528, 531, 570, 602; b 61, 224, 308, 418, 424, 426 f.
Ägypter 2 f., 156, 197, 509 f, 532.
Aelia Capitolina (Jerusalem) b 75, 108.
Aeolis 407.
Ämter und Würden den Juden entzogen b 162 f.
Äthiopien 138, 202, 211, 292, 361; b 210.
Afrika 185, 454 f., 529.
Agadah b 14.
Agag 32.
Agobard, Bischof v. Lyon b 267 ff.
Agrigent, jüd. Gemeinde, b 189.
Agrippa I., König 505 ff., 510, 516 ff., 565, 594.
Agrippa II., König 525, 558 f., 563 f., 566 ff., 575, 578, 583, 585 f., 588, 592, 597, 601, 603; b 2, 5, 9 ff.
Agrippa Marcus, römischer Minister 453 ff.
Agrippina, Kaiserin 558, 562, 564.
Aguilar, Baron de, c 448 ff.
Ahab 93 f., 96 ff., 102, 105, 106, 107, 166.
Ahas, König v. Juda 140 ff., 151 f. 161.
Ahasverus 335.
Ahron, Stammvater der Priester 2.
Ahron aus York b 492.
Ahron Ben-Ascher, Masoret b 282.
Ahron Ben-Joseph b 500.
Ahron Ben-Meschullam b 403, 459.
Ahron Ben-Zion Ibn-Alámâni, Rabb. und Arzt b 373 f.
Ahron Ibn-Sargadu b 285, 292, 295.
Ahron, Samuel, Karäer c 422.
Ahroniden 18, 24, 76 f., 90, 109 ff., 128, 166 f., 172, 188, 205, 247, 262, 269 f., 274, 309, 328, 415, 436, 479, 568.
Ahura-Mazda, Lichtgott 284, 286.
Aibu, Sohn Abba-Arekas b 118.
Ailat, Hafenplatz 79, 83, 120, 141.
Ain-Etam 78.
Ain-Tab, Dorf b. Lydda, b 99.
Airvi, König v. Cranganor b 170.
Aix, in Frankreich, jüd. Gemeinde b 539.
Akbariten, Karäersekte b 262.
Akiba (Ben Joseph) b 17, 24, 39 f., 42, 48 ff., 58, 66 f., 77, 79 f.
Akkaron (Ekron), Philisterstadt 102 f., 357, 376.
Akko (Ptolemaïs) 13, 148, 293, 340, 359, 381, 409, 433, 444, 516; b 508 ff.; s. Ptolemaïs.

Akkos s. Ha-Koz.
Akosta (d'Akosta) Uriel c 364 ff.
Akra, Burg (Baris, Antonia) 266, 306, 317, 324, 338, 342 f., 345, 353, 356 f., 372 f., 376, 410, 431, 448, 451, 453, 474, 504, 524, 526, 562, 572, 575.
Akra, Stadtteil 594, 605 ff., 609.
Akrabatene 563.
Akrabattine 340.
Akropolis s. Akra.
Akylas (Aquila), Übersetzer der heil. Schrift, b 53 ff., 64, 147, 183.
Alabarch s. Arabarch.
Alablak, Schloßfestung in Arabien, b 212.
Aladhid, letzter fatimid. Kalif b 418.
Aladil, Bruder Saladins, Sultan b 451.
Alafdal, ägypt. Herrscher b 443.
Alagon, Blasco de c 90.
Alami, Salomon c 16.
Alarcon, Lope de Veroy c 354.
Alarif, Abulkasim Ibn, Wesir des Königs von Granada b 323.
Alaschkar, Mose c 129 ff.
Alba, Herzog c 274.
Albert von Brandenburg c 181.
Albigenser b 448 f.
Albinus, Landpfleger 567.
Albo, Joseph c 18, 34, 37 ff.
Albrecht II., Erzherzog von Österreich, deutscher Kaiser b 540 f., 646; c 28 ff., 43 ff.
Albrecht, bayer. Herzog c 49.
Alcandete, Pedro Fernandez c 87.
Aleman Jochanan c 69.
Alenu, Gebet c 425 f.
Aleppo (Boröa) 345.
Alessandro, Täufling c 269.
Alexander Balas 355 f.
Alexander der Große 290 ff.
Alexander I. Jannaï, Sohn Hyrkans 396, 398 bis 403, 408, 411, 414, 416.
Alexander II., Sohn Aristobuls 411, 419, 421 f.
Alexander Severus, Kaiser b 107 f.
Alexander, Sohn Herodes' 456 f., 473.
Alexander Lysimachus, Arabarch 505 ff., 510, 513, 515, 518, 522, 526.
Alexander Zebina 380 f.
Alexander, Zelotenführer 560, 563.
Alexander I. von Rußland c 561 f.
Alexander II., Papst b 343.
Alexander III., Papst b 393.
Alexander VI., Papst c 110, 139.
Alexander, König von Polen c 146.
Alexandra s. Salome A.
Alexandra, Frau Aristobuls II. 422.
Alexandra, Tochter Aristobuls II. 422.
Alexandra, Tochter Hyrkans 411, 437 ff., 446 f.
Alexandrien 294, 298 f., 301, 303, 305, 321 f., 361, 365, 369, 384 f., 404, 423, 445, 450, 505, 508 ff., 514, 518, 522, 529, 534, 538, 577; b 6, 61, 162, 418.
Alexandrien, Juden in s. Judäer.
Alexandriner 365 f., 445, 452, 508 ff., 514 f., 518, 528, 543, 581.
Alexandrion, Festung 402, 408, 419, 421, 440.
Alexas, Gemahl der Salome 466, 468.
Alexas, Herodianer, b 10.
Alfachar, Abr. Ibn b 398.
Alfachar, Name einer bedeutenden span.-jüd. Fam. 311, 464.
Alfadhel, Wesir Saladins b 433 f.
Alfonso III., König von Portugal b 505.
Alfonso V., König von Portugal c 66, 94 ff.
Alfonso, Infant von Portugal c 218.

Alfonso II. von Aragonien b 398.
Alfonso VI., König von Kastilien b 336 ff.
Alfonso VII., Raimundez, König von Kastilien und Aragonien b 359, 386.
Alfonso VIII. von Kastilien b 397 f., 447, 451 f.
Alfonso X., der Weise b 492 ff.; c 11.
Alfonso XI., König von Spanien, b 549, 559, 562 ff., 586.
Alfonso, König von Neapel c 125.
Alfonso Burgensis de Valladolid, Täufling b 563 f.; c 97.
Alfonso II. d'Este c 310.
Alfonso de Aragon, Erzbischof c 90.
Alfonso de Ojeda c 79, 81.
Alfonsinische Tafeln b 493; c 113.
Algazali, Philosoph b 333.
Alghitijun, Führer der Juden von Jathrib b 211.
Alguades Meïr c 5, 8, 10, 12.
Alhakem, maur. Kalif b 303, 312 ff.
Ali, almoravid. Herrscher in Spanien b 357.
Ali, Feldherr Mohammeds b 221, 226.
Ali Ibn-Isa, Wesir b 286, 291.
Alityros, judäischer Schauspieler 584.
Alkabez, Salomo c 233.
Alkabri, Rabbanite b 342.
Alkadir, Kalif des Ostens b 310.
Alkamel, Sultan b 445.
Alkimos (Jakim), Hoherpriester 345 ff., 348 ff., 352 ff., 362.
Allavi, Don Samuel c 106.
Allebrandus, Bischof zu Worms b 351.
Allegorie 538 f.; b 15, 533 f.
Allerheiligstes des Tempels 75, 321 f., 415.
Alliance Israélite Universelle c 636.
Allianz, israelitische, Wiener c 637.
Allobroger 473.
Alyates 185.
Almamun, Kalif b 257, 261.
Almagest b 257.
Almahdi s. Ubaid Allah b 276.
Almansur, Abugafar, Kalif b 248.
Almansur, Abu-Jussuf Jakub b 453.
Almanzi c 602.
Almeida, Lope de c 95.
Almeria, span. Küstenstadt b 325, 420.
Almohaden (Almowachiden), mohammedanische Sekte b 384 ff., 420.
Almoraviden, afrikan. Stamm b 340, 356 f., 384.
Almotassem, Fürst v. Almeria b 335.
Almuktadir, Kalif b 279, 286.
Almuktafi, Mohammed, Kalif b 414.
Almutadhid, Kalif b 278.
Almutammed Ibn-Abbad, König von Sevilla b 339 ff.
Almutawakkil, Kalif b 275.
Alradhi, Kalif b 291.
Alruchi (Alroy), David b 415.
Alsaid Ibn-Sina Almulk, Dichter b 434.
Alteca Boteca c 7.
Altfromme c 582, 585, 608.
Alt-Tyrus 148.
Alvalensi, Samuel c 128 f.
Alvar Nunez, Don b 562.
Alvarez de Villasandino, Alfonso c 2.
Alypius aus Antiochien b 154.
Amalarich von Bena, Religionsphilosoph b 450.
Amalasuntha, Tochter Theodorichs b 190.
Amalek 32.
Amalekiter 32, 41 f.
Amasa 60, 63, 65 f., 66.
Amasia, Stadt in Kleinasien c 28.
Amasis 224, 234.
Amazia, König 114 f., 117, 121, 124 f., 141.

Ambrosius, Bischof v. Mailand b 158 f.
Amemar-Bar-Mar-Janka b 170.
Amerika, Juden in c 463 ff.
Amescha-Spentas 285.
Ami, Schulhaupt b 125, 131.
Ammaus, Quelle 9 (s. Emmaus).
Ammon, Gott der Ägypter 292.
Ammon (s. Ammoniter).
Ammoniter 14, 17 f., 25, 30, 54 f., 80, 114, 170, 203, 207, 214 f., 219 f., 254 f., 268, 272, 321, 340.
Ammonitis s. Ammoniter.
Amnon, Sohn Davids 57 f.
Amolo, Bischof v. Lyon b 271 f.
Amon, König von Juda 169 f.
Amora, Amoräer (Erklärer) b 110, 242.
Amos, Prophet 119, 121 ff., 127, 130, 142.
Amram, Vater Moses' 2.
Amram Ben-Isaak Ibn-Schalbib b 337, 339 f.
Amsterdam, Juden in c 314 f., 318 f., 320 f., 328, 345, 365, 376, 506, 531.
Amulette c 450 f.
Anahita 288.
Anan, Exilsfürst b 116.
Anan, Familie 559.
Anan, Hoherpriester 478.
Anan, Sohn Ananias', Hoherpriester 567, 582, 587, 597 ff.
Anan Ben-David, Stifter der Karäersekte b 248 f., 281.
Anan und Kaiphas aus der Unterwelt entflohen c 420.
Ananel 436, 438, 450.
Anania, Jüngling am Perserhof 333.
Anania, Kaufmann in Adiabene 545.
Anania, Sohn Onias' IV. 383 f., 399.
Anania, Priester 575.
Ananias Ben-Nebedaï, Hoherpriester 526, 567.
Anatoth, Stadt 173, 188, 192, 209.
Anawitenkreis 167, 227.
Anbar s. Pumbadita.
Ancona, Juden in c 140, 224, 238, 253, 259.
Andalusien b 297 ff., 310 ff., 386, 397.
Andrade, Abraham c 547.
Andramyttium 407, 418.
Andreas, Führer der kyren. Aufständischen b 61.
Andreas, Apostel, Sohn Jonas' 492.
Andreas, König v. Ungarn b 457.
Andromachus, Erzieher der Söhne Herodes' 449.
Andromachus, Statthalter von Cölesyrien 291.
Andron 511.
Andronikus, Sohn Messalems 369.
Andronikus, Statthalter des Antiochus-Epiphanes 319.
Anglo-Jewish Association c 637.
Angro-Mainyus (Ahriman) 285 f.
Anilaï 529.
Anna, Königin von England c 433.
Anna s. Channa.
An-Nasir, Beiname des Kalifen Abdul-Rahman III. b 297.
Anthedon 521.
Antigonos, Feldherr Alexander des Großen 293.
Antigonos, König 417, 420 f., 422, 424, 430 ff.
Antigonos, Lehrweiser 297.
Antigonos, Sohn Hyrkans I. 383, 396 f.
Antilibanon (Hermon) 9.
Antimaimunisten b 458 ff.
Antiochenser 316, 325, 358.
Antiochien 294, 300, 308, 312, 318 f., 326, 344, 347, 358, 437, 528, 549, 555 f., 578; b 2, 63, 158, 181, 184 f.
Antiochien, Juden in, s. Antiochien.
Antiochus Epiphanes 308, 314 bis 327, 331 f., 342, 344 f., 361.

Antiochus der Große 300, 305 ff., 361.
Antiochus V. Eupator 342 f., 352, 355.
Antiochus VIII. Grypos 381, 383, 398.
Antiochus IX. Kycikenos 381, 383, 398.
Antiochus, Balas' Sohn 358.
Antiochus Sidetes 374 ff., 379 f.
Antiochus v. Kommagene 516, 522, 524.
Antiochus, Vater des Numenios 374.
Antipas, Sohn des Herodes 459.
Antipas, Vater Antipaters 411.
Antipater, Vater des Herodes 411 ff., 416, 419, 422, 423 ff., 427 ff.
Antipater, Herodes' Sohn 456 f., 458 f., 465 f.
Antipater, Sohn des Jason 374.
Antipatris, Stadt 580.
Antisemitismus c 638.
Antitrinitarier s. Unitarier.
Anton, Karl, Täufling c 453.
Antonia, die jüngere, Tochter Mark Antons 504 f., 507.
Antonia, Burg 448, 451, (s. Akra).
Antoninus Pius b 83 f., 93.
Antoninus Philosophus s. Marc Aurel.
Antonio, portug. Prinz c 357.
Antonius, Marcus 430, 433 f., 435, 437 f., 440, 444.
Antonius, Julius, Prokonsul 454.
Antonius Julianus, röm. Redner b 71.
Antonius, Lucius 423.
Anzarbi, arab. Arzt b 257.
Apamea, Stadt 407, 418, 508.
Apelles, syr. Aufseher 328.
Aper, Beiname Diokletians b 132.
Aphrodite 288.
Aphta, Stadt 597.
Apion 509 f., 512, 515, 542.
Apis (Abir)-Kultus 89, 229.
Apokryphen b 163 f.
Apollonios Daos 357.
Apollonios Molo 418, 508.
Apollonios, Oberhaupt von Cölesyrien 311, 320, 330 f.
Apollos aus Alexandrien 555.
Apostel, christliche 547, 555 f.; b 52.
Apostel, Sendboten jüd. Patriarchen b 109.
Apostolé, (Beitrag für Patriarchen) b 109, 144.
Appian, Geschichtsschreiber b 61.
Apries s. Hofra.
Aquila s. Akylas.
Arabarch, Titel 365, 425 f., 445, 452, 505, 506 f., 510, 513 ff., 518, 522, 526.
Arabien, Juden in 120, 552; b 203 ff., 415 f.
Arach, Familie 255.
Aradus, Stadt 331.
Aram, Land (Syrien) 78, 93, 100, 140, 156, 186.
Arama, Isaak c 91.
Aramäer 9, 54, 102, 114, 115 f., 120, 139.
Arbela 389, 432.
Arbues de Epila, Inquisitor c 86, 89 ff., 107.
Archelaus, Julius, Sohn Chelkias 522.
Archelaus, König von Kappadocien 456.
Archelaus, Sohn des Herodes 467 ff., 472 f.
Archirabbiner c 147.
Archisynagogos 528.
Archont 455.
Ardaschir, Begründer des Sassanidenreichs b 108, 120.
Ardaschir, Stadt in Babylonien b 113.
Areobindus, Minister Justinians b 184.
Aretas Philodemos, König 528.
Aretas, König der Nabatäer 408, 411 f., 419, 472, 505.
Argentière, jüd. Gemeinde b 539.

Argun, Groß-Khan der Mongolen in Persien b 515, 520.
Arianer b 189, 199.
Arias, Joseph Szemach c 386.
Arier c 638.
Aristeas, Aristeasbrief 534 f.; c 282.
Aristides, Kirchenlehrer b 82 f.
Aristobul I., Sohn Hyrkans 383, 396 f.
Aristobul II., Sohn der Salome 408 f., 410 f., 413 f., 417, 419, 422, 424, 430.
Aristobul, Vater Agrippas I. 456 f., 506.
Aristobul, Bruder Agrippas I. 506, 524, 526.
Aristobul, Enkel Hyrkans II. 436 ff.
Aristoteles' Philosophie b 436 ff. c 9, 68, 293.
Arkadius, oström. Kaiser b 159 f.
Armenien, Juden in 530.
Armenwesen 178, 180, 277, 310.
Arles, jüd. Gemeinde b 192.
Armleder, Führer der Bauern in Elsaß und Schwaben gegen die Juden b 572.
Arna, Oberhaupt der Jebusiter 60.
Arnim, Achim v. c 565.
Arnold, Erzbischof v. Köln b 381.
Arnold v. Brescia b 391.
Arnold, Mönch v. Citeaux 449 ff.
Arnold aus Tungern c 150, 171, 179.
Arnon, Fluß 114, 384.
Arnstein, Fanny von c 665.
Arsaces, Satrap von Parthien 331.
Artaban II., König von Parthien 529.
Artaban, letzter Partherkönig aus dem Hause der Arsaciden b 116, 121.
Artaxerxes I. 258, 261 f., 264, 266, 270 f., 274.
Artaxerxes II. 288.
Artaxerxes III. 288.
Artaxias, König von Armenien 331, 342.
Artemion b 61.
„Ar-Rabbi Mor" von Portugal, Oberrabbiner b 605.
Arzneikunst der Juden verboten b 490 f.
Aruch, Talmud-Lexikon b 346.
Asaël 38.
Asaria, Jüngling am Hof 333.
Asaria, Sohn Amazias f. Usia.
Asaria, Sohn Abu Hussain-Josephs b 335.
Asaria, Sohn Zadoks, erster Hoherpriester 77.
Asaria, Hoherpriester zur Zeit Usias 128.
Asarja dei Rossi c 281 ff.
Aschdod (Azotus) 19, 155, 159, 272, 349, 357, 376.
Ascher Ben-Jechiel, Talmudist b 540, 548.
Ascher Ben-Meschullam aus Lünel b 403.
Ascher, Stamm 5, 75, 79, 142.
Ascher aus Udine, Täufling c 264.
Ascheri f. Ascher B.-Jechiel.
Ascheriden, Söhne Ascheris b 566 ff.
Aschi, Schulhaupt b 166 ff.
Aschkenasi, (Chacham Zewi) c 437.
Aschkenasi, Salomon c 275 f., 289 f., 298.
Aschkenasi, Saul Kohen c 70.
Aschmodaï, Teufel 285.
Aschura, moham. Fasttag b 215.
Aserbeidsan, Landschaft b 415.
Asiaten, Synagoge der, in Jerusalem 528.
Asinaï 529.
Askalon 411, 425; b 414.
Askaloni, Joseph c 290.
Asklepiodorus, Rechtslehrer zu Neapel b 191.
Asriel aus Gerona, Kabbalist b 470 f.
Aßa, König 91 f.
Assad, jüd. Gesetzeslehrer b 209.

Aßaph, Levite 24, 250.
Aßaphiden, Sängerfamilie 24, 214.
Assar-Haddon, Sohn Sancheribs 168 f.
Assassinen, fanatische moham. Sekte b 415, 522.
Asser, Karolus, c 530.
Asser, Mose c 530, 533.
Assi, R., Schulhaupt b 125, 131.
Assidäer, Chaßidäer 309 f., 312, 327, 329, 346, 352, 387, 391 f.
Assidäer, neue, s. Neu-Chaßidäer.
Assur s. Assyrien.
Assyrien 138 ff., 154 ff., 185, 190 f., 200.
Assyrier 129 f.; s. Assyrien.
Astarte, Gottheit und Kultus 15, 22 f., 40, 82, 92, 93 ff., 103, 108, 110 f., 132 f., 154, 166.
Asti in Piemont, jüd. Gemeinde b 613.
Astrüc, Aristide c 637.
Astrüc de Lünel, Don (Abba Mari) b 535 f.
Astrüc, Levi c 18, 22 f.
Astrüc Raimuch aus Fraga, Täufling c 3.
Athalia 101, 105, 107 ff., 166.
Athenion, Günstling Ptolemäus' III. 297 f.
Athen 315, 521, 530.
Athias, Isaak, Rabbiner in Hamburg c 328.
Athronges 471 f.
Atias, Isaak da Costa c 533.
Attalos 315, 355.
Auerbach, Berthold c 636.
Auerbach, Jakob, Prediger c 583.
Auferstehungsglaube 239, 282, 388, 465, 551 f., 554; b 40, 124.
Aufklärung c 493, 515 f., 533, 585.
Aufstand Judäas gegen Rom unter Kaiser Nero 572 ff.
Aufstand Judäas gegen Rom unter Hadrian b 66 ff.
Aufstand Judäas gegen Rom unter Severus b 103 f.
Aufstand Judäas gegen Rom unter Constantius b 142 f.
Aufstand Judäas gegen Rom unter Heraklius b 185 f.
Augenspiegel, Reuchlins Schrift c 166 f., 169 f., 172 f., 176, 267.
Augsburg, jüd. Gemeinde b 580, 582; c 43.
Augustinus, Kirchenvater b 164.
Augustus s. Oktavian.
Auranitis, Landschaft (Hauran) 449, 467, 521, 552, 564.
Aurelianus, Kaiser b 124.
Aus, arabischer Stamm b 211 f.
Auslegung des Gesetzes (Midrasch) 279, 388.
Auslegungsregeln für die heilige Schrift 441 f., b 49 ff., 90.
Auswanderung aus Judäa 478.
Auto-da-Fé, Scheiterhaufen für Ketzer c 83, 106, 377.
Avesta s. Zend-Avesta.
Avignon, jüd. Gemeinde b 539, 613; c 269 ff.
Avignon, Konzil von, b 450.
Avila, (Spanien) jüd. Gemeinde b 505, 527 f.
Avitus v. Arverna, Bischof b 194 f.
Avran 319.
Ayllon, Stadt b 526 ff.
Ayllon, Salomo c 440 ff.
Az-Zahara, Residenz Al-Hakems b 313.
Aziz, König v. Emesa 558
Azotus s. Aschdod.
Azzolino, Kardinal c 411.

B.

Baal (Adonis), Gottheit und Kultus 15, 18, 22 f., 90, 93, 95, 98, 101, 103 f., 105, 108 ff., 114 f., 121, 125 ff., 132 f., 146, 166, 170.

Baalbekiten, karäische Sekte b 262.
Baal-Perazim 49.
Baal-Zebub 102 f.
Baalis, ammonitischer König 214, 219.
Babel, Babylon 146, 154, 169, 197, 204, 207, 210, 213, 217, 220, 226, 231 ff., 240, 245 f., 248.
Babylon, Spitzname für Rom b 30.
Babylonien 162 f., 185, 191, 197, 203 f., 216 f., 224, 226 ff., 245 f., 248, 256 f., 292, 294 f., 307, 407, 431, 436, 440, 529, 578; b 59 f., 111 ff., 166 f., 225 f., 275, 293, 321 f.
Babylonier, Juden in Babylonien s. Babel und Babylonien.
Babylonisches Synhedrin b 90 ff.; c 186.
„Babylonischer Talmud" b 168 f., 171 ff. s. Talmud.
Bacchus 301 f., 514.
Bachja Ben-Joseph Ibn-Pakuda b 332 f.
Bachiel Ibn-Alkonstantini, Leibarzt des Königs von Aragonien b 464.
Bachurim, Stadt 62.
Bachurim, Talmudjünger c 297, 470, 585.
Baden, Juden in c 557.
Badis, König b 325, 333.
Bärmann, Isaschar c 426.
Baësch, König 91.
Baffa, Sultanin c 290.
Bagdad, Juden in b 246, 257, 275, 278 f., 414 f., 416 f., 513, 522.
Bagoas (Bagosis), Eunuche 289, 456.
Bahir, pseudoepigr. Schrift b 476 f.
Bahram Tschubin, Feldherr b 180.
Bajazet I. c 107 f.
Bajazet II. c 111, 135.
Bakchides 346, 349, 351, 353 ff.
Baktrien 244, 288.
Balagnar, chasarische Hauptstadt b 255.
Balasch, persischer König b 170.
Balbus, Titus Ampius 423.
Balduin, Erzbischof von Canterbury b 409.
Balkin b 325, 333.
Balmes, Abraham de c 139, 189, 194.
Balsam von Gilead 9, 199.
Balsam von Jericho 438, b 10.
Balthasar, Jesuitenprovinzial von Malabar c 413.
Bamberg, Juden in c 571.
Bank von Hamburg s. Hamburg.
Bann b 20, 231 f., 394, 460 f., 512, 542 ff.; c 367, 378, 390.
Banus, Einsiedler 584.
Baptista, Johannes c 250.
Bar, Stadt c 342.
Bar-Aschtor, proselyt. Familie b 106.
Barak, Richterheld 17.
Barbarossa von Tunis c 218.
Bar-Chanina, Lehrer des Kirchenvaters Hieronymus b 163.
Barcelona, jüdische Gemeinde b 398 f., 495 ff., 539 ff., 610.
Bar-Eleasar b 98.
Bar-Giora, Simon s. Simon B.-G.
Baris s. Akra.
Bar-Kappara s. Simon B.-K.
Bar-Kocheba (Kosiba) b 67 ff.
Bar-Kosiba s. Bar-Kocheba.
Bar-Kosibamünzen b 69.
Barnabas, Apostel b 65.
Barnave c 526.
Barocas, Themar c 316.
Barrios, Miguel de c 431.
Bartholomäusnacht c 276, 304.
Bartabschneiden den Juden verboten c 16.
Baruch v. Benevent c 195.
Baruch Loeb s. Börne.
Baruch, Sohn Isaak Albalias b 342, 363.

Baruch, Sohn Nerijas, Jünger Jeremijas 193 ff., 210, 213, 218, 220 f., 230.
Barzapharnes 430 f.
Basan (Batanäa), Landschaft 17, 114, 449, 482; b 218.
Baschan s. Basan.
Basel, jüdische Gemeinde b 577 f.
Basilius der Mazedonier b 274.
Basnage, Jakob c 427 f., 547.
Baßra, jüdische Gemeinde b 416.
Bassus, Statthalter 512; b 4.
Bastonade b 231.
Basula, Mose c 368.
Batanäa s. Basan.
Bathori, Stephan c 298.
Bathseba 55 ff.
Bathyra 436, 442, 575.
Bali Bar-Tabi b 129.
Baukunst 50 f.
Bayern, Juden in c 560.
Beaconsfield, Lord s. d'Israeli.
Beatrice s. Gracia Mendesia.
Beatriz v. Portugal, Königin b 604.
Bedaresi, s. Abraham Bed.
Bedr, Schlacht bei b 217.
Beer, Dob aus Mizricz c 500 ff.
Beer, Jakob c 583.
Beerseba 10, 42, 54, 80, 99, 199.
Behaim, Martin von c 113.
Beja, Abraham de c 113.
Bekiin, Stadt b 17.
Bel s. Baal.
Bela IV., König v. Ungarn b 502f.
Beliar 439.
Belisar b 190 f.
Belliosa (Mirjam), Grabschrift der Tortosa b 197.
Belmonte, Jakob Israel c 314.
Belmonte, Manuel c 386.
Beltis 288.
Beltran c 63.
Belustempel 246.
Bel-Zebul s. Baal-Zebub.
Belzyce, Jakob von c 302.
Ben-Adret, s. Salomo B.-A.
Benajahu, Feldherr 52, 61, 72.
Ben-Asaï b 36.
Ben-Dama b 31.
Ben-David, Name für Messias.
Ben-David, Lazarus c 511, 576.
Bene-Amri, Stamm 353.
Bene-Baba 447.
Bene-Bathyra 436, 442, 575.
Bene-Berak, Stadt b 50.
Benedikt, Jude aus York b 409 f.
Benedikt XII., Papst b 537.
Benedikt XIII., Gegenpapst c 4, 14, 17, 19 f., 306.
Bene-Haiman, Exilarchenfamilie b 292.
Ben-Hadad I. 93, 100 f.
„ II. 105.
„ III. 114.
Ben-Hinnom, Tal s. Ge-Hinnom.
Ben-Israel, Manasse s. M.
Benet, Mardochaï c 585.
Benjamin, Stamm 5 ff., 18, 24, 27 f., 32, 43, 81, 86, 150, 173, 201, 225, 247, 550.
Benjamin von Tudela b 399.
Benjamin Nahawendi, Karäer b 259.
Benjamin von Tiberias b 185, 187.
Benjaminiten 30, 43, 44, 46, 53, 60, 62, 66 f., 72, 86 f., 201, 249, 318.
Ben-Kafron b 306.
Ben-Lakisch s. Simon B.-L.
Ben-Seeb c 509.
Ben-Soma b 36.
Ben-Tabel 140; b 34.
Ben-Usiel c 608.
Benu-Aus, arabischer Stamm b 204, 208, 211.
Benu-Bachdal, jüdisch-arabischer Stamm b 204.
Benu-Kainukaa, jüdisch-arabischer Stamm, b 204, 215, 217.
Benu-Kinanah, arab. Stamm b 208.
Benu-Kuraiza, jüd.-arab. Stamm b 204, 217, 219 f.
Benu-Nadhir, jüd.-arab. Stamm b 204, 217 ff.

Benvenida, Abrabanela c 141 f., 204, 238.
Benveniste, Name einer angesehenen span.-jüd. Familie b 311, 399, 452.
" Abraham, c 31, 41, 60, 138.
" della Caballeria Bonasus c 23.
" Don Jehuda c 138.
" Don Joseph c 60.
" Ibn-Labi, Don Salomo c 10.
" Todros, c 23.
" Ibn-Labi, Don Vidal c 18, 32, 34, 60.
Berab, Jakob c 128, 145, 227.
Berachja, Ben-Natronaï Nakdan, Fabeldichter b 479 f.
Berechja (Berachja), Sohn Queridos c 437.
Beredsamkeit, prophetische 123 ff.
Berenice, Tochter Salomes 456, 506.
" Tochter Agrippas I., Königin 558, 571, 573, 575, 586, 588, 601 f., 608 f.; b 2, 9 f.
Berenike, Stadt 455.
Bergfeuerzeichen 564.
Berlin, Juden in c 412, 439, 507, 514 f., 519, 539, 584 f.
Bernal, Brüder, Märtyrer c 377.
Bernaldez, Andreas c 102.
Bernardinus von Siena c 48.
Bernardo, Fratre c 200.
Bernays, Isaak c 587 ff., 623.
Bernhard v. Clairvaux b 379 ff.
Berr, Isaak c 521, 525 ff., 546, 549.
Berr, Michel c 546, 556.
Berthold, Bischof v. Straßburg b 577.
Berthold Egoltspecht, Bürgermeister v. Regensburg b 580.
Bertinoro, Obadja da c 133 f.
Bertrand du Guesclin b 593 f.
Beruria (Valeria), Gattin R. Meïrs b 85 f.
Berythus 457, 521; b 2.
Bescht s. Israel v. Miedziboz.
Beschneidung 324, 530; b 26.
Beschuldigungen gegen Juden, falsche, 322, s. a. Blutbeschuldigung, Hostienschändung.
Besessenheit 394.
Bet-Beltin 564.
Bethanien 496 f., 561, 594.
Bethar, Festung b 72.
Betharam (Bethramta, Livias), Stadt 9, 471.
Bethäuser (Synagoge, Proseuche) 232, 256, 281 f., 426.
Bethel 10, 89 f., 93, 121 ff., 146, 169, 184.
Bethlehem 35 f., 49, 260, 497, 501.
Beth-Maon 585 f.
Bethome, Festung 401.
Bethoron 331, 348, 579.
Betphage 594.
Bethramta, s. Betharam.
Beth-Saïda 483, 494.
Beth-Schemesch 115.
Bethsur 338, 340, 343, 356, 358, 372.
Beth-Zacharja 344.
Bet-Jakob, Tempel v. Amsterdam c 318.
Betsan, (Betschean, Bethsan Skythopolis 299, 359, 384, 416, 576.
Bet-Schearim, Sitz des Synhedriums u. Lehrhauses b 96.
Beugnot c 555.
Bezetha 523 f., 572, 579, 594, 605.
Beziers, jüd. Gemeinde 192, 272, 392, 402, 449, 461.
Bibago, Abraham c 61.
Bibel, heilige Schrift 480 f.; b 177, 241.
Bibelforschung 251, 282, 389 f., 417 ff., 474.
Bibeltext 176 ff., 252 f., 283 f., 327 f., 345 f., 377 f., 390; c 165.

Bibelübersetzung s. Übersetzung.
Bibliotheca Rabbinica c 192.
Biblos, Stadt 74, 448.
Bidkar 106.
Biester c 498.
Bilderdienst 288.
Bileam b 87, Spitzname für Paulus b 29.
Bing, Jesaja c 522.
Birah s. Akra.
Bischofswerder c 514.
Bithynien 430.
Blanis, Juda de (Laudadeus) c 139.
Blanca, Prinzessin v. Bourbon b 588 f., 591 f.
Blanche, Königinmutter v. Frankreich b 488.
Blandrata c 301.
Bloch, Mathatia c 394.
Blois, Märtyrer von b 394.
Blutbeschuldigung gegen Juden b 394 ff., 481 f., 494, 514 f.; c 28, 31, 360, 460, 612.
Boazsäule 75.
Boaz, Mannesname 261.
Bodo, Puoto, jüdischer Proselyt b 269.
Böhm, Jakob c 350.
Böhmen, Juden in b 346 f., 353; c 145, 449.
Börne, Ludwig c 559, 568, 574 ff.
Boëthos, Familie 450, 459 f., 473, 559, 567.
Bokchoris, König 138.
Boleslaw, Pius, Herzog von Kalisch b 581.
Boleslaw, Herzog v. Polen c 52.
Bologna, Juden in b 529; c 268.
Bomberg, Daniel c 186, 192.
Bona, Königin c 293.
Bonafoux, Daniel Israel c 434.
Bonald, Louis Gabriel Ambroise c 544 f.
Bonaparte s. Napoleon.
Bonastrüc aus Gerona c 18.
Bonastrüc de Porta Mose Nachman s. Nachmani.
Bonet de Lates c 139, 172.
Bonsed, Salomo c 3, 32.
Bonifacius VIII., Papst b 544.
Bonnet, Kaspar c 477.
Boraita, Ergänzung zur Mischna b 110.
Bordeaux, Juden in c 332, 449, 466 f., 521, 524, 528.
Boröa, Stadt 345.
Boso, König von Burgund b 274.
Bostanaï, Exilarch b 225.
Botarel, Mose c 12 f.
Bourg de St. Gilles, jüd. Gem. b 405, 452.
Brachjahr s. Sabbatjahr.
Brandenburg, Niederlassung der Juden in c 411.
Brandon, David c 328.
" Joan c 328.
Brasilien, Juden in c 331.
Bras Neto c 210 ff.
Bray, Märtyrer von b 407.
Breidenbach, Wolff c 538.
Bremen, Juden in c 560 ff., 564.
Brentano c 565.
Bresselau, Mendel c 508.
Breßlau c 584.
„Briefe der Dunkelmänner" siehe Dunkelmänner.
Brief eines Lords über Juden c 468.
Brieli, Jehud. Leon c 430, 441.
Brody, in Polen c 342.
Bromet, de c 530 f., 533.
Brüssel, jüd. Gem. b 581.
Bruna, Israel c 75 ff.
Brunetta aus Trient c 72 f.
Brunnenvergiftung, Anklage wegen, durch die Juden b 574 ff.
Brutus 430.
Bubastis 364.
Bücherzensur c 250.
Büßer, jüdische b 8, 47.
Buchholz c 539.
Bucer c 239.
Budny, Simon c 302
Budnier c 302.

Buen-Giorn c 7.
Bürgerliche Verbesserung der Juden c 489 ff.
Bürgerrecht für Juden c 559.
Bulan (Butschan), König der Chazaren b 255, 303, 366.
Bulgaren b 254 f.
Bundesakte, deutsche, über Stellung der Juden c 568 f.
Bundeslade 19, 20, 51, 62, 67, 76, 111, 180, 184.
Bundestafeln 20, 111.
Bundeszeichen b 25 f., s. Beschneidung.
Buol-Schauenstein c 572.
Burg von Jerusalem s. Akra.
Burgos, jüd. Gem. b 505, 593.
Burgunder b 192, 199.
Burrus 566.
Buxtorf, Joh., der Ältere c 348.
Byblos, Stadt s. Biblos.
Byzanz b 141, 413.
Byzantinisches Reich b 274; c 55.

C.

Caballeria, Don Pedro de la c 62, 64.
Caceres, Simon de c 357.
Cäsar, Julius 421 f., 424 ff., 429.
Cäsar, Sextus 427 f.
Cäsarea 448, 467, 473, 505, 521, 525, 565 f., 570 f., 576, 591; b 2, 5, 67, 165, 182 f., 224.
Cäsarea, Philippi 483, 495, 569; b 2.
Cag s. Zag.
Calatajud, jüd. Gem. b 464.
Calatrava, Grenzfestung b 386.
Caligula (Cajus Germanicus) 506, 507 f., 510, 515 ff., 522, 536, 553.
Calixtus II., Papst b 393.
Calvin c 292, 301.
Campeggio, Kardinal c 216 f.
Cantori, Josua dei c 263.
Capistrano, Johannes c 44, 46, 48 f., 51, 54, 56, 62, 71, 146, 291 f.
Capito Wolf c 237, 239.
Capitol 414, 425.
Caracalla, Kaiser b 103, 106.
Caraffa, Piedro s. Paul IV.
Carcasonne, jüd. Gem. b 192.
Cardoso, Isaak Fernando c 407, 420.
Cardoso, Abraham Miguel c 407, 420.
Cardoso, Diego c 328.
Carlos, Gonsalvo c 328.
Carmel c 529.
Carrion (Spanien), jüd. Gem. in b 505.
Carrion, Santob de b 567, 587.
Caro, Isaak c 121.
Caro, Joseph s. Karo, Joseph.
Carpentras, Juden in c 270.
Cartagena Paulus Burgensis s. Santa Maria.
Cartesius s. Descartes.
Carthago 307, 315, 510.
Carus 457 f.
Carvajal, Anton Fern. c 357, 362.
Carvallo, Jules c 637.
Cassander 294.
Cassiodor b 189.
Cassius, Empörer gegen Marc Aurel b 102.
Cassius Longinus, Republikaner 422, 429 f.
Cassius Longinus, Cajus 526.
Castellane, de c 524.
Castro, Abraham de c 130 ff.
Castro, Rodrigo de c 327 f.
Catalina von Lancaster c 11 f., 15, 24 f.
Catullus b 6.
Cavad (Cavades), Sassanide b 170, 173 f., 175, 208.
Ceneda, Sansone c 307.
Cerausius, Kaiser b 131.
Ceremonialgesetze des Judentums s. Ritualgesetze.
Cerealis, Tribun 591.
Cerfberr, Herz (Medelsheim) c 520, 526.
Cerfberr, Lipmann c 548.

Cesis, de c 216.
Cestius Gallus 569 f., 573, 578 ff., 585, 588.
Chabad c 505.
Chabib s. Lusitanus, Amatus.
Chabib, Jakob Ibn c 138.
Chabor 149.
Chaboras, Fluß 191.
Chacham, Name f. Rabbiner c 324, 588, 621.
Chacham Zewi (Zewi Aschkenasi) c 440.
Chadiga, Mohammeds Frau b 214.
Chäreas 517.
Chäremon 508.
Chages, Mose c 440 f., 445.
Chaggaï, Prophet 252.
Chagira, Zelot 605.
Chaibar, arab. Landschaft, Juden von b 203 f., 219 ff., 416.
Chaja c 455.
Chajat, Juda c 195.
Chajim Ibn-Musa c 35 f.
Chajim Vital Calabrese c 283 f., 287, 363.
Chajjat, Juda c 115.
Chajug, Abu-Zacharia Jachja b 312 f.
Chajon, Nehemia c 438 f., 441 ff., 443; sein Sohn 444.
Chakan (Chagan), Titel der Chazarenkönige b 254 f., 301.
Chalcis, Fürsten von 422, 430, 518, 522, 558.
Chaldäer 143, 193 f., 202, 208 ff., 214 f., 218 ff., 222, 233 f. 240.
Chalfon Halevi, Abu Saïd Ben b 374.
Chama Bar-Anilaï b 126.
Channa, Mutter Samuels 21.
Chanan aus Iskiwan b 180.
Chanan, Fürst der arab. Juden in Taima b 416.
Chanani 262.
Chananja, Neffe R. Josuas b 31, 90 f.
Chananja (Achunaï?), Exilarch b 248.
Chanina Ben-Teradion b 79 f.
Chanina Bar-Chama b 98, 104.
Chanina Ismael, Rabb. v. Bologna c 269.
Chaninaï Kahana Ben-Huna, Schulhaupt von Susa b 254.
Chaninai, ein Oberrichter der babyl. Juden b 227.
Chanoch, R., Sohn des R. Mose Ben-Chanoch b 308, 312 ff.
Chanuka s. Tempelweihefest.
Chares, Zelotenführer 592 f.
Charisi b 298, 398 f., 442, 479.
Chasda, R. b 126.
Chaßid, Juda c 437.
Chaßidäer c 437, 442, 501, 504.
Chateaubriand c 544.
Chaumette c 529.
Chaves, Mose de c 445.
Chazaël, Mörder Ben-Hadads 105, 114.
Chazaren b 254 ff., 301.
Chazor, Stadt 5.
Chazrag, arab. Stamm b 204, 208, 211 f.
Chebre = Neuperser b 121 ff.
Chelebi, Raphael Joseph c 391.
Chelkia, Vater des Julius Archelaus 522.
Chemnitz, Doktor c 335.
Chendali, Elia c 290.
Cherubim 75.
Chija, Sammler der Tossefta b 97.
Chija Bar-Abba b 125, 131, 133 f.
Chija, Sohn Abba Arekas b 118.
Childebert I., Merowinger b 194.
Chilperich, Merowinger b 195.
Chindaswind, westgot. König b 233 f.
Chintila, westgot. König b 202, 233.
Chiskia, König, s. Hiskija.
Chiskia Ben-Chija b 99, 115.
Chititer 55, 59, 61, 74, 114, 254.
Chiwa (Asien), jüd. Gem. in b 415.
Chiwi Albalchi b 288, 390.
Chlodwig b 192.
Chlotar, merow. König b 195.

Chmielnicki c 340 ff., 343.
Chodar-Warda, Sohn Jesdigerds II. b 169.
Chophni 18.
Chorasan b 278, 301.
Chorazin 494.
Chorin, Ahron c 586.
Chosroes Nuschirwan, d. Sassanide b 176.
Chosru-Perôz b 180, 185, 225.
Chozari, religionsphil. Werk von Jehuda Halevi b 366 ff.
Chrestus 528, 555.
Christentum, Entstehung des 484 ff., 547 ff.; b 24 ff., 52.
Christentum als Staatsreligion b 136.
Christian IV. von Dänemark c 319, 330, 387.
Christian August von Pfalz-Sulzbach c 421.
Christine von Schweden c 349.
Christus 495, 501.
Chronik, Buch der 290, 479.
Chrysostomos, Joh., Bischof von Antiochien b 158.
Chuschiel aus Sura b 295.
Chuschaï aus Erach, Freund Davids 62 f.
Chutäer s. Samaritaner.
Chutha, Stadt 169.
Chuzpit, R. b 80.
Cicero 414, 508.
Cidellus, jüdischer Ratgeber Alfonsos VI. b 337.
Cilicien 398, 558; b 63.
Circesium (Kharkhemisch) 191.
Cisneros, Ximenes de, Generalinquisitor c 198, 249.
Ciudad, Sancho de c 89.
Civilgerichtsbarkeit c 450.
Claudius, Kaiser 517 f., 522 ff., 528, 558 ff., 565, 577.
Clemens, Flavius b 57 f.
Clemens III., Papst b 354 f.
Clemens IV., Papst b 498 f.
Clemens VI., Papst b 570, 575 f.
Clemens VII., Papst c 139, 203, 209, 213, 215, 216, 269.
Clemens VIII., Papst c 226, 309, 310, 317.
Clemens X., Papst c 414 f.
Clemens XIII., Papst c 460.
Clermont b 194 f.
Clermont-Tonnerre c 525.
Closener b 577.
Cochelet, franz. Konsul c 619.
Cölesyrien 291, 293 f., 297, 299 f., 303, 306 ff., 310 f., 335, 429.
Cohén, Isidore c 637.
Cohen s. Kohen.
Collège Rabbinique in Frankreich c 599.
Collegio rabbinico in Italien c 602.
Collier, Thomas c 360.
Cologna, Abraham Vita di c 549, 553, 556.
Commagene, nordöstl. Provinz v. Syrien 516, 522, 524.
Commodus b 102.
Conforte, David c 431.
Consistorium s. Konsistorium.
Constantin s. Konstantin.
Conti, Vicente c 264.
Contratalmudisten s. Soharíten.
Coponius, Reiteroberst 474.
Cordova b 197, 296, 299 f., 307 f., 322, 327, 386, 397, 419, 609.
Cordova, Lehrhaus in b 296, 307.
Coronel c 104.
Coronel d. J. c 272.
Correa, Isabel (Rebekka) c 386.
Cosmas, Bischof von Prag b 354.
Costa, Emanuel de c 221.
Costa, Uriel da s. Uriel Acosta.
Coutiño, Fernando c 119, 209.
Crassus 421 f.
Creizenach, Michael c 624 ff.
Crémieux, Adolphe c 614, 617 ff., 622, 636 f.
Crémieuxschulen c 621.
Crescas, Chasdaï, b 599, 601, 610; c 4, 7, 10 f., 13 f.

Cromwell, Oliver c 347, 350.
Crotus Rubianus c 175, 179.
Cuenca (Spanien), jüd. Gem. in b 505.
Cumanus, Landpfleger 562 ff.
Curiel, Jakob c 323, 331.
Cuspius, Fadus, Landpfleger 525 f.
Cypern 384 f., 546 f., 558, 561; b 60, 62, 186; c 273, 279.
Cyrill, Bischof v. Alexandrien b 161 f.
Cyrus 233 f., 240, 243 ff., 248.
Czarnicki, General c 345.
Czechowic, Martin c 302.
Czenstochau, Kloster von c 461.
Czernigow c 342.
Czerski c 627.

D.

Dabaritta, Stadt 586.
Dämone (böse Geister) 285, 502 f.
Dävas 285 f.
Dafiera, Salomon c 32.
Dagobert, König b 195 f.
Dagon, Götze 40, 357.
Dahlberg, Bischof c 173.
Dalberg, Karl von, Erzkanzler und Primas c 538, 558.
Damaskus 54, 83, 87, 93, 100, 105, 114, 120, 129, 131, 140, 142, 288, 358, 397, 414, 429, 436, 448, 528, 544 f., 549, 550 f.; b 186, 375, c 134, 227, 610.
Damaskus, Blutanklage in c 610ff.
Dan, Stadt 54, 67, 80, 89 f., 93, 121, 146, 149.
Dan, Stamm 6; b 301.
Daniel 333, 404, 551, 567.
Daniel, Buch 333, 338, 342, 388, 479 ff., 495.
Daniel, Bewerber um das Exilarchat b 261.
Daniel, Exilarch zu Bagdad b 416f.
Daniten s. Dan, Stamm.
Dante b 553, 556 ff.
Darius 251, 253, 289.
Daub, Professor c 572.
Daud, jüd. Arzt c 273 f.
David, König 35 ff., 39, 41 bis 70, 73, 78, 83, 225, 261.
David, Königshaus 83, 86 f., 89, 105, 108, 116, 118, 124, 134, 140, 169, 186, 197 f., 226, 247, 252 f., 440, 486, 497.
David Ben-Daniel, Exilsfürst zu Mossul b 512.
David Ben-Jehuda b 261.
David de Pomis c 306 f., 308 f.
David, Bruder Maimunis b 424.
David, Maimunis Enkel b 509, 512.
David Ben-Sakkaï, Exilarch b 280, 284 ff., 291.
David Ben-Saul, Antimaimunist b 461.
David Ibn-Albila b 568.
David Rëubeni c 203 f., 208, 213.
David, Lazarus ben, c 510.
Davidssohn (Messias) 486.
Davidsstadt 47, 51, 76, 113, 169.
Davila, Diego Arias c 60.
Davila, Johann Arias c 64.
Deborah, Prophetin 17.
Deckendorf (Deggendorf) in Bayern b 572 f.
Dekurionat b 182.
Dekapolis 417.
Delmedigo, Fam. c 138.
Delmedigo, Elia c 70, 194, 364.
Delmedigo, Joseph c 370.
Delitzsch, Franz c 608.
Delos, Juden in 423.
Delta, Hauptquartier der Juden in Alexandrien 361, 511, 577.
Dembowski, Nikolaus, Bischof c 457 ff.
Demetrios I., syr. König 315, 345 f., 348, 352 f., 354 ff., 362.

Demetrios II., Nikator 357 f., 371 f., 374, 380 f.
Demetrios Eukäros 401.
Demetrios Phalereus 535.
Demetrios Poliorketes 293.
„Demiurgos“ b 34 f.
Denys Machault b 612.
Descartes (René Cartesius) c 346, 376.
Deuteronomium 175 f.
Deutero-Jesaias 240 ff.
Deuteroten = Tanaiten b 32.
Deutschland, Juden in b 196 f., 262, 316 ff., 342 f., 347 ff., 380 ff., 411 f., 481 ff., 490, 513 ff., 539 ff., 571 ff., 585; c 627.
Deutschland, junges c 580.
Deutschtümelei c 565 f., 595.
Deutz, Menahem c 556.
Deza, Generalinquisitor c 107, 197.
Dialektik, talmudische b 87.
Diaz, Andre c 202.
Diaz, Maria c 89.
Diego de Valencia c 2
Diez c 492, 520.
Diniz, König v. Portugal b 505.
Dio Cassius b 68.
Diodot Tryphon, Regent von Syrien 358 f., 371, 374, 376.
Diogenes, Sadduzäer 400 f., 408.
Diogo de la Asumção, Märtyrer c 316.
Diokletian, Kaiser b 130 ff.
Dion, Stadt der Dekapolis 416.
Dionysien (Fest) 302, 326.
Dionysos s. Bacchos.
Dioscorides, griech. Arzt b 300.
Disputation von Barcelona b 495 ff.
„ „ Paris b 488 f.
„ „ Tortosa c 18 f.
Dissidenten v. Polen c 302 ff.
Dohm, Christian Wilhelm c 486, 489, 494, 520.
Dok (Dagon), Festung 377.
Dominikaner b 456 f., 466 f., 469, 495 ff., 507, 517 ff.; c 28, 73, 90 f., 165, 185, 200, 244, 263.
Domitian b 2, 3, 46, 57 ff.
Donin, Nikolaus c 178.
Dönmäh s. Sabbatianer in Salonichi.
Dora, Stadt 376, 521.
Doria, Andreas c 245 ff.
Doris, erste Frau des Herodes 456 f.
Dormido, Martinez c 355
Dositheos 362 f.
Dositheos, Redner 423.
Dossa, Sohn Saadias b 292.
Drama, judäisch-griechisches 523.
Dreieinigkeitsdogma b 28; c 3, 493, 557.
Dreigottum, kabbalistisches (Trinität) c 399 ff.
Dresden, Juden in c 561.
Drusilla, Tochter d. Agrippa I., 522, 558.
Drusus, Sohn des Tiberius 506.
Dschebel Al-Araif 3.
„ Katarin 3.
„ Musa 3.
„ Serbal 3.
Duarte de Paz c 215, 217, 218.
Duarte de Pinol s. Usque Abraham.
Duarte Gomez s. Salomo Usque Pinol s. Abraham, Usque.
Dubno, Juden in c 342.
Dubno, Salomon c 484 ff.
Dudai, Schulhaupt b 246, 248.
Duhan, Jakob Israel c 405.
Duku (Hunu) b 301.
Dulder s. Anawitenkreis.
Dunasch Ben-Tamim b 277.
Dunasch Ibn - Labrat b 298, 303 ff.
Dunkelmänner, Briefe der c 179 ff.
Duns Scotus b 519; c 62.
Duport c 526 f.
Duran Profiat s. Profiat Duran.
Duran Salomon I. c 37, 129.
Duran Simon I. c 37.
Duran Simon II. c 128.

E.

Ebal, Berg 4, 10.
Ebed-Melech 211.
Eberard b 265, 267.
Eberhard von Cleve c 184.
Ebioniten 502, 552, b 26, 28, 30, 54.
Ecclesia magna, s. Versammlung, große.
Eck, Johann c 240 f.
Eden 286.
Edessa b 379.
Edles, Samuel c 338.
Edzardus Esdras c 387, 402.
Edmund, Ortschaft b 410.
Edom 83, 114 f., 117, 141, 194, 203, 208, 215, 223, 254 f., 382.
Edward I., König von England b 517 ff.
Efodi, s. Profiat Duran.
Eger, Akiba c 585.
Egica, König der Westgoten b 237.
Ehelosigkeit 392.
Egilbert, Bischof v. Trier b 350.
Ehegesetze der Juden 476; b 243, 249, 585. — von R. Gerschom b 317; c 4.
Ehescheidung 405, 476, 478; b 243.
Eibeschütz (Eibeschützer) Jonathan c 439, 443, 447 ff., 449, 456.
Eibeschütz, Wolf, s. Adlersthal, Baron.
Eides- und Schwurformeln der Juden b 264.
Eidesscheu 392.
Einfluß, griechischer 295, 302 f., 308 ff., 316 ff., 390 f.
Einfluß, persischer 284 f.
Eiromos s. Hirom.
Eisenmenger c 423 f.
Ekbatana 233, 288.
Ekdippa 431.
Ekron s. Akkaron.
Ela, König von Israel 91.
Elagabal b 106.
Eldad, der Danite b 301.
Eleasa, Schlacht bei 349.
Eleasar Bar-Padat, R. b 125.
Eleasar, Vater Jasons 348.
Eleasar, Vater des Jesua Sirach 312.
Eleasar, Bruder des Joasar 473.
Eleasar, Kriegsheld Davids 49.
Eleasar, Sohn Simon Ben-Jochaïs b 103 f.
Eleasar, Priester 421.
Eleasar, Greis 326, 555.
Eleasar Awran, Makkabäer 328, 344.
Eleasar Ben-Anania, Führer der Revolutionspartei in Jerusalem 573 bis 576, 577, 581, 584.
Eleasar Ben-Arach b 14.
Eleasar Ben-Asariah, R. b 42 ff., 58.
Eleasar Ben-Dinai 560, 563, 565.
Eleasar Ben-Jair, Führer der Sicarier 576, 596; b 5.
Eleasar, Sohn R. Josés b 90, 94.
Eleasar Ben-Poira 395.
Eleasar Ben-Simon, Zelotenführer 581 f., 596, 601, 602.
Eleasar Kalir, neuhebr. Dichter b 241.
Eleasar von Machärus b 4.
Eleasar aus Modin b 26, 72.
Eleonore, Gemahlin Ludwigs VII. b 379.
Eleonore, Mutter Edwards I. b 517.
Elesbaa, Negus v. Äthiopien b 210.
Eli 18, 21.
Eli, hohepriesterl. Haus 24, 38, 46, 51.
Elia, Prophet 96 bis 100, 102 ff., 106 f., 112, 121 f., 126, 164, 271 f., 350, 486, 495.
Elia Levita s. Levita.
Eljakim, Sohn Hilkias 157, 159.
Eljakim, Sohn Josias 186 f.
Eliam, Sohn Achitophels 56.
Eliano, Johann Baptista, Enkel Elia Levitas c 250.

Eliano Vittorio, Enkel Elia Levitas c 250, 263 ff.
Elias, Oberrabbiner der englisch-jüd. Gemeinden b 491 f.
Eljaschib, Sohn Jojakims, Hoherpriester 254.
Elieser Ben-Hyrkanos, R., der Jünger Jochanans b 11, 14, 17, 19, 22, 24, 31, 42, 44 ff.
Elihu 239.
Elionaï, Hoherpriester 526.
Elisa, Prophet 102 ff., 111 f., 122, 127, 164.
Elisa Ben-Abuja (Acher), Apostat b 36, 78 f., 86 f., 96.
Elisabeth von England c 313, 347.
Eljaschib, Hoherpriester 270, 272.
Elkana, Vater Samuels 20.
Elsaß, Juden in c 486, 488, 522 f., 526 f.
Elulaï, König von Phönizien 148.
Elymäer 528.
Elymais, Land 149, 191, 342.
Emanuel, griech. Kaiser b 413.
Emanuel de Benevent c 263.
Emanzipation der Juden c 523, 527, 535, 565, 633, 637.
Emden, Jakob c 451 ff., 456, 480, 497.
Emesa, Stadt 524, 558; b 106.
Emicho (Emmerich) von Leiningen, Führer der Kreuzzügler b 352.
Emmaus (Gimso) 336 f., 419, 429, 472; b 10, 67.
Emoriter 6.
En-Bonet Buen Giorn, David c 6.
Enden van den, Franz c 375.
Endor 39 f.
Engadi, Oase 9, 392.
Engel, Schriftsteller c 498, 513.
Engellehre und Namen 285, 393.
England, Juden in b 408 ff., 455 f., 485, 491 f., 517 ff.
Enoch s. Metatorôn.
En-Rogel 48, 69.
Ensheim, Mohr s. Metz, Mose.
„Entdecktes Judentum" von Eisenmenger c 424 f.
Entstellung des Bundeszeichens 317.
En-Vidal Efraim Gerundi, R. b 610.
En-Vidas Dafiera, Dichter b 477.
Epaone, Konzil von b 194.
Epaphroditos b 56, 58.
Ephesdamim 49.
Ephesier 454.
Ephesus, Juden in 307, 422 f., 453 f., 553, 555 f.; b 28.
Ephraim, Stamm 4 ff., 11, 13, 16, 18 f., 21, 61, 82 f., 85 ff., 132, 139, 145, 149 f., 275.
Ephraim, Gebirge 4, 10, 23, 29 f., 329, 401.
Ephraim der Samariter b 72.
Ephraimiten s. Ephraim, Stamm.
Ephraimtor 116.
Epikrates 384.
Epikur (Epikurismus) 302 f.
Epiphanes s. Antiochus Epiphanes.
Epiphanes s. Ptolemäus V.
Epiphanes, Sohn des Antiochus von Kommagene 522, 524, 558.
Erasmus v. Rotterdam c 156 f., 181.
Erbsünde 554.
Ercole d'Este I. c 140, 258.
Ercole II. c 238, 252.
„Erfüllung der Propheten" von Pierre Jurieu c 417.
Ergas, Joseph c 438.
Erlaßjahr s. Sabbatjahr.
Ermengarde, Fürstin b 401.
Erwig, König der Westgoten b 235 f.
Erzeugnisse Palästinas 199 f.
Erzväter 2.
Esaus Nachkommen 340, 382, 384.
Eschenloer, Stadtschreiber c 52.
Esdrelon, Ebene 5.
Eskeles, Isaschar Baruch c 448.

Esra 257 ff., 267 f., 290.
Esra aus Verona, Kabbalist b 570 f.
Essäer 387, 391 bis 394, 443, 450, 465, 485, 490, 493, 495, 497, 501 ff., 547; b 15, 33.
Essäerorden b 25.
Essener s. Essäer.
Esther (Hadassa) 335.
Esther, Buch 333, 334 f., 342, 479.
Esther Kiera c 290.
Estori Parchi, Verwandter Jakob Tibbons b 547.
Etam, Quelle 157, 296.
Ethbaal, Astartepriester 97.
Ethnarch von Judäa, Alexandrien und Damaskus 363, 416, 424 f., 445, 472 f., 528, 552.
Euchel, Isaak Abraham c 508, 515.
Euergetes s. Ptolemäus III.
Eugenius III., Papst b 379.
Eugenius IV., Papst c 44 f., 49, 61.
Euläus, Vormund 320.
Eumenes, König von Pergamum 315.
Euodios 511.
Euonymos aus Gadara b 87.
Eupator s. Antiochos V.
Euphrat, Euphratländer 54, 73, 78, 80, 83, 88, 129, 140, 162, 185, 191 f., 205, 226, 279, 295, 332, 407, 478, 527, 529 f., 570, 604; b 60, 112 f., 246.
Eupolemos, Sohn Jochanans 348.
Eusebius v. Cäsarea, Kirchenhistoriker b 138.
Eutropius, Günstling des Kaisers Arcadius b 159 f.
Evangelien 556; b 27, 30, 33, 35 ff., 70, 82; c 481.
Ewald, Heinrich c 632.
Ewil Merodach, Nebukadnezars Nachfolger 229.
Exilarchat b 59, 114 f., 225 ff., 246, 254, 261, 275, 277 ff., 285 f., 291 f.
Exilsfürst b 91, 114 f.
Ezechiel 189, 205 ff., 210, 214, 224, 227 f., 232 f., 287 f.
Ezechiel, Buch 283.
Ezekia, Häuptling 427 f., 471.
Ezekielos, Dichter 523.

F.

Fadak, Ort in Chaibar b 221.
Fagius Paulus c 191 f.
Fajum, Stadt in Oberägypten b 281.
Faliagi, Jakob c 405.
Falk, Josua Cohen s. Kohen.
Familianten c 449.
Famagusta, Stadt auf Cypern c 273 f.
Fano, Jakob di c 254.
Fare, la c 526.
Farchi, Familie c 612.
Farchi, Chajim Maalem c 534.
Farchi, Saul c 534.
Farissol, Abraham c 140, 194.
Farnese, Alex., Kardinal c 522.
Farag, Ibn Salomo, Leibarzt b 510.
Faro, Graf v. c 94.
Faßöffnungsfest 302.
Fasttage 231; b 23.
Felgenhauer, Paulus c 356.
Felix, Landpfleger 558, 562 ff.
Felix liberate, Verein c 530.
Feltre, Bernard v. c 71, 420.
Ferdinand I., König von Ungarn, Kaiser von Deutschland c 237, 264, 272, 274.
Ferdinand II., Kaiser c 329, 336 ff.
Ferdinand III. von Kastilien, der Heilige b 457.
Ferdinand IV., König von Spanien b 548 f.
Ferdinand I. von Neapel c 108 ff., 125.

Fernan, Martin b 603 f.
Fernand, König von Portugal b 604 f.
Fernando v. Aragonien c 11, 15, 17, 24 ff., 63, 86, 90, 98, 107.
Fernando Diaz de Toledo c 46.
Fernando von Braganza c 94, 96.
Ferran Martinez, Erzdekan von Sevilla b 608.
Ferrajo, Lucio c 612.
Ferrara, Juden in c 238, 281.
Ferrer s. Benveniste Vidal.
Fest der Tempelweihe (Chanukah) 339.
Fest der Erstlinge 519.
Festeszeiten 77, 89, 268, 391.
Festkalender b 120, 144 f., 249.
Festus, Landpfleger 566 f.
Fettmilch, Vincenz c 334 f.
Fichte c 535.
Fiorentino, Giovanni b 582.
Firme Fé s. Nuñes Henrique.
Fiscus judaicus b 5, 26, 37, 59.
Flaccus Norbanus 454.
Flaccus, Prätor von Kleinasien 418.
Flaccus, Statthalter von Syrien 506.
Fleckeles, Eleasar c 516.
Florus, Gessius, Landpfleger 568 f., 570 ff., 576.
Foligo, Annanel di, Täufling c 250.
Fonseca, Pinto Sara de, y Pimentel c 432.
Fontaine, Gräfin de c 487.
Fontanes c 544.
Fossano in Piemont, jüd. Gem. b 613.
Fould, Achille c 616.
Fränkel, David c 470.
Fränkel, Jonas c 639.
Fränkel, Säckel c 584.
Francesco della Rovere I. c 210.
Francis Mordochai c 283.
Francisco Maria v. Urbino c 308.
Franzisco de Santa Fé c 24.
Franzisco Gottfleisch c 4.
Franco Samuel c 138.
Frank, Jakob c 453 ff., 457 ff., „heiliger Herr" 454.
Frank, Eva c 461.
Franken b 192, 199.
Frankenberg, Abraham v., c 350.
Frankel, Ludwig August c 617.
Frankel, Zacharias c 628.
Frankfurt a. Main, jüdische Gemeinde b 579; c 74, 333, 345, 372, 538, 540, 558, 563, 565, 624.
Frankisten c 455, 517.
Fränkisches Reich, Juden im b 262 ff.
Frankreich, Juden in 530; b 192 ff., 262 ff., 315 f., 342 ff., 375 ff., 399 ff., 456 f., 459 ff., 484 f., 486 ff., 549 ff., 583 f.
Franz I., König von Frankreich c 190, 255.
Franz I. von Österreich c 542, 561.
Freischule, jüdische (in Berlin) c 514.
Freiwilligenscharen, jüdische c 567.
Frenks c 461.
Fresco, Mose c 621.
Friedländer, David c 507 ff., 512 f., 517, 556, 576.
Friedländer, Familie 503, 517.
Friedländerianer c 587.
Friedrich Barbarossa b 412.
Friedrich I., der Streitbare, Erzherzog von Österreich b 483 f.
Friedrich der Schöne b 559.
Friedrich II., deutscher Kaiser b 456, 482 f.
Friedrich III. c 43, 70, 74 ff., 124, 152.
Friedrich V. v. d. Pfalz c 321, 335.
Friedrich I. von Preußen c 425 f.
Friedrich II., der Große c 448, 462, 470, 493.
Friedrich I. von Dänemark c 452.
Friedrich Wilhelm, der Große Kurfürst c 345, 411 f.
Friedrich Wilhelm II. c 513, 536.

Friedrich Wilhelm III. c 498, 560, 583.
Friedrich Franz von Mecklenburg c 560.
Fries, Friedrich c 569.
Frohbach, Astronom c 295.
Fronto b 1.
Führer der Irrenden s. Maimuni.
Fuente, Juan de la c 197.
Fueros, span. Gewohnheitsrechte b 337.
Fulko von Neuilly, Prediger zum 3. Kreuzzug b 407.
Fullana, Nicolas de Oliver y c 386.
Fulvia, Proselytin 482.
Fünfbuch s. Pentateuch.
Fürst, Julius c 622.
Furtado, Abraham c 521, 528, 546, 554.

G.

Gabalene, Landschaft 382; b 133.
Gabaot, Stadt 578 f.
Gabara, Stadt 587, 589.
Gabbata, galileische Festung 409.
Gabinius, Aulus 419 f.
Gabriel, Engel des Sieges 285.
Gad, Stamm 6, 12, 19, 25, 114.
Gad, Prophet 38, 47, 59 f.
Gadara 416, 445, 564.
Gadi, Vater Menahems 127.
Gaffareli, Jakob c 368.
Galaditis (Gaulanitis) s. Gilead.
Galaico, Elisa c 282.
Galaigo, Joseph Chajim c 496.
Galatien 553.
Galatino c 195, 263.
Galba, Kaiser 600 f.
Galaistes 409.
Galiläa 75, 340 f., 349, 359, 419, 427, 432, 467, 471 f., 496 f., 500, 508, 517, 520, 562, 582 f., 585 ff.; b 10.
Galiläer, Juda der s. Juda.
Galiläer, Parteiname der Zeloten 476.
Galiläer 471 f., 489, 563, 582 f., 585 ff., 599.
Galilei c 370.
Galipapa, Chajim b 600.
Galeazzo Sforza c 66, 72.
Gallien 473.
Gallien, Juden in b 192 ff.
Gallienos, röm. Kaiser b 122.
Gallus, Cäsar unter Constantius b 143.
Gamala, Stadt 471, 582 f., 592 f.
Gamaliel I. 520, 523, 526, 564, 581.
Gamaliel von Jabneh, Enkel Gamaliels I. b 17 ff., 37 f., 41 ff., 58.
Gamaliel III., Patriarch, Sohn d. R. Juda b 104.
Gamaliel IV., Nachfolger Judas II. als Patriarch b 124.
Gamaliel V., R., Patriarch, Nachfolger Hillels II. b 157 f.
Gamaliel VI., R., letzter Patriarch b 157, 161.
Ganja, Führer der Haidamaks c 341.
Gans, David c 296.
Gans, Eduard c 590.
„Gaon", Titel des Schulhauptes b 226, 275.
Gaonat b 226 ff., 248, 275 ff. 292 f., 308 ff.
Garcilaso c 122.
Garibaldi c 635.
Garizim, Berg 4, 10, 145, 274 f., 369, 382, 387, 504, 591; b 75.
Gaspard, Juglar c 86.
Gath-Chepher, Stadt 116.
Gath, Hauptstadt der Philister 49 f.
Gaucelin de, Herren von Lunel b 403.
Gaulanitis s. Gilead.
Gaza 13, 25, 54, 291, 293, 299, 411, 521; b 74.

Gazara, Stadt 348, 372 f., 374, 376 f., 379 f., 419.
Geba, Stadt 29, 199.
Gebete 232, 281, 392 f.; c 623.
Gebet, Richtung beim 232.
Gebetordnung 283 f.
Gedalja 198, 212, 216 ff., 222, 231.
Gedenktage (Halbfeiertage) 231, 339, 348, 384, 404, 405, 517, 574; b 23, 64, 84.
Geenna (Hölle) 48, 286.
Geheimlehre 392 f.; b 173 f., 469 ff.
Ge-Hinnom (Ben-Hinnom, Geenna), Tal, Stätte für Kinderopfer 48, 143 f., 166, 183, 188, 286.
Geiger, Abraham c 606 f.
G'elal Addaulah, d. Bujide b 321.
Gemeindeverfassung b 231 f.
Gemellus 449.
Gemara f. Talmud.
Genezarethsee 483.
Gentz, Friedrich von c 513, 518, 565.
Genua, Juden in c 245.
Georg, Bischof von Speyer c 173.
Georg, Fürst von Hessen c 423.
Georg II. von England c 463.
Gericht, jüngstes 286.
Gerichtswesen 179, 277 f.
Gerlach, Erzbischof von Mainz b 582.
Germanus, Mose f. Speet.
Gerona in Katalonien, jüd. Gem. in b 399, 477, 610.
Geronimo de Santa Fé f. Lorqui.
Gerschom, R., b 317 f., 346.
Gerson Levi c 97.
Gersonides, Schriftstellername des Levi Ben-Gerson b 569 ff.
Geschichte, jüdische behandelt von Basnage c 427; behandelt von Jost c 594.
Gerusiarch 528.
Geschichtsbücher, biblische 164, 230.
Geschichtserzählung 164, 387; b 7, 56 f., 309, 388 f.
Geschichtsstil, hebräischer c 247.
Geschlecht, weibliches 200 f.
Geschur 58.
„Gesellschaft der Freunde" c 516.
„Gesetz" des Judentums f. Judentum.
Gesetze, sopherische 278, 388 f.
Gesetzbuch, mosaisches 110 f., 256 f., 272, 276, 278 f., 320.
Gesetzesrolle, Musterexemplar b 3, 253.
Geusen c 274.
Geusius, Jakob c 420.
Ghatafan, arab. Stamm b 219.
Ghetto c 141.
Ghinucci, Geronimo de c 212, 217, 220.
Ghirondi c 602.
Gibea 27, 32; f. Gibeath-Saul.
Gibeath-Saul 40, 53.
Gibeon 51, 66, 71, 220.
Gibeoniten 3, 5, 34, 53, 226, 258 f.
Gicatilla, Joseph c 184.
Gideon 17.
Gihon 48, 69, 157.
Gilboa, Gebirge 9, 39 f., 42 f.
Gilead (Galaditis, Gaulanitis) 12 f., 64, 96, 139, 340, 400, 471.
Gileadgebirge 13, 145.
Gileaditen 30.
Gileaditische Stämme 18.
Gilgal 7, 29, 31, 32 f., 65, 121, 146.
Gilo, Stadt 52, 63.
Ginat 91.
Gischala 582; f. Johannes Ben-Levi.
Giulio, Kardinal c 203.
Giza b 176.
Glaphyra 456, 473.
Glaubensartikel des Judentums b 425 f.
Gleichstellung, bürgerrechtliche der Judäer in Ägypten und Kyrene 294, 361.

Gleichstellung in Antiochien und dem Seleucidenreich 294.
Gleichstellung in Kleinasien 307.
Gleichstellung in Rom 417 f.
Gnesen, jüd. Gemeinde b 347.
Gnosis, Gnostiker 15, 33 ff., 36.
Gnostische Schriften b 35.
Godard, Advokat c 526.
Goethe c 476, 511, 519, 535.
Göze, Pastor c 481.
Goldberg, Samuel Löb c 601.
Goldene Bulle b 582.
Goldschmidt c 524.
" , Gebrüder 614.
Golgatha 499.
Goliath 35 f.
Gomez Ant. Enriquez s. Enriquez de Paz.
Gonsalvo de Cordova c 126, 314.
Gonzaga, Hercole c 140.
Gonzaga, Ludovico c 66.
Gonzaga, Vicenzo c 310.
Gonzalo de Cartagena c 24.
Gonzalo Martinez de Oviedo b 564 ff.
Gophna 429.
Gorgias 335 f., 341.
Gosen 1, 364.
Goten b 156.
Gottesbegriff 90, 110 f., 137, 173, 176, 243, 284 f., 318, 493, 498, 532, 536, 540 f., 553.
Gottesdienst im Tempel 76 f., 284.
Gottesdienst in Synagogen 281 ff.
" geregelt c 590.
Gottesname 393, 559; b 71.
Gottessohn 495, 498, 537, 553; b 28.
Gottfried, Bischof von Würzburg c 50.
Gottfried von Bouillon b 355.
Gottschalk, Priester, Führer der Kreuzfahrer b 348.
Gozan, Fluß 149.
Gradis c 465.
„Greuel der Verwüstung“ 325; b 82.
Grammatik, hebräische b 252 ff., 282, 293 f., 305, 312 f., 326 ff.; c 158.
Grapte, Fürstin 547, 595.
Gras, Avernes de, s. Suasso, Isaak.
Grattenauer c 539.
Gratus, Herodes' Hauptmann 470.
Gratus, Valerius, Landpfleger 481 ff.
Grégoire c 521.
Gregor I., der Große, Papst b 191, 200, 343.
Gregor VII., Papst b 338.
Gregor IX., Papst b 456 f., 460, 466, 481, 483, 486 f.; c 178.
Gregor X., Papst b 514.
Gregor XIII., Papst c 305 f., 423.
Gregor, Bischof von Tours b 195.
Griechen 290 ff., 322, 349, 352, 381, 384, 397, 401, 416, 426, 448 f., 453, 508 ff., 521, 525, 529, 537 ff., 541, 543 f., 553, 556, 565, 571, 576 f., 581.
Griechenland 307, 530 f., 588, 592.
Griechlinge s. Hellenisten.
Grimani, Domenico, Doge c 139, 176, 291.
Gritti, Andreas c 140.
Gröningen, Martin von c 178.
Großphrygien 426.
Grotius, Hugo c 349.
Grund, Christian c 536.
Gruphina 564.
Gueber s. Ghebre.
Gütergemeinschaft 392, 490, 502, 548; b 28.
Günzburg, Prediger c 583.
Gumperts, Elia c 412.

H.

Habakuk, Prophet 189, 193.
Habus, granad. König b 323, 360.
Hadad, Idumäer 83.

Hadadeser 83.
Hadassa s. Esther.
Hadrian, Kaiser b 63 ff., 83.
Hadrians Dekrete b 75 bis 78.
Hadrianische Verfolgung b 76 f.
Hadrian, Papst b 263.
Hagiographen 480.
Haï Ben-David b 278.
Hai, Gaon R., von Pumbadita b 308, 310, 317, 321, 326.
Haidamaks c 341 ff.
Hakim, ägyptischer Kalif b 319 f.
Ha-Koz (Akkos), priesterl. Familie 348.
Halacha b 14, 49, 51.
Halbjuden c 302.
Halevy, Fromental, Komponist c 636.
Halle, Aron c 509, 516.
Haltern, Joseph c 509.
Haman 335.
Hamann, „Magus des Nordens" c 508.
Hamath, Stadt 120, 129.
Hamburg, Bank von, ihre jüd. Mitbegründer c 328.
Hamburg, Juden in c 326, 345, 371, 398, 572.
Hamon, Joseph c 136.
Hamon, Isaak c 98 ff.
Hamon, Mose c 136, 244, 258.
Hamnuna b 98.
Handelsgesellschaft Salomos 79, 88.
Handspiegel c 165.
Haphtara s. Vorlesung aus den Propheten.
Hardenberg c 560, 665 f.
Harfensee (Kinneret, Tiberiassee) 8.
Har-Garizim s. Garizim.
Hariri, Dichter b 360.
Harith Ibn-Abu-Schammir b 211 ff.
Harith Ibn-Amru b 209.
Harlem c 326.
Harrach, Graf c 512.
Harrison, Thomas c 355.
Harun Arraschid, Kalif b 257, 264.
Hasmonäer (Makkabäer) 328 bis 350, 351 bis 360, 370 bis 386, 394 ff., 396 bis 403, 408 f., 410 bis 416, 419, 421, 422, 424 bis 434, 436 bis 439, 440, 446 f., 456, 506.
Hauran s. Auranitis.
Haus des Libanonwaldes 77, 157.
Haym aus Landshut c 31.
Hébert c 529.
Hebräerbrief b 39.
Hebräische Dichtkunst b 303 f., 325 f. 328 ff., 359 ff.
Hebräische Grammatik s. Grammatik.
Hebräische Sprache s. Sprache.
Hebron 10, 23, 42, 44 f., 60, 254.
Hegas, arab. Landschaft b 204.
Hegel c 605.
Hegira (Flucht Mohammeds) b 214.
Heidelberg, Juden in c 572.
Heidenchristen 555 ff.; b 27 ff.
Heidenheim, Wolf c 509.
Heidentum 535 f.
Heilige Schrift s. Bibel und Bibeltext.
Heilperin, Jechiel c 431.
Heine, Heinrich c 575, 591, 632.
Heinrich II., deutscher Kaiser b 318 f.
Heinrich II., König von Frankreich c 257, 272, 332, 468.
Heinrich II. von England b 408.
Heinrich III., König von Kastilien b 608; c 4, 11.
Heinrich III., engl. König b 455, 485, 491.
Heinrich VIII. v. England c 235.
Heinrich IV., deutscher Kaiser b 338, 348, 354 f.
Heinrich IV., König v. Kastilien c 60, 63, 78.
Heinrich de Trastamara b 586, 591 ff., 595 ff.
Heinrich, Herzog von Bayern und der Pfalz b 573.

Heinrich, Erzbischof v. Mainz b 381.
Heinrich, Bischof v. Regensburg c 75 ff.
Heinrich v. Anjou, König v. Polen c 276 ff.
Heinrich Julius v. Braunschweig c 305.
Heiraten der Juden beschränkt c 561.
Helena, Mutter Constantins b 139.
Helene, Königin v. Adiabene 544 ff., 550.
Heliodor, Mörder des Seleukos 315.
Heliodor, Schatzmeister 311.
Helfenstein, Graf von c 175.
Heliopolis 364 f.
Helkia, Sohn Onias IV. 383 f., 399.
Hell c 487.
Hellenisten 308 ff., 316 f., 321 f., 324, 327, 332, 339, 342 f., 345, 346 f., 351 ff., 355, 357, 359, 372 f., 537 f., 548.
Hellenistische Literatur 368.
Heman, Psalmdichter 24.
Hengstenberg c 632.
Hennigs c 485.
Henrique, Bischof von Ceuta c 209.
Henriquez, Federique c 64.
Henriquez, Johanna c 64.
„Hepp-Hepp“ c 572 f., 579, 587, 590, 634.
Heraklius, oström. Kaiser b 185, 187 f.
Hermann III., Erzbischof von Cöln b 353.
Hermann, Führer von Kreuzzüglern b 352.
Hermann v. Busch c 171, 175.
Herera, Alonso (Abraham) de c 314, 363.
Hermon 8 f., 10, 12, 67, 142, 306, 397, 495.
Herodes I. 427 bis 434, 435 bis 440, 443, 444 bis 453, 454, 455 bis 460, 465 ff., 471 ff., 484, 505 f., 521, 559; b 4.
Herodes II., Bruder Agrippas I. 517 f., 522, 524, 526.
Herodes, Sohn Herodes' I. 459, 505.
Herodes Antipas 459, 467 f., 482 f., 488, 496, 505, 507 f.
Herodias 488, 505, 507 f.
Herodium, Festung 448, 466; b 4.
Heron 331.
Herschel, Salomon c 618.
Herz, Henriette c 510, 512, 518 f., 539.
Herz, Marcus c 493, 510, 512.
Hesbon, Stadt 310, 316.
Heß, Isaak c 471.
Hesychius, Konsular b 158.
Hieronymus, Kirchenvater b 163 f.; c 243.
Hilarius, Bischof von Arles b 193.
Hilkija, Hoherpriester 172, 175, 182 f., 257.
Hillel I., Präsident des Synhedrions 440 bis 443, 444, 450, 474 f., 520, 542, 544.
Hillel, Sohn Gamaliels b 106.
Hillel II., Patriarch, Sohn des Patriarchen Juda III. b 136, 144 f., 153.
Hillels Schule 444, 475, 479 f., 486, 488 f., 491, 497, 573 f., 581; b 17 ff., 32, 161.
Hillel aus Verona b 510 f.
Himmelreich 393 f., 487 ff., 551 f.; b 27.
Hinderbach, Bischof von Trient c 76.
Hinkemar, Bischof von Rheims b 271.
Hinnom, Tal s. Ge-Hinnom.
Hiob, Buch 237 bis 240, 305, 388, 479; b 111.
Hippikos, Turm 609.
Hippos, Stadt 416, 445.
Hiram 50, 73 ff., 79.
Hirom (Eiromos) 234.
Hirsch, Samson Raphael c 606 f.
Hirschel, Lewin, Oberrabbiner c 479, 497.
Hischam, Kalif b 314.

Hiskija, König 148, 151 bis 155, 156, 158, 159 bis 164, 165, 167.
Hiskija, Exilarch und Gaon b 321.
Hochstraten c 150, 160, 162, 168, 179, 183, 243.
Hodges, engl. Generalkonsul c 617.
Hodki, Führer der Heidamaks c 342.
Höhenkultus 165 f., 178, 183 f.
Hofra (Apries), König von Ägypt. 208 f., 215, 221, 223 f.
Hohelied 304; b 43.
Hohepriestertum 77, 113, 128, 294, 313 f., 318 ff., 354, 385, 414, 436, 449 f., 504, 559, 567 f.
Holdheim, Samuel c 625.
Holland, Juden in c 530 f.
Holmes, Nathanael, engl. Prediger c 352.
Holzfest 406, 575.
Homel c 342.
Homem, Gaspar Lopes c 313.
Honorius, weström. Kaiser b 160.
Honorius III., Papst b 455.
Honorius IV., Papst b 519.
Horeb (Sinaï) 3, 99, 102.
Hormisdas (Hormuz) IV. b 179.
Hosea, Prophet 125 ff.
Hosea II., Prophet 133, 146 f.
Hosea, König 142, 144, 147 ff.
Hosiander c 239.
Hosius, Bischof v. Corduba b 138.
Hostienschändung, Beschuldigung wegen c 12, 28, 51, 161, 612.
Hubmaier, Balthasar c 182, 236.
Huesca in Spanien, jüd. Gem. b 464.
Hüttenfest 268, 405.
Hugo Capet, franz. König b 316.
Hugo, Kaplan der Grafen von Toulouse b 273.
Hujej, Ibn Achtab, Führer in Jathrib b 218.
Hulagu, Fürst der Mongolen b 500.
Hulda, Prophetin 183.
Humanisten c 174, 183, 185.
Humboldt, Alexander v. c 513.
Humboldt, Wilhelm v. c 513, 565.
Huna, Exilarch b 97.
Huna, Schulhaupt b 125 ff., 144.
Huna-Bar-Nathan b 167.
Hunaï, Gaon b 243.
Huna-Mari, Exilarch b 170, 175.
Hungersnot 53, 98, 210, 449, 546.
Hunu (Duku), slavischer Fürst b 301.
Hurwitz, Jesaia c 363.
Huß, Johann c 27.
Hussiten c 29 ff., 43, 177.
Hutten, Ulrich von c 171, 175, 181, 185, 249.
Hypatia b 162.
Hyrkan I. s. Jochanan (Johann Hyrkan).
Hyrkan II. 403, 409, 410 f., 414, 416, 422, 424 ff., 429, 431, 436 f., 440.
Hyrkanos, Sohn Josephs des Steuerpächters 303, 305, 310 f., 316.
Hyrkanier 376.
Hyrkanion, Festung 402, 408, 419, 439, 450.

J.

Ibn-Abbas, Minister Zohairs b 325.
Ibn-Abi Osaibija, arab. Arzt und Schriftsteller b 445.
Ibn-Alaman aus Alexandrien b 373.
Ibn-Alfara, arab. Dichter b 335.
Ibn-Algami, Leibarzt b 418.
Ibn-Altaras, Karäer b 342.
Ibn-Bekanna, Statthalter von Malaga b 325.
Ibn-Daud, jüd. Geschlecht in Spanien (Abraham Ibn-D.) b 198, 387 f.

Ibn-Daudi, die Söhne Hiskijas, des letzten Exilarchen in Spanien b 322.
Ibn-Esra, vornehme span.-jüdische Familie b 298, 311, 360 (vier Brüder), 363, 389 ff.; c 162, 192.
Ibn-Faljag b 311.
Ibn-Farussal b 357.
Ibn-Furat, Wesir des Kalifen Almuktadir b 279.
Ibn-G'anach b 320, 327 f.
Ibn-G'ebirol, Dichter b 320, 328 ff., 361, 363.
Ibn-Giat, angesehene span.-jüd. Familie b 311, 341.
Ibn-Jachja, Dichter c 278.
Ibn-Jachja, Gedalja, Geschichtsschreiber c 269.
Ibn-Jaisch, angesehener Jude am Hof Alfonsos XI. b 565.
Ibn-Kamnial b 357, 361.
Ibn-Migasch, Name einer angesehenen span.-jüd. Familie b 311, 363.
Ibn-Pakuda, der Philosoph b 332.
Ibn-Rumahis, moham. Admiral b 295 f.
Ibn-Schalbib b 339 f.
Ibn-Schaprut, Chasdaï b 298 ff.; c 93.
Ibn-Schoschan b 397.
Ibn-Verga s. Joseph, Juda, Salomo.
Idumäa 104, 215, 411, 506, 581, 596.
Idumäer 14, 80, 88, 115, 117, 120, 124, 141, 212, 215, 222, 254 f., 300, 308, 340, 381 f., 384, 411, 427, 436, 449, 459, 471, 596, 598 f., 602, 609.
Ifra-Ormuzd, Mutter des Sassanidenkönigs Schabur II. b 146, 151.
Ihwh, Gottesname 55, 93, 95 f., 99, 101 f., 104, 108, 111, 134, 146, 153, 172 f., 76 f., 187 f., 194, 223, 247, 393, 559.
Ihwh-Zebaoth 55.
Illiberis (Elwira), Stadt in Spanien, Kirchenversammlung b 198.
Illyrien 553.
Immanuel Ben-Salomo Romi in Rom b 555 ff.; c 67.
Imrulkais, der Kendite, arab. Dichter b 212.
Indien (Juden daselbst) 79; b 170, 415.
Indien (Ophir) 79, 88, 120, 292.
Indus 79, 292, 294.
Innocenz II., Papst b 393.
Innocenz III., Papst b 405, 407, 445 ff., 481; c 249.
Innocenz IV., Papst b 490, 494.
Innocenz VII., Papst c 100 ff.
Innocenz XI., Papst c 416.
Inquisition c 197 f., 216, 300; in Frankreich b 466 f.; in Rom 223, 253; in Portugal c 212, 216, 219, 311, 413, in Spanien c 83 ff., 197 ff.; im Kirchenstaate c 268, 566.
Ipsous 294.
Isaak, Erzvater 2, 60, 99.
Isaak, R. b 91.
Isaak, Vater Ibn-Schapruts b 298, 304.
Isaak, Mitglied der Gesandtschaft Karls des Großen an Harun Alraschid b 264.
Isaak von Akko, Kabbalist b 532.
Isaak Albalia, Astronom b 341.
Isaak Alfassi, Talmudforscher b 341, 356.
Isaak, Sohn Abrahams Ibn-Esra b 390.
Isaak, der Blinde, Kabbalist b 470.
Isaak (Ben-Abraham) Allatif, Kabbalist b 524.
Isaak Ben-Ascher Halevi aus Speier, Toßafist b 377.
Isaak Ben-Eljakim von Würzburg b 382.

Isaak Ben-Jehuda b 343.
Isaak Ben-Joseph Israeli II. aus Toledo, gelehrter Astronom b 548.
Isaak Ben-Leon b 324.
Isaak Ben-Mardochai, päpstlicher Leibarzt b 510.
Isaak Ben-Mose c 7.
Isaak Ben-Scheschet Barfat b 599 ff.
Isaak Ben-Suleiman Israeli, Rabbanit, jüd. Arzt und Sprachforscher b 276 f., 279.
Isaak Halevi in Worms b 343.
Isaak Ibn-Esra b 360.
Isaak Ibn-Giat b 341.
Isaak Ibn-Gikatillia b 306, 312.
Isaak Ibn-Sahula, Fabeldichter b 480.
Isaak Nathan Ben-Kalonymos c 34.
Isaak Pulgar b 564, 568.
Isaak aus Salzufeln c 326.
Isaak Sangari b 256.
Isaak, Enkel Raschis, Toßafist b 377.
Isabeau, Gemahlin des Grafen Theobald von Chartres b 395.
Isabella, die Katholische c 63, 78, 86, 98, 102, 107 ff.
Isabella II. c 117, 118, 120.
Isai, Vater Davids 35.
Isar, Jünger Beers c 503.
Isaschar, Stamm 5.
Isawiten oder Isfahaner b 246.
Isch-Boschet 43 ff.
Isebel, Ahabs Frau 93 f., 97 ff., 104 ff., 110 f., 121, 126, 166, 168.
Isfahaner s. Isawiten.
Isidor, Erzbischof v. Sevilla 201 f.
Isidorus, Geschichtsschreiber 510, 515.
Isis 2.
Islam b 213 f., 222.
Ismael Ben-Elisa b 31, 51, 76.
Ismael, Sohn R. Josés b 104.
Ismael, Sohn Nethanjas 214, 219 f., 222.
Ismael, Stammvater der Nordaraber b 207.
Ismaeliten, d. Nordaraber b 208.
Ismael aus Akbara, Gründer der „Akbariten" b 262.
Ispahan, Juden in b 169.
Israel, Land 8 ff.; b 112.
Israel, Name Jakobs 2.
Israel, Zehnstämmereich 43 f., 46, 61, 66, 82, 85 bis 87, 88 bis 108, 112, 114, 115 f., 117, 119, 120 bis 124, 125 ff., 128 ff., 132, 138, 139 bis 142, 144 bis 150, 155 f., 245, 400.
Israels Beruf 176 f., 241 f., 485, 536 f., 540.
Israel Baal-Schem s. Beer, Dob.
d'Israeli, Benjamin c 632.
Israel, junges c 591.
Israeliten 1 f.
Israel Daniel Lopez, Lagura s. d.
Israel aus Enns c 28 f.
Isserlein, Israel c 58.
Isserles, Mose c 234, 280, 294, 296, 363.
Isßor, Proselyt aus Machuza b 149.
Itabyrium s. Thabor.
Italien, Juden in 482, 504, 529; b 188 ff., 412 f., 553 ff., s. a. Judäer in Rom.
Italien, Neu- c 635.
Ithaï 59, 61, 64.
Ithobal, Priester der Astarte 92.
Ithobal II., König v. Phönizien 194, 196, 203.
Ituräer 397, 440.
Itzig, Daniel c 507, 514.
Iwan IV., der Grausame c 275, 292.
Izates, Sohn Monobaz 544 f.
Izebel s. Isebel.

J.

Jaabez, Joseph c 98, 194.
Jabesch-Gilead 41, 341.
Jabin, kanaanit. König 5.

Jachja Ibn-Mandhir, König im nördl. Spanien b 329.
Jachin, Säule 75.
Jachini, Abraham c 390.
Jacobaccio c 220.
Jacobo de Evora c 278.
Jacobsohn, Israel c 538, 556, 576, 582, 586.
Jacubiten c 463 (Anm.).
Jaddua, Hoherpriester 291.
Jäger, Johann s. Crotus Rubianus.
Jaëser s. Jazar.
Jafa, Mardochaï c 300.
Jaïr 17.
Jakim 345, s. Alkimos.
Jakob, Erzvater 2.
Jakob, Bruder Jesu 489, 502, 549 f., 556.
Jakob I. (Jayme) König von Aragonien b 495, 498 f.
Jakob, Sohn Judas des Galiläers 527.
Jakob Bar-Sosa, Führer der Idumäer 598, 602.
Jakob Alfajumi aus Jemen b 427.
Jakob Almanssur, Almohadenfürst b 398, 453.
Jakob Anatoli b 482.
Jakob a Paskate, der angebliche Brunnenvergifter b 574.
Jakob von Belzyce c 302 f.
Jakob Ben-Ascher b 567 f.; c 232.
Jakob Ben-David aus Worms b 343.
Jakob Ben-Jakar, R., in Mainz b 343.
Jakob, Ben-Machir Tibbon aus Montpellier b 537 f., 543.
Jakob Ben-Meschullam aus Lunel b 403.
Jakob Ben-Nissim (Ibn-Schahin) b 309.
Jakob Ben-Samuel, Jünger Saadias b 294.
Jakob Ben-Scheschet Gerundi, R. aus Gerona, Kabbalist b 476.
Jakob Ibn-Gau b 314 f.
Jakobiten, christl. Sekte b 177.
Jakob Tam, R. b 376 f., 383.
Jakob aus Orleans, R., Tossafist in London b 408 f.
Jakob (Taws) c 136.
Jakobus, Sohn Zebedaïs, Apostel 492, 495.
Jakoby, Joël c 609, 636.
Jalta, Gemahlin d. R. Nachmani b 130.
Jamaika, Juden in c 432.
Jammerthal (Emek-ha-Bacha) v. Joseph Kohen c 268.
Jamnia (Jabneh) 341, 467, 473, 595.
Jamnia, Lehrhaus in b 11 ff.
Jan Kasimir, König von Polen c 343.
Jannaï, Alexander I. s. Alexander I. Jannaï
Jannaï, R. b 108 f., 124.
Jannaï, hebräischer Dichter b 241.
Japha 590.
Japho, Hafenstadt 74, s. Joppe.
Jaroslaw, Synode von c 299.
Jason s. Jesua, Hoherpriester.
Jason, Sohn Eleasars 348.
Jason, Vater des Antipater 374.
Jathrib (Medina) b 7, 203, 206, 208, 211 f., 416.
Jebus (Jerusalem) 47 f.
Jebusiter 6, 13, 23, 47, 51, 59 f., 74.
Jecheskel s. Ezechiel.
Jechiel Ben-Abraham (dei Mansi) b 412.
Jechiel (Vivo) v. Paris b 488 f.
Jechiel aus Pisa c 66, 72, 109.
Jechonja, König s. Jojachin.
Jeduthun, psalmistischer Tonkünstler 24.
Jehoachas (Joachas) (Schallum) König 186 f.
Jehoasch (Joasch), König von Israel 115.
Jehoram, Sohn Josaphats, König

von Jehuda 101, 105, 106, 109, 114.
Jehu, König v. Israel 105 ff., 112, 114, 115.
Jehuda (Juda), Gebirge 10, 23, 336 f., 360.
Jehuda (Juda), Land 198 ff., 213.
Jehuda (Juda), Stamm und Reich 6, 13, 23, 32, 39, 42, 46, 48, 60, 61, 65 f., 81, 86 bis 88, 90 f., 94, 99, 101, 104 f., 106, 108 bis 111, 112 f., 114 ff., 116 bis 120, 124 f., 128 f., 131 ff., 138, 139 bis 144, 151 bis 186, 186 bis 190, 191 bis 205, 207 bis 221, 222, 225, 247, 254.
Jehuda Alcharisi s. Charisi.
Jehuda Ascheri b 568.
Jehuda Ben-Ascher II., Urenkel Ascheris b 609.
Jehuda Ben-David, R. aus Melun 488.
Jehuda Ben-Joseph Ibn-Alfachar aus Toledo b 464, 466.
Jehuda Ben-Sabbatai, satir. Romandichter aus Barcelona b 479.
Jehuda (Ben-Isaak) Ibn-Wakar b 549.
Jehuda Ben-Mose Kohen, Leibarzt b 493.
Jehuda Ben-Nathan, Toßafist b 377.
Jehuda Ben-Salomo Kohen Ibn-Malka aus Toledo b 482.
Jehuda Ben-Saul Ibn-Tibbon aus Lunel b 403.
Jehuda Ben-Schamua b 84.
Jehuda Ben-Samuel Halevi b 357 f., 362 f.
Jehudäer s. Judäer.
Jehudai, Schulhaupt b 246 f.
Jehuda Ibn-Balam, jüd.-span. Gelehrter b 341.
Jehuda Ibn-Daud b 306, 312.
Jehuda, Sohn Davids Ben-Sakkai Exilarch b 291.
Jehuda Ibn-Esra, Günstling Alfonso Raimundez' b 386 f.
Jehuda Ibn-Esra (Abul-Hassan) b 360.
Jehuiten, Nachkommen Jehus 116, 127.
Jekutiel Alhassan, der Beschützer Ibn-G'ebirols b 329.
Jelek c 460.
Jemen b 205, 416, 427.
Jephet Ibn-Ali-Halevi, karäischer Schriftsteller b 294.
Jephtah, Richter 17, 25.
Jeremija, Buch 283.
Jeremija, Prophet 173 ff., 183, 184 f., 186, 189 f., 191 f., 193 ff., 197, 198, 201, 203 f., 206, 208 f., 210 f., 213, 217, 220, 221, 223 f., 232, 233, 479, 534.
Jericho 7, 62, 122, 354, 377, 438, 445, 471, 496.
Jerobeam I. 82, 85 bis 87, 88 bis 91, 93, 169, 184.
Jerobeam II. 116, 117, 118, 120 ff., 124, 126 f., 138, 146.
Jerusalem 10, 48 f., 50 f., 59 f., 61 ff., 66, 68, 71, 73 ff., 82, 86, 88, 104, 108 ff., 116, 118, 120, 124 f., 128, 131, 133, 140, 143, 150 f., 153 f., 157 f., 159 f., 161 f., 166, 168, 170, 171 f., 174, 183 f., 185 f., 187, 192, 194 ff., 197, 200 f., 202 f., 204 f., 208 bis 212, 213, 231, 246 f., 249 ff., 252, 255, 257 f., 260, 261 ff., 266 f., 269 f., 272, 273, 276, 280, 283, 289, 291, 294, 296, 297 f., 302 f., 305, 306 f., 308 f., 311, 316 ff., 321 f., 323 ff., 338 f., 340, 341, 342 f., 344, 346, 348, 355, 358, 369, 372 f., 375, 377,

379 f., 398, 400, 402, 407, 410, 411 f., 413, 415 f., 419, 421 f., 424, 427, 428, 430, 431, 434, 450 ff., 458, 478, 484, 496 f., 504, 507, 516, 519, 523 f., 526, 528, 545 f., 549, 552, 556 f., 559, 562 f., 566, 570 ff., 578, 580, 582, 593, 594 bis 609; b 154 f., 185 ff., 224 f., 374 f., 451, 500; c 391 ff.
Jerusalem, Mendelssohns Schrift c 494.
Jerusalem, Mose Montefiores Wappen c 622.
Jerusalemischer Talmud b 165.
Jesaia, Prophet 133 bis 138, 141, 150, 155 f., 157 f., 160 f., 163, 167 f., 363, 500.
Jesaia, babylonischer (Deutero-Jesaias) 240 bis 245, 285, 350.
Jesaia, Buch 283.
Jesaia Astrüc Ben-Abba Mari b 601.
Jeschobeam 49.
Jeschurun 241.
Jesdigerd d. Sassanide b 167.
Jesdigerd II. b 169.
Jesreel 5, 9, 10 f., 40, 97 f., 100, 105 ff., 148, 185, 359, 384, 416, 424, 593.
Jesse, Heinrich c 350, 356.
Jesua (Jason), Hoherpriester 309, 312, 316 ff., 321.
Jesua s. Jesus.
Jesua Ben-Jozadak 235, 247, 249, 252 f., 296.
Jesuiten c 223, 249, 266, 303, 337, 410 ff.
Jesurun David c 317 f.
Jesurun Rahel s. Paul de Pina.
Jesus von Nazareth 488 bis 503, 542, 543, 547 ff., 551, 553, 556 f.
Jesus, Vergöttlichung b 31.
Jesuslehre s. Christentum.
Jezid I., Kalif b 238.
Jezid II., Kalif b 244.
Jischaï Ben-Chiskija, Exilarch b 509, 512.
Joab, Feldherr 38, 43 f., 45, 47, 52, 54 f., 58, 61, 66, 68, 72, 83.
Joachas s. Jehoachas.
Joachim I., Kurfürst von Brandenburg, c 161.
Joachim II. c 305.
João I., König von Portugal b 611; c 25.
João II., König von Portugal c 96 f., 104, 111 f., 113, 116, 223.
João III. c 201 f., 205, 215, 217, 219.
João, Don, Großmeister von Avis b 606.
Joasar, Hoherpriester 460, 468, 473, 477 f.
Joasch, König von Israel 114, 115 f.
Joasch, König von Juda 108, 109 ff., 112.
Joceus b 409 f.
Jochanan, Sohn Jojadas 289.
Jochanan, Vater des Mattathia 328.
Jochanan Gadi, Makkabäer 328, 351, 353.
Jochanan (Johann Hyrkan), Sohn des Simon Tharsi 371, 374, 376 f., 378 bis 385, 386, 394 bis 396, 411, 416.
Jochanan, Vater Eupolemos' 348.
Jochanan, Sohn Kareachs 215, 219, 222.
Jochanan, Geheimschreiber Gamaliels I. 520.
Jochanan Ben-Sakkaï 560, 561, 567; b 11 bis 16, 32.
Jochanan Ben-Matthatia, Oberrabbiner b 601.
Jochanan Ben-Torta b 68.
Jochanan, Schulhaupt b 84, 110 f., 120, 123, 132.
Jochanan Aleman c 69.

Jochebed, Mutter Moses 2.
Joël, Prophet 119, 124 f., 126, 170.
Joëser, Vater Josés s. José.
Johann, Albert c 146.
Johann Georg von Brandenburg c 305.
Johann, Herzog von Sachsen c 237.
Johann XXII., Papst b 550, 558.
Johann ohne Land, engl. König b 411, 451.
Johann, König von Frankreich b 583 f.
Johann II., Herzog v. Brabant b 581.
Johanna, Königin von Neapel c 49.
Johanna, Päpstin b 270.
Johanna die Wahnsinnige c 117.
Johannes der Täufer 487 f., 490, 495.
Johannes Ben-Levi aus Gischala, Zelotenführer 583, 586 f., 589, 593 f., 598, 599, 602 f., 605, 606 f., 609; b 3.
Johannes, Sohn Zebedaïs, Apostel 492, 495, 502, 549.
Johannes, Führer der Idumäer 598.
Johannes, Abt von Gorze b 300.
Johannes von Valladolid, Täufling b 597.
Johannes XXIII. c 15.
Johannsen, Bischof von Speyer b 350.
Jojachin, König von Jehuda 197, 229, 234.
Jojada, Hoherpriester 108 ff., 112 f.
Jojada 272, 289.
Jojakim, König von Jehuda 187 ff., 192, 194, 195 ff., 199.
Jojakim, Hoherpriester 253 f.
Joktan, Stammvater der echten Araber b 207.
Jollivet c 537.
Jom-Tob aus Joigny b 410.
Jona, Prophet 116, 501.
Jona Gerundi aus Gerona 461, 468.
Jona Marinus s. Merwan Ibn-Ganach.
Jonadab, Sohn Rechabs 96, 107 f.
Jonathan, Sauls Sohn 28, 29 f., 36 f., 38, 40, 53.
Jonathan Apphus, Makkabäer 328, 341, 351, 353, 354 bis 360, 369, 370.
Jonathan s. Alexander Jannaï.
Jonathan, Führer der Sadduzäer 394 ff.
Jonathan, judäischer Gesandter 564.
Jonathan, Listenführer 209.
Jonathan, Zelot b 6 f.
Jonathan, Ben-Amram b 95.
Jonathan, Ben-David Kohen aus Lunel b 403, 442, 451.
Jonier 117, 125, 224, 454.
Joppe (Jaffa) 293, 357, 373, 376, 379 f., 383, 591; s. Japho.
Joram, König 103 f., 106.
Jordan 3, 8, 10, 12, 25 f., 28, 31, 41, 42 f., 53, 61 f., 63, 65, 96, 102, 105 f., 112, 114, 119, 129, 142, 177, 199, 207, 212, 214, 220, 306, 353 f., 360, 381 f., 384, 402, 416, 445, 467, 471, 483, 487, 490, 495, 505, 578, 600.
Josabat, Frau des Hohenpriesters Jojada 109.
Josaphat, König von Jehuda 92, 99, 101, 104 f.
José, Sohn Jochanans 309.
José, Sohn Joésers 309 f., 345.
José, Barnabas, Apostel 547, 553, 556.
José, R., Amora b 171.
José Ben-Chalafta R., b 84, 89, 94.
José Ben-José Hajathom, Dichter b 240 f.

José Ben-Kisma b 79.
Joselin von Rosheim c 142, 214, 236.
Joseph, Jakobs Sohn 2.
Joseph, Stamm 4 f., 88.
Joseph, Steuerpächter 298 bis 302, 303, 305, 308.
Joseph, Bruder Herodes' I. 433.
Joseph, Vater Jesu 488, 492.
Joseph von Gamala 592 f.
Joseph Ben-Gorion 582.
Joseph Ben-Matthia s. Josephus, Flavius.
Joseph Kaiphas, Hoherpriester 482, 498, 504.
Joseph Kamith, Hoherpriester 526.
Joseph Almoghrebi aus Fez b 436.
Joseph Amarkala Halevi b 415.
Joseph von Tiberias b 136, 140.
Joseph Bar-Chija, R. b 146.
Joseph Ben-Isaak Ibn-Abitur b 308, 312 f.
Joseph Ben-Isaak Kimchi b 401 f.
Joseph Ben-Pinehas aus Bagdad b 279.
Joseph Ben-Sabara, Romandichter b 479.
Joseph Ben-Salomo Ibn-Schoschan, Günstling Alfonsos VIII. b 397.
Joseph Ben-Satia b 292.
Joseph Ben-Todros, Abulafia, Kabbalist b 523.
Joseph Ben-Ecija, Günstling Alfonsos XI. b 560 f., 564 f.
Joseph Ben-Israel c 318.
Joseph, Chagan der Chazaren b 301 ff.
Joseph Ibn-Alfaraǵ Alkabri, Alfonsos VI. Günstling b 342.
Joseph Ibn-Esra b 360.
Joseph Ibn-Gau b 314 f.
Joseph Ibn-Migasch b 324, 358 f.
Joseph Ibn-Nagrela b 320.
Joseph Ibn-Sahal b 360.
Joseph Ibn-Zadik b 386.
Joseph Ibn-Jachja c 112.
Joseph Ibn-Verga c 245 f., 256 f.
Joseph von Naxos c 270 f., 273, 274, 277, 279, 286, 289 f.
Joseph Naßi c 41.
Joseph II., Kaiser c 491, 496, 505, 536.
Josephiten s. Joseph, Stamm.
Josephus Flavius 500, 582, 584 bis 587, 589, 590 f., 596, 599, 603, 605, 607; b 3 ff., 56 f.
Josia, König von Jehuda 170, 171 ff., 175, 182 ff., 188, 189, 198, 522, 525.
Josia Hassan, Exilarch b 286.
Josselmann s. Joselin.
Jost, Isaak Marcus c 594 f.
Josua 3 ff., 13, 16.
Josua, Buch 230, 283.
Josua, Hoherpriestersohn 289.
Josua Ben-Chananja b 11, 14, 17 ff., 31, 41 f., 46 f., 58, 66.
Josua Ben-Damnaï, Hoherpriester 567.
Josua Ben-Gamala (Gamaliel) 567 f., 597, 599.
Josua Ben-Joseph Lorqui s. Lorqui.
Josua Ben-Karcha b 104.
Josua Ben-Levi b 109.
Josua Ben-Perachia 389.
Josua Ben-Saphat 591.
Josua Ben-Sapphia 583, 586.
Josua Phiabi, Hoherpriester 450.
Josua Seth, Hoherpriester 473.
Jotapata 589 ff.
Jotape, Tochter des Königs von Emesa 524.
Jotham, König von Jehuda 129, 131, 133, 138 f.
Jovian, Kaiser b 155.
Juan I., König von Kastilien b 603, 606 f.
Juan Alfonso de Albuquerque b 587, 589.
Juan Emanuel, Infant und Regent von Kastilien b 549.
Juan II. c 11, 15, 31, 43, 44, 60, 64.

Juan de España c 33.
Juan Miques s. Joseph von Naxos.
Juda s. Jehuda und Judäa.
Juda Makkabi 328, 330 f., 336 bis 350, 351, 360.
Juda, Sohn Simon Tarsis 371, 376 f.
Juda, Sohn Hyrkans s. Aristobul I.
Juda Aristobul, ägyptischer Jude 381.
Juda der Galiläer, Zelotenstifter 471 f., 474, 476 f., 486, 491, 527, 574.
Juda, Ratgeber des Josephus 585.
Juda, Bruder Jesu 489.
Juda Ben-Sariphaï 459 f., 468.
Juda Ben-Tabbaï 404 f., 406 f.
Juda der Gläubige s. Lope de Vera y Alarcon.
Juda der Patriarch b 95 ff., 104.
Juda II., Sohn Gamaliels III., Patriarch b 106 f., 109, 124.
Juda III., Patriarch b 131.
Juda IV., Patriarch b 157.
Juda, Schatzmeister des portugiesischen Königs b 505.
Juda, Oberschatzmeister Fernandos von Portugal b 605 ff.
Juda Ben-Baba, R. b 80.
Juda Ben-Bathyra, R. b 92.
Juda Ben-Chija b 97, 115.
Juda Ben-Jaïr b 4.
Juda Ben-Jecheskel b 125, 128 f.
Juda Ben-Ilaï b 84, 89.
Juda Ben-Mose, Urenkel Samuels Ibn-Tibbon b 538.
Juda, Günstling Karls des Kahlen b 271.
Juda Ibn-Abbas b 360.
Juda Ibn-Giat, jüdisch-span. Dichter b 360.
Juda Ibn-Verga c 247.
Judäa in der nachexilischen Zeit 248 bis 274.
Judäa in der nachnehemianischen, sopherischen Zeit 274 bis 290.
Judäa unter mazedonischer Herrschaft 290 bis 294.
Judäa unter ptolemäischer (ägyptischer) Herrschaft 294 bis 306.
Judäa unter seleucidischer (syrischer) Herrschaft 306 bis 360, 370 bis 372.
Judäa zur Zeit der makkabäischen Erhebung 328 bis 350.
Judäa unter hasmonäischen Fürsten 350 bis 360, 370 bis 434.
Judäa unter herodianischen Fürsten 435 bis 609.
Judäa unter römischen Landpflegern 473 f., 481 ff., 525 ff., 562 ff.
Judäa nach der Eroberung durch Titus b 1 bis 5, 6 ff.
Judäer (Jehudäer) s. Jehuda, Stamm und Reich, Judäa und Juden.
Judäer, Bedeutung 276.
Judäer in Ägypten 221 f., 223 f., 294, 360 bis 370, 445, 522 f.
Judäer in Alexandrien 294, 361 f., 369 f., 404, 425 f., 444 f., 508 bis 515, 518, 522 f., 577; b 2.
Judäer in Antiochien s. Antiochien.
Judäer im babylonischen Exil 203, 205 ff., 225 bis 247.
Judäer in Babylonien s. Babylonien.
Judäer auf Cypern b 61, 62.
Judäer in Ephesus s. Ephesus.
Judäer in Kleinasien 307, 407, 422 f., 426, 453 f., 478, 530, 531.
Judäer in Kyrenaika 294, 361 f., 454 f., 528, 547; b 6, 60 f.
Judäer in den parthischen Ländern 407, 529 f.
Judäer in Persien s. Persien.
Judäer in Rom 417 f., 426, 429, 445, 482, 504, 528 f.; b 58.
Judaisierende Christen b 235.
Judas Ischarioth 498.
Juden in den einzelnen Ländern und Städten s. diese.

Juden, deutsche und polnische c 467; portugiesische c 467.
Juden zur Zeit der ersten Konzilien b 137 ff.
„Judenbräter“ (Judenverbrenner) b 502.
Judenchristen (Minäer) 502, 555 ff.; b 27, 30 f.
„Judenmeister“ b 265.
Judenordnung (des Kaisers Matthias) c 335.
„Judenporzellan“ c 514.
Judenquartiere c 15.
„Judenschlächter“ b 540.
„Judenschläger“ b 572, 579.
Judenstättigkeit c 333.
Judenstatut b 514.
Judensteuer b 5, 13, 26, 37, 59, 453, 484, 504, 571 f., 583 f.; c 566.
Judentum 276 f., 366 f., 387 ff., 415, 440 ff., 447, 476 ff., 485, 490, 491, 493, 497 f., 508 ff., 513 f., 530 f., 533 ff., 536 ff., 542 f., 554 f., 561; c 535.
Judentum, Übertritt zum 249, 382, 476, 481 f., 522, 527, 544 ff., 550 f., 558, 576, 607; s. a. Proselyten.
Judenvertreibung b 161 f., 201, 319 f., 334, 348 ff., 378 ff., 501 ff., 519 f., 540 f., 545 ff., 551 ff., 564, 571 ff., 581, 608 ff.
„Judenzer“, Halbjuden c 265.
Judenzettel c 265.
„Jüdische Briefe“ c 468.
Jüdische Gemeinden s. die einzelnen Länder und Städte.
Jüdischer Jargon c 434.
Jüdische Kalender b 144 f., 249.
Jüdisch-himiaritisches Reich b 207 ff.
Jülich, Blutanklage in c 613.
Julia Domna b 105.
Julia Mamäa b 105, 107.
Julia Mäsa b 105.
Julia Soämia b 105.
Judith, Gemahlin Ludwigs des Frommen b 265, 267, 269.
Julian Bar-Sabar, König der Samaritaner b 182.
Julian, Erzbischof von Toledo b 236.
Julianus Apostata, Kaiser b 144, 152 f., 155.
Julianus Simon b 60, 63, 81.
Julias, Stadt s. Beth-Saïda 483.
Julius Alexander s. Alexander Lysimachus.
Julius Severus, Feldherr unter Hadrian b 71 f.
Julius II., Papst c 139.
Julius III. c 226, 251 f.
Jurieu, Pierre c 417.
Jussuff Pascha c 613.
Jussuf s. Zorah Dhu Nowas b 209 f.
Jussuf Ibn-Teschefin, Almorawide b 340.
Justi, Prediger c 474.
Justin I., byzant. Kaiser b 183.
Justinian, oström. Kaiser b 177, 182 f., 210.
Justiniani, Augustin c 190.
Justus von Tiberias, jüd. Geschichtsschreiber 500, 583; b 7.
Juvenal b 55.

K.

Kaab, jüd. Gesetzeslehrer b 209.
Kaab Ibn-Ascharaf b 215.
Kaab Ibn-Assad b 219.
Kaaba b 214.
Kabbala b 469 ff., 508 f., 523 ff.; c 69 f., 138, 184, 196, 232, 263, 282, 288, 363, 374, 388, 397, 420, 442, 501.
Kachtaniten, Südaraber b 208.
Kälberkultus s. Stierkultus.
Kaffeehaus, das gelehrte c 472.
Kahir, Kalif b 286.
Kaidonower, Samuel Ahron c 346.

Kaila, arabischer Stamm b 204.
Kain b 33, 35.
Kainiten, Sekte b 33.
Kainukaa s. Benu-K.
Kairo, jüd. Gemeinde b 418.
Kairuan (Maghreb), Stadt in Afrika b 254, 257, 279, 308.
Kaiserkultus 512 f., 515 ff.
Kalām b 257.
Kalba-Sabua b 48.
Kalenderwesen 143, 153 f.; b 144 f.
Kalenderwesen, Fest- 153 f., 564, b 2, 12, 21 f., 41, 84, 99, 120, 139, 142, 249.
Kallimandros 384.
Kallirhoe, Quelle 9.
Kalmann aus Regensburg c 67 ff.
Kalonymus aus Lucca b 263.
Kalonymos Ben-Kalonymos b 554, 559.
Kalonymos Ben-Todros b 401, 539.
Kambyses 251.
Kamerauer, Familie der c 75.
Kamith, Hohepriesterfamilie 526, 559.
Kammerknechte des Reichs (Deutsche Juden) b 383, 484.
Kamieniec, Disputation von c 458.
Kamus, arab. Festung b 204, 221.
Kanaan 1 ff.
Kanaaniter 5, 14, 226, 254.
Kandy (Ceylon), Juden in b 415.
Kant c 474, 495, 508.
Kantheras, Hohepriesterfamilie 559.
Kapernaum 492, 494; b 31.
Kappadozien, König von 456.
Kapsali Elia c 138.
Kapsali Elkana c 111.
Kapsali Mose c 56, 57, 136.
Kapua, jüd. Gemeinde in 529.
Kara, Joseph, Schriftausleger b 377.
Karäer b 249 ff., 293, 342; c 56 f. 303 f., 343, 421.
Karäertum b 249 ff., 276, 281 f., 293, 342, 355, 388 f., 418, 434. — Charakter und Wert desselben b 249 ff.
Karawajo s. Smyrli.
Karben, Viktor von c 151, 162.
Karien 426.
Karier (Khari) 109.
Karl d. Große b 262 ff.
Karl d. Kahle b 271 f.
Karl d. Einfältige b 273.
Karl IV., deutscher Kaiser b 576, 578; c 333.
Karl V., Kaiser von Deutschland c 140, 183, 185, 198, 202, 204, 208, 211, 214 f., 218, 225, 236, 238, 255, 311.
Karl V., König von Frankreich b 583 ff.
Karl VI., König von Frankreich b 612 f.
Karl VII., König von Frankreich c 117.
Karl IX. von Frankreich c 276.
Karl X. von Frankreich c 598.
Karl X. von Schweden c 345.
Karl XI., König von Schweden c 421 f.
Karl I. von England c 350.
Karl II. von Spanien c 414.
Karl von Anjou, König von Sizilien b 510.
Karl Friedrich von Baden c 557.
Karl Ludwig v. d. Pfalz c 383.
Karliner c 503.
Karlsruhe c 572.
Karlstadt c 242.
Karmel, Gebirge 9, 112, 384, 401, 431.
Karmel, Oase 32.
Karna, Richter in Babylonien b 116.
Karo, Joseph c 207, 231, 233, 261, 281 ff., 289, 295, 363.
Kasimir der Große, König von Polen b 581.
Kasimir IV. von Polen c 52, 54, 146.

Kaspi, Joseph aus Südfrankreich b 566, 568.
Kaspisee 171, 190, 289, 292.
Kasser aus Bagdad b 291.
Katharina, Königin von Portugal c 201.
Katharina von Medici c 276.
Kaukasus 171, 190, 292.
Kazimierz c 292.
Kendebaios 376.
Kenedai, Verwandter Monobaz' 578.
Kenditen, arab. Stamm b 209.
Kepler c 296.
Kermenschah b 279.
Khemosch, Kriegsgott der Moabiter 105.
Kidron, Tal 61, 143, 183.
Kimchi, David b 402, 461, 467, 480.
Kimchi, Mose c 192 f.
Kimchiden c 162.
Kinanah Ibn' ul-Rabia' b 219 f.
Kindermord in Bethlehem 466.
Kinderopfer 143 f., 166, 183, 188, 190.
Kinneret s. Tiberiassee.
Kirchenstaat, Juden im c 307, 566.
Kirjat-Jearim (Waldstadt) 20, 51.
Kisch, Vater Sauls 27.
Klagelieder beim Untergang Jerusalems 213 f.
„Klausel" s. Stübel.
Kleinasien 190, 244, 290, 307, 348, 407, 417, 422, 426, 430, 453 f., 478, 529, 530, 531, 547.
Kleinasien, Juden in s. Judäer.
Kleinrom s. Cäsarea.
Kley, Eduard c 583.
Kleopatra, Gemahlin Ptolemäus' VI. 320, 370, 445.
Kleopatra, Mutter Ptolemäus' VIII. 383 f., 398, 445.
Kleopatra, letzte ägyptische Königin, Geliebte des Antonius 430 f., 436, 438 f., 444 f., 512.
Kleopatra, Gemahlin des Antiochus Sidetes und Demetrius Nikator 381.
Knorr von Rosenroth c 421.
Knuth c 513.
Koberger, Antonius c 143.
Kölbele, Johann Balthasar c 479.
Könige, Buch 283.
Königsgräber s. Mausoleum der Helena.
Königstal bei Jerusalem 65.
Königtum 25 f., 71, 113, 128, 179 f.
Köprili, Achmed c 400.
Kohélet, Buch 460 bis 465, 479 f.; b 43.
Kohen Ephraim c 346.
Kohen Josua Falk c 301, 338.
Kohen Mose c 346.
Kohen, Naphtali c 439.
Kohen, Nehemia c 403 f.
Kohen, Raphael c 485, 509.
Kohen, Rose c 413.
Kohen Sabbataï (Schach) c 338, 344 ff.
Kohner c 637 (Anm.).
Kollektanten s. Rhynsburger.
Kollegium, ordiniertes c 230.
Köln, jüd. Gem. b 138, 196, 352 f., 578 f.; c 31, 533.
Kolon, Joseph c 71.
Konfirmation c 557.
Koniecpolski c 338.
Konkordanz der Bibel c 35 f.
Konrad III., deutscher Kaiser b 380.
Konsistorium, jüdisches in Frankreich c 553, 564, 581.
Konsistorium, jüdisches in Westfalen c 556.
Konstantin, Kaiser b 137 ff.
Konstantin VIII. b 300.
Konstantin aus Karthago, Begründer der medizin. Schule zu Salerno b 277.
Konstantin Dragosses c 55.
Konstantinopel b 165, 182, 413; c 136, 341, 390, 400.

Konstantius b 140 ff.
Konzil zu Nicäa 138 f.
Kopten (morgenl. Christen) b 188.
Kontraremonstranten c 319.
Koraischiten b 217, 219.
Koran b 214, 222, 239 f., 243.
Kore, Rotte 314.
Korinth 530, 553, 555, 592, 601.
Kosacken c 338 ff.
Kosackenaufstand c 340, 343.
Kostobar 435.
Kotis, König von Kleinarmenien 524.
Kotzebue c 571.
Kozieniz, Israel von c 505.
Kreta 547.
Krethi 52, 61, 69.
Kreuzzug, 1. b 348 f.; 2. b 379 f.
Kreuzzeitung c 638 (Anm.).
Kriegsgesetz der deuteron. Gesetzgebung 180.
Krösus 234.
Krochmal, Nachman c 596 f., 601.
Krokodilensee 3.
Krysa, Jehuda Leb c 455.
Ktesiphon 530; b 113.
Künste in Judäa 200.
Kufa am Euphrat b 223, 416.
Kulturverein c 591 ff.
Kunigunde, Schwester Kaiser Maximilians c 153 f., 162.
Kunitz, Mose c 586.
Kuraiza s. Benu-K.
Kuranda, Ignaz c 636, 637.
Kuthäer s. Samaritaner.
Kyaxares, König von Medien 171, 185, 191.
Kypros, Gattin des Agrippa 506.
Kypros, Gattin des Antipater 427.
Kyrenaika, Juden in s. Judäer.
Kyrenaiker, Synagoge der K. in Jerusalem 528.
Kyrene, Hauptstadt der afrikanischen Kolonie Kyrenaika s. Judäer in Kyrenaika.

L.

Labienus, röm. Republikaner 430.
Lachisch, Stadt 118.
Ladislaus, König von Böhmen c 52, 76, 145.
Ladislaus IV., König von Ungarn b 503.
Lämlein, Ascher c 196.
Lagarto, Jakob c 331.
Lagi s. Ptolemäus I.
Lagiden, ptolem. Dynastie in Ägypten 294.
Laguna Lopez (Daniel Israel) c 432.
Lampo 510.
Landau, Ezechiel c 509, 515.
Landfried, Gesandter Karls des Großen b 264.
Landpfleger 253 ff., 473 f., 481 ff., 525 ff., 562 ff.
Landvolk in Judäa b 24.
Laniado, Joseph c 612.
Lara, David Coen de c 386.
Laodicea 407, 418, 426, 438.
Lasker, Eduard c 636.
Laurin, österr. Generalkonsul c 615 f.
Lavater, Johann Kaspar c 477 f.
Lazare c 549.
Lazarus 497.
Lazarus, Familie c 412.
Leblin, „Kammergraf" Friedrichs V. von Österreich b 483.
Lefrank c 541.
Lehre, israelitische s. Judentum und Gesetz 90, 99, 103, 175 ff.
Lehre, mündliche 388 ff.; b 41, 49, 88 f., 168.
Lehren, Hirsch c 616.
Lehrerversammlung in Babylonien b 230.
Lehrhäuser 279 f.; b 163, 485 f., s. Bet-Schearim, Cordova, Jamnia, Machuza, Nahardea, Narbonne, Pumbadita, Sepphoris, Tiberias, Thekoa, Schefaram, Sura, Uscha.

Lehrversammlungen b 78 ff.
Leibzoll b 26, 75; c 492, 514, 536 f.
Leipzig, Juden in c 561.
Lejbowiz, Jankiew s. Frank, Jakob.
Lemberg, jüd. Gem. c 297, 301, 343.
Lemon, de c 530 f., 533.
Lemos, Benjamin de c 512.
Lentulus 423.
Lenczyc, Jsak c 530.
Leo, der Jsaurier b 274.
Leo, der Philosoph, byzantin. Kaiser b 274.
Leo X. c 139, 172, 176, 183, 185 f., 251, 269.
Leon Medigo s. Abrabanel Juda.
Leone Romano b 554.
Leonora, Gemahlin Fernandos von Portugal b 605 ff.
Leonora d'Este c 238.
Leonora de Guzman b 565, 586.
Leonora, Herzogin von Toskana c 142.
Leontopolis 364.
Leopold, Herzog von Österreich b 411.
Leopold II. von Österreich c 410, 425, 561.
Lepidus 430, 439.
Lerida in Spanien, jüd. Gem. b 464.
Lerin, Graf von c 107.
Lerma Schemtob c 124.
Lessing, Gotthold Ephraim c 471 f. 480 ff., 486; sein Drama „Der Jude" c 493; sein Drama „Nathan der Weise" c 482 f.
Levante c 273.
Leven, Narcisse c 637.
Levi, Stamm 2, 7, 90.
Levi, Anhänger von Jesus s. Matthäus.
Levi Ben-Chabib c 121, 229.
Levi Bar-Schißi b 97.
Levi Ben-Chajim aus Villefranche b 534.
Levi Ben-Gerson s. Gersonides.
Levi, Nathan Benjamin (Ghazati) c 394.
Levi Ben-Todros Abulafia, Kabbalist b 523.
Levinsohn, Jsaak Beer c 562.
Levita, Elias c 189 f., 192, 212, 250.
Leviten 7, 15 f., 17 f., 20, 23 f., 51, 62, 77, 90, 109, 133, 137, 153, 167, 172, 178, 184, 197, 214, 227, 230, 231, 247, 250, 262, 266 ff., 339, 364, 405, 452, 481, 519, 524, 568.
Levitische Reinheitsgesetze 284, 296, 389, 391, 478, 479 f.; b 16, 23.
Levy, Maurice c 554.
Lewin, Rahel (Varnhagen) c 519, 539 ff., 573.
Libanon 5, 8 f., 51, 54, 72, 83, 139, 140, 148, 185, 192, 207, 291, 518.
Libermann, Elieser c 586.
Libertini, judäische 417, 445.
Lichtfest s. Tempelweihefest.
Lichtsteuer c 561.
Licinius Mucianius 588, 602.
Limoges, Bischof von b 316.
Limpo, Balthasar c 224 f.
Lindau c 31.
Lipmann, Salomon c 548 ff.
Lissa, Jakob c 585.
Livia, Kaiserin 473.
Livias s. Betharam.
Livorno, Gem. von c 346, 619.
Loans, Jakob c 142.
Logoslehre Philos 541 f.
Löwe, Joël c 509.
Lolius Urbicius, Statthalter von Niederdeutschland b 69.
London, jüd. Gem. b 408 f.
Longinus s. Cassius und Pompejus.
Longobarden b 191.
Lopes, Arzt in England c 356.
Lopez, Balthasar c 377.

Lopez, Gonsalvo c 328.
Lorqui Josua (Geronimo de Santa Fé) c 5 f., 14 f., 17 f., 19 f., 24, 34.
Lothar, Sohn Ludwigs des Frommen b 267.
Lothringen b 343.
Louze, Abt de la c 522.
Loyola c 223, 249.
Lual, Jakob c 124.
Lübeck, Juden in c 559, 564, 568.
Lubienski, Wratislaw c 459.
Lublin c 292, 299, 344 ff.
Lublin, Meïr c 338.
Lucena, Juan de c 102.
Lucena (Spanien) jüd. Gem. b 312, 358, 397.
Lucero, Diego Rodriquez c 197.
Lucinde, Schlegels Roman c 519.
Lucuas, Andreas b 61.
Lucullus 409.
Ludwig der Fromme b 264 ff.
Ludwig II., Sohn Lothars, König von Italien b 273.
Ludwig VI., Kapetinger b 375.
Ludwig VII., Kapetinger b 375, 379 f., 405.
Ludwig der Bayer, deutscher Kaiser b 559, 571 f.
Ludwig von Ungarn b 580.
Ludwig IX., der Heilige von Frankreich b 456, 485, 502; c 151, 178.
Ludwig X. von Frankreich b 549 f.
Ludwig XI. von Frankreich c 96.
Ludwig XII., König von Frankreich c 178.
Ludwig XIV. c 332, 385, 486.
Ludwig XV. c 466, 520.
Ludwig XVI. c 488, 520.
Ludwig XVIII. c 564, 589.
Ludwig von Hessen-Darmstadt c 335.
Ludwig der Reiche von Landshut c 47, 49, 74 ff.
Ludwig Philipp von Frankreich c 598, 610, 614, 622.
Lügenpropheten 166, 188, 190, 193, 204.
Lunel, jüd. Gemeinde b 403 f., 442 f., 461, 539.
Luna, Alvaro de c 31, 41 f., 44, 46.
Luna, Pedro de s. Benedikt XIII.
Lupus, Statthalter b 6, 61.
Lurja, Isaak c 283, 288.
Lurja, Salomo c 294 f., 296.
Luther c 107, 185 f., 191, 204, 235, 238, 301, 304.
Luzzatto Mose Chajim c 432, 444; sein Drama c 446.
Luzzatto, Samuel David c 602.
Luzzatto, Simon c 364, 372 ff.
Lybien 361; b 60.
Lydda, Stadt 424, 429, 563; b 10, 17, 90, 143, 163.
Lydien 185, 244, 307.
Lynn (England), jüd. Gem. b 410.
Lyon 508; b 268.
Lyra, Nikolaus de c 163 ff.
Lysias, syr. Oberfeldherr 332, 335, 337 f., 340, 342 ff., 352.
Lysimachos, Feldherr Alexanders 294.
Lysimachos, Bruder des Menelaos 310, 319.
Lysanias 430.

M.

Maacha, Rehabeams Frau 108.
Maadditen, arab. Stamm am Rento-Meere b 209.
Machärus, Festung 402, 408, 419; 421, 564; b 4, 5.
Machanaïm, Stadt 43, 44, 63 f.
Machir b 317.
Machir, R., Urahn des Kalonymos Ben-Todros b 401.
Machuza, am Tigris 113, 148, 155, 175, 180.

Machuza, Lehrhaus in b 148.
Macon, Konzil zu M. b 195.
Maestro Vidal s. Narboni.
Mähren, Juden in b 346.
Männer des Glaubens (Mystiker) b 261.
Mäonius b 123.
Märtyrer 97, 168, 189; b 395, 407.
Magdala, Stadt 492, 494.
Magdeburg, jüd. Gemeinde 264, 316.
Maghreb, Nordafrika b 313.
Magid c 207, 232, 500.
Magier 284 ff.; b 169, 179.
Magnesia, Niederlage des Antiochus bei 307.
Magona (Mahon) auf Minorka b 162.
Maher-Schalal Chasch-Baz, Sohn Jesaias 134.
Mahoril s. Mollin.
Maimi, Simon c 123 f.
Maimon, Salomon c 510.
Maimonides s. Maimuni.
Maimun, Ascha, arab. Dichter b 213.
Maimun, Vater des Maimuni b 359, 419 f., 421 f., 424.
Maimuni (Maimonides) b 419 bis 444, 458, 469; c 190; Führer der Irrenden c 295.
Maimuni, David b 424.
Maimuni, Abraham b 444.
Maimunisten b 458 ff.
Mainz, jüd. Gemeinde in b 196, 264, 318, 343, 349, 352, 514, 579, 585; c 336.
Majora, Doña c 254.
Makarijiten b 259.
Makkabäer 328 bis 350, 351 ff.
Makkabäerbuch, drittes 513 f.
" viertes 555.
Maksen, Häuptling der Sinhaga b 322.
Malach, Chajim c 437 ff.
Malaga b 322.
Maleachi, letzter Prophet 271 f.
Malesherbes c 521.
Malich, Freund Hyrkans 429.
Malichos, Nabatäerkönig 432, 439.
Malimah, b 342.
Malka Ben-Acha, Schulhaupt zu Pumbadita b 254.
Mallorca, jüd. Gemeinde das. b 609.
Malthake 467.
Maminim, Dönmäh, c 436 u. Anm.
Manasse, der Samariter b 72.
Manasse, Stamm 4, 7, 11, 13, 17, 25, 82, 114.
Manasse, Schwiegersohn Sanballats 270, 272, 274.
Manasse, Sohn Hiskijas 164 bis 169, 183, 187 f., 197.
Manasse Ben-Israel c 318, 324, 347, 349, 364.
Manessier de Vesou, Finanzbeamter Karls V. b 583 f., 601.
Mannheimer, Isaak Noa c 589 f., 634.
Manichäer b 169.
Manoel, König v. Portugal c 116, 118 ff., 120, 198, 200, 209, 223.
Manrique, Gomez c 88.
Mantin, Jakob c 140, 189, 194, 211, 217.
Manuel, Eugène c 637.
Mappa c 280, 295.
Mar Bar-Huna b 181.
Mar-Chanina, Großvater des Exilarchen Mar-Sutra II. b 175.
Mar-Isaak, Schulhaupt zu Sura (Babylonien) b 226.
Mar-Kahana, Exilarch b 166.
Mar-Kohen-Zedek II., Gaon von Pumbadita b 278 ff., 284 f.
Marlborough, Churchill, Herzog von c 433.
Mar Mar Jesu c 23.
Mar-Raba, Schulhaupt von Pumbadita b 243.
Mar-Samuel, Gesetzeslehrer b 98, 115, 118 f., 123.

Mar-Sar-Schalom, Gaon von Pumbadita b 276.
Mar-Sutra, Exilarch b 167.
Mar-Sutra II., Exilarch b 175, 233.
Mar-Sutra III., Exilarch b 175.
Mar-Zacharia, Talmudist in Haleb b 435.
Marc Aurel b 93 ff., 103.
Marcellus, Publius, Statthalter in Syrien b 69.
Marcellus, Papst c 252.
Marcus, Sohn des Arabarchen Alex. Lysimachus 522.
Marcus, Bischof b 83.
Mardeliar, Name des Hauptes der indisch-jüd. Kolonisten b 170.
Mardochaï, Oheim Esthers 335.
Mardochaï Ben-Hillel aus Nürnberg b 540.
Mardochaï, Zemach c 266.
Mardochaï aus Eisenstadt c 435.
Marescha (Maresa), Stadt 168.
Marhab, Führer der Chaibariten gegen Mohammed b 220 f.
Mari-Bar-Mar, Gesetzeslehrer b 180.
Maria, Schwester Lazarus' 497.
Maria, Schwester Karls V. c 256.
Maria, Infantin c 384.
Maria Magdalena 492.
Maria de Molina, Gemahlin Sanchos IV. b 523, 548.
Maria de Padilla b 588 f.
Maria Louise von Orleans, Gemahlin Karls II. v. Spanien c 415.
Maria Nuñes c 313 f., 315.
Maria Theresia c 448 f.
Mariamne, Gemahlin des Herodes 430, 431, 434, 437, 438 f., 440, 446, 456, 506.
Mariamne, Tochter des Hohenpriesters Simon 450, 459.
Mariamne, Tochter d. Agrippa 522.
Mariamne, Turm 609.
Mariba, altarab. Handelsort b 204.
Marissa, Festung 382.
Marokko b 384.
Maroniten b 188.
Marranen in Spanien c 1 f., 15 f., 46, 63, 65, 78 f., 80, 83, 87, 98, 104, 106, 135, 197 f., 208, 210, 218 f., 220, 223, 253 ff., 261.
Marranen in Ancona c 253 ff., 259.
Marranen in Ferrara c 262.
Marranen in Frankreich c 332.
Marranen in Portugal c 114, 123, 198, 205, 316, 413.
Marranen in der Türkei c 135.
Marseille, die „hebräische Stadt" b 192, 195.
Marshall, Lordmayor c 618.
Martha, Gemahlin des Josua Ben-Gamaliel 567.
Martens, Harry c 358.
Martha, Schwester Lazarus' 497.
Martin IV., Papst b 526.
Martin V. c 26, 30, 44.
Martinet, Adam c 608 f.
Martyr, Pedro c 197.
Masada, Festung 431, 433, 574, 576, 595 f., 600; b 4 f.
Mascareñas, João Rodrigo c 199.
Maschallah Ibn-Atari, Astronom 257.
Masora b 252, 282, 317.
Masserano Bezalel c 309.
Mata-Mechassia-Sura, Stadt b 113.
Mathanja, Sohn Josias 186, 198, s. Zedekia.
Matthatia Ben-Joseph Provenci b 585, 601.
Matatron 285.
Mathân, Oberpriester 109.
Mattara, Hof im Palaste Jerusalems 210 f., 212.
Matthathia, Stammvater der Makkabäer 328 ff.
Matthathia, Sohn des Simon Tharsi 371, 377.
Matthathia, Vertrauensmann Nikanors 347.

Matthathia s. Antigonos, König.
Matthaï aus Arbela 389.
Matthäus (Levi), Apostel 492.
Matthia I., Hoherpriester 459, 460.
Matthia, Bruder des Josephus 584.
Matthia Ben-Margalot 459.
Matthia Ben-Theophil II., Hoherpriester 568, 570, 597, 601, 606.
Matthias, Kaiser c 334 f.
Mauritius, oström. Kaiser b 180, 185.
Maury, Abt c 526 f.
Mausoleum der Makkabäer 360, 386.
Mausoleum der Königin Helena 546.
Maximilian I., Kaiser c 142 ff., 153, 162, 177, 182 f., 185, 236.
Maximilian II., Kaiser c 266, 275.
Maximilian I. v. Bayern c 560.
Maximus b 152.
Maximus, röm. Kaiser b 158.
Mazdak, der Reformator des Magiertums b 174 f.
Mazedonier 290 ff., 315, 320, 340 f.
„Meassef", Zeitschrift c 508.
Meassim, Mitarbeiter an derselben c 508.
Mebarsapes, König v. Adiabene b 60.
Mebodes, pers. Feldherr b 180.
Mechilta b 110.
Mecklenburg, Juden in c 480.
Medaba, Stadt 310, 353, 382.
Medelsheim, Herz, s. Berr Cerf.
Meder 170 f., 245.
Medien 149, 171, 185, 191, 244, 344, 407, 520, 530.
Medigo, Elia del c 68 f., 70.
Medigo, Leon del c 68 f., 70.
Medina, de c 464.
Medinah s. Jathrib.
Medina, Salomo de c 433.
Meer, ehernes 76.
Meer, rotes 79, 81.
Meer, totes 8 f.
Megabyzus, Satrap von Syrien 261.
Megassar 605.
Megerlin, David Friedrich c 452.
Megiddo, Stadt 106, 185 f.
Mehmet-Ali, Pascha von Ägypten c 610 f.
Meïr, Rabbi b 84 ff., 92 f., 132, c 103 ff.
Meïr, Sohn R. Josephs Ibn-Migasch b 359, 386.
Meïr, R., aus Rothenburg b 489, 515 f., 540.
Meïr de Malea, Don, Schatzmstr. Alfonsos X. b 492.
Meïr Ben-Baruch Halevi, R., aus Wien b 585, 601.
Meïr Ben-Gabbaï c 195.
Meïr Ben-Samuel aus Rameru (Frankreich) Tossafist b 377.
Meïr Ben-Simon aus Narbonne b 476.
Meïr Ben-Todros Halevi Abulafia b 459 f., 464, 468.
Mejuchas, Mardochaï Joseph c 534.
Mekka b 204, 213, 416.
Meldola, David c 618.
Melo, Francisco c 433.
Memnon, mazed. Statthalter 292.
Memphis 221, 364.
Menachem Ben-Chelbo b 343.
Menahem, König v. Israel 127 ff.
Menahem, Essäer 443.
Menahem, Nachkomme Judas des Galiläers 574 f.
Menahem Ben-Saruk, Grammatiker b 298, 303 ff.
Menahem Ben-Zerach b 561.
Menahem von Merseburg c 31.
Mendelssohn, Moses c 469, 473, 477, 480, 482, 486, 488, 494, 497, 507.
Mendelssohn, Dorothea c 497, 519.
Mendelssohn, Joseph c 516.
Mendes, Francisco c 255 f.
Mendes, Diogo c 255 f.
Mendes, Henrique Gorge c 357.

Mendes, Isaak Francisco M. Medeyros c 318.
Mendes, Joseph c 328.
Mendes, Manuel c 218.
Mendes, Reyna c 255 ff., 290.
Mendesia Grazia c 255.
Mendesia Grazia, die jüngere c 256 ff.
Menelaos, hellenist. Hoherpriester 310, 318 bis 320, 321 f., 324, 338, 343, 345, 352, 362.
Menschensohn 495, 501.
Menz, Juda c 71.
Menz, Mose c 71, 293.
Mephi-Boschet, Sohn Jonathans 53.
Merab, Tochter Sauls 53.
Merbal 234.
Mérilhou c 598.
Merlato, österreich. Konsul c 612 ff., 615.
Merodach, babylon. Gottheit 245.
Merodach-Baladan, König von Babylonien 162.
Merom, See 5, 449.
Merseburg, jüd. Gemeinde b 264, 317.
Mervan II., der letzte Omejjade, Kalif b 246.
Mesa, König d. Moabiter 104, 114.
Mescherschaja Bar-Pakod b 170.
Meschullam Ben-Jakob aus Lunel, Talmudist b 403.
Meschullam Ben-Mose aus Beziers b 476.
Meschullam aus Rom c 99.
Mesene 545; b 112.
Mesopotamien 307, 407, 529.
Messalem, Vater d. Andronikos 369.
Messer-Gawaih aus Baßra b 239.
Messias 253, 439, 466, 485 ff., 488, 495 bis 504, 526, 533, 547 bis 552, 554, 557, 594; b 167 f., 244 f., 526 f., 591.
Messiasse, Pseudo- 504, 526, 561, 565; b 167 f., 216 f., 243 f.; s. a. Zewi, Sabbataï.
Messianität, Messiastum 252 f., 439, 485 ff., 495 bis 504, 526, 540, 561; b 15, 22, 27, 527, 531.
Messina, jüd. Gemeinde in b 189.
Meswi aus Baalbek b 262.
Metatoron (Enoch), Engelname b 560.
„Metibta“, die Lehrversammlung b 127.
Metilius 572, 576.
Metternich c 565, 567, 615.
Metz, Gem. in c 419, 448, 486, 522, 527.
Metz, Mose c 509.
Meyer, Eduard c 600.
Meyer, Peter c 169.
Meyerbeer c 587, 636.
Meyer, Jude aus Breslau c 51.
Micer, Pedro de la Caballeria c 23.
Micha, Sohn Gemarjas 195.
Micha I., Sohn Jimlas, Prophet 100, 101 f.
Micha II., Prophet 133, 168.
Micha, gelehrter Jude aus Trier b 350.
Michael, Engel 285.
Michael, byzanth. Kaiser b 274.
Michaelis, Johann David c 493.
Michaelis, Johann Heinr. c 425.
Michal 37, 38, 44 f., 51.
Michmas 29 f., 355.
Middelborg c 312.
Middlesex, Lord c 354.
Midrasch, Predigtsammlungen b 14, 166.
Miedziboz, Israel c 498.
Migdol, Stadt 221.
Mikulski, Mikulicz c 459.
Milet 426.
Milo, päpstlicher Legat an die Albigenser b 449 f.
Millo, Hügel 50 f., 77, 211.
Minäer s. Judenchristen.
Minorca b 162.
Miques, João s. Josephus von Naxos.
Mirabeau c 495, 513, 521, 526.
Mirjam (Maria), Mutter Jesu 488 f.

Mirjam, Jerusalemerin 607.
Misaël 333.
Mischehen 254 f., 258 ff., 268, 270, 272 f.; c 549.
Mischna s. Lehre, mündliche.
Mischna, Text b 14, 17, 88, 100 ff., 110, 283, 312; c 426.
Mischna als Person für Inspiration s. Karo, Josef.
Mischna-Kommentar Maimunis (Sirag) b 421, 424 bis 426.
Mischna, lateinische Übersetzung c 426.
Misrachi, Elia c 136 ff.
Mithra, pers. Götze 285.
Mithradat, Schatzmeister 246.
Mithridates, König von Pontus 414, 424, 529.
Mizpah, Stadt 24, 216 f., 219 f., 222, 336.
Mizpah (Mizpeh), Berg 10, 145.
Mizricz, Beer von s. Beer, Dob.
Mizriczer c 503.
Mnemon s. Artaxerxes II.
Moab, Moabiterland 38, 54, 93, 104 f., 116, 203, 215, 260, 384, 400.
Moabiter 14, 53 f., 80, 104, 212, 254 f., 258, 260 f., 268, 272.
Moawija, Kalif (gegen Ali) b 226, 238.
Mocenigo, Pietro c 74.
Mochinger, christl. Schwärmer c 350.
Mocho, João c 200.
Modena, Juda Leon c 364, 367 ff., 547.
Modestus, Patriarch von Jerusalem b 187.
Modin 328 f., 337, 346, 360, 386, 395.
Mönche, die, vom Berge Nitra (nahe Alexandrien) b 162.
Mohammed, Stifter des Islams 213 ff.
Mohammed II. c 55 f.
Mohammed IV. c 290.
Mohammed Algafer, d. Abbadite in Andalusien b 324.
Mohammed Almansur, der Abnamride, Regent unter Ilischam b 314.
Mohammed Alnasir, Kalif im nordwestl. Afrika b 451.
Mohammed-Bey c 132.
Molcho, Salomo (Pires Diogo) c 206, 210, 212, 214, 226, 233, 282.
Molé c 545 f.
Möllin Halevi (Maharil) Jakob c 30 f.
Molochkultus 143, 170, 188.
Moncalvo in Piemont, jüd. Gem. b 613.
Monk, General c 362.
Monobaz I., König v. Adiabene 544 f.
Monobaz II. 545 f., 578.
Monobaz, Verwandter Monobaz II. 578.
Montaigne, Michel de c 332.
Montalto, Elia Felice c 306, 318.
Montanus, Arias c 304.
Montemar, Marquis von c 94.
Montefiore c 614, 617.
Montesa, Jaime de c 90.
Montezinos c 335.
Montpellier, jüd. Gemeinde in 402, 461, 467, 535, 542 f.
Monzon in Spanien, jüd. Gemeinde b 464.
Moréh Nebuchim (Führer der Irrenden) b 435 ff., 482 f.
Moresco c 533.
Morija, Hügel 47, 48, 51, 59 f., 74, 76, 109, 131, 199, 275.
Morillo, Miguel c 80, 85.
Moritz Johann von Oranien-Nassau c 331.
Moro, Joseph, Täufling c 250, 262.
Morosenko c 341.
Mortara-Fall c 636.
Morteira, Saul c 319, 324 f., 375.
Mosaikarbeit in Jehuda 200.
„Moschee des Felsens“, die, in Jerusalem b 224.

Moscheles, Komponist c 636.
Mose 2 f., 7, 13, 20, 144, 175, 177, 181, 231, 393, 508 ff., 541 f., 543.
Mose Abudiel, Günstling Alfonsos XI. b 565 f.
Mose Ben-Ascher Masoret aus Tiberias b 282.
Mose Ben-Chanoch 295 f., 307 f.
Mose Ben-Guthiel, Gemeindevorsteher in Speier b 354.
Mose Ben-Jehuda Kohen, Rabbiner von Safet b 512.
Mose, Sohn d. Kalonymos b 263.
Mose Ben-Maimuni s. Maimuni.
„Mose Dessaus" (Mendelssohns) deutscher Pentateuch s. Pentateuchübersetzung.
Mose di Trani s. Trani.
Moses Gerundensis c 162.
Mose Ben-Schem Tob de Leon, Kabbalist b 524, 528 ff.
Mose Ibn-Esra b 360 ff.
Mose Ibn-G'ikatilla b 341.
Mose Ibn-Tibbon b 490.
Mose Kimchi b 402; c 190.
Mose Kohen de Tordesillas b 597.
Mose Nachmani s. Nachmani.
Mose Narboni s. Narboni.
Mose Navarro, Oberrabbiner von Portugal b 611.
Mose, R. aus Coucy b 468, 488.
Mose, Schatzmeister in Spanien b 549.
Moser, Moses c 579, 590.
Moses de Cavarite b 402.
Mossul, jüd. Gemeinde b 414.
Muley, Abu-Abdallah (Boabdil) c 99.
Müller, Adam c 665.
Müller, Johannes c 329, 555.
Mulot, Abt c 526.
München, jüd. Gemeinde b 515, 580.
Münster, Sebastian c 158.
Münzen, jüdische 385, 396, 403, 419, 431, 581; b 69.
Münzer, Thomas c 242.
Munk, Salomo c 621 f.
Murad III. c 289 f.
Musa, mohammed. Statthalter v. Afrika b 238.
Musa, Stifter der Sekte der Akbariten b 262.
Musaphia, Benjamin Dionys c 331, 387.
Mutaziliten b 258 f., 288.
Muzaraber b 297, 358.
Mylitta, assyr. Göttin 166, 171, 288.
Mystik (der Gnosis) b 33 ff., bei den Juden b 345, 463.
Mystiker b 260 f., 310, 509.

N.

Naama, Salomos erste Frau 73.
Naasiten s. Ophiten.
Nabatäa 254.
Nabatäer 254, 310, 353, 382, 407, 408, 411, 413, 419, 427, 432, 439, 440, 472, 505; b 4.
Nabonassar 162.
Nabonad 233 ff., 240, 245.
Nabopolassar 185, 191.
Naboth 97 f., 107.
Nachasch, Ammoniterkönig 25, 30, 38.
Nachman Bar-Jakob b 126, 130.
Nachman Bar-Isaak b 151.
Nachman Ben-Samuel Levi c 455.
Nachmani b 462 ff., 477, 495 ff.; c 18.
Nachmanides s. Nachmani.
Nachod c 637.
Nadab, König v. Israel 91.
Nadhir s. Benu-N.
Nagaran, arab. Stadt b 205, 210.
„Nagid"-Oberhaupt, Titel b 325, 374, 418.
Nahardea, Stadt am Euphrat 407, 529 f.; b 112 ff., 123, 166. — Lehrhaus in b 115 ff.
Nahar-Pakod, Stadt b 90.
Nahum, Prophet 191.
Nahum aus Gimso (Nehemia aus Emmaus) b 49.

Naphthali, Stamm 130, 142.
Napoleon I., Kaiser c 519, 533, 542 ff., 545, 548, 552, 563, 566.
Narbata 571.
Narboni, Mose (Maestro Vidal) b 566, 570 f.
Narbonne, jüd. Gemeinde b 192, 199, 263, 401, 461.
Narbonne, Lehrhaus in b 315 f.
Narcissus, Günstling Kaiser Claudius' 525.
Nasiräer 96, 107, 112.
Nasor (Nazor) b 122.
Naßi, Titel 404; b 18; c 551.
Nassi Gracia s. Mendesia.
Nassi Joseph s. Joseph, Herzog von Naxos c 270.
Nassi, Samuel c 262.
Nathan, R. b 85, 90 ff.
Nathan, Prophet 47, 56, 67 f., 69.
Nathan, Ghazati, sabbataïscher Pseudoprophet s. Levi.
Nathan, Richter u. Schulhaupt zu Cordova b 296.
Nathan Ben-Jechiel b 346.
Nathan Ben-Jsaak Kohen b 295.
Nathanael, R. (Hibat-Allah Jbn-Algami), Leibarzt b 418.
Natroj Kahana, Gesetzeslehrer b 246.
Natrona, Pseudomessias b 143.
Natronaï Ben-Chabibai b 254.
Natronaï II., Gaon von Sura b 276.
Natronaï Ben-Nehemia, genannt Mar-Janka b 245.
Navarra, jüd. Gemeinde b 560 f.
Nazaräer 501, 502, 547, 548 f., 552, 555 ff.; b 26 f., 32.
Nazareth 488 f., 492, 497, 501, 590; b 185.
Neander, August c 616.
Neapel, jüd. Gemeinde 529; b 189, 190 f.
Nebo 245.
Nebukadnezar 185, 191 ff., 196 ff., 203 f., 205, 207 f., 212 f., 216 ff., 220, 222, 224, 226, 229, 246, 257.
Nebusaradan 213, 216, 222.
Necho, Sohn Psammetichs 185, 186 f., 191.
Nechunja Ben-Hakana b 476.
Nechunjan (Achija), Exilarch b 91.
Nechuschtha, Mutter des Königs Jojachin 197.
Negro, Don David b 605 ff.
Negro Jbn-Jachja c 95.
Nehemia, Mundschenk Artaxerxes' und Statthalter von Juda 262 bis 270, 272, 278, 280, 314, 373, 479.
Nehemia, Sohn Kohen-Zedeks b 295.
Nehemia, Aschkafa b 324.
Neidhard, Julius, Jesuit c 409.
Neïth, ägyptische Göttin 187, 190, 223.
Nepi c 550.
Neriglissar 229.
Nero 553, 562, 565 f., 569, 570, 574, 577, 588, 592, 600, 601.
Neronias s. Cäsarea Philippi.
Nerva b 59.
Nestorianer b 177, 226.
Nethinim, Tempelsklaven 226.
Netira aus Bagdad b 279.
Netter, Charles c 637.
Neuchaßidäer c 498, 502.
Neuchristen in Spanien und Portugal s. Marranen.
Neuchristen c 232.
Neuhebräisch 386.
Nibridius, Bischof v. Narbonne b 269.
Nicäa, Konzil zu b 138 f., 164.
Nieto, David, zu London c 430.
Niger, der Peräer 578.
Niger, Pescennius b 102.
Nikanor, Arabarch 445, 452.
Nikanor, Tribun 590.
Nikanor, Unterfeldherr des Ptolemäus 335, 347 f.
Nikanortag 348.
Nikanortor 452.

Nikaso, Tochter Sanballats 270, 272.
Nikolai c 473 ff., 498, 513.
Nikolaiten b 29.
Nikolaos von Damaskus, Geschichtsschreiber 436, 449, 454, 459.
Nikolas, Edward c 352.
Nikolas, Mönch b 300.
Nikolaus III., Papst b 493, 504.
Nikolaus V. c 45, 46, 49, 55, 67.
Nikolaus (Donin), Apostat b 486 ff.
Nikolaus, Spitzname für Paulus b 29.
Nikolaus Cusanus c 47 f.
Nikolaus, russischer Kaiser c 609 f., 618.
Nikolosia (auf Cypern) c 273.
Nil 365, 445, 527.
Ninive 146, 149, 154, 156, 164, 171, 185, 191
Nischabur b 415.
Nisibis 407, 530; b 59 f.
Nissan, Mardochaï Ben- c 422.
Nissi, Naharwani b 280, 284.
Nissim, R., in Kairuan b 326.
Nissim Gerundi Ben-Rëuben, R., b 591.
Noachidische Gesetze 521.
Nob, Stadt 24, 38, 51.
Noël c 531 f.
Noëmi 260.
Northampton, jüd. Gem. b 518.
Norwich, jüd. Gemeinde b 410.
Notabelnversammlung in Paris c 546.
Nowak, Peter, Bischof von Breslau c 50.
Nuenar, Graf von c 175.
Numenios 374.
Nun, Vater Josuas 3.
Nuñes, Duarte da Costa c 331.
Nuñes, Jakob Ibn- c 60, 84.
Nuñes, Henrique c 201 f.
Nuñes, Lope c 328.
Nuñes, Manuela de Almeida c 432.
Nureddin, Herrscher der Türken b 379.
Nürnberg, Juden von b 381, 540 f., 580; c 143 f.

O.

Obadjah, Palastaufseher 97 f.
Obadjah, Prophet 223.
Obadjah Abu-Isa aus Isfahan b 245 f., 247.
Obadjah, Chazarenkönig b 256.
Obeda 400.
Oberrat in Baden c 557.
Ochus s. Artaxerxes III.
O'Connel c 618.
Octavia, Gemahlin Marc Antons 504 f.
Octavian Augustus 430, 432 f., 439 f., 444 f., 447, 449 f., 453, 454, 455, 456, 458 f., 465 f., 467 f., 472, 473 f., 481, 483 f.
Odenath von Palmyra 122 f.
Ölberg 10, 48, 564, 604.
Österreich, Juden in c 560.
Offenbarung 16, 111, 177, 217; b 438 f.
Offenbarung Johannis b 29 f.
Og 3, 12.
Oldenburg, Heinrich c 397.
Oliger, Pauli c 417.
Olympische Spiele 316 f.
Omar, Kalif 221, 222 f., 224 ff., 238.
Omar II., Kalif 244.
„Omarbund" b 238, 244, 275.
Omejjaden b 232, 238.
Omri, König v. Israel 91 bis 94, 101, 111.
Omriden 94, 100, 102, 104 ff., 110, 112, 113 f., 115, 127, 166.
Onias I. 295.
Onias II., Sohn Simons d. Gerechten 297, 305.
Onias III., Sohn Simons II. 310 f., 316, 318 f., 345, 361.
Onias IV. 362 bis 365, 370, 372, 383 f., 399, 512.
Onias (Menelaos) s. Menelaos.

Onias, Einsiedler 412 f.
Oniastempel 363 ff.; b 6.
Onion 364 f., 383, 424.
Onkelos (Akylas) b 55.
Opfer für römische Kaiser 453, 574.
Opferwesen 15, 136, 147, 177 f., 283 f.; b 10, 12, 152.
Ophel s. Ophla.
Ophir s. Indien.
Ophiten (Naasiten) b 34.
Ophla 48, 51, 547, 576, 595, 609.
Oppenheim, Samuel c 424.
Orabuena, Joseph c 5.
Oranien, Wilhelm v. c 274, 312.
Oranier c 321.
Ordination b 21, 78.
Orestes, Präfekt v. Alexandrien b 161 f.
„Orient, der" c 622.
„Orient, biblischer" c 588.
Orléans, jüd. Gem. b 192; Konzilien b 194.
Orléans, Herzog von c 303.
Orobio, Isaak de Castro c 387, 430.
Oropesa, Alfonso de c 83.
Orpheus 531.
Orthodoxe s. Altfromme.
Ortuin Gratuis c 150 ff., 171, 179.
Osiris 2.
Osius, Bischof v. Cordova b 198.
Osorio, David c 323.
Osroëne, Teil Babyloniens b 112.
Osterfeier b 139.
Othman, Kalif b 226.
Otho, Kaiser 601.
Otto I., deutscher Kaiser b 300, 316 f.
Otto II., deutscher Kaiser b 317.
Ottolenghi, Joseph c 263.
Otto Heinrich, Herzog von Neuburg c 239.
Ozair (Esra) b 217.

P.

Paalzow c 539.
Pablo Christiani, Apostat b 495 ff, 502; c 8.
Pacheco, Juan de c 60.
Pacorus 430 f.
Palästina 1, 118 f., 258, 274, 299, 308, 316, 361 f., 393, 436, 478, 517, 525, 564, 581, s. auch Judäa; b 224, 248.
Palästina, Juden in b 62 ff., 185 ff., 206, 232 f., 242, 374, 414, 484, 500; c 60, 226.
Palastaufseher 80, 131, 152.
Palermo, jüdische Gemeinde b 189, 483.
Pallache, Samuel c 312, 314.
Pallas, Günstling des Kaisers Claudius 525, 562, 564.
Palmerston, englischer Minister c 615.
Palmyra 80; b 122 ff.
Paltiel 44.
Paltoï Ben-Abaji, Schulhaupt b 275.
Pampeluna, jüd. Gemeinde b 561.
Panias 467.
Panion, Bergstadt 306.
Papa, Schulhaupt b 151.
Papa Bar-Nazor s. Odenath.
Pappos Ben-Juda b 79.
Pappos, Leiter des Aufstandes unter Trajan (Schemaja) b 60, 63 f., 81.
Paradies (Eden) 286.
Pardo, David c 323 f.
Pardo, Joseph c 318.
Pardo, Josiahu c 326.
Paris, Konzil zu b 195.
Paris, jüd. Gemeinde b 376, 406 f.
Parium 426.
Parnassim c 531.
Paruta c 301.
Parschandata, Beinamen Raschis b 345.
Parther 407, 422, 430 ff., 437; b 103.
Parthien 331, 380, 422, 529; 544, 588; b 59, 63, 103.
Pascha-Streit b 139, 182.
Pasquier c 547.

Passahfest, Passahabend, Passahlamm 153, 184, 281, 442.
Passahfest, Beschuldigung wegen s. Blutbeschuldigung.
Patriarchen 2.
Patriarchat b 18, 136 f., 156 f., 160 f.
Patriarchensteuer (Apostole) b 109, 144, 157, 160, 163.
Patricius s. Natrona.
Paul III., Papst c 217, 219, 222, 224 f., 269.
Paul IV. c 223, 249 ff., 252, 260, 305, 308.
Paul, Jean c 573.
Pauli, Oliger c 417.
Paulus s. Saulus.
Paulus (Pablo) Burgensis de Santa Maria c 3, 7, 11.
Pawliuk, Kosakenhetman c 384.
Paz, Enrique (Antonio Enriquez) der jüdische Calderon c 385.
Pechah, Landpfleger 253.
Pedro der Grausame von Kastilien b 586 ff.
Pedro de la Caballeria der Ältere c 62.
Pedro der Jüngere c 64.
Pedro de Luna, Kardinal s. Benedikt XIII. b 598.
Pedro Lopez de Ayala b 591.
Pedro Oligoyen, Franziskaner in Navarra b 561.
Pedro, Regent von Portugal c 413.
Pedro de Toledo c 141 f.
Peel, Robert c 617.
Peixotto, Charles c 528.
Pekach, König von Israel 131, 133, 139 ff., 144, 147.
Pekachja, König von Israel 130.
Pelham c 463.
Pella, Stadt 416.
Pelusium 161, 424.
Penso, de la Vega, Joseph c 385, „hundert und fünfzig Psalmen und hebräische Dramen" c 586.
Pentateuch, Fünfbuch siehe Thora, Gesetzbuch.
Übersetzung desselben c 484.
Pentekaka b 135.
Peräa 341, 395, 458, 467, 471, 482, 508, 517, 595, 599 f.
Pereira, Rodrigues (Jakob) c 466 ff.
Pergamum 307, 315, 355, 407, 418, 423.
Peringer von Lilienblad, Gustav c 421.
Pernambuco, Gemeinde c 331 ff.
Pero Ferrus, Don c 2.
Perôz-Schabur, Stadt b 113, 179, 226.
Perôz, König von Persien b 169.
Perpignan, jüd. Gemeinde b 534 f., 539, 547.
Perser 284 ff., 288 f.
Perseus, König von Mazedonien 320, 323.
Persien (Babylonien), Juden in 256 f., 294, 407, 530.
Pesaro c 260.
Peschitta, syrische Übersetzung der heiligen Schrift b 147.
Petachja aus Regensburg b 417.
Peteau c 525.
Peter von Amiens b 347 f.
Peter von Clugny, Abt b 379 f.
Peter Schwarber b 577.
Peter, R., der Toßafist b 382.
Peternoy, Sancho de c 90.
Peters, Hugh c 358.
Petit, Guillaume Haquinet c 178, 190.
Petra, Stadt 254, 412.
Petronius, Statthalter 516 f., 521.
Petrus (Simon Kephas) 492, 495, 498, 502, 549 f., 555 f.; b 29.
Peutinger c 175.
Peyret aus Chambéry, R. b 575.
Pfefferkorn, Joseph c 150 ff., 161 ff., 171, 174, 177, 179, 181, 241.

Pfizer c 600.
Pforte der Pforten (bei Derbend) b 255.
Pfortenrichter, Titel 127.
„Phädon“ Mendelssohns c 475 f.
Pharaonen 3, 73, 138, 224.
Pharisäer 387 ff., 394 ff., 400 bis 408, 411 f., 420, 441, 450, 457, 584.
Pharisäer mit übler Bedeutung 389; b 33.
Pharos, Insel 366
Pharsalus 423.
Phasaël, Bruder Herodes' 427, 429 ff.
Phasaëlis, Stadt 467.
Pheroras, Herodes' Bruder 455 ff.
Phiabi, Familie 450, 559.
Philadelphia 378, 416.
Philanthropin c 624.
Philipp, König von Mazedonien 305.
Philipp, Sohn Herodes' 467, 473, 482 f., 495, 507, 564.
Philipp, Bathyrener 575.
Philippi 430, 530, 553.
Philippion 422.
Philippos, Phrygier 327.
Philippos, Vormund Antiochus' V. 342, 344.
Philippos, der Araber, röm. Kaiser b 108.
Philipp August, König von Frankreich b 405 ff., 446 f.
Philipp IV. der Schöne, König von Frankreich b 520, 523, 544 ff.
Philipp V. von Frankreich b 550 ff.
Philipp VI. von Frankreich b 560.
Philipp II. von Spanien c 195, 252, 274, 278, 304, 311 f., 315 f.
Philipp III. von Spanien c 316 f.
Philipp IV. von Spanien c 410.
Philister 13, 17 bis 20, 21, 24, 25, 28 ff., 35 f., 38 ff., 42 f., 47, 48 bis 51, 74, 155, 171, 212, 300, 308, 336, 340, 357.
Philisterland (Philistäa) 13, 120, 155 f., 170 f., 194, 331, 337, 341.
Philo, jüd. Philosoph 514 f., 518, 519, 522 f., 526, 538 bis 543, 544, 553.
Philometor s. Ptolem. Phil.
Philopator s. Seleukus.
Phokas, oström. Kaiser b 185 f.
Phönikien 1, 73, 75, 80, 92 f., 148, 156, 171, 194, 215, 224, 225, 249, 253, 288 f., 290, 299, 311, 316, 335.
Phönikier 9, 13, 25, 58, 75, 79, 82, 117, 129, 171, 199, 234, 300, 340.
Phokylides, Pseudo- 533 f.
Phraortes, König von Medien 170 f.
Phrygien 407.
Phul, König Assyriens 129 f., 140.
Physkon s. Ptol. Physkon.
Picciotto c 612.
Pichon, Don Joseph b 596, 603.
Pichon, Salomon c 64.
Pico di Mirandola, Giovanni c 69 f., 157, 263.
Pietro Caraffa s. Paul IV., Papst.
Pijutim, Teil der Liturgie b 242.
Pilatus, Pontius s. Pontius.
Pilpul, talmudische Haarspalterei c 293.
Pimentel, Manuel (Isaak Abenuacar) c 318.
Pina, Paul de, (Rohel Jesurun) c 317, 321.
Pinczowianer s. Socinianer.
Pinedo, Thomas de c 386.
Pinehas, Enkel Ahrons 7, 18, 402, 477.
Pinehas Ben-Samuel 597
Pinehas, Sohn Elis 18
Pinehas, Führer der Idumäer 598.
Pinehas Ben-Jaïr, R. b 99 f.
Pinehas Ibn-Azura, jüd. Gegner Mohammeds b 215 f.

Pinheiro, Diogo c 209.
Pinheiro, Mose c 390.
Pinto (Abraham), Begründer der jüd. Gemeinde Rotterdam c 326.
Pinto, Ahron de c 444 ff.
Pinto, David 326.
Pinto, Diego Rodrigues c 217.
Pinto, Isaak c 465 f.
Pinto, de c 433.
Pires, Diogo (Molcho, Salomo) c 206 ff., 209 ff.
Pirkheimer, Willibald c 144, 175.
Pisidien 398.
Pitholaos, Feldherr 421 f.
Pius IV. c 266 f.
Pius V. c 268, 274, 281, 305.
Pius VII. c 566 f.
Pius IX. c 636.
Placidus 593.
Plantavicius, Jakob c 368.
Plato 534.
Plethi 52, 61, 69.
Plotina, Gemahlin Trajans b 63.
Poesie, althebräische (biblische) 24, 52, 72, 123, 163, 200, 213 f., 277, 304 f., 479 ff.
Poesie, neuhebräische b 240 ff., 304 ff., 360 ff., 362 ff., 478 ff.
Poetan, poetanische Poesie b 240.
Polak, Jakob c 128, 145, 293.
Polemon, König von Cilicien 524, 558.
Polen, Juden in b 346; c 145, 298, 337 ff., 344 f.
Polnische Schulmeister c 484.
Polonnoie, Festung c 342.
Pompejaner 422, 424.
Pompejus 413 ff., 418, 421 ff., 434.
Pompejus, Cnejus Longinus b 46.
Pompta Bibliotheca c 612.
Poniatowski, Stanislaus c 503.
Pontius Pilatus 483 f., 498 f., 503 f.
Pontus 525.
Popillius Länas 323.
Poppäa Sabina, Kaiserin 566 f., 568, 569, 584.
Portaleone, Guglielmo c 66.
Portalis c 547.
Portugal, Juden in b 505, 604 f.; c 572.
Portugiesen von Bordeaux s. Bordeaux.
Posidonios, Vertrauensmann Nikanors 347.
Posidonius aus Apamäa 508.
Potocki c 338.
Prag, jüd. Gemeinde b 347, 354, 607; c 144 f.
Prag c 264, 448.
Predigt 368, 538; b 134, 138, 143, 165 f., 266.
Priestersegen 282.
Primaten b 157, 163.
Primo, Samuel c 395.
Prinz von Wales, der schwarze Prinz (Eduard) b 593.
Prixotto, Charles c 528.
Profiat (Profatius) = Jakob Ben-Machir Tibbon b 537 ff.
Profiat Duran c 6 f., 9.
Propheten 2 f., 20 ff., 47, 56, 96 f., 100, 102 ff., 121, 122 ff., 133 ff., 146 f., 173 ff., 189 ff., 193, 234 f., 252 f., 271 f., 283.
Propheten, kleine 283.
Prophetenjünger 96 f., 100, 103 f., 105, 112, 122, 193, 227.
Prophetennamen, von den Gnostikern erfundene b 35.
Prophetensammlung 283.
Prophetenorden der Leviten 24.
Prophetentum 56, 128, 272.
Proselyten 232, 249, 254 f., 258 ff., 476, 481 ff., 544 ff., s. a. Judentum, Übertritt zum; b 22, 43, 52 ff., 106, 113, 133, 417, 517.
Proselyten in Rom b 55 f.
Prosbol 443.
Protestanten s. Reformation.
Protestantismus s. Reformation.
Prynne, William c 360 f.
Psalmen 24, 52, 137 f., 163, 247 f., 250, 281, 290, 405 f.

Psalmendichter 24, 137 f., 227.
Psalmen Davids 68, 480.
Psalm, Dank- 519.
Psalter 227, 480 f.
Psammetich, König von Ägypten 170, 171, 185.
Psammis, König von Ägypten 203.
Pseudo-Messias s. Messiasse, Pseudo-.
Psusennes, König von Ägypten 73.
Ptolemaïs (Akko) 355 ff., 359, 398, 505, 588, s. a. Akko.
Ptolemäus, Fürst von Chalkis 422, 430.
Ptolemäus I. Soter mit dem Beinamen Lagi 293 f., 296, 361.
Ptolemäus II. Philadelphus 297, 535.
Ptolemäus III. Euergetes 297, 299.
Ptolemäus IV. Philopator 299 ff., 303, 305, 513 f.
Ptolemäus V. Epiphanes 303, 306, 310, 320.
Ptolemäus VI. Philometor 320 f., 322, 357, 361 ff., 369, 383, 445.
Ptolemäus VII. Physkon (Euergetes) 320 f., 322, 383, 369 f., 380, 512.
Ptolemäus VIII. Lathuros 383 f., 398 f.
Ptolemäus, Feldherr des Antiochus 306 f.
Ptolemäus, Sohn des Dorymenes 335.
Ptolemäus Makron 342 f.
Ptolemäus, Bruder des Nikolaus von Damaskus 449, 467.
Ptolemäus Ben-Habub 377 f.
Pucci, Antonio c 212, 216 f.
Pucci, Lorenzo c 211, 212.
Pufendorf, Johann c 422.
Pullanen b 374.
Pulcelina aus Blois b 395.
Pumbadita b 113; Lehrhaus in b 125, 145 ff., 166, 179, 228 ff., 251, 275 ff., 308 ff.
Punktatoren b 178 f.
Puritaner c 350 ff., 354 f.
Pydna 323.

Q.

Quadratus, Ummidius, Statthalter 563.
Quadratus, Kirchenlehrer b 82.
Quemadero c 81, 83.
Querido s. Zewi.
Quietus, Lusius, Feldherr b 62.
Quirinius, Statthalter 474, 477 f.

R.

Rab, histor. Name Abba-Arekas b 115.
Raba Bar-Joseph Bar-Chama b 148 ff.
Rabaud Saint-Etienne c 524.
Rabba Bar-Chana b 97, 115.
Rabba Bar-Mathana b 147.
Rabba Bar-Huna b 128.
Rabba Ben-Nachmani b 145 f.
Rabbana, Beiname R. Aschis b 166.
Rabban, Joseph b 170.
Rabbaniten b 250 f., 276 f., 281 ff., 342, 355; c 57.
Rabbat-Ammon (Philadelphia) 378 f.
Rabbinat der drei Gemeinden c 450.
Rabbinatsverweser c 585.
Rabbiner c 434.
Rabbinerschulen c 585.
Rabbinerversammlung in Braunschweig c 625.
Rabbinerversammlung in Frankfurt am Main c 628.
Rabina, der letzte Amora b 170 f.
Rabschake, Sprachkundiger Sancheribs 159.
Rachel, jüd. Schauspielerin c 636.
Radziwils, Familie der 301.
Radziwil, Fürst c 371.
Ragaba, Festung 402.

Ragesch (Razis) 348.
Rahel Formosa, Geliebte Alfonsos VIII. von Kastilien b 398.
Rakoczy, Fürst c 345.
Rama 21, 22, 212, 217.
Ramadhan, der mohammed. Fastenmonat b 216.
Rami (R. Ami), Bruder des R. Juda Bar-Jecheskel 129.
Ramler c 513.
Ramot-Gilead 101 f., 105 f.
Ramon Berenguer IV. von Aragonien und Katalonien b 398.
Rapoport, Salomo Jehuda c 597 f.
Raphael, Engel 285.
Raphael, Sabbataï c 394.
Raphia, Stadt 401.
Raschbam, Samuel Ben-Meïr b 377.
Raschi (Salomo Jizchaki) b 344 ff., 356, 376; c 162, 192.
Ravenna b 165, 189, 191.
Ratti-Menton c 609 ff.
Raymond V. von Toulouse b 405.
Raymond VI. von Toulouse b 405, 449 f.
Raymond Trencavel, Vicegraf von Beziers b 402.
Raymund de Peñaforte b 457, 495 ff.
Raymum Martin, Dominikaner b 498, 507.
„Rebben“ c 504.
Reccared, westgot. König b 199 f.
Receswind, westgot. König b 234 f.
Rechab 96.
Rechabiten 136.
Reform des Judentums c 584, 626.
Reformation Luthers c 188 ff., 198.
Reformpartei c 583, 623.
Reformfreunde c 624.
Reformgenossenschaft in Berlin c 627.
Reformtempel-Verein c 584.
Regensburg, jüd. Gem. b 264, 514, 580; c 49, 74 f., 76, 144, 182.
Regensburg, Reichsdeputation in c 537.
Reggio c 602.
Regnault, Rabbiner und Schriftsteller c 545.
Rehabeam 84 ff. 91.
Reimarus, Elisa c 481, 485.
Reimarus, Hermann Samuel c 480 f.
Religionskodex Maimunis b 429 ff., Jakob Ben-Aschers b 567 f.
Religionsphilosophie, jüdische 240, 540 ff.; b 287 ff., 331 ff., 365 ff., 387 f., 425, 435 ff., 569 ff.
Religionszwang s. Zwangsbestimmungen.
Remonstranten c 319.
Rephaim, Tal und Wald 49, 64 f.
Resche-Kalla b 127, 230.
Resch-Metibta b 127.
Reuchlin c 156, 162, 166, 170, 172 ff., 176 f., 178 f., 181, 184, 186, 191, 195, 236, 249, 263.
Reuchlinisten s. Humanisten.
Revolution, französische von 1792, c 520; — von 1830 c 589 ff.
Reyna, Naßi, Frau des Joseph von Naxos s. u. Mendes.
Rezin, König von Damaskus 131, 140 ff.
Rezon, Diener Hadadesers 83.
Rhabanus Maurus, Abt von Fulda b 265 f.
Rheingegend, Juden der b 196.
Rhinokolura (Rhinokorura) Strom Ägyptens 13, 197.
Rhodus, Juden in c 613.
Rhunsburger oder Kollektanten c 378.
Ribkes, Mose c 346.
Ribla, Stadt 186, 212, 216.
Richard Löwenherz b 407, 408 ff., 434.

Richelieu c 466.
Richter (Schoftim) 16, 18.
Richter, Buch 283.
Richtung beim Gebet b 206, 215.
Riccio, Paul c 184.
Rimmonebene im Tale Jesreel b 65.
Rieß, Familie c 412.
Rießer, Gabriel c 599, 625.
Rießer, Lazar c 586.
Ritualgesetze 554; b 439, 474 f.
Rizpa, Kebsin Sauls 44, 53.
Robert von Anjou b 554, 559.
Robert de Reddingge b 517.
Robespierre c 526, 530.
Robles, Rodrigues Antonio c 357.
Roderich, letzter König der Westgoten b 237.
Rodokos 343.
Rodrigo Cid b 341.
Rodrigues, Mayor c 313, 315.
Rogel, Quelle s. En-Rogel.
Roger II. von Neapel und Sizilien b 413.
Roger von Beziers b 402, 449 f.,
Römer 307 f., 315, 322 f., 348, 357, 363, 474 f., 380, 383, 409, 413 ff., 419, 420 ff., 429, 430 ff., 433 f., 438 f., 444 f., 453 ff., 456, 469 f., 471 ff., 481 ff., 503 ff., 506, 515 ff., 521, 523 ff., 534, 557 ff., 570 ff., 578 ff., 587 ff.; b 1 ff., 57 ff., 63 ff., 102 f., 107 f., 130 ff., 152 ff., 156 ff.
Römlinge 560, 580.
Ronge c 627.
Rom 308, 315, 361, 417 f., 420 f., 423, 426, 429, 445, 456, 458, 469, 482, 504, 506, 512, 525, 528 f., 566 f., 569, 584, 600 f.; b 2 f., 57 f., 253, 338, 391, 412, 452, 553 ff., 559; c 110, 252.
Romantische Schule c 565.
Rosales, Imanuel c 331.
Rothschild c 665, 572.
Rothschild, Nathaniel c 614.
Rouen, Juden in b 349.
Ruben (Rëuben), Stamm 6, 12, 114.
Rudolph, franz. Mönch b 380 ff.
Rudolph von Habsburg b 513 ff.
Rudolph II. c 266, 305.
Rüdiger Huozmann, Bischof von Speyer b 347 f.
Rühs, Friedrich c 566.
Rufinus, Kämmerling Arkadius' b 159.
Rufus, Reiterhauptmann 470.
Rufus, Tinnius („Tyrannus Rufus" in den jüd. Quellen), Statthalter in Judäa b 68, 75, 78 ff., 83 f.
Rundköpfe s. Puritaner.
Russen b 255, 302 f.
Ruth, Buch 260 f., 305, 290.
Ruthard, Erzbischof von Mainz b 352.

S.

Saad-Addaula, jüd. Staatsmann in Bagdad b 513, 515 f., 520 ff.
Saadia Ben-Joseph b 281 bis 292, 304; seine Glaubensphilosophie 287 ff.
Saba, Abraham c 124.
Sabäa 81.
Sabako, König von Äthiopien 138, 140.
Saburäer b 176.
Sabbaï, Samaritaner in Alexandrien 369.
Sabbataï Zewi s. Zewi.
Sabbatianer c 399; in Salonichi (Dönmäh) c 454.
Sabbatianische Schrift „der Glaube des All" c 493.
Sabbatianischer Taumelgeist in Polen c 455.
Sabbatianische Theorie c 399.
Sabbatfeier 256, 268, 273, 280 ff., 293, 324, 327, 329, 353, 356,

391, 415, 426, 442, 475, 513, 538, 543.
Sabbatjahr (Erlaßjahr) 180 f., 277, 292, 343 f., 424, 443, 519, 539, 543; b 22, 99 f., 109.
Sabbathosis 510.
Sabinus, Schatzmeister Augustus' 469 ff.
Sachs, Michael c 601, 630.
Sachsen, Juden in c 560.
Sadduzäer 387 f., 389 ff., 394 ff., 397, 399 f., 403 f., 406 ff., 409, 411, 441, 464, 480, 567.
Sadduk s. Zadok.
Sadolet von Carpentras c 217.
Safet b 512; c 134, 226, 280, 286.
Sahal Al-Tabari, gen. Rabban, jüd. Arzt und Mathematiker b 257.
Sahal Ben-Mayliach Kohen, Karäer b 293.
Sais, Stadt 138, 221.
Sakkaï Ben-Achunaï b 254.
Saken s. Skythen.
Saladin b 407, 426, 433 f.
Salamis, Hauptstadt Cyperns b 61.
Sallam Ibn-Mischkam b 219.
Salman (v. Liadi) c 505.
Salmanassar 148, 154, 162.
Salome Alexandra 399, 402 f., 406, 408 ff.
Salome, Schwester Herodes' I. 438, 446, 455 ff., 466 f., 473, 506.
Salomo, König 57, 69, 70 bis 84, 93, 120, 141, 157, 192, 378, 396, 453, 479 f.
Salomo Levi aus Burgos s. Santa Maria und Paulus Burgensis.
Salomo Ibn-Alkonstantini b 464.
Salomo Ibn-Farußal b 357.
Salomo Jizchaki s. „Raschi" b 344 f.
Salomo Petit, Kabbalist b 508 ff.
Salomo Alami b 602.
Salomo, Exilarch, Nachkomme Bastonaïs b 246.
Salomo, Exilarch unter Mohammed Almuktafi b 414.
Salomo, Finanzverwalter Leopolds von Österreich b 411.
Salomo Romano, Enkel des Elia Levita c 250.
Salomo, Fürst der arab. Juden von Talmas b 416.
Salomo der Ägypter, Leibarzt d. byz. Kaisers Emanuel b 413.
Salomo Ben-Abraham, R. von Montpellier b 460 f., 465 ff.
Salomo Ben-Abraham Ben-Adret b 501, 506 ff., 526, 536 f.
Salomo de Vesou b 601.
Salomon Ben-Jehuda Ibn-G'ebirol b 328 ff., 450.
Salomon Ben-Jerucham, Karäer b 283, 293.
Salomon Ibn-Sakbel, Dichter b 360.
Salomon Ibn-Almuallem aus Sevilla, Leibarzt des Kalifen Ali b 357.
Salomon Kohen, Jünger Maimunis b 426.
Salomon, Gotthold c 584.
Salomons c 614.
Salomosklaven 74, 226, 227.
Salonichi, Juden in c 137, 260, 391.
Salzsee 8.
Samach 545.
Samaël, Todesengel 285.
Samaria s. Israel, Zehnstämmereich; 169, 218, 220, 261, 275 f., 291 f., 293 f., 300, 306, 356, 382 ff., 416, 434, 445, 447, 457, 467, 473, 517, 562 f.
Samaritaner (Chutäer) 169, 249, 250 f., 254 f., 260 ff., 268, 270, 272, 274 bis 276, 279, 282, 291 ff., 308, 336, 364, 368 f., 381 f., 384, 387, 467, 473, 483, 504, 562 ff.,

580, 591; b 65, 68, 88, 102 f., 132, 160, 182.
Samarkand, jüd. Gemeinde b 415.
Samega, Stadt 382.
„Sammler“ s. Meassef.
Samosata, Festung 433.
Samuel, Prophet 20 bis 29, 31 bis 34, 35, 37 f., 43, 46, 52, 72, 90, 123, 137, 147, 173, 218.
Samuel, Buch 164, 283.
Samuel, Gesetzeslehrer s. Mar-Samuel.
Samuel Ben-Chofni, Gaon von Sura b 321.
Samuel Ben-Jechiel, Märtyrer b 353.
Samuel b. Meïr Allavi, D., Finanzminister b 587 ff.; c 106.
Samuel Ben-Salomo, R. von Château-Thierry b 488.
Samuel Ibn-Adija, Dichter b 212 f.
Samuel Ibn-Chasdaï Halevi aus Barcelona b 391.
Samuel Ibn-Nagrela, der Fürst b 320, 322 ff.
Samuel Ibn-Tibbon b 404, 443, 482 f.
Samuel Ibn-Verga c 247.
Samuel Ibn-Wakar b 560 ff., 565.
Samuel Sulami aus Perpignan b 535 f.
Samuel Ben-Meïr b 377, 392.
Samuel Ben-Ali Halevi, Talmudist in Bagdad b 417, 433, 435.
Samuel Abrabanel b 596.
Samuel der Jüngere b 38.
Samuel, Günstling und Schatzmeister Ferdinands IV. b 548 f.
Sanaa, altarab. Handelsort b 204, 416.
Sanballat, samaritan. Häuptling 255, 260 ff., 270, 272, 274 f., 289.
San Benito c 83.
Sancherib, König von Assyrien 156 ff., 159 f., 161 f., 163, 168.
Sanchez, Juan Pedro c 90.
Sancho IV., D., König von Aragon b 504, 523.
Sancho Ramirez, König von Leon b 299.
Sand, Karl c 571 f.
Sangisa, Schwester des Papstes Johannes XXII. b 558 f.
San Martin Juan de c 80 f.
Santa Fé, Francisco de c 24, 90.
Santa-Fé, Geronimo de s. Lorqui.
Santa Cruz, Gaspar de c 91.
Santa Maria, Alfonso de c 41 f.
Santa Maria, Alvar Garcia c 41.
Santa Maria, Alvar Sanchez c 41.
Santa Maria, Gonzalo de c 24, 41 ff.
Santa Maria, Pedro de c 41.
Santa Maria, Pedro Suarez c 41.
Santa Maria, Paulus de c 3 ff., 8, 11, 15, 33.
Santangel, Luis de c 90.
Santiquatro, Kardinal s. Pucci, Antonio.
Santob de Carrion, jüd. Dichter b 567, 587.
Sara, Frau des Pseudomessias Sabbataï c 392 ff., 436.
Saragossa b 270, 322, 327, 464.
Saragossi, Joseph c 130, 134 f.
Saramalla 433.
Sardanapal, König von Assyrien 185, 202.
Sardes, Juden in 307, 422 f., 426, 454.
Sardinien 482.
Sarkel, Chazarenfestung b 303.
Sarmiento, Diego de, Großinquisitor c 415 f.
Saron, Ebene 6, 10.
Sarrão, Thomé c 218, 363.
Sartaba, Berg 402, 564.
Saruk, Israel c 288.

Sasportas, Jakob c 356, 397, 403.
Sassaniden b 121 f.
Satanow c 456, 509.
Saturninus, Senator 482.
Saul, König 5, 27 bis 41, 43 f., 51, 53, 60, 74, 230, 329.
Saulus (Paulus), Apostel 547 ff., 550 bis 557; b 25, 26 f., 29.
Saurim, Bruder Rabas Bar-Joseph b 149.
Scaliger, Joseph c 326, 348.
Scaurus, Legat des Pompejus 413 f., 419.
Schäbs s. Frenks.
Schabur I., Sassanidenkönig b 122.
Schabur II., Sassanidenkönig b 146, 151, 155.
Schachna, Salomo c 293, 296 f.
Schaïch (arab.) = Häuptling b 205.
Schalal, Isaak Kohen c 130 f.
Schallum s. Jehoachas.
Schallum, Sohn Jabeschs 127.
Schallum, Mann der Prophetin Hulda 183.
Schalom Schachna s. Schachna.
Schaltiel, Kahija c 137.
Schaltjahr 153 f., 520; b 84.
Schama, Krieger Davids 49.
Schammaï, Stellvertreter Hillels I. im Synhedrion 443 f., 450, 474 f.
Schammaïs Schule 444, 475 ff., 478 f., 480, 486, 488, 489, 491, 497, 573, 581; b 17 ff., 32.
Schaphan, Familie 175, 182, 198, 212, 216.
Scharbarza, pers. Feldherr b 185.
Schear-Jaschub, Sohn Jesaias 134.
Scheba, Benjaminite 66 f.
Schebna, Palastaufseher 152, 157.
Schebna, Bruder Hillels 440.
Schechanja 259.
Schefaram, vorübergeh. Sitz des Synhedrialkollegiums und Lehrh. in Babyl. b 96.
Scheinchristen in Spanien unter den Westgoten b 234 f.
Scheinchristen s. Marranen.
Scheinmohammedaner b 385 f.
Schemagebet 282.
Schemaja, Prophet 87.
Schemaja, Führer der aufständischen Juden unter Trajan s. Pappos.
Schemaja, Schüler Simon Ben-Schetachs 420, 428, 432, 434, 435, 440 f., 442.
Schemaja Nachlami 204.
Schemaria Ben-Elchanan aus Sura b 295.
Schemaria Ikriti, Verfasser eines Bibelkommentars b 554.
Schem-Tob Falaquera, Philosoph und Dichter b 513.
Schem-Tob (Ben-Isaak) Schaprut aus Tudela, Schriftsteller und Disputator b 598.
Schem-Tob, Lerma c 124.
Schem Tob, Levi Ben- c 119.
Schem-Tob, Joseph Ibn- c 35, 40 f.
Schem-Tob Ben-Joseph c 12.
Schephelah 10.
Scherif Pascha c 611.
Scherira, Gaon b 295, 308 ff., seine Chronik 309 f.
Scheschenk, König von Ägypten 83, 85, 87 f.
Scheschet, R. b 126.
Scheschet Benveniste von Barcelona, Arzt und Dichter b 399, 459.
Scheschbazar s. Serubabel.
Schiiten b 249.
Schila, R. b 115.
Schilfmeer 3.
Schiller c 511.
Schimeï, Benjaminite 62, 72.
Schimmelpennik c 533.
Schir-Haschirim, hohes Lied 479 f.
„Schiur-Komah", Titel eines mystischen Buches b 260.
Schlegel, Friedrich v. c 513, 519, 565.

Schleiermacher c 513, 518 f., 605.
Schmähschriften gegen Juden 508, 509 f.
Schmidt, Senator von Bremen c 567.
Schomron (Samaria) 92.
Schor Elisa c 455; seine Tochter Chaja c 455.
Schoraich, Sohn Samuel Ibn-Abijas b 213.
Schrift, heilige s. Bibel.
„Schriftbekenntnis" = Karäertum b 249 ff.
Schriftdeutung 368, 500; b 14 f., 32, 39, 345 f.
Schriftgelehrte (Schriftkundige, Sopherim) 267, 272, 277 ff., 389 f.
Schrifttum, biblisches 227, 232, 256, 289 f.
Schrifttum, prophetisches 126, 227, 283.
Schriftzeichen, althebräische (phönikische) 279.
Schriftzeichen, sog. assyrische 279.
Schulchan Aruch, Gesetzbuch c 338 ff.
„Schüttler" c 499.
Schutzbriefe für Juden b 268.
Schwarz, Peter c 75.
„Schwarzer Tod" b 573 ff., 579, 585 f.
Schweinezucht verboten 412.
Scipio, Pompejaner 422.
Scythen (Saken) 171.
Scythopolis s. Betsan.
Sebaste s. Samaria.
Sebastian, König von Portugal c 124.
Sebastos, Hafenplatz von Cäsarea 448, 521, 525.
Secchi c 307.
„Seder Olam" (Reihenfolge der Geschichte, Chronik) b 89.
Seelenwanderung b 475 f.
Sefardisch, Sefardim c 124.
Segre c 553 f.
Ségur c 545.
Seïr, Gebirge 115.
Seïra II., zur Schule von Pumbadita gehörig b 147, 148 f.
Sejan, Tiberius' Minister 482, 504.
Sekten, karäische b 262.
Sektenwesen im Urchristentum b 27.
Selden, Johannes c 349.
Seleucia, Stadt 402, 529.
Seleuciden, seleucidische Dynastie in Asien 294.
Seleukos I. 293 f.
Seleukos II. Kallinikos 297.
Seleukos IV. 311 f., 315.
Seleukos, Sohn Demetrios' II. 381.
Seligmann, Alexander c 530.
Selim I. c 130, 135 ff.
Selim II. c 271 ff., 279, 289.
Selve, George de c 189 ff.
Semiten c 638.
Sendschreiben des Julianus Apostata an die jüdischen Gemeinden b 153 f.
Seneca 544.
Sens (Stadt in Frankreich), Erzbischof von b 271, 405, 447.
Sephirot, zehn geistige Substanzen in der Kabbala b 472 ff.
Sepphoris, Stadt in Galiläa 419, 432, 471 f., 483, 489, 583, 587; b 10, 89, 96, 143.
Sepphoris, Lehrhaus in b 96 ff.
Septimius Severus, röm. Kaiser b 102 ff.
Septuaginta 365 ff.; b 183.
Serachja Halevi Gerundi aus Gerona, Talmudist b 399, 401.
Serachja Halevi Saladin c 18, 20.
Seraja, Hoherpriester 212, 247, 257.
Seraphim 134.
Serene (Serenus), Pseudomessias b 244, 247.
Serra c 459.

Serrarius, Peter c 350.
Serubabel (Schechbazar) 246 f., 249 f., 252 f., 258, 314, 451.
Serveto Miguel c 235, 301.
Seth, Familie 473, 478.
Seth (Urbild bei den Gnostikern) b 35.
Severus, Bischof von Minorca b 162.
Severus, Sohn Antoninus' s. Alexander Severus.
Sevilla, jüd. Gemeinde b 492, 607 ff.
Sevichos, Herrscher von Ägypten 148.
Sezira, João c 94, 95.
Sforno, Obadja de c 139, 157.
Shaftesbury c 472.
Sibyllinen, judäisch-griechische 439, 531 f.
Sicarier 560 f., 565, 568 f., 574 f., 596, 600 ff.
Sichem 4, 85 ff., 88 f., 91 f., 218, 220, 274 f., 369, 382, 401, 489; b 103 f.
Sichemiten 85 ff.
Siderius, unter den Juden Galliens vorkommender Name b 193.
Sidetes s. Antiochos S.
Sidon 13, 25, 50, 148, 203, 340, 425, 448.
Sigismund, König von Burgundien b 194.
Sigismund, Gesandter Karls des Großen an den Kalifen Harun Arraschid b 264.
Sigismund, Kaiser c 26 f., 43.
Sigismund I., König von Polen c 146, 274, 275, 292, 301.
Sigismund II. c 298.
Sigismund III. c 299, 338.
Sihon, gileadit. König 3, 12.
Siklag s. Ziklag.
Silas, Babylonier, Führer in Jerusalem 578.
Silo 7, 16, 17 ff., 22, 24, 51, 77, 82, 173, 218, 220.
Siloa, Quelle 48, 143.
Silva b 5.
Silva, Diogo de c 212.
Silva, Miguel de c 206.
Simeon, Stamm 6, 13, 23, 86, 150.
Simeon Stylites b 162.
Simeon von Bet-Arscham, Bischof b 210.
Simlaï, Prediger aus Lydda b 107.
Simon, Bruder des Johannes von Gischala 587.
Simon Ben-Isaak Ben-Abun aus Mainz, R. b 318 f.
Simon I. der Gerechte, Sohn Onias' I., Hoherpriester 295 f., 298, 314.
Simon II., Hoherpriester, Vater Onias' III. 305, 310.
Simon, Hoherpriester unter Herodes 450, 459, 460.
Simon der Fromme, Hoherpriester (Kantheras) 519.
Simon I., Sohn Hillels, Synhedrialpräsident 475, 520.
Simon (Stamm) s. Simeon (Stamm).
Simon Ben-Lakisch, R. b 110 f., 120, 124.
Simon Hasmonaï, Großvater Mattathias 328.
Simon, Parteiführer der Hellenisten, Bruder des Menelaos 310 ff.
Simon, Enkel Jadduas 291.
Simon, Bruder Jesu 489.
Simon aus Cypern, falscher Messias 558, 561.
Simon Bar-Abba, R. b 125.
Simon Ben-Eleasar b 103.
Simon Ben-Gamaliel I. 580 f., 587, 597, 599; b 11, 17.
Simon Ben-Gamaliel II. b 17 ff., 85, 93.
Simon Bar-Giora 578, 583, 596, 600 f., 603, 605 f., 609; b 3.
Simon Ben-Jochaï b 84 f., 88 f., 93 f., 99, 529; c 70, 283.

Simon Bar-Kappara b 97 f., 105.
Simon Ben-Saul 577.
Simon Bar-Kathla, Führer der Idumäer 602.
Simon der Fromme aus Trier b 381.
Simon, Sohn des Patriarchen Juda b 104.
Simon, Anführer der aufständischen Juden s. Julianus.
Simon, Sohn Judas des Galiläers 527.
Simon Ben-Schetach, pharis. Synhedrialhaupt 398, 399, 403 ff., 406, 407 f., 420.
Simon, Richard c 418 ff., 431.
Simon Tharsi, Makkabäer 328, 330, 341, 351, 354 f., 358, 359 f., 370 bis 378.
Simon Kephas s. Petrus.
Simon de Montfort, südfranz. Graf b 449.
Simon Magus, Spitzname für Paulus b 29.
Simon von Trient, angeblich. Märtyrerkind c 37 f., 76, 143, 420.
Simoneta c 217.
Simonias, Stadt b 96.
Simra Ibn-Abi c 195.
Simra, David Ibn-Abi c 130 f.
Simri 91.
Simson 17.
Simson Ben-Abraham b 451.
Simson Ben-Meïr b 542.
Simson von Sens b 459.
Simuna, Lehrer der Schule zu Pumbadita b 176.
Sinaï (Horeb) 3, 15 f., 76, 99, 111, 500.
Sinhaga, Berberstamm b 322.
Sinzheim, David c 530, 546, 553, 556.
Siphra (Siphre), ältere Mischnasammlungen b 110.
Sirach, Jesua, Dichter 296, 312 ff., 480.
Sisebut, Westgotenkönig b 196, 200 f.
Sisenand, westgot. König b 201.
Sixtus IV. c 70, 74, 79 f., 84.
Sixtus V. c 307 ff.
Sixtus Senensis c 262 ff.
„Sklavengesetz" des Kaisers Konstantin b 141.
Sklaverei 277.
Skopas, ätol. Heerführer 306.
Skopos, Stadt 604.
Skytte, schwed. Reichsrat c 412.
Smyrli c 436 (Anm.).
Soares João c 221.
Sobiesky, Johann c 422.
Socin c 301.
Socinianer c 302.
Soeira, Rahel c 348.
Sohar b 529 ff.; c 12, 263 f., 283, 288, 397, 436, 455.
Sohariten c 455 ff.
Sokolli, Mohammed c 274 f., 279, 289.
Solymios, Bruder Josephs des Steuerpächters 301.
Sonnenuhr des Königs Ahas 143.
Sonntagsfeier eingeführt b 32.
Sophokles 531.
Sophronius, Bischof von Jerusalem b 225.
Soranzo, Jakopo c 277.
Sosius 433 f.
Sostrates 318.
Soter s. Ptolemäus I.
Sosa, Isaak Gomez de c 386.
Sousa, Antonio de c 357.
Spanien, Juden in 530; b 192, 197 ff., 233 ff., 296 ff., 311 ff., 320 ff., 386 f., 397 f., 492 ff., 559 ff., 586 ff.
Speet, Joh. Petrus (Mose Germanus) c 417.
Speier, jüd. Gemeinde b 348, 350, 515, 578.
Spina, Alfonso de c 61 f., 143.
Spinoza, Baruch c 324, 346, 375, 378, 381 ff., 388, 409.
Spinozistische Philosophie c 379, 381 ff.

Sprache, aramäische (chaldäische) 226, 256, 386; b 165.
Sprache, assyrische 143.
Sprache, hebräische (heilige) 226, 256, 304, 386; b 163 ff., 239, 303 f., 359.
Sprache, samaritanische 275.
„Springer" c 499.
Spruchdichtungen (Maschal) 72, 227, 236, 312 ff., 479.
Sßoffer c 585.
Stahl, Friedrich c 638.
Stammregister 266.
Starodub c 342.
Stättigkeitsordnung c 558 f.
Statut Friedrichs des Streitbaren von Österreich b 483 f.
Stein, Freiherr von c 563.
Steinheim, Ludwig c 603 f.
Stephan, englischer König b 383.
Stephan Langton, Kardinal b 451, 455.
Stephanos, Hellenist 548 f.
Stern, Samuel c 627.
Sternau, Graf v., c 558.
Steuer, Heirats- und Erbschafts- c 336; Juden- s. Fiscus judaicus; Licht- Wein- und Fleisch- c 561.
Steuerverhältnisse in Judäa 277, 297 ff., 357, 416, 424.
Stierkultus 90, 93.
Stiftszelt 19 f.
Stilicho, Minister des Honorius b 160.
Stockfrömmigkeit (Überfrömmigkeit) 444, 463 f., 475 ff.; b 459, 477 f., 508 f., 548, 567 f., 600; c 137, 304, 398, 480 ff., 497, 508, 515.
Strabo, Geograph 509.
Strafgesetze 179, 390, 396, 404.
Straßburg, jüd. Gemeinde in b 577 f; c 520, 529.
Stratonsturm 448.
Streckfuß c 600.
„Stübel" c 501.
Stufenpsalmen 405.
Suasso, Isaak c 433.
Suger, Abt, Minister Ludwigs VII. b 380.
Süßkind von Trimberg, ein jüdischer Minnesänger b 412.
Sulamit, Hirtin, Tochter Aminadabs 304.
Sulaiman II. c 132, 135.
Sulaiman III., Sultan c 244, 257, 271, 279.
Sulaiman, Häuptling der Berber b 322.
Sulaiman Ibn-Jachja, ar. Name Ibn-Gabirols b 328.
Suna, die relig. Traditionen der Araber b 239.
Sunem, Stadt 112.
Suniten b 249.
Sura (Mata-Mechassia) b 113; Lehrhaus in b 116 ff., 166, 179, 228 ff., 251, 277 f., 280, 291 ff., 307.
Surenhuys, Wilhelm c 426 f.
Suriel s. Uriel.
Susa, Hauptstadt Persiens 263, 288, 335.
Susanna, Erzählung 404.
Susiana (Elymaïs oder Chusistan), Landschaft Babyloniens b 112.
Suson, Diego da c 80.
Suwailim, Jude in Medina, b 222.
Swiateslaw von Kiew, russ. Großfürst b 303.
Swieten, van c 531.
Swintila, westgot. König b 201.
Sylveira, Miguel c 385.
Symmachos Ben-Jose, Jünger R. Meïrs b 87.
Synagoge, große in Amsterdam c 408.
Synagoge, große in Toledo b 590.
Synagogen s. Bethäuser; polizeiliche Überwachung derselben b 184; c 426.
Synagogengesang c 590.
Synagogenbauverbot b 160.
Synagogenwesen b 22 f.

Synhedrin s. Synhedrion.
Synhedrin, d. große in Paris c 551 f., 554, 581.
Synhedrion 403, 419 f., 440 ff., 449 f., 473 f., 476, 479, 497, 498 f., 520, 524, 526, 528, 561, 567, 580 f., 583, 585 ff., 589, 596, 599 f.; c 227.
Synoden, rabbinische b 393 f.
Synoden in Frankreich, Deutschland, (Waad) in Polen c 299; s. a. Rabbinerversammlung.
Syrer 315, 329, 353, 357 ff., 379, 384, 387, 395, 397 f., 401, 422, 427, 448, 489, 525, 529, 565 f., 570, 576, 581, 583.
Syrien 142, 186, 194, 261, 289, 290 f., 294, 300, 305 f., 315, 319, 348, 355, 361, 362, 374, 381, 384, 399, 403, 409, 414, 416, 421 f., 427, 429, 430, 450, 469, 471, 473, 478, 489, 524, 528, 531, 547, 569 f., 576, 578, 588, 602; b 224, 542 ff.
Syrien, Juden in b 242 ff., 484.
Syroes, Sohn und Nachfolger Chosrus II. (Perôz) b 187.
Szerham, Löb c 502.

T.

Tabi, Gamaliels Lieblingssklave b 18.
Tablada c 81.
Tabor, Berg s. Thabor.
„Tachkemoni", Name eines satirischen Romans von Ibn-Sakbel b 360.
Tacitus b 55.
Taima, Ort in Chaibar b 221, 416.
Talavera, Fernando de c 79.
Talmas, nordarab. Stadt b 416.
Talmud b 110, 165, 168 f., 171 ff., 176, 242 f., 247 ff., 283, 307 ff., 317 (Talmudkommentarien), 341 ff., 344 f., 356, 393, 485 ff., 584 f.; c 70, 150, 163, 176, 184, 186, 193, 251, 267, 282, 293, 457, 627.
Talmud, babyl. Charakter und Wert b 170 ff.
Talmud, jerusalem. b 165.
Talmudexemplare verbrannt b 489 f.; c 23, 251.
Talmudfrage, Streit wegen c 163 ff. 250.
Talmudische Dialektik, Spitzfindigkeit 442; b 150, 172, 376 f.; c 145, 296, 338.
Talmudjünger s. Bachurim.
Talmudschulen, Steuer auf c 31.
Talmudschulen in Polen c 293 f.
Tamarica c 331.
Tanaïten b 17 ff., 32, 37, 40, 84 ff., 249.
Tanchuma Bar-Abba, hervorragender Prediger in Judäa b 166.
„Tantalus im Prozeß" c 464.
Taphnaï, Stadt 221, 223.
„Targum Onkelos" (Akylas) b 55, 147.
Tarichea 422, 565, 586, 591 f.
Tarik, mohammed. Feldherr b 237.
Tarphon, Tanaïte b 37.
Tarragona b 197
Tarsus 547, 550.
Tartan, Sieger über Aschdod 159.
Tataren c 340 ff.
Taurusgebirge 291.
Tausendjähriges Reich 501; c 389 f.
Taytasak, Joseph c 138, 207.
Teba, Gonzalez de c 89.
Teller, Konsistorialrat c 513, 517 f.
Tempel 213, 311, 389, 528, 607 f.
Tempel, herodianischer 450 ff.
Tempel, salomonischer 73 ff.
Tempel, samaritanischer 274 f., 382.
Tempel, serubabelscher 252.
Tempelgeräte nach Babylon gebracht 213, zurück nach Jeru-

salem 246, nach Rom gebracht b 3.
Tempelsklaven s. Gibeoniten.
Tempelsteuer 406 f., 418, 426, 445, 453.
Tempelstreit, Hamburger c 624.
Tempelweihefest 339, 555.
Tephtaï, Bar-Giorist 605.
Terebinthental 49.
Texeira, reiche jüd. Familie c 329.
Texeira, Manoel c 398, 410.
Texeira de Mattos, Diego, Banquier c 329.
Thabor (Itabyrium) 4, 9, 12, 142, 145, 421, 564, 592 f.; c 534.
Thadmor (Palmyra) 80.
Thamar b 134.
Thamara s. Zoar.
Thamna 429.
Theben (Griechenland), jüd. Gem. b 413.
Thekoa, Stadt in Galiläa 58, 122.
Thekoa, Lehrhaus in b 88.
Themudo, Jorge c 201.
Theobald, Graf von Chartres b 394 f.
Theodat, Gemahl der Amalasuntha b 190.
Theoderich der Ostgote b 189 f.
Theodos, ein in Rom wohnender Judäer 417.
Theodosios, Samaritaner 369.
Theodosius der Große, röm. Kaiser b 157 ff.
Theodosius II., oström. Kaiser b 160 ff., 181.
Theodotos 347.
Theophil, Vater des Hohenpriesters Matthia 469.
Theophilos, Hoherpriester 519.
Theraphim 15, 33.
Thessalonien 530, 553.
Theudas, Pseudo-Messias 526, 561.
Theudes, westgotischer König b 199.
Thibaut c 572.
Thibni, Gegenkönig Omris 91.
Thiers c 616.
Thirathaba, Dorf 504.
Thirza (jetzt Talusa), Stadt 89, 91, 127.
Tholuck c 632.
Thomas von Becket b 408.
Thora 110 f., 113, 279; b 178 f., 253, 390 f.
Thora, Entstehung derselben c 383, Was ist Thora? c 502.
Thrasseios 311.
Tibboniden, jüd.-franz. Geschlecht in Lunel b 403 f., 537 ff.
Tiberias 483, 489, 500, 506, 516, 524, 565, 582 f., 585 f., 589, 591 f., 594; b 7, 10, 108, 136, 143, 163, 185 f., 233; c 279.
Tiberias, Lehrhaus in b 124, 233.
Tiberiassee (Kinneret, Harfensee) 8, 382, 400, 422, 492.
Tiberinus Matthias c 73.
Tiberius, Kaiser 481 f., 484, 504 f., 507, 510, 528, 535.
Tiberius Alexander, Landpfleger in Judäa, später Statthalter von Ägypten 513, 526 f., 562, 577, 602 f., 608; b 3, 5 f.
Tierkultus, ägyptischer 170, 203.
Tiflisiten, eine Karäersekte b 262.
Tiglat-Pileser, König von Assyrien 140 ff., 162.
Tigranes, König von Armenien 408 f., 530.
Tigris 129, 130, 192, 205, 279, 295, 527, 529, 544; b 59 f.
Timotheos, Heerführer der Ammoniter 340 f.
Tirhaka, König von Ägypten 156, 160.
Tittius, Marcus 455
Titus, Kaiser 588, 591, 593, 601, 602 ff., 605, 607 ff., b 1 ff., 9, 253.
Titus, Jünger des Paulus 556.
Titus-Bogen b 4.
Tobia, Schwiegersohn Simons des Gerechten 297 f.

Tobias aus Trient c 72 f.
Tobiene, Landschaft 340.
Tobija, Samaritaner 255, 260, 263 ff., 270, 272.
„Tobit“, Buch b 82.
Toda, König von Navarra b 299.
Todros Ben-Joseph Halevi Abulafia, Kabbalist in Toledo b 523 f.
Toland, John c 429.
Toledo b 197; Konzil in b 201, 234; maurische Residenz und Königreich 238, 322, 339; Juden in 386 f., 397 f., 452, 590, 594 f., 609.
Tomaso, Pater c 610.
Toro, Festung in Kastilien b 589.
Toron de los Caballeros in Palästina, jüd. Gemeinde b 414.
Torquemada, Thomas de c 79, 85 f., 92 f., 100, 101, 105, 107, 219, 249, 274.
Torre, de la c 88.
Tosefta, Zusätze zur Mischna b 110.
Toßafistische Schule b 376 ff.
Toßafot b 376.
Totenbeschwörer 34.
Toulouse, Juden in b 273, 551 f., 613.
Trachoniten 397, 409, 449.
Trachonitis Landschaft nördl. v. Hauran 449, 467, 521.
„Trajanstag“ b 64.
Trajanus, Ulpius, röm. Kaiser b 59.
Tralles, Stadt in Karien 426.
Trani, Mose di c 261.
Trauernde um Zion 231; b 416.
Trauerzeichen b 13, 23.
Trier, jüd. Gemeinde b 349 f.
Triest, Isaak c 159.
Trigland, Jakob c 422.
Tripolis 448.
Troki, Isaak c 303.
Troyes, Stadt in Frankreich b 344.
Tryphon s. Diodot.
Tryphon, Mitglied des jüd. Rats in Alexandrien 511.
Tudela am Ebro, jüd. Gemeinde b 399.
Tugendbund c 518.
Tulczyn c 34 f.
„Tur“, Religionskodex des Jakob Ben-Ascher b 567 f
Turbo, Martius b 61.
Turker c 463.
Türkei, Juden in der c 55, 58, 226, 270, 278 ff., 289, 298
Tycho de Brahe c 296.
Tyros, Festung bei Hesbon 310.
Tyrus, Tyrier 13, 25, 50, 73 f., 92, 94, 110, 117, 125, 139, 148, 154, 196 f., 203, 208, 234, 290 f., 340, 415, 425, 588; b 186, 375.

U.

Ubaid-Allah, Gründer der fatimidischen Dynastie in Afrika b 276.
Ubaid-Allah Ibn-Suleiman, Wesir des Kalifen Almutadhid b 278.
Ubaldo, Guido c 253, 260.
Überlieferung, mündliche des Gesetzes (Tradition) 388 ff. 441 f.
Übersetzung der Bibel ins Arabische b 282 f.; ins Griechische 365 ff., 535; b 53 ff., 183; ins Deutsche (Luthers) c 187; ins Lateinische s. Vulgata; ins Persische c 136; in neue Sprachen c 192.
Übersetzung Mendelssohns s. Pentateuch.
Ukba, Exilarch von Bagdad b 278 f.
Ukraine c 340 ff.
Ulla, ein Gesetzeslehrer b 129.
Ulrich, Herzog von Württemberg c 175.
Umzäunung um das Gesetz 280, 309, 475 f.; b 14, 47, 117 f.
Unitarier c 235, 302.
Ungarn, Juden in b 457 ff.
Unger, Chr. Theophil c 429.

Universitätsgrade den Juden entzogen c 42.
„Unsterblichkeit der Seele" 465, c 475.
Unterrichtswesen 568.
Union of American Hebrew congregations c 637.
Uranso, Vidal de c 91.
Urban V., Papst b 594 f.
Uri, Halevi Mose c 314 f.
Uriel Acosta s. Acosta.
Uriel von Gemmingen c 155 ff.
Uriel, Erzbischof von Mainz c 162, 165.
Uriel, (Suriel) Engelname 285.
Urija, Krieger Davids 55 f., 67.
Urija, Hoherpriester 142 f.
Urija, Prophet 189, 196.
Urija, Jude aus Mainz b 352.
Urraca, Königin von Kastilien b 358 f.
Ursicinus, römischer Legat b 143.
Urteil über Judentum von Philo 539 ff.
Uscha, Stadt in Galiläa, Lehrhaus in b 84 ff.
Uschaja, Schüler des R. Chija b 110.
Usia, König von Jehuda 117, 118 ff., 124, 128, 131, 134, 138, 139.
Usiel, Isaak c 318, 323, 325.
Usque, Abraham c 192, 247, 262.
Usque, Salomo c 274.
Usque, Samuel c 123, 138, 221, 245, 247, 258.
Uz, Land 237.
Uzza, Garten in Jerusalem 169, 185.

V.

Valencia, jüd. Gemeinde b 609.
Valens, röm. Kaiser b 156.
Valentinian I., röm. Kaiser b 156.
Valerianus, röm. Kaiser b 122.
Valladolid, jüd. Gemeinde b 505, 564, 604.
Vangionen, germ. Stamm b 196.
Varnhagen v. Ense c 573.
Varus, Quintilius 459, 469 ff.
Vasco de Gama c 113.
Vayol, Hans c 75 ff.
Vaz, Diego c 202.
Vecinho, Joseph (de Viseu) c 113.
Veit, Familie c 412.
Veitel, Ephraim c 464, 493.
Veith, Prediger c 617.
Velasquez de Tordesillas c 12.
Venaissin, Juden in c 269.
Venantius, röm.-christl. Dichter b 195.
Venedig, Republik c 140, 258, 273, 277, 373, 389, 439.
Vernunftreligion c 529.
„Verein für Gutes und Edles" c 510.
Vergeltungslehre 286 f.
Verordnungen des R. Gerschom b 317 f.
Veroy Alarcon, Lope s. Alarcon.
Versammlung, große (keneset hagedolah) 269.
„Versorger" (Parnes) b 231.
Vertreibung der Juden aus England b 519 f.; aus Frankreich b 545 ff., 612 f.; aus Spanien c 126; aus Portugal c 119; aus Wien c 28.
Verus, Mitkaiser b 93 f.
Verwünschungsformel gegen Judenchristen (Minäer) b 38 f; c 532.
Vespasianus, Flavius, röm. Kaiser 588 ff., 593, 595, 599 ff.; b 2, 5.
Vibius Marsus, Statthalter v. Syrien 524.
Vicente Ferrer 14 ff., 17, 25, 33, 72.
Vicente de Rocamora c 384.
Vicentiner c 17.
Victoria, englische Königin c 615, 618, 622.
Vidal Menahem Ben-Salomo Meïri von Perpignan b 535.
Vieira, Antonio, Jesuitenpater c 413 f.

Vielweiberei 34; verboten b 317.
Viennet, Deputierter c 598.
Vierländersynode c 300 f., 452.
„Vierzehntägige", christliche Sekte b 182.
Villa-Real, Manuel Fern. da c 377.
Villasandino, de c 2.
Villars, Marquise von c 416.
Vital, Samuel c 391.
Vitellius, Statthalter v. Syrien 504, 519.
Vitellius, Kaiser 601 f.
Vital Calabrese s. Chajim.
Viterbo, Egidio de c 189, 195, 212, 250.
Viva, Isaak c 420.
Vokal- und Akzentzeichensystem, das babyl. oder das assyrische der hlg. Schrift b 177 ff., das tiberiensische b 233.
Volkstum, jüdisches 93 f., 256, 258 f.
Volkszählung vermittelst Passahlämmer 570.
Vologäses, Partherkönig b 103.
Volta, Sam. Vita della c 602.
Voltaire, Arouet de c 464, 468, 522.
Vorlesung aus dem Pentateuch 267, 278 f., 282.
Vorlesung aus den Propheten (Haphtara) 282 f.
Vulgata, lateinische Bibel b 164; c 159, 165.

W.

Waad s. Synode.
„Waage" c 574.
Wachter, Joh. Georg c 418.
Wagenseil c 423 f.
Wadil-Kora, arab. Talebene b 204, 221.
Walid I., Kalif b 238.
Wamba, Westgotenkönig b 235.
Wanni, mohammed. Oberpriester c 404 ff.
Waraka Ibn-Naufal, Koraischite b 214.
Wasit, jüd. Gemeinde b 416.
Wassergußfeier 400, 405.
Wecelinus, Kaplan b 318.
Weil, Jakob c 58.
Welser c 175.
Weisheit, Salomos, Buch der 523, 535 ff.
Welt, zukünftige 287.
Wenzel, deutscher Kaiser b 607.
Werner, Erzbischof von Mainz b 514.
Wertheimer, Joseph c 637.
Wessely, Hartwig c 495, 497, 515, 523.
Westfalen, Königreich c 555, 558.
Westgoten, in Spanien b 198 ff.
Widmannstadt c 158.
Wiederaufbau Jerusalems unter Hadrian b 64 f.
Wien, Kirchenversammlung in (1264) b 502.
Wilhelm, Statth. von Holland s. Oranien.
Wilhelm III. von England c 417.
Wilhelm II. von Sizilien b 413.
Wilhelm der Zimmermann, franz. Ritter b 349.
Wilna, Elia c 503 ff.
Wimpfen, Süßkind Alexander b 517.
Winterthur, Konrad von b 577 f.
Wissenschaft unter Juden, Pflege der b 257 f., 276, 280, 331, 419 f.
Wissenschaft des Judentums c 591, 593.
Wischniowiecki, Jeremias c 342.
Witiga, Westgotenkönig b 237.
Witold, Herzog von Litauen c 54.
Witzenhausen, Joseph (Veit) c 509.
Wladislaw IV. c 337, 341.
Wolf, Ahron Benjamin c 439.
Wolf, Johann Christophorus c 429.
Wolfsohn s. Halle.
Wolkenburg bei Königswinter b 381.

Wöllner, preuß. Minister c 514.
Worms, jüd. Gem. b 196, 338, 343, 351 f., 411, 515, 578 f.; c 334.
Worte des Friedens und der Wahrheit c 496.
Wratislaw II., Herzog von Böhmen b 354 f.
Wülfer c 423.
Würzburg, jüd. Gemeinde b 382, 540, 580.
Würzburg, Juden in c 571.
Wunderheilungen 490, 549; b 32, 38.
Wycliffe c 15, 27.
Wyssegrad, Vorort von Prag b 347.

X.

Xeres de la Frontera, Schlacht bei b 237.
Xerxes, König v. Persien 253.
Ximenes de Cisneros s. Cisneros.

Y.

Yazatas 285 f.
York in England, jüd. Gem. b 410.

Z.

Zacharia, König, Nachfolger Jerobeams 127.
Zacharja, Nachfolger und Sohn Jojadas, Hoherpriester 113.
Zacharja I., Prophet 133, 139.
Zacharja II., Prophet 252 f.
Zacharias, Begründer einer jüdischen Sekte c 292.
Zacharia Ben-Amphikalos b 19.
Zachin, Isaak Ibn- c 120.
Zacuto, Abraham c 113, 117, 122, 129 f. 291.
Zacuto Abraham, Lusitano, Urenkel des Geschichtsschreibers c 320, 335.
Zacuto, Mose c 324.
Zaddik der Chaßidäer c 500 ff.
Zadok, Hoherpriester 51, 62, 69, 72, 77. Führer der Sadduzäer 390.
Zadoks Nachkommen 167, 172, 227.
Zafara (Thafar), Stadt b 210.
Zag Ibn-Said, Astronom b 493; c 113.
Zag, Don s. Isaak Ben-Meïr b 493, 504.
Zag Benveniste, Don b 452, 455.
Zahl der Bevölkerung Judas 225.
Zainab, Schwester Marhabs b 222.
Zalaca, Schlacht bei b 340.
Zamaris, babyl.-jüd. Häuptling 449.
Zamosc, Israel Levi c 470.
Zaporoger c 338, 340 ff.
Zapateiro de Lamego, Joseph c 113.
Zarfati, Isaak c 58 ff.
Zarfati, Simeon c 139.
Zarzal, Don Mose c 8.
Zbigniew, Olesnizki c 54 f.
Zebaoth s. Jhwh.
Zebedaï, Vater der Apostel Johannes und Jakobus 492.
Zebulon, Stamm 5, 79, 130, 142.
Zedekia, König von Jehuda 198, 202 ff., 208 ff., 212 f. 214, 217, 220.
Zedekias, Leibarzt Karls des Kahlen b 271.
Zehngebote (Dekalog) 3, 282.
Zehnstämmereich s. Israel, Zehnstämmereich.
Zehnten 269 f., 520, 568; b 22.
„Zeitepoche des Religionszwanges, der Gefahr und Verfolgung“ b 76 ff.
Zeitrechnung nach Josias Reform 184.
" nach den Hohenpriestern 372, 403.

Zeitrechnung seleucidische 293; c 131.
" nach der Weltschöpfung c 131.
" nach den Kaisern 477.
Zeloten 471, 476 f., 486, 527, 560 f., 563, 565, 572, 574 ff., 577 bis 581, 583, 584, 591 f., 594 bis 599, 600 ff., 603, 605, 606, 609.
Zemach Mardochaï c 266.
Zemach Ben-Schahin b 284.
Zend-Avesta 284; b 121.
Zendik, Anhänger Mazdaks b 174.
Zenki aus Mossul, Vater Nureddins b 414.
Zeno, röm. Kaiser b 181.
Zenobia, Kaiserin v. Palmyra b 123.
Zephanja, Prophet 170, 183, 191.
Zephanja, Buch 283.
Zephanja, Tempelbauaufseher 204, 209, 212.
Zereda, Stadt 82, 87.
Zerstörung des Tempels durch die Chaldäer 213.
Zerstörung des Tempels durch die Römer 608 f.
Zeruja, Vater Joabs 45.
Zeus 325, 326, 328, 352, 521.
Zewi, Mardochaï c 388.
Zewi, Sabbataï c 388, 392, 401, 408.
Zewi, Jakob Querido c 436 f.
Ziadeth-Allah b 276.
Zidikija s. Zedekia.
Ziklag (Siklag) 39, 41 f.
Zinzendorf, Graf, c 496.
Zion 6, 10, 47 f., 48, 50, 55, 62, 69, 70, 72, 76 f., 84, 125, 127, 135, 231, 233, 244 f., 384, 417, 519, 557, 571, 594, 609.
Zion, Jonathan c 155.
Zionsburg 51.
„Zioniden", Jehuda Halevis b 365.
Ziska c 29 ff.
Zoar (Thamara), Stadt 9, 402.
Zohair, slavonischer Fürst b 324 f.
Zöllner 477, 491 f.; b 23.
Zöllner c 513.
Zorah Dhu-Nowas, König v. Jemen b 209 ff.
Zosima c 292.
Zuhara b 218.
Zukünftige Welt s. Welt.
Zunz, Leopold c 590, 601.
Zwangsbestimmungen gegen die Religion der Juden 288 f., 324 ff., 423, 482, 513, 516; b 75 ff., 141, 169 ff., 182 ff., 199 bis 203, 233 ff., 274 f., 319 f., 385 ff., 406 f., 447 f., 452 ff., 490, 493 f., 517 ff., 596 f., 604.
Zwangstaufen in Portugal c 123 ff.
Zwangstäuflinge in Spanien u. Portugal s. Marranen.
Zwingli c 187.

Druck von Oskar Leiner in Leipzig. 28444